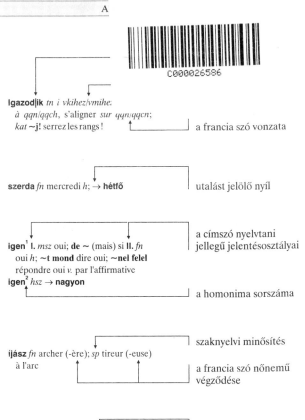

Igazod|ik *tn i vkihez/vmihe:*
à *qqn/qqch,* s'aligner *sur qqn/qqcn;*
kat ~**j**! serrez les rangs !

a francia szó vonzata

szerda *fn* mercredi *h;* → **hétfő**

utalást jelölő nyíl

igen¹ **I.** *msz* oui; **de** ~ (mais) si **II.** *fn*
oui *h;* ~**t mond** dire oui; ~**nel felel**
répondre oui *v.* par l'affirmative
igen² *hsz* → **nagyon**

a címszó nyelvtani
jellegű jelentésosztályai

a homonima sorszáma

íjász *fn* archer (-ère); *sp* tireur (-euse)
à l'arc

szaknyelvi minősítés

a francia szó nőnemű
végződése

kikészül *tn i [kifárad] biz* être réta-
mé(e)

stiláris minősítés

MAGYAR–FRANCIA
KISSZÓTÁR

PETIT DICTIONNAIRE
HONGROIS–FRANÇAIS

AKADÉMIAI KIADÓ

KONRÁD MIKLÓS

MAGYAR
FRANCIA
KISSZÓTÁR

PETIT DICTIONNAIRE
HONGROIS–FRANÇAIS

AKADÉMIAI KIADÓ

Készült az Akadémiai Kiadó Szótárműhelyében
Réalisé dans l'atelier de dictionnaire d'Akadémiai Kiadó

Főszerkesztő • Rédacteur en chef
KONRÁD MIKLÓS

Vezető szerkesztő • Direction de la rédaction
THIMAR MÁRTA

Szerkesztők • Rédaction
ERŐSS ORSOLYA, LÁNGH JÚLIA
FÖLDES GYÖRGYI, KOVÁSZNAI ZITA, TARI KINGA

Számítástechnikai munkatársak • Informatique
Programozó • Programmeur: GÁL ZOLTÁN, RANGA TAMÁS
Tördelés • Mise en pages: Alinea Kft.
Felelős vezető • Gérant: POLGÁRNÉ SZŰCS GABRIELLA

Borítóterv • Maquette
MOLNÁR ISTVÁN, KECSKÉS ZSOLT

Termékmenedzser • Direction technique
KISS ZSUZSA

Nyomás • Imprimé par
Akadémiai Nyomda Kft.
Felelős vezető • Gérant: REISENLEITNER LAJOS igazgató

ISBN 963 05 8176 0

Kiadja az Akadémiai Kiadó,
az 1795-ben alapított Magyar Könyvkiadók
és Könyvterjesztők Egyesülésének tagja
1117 Budapest, Prielle Kornélia u. 19.
www.akademiaikiado.hu

Első kiadás: 2004
Változatlan utánnyomás: 2005

A kiadásért felelős az Akadémiai Kiadó igazgatója
A szerkesztésért felelős: POMÁZI GYÖNGYI

ELŐSZÓ

Az olvasó egy teljesen új szótárt tart a kezében. Célunk egy olyan, korszerű és könnyen áttekinthető szótár elkészítése volt, amely végigkísérheti az olvasót az immáron országunkat is magában foglaló Európai Unió egyik alapnyelvének elsajátításában, használatában.

A mai beszélt nyelvet, nyelvállapotot tükröző címszóállomány és példaanyag számos, a nyelvhasználatba nemrégiben átment szót, kifejezést tartalmaz (pl. házimozi, rendszergazda, üvegházhatás, diszkont légitársaság, globális felmelegedés). Természeténél fogva óhatatlanul szűkre szabott terjedelmi korlátjai ellenére, jelen szótárunk 25 ezer címszava a mindennapi életben használatos köz- és szaknyelvi szavak és kifejezések széles tárát öleli fel.

Reméljük, hogy a leggyakoribb állandósult szókapcsolatok s az ekvivalensek megadása mellett emezek mondatba fűzését elősegítő vonzatos szerkezetek jelölésével jelen szótárunk hasznos segédeszközként fogja szolgálni a francia nyelv ismeretének elmélyítésére törekvő leendő felhasználóit.

Iharosberény, 2004. augusztus

Konrád Miklós

A SZÓTÁR HASZNÁLATÁRÓL

A CÍMSZÓ

A szótár alapegységét képező szócikkek elején álló, kövér szedéssel nyomtatott címszavak betűrendben követik egymást. A rövid és hosszú magánhangzók között nem teszünk különbséget. A mássalhangzót jelölő két vagy többtagú betűk (cs, dzs, stb.) önálló betűknek számítanak, a **háztető** címszó megelőzi tehát a **házsártos** címszót. A homonimákat, vagyis az eltérő jelentésű, de azonos alakú címszavakat arab indexszámmal különböztetjük meg (pl. **ég**^{1}, **ég**^{2}). A címszóként megjelenő ikes igék szótövét függőleges vonal (cezúra) választja le.

Az utalásokat jobbra mutató nyíllal jelöljük (pl. **bárki** *nm* → **akárki**). Helytakarékossági okból, a napokat és hónapokat jelölő főnevekhez kötődő leggyakoribb általános példákat csak a **január**, illetve a **hétfő** szócikkekben adtuk meg. A többi hónap, illetve nap esetében a francia ekvivalens megadása, illetve az adott szóhoz esetlegesen kötődő átvitt értelmű példák (pl. **csütörtök** *fn* ... **~öt mond**) után tehát ezekhez a szócikkekhez utalunk (pl. **csütörtök** *fn* → **hétfő**; **február** *fn* → **január**).

A SZÓCIKK

A címszót követően minden esetben megadjuk a szófajt, ezután következnek normál szedéssel a francia megfelelők (ekvivalensek), majd az esetleges példák. Több megfelelő esetén, az ekvivalenseket vessző választja el.

Amennyiben a címszónak több jelentése van, a jelentések szóhasználati megkülönböztetését szögletes zárójelbe tett, dőlt betűvel szedett magyarázatok, irányítószavak (pl. **teljesít** *ts i* [*feladatot, kötelességet*] accomplir; [*kérést*] satisfaire; [*kívánságot*] exaucer; [*parancsot*] exécuter), illetve minősítések (pl. **csere** *fn* échange *h*; *gazd* troc *h*; *sp* remplacement *h*) segítik. Egy-egy ilyen egységet pontosvessző választja el egymástól. A vonzatszerkezetek egyrészt ugyanezt a célt, vagyis a jelentésbeli különbségtételt szolgálják, másrészt segítséget nyújtanak a felhasználónak a mondatalkotásban, az adott ekvivalens mondatba fűzésében (pl. **készülőd|ik** *tn i* vki vmire … vmi …). A vonzatokat minden olyan esetben megadjuk, amikor a két nyelvben eltérnek egymástól (pl. **kételkedik** *tn i* vmiben douter de qqch).

Amennyiben a címszó több szófaji besorolást kap, a szócikk római számokkal jelölt jelentésosztályokra tagolódik [pl. **reggeli I.** *mn* matinal(e), du matin … **II.** *fn* petit-déjeuner *h* …]. A felesleges ismétlések elkerülése végett, azokban az esetekben, amikor az eltérő szófajok francia ekvivalense(i) alakilag és nyelvtanilag azonos(ak), a szócikket nem választottuk külön jelentésosztályokra [pl. **csavargó** *mn/fn* vagabond(e)].

A szócikken belül a címszót tildével (~) helyettesítjük. Az ikes igék esetében a tilde a cezúrával leválasztott szótőt helyettesíti. Ha a szótő nem változik, a toldalék közvetlenül a tilde után áll. Ékezetes tilde található abban az esetben, amikor a tő utolsó betűje toldalék előtt ékezetet kap (pl. **apa** *fn* … **~ról**

fiúra). Amennyiben a toldalékos alak megváltoztatja a szótövet, a teljes szót kiírjuk (pl. **apa** *fn* … **apja fia**).

Az ekvivalenseket követő esetleges példák esetében elsődleges szempontunk a mindennapi nyelvhasználat, a leggyakoribb szókapcsolatok megadása volt. E példák gyakoriságának megítélésében rendkívül hasznos segítségnek bizonyult az internetes keresőprogramok használata. A helytakarékossági okokból összevont példák elkülönülő részeit (pl. **alkalom** *fn* … **megragadja/elmulasztja az alkalmat**), illetve egy adott ekvivalens különböző vonzatait (pl. **ellenáll** *tn i vkinek/vminek* résister *à qqn/qqch*) virgulával választottuk el. Az egymással felcserélhető szavak, kifejezések között *v.* áll (pl. **csörget** *ts i* faire cliqueter *v.* sonner; **hatalom** *fn* … **~ra jut** accéder *v.* arriver au pouvoir).

A MINŐSÍTÉSEK

Az adott ekvivalens, illetve példa használati körét jelző minősítések dőlt betűvel szedett rövidítésként jelennek meg. A szakminősítések az adott rész szakmai tárgykörét (*gazd*, *okt*, stb.), a stílusminősítések nyelvrétegbeli, stiláris használatát (*biz*, *vál*, stb.) határozzák meg. A stílusminősítések mindig csak a francia ekvivalensre, illetve a példa francia megfelelőjére vonatkoznak, s ezek előtt helyezkednek el (pl. **egyetem** *fn* université *n*; *biz* fac *n*). Amennyiben a stílusminősítés közvetlenül a címszót követő szófaji meghatározás után található, úgy az adott szócikk összes ekvivalensére, illetve példáinak francia részére vonatkozik (**átver** *ts i biz [becsap]* arnaquer, rouler, entuber; **jól ~t** il m'a bien eu).

A leggyakoribb stílusminősítés, a ‚bizalmas' szó rövidítéseként szereplő **biz** kommunikációs helyzetet és nem a beszélő társadalmi hovatartozását jelöli.

Az angolból átvett, a mindennapi nyelvben használt, ám az irodalmi nyelvhasználat által bírált anglicizmusokat az *ang* minősítés előzi meg. A francia nyelvben elfogadott és régóta használt angol eredetű szavak előtt nem szerepel ez a minősítés (pl. **gyorsétterem** *fn ang* fast-food *h*; ám: **hoki** *fn* hockey *h*).

NYELVTANI INFORMÁCIÓK A SZÓCIKKBEN

Főnevek

A főnévi ekvivalensek egyes számban jelennek meg, kivéve azokat az eseteket, amikor – bár a szó szótári alakja egyes számú – leginkább többes számban használatos. Ez esetben a többes szám jelét zárójelben tüntetjük fel [pl. **gyufa** *fn* allumette(s) *n (t sz)*].

A főnévi ekvivalensek nemét minden esetben jelöljük *h* (hímnem) vagy *n* (nőnem) jelzéssel. Ha a főnév mindkét nemben használható, mindkét nem jelét feltüntetjük (pl. **gyerek** *fn* enfant *h n*). Az ingadozó nemű főnevek esetében a nemeket a v. jelölés választja el (pl. **délután** *fn* après-midi *h* v. *n*). Kétalakú főnév esetében a hímnemű alak mellett zárójelben tüntetjük fel a nőnemű végződést [pl. **igazgató** *fn* directeur (-trice)].

Melléknevek

A melléknévi ekvivalenseknek minden esetben megadjuk a hímnemben és a nőnemben használatos alakját. Az egyalakú melléknevek mindkét nemben használhatóak, kivéve néhány egyalakú melléknevet, amelyek csak hím-, illetve nőnemben használatosak, s amelyeket külön jelzés előz meg (pl. **héber I.** *mn* hébraïque; *[csak hímnemben]* hébreu). A kétalakú melléknevek esetében a hímnemű alak után zárójelben tüntetjük fel a nőnemű végződést [pl. **bátor** *mn* courageux (-euse)], illetve a teljes alakot [pl. **élénk** *mn* vif (vive)]. Az ún. háromalakú melléknevek esetében a hímnemű alak után zárójelben jelenik meg a magánhangzó, illetve a néma h előtt használatos hímnemű alak, majd ezt követően a nőnemű alak [pl. **puha** *mn* mou (mol) (molle)].

Az igék

A szótárszerkesztési hagyománynak megfelelően, az igék címszóként a jelen idő egyes számának 3. személyében jelennek meg. A francia megfelelőket főnévi igenév formájában adjuk meg.

INTRODUCTION

Le présent ouvrage est un dictionnaire entièrement nouveau. Notre ambition fut de présenter aux lecteurs un outil pratique, susceptible de l'accompagner sur cette route parsemée d'embûches, mais aussi de plaisir que représente l'apprentissage ou l'approfondissement des connaissances d'une des langues centrales de cette Union Européenne dont nous faisons, désormais, partie intégrante.

Miroir de son époque et de son langage, le dictionnaire présente nombre d'entrées et d'expressions apparues récemment dans l'usage courant (par ex. házimozi, rendszergazda, üvegházhatás, diszkont légitársaság, globális felmelegedés). S'il est, de par sa nature, inévitablement concis, les 25 mille articles de ce dictionnaire offrent un large éventail du vocabulaire courant et des termes techniques les plus usuels.

Ses exemples tirés de la vie quotidienne, l'indication des locutions figées les plus fréquentes, l'effort déployé dans la construction des articles afin de permettre au lecteur non seulement de trouver l'équivalent français approprié, mais également de construire à partir d'eux les phrases de son choix, permettront, nous l'espérons, d'offrir un ouvrage utile aux élèves et aux amateurs de la langue française.

Iharosberény, août 2004.

Miklós Konrád

DE L'UTILISATION DU DICTIONNAIRE

L'ENTRÉE

Placées en début des articles constituant l'unité de base du dictionnaire, les entrées apparaissent en caractères gras et se suivent dans l'ordre alphabétique. Nous ne faisons pas de différence entre les voyelles dites courtes et longues. Les consonnes composées de deux ou trois lettres (cs, dzs, etc.) sont considérées comme des lettres autonomes, l'entrée **háztető** précède donc l'entrée **házsártos**. Les homonymes de caractère homographe donnent lieu à des articles distincts numérotés par des chiffres arabes (par ex. **ég¹**, **ég²**). Le radical des verbes à terminaison dite en **-ik** figurant en entrée est séparé par une barre verticale.

　Les renvois sont signalés par une flèche tendue vers la droite (par ex. **bárki** *nm* → **akárki**). Pour des considérations d'économie de place, les exemples d'ordre général liés aux substantifs désignant les jours de la semaine et les mois de l'année ne sont donnés que sous les articles **hétfő** et **január**. Dans les cas des autres jours et mois, l'équivalent français, voire les éventuels exemples de sens figuré liés à l'entrée donnée (par ex. **csütörtök** *fn* … **~öt mond**) sont donc suivis d'un renvoi à l'un des deux entrées susmentionnées (par ex. **csütörtök** *fn* → **hétfő**; **február** *fn* → **január**).

L'ARTICLE

L'entrée est suivie de l'indication de sa catégorie grammaticale, de son ou ses équivalent(s) en français, enfin d'éventuels exemples. En cas de plusieurs équivalents, ces derniers sont séparés par une virgule.

Lorsque l'entrée a plusieurs sens, les distinctions sémantiques sont indiquées par des explications en italique présentées entre crochets (par ex. **teljesít** *ts i [feladatot, kötelességet]* accomplir; *[kérést]* satisfaire; *[kívánságot]* exaucer; *[parancsot]* exécuter), ou des marques d'usage (par ex. **csere** *fn* échange *h*; *gazd* troc *h*; *sp* remplacement *h*). Ces subdivisions sont séparées entre elles par des points-virgules. Outre ce même souci de distinction, l'indication des rections (par ex. **készülőd|ik** *tn i vki vmire … vmi …*) a également pour but d'aider l'utilisateur dans la construction des phrases. Les rections sont indiquées à chaque fois qu'elles diffèrent dans les deux langues (par ex. **kételkedik** *tn i vmiben* douter *de qqch*).

Lorsque l'entrée a plusieurs catégories grammaticales, l'article est subdivisé conformément à ces catégories par des chiffres romains [par ex. **reggeli I.** *mn* matinal(e), du matin … **II.** *fn* petit-déjeuner *h* …]. Afin d'éviter les répétitions inutiles, nous ne recourons pas à cette division lorsque l'équivalent ou les équivalents français correspondant aux différentes catégories grammaticales revêtent une forme identique [par ex. **csavargó** *mn/fn* vagabond(e)].

Le tilde (~) figurant dans le corps de l'article remplace l'entrée, ou, dans le cas des verbes à terminaison en **-ik**, le radical précédant la barre verticale. Lorsque le radical ne subit aucune modification, le suffixe suit immédiatement le tilde. Celui-ci est surmonté d'un accent aigu lorsque la dernière voyelle du radical prend un accent devant le suffixe (par ex. **apa** *fn* …

~ról fiúra). Nous réécrivons l'entrée en toutes lettres lorsque le suffixe amène une modification du radical (par ex. apa *fn* … apja fia).

Le choix des exemples présentés dans le corps de l'article répond au souhait de rester au plus près du langage quotidien, d'en offrir les expressions les plus fréquentes. Le recours, via les moteurs de recherche, à cette base de données d'une ampleur sans pareille que représente l'Internet nous a été d'un grand secours dans l'établissement de la fréquence des différents exemples. Une barre oblique sépare les parties distinctes des exemples réunis en un par un souci d'économie de place (par ex. alkalom *fn* … megragadja/elmulasztja az alkalmat), ainsi que les différentes rections d'un équivalent donné (par ex. ellenáll *tn i* vkinek/vminek résister à *qqn/qqch*). Le signe *v.* sectionne les mots ou expressions interchangeables (par ex. csörget *ts i* faire cliqueter *v.* sonner; hatalom *fn* … ~ra jut accéder *v.* arriver au pouvoir).

LES MARQUES D'USAGE

Les marques d'usage désignant le champ d'emploi d'un équivalent ou d'une expression donnés sont indiquées par des abréviations (parfois des mots entiers) imprimées en italique. Elles offrent une information quant au domaine d'emploi (par ex. *gazd* pour économie, *okt* pour enseignement, éducation, etc.), ou au niveau de langue (*biz* pour familier, *vál* pour soutenu, etc.) de la partie en question. Les marques d'usage stylistiques se rapportent à la seule partie française (équivalents ou expressions) qu'elles précèdent (par ex. egyetem *fn* université n; *biz* fac n). Lorsqu'elles sont placées en début d'article, immédiatement après la catégorie grammaticale, elles renvoient à l'ensemble de la partie française de l'article (par ex.

átver *ts i biz [becsap]* arnaquer, rouler, entuber; **jól ~t** il m'a bien eu).

La marque d'usage stylistique la plus fréquente, l'abréviation *biz* porte sur la situation de communication, et non sur l'appartenance sociale de la personne qui l'emploie.

Les anglicismes passés dans l'usage courant, mais demeurant d'un emploi critiqué sont précédés de l'abréviation *ang*. Celle-ci ne figure pas devant les mots anglais employés depuis longtemps et normalement intégrés à la langue française (par ex. **gyorsétterem** *fn ang* fast-food *h*; mais: **hoki** *fn* hockey *h*).

INFORMATIONS GRAMMATICALES

Substantifs

Les substantifs présentés en tant qu'équivalents sont donnés au singulier, sauf lorsque le substantif en question, quoique sa forme lexicographique soit au singulier, est utilisé la plupart du temps au pluriel. Nous indiquons dans ces cas la marque du pluriel entre parenthèses [par ex. **gyufa** *fn* allumette(s) *n (t sz)*].

Le genre des substantifs est indiqué par un *h* pour le masculin et un *n* pour le féminin. Les substantifs à la fois masculin et féminin sont suivis, lorsqu'ils sont invariables, des signes *h n*, et lorsque leur forme féminine est différente, de l'indication entre parenthèses de cette dernière [par ex. **gyerek** *fn* enfant *h n*; **igazgató** *fn* directeur (-trice)]. Le signe v. placé entre les signes *h* et *n* signifie que le genre du substantif en question demeure indéterminé (par ex. **délután** *fn* après-midi *h* v. *n*).

Adjectifs

Nous indiquons dans tous les cas la forme masculine et féminine des adjectifs présentés en tant qu'équivalents. Les adjectifs invariables peuvent par définition être employés au masculin et au féminin, à l'exception de quelques adjectifs exclusivement masculins ou féminins, spécificité indiquée dans le corps de l'article (par ex. **héber I.** *mn* hébraïque; *[csak hímnemben]* hébreu). Lorsque l'adjectif dispose d'une forme féminine, celle-ci est présentée entre parenthèses [par ex. **bátor** *mn* courageux (-euse); **élénk** *mn* vif (vive)]. Lorsque l'adjectif prend une forme masculine spécifique devant les substantifs commençant par une voyelle ou un "h muet", celle-ci précède la forme féminine [par ex. **puha** *mn* mou (mol) (molle)].

Les verbes

Conformément aux traditions lexicographiques hongroises, les verbes apparaissent en entrée à la troisième personne du singulier. Leur équivalent français est donné à l'infinitif.

A, Á

a¹ *fn [zene]* la *h*; **A-dúr** la majeur; **a-mol** la mineur

a² *ne* le *h*, la *n*, les *h n (t sz)*

á¹ *fn* ~**-tól cettig** de a à z

á² *msz* ah !; ~, **vagy úgy!** ah ! c'est comme ça !

abba *nm [fn előtt]* dans ce (cet) (cette) …(-là); *[önállóan]* là-dedans, dans celui-là (celle-là); ~ **az utcába fordulj be!** prends cette rue-là !; ~ **tettem, nem ebbe** je l'ai mis dans celui-là, pas dans celui-ci

abbahagy *ts i* cesser *v.* arrêter *de inf*; **hagyd már abba!** arrête à la fin !

abbamarad *tn i [időlegesen]* s'interrompre; *[végleg]* cesser

abban *nm [fn előtt]* dans ce (cet) (cette) …(-là); *[önállóan]* dans celui-là (celle-là); ~ **a házban** dans cette maison; ~ **az esetben, ha** dans le *v.* au cas où; ~ **maradtunk, hogy** on a convenu que

abbé *fn* abbé *h*

abból *nm [fn előtt]* de ce (cet) (cette) …(-là); *[önállóan]* de celui-là (celle-là); ~ **a házból jött ki** il est sorti de cette maison-là; ~ **vegyél!** prends-en de celui-là

ábécé *fn* alphabet *h*

ábécéskönyv *fn* abécédaire *h*

Ábel *fn* Abel *h*

ablak *fn* fenêtre *n*; *[járművön]* glace *n*, vitre *n*; *[pénztárnál]* guichet *h*; *inform*

fenêtre *n*; **az ~ az udvarra néz** la fenêtre donne sur la cour; **kinéz az ~on** regarder par la fenêtre

ablakmosó I. *mn* ~**folyadék** produit *h* lave-vitre **II.** *fn [eszköz]* lave-vitre *h*; *[ember]* laveur (-euse) de vitres

ablakpárkány *fn* rebord *h* (de la fenêtre)

ablaktábla *fn* vitre *n*, carreau *h*

ablaktörlő *fn [autóé]* essuie-glace *h*

ablaküveg *fn* vitre *n*; glace *n*

abnormális *mn* anormal(e)

abortusz *fn* avortement *h*; *[spontán]* fausse couche *n*; *[művi]* interruption *n* volontaire de grossesse, IVG

ábra *fn [szövegközi]* figure *n*; *[grafikon]* graphique *h*

abrak *fn* fourrage *h*

ábránd *fn [ábrándozás]* rêverie *n*, songe *h*; *[hiábavaló]* chimère *n*, illusion *n*; ~**okat kerget** se créer des chimères

ábrándoz|ik *tn i* rêver, rêvasser

ábrázol *ts i* représenter; *[írásban]* décrire; *[beszédben]* dépeindre

ábrázolás *fn* représentation *n*

ábrázoló *mn* ~**geometria** géométrie *n* descriptive

abroncs *fn [hordóé]* cerceau *h*; *[autón]* pneu *h*; *[keréken]* jante *n*

abrosz *fn* nappe *n*; *[kicsi]* napperon *h*

abszolút I. *mn* absolu(e); ~ **hallás** oreille *n* absolue; ~ **nulla fok** zéro *h* absolu **II.** *hsz* absolument, parfaitement

abszolutizmus *fn* absolutisme *h*; **felvilágosult** ~ despotisme *h* éclairé

absztinencia *fn* abstinence *n*

absztinens *mn* abstinent(e)

absztrakt *mn* abstrait(e); ~ **módon** abstraitement

abszurd *mn* absurde, déraisonnable; ~ **dráma** théâtre *h* de l'absurde

abszurdum *fn* absurdité *n*, absurde *h*; **ez ~** c'est absurde

acél *fn* acier *h*; *[jelzőként]* d'acier, en acier

acélkék *mn* bleu acier; **~ szemek** des yeux bleu acier

acélos *mn* acéré(e); **~ izmok** muscles *h (t sz)* d'acier

acélszerkezet *fn* structure *n* métallique

acélszürke *mn* bleu gris

aceton *fn* acétone *n*

ács *fn* charpentier *h*

acsarkod|ik *tn i vkire* s'acharner *sur v. contre v. après qqn*

ácsol *ts i* charpenter

ácsorog *tn i* traîner

ad *ts i* donner; *[ajándékoz]* offrir; *[árut]* vendre; *[műsort]* jouer; *[rádió, tv]* émettre; *[telefonon]* vkit passer *qqn*; **~ vkinek a szavára** son opinion lui importe; **igazat ~ vkinek** donner raison à qqn; **~d ide!** passe-le-moi; **hogy ~ja?** *[árut]* c'est combien ?; **férjhez ~ja a lányát** marier sa fille; **majd ~ok én neked!** attends seulement que je t'attrape!; **mit ~nak ma este?** qu'est-ce qu'on joue ce soir ?; **sokat ~ vmire** faire grand cas de qqch

adag *fn [orvosságból]* dose *n*; *[ételből]* portion *n*; *[napi]* ration *n*

adagol *ts i* doser, mesurer; *[gépbe]* alimenter

adagolás *fn* dosage *h*

adakoz|ik *tn i* faire la charité

adakozó I. *mn* charitable, généreux (-euse); **~ kedvében van** être d'humeur charitable **II.** *fn* personne *n* charitable

adalék *fn [adat]* document *h v.* élément *h* supplémentaire; *[cikk]* contribution *n*

Ádám *fn* Adam *h*; **~ apánk** notre pre-mier père *h*; *átv* **~nál-Évánál kezdi** remonter au déluge

ádámcsutka *fn* pomme *n* d'Adam

adandó *mn* **~ alkalommal** à l'occasion

adaptáció *fn* adaptation *n*

adaptál *ts i* adapter

adapter *fn* adaptateur *h*

adás *fn [rádió, tévé]* émission *n*; **élő ~** émission en direct

adásszünet *fn* interruption *n* des programmes

adásvétel *fn* transaction *n*

adásvételi *mn* **~ szerződés** contrat *h* de vente

adat *fn* donnée *n*; *[tények]* information *n*; **műszaki ~ok** données techniques; **személyi ~ok** état *h* civil

adatátvitel *fn* transmission *n* de données

adatbank *fn* banque *n* de données

adatbázis *fn* base *n* de données

adatfeldolgozás *fn* traitement *h* des données

adatgyűjtés *fn* collecte *n* des données, documentation *n*

adathordozó *fn* support *h* (de données)

adatlap *fn* formulaire *h*

adatrögzítés *fn* saisie *n* des données

adatszolgáltatás *fn* service *h* d'informations

adatvédelem *fn* protection *n* des données

ádáz *mn* acharné(e), enragé(e); **~ ellenség** ennemi *h* acharné

addig *hsz [fn előtt]* jusqu'à ce (cet) (cette) … (-là); *[önállóan]* jusqu'à celui-là (celle-là); *[idő, jövőben]* d'ici là, jusque-là; *[idő, múltban]* jusqu'alors, jusqu'à cette date; *[olyan sokáig, hogy]* jusqu'à ce que; **~ is** en attendant; **~ a házig** jusqu'à cette maison

addigi *mn* **~ eredményei** les résultats qu'il a obtenus jusque-là

addigra *hsz [jövőben]* d'ici là, jusque-là; *[múltban]* jusqu'alors

adjunktus *fn* maître assistant(e); *[kórházi orvos]* praticien hospitalier *h*

adminisztráció *fn* administration *n*

adminisztrál I. *tn i* s'occuper de tâches administratives **II.** *ts i* administrer, diriger

adminisztratív *mn* administratif (-ive)

adminisztrátor *fn* administrateur (-trice)

admirális *fn* amiral *h*

adó¹ *fn [adóállomás]* émetteur *h*

adó² *fn* impôt *h*, contribution *n*, taxe *n*; ~ **alá esik** être imposable; **egyenes** ~ impôt direct; **közvetett/fogyasztási** ~ impôt indirect; ~**t fizet** payer v. acquitter ses impôts; ~**t szed** percevoir v. lever l'impôt

adóalany *fn* contribuable *h n*

adóalap *fn* base *n* d'imposition

adóbevallás *fn* déclaration *n* d'impôts, déclaration fiscale

adóbevétel *fn* rentrée *n* de l'impôt

adócsalás *fn* fraude *n* fiscale

adód|ik *tn i [vmi]* se présenter, survenir; *vmiből* découler v. s'ensuivre de *qqch*; **ha alkalom** ~**ik** si l'occasion se présente; **úgy** ~**ott, hogy** il s'est trouvé que

adóellenőr *fn* inspecteur (-trice) du fisc v. des impôts

adóelőleg *fn* acompte *h* v. tiers *h* provisionnel

adófizető *fn* contribuable *h n*

adogat *ts i* donner, passer; *[teniszben]* servir

adóhátralék *fn* arriéré *h* fiscal

adóhivatal *fn* fisc *h*; *[helyiség]* perception *n*

adókedvezmény *fn* allègement *h* fiscal

adóköteles *mn* imposable, taxable

adókulcs *fn* taux *h* d'imposition

adoma *fn* anecdote *n*

adomány *fn* don *h*

adományoz *ts i vmit vkinek* faire don de *qqch* à *qqn*; *[címet]* conférer

adományozó *mn/fn* donateur (-trice)

adómentes *mn* exonéré(e) d'impôts

adómentesség *fn* exonération *n* fiscale

adónem *fn* catégorie *n* d'impôts

adoptál *ts i* adopter

adoptálás *fn* adoption *n*

adórendszer *fn* fiscalité *n*, régime *h* fiscal

adós *mn/fn átv is* débiteur (-trice); *átv vmivel vkinek* être redevable *de qqch* à *qqn*; ~**a vagyok** je suis son obligé; ~**om maradt a válasszal** vous me devez une réponse

adósság *fn* dette *n*; ~**ba veri magát** s'endetter; ~**ot kifizet** rembourser v. régler une dette

adószakértő *fn* fiscaliste *h n*

adótanácsadó *fn* conseiller (-ère) fiscal(e)

adótárgy *fn* matière *n* imposable

adóteher *fn* charge *n* fiscale

adottság *fn [körülmények]* condition(s) *n (t sz)*; *[emberi]* faculté *n*, don *h*; *[képesség]* aptitude *n*, capacité *n*; *[hajlam]* disposition *n*

adó-vevő *fn* émetteur-récepteur *h*; talkie-walkie *h*

adóvisszatérítés *fn* détaxe *n*

adózás *fn* paiement v. payement *h* de l'impôt; **kibújik az** ~ **alól** échapper à l'impôt

adóz|ik *tn i vmi után* payer l'impôt *sur qqch*; **elismeréssel** ~**ik vkinek/vminek** rendre hommage à *qqn/qqch*

adóztat *ts i vkit* imposer *qqn*; *vmit* taxer *qqch*

Adria *fn* az ~ l'Adriatique *n*

adu *fn átv is* atout *h*; **kiadja az utolsó** ~**ját** jouer sa dernière carte

advent *fn* avent *h*

A

aerobik *fn* aérobic *n*

ÁFA *fn* taxe *n* à la valeur ajoutée, T.V.A.

áfamentes *mn* non assujetti(e) à la T.V.A.

áfás *mn* assujetti(e) à la T.V.A

afelé *hsz* dans cette direction-là

afelett *hsz* de ce que; **elkeseredett ~, hogy** il a été désespéré de ce que *subj*

afelől *hsz* [térben] de là-bas; [körülményről] à cet égard; **~ nyugodt lehet** de ce côté-là, vous pouvez être tranquille; **~ érdeklődött, hogy** il s'est enquis

affektál *tn i* minauder; **ne ~j!** ne fais pas de manières

afféle *mn* une sorte de, une espèce de; **ez csak ~ szóbeszéd** ce ne sont que des on-dit

afgán I. *mn* afghan(e) **II.** *fn* [személy] Afghan(e); [nyelv] afghan *h*

áfonya *fn* [vörös] airelle *n*; [fekete] myrtille *n*

aforizma *fn* aphorisme *h*

Afrika *fn* Afrique *n*; **fekete ~** Afrique noire

afrikai I. *mn* africain(e) **II.** *fn* [személy] Africain(e)

ág *fn* [fáé] branche *n*; [gally] rameau *h*; [folyóé] bras *h*, branche *n*; [családé] ligne *n*, branche; [szakmákban] branche *n*, domaine *h*

agancs *fn* bois *h*, ramure *n*

agár *fn* lévrier *h*

ágaskod|ik *tn i* se dresser sur la pointe des pieds; [ló] se cabrer

ágazat *fn* növ branchage *h*; gazd secteur *h*; tud branche *n*

agg I. *mn* vieux (vieil) (vieille) **II.** *fn* vieillard *h*

aggály *fn* [lelkiismereti] scrupule(s) *h* (*t sz*); [aggodalom] crainte(s) *n* (*t sz*); [kétely] doute(s) *h* (*t sz*)

aggályos *mn* [dolog] délicat(e), risqué(e); [ember] soucieux (-euse), angoissé(e)

aggályoskod|ik *tn i* se tracasser, se faire du souci

aggastyán *fn* vieillard *h*, [tiszteletreméltó] patriarche *h*

aggaszt *tn i* inquiéter, préoccuper

aggasztó *mn* inquiétant(e), préoccupant(e); **~ állapot** état *h* alarmant

aggkor *fn* grand âge *h*, quatrième âge

agglegény *fn* célibataire *h*, vieux garçon *h*

agglomeráció *fn* agglomération *n*

aggodalmas *mn* anxieux (-euse), inquiet (-ète)

aggodalom *fn* anxiété *n*, inquiétude *n*; **nincs ok az ~ra** il n'y a aucune raison de s'inquiéter

aggódás *fn* anxiété *n*, appréhension *n*

aggód|ik *tn i* vmiért s'inquiéter de qqch; vkiért s'inquiéter pour qqn, se faire du souci v. du mauvais sang pour qqn; **ne ~j!** ne t'inquiète pas!

agilis *mn* dynamique

agitál *tn i* pol faire de la propagande (politique)

Ágnes *fn* Agnès *n*

Ágoston *fn* Augustin *h*

agrár *mn* agraire, agricole

agrármérnök *fn* ingénieur *h* agronome

agrártudomány *fn* agronomie *n*

agresszió *fn* agression *n*

agresszív *mn* agressif (-ive)

agresszivitás *fn* agressivité *n*

ágrólszakadt I. *mn* déguenillé(e), loqueteux (-euse) **II.** *fn* va-nu-pieds *hn*

agronómus *fn* agronome *h n*

agy *fn* [emberé] cerveau *h*; [állatoké is] cervelle *f*; [puskáé] crosse *n*; **az ~ára megy vkinek** biz taper sur les nerfs de qqn

ágy *fn [fekhely, folyóé, gépé]* lit *h*; **~ban fekszik** être au lit; **~nak dől** s'aliter, garder le lit; **megveti az ~at** faire v. préparer le lit

agyafúrt *mn [ravasz]* retors(e), futé(e); *[furfangos]* astucieux (-euse), ingénieux (-euse)

agyag *fn* argile *n*, terre *n*; **égetett ~** argile v. terre cuite

agyagedény *fn* pot *h* de terre v. d'argile, poterie *n*

agyalágyult *mn* abruti(e), crétin(e)

agyar *fn* défense *n*

ágyás *fn* planche *n*; *[csak virágoké]* parterre *h*

ágyaz *tn i* préparer v. faire le lit

ágybetét *fn* sommier *n*

agydaganat *fn* tumeur *n* cérébrale

ágyék *fn* aine *n*

agyhártyagyulladás *fn* méningite *n*

agykéreg *fn* cortex *h* cérébral

agymosás *fn* lavage *h* de cerveau

agyműködés *fn* activité *n* cérébrale

ágynemű *fn* draps *h (t sz)* et couvertures *n (t sz)*; *[ágyhuzat]* linge *h* de lit

ágyneműtartó *fn* coffre *h* pour le linge de lit

agyondolgoz *ts i* **~za magát** se tuer à la tâche

agyonhajszol *ts i* surmener, harasser; **~ja magát** se surmener

agyonlő *ts i* fusiller, abattre (d'un coup de revolver v. de fusil); **agyonlövi magát** se tirer une balle dans la tête

agyonnyom *ts i* écraser, étouffer

agyontapos *ts i* piétiner à mort

agyonüt *ts i* assommer; *[áram]* électrocuter; *[villám]* foudroyer; **~i az időt** tuer le temps

agyonver *ts i* battre v. frapper à mort

agyrázkódás *fn* commotion *n* cérébrale

agyrém *fn [látomás]* vision *h* cauchemardesque; *[ötlet]* biz délire *h*

agysebészet *fn* neurochirurgie *n* (du cerveau)

agysérülés *fn* lésion *n* cérébrale

ágytál *fn* bassin *h* (hygiénique)

ágyterítő *fn* couvre-lit *h*

ágyú *fn* canon *h*; **elsüti az ~t** tirer le canon; **süket mint az ~** *biz* sourd(e) comme un pot

ágyúgolyó *fn* obus *h*, boulet *h* de canon

ágyúlövés *fn* coup *h* de canon

ágyútűz *fn* canonnade *n*

ágyúz *ts i/tn i* canonner

agyvelő *fn* cerveau *h*; *[anyaga]* cervelle *n*

agyvérzés *fn* hémorragie *n* cérébrale; **~t kap** avoir une hémorragie cérébrale

ahány *nm* autant que; **~ ember, annyi vélemény** autant d'hommes, autant d'avis; **~ embert csak láttam** tous ceux que j'ai vus; **~at csak akarsz** autant que tu veux

ahányszor *nm* autant de fois que, le nombre de fois que; **~szor csak tetszik** autant de fois que vous voudrez; **~ csak jön** chaque fois qu'il vient

ahelyett *hsz* au lieu de; **~, hogy** au lieu de *inf* v. que *subj*

ahhoz *nm* à v. chez ce (cet) (cette) ... (-là); *[önállóan]* à celui-là (celle-là); *vmihez* pour cela v. ça; **ne nyúlj ~ a lekvárhoz!** ne touche pas à cette confiture !; **~, ami(t)** à ce que; **~, hogy** pour (inf); **~ idő kell** pour ça, il faut du temps; **~ képest, hogy kezdő, jól csinálja** pour un débutant, il se débrouille bien

ahít *ts i* **áhítozik** *vmire* aspirer à *qqch*

áhítat *fn* recueillement *h*, ferveur *n*; *[csodálat]* révérence *n*; **~ba merül** se recueillir

ahogy *hsz* **ahogyan** *[mód]* comme; *[amennyire]* autant que; *[amint]* aussitôt, dès; **~ akarod** comme tu veux; **~ mondani szokás** comme on dit; **úgy ~ volt** tel qu'il était; **~ megérkezett, lefeküdt** aussitôt arrivé, il s'est couché

ahol *hsz* où, là où; **~ csak** partout où, où que *subj*

ahonnan *hsz* d'où, dont; **~ csak** de n'importe où

ahova *hsz* là, là où; **~ megyek** là où je vais; **~ csak néz** où qu'il regarde

AIDS *fn* sida *h*

AIDS-beteg *fn* sidéen (-enne)

ajak *fn* lèvre(s) *n (t sz)*

ajakrúzs *fn* rouge *h* à lèvres

ajándék *fn* cadeau *h*, présent *h*; **~ba ad vmit** faire cadeau *v.* présent de qqch à qqn; **~ba kap** recevoir en cadeau; **~képpen** à titre de cadeau

ajándékbolt *fn* magasin *h* de souvenirs

ajándékcsomag *fn* paquet-cadeau *h*

ajándékoz *ts i* faire cadeau de qqch à qqn, offrir qqch à qqn

ajándéktárgy *fn* souvenir *h*

ajánl *ts i [dolgot]* proposer; *[személyt]* recommander; *[javasol]* conseiller, suggérer; *[könyvet]* dédier; **~ja vkinek, hogy** conseiller à qqn de *inf*; **~va felad** envoyer qqch en recommandé; **figyelmébe ~ vkinek vmit** attirer l'attention de qqn sur qqch

ajánlás *fn* recommandation *n*, proposition *n*; *[ajánlólevél]* lettre *n* de recommandation; *[könyvben]* dédicace *n*

ajánlat *fn* offre *n*; *[indítvány]* proposition *n*; *[árverésen]* enchère *n*; *[versenytárgyaláson]* soumission *n*

ajánlatos *mn* recommandé(e), conseillé(e); *orv* indiqué(e); **nem ~** contre-indiqué(e)

ajánlkoz|ik *tn i* vmire s'offrir à v. de v. pour *inf*; **állásra ~ik** se présenter à un poste

ajánló I. *mn* **~ sorok** mot *h* de recommandation **II.** *fn [állásba]* garant(-e) *h n*; *[vmilyen közösségbe]* parrain *h*, marraine *n*

ajánlólevél *fn* lettre *n* de recommandation, références *n (t sz)*

ajánlott *mn* **~ levél** lettre *n* recommandée; **~ irodalom** ouvrages *h (t sz)* conseillés

ajkú *mn* **francia/angol ~** francophone/anglophone; **magyar ~** de langue hongroise

ájtatos *mn* pieux (-euse); **~ képpel** avec des airs de tartufe

ajtó *fn* porte *n*; *[járműveken]* portière *n*; **belép/kilép az ~n** franchir/passer la porte; **kopog az ~n** frapper à la porte; **zárt ~k mögött** à huis clos

ajtófélfa *fn* jambage *h* (de la porte)

ajtónyílás *fn* embrasure *n* de la porte; *[félig nyílt ajtó]* entrebâillement *h*

ajtószám *fn* numéro *h* de la porte

ajtószárny *fn* battant *h* (d'une porte)

ájulás *fn* évanouissement *h*; **~ környékezi** être au bord de l'évanouissement

akác *fn* acacia *h*; **lila ~** glycine *n*

akácméz *fn* miel *h* d'acacia

akad *tn i* vmibe s'accrocher à qqch; *vmire/vkire* tomber *sur* qqch/qqn; *[előfordul]* se trouver, se rencontrer; **torkán ~ a szó** avoir le souffle coupé

akadály *fn* obstacle *h*; *[úton]* barrage *h*; *átv* obstacle *h*, accroc *h*; *sp* obstacle, haie *n*; **~ nélkül** sans encombre; **~okba ütközik** rencontrer *v.* buter sur des obstacles; **nem látja ~át annak, hogy** ne voir aucun inconvénient à ce que *subj*

akadályoz *ts i* vmit empêcher qqch, faire obstacle à qqch; *vkit vmiben* empêcher qqn de faire qqch; **~za a forgalmat** gêner la circulation

akadályoztatás *fn* ~ **esetén** en cas d'empêchement

akadályverseny *fn sp* course *n* d'obstacles

akadékoskod|ik *tn i* faire des histoires, pinailler

akadémia *fn* académie *n*; **a Francia A~** l'Académie (française); **Magyar Tudományos A~** Académie des Sciences de Hongrie

akadémiai *mn* académique, de l'Académie

akadémikus I. *mn* académique **II.** *fn* académicien (-ienne); **a francia ~ok** les Quarante *h* (*t sz*), les immortels (-elles)

akadoz|ik *tn i* [*gép*] avoir des à-coups, gripper; [*közlekedés*] bouchonner; **~ik a nyelve** avoir la bouche *v.* la langue pâteuse

akadozva *h ign* par à coups, par saccades

akar *ts i* vouloir; **ha ~od, ha nem** que tu le veuilles ou non *v.* ou pas; **te ~tad** c'est toi qui l'as voulu; **csinálj, amit ~sz!** fais ce que tu veux; **mit ~ ez jelenteni?** qu'est-ce que cela veut dire ?; **maga túl sokat ~** vous demandez trop; **mit ~ még?** que voulez-vous de plus ?

akár I. *hsz* **mehetünk ~ gyalog is** à la rigueur, on peut (même) y aller à pied; **~ el se gyere** le mieux serait que tu ne viennes même pas; **~ egy ezrest is adok érte** je suis prêt à en donner mille forints; **~ csak egyszer is** ne serait-ce qu'une fois **II.** *ksz* **olyan, ~ az anyja** elle est (tout) comme sa mère; **~ hiszi, ~ nem** croyez-le ou non; **~ tetszik, ~ nem** que cela te plaise ou non; **~ így, ~ úgy** de toutes les manières, quelque soit le cas

akarat *fn* volonté *n*; **~a ellenére** contre son gré *v.* sa volonté; **~tal** exprès, volontairement; **szabad ~** libre arbitre *h*

akaraterő *fn* force *n* de volonté *v.* d'âme

akaratlan *mn* [*nem szándékos*] involontaire; [*önkéntelen*] spontané(e), inconscient(e)

akaratos *mn* obstiné(e), entêté(e), têtu(e); [*kifejezésben*] n'en faire qu'à sa tête

akárcsak *ksz* tout comme; **~ én** tout comme moi

akárhogyan *hsz* **akárhogy** de toute manière *v.* façon, n'importe comment; **~ is** d'une façon ou d'une autre; **~ van is** quoi qu'il en soit

akárhol *hsz/ksz* n'importe où, où que *subj*; **~ van is** où qu'il soit

akárhonnan *hsz/ksz* de n'importe où, de quelque part que ce soit; **~ is** d'où que ce soit

akárhova *hsz/ksz* n'importe où; où que *subj*, quelque part que *subj*; **~ megy is** où qu'il aille, quelque soit l'endroit où il aille

akárki *nm* n'importe qui; **ő nem ~** il n'est pas n'importe qui; **ezt ~ megérti** c'est à la portée du premier venu; **~ fia** qui qu'il soit

akármeddig *hsz* [*térben*] aussi loin que; [*időben*] pendant un temps illimité, indéfiniment; **~ elkísérlek** je t'accompagne jusqu'à où tu veux; **~ maradhatsz** tu peux rester aussi longtemps que tu veux

akármekkora *nm* [*mn-i értelemben*] si grand qu'il soit, aussi grand soit-il; [*fn-i értelemben*] si grand *v.* si petit que ce soit

akármelyik *nm* n'importe quel (quelle), n'importe lequel (laquelle); **~ időpontban** à tout moment, à n'importe quel moment; **~et is választod** quelque soit celui que tu choisis; **~ötök** n'importe lequel d'entre vous

A

akármennyi *nm* n'importe combien; **~be kerül is** quel qu'en soit le prix; **~en** ils lesznek aussi nombreux soient-ils; **~t ehetsz belőle** tu peux en manger (au)tant que tu veux

akármennyire *hsz/ksz* → **akárhogyan**

akármerre *hsz* → **akárhova**

akármi *nm* quoi que ce soit, n'importe quoi; **~t mondanak is** quoi qu'ils disent; **~be fogadok** je parie tout ce que tu veux; **~ lesz is** quoi qu'il arrive

akármikor *hsz/ksz* n'importe quand, à tout moment *v.* instant; *[valahányszor]* chaque fois que; **~ itt lehet** il peut arriver d'un instant à l'autre; **~ jön is** à quelque moment qu'il vienne

akármilyen *nm* quel qu'il (quelle qu'elle) soit, n'importe quel (quelle); quelque… que *subj*; **~ okból** pour quelque raison que ce soit; **~ nagy** quelle que soit la taille; **nem ~ ember** ce n'est pas n'importe qui

akaródz|ik *tn i [tárgyat] vmire* accrocher à *v. sur qqch*; *[embert]* pendre

akaszt *ts i [tárgyat] vmire* accrocher à *v. sur qqch*; *[embert]* pendre

akasztó *fn [fogas]* crochet *h*, patère *n*; *[vállfa]* cintre *h*

akasztófa *fn* potence *n*, gibet *h*

akcentus *fn* accent *h*

akció *fn* action *n*; *[rendőri, katonai]* opération *n*; *[kereskedelmi]* solde *h*; *[sajtó]* campagne *n*; **~ba lép** entrer en action

akciófilm *fn* film *h* d'action

aki *nm* qui; **az, ~** celui (celle) qui; **~k** qui; **azok, ~k** ceux (celles) qui; **~t, ~ket** que; **~nek** à qui, auquel (à laquelle); **~nek a** dont, duquel (de laquelle); **~nél** chez qui; **~ről, ~től** dont; de qui; duquel, (de laquelle);

~vel avec qui; **bárki, ~** quiconque; **ő az, ~re gondolok** c'est à lui que je pense; **ő az, ~t láttam** c'est celui que j'ai vu; **az ember, ~ről beszélek** l'homme dont je parle

akkor *hsz* alors, à ce moment(-là); lorsque; **csak ~,** ha seulement si; **~ is, ha** même si; **~ jött, amikor elmentem** il est arrivé lorsque *v.* au moment où *v.* quand je suis parti; **éppen ~, amikor** juste au moment où; **és ~ mi van?** et alors ?

akkora *nm [mint]* aussi grand(e) que; *[hogy]* si grand(e) que, tel (telle) que; **~ zaj volt, hogy** il y avait un tel vacarme que

akkord *fn* accord *h*

akkori *mn* de l'époque, de cette époque(-là), de ce temps(-là); **az ~ főnök** le patron de l'époque; **az ~ emberek** les gens de cette époque

akkoriban *hsz* en ce temps-là, à cette époque(-là), à l'époque

akkreditál *ts i* accréditer

akkumulátor *fn* batterie *n*; **feltölti az ~t** (re)charger la batterie

akkutöltő *fn* chargeur *h* de batterie

akna *fn [robbanó]* mine *n*; *[bány]* puits *h*; **~ra fut** heurter une mine

ákombákom *fn* gribouillis *h*, griffonnage *h*

aközben *hsz* cependant, pendant ce temps

akrobata *fn* acrobate *h n*; *[jelzőként]* acrobatique

akrobatamutatvány *fn* acrobatie *n*; *átv* tour *h* d'acrobatie

akrobatika *fn* acrobatie *n*, gymnastique *n* acrobatique

akrobatikus *mn* acrobatique

akt *fn* nu *h*

akta *fn* acte *h*, pièce *n*, document *h*

aktatáska *fn* serviette *n*, attaché-case *h*

aktív *mn* actif (-ive), dynamique; ~ **tiszt** officier *h* d'active

aktivista *fn* militant(e); *[szélsőséges]* activiste *h n*

aktivitás *fn* activité *n*

aktivizál *ts i* activer

aktuális *mn* actuel (-elle), d'actualité; **ez már nem** ~ ce n'est plus d'actualité

aktualitás *fn* actualité *n*

aktus *fn [ünnepi]* cérémonie *n*; *[nemi]* acte *h* (sexuel)

akupunktúra *fn* acupuncture *v.* acuponcture *n*

akusztika *fn* acoustique *n*

akusztikus *mn* acoustique

akut *mn orv* aigu (-uë); *átv [sürgős]* pressant(e), urgent(e)

akvarell *fn* aquarelle *n*

akvárium *fn* aquarium *h*; *[asztali, kerek]* bocal *h*

alá I. *hsz* dessous, au-dessous, en dessous **II.** *nu* sous qqch, au-dessous *v.* en dessous de qqch

aláaknáz *ts i* miner; *átv* saper, miner

aláás *ts i* miner; *átv* saper, miner; ~**sa egészségét** ruiner sa santé

alább *hsz* plus bas; *[szövegben]* **lásd** ~ voir ci-dessous; ~ **említett** mentionné(e) ci-dessous; *[kevesebb]* **ne add el 100 eurónál** ~! ne le vends pas à moins de *v.* au-dessous de 100 euros; *átv* ~ **adja** radoucir son ton

alábbhagy *tn i* se calmer, diminuer; *[figyelem]* se relâcher; *[harag]* tomber

alábbi I. *mn* ci-dessous nommé(e) *v.* mentionné(e), suivant(e); **az** ~ **levelet kaptuk** nous avons reçu la lettre suivante **II.** *fn* **az** ~**ak** ce qui suit; **az** ~**akban** dans ce qui suit

alábecsül *ts i* sous-estimer, sous-évaluer

alacsony *mn [vmi]* bas (basse); *[vki]* petit(e), de petite taille; *[társadalmi helyzet, beosztás]* inférieur(e), subordonné(e); ~ **ár** prix *h* bas *v.* modéré

alacsonyan *hsz* bas; ~ **repül** voler bas, raser le sol

aláfestés *fn* fond *h*; **zenei** ~ fond musicale *v.* sonore

aláfestő *mn* ~ **zene** musique *n* de fond

alagsor *fn* sous-sol *h*

alagút *fn* tunnel *h*

alágyújt *tn i* allumer

aláhúz *ts i* souligner

aláhúzás *fn* soulignage *h*

aláír *ts i* signer; *[kezdőbetűvel]* parapher *v.* parafer

aláírás *fn* signature *n*; ~**ával ellát** apposer sa signature

aláíró I. *mn* **az** ~ **felek** les cosignataires *h n* **II.** *fn* signataire *h n*

alak *fn* forme *n*; *[termet]* taille *n*, ligne *n*; *[képen]* figure *n*; *[ember]* biz type *h*, bonhomme *h*; *irtud* caractère *h*; *nyelv* forme *n*; **vigyáz az** ~**jára** surveiller sa ligne; **szerencsétlen** ~ pauvre type; **por** ~**ban** sous forme de poudre

alaki *mn* formel (-elle); ~ **hiba** vice *h* de forme

alakít *ts i* former, façonner; *vmivé* transformer *v.* convertir *en qqch*; *[ruhát]* retoucher; *[szerepet]* interpréter; *[kormányt, bizottságot]* former, constituer

alakítás *fn* formation *n*; *[tárgyaké]* façonnage *h*; *[ruháé]* recoupage *h*; *szính* interprétation *n*

alakítható *mn [anyag, jellem]* flexible, malléable; *[tárgy]* műsz formable, façonnable

alakoskodás *fn* hypocrisie *n*

alakoskod|ik *tn i* feindre, simuler

alaktalan *mn* informe, sans forme; *[csúf]* difforme

alaktan *fn nyelv* morphologie *n*

alakú *mn* de forme, en forme de; **háromszög ~** de forme triangulaire, en forme de triangle; **s~** en s; **jó ~ nő** une femme bien faite *v. biz* bien roulée

alakul *tn i [alakot ölt]* prendre forme, se dessiner; *vmivé* se transformer *en qqch*; *[létrejön]* se former, se constituer; **jó ~tak a dolgok** les choses ont bien tourné; **a helyzet úgy ~t, hogy** il s'est passé que

alakulás *fn* évolution *n*; **az árak ~a** l'évolution des prix; **az események ~a** la tournure prise par les événements

alakulat *fn földr, kat* formation *n*

alakuló *mn* **~ közgyűlés** assemblée *n* constitutive

alakváltozat *fn* variante *n*

alakzat *fn* figure *n*, forme *n*, configuration *n*

alámerül *tn i* plonger; *[hajó]* sombrer, couler

alamizsna *fn* aumône *n*

alamuszi *mn* sournois(e)

alantas *mn [aljas]* bas (basse), abject(e)

alany *fn nyelv* sujet *h*;

alanyeset *fn* nominatif *h*

alap *fn* base *n*, fondement *h*; *[épületé]* fondations *n (t sz)*; *gazd* fonds *h (t sz)*; **~jában véve** fondamentalement; **~ot ad vmire** donner prise à qqch; **~ul szolgál vminek** servir de base à qqch; **minek az ~ján?** en vertu de quoi ?; **vminek az ~ján** sur la base de qqch; **semmi ~ja nincs** c'est sans fondement

alapállás *fn* position *n* de départ

alapanyag *fn* matière *n* première

alapbér *fn* **alapfizetés** traitement *h v.* salaire *h* de base

alapdíj *fn* prix *h* de base; *[taxinál]* prise *n* en charge

alapelem *fn* élément *h* fondamental *v.* de base, composant *h*

alapellátás *fn [egészségügyi]* soins *h (t sz)* de médecine générale

alapelv *fn* principe *h* de base *v.* fondamental

alapfeltétel *fn* condition *n* sine qua non *v.* fondamentale

alapfogalom *fn* notion *n* de base; **alapfogalmak** notions élémentaires

alapfok *fn* premier degré *h*; *nyelv* positif *h*; **~on tud vmit** connaître les rudiments de qqch

alaphang *fn zene* note *n* fondamentale, fondamentale *n*

alapismeret *fn* **~ek** connaissances *n (t sz)* élémentaires; *[tudásé]* rudiments *h (t sz)*, b.a.-ba *h*

alapít *ts i* fonder, établir, créer; *átv vmire* fonder *v.* appuyer *sur qqch*

alapítás *fn* fondation *n*, création *n*

alapító *mn/fn* fondateur (-trice); **~ okirat** acte *h* constitutif; **~ tag** membre *h* fondateur

alapítvány *fn* fondation *n*; **~t létrehoz vki/vmi javára** établir une fondation en faveur de qqn/qqch

alapképzés *fn* formation *n* initiale *v.* de base

alapkérdés *fn* question *n* fondamentale

alapkő *fn* première pierre *n*; *átv* pierre angulaire; **leteszi az alapkövet** poser la première pierre

alapkutatás *fn* recherche *n* fondamentale *v.* pure

alaplap *fn inform* carte *n* mère; *mat* base *n*

alapmű *fn* oeuvre *n* maîtresse

alapművelet *fn mat* **a négy ~** les quatre opérations *n (t sz)* (fondamentales)

alapokmány *fn* charte *n*

alapos mn [tudás, munka] solide, approfondi(e); [ember] minutieux (-euse), consciencieux (-euse); ~ **okok** bonnes raisons n (t sz)

alaposan hsz à fond, soigneusement; ~ **téved** se tromper lourdement

alapoz ts i [házat] poser v. jeter les fondations; [vásznat] apprêter; [véleményt] baser, fonder

alapozás fn [festésé] apprêt h (t sz), couche n de fond; [házé] travaux h (t sz) de fondation, fondations n (t sz)

alapozó fn [kozmetikum] fond n de teint

alapötlet fn idée n de départ

alaprajz fn plan h

alapszabály fn règle n fondamentale; [szervezeté] statuts h (t sz)

alapszerződés fn traité h de base

alapszókincs fn vocabulaire h de base

alaptalan mn infondé(e), sans fondement, dénué(e) de (tout) fondement; ~ **hír** faux bruit h

alapterület fn surface n, superficie n

alaptőke fn capital h social, fonds h

alaptörvény fn loi n fondamentale

alapul tn i vmire se baser v. se fonder sur qqch

alapvető mn fondamental(e), essentiel (-elle); ~ **fontosságú** d'un intérêt capital; ~ **szükségletek** besoins h (t sz) de première nécessité

alapvizsga fn [Fr.-ban] Diplôme h d'études universitaires générales, D.E.U.G

alapvonal fn mat base n; inform ligne n de base; műsz ligne de référence; [tenisz, futball] ligne de fond

alapzat fn [épületé] fondation(s) n (t sz); [szoboré] socle h, piédestal h

álarc fn masque h; ~ot **ölt** se masquer; **leveti az** ~ot ôter v. lever le masque

álarcos mn masqué(e); ~ **rabló** bandit h masqué

álarcosbál fn bal h masqué

alárendel ts i subordonner

alárendelt mn/fn subordonné(e), subalterne h n; ~ **mondat** proposition n subordonnée

alátámaszt ts i soutenir, caler; átv étayer, appuyer, soutenir

alátét fn [íróasztalon] sous-main h; [poháré] dessous h de verre; [csavarhoz] rondelle n; műsz semelle n

alatt nu [hely] sous qqch, au-dessous v. en dessous de qqch; [idő] pendant, en, durant; **az ablak** ~ sous la fenêtre; **ez idő** ~ pendant ce temps; **percek** ~ en (l'espace de) quelques minutes; **a háború** ~ durant la guerre; **az 56. szám** ~ au numéro 56; **nulla fok** ~ au-dessous de zéro

alatta hsz au-dessous, en dessous, par dessous; **bújjunk át** ~! passons pardessous; **alattunk laknak** ils habitent en dessous de chez nous; átv ~ **marad vkinek vmiben** être inférieur(e) à qqn en qqch

alatti mn **föld** ~ **parkoló** parking h souterrain; **a hat év** ~ **gyerekek** les enfants h (t sz) de moins de six ans; **öv** ~ **ütés** coup h au-dessous de la ceinture; **víz** ~ **úszás** nage n sous l'eau; **20 fok** ~ **hőmérséklet** température n inférieure à 20 degrés

alattomban hsz en cachette, à la dérobée

alattomos mn sournois(e), perfide

alattvaló mn/fn sujet (-ette)

álávaló mn ignoble, abject(e), infâme

álávet ts i vkit/vmit vminek soumettre qqn/qqch à qqch; ~**i magát vminek** se soumettre à qqch

áláz ts i **porig** ~ **vkit** vál couvrir qqn d'opprobre

álázat fn humilité n; ~**tal** humblement

álázatos mn humble, soumis(e)

albán I. mn albanais(e) II. fn [személy] Albanais(e); [nyelv] albanais h

Albánia *fn* Albanie *n*

albérlet *fn* sous-location *n*; ~et kiad/kivesz sous-louer; ~ben lakik être sous-locataire

albérlő *mn/fn* sous-locataire *h n*

Albert *fn* Albert *h*

albizottság *fn* sous-commission *n*; **parlamenti** ~ sous-commission parlementaire

album *fn* album *h*

álcáz *ts i átv is* masquer, camoufler, dissimuler; ~za magát vminek se camoufler en qqch

alcím *fn* sous-titre *h*

áld *ts i* bénir; **Isten ~jon!** adieu !

áldás *fn* bénédiction *n*; ~át adja vmire donner sa bénédiction à qqch

áldásos *mn* salutaire, bienfaisant(e), bénéfique

áldatlan *mn* infortuné(e), malchanceux (-euse); ~ **állapotok** conditions *n (t sz)* malheureuses

áldomás *fn* toast *h*; ~t iszik vmire lever son verre au succès de qqch

áldott *mn* béni(e); ~ **állapotban van** être enceinte

áldoz I. *ts i* vmit vmiért sacrifier qqch à qqch; [időt, pénzt] consacrer à qqch **II.** *tn i [isteneknek]* sacrifier; vki emlékének ~ rendre hommage à la mémoire de qqn

áldozás *fn vall* (la sainte) communion *n*

áldozat *fn* victime *n*; [szertartás] sacrifice *h*; ~ul esik vminek être victime de qqch; ~okat hoz vmiért consentir des sacrifices pour qqch; **baleset ~a** victime d'un accident; **a lángok ~a** la proie des flammes; **nagy ~okat követel** exiger de gros sacrifices

áldozatkész *mn* dévoué(e), prêt(e) à se sacrifier

áldoz|ik *tn i vall* communier, recevoir la communion

alelnök *fn* vice-président(e)

alezredes *fn* lieutenant-colonel *h*

alfaj *fn* sous-espèce *n*

alföld *fn* plaine *n*

Alföld *fn* Grande Plaine *n* hongroise

alga *fn* algue *n*

algebra *fn* algèbre *n*

Algéria *fn* Algérie *n*

algériai I. *mn* algérien (-ienne) **II.** *fn* [személy] Algérien (-ienne); [dialektus] algérien (-ienne)

algoritmus *fn* algorithme *h*

alhadnagy *fn* sous-lieutenant *h*

álhír *fn* fausse nouvelle *n*, faux bruit *h*; ~eket terjeszt colporter des fausses nouvelles

alibi *fn* alibi *h*; ~t igazol fournir un alibi

alig *hsz/ksz* à peine, guère; (tout) juste; ~ **ismerem** je le connais à peine; ~ **lát** il ne voit presque pas; ~ **öt éves** avoir tout juste cinq ans; ~ **van pénze** n'avoir pratiquement pas d'argent; ~ **várja, hogy** attendre avec impatience de *inf*

aligátor *fn* alligator *h*, caïman *h*

aligha *hsz* probablement pas; **ma már ~ jön meg** il n'arrivera probablement plus aujourd'hui

alighanem *hsz* probablement, sans doute

alighogy *hsz/ksz* à peine ... que; ~ **megérkezett, máris elment** à peine était-il arrivé qu'il est reparti, il était tout juste arrivé qu'il était déjà reparti

alj *fn [szoknya]* jupe *n*

alja I. *mn* ~ **népség** *pej* populace *n*, racaille *n* **II.** *fn [alsó rész]* vminek le bas de qqch; [hegyé] pied *h*; [üledék] fond *h*, dépôt *h*; **a lap ~n** au bas de (la) page

aljas *mn* bas (basse), ignoble, abject(e); ~ **gazember** (sinistre) crapule *n*; ~ **rágalom** infâme calomnie *n*

aljasság *fn* bassesse *n*, ignominie *n*

aljnövényzet *fn* sous-bois *h*

aljzat *fn [vasúti]* traverse *n*; *vill* fiche *n* femelle

alkalmas *mn vmi vmire*; approprié(e) *v.* propre à *qqch*; *vki vmire* apte à *inf v.* à *qqch*; *[állásra]* incompétent(e); **fogyasztásra** ~ propre à la consommation; ~ **időben** en temps opportun; **nem** ~ **erre a munkára** il n'est pas fait pour ce travail; ~**nak talál** *[sorozásnál]* déclarer apte

alkalmasság *fn vmire* aptitude *n* à *qqch*, capacité *n* de *qqch*

alkalmatlan *mn vmi vmire* impropre, inadapté(e) *à qqch*; *vki vmire* inapte à *inf v.* à *qqch*; *[állásra]* incompétent(e); *[kellemetlen]* fâcheux (-euse); *[rosszkor történő]* inopportun(e); ~ **időben** à contretemps

alkalmatlankod|ik *tn i* importuner, déranger; **nem akarok** ~**ni** je ne veux pas vous importuner

alkalmaz *ts i [használ]* employer, utiliser; *[foglalkoztat]* employer, engager; *film, szính* adapter; **gyakorlatban** ~ mettre en pratique; **egy törvényt** ~ appliquer une loi

alkalmazás *fn [használat]* emploi *h*, usage *h*; *[állásban]* emploi *h*, engagement *h*; *film, szính* adaptation *n*; *jog* application *n*; **gyakorlati** ~ mise *n* en pratique

alkalmazkodás *fn* adaptation *n*; *növ, áll* acclimatation *n*

alkalmazkod|ik *tn i vkihez/vmihez* s'adapter à *qqn/qqch*; ~**ik a körülményekhez** se plier aux circonstances

alkalmazkodó *mn* accommodant(e), souple, flexible

alkalmazkodóképesség *fn* capacité *n* d'adaptation; *pszich [viselkedésbeli]* faculté *n* d'adaptation

alkalmazott I. *mn* appliqué(e); ~ **tudomány** science *n* appliquée **II.** *fn* employé(e); **háztartási** ~ employé(e) de maison

alkalmi *mn* occasionnel (-elle), de circonstance; ~ **ruha** robe *n* habillée; **ez** ~ **vétel volt** c'était une occasion; ~ **munka** travail *h* temporaire *v.* intérimaire; ~ **vásár** soldes *h (t sz)*

alkalom *fn* occasion *n*; *[lehetőség]* opportunité *n*; **vminek az alkalmából** à l'occasion de *qqch*; **él az** ~**mal** profiter de l'opportunité; **több** ~**mal** plusieurs fois; **alkalmat ad vmire** fournir l'occasion pour *qqch*; **ez** ~**mal** cette fois-ci; **megragadja/elmulasztja az alkalmat** saisir/manquer l'occasion

alkalomadtán *hsz* à l'occasion

alkar *fn* avant-bras *h*

alkat *fn* structure *n*, forme *n*; *[testi]* constitution *n*; *[lelki]* tempérament *h*; ~**ánál fogva** de par son tempérament

alkatrész *fn* pièce *n* détachée; *[pótalkatrész]* pièce de rechange; *inform* composant *h*

alkohol *fn* alcool *h*; *[szeszes ital]* boisson *n* alcoolisée, alcool; **tiszta** ~ alcool absolu

alkoholellenes *mn* antialcoolique

alkoholista *fn* alcoolique *h n*, *biz* alcoolo *h n*

alkoholizmus *fn* alcoolisme *h*

alkoholmentes *mn* sans alcool; ~ **ital** boisson *n* sans alcool

alkoholos *mn* alcoolique, alcoolisé(e); ~ **befolyásoltság állapotában** sous l'emprise de l'alcool; *hiv* dans un état d'ébriété avancée

alkoholpróba *fn* alcootest *h*

alkoholszonda *fn* alcootest *h*

alkony *fn* crépuscule *h*, tombée *n* du jour; **élete** ~**án** au soir de sa vie

alkonyat *fn* crépuscule *h*, tombée *n* du jour

alkonyod|ik *tn i* la nuit *v.* le jour tombe

alkot *ts i [teremt]* créer; *[szellemi művet]* composer, produire; *[képez]* constituer, former

alkotás *fn* création *n*, œuvre *n*, ouvrage *h*

alkotmány *fn* constitution *n*

alkotmánybíróság *fn* cour *n v.* tribunal *h* constitutionnel (-elle); *[Fr.-ban]* Conseil *h* constitutionnel

alkotmányellenes *mn* anticonstitutionnel (-elle), inconstitutionnel (-elle)

alkotmányjog *fn* droit *h* constitutionnel

alkotmányos *mn* constitutionnel (-elle); ~ **úton** par les voies *n (t sz)* constitutionnelles

alkotó I. *mn* créateur (-trice) **II.** *fn [műalkotásé]* créateur (-trice); **a film ~i** les auteurs *h (t sz)* du film

alkotóelem *fn* élément *h* constitutif, composante *n*

alkotóműhely *fn* atelier *h* de création

alku *fn* marché *h*, affaire *n*; ~**t köt** conclure *v.* passer un marché; **áll az ~!** marché conclu

alkudozás *fn* marchandage *h*, tractations *n (t sz)*

alkudoz|ik *tn i* négocier, *[ellenféllel]* parlementer

alkulcs *fn* crochet *h* de serrurier, passe-partout *h*

alkusz|ik *tn i vkivel vmiről* marchander *qqch avec qqn*

áll¹ I. *tn i [vhol]* se tenir *v.* être debout; *[vhova]* se mettre (à un endroit); *[nem halad]* stationner, être arrêté(e); *[van]* se trouver; *[ruha]* aller; *vmiből* se composer *de qqch*; ~**j!** halte(-là) !, stop !; **vki mellé** ~ se mettre à côté de qqn; *átv* se ranger à côté de qqn; **csak rajtad** ~, **hogy** il ne tient qu'à toi de

inf; **esőre** ~ **az idő** le temps est à la pluie; *[érvről]* **ez nem** ~ **meg a lábán** ça ne tient pas debout; **hogy** ~ **a dolog?** où en êtes-vous *v.* en sommes-nous ?; **miben** ~ **ez?** en quoi cela consiste-t-il ?; **jól** ~ **neked** cela te va bien; **a könyvben az** ~, **hogy** le livre dit que; **a fehérek 2:1-re** ~**nak** les blancs mènent par 2 à 1 **II.** *ts i átv* ~**ja a hideget** supporter le froid; ~**ja a költségeket** supporter les frais; ~**ja a szavát** tenir (sa) parole

áll² *fn* menton *h*; ~**ig felfegyverkezve** armé(e) jusqu'aux dents

Allah *fn* Allah *h*

állam *fn* État *h*

államadósság *fn* dette *n* publique

államalapítás *fn* fondation *n* d'un État

állambiztonság *fn* sûreté *n v.* sécurité *n* de l'État

államcsíny *fn* coup *h* d'État, putsch *h*

államelnök *fn* président(e) de la République

államérdek *fn* raison *n* d'État

államférfi *fn* homme *h* d'État

államforma *fn* régime *h* politique; **köztársasági/monarchikus** ~ régime *n* républicain/monarchique

államfő *fn* chef *h* d'État *v.* de l'État

államhatár *fn* frontière *h* de l'État

államháztartás *fn* budget *h* de l'État, finances *n (t sz)* publiques

állami *mn* de l'État, public (-ique), national(e); ~ **alkalmazott** fonctionnaire *h n*; ~ **bevételek** recettes *n (t sz)* publiques *v.* de l'État; ~ **gondozott** pupille *h n* de l'État; ~ **szektor** secteur *h* public

államigazgatás *fn* administration *n*

államkassza *fn* caisses *n (t sz)* de l'État

államkincstár *fn* Trésor *h* public

államkötvény *fn* obligation *n* d'État, bon *h* du Trésor; ~**ekbe fekteti a**

pénzét placer son argent en fonds d'État

államközi *mn* ~ **szerződés** accord *h* entre États *v.* inter-États

államosít *ts i* nationaliser, étatiser; *[egyházi tulajdont]* séculariser

államosítás *fn* nationalisation *n*, étatisation *n*

állampapír *fn* titre *h* d'État

állampolgár *fn* citoyen (-enne); **eredeti és honosított ~ok** les nationaux et les naturalisés; **~rá válik** acquérir la nationalité

állampolgári *mn* civique; ~ **öntudat** esprit *h* civique

állampolgárság *fn* citoyenneté *n*, nationalité *n*; ~ **megszerzése** naturalistion *n*

államrend *fn [szervezet]* régime *h* politique

államszövetség *fn* (con)fédération *n*

államtitkár *fn* secrétaire *hn* d'État

államtitok *fn* secret *h* d'État

államügyész *fn* procureur *h n* de la République

államvagyon *fn* biens *h (t sz)* publics

államvasút *fn [magyar]* Société *n* hongroise des chemins de fer; *[francia]* Société *n* nationale des chemins de fer francais, S.N.C.F.

államvédelmi *fn* ~ **szervek** services *n (t sz)* de sûreté de l'État

államvizsga *fn* ‹examen de fin d'études supérieures›

állandó *mn* permanent(e), constant(e); *[rendszeres]* régulier (-ière); *[szakadatlan]* continu(e); *[tartós]* fixe, durable; *[változatlan]* invariable; ~ **alkalmazás** emploi *h* fixe; ~ **érték** valeur *n* constante; ~ **hadsereg** armée *n* permanente *v.* régulière; ~ **lakhely** domicile *h* fixe; ~ **tartózkodási engedély** permis *h* de séjour permanent; ~ **vevő** client(e) régulier (-ère)

állandóan *hsz* constamment, en permanence, sans cesse; ~ **dolgozik** travailler sans relâche; ~ **azt ismételgeti, hogy** il ne cesse de répéter que

állandósul *tn i* se stabiliser, se consolider, se fixer; *[vmi rossz]* s'éterniser

állapot *fn* état *h*, condition *n*; **családi ~** situation *n* de famille; **egészségügyi ~** état de santé; **(a beteg) ~a javul** entrer en convalescence; **~a rosszabbodik** son état s'aggrave; *[tárgy]* **jó/rossz ~ban van** être en bon/mauvais état

állapotos *mn* enceinte

állás *fn [állva maradás]* station *n v.* position *n* debout; *[veszteglés]* arrêt *h*, immobilité *n*; *[helyzet]* état *h*; *[alkalmazás]* emploi *h*, poste *h*; *[társadalmi]* rang *h*, statut *h*; *[csillagoké]* constellation *n*; *kat* position *n*; **~t keres** chercher un emploi; **~ nélkül van** être sans emploi *v.* au chômage; **elnyer egy ~t** obtenir un emploi; **elveszti ~át** perdre son emploi; **a nap ~a** position du soleil; **átv ~t foglal** prendre position; **a dolgok ~a** l'état des choses; **a dolgok jelenlegi ~a mellett** dans les conditions actuelles; *sp* **a meccs ~a** score *h*

állásajánlat *fn* proposition *n* d'emploi

állásbörze *fn* bourse *n* du travail; *[franciaországi állami hivatal]* Bourse de l'emploi

állásfoglalás *fn* prise *n* de position *v.* de parti, position *n*; ~ **vmi mellett/ellen** *[közügyekben]* plaidoyer *h* pour/contre qqch

állásháború *fn* guerre *n (t sz)* de tranchées

álláshalmozó *fn pej* cumulard(e)

álláshirdetés *fn* offres *n (t sz)* d'emploi

állásközvetítő I. *mn* ~ **iroda** agence *n* de placement; *[állami, Franciaor-*

szágban] Agence nationale pour l'emploi, A.N.P.E. **II.** *fn [személy]* placeur (-euse)

álláspont *fn* point *h* de vue, position *n*; **fenntartja ~ját** rester sur sa position; **leszögezi ~ját** préciser son point de vue

állástalan I. *mn* sans emploi, sans travail **II.** *fn* chômeur (-euse), sans-emploi *h n*

állat *fn* animal *h*, bête *n*; *[emberről]* abruti(e)

állatállomány *fn* cheptel *h*

állateledel *fn* aliment *h* pour animaux

állatfaj *fn* espèce *n* animale

állatgondozó *fn [mezőgazdaságban]* éleveur (-euse); *[állatkertben]* soigneur (-euse)

állati *mn* animal(e); *[állatias]* bestial(e), brutal(e); **~ jó** *biz* super bien

állatkereskedés *fn [bolt]* magasin *h* d'animaux de compagnie, animalerie *n*

állatkert *fn* zoo *h*, jardin *n* zoologique

állatkísérlet *fn* expérience *n* sur des animaux vivants

állatmenhely *fn* centre *h* d'accueil pour animaux

állatmese *fn* fable *n*

állatorvos *fn* vétérinaire *h n*

állatorvostan *fn* médecine *n* vétérinaire

állatöv *fn* zodiaque *h*

állatság *fn biz* connerie *n*

állatszelídítő *fn* dompteur (-euse), dresseur (-euse)

állattan *fn* zoologie *n*

állattenyésztés *fn* élevage *h* (d'animaux *v.* du bétail)

állattenyésztő *fn* éleveur (-euse) (de bétail)

állatvédelem *fn* protection *n* des animaux

állatvédő *mn/fn* protecteur (-trice) des animaux; **~ egyesület** *[Fr.-ban]* So-

ciété *n* pour la protection des animaux

állatvilág *fn* monde *h* animal; *[egy tájegységé]* faune *n*, population *n* animale

állcsont *fn* mâchoire *n*

álldogál *tn i* rester planté(e), *biz* faire le planton *v.* le pied de grue

allegória *fn* allégorie *n*

allergia *fn* allergie *n*

allergiás *mn* *vkire/vmire* allergique à qqn/qqch

állhatatlan *mn* instable, changeant(e), volage

állhatatos *mn* persévérant(e), constant(e), stable

állít *ts i [elhelyez]* poser, planter, placer; *[szabályoz]* régler; *[kijelent]* affirmer, prétendre, soutenir; **azt ~ja, hogy** il affirme que; **sorba ~** aligner

állítás *fn [elhelyezés]* pose *n*, mise *n*; *[sorba]* alignement *h*; *[szabályozás]* réglage *h*; *[kijelentés]* affirmation *n*, assertion *n*, déclaration *n*; **vkinek az ~a szerint** au *v.* selon le dire de qqn; **saját ~a szerint** selon ses (propres) dires

állítható *mn* *műsz* réglable; *átv* **ez bajosan ~** c'est difficile à soutenir

állítmány *fn* prédicat *h*

állító *mn* affirmatif (-ive); **~ mondat** proposition *n* affirmative

állítólag *hsz* à ce qu'on dit, à ce qu'il paraît, soi-disant, prétendument; **ahol ~ lakik** où il est censé résider; **~ azért, hogy** soi-disant pour *inf*; **~ csak azért házasodtak össze, mert** ils se seraient mariés seulement pour *inf*

állítólagos *mn* prétendu(e), soi-disant

állkapocs *fn* mâchoire *n*

álló *mn* debout, sur pied; *[nem mozgó]* fixe, à l'arrêt; *vmiből* composé(e) *v.* constitué(e) *de qqch*; **két ~ napig** deux jours entiers; **két részből** ~ constitué(e) de deux parties

állócsillag *fn* étoile *n* fixe

állóhely *fn* place *n* debout

állóképesség *fn* endurance *n*

állólámpa *fn* lampadaire *h*

állomány *fn* [készlet] stock *h*; [gépekben] parc *h*; [katonai, személyi] effectif *h*; [könyvtári] fonds *h*; inform fichier *h*

állomás *fn* [vasúti] gare *n*; [kisebb] station *n*; **az ~on** à la gare, en gare

állomásfőnök *fn* chef *h* de gare

állomáshely *fn* [diplomáciai] poste *h*; kat garnison *n*

állomásoz|ik *tn i* kat stationner

állott *mn* [étel] vieux (vieille) (de plusieurs jours); [folyadék] croupi(e); [pékáru] rassis(e)

állóvíz *fn* eau *n* stagnante v. dormante v. morte

állvány *fn* [tartó] support *h*, tréteau *h*; [festőé] chevalet *h*; [épületnél] échafaudage *h*

állványoz *ts i* échafauder

alma *fn* pomme *n*

almabor *fn* cidre *h*

almacsutka *fn* trognon *h* de pomme

almafa *fn* pommier *h*

almalé *fn* jus *h* de pommes

almanach *fn* almanach *h*

almás *mn* [sütemény] aux pommes

álmatlan *mn* sans sommeil *h*; ~ **éjszaka** nuit *n* blanche

álmatlanság *fn* insomnie *n*; ~**ban szenvedő** insomniaque

álmélkod|ik *tn i* vmin s'étonner de qqch, être ébahi(e) par qqch; ~**va** avec stupeur v. étonnement

álmod|ik *ts i* rêver, faire un rêve; vkiről/vmiről rêver de qqn/qqch; **rosszat** ~ faire un mauvais rêve; **arról ne is ~j!** n'y pense même pas !

álmodozás *fn* rêverie *n*, rêvasserie *n*

álmodoz|ik *tn i* rêvasser, être plongé(e) dans ses rêveries; vmiről rêver à qqch

álmos *mn* avoir sommeil, [ébredéskor] ensommeillé(e); ~ **vagyok** j'ai sommeil

álmosít *ts i* endormir, donner sommeil

álnév *fn* pseudonyme *h*, faux nom *h*

álnok *mn* vál perfide

alól *hsz* de dessous qqch, de sous qqch; **előhúz vmit egy bútor** ~ tirer qqch de sous un meuble

alom *fn* litière *n*

álom *fn* [álomképek] rêve *h*; [alvás] sommeil *h*; ~**ba merül** tomber dans le sommeil; ~**ba ringat** bercer; **álmában beszél** parler dans son sommeil; **álmából felébreszt** tirer qqn de son sommeil; **könnyű/mély** ~ sommeil léger/profond; **nem jön** ~ **a szemére** ne pas trouver le sommeil; **szép álmokat!** fais de beaux rêves !; **álmai teljesültek** ses rêves se sont réalisés

álomvilág *fn* monde *h* de rêves v. de chimères

alorvos *fn* [kórházban] médecin-assistant *h*; [egyetemi klinikán] chef *h* de clinique

alosztály *fn* subdivision *n*

alperes *fn* partie *n* défenderesse, défendeur (-eresse)

alpesi *mn* alpin(e), alpestre

alpinista *fn* alpiniste *h n*

alpinizmus *fn* alpinisme *h*

Alpok *fn* Alpes *n* (t sz)

alpolgármester *fn* adjoint(e) au maire

álruha *fn* déguisement *h*; ~**ban** sous un déguisement; ~**t ölt** revêtir un déguisement

alsó I. *mn* inférieur(e), bas (basse); ~ **fokú oktatás** enseignement *h* élémentaire v. primaire; ~ **tagozat** école *n* élémentaire; **vminek az ~ része** partie *n* inférieure de qqch, partie basse de qqch; **az ~ polcon** sur l'étagère *n* du bas **II.** *fn [ruha]* sous-vêtement *h*; *[kártya]* valet *h*

alsóbbrendű *mn* inférieur(e), de qualité inférieure

alsóház *fn* Chambre *h* basse; *[brit parlamentben]* Chambre des communes

alsóing *fn* maillot *h* de corps

alsónadrág *fn* slip *h*; *[száras]* caleçon *h*

alsónemű *fn* sous-vêtements *h (t sz)*, linge *h* de corps; *[női]* dessous *h (t sz)*

alsószoknya *fn* jupon *h*

álszemérem *fn* fausse pudeur *n*; *[nevetséges]* pudibonderie *n*

álszent I. *mn* hypocrite **II.** *fn* hypocrite *h n*, tartufe *v.* tartuffe *h*

álszerény *mn* faux (fausse) modeste

alsz|ik *tn i/ts i* dormir; *átv [ügy, természet]* sommeiller; **aludni megy** aller se coucher; **mélyen ~ik** dormir d'un sommeil profond; **~ik, mint a bunda** dormir comme une bûche *v.* un loir; *átv* **aludjunk rá egyet!** la nuit porte conseil

alt *fn [hang, szólam]* alto *h*; *[női hang]* contralto *h*

altábornagy *fn* général *h* de division

által *nu* par, par l'intermédiaire *v.* la voie de, grâce à; **az apja ~ üzen** envoyer un message par l'intermédiaire de son père; **egy barátja ~ jutott hozzá** il l'a eu grâce à *v.* par un ami

általa *hsz* ~ **tudtam meg, hogy** c'est par son intermédiaire que j'ai appris que; ~ **ismerkedtünk meg** c'est grâce à lui que nous nous sommes connus

általában *hsz* en général, généralement, habituellement

általános *mn* général(e), universel (-elle); ~ **iskola** école *n* primaire; ~

műveltség culture *n* générale; ~ **vélemény szerint** de l'avis général

általánosít *ts i/tn i* généraliser

általánosítás *fn* généralisation *n*

általánosság *fn* généralité *n*; **~ban** en général, de manière générale; **csak ~okat mond** rester dans le vague

altat *ts i* endormir; *orv* anesthésier

áltat *ts i* leurrer; **vkit vmivel** bercer *qqn* de *qqch*; **~ja magát vmivel** s'illusionner sur qqch, se leurrer, se bercer d'illusions; **hiú reményekkel ~ja magát** caresser de vains espoirs

altatás *fn orv* anesthésie *n*

altató I. *mn átv is* endormant(e), soporifique **II.** *fn [gyógyszer]* somnifère *h*; **~t szed** prendre un somnifère

altatódal *fn* berceuse *n*

altemplom *fn* crypte *n*

alternatív *mn* alternatif (-ive)

alternatíva *fn* alternative *n*; **nincs más ~** il n'y a pas d'autre solution

altest *fn* bas-ventre *h*, abdomen *h*

altiszt *fn* sous-officier (-ière)

aludttej *fn* lait *h* caillé

alufólia *fn* papier *h* d'aluminium *v. biz* d'alu

alul *hsz/nu [alatta]* au-dessous, en dessous; *[lenn]* en bas; **~ról felfelé** de bas en haut; **gyermekek tíz éven ~** les enfants moins de dix ans

aluli *mn* **ez kritikán ~** c'est inqualifiable *v.* innommable; **18 éven ~aknak tilos** interdit(e) aux moins de 18 ans; **a 30 éven ~ak** les (personnes de) moins de 30 ans

alulírott *mn/fn* soussigné(e); ~ **Konrád János** je soussigné János Konrád

aluljáró *fn* passage *h* souterrain, souterrain *h*

alulmarad *tn i* avoir le dessous, céder

alulmúl *ts i iron* ~**ta önmagát** il s'est surpassé

alulnézet *fn* vue n de *v.* du dessous

alulról *hsz* du bas, d'en bas

alultáplált *mn/fn* sous-alimenté(e)

alumínium *fn* aluminium h, biz alu h

alvad *tn i* coaguler; *[tej]* cailler

alvajáró *fn* somnambule h n

alvállalkozó *fn* sous-entrepreneur h, sous-traitant h

alvás *fn* sommeil h; **éber/nyugtalan** ~ sommeil léger/agité

alvászavar *fn* troubles h *(t sz)* du sommeil

alváz *fn* bâti h; *[kocsié]* châssis h

alvilág *fn [bűnözőké]* milieu h, pègre n; *vall* enfers h *(t sz)*, empire h des ténèbres

ám I. *hsz [nyomatékként]* certes; **az** ~! bien sûr !; ~ **legyen!** soit, je veux bien !; **igen** ~, **de** bien sûr, mais; **de nem** ~! ah ! certes non ! **II.** *ksz [azonban]* mais, cependant, toutefois

amalgám *fn* amalgame h; ~**mal betöm** obturer avec de l'amalgame

amatőr I. *mn* d'amateur **II.** *fn* amateur (-trice)

ámbár *ksz* quoi que *subj*, bien que *subj*

ambíció *fn* ambition n

ambiciózus *mn* ambitieux (-euse)

ambulancia *fn* consultation n externe, *[elsősegély osztály]* (service h des) urgences n *(t sz)*

ámde *ksz* mais, cependant, toutefois

ameddig *hsz [hely]* jusqu'où, jusqu'au point où; *[idő]* tant que, jusqu'à ce que; *[mialatt]* pendant que; **addig maradsz,** ~ **akarsz** tu restes le temps que tu veux; ~ **a szem ellát** à perte de vue

amekkora *nm* aussi grand(e) que

amellett *hsz [azonkívül]* en outre, en plus, de plus; ~, **hogy** outre que, sans compter que; **jó anya, s** ~ **kitűnő szerkesztő** c'est une bonne mère doublée d'une excellente rédactrice; ~ **vagyok, hogy menjünk** je suis d'avis qu'on parte

amely *nm* qui; lequel (laquelle); ~**ek** qui; **azok,** ~**ek** ceux (celles) qui; ~**et,** ~**eket** que; ~**be** dans lequel (laquelle), où; ~**ből** d'où, dont, duquel (de laquelle); ~**ek közül** dont, parmi lesquels (lesquelles); ~**re** sur lequel (laquelle); **az a ház,** ~ **la maison qui; a boldogság,** ~ **után vágyódik** le bonheur auquel il aspire

amelyik *nm* → **amely**; *[mondat élén]* celui (celle) qui; ~**ünk** celui (celle) d'entre nous

ámen *fn/msz* amen h

amennyi *nm* autant que, tant que; ~ **tetszik** tant qu'on veut, tant que vous voudrez

amennyiben *ksz [amely mértékben]* (pour) autant que, dans le mesure où; *[ha]* si; ~ **tényleg eljön** s'il vient vraiment

amennyire *hsz/ksz* autant; ~ **csak lehet** autant que possible; ~ **én tudom** autant que je sache, à ce que je sache; ~ **szép, annyira buta** autant il est beau, autant il est bête, il est aussi beau qu'il est bête

Amerika *fn* Amérique n; ~**ban** en Amérique

amerikai I. *mn* américain(e); **A**~ **Egyesült Államok** États-Unis h *(t sz)* d'Amérique; ~ **konyha** coin h cuisine **II.** *fn [személy]* Américain(e); biz Ricain(e)

amerikaimogyoró *fn* cacahouète *v.* cacahuète n

amerre *hsz* où; **arra,** ~ **mutat** dans la direction qu'il indique; ~ **én jártam, már nem volt hó** là où j'étais, il n'y avait plus de neige; ~ **csak megy** où qu'il aille

amerről *hsz* du côté où, d'où; ~ **a szél fúj** le côté d'où vient le vent

amfora *fn* amphore *n*

ami *nm* ce qui, qui, que; ~ **...**, **az az, hogy** ce que ..., c'est que; ~ **engem illet** en ce qui me concerne; ~ **azt illeti** à vrai dire, en fait; ~ **ellen** ce contre quoi; ~ **miatt** ce à cause de quoi

amiatt *hsz* à cause de quoi, pour quoi, pour cette raison; ~ **hogy** parce que, pour *inf*, afin de *inf*

amiért *hsz* c'est pourquoi, parce que; **kikapott,** ~ **késett** il a été grondé à cause de son retard

amíg *hsz/ksz [mialatt]* pendant que, tandis que; *[időpontig]* ~ **csak** tant que, aussi longtemps que, jusqu'à ce que *subj*; ~ **csak élek** tant que je vivrai; ~ **nem késő** avant qu'il ne soit trop tard; **addig is,** ~ **meg nem érkezik** en attendant son arrivée

amikor I. *hsz* quand, lorsque, au moment où; *[mialatt]* pendant que; **jöhetsz,** ~ **akarsz** tu viens quand tu veux; ~ **még nem ismertem** quand *v.* du temps où je ne le connaissais pas; **az a nap,** ~ **megjöttél** ce jour où tu es arrivé; **már ~!** ça dépend des fois ! **II.** *ksz [pedig]* alors que

amilyen *nm/hsz* tel (telle) que; ~ **az apa, olyan a fia** tel père, tel fils; ~**t mindenütt lehet látni** tel qu'on en voit partout; ~ **naiv** naïf comme il *v.* qu'il est; ~ **korán csak lehet** dès que possible

amint *hsz/ksz [amely módon]* comme, ainsi que; *[mihelyt]* dès que, (aus)si-tôt que; *[mialatt]* pendant que; ~ **látod** comme tu le vois; ~ **az idő haladt** à mesure que le temps passait

amióta *hsz* depuis que

amire *hsz/ksz [hely]* sur quoi; **ez az,** ~ **gondoltam** c'est à cela que j'ai pensé; ~ **odaért, már késő volt** le temps qu'il arrive, il était déjà trop tard; **ő bejött,** ~ **én kimentem** il est entré, sur quoi je suis sorti

ámít *ts i* duper, mystifier; **sose ~sa magát!** ne vous y trompez pas, détrompez-vous

ammónia *fn* ammoniaque *n*

amnesztia *fn* amnistie *n*

ámokfutó *fn* amok *h*

amolyan *nm* **ez** ~ **kabátféle** c'est une espèce *v.* une sorte de manteau; **ez** ~ **áligazság, amely** c'est un de ces sophismes qui

amorf *mn* amorphe

amortizáció *fn* amortissement *h*

amper *fn* ampère *h*

ampulla *fn* ampoule *n*

amputál *ts i* amputer; **egy lábát ~ták** il a été amputé d'une jambe

amúgy *hsz [másképpen]* autrement; *[egyébként]* sinon, à part ça, par ailleurs; ~ **is** de toute façon

ámul *tn i* être stupéfait(e), être ébahi(e); ~**va figyel** écouter bouche bée

ámulat *fn* stupéfaction *n*, ébahissement *h*; ~**ba ejt** stupéfier, ébahir

amulett *fn* amulette *n*, porte-bonheur *h*, grigri

anakronizmus *fn* anachronisme *h*

analfabéta *fn* analphabète *h n*, illettré(e)

analitikus I. *mn* analytique **II.** *fn* analyste *h n*

analizál *ts i* analyser

analízis *fn* analyse *n*

analógia *fn* analogie *n*; ~ **alapján** par analogie

ananász *fn* ananas *h*

anarchia *fn* anarchie *n*

anarchista *mn/fn* anarchiste *h n*

anatómia *fn* anatomie *n*

anatómus *fn* anatomiste *h n*

andalog *tn i* flâner, déambuler

Andrea *fn* Andrée *n*

anekdota *fn* anecdote *n*, histoire *n*

anélkül *hsz* sans cela; **~, hogy** sans que *subj*, sans *inf*

Anglia *fn* Angleterre *n*

anglikán *mn/fn* anglican(e); **~ vallás** anglicanisme *h*

angol I. *mn* anglais(e); *[tágabb értelemben]* britannique, d'outre-Manche; **~ -francia** anglo-français(e); **~ szakos** étudiant(e) en anglais **II.** *fn [személy]* Anglais(e); *biz* Angliche *h n*; *[nyelv]* anglais *h*

angolna *fn* anguille *n*

angolóra *fn* cours *h* d'anglais

angolpark *fn [kert]* jardin *h* anglais *v.* à l'anglaise

angolszalonna *fn* bacon *h*

angolszász *mn* anglo-saxon (-onne)

angolul *hsz* en anglais; **~ beszél** parler anglais; **~ beszélő** anglophone; **~ tanul** apprendre l'anglais; **hogy mondják ezt ~?** comment dit-on sa en anglais ?

angyal *fn* ange *h*; **~om!** mon ange !; **az ~át!** bonté divine !, diable !

angyali *mn* angélique

Anikó *fn* Annette *n*

animációs *mn* **~ film** film *h* d'animation

ánizs *fn* anis *h*

ankét *fn [körkérdés]* enquête *n*; *[értekezlet]* conférence *n*

Anna *fn* Anne *n*

annak *nm [birtokos, fn előtt]* de ce (cet)(cette) … (-là), *[önállóan]* de celui (celle); *[részes, fn előtt]* à ce (cet)(cette) … (-là), *[önállóan]* à *v.* de celui-là (celle-là); **~ a háza, aki** la maison de celui qui; **~ a gyereknek adom, aki** je le donne à celui des

enfants qui; **~ idején** en ce temps-là, dans le temps, jadis

annál *hsz/nm [fn előtt]* à *v.* chez ce (cet)(cette) … (-là); *[önállóan]* à *v.* chez celui (celle)-là; **~ az asztalnál** à cette table-là; **~ a péknél veszem a kenyeret** j'achète le pain chez ce boulanger(-là); **~ nagyobb nincs** il n'y en a pas de plus grand; **~ jobb** (c'est) tant mieux; **ez ~ rosszabb** c'est pire; **~ is inkább/kevésbé, hogy** d'autant plus/moins que; **minél korábban, ~ jobb** plus c'est tôt, mieux c'est, le plus tôt, le mieux

anomália *fn* anomalie *n*

anorák *fn* anorak *h*

Antarktisz *fn* Antarctique *h*

antenna *fn* antenne *n*

antialkoholista *mn/fn* antialcoolique *h n*

antibébi-tabletta *fn* pilule *n* (contraceptive)

antibiotikum *fn* antibiotique *h*

anticiklon *fn* anticyclone *h*

antidemokratikus *mn* antidémocratique

antik *mn [ókori]* antique, de l'Antiquité; *[bútor stb.]* d'époque, ancien (-ienne); **~ műtárgy** antiquité *n*

antiklerikális *mn* anticlérical(e)

antikvárium *fn* librairie *n* d'occasion

antikvárius *fn* bouquiniste *h n*

antikvitás *fn* antiquité *n*

antilop *fn* antilope *n*

antipátia *fn* antipathie *n*, aversion *n*

antipatikus *mn* antipathique

antiszemita *mn/fn* antisémite *h n*

antiszemitizmus *fn* antisémitisme *h*

antiszociális *mn* antisocial(e)

antológia *fn* anthologie *n*

antropológia *fn* anthropologie *n*

antropológus *fn* anthropologue *h n*

Antwerpen *tul földr* Anvers *n*

anya *fn* mère *n*; maman *n*; **~m!** *[megszólításként]* mère !; **főállású ~** mère au foyer; **~k napja** fête *n* des mères; **anyja neve** *hiv* nom *h* de jeune fille de la mère; **az anyjára ütött** c'est sa mère tout craché; *átv* **az ~d!** *biz* salaud !

anyacsavar *fn* écrou *h*

anyaföld *fn* terre *n* nourricière

anyag *fn* matière *n*, substance *n*; *[munkához való]* matériel *h*, matériau(x) *h (t sz)*; *[szövete]* étoffe *n*, *[készítményé]* substance *n*, *[műé]* matière *n*, sujet *h*; *[drog] biz* came *n*, dope *n*; **iskolai ~** programme *h* scolaire; **levéltári ~** fonds *h* d'archives

anyagbeszerzés *fn* achats *h* de matériaux; *gazd* approvisionement *h* des stocks

anyagcsere *fn* métabolisme *h*

anyagi I. *mn* matériel (-ielle); *[pénzügyi]* matériel (-ielle), financier (-ière); **~ helyzet** situation *n* financière; **~ javak** biens *h (t sz)* matériels; **rossz ~ helyzetben van** avoir des difficultés matérielles *v.* financières; **~ jólétben él** vivre dans l'aisance **II.** *fn* **az ~ak** ressources *h (t sz)* matérielles

anyagias *mn* matériel (-ielle), matérialiste

anyagilag *hsz* matériellement, financièrement

anyaggyűjtés *fn* documentation *n*

anyahajó *fn* navire *h* ravitailleur; *[repülőgépeké]* porte-avions *h*

anyai *mn* maternel (-elle); **~ ágon** du côté maternel; **~ szeretet** amour *h* maternel; **~ örömöknek néz elébe** attendre un heureux événement

anyajegy *fn* grain *h* de beauté

anyakirályné *fn* reine mère *n*

anyakönyv *fn* registre *h* d'état civil

anyakönyvi *mn* **~ hivatal** bureau *h* de l'état civil; **születési ~ kivonat** extrait *h* (d'acte) de naissance

anyakönyvezető *fn* officier (-ière) de l'état civil

anyaméh *fn* utérus *h*

anyanyelv *fn* langue *n* maternelle

anyaország *fn* mère patrie *n*

anyás *mn* très attaché(e) à sa mère

anyaság *fn* maternité *n*

anyasági *mn* **~ segély** allocation *n* de maternité

anyáskod|ik *tn i vkivel* materner *qqn*

anyaszült *mn* **~ meztelen** *fraz* nu(e) comme un ver

anyatej *fn* lait *h* maternel; **az ~jel együtt szívta magába** il a sucé avec le lait (de sa mère)

annyi *nm* autant; *[tagadással]* tant de; **~ ..., amennyi** autant de ... que; **~ az egész, hogy** le tout c'est de *inf*; **~ baja van** il a tellement de soucis; **~ bizonyos, hogy** ce qui est certain, c'est que; **~ baj legyen!** tant pis !; **~** deux fois plus; **5×5 az ~ mint 25** 5×5 font 25; **csak ~t mondott, hogy** il a seulement dit que; **ez ~t jelent, hogy** ceci signifie que

annyian *nm [olyan sokan]* **~ vannak, hogy** ils sont si nombreux que; **~ vannak, mint mi** ils sont aussi nombreux que nous

annyiban *hsz* **~, hogy** en ceci que, en ce que; **~, amennyiben** dans la mesure où; **~ marad** en rester là

annyira *hsz [távolság]* si loin; *[mérték]* tellement, si, tant; **~ amennyire** tant bien que mal; **de már nem ~** mais plus autant; **~ azért nincs hideg** il ne fait pas si froid que ça; **no ~ még nem vagyunk!** nous n'en sommes pas encore là !

annyiszor *hsz* si souvent, tant de fois; **~, ahányszor** autant de fois que

anyós *fn* belle-mère *n*

anyu *fn* maman *n*

apa *fn* père *h*, papa *h*; **~m!** père !; **~ról fiúra** de père en fils; **apja fia** tel père, tel fils; **tiszta apja!** c'est son père tout craché

apáca *fn* religieuse *n*, sœur *n*, *biz* bonne sœur

apácafőnöknő *fn* (mère *n*) supérieure *n*

apácarend *fn* ordre *h* religieux, congrégation *n* de femmes

apácazárda *fn* couvent *h* (de religieuses)

apad *tn i* [víz] baisser, décroître; [csökken] diminuer, baisser, être à la baisse

apadás *fn* [vízé] baisse *n*; [folyóé] décrue *n*; [csökkenés] diminution *n*

apai *mn* paternel (-elle), de père; **~ ágon** du côté paternel; **~ örökség** patrimoine *h* paternel; **belead ~t-anyait** *fraz* se mettre en quatre

apály *fn* reflux *h*, marée *n* descendante *v.* basse; **~ és dagály** marée *n*, le flux et le reflux; **~ van** la mer est basse

apaság *fn* paternité *n*

apát *fn* abbé *h*

apátia *fn* apathie *n*, inertie *n*

apátság *fn* abbaye *n*

APEH *fn kb.* fisc *h*

apellál *tn i* [hivatkozik] vmire/vmire se référer à qqn/qqch; **vkinek az érzelmeire** ~ faire appel aux sentiments de qqn

aperitif *fn* apéritif *h*

ápol *ts i* vkit soigner qqn, donner des soins à qqn; vmit prendre *v.* avoir soin de qqch; [barátságot] cultiver; [érzést] entretenir

ápolás *fn* [személyé] soins *h (t sz)*; [sebé] pansement *h*; [tárgyé] entretien *h*; **~t igényel** nécessiter des soins

ápolatlan *mn* [megjelenés] négligé(e); débraillé(e)

apolitikus *mn* apolitique

ápoló *fn* infirmier (-ière)

ápolónő *fn* infirmière *n*

ápolószemélyzet *fn* personnel *h* soignant

ápolt *mn* [külső] net (nette), propre, soigné(e)

áporodott *mn* [levegő] vicié(e), qui sent le renfermé

após *fn* beau-père *h*; **~ és anyós** beaux-parents *h (t sz)*

apostol *fn* apôtre *h*

apparátus *fn* appareil *h*; effectif *h*

apraja-nagyja *fn* petits *h (t sz)* et grands *h (t sz)*

apránként *hsz* petit à petit, peu à peu, au fur et à mesure

április *fn* avril *h*; **~ bolondja** poisson *h* d'avril; → **január**

áprilisi *mn* d'avril; **~ tréfa** poisson *h* d'avril

aprít *ts i* hacher, découper en petits morceaux; [fát] débiter; *átv* **van mit a tejbe ~ania** être plein(e) aux as

apró I. *mn* tout(e) petit(e), minuscule; **~ asszony** un petit bout de femme; **~ költségek** menues dépenses *n (t sz)* **II.** *fn* [pénz] la monnaie; **tartsa meg az ~t!** gardez la monnaie

apró-cseprő *mn* de peu d'importance, futile; **~ dolog** bagatelle *n*

aprófa *fn* petit bois *h*

apróhirdetés *fn* petite annonce *n*; **felad egy ~t** passer une petite annonce

aprólék *fn* abats *h (t sz)*; [csak szárnyasé] abattis *h*

aprólékos *mn* minutieux (-euse), méticuleux (-euse)

aprópénz *fn* monnaie *n*; **~re vált** faire de la monnaie; *átv* **~re váltja tehetségét** monnayer son talent

apropó I. *fn* à-propos *h* **II.** *hsz* [jókor] au bon moment, à pic, à propos

apróság *fn* [jelentéktelen ügy] bagatelle *n*; [tárgy] bricole *n*; **az ~ok** [gyerekek] *biz* les mouflets (-ettes)

A

aprósütemény *fn* petits fours *h (t sz)*

apu *fn* papa *h*

ár[1] *fn* prix *h*, tarif *h*; **csökken/emelkedik az ~** son prix baisse/augmente; **fele ~on** à moitié prix; **mi az ~a?** quel en est le prix ?; *biz* combien ça coûte ?; **tíz euró az ~a** ça coûte *v.* c'est dix euros; **100 eurós ~on** au prix de 100 euros; **ezen az ~on** à ce prix; **semmi ~on** pour rien au monde; **boldogságának ez az ~a** son bonheur est à ce prix; **a siker ~a** la rançon de la gloire

ár[2] *fn [folyón]* courant *h*; *[kiáradt víz]* les hautes eaux *n (t sz)*, inondation *n*; **elragadta az ~** il a été emporté par le courant; **elönti az ~** être inondé(e); **~ ellen úszik** nager à contre-courant

ár[3] *fn [szerszám]* alène *n*

arab I. *mn* arabe; **~ ló** cheval *h* arabe; **~ számok** chiffres *h (t sz)* arabes **II.** *fn [személy]* Arabe *h n*; *[nyelv]* arabe *n*

árad *tn i [folyó]* être en crue, monter; *[tenger]* la marée monte; *[vmiből ömlik]* couler à flots; *[fény, szag]* émaner, se dégager de; **kellemes illat ~ belőle** embaumer, répandre une odeur agréable; **~ belőle a szó** déverser un flot de paroles

áradás *fn* crue *n*, hautes eaux *n (t sz)*; *[árvíz]* inondation(s) *n (t sz)*

áradat *fn* flux *h*, flot *h*

áradoz|ik *tn i vkiről/vmiről* se répandre en éloges *sur qqn/qqch*

árajánlat *fn* offre *n*, devis *h*; **~ot kér/tesz** demander/donner un devis

áram *fn* courant *h*; **bekapcsolja/elvágja az ~ot** brancher/couper le courant

áramellátás *fn* alimentation *n* en électricité

áramerősség *fn* intensité *n* (du courant électrique)

áramfejlesztő I. *mn* électrogène, générateur (-trice) **II.** *fn [gép]* dynamo *n*,

générateur *h* (électrique); *[nagy teljesítményű]* génératrice *n*

áramfogyasztás *fn* consommation *n* d'électricité

áramforrás *fn* source *n* électrique; *inform* alimentation *n*

áramkör *fn* circuit *h* (électrique)

áramlás *fn* courant *h*, flux *h*; *átv is* circulation *n*

áramlat *fn [tengeri]* courant *h*; *átv* courant *h*, mouvement *h*

áraml|ik *tn i* circuler, affluer; *[tömeg]* affluer, refluer

árammérő *fn [óra]* compteur *h* d'électricité; *[ampermérő]* ampèremètre *h*

áramszedő *fn [villamosé]* trolley *n*

áramszolgáltatás *fn* distribution *n* d'électricité

áramszünet *fn* coupure *n* de courant; *[véletlenszerű]* panne *n* de courant

áramtalanít *ts i* couper le courant

áramütés *fn* décharge *n* électrique; *[súlyos, halálos]* électrocution *n*; **~t kapott** il a reçu une décharge, il a été électrocuté

áramvonalas *mn* aérodynamique

arany I. *mn [aranyból készült]* en or, d'or; *[aranyozott]* doré(e); **~ szíve van** avoir un coeur d'or; **~ középút** juste milieu *h* **II.** *fn* or *h*; *[pénz]* pièce *n* d'or

arány *fn* proportion *n*; *[mérték]* mesure *n*; **~ban van vmivel** être en proportion avec qqch; *[futball]* **3:2 ~ban győz** gagner par 3 buts à 2

aranybánya *fn átv is* mine *n* d'or

aranyér *fn orv* hémorroïdes *n (t sz)*

aranyérem *fn* médaille *n* d'or

aranyfedezet *fn* couverture *n* or

aranygyűrű *fn* bague *n* en or

aranyhal *fn* poisson *h* rouge

aranyifjú *fn ang* play-boy *h*

aranyifjúság *fn* jeunesse *n* dorée

aranyigazság *fn* vérité *n* première

aranykor *fn* âge *h* d'or

aranylag *hsz* relativement, plutôt; **~ olcsó** relativement *v.* plutôt bon marché

aranylakodalom *fn* noces *n (t sz)* d'or

aranylánc *fn* chaîne *n* d'or

aranylemez *fn [hanglemez]* disque *h* d'or

arány|lik *tn i vmihez* être proportionné(e) *à qqch*; **5 úgy ~ik a 10-hez, mint 2 a 4-hez** 5 est à 10 comme 2 est à 4

aranyműves *fn* orfèvre *h*

aranyos *mn* doré(e); *átv* adorable, mignon (-onne), charmant(e)

arányos *mn* bien proportionné(e); *vmivel* proportionnel (-elle) *à qqch*; **egyenesen/fordítva ~ vmivel** directement/inversement proportionnel à qqch

arányosan *hsz vmivel* proportionnellement *à qqch*, en proportion *de qqch*

aranyoz *ts i* dorer

aranyozás *fn* dorure *n*, dorage *h*

aranyozott *mn* doré(e); *[fém]* plaqué(e) or

aránypár *fn* proportion *n*

aranypénz *fn* pièce *n v.* monnaie *n* d'or

arányszabály *fn* règle *n* d'or

arányszám *fn* proportion *n*, nombre *h* proportionnel; **születések ~a** taux *h* de natalité

aránytalan *mn* disproportionné(e)

aránytalanság *fn* disproportion *n*

aranytartalék *fn* réserve *n* d'or

aranytartalom *fn* teneur *n* en or

aranyvaluta *fn* étalon-or *h*

aranyvasárnap *fn* ‹le dernier dimanche avant Noël›

árapály *fn* marée *n*, le flux et le reflux

arasznyi *mn* tout(e) court(e), minuscule

áraszt *ts i [szagot]* exhaler, répandre; *[fényt, levegőt, meleget]* répandre, diffuser; *[folyadékot]* (dé)verser à flots

arat *ts i/tn i* récolter, moissonner; **tetszést ~** remporter un succès

aratás *fn* moisson *n*, récolte *n* (du blé)

áraz *ts i vmit* fixer le prix *de qqch*; *[árcédulával ellát]* étiqueter (un article)

árbefagyasztás *fn* gel *h* des prix

árboc *fn* mât *h*

arborétum *fn* arboretum *h*

arc *fn* visage *h*, figure *n*, face *n*; *[kifejezés]* air *h*, mine *n*; **~ába szökik a vér** le sang lui monte au visage; **~ul üt vkit** frapper qqn au visage; **~ába nevet vkinek** rire au nez de qqn; **~ába vág vkinek vmit** jeter qqch à la figure de qqn; **szigorú ~ot vág** prendre une mine sévère

arcápolás *fn* soins *h (t sz)* du visage

arcátlan *mn* effronté(e), éhonté(e), insolent(e), impudent(e)

arcátlanság *fn* impudence *n*, insolence *n*; *biz* culot *h*

arcbőr *fn* peau *n* du visage; *[színe]* teint *h*

árcédula *fn* étiquette *n*

arccsont *fn* pommette *n*

arcél *fn* profil *h* (du visage)

arcfestés *fn* maquillage *h*

archeológia *fn* archéologie *n*

archeológus *fn* archéologue *h n*

archivál *ts i* archiver

archívum *fn* archives *n (t sz)*

arcizom *fn* muscle *h* facial; **arcizma sem rándul** *fraz* rester de marbre

arcjáték *fn* mimique *n*

arckép *fn* portrait *h*; *[bélyegen, érmén]* effigie *n*

arcképcsarnok *fn* galerie *n* de portraits

arcképes *mn* **~ igazolvány** pièce *n* d'identité munie d'une photo

arckifejezés *fn* expression *n* (du visage), air *h*, mine *n*

arckrém *fn* crème *h* pour le visage

arclemosó *fn* lait *h* démaquillant

arcpakolás *fn* masque *h* (de beauté)

arcpirító *mn* à faire rougir (de honte)

arcpirosító *fn* fard *h* à joues

arcszín *fn* teint *h*

arculat *fn* physionomie *n*, aspect *h*; *[cégé]* image *n*

arcvíz *fn borotválkozás utáni* ~ (lotion *n*) après-rasage *h*

arcvonal *fn* front *h*, ligne *n* de front

arcvonás *fn* trait *h* (du visage)

árcsökkenés *fn* baisse *n* des prix

árcsökkentés *fn* baisse *n* des prix

árdrágítás *fn* hausse *n* illicite des prix

áremelés *fn* augmentation *n* des prix

áremelkedés *fn* hausse *n* des prix

aréna *fn* arène *n*

árengedmény *fn* rabais *h*, remise *n*, ristourne *n*, réduction *n*

árfekvés *fn* fourchette *n* de prix

árfolyam *fn* cours *h*; *[pénzváltásnál]* taux *h* de change; **napi** ~ cours du jour; **nyitó** ~ cours d'ouverture; **záró** ~ cours de cloture

argentin I. *mn* argentin(e) **II.** *fn [személy]* Argentin(e)

Argentína *fn* Argentine *n*

argó *fn* argot *h*; *[szaknyelvi]* jargon *h*

ária *fn* aria *n*, air *h*

árindex *fn* indice *h* des prix

arisztokrácia *fn* aristocratie *n*

arisztokrata I. *mn* aristocratique, aristocrate **II.** *fn* aristocrate *h n*; *biz* aristo *h*

arisztokratikus *mn* aristocratique

Arisztotelész *fn* Aristote *h*

árjegyzék *fn* liste *n* des prix, tarif *h*

árkád *fn* arcade *n*

arkangyal *fn* archange *h*

árkedvezmény *fn* réduction *n* de prix

árleszállítás *fn* solde *h*; baisse *n* des prix, rabais *h*

árny *fn [árnyék]* ombre *n*; *[kísértet]* fantôme *h*, revenant *h*, spectre *h*

árnyal *ts i* nuancer

árnyalat *fn* nuance *n*; **egy ~nyi különbség** une différence infime; **egy ~tal jobb** un tout petit peu mieux

árnyalt *mn* nuancé(e)

árnyas *mn* ombragé(e)

árnyék *fn* ombre *n*; **~ba borít** ombrager, couvrir d'ombre; **~ot vet** jeter *v.* faire de l'ombre; *átv* **~ot vet vkire** faire ombre à qqn

árnyékkormány *fn* gouvernement *h v.* cabinet *h* fantôme

árnyékol *ts i [rajzon]* ombrer; *[véd a naptól]* ombrager

árnyékos *mn* ombragé(e)

árnyoldal *fn* mauvais côté *h*; **a dolog ~a** le revers de la médaille

árok *fn* fossé *h*, tranchée *n*; *szính* fosse *n* (d'orchestre); **kövezett** ~ caniveau *h*

árokpart *fn* berge *n*

aroma *fn* arôme *v.* arome *h*, parfum *h*

Áron *fn* Aaron *h*

árpa *fn növ* orge *n*; *orv* orgelet *h*

arra *hsz/nm [fn előtt]* sur ce (cet) (cette) …(-là); *[önállóan]* sur celui-là (celle-là); *[arrafelé]* par là; ~ **az asztalra** sur cette table-là; **majd** ~ **megyek** je passerai par là; **ne nézz** ~! ne regarde pas par là-bas

arrafelé *hsz* par là, de ce côté-là, dans cette direction-là; **vhol** ~ **van** c'est quelque part par là-bas

arrébb *hsz* plus loin, plus par là; **menj** ~! pousse-toi !

árrés *fn* marge *n*

arrogáns *mn* arrogant(e), hautain(e)

arról *hsz/nm [irány]* de là, de là-bas, de ce côté(-là); *[vmiről le]* de ce (cet) (cette)…(-là); ~ **a fáról esett le** il est tombé de cette arbre(-là); ~ **van szó, hogy** il s'agit de (inf); **a vonat ~ érkezik** le train arrive de ce côté(-là)

árszabályozás *fn* régulation *n* des prix

árszint *fn* niveau *h* des prix

árt[1] *tn i* nuire, faire du mal, faire du tort; ~ **a hírnevének** cela nuit à sa réputation; **nem ~ neki** cela ne lui fera pas de mal; **a légynek sem ~** il ne ferait pas de mal à une mouche

árt[2] *ts i* vmibe ~**ja magát** se mêler de qqch

ártalmas *mn* nuisible, nocif (-ive), néfaste; **egészségre ~** nuisible à la santé

ártalmatlan *mn* inoffensif (-ive), sans danger; ~**ná tesz** mettre hors d'état de nuire

ártalom *fn* mal *h*, dommage *h*, préjudice *h*; *körny* nuisances *n* (*t sz*)

ártatlan *mn* innocent(e); *[naiv]* candide; *jog* non coupable; ~ **vmiben** être innocent(e) de qqch; ~ **csipkelődés** taquinerie *n*; ~ **hazugság** mensonge *h* innocent *v.* bénin; **adja az ~t** faire la sainte nitouche *v.* l'innocent(e)

ártatlanság *fn* innocence *n*, pureté *n*, *[romlatlanság]* candeur *n*

ártér *fn* terrain *h* inondable

artéria *fn* artère *n*

artézi *mn* ~ **kút** puits *h* artésien

articsóka *fn* artichaut *h*

artikuláció *fn* articulation *n*

artista *fn* artiste *h n* de cirque; ~**k** gens *h* (*t sz*) du cirque *v.* de voyage

áru *fn* marchandise *n*, article *h*; ~**ba bocsát** mettre en vente, commercialiser

árubehozatal *fn* importation *n*

árucikk *fn* marchandise *n*, article *h*

árucsere *fn* échange *h* de marchandises, troc *h*

áruforgalom *fn* échanges *h* (*t sz*); *[vasúti stb.]* circulation *n* des marchandises

áruház *fn* grand magasin *h*; *[szupermarket]* grande surface *n*

áruházlánc *fn* chaîne *n* de grandes surfaces

áruhiány *fn* pénurie *n* de marchandises

áruhitel *fn* crédit *h* de marchandises

árukészlet *fn* stock *h*

árukiadás *fn* retrait *h* des achats; *[felirat]* livraison *n*

árukínálat *fn* offre *n* (de marchandises)

árul *ts i* vendre, mettre en vente

árulás *fn* trahison *n*

árulkod|ik *tn i* dénoncer; *biz* moucharder; *[iskolában] biz* cafter, cafarder; *átv vmiről* trahir *v.* révéler qqch; **szavai gyengédségről ~nak** ses paroles révèlent sa tendresse

árulkodó *mn átv* révélateur (-trice); ~ **jel** indice *h* révélateur

áruló *mn/fn* traître (-esse)

áruminta *fn* échantillon *h*

árus *fn* marchand(e), vendeur (-euse)

árusít *ts i* vendre; **nagyban ~** vendre en gros; **kicsiben ~** vendre au détail

árusítás *fn* vente *n*, débit *h*

árusítóhely *fn* stand *h*, point *h* de vente

áruszállítás *fn* transport *h v.* livraison *n* de marchandises

árutőzsde *fn* Bourse *n* de marchandises *v.* de commerce

árva I. *mn* orphelin(e); *átv* abandonné(e) (de tous); **egy ~ garasa sincs** il n'a pas un sou vaillant **II.** *fn* orphelin(e)

árvácska *fn növ* pensée *n*

árvaház *fn* orphelinat *h*

árverés *fn* vente *n* aux enchères

árverez *ts i* vendre aux enchères

árvíz *fn* inondation(s) *n* (*t sz*), crue(s) *n* (*t sz*)

árvízkár *fn* dégâts *h* (*t sz*) causés par les inondations *v.* les eaux

árvízkárosult *mn/fn* sinistré(e) de l'inondation

árvízvédelem *fn* protection *n* contre les inondations

árvízveszély *fn* menace *n* d'inondation

arzén *fn* arsenic *h*

ás *ts i [gödröt]* creuser; *[kertet, földet]* bêcher, labourer

ásatás *fn* fouilles *n (t sz)*

ásít *tn i* bâiller; ~ **az unalomtól** bâiller d'ennui

ásítás *fn* bâillement *h*; **elnyom egy ~t** étouffer un bâillement

áskálód|ik *tn i vki ellen* intriguer *v.* comploter *contre qqn*

ásó *fn* bêche *n*

aspektus *fn* aspect *h*

ásvány *fn* minéral *h*

ásványi *mn* minéral(e); ~ **kincsek** ressources *n (t sz)* minérales

ásványolaj *fn* huile *n* minérale, pétrole *h* brut

ásványtan *fn* minéralogie *n*

ásványvíz *fn* eau *n* minérale

ász *fn átv is* as *h*; **pikk ~** as de pique

aszalt *mn* sec (sèche); ~ **szilva** pruneau *h*

aszály *fn* sécheresse *n*

aszerint *hsz* ~, **hogy** selon que, en fonction de, suivant que

aszfalt *fn* asphalte *h*, bitume *h*; *átv* trottoir *h*

aszfaltoz *ts i* asphalter, bitumer

aszimmetrikus *mn* asymétrique, dissymétrique

aszkéta I. *mn* ascétique II. *fn* ascète *h n*

aszott *mn* desséché(e); *[arc]* émacié(e); *[növény]* flétri(e)

aszpik *fn* aspic *h*, gelée *n* (d'aspic)

aszpirin *fn* aspirine *n*

asszimiláció *fn* assimilation *n*

asszimilálód|ik *tn i vmihez/vkihez* s'assimiler *à qqch/qqn*

asszisztál *tn i vkinek* assister *qqn*; **sebésznek** ~ assister un chirurgien; **én ehhez nem ~ok** *biz* je ne veux pas être de mèche dans cette histoire

asszisztens *fn* assistant(e); *[orvos mellett]* assistant(e) médical(e)

asszociáció *fn* association *n*

asszociál *ts i/tn i* associer *n*

asszony *fn* femme *n*, dame *n*; ~**om!** Madame !; **férjes** ~ femme mariée

asztal *fn* table *n*; ~**hoz ül** s'asseoir à table; *[étkezni]* passer *v.* se mettre à table; **az ~nál** à table

asztali *mn* de table; ~ **bor** vin *h* de table; ~ **lámpa** lampe *n* de bureau; *[ágy melletti]* lampe de chevet

asztalitenisz *fn* tennis *h* de table, ping-pong *h*

asztalos *fn* menuisier (-ière); *[műbútorokat készítő]* ébéniste *h n*

asztaltárs *fn* compagnon *h* de table

asztma *fn* asthme *h*

asztmás *mn/fn* asthmatique *h n*

asztrológia *fn* astrologie *n*

asztrológus *fn* astrologue *h n*

asztronómia *fn* astronomie *n*

asztronómus *fn* astronome *h n*

aszú *fn* vin *h* de liqueur; **tokaji** ~ tokay *h*

át *nu/hsz [keresztül]* à travers *qqch*, au travers *de qqch*; *[útiránynál]* via; *[fölötte]* par-dessus *qqch*; *[időben]* pendant, durant; **gyere** ~! passe me voir; **a tömegen** ~ à travers la foule; **öt éven** ~ pendant cinq ans, cinq années durant

átad *ts i [átnyújt]* remettre, passer; *[átenged]* céder; *[hót, tudást]* transmettre; *[megőrzésre]* confier; ~ **vkit a hatóságnak** livrer qqn aux autorités; ~**ja a helyét** céder sa place; ~**ja magát** *[vmilyen érzelemnek]* s'abandonner à qqch

átadás *fn* *ált* remise *n*; *[jogé]* cession *n*, transfert *h*; *[hatalomé]* passation *n*; *[tudásé]* transmission *n*; *[új épületé]* inauguration *n*

átalakít *ts i* transformer, refaire; *vmivé* convertir *en qqch*; *[vmi célra]* réaménager; *[ruhát]* refaçonner; *[épületet]* reconstruire; *[kormányt]* remanier

átalakítás *fn* transformation *n*, remaniement *h*; *[épületé]* reconstruction *n*; *[vmi célra]* réaménagement *h* en; *[szerkezeti]* restructuration *n*; *[ruháé]* refaçonnage *h*

átalakul *tn i* *vmivé* se transformer *v.* se changer *v.* se muer *en qqch*

átalakulás *fn* transformation *n*, métamorphose *n*

átalány *fn* forfait *h*, tarif *h* forfaitaire; **~ban** au forfait

átalányadó *fn* impôt *h* forfaitaire

átall *ts i* **nem ~otta azt mondani, hogy** il a eu le culot de me dire que

átáll *tn i* **~ az utca másik oldalára** passer de l'autre côté de la rue; **~ az ellenséghez** passer à l'ennemi; **~ a nyári időszámításra** passer à l'heure d'été

átállít *ts i* *[áthelyez]* déplacer; *[üzemet]* reconvertir, recycler; *[eszközt]* régler; *[vasúti váltót]* aiguiller

átáz|ik *tn i* *[vki]* être trempé(e), se mouiller; *vmi vmitől* s'imbiber *v.* être mouillé(e) *de qqch*; *[cipő így is]* prendre l'eau

átbúj|ik *tn i* *vmin* se faufiler, se glisser à travers *v.* par

átcsap *tn i* *vmi fölött* passer par-dessus *qqch*; *átv* **egyik véglethől ~ a másikba** passer d'un extrême à l'autre

átcsempész *ts i* passer en contrebande *v.* en fraude *v.* biz en douce

átcsoportosít *ts i* regrouper, reclasser

átcsúsz|ik *tn i* *vmin* se glisser à travers *qqch*; *[másik oldalra]* traverser en glissant; **~ik a vizsgán** passer de justesse (à l'examen)

átdob *ts i* *vmin* jeter, lancer *par-dessus qqch*

átdolgoz *ts i* refaire; *[szellemi alkotást]* remanier, *[más műfajra]* adapter; *[más hangszerre]* arranger pour; **~ egy tervet** revoir un plan

átdöf *ts i* (trans)percer

ateista *mn/fn* athée *h n*

ateizmus *fn* athéisme *h*

átejt *ts i* *biz* rouler, berner, duper; **jól ~ett engem!** il m'a bien eu !

átél *ts i* *[időben]* traverser; *[tapasztal]* vivre, connaître, faire l'expérience de; *[gondolatban]* revivre; **amit mi ~tünk** ce que nous avons connu *v.* vécu; **nehéz korszakot éltünk át** nous avons traversé une période difficile

átélés *fn* *[eseményé]* expérience *n*, vécu *h*; **~sel játszik** s'identifier avec son personnage

átellenben *hsz* *vmivel* vis-à-vis *v.* en face *de qqch*, face à *qqch*

átellenes *mn* *vmivel* qui fait face *v.* opposé(e) à *qqch*

átemel *ts i* passer *v.* hisser par-dessus

átenged *ts i* *vhol* *vkit* laisser passer *qqn*; *vkinek vmit* céder *qqch à qqn*; *[vizsgán]* admettre de justesse; **~i magát vminek** s'abandonner à *qqch*

átépít *ts i* reconstruire; *[szervezetileg]* restructurer

átépítés *fn* reconstruction *n*

átér *tn i/ts i* *[eljut, odaér]* parvenir jusqu'à *v.* de l'autre côté; *[körülér]* faire le tour de; **~ a túlsó partra** gagner la rive opposée

átereszt *ts i* → **átenged**

átérez *ts i* *[érzelmileg]* ressentir, se mettre dans la peau *v.* à la place de;

[tudatával] avoir conscience de, être conscient(e) de, réaliser; **átérzi a helyzet komolyságát** mesurer v. être conscient de la gravité de la situation

átértékel *ts i [pénzt]* réévaluer; *átv* réévaluer, reconsidérer

átes|ik *tn i vmin, vhova* tomber par-dessus *qqch* v. de l'autre côté *de qqch*; *átv* passer *par qqch*, traverser *v.* subir *qqch*; **ezen át kell esni** il faut en passer par là *v.* y passer; **súlyos betegségen esett át** il sort d'une grave maladie; **~ik a ló másik oldalára** tomber dans l'excès inverse

átfagy *tn i* geler; **teljesen ~tam** je suis complètement gelé(e)

átfáz|ik *tn i* être gelé(e) v. glacé(e)

átfedés *fn* superposition *n*; *[félig]* chevauchement *h*

átfér *tn i vmin* passer *par qqch*; **~t a résen** il a passé par la fente

átfest *ts i* repeindre; *[álcázva]* maquiller, camoufler

átfésül *ts i [hajat]* recoiffer; *[írást]* corriger; *[rendőrség területet]* ratisser

átfog *ts i [karjával]* ceinturer, entourer de ses bras; *[áttekint]* embrasser, couvrir

átfogalmaz *ts i* récrire v. réécrire, remanier

átfogó I. *mn* entourant; *átv* global(e), d'ensemble, synthétique; **~ elemzés** analyse *n* globale; **~ elme** esprit *h* de synthèse **II.** *fn mat* hypoténuse *n*

átfoly|ik *tn i vmin* traverser *qqch*, couler *à travers qqch*; *vmibe* s'écouler *dans qqch*

átfordít *ts i* retourner

átfordul *tn i* se retourner

átforrósod|ik *tn i* s'échauffer, devenir brûlant(e)

átfúr *ts i* perforer, (trans)percer; **~ja magát a tömegen** se frayer un passage dans la foule

átfúród|ik *tn i vmin* traverser v. transpercer *qqch*

átfut I. *tn i [vhová]* passer en courant; *vmin* parcourir v. passer v. traverser *qqch* **II.** *ts i [írást]* parcourir, survoler; **~otta a könyvet** il a lu le livre en diagonale

átgázol *tn i [vízen]* passer à gué; *vkin átv* piétiner *qqn*

átgondol *ts i* réfléchir *à qqch*, méditer *qqch*; **~va a dolgot** tout bien considéré

áthág *ts i [előírást, törvényt]* transgresser, enfreindre

áthajol *tn i vmin* se pencher par-dessus v. sur *qqch*

áthajóz|ik *ts i/tn i* traverser (en bateau)

áthalad *tn i [átvezet] vmin* passer *par qqch*; *[átmegy] vmin* traverser *qqch*

áthallatsz|ik *tn i vmin* entendre *à travers qqch*; **a szomszédból ~ik a zene** on entend la musique du voisin

áthárít *ts i* **~ja a felelősséget vkire** rejeter la responsabilité sur *qqn*

áthárul *tn i* **~ rá vminek a felelőssége** la responsabilité lui échoit de *inf*

áthat *ts i [érzés, hangulat]* pénétrer, imprégner, emplir; **verseit mélabú hatja át** la mélancolie imprègne ses poèmes

átható *mn [szag, tekintet]* pénétrant(e); *[hang]* perçant(e), aigu (aiguë)

áthatol *tn i vki/vmi vmin* traverser *qqch*; *vmi vmin* pénétrer v. (trans)percer *qqch*

áthelyez *ts i [tárgyat]* déplacer; *[alkalmazottat]* muter; *[időpontot]* modifier

áthelyezés *fn [tárgyé is]* déplacement *h*; *[alkalmazotté]* mutation *n*, transfert *h*

Athén *fn* Athènes *n*

athéni I. *mn* athénien (-ienne) **II.** *fn* [személy] Athénien (-ienne)

áthevül *tn i* se (ré)chauffer

áthidal *ts i* ~**ja a nehézségeket** aplanir les difficultés

áthidalás *fn* **az ellentétek ~a** aplanissement *n* des oppositions

áthidalhatatlan *mn* insurmontable, infranchissable

áthív *ts i* *vkit* appeler *qqn*, demander à *qqn* de passer *v.* venir

áthoz *ts i* apporter, amener; [számlán] reporter; ~ **a határon** faire passer à la frontière

áthozat *fn* report *h*

áthúz *ts i* [vhova] traîner; [vmin tárgyat] enfiler; [írásban] raturer, rayer, biffer; ~**za az ágyat** changer les draps; ~**za vkinek a számításait** déjouer les attentes de qqn

átigazol I. *ts i sp* [átvesz] transférer **II.** *tn i* [átmegy] changer de club

átír *ts i* [szöveget] récrire *v.* réécrire; [más hangszerre] transcrire; [színművet] adapter; [átmásol] transcrire; [tulajdont más nevére] transférer

átirányít *ts i* *vmit* faire changer *qqch* de direction; [forgalmat] détourner

átírás *fn* [szövegé, zenéé] transcription *n*; **fonetikus ~** transcription phonétique; *jog* transfert *h*

átirat *fn* [hatósági] note *n*, mémorandum *h*; *zene* transcription *n*

átismétel *ts i* [tanult anyagot] réviser, revoir

átitat *ts i* *vmivel* imbiber *v. átv is* imprégner de *qqch*

átível I. *ts i* enjamber **II.** *tn i vhol* passer par-dessus *qqch*

átizzad I. *ts i vmit* mouiller *v.* tremper *qqch* de sueur **II.** *tn i* **át van izzadva** être trempé(e) de sueur, être (tout) en nage

átjár I. *ts i* [betegség, hideg, érzés] saisir, pénétrer; ~**ja a hideg szél** le vent froid le pénètre **II.** *tn i vmin* passer *par qqch*; ~ **hozzánk** il vient souvent nous voir

átjárás *fn* passage *h*; **tilos az ~** passage *h* interdit

átjáró *fn* passage *h*; [csak gyalogosoknak] passerelle *n*

átjáróház *fn* passage *h*, immeuble *h* traversé d'un passage

átjön *tn i vmin* traverser *qqch*, passer (par) *qqch*; [látogatóba] passer; **gyere át valamikor hozzánk!** passe nous voir un jour

átjut *tn i vmin* réussir à traverser *qqch v.* à passer *par qqch*; ~**ott az érettségin** il a eu *v.* il a réussi son baccalauréat

atka *fn* acarien *h*

átkapcsol I. *ts i* [telefonon] ~**om a titkársághoz** je vous passe le secrétariat; *tv* ~ **egyik csatornáról a másikra** changer de chaîne **II.** *tn i* passer; ~ **a negyedik sebességbe** passer en *v.* la quatrième (vitesse)

átkarol *ts i* enlacer, prendre qqn dans ses bras, embrasser; [szorosan] étreindre

átkel *tn i vmin* passer *v.* traverser *v.* franchir *qqch*

átkelés *fn* passage *h*, traversée *n*

átkelőhely *fn* (lieu *h* de) passage *h*; **gyalogos ~** passage clouté *v.* piéton

átképez *ts i* reconvertir, recycler; ~**i magát** se reconvertir, se recycler

átképzés *fn* recyclage *h*; ~**re jár** suivre un cours *v.* un stage de recyclage

átkerül *tn i* être déplacé(e); **ez ~ az utolsó oldalra** on va mettre cela en dernière page

átkiabál *ts i* **átkiált** crier à travers *v.* par-dessus *qqch*; ~ **a másik szobából** crier depuis l'autre pièce

átkísér *ts i vkit* accompagner *qqn*; *[úton]* faire traverser, aider à traverser

átkoz *ts i* maudire

átkozód|ik *tn i [átkokat szór]* proférer des malédictions; *[szitkozódik]* jurer, pester

átkozott *mn/hsz* maudit(e); ~ **meleg van** il fait sacrément chaud; ~ **kölyök!** petite peste !

átköt *ts i* lier, attacher; *[madzaggal]* ficeler

átkutat *ts i vmit* fouiller *qqch*; ~**ták az egész házat** ils ont fouillé la maison de fond en comble

átküld *ts i* envoyer; ~ **vkit vmiért** envoyer *qqn* chercher *qqch*

átlag *fn* moyenne *n*; ~**ban** en moyenne; ~**on alul** *v. felül* au-dessous *v.* audessus de la moyenne

átlagár *fn* prix *h* moyen

átlagbér *fn* salaire *h* moyen

átlagéletkor *fn [élettartam]* durée *h* de vie moyenne, espérance *n* de vie; *[átlagos kor]* âge *h* moyen

átlagember *fn* homme *h* moyen, commun *h* des mortels; *biz* Monsieur *h* tout le monde

átlaghőmérséklet *fn* température *n* moyenne

átlagjövedelem *fn* revenu *h* moyen

átlagkereset *fn* salaire *h* moyen

átlagos *mn* moyen (-enne); *[szokásos]* coutumier (-ière)

átlagosan *hsz* en moyenne, moyennement, bon an mal an

átlagsebesség *fn* vitesse *n* moyenne

átlagteljesítmény *fn* rendement *h* moyen, performance *n* moyenne

atlanti *mn* atlantique; **az Észak-~- Szerződés Szervezete** Organisation *n* du traité de l'Atlantique Nord, O.T.A.N.

Atlanti-óceán *fn* (océan *h*) Atlantique *h*

atlasz¹ *fn [térkép]* atlas *h*

atlasz² *fn [kelme]* satin *h*

átlát I. *ts i [helyzetet]* comprendre, saisir **II.** *tn i vmin* voir à travers *qqch*; *átv vkin/vmin* percer à jour *qqn/qqch*; ~ **a szitán** voir clair dans le jeu de *qqn*

átlátsz|ik *tn i* transparaître

átlátszó *mn* transparent(e); ~ **csel** ruse *n* apparente; ~ **hazugság** mensonge *h* grossier; ~ **kifogás** prétexte *h* cousu de fil blanc

átlép I. *ts i vmit* passer (par-dessus) *v.* enjamber *v.* franchir *qqch*; *átv* ~**i a határokat** dépasser les limites *v.* les bornes **II.** *tn i [szervezetbe]* se rallier à *qqch*, passer dans *qqch*

atléta *fn* athlète *h n*

atlétatrikó *fn* maillot *h* (de corps)

atlétika *fn* athlétisme *h*

atletizál *tn i* faire de l'athlétisme

átló *fn* (ligne *n*) diagonale *n*

átlós *mn* diagonal(e); ~**an** en diagonale

átlő *ts i vmin* percer *v.* trouer *qqch* (d'une balle)

átlyukaszt *ts i* trouer, percer, perforer; *[jegyet]* poinçonner

átmásol *ts i [iratot, kazettát]* copier; *[szalagot]* dupliquer; *[ábrát]* calquer; *inform* copier

átmász|ik *tn i vmin* grimper par-dessus *qqch*; *[falon]* escalader; *[nyíláson]* se glisser *par qqch*

átmegy *tn i vhol/vmin* passer *v.* traverser *v.* franchir *qqch*; *[vizsgán]* passer, être reçu(e) *v.* admis(e); *[nehéz időszakon]* traverser; ~ **az utca másik oldalára** traverser la rue; ~ **a szomszédhoz** faire un saut chez le voisin; ~ **egy másik iskolába** changer d'école; ~ **a köztudatba** passer dans les mentalités

átmeleged|ik *tn i* se réchauffer

átmenet *fn* passage *h*, transition *n*; **minden ~ nélkül** sans aucune transition; *[beszédben]* à brûle-pourpoint

átmeneti *mn [köztes]* intermédiaire, transitoire; *[ideiglenes]* temporaire, provisoire, intérimaire; **~ korszak** période *n* de transition; **~ intézkedés** mesure *n* provisoire; **~ kormány** gouvernement *h* de transition

átmenetileg *hsz* provisoirement, à titre provisoire, momentanément

átmenő *mn* **~ forgalom** transit *h*; **~ szállítmány** transport *h* en transit

átmérő *fn* diamètre *h*; *[csőé]* calibre *h*

atmoszféra *fn átv is* atmosphère *n*

átnedvesed|ik *tn i* se mouiller, s'imbiber

átnevel *ts i* rééduquer

átnéz I. *tn i vmin vmi felett* regarder à travers *v.* par-dessus *qqch*; *vkihez* passer voir *qqn*, faire un saut *chez qqn*; *átv vkin* ignorer *qqn* **II.** *ts i [darabonként megnéz]* passer en revue; *[írást]* parcourir, lire en diagonale *v.* en vitesse; *[javítás céljából]* revoir

átnyergel *tn i [foglalkozást vált]* se recycler *v.* se muer en; *[álláspontot vált]* fraz retourner sa veste

átnyújt *ts i vmit vkinek* tendre *v.* passer *qqch* à *qqn*; *[ünnepélyesen]* présenter

átnyúl|ik *tn i vmin [időben]* se prolonger jusqu'à *qqch*; *[térben]* déborder *sur qqch*

átok *fn* malédiction *n*; *[egyházi]* anathème *n*; **~ nehezedik vkire/vmire** une malédiction pèse sur *qqn/qqch*; **átkokat szór vkire** proférer des malédictions contre *qqn*

átolvas *ts i [felületesen]* parcourir, lire en diagonale; *[alaposan]* lire de bout en bout; *[pénzt]* recompter

atom *fn* atome *h*

atombomba *fn* bombe *n* atomique *v.* nucléaire

atomenergia *fn* énergie *n* nucléaire; **Nemzetközi A~ Ügynökség** Agence *n* internationale de l'énergie atomique

atomerőmű *fn* centrale *n* nucléaire

atomfegyver *fn* arme *n* atomique *v.* nucléaire; **~ek elterjedése** prolifération *n* des armes nucléaires

atomfizika *fn* physique *n* nucléaire

atomháború *fn* guerre *n* atomique *v.* nucléaire

atomhajtású *mn* à propulsion *n* nucléaire

atomhulladék *fn* déchets *h (t sz)* radioactifs

atomkísérlet *fn* essai *h* nucléaire

atomkorszak *fn* ère *n* nucléaire

atomkutatás *fn* recherche *n* nucléaire

atommag *fn* noyau *h* atomique

atomreaktor *fn* réacteur *h* nucléaire

atomrobbantás *fn [atomrombolás]* désintégration *n* de l'atome; *[robbantás]* explosion *n* nucléaire *v.* atomique

atomtöltet *fn* charge *n* nucléaire

átölel *ts i* enlacer, serrer *v.* prendre dans ses bras; *[derékon]* prendre par la taille

átöltöz|ik *tn i* se changer, changer de vêtements

átönt *ts i* transvaser, dépoter

átpártol *tn i* changer de camp

átpasszol *ts i [labdát]* passer; *[átad]* biz filer; *[áthárít]* biz refiler

átprogramoz *ts i* reprogrammer

átrajzol *ts i [javítva]* retoucher, redessiner; *[másolva]* calquer; *átv* **~ja Európa térképét** refaire la carte de l'Europe

átrak *ts i [tárgyat]* changer de place, déplacer; *[árut]* transporter; **~tam a másik szobába** je l'ai mis(e) dans l'autre pièce

átrendez *ts i* réaménager

átrepül *ts i/tn i vmi felett* survoler *qqch*; *vmin* traverser *qqch* (en volant); **~t a labda a szomszéd udvarba** la balle est passée dans la cour voisine

átruház *ts i [értéket] vkire* transmettre *qqch à qqn*; *[jogot]* transférer, céder

átruházás *fn* transmission *n*; *[jogé]* cession *n*; *[hatalomé]* délégation *n* (de pouvoir)

átruházható *mn* cessible, transmissible; transférable

átsegít *ts i vhol* aider à passer *v.* à traverser *qqch*; **~i a nehézségeken** il l'aide à surmonter les difficultés

átsikl|ik *tn i átv [hibán, véletlenül]* laisser passer; *[szándékosan]* passer sous silence *qqch*

átsül *tn i [jól]* être bien cuit(e); *[éppen hogy]* être à point

átsüt I. *ts i* rôtir, griller II. *tn i* **a nap ~ a felhőkön** le soleil perce à travers les nuages

átszáll *tn i vmi felett* survoler *qqch*; *közl* changer; *jog* se transmettre; **hol kell ~nom … felé?** où dois-je changer pour aller à …?; **~ a 7-es buszra** changer et prendre le bus numéro 7

átszállás *fn közl* changement *n*, correspondance *n*

átszállít *ts i* transporter, transférer

átszállóhely *fn* station *n* de correspondance

átszámít *ts i vmit vmire* convertir *qqch en qqch*

átszámítás *fn* conversion *n*

átszámol *ts i [pénzt]* vérifier (la monnaie), recompter

átszel *ts i [átvág]* trancher; *[vmin átmegy]* parcourir *qqch*; *[vmin keresztülmegy]* traverser *qqch*; **~i a levegőt** *v.* **vizet** fendre l'air *v.* les eaux

átszellemült *mn* transfiguré(e)

átszervez *ts i* réorganiser

átszervezés *fn* réorganisation *n*

átszivárog *tn i átv is vmin* filtrer *à travers qqch*; *[folyadék]* suinter; *[emberek]* passer peu à peu *qqpart*

átszól *tn i vkiért* appeler *qqn*; **~t egy szomszéd, hogy** un voisin est passé nous dire que

átszök|ik *tn i [vhova]* s'enfuire; *[ellenséghez]* passer à l'ennemi; **~ik a határon** passer clandestinement la frontière

átszúr *ts i* transpercer, percer (de part en part)

átszűr *ts i* passer, filtrer; *[fényt]* tamiser; *[rendőrség]* filtrer, ratisser

átszűrőd|ik *tn i* filtrer

áttanulmányoz *ts i* étudier en détail

attasé *fn* attaché(e); **kulturális ~** attaché(e) culturel (-elle)

áttekint *ts i [végignéz]* embrasser d'un regard; *[felmér]* examiner; **~i a helyzetet** se faire une idée de la situation

áttekintés *fn [cselekvés]* revue *n*, tour *h* d'horizon; *[cselekvés eredménye]* vue *n* d'ensemble; **rövid ~t ad vmiről** offrir un bref aperçu de qqch

áttekinthetetlen *mn* embrouillé(e), inextricable

áttekinthető *mn* clair(e), limpide

áttelel *tn i* passer l'hiver, hiverner

áttelepít *ts i* transférer

áttelepül *tn i [más vidékre]* s'installer; *[más országba]* s'expatrier

áttér *tn i [vhova]* passer; *[más módszerre]* changer, adopter; *[más témára]* passer à; *[másik vallásra]* se convertir à

átterjed *tn i* s'étendre *v.* jusqu'à *qqch*, gagner *qqch*; *[betegség]* se transmettre à *qqn*

áttesz *ts i [tárgyat]* mettre (ailleurs); *[székhelyet, intézményt]* transférer; *[más időpontra]* reporter, remettre;

[ügyiratot, ügyet] renvoyer à; *[más nyelvre]* traduire; **késöbbre tesz át** remettre à plus tard; **~i a mondatot múlt idöbe** mettre la phrase au passé

áttétel *fn [ügyiraté, idöponté]* renvoi *h*; *[székhelyé]* transfert *h*; *[müsz* transmission *n*; *orv* métastase *n*

áttetszö *mn* translucide, diaphane

Attila *fn* Attila *h*

attól *nm/hsz [fn elött]* de ce (cet) (cette) …(-là); *[önállóan]* de celui-là (celle-là); **nem messze ~ a háztól** pas loin de cette maison(-là); **~ eltekintve, hogy** mis à part *v.* excepté le fait que; **ez ~ van, hogy** ceci est dû au fait que; **az ~ függ, hogy** cela dépend de *v.* de ce que *v.* si; **~ tartok, hogy** je crains que; **~ fogva** à partir de là

áttölt *ts i* transvaser

áttör *ts i/tn i* percer; *[gátat, kordont]* rompre; *kat* percer; *konyh* passer; **~i a gátakat** rompre les digues; **a nap ~a felhökön** le soleil perce (à travers) les nuages

áttörés *fn [gáté]* rupture *n*; *kat, sp, átv* percée *n*

attrakció *fn* attraction *n*

átugr|ik *ts i/tn i vmin* sauter par-dessus *qqch*; *[kihagy]* vmit sauter *qqch*; **~ik egy fejezetet** sauter un chapitre; **~ik egy másik témára** sauter sur un autre sujet; **~ik vkihez** faire un saut chez *qqn*

átúsz|ik *ts i/tn i* traverser qqch à la nage

átutal *ts i [pénzt]* virer

átutalás *fn* virement *h*; **~sal fizet** payer par virement

átutaz|ik *tn i vmin* passer *v.* transiter *par qqch*

átutazó I. *mn* passager (-ère); **~ vendég** hôte *h n* de passage **II.** *fn* voyageur (-euse) de passage; **~ban van** être de passage

átutazóvízum *fn* visa *h* de transit

átül *tn i* changer de place; **ülj át a másik székbe!** assied-toi sur l'autre chaise !

átültet *ts i [más padba]* (faire) changer *qqn* de place; *[földbe]* transplanter, *[cserépbe]* rempoter; *orv [szervet, bört]* greffer; *[szervet így is]* transplanter; *átv* transposer

átültetés *fn növ* transplantation *n*; *orv [szervé, böré]* greffe *n*; *[szervé így is]* transplantation *n*

átütemez *ts i gazd* rééchelonner

átütemezés *fn gazd* rééchelonnement *h*

átvág I. *ts i* couper; *[rászed]* biz rouler *qqn*; **~ja magát a nehézségeken** franchir les obstacles **II.** *tn i [rövidebb úton áthalad]* vhol couper à travers *v.* par *qqch*

átvállal *ts i* prendre *qqch* à sa charge

átválogat *ts i* trier; **gondosan ~** passer au tamis

átvált I. *ts i [pénzt]* vmire changer en *qqch*; *[vasúti váltót]* aiguiller **II.** *tn i [jelzölámpa]* **~ vörösre** passer au rouge; **~ egyik témáról a másikra** passer *v.* sauter d'un sujet à l'autre

átváltás *fn [pénzé]* change *h*

átváltási *mn* **~ árfolyam** taux *h* de change

átváltozás *fn* transformation *n*, métamorphose *n*

átváltoz|ik *tn i* se transformer *v.* se changer *v.* se muer en

átver *ts i biz [becsap]* arnaquer, rouler, entuber; **jól ~t** il m'a bien eu

átverés *ts i biz* arnaque *n*

átvergöd|ik *tn i vmin* traverser péniblement *qqch*; **~ik a nehézségeken** surmonter les difficultés tant bien que mal

átvérz|ik *tn i* s'imbiber de sang

átvesz *ts i vkitöl vmit* prendre *qqch* à *qqn*; *[üzenetet]* prendre; *[kitüntetést]* recevoir; *[leckét]* réviser; *[szót más nyelvből]* emprunter; **~i a szót** prendre la parole; **~i a munkát (vkitől)** prendre la relève

átvészel *ts i* survivre *v.* réchapper à *qqch*

átvétel *fn [tárgyé]* réception *n*; *[nyelvi elemé]* emprunt *h*; **~kor fizet** payer à la livraison; **vminek az ~ét elismeri** accuser réception de qqch

átvételi *mn* **~ elismervény** récépissé *h*

átvevő *fn* réceptionnaire *h n*

átvezet *ts i/tn i [út]* vmin passer *par v.* traverser *qqch*; *[számlán]* reporter; **~ vkit az úttesten** aider qqn à traverser la rue

átvilágít *ts i [röntgennel]* faire une radioscopie *v. biz* radio; *gazd* auditer, vérifier

átvirraszt *ts i* **~ja az éjszakát** veiller toute la nuit, passer une nuit blanche

átvisz *ts i* vmit porter *v.* transporter *qqch*; *vkit* amener *v.* conduire *qqn*; *[karban]* porter; *[fertőzést]* transmettre

átvitel *fn [erőé]* transmission *n*; *[számlán]* report *h*; *pszich* transfert *h*

átvitt *mn* **~ értelemben** au (sens) figuré

átvizsgál *ts i* examiner (à fond), passer en revue; *[helyszínt]* inspecter, passer au peigne fin; *[gépet]* réviser

átvonul *tn i* défiler à travers *qqch*, traverser *qqch*; **felhők vonulnak át az égen** des nuages passent dans le ciel

atya *fn* père *h*; **~ink** nos aïeux *h (t sz)*; **László ~** le Père László; **~ról fiúra száll** passer de père en fils

atyáskod|ik *tn i* vkivel se montrer paternel *avec qqn*

audiencia *fn* audience *n*

audiovizuális *mn* audiovisuel (-elle)

auditórium *fn* amphithéâtre *h*, *biz* amphi *h*

augusztus *fn* août *h*; → **január**

aukció *fn* vente *n* aux enchères

aula *fn kb* salle *n* de réception

ausztrál I. *mn* australien (-ienne) **II.** *fn [személy]* Australien (-ienne)

Ausztrália *fn* Australie *n*

Ausztria *fn* Autriche *n*

ausztriai I. *mn* autrichien (-ienne), d'Autriche **II.** *fn [személy]* Autrichien (-ienne)

autentikus *mn* authentique

autó *fn* voiture *n*, auto *n*; *biz* bagnole *n*, caisse *n*; **~ba száll** monter en voiture; **~val vagyok** je suis en voiture; **~val megy** prendre la voiture

autóalkatrész *fn* pièce *n* détachée (pour voiture)

autóbaleset *fn* accident *h* de voiture

autóbusz *fn* autobus *h*, bus *h*; *[távolsági]* car *h*; **autóbusszal megy** prendre l'autobus; **a 76-os ~** l'autobus 76, le soixante-seize

autóbuszjegy *fn* ticket *h* (d'autobus *v.* de bus)

autóbuszmegálló *fn* arrêt *h* d'autobus *v.* de bus

autóbusz-pályaudvar *fn* gare *n* routière

autóbuszvezető *fn* conducteur (-trice) d'autobus

autodidakta *mn/fn* autodidacte *h n*

autóforgalom *fn* circulation *n* (automobile)

autogram *fn* autographe *h*; **~okat ad** signer des autographes

autógumi *fn* pneu *h*

autógyár *fn* usine *n* automobile

autóipar *fn* industrie *n* automobile

autójavító *mn* **~ műhely** garage *h*, atelier *h* de réparation automobile

autókereskedő *fn* vendeur (-euse) d'automobile; *[márkakereskedő]* concessionnaire *h n*

autókijárat *fn* sortie *n* de voiture

autóklub *fn* club *h* automobile

autókölcsönző *fn* location *n* de voitures

automata I. *mn* automatique; ~ **sebességváltó** boîte *n* (de vitesse) automatique II. *fn [pénzbedobós]* distributeur *h*; **bankjegykiadó** ~ distributeur (automatique de billets), billetterie *n*

automatika *fn [tudományág]* automatique *n*; *[berendezés]* équipement *h* automatique

automatikus *mn* automatique; ~ **mozdulat** geste *h* machinal

automatizálás *fn* automatisation *n*

automentő *mn/fn [személy]* dépanneur (-euse) d'automobiles; *[gépkocsi]* dépanneuse *n*

autómosó *fn [személy]* laveur (-euse) de voitures; *[hely]* station *n* de lavage

autonóm *mn* autonome

autonómia *fn* autonomie *n*

autópálya *fn* autoroute *n*; **fizetős** ~ autoroute *n* à péage

autópályadíj péage *h*

autópálya-matrica *fn* vignette *n* d'autoroute

autóparkoló *fn* parking *h*

autórádió *fn* autoradio *h*

autóriasztó *fn* alarme *n* (de voiture)

autós I. *mn* ~ **baleset** accident *h* de voitures II. *fn* automobiliste *h n*

autósiskola *fn* auto(-)école *n*

autósport *fn* sport *h* automobile

autóstop *fn* auto(-)stop *h*, *biz* stop *h*; ~**pal utazik** faire de l'auto-stop; *biz* faire du stop

autóstoppos *fn* auto(-)stoppeur (-euse); **felvesz egy ~t** prendre qqn en stop

autószerelő *fn* mécanicien (-ienne); *biz* mécano *h*

autószerviz *fn* garage *h*

autótérkép *fn* carte *n* routière

autóút *fn* route *n*; *[megtett út]* trajet *h*; **ez háromórás** ~ cela fait trois heures en voiture

autóverseny *fn* course *n* automobile

autóversenyző *fn* coureur (-euse) automobile, pilote *h* de course

autózás *fn* voyage *h* v. promenade *n* en voiture

autóz|ik *tn i* rouler, aller en voiture

avagy *ksz* ou bien, soit

avantgárd I. *mn* d'avant-garde II. *fn* avant-garde *n*

avar *fn* feuilles *n (t sz)* mortes

avas *mn* rance

avasodik *tn i* rancir

avat *ts i [emlékművet]* inaugurer; **doktorrá** ~ recevoir docteur; **tisztté** ~ promouvoir officier; **szentté** ~ canoniser

avatatlan *mn/fn* profane *h n*, non-initié(e); ~ **kezekbe kerül** tomber dans des mains profanes

avatott *mn/fn vmibe* initié(e) à qqch, connaisseur (-euse) *de qqch*; ~ **szemmel vizsgál vmit** examiner qqch d'un œil expert

avégett *hsz* ~, **hogy** afin que *subj*, afin de *inf*

az¹ *nm [fn előtt]* ce (cet) (cette) …(-là); *[önállóan]* celui-là (celle-là); cela, ça; ~ **a ház** cette maison-là; ~ **a ház, amely** la maison qui; ~, **ami** ce qui; ~**t, amit** ce que; ~, **aki** celui (celle) qui; ~, **akit** celui (celle) que; **ő** ~, **aki** c'est lui (elle) qui; ~**ok, akik** ceux (celles) qui; **mi** ~? qu'est-ce que c'est ?; **ki** ~? qui est-ce ?; **ez** ~! c'est ça !; ~**t nem!** ça, non !

az² *ne* le *h*, la *n*, les *h n (t sz)*

azalatt *hsz* pendant ce temps, cependant; ~, **amíg** pendant que, tandis que

azáltal *hsz* de cette manière *v.* façon, ainsi; ~, **hogy nem adja vissza a pénzt** en ne rendant pas l'argent

azaz *ksz [vagyis]* c'est-à-dire, soit; *[pontosabban]* (ou) plus exactement, (ou) plus précisément; **100, ~ száz euró** 100, soit cent euros

azelőtt *hsz [vmi előtt]* auparavant, précédemment; *[régebben]* jadis, dans le temps, avant; **két évvel ~** deux ans auparavant *v.* plus tôt; **egy nappal ~** la veille; ~, **hogy** avant que *subj*, avant de *inf*

azelőtti *mn [vmi előtti]* précédent(e); *[régebbi]* ancien (-ienne)

azért *nm/hsz/ksz [fn előtt]* pour ce (cet) (cette) ...(-là); *[önállóan]* pour celui-là (celle-là); *[azon okból]* pour cela, à cause de cela *v.* de quoi, c'est pourquoi; *[abból a célból]* ~, **hogy** afin de *inf /* que *subj*, pour *inf*; pour que *subj*; **csak ~, hogy** rien que pour *inf*; ~ **mert** parce que; ~ **jött, mert** il est venu parce que; **ez ~ van, mert** la raison en est que; ~ **mondom** c'est pour cela que je le dis; **ez ~ nem olyan nagy baj** ce n'est quand même pas très grave; ~ **is megteszem** je le ferai quand même; **de ~** *[mégis]* toutefois, pourtant, (il) n'empêche que; **de ~ csak menjünk** allons-y toujours; **de ~ vigyázzon!** faites tout de même attention

aznap *hsz* ce jour-là, le même jour; ~ **reggel** ce matin-là; **még ~** le jour même

azon *nm/hsz [fn előtt]* sur ce (cet) (cette) ...(-là); *[önállóan]* sur celui-là (celle-là); ~ **a télen** cet hiver-là; **még ~ az éjjel** la nuit même; ~ **van, hogy** s'appliquer à, tenter de; ~ **leszek,**

hogy je veillerai à ce que; ~ **nyomban** sur-le-champ, aussitôt

azonban *ksz* cependant, toutefois

azonkívül *hsz* en plus, de plus, en outre; ~, **hogy** outre que

azonnal *hsz* immédiatement, tout de suite, aussitôt; ~, **amint** aussitôt *v.* dès que; ~! *[jövök]* (une) seconde !, un instant !, j'arrive (tout de suite) !

azonnali *mn* immédiat(e); ~ **hatás** effet *h* immédiat; ~ **hatállyal** avec effet *h* immédiat

azonos *mn vmivel* identique *v.* égal(e) à *qqch*; ~ **érték** valeur *n* égale; ~ **feltételekkel** aux mêmes conditions *n (t sz)*; ~ **módon** de façon identique

azonosít *ts i vkivel* identifier à *v.* avec *qqn*; **ujjlenyomat alapján ~ vkit** identifier qqn d'après ses empreintes digitales

azonosság *fn* identité *n*

azonosul *tn i vkivel/vmivel* s'identifier à *v.* avec *qqn/qqch*, *vkivel* se mettre dans la peau de *qqn*

azontúl *hsz [attól fogva]* à partir de (ce moment)-là, dès lors

azóta *hsz* depuis (ce temps), depuis *v.* dès lors; **nem láttam ~** je ne l'ai pas vu depuis; ~ **sem tanulta** meg il ne l'a toujours pas appris; ~, **hogy** depuis que

ázott *mn* mouillé(e), trempé(e)

azt *nm* cela; ça; ~, **amit te vettél** ce que tu as acheté; ~ **gondoltam, hogy** j'ai pensé que; ~ **mondják, hogy** on dit que; ~ **már nem!** alors ça non !

aztán *hsz* puis, ensuite, après; **ez ~ a munka!** ça, c'est du travail !; **hát ~?** et alors ?, et puis (quoi) ?; ~ **megbántam** après (coup), j'ai regretté; ~ **mit csinálsz?** qu'est-ce que tu fais après ?

áz|ik *tn i [folyadékban]* tremper *v.* baigner; *[esőben]* être mouillé(e) *v.* se faire mouiller par la pluie

áztat *ts i [mosnivalót]* (faire) tremper;
  könny ~ta az arcát son visage était
  baigné de larmes

azután *hsz* ensuite, puis, après, plus
  tard, après quoi; **két nappal ~** le sur-
  lendemain, deux jours après *v.* plus
  tard; **egy héttel ~** une semaine plus
  tard, huit jours après; **mit csináljak
  ~?** que dois-je faire après cela ?

azzal *nm/hsz [fn előtt]* avec ce (cet)
  (cette) ...(-là); *[önállóan]* avec cela
  v. ça, avec celui-là (celle-là); **~ az
  emberrel** avec cet homme-là; **~ nem**

mész sokra cela ne t'avancera guère;
  ~ a feltétellel, hogy à condition que;
  ~ a kéréssel fordult hozzám, hogy il
  est venu me demander de *inf*; **~ jött,
  hogy** il a essayé de me faire croire
  que; **~ tölti az idejét, hogy** il passe
  son temps à *inf*; **és ~ elment** et là-
  dessus, il est parti; **fogta a kalapját,
  ~ már itt sem volt** il a pris son cha-
  peau et il est parti aussi sec

Ázsia *fn* Asie *n*

ázsiai **I.** *mn* asiatique, d'Asie **II.** *fn*
  [személy] Asiatique *h n*

B

b *fn* zene si *h* bémol

bab *fn* haricot *h*; *[apró]* flageolet *h*; **~ot fejt** écosser des haricots; *átv* **nem ~ra megy a játék** l'enjeu est de taille

báb¹ *fn* **bábu** marionnette *n*; *[zsinórral mozgatható]* pantin *h*; *[kesztyűs]* guignol *h*; *[kirakati]* mannequin *h*; *[teke]* quille *n*, *átv* pantin *h*

báb² *fn* *[rovaré]* nymphe *n*; *[lepkéé]* chrysalide *n*

baba *fn* *[csecsemő]* bébé *h*; *[játék]* poupée *n*

bába *fn* sage-femme *n*

babakelengye *fn* layette *n*

babakocsi *fn* *[alacsony]* poussette *n*; *[összehajtható]* poussette-canne *n*; *[magas]* landau *h*

babapiskóta *fn* boudoir *h*

babaruha *fn* *[csecsemőé]* vêtement *h* de bébé; *[babáé]* robe *n* de poupée

bábáskod|ik *tn i átv* **~ik vmi körül** concourir à la naissance de qqch

babaszoba *fn* chambre *n* de poupée

babér *fn* *átv is* laurier *h*; **ül a ~jain** se reposer sur ses lauriers

babérkoszorú *fn* couronne *n* de lauriers

babérlevél *fn* feuille *n* de laurier

bábjáték *fn* théâtre *h* de marionnettes, guignol *h*

babkávé *fn* café *h* en grains

bábkormány *fn* gouvernement *h* fantoche

bableves *fn* soupe *n* aux haricots

babona *fn* superstition *n*

babonás *mn* superstitieux (-euse)

babrál I. *ts i [tapogat]* tripoter **II.** *tn i [szöszmötöl]* lanterner

bábszínház *fn* théâtre *h* de marionnettes, guignol *h*

babusgat *ts i* cajoler, dorloter, câliner

bacilus *fn* bacille *h*

bácsi *fn* *[gyereknyelvben]* (le) Monsieur; **Károly ~** *[rokon]* kb. oncle *h* Charles, *[nem rokon]* kb. le père Charles

badarság *fn* sottise *n*, baliverne *n*, fadaise *n*

bádog *fn* *[vas]* tôle *n* (ondulée); *[ónozott]* fer-blanc *h*

bádogos *fn* ferblantier *h*, tôlier *h*

bagoly *fn* hibou *h*; chouette *n*; *átv* éjjeli ~ couche-tard *h n*

bagóz|ik *tn i [bagót rág]* chiquer; *[dohányzik]* biz griller une clope; *átv* **rá se ~ik** *biz* il s'en contrefiche

bágyadt *mn* *[személy]* alangui(e), languissant(e); *[fény]* pâle; *[szín]* terne

bágyadtság *fn* lassitude *n*, abattement *h*

baj *fn* mal *h*, malheur *h*; *[rossz helyzet]* détresse *n*, embarras *h*; *[betegség]* mal *h*, maladie *n*; *[gond]* ennui *h*, *biz* pépin *h*; *[előre nem látott]* contretemps *h*; **annyi ~ legyen!** tant pis !, qu'à cela ne tienne !; **csak az a ~,** **hogy** le seul problème, c'est que; **ebből ~ lesz** cela finira mal; **nem ~** cela ne fait rien; **mi ~od van?** qu'est-ce que tu as ?, qu'est-ce qui ne va pas ?; **az ő ~a!** c'est son affaire !; **ellátja vkinek a ~át** faire son affaire à qqn; **~ban van** avoir des ennuis; *biz* être dans le pétrin; **semmi ~om sincs vele** je n'ai rien contre lui; **~t hoz vkire** porter malheur à qqn

báj *fn* charme *h*, grâce *n*

bajkeverő *fn* troublion (-ionne), semeur (-euse) de discorde

bajlód|ik *tn i vmivel* se mettre en peine pour faire *qqch; vkivel* se donner du mal *avec qqn;* **a gyomrával ~ik** il se plaint toujours de son estomac

bajnok *fn* champion (-onne); *átv* **az igazság ~a** redresseur *h* de torts

bajnokcsapat *fn* équipe *n* championne

bajnoki *mn* ~ **cím** titre *h* de champion; ~ **döntő** finale *n* de championnat

bajnokság *fn* championnat *h*

bajor I. *mn* bavarois(e); *tört* **a** ~ **király** le roi de Bavière **II.** *fn [személy]* Bavarois(e)

bajos *mn* problématique, difficile; *[kényes]* délicat(e)

bájos *mn* charmant(e), mignon (-onne), ravissant(e)

bájt *fn* byte octet *h*

bajtárs *fn* camarade *h, kat* compagnon *h* d'armes

bajusz *fn* moustache *n; [kalászé]* barbe *n*

bajuszos *mn* moustachu(e)

bak *fn [állvány]* tréteau *h; [kocsin]* siège *h* du cocher; *[bakkecske]* bouc *h; asztr* Capricorne *h;* **~ot ugrik** jouer à saute-mouton; **~ot tart vkinek** faire la courte échelle à qqn; *átv* **~ot lő** commettre une bévue

bakancs *fn* brodequins *h (t sz),* rangers *h (t sz)*

bakfis *fn* gamine *n,* adolescente *n; biz* ado *n*

baki *fn* lapsus *h,* faute *n; [ügyetlen megjegyzés] biz* gaffe *n*

bakiz|ik *tn i [rádióban, tévében]* buter sur un mot

baklövés *fn* impair *h,* bévue *n; biz* bourde *n,* gaffe *n*

baktat *tn i* cheminer

Baktérítő *fn* tropique *h* du Capricorne

baktérium *fn* bactérie *n*

bal I. *mn* gauche; ~ **lábbal kel fel** se lever du pied gauche *v.* du mauvais pied; ~ **parti** (de la) rive gauche **II.** *fn* gauche *n;* ~**jában** dans sa (main) gauche; ~**ján** sur *v.* à sa gauche; ~**ra** à gauche; ~**ról** du côté gauche; ~**ról jobbra** *[képen]* de gauche à droite; ~**ra át!** demi-tour (à) gauche !; ~**ul üt ki** tourner mal

bál *fn* bal *h*

bála *fn* balle *n;* ~**kba csomagol** mettre en balles

Balaton *fn* Balaton *h*

Balázs *fn* Blaise *h*

balek *fn biz* pigeon *h,* gogo *h*

balerina *fn* ballerine *n*

baleset *fn* accident *h;* ~ **érte** il a eu un accident; **közúti** ~ accident de la route; **üzemi** ~ accident du travail; ~ **következtében** par suite *v.* à la suite d'un accident

baleset-biztosítás *fn* assurance *n* (contre les) accidents

baleseti *mn* ~ **jegyzőkönyv** constat *h* d'accident; ~ **osztály** service *h* des urgences; ~ **sebészet** chirurgie *n* traumatologique

balesetveszély *fn* risque *h* d'accident

balett *fn* ballet *h*

balettoz|ik *tn i* faire du ballet

balett-táncos *fn* danseur (-euse) de ballet

balfácán *fn biz* manche *h,* couillon *h*

balga *mn* sot (sotte), simplet (-ette)

balhé *fn biz* grabuge *h, [erőszakos]* casse *n;* **elviszi a** ~**t** porter le chapeau

Bálint *fn* Valentin *h*

baljós *mn* vál sinistre, funeste; ~ **jel** mauvais augure *h*

Balkán *fn* les Balkans; ~**-félsziget** la péninsule balkanique; **a** ~**on** dans les Balkans

balkáni *mn* balkanique

balkezes *mn* gaucher (-ère); *átv* gauche, maladroit(e); ~ **ütés** coup *h* de la gauche

balkon *fn* balcon *h*

ballada *fn* ballade *n*

ballag *tn i* déambuler; *[iskolában]* participer à un monôme

ballagás *fn [iskolai]* ‹monôme des élèves de terminale›

ballépés *fn átv* faux pas *h*, écart *h* (de conduite)

ballon *fn* ballon *h*

ballonkabát *fn* gabardine *n*

bálna *fn* baleine *n*

bálnavadászat *fn* pêche *n* à la baleine

baloldal *fn* la gauche

baloldali *mn* de gauche; *[szélsőségesen]* gauchiste *h n*

balsejtelem *fn* mauvais pressentiment *h*

balsors *fn vál* infortune *n*, adversité *n*

balszélső *fn sp* ailier *h* gauche

balszerencse *fn* malchance *n*

balta *fn* hache *n*

balti *mn* balte

Balti-tenger *fn* la mer Baltique

bálvány *fn átv is* idole *n*

bálványoz *ts i* idolâtrer, aduler

balzsam *fn átv is* baume *h*

bamba *mn* benêt, ahuri(e); *biz* bébête

bambusz *fn* bambou *h*

bámészkod|ik *tn i fraz* bayer aux corneilles

bámul I. *ts i [figyelmesen]* contempler, scruter; *[hosszan]* fixer du regard; *[csodál]* admirer **II.** *tn i [elképedve]* écarquiller les yeux; *[merengve]* regarder dans le vague

bámulatos *mn* éblouissant(e), admirable

bán *ts i vmit* regretter *qqch v. de inf*, se repentir *de qqch v. de inf*; **nem ~om!** soit, je veux bien; ~**om is én!** peu

m'importe !, tant pis !; **sose ~ja!** ne vous en faites pas

banális *mn* banal(e)

banán *fn* banane *n*; *átv* **unja a ~t** *biz* en avoir ras le bol

bánásmód *fn* traitement *h*; **rossz ~** mauvais traitement; **jó ~ban van része** être bien traité(e)

bánat *fn* chagrin *h*, peine *n*; ~**ot okoz vkinek** faire de la peine à qqn, causer du chagrin à qqn

bánatos *mn* triste, attristé(e), chagriné(e)

banda *fn* bande *n*; *[bűnöző is]* gang *h*

bandita *fn* bandit *h*, brigand *h*

bandzsa *mn* loucheur (-euse), *biz* bigleux (-euse)

bán|ik *tn i vkivel* traiter qqn; *vmivel* manier *qqch*; **tud az emberekkel ~ni** il sait s'y prendre avec les gens

bank *fn* banque *n*; **pénzt ~ba tesz** déposer de l'argent à la banque; **pénzt kivesz a ~ból** retirer de l'argent de la banque; *átv* **adja a ~ot** *[henceg] biz* frimer

bankár *fn* banquier (-ière)

bankátutalás *fn* virement *h* bancaire; ~**sal fizet** payer par virement

bankbetét *fn* dépôt *h* bancaire

bankett *fn* banquet *h*; ~**et ad** donner un banquet

bankfiók *fn* agence *n* bancaire

bankhitel *fn* crédit *h* bancaire

bankjegy *fn* billet *h* (de banque)

bankjegykiadó *mn* ~ **automata** distributeur *h* automatique (de billets), billetterie *n*; **pénzt vesz ki a ~nál** retirer de l'argent à un guichet automatique

bankkártya *fn* carte *n* bancaire; **letiltja a ~ját** faire opposition à sa carte

bankkölcsön *fn* emprunt *h* bancaire

bánkód|ik *tn i vmin* s'attrister *v.* se désoler *de qqch*

bankszámla *fn* compte *h* en banque *v.* bancaire; **~ kivonat** relevé *h* bancaire

bankszámlaszám *fn* numéro *h* de compte bancaire

banktisztviselő *fn* employé(e) de banque

bánt *ts i [testileg]* vkit faire (du) mal *à* qqn; *[bosszant]* ennuyer, embêter; *[kellemetlenül érint]* déranger, incommoder; *[nyugtalanít, bánatot okoz]* tracasser, faire de la peine; *[fogdos]* tripoter; **mi ~?** qu'est-ce qui te tracasse ?; **ki ~ott?** qui est-ce qui t'a fait du mal ?; **ne ~sd a kisfiút!** n'embête pas le petit garçon

bántalmaz *ts i* brutaliser, maltraiter, malmener

bántalmazás *fn* mauvais traitement *h*; *[brutális]* sévices *h (t sz)*

bántatlanul *hsz* sain(e) et sauf (sauve)

bántó *mn [sértő]* offensant(e), blessant(e); *[kellemetlen]* gênant(e), désagréable

bántódás *fn* **nem lesz ~a** il ne lui sera fait aucun mal

banzáj *fn biz* bringue *n*, bombe *n*; **~t csap** faire la bombe

banya *fn* vieille mégère *n*

bánya *fn* mine *n*

bányász *fn* mineur *h*

bányászat *fn* industrie *n* minière

bányász|ik *ts i* extraire

bár¹ *fn* bar *h*, boîte *n* (de nuit)

bár² **I.** *ksz [habár]* bien que *subj*, quoique *subj*; **~ miért is ne?** après tout *v.* au fond, pourquoi pas ? **II.** *hsz [bárcsak]* pourvu que *subj*, si seulement; **~ igaz lenne!** pourvu que ça soit vrai !, si seulement cela pouvait être vrai !; **~ elérné célját!** puisse-t-il atteindre son but !

barack *fn [sárga]* abricot *h*; *[őszi]* pêche *n*

barackfa *fn [sárga]* abricotier *h*; *[őszi]* pêcher *h*

baracklekvár *fn* confiture *n* d'abricots

barackpálinka *fn* eau-de-vie *n* d'abricot

barakk *fn* baraque *n*

barangol *tn i* flâner, vadrouiller, errer

bárány *fn* agneau *h*; *átv* **fekete ~** brebis *n* galeuse

bárányfelhő *fn* mouton *h*, nuage *h* moutonné

bárányhimlő *fn* varicelle *n*

báránysült *fn* rôti *h* d'agneau

barát¹ *fn* ami(e); *biz* copain (copine), pote *h n*; **gyerekkori ~** ami d'enfance; **egy ~om** un des mes amis, un ami à moi; **~okat szerez** se faire des amis

barát² *fn vall* moine *h*, frère *h* (religieux)

baráti *mn* amical(e); **~ áron** à prix *h* d'ami; **~ kör** groupe *h* d'amis; **~ körben** entre amis

barátkoz|ik *tn i* vkivel se lier (d'amitié) *v.* fraterniser *avec qqn*; *vmivel* se familiariser *avec qqch*; **könnyen ~ik** il se lie facilement

barátnő *fn* amie *n*; *biz* copine *n*; *[vkinek a kedvese]* petite amie *n*; *biz* copine *n*

barátság *fn* amitié *n*; **~ot köt vkivel** se lier d'amitié avec qqn; **jó ~ban van vkivel** être bon ami avec qqn; **~ból** par amitié

barátságos *mn* amical(e), cordial(e); **~ lakás** appartement *h* agréable; **~ mérkőzés** match *h* amical

barátságtalan *mn [ember]* inamical(e); *[lakás is]* désagréable; *[hely]* inhospitalier (-ière); **~ fogadtatás** accueil *h* froid; **~ idő** temps *h* désagréable

barázda *fn [földben]* sillon *h*; *[homlokon]* pli *h*, ride *n*

barbár *mn/fn* barbare *h n*

barbárság *fn* barbarie *n*

bárd¹ *fn* hache *n*; *[húsvágó]* couperet *h*

bárd² *fn [dalnok]* barde *h*

bárdolatlan *mn* fruste, grossier (-ière); ~ **ember** rustre *h*

bárgyú *mn* sot (sotte), imbécile, stupide; ~ **arckifejezés** air *h* hébété; ~**n nevet** rire bêtement

bárhogyan *hsz/ksz* → **akárhogyan**

bárhol *hsz/ksz* → **akárhol**

bárhonnan *hsz/ksz* → **akárhonnan**

bárhova *hsz/ksz* → **akárhova**

barikád *fn* barricade *n*

bariton *fn* baryton *h*; ~ **hang** voix *n* de baryton

barka *fn* chaton *h*

bárka *fn* barque *n*; **Noé ~ja** l'arche *n* de Noé

barkácsbolt *fn* magasin *h* de bricolage

barkácsol *tn i/ts i* bricoler, faire du bricolage

bárki *nm* → **akárki**

barlang *fn* grotte *n*, caverne *n*; *[állaté]* tanière *n*, terrier *h*

barlangkutató *fn* spéléologue *h n*; *biz* spéléo *h n*

bármeddig *hsz/ksz* → **akármeddig**

bármely *nm* **bármelyik** → **akármelyik**

bármennyi *nm* → **akármennyi**

bármennyire *hsz* → **akármennyire**

bármerre *hsz* → **akármerre**

bármi *nm* → **akármi**

bármikor *hsz/ksz* → **akármikor**

bármilyen *nm* → **akármilyen**

barna I. *mn* brun(e); *[gesztenyés árnyalatú]* marron; ~ **bőrű** *[születéstől]* à la peau mate, au teint brun; *[napozástól]* au teint bronzé; ~ **hajú** aux cheveux bruns; ~ **kenyér** pain *h* noir; ~ **sör** bière *n* brune, brune *n* **II.** *fn [szín]* brun *h*; *[barna hajú személy]* brun(e)

Barnabás *fn* Barnabé *h*

barnamedve *fn* ours *h* brun

barnul *tn i [ilyen színű lesz]* brunir; *[naptól]* bronzer, se hâler

báró *fn* baron *h*

barokk *mn/fn* baroque *h*; ~ **kor** âge *h* baroque; ~ **stílus** le baroque, style *h* baroque

barom *fn* bétail *h*; *átv* brute *n*, abruti(e)

barométer *fn* baromètre *h*

baromfi *fn* volaille *n*

baromfitenyésztés *fn* élevage *h* de volailles

baromfiudvar *fn* basse-cour *n*

baromi *mn [óriási]* ~ **ereje van** être fort(e) comme un boeuf; ~ **munka** *biz* boulot *h* monstre; *[rendkívüli]* **ez** ~ **jó** *biz* c'est géant, c'est super; ~ **hülye** *biz* con (conne) comme la lune

baromság *fn biz* connerie *n*; **ez teljes** ~! c'est complètement débile !

bárónő *fn* baronne *n*

bárpult *fn* comptoir *h*; *biz* zinc *h*

bársony *fn* velours *h*

bársonyos *mn* de velours, velouté(e); ~ **bőr** peau *n* de velours; ~ **bor** vin *h* velouté

bárszék *fn* tabouret *h* de bar

bárszekrény *fn* bar *h*

basa *fn átv is* pacha *h*

baseball *fn* base(-)ball *h*

bástya *fn átv is* bastion *h*; *[sakkban]* tour *n*

baszik *ts i/tn i durva* baiser; **rá se ~ik** il n'en a rien à foutre

baszk I. *mn* basque, basquais(e) **II.** *fn [személy]* Basque *h n*; *[nő így is]* Basquaise *n*; *[nyelv]* basque *h*

basszus *mn/fn* basse *n*; ~ **hang** voix *n* de basse

basszuskulcs *fn* clef *n* de fa

bátor *mn* courageux (-euse), brave, audacieux (-euse)

bátorít *ts i vkit* encourager *qqn*, pousser *qqn* à faire *qqch*

bátorítás *fn* encouragement *h*

bátorkod|ik *tn i* oser *inf*, se permettre *v.* s'autoriser *de inf*

bátorság *fn* courage *h*, audace *n*, bravoure *n*; **van ~a, hogy** avoir le cœur *v.* le courage *de inf*

bátortalan *mn* timide, craintif (-ive)

bátran *hsz* courageusement, bravement; *[nyugodtan]* sans crainte; **csak ~!** courage !; **~ viselkedett** il a été (très) courageux; **~ beszélhet** parlez sans crainte

bátya *fn* frère *h* aîné, *biz* grand frère *h*

batyu *fn* balluchon *v.* baluchon *h*

bauxit *fn* bauxite *n*

bazalt *fn* basalte *h*

bazár *fn* bazar *h*

bazáráru *fn* article *h* de bazar

Bázel *fn* Bâle *n*

bazilika *fn* basilique *n*

bázis *fn átv is* base *n*, *átv* assise *n*; **társadalmi ~** assise sociale

bazmeg *isz durva* putain; **figyelj már ide, ~!** mais écoute-moi, putain !

be *hsz [vminek a belsejébe]* à l'intérieur de, dans; **~ a szobába** dans la chambre; **se ~, se ki** on ne peut ni entrer ni sortir; **pofa ~!** *durva* ferme ta gueule !, ferme-la !

bead I. *ts i [kérvényt]* présenter, remettre; *[panaszt is]* déposer; *[vhová személyt]* mettre, placer; *[orvosságot]* administrer, donner; *[elhitet] biz* faire gober *qqch à qqn*; **~ iskolába** mettre *v.* envoyer qqn à l'école **II.** *tn i; biz ez ~ott neki [megviselte]* ça l'a achevé; **hogy ~ott neki!** *[ellátta a baját]* qu'est-ce qu'il lui a mis !

beadás *fn [benyújtás]* remise *n*, dépôt *h*; *sp* centre *h*

beadási *mn* **~ határidő** date *n* limite de dépôt

beadvány *fn* requête *n*, demande *n*

beágyaz *ts i/tn i* faire le lit; *átv* implanter

beajánl *ts i vkit vkinél* recommander *qqn auprès de qqn*

beáll *tn i [vmi alá]* se mettre *v.* s'abriter sous *qqch*; *[sorba]* prendre la file; *[autó]* se garer; *átv [vhová]* rejoindre *qqch*, se joindre à *qqch*; *[állapot, fordulat]* survenir, se produire; **~ katonának** s'engager (dans l'armée); **~t a tél** l'hiver est venu; **be nem áll a szája** ne pas s'arrêter de parler

beállít I. *ts i [elhelyez]* poser, mettre, placer; *[szerkezetet]* régler, ajuster; *átv úgy állítja be a dolgot, mintha* il présente les choses comme si; *sp* **csúcsot ~** établir un record **II.** *tn i vkihez* arriver à l'improviste *v.* biz débarquer *chez qqn*

beállítás *fn [szerkezeté]* réglage *h*, mise *n* en place; *film* plan *h*; *átv* interprétation *n*

beállítottság *fn* attitude *n*, mentalité *n*

beáraml|ik *tn i vhova* affluer *vers v.* dans *qqch*

bearanyoz *ts i* dorer; *átv* ensoleiller

beárnyékol *ts i* ombrager; *átv* ternir

beárul *ts i* dénoncer; *biz* moucharder

beatzene *fn* musique *n* pop

beavat *ts i [vkit egy titokba]* mettre *qqn au fait v.* au courant de *qqch*; *[tudásba]* initier *qqn à qqch*; *[textiliát]* mouiller; **be van avatva vmibe** être dans la confidence de qqch

beavatkozás *fn* intervention *n*, ingérence *n*; *[jogtalan]* intrusion *n*

beavatkoz|ik *tn i vmibe* intervenir dans *qqch*; *[hívatlanul]* se mêler de *qqch*; **~ik vkinek a hatáskörébe** empiéter sur les attributions de qqn; **~ik az ország belügyeibe** s'ingérer dans les affaires intérieures du pays

beavatott *mn* initié(e); **a ~ körökben** dans les milieux bien informés

beáz|ik *tn i* prendre l'eau

beáztat *ts i* faire tremper

bebalzsamoz *ts i* embaumer

bebarangol *ts i* ~**ja a vidéket** parcourir la contrée

bebeszél *ts i* vkinek vmit mettre *qqch* dans la tête *à qqn*; ~ **magának vmit** se mettre *qqch* dans la tête

bébi *fn* bébé *h*

bébiétel *fn* aliments *h (t sz)* pour bébés

bébiszitter *fn* baby-sitter *h n*; *[ottlakó]* fille *n* au pair

bebizonyít *ts i* prouver, démontrer, établir

bebizonyosod|ik *tn i* être prouvé(e) *v.* démontré(e) *v.* avéré(e), s'avérer; *[hír]* se confirmer

bebiztosít *ts i* s'assurer; ~**ja magát vmi ellen** s'assurer contre *qqch*

bebocsát *ts i* laisser *v.* faire entrer

beborít *ts i* vmivel (re)couvrir de *qqch*; *[beledönt]* verser, renverser

beborul *tn i [ég]* se couvrir, s'assombrir

bebörtönöz *ts i* mettre *v.* jeter en prison, emprisonner, *hiv* incarcérer; *biz* mettre à l'ombre

bebugyolál *ts i* emmitoufler; ~**ja magát** s'emmitoufler

bebúj|ik *tn i [összehúzódzkodva]* se tapir; *[szűk helyen át]* se glisser; *[ruhába]* enfiler *qqch*; ~**ik az ágyba** se glisser dans le lit

beburkol *ts i* envelopper de *v.* dans *qqch*, couvrir de *qqch*

beburkolódzik *tn i* s'envelopper *v.* se draper de *v.* dans *qqch*; se murer dans son silence

bebútoroz *ts i* meubler

becenév *fn* surnom *h*, sobriquet *h*, petit nom *h*

becéz *ts i [babusgat]* cajoler, câliner; *[becenéven szólít]* vkit appeler *qqn* par son petit nom

becs *fn [érték]* valeur *n*; *[tisztelet]* estime *n*, considération *n*; **nagy ~ben tart vkit** tenir *v.* avoir *qqn* en haute estime

Bécs *fn* Vienne *n*

becsap I. *ts i* vmit vhova balancer *v.* jeter *qqch dans*; *[rászed]* tromper, berner, duper; ~**ja az ajtót** claquer la porte; ~**ja a zálogházba** mettre au clou **II.** *tn i [lövedék]* frapper; ~**ott a villám vmibe** la foudre est tombée sur *qqch v.* a frappé *qqch*

becsapód|ik *tn i [ajtó, ablak]* claquer; *[lövedék]* frapper

becsatol *ts i [csatot]* boucler, agrafer; *[biztonsági övet]* attacher

becsavar *ts i [csavart]* visser, serrer; *[begöngyöl]* enrouler *dans qqch*; ~**ja a haját** se faire une mise en pli

becsavarod|ik *tn i* vmibe s'enrouler *dans qqch*; *[megbolondul]* biz disjoncter, péter les plombs

becsempész *ts i* passer *v.* introduire en fraude

becsenget *tn i* vkihez sonner *chez qqn*; *[iskolában]* sonner la rentrée des classes

becses *mn [értékes]* précieux (-euse), de valeur; *[tiszteletreméltó]* honorable

bécsi I. *mn* viennois(e); ~ **szelet** escalope *n* viennoise *v.* panée **II.** *fn [személy]* Viennois(e)

becsinál *tn i* ~ **a nadrágjába** faire dans sa culotte *v.* biz dans son froc

becsinált *fn* konyh fricassée *n*

becsíp I. *ts i* pincer; ~**i az ujját vmibe** se pincer le doigt dans *qqch* **II.** *tn i [enyhén berúg]* biz être éméché(e) *v.* pompette

becslés *fn* estimation *n*, évaluation *n*, appréciation *n*; **~em szerint** d'après mes estimations

becsmérel *ts i* dénigrer, déprécier, *vál* vilipender

becsomagol I. *ts i* emballer, empaqueter **II.** *tn i [útra]* faire ses bagages, faire sa valise *v.* ses valises

becstelen *mn [aljas]* indigne, infâme; *[szégyenletes]* abject(e), déshonorant(e)

becstelenség *fn vál* indignité *n*, infamie *n*, ignominie *n*

becsuk *ts i vmit* fermer *qqch*; *vkit* enfermer *qqn*, séquestrer *qqn*; *[börtönbe]* emprisonner, *biz* coffrer

becsukód|ik *tn i se* fermer, se rabattre

becsúsz|ik *tn i* (se) glisser; *[észrevétlenül]* se faufiler; **hiba csúszott be a számításba** une erreur s'est glissée dans le calcul

becsúsztat *ts i* glisser, insérer

becsül *ts i [mennyiséget, értéket]* évaluer; *[embert is]* estimer, apprécier; **mindenki ~i** tout le monde l'estime; **ezt nagyon ~öm benne** voilà ce que j'apprécie chez lui

becsület *fn* honneur *h*; **~e forog kockán** son honneur est en jeu; **~emre!** sur l'honneur; **~ébe gázol vkinek** bafouer l'honneur de qqn; **~ére válik** c'est (tout) à son honneur

becsületbeli *mn* d'honneur; **~ adósság** dette *n* d'honneur; **~ ügy** affaire *n* d'honneur; **~ kérdés** point *h* d'honneur

becsületes *mn* honnête, intègre; **~ ember** un honnête homme; **nem ~** malhonnête

becsületesség *fn* honnêteté *n*, probité *n*

becsületrend *fn* (ordre *h* de la) Légion *n* d'honneur

becsületsértés *fn* atteinte *n* à l'honneur, *jog* diffamation *n*, outrage *h*

becsületszó *fn* parole *n* (d'honneur); **becsületszavamra!** (ma) parole (d'honneur)!; **becsületszavát adja** donner sa parole (d'honneur)

becsüs *fn [árverési]* commissaire-priseur *h*; *[biztosítási]* expert *h* en assurances

becsvágy *fn* ambition *n*

becsvágyó *mn* ambitieux (-euse)

bedagad *tn i* gonfler, enfler; **~ a torka** avoir la gorge enflée

bediktál *ts i* dicter; **~ja a nevét** décliner son identité

bediliz|ik *tn i biz* devenir dingue *v.* cinglé(e), perdre la boule

bedob *ts i* jeter, lancer; **~ pénzt az automatába** introduire *v.* glisser une pièce dans le distributeur; **~ja a köztudatba** lancer une idée; *átv* **~ja a törülközőt** jeter l'éponge

bedobás *fn sp* remise *n* en touche

bedolgozik *tn i* travailler à domicile

bedögl|ik *tn i biz [elromlik]* tomber en rideau; *[kudarcba fullad]* foirer

bedől *tn i [fal]* crouler, s'effondrer; *vkinek biz* se faire avoir *v.* emboîner par qqn

bedörzsöl *ts i* frictionner

bedug *ts i ált* introduire, (faire) passer, faire entrer; *[földbe, lyukba]* planter; *[dugót]* brancher; *[betöm]* boucher; **~ja a fülét** se boucher les oreilles

bedugul *tn i se* boucher

beékelőd|ik *tn i se* coincer, s'insérer; *[terület]* s'enclaver

beenged *ts i* laisser entrer

beépít *ts i ált* encastrer, incorporer; *[telket]* bâtir *v.* construire (sur un terrain); *[ügynököt]* infiltrer

beépítés *fn [területé]* construction *n* (sur un terrain); *vmibe* incorporation *n*

beépítetlen *mn* ~ **telek** terrain *h* vague *v.* non bâti; ~ **terület** espace *n* libre

beépített *mn [terület]* bâti(e); ~ **kád** baignoire *n* encastrée; ~ **szekrény** placard *h*; ~ **ügynök** *biz* taupe *n*

beépül *tn i [terület]* se couvrir de constructions; *[társadalomba]* s'intégrer; *[kém, besúgó]* s'infiltrer

beér I. *tn i [odaér]* arriver; *vmivel* se contenter *v.* se satisfaire *de qqch*; **nyolcra ~ünk** on sera arrivés à huit heures; **kevéssel ~i** se satisfaire de peu **II.** *ts i [utolér]* rattraper, rejoindre

beér|ik *tn i átv is* mûrir, arriver à (sa) maturité; **a gyümölcsök ~tek** les fruits sont mûrs

beérkez|ik *tn i átv is* arriver

bees|ik *tn i vmibe* tomber *dans qqch*; ~**ik az eső** la pluie entre (dans la pièce); ~**ik a szobába vki** entrer en trombe dans la pièce

beesteled|ik *tn i* le soir tombe, il commence à faire sombre

befagy *tn i* geler, prendre; **a folyó ~ott** la rivière a pris *v.* a gelé

befagyaszt *ts i [folyadékot]* (faire) geler; *[bankszámlát]* geler, bloquer

befal *ts i* dévorer, engloutir

befalaz *ts i [nyílást]* murer; *[személyt]* emmurer

befecskendez *ts i orv* injecter

befed *ts i* couvrir; *[kelmével]* voiler; ~**i a fejét** se coiffer

befejez *ts i* terminer, finir, achever; **azzal fejezte be szavait, hogy** il a conclu en disant que; **mára ~ték** ils (en) ont terminé pour aujourd'hui; **hadd fejezzem be!** laisse-moi finir

befejezés *fn* achèvement *h*; *[beszédben, írásban]* conclusion *n*; ~**ül** pour conclure *v.* terminer

befejezetlen *mn* inachevé(e)

befejezett *mn* terminé(e), accompli(e), achevé(e); **ez ~ dolog** c'est chose *n* faite; ~**tény** fait *h* accompli

befejeződ|ik *tn i* se terminer, finir, prendre fin, s'achever

befejezte *fn vmi ~kor* à la fin de qqch; **beszéde ~vel** après avoir terminé son discours

befeketít *ts i átv is* noircir

befeksz|ik *tn i [ágyba]* se coucher, se mettre au lit; ~**ik a kórházba** entrer à l'hôpital

befektet *ts i [ágyba]* mettre au lit; *[kórházba]* hospitaliser; *[pénzt]* placer, *átv is* investir

befektetés *fn* placement *h*, *átv is* investissement *h*

befelé *hsz* vers l'intérieur; ~ **nyílik** s'ouvrir vers l'intérieur

befelhősöd|ik *tn i* se couvrir (de nuages)

befellegz|ik *tn i biz* être fichu(e) *v.* foutu(e)

befér *tn i [tárgy]* vmibe tenir *dans qqch*; *[személy is]* (pouvoir) passer, (pouvoir) entrer

beférkőz|ik *tn i* s'insinuer; ~**ik vkinek a bizalmába** s'insinuer dans la confiance de qqn; ~**ik vkinek a kegyeibe** s'insinuer dans les bonnes grâces de qqn

befest *ts i* peindre; *[hajat, szövetet]* teindre; **kékre ~** peindre en bleu; ~**i a haját** se teindre les cheveux

befizet *ts i* payer, régler; *[előleget]* verser; ~ **az adóját** payer ses impôts; **szíveskedjék csekken ~ni** veuillez régler par chèque; *átv* **erre ~nék!** j'aimerais bien voir ça !

befizetési *mn* ~ **határidő** date *n* limite de paiement

befog *ts i [elzár]* fermer, boucher; *[lovat]* atteler; ~**ja az orrát** se boucher le nez; *átv* ~**ja a fülét** faire la sourde oreille; **fogd be (a szád)!** *biz* la ferme !, ferme-la !; **munkára ~ vkit** mettre v. atteler qqn au travail; **nagyon be van fogva** être très pris(e)

befogad *ts i* accueillir; *[rászorulót]* recueillir; *[menekültet]* donner asile; *[közösségbe]* admettre; *[családba]* adopter; *[mennyiséget, tömeget]* contenir

befogó *fn mat* côté *h* de l'angle droit (du triangle rectangle)

befoltoz *ts i* rapiécer

befolyás *fn [hatás]* influence *n*, emprise *n*; **vkinek/vminek a ~a alatt** sous l'influence de qqn/qqch; ~**t gyakorol vkire/vmire** exercer une influence sur qqn/qqch

befolyásol *ts i* vkit influencer qqn; *vmit* influer *sur qqch*

befolyásolható *mn* influençable; **könnyen ~** facilement influençable

befolyásos *mn* influent(e)

befoly|ik *tn i [folyó]* couler v. se déverser *dans qqch*; *[pénz]* (r)entrer

befon *ts i [hajat]* tresser (en natte); *[szálat]* enlacer; *átv [behálóz]* entortiller

befordul *tn i [bekanyarodik]* tourner (dans); **jobbra fordul be** tourner v. prendre à droite; ~ **a fal felé** se retourner vers le mur; ~ **az árokba** verser dans le fossé

beforr *tn i [seb]* se cicatriser

befőtt *fn* compote *n*

befőz *ts i* préparer des conserves; *[lekvárt]* faire de la confiture

befröcsköl *ts i [vízzel]* asperger, arroser; *[sárral]* éclabousser

befurakod|ik *tn i [utat tör magának]* se frayer un passage; *[szervezetbe]* s'infiltrer

befut I. *tn i* entrer en courant; *[vonat]* entrer en gare; *[hír, versenyző]* arri-

ver; *[népszerűvé válik]* percer **II.** *ts i* *[távolságot]* parcourir; *[növény]* couvrir; **karriert ~** faire carrière; **a hír ~otta a várost** la nouvelle s'est répandue dans la ville

befűt *ts i/tn i [helyiséget]* chauffer

befűz *ts i [cipőt, szalagot]* lacer; *[filmet gépbe]* recharger; *[gyöngyöt, tűt]* enfiler; *átv [meghódít]* argot emballer

begerjed *tn i [bedühödik]* *biz* se foutre en rogne; *[felizgul]* être excité(e)

béget *tn i* bêler

begipszel *ts i [falat]* plâtrer; *[testrészt]* mettre dans le plâtre, plâtrer

begombol *ts i* boutonner

begombolkoz|ik *tn i* se boutonner

begónia *fn* bégonia *n*

begubóz|ik *tn i [hernyó]* coconner; *átv* s'enfermer dans son cocon

begy *fn [madáré]* gésier *h*; *átv* **a ~ében [vki]** il a une dent contre lui; *[vmi]* ça lui reste sur l'estomac

begyakorol *ts i* exercer, répéter

begyepesedik *tn i átv* s'encroûter

begyógyít *ts i* guérir, cicatriser

begyógyul *tn i* se cicatriser, (se) guérir

begyújt *ts i/tn i [kályhába]* allumer; *[motort]* mettre le contact

begyullad *tn i [motor]* se mettre en marche; *[megijed]* *biz* avoir les jetons v. la trouille

begyűjt *ts i* collecter; *[gabonát, információt]* récolter

begyűrűz|ik *tn i* se répercuter

behabar *ts i* konyh lier

behajl|ik *tn i* se courber; *[nyomás alatt]* fléchir

behajlít *ts i* courber, fléchir

behajol *tn i [vhova]* se pencher à l'intérieur de; ~ **az ablakon** se pencher par la fenêtre

behajóz *ts i [tengert]* courir v. parcourir (les mers); *[csapatot]* embarquer

behajóz|ik *tn i* arriver au port

behajt¹ *ts i* [lton i [jószágot] (r)amener; [hátralékot, adót] recouvrer; [kocsival] entrer en voiture; **~ani tilos!** entrée interdite

behajt² *ts i* [ajtót, ablakot] laisser entrouvert(e); [könyvet] fermer

behajthatatlan *mn* irrécouvrable

behallatsz|ik *tn i* s'entendre depuis l'extérieur

behálóz *ts i* [dolgot] former un *v.* couvrir d'un réseau; [személyt] *átv* entortiller

beharangoz I. *tn i* sonner la messe **II.** *ts i; átv* annoncer à son de trompe

behatárol *ts i* délimiter, circonscrire

beható *mn* approfondi(e), poussé(e), minutieux (-euse); **~ vizsgálat alá vesz** soumettre à un examen approfondi

behatóan *hsz* d'une manière approfondie, à fond; **~ foglalkozik vmivel** étudier qqch à fond

behatol *tn i* [személy] s'introduire; [erőszakkal] pénétrer (de force); [dolog] pénétrer; [víz] s'infiltrer; envahir; **erőszakkal ~ egy házba** forcer l'entrée d'une maison

behavaz *ts i* enneiger, couvrir de neige

beheged *tn i* se cicatriser

behelyettesít *ts i* substituer

behemót *mn/fn* colosse *h*, mastodonte *h*, *biz* patapouf *h*

behint *ts i* vmivel saupoudrer *de qqch*; [liszttel] fariner; [homokkal] sabler

behív *ts i* [szobába] inviter à entrer; *kat* appeler (sous les drapeaux)

behívás *fn* (r)appel *h*; *kat* appel *h* sous les drapeaux

behívó *fn kat* feuille *n* de route

behízelgő *mn* flatteur (-euse), obséquieux (-euse); **~ hang** ton *h* patelin

behódol *tn i* vkinek/vminek se soumettre à qqn/qqch

behorpad *tn i* s'enfoncer; [talaj, tető] s'affaisser

behoz *ts i* [tárgyat] amener, rentrer, apporter; [árut külföldről] importer; [új dolgot] introduire; [utolér] rattraper; **~za a lemaradást** rattraper *v.* combler le retard

behozatal *fn* importation *n*

behozatali *mn* **~ vám** taxe *n* à l'importation

behuny *ts i átv is* **~ja a szemét** fermer les yeux

behurcol *ts i* [tárgyat] traîner à l'intérieur, faire entrer; [betegséget] importer, apporter; [rendőrségre] *biz* embarquer

behurcolkod|ik *tn i* emménager

behúz *ts i* [tárgyat] tirer à l'intérieur; [személyt] entraîner; [függönyt] tirer; [bútort] recouvrir; [megüt] *biz* flanquer une châtaigne *à qqn*; **~za a nyakát** rentrer le cou, *átv* se faire tout petit; **~za a kéziféket** mettre le frein à main; **~za a csőbe** *biz* entuber

behúzód|ik *tn i* [zugba] se blottir, se tapir; **~ik egy kapumélyedésbe** s'abriter sous une porche

behűt *ts i* mettre au frais *v.* à rafraîchir; **~ve szolgál fel** servir frais

beidegződés *fn* réflexe *h*, automatisme *h*

beidéz *ts i* [hatósághoz] convoquer; [törvényszékre] assigner; **~ tanúnak** appeler comme témoin

beigazolód|ik *tn i* s'avérer, se confirmer, se vérifier

beígér *ts i* promettre

beiktat *ts i* [hivatalba] installer; [tisztségbe] investir; [szövegbe] insérer

beilleszked|ik *tn i* [dolog] s'ajuster; [személy] s'intégrer, s'adapter

beilleszt *ts i* ajuster; *átv is* insérer

beindít *ts i [gépet]* (faire) démarrer, mettre en marche; *[folyamatot]* lancer, mettre en œuvre

beindul *tn i [gép]* démarrer, se mettre en marche; *[terv stb.]* se mettre en place

beír I. *ts i* noter sur *v.* dans, inscrire sur *v.* dans; ~ **egy szót a szövegbe** (r)ajouter un mot dans le texte **II.** *tn i [hivatalos helyre]* écrire

beírat *ts i* faire inscrire; *[iskolába]* inscrire

beíratkozás *fn* inscription *n*

beiskoláz *ts i* scolariser

beismer *ts i* avouer, reconnaître; **mindent ~** passer des aveux complets

bejár I. *tn i [vhová]* se rendre à *v.* dans; **metróval jár be dolgozni** prendre le métro pour aller travailler **II.** *ts i vmit* parcourir *v.* sillonner *qqch*, faire le tour de *qqch*

bejárat¹ *ts i [gépet, autót]* roder

bejárat² *fn* entrée *n*

bejáratos *vkihez/vhova* avoir ses entrées *chez qqn/qqpart*

bejárónő *fn* femme *n* de ménage

bejegyez *ts i [notészba]* noter, écrire; *[hivatalosan]* enregistrer

bejegyzés *fn [könyvben]* note *n*; *[ügyirat iktatása]* enregistrement *h*; *[cégé]* inscription *n* sur le registre du commerce

bejelent *ts i* annoncer; *[nyilvánosságra hoz]* rendre public (publique); *[hivatalban, vámon]* déclarer; **délután 4-re vagyok ~ve** j'ai un rendez-vous à 16 heures

bejelentés *fn* annonce *n*; *[hivatalos is]* déclaration *n*; ~**t tesz (vmiről)** faire une déclaration (à propos de *qqch*)

bejelentkez|ik *tn i [találkozót kér]* demander un rendez-vous; *[repülőtéren, szállodában]* se faire enregistrer;

a szüleinél van ~ve il est domicilié chez ses parents

bejön *tn i* entrer, venir; *[választáson]* être élu(e); *[sikerül]* marcher; **bejöhetek?** est-ce que je peux entrer ?; **ma nem jön be** il ne viendra pas aujourd'hui; **ez mindig ~** cela marche à tous les coups

bejut *tn i [vhová]* accéder *v.* parvenir à; *vkihez* avoir accès *auprès de qqn*; *[egyetemre stb.]* être admis(e); *sp* se qualifier, se classer

béka *fn* grenouille *n*; *[varangyos]* crapaud *h*

bekakál *tn i* faire caca dans sa culotte

bekalkulál *ts i vmit* tenir compte *de qqch*

bekanyarod|ik *tn i [út, jármű, ember]* tourner dans

bekap *ts i [egy falatot]* avaler d'un coup; ~**ja az ebédjét** avaler son déjeuner en vitesse; *átv is* ~**ja a horgot** mordre à l'hameçon

bekapcsol *ts i [készüléket]* brancher, allumer; *[biztonsági övet]* attacher; *[ruhát]* agrafer

bekapcsolód|ik *tn i vki vmibe* se joindre à *qqch*; ~**ik a társalgásba** se joindre *v.* se mêler à la conversation

béke *fn* paix *n*; *[nyugalom]* tranquillité *n*, calme *h*; ~**t köt** conclure *v.* signer la paix; **hagyj ~t!** laisse-moi tranquille !; *biz* **fiche-moi la paix**; **nyugodjék ~ben!** qu'il repose en paix !

bekebelez *ts i [ételt]* engloutir; *[földet, országot]* annexer

békebeli *mn* d'avant-guerre; **a régi ~ időkben** au bon vieux temps

békefenntartó *mn* ~ **erők** forces *n (t sz)* de maintien de la paix

békefolyamat *fn* processus *h* de paix

békegalamb *fn* colombe *n* de la paix

békeidő *fn* temps *h* de paix; ~**ben** en temps de paix

békejobb *fn* ~ot nyújt tendre la main en signe de paix

békekötés *fn* conclusion *n* de la paix

békéltet *ts i* pacifier; *[peres feleket]* tenter de concilier

békéltető *mn* conciliatoire; ~ **tárgyalás** tentative *n* de conciliation

békemozgalom *fn* mouvement *h* pacifiste *v.* pour la paix

beken *ts i vmivel* enduire *de qqch*, frotter *avec qqch*; *[bepiszkítva]* barbouiller *de qqch*; ~**i az arcát krémmel** se mettre de la crème sur le visage

békepipa *fn* calumet *h* de la paix

békepolitika *fn* politique *n* de paix

beképzelt *mn* prétentieux (-euse)

bekéredzked|ik *tn i* demander à entrer

bekeretez *ts i* encadrer

bekerít *ts i [kerítéssel]* enclore, clôturer; *[ellenséget]* cerner; *[várost]* encercler; *[vadat]* traquer

bekerül *tn i vki vhova* entrer *dans qqch*, accéder *à qqch*; *sp* ~ **a döntőbe** être qualifié(e) *v.* se classer pour la finale

békés *mn* pacifique; *[nyugalmas]* paisible, tranquille; ~ **rendezés** règlement *h* pacifique; ~ **megegyezés** arrangement *h* à l'amiable

békesség *fn* paix *n*, *[nyugalom]* tranquillité *n*; ~**ben él** vivre en paix

békeszerető *mn* pacifique, paisible

békeszerződés *fn* traité *h* de paix

béketárgyalás *fn* négociations *n (t sz)* de paix

béketüntetés *fn* manifestation *n* pour la paix

béketűrés *fn* patience *n*, *vál* longanimité *n*; **kifogy a ~ből** perdre patience

béketűrő *mn* patient(e)

bekever *ts i konyh* mélanger, ajouter; *[hangot]* mixer

bekezdés *fn* paragraphe *h*, alinéa *h*; **új ~!** à la ligne

bekísér *ts i* conduire, accompagner; *[rendőrségre]* conduire *v.* emmener au poste

békít *ts i* tenter de réconcilier; *[nyugtat]* apaiser

bekonferál *ts i* présenter, annoncer

bekopog *tn i* ~ **az ajtón** frapper à la porte

beköltözés *fn* emménagement *h*

beköltözhető *mn* **azonnal ~ lakás** maison *n* libre de suite

beköltöz|ik *tn i* emménager

beköp *ts i biz [besúg]* balancer, moucharder

beköpés *fn [szellemesség]* boutade *n*, bon mot *h*; *[besúgás] biz* mouchardage *h*

beköszönt *tn i [évszak]* venir, arriver; *vki vkihez* passer dire bonjour *à qqn*

beköt *ts i* attacher, lier; *[sebet]* panser, bander; *[könyvet, füzetet]* relier; *[biztonsági övet]* attacher; *műsz* connecter; ~**i magát** attacher sa ceinture

bekötőút *fn* voie *n* de raccordement

bekötöz *ts i [csomagot]* ficeler, nouer; *[sebet, szemet]* bander, panser

beköttet *ts i* faire relier

bekövetkez|ik *tn i* se produire, avoir lieu, arriver; ~**ett, amitől tartottam** ce que je redoutais est arrivé

bekukkant *tn i vmibe* jeter un coup d'œil *dans qqch*; *vkihez* faire un saut *chez qqn*; **csak ~ok** je ne fais que passer

beküld *ts i* envoyer, faire parvenir

bekülékeny *mn* conciliant(e)

bél *fn [emberi]* intestin *h*; *[állati]* boyau *h*; *[ceruzáé]* mine *n*; *[kenyéré]* mie *n*; *[gyümölcsé]* pulpe *n*

belakkoz *ts i* laquer; *[fénymázzal]* vernir

belát I. tn i [vhova] voir à l'intérieur de; ~ **az ablakon** voir à travers la fenêtre **II.** ts i [területet] embrasser du regard; [megért, elismer] reconnaître, admettre; ~**om, hogy tévedtem** je reconnais mon erreur; **nem látom be, miért** je ne vois pas pourquoi; **be kell látni, hogy** il faut bien admettre que

belátás fn [megértés] compréhension n; **cselekedjék (legjobb) ~a szerint** faites ce qui vous semble le mieux; **jobb ~ra bír** ramener qqn à la raison; **jobb ~ra tér** revenir à la raison

beláthatatlan mn infini(e), sans fin; átv imprévisible, incalculable

belátható mn prévisible; ~ **időn belül** dans un délai raisonnable; **könnyen ~, hogy** il est facile de voir que

belátó mn compréhensif (-ive), indulgent(e)

belázasod|ik tn i avoir un accès de fièvre; ~**ott** il a eu de la fièvre

belbiztonság fn sécurité n intérieure

bele hsz dedans, là-dedans; [a közepébe] en plein dedans v. milieu; **mi ütött ~d?** qu'est-ce qui t'a pris?

belead ts i [anyagilag] vmibe participer à qqch; ~**ta minden erejét** il y a mis toutes ses forces

beleakad tn i vmibe s'accrocher v. se prendre à v. dans qqch

beleavatkoz|ik tn i vmibe se mêler de qqch

belebeszél tn i [közbeszól] **folyton ~** il vous interrompt à tout instant; **mindenbe ~** avoir toujours son mot à dire

belebeteged|ik tn i il en tombe malade, ça le rend malade

belebolondul tn i vmibe en devenir fou (folle) de qqch; [beleszeret] pej is s'amouracher de qqn; **ebbe bele lehet bolondulni!** c'est à devenir fou !

belebonyolód|ik tn i vmibe s'empêtrer dans qqch; [beszédbe] s'embrouiller

belebotl|ik tn i vmibe buter contre qqch; vkibe tomber sur qqn

belebúj|ik tn i vmibe se cacher dans qqch; [ruhába] enfiler; ~**ik az ágyba** se glisser dans le lit

belebuk|ik tn i átv vmibe échouer dans qqch

belecsöppen tn i [folyadék] goutter; [társaságba] se retrouver

beleegyezés fn consentement h, approbation n; ~**e nélkül** sans son consentement; **szülői ~** autorisation n parentale

beleegyez|ik tn i vmibe consentir v. donner son consentement à qqch; ~**em** je suis d'accord, j'y consens

beleél ts i ~**i magát vkinek a helyzetébe** se mettre à la place v. dans la peau de qqn; ~**i magát vmibe** [átéli] se pénétrer de qqch, [elfogadja] se faire à qqch

beleért ts i [összeget, adatot] inclure; [gondolatot] sous-entendre; ~**ve** y compris

beleérzés fn empathie n

belees|ik tn i vmibe tomber dans qqch; [beleszeret] vkibe biz se toquer de qqn; ~**ik abba a hibába, hogy** tomber dans l'erreur de

belefárad tn i vmibe se lasser v. se fatiguer de qqch, être las (lasse) de qqch

belefeledkez|ik tn i vmibe être absorbé(e) v. plongé(e) dans qqch

belefér tn i vmibe (r)entrer v. tenir dans qqch; átv **ez még ~** [elfogadható] ça passe encore

belefog tn i vmibe entreprendre qqch v. de inf, se mettre à qqch v. à inf, se lancer dans qqch

belefojt *ts i vmibe* noyer *dans qqch;* *átv* ~**ja a szót** couper la parole à qqn, réduire qqn au silence

belefoly|ik *tn i [folyadék] vmibe* couler *dans qqch; [részt vesz]* participer *à qqch*

belefullad *tn i vmibe* se noyer *dans qqch*

belegázol *tn i* ~ **a vízbe** entrer dans l'eau; ~ **vkinek a becsületébe** fouler aux pieds l'honneur de qqn

belegondol *tn i* **ha jól** ~**sz** si tu y réfléchis bien

belégzés *fn* inspiration *n*, inhalation *n*

belehajszol *ts i vkit vmibe* acculer qqn à qqch v. à faire qqch

belehajt *tn i [autóval] vmibe* foncer *dans qqch;* ~ **a pirosba** griller v. brûler le feu rouge

belehal *tn i vmibe* mourir *de qqch* v. des suites *de qqch,* succomber *à qqch;* ~ **a sérüléseibe** succomber à ses blessures

beleharap *tn i vmibe* mordre *dans qqch;* ~**ott a kezembe** il m'a mordu à la main

belehel *ts i* inspirer, aspirer

beleill|ik *tn i [tárgy] vmibe* (r)entrer *dans qqch; átv* s'accorder v. s'harmoniser *avec qqch*

beleivód|ik *tn i* s'imprégner, s'imbiber; *[szag]* pénétrer

beleizzad *tn i* ~ **az ingébe** mouiller sa chemise de sueur; ~ **a futásba** transpirer à force de courir

belejön *tn i [beletanul] vmibe* s'y faire *à qqch,* apprendre *qqch v. à inf*

belekap *tn i* **a kutya** ~**ott a lábába** le chien m'a mordu à la jambe; **a macska** ~**ott a szemébe** le chat lui a donné un coup de patte dans l'œil; **mindenbe** ~ toucher à tout

belekapaszkod|ik *tn i vmibe/vkibe* s'accrocher v. se cramponner v. s'agripper *à qqch/qqn*

belekarol *tn i vkibe* prendre qqn par le bras, prendre le bras *de qqn*

belekényszerít *ts i vkit vmibe* acculer qqn à qqch v. à inf

belekerül *tn i [pénzbe]* revenir à, coûter; *[időbe]* prendre; **egy hétbe is** ~ cela prendra bien une semaine

belekever *ts i [anyagot]* incorporer, ajouter, mélanger; *átv* mêler, impliquer, compromettre

belekevered|ik *tn i vmibe* se retrouver impliqué(e) v. être compromis(e) *dans qqch*

belekezd *tn i* → **belefog**

belekóstol *tn i vmibe* goûter *qqch*

beleköt *tn i vkibe* chercher querelle *à qqn;* **mindenbe** ~ chicaner v. ergoter sur tout

bélel *ts i [ruhaneműt]* doubler

belelát *tn i/ts vmibe* voir *dans qqch; átv* ~ **vkinek a szívébe** lire dans le coeur de qqn

belélegzés *fn* inspiration *n*, aspiration *n*, inhalation *n*

belélegz|ik *ts i* **belélegez** inspirer, aspirer, inhaler

belelép *tn i vmibe* mettre le pied v. marcher *dans qqch*

beleloval *ts i vkit vmibe* pousser qqn à faire *qqch;* ~**ja magát vmibe** *[beleéli magát]* se monter la tête à propos de qqch

bélelt *mn* doublé(e); *[szörmével]* fourré(e)

belemárt *ts i vmibe* tremper v. plonger *dans qqch*

belemegy *tn i [behatol, befér]* entrer dedans; *[beleegyezik] vmibe* consentir *à qqch,* accepter *qqch;* ~ **a játékba** se prêter au jeu

belemelegsz|ik *tn i átv is* s'échauffer
belemélyed *tn i átv vmibe* se plonger
  v. s'absorber *dans qqch*
belemerül *tn i átv is vmibe* se plon-
  ger *v.* être plongé(e) *dans qqch;* ~ **a**
  munkába se plonger dans son travail
belenéz *tn i vmibe* regarder *v.* jeter un
  coup d'œil *dans qqch*
belenyilall *tn i* ~ **a fájdalom** éprouver
  une douleur lancinante
belenyugsz|ik *tn i vmibe* se résigner *à*
  qqch, se faire une raison *de qqch*
belenyugvás *fn* résignation *n*
belenyúl *tn i vmibe* plonger *v.* glisser
  la main *dans qqch; átv* ~ **a zsebébe**
  [fizet] mettre la main à la poche
beleöl *ts i [vízbe fojt] vkit* noyer *qqn;*
  [pénzt] vmibe engloutir *dans qqch;*
  [munkát] vmibe sacrifier *dans qqch*
beleöml|ik *tn i vmibe* se déverser *dans*
  qqch; [folyó] se jeter *v.* déboucher
  dans
beleönt *ts i vmibe* verser *dans qqch*
beleőrül *tn i* **ebbe bele lehet őrülni** il
  y a de quoi devenir fou (folle); ~**t a**
  félelembe la peur l'a rendu fou
belep *ts i [por]* recouvrir; *[pára]* em-
  buer
belép *tn i [vhová]* entrer *v.* pénétrer
  dans; *[társulatba, pártba]* adhérer à;
  ~**ni tilos!** entrée interdite !
belépés *fn* entrée *n; [pártba]* adhésion
  n; ~**kor** à l'entrée; ~ **díjtalan** entrée *n*
  gratuite
belépődíj *fn* droit *h* d'entrée
belépőjegy *fn* billet *h v.* ticket *h* d'en-
  trée
belepusztul *tn i vmibe* périr *v.* mourir
  de qqch; biz crever *de qqch*
beleragad *tn i vmibe* rester collé(e) *à*
  v. dans qqch
belerak *ts i vmibe* mettre *v.* poser *dans*
  qqch

belerohan *tn i vm:ibe* foncer *dans qqch;*
  [vonat] télescoper *qqch*
belerúg *tn i vm:ibe/vkibe* donner un
  coup de pied *dans qqch v. à qqn*
bélés *fn [ruháé]* doublure *n*
belesodród|ik *tn i vmibe* être entraî-
  né(e) *dans qqch*
belesül *tn i [beszédbe]* perdre le fil de
  son discours; *biz* avoir un trou
beleszagol *tn i vmibe* flairer *v.* renifler
  qqch; átv tâter un peu *de qqch*
beleszámít I. *ts i* comprendre, inclure;
  ~**va** y compris **II.** *tn i* prendre en (ligne
  de) compte
beleszeret *tn i vkibe/vmibe* tomber
  amoureux *v.* s'éprendre *de qqn/qqch*
beleszok|ik *tn i vmibe* s'habituer *v.*
  s'accoutumer *v.* se faire *à qqch*
beleszól *tn i/ts i [telefonba]* parler
  dans; *[beleavatkozik] vmibe* inter-
  venir *dans qqch,* se mêler *de qqch;* ~
  vkinek a beszédébe interrompre
  qqn; ~ **a társalgásba** se mêler de la
  conversation
beleszólás *fn [beavatkozás]* ingérence
  n, intervention *n; neki is van* ~**a a**
  dologba lui aussi a voix au chapitre
beletalál *tn i* ~ **a célba** toucher la
  cible; *[pont a közepébe]* mettre dans
  le mille
beletanul *tn i vmibe* apprendre peu à
  peu *qqch; [hozzászokik]* se familia-
  riser *avec qqch*
beletartozik *tn i vmibe* faire partie *de*
  qqch; ~ **a feladatába** cela fait partie
  de ses tâches
beletemetkez|ik *tn i vmibe* s'ensevelir
  dans qqch
beletesz *ts i vmibe* mettre *dans qqch;*
  [újságba is] insérer
beletorkoll|ik *tn i [folyó]* se jeter *v.* dé-
  boucher dans; *[utca]* déboucher sur,
  donner dans

beletör|ik *tn i vmibe* se casser *v.* se briser *dans qqch*; *átv* **~ik** vmibe a bicskája *fraz* se casser les dents sur qqch

beletöröd|ik *tn i vmibe* se résigner à qqch, se faire une raison *de qqch*

beletöröl *ts i vmit vmibe* essuyer *qqch dans qqch*

beleun *tn i vmibe* se lasser *v.* en avoir assez *de qqch v. de inf*; **ebbe már nagyon ~tam** j'en ai par-dessus la tête

beleüt I. *ts i [szeget]* enfoncer; **~i a fejét** vmibe se cogner la tête dans qqch; *átv* **mindenbe ~i az orrát** fourrer son nez partout **II.** *tn i [villám]* foudroyer; *átv* **mi ütött belé?** qu'est-ce qui lui prend ?

beleütköz|ik *tn i vmibe* (se) heurter *v.* se cogner *contre v. à qqch*; **véletlenül ~ik** vkibe *[találkozik]* tomber sur qqn

belevág I. *ts i [vmit ételbe]* ajouter en tranches *v.* en morceaux **II.** *tn i* entailler, taillader; *[belekezd]* vmibe se lancer *dans qqch*; *[közbevág]* couper la parole *à qqn*; **~tam az ujjamba** je me suis coupé le doigt

beleváló *mn biz* débrouillard(e)

belever *ts i* planter, enfoncer; **~i** vmibe a fejét se cogner la tête contre *v.* dans qqch; *átv* **~** vmit vkinek a fejébe enfoncer qqch dans le crâne de qqn

belezavarod|ik *tn i vmibe* s'embrouiller *dans qqch*

belföld *fn* territoire *h* intérieur

belföldi I. *mn* intérieur(e), national(e); **~ kereskedelem** commerce *h* intérieur; **~ termék** produit *h* national **II.** *fn* a **~ek** les gens *h (t sz)* du pays, les autochtones *h (t sz)*

belga I. *mn* belge; **a ~ francia nyelv** le français de Belgique **II.** *fn [személy]* Belge *h n*

Belgium *fn* Belgique *n*

bélgörcs *fn* coliques *n (t sz)* intestinales

Belgrád *fn* Belgrade *n*

belgyógyász *fn* spécialiste *n h* de médecine interne

belgyógyászat *fn* médecine *n* interne

bélhurut *fn* entérite *n*

beljebb *hsz* plus au fond, plus (en) avant; **kerüljön ~!** entrez donc !

belkereskedelem *fn* commerce *h* intérieur

bélműködés *fn* activité *n* intestinale

belopódzik *tn i* se faufiler, se glisser furtivement

belő *tn i/ts i* **~ az ablakon** tirer par la fenêtre; **belövi a labdát a hálóba** mettre la balle dans le but; **belövi magát** *[droggal]* biz se shooter

belőle *hsz* de lui (elle); *[ige előtt]* en; **nem kérek ~** je n'en veux pas; **nem lesz ~ semmi** *[emberből]* il ne deviendra jamais rien; *[dologból]* il n'en sera jamais rien

belövés *fn [becsapódás helye]* point *h* d'impact; *[droggal]* biz shoot *h*

belpolitika *fn* politique *n* intérieure

belső I. *mn* intérieur(e), interne; **~ égésű motor** moteur *h* à combustion interne; **~ használatra** *[gyógyszer]* à usage interne; **~ munkatárs** collaborateur (-trice) permanent(e); **~ részek** *[embernél]* viscères *h (t sz)*, entrailles *n (t sz)*, *[állatnál]* tripes *n (t sz)*; **~ sérülés** lésion *n* interne; **~ udvar** cour *n* intérieure **II.** *fn [vminek a belseje]* partie *n* intérieure, intérieur *h*; *[gumi]* chambre *n* à air; **szíve belsejében** en son âme et conscience, dans son for intérieur

belsőépítész *fn* architecte *h n* d'intérieur

belsőépítészet *fn* architecture *n* intérieure

belsőség *fn [húsáru]* abats h *(t sz)*, tripes n *(t sz)*

bélszín *fn* filet h

beltag *fn [betéti társaságban]* commandité(e)

belterjes *fn mezőg* intensif (-ive)

belterület *fn [városé]* centre-ville

belügy *fn* affaires n *(t sz)* intérieures

belügyminiszter *fn* ministre h n de l'Intérieur

belügyminisztérium *fn* ministère h de l'Intérieur

belül I. *hsz* à l'intérieur; *[érzésben]* intérieurement **II.** *nu [hely]* à l'intérieur v. au sein de *qqch; [idő]* en, en moins de, avant; **Párizson** ~ dans Paris, à l'intérieur de Paris; **három napon** ~ en v. avant trois jours, d'ici trois jours

belüli *mn* a párton ~ **nézeteltérések** les divergences n *(t sz)* au sein du parti

belváros *fn* centre-ville h, centre h

belvárosi *mn* du centre-ville

belviszály *fn* lutte n intestine

belvíz *fn* eaux n *(t sz)* d'infiltration

bélyeg *fn [levélen]* timbre h; *[jel]* marque n; ~**et ragaszt a levélre** mettre v. coller un timbre sur la lettre, timbrer la lettre; *átv* **rányomja** ~**ét vkire/vmire** marquer qqn/qqch de son empreinte

bélyegalbum *fn* album h de timbres

bélyegez *ts i/tn i [levelet]* cacheter; *[munkahelyen]* pointer, *vkit vminek* dénoncer *comme qqch*

bélyegző *fn [eszköz]* tampon h; *[lenyomat]* cachet h

bélyegzőpárna *fn* tampon h encreur

bélyeggyűjtemény *fn* collection n de timbres; *átv iron* **megmutatja a** ~**ét** montrer ses estampes japonaises

bélyeggyűjtő *mn/fn* collectionneur (-euse) de timbres, philatéliste h n

bemagol *ts i* apprendre par cœur

bemárt *ts i* → **belemárt**; *[vkit rossz hírbe kever]* biz taper *sur qqn*

bemász|ik *tn i* grimper *dans qqch*; ~**ik az ablakon** entrer par la fenêtre; ~**ik az ágy alá** se glisser sous le lit

bemázol *ts i* enduire de vernis; *[elnagyolva befest]* barbouiller

bemegy *tn i* entrer, pénétrer; *[folyadék]* s'infiltrer; ~ **a házba** entrer dans la maison; ~ **a városba** aller en ville; ~ **a kórházba** entrer à l'hôpital

bemeleged|ik *tn i [helyiség, ágy]* se réchauffer

bemelegít *ts i/tn i [helyiséget, ágyat]* réchauffer; *[motort]* (faire) chauffer; *[sportoló]* s'échauffer

bemélyedés *fn* renfoncement h, creux h; *[falban]* niche n; *[talajban]* dépression n

bemenet I. *fn* entrée n; tilos a ~! défense n v. interdiction n d'entrer; *inform, vill* entrée n **II.** *hsz* en entrant

bemér *ts i [távolságot]* mesurer; *[műszerrel]* repérer, localiser

bemerészked|ik *tn i [vhova]* s'aventurer *qqpart*

bemesél *ts i vmit vkinek* biz faire gober *qqch à qqn*

bemetsz *ts i [bevág] vmit* inciser qqch, entailler qqch; *[bevés] vmibe* graver *dans qqch*

bemond *ts i [rádióban, kártyajátékban]* annoncer; ~**ja a címét** donner son adresse

bemondás *fn [bejelentés]* annonce n; *[szellemeskedő]* boutade n, trait h d'esprit; *[színdarabban]* mot h d'auteur

bemondó *fn* présentateur (-trice)

bemutat *ts i vkit vkinek* présenter qqn à qqn; *vmit* présenter qqch; *[iratot]* produire; *[színdarabot, filmet]* présenter; *[ábrázol]* représenter, mettre en scène; *[áldozatot]* offrir; *[misét]* célébrer; **~om Konrád Ábel urat** je vous présente M. Ábel Konrád

bemutatás *fn* présentation *n*; *[tényeké, adatoké]* exposé *h*; *[iratoké]* production *n*; *[színműé]* représentation *n*

bemutatkozás *fn* présentation *n*

bemutatkoz|ik *tn i* se présenter

bemutató *fn* film, szính première *n*; **~ra szóló csekk** chèque *h* au porteur

bemutatóterem *fn* salle *n* d'exposition; *[divattervezőé]* show-room *h*

béna I. *mn* paralysé(e); *átv, biz* nase, ringard(e), nul (nulle) **II.** *fn* paralytique *h n*

Bence *fn* Benoît *h*

bencés *mn/fn* bénédictin(e)

Benedek *fn* Benoît *h*

benedvesít *ts i* humecter, mouiller

Benelux *fn* Bénélux *h*

benépesít *ts i* peupler

benépesül *tn i* se peupler

benevez *tn i/ts i sp* inscrire; *[önmagát]* s'inscrire

benevezés *fn sp* inscription *n*

benéz *tn i [vhova]* regarder qqpart; *vkihez* faire un saut *chez qqn*, passer *chez qqn*

benn *hsz* à l'intérieur; **itt ~** là-dedans; **~ a szobában** dans la chambre

benne *hsz* dans, dedans, en; **~ van az újságban** c'est dans le journal; **már van ~ cukor** il y a déjà du sucre dedans; **~ vagyok!** je suis partant !; **~ van a munkában** être en plein travail; **van ~ valami igazság** il y a du vrai en cela; **kedve telik ~** il y trouve du plaisir; **~m en** moi; **bennük en** eux (elles)

benneteket *nm* vous

bennfentes *mn/fn [bejáratos]* bien introduit(e); *[beavatott]* initié(e)

bennlakó I. *mn* interne **II.** *fn* interne *h n*, pensionnaire *h n*

bennszülött *mn/fn* autochtone *h n*, indigène *h n*

bennünket *nm* nous

benő *ts i/tn i [növényzet]* envahir, couvrir; *[köröm]* s'incarner

benső I. *mn [belső]* intérieur(e), interne; *[bensőséges]* intime **II.** *fn [lélek]* le for *h* intérieur; **a ~jében** en *v.* dans son for intérieur, intérieurement

bensőséges *mn* intime, profond(e)

bent *hsz* → **benn**

bénulás *fn* paralysie *n*

benzin *fn* essence *n*; **normál ~** essence ordinaire; **ólommentes ~** essence sans plomb; *átv* **kár a ~ért** *fraz* cela n'en vaut pas la chandelle

benzinfogyasztás *fn* consommation *n* d'essence

benzinkút *fn* station-service *n*

benzinmotor *fn* moteur *h* à essence

benzintartály *fn* réservoir *h* d'essence; *[kicsi, kézi]* bidon *h* d'essence

benyíló *fn [szoba]* alcôve *n*

benyit *ts i/tn i [ajtót]* pousser; *[vhova]* entrer dans

benyom *ts i* enfoncer; *[bedönt]* défoncer, enfoncer; *[protekcióval bejuttat]* caser

benyomás *fn* impression *n*, effet *h*; **az a ~om** j'ai l'impression de *v.* que; **vminek ~át kelti** donner l'impression de, faire l'effet de; **jó ~t kelt vkiben** faire une bonne impression à qqn

benyújt *ts i vmin át* tendre *à travers qqch*; *[iratot]* présenter; *[kérelmet, panaszt, törvényjavaslatot]* déposer; *[tervet]* soumettre; **~ja lemondását** donner *v.* présenter sa démission

benyúl *tn i vmibe* plonger *v.* mettre la main *dans v.* sous *qqch*

benyúl|ik *tn i vmibe* s'avancer dans *v.* jusqu'à *qqch*; **~ik a késő éjszakába** se prolonger jusqu'à tard la nuit

beolajoz *ts i [szerkezetet]* huiler, graisser; *[napolajjal]* mettre de l'huile à bronzer

beolt *ts i vmi ellen* vacciner *contre qqch*; *[fát]* greffer *qqch sur qqch*

beolvad *tn i [háttérbe]* se fondre dans; *[környezetbe]* s'intégrer, s'assimiler; *[intézmény]* fusionner

beolvas I. *ts i [rádióban]* lire; **~sa a híreket** lire les nouvelles **II.** *tn i vkinek fraz* dire ses quatre vérités *à qqn*

beolvaszt *ts i [fémet]* fondre; *[népet]* intégrer, assimiler

beomlás *fn* effondrement *h*, écroulement *h*

beoml|ik *tn i* s'écrouler, s'effondrer

beoson *tn i vhova* se faufiler *dans qqch*

beoszt *ts i [fokokra]* graduer; *[pénzt]* répartir; *[élelmet]* rationner; *[időt]* aménager; *[személyt vhová]* affecter

beosztás *fn [lakásé]* agencement *h*; *[munkakör]* poste *h*; **új ~t kap** être affecté(e) à un nouveau poste

beosztott *fn* subordonné(e); **szeretik a ~jai** être apprécié(e) de ses subordonnés

beönt *ts i vmibe* (dé)verser *dans qqch*

beöntés *fn orv* lavement *h*

beözönl|ik *tn i vhova [víz, fény]* inonder *qqch*; *[embertömeg]* envahir *qqch*, affluer *dans qqch*

bepanaszol *ts i vkit vkinek* se plaindre *de qqn auprès de qqn*

bepárásod|ik *tn i* s'embuer, se couvrir de buée

beperel *ts i* intenter *v.* faire un procès *à qqn*, attaquer *v.* poursuivre *qqn en justice*

bepillant *tn i vmibe* jeter un coup d'œil *dans qqch*; **átv ~ vminek a világába** découvrir le monde de *qqch*

bepisil *tn i* faire pipi dans sa culotte; *[ágyba]* faire pipi au lit

bepiszkít *ts i átv is* salir, souiller

bepiszkolód|ik *tn i* se salir, se souiller

bepólyál *ts i [csecsemőt]* langer; *[sebet]* bander

bepótol *ts i* rattraper

beprogramoz *ts i* programmer

bepúderez *ts i* poudrer; **~i magát** se poudrer, se mettre de la poudre

bér *fn [dolgozóé]* salaire *h*, paye *v.* paie *n*; *[lakásé]* loyer *h*; **~be ad/vesz** louer; **~ből és fizetésből élők** les salariés *h (t sz)*

berak *ts i vmibe* mettre *v.* ranger *dans qqch*; *[árut vhova]* charger dans; *[hajat]* faire une mise en plis; *[ruhát]* plisser

berakás *fn [árué]* chargement *h*; *[ruhán]* plissé *h*; *[hajban]* mise *n* en pli

béralap *fn* base *n* de salaire; *[vállalati]* masse *n* salariale

beránt¹ *ts i vhova* tirer *v.* entraîner (brusquement) *dans qqch*; *vmibe átv* entraîner *v.* embarquer *qqn dans qqch*

beránt² *ts i [levest]* lier

béranya *fn* mère *n* porteuse

bérautó *fn* voiture *n* de location

bérbeadás *fn* location *n*; *[földé]* bail *h* à ferme

bérc *fn* cime *n*

berek *fn* bosquet *h*, bocage *h*; *átv* **diplomáciai berkekben** dans les milieux *h (t sz)* diplomatiques

bereked *tn i* s'enrouer

berekeszt *ts i [ülést]* clore *v.* lever; **~i a vitát** clore les débats

bérel *ts i [lakást, autót]* louer; *[földet]* prendre à ferme; *[hajót, kamiont, repülőgépet]* affréter

bérelszámolás *fn* comptabilité *n* de la paye

béremelés *fn* augmentation *n* (de salaire); **~t kér** demander une augmentation

berendez *ts i [szobát]* meubler, aménager; *[üzemet]* équiper, outiller; **a hátsó szobában rendezte be az irodáját** il a installé son bureau dans la chambre du fond

berendezés *fn [cselekvés]* aménagement *h*, installation *n*; *[tárgyak]* ameublement *h*; *[üzemben]* outillage *h*, équipement *h*; *[készülék stb.]* appareillage *h*, installation *n*

berendezked|ik *tn i [otthonában]* emménager, s'installer; *[felkészül] vmire* s'apprêter *à qqch v. à inf*, se préparer *à v. pour inf*

bereped *tn i* se fendre

bereteszel *ts i* verrouiller

bérezés *fn* système *h* salarial

bérfeszültség *fn* conflits *h (t sz)* salariaux

bérgyilkos *fn* tueur (-euse) à gages

bérház *fn* immeuble *h* à usage locatif *v.* de rapport

bérkategória *fn* catégorie *n* de salaire

bérkifizetés *fn* paiement *h* des salaires

bérkövetelés *fn* revendication *n* salariale

bérlakás *fn* appartement *h* de location

bérlemény *fn* location *n*

bérlet *fn [színház, hangverseny]* abonnement *h*; *közl* carte *n* de transport; *[Párizsban]* carte *n* orange; *[jogi viszony]* bail *h*

bérleti *mn* ~ **díj** prix *h* de location; ~ **szerződés** contrat *h* de location, bail *h*

Berlin *fn* Berlin *h*

bérlő *fn [lakásé]* locataire *h n*; *[földé]* fermier (-ière)

bérmálás *fn* confirmation *n*

bérmentes *mn* franc (franche) *v.* franco de port

bérmentesít *ts i* affranchir

bérmentve *hsz* franc (franche) *v.* franco de port; **ingyen és ~** *biz* à l'œil, gratis

bérminimum *fn* salaire *h* minimum; *[Fr.-ban]* salaire *h* minimum interprofessionnel de croissance, S.M.I.C.

bérmunka *fn* travail *h* salarié

bérmunkás *fn* salarié(e)

Bern *fn* Berne *n*

beront *tn i vhova* faire irruption *v.* entrer en trombe *v.* se ruer *dans qqch*

berozsdásod|ik *tn i átv is* se rouiller

bérpolitika *fn* politique *n* salariale

berreg *tn i [motor]* ronfler; *[csengő]* sonner

bérrendezés *fn* ajustement *h* des salaires

bérstop *fn* gel *h* des salaires

bérszínvonal *fn* niveau *h* des salaires

bértárgyalás *fn* négociation *n* salariale

berúg **I.** *ts i* ~**ja az ajtót** enfoncer la porte d'un coup de pied; ~ **egy gólt** marquer un but **II.** *tn i [lerészegedik] biz* se cuiter, se bourrer (la gueule)

beruház *ts i* investir

beruházás *fn* investissement *h*

beruházási *mn* d'investissement; ~ **alap** fonds *h* d'investissement

besároz *ts i átv is* maculer de boue; *átv, vál* souiller

besétál *tn i* entrer *v.* aller qqpart à pied *v.* en se promenant; ~ **a központba** aller à pied dans le centre-ville; ~ **a csapdába** tomber dans le piège *v.* le panneau

besorol **I.** *ts i* ranger, classer, cataloguer **II.** *tn i [autóval]* se ranger dans la file

besorolás *fn* classement *h*

besoroz *ts i kat* enrôler

besötéted|ik *tn i* la nuit tombe; **amikor ~ett** à la tombée de la nuit

besúg *ts i* dénoncer; *biz* balancer
besugároz *ts i [fény] átv is* irradier; *orv* traiter aux rayons
besugárzás *fn orv* radiothérapie *n*
besúgó *fn* indicateur (-trice); *biz* mouchard(e); *argó* indic *h n*, balance *n*
besurran *tn i* se faufiler, se glisser
besűrűsöd|ik *tn i* s'épaissir, prendre de l'épaisseur
besüt *tn i ~ a nap a szobába* le soleil éclaire *v.* illumine la chambre
beszakad *tn i* s'effondrer; **a gát ~t** la digue a cédé *v.* s'est rompue; **a jég ~t alatta** la glace s'est brisée sous ses pieds
beszakít *ts i [szövetet, papírt]* déchirer; *[áttör]* briser, défoncer; **~ja a körmét** se déchirer les ongles
beszáll *tn i [madár, füst stb.]* entrer; *[autóba, vonatba]* monter; *[repülőgépbe]* monter (à bord); *[hajóba]* embarquer; *átv* **~ok!** *[részt veszek]* j'en suis !, *[anyagilag hozzájárul]* je veux participer (aux frais)
beszállás *fn [hajóba, repülőgépbe]* embarquement *h*; **~!** *[vonatba, metróba]* en voiture !; **gyerekek, ~!** *[autóba]* montez, les enfants !
beszállásol *ts i [katonákat]* loger; *[katonákat]* cantonner chez l'habitant
beszállít *ts i* transporter, *[árut]* livrer
beszállító *fn* fournisseur (-euse)
beszállókártya *fn* carte *n* d'embarquement
beszámít *ts i [költséget]* inclure; *[időt]* prendre en compte; *[körülményt]* tenir compte *de qqch*; **~ vmit vki javára** reconnaître à qqn le mérite de qqch
beszámíthatatlan *mn [személy]* irresponsable; *[idő, összeg]* non imputable
beszámítható *mn [személy]* responsable; *[idő, összeg]* imputable

beszámol *tn i vmiről* rendre compte *de qqch*, rapporter *qqch*
beszámoló *fn* compte rendu *h*, exposé *h*, rapport *h*
beszar|ik *tn i biz [becsinál]* chier dans son froc; *[fél]* faire dans son froc
beszed *ts i [tárgyakat vhonnan]* retirer; *[orvosságot]* prendre; *[pénzt, adót]* percevoir, recouvrer
beszéd *fn [megnyilatkozás]* parole *n*; *[beszédmód]* langage *h*; *[amit vki mond]* paroles *n (t sz)*, propos *h*, discours *h*; *[beszélgetés]* conversation *n*; *[szónoklat]* discours *h*; **ez a helyes ~!** voilà qui est (bien) parlé !; **~em van veled** j'ai deux mots à te dire; **~be elegyedik vkivel** engager la conversation avec qqn; **~et mond** faire *v.* prononcer un discours
beszédes *mn [bőbeszédű]* loquace, bavard(e); *[sokatmondó]* parlant(e), éloquent(e)
beszédhiba *fn* défaut *h* de prononciation, *tud* dystomie *n*
beszédhibás *mn/fn [igével]* avoir un défaut de prononciation
beszédkészség *fn* don *h* de la parole; **jó ~e van** avoir la parole facile
beszédmód *fn* manière *n* de parler, parler *h*
beszédtéma *fn* sujet *h* de conversation
beszeg *ts i [behajtva elvarr]* ourler; *[szegéllyel ellát]* border
beszél I. *tn i* parler; **~ vkivel** parler à *v.* avec qqn, discuter avec qqn; **~ vkihez** parler à qqn, s'adresser à qqn; **~ vkivel vmiről** parler avec qqn de qqch; **~ ön franciául?** parlez-vous français ?; **jól ~ franciául** il parle bien (le) français; **maga könnyen ~!** pour vous, c'est facile !; **ki ~?** *[telefonban]* qui est à l'appareil ?; **mással ~** *[telefon-*

ban] c'est occupé; **ne is ~jen róla!** ne m'en parlez pas !; **~jünk másról!** parlons d'autre chose; **másról kezd ~ni** changer de sujet; **erről még ~ünk** nous en reparlerons *v.* y reviendrons; **nem is ~ve arról, hogy** sans parler de ce que; **~t nyelv** langue *n* parlée **II.** *ts i* dire; **mit ~?** qu'est-ce qu'il dit ?; **rosszat ~ vkiről** dire du mal de qqn; **ostobaságokat ~** dire *v.* raconter des bêtises; **azt ~ik, hogy** on dit *v.* raconte que, le bruit court que

beszélget *tn i* discuter, causer; *[cseveg]* bavarder

beszélgetés *fn* discussion *n*, conversation *n*; *[hivatalos is]* entretien *h*; *[csevegés]* bavardage *h*; *[telefonon]* conversation *n* (téléphonique)

beszélő I. *mn* **nincsenek ~ viszonyban** ils ne se parlent pas **II.** *fn [börtönben]* parloir *h*

beszennyez *ts i átv* is souiller, salir; *[környezetet]* polluer

beszennyeződ|ik *tn i* se souiller, se salir; *[környezet]* se polluer

beszerel *ts i* installer, poser, monter

beszerez *ts i vmit* se procurer *qqch*; *[információt]* recueillir

beszervez *ts i [vhova]* enrôler; *[besúgónak, ügynöknek]* recruter

beszerzés *fn [árué]* acquisition *n*; *gazd* approvisionnement *h*

beszerzési *mn* **~ áron** au prix coûtant *v.* marchand *v.* de facture

beszív I. *ts i [lélegezve]* aspirer, inspirer, inhaler; *[nedvességet, szagot]* absorber, s'imprégner **II.** *tn i [berúg]* biz se beurrer; **be van szíva** *[drogtól]* biz être pété(e)

beszivárog *tn i [folyadék]* s'infiltrer; *[fény, hang]* filtrer; *[emberek, eszme]* s'infiltrer

beszkennel *ts i* numériser, scanner

beszól *tn i vkihez* passer *chez qqn* (pour) lui dire *qqch*; *vkiért* venir prendre *v.* chercher *qqn*; **~ az ablakon** dire *qqch* par la fenêtre

beszólít *ts i* appeler, inviter à entrer

beszorul *tn i vhova* se coincer *dans v. entre qqch/qqn*, se bloquer *dans qqch*

beszúr *ts i* piquer, enfoncer; *[szövegbe]* insérer, intercaler

beszüntet *ts i* interrompre, arrêter; **a munkások ~ik a munkát** les ouvriers interrompent le travail

beszűrőd|ik *tn i s'*infiltrer; *[fény, hang]* filtrer

betájol *ts i* orienter

betakar *ts i vmivel* couvrir *de qqch*

betakarít *ts i [termést]* rentrer les récoltes

betakaródz|ik *tn i vmibe* s'envelopper *v.* s'emmitoufler *dans qqch*; *vmivel* se couvrir *de qqch*

betanít *ts i vkit vmire* apprendre *qqch* à *qqn*; *[állatot]* dresser

betanul *ts i* apprendre; **~ja a szerepét** apprendre son rôle

betáplál *ts i* inform mettre en mémoire

betársul *tn i vmibe* s'associer *à qqch*

betart I. *ts i [szabályt]* observer, respecter; **~ja a szavát** tenir (sa) parole **II.** *tn i [ellenére tesz]* vkinek *fraz* mettre à *qqn* des bâtons dans les roues

beteg I. *mn* malade, souffrant(e); **~ lesz** tomber malade; **~nek érzi magát** se sentir malade **II.** *fn* malade *h n*; *[orvosé]* patient(e); **ágyban fekvő ~** un malade alité; **~et jelent** se (faire) porter malade

betegágy *fn vkinek* **a ~ánál** au chevet de qqn; **felkel a ~ból** relever d'une maladie

betegállomány *fn* congé *h* (de) maladie; **~ba helyez** mettre en congé maladie; **~ban van** être en congé maladie

betegápolás *fn* soins *h (t sz)* des malades

betegápoló *fn* infirmier (-ière), garde-malade *h n*

betegbiztosítás *fn* assurance *n* maladie

betegellátás *fn* soins *h (t sz)* médicaux

beteges *mn [ember]* maladif (-ive), souffreteux (-euse); *[jelenség]* maladif (-ive)

betegeskedlik *tn i [gyakran]* être souvent malade; *[hosszan]* rester longtemps malade

betegfelvétel *fn* admission *n* des patients; *[hely]* bureau *n* des admissions

beteglap *fn [kórházi]* feuille *n* de température; *[biztosítási]* feuille de maladie

beteglátogatás *fn* ‹visite rendue à un malade hospitalisé›

betegnyilvántartás *fn* fichier *h* des patients

betegség *fn* maladie *n*, affection *n*; **~ben szenved** être atteint(e) d'une maladie; **~et megkap** attraper *v.* contracter une maladie; **~ből felépül** se remettre d'une maladie, se rétablir

betegszabadság *fn* congé *h* (de) *v.* arrêt *h* maladie

betegszállító I. *mn* ~ **autó** ambulance *n* **II.** *fn [kórházi személy]* brancardier *h*

betegszoba *fn [kórházban]* chambre *n* (d'hôpital); *[iskolában stb.]* infirmerie *n*

betekint *tn i [vhova]* jeter un coup d'œil dans; ~ **az iratokba** *[futólag]* parcourir les dossiers, *[alaposan]* étudier *v.* compulser les dossiers

betekintés *fn* examen *h*; **~t nyer vmibe** prendre connaissance de qqch; **szabad ~** **az iratokba** libre accès aux documents

betelepít *ts i [emberekkel]* peupler; *[területet beültet]* vmivel planter de qqch

betelepül *tn i [nép]* s'établir; *[terület]* se peupler de

betellik *tn i [megelégel]* en avoir assez de qqch; **~t a létszám** l'effectif est au complet; **nem tud ~ni vmivel** ne pas pouvoir se lasser *v.* se rassasier de qqch; *átv* **~t a pohár** la coupe est pleine

beteljesedés *fn* accomplissement *h*

beteljesedlik *tn i* s'accomplir, être exaucé(e)

betemet *ts i [gödröt stb.]* combler; *[ráhullva betakar]* ensevelir

betér *tn i [vhova]* s'arrêter qqpart pour un moment; **útközben ~t ebédelni vhova** il s'est arrêté en chemin pour déjeuner qqpart

beterjeszt *ts i [törvényjavaslatot, kérvényt]* déposer; *[indítványt]* présenter

betesz *ts i [vminek a belsejébe]* mettre *v.* ranger dans; *[bankba]* déposer; *[ajtót, ablakot]* fermer; **~i maga után az ajtót** fermer la porte derrière soi; **nem teszem be ide többé a lábam** je ne mettrai plus les pieds ici

betét *fn [bankban]* dépôt *h*; *[golyóstollban]* recharge *n*, *[töltőtollban]* cartouche *n*; *[üvegért]* consigne *n*; **egészségügyi ~** serviette *n* hygiénique

betéti *mn* ~ **társaság** société *n* en commandite simple

betétkönyv *fn* livret *h* d'épargne

betétlap *fn [cserélhető]* feuille *n* intercalaire

betetőz *ts i [művet]* couronner

betétszámla *fn* compte *h* de dépôt

betéve *hsz* ~ **tud vmit** savoir qqch par cœur

betevő *mn* **nincs egy ~ falatja sem** n'avoir rien à se mettre sous la dent

betilt *ts i* interdire, prohiber
betiltás *fn* interdiction *n*, prohibition *n*
betol *ts i* pousser
betolakod|ik *tn i* faire intrusion
betold *ts i [szöveget]* insérer, rajouter; *[anyagot]* rapporter
beton *fn* béton *h*
betonkeverő *fn* bétonnière *n*, bétonneuse *n*
betonoz *ts i/tn i* bétonner
betoppan *tn i vkihez* arriver à l'improviste *chez qqn*
betölt *ts i [folyadékot]* verser; *[teret]* (r)emplir; ~ **egy állást** *[munkakörbe felvesz]* pourvoir un poste, *[munkakört ellát]* occuper un poste; ~**ötte 20. évét** il a 20 passés
betöltetlen *mn [állás]* vacant(e)
betöm *ts i [nyílást, lyukat]* boucher, obturer; *[fogat]* plomber; ~**i vkinek a száját** bâillonner qqn, *átv* clouer le bec à qqn
betör I. *ts i [ablakot]* casser, briser; *[ajtót]* défoncer, enfoncer; ~**te a fejét** il s'est brisé le crâne; ~**ték a fejét** on lui a défoncé le crâne **II.** *tn i [betörő]* cambrioler; *[ellenség]* envahir
betörés *fn [rablás]* cambriolage *h*; *biz* casse *n*, *jog* effraction *n*; *[országba]* invasion *n*
betöréses *mn* ~ **lopás** vol *h* avec effraction
betör|ik *tn i* se casser, se briser; ~**t egy ablak** un carreau s'est brisé
betörő *fn* cambrioleur (-euse); *biz* casseur (-euse)
betud *ts i [beleszámít]* prendre en compte; *[vmit tulajdonít]* vkinek/vminek attribuer *v.* imputer à *qqn/qqch*, mettre sur le compte *de qqn/qqch*; **ezt annak tudja be, hogy** il attribue cela au fait que
betű *fn* lettre *n*, *[irott, nyomtatott]* ca-

ractère *h*; **héber** ~ caractère hébraïque; **dőlt** ~ italique *h*; ~ **szerint** à la lettre; **számot** ~**vel kiír** écrire un nombre en toutes lettres
betűhiba *fn* coquille *n*
betűköz *fn inform* blanc *h*
betűr *ts i* rentrer; ~**i az ingét** rentrer sa chemise
betűrend *fn* ordre *h* alphabétique; ~**be szed** mettre dans l'ordre alphabétique
betűrendes *mn* alphabétique; ~ **mutató** index *h* (alphabétique)
betűtípus *fn* caractère *h*, police *n*
betűz[1] *ts i [olvasva]* épeler
betűz[2] **I.** *ts i [beszúr]* épingler; *[tárgyat földbe]* planter **II.** *tn i [nap]* inonder
betyár I. *mn* **ez a** ~ **János** ce coquin de Jean; **ez a** ~ **élet** cette chienne de vie **II.** *fn tört* bandit *h*, brigand *h*; *[csintalan gyerek]* coquin(e), filou *h*
beugrat *ts i [becsap]* vkit faire marcher *qqn*, mener *qqn* en bateau
beugr|ik *tn i* sauter dans *átv*; *vhova/vkihez* faire un saut *qqpart/chez qqn*; *[bedől]* marcher, tomber dans le panneau; *[vkit helyettesít]* remplacer; **nem ugrik be a neve** son nom m'échappe
beutal *ts i [kórházba]* admettre à
beutaló *fn [kórházba]* bulletin *h* d'admission; *[üdülőbe]* bon *h* de séjour
beutazás *fn [országba]* entrée *n*
beutaz|ik I. *ts i vmit* parcourir *v.* visiter *qqch*; ~**ta a fél világot** il a voyagé un peu partout dans le monde **II.** *tn i [országba]* entrer
beutazóvízum *fn* visa *h* d'entrée
beül *tn i* s'installer, prendre place; *[járműbe így is]* monter dans; ~ **egy taxiba** prendre un taxi; ~**tünk egy kávéra** on a pris un café
beültet *ts i vmivel* planter *de qqch*; *[fával]* boiser; *orv* greffer, implanter

beüt I. *ts i [szöget]* planter; *[pecsétet]* apposer; *[vmit gépbe]* entrer; **~i magát** se cogner **II.** *tn i [villám] vmibe* frapper *qqch*; *[vállalkozás]* réussir

beütemez *ts i* planifier

beüvegez *ts i* vitrer; **~i az ablakot** poser une vitre à la fenêtre

bevág *ts i [vágást ejt]* entailler, inciser; *[bemagol]* apprendre par cœur; *[behajít] biz* flanquer; *[ételt] biz* engouffrer; **~ja az ajtót** faire claquer la porte

bevágód|ik *tn i [ajtó]* claquer; *[vkinek nagyon tetszik] biz* taper dans l'oeil à *qqn*

bevakol *ts i* crépir

beváll|ik *tn i [megfelelőnek bizonyul]* marcher, s'avérer efficace; *[valóra válik]* se réaliser, s'accomplir; **a gyakorlatban nem vált be** dans la pratique, cela n'a pas fonctionné

bevall *ts i [hibát]* avouer, reconnaître; *[bűnt]* confesser; *[vámárut, jövedelmet]* déclarer; *[őszintén megmond]* avouer

bevallás *fn* **saját ~a szerint** de son (propre) aveu

bevált[1] *ts i [pénzt]* changer; *[csekket]* encaisser; *[igéretet]* tenir

bevált[2] *mn* éprouvé(e), qui a fait ses preuves; **~ módszer** méthode *n* éprouvée

beváltási *mn* **~ árfolyam** cours *h* du change

bevándorlás *fn* immigration *n*; **illegális ~** immigration *n* clandestine

bevándorló *mn/fn* immigrant(e), immigré(e)

bevándorol *tn i* immigrer

bevár *ts i* attendre

bevarr *ts i* coudre, recoudre; *[sebet]* recoudre, *orv* suturer

bevasal *ts i* **~ja vkin a pénzt** *biz* faire cracher *qqn*

bevásárlás *fn* courses *n (t sz)*

bevásárlókocsi *fn* chariot *h*; caddie *h*

bevásárlókosár *fn* panier *h* (à provisions)

bevásárlóközpont *fn* centre *h* commercial

bevásárol *ts i/tn i* faire des *v.* les courses; **~ni megy** aller faire les courses; *átv* **ezzel jól ~t** *biz* il s'est fait avoir

bevégez *ts i* achever

bever *ts i/tn i [földbe stb.]* enfoncer, planter; *[betör]* briser; *[testrészt] vmibe* se cogner *contre v.* dans *qqch*; **~ték a fejét** on lui a défoncé la tête; **~ az eső** la pluie entre

bevérz|ik *tn i [seb]* (re)commencer à saigner; *[szem]* s'injecter de sang; *[belső vérzést szenved]* avoir une hémorragie interne

bevés *ts i [tárgyba]* graver; **~ vmit az emlékezetébe** graver *qqch* dans sa mémoire; **ezt vésd be az agyadba!** enfonce-toi ça dans la tête !

bevesz *ts i [kívülről] vmit* rentrer *qqch*; *[orvosságot]* prendre; *[testületbe]* admettre; *[jegyzékbe, szerződésbe]* inclure; *[szövegbe]* ajouter; *[várost]* prendre (de force); *[ruhából]* reprendre; *[elhisz] biz* gober; **~ vkit társnak** prendre qqn pour associé; *átv* **ezt nem veszi be a gyomrom** *biz* je ne peux pas digérer ça

bevet *ts i [földet]* ensemencer; *[harcba]* engager; **~i az ágyat** faire le lit

bevétel *fn [városé]* prise *h*; *[jövedelem]* revenu *h*; *[üzleti]* recette(s) *n (t sz)*; **a ~ összege** le montant de la recette

bevetés *fn mezőg* ensemencement *h*; *kat* engagement *h*; **~re kész** prêt(e) au combat

bevett *mn* **~ szokás** coutume *h* établie; **az a ~ szokás, hogy** l'usage est de *inf*

bevezet I. *ts i [benti helyre]* faire entrer; *[társaságba is]* introduire; *[szokást, módszert]* introduire, instaurer; *[ismeretekbe]* initier *qqn à qqch*; *[adatot]* enregistrer; *[villanyt, stb.]* installer **II.** *tn i* **az út ~ a városba** la route mène à la ville; **az ajtó ~ a szalonba** la porte donne sur le salon

bevezetés *fn [könyvé]* introduction *n*; *[vmilyen ismeretbe]* initiation *n à qqch*; *[villanyé stb.]* installation *n*; **~ként** en guise d'introduction

bevezető I. *mn* introductif (-ive); **~ rész** préambule *h* **II.** *fn [írásműben]* introduction *n*

bevisz *ts i* emmener; *[karban]* emporter; *[rendőrségre]* conduire, emmener; *[számítógépbe]* entrer; *[út]* mener à; **~em a táskádat** j'emmène ton sac à l'intérieur; **bevitték a rendőrségre** il a été conduit au poste

bevitel *fn* importation *n*

bevizel *tn i [nadrágjába]* mouiller sa culotte

bevon *ts i vmivel* recouvrir *v.* garnir *de qqch*; *[forgalomból, engedélyt]* retirer; *[vitorlát, zászlót]* amener; *[süteményt mázzal]* napper; **~ták a jogosítványát** on lui a retiré son permis; **~ vkit az üzletébe** associer qqn à ses affaires

bevonat *fn konyh* nappage *h*; *műsz* revêtement *h*

bevonul *tn i* faire son entrée; *[hadsereg]* entrer; *[katonai szolgálatra]* être incorporé(e)

bevonulás *fn* entrée *n*; *[katonai szolgálatra]* incorporation *n*

bezár *ts i [vhova]* enfermer; *[ajtót stb.]* fermer à clef; *[intézményt, üzletet stb.]* fermer; *[foglyot]* emprisonner; **~ja az ülést** lever la séance; **~ja a boltot** fermer (la) boutique, *átv* mettre la clé sous la porte

bezárás *fn [ajtóé, üzleté]* fermeture *n*; *[fogolyé]* emprisonnement *h*; *[ülésé]* levée *n* (de séance)

bezárkóz|ik *tn i* s'enfermer (à clé); *[félrevonul a világtól]* se cloîtrer; *[érzelmileg]* se renfermer en soi-même

bezárólag *hsz* inclus(e); **december 20-ig ~** jusqu'au 20 décembre inclus

bezárul *tn i* se refermer

bezúz *ts i [betör]* fracasser; *[könyvet]* mettre au pilon

bezzeg *hsz* **most ~ sajnálja!** maintenant, bien sûr, il regrette ! **ő ~ megcsinálta!** lui, (par contre,) il l'a fait !

bezsebel *ts i* empocher

bezsúfol *ts i* entasser, masser

bezsuppol *ts i biz* coffrer

biankó *mn* **~ csekk** chèque *h* en blanc

bíbelőd|ik *tn i* s'évertuer *v.* s'escrimer *à inf*; **ne ~j ezzel!** ne t'embête pas avec ça !

bibi *fn [gyereknyelv]* bobo *h*; *[baj]* biz hic *h*; **ez itt a ~!** voilà le hic !

bibircsók *fn* verrue *n*

biblia *fn* Bible *n*, les Saintes Écritures *n (t sz)*

bibliai *mn* biblique; **~ példázat** parabole *n*

bibliográfia *fn* bibliographie *n*

bíbor *fn* pourpre *h*

bíboros *fn* cardinal *h*

biccent *tn i [üdvözöl]* saluer d'un signe de (la) tête; *[helyesel]* faire un signe de tête approbatif, faire oui de la tête

biceg *tn i* clopiner, boitiller

bicepsz *fn* biceps *h*

bicikli *fn* vélo *h*, bicyclette *n*; *biz* bécane *n*

biciklista *fn* cycliste *h n*

bicikliz|ik *tn i* faire du vélo; **erre ~ik mindennap** il passe par ici tous les jours en vélo

bicska *fn* canif *h*, couteau *h* de poche; **beletörik a ~ja** vmibe se casser les dents sur qqch

biennále *fn* biennale *n*

bifláz *ts i*/*tn i biz* potasser, bûcher

bifokális *mn* bifocal(e)

bifsztek *fn* bifteck *h*

bigámia *fn* bigamie *n*

bige *fn* argó meuf *n*

bigott *mn* bigot(e)

bika *fn* taureau *h*

bikaviadal *fn* corrida *n*

bikini *fn* bikini *h*

bili *fn* pot *h* (de chambre)

biliárd *fn* billard *h*

biliárdasztal *fn* (table *n* de) billard *h*

biliárdoz|ik *tn i* jouer au billard

bilincs *fn [kézre]* menottes *n (t sz)*; **~be ver vkit** menotter qqn

billeg *tn i* osciller, vaciller; **~ a szék** la chaise branle

billen *tn i* basculer

billent *ts i* (faire) basculer, pencher; **oldalra ~i a fejét** pencher la tête de côté

billentyű *fn [írógépen, billentyűs hangszeren]* touche *n*; *[fúvós hangszeren]* clef *v.* clé *n*; *[szívben]* valvule *n*

billentyűzet *fn műsz, zene* clavier *h*

billió *szn* billion *h*

bimbó *fn [virágé]* bouton *h*; *[mellen]* mamelon *h*

bimbódz|ik *tn i átv is* bourgeonner

biobolt *fn* magasin *h* de produits biologiques

bioetika *fn* bioéthique *n*

biokémia *fn* biochimie *n*

biológia *fn* biologie *n*

biológiai *mn* biologique

biológus *fn* biologiste *h n*

bioszféra *fn* biosphère *n*

biotechnológia *fn* biotechnologie *n*

biotermék *fn* produit *h* biologique *v. biz* bio

bír I. *ts i [elvisel]* supporter; *[képes rá]* pouvoir, arriver *à* inf, être capable de inf; *[kedvel] biz* adorer; *[rábír]* vmire amener qqn *à* inf; **~ja a hideget** il supporte bien le froid; **nem ~om tovább** je n'en peux plus; **nem sokáig ~ja már** il n'en a plus pour longtemps; **nem ~ felállni** il est incapable de se lever; **nagyon ~om ezt a zenét** j'adore cette musique; **nagyon ~ja ezt a pasit** elle en pince pour ce type; **nem ~ja ezt a pasit** elle ne peut pas sentir *v.* blairer ce type **II.** *tn i vkivel/vmivel* venir à bout de qqn/qqch; **nem ~ magával** il est dans tous ses états; **nem ~ok ezzel a gyerekkel** je ne sais que faire de cet enfant; **~ja (erővel)** il tient le coup

bírál *ts i* critiquer

bírálat *fn* critique *n*; *[recenzió]* compte *h* rendu

bíráló *mn*/*fn* critique *h n*

bírálóbizottság *fn* jury *h*; *[színházi, kiadói]* comité *h* de lecture

bíráskodás *fn jog* juridiction *n*; *sp* arbitrage *h*

birizgál *ts i* tripoter

birka *fn [juh, ennek húsa]* mouton *h*

birkacomb *fn* gigot *h* de mouton

birkatürelem *fn* patience *n* à toute épreuve

birkózás *fn* lutte *n*; **szabadfogású/kötöttfogású ~** lutte libre/gréco-romaine

birkóz|ik *tn i* se battre; *átv is* lutter *avec v. contre* qqn/qqch

birkózó *fn sp* lutteur (-euse)

bíró *fn jog* juge *h n*; *sp* arbitre *h n*, juge *h n*

birodalom *fn* empire *h*; **a konyha az ő birodalma** la cuisine, c'est son domaine

bírói *mn* judiciaire, juridictionnel (-elle), de justice; **~ döntés/határozat** décision *n* de justice; **~ hatalom** pouvoir *h* judiciaire v. juridictionnel; ~ **megidézés** citation n en justice

bíróság fn tribunal h, cour n; ~ **elé áll** comparaître devant le tribunal v. la justice; ~ **elé állít** traduire devant le tribunal; ~ **elé idéz** citer en justice; **elsőfokú/másodfokú** ~ tribunal de première/deuxième instance; **legfelsőbb** ~ cour suprême, [Fr.-ban] cour de cassation

bírósági mn judiciaire, juridictionnel (-elle); ~ **határozat** arrêt h (du tribunal); ~ **ítélet** jugement h, sentence n; ~ **úton** par voie judiciaire

birs fn [birsalma] coing h

bírság fn amende n, contravention n; **~gal sújt vkit** frapper qqn d'une amende, infliger à qqn une amende

birsalmafa cognassier h

birtok fn [tulajdon] propriété n, possession n; [földbirtok] propriété n, domaine h; **vminek ~ába jut** entrer en possession de qqch; **~ba vesz** prendre possession de qqch; **~ában van vminek** être en possession de qqch

birtoklás fn possession n, détention n

birtokol ts i posséder, détenir

birtokos I. mn nyelv possessif (-ive); ~ **eset** génitif h; ~ **névmás** pronom h possessif **II.** fn propriétaire h n, possesseur h, détenteur (-trice); [rangé, állásé] titulaire h n

bisztró fn [gyorsbüfé] snack(-bar) h, cafétéria n

bit fn mat, inform bit h

bitang fn crapule n, canaille n

bitorol ts i usurper

bitumen fn bitume h

bivaly fn buffle h

bíz ts i vkit/vmit vkire confier qqn/qqch à qqn; [vkinek tetszésére, ítéletére] s'en remettre à qqn; **~d csak rám!** laisse-moi faire

bizakodás fn confiance n

bizakod|ik tn i vmiben avoir confiance en qqch

bizakodó mn confiant(e)

bizalmas I. mn [meghitt] intime; [titkos] confidentiel (-elle); ~ **beszélgetés** conversation n intime; ~ **viszony** relation n intime; **szigorúan** ~ **értesülés** information n strictement confidentielle **II.** fn vkinek a ~a confident(e) de qqn

bizalmaskod|ik tn i vkivel se montrer trop familier (-ière) avec qqn

bizalmatlan mn méfiant(e); ~ **vki iránt** être méfiant à l'égard de qqn

bizalmatlanság fn méfiance n

bizalmatlansági mn ~ **indítvány** [parlamentben] motion n de censure

bizalmi mn de confiance; ~ **állás** poste h de confiance; **felveti a ~ kérdést** [parlamentben] engager la responsabilité du gouvernement

bizalom fn confiance n; **bizalmat kelt vkiben** inspirer confiance à qqn; **vkinek a bizalmába férkőzik** gagner la confiance de qqn; **visszaél vkinek a bizalmával** abuser de la confiance de qqn

bizalomkeltő mn qui inspire confiance

bizarr mn bizarre

bíz|ik tn i vkiben avoir confiance en qqn, faire confiance à qqn; vmiben avoir foi v. croire en qqch; **~ik magában** avoir confiance en soi; **~hatsz benne** tu peux lui faire confiance

bizomány fn commission n; **~ba ad/ vesz** donner/prendre en commission

bizományi mn ~ **áru** marchandise n en consignation

bizományos fn commissionnaire h n

bizony hsz certainement, certes; ~ **Isten!** je le jure !; **de ~!** mais si !; **nem ~!** certes non !, pour sûr que non !

bizonyára *hsz* **bizonyosan** sans (nul) doute, certainement

bizonygat *ts i* soutenir obstinément; **ártatlanságát ~ja** protester de son innocence

bizonyít *ts i* prouver, apporter v. fournir la preuve *de qqch*; *[tudományosan is]* démontrer; *[hivatalosan]* certifier; *[okmányilag]* justifier (de); **ami azt ~ja, hogy** ce qui montre (bien) que

bizonyítás *fn* preuve *n*; *[tudományos]* démonstration *n*; **nem szorul ~ra** se passer de preuves

bizonyíték *fn* preuve *n*; **tárgyi ~** preuve matérielle; **terhelő ~** preuve accablante; **nincs rá ~** il n'y a pas de preuve; **~ hiányában** en l'absence de preuves, faute de preuves

bizonyítható *mn* démontrable

bizonyítvány *fn* certificat *h*, attestation *n*; *[iskolai]* bulletin *h*; **orvosi ~** certificat médical; **erkölcsi ~** certificat de moralité; **~t kiállít** établir v. délivrer un certificat

bizonylat *fn* pièce *n* justificative

bizonnyal *hsz* **minden ~** certainement, sans nul doute

bizonyos I. *mn [biztos]* sûr(e), certain(e); *[meg nem nevezett]* certain(e); **annyi ~, hogy** ce qui est sûr v. certain c'est que; **egy ~ egyén** un certain individu; **~ esetekben** dans certains cas; **~ tekintetben** en un sens **II.** *fn* **tudsz valami ~at?** sais-tu quelque chose de certain ?

bizonyosság *fn* certitude *n*; **teljes ~gal** de façon certaine, en toute certitude

bizonyság *fn* **~át adja vminek** faire montre v. preuve *de qqch*

bizonytalan *mn [dolog]* incertain(e); *[helyzet]* précaire; *[ember]* indécis(e), irrésolu(e); **~ időjárás** temps *h*

instable v. incertain; **~ mozdulat** geste *h* hésitant

bizonytalankod|ik *tn i* hésiter, être irrésolu(e)

bizonytalanság *fn* incertitude *n*, doute *h*; *[helyzeté]* précarité *n*; **~ban hagy vkit** laisser qqn dans l'incertitude; **~ban tart** tenir en suspens

bizonyul *tn i vminek* s'avérer, se révéler; **méltónak ~ vmire** s'avérer digne de qqch

bizottság *fn* comité *h*, commission *n*; **parlamenti ~** commission parlementaire; **üzemi ~** comité d'entreprise; **~ot jelöl ki** nommer une commission

biztat *ts i [rábeszélni igyekszik]* encourager, pousser; *[buzdít]* exhorter; **vkit/vmivel** faire miroiter *qqch à qqn*; **hiú reményekkel ~** faire miroiter de vains espoirs

biztatás *fn* encouragement *h*; *[buzdítás]* exhortation *n*

biztató *mn* encourageant(e), prometteur (-euse); **~ jel** signe *h* encourageant

biztonság *fn* sécurité *n*, sûreté *n*; *[bizonyosság]* certitude *n*; **a ~ kedvéért** par mesure de sécurité; **~ban érzi magát** se sentir en sécurité; **teljes ~gal állít vmit** affirmer qqch avec une certitude absolue

biztonsági *mn* de sécurité, de sûreté; **~ öv** ceinture *n* de sécurité; **~ őr** vigile *h*; **~ szolgálat** service *h* d'ordre; **~ Tanács** Conseil *h* de sécurité; **~ zár** serrure *n* de sûreté; *[autón]* antivol *h*

biztonságos *mn* sûr(e); **~ helyen** en lieu *h* sûr

biztos[1] I. *mn* sûr(e), certain(e); *[stabil]* solide, ferme; **~ vagyok benne, hogy** *[meggyőződésem]* je suis convaincu que, *[tény]* je suis sûr que; **~ siker** succès *h* garanti; **~ alapok** bases *n (t sz)* solides **II.** *fn* ~**ra vehető, hogy** on peut tenir pour certain que

biztos² *fn* commissaire *h n*

biztosan *hsz* sûrement, certainement, sans doute; *[nem ingatagon]* solidement; **egészen ~** sans le moindre doute; **~ állít** affirmer avec certitude; ~ **téved** il doit se tromper

biztosít *ts i [lehetővé tesz]* assurer, garantir; *[biztosítást köt]* assurer; *[biztonságossá tesz]* rendre sûr(e); **~ vkit vmiről** assurer qqn de qqch; ~**om önt, hogy** je vous assure que; ~**va van számára a jövő** son avenir est assuré

biztosítás *fn* assurance *n*; ~**t köt vmire** souscrire *v.* contracter une assurance sur qqch

biztosítási *mn* d'assurance; **~ díj** prime *n* d'assurance; **~ kötvény** police *n* d'assurance; **~ szerződés** contrat *h* d'assurance

biztosíték *fn* garantie *n*, *[pénzben]* caution *n*; *vill* plomb *h v.* fusible *h* (de sûreté); **kiégett a ~** les plombs ont sauté

biztosító *fn [személy]* assureur *h*; *[társaság]* compagnie *n* d'assurances

biztosítótársaság *fn* compagnie *n* d'assurances

biztosított *mn/fn* assuré(e); **az eredmény ~nak látszik** le résultat paraît assuré

biztosítótű *fn* épingle *n* à nourrice *v.* de sûreté

bizsereg *tn i* picoter, fourmiller; **~ a lába** avoir des fourmis dans les jambes

bizsergés *fn* picotement *h*, fourmillement *h*

bizsu *fn* bijou *h*

blabla *fn biz* blabla *h*

blamál *ts i* couvrir qqn de honte; ~**ja magát** se ridiculiser

blamázs *fn* blama honte *n*

Blanka *fn* Blanche *n*

bliccel *ts i/tn i [járművön]* resquiller; *[tanórát]* sécher (un cours *v.* la classe)

blokád *fn [ostromzár]* blocus *h*; *[külkereskedelmi]* blocus *h* économique, embargo *h*; **~ alá helyez** décréter le blocus; **feloldja a ~**t lever le blocus

blokk *fn [jegyzettömb]* bloc-notes *h*; *[pénztári]* ticket *h* de caisse; *[háztömb]* pâté *h* de maisons; *pol* bloc *h*

blokkol *ts i/tn i [pénztárban]* enregistrer; *[munkahelyen]* pointer; *sp* bloquer

blöff *fn biz [félrevezető]* bluff *h*; *[nagyzoló]* esbroufe *n*

blöfföl *tn i biz [félrevezet]* bluffer; *[nagyzol]* faire de l'esbroufe

blúz *fn* corsage *h*, chemisier *h*; *[rövid ujjú]* chemisette *n*

bob *fn sp* bobsleigh *h*, *biz* bob *h*

bóbiskol *tn i* somnoler

bóbita *fn [madáré]* aigrette *n*, huppe *n*; *[fejkötő]* coiffe *n*

bocsánat *fn* pardon *h*; ~**ot kér vkitől vmiért** demander pardon *v.* s'excuser à qqn de *v.* pour qqch; ~**ot kérek** je m'excuse, veuillez m'excuser, je vous demande pardon; ~**!** excusez-moi !, pardon !

bocsánatkérés *fn* excuses *n (t sz)*

bocsánatos *mn* **~ bűn** *vall* péché *h* véniel; *[kis hiba]* faute *n* excusable

bocsát *ts i* mettre; *[vizsgára]* admettre; **vízre ~** mettre à l'eau; **áruba ~** mettre en vente; **vmit vkinek a rendelkezésére ~** mettre qqch à la disposition de qqn; **szabadon ~** (re)-mettre en liberté, relâcher

bocsátkoz|ik *tn i vmibe* s'engager *dans qqch*; **térdre ~ik** s'agenouiller

bódé *fn [árusító]* échoppe *n*; *[újságos]*

kiosque *h*; *[őré]* guérite *n*; *[házikó]* baraque *n*

bódító *mn* grisant(e), envoûtant(e)

bodros *mn [haj]* crépu(e), frisé(e)

bódulat *fn* ivresse *n*, griserie *n*

bodybuilding *fn sp* bodybuilding *h*, culturisme *h*

bodza *fn* sureau *h*

bogáncs *fn* chardon *h*

bogár *fn* insecte *h*; *[keményszárnyúak]* coléoptères *h (t sz)*; *átv* **ez a bogara** *biz* c'est son dada; **bogarat ültet vkinek a fülébe** mettre la puce à l'oreille à qqn

bogaras *mn [rigolyás]* maniaque; *[szeszélyes]* lunatique, fantasque

bogarász|ik *tn i* collectionner *v.* chasser les insectes; *[keresgél]* farfouiller; *[hibákat keres]* chercher la petite bête

boglya *fn* meule *n*

bogrács *fn* chaudron *h*

bogyó *fn* baie *n*

bohém *mn/fn* bohème *h n*

bohó *mn* facétieux (-euse), espiègle

bohóc *fn* clown *h*; *átv* pitre *h*, farceur (-euse); **~ot csinál magából** se ridiculiser

bohóckod|ik *tn i* faire le clown *v.* le pitre

bohózat *fn* farce *n*, vaudeville *h*

bója *fn* bouée *n*, balise *n*

bojkott *fn* boycott *h*, boycottage *h*

bojkottál *ts i* boycotter

bojler *fn* chauffe-eau *h*

bojt *fn* pompon *h*, houppe *n*

bók *fn* compliment *h*; **~okat mond vkinek** complimenter qqn, faire des compliments à qqn

boka *fn* cheville *n*; **kificamítja a ~ját** se fouler la cheville; *átv* **vkinek a ~jáig sem ér fel** ne pas arriver à la cheville de qqn

bokaficam *fn* foulure *n* de la cheville

bókol *tn i* vkinek complimenter qqn, faire des compliments à qqn; *[meghajol]* faire une révérence à qqn

bokor *fn* buisson *h*

bokréta *fn* bouquet *h*

bokros *mn* buissonneux (-euse); *átv* **~ teendők** activités *n (t sz)* multiples

boksz¹ *fn [rekesz]* box *h*

boksz² *fn sp* boxe *h*

bokszmérkőzés *fn* match *h* de boxe

bokszol *ts i/tn i* boxer, faire de la boxe

bokszoló *fn* boxeur *h*

boldog *mn* heureux (-euse); **~ új évet!** Bonne année !; **~gá tesz** rendre heureux; *vall* **~gá avat** béatifier

boldog-boldogtalan *fn* n'importe qui, tout le monde; **~nak elmeséli** il le raconte au premier venu

boldogít *ts i* rendre heureux (-euse), faire le bonheur de; *[terhére van] biz* pomper l'air à; **a pénz nem ~** l'argent ne fait pas le bonheur

boldogság *fn* bonheur *h*; **sok ~ot kívánok!** tous mes vœux de bonheur !; **úszik a ~ban** nager dans le bonheur

boldogtalan *mn* malheureux (-euse)

boldogul *tn i [érvényesül]* réussir; *vmivel* venir à bout de qqch

boldogult *mn* feu(e); **~ anyám** feu ma mère, ma feue mère

bólé *fn kb.* sangria *n*

bolgár I. *mn* bulgare **II.** *fn [személy]* Bulgare *h n*; *[nyelv]* bulgare *h*

bolha *fn* puce *n*; *átv* **~t ültet vkinek a fülébe** mettre la puce à l'oreille à *v.* de qqn

bolhapiac *fn* marché *h* aux puces, puces *n (t sz)*

bólint *tn i/ts i* hocher la tête; **helyeslően ~** acquiescer d'un signe de tête; **igent ~** faire oui de la tête

bólintás *fn* hochement *h* de tête

bólogat *tn i* opiner du bonnet

bolond I. *mn* fou (fol) (folle); ~ **vagy?** tu es fou ?; **majd ~ leszek!** je ne suis pas fou !; ~ **egy história** c'est une drôle d'histoire; ~ **ötlet** idée *n* saugrenue **II.** *fn* fou (folle); **kötözni való** ~ fou à lier; **a falu ~ja** l'idiot du village; **vminek a ~ja** être fou de qqch, raffoler de qqch; **~ot csinál vkiből** faire marcher qqn; **~okat beszél** dire des fadaises

bolondgomba *fn* champignon *h* vénéneux; **nem ettem ~t!** je ne suis pas fou !

bolondít *ts i* faire marcher; **magába** ~ **vkit** tourner la tête à qqn

bolondokháza *fn [elmegyógyintézet]* hôpital *h* psychiatrique; *átv* maison *n* de fous

bolondos *mn [hóbortos, esztelen]* farfelu(e), loufoque; *[mókázásra hajló]* facétieux (-euse)

bolondozlik *tn i* faire le fou (la folle), plaisanter

bolondság *fn [tett, beszéd]* folie *n*, bêtise *n*, sottise *n*; **~okat beszélsz!** tu dis n'importe quoi

bolondul *tn i* vkiért/vmiért être fou (folle) *de* qqn/qqch; *vmiért* raffoler *de* qqch

bolt *fn* boutique *n*, magasin *h*; **hogy megy a ~?** comment vont les affaires ?

boltív *fn* voûte *n*

boltíves *mn* voûté(e)

boltos *fn* commerçant(e)

boltozat *fn* voûte *n*, cintre *h*

boltozatos *mn* voûté(e) *n*, cintré(e)

boly *fn sp* peloton *h*

bolygat *ts i* remuer; **ne bolygassuk a múltat!** ne remuons pas le passé; **ne bolygassuk ezt a kérdést!** ne revenons pas sur cette question

bolygó I. *mn* errant(e) **II.** *fn* planète *n*; **mesterséges** ~ satellite *h* (artificiel)

bolyhos *mn* pelucheux (-euse)

bolyong *tn i* flâner, errer, vagabonder

bolyongás *fn* flânerie *n*, vagabondage *h*, *vál* errance *n*

bomba I. *fn* bombe *n*; **~t dob vmire** lancer *v.* jeter *v.* lâcher une bombe sur qqch; *átv* **~ként robbant a hír** la nouvelle a fait l'effet d'une bombe **II.** *mn biz* ~ **csaj** une fille canon

bombabiztos *mn* à l'épreuve des bombes

bombamerénylet *fn* attentat *h* à la bombe

bombariadó *fn* alerte *n* à la bombe

bombasiker *fn biz* succès *h* monstre, tabac *h*; ~ **volt** ça a fait un vrai tabac

bombatalálat *fn* impact *h* d'une bombe; ~ **érte az épületet** une bombe a touché l'immeuble

bombatámadás *fn* attaque *n* aérienne, raid *h* aérien

bombáz *ts i* bombarder; **kérdésekkel** ~ bombarder de questions

bombázás *fn* bombardement *h*

bombázó *fn [repülőgép]* bombardier *h*; *[nő] biz* canon *h*

bomlás *fn [vegyi is]* décomposition *n*; *[szervezet, közösség]* désintégration *n*; **a fegyelem ~a** le relâchement de la discipline

bomlaszt *ts i* décomposer; *[egységet]* désagréger, désintégrer; *[fegyelmet]* perturber

bomllik *tn i [foszlik]* se défaire; *[anyag, vegyület]* se décomposer; *[egység]* se désagréger; *vkiért biz* en pincer *pour* qqn

bonbon *fn* chocolat *h* fourré

boncnok *fn* dissecteur (-euse), disséqueur (-euse)

boncol *ts i [halál okát kutató]* pratiquer l'autopsie, autopsier; *[tanulmá-*

nyozás végett] disséquer; *átv* disséquer, analyser

boncolás *fn [halál okát kutatva]* autopsie *n; [tanulmányozás végett]* dissection *n*

bonctan *fn* anatomie *n*

bont *ts i [alkotórészeire]* décomposer; *[konzervet]* ouvrir; *[épületet, falat]* démolir; *[szerződést]* résilier; *[telefonbeszélgetést]* couper; *[csirkét]* vider; *[ágyat]* défaire

bontás *fn [épületé]* démolition *n; vegy* décomposition *n*

bontóper *fn* procès *h* en divorce

bónusz *fn* bonus *h*

bonyodalom *fn* complication *n; [írásműben]* intrigue *n*

bonyolít *ts i* embrouiller, compliquer; *[színdarab cselekményét]* nouer (l'intrigue); **az ügyet tovább ~ja, hogy** ce qui complique encore l'affaire, c'est que

bonyolító *fn gazd* gestionnaire *h n*

bonyolódik *tn i [ügy, cselekmény]* se compliquer; *vki vmibe* s'embrouiller *v.* s'empêtrer *dans qqch*

bonyolult *mn* compliqué(e), complexe; *[zavaros]* embrouillé(e); **~ ügy** affaire *n* compliquée; **~ szerkezet** mécanisme *h* complexe; **~tá tesz** compliquer

bor *fn* vin *h;* **asztali ~** vin de table; **édes/félédes ~** vin sucré/doux; **félszáraz/száraz ~** vin demi-sec/sec; **új ~** vin nouveau

borász *fn* viticulteur (-trice)

borászat *fn [üzem]* entreprise *n* viticole; *[tudomány]* oenologie *n*

borbély *fn* coiffeur *h* pour hommes

borda *fn* côte *n; [sertés, marha]* côte *n; [bárány, borjú]* côtelette *n*

bordásfal *fn* espalier *h*

bordatörés *fn* fracture *n* des côtes

bordélyház *fn* maison *n* close; *durva* bordel *h*

bordó *mn/fn [szín]* bordeaux *h*

bordói I. *mn* **~ bor** vin *h* de bordeaux **II.** *fn* bordeaux *h*

borít *ts i [feldönt]* renverser; *[fed, burkol]* vmit (re)couvrir *de qqch;* **felhők ~ják az eget** des nuages couvrent le ciel

boríték *fn* enveloppe *n*

borítékol *ts i* mettre sous enveloppe

borító *fn [könyvön]* jaquette *n*

borjú *fn [szarvasmarháé]* veau *h; [őzé/szarvasé]* faon *h*

borjúbőr *fn [kikészített]* veau *h; [boksz]* box *h*

borjúhús *fn* viande *n* de veau, veau *h*

borjúsült *fn* rôti *h* de veau

borjúszelet *fn* escalope *n* de veau

borkóstoló *fn [ivás]* dégustation *n* (de vin); *[szakértő]* dégustateur (-trice); *[kocsma]* bar *h* à vin

borogat *ts i [sebet]* appliquer *v.* mettre des compresses

borogatás *fn [sebé]* compresse *n*

boróka *fn* genévrier *h*

borongós *mn [felhős]* nuageux (-euse); *[borús]* couvert(e); *[szomorkás]* maussade, morne

boros *mn* **~ lett az ingem** ma chemise est tachée de vin

borospince *fn* cave *n* à vin

borospohár *fn* verre *h* à vin

borostás *mn* non rasé(e); *[igével]* avoir une barbe de trois jours

borostyán *fn* lierre *h*

borostyánkő *fn* ambre *h* (jaune)

borosüveg *fn* bouteille *n* à vin

borotva *fn* rasoir *h;* **vág az esze, mint a ~** avoir l'esprit *h* tranchant

borotvaéles *mn [kés]* acéré(e), tranchant(e); *[ész]* affûté(e), tranchant(e)

borotvahab *fn* mousse *n* à raser

borotvakészlet *fn* nécessaire *h* de rasage

borotvál *ts i/tn i* raser; ~**ja a lábát** elle se rase les jambes

borotválás *fn* rasage *h*

borotválatlanul *hsz* non rasé(e); ~ **ment el reggel** il est parti le matin sans s'être rasé

borotválkoz|ik *tn i* se raser

borotvapamacs *fn* blaireau *h*

borotvapenge *fn* lame *n* de rasoir

borotvaszappan *fn* savon *h* à barbe

boroz|ik *tn i* siroter du vin (entre amis)

borozó *fn [helyiség]* bar *h* à vin

borravaló *fn* pourboire *h*

bors *fn* poivre *h; átv* ~**ot tör vkinek az orra alá** *fraz* mener la vie dure à qqn

borsó *fn [zöld]* petits pois *h (t sz);* ~**t fejt** écosser les petits pois; **ez csak falra hányt** ~ *fraz* c'est un coup d'épée dans l'eau

borsódz|ik ~ **a háta** en avoir des frissons (dans le dos), donner la chair de poule

borsos *mn* poivré(e); *[ár, számla]* salé(e); ~ **vicc** plaisanterie poivrée

borsoz *ts i* poivrer

bortermelés *fn* viticulture *n*, production *n* vinicole *v.* viticole

bortermelő I. *mn* viticole, vinicole; ~ **ország** pays *h* producteur de vin **II.** *fn* viticulteur (-trice)

bortermő *mn* ~ **vidék** région *n* viticole *v.* vinicole

borul *tn i [dől]* se renverser; **árokba** ~ verser dans le fossé; **térdre** ~ se jeter à genoux; **vkinek a nyakába** ~ se jeter au cou de qqn; **homályba** ~ se plonger dans l'obscurité; **lángba** ~ s'enflammer, *[arc]* s'empourprer

borúlátó *mn/fn* pessimiste *h n*

borús *mn [ég, idő]* couvert(e), gris(e); *[arc, hangulat]* sombre

borvidék *fn* région *n* viticole *v.* vinicole

borz *fn* blaireau *h*

borzad *tn i* frémir *v.* frissonner (d'horreur); *vkitől/vmitől* avoir horreur de *qqn/qqch;* ~ **vminek a gondolatától** frémir à l'idée de qqch

borzalmas *mn* horrible, affreux (-euse), épouvantable

borzalom *fn* horreur *n;* ~ **fogja el** être saisi(e) d'horreur; ~, **hogy mit műveltek** c'est horrible, ce qu'ils ont fait

borzas *mn* ébouriffé(e), échevelé(e), hirsute

borzaszt *ts i* horrifier, terrifier

borzasztó I. *mn* → **borzalmas II.** *hsz* horriblement, terriblement; ~ **drága** horriblement cher; ~ **sok ember volt** il y avait énormément de gens

borzol *ts i [hajat, szőrt]* ébouriffer

borzong *tn i* frissonner, trembler

borzongás *fn* frisson *h*, tremblement *h;* ~ **fut át rajta** être parcouru(e) de frissons

bosnyák I. *mn* bosniaque **II.** *fn [személy]* Bosniaque *h n; [dialektus]* bosniaque *h*

boszorkány *fn* sorcière *n*

boszorkányos *mn* ~ **ügyességgel** avec une adresse époustouflante

boszorkányság *fn* sorcellerie *n;* **nincs benne semmi** ~ cela n'a rien de sorcier

bosszankod|ik *tn i vmin* s'agacer *de qqch*, être agacé(e), être contrarié(e); **azon** ~**om, hogy** ce qui m'agace, c'est que; **kár ezen** ~**ni!** ne t'empoisonne pas la vie pour ça

bosszant *ts i* agacer, ennuyer; *biz* embêter; **ne** ~**s!** ne m'embête pas !

bosszantó *mn* agaçant(e), ennuyeux (-euse), énervant(e); *biz* embêtant(e)

bosszú *fn* vengeance *n*; **~ból** par vengeance; **~t áll vkin** se venger de qqn; **~t esküszik** jurer vengeance

bosszúálló *mn* vindicatif (-ive)

bosszús *mn* agacé(e), contrarié(e), énervé(e), ennuyé(e)

bosszúság *fn* désagrément *h*, contrariété *n*, ennui *h*; **vkinek ~ot okoz** causer du désagrément à qqn

bot *fn* bâton *h*; *[séta-/horgászbot]* canne *n*; **~tal üthetik a nyomát vkinek** ils peuvent toujours courir pour le rattraper

botanika *fn* botanique *n*

botanikus I. *mn* **~ kert** jardin *h* botanique **II.** *fn* botaniste *h n*

botfülü *mn* qui n'a aucune oreille (musicale)

botkormány *fn* *inform* manette *n* de jeu; *rep* manche *n* à balai

botlás *fn* *átv* is faux pas *h*

botl|ik *tn i* *vmibe* trébucher *sur v. contre qqch*, buter *contre qqch*; *[rátalál]* vkire/vmire tomber *sur qqn/qqch*; *átv* faire un faux pas

botorkál *tn i* avancer *v.* marcher à tâtons, tâtonner

botrány *fn* scandale *h*; **~ba keveredik** être impliqué(e) *v.* compromis(e) dans un scandale; **~t csap** faire un scandale; **kitör a ~** le scandale éclate

botrányos *mn* scandaleux (-euse), choquant(e)

bóvli *fn* *biz* camelote *n*

boy *fn* *[küldöncfiú]* chasseur *h*, groom *h*

bozontos *mn* broussailleux (-euse), hirsute

bozót *fn* broussailles *n (t sz)*; *[Afrikában]* brousse *n*

bő *mn* *[ruha is]* large, ample; *[bőséges]* abondant(e); **derékban ~** trop large à la taille; **~ vízben** à grande eau; **~ választék** choix *h* large

bőbeszédü *mn* bavard(e), verbeux (-euse)

bődületes *mn* *[óriási]* colossal(e), monumental(e), *biz* monstre; *[képtelen]* délirant(e)

bőfög *tn i* roter

böfögés *fn* rot *h*; *[csecsemőnél]* biz rototo *h*

bőg *tn i* *[marha]* mugir, meugler; *[szamár]* braire; *[szarvas]* bramer; *[vadállat]* rugir; *[gyerek]* *biz* brailler; chialer

bőgés *fn* *[marháé]* mugissement *h*, meuglement *h*; *[szamáré]* braiment *h*; *[szarvasé]* bramement *h*; *[vadállaté]* rugissement *h*; *[gyereké]* braillement *h*

bőgő *fn* contrebasse *n*

bögöly *fn* taon *n*

bögre *fn* tasse *n*

böjt *fn* jeûne *h*; *átv* **lesz még ennek ~je** il n'y a pas de fête sans lendemain

böjtöl *tn i* jeûner

bök *ts i/tn i* *[szúr]* piquer; *[szarvval]* encorner; *[vmire rámutat]* pointer du doigt; **oldalba ~ vkit** donner un coup de coude à qqn

bőkezü *mn* généreux (-euse); **nem valami ~** *iron* ce n'est pas la générosité qui l'étouffe

bőkezüség *fn* générosité *n*

bökkenő *fn* *biz* hic *h*; **ez itt a ~!** voilà le hic !

bölcs I. *mn* sage; **~ mondás** maxime *n* **II.** *fn* sage *h*; **a ~ek köve** la pierre philosophale

bölcselet *fn* philosophie *n*

bölcselkedik *tn i* *[fontoskodva]* philosopher

bölcsen *hsz* sagement; **ön ~ döntött** vous avez pris une sage décision *v.* une décision pleine de sagesse

bölcsesség *fn* sagesse *n*

bölcsességfog *fn* dent *n* de sagesse

bölcsész *fn* étudiant(e) en lettres
bölcsészdoktor *fn* docteur h ès lettres
bölcsészet → *fn* **bölcsészettudomány** lettres *n (t sz)*
bölcsészkar *fn* faculté *n* des lettres
bölcső *fn átv is* berceau h
bölcsődal *fn* berceuse *n*
bölcsőde *fn* crèche *n*
bölény *fn* bison h
bömböl *tn i [vadállat]* rugir; *[hangosan sír]* brailler; *[fülsértő hangon mond vmit, énekel]* beugler
böngész|ik *ts i [könyvek között] biz* fouiner; *[szöveget]* compulser, éplucher
böngésző *fn inform* navigateur h
bőr *fn* peau *n*; *[feldolgozott]* cuir h; *[héj]* peau *n*, pelure *n*; *[szalonnáé]* couenne *n*; *[tejé]* peau *n*; ~ **alatti** sous-cutané(e); **a ~e alatt is pénz van** être cousu(e) d'or; **~ből való** en cuir; **rossz ~ben van** être mal en point; **félti a ~ét** craindre pour sa peau; **nem fér a ~ébe** ne pas tenir en place; **~ig ázik** être trempé(e) jusqu'aux os
bőrápolás *fn* soins h *(t sz)* de la peau
bőrápoló *mn* ~ **krém** crème *n* de soins (pour la peau)
bőráru *fn* maroquinerie *n*
bőrbaj *fn* **bőrbetegség** maladie *n* de la peau
bőrdíszműves *fn* maroquinier h
bőrfejű *fn* crâne h rasé; skinhead h *n, biz* skin h *n*
bőrgyógyász *fn* dermatologue h *n, biz* dermato h *n*
bőrgyógyászat *fn* dermatologie *n*
bőrgyulladás *fn* inflammation *n* de la peau, dermatite *n*
bőrkabát *fn* manteau h de v. en cuir
bőrkeményedés *fn* callosité *n*, durillon h

bőrkiütés *fn* éruption *n* cutanée
bőrönd *fn* valise *n*; *[kicsi]* mallette *n*; összecsomagolja/kicsomagolja a ~jét faire/défaire sa valise
bőrrák *fn* cancer h de la peau
bőrszín *fn* couleur *n* de la peau; *[arcon]* teint h
börtön *fn* prison *n*; *biz* taule *n*; ~**be zár** mettre en prison, emprisonner, incarcérer; *biz* coffrer
börtönbüntetés *fn* peine *n* de prison v. d'emprisonnement, prison *n*; ~**ét tölti** purger sa peine; **két év ~re ítélték** il a été condamné à deux ans de prison
börtönőr *fn* gardien (-ienne) de prison; *argó* maton (-onne)
börtönviselt *mn* ~ **személy** repris de justice h
börze *fn* → **tőzsde**
bőség *fn [anyagi is]* abondance *n*; *[ruháé]* ampleur *n*, largeur *n*; ~**ben él** vivre dans l'abondance
bőséges *mn* abondant(e), copieux (-euse); ~ **választék** vaste choix h; ~**en elég** largement suffisant
bősz *mn [dühös]* furibond(e), enragé(e); *[tomboló]* violent(e), déchaîné(e)
bőszít *ts i* (faire) enrager, rendre furieux
bővebben *hsz* plus amplement; *[részletesebben]* plus en détail; ~ **kifejt vmit** développer qqch plus en détail
bővelked|ik *tn i vmiben* regorger *de qqch*, abonder *en qqch*
bőven *hsz* largement, amplement; ~ **elég** largement suffisant; **még ~ van időnk** nous avons encore plein de temps
bővít *ts i [bővebbé tesz]* élargir, agrandir; *[ismeretet]* élargir; *[hangközt]* augmenter; ~**ett kiadás** édition *n* augmentée

bővítés *fn* élargissement *h*, agrandissement *h*

bővítmény *fn nyelv* complément *h*

bővizű *mn* ~ **forrás** source *n* abondante

bővül *tn i vmivel* s'élargir *v.* s'agrandir *de qqch; [tudás]* s'élargir, s'enrichir

brácsa *fn* alto *h*

brácsás *fn* altiste *h n*

bravó *msz* bravo !

bravúr *fn* tour *h* de force

bravúros *mn [zenében, előadásban]* de bravoure; ~ **tett** tour *h* de force

bravúrosan *hsz* avec brio

brazil I. *mn* brésilien (-ienne) **II.** *fn [személy]* Brésilien (-ienne); *[dialektus]* brésilien *n*

Brazília *fn* Brésil *h*

brekeg *tn i* coasser

brekegés *fn* coassement *h*

Bretagne *fn* Bretagne *n*

breton I. *mn* breton (-onne) **II.** *fn [személy]* Breton (-onne); *[nyelv]* breton *h*

bridzs *fn* bridge *h*

bridzsez|ik *tn i* **bridzsel** jouer au bridge

brigád *fn* brigade *n*

Brigitta *fn* Brigitte *n*

briliáns I. *mn* brillant(e) **II.** *fn* brillant *h*

bringa *fn biz* bécane *n*

briós *fn* brioche *n*

brit I. *mn* britannique **II.** *fn [személy]* Britannique *h n*

bróker *fn* broker *h*, trader *h*

brókercég *fn* société *n* de courtage

bronz *fn* bronze *h*

bronzérem *fn* (médaille *n* de) bronze *h*

bronzkor *fn* âge *h* de bronze

bross *fn* broche *n*

brosúra *fn* brochure *n*

brummog *tn i átv is* grogner

Brúnó *fn* Bruno *h*

brutális *mn* brutal(e)

brutalitás *fn* brutalité *n*

bruttó *mn* brut(e); ~ **fizetés** salaire *h* brut; ~ **nemzeti termék** produit *h* national brut, P.N.B.

Brüsszel *fn* Bruxelles *n*

bú *fn* chagrin *h*, tristesse *n*, **vál** affliction *n*

búb *fn [madár fején]* huppe *n*; **feje ~ja** sommet *h* du crâne

búbánat *fn vál* affliction *n*

bubi *fn [kártyalap]* valet *h*

buborék *fn* bulle *n*; *[forró vízben]* bouillon *h*

bucka *fn [kis halom]* monticule *h*; *[homokból]* tas *h* de sable; *[tengerparti]* dune *n*

búcsú¹ *fn [távozáskor]* adieu(x) *h (t sz)*; ~**t int** faire un signe d'adieux; ~**t vesz vkitől** prendre congé de qqn, faire ses adieux à qqn

búcsú² *fn [bűnbocsánat]* indulgence *n*; *[ünnep]* fête *n* patronale, kermesse *n*

búcsúbeszéd *fn* discours *h* d'adieu

búcsúelőadás *fn* représentation *n* d'adieu

búcsúest *fn* soirée *n* d'adieu

búcsújárás *fn vall* pèlerinage *h*; *[nagy jövés-menés]* va-et-vient *h*

búcsújáróhely *fn vall* lieu *h* de pèlerinage

búcsúlevél *fn* lettre *n* d'adieu

búcsúz|ik *tn i vkitől* prendre congé *de qqn*, faire ses adieux *à qqn*

búcsúztat *ts i [ünnepélyes búcsúzáskor]* prononcer un discours d'adieu en l'honneur *de qqn; [temetésen]* prononcer l'éloge funèbre *de qqn*

búcsúztató *fn [beszéd]* discours *h* d'adieu; *[temetésen]* discours *h* funèbre

Budapest *fn* Budapest *h*; ~**en** à Budapest

budapesti I. *mn* budapestois(e), de Budapest **II.** *fn [személy]* Budapestois(e)

Buddha *fn* Bouddha *h*
buddhista *mn/fn* bouddhiste *h n*
budi *fn* latrines *n (t sz)*
búg *tn i [motor, repülőgép]* ronfler, vrombir, ronronner; *[galamb]* roucouler
búgás *tn i [motoré, repülőgépé]* ronflement *h*, vrombissement *h*; *[galambé]* roucoulement *h*
búgócsiga *fn* toupie *f*
bugyborékol *tn i [hangot adva]* gargouiller; *[buborékot vetve]* bouillonner
bugyi *fn* (petite) culotte *n*, slip *h*
bugyog *tn i* jaillir, gicler
buja *mn [személy, pillantás]* lascif (-ive); *[növényzet]* luxuriant(e)
bujdos|ik *tn i* se cacher, se terrer
búj|ik *tn i [vmi elől, vhol bujkálva]* se cacher, se dissimuler; *[vhova]* se cacher, se glisser; *vkihez* se blottir *contre qqn*; *[ruhába, papucsba]* enfiler
bujkál *tn i* se planquer; *vki/vmi elől* fuir *qqn/qqch*
bújócska *fn* cache-cache *h*
bújócskáz|ik *tn i* jouer à cache-cache
bújtat *ts i [rejt]* cacher, dissimuler; *[gonosztevőt]* jog recéler; *[ruhába]* mettre; *vmit vmibe* introduire, glisser, passer
bujtogat *ts i vki ellen* dresser *contre qqn*; *vmi ellen* exciter *contre qqch*; *vmire* inciter *v.* pousser *v.* exciter *à qqch*; **lázadásra ~** inciter à la révolte
Bukarest *fn* Bucarest *h n*
bukás *fn [esés]* chute *n*; *[kormányé]* chute *n*; *[üzleti]* faillite *n*, biz déconfiture *n*; *[vizsgán]* échec *h*; *szính* four *h*, échec *h*, biz bide *h*; *átv* échec *h*, chute *n*
bukdácsol *tn i* tituber; *[hajó]* tanguer; **~ a vizsgákon** se faire coller *v.* recaler plusieurs fois aux examens

bukfenc *fn* culbute *n*; *biz* galipette *n*
bukfencez|ik *tn i* faire des culbutes *v.* *biz* des galipettes; *[autó]* culbuter
buk|ik *tn i [esik]* tomber, faire une chute; *[víz alá]* plonger; *[vizsgán]* être recalé(e) *v. biz* blackboulé(e); *vkire biz* en pincer *pour qqn*; *vmire biz* être fana *de qqch*
bukkan *tn i vmire/vkire* tomber *sur qqch/qqn*, découvrir *qqch/qqn*
bukósisak *fn* casque *h* intégral
bukta *fn konyh* ‹brioche fourrée à la confiture›
buktat *ts i [víz alá]* plonger; *[vizsgán]* recaler, coller; *[kormányt]* renverser, faire tomber
buktató *fn* pierre *n* d'achoppement
buldog *fn* bouledogue *h*
buldózer *fn* bulldozer *h*
Bulgária *fn* Bulgarie *n*
buli *fn* fête *n*, biz teuf *n*; **benne van a ~ban** *[jó munkában, balhéban]* être dans le coup; **kimarad a ~ból** rester en dehors du coup
buliz|ik *fn* faire la fête *v. biz* la teuf
bulvárlap *fn* journal *h* à sensation
bulvársajtó *fn* presse *n* à sensation *v.* à scandale
bunda *fn [állaté]* fourrure *n*; *[kabát]* manteau *h* de fourrure; *sp* match *h* truqué; **alszik, mint a ~** dormir comme un loir *v.* une marmotte
bungaló *fn* bungalow *h*
bunker *fn* bunker *h*
bunkó *fn [bot]* massue *n*; *[faragatlan ember]* biz pignouf(e)
bunkósbot *fn* massue *n*, gourdin *h*
bunyó *fn biz* bagarre *n*, argó baston *n*
bunyóz|ik *tn i biz* se bagarrer; *argó* se castagner
bura *fn [lámpán]* globe *h*; *[hajszárító]* casque *h*; *[borító]* cloche *n*
burgonya *fn* pomme de terre *n*; *biz*

patate *n*; **sült** ~ (pommes *n (t sz)*) frites *n (t sz)*

burgonyapüré *fn* purée *n* (de pommes de terre)

burgonyasaláta *fn* salade *n* de pommes de terre

burgonyaszirom *fn* chips *n (t sz)*

burjánz|ik *tn i [növény, sejt]* proliférer; *[gyom]* foisonner; *[korrupció]* se développer

burkol *ts i vmibe* envelopper *dans v. de qqch*, rouler *dans qqch*; *vmivel* revêtir *v.* recouvrir *v.* garnir *de qqch*; *[eszik]* biz becter

burkolat *fn* revêtement *h*

burkolódz|ik *fn vmibe* s'envelopper *v.* s'emmitoufler *dans qqch*; *hallgatásba* ~**ik** s'enfermer dans le silence

burkolt *mn* ~ **célzás** allusion *n* voilée, sous-entendu *h*; ~ **formában** à mots couverts

burleszk *fn* burlesque *h*

burok *fn* enveloppe *n*; *[magzaté]* poche *n* des eaux; *átv* ~**ban született** être né(e) coiffé(e)

burzsoázia *fn* bourgeoisie *n*

bús *mn* triste, affligé(e), mélancolique

busás *mn* substantiel (-elle); ~ **haszon** bénéfice *h* substantiel

búskomor *mn* mélancolique, morose, déprimé(e)

búslakod|ik *tn i fraz* broyer du noir; **azon** ~**ik, hogy** ce qui le chagrine, c'est que

búsul *tn i* être d'humeur chagrine; **ne** ~**j!** ne t'en fais pas

busz *fn* bus *h*; *[távolsági]* car *h*; **busszal megy** prendre le bus

buszjegy *fn* ticket *h* de bus

buszmegálló *fn* arrêt *h* de bus

buta *mn* bête, sot (sotte); ~ **beszéd** sottise *n*; ~ **véletlen** hasard *h* malheureux

butácska *mn biz* bébête

butaság *fn* bêtise *n*, sottise *n*; **ne beszélj** ~**okat!** ne dis pas de bêtises!

butáskodik *tn i [butaságokat mond]* dire des bêtises; *[butaságokat csinál]* faire des bêtises

butik *fn* boutique *n*

butiksor *fn* galerie *n* marchande

butít *ts i* abêtir, abrutir; **az alkohol** ~ l'alcool abrutit

bútor *fn* meuble *h*; *átv* **régi** ~ **ő nálunk** il fait partie des meubles

bútordarab *fn* pièce *n* de mobilier

bútorhuzat *fn [levehető]* housse *n*

bútoroz *ts i* meubler

bútorozatlan *mn* non meublé(e); ~ **szoba kiadó** chambre *n* non meublée à louer

bútorozott *mn* meublé(e); ~ **szoba** chambre *n* meublée, meublé *h*

bútorszövet *fn* tissu *h* d'ameublement

bútorzat *fn* mobilier *h*, ameublement *h*, meubles *h (t sz)*

butul *tn i* s'abêtir, s'abrutir

búvár *fn* plongeur (-euse)

búvárkod|ik *tn i* faire de la plongée; *átv* faire des recherches

búvárruha *fn* combinaison *n* de plongée

búvóhely *fn* cachette *n*

BUX-index *fn* indice *h* BUX

búza *fn* blé *h*, froment *h*

búzadara *fn* semoule *n* (de blé)

búzaliszt *fn* farine *n* de froment

búzatermés *fn* récolte *n* de blé

búzavirág *fn* bleuet *h*

buzdít *ts i vmire* encourager *v.* pousser *à inf*; *vál* exhorter *à inf*

buzdítás *fn* encouragement *h*, stimulation *n*; *vál* exhortation *n*

buzgalom *fn* zèle *h*

buzgó *mn* zélé(e); *vall* fervent(e)

buzgólkod|ik *tn i* s'activer, mettre tout son zèle *à inf*

buzi *fn biz, pej* pédé *h*

buzog *tn i [előtör]* jaillir; ~ **benne a lelkesedés** déborder d'enthousiasme

bűbáj *fn [szépség, kedvesség]* charme *h*; *[varázslat]* sortilège *h*

bűbájos *mn [elragadó]* charmant(e), ravissant(e)

büdös *mn* puant(e); ~ **van** ça sent mauvais, ça pue, ça empeste; ~ **a lába** *biz* puer des pieds; ~ **a szája** *biz* puer de la gueule; ~ **neki a munka** *fraz* avoir un poil dans la main; **egy ~ vasam sincs** je n'ai pas un rond; **egy ~ szót sem szólt** il n'a pas dit un traître mot; **ez a ~ kocsi** *biz* cette putain *v.* cette saloperie de bagnole

büdösöd|ik *tn i* commencer à empester, devenir fétide

büdzsé *fn* budget *h*

büfé *fn [üzemi, iskolai]* cafétéria *n*, *biz* cafét' *n*; *[fogadáson]* buffet *h*

bűn *fn [bűntett]* crime *h*; *[vétség]* délit *h*; *[erkölcsi]* faute *n*; *[bűnös szenvedély]* vice *h*; *vall* péché *h*; **~t követ el** commettre un crime; **~be esik** succomber au péché

bűnbak *fn* bouc *h* émissaire

bűnbánat *fn* repentir *h*; *vall* pénitence *n*; **~ot tart** faire pénitence

bűnbánó *mn* ~ **arccal** d'un air contrit

bűnbarlang *fn [rosszhírű kocsma]* bouge *h*

bűnbeesés *fn vall* la chute (d'Adam)

bűnbocsánat *fn vall* rémission *n* des péchés, absolution *n*; pardon *h*

bűncselekmény *fn* infraction *n*, délit *h*, crime *n*; **~t követ el** commettre un délit

bűnhődés *fn* châtiment *h*, punition *n*

bűnhőd|ik *tn i vmiért* expier *qqch*; *vall* racheter ses péchés

bűnjel *fn* corps *h* du délit; *[tárgyi]* pièce *n* à conviction

bűnös I. *mn [vki]* coupable; *[vmi]* criminel (-elle); **~nek talál vkit** déclarer qqn coupable; **~nek vallja magát** plaider coupable; ~ **szándék** intention *n* criminelle; ~ **lélek** âme *n* pécheresse **II.** *fn* coupable *h n*, criminel (-elle); *vall* pécheur (-eresse)

bűnösség *fn* culpabilité *n*

bűnözés *fn* criminalité *n*, délinquance *n*; **fiatalkorú** ~ délinquance juvénile; **számítógépes** ~ cybercriminalité *n*

bűnöző *mn/fn* criminel (-elle); *[enyhébb]* délinquant(e)

bűnper *fn* procès *h* criminel

bűnrészes *fn* complice *h n*

bűnszövetkezet *fn* association *n* de malfaiteurs, bande *n* organisée

bűntárs *fn* complice *h n*

büntelen *mn* non coupable

bűntény *fn* crime *h*, délit *h*

büntet *ts i* punir; *jog vmire* condamner à *qqch*; *gazd* sanctionner; *sp* pénaliser; **100 euróra ~ték** il a été condamné à une amende de 100 euros

büntetendő *mn* punissable, délictueux (-euse); ~ **cselekmény** fait *h* délictueux

büntetés *fn* punition *n*; *jog* peine *n*; *[bírság]* amende *n*; *[iskolai]* punition *n*; *sp* pénalisation *n*; ~ **terhe mellett** sous peine de; **~t kiszab/elenged** infliger/remettre une peine; **~ét kitölti** purger sa peine

büntetett *mn* ~ **előéletű** à casier judiciaire chargé; ~ **előéletű személy** repris de justice *h*

büntetlen *mn* impuni(e); ~ **előéletű** à casier judiciaire vierge

büntetlenül *hsz* impunément; **ezt nem lehet ~ hagyni** on ne peut pas laisser cela impuni

büntető *mn jog* pénal(e); *[megtorló]* punitif (-ive); ~ **törvénykönyv** code *h* pénal

büntetőbíróság *fn* tribunal *h* correctionnel, correctionnelle *n*

büntetőcédula *fn [autón]* papillon *h*

büntetődobás *fn sp [kapura]* coup *h* franc; *[kosárra]* lancer *h* franc

büntetőeljárás *fn* procédure *n* pénale *v.* criminelle

büntetőjog *fn* droit *h* pénal *v.* criminel; **a ~ban** en matière pénale

büntetőjogi *mn* pénal(e); ~ **eljárás** procédure *n* pénale; ~ **felelősség** responsabilité *n* pénale

büntetőper *fn* procès *h* criminel

büntetőrúgás *fn sp* coup *h* (de pied) de réparation, penalty *n*

büntett *fn* crime *h*; **a ~ oka** le mobile du crime; **a ~ színhelye** le lieu du crime

bűntudat *fn* sentiment *h* de culpabilité, remords *h (t sz)*; **~ot érez** éprouver un sentiment de culpabilité

bűnügy *fn* affaire *n* criminelle

bűnügyi *mn* pénal(e), criminel (-elle); ~ **nyilvántartás** casier *h* judiciaire; ~ **film** film *h* policier; ~ **regény** roman *h* policier

bűnvádi *mn* criminel (-elle); ~ **eljárás** poursuite *n* judiciaire, procédure *n* pénale *v.* criminelle

bürokrácia *fn* bureaucratie *n*

bürokrata *fn* bureaucrate *h n*

bürokratikus *mn* bureaucratique

büszke *mn* fier (fière); ~ **vmire** être fier de qqch; **túl ~ ahhoz, hogy** il est trop fier pour *inf*

büszkélkedlik *tn i vmivel* s'enorgueillir *v.* se rengorger *de qqch*

büszkeség *fn [érzés]* fierté *n*, amour-propre *h*; *[tárgya]* fierté *n*, orgueil *h*

bütyköl *ts i/tn i* bricoler

bütykös *mn [ujjak, faág]* noueux (-euse)

bűvész *fn* prestidigitateur (-trice), illusionniste *h n*

bűvészet *fn* prestidigitation *n*

bűvészmutatvány *fn* tour *h* de prestidigitateur *v.* de passe-passe

bűvölet *fn* charme *h*, enchantement *h*, fascination *n*

bűvös *mn* magique; *[hatású]* enchanteur (-eresse); ~ **kocka** cube *h* de Rubik

bűz *fn* puanteur *n*; **förtelmes ~** odeur *n* infecte

bűzllik *tn i* puer, *biz* chlinguer; *vmitől* puer qqch, empester qqch; **~ik az alkoholtól** puer l'alcool; *átv* **itt valami ~ik** il y a quelque chose qui cloche ici

bűzös *mn* fétide, nauséabond(e); ~ **lehelet** haleine *n* fétide

B-vitamin *fn* vitamine *n* B

byte *fn inform* octet *h*

B

C

c *fn* zene do *h*

cafat *fn [foszlány]* lambeau *h; [züllött nő]* biz traînée *n;* ~**okra tép** mettre en lambeaux

cáfol *ts i* démentir; *[érvekkel]* réfuter

cáfolat *fn* démenti *h*

cáfolhatatlan *mn* irréfutable

cakompakk *hsz* en tout (et pour tout)

cammog *tn i* marcher d'un pas lourd

cápa *fn* requin *h*

cár *fn* tsar *h*

cárnő *fn* tsarine *n*

casco *fn* assurance *n* tierce

CD-lejátszó *fn* lecteur *h* de disque compact

CD-lemez *fn* disque *h* compact, CD

CD-ROM *fn* cédérom *h,* CD-ROM

cech *fn* addition *n,* note *n;* **én fizetem a** ~**et** c'est moi qui règle

cécó *fn [hűhó]* chichi *h; biz* flafla *h*

cédrus *fn* cèdre *h*

cédula *fn* bout *h* de papier; *[könyvtári]* fiche *n*

céduláz *ts i/tn i* faire des fiches, mettre en fiches

cég *fn* entreprise *n,* société *n; biz* boîte *n*

cégaláírás *fn* signature *n* sociale

cégautó *fn* voiture *n* de fonction

cégbíróság *fn* tribunal *h* de commerce

cégjegyzék *fn* registre *h* du commerce et des sociétés

cégjelzés *fn* marque *n* (de commerce *v.* de fabrique); *[levélpapíron]* en-tête *h*

cégszerű *mn* ~ **aláírás** signature *n* sociale

cégtábla *fn* enseigne *n*

cégvezetés *fn* direction *n* (d'une société), management *h*

cégvezető *fn* gérant(e)

céh *fn tört* corporation *n*

cékla *fn* betterave *n* (rouge)

cél *fn [szándék, végcél]* but *h,* objectif *h; [út végpontja]* destination *n; [célpont]* cible *n;* **a** ~ **érdekében** pour les besoins de la cause; ~ **nélküli** sans but; ~**ba lő** tirer à la cible; ~**ba talál** toucher la cible; ~**ba vesz** viser; **a** ~**ból, hogy** dans le but de *inf,* en vue de *inf;* **e** ~**ból** dans ce but, pour ce faire; **eléri** ~**ját** atteindre ses objectifs, arriver à ses fins; ~**t tűz ki** se fixer un objectif; *átv* **a** ~**t téveszt** manquer son but

célállomás *fn [vonaté]* gare *n* terminus; *[árué]* destination *n*

célcsoport *fn* groupe *h* cible

célegyenes *fn sp* dernière ligne *n* droite

célfotó *fn ang* photo-finish *n*

célkitűzés *fn* objectif *h,* but *h*

cella *fn [kolostorban, börtönben]* cellule *n; [őrülteké]* loge *n; el* cellule *n*

céllövészet *fn* tir *h* à la cible

céllövölde *fn [vásáron]* tir *h* forain

cellux *fn ang* scotch *h*

celofán *fn* cellophane *n*

céloz *tn i [célpontra irányít]* viser; *[utal]* vmire faire allusion à qqch; *[rosszindulattal]* insinuer; **mire** ~**?** que voulez-vous dire (par là) ?

célpont *fn átv* cible *n*

célprémium *fn* prime *h* d'objectif

célratörő *mn* déterminé(e), résolu(e)

célravezető *mn* approprié(e), adéquat(e)

Celsius-fok *fn* degré *h* Celsius, °C

célszalag *fn* fil *h*

célszerű *mn* pratique, approprié(e), opportun(e)

célszerűtlen *mn* inapproprié(e), inopportun(e)

céltábla *fn* cible *n*; *[gúny célpontja] fraz* tête *n* de Turc

céltalan *mn* inutile, sans but

céltudatos *mn* déterminé(e), résolu(e)

célzás *fn* *[fegyverrel]* visée *n*; *[utalás]* allusion *n*; *[rosszindulatú]* insinuation *n*, sous-entendu *n*

célzat *fn* arrière-pensée *n*, calcul *h*

célzatos *mn* tendancieux (-euse)

cement *fn* ciment *h*

centenárium *fn* centenaire *h*

centiméter *fn* *[mértékegység]* centimètre *h*; *[szalag]* (centi)mètre *h*

centralizál *ts i* centraliser

centrifuga *fn* *[háztartási]* essoreuse *n*

centrum *fn* *[középpont]* centre *h*; *[városközpont]* centre(-ville) *h*

cenzor *fn* censeur *h*

cenzúra *fn* censure *n*

cenzúráz *ts i* censurer

ceremónia *fn* cérémonie *n*

cérna *fn* fil *h* (à coudre)

cérnametélt *fn* vermicelle *h*

cérnaszál *fn* fil *h*; **vékony, mint egy ~** mince comme un fil

ceruza *fn* crayon *h*; **~val ír** écrire au crayon

ceruzahegyező *fn* taille-crayon *h*

cethal *fn* baleine *n*

cetli *fn* bout *h* de papier; *[irott]* mot *h*

charterjárat *fn* vol *h* charter

chilei I. *mn* chilien (-ienne) **II.** *fn* *[személy]* Chilien (-ienne)

chip *fn* *el* puce *n*

cibál *ts i* tirailler; **haját ~ja vkinek** tirer les cheveux à qqn

cica *fn* chat *h*; *[nőstény]* chatte *n*; *biz* minou *h*

cici *fn* *biz* lolo *h*, néné *h*

cicoma *fn* fanfreluche *n*, colifichet *h*

cicomáz *ts i* attifer; **~za magát** s'attifer

cifra *mn* *[díszes]* richement orné(e); *pej* tapageur (-euse); *[bonyolult]* tarabiscoté(e)

cifraság *fn* riche ornement *h*; *[ruhán]* falbala *h*

cifráz *ts i* surcharger d'ornements; *[dallamot]* broder; *[mellébeszél]* tourner autour du pot

cigány I. *mn* tsigane **II.** *fn* *[személy]* Tsigane *h n*; *[nyelv]* tsigane *h*

cigányasszony *fn* tsigane *n*, bohémienne *n*

cigánygyerek *fn* enfant *h n* tzigane

cigányprímás *fn* premier violon *h* tsigane

cigányság *fn* les Tsiganes *h (t sz)*

cigányút *fn* **~ra megy** avaler de travers

cigaretta *fn* cigarette *n*; *biz* clope *n*; **~ra gyújt** allumer une cigarette

cigarettacsikk *fn* mégot *h*

cigarettafüst *fn* fumée *n* de cigarette

cigarettáz|ik *tn i* fumer (une cigarette)

cigi *fn* *biz* clope *n*

cikáz|ik *tn i* *[villám]* sillonner, zébrer; *[ide-oda mozog]* zigzaguer

cikcakk *fn* zigzag *h*

ciki *biz* **I.** *mn* *[ember]* craignos, ringard(e); *[helyzet]* pénible **II.** *fn* malaise *h*

cik|iz *ts i* *biz* *[bírál]* débiner; *[piszkál]* asticoter

cikk *fn* *[áru]* article *h*; *[írásmű]* article *h*, papier *h*

cikkely *fn* *[törvény]* article *h*; *[gerezd]* tranche *n*

cikkíró *fn* auteur *h*; *[rendszeres]* chroniqueur (-euse)

cikksorozat *fn* série *n* d'articles

ciklikus *mn* cyclique

ciklon *fn* cyclone *h*

ciklus *fn* cycle *h*; **választási ~** mandat *h*

cikornyás *mn* [stílus] tarabiscoté(e), alambiqué(e)

cilinder *fn* haut-de-forme *h*

cím *fn* [könyvé stb.] titre *h*; [lakásé] adresse *n*; [állás, rang] titre *h*, rang *h*; [jogcím] titre *h*; **milyen ~en?** à quel titre ?, de quel droit ?

cimbalom *fn* cymbalum *h*

cimbora *fn* camarade *h n*; *biz* pote *h n*

címer *fn* armoiries *n (t sz)*, armes *n (t sz)*, blason *h*

címez *ts i* vmit vkinek adresser qqch à qqn; [címmel ellát] mettre *v.* écrire l'adresse

címjegyzék *fn* annuaire *h*, répertoire *h* d'adresses

címke *fn* [árun] étiquette *n*; [füzeten] vignette *n*

címkéz *ts i* étiqueter

címlap *fn* [könyv fedőlapja] couverture *n*; [könyv első lapja] page *n* de titre; [újságé] une *n*; **a ~on** à la une

címlapsztori *fn* la une

címlet *fn* [részvény] titre *h*; [bankjegy] coupure *n*; **1000 Ft-os ~ekben** en coupures de 1000 ft

címszerep *fn* rôle-titre *h*

címszereplő *fn* personnage *h* principal

címszó *fn* [szótári] entrée *n*

címzés *fn* [levélen] adresse *n*

címzett *fn* [levélé] destinataire *h n*

cincog *tn i* [egér] couiner; [hegedű] grincer

cinege *fn* mésange *n*

cingár *mn* maigrelet (-ette), fluet (-ette)

cinikus *mn* cynique

cinizmus *fn* cynisme *h*

cinke *fn* → **cinege**

cinkos *fn* complice *h n*, *pej* acolyte *h*; **~ mosoly** sourire *h* complice

cintányér *fn* zene cymbale *n*

cipel *ts i* porter; [erőszakkal] entraîner

cipész *fn* [javító] cordonnier (-ière); [készítő] bottier *h*

cipó *fn* miche *n*, boule *n* de pain

cipő *fn* [félcipő] chaussures *n (t sz)*; [magas] boots *n (t sz)*; **~t húz** mettre ses chaussures; **leveszi a ~jét** enlever ses chaussures; **38-as ~t visel** chausser du 38

cipőbolt *fn* magasin *h* de chaussures

cipőfűző *fn* lacet *h*

cipőkanál *fn* chausse-pied *h*

cipőkefe *fn* brosse *n* à chaussures

cipőkrém *fn* cirage *h*

cipősarok *fn* talon *h*

cipőtalp *fn* semelle *n*

cipőtisztító *fn* [szer] cirage *h*; [személy] cireur *h*

ciprus *fn* cyprès *h*

Ciprus *fn* Chypre *n*

cipzár *fn* fermeture *n* éclair

cirill *mn* cyrillique

ciripel *tn i* [tücsök] crisser, striduler, chanter

cirka *hsz* grosso modo, en gros

cirkusz *fn* cirque *h*; *átv* cirque, cinéma *h*; **~t csap** faire du *v.* tout un cinéma

cirógat *ts i* câliner, cajoler

cisz *fn* zene ut *h v.* do *h* dièse

ciszta *fn* kyste *h*

citadella *fn* citadelle *n*

citera *fn* cithare *n*

citerázlik *tn i* jouer de la cithare; [fázik] *biz* se (les) cailler; [fél] *biz* avoir les chocottes

citrom *fn* citron *h*; **zöld ~** lime *n*

citromhéj *fn* écorce *n v.* zeste *h* de citron

citromlé *fn* jus *h* de citron

citromnyomó *fn* presse-citron *h*

citromos *mn* citronné(e); **~ tea** thé *h* au citron

citromsárga *mn* jaune citron

civakodás *fn* querelle *n*, chamaillerie *n*

civakod|ik *tn i* se quereller, se chamailler

civil I. *mn* civil(e) **II.** *fn* [*személy*] civil *h*; ~ben [*nem egyenruhában*] en civil, [*magánéletben*] dans le civil

civilizáció *fn* civilisation *n*

civilizált *mn* civilisé(e), policé(e)

cókmók *fn biz* fourbi *h*, barda *h*; öszszedi/elviszi a ~ját prendre ses cliques et ses claques

col *fn* pouce *h*

colstok *fn* mètre *h* pliant

comb *fn* cuisse *n*; [*ételként*] [*birkáé*] gigot *h*; [*sertésé*] jambon *h*; [*szárnyasé*] cuisse *n*

combcsont *fn* fémur *h*

combnyaktörés *fn* fracture *n* du col du fémur

copf *fn* tresse *n*, natte *n*; [*kétoldali*] couette *n*

cölöp *fn* pieu *h*, poteau *h*; ~öt bever ficher v. enfoncer un pieu

cövek *fn* piquet *h*, fiche *n*

cucc *fn biz* [*holmi*] barda *h*, fourbi *h*; [*öltözék*] fringues *h* (*t sz*)

cucli *fn* → **cumi**

cucliz|ik *tn i* [*cuclit szop*] sucer sa tétine; [*cuclisüvegből táplálkozik*] boire au biberon; → **cumizik**

cudar *mn* [*személy*] infâme, ignoble; [*dolog*] affreux (-euse); ~ idő temps *h* de chien

cuki *mn* [*bájos*] *biz* mimi

cukkol *tn i biz* chambrer, asticoter

cukor *fn* sucre *h*; hány ~ral kéred a kávét? tu veux combien de sucre dans ton café ?

cukorbaj *fn* diabète *h*

cukorbeteg *fn* diabétique *h n*

cukorgyár *fn* sucrerie *n*

cukorka *fn* bonbon *h*, sucreries *n* (*t sz*)

cukornád *fn* canne *n* à sucre

cukorrépa *fn* betterave *n* sucrière

cukortartalom *fn* teneur *n* en sucre

cukortartó *fn* sucrier *h*

cukrász *fn* pâtissier (-ière)

cukrászda *fn* pâtisserie(-confiserie) *n*

cukrászsütemény *fn* pâtisserie *n*, gâteau *h*

cukros *mn* sucré(e); ~ a kezed tu as du sucre sur les mains; ~ bácsi satyre *h*

cukroz *ts i* sucrer; [*hintve*] saupoudrer de sucre

cukrozott *mn* sucré(e); ~ gyümölcs fruits *h* (*t sz*) confits

cumi *fn* [*játék*] sucette *n*, tétine *n*; [*cumisüvegre*] tétine *n*

cumisüveg *fn* biberon *h*

cumiz|ik *tn i* [*ujjával*] téter v. sucer son pouce

CS

csábít *ts i [vonz]* séduire, tenter; **bűn-re ~** entraîner v. pousser au crime

csábítás *fn* séduction *n*, tentation *n*

csábító I. *mn* séduisant(e); tentant(e); **~ ajánlat** offre *n* alléchante **II.** *fn* séducteur (-trice)

csacsi *ts i [vonz]* bourricot *h*; *átv* **kis ~** *biz* gros bêta *h*

csacsiság *fn* bêtise *n*, ânerie *n*

csacsog *tn i/ts i [személy]* babiller; *[madár]* gazouiller

csahol *tn i* japper

csaj *fn biz* nana *n*, gonzesse *n*, meuf *n*

csak *hsz [csupán]* ne … que, seulement; **~ egy napra jön** il ne vient que pour un jour, il vient pour un jour seulement; **ha ~ látja az ember** rien qu'à le voir; **~ azért, hogy** seulement pour, rien que v. juste pour; **egész nap ~ alszik** il ne fait que dormir toute la journée; **~ lassítani kell** il suffit de ralentir; **jó, ~ kevés** c'est bon, mais c'est peu; **aki ~** quiconque; **ahol ~** partout où; **egyszer ~** tout à v. d'un coup; **~ nem akarsz elmenni?** tu ne veux tout de même pas partir ?; **~ azért is megteszem** je le ferai quand même

csákány *fn* pioche *n*; *[hegymászóé]* piolet *h*

csakhamar *hsz* sous peu; **~ megérkezett** il n'a pas tardé à arriver

csakhogy I. *hsz [végre]* enfin; **~ elment!** enfin, il est parti !; **~ el nem estem** j'ai failli tomber **II.** *ksz* seulement, mais; **ez igaz, ~ nem fogják elhinni** c'est vrai, seulement, personne ne le croira

csakis *hsz* uniquement, seulement; **~ abban az esetben** uniquement au cas où; **ezt ~ te tehetted** (toi et) toi seul peux avoir fait ça

csaknem *hsz* presque; **~ meghalt** il a failli mourir

csakúgy *hsz* **~ mint** (tout) comme, de même que

csakugyan *hsz* effectivement, en effet, vraiment; **ez ~ ő** c'est bien lui; **~?** vraiment ?

csal *tn i [tévedést okoz]* tromper; *[szabályok ellen vét]* tricher; **a látszat ~** les apparences sont trompeuses **II.** *ts i [megcsal]* tromper; **~ja a feleségét** il trompe sa femme

család *fn* famille *n*; **~ot alapít** fonder une famille

családalapítás *fn* fondation *n* d'une famille

családanya *fn* mère *n* de famille

családapa *fn* père *h* de famille

családfa *fn* arbre *h* généalogique

családfenntartó *fn* soutien *h* de famille

családfő *fn* chef *h* de famille

családi *mn* de famille, familial(e); **~ állapot** situation *n* de famille; **~ ház** maison *n* individuelle; **~ pótlék** allocations *n (t sz)* familiales

családias *mn* familial(e), intime

családnév *fn* nom *h* de famille, patronyme *h*

családos *mn [igével]* avoir une famille; **~ ember** père *h* de famille

családregény *fn* roman *h* de famille, saga *h*

családtag *fn* membre *h* de la famille; **~ként kezelik** faire partie de la famille

családtervezés *fn* planning *h* familial

csalafinta *mn* futé(e), malin (maligne); *[elmés]* astucieux (-euse)

csalamádé *fn* *[savanyúság]* kb. pickles *h (t sz)*

csalán *fn* ortie *n*

csalánkiütés *fn* urticaire *n*

csalárd *mn* *[álnok]* vál perfide; *[csalóka]* trompeur (-euse); *[dolog]* frauduleux (-euse)

csalás *fn* tromperie *n*; *[játékban]* tricherie *n*; *biz* triche *n*; *[büntett]* fraude *n*, escroquerie *n*

csalétek *fn* átv is appât *h*

csalfa *mn* vál perfide; ~ **remény** espoir *h* fallacieux

csalhatatlan *mn* infaillible

csali *fn* appât *h*, amorce *n*

csaló I. *mn* trompeur (-euse) **II.** *fn* escroc *h*; *[játékban]* tricheur *h*

csalódás *fn* *[érzéki]* illusion *n*; *[érzelmi]* déception *n*; **~t okoz vkinek** décevoir qqn

csalód|ik *tn i* vkiben/vmiben être déçu(e) par qqn/qqch; **kellemesen ~ik** être agréablement surpris(e); **ha nem ~om** si je ne me trompe *v.* m'abuse; **~tam benned** tu m'as déçu

csalódott *mn* déçu(e), désappointé(e)

csalogány *fn* rossignol *h*

csalogat *ts i* attirer, appâter

csalóka *mn* trompeur (-euse); ~ **látszat** faux-semblant *h*

csámcsog *tn i* manger bruyamment; vmin átv, fraz faire des gorges chaudes de qqch

csámpás *mn* ‹qui a les pieds en dedans *v.* en dehors›

csámpásan *hsz* ~ **jár** marcher les pieds en dedans *v.* en dehors

csap[1] I. *ts i* *[üt]* frapper, taper; **pofon** ~ **gifler**; **lármát** ~ **faire** du tapage; **~ja a szelet vkinek** fraz conter fleurette à

qqn **II.** *tn i* vmire taper *v.* frapper *sur* qqch; **homlokára** ~ **se** frapper le front

csap[2] *fn* robinet *h*; *[hordóé]* chantepleure *n*; **~ra veri a hordót** mettre un tonneau en perce

csáp *fn* antenne *n*, tentacule *h*; *[csigáé]* corne *n*

csapadék *fn* précipitations *n (tsz)* (atmosphériques)

csapadékos *mn* pluvieux (-euse)

csapágy *fn* coussinet *h*

csapás[1] *fn* *[ütés]* coup *h*; *[szerencsétlenség]* catastrophe *n*, malheur *h*; **elemi** ~ catastrophe *n* naturelle, sinistre *h*; **egy ~ra** d'un seul coup

csapás[2] *fn* *[ösvény]* piste *n*

csapat *fn* groupe *h*; *[munka, sport]* équipe *n*; *[katonai]* troupe *n*; **a szövetséges ~ok** les troupes alliées

csapatbajnokság *fn* championnat *h* par équipes

csapatjáték *fn* jeu *h* d'équipe

csapatkapitány *fn* capitaine *h n* d'équipe

csapatkivonás *fn* retrait *h* des troupes

csapatmunka *fn* travail *h* d'équipe

csapatosan *hsz* en bande; *[nagy tömegben]* en foule, en masse

csapatszellem *fn* esprit *h* d'équipe

csapatverseny *fn* compétition *n* par équipes

csapatvezető *fn* chef *h* d'équipe

csapda *fn* piège *h*; **~t állít** tendre un piège; **beleesik a ~ba** átv tomber dans le piège

csapkod I. *ts i* *[megcsap]* taper, frapper; *[ajtót, ablakot]* claquer; *[eső]* fouetter **II.** *tn i* *[hadonászik]* s'agiter; *[szárnyával]* battre; *[farkával]* fouetter; ~ **a karjával** agiter les bras

csapnivaló *mn* exécrable, nul (nulle); ~ **kölyök** sale môme *h n*

csapó *fn film [eszköz]* clap *h; [személy]* clapman *h*

csapóajtó *fn [lengőajtó]* porte *n* battante; *[pincébe, padlásra vezető]* trappe *n*

csapodár *mn* volage

csapód|ik *tn i vmihez/vminek* frapper *v.* battre *contre qqch; vmibe* s'écraser *contre qqch; [ajtó]* claquer; *[lövedék] vmibe* percuter *contre qqch*

csapol *ts i/tn i [hordót]* mettre en perce; *[szeszes italt]* tirer

csapolt *mn* ~ **sör** bière *n* (à la) pression, pression *n*

csapong *tn i [röpköd]* voleter; *[gondolat]* vaguer; *[beszédben] fraz* passer du coq à l'âne

csapos *fn* barman *h*

csapvíz *fn* eau *n* du robinet

csapzott *mn* hirsute

csárda *fn* auberge *n*

csárdás *fn [tánc, zene]* czardas *n*

csarnok *fn [nagy terem, pályaudvaré is]* hall *h; [vásári]* halle *n;* **kiállítási** ~ **hall** d'exposition

császár *fn* empereur *h*

császári *mn* impérial(e)

császármetszés *fn orv* césarienne *n*

császárnő *fn* impératrice *n*

császárság *fn* empire *h;* **II. József** ~**a idején** sous le règne de Joseph II

császkál *tn i* traîner

csat *fn [cipőn, övön]* boucle *n; [ékszeren, táskán]* fermoir *h; [hajba]* barrette *n*

csata *fn* bataille *n; [lelki is]* combat *h*

csatahajó *fn* navire *h* de guerre

csatangol *tn i* flâner, vagabonder, baguenauder

csatár *fn sp* attaquant(e), avant *h*

csatározás *fn átv is* escarmouche *n*

csatársor *fn sp* ligne *n* d'attaque

csatasor *fn* ligne *n* de bataille; *átv is* ~**ba áll** se mettre en ordre pour la bataille

csatatér *fn átv is* champ *h* de bataille

csatáz|ik *tn i vkivel/vki ellen* combattre *qqn,* se battre *avec/contre qqn*

csatlakozás *fn* adhésion *n; el* connexion *n; közl* correspondance *n;* ~ **az Európai Unióhoz** adhésion à l'Union Européenne; **lekési a** ~**t** rater la correspondance

csatlakoz|ik *tn i vkihez/vmihez* se joindre *v.* s'associer *à qqn/qqch,* adhérer *à qqch; [vezeték, út]* se raccorder; *közl* faire correspondance avec; ~**ik a hálózatra** établir la connexion; ~**ik a társasághoz** se joindre à la compagnie; ~**om a véleményéhez** j'adhère à votre opinion

csatlakozó I. *mn* ~ **vonat** train *n* de correspondance **II.** *fn vill* prise *n* (mâle)

csatlós *fn átv* homme *h* de main; *[jelzőként]* ~ **ország** pays *h* vassal *v.* satellite

csatol *ts i [hozzákapcsol]* (r)attacher, accrocher; *[területet, iratot]* annexer

csatorna *fn [vízlevezető-, öntözőárok]* rigole *n; [vízi út]* canal *h; [szennyvízé]* égout *h; [esőcsatorna]* gouttière *n; [utcai]* caniveau *h; tv* chaîne *n*

csatornarendszer *fn* canalisations *n (t sz)*

csatornáz *ts i* raccorder au tout-à-l'égout

csattan *tn i* claquer; *[villám, lövés, hang]* éclater

csattanás *fn* claquement *h; [villámé, lövésé, hangé]* éclatement *h*

csattanó *fn [történeté]* chute *n*

csattog *tn i* cogner, claquer; *[fülemüle]* chanter

csáva *fn átv, biz* **benne van a ~ban** être dans le pétrin; **kihúz vkit a ~ból** tirer qqn du pétrin

csavar¹ *ts i* [teker] tordre; [elfordít] tourner; *vmi köré* (en)rouler autour *de qqch*; [menetbe] visser; [labdát] brosser

csavar² *fn* vis *n*; [ravasz fogás] *biz* truc *h*; **meghúz/kilazít egy ~t** serrer/desserrer une vis

csavaranya *fn* écrou *h*

csavargás *fn* flânerie *n*, vagabondage *h*

csavargó *mn/fn* vagabond(e)

csavarhúzó *fn* tournevis *h*

csavarkulcs *fn* clé *n* plate

csavarmenet *fn* filetage *h*

csavarod|ik *tn i vmire/vmi köré* s'enrouler *v.* s'entortiller autour *de qqch*

csavarog *tn i* [kószál] flâner, vagabonder; [járja a világot] *biz* bourlinguer; **hol ~tál már megint?** où as-tu encore traîné ?

csavaros *mn* à vis; *átv* **~ észjárás** esprit *h* tortueux

csavaroz *ts i* visser

csávó *fn biz* mec *h*, keum *h*

csecs *fn* → **csöcs**

csecsebecse *fn* bibelot *h*

csecsemő *fn* nourrisson *h*

csecsemőgondozó *fn* [intézmény] pouponnière *n*; [személy] puériculteur (-trice)

csecsemőhalandóság *fn* mortalité *n* néonatale

csecsemőotthon *fn* pouponnière *n*

cseh I. *mn* tchèque **II.** *fn* [személy] Tchèque *h n*; [nyelv] tchèque *h*

csehó *fn biz* boui-boui *h*

Csehország *fn* République *n* tchèque

Csehszlovákia *fn tört* Tchécoslovaquie *n*

csekély *mn* [kevés, kis] petit(e), minime, léger (-ère); [jelentéktelen] modique; [szerény] modeste; **~ egy millió forintba került** ça a coûté la bagatelle d'un million de forints

csekélység *fn* [apróság] bagatelle *n*, broutille *n*; [szerény ajándék] modeste présent *h*

csekk *fn* chèque *h*; **~el fizet** payer par chèque; **~et kiállít/bevált** faire/toucher un chèque

csekkfüzet *fn* chéquier *h*

csekkszámla *fn* compte chèque *h*

csel *fn* ruse *n*, artifice *h*; [sportban] feinte *n*; **~hez folyamodik** employer la ruse

cseléd *fn* domestique *h n*; [ma inkább] employé(e) de maison; [uradalmi] valet *h* de ferme

cselédszoba *fn* chambre *n* de bonne

cselekedet *fn* action *n*, acte *h*; **jó/rossz ~** bonne/mauvaise action; **bátor ~** acte de courage

cseleked|ik, cseleksz|ik I. *tn i* agir; **~j végre!** mais agis donc, à la fin ! **II.** *ts i* faire; **ostobaságot ~ik** faire une bétise

cselekmény *fn irtud* action *n*, intrigue *n*; *jog* acte *h*

cselekvés *fn* action *n*, acte *h*; **ütött a ~ órája** le moment est venu d'agir

cselekvő *mn nyelv is* actif (-ive); **~ részvétel** participation *n* active

cselekvőképes *mn* capable d'agir; *jog* capable

cseles *mn* futé(e); [tárgy is] ingénieux (-euse)

cselez *tn i sp* feinter, dribbler

cselgáncs *fn sp* judo *h*

cselgáncsozó *fn* judoka *h n*

cselleng *tn i* traînailler

csellista *fn* violoncelliste *h n*

cselló *fn* violoncelle *h*

cselszövés *fn* intrigue *n*, complot *h*

cselszövő *mn/fn* intrigant(e)

csembaló *fn* clavecin *h*

csemege *fn [nyalánkság]* gourmandise *n; [esemény] biz* régal *h*

csemegebor *fn* vin *h* de liqueur

csemegekukorica *fn* maïs *h* de table

csemegéz|ik *ts i/tn i* se régaler

csemete *fn [fa]* plant *h; [gyerek] biz* rejeton *h*

csempe *fn* carreau *h*

csempész¹ *ts i* **csempész|ik** passer en contrebande/fraude

csempész² *fn* contrebandier (-ière); *[fegyveré, kábítószeré]* trafiquant(e)

csempészáru *fn* marchandise *n* de contrebande, contrebande *n*

csempészés *fn* contrebande *n*

csempéz *ts i* carreler

csen *ts i biz* chaparder, piquer

csend *fn* **csönd** silence *h; [nyugalom]* calme *h*, tranquillité *n; ~ben marad [szótlanul]* se taire, *[nem zajong]* ne pas faire de bruit

csendélet *fn* nature *n* morte

csendes *mn* silencieux (-euse); *[nyugodt]* tranquille, calme, paisible; ~ *eső* pluie *n* fine

csendesed|ik *tn i* se calmer; s'apaiser

csendesít *ts i* calmer, apaiser

Csendes-óceán *fn* l'océan *h* Pacifique, le Pacifique

csendestárs *fn gazd* partenaire *h n* silencieux (-euse)

csendháborítás *fn* tapage *h* injurieux; *[éjjeli]* tapage *h* nocturne

csendőr *fn* gendarme *h n*

csendül *tn i* sonner, tinter

csenevész *mn* chétif (-ive), malingre; ~ *fa* arbre *h* rabougri

cseng *tn i* **csöng** résonner, tinter; *[telefon]* sonner; ~ *a fülem* les oreilles me tintent

csengés *fn* résonance *n*, tintement *h; [telefoné, csengőé]* sonnerie *n; [hangé]* sonorité *n*

csenget *tn i/ts i* sonner; ~*tek!* on a sonné

csengő I. *mn* ~ *hang* voix *n* sonore **II.** *fn* sonnette *n; [kis harang]* clochette *n*

csepeg *tn i* **csöpög** *[vmiből kicsepeg]* goutter; *[vmiről lecsepeg]* dégoutter

csepegtet *ts i* verser goutte à goutte; *[orr-, szemcseppet]* administrer *v.* mettre des gouttes

csépel *ts i [szemtermést]* battre; *[ver] biz* tabasser

csepereg *tn i [eső]* pleuvasser

cséplés *fn* battage *h*

cséplőgép *fn* batteuse *n*

csepp *fn* **csöpp** goutte *n*; *egy ~ bor* une goutte de vin; ~*enként* goutte à goutte; *[apránként]* au comptegouttes; *egy ~et* un tout petit peu; *egy ~et sem* pas du tout, pas le moins du monde

cseppen *tn i* goutter; *[vki társaságba, egy helyre stb.] biz* débarquer; *vmi ~ vmire* une goutte de qqch tombe sur qqch; *ismeretlen emberek közé ~* tomber au milieu de gens inconnus

cseppent *ts i* verser par gouttes; *[véletlenül]* faire tomber une goutte de qqch; *orv* instiller

cseppfolyós *mn* liquide, fluide

cseppkő *fn [csüngő]* stalactite *n; [álló]* stalagmite *n*

cseppkőbarlang *fn* grotte *n* de stalactites

cseppnyi *mn egy ~* une goutte de; ~ *esze sincs* il n'a pas un brin de jugeote

cserbenhagy *ts i vkit* abandonner qqn; *átv [emlékezet]* trahir

cserbenhagyás *fn* abandon *h; [balesetnél]* délit *h* de fuite

csere *fn* échange *h*; *gazd* troc *h*; *sp* remplacement *h*; **vmiért ~be ad vmit** donner qqch en échange de qqch

cserebere *fn* troc *h*

csereberél *ts i* faire du troc

cserebogár *fn* hanneton *h*

cserediák ‹étudiant(e) qui participe à une échange›

cserejátékos *fn sp* remplaçant(e)

cserekereskedelem *fn* troc *h*

cserél *ts i* échanger; **helyet ~** changer de place

cserélhető *mn [alkatrész]* interchangeable

cserélőd|ik *tn i* changer; *[levegő]* circuler

cserép *fn [anyag]* terre *n* cuite; *[törmelék]* tesson *h*; *[virágé]* pot *h* (de fleur); *[tetőn]* tuile *n*

cserépedény *fn* poterie *n*

cserepes *mn [tető]* couvert(e) de tuiles; *[bőr]* gercé(e); **~ virág** fleur *n* en pot

cserépkályha *fn* poêle *h* en faïence

cseréptető *fn* toit *h* de tuiles

cseresznye *fn* cerise *n*

cseresznyefa *fn* cerisier *h*

cseresznyepálinka *fn* eau-de-vie *n* de cerise

cseresznyepaprika *fn* ‹petit piment de forme ronde›

cserfa *fn* chêne *h* chevelu

cserje *fn* arbrisseau *h*

cserkész *fn* scout *h*, *[lány]* guide *n*

cserkészet *fn* scoutisme *h*

csésze *fn* tasse *n*; *[fületlen]* bol *h*

csészealj *fn* soucoupe *n*; **repülő ~** soucoupe volante

cseszeget *ts i durva vkit* faire chier qqn

csetepaté *fn [fegyveres]* escarmouche *n*; *[veszekedés]* chamaillerie *n*

csetl|ik-botl|ik *tn i* tituber

csettint *tn i* **csettent nyelvével ~** faire claquer sa langue; **ujjával ~** claquer des doigts

cséve *fn tex* bobine *n*

cseveg *tn i* bavarder, papoter

csevegés *fn* bavardage *h*; *biz* causette *n*

csevegő *fn [interneten]* chat *h*

csibe *fn* poussin *h*

csibész *fn [gyerek]* galopin *h*, fripon (-onne)

csicsás *mn* bariolé(e)

csicsereg *tn i* gazouiller

csicsergés *fn* gazouillis *h*

csiga *fn áll* escargot *h*; *[meztelen]* limace *n*; *[emelő]* poulie *n*

csigaház *fn* coquille *n* d'escargot

csigalépcső *fn* escalier *h* en colimaçon

csigalépés *fn* **~ben halad** avancer comme un escargot

csigolya *fn* vertèbre *n*

csík *fn [sáv]* raie *n*; *[ruhán]* rayure *n*; *[darab]* bande *n*; *[pászta]* traînée *n*; **elhúzza a ~ot** *biz* mettre les bouts

csikar *tn i* **~ a hasa** avoir des tiraillements d'estomac

csikk *fn biz* mégot *h*

csiklandós *mn* chatouilleux (-euse); *[történet]* croustillant(e)

csiklandoz *ts i* chatouiller

csikló *fn* clitoris *h*

csikó *fn* poulain *h*

csikorgat *ts i* **fogát ~ja** grincer des dents

csikorgó *mn* grinçant(e); **~ hideg** froid *h* mordant

csikorog *tn i* grincer, *[hó, kavics is]* crisser

csikós *fn* gardien *n* de chevaux

csíkos *mn* rayé(e), à rayures

csíkoz *ts i* rayer

csilingel *tn i* tinter

csillag *fn* étoile *n*, astre *h*; *nyomd* astérisque *h*; **~okat lát** *[fájdalomtól]* en voir trente-six chandelles; **~om!** mon trésor !

csillagász *fn* astronome *h n*

csillagászat *fn* astronomie *n*

csillagászati *mn* sidéral(e); *[összeg is]* astronomique

csillaghullás *fn* pluie *n* d'étoiles (filantes)

csillagkép *fn* constellation *n*

csillagközi *mn* interstellaire, intersidéral(e)

csillagos *mn [ég]* étoilé(e)

csillagszóró *fn* cierge *h* magique

csillagvizsgáló *fn* observatoire *h*

csillagzat *fn* constellation *n*; **jó/rossz ~ alatt született** être né(e) sous une bonne/mauvaise étoile

csilláml|ik *tn i* scintiller

csillan *tn i* scintiller, pétiller

csillapít *ts i* apaiser, calmer

csillapíthatatlan *mn* insatiable

csillapod|ik *tn i* s'apaiser, se calmer; *fiz* s'amortir; **~jál!** calme-toi !

csillár *fn* lustre *h*

csille *fn* berline *n*

csillog *tn i* briller, scintiller; **~ a szeme az örömtől** ses yeux brillent de joie

csillogás *fn* scintillement *h*; *[pompa is]* éclat *h*

csillogó *mn* brillant(e), scintillant(e)

csimpánz *fn* chimpanzé *h*

csimpaszkod|ik *tn i* vkibe/vmibe se cramponner v. s'agripper à *qqn/qqch*

csinál I. *ts i [tesz]* faire; *[készít]* faire, préparer, fabriquer; **mit ~ sz?** qu'est-ce que tu fais v. biz fabriques ?; **úgy ~, mintha** faire semblant de *inf*, feindre de *inf* **II.** *tn i* **nadrágjába ~** faire dans sa culotte

csináltat *ts i vmit* faire faire *qqch*; **~ magának vmit** se faire faire *qqch*

csínján *hsz* **~ bánik vkivel** traiter qqn avec ménagement; **~ bánik vmivel** manier qqch avec précaution

csinnadratta *fn* **nagy ´-val jelent be vmit** annoncer qqch à grand fracas

csinos *mn* joli(e), mignon (-onne); **~ (kis) összeg** somme coquette

csinosít *ts i* embellir; **~ja magát** se faire beau (belle)

csintalan *mn* espiègle, coquin(e)

csíny *fn* espièglerie *n*, diablerie *n*

csíp *ts i/tn i [vki]* pincer; *[étel]* piquer; *átv* **~em ezt a lányt** j'en pince pour cette fille; *átv* **~i a nyakon ~ vkit** mettre à qqn la main au collet

csipa *fn* chassie *n*

csipás *mn* chassieux (-euse)

csipeget *ts i [madár]* becqueter; *[ember]* grignoter, chipoter

csiperkegomba *fn* agaric *h*

csípés *fn [ujjal]* pincement *h*; *[helye]* pinçon *h*; *[rovaré, csalané]* piqûre *n*

csipesz *fn* pince *n*; **ruhaszárító ~** pince à linge

csipet *fn* pincée *n*; **egy ~ só** une pincée de sel

csipke *fn* dentelle *n*; *[díszítés]* guipure *n*

csipkebogyó *fn* baie *n* d'églantier

csipked *ts i [megcsíp]* pincer; *[eszeget]* picorer; *[bosszant]* taquiner; *átv* **~i magát** biz se magner

csipkelődés *fn* taquinerie *n*

csipkelőd|ik *tn i vkivel* taquiner qqn

Csipkerózsika *fn* la Belle-au-bois-dormant

csipkés *mn* orné(e) v. garni(e) de dentelle(s); *[fogazott szélű]* dentelé(e)

csipog *tn i [madár]* pépier; *[fecseg]* pépier

csipogó *fn* biper v. bipeur *h*

csípő *fn* hanche *n*; **~re tett kézzel** les mains v. les poings sur les hanches

csípőfogó *fn* pince *n* universelle

csípőnadrág *fn* pantalon *h* taille basse

csípős *mn* [*íz*] piquant(e); [*hideg*] mordante; [*sértő*] acerbe

csíra *fn* germe *h*; ~**jában elfojt vmit** étouffer qqch dans l'œuf

csírázlik *tn i* germer

csiripel *tn i* pépier

csiriz *fn* colle *n* d'amidon

csirke *fn* poulet *h*

csirkecomb *fn* cuisse *n* de poulet

csirkefogó *fn* canaille *n*; *biz* fripouille *n*

csirkehús *fn* (viande *n* de) poulet *h*

csirkemell *fn* blanc *h* de poulet

csiszol *ts i* polir; [*csiszolópapírral*] poncer; [*stílust*] polir, *vál* châtier

csiszolás *fn* polissage *h*, ponçage *h*

csiszolatlan *mn* brut(e); [*ember*] fruste

csiszolópapír *fn* papier *h* émeri *v.* de verre

csiszolt *mn* poli(e); [*stílus*] *vál* châtié(e)

csitít *ts i* [*csendre int*] faire taire; [*csillapít*] apaiser, calmer

csitri *fn biz* gamine *n*

csitt *msz* chut

csitul *tn i* s'apaiser, se calmer

csivitel *tn i* pépier

csizma *fn* botte(s) *n* (*t sz*)

csobban *tn i* [*tárgy*] faire floc *v.* plouf; [*víz*] clapoter

csobbanás *tn i* [*tárgyé*] plouf *h*; [*vízé*] clapotis *h*

csobog *tn i* gazouiller, clapoter

csoda *fn* miracle *h*; [*rendkívüli dolog*] merveille *n*; ~, **hogy** c'est un miracle que *subj*; **nem** ~, **hogy** ce n'est pas étonnant que *subj*

csodabogár *fn* phénomène *h*

csodagyerek *fn* enfant *h n* prodige

csodál *ts i* admirer; ~**om, hogy** [*furcsállom*] je m'étonne que *subj*

csodálat *fn* admiration *n*, émerveillement *h*; ~**ba ejt** émerveiller; ~**ra méltó** admirable

csodálatos *mn* [*csodával határos*] miraculeux (-euse); [*csodálatot keltő*] admirable, merveilleux (-euse); ~ **módon** miraculeusement, par miracle

csodálkozás *fn* étonnement *h*, stupeur *n*

csodálkozlik *tn i vmin* s'étonner *v.* être surpris(e) *v.* étonné(e) de qqch *v.* que *subj*

csodáló *fn* admirateur (-trice); *biz* fan *h n*

csodás *mn* → **csodálatos**

csodaszép *mn* magnifique, superbe

csodaszer *fn* remède *h* miracle

csodatevő *mn* miraculeux (-euse)

csók *fn* baiser *h*

csóka *fn* choucas *h*

csoki *fn* chocolat *h*

csókol *ts i* embrasser, donner un baiser; ~**om!** *kb.* bonjour !

csokoládé *fn* chocolat *h*; **egy tábla** ~ une tablette de chocolat

csókolódzlik *tn i* s'embrasser

csokor *fn* [*virág*] bouquet *h*; [*csomó*] rosette *n*

csokornyakkendő *fn* nœud *h* papillon

csomag *fn* paquet *h*; [*postai*] colis *h*; [*poggyász*] bagages *h* (*t sz*); **egy** ~ **cigaretta** paquet *h* de cigarettes

csomagfelvétel *fn* [*postai*] service *h* des colis (postaux); [*repülőtéri*] enregistrement *h* des bagages

csomagküldő *mn* ~ **szolgálat** service *h* de vente par correspondance

csomagmegőrző *fn* consigne *n*

csomagol I. *ts i* emballer; empaqueter **II.** *tn i* [*útra*] faire ses bagages

csomagolás *fn* [*árué*] emballage *h*; [*ipari*] conditionnement *h*; **tízdekás** ~**ban** en paquet de cent grammes;

kész vagy a ~sal? as-tu fini de faire tes bagages ?

csomagolópapír *fn* papier *h* d'emballage

csomagtartó *fn* porte-bagages *h*; *[autóban]* coffre *h*; *[autó tetején]* galerie *n*

csomagtér *fn [autóban]* coffre *h* (à bagages); *[buszban, repülőgépen]* soute *n* (à bagages)

csomagterv *fn pol* dispositif *h*

csomó *fn [bog, fában is]* nœud *h*; *[ételben]* grumeau *h*; *[zöldség]* botte *n*; *hajó* nœud *h*; *orv* nodosité *n*; **egy ~** *[sok]* un tas de, une foule de, une masse de; **~ba rak** mettre en tas; **~ra köt vmit** nouer qqch; **~t köt** faire un nœud

csomópont *fn közl* nœud *h*; **vasúti ~** nœud *h* ferroviaire

csomós *mn [fa]* noueux (-euse); *[étel]* grumeleux (-euse)

csomóz *ts i* nouer

csónak *fn* canot *h*, barque *n*

csónakáz|ik *tn i* faire de la barque *v.* du canot

csónakház *fn* garage *h* de canots

csonk *fn [végtagé, fáé]* moignon *h*

csonka *mn [testrész]* mutilé(e); *[nem teljes]* incomplet (-ète); *[befejezetlen]* inachevé(e); **~ család** famille *n* monoparentale

csonkít *ts i* mutiler, estropier

csont *fn* os *h*; **(csupa) ~ és bőr** n'avoir que la peau sur les os

csontátültetés *fn* greffe *n* osseuse

csontos *mn* osseux (-euse)

csontozat *fn* ossature *n*

csontritkulás *fn* ostéoporose *n*

csonttörés *fn* fracture *n* de l'os

csontváz *fn* squelette *h*

csontvelő *fn* moelle *n* osseuse

csoport *fn* groupe *h*

csoportkép *fn* photo *n* de groupe

csoportos *mn* **~ utazás** voyage *h* organisé; **~an jönnek** ils viennent par groupes

csoportosít *ts i* (re)grouper, classer

csoportosul *tn i* se (re)grouper, se rassembler

csoportosulás *fn* (re)groupement *h*, rassemblement *h*; *[utcai]* attroupement *h*

csoportterápia *fn* thérapie *n* de groupe

csoportvezető *fn [vállalati]* chef *h* de service

csorba I. *mn* ébréché(e) **II.** *fn* ébréchure *n*; **~t ejt vki becsületén** entacher l'honneur de qqn

csorbít *ts i [kést]* ébrécher; **~ja vki jogait** porter atteinte aux droits de qqn

csorda *fn átv is* troupeau *h*

csordogál *tn i* ruisseler

csordultig *hsz* à ras bord

csorgás *fn* dégoulinement *h*, ruissellement *h*

csorgat *ts i* faire couler

csóró *mn/fn biz* fauché(e)

csorog *tn i* couler; **~ a nyála** avoir l'eau à la bouche

csoszog *tn i* traîner les pieds

csótány *fn* cafard *h*

csóvál *ts i* farkát **~ja** agiter *v.* remuer la queue; **fejét ~ja** secouer la tête

cső[1] *fn* tuyau *h*, tube *h*; *[fegyveré]* canon *h*; *[kukoricáé]* épi *h*; **~be húz vkit** entuber qqn

cső[2] *msz biz* bye, tchao

csöbör *fn* **~ből vödörbe esik** *fraz* tomber de Charybde en Scylla

csöcs *fn biz* nichons *h (t sz)*

csőcselék *fn* racaille *n*

csőd *fn [kudarc is]* faillite *n*; **~be jut** faire faillite; *átv* **~öt mond** échouer; faire fiasco

csődeljárás *fn* procédure *n* de faillite

csődít *ts i* masser, attrouper

csődör *fn átv is* étalon *h*

csődül *tn i* s'attrouper, se masser

csődület *fn* attroupement *h*; *[zajos]* tumulte *n*, cohue *n*; *nagy ~ támadt* il y eut une grande agitation

csökken *tn i* diminuer, baisser; *[gyengül]* faiblir; *[láz]* tomber; **felére ~** tomber de moitié

csökkenés *fn* diminution *n*, baisse *n*

csökkenő *mn* décroissant(e), en v. à la baisse; *[tarifa]* dégressif (-ive); *~ tendencia* tendance *n* à la baisse

csökkent[1] *ts i [árat is]* diminuer, baisser; *[adót, béreket, kiadást, létszámot]* réduire; *[enyhít]* atténuer

csökkent[2] *mn* diminué(e), réduit(e); *~ munkaképesség* capacité *n* de travail diminuée

csökkentés *fn* diminution *n*, réduction *n*; *[fájdalomé]* atténuation *n*; *büntetés ~e* remise *n* de peine

csökönyös *mn* têtu(e), entêté(e), obstiné(e); *[állat]* rétif (-ive)

csökönyösség *fn* entêtement *h*, obstination *n*

csömör *fn átv is* écœurement *h*; *~e van vmitől* être écœuré(e) par qqch

csöpög *tn i* → **csepeg**

csöppség *fn* bout de chou *h*, toutpetit *h*

csőr *fn* bec *h*; **fogd be a ~öd!** *biz* ferme ton clapet !

csörgés *fn* cliquetis *h*; *[telefoné]* sonnerie *n*

csörget *ts i* faire cliqueter v. sonner

csörgő *mn [játék]* hochet *h*; *[bohócsapkán]* grelot *h*

csörgőkígyó *fn* serpent *h* à sonnette

csörlő *fn* treuil *h*

csörög *tn i* cliqueter; *[telefon, pénz]* sonner; *[táncol]* *biz* gambiller

csörömpöl *tn i* cliqueter; *~ vmivel* faire du bruit avec qqch; *~ve avec* fracas

csörtet *tn i* avancer avec fracas; *biz* bomber

csősz *fn* garde champêtre *h n*

csőtészta *fn* macaronis *h (t sz)*

csőtörés *fn* rupture *n* de canalisation

csöves I. *mn* tubulaire **II.** *fn biz* clodo *h*

csővezeték *fn* tuyauterie *n*; *[folyadéké]* conduite *n*

csúcs *fn [hegyes vég]* pointe *n*; *[hegyé, fáé]* sommet *h*, cime *n*; *átv* sommet *h*, faîte *h*; *sp* record *h*; *biz* c'est le top !; **~on van** *biz* être au top; **~ot felállít/megdönt** établir/battre un record

csúcsértekezlet *fn* conférence *n* au sommet

csúcsforgalom *fn* heure *n* de pointe

csúcsforma *fn sp ~ban* au mieux de sa forme

csúcsidő *fn* heure *n* de pointe; *sp* temps *h* record

csúcsíves *mn* ogival(e), en ogive

csúcsos *mn* pointu(e), en pointe

csúcspont *fn átv is* point *h* culminant, sommet *h*, faîte *h*; *pályájának ~ján* au sommet de sa carrière; **az izgalom ~jára hág** l'excitation est à son comble

csúcstalálkozó *fn* sommet *h*, rencontre *n* au sommet

csúcstartó *fn sp* détenteur (-trice) d'un record

csúcstechnológia *fn* technologie *n* de pointe

csúcsteljesítmény *fn [gépé]* rendement *h* maximal v. maximum; *[személyé]* performance *n* record; *sp* record *h*

csúf I. *mn* → **csúnya II.** *fn ~ot űz vkiből/vmiből* tourner qqch/qqn en ridicule, ridiculiser qqn

csúfnév *fn* sobriquet *h*

csúfol *ts i* vkit se moquer *v. biz* se ficher *de qqn*

csúfolódás *fn* moquerie *n*

csúfolódik *tn i* vkivel/vmin se moquer *de qqn/qqch*

csúfos *mn* honteux (-euse), pitoyable, lamentable

csúfság *fn [rútság]* laideur *n*; *[személy]* biz mocheté *n*; *[szégyen]* honte *n*

csuha *fn* bure *n*

csuk *ts i* fermer, *[vhova]* enfermer

csuka *fn áll* brochet *h*; *[cipő]* biz godasses *n (t sz)*

csukamájolaj *fn* huile *n* de foie de morue

csuklás *fn* hoquet *h*

csukl|ik[1] *tn i* avoir le hoquet, hoqueter

csukl|ik[2] *tn i* feje a mellére ~ott sa tête s'est affaissée sur sa poitrine

csukló *fn* poignet *h*; *műsz* charnière *n*

csuklós *mn műsz* articulé(e); ~ **autóbusz** autobus *h* articulé

csuklya *fn [leszedhető]* capuche *n*; *[szerzetesé is]* capuchon *h*

csukód|ik *tn i* (se) fermer; **az ajtó rosszul ~ik** la porte ferme mal

csúnya *mn* laid(e), vilain(e); *biz* moche; ~ **idő van** il fait un sale temps, *biz* il fait moche

csúnyán *hsz [nagyon]* terriblement; *biz* salement; ~ **beszél** parler grossièrement

csúnyaság *fn* laideur *n*

csúnyul *tn i* s'enlaidir

csupa *hsz* ~ **sár a nadrágod** ton pantalon est plein de boue; ~ **véletlenségből** par pur hasard; ~ **fül vagyok** je suis tout ouïe

csupán *hsz* seulement; ~ **azt mondtam, hogy** j'ai seulement dit que

csupasz *mn* nu(e); *[szőrtelen]* glabre; **a ~ földön** à même le sol

csurog → **csorog**

csuromvizes *mn* tout(e) mouillé(e); *[izzadságtól]* en nage

csúszás *fn* glissement *h*; *[játékból]* glissade *n*; *[autóval]* dérapage *h*

csúszda *fn* toboggan *h*

csúsz|ik *tn i* glisser; *[földön]* ramper; *[autó úton]* déraper; *[tolódik]* avoir du retard; **számításaimba hiba ~ott** une erreur s'est glissée dans mes calculs

csúszkál *tn i [szórakozásból]* faire des glissades; *[akaratlanul]* glisser

csúszómászó *fn* reptile *h*; *átv, pej* lécheur (-euse)

csúszópénz *fn* pot-de-vin *h*

csúszós *mn* glissant(e)

csúsztat *ts i* faire glisser; **vmit ~ vkinek a kezébe** glisser qqch dans la main de qqn

csutka *fn* trognon *h*

csúzli *fn* lance-pierre *h*

csücsök *fn [tárgy sarka]* coin *h*; *[kenyéré]* croûton *h*; *[kis rész]* bout *h*

csücsörít *ts i/tn i* arrondir les lèvres; *[kényeskedve]* faire la moue

csügged *tn i* se décourager, perdre courage; **ne ~j!** ne te laisse pas abattre !

csüggedt *mn* découragé(e), abattu(e)

csülök *fn konyh [disznóé]* jambonneau *h*

csüng *tn i* vmin pendre sur qqch; *átv* ~ **vkinek az ajkán** être suspendu(e) aux lèvres de qqn

csűr *fn* grange *n*

csűrhe *fn átv* horde *n*

csütörtök *fn* jeudi *h*; *átv* ~**öt mond** *[fegyver]* rater; *[terv] biz* foirer; → **hétfő**

D

d _fn zene_ ré _h_

dac _fn_ obstination _n;_ **~ból** par bravade

dacára _nu vminek_ malgré _qqch,_ en dépit _de qqch;_ ~ **annak, hogy** malgré le fait que _subj_

dacol _tn i vkivel/vmivel_ défier _qqn/qqch,_ braver _qqch;_ ~ **a veszéllyel** braver le danger

dacos _mn_ buté(e), têtu(e), entêté(e); ~ **gyerek** enfant _h n_ buté(e)

dada _fn [gyermeknyelven]_ nounou _n_

dadaizmus _fn_ dadaïsme _h_

dadog _tn i/ts i_ bégayer; _[zavartan, zavarosan beszél] biz_ bafouiller

dagad _tn i [folyó, testrész]_ (s')enfler; _[tészta]_ lever; _[vitorla]_ se gonfler; _[izom]_ saillir; ~**ni kezd az arca** ses joues commencent à enfler

dagadó I. _mn_ ~ **izom** muscle _h_ saillant **II.** _fn_ poitrine _n_ de porc

dagadt I. _mn [kövér]_ gras (grasse); _[duzzadt]_ enflé(e) **II.** _fn biz_ gros lard _h,_ (grosse) dondon _n_

dagály _fn_ marée _n_ haute _v._ montante, flux _h_

dagályos _mn_ emphatique, ampoulé(e), ronflant(e)

daganat _fn [külső]_ enflure _n; [belső]_ tumeur _n; [jóindulatú/rosszindulatú]_ ~ tumeur bénigne/maligne

dagaszt _ts i_ gonfler; _[tésztát]_ pétrir; **öröm ~ja a szívét** son cœur est gonflé de joie

dagi _biz_ **I.** _mn_ grassouillet (-ette) **II.** _fn_ gros patapouf _h_

dajka _fn_ nourrice _n_

dajkál _ts i [babusgat]_ dorloter, pouponner, câliner; _[ringat]_ bercer

dakszli _fn_ teckel _h_

dal _fn_ chant _h,_ chanson _n; irtud, vál_ cantilène _n;_ **~ra fakad** entonner une chanson

dalest _fn_ récital _h_ (de chant)

dália _fn_ dahlia _h_

daliás _mn [délceg]_ de belle taille, bien bâti(e)

dallam _fn_ mélodie _n,_ air _h_

dallamos _mn_ mélodieux (-euse)

dalol _tn i_ chanter

dalos _mn_ ~ **madár** oiseau _h_ chanteur

dalszöveg _fn_ paroles _n (t sz)_ d'une chanson

dáma _fn_ dame _n; [dámajáték]_ jeu _h_ de dames; _[kártyában]_ **kőr** ~ dame _n_ de cœur

dán I. _mn [danois(e)_ **II.** _fn [személy]_ Danois(e); _[nyelv]_ danois _h_

dandár _fn kat_ brigade _n_

Dánia _fn_ Danemark _h_

Dániel _fn_ Daniel _h_

dara _fn konyh_ semoule _n; met_ grésil _h_

darab _fn [rész]_ morceau _h; [kicsi]_ bout _h; [kész termék, készlet alkotóeleme]_ pièce _n; szính_ pièce _n;_ **egy ~ vmi** un bout _v._ un morceau de qqch; **egy ~ban** en un seul morceau, d'un seul tenant; **~okra tör** (se) casser en plusieurs morceaux; **10 euró ~ja** c'est 10 euro la pièce; **egy ~ig** _[időben]_ pendant un moment _v._ quelque temps; **ez még eltart egy ~ig** ça va encore prendre un moment; **elkísér vkit egy ~on** faire un bout de chemin avec qqn

darabáru _fn_ marchandise _n_ vendue à la pièce

darabka _fn_ petit morceau _h v._ bout _h_

darabol *ts i [vág]* découper, couper en (plusieurs) morceaux

darabos *mn [darabokból álló]* en morceaux; *[modor, személy]* fruste; *[stílus]* heurté(e)

darál *ts i* moudre; *[húst]* hacher; *[szöveget]* biz, pej dégoiser

daráló *fn [háztartási]* moulin h, hachoir h

darázs *fn* guêpe n

darázscsípés *fn* piqûre n de guêpe

darázsfészek *fn* guêpier h, nid h de guêpes

dárda *fn* lance n, javelot h

dáridó *fn* biz bombe n, bringue n

darts *fn* (jeu n de) fléchettes n (t sz)

daru¹ *fn* áll grue n

daru² *fn [gép]* grue n

datál *ts i [keltez]* dater

datálódik *tn i* dater de, remonter à

datolya *fn* datte n

datolyafa *fn* dattier h

dátum *fn* date n; ~**mal ellát** dater; **kitűz egy ~ot** fixer une date

dauer *fn* permanente n

dauerol *ts i* faire une permanente

Dávid *tul* David h

de¹ *ksz* mais; ~ **bizony**, ~ **igen** mais si; **Nem érted? – De értem.** Tu ne comprends pas ? – Si, je comprends.; ~ **még mennyire!** et comment !, tu parles !; ~ **mégis azt gondolom, hogy** je crois néanmoins v. malgré tout que; **semmi ~!** il n'y a pas de mais !

de² *hsz* comme, que; ~ **szép!** comme v. que c'est beau !; ~ **jó itt!** (qu'est-)ce qu'on est bien ici !; ~ **szerencsés vagy!** quelle chance tu as !

de. *fn röv* a. m.

debütál *tn i* débuter, faire ses débuts

december *fn* décembre h; → **január**

decens *mn* décent(e)

decentralizál *ts i* décentraliser

decentralizálás *fn* décentralisation n

deci *fn* **deciliter** décilitre h

decibel *fn* décibel h

dédanya *fn* arrière-grand-mère n; ~**ink korában** du temps de nos grands-mères

dédapa *fn* arrière-grand-père h

dédelget *ts i* dorloter, choyer; *[gondolatot, tervet]* caresser

dedikáció *fn* dédicace h

dedikál *ts i [aláír]* dédicacer; *[ajánl]* dédier

dédszülő *fn* ~**k** arrière-grands-parents h (t sz)

dédunoka *fn* ~**k** arrière-petits-enfants h (tsz)

defekt *fn [autóé]* panne n; *[gumié]* crevaison n; ~**et kap** *[autó]* tomber en panne, *[gumi]* crever

deficit *fn* déficit h; ~**ben van** être en déficit

deficites *mn* déficitaire

definiál *ts i* définir

definíció *fn* définition n

deformál *ts i* déformer

deformálódik *tn i* se déformer

degradál *ts i* dégrader

dehogy *hsz* mais non

dehogyis *hsz* mais pas du tout; ~ **mondta ezt!** mais non !, il n'a pas dit ça

dehogynem *hsz* mais si, bien sûr que si

deka *fn* dix grammes h (t sz); **tíz ~ sonka** cent grammes de jambon

dekadens *mn/fn* décadent(e)

dekagramm *fn* dix grammes h (t sz); *ritk* décagramme n

dékán *fn* doyen h

dekkol *tn i [várakozik]* biz poireauter

deklaráció *fn* déclaration n

deklarál *ts i* déclarer

dekóder *fn* décodeur h

dekódol *ts i* décoder

dekoltázs *fn* décolletage *h*

dekoráció *fn* décoration *n*

dekorál *ts i* décorer

dekoratív *mn* décoratif (-ive)

dél¹ *fn [napszak]* midi *h*; ~ **van** il est midi; **elmúlt** ~ il est midi passé; **~ben** à midi; **mi lesz ~re?** *[enni]* qu'est-ce qu'il y aura à déjeuner ?

dél² *fn [égtáj]* Sud *h*; *[irány]* sud *h*; **~en** dans le Sud, au sud; **vmitől ~re** au sud de qqch; **~re néz** être orienté(e) au sud

Dél-Amerika *fn* Amérique *n* du Sud

dél-amerikai I. *mn* sud-américain(e) **II.** *fn [személy]* Sud-Américain(e)

delegáció *fn* délégation *n*

delegál *ts i* déléguer

delegátus *fn* délégué(e)

délelőtt I. *hsz* le matin; **ma** ~ ce matin; **egész** ~ toute la matinée; **kora/késő** ~ en début/fin de matinée; ~ **11-kor** à 11 heures du matin **II.** *fn* matin *h*, matinée *n*; **az egész ~öm szabad** j'ai toute la matinée de libre

délelőtti *mn* du matin, de la matinée; **a** ~ **órákban** dans la matinée

delfin *fn* dauphin *h*

déli *mn [napszak]* de midi; *[délre fekvő]* du sud, méridional(e); **a** ~ **vonat** le train de midi; **a** ~ **órákban** vers midi; ~ **országok** pays *h (t sz)* méridionaux

délibáb *fn átv is* mirage *h*; **~ot kerget** *fraz* faire des châteaux en Espagne

délidő *fn* **~ben** à midi

déligyümölcs *fn* fruits *h (t sz)* exotiques

delikvens *fn iron* quidam *h*

Déli-sark *fn* pôle *h* Sud

délkelet *fn* sud-est *h*

délkeleti *mn* du sud-est; ~ **szél** vent *h* (de *v.* du) sud-est

délnyugat *fn* sud-ouest *h*

délnyugati *mn* du sud-ouest; ~ **szél** vent *h* (de *v.* du) sud-ouest

délszláv I. *mn* slave du sud **II.** *fn [személy]* Slave *h n* du sud

delta *fn* delta *h*

délután I. *hsz* après-midi; *biz* aprèm; **ma** ~ cet après-midi; **egész** ~ tout l'après-midi; **kora/késő** ~ en début/ en fin d'après-midi; ~ **4-kor** à 4 heures de l'après-midi **II.** *fn* après-midi *h v. n*; *biz* aprèm *h v. n*

délutáni *mn* de l'après-midi; **a** ~ **órákban** dans l'après-midi

demagógia *fn* démagogie *n*

demizson *fn* bonbonne *n*, dame-jeanne *n*

demográfia *fn* démographie *n*

demokrácia *fn* démocratie *n*

demokrata *mn/fn* démocrate *h n*

demokratikus *mn* démocratique

démon *fn* démon *h*; *[nő]* vamp *n*

démoni *mn* démoniaque

demonstráció *fn* démonstration *n*; *[tüntetés]* manifestation *n*

demonstrál I. *ts i* démontrer **II.** *tn i* *[tüntet]* manifester

Dénes *fn* Denis *h*

denevér *fn* chauve-souris *n*

depó *fn* dépôt *h*

deportál *ts i* déporter

deportálás *fn* déportation *n*

depresszió *fn* dépression *n*

depressziós *mn* dépressif (-ive)

dér *fn* givre *h*, gelée *n* blanche

derbi *fn* derby *h*

derék¹ *fn* taille *n*; **karcsú a dereka** avoir la taille fine; **fáj a dereka** avoir mal aux reins; **~ig meztelen** torse nu; *átv* **~ba törik** se briser

derék² *mn [becsületes]* brave; ~ **fickó** brave type *h*; ~ **dolog!** voilà qui est bien !

derékbőség *fn* tour *h* de taille

derékszög *fn* angle *h* droit; **~ben** en équerre

derékszögű *mn* rectangulaire; ~ **háromszög** triangle *h* rectangle; ~ **vonalzó** équerre *n*

dereng *tn i* [*ég*] (commencer à) poindre; [*fény*] luire (faiblement)

deres *mn* givré(e); [*őszes*] grisonnant(e); ~ **ló** cheval *h* gris pommelé

derít *ts i* fényt ~ **vmire** faire la lumière sur qqch; **jó kedvre** ~ **vkit** mettre qqn de bonne humeur

dermed *tn i* [*megmerevedik*] se figer; **kővé/sóbálvánnyá** ~ rester pétrifié(e) *v.* médusé(e)

dermesztő *mn* [*hideg*] glacial(e); [*borzasztó*] qui glace le sang

derű *fn* [*harmónia*] sérénité *n*; [*jókedv*] enjouement *h*

derül *tn i* [*idő, ég*] s'éclaircir; [*mulat*] **vmin** s'amuser *de* qqch; *átv* **fény** ~ **vmire** la lumière se fait sur qqch

derülátás *fn* optimisme *h*

derülátó *fn/mn* optimiste *h n*

derült *mn* [*tiszta idő*] clair(e), **vál** serein(e); [*derűs*] jovial(e); ~ **égből villámcsapás** un coup de tonnerre dans un ciel serein

derültség *fn* hilarité *n*, bonne humeur *n*; **általános ~et kelt** déchaîner l'hilarité générale

derűs *mn* [*idő*] clair(e), **vál** serein(e); [*kedélyes*] jovial(e), gai(e); ~ **színben lát vmit** voir qqch sous un jour favorable

destruktív *mn* destructif (-ive)

deszka *fn* planche *n*; [*nőről*] *biz* planche *n* à pain

desszert *fn* dessert *h*

desztillál *ts i* distiller

detektív *fn* détective *h n*

detektívregény *fn* roman *h* policier; *biz* polar *h*

determinál *ts i* déterminer

detonáció *fn* détonation *n*

deviáns *fn/mn* déviant(e)

deviza *fn* devise *n*

devizaárfolyam *fn* cours *h* de la devise

devizatartalék *fn* avoirs *h* (*t sz*) en devises

dezertál *tn i* déserter

dezodor *fn* déodorant *h*

dézsa *fn* baquet *h*

dia *fn* diapositive *n*; *biz* diapo *n*

diabetikus *mn/fn* diabétique *h n*

diadal *fn* triomphe *h*; ~**t arat** triompher, remporter un triomphe

diadalittas *mn* ivre de triomphe

diadalív *fn* arc *h* de triomphe

diadalmas *mn* triomphant(e)

diadalmaskodik *tn i* vkin/vmin triompher *de* qqn/qqch

diadalmenet *fn* marche *n* triomphale

diafilm *fn* film *h* fixe

diagnózis *fn* diagnostic *h*

diák *fn* élève *h n*; [*iskolás*] écolier (-ière); [*középiskolás*] lycéen (-enne); [*felsőoktatásban*] étudiant(e)

diákcsere *fn* échange *h* scolaire *v.* [*egyetemen*] universitaire

diákélet *fn* vie *n* étudiante *v.* estudiantine

diákigazolvány *fn* carte *n* d'étudiant

diáknyelv *fn* argot *h* scolaire

diákotthon *fn* foyer *h* d'étudiants, résidence *n* universitaire

diákság *fn* les étudiants *h* (*t sz*)

diákszálló *fn* résidence *n* universitaire

diákszövetség *fn* association *n* d'étudiants

dialektika *fn* dialectique *n*

dialektus *fn* dialecte *h*

dialógus *fn* dialogue *h*

diapozitív *fn* diapositive *n*

diaszpóra *fn* diaspora *n*

diavetítő *fn* diascope *h*

dicseked|ik *tn i* **dicseksz|ik** *vmivel* se vanter *de qqch v. de (inf)*

dicsekvés *fn* vantardise *n*; ~ **nélkül mondhatom, hogy** sans me vanter, je peux dire que

dicsér *ts i* louer, vanter, faire l'éloge de

dicséret *fn* éloge *h*, louange(s) *n (t sz)*

dicséretes *mn* louable

dicsérő *mn* élogieux (-euse)

dicsfény *fn* auréole *n*

dicshimnusz *fn* panégyrique *h*; ~t zeng vkiről chanter les louanges de qqn

dicső *mn* glorieux (-euse)

dicsőít *ts i* glorifier; *vál* exalter

dicsőség *fn* gloire *n*; ~ére válik vkinek faire honneur à qqn

dicsőséges *mn* glorieux (-euse)

dicstelen *mn* sans gloire, honteux (-euse)

didereg *tn i* frissonner, grelotter

diéta¹ *fn* régime *h*, *orv* diète *n*; ~ra fog mettre au régime

diéta² *fn* tört diète *n*

diétás *mn* ~ étel aliment *h* diététique; ~ beteg malade *h n* à la diète

diétáz|ik *tn i* faire *v.* suivre un régime, être au régime

differencia *fn* différence *n*

differenciál *ts i/tn i mat is* différencier

differenciálódás *fn* différenciation *n*

diftéria *fn* diphtérie *n*

digitális *mn* numérique, digital(e)

díj *fn [költség]* frais *h (t sz)*; *[jutalom]* prix *h*; belépő~ entrée *n*; előfizetési ~ abonnement *h*; ~at tűz vki fejére mettre à prix la tête de qqn

díjas *mn/fn* lauréat(e); Nobel-~ lauréat(e) du prix Nobel

díjaz *ts i [megfizet]* rétribuer; *[versenyben]* primer; *[méltányol]* apprécier

díjazás *fn* rétribution *n*; *[méltányolás]* appréciation *n*

díjkiosztás *fn* remise *n* des prix

díjköteles *mn* payant(e); ~ autópálya autoroute *n* à péage

díjmentes *mn* gratuit(e)

díjnyertes I. *mn [személy]* lauréat(e); *[állat, dolog]* primé(e) **II.** *fn* lauréat(e)

díjszabás *fn* tarif *h*, tarification *n*

díjtalan *mn* gratuit(e)

diktál *ts i [szöveget, feltételt]* dicter; vkibe ~ vmit faire ingurgiter qqch à qqn

diktálás *fn* dictée *n*

diktátor *fn* dictateur (-trice)

diktatórikus *mn* dictatorial(e)

diktatúra *fn* dictature *n*

dilemma *fn* dilemme *h*; ~ban van être devant un dilemme

diler *fn ang* dealer *v.* dealeur *h*

dilettáns *mn/fn* dilettante *h n*; ~ festő peintre *h* du dimanche

dilettantizmus *fn* dilettantisme *h*

diliház *fn* maison *n* de fous

dilis *mn biz* piqué(e), timbré(e), toqué(e)

dimenzió *fn* dimension *n*

dinamika *fn* dynamique *n*

dinamikus *mn* dynamique

dinamit *fn* dynamite *n*

dinamizmus *fn* dynamisme *n*

dinamó *fn* dynamo *n*

dinasztia *fn* dynastie *n*

dinoszaurusz *fn* dinosaure *h*

dinnye *fn [sárga]* melon *h*; *[görög]* pastèque *n*

dió *fn* noix *n*; ez kemény ~ *biz* c'est coton

dióbél *fn* cerneau *h*

diófa *fn* noyer *h*; ~ bútor meuble *h* de noyer

dióhéj *fn* coque *n* de noix; ~ban en raccourci

dioptria *fn* dioptrie *n*

diós *mn* aux noix

diótörő *fn* casse-noix *h*

diploma *fn* diplôme *h*; *[szakirányú]* brevet *h*; **~t szerez** obtenir un diplôme

diplomácia *fn átv is* diplomatie *n*

diplomáciai *mn* diplomatique; **~ kapcsolatok** relations *n (t sz)* diplomatiques

diplomamunka *fn* ‹mémoire de fin d'études universitaires›; *[Fr.-ban]* mémoire *h* de maîtrise

diplomás *mn/fn* diplômé(e)

diplomata *mn/fn* diplomate *h n*; **~ körökben** dans les milieux *h (t sz)* diplomatiques

diplomatatáska *fn* attaché-case *h*

diplomatikus *mn* diplomatique

diplomáz|ik *tn i* passer son diplôme

direkt I. *mn* direct(e) **II.** *hsz [szándékosan]* exprès; **ezt ~ csináltad** tu l'as fait exprès

direktíva *fn* directive(s) *n (t sz)*

dirigál *ts i/tn i [irányít, vezényel]* diriger; *[parancsolgat]* commander

disc-jockey *fn* disque-jockey *h*

diskurzus *fn biz* bavardage *h*; *tud* discours *h*

disz *fn* ré *h* dièse

dísz *fn [díszítmény]* ornement *h*; *[tárgy]* décoration *n*; *[ruhán]* parure *n*; *[pompa]* faste *h*; *átv* **a család ~e** l'orgueil *h* de la famille

disziciplína *fn* discipline *n*

díszdoktor *fn* docteur *h* honoris causa

díszebéd *fn* banquet *h*

díszeleg *tn i [tárgy]* orner, agrémenter; *pej* parader

díszelőadás *fn* représentation *n* de gala

díszes *mn [díszített]* orné(e), paré(e); *[ünnepélyes]* solennel (-elle); *[rangos]* illustre

diszharmónia *fn tud* disharmonie *n*

díszhely *fn* place *n* d'honneur

díszít *ts i vmivel* décorer v. orner v. garnir *de qqch*; **festmények ~ik a nappalit** des tableaux ornent le salon

díszítés *fn* décoration *n*, ornement *h*

díszítmény *fn* ornement *h*, ornementation *n*

diszk *fn inform* disque *h*

díszkivilágítás *fn* illuminations *n (t sz)*

diszkó *fn* boîte *n* (de nuit), discothèque *n*

diszkont *fn [áruház]* discount *h*, *hiv* minimarge *h*; *gazd* escompte *h*; **~ légitársaság** compagnie *n* aérienne à bas tarifs

diszkosz *fn sp* disque *h*

diszkoszvetés *fn sp* lancer *h* du disque

diszkréció *fn* discrétion *n*

diszkrét *mn* discret (-ète)

diszkrimináció *fn* discrimination *n*

diszkvalifikál *ts i* disqualifier

díszlépés *fn* pas *h* de parade

díszlet *fn* décor *h*

díszlettervező *fn* décorateur (-trice)

díszlövés *fn* salve *n*

díszmenet *fn* cortège *h*; *kat* parade *n*

disznó I. *mn* cochon (-onne); **~ vicc** blague *n* cochonne **II.** *fn [emberről is]* cochon *h*, porc *h*; **piszok ~** *biz* salaud *h*

disznóhús *fn* (viande *n* de) porc *h*

disznókodik *tn i* dire v. faire des cochonneries

disznóól *fn átv is* porcherie *n*

disznóság *fn [trágárság] biz* cochonnerie *n*; **ez mégis ~** *[felháborító]* c'est quand même scandaleux v. *biz* dégueulasse

disznósajt *fn* fromage *h* de tête

dísznövény *fn* plante *n* ornementale

díszőrség *fn* garde *n* d'honneur

díszpáholy *fn* loge *n* d'honneur

díszpolgár *fn* citoyen (-enne) d'honneur

díszruha *fn* tenue *n* de cérémonie

díszszemle *fn* revue *n*

disszertáció *fn* thèse *n*; **doktori ~** thèse *n* de doctorat

disszidál *tn i* tört ‹émigrer clandestinement›

disszidens *fn* tört dissident(e)

disszonancia *fn* dissonance *n*

disszonáns *mn* dissonant(e)

dísztárgy *fn* objet *h* décoratif

díszterem *fn* salle *n* d'honneur *v.* des fêtes

díszvendég *fn* invité(e) d'honneur

dívány *fn* divan *h*

divat *fn* mode *n*; **a legújabb ~** la dernière mode; **~ba jön** devenir à la mode; **~ban van** être à la mode; **kimegy a ~ból** se démoder, passer de mode

divatbemutató *fn* défilé *h* de mode

divatcikk *fn* accessoire *h* (de mode)

divathullám *fn* vogue *n*

divatjamúlt *mn* démodé(e)

divatlap *fn* journal *h v.* magazine *h* de mode

divatos *mn* à la mode; biz branché(e); **~ szerző** auteur *h* en vogue; **nem ~** démodé(e)

divatosan *hsz* **~ öltözködik** s'habiller à la mode

divatoz|ik *tn i* suivre la mode

divatszalon *fn* maison *n* de couture

divattervező *fn* couturier *h*, styliste *h n*

dív|ik *tn i* [divatban van] être à la mode; [szokásban van] être d'usage

divízió *fn* kat is division *n*

dizájn *fn* design *h*

dízelmotor *fn* (moteur *h*) diesel *h*

dízelolaj *fn* gazole *h*

dob¹ *ts i* jeter, lancer; biz balancer; [piacra bocsát] lancer; [elhagy] vkit

biz plaquer *v.* larguer qqn; **földre ~** jeter à terre; **tűzbe ~** jeter au feu; **~d ide a labdát!** envoie la balle

dob² *fn* tambour *h*; [dobfelszerelés] batterie *n*; [mosógépé] tambour *h*; **veri a ~ot** battre le tambour; **~ra ver** [elárverez] vendre aux enchères, [szétkürtöl] crier sur les toits

dobál *ts i* [dob] jeter, lancer; [ide-oda hány-vet] ballotter; [könnyelműen költ] biz claquer

dobás *fn* lancer *h*; **piacra ~** lancement *h*

dobban *tn i* → dobog

dobbant *tn i* [lábbal] frapper *v.* taper du pied; [megszökik] biz se faire la belle; *sp* faire un appel

dobhártya *fn* tympan *h*

dobó *fn* *sp* lanceur (-euse); **ő a ~** à lui de lancer; [kockával] à lui les dés

dobog *tn i* [lábbal] piétiner, trépigner; [szív] battre, palpiter; [padló] trembler; **torkában ~ a szíve** son cœur bat la chamade

dobogó *fn* estrade *n*; *sp* podium *h*

dobókocka *fn* dé *h*

dobol *tn i* jouer du tambour; [dobfelszerelésen] jouer *v.* faire de la batterie; [ujjaival] tambouriner; [lábával] battre des pieds

dobos *fn* [dzsessz, rock] batteur *h*; [ütős] percussionniste *h n*; [katonai] tambour *h*

doboz *fn* boîte *n*; [papír] carton *h*; **sörös ~** cannette *n* de bière; **egy ~ gyufa** un paquet d'allumettes; *rep* **fekete ~** boîte noire

dobozos *mn* en boîte; **~ tej** lait *h* en boîte; **~ sör** canette *n* de bière

dobpergés *fn* roulement *h* (de tambour *v.* de batterie)

dobverő *fn* baguettes *n* (t sz) (de tambour *v.* de batterie)

docens *fn kb.* maître *h* de conférences

dog *fn* dogue *h*

dogma *fn* dogme *h*

dogmatikus *mn* dogmatique

dohány *fn* tabac *h;* [pénz] biz fric *h,* pognon *h*

dohánybolt *fn* (bureau *h* de) tabac *h*

dohányfüst *fn* fumée *n* de tabac

dohánygyár *fn* usine *n* de tabac

dohányos *fn* fumeur (-euse); **nagy ~** gros v. grand fumeur

dohányzás *fn* tilos a ~ défense de fumer; **leszokott a ~ról** il a arrêté de fumer

dohányz|ik *tn i* fumer

dohányzó *fn [dohányos]* fumeur (-euse); [helyiség] fumoir *h*

dohányzóasztal *fn* table *n* basse

dohányzószakasz *fn* compartiment *h* fumeurs

dohog *tn i [gép]* ronfler, ronronner; [személy] bougonner, ronchonner

dohos *mn* qui sent le moisi v. le renfermé

doki *fn* biz toubib *h*

dokk *fn* dock *h*

doktor *fn [orvos, doktorált személy]* docteur *h;* **~t hív** appeler v. faire venir un docteur; **jogi ~** docteur en droit; **a bölcsészettudományok ~a** docteur ès lettres

doktorál *tn i* passer son doctorat

doktorandusz *fn* doctorant(e); biz thésard(e)

doktorátus *fn* doctorat *h*

doktori *mn* ~ disszertáció thèse *n* de doctorat

doktrína *fn* doctrine *n*

dokumentáció *fn* documentation *n*

dokumentál *ts i* documenter

dokumentum *fn* document *h*

dokumentumfilm *fn* documentaire *h*

dolgos *mn* travailleur (-euse); biz bosseur (-euse)

dolgozat *fn* copie *n,* interrogation *n* écrite; *[tudományos]* mémoire *h;* **beszedi a ~okat** ramasser les copies; **zárthelyi ~** épreuve *n* écrite

dolgoz|ik *tn i* travailler; biz bosser; *vkinek* travailler pour qqn; *vmin* travailler à qqch; *[üzem, gép]* marcher; **mit ~ik?** qu'est-ce qu'il fait comme travail ?; **az idő nekünk ~ik** le temps travaille pour nous

dolgozó **I.** *mn* travailleur (-euse), actif (-ive) **II.** *fn* travailleur (-euse); *[alkalmazott]* employé(e)

dolgozószoba *fn* bureau *h*

dolgoztat *ts i* faire travailler; *[alkalmaz]* employer

dollár *fn* dollar *h*

dolog *fn [feladat]* tâche *n;* *[ügy]* affaire *n;* *[tárgy, valami]* chose *n;* **micsoda ~ ez?** biz c'est quoi, ces manières d'agir ?; **sok a dolgom** j'ai beaucoup (de choses) à faire; **ez az én dolgom** c'est mon affaire; **kizárt ~!** c'est hors de question !; **ízlés dolga** c'est une question v. une affaire de goût; **jó dolga van** il n'a pas à se plaindre

dologi *mn* jog réel (-elle)

dolomit *fn* dolomite *n*

dóm *fn* cathédrale *n*

domb *fn* colline *n;* *[kupac]* butte *n*

domboldal *fn* coteau *h*

dombormű *fn* relief *h*

domborod|ik *tn i* s'arrondir, bomber; *[kiemelkedve]* faire saillie

domború *mn* arrondi(e), convexe, bombé(e)

domborulat *fn* convexité *n,* bombement *h;* *[kiemelkedés]* relief *h*

domborzat *fn* relief *h*

dombos *mn [vidék]* vallonné(e)

dombtető *fn* sommet *h* de la colline
dombvidék *fn* région *n* vallonnée
dominál *tn i* dominer
domináns *mn* dominant(e)
dominó *fn [lapocska]* domino *h*; *[játék]* dominos *h (t sz)*
dominóz|ik *tn i* jouer aux dominos
Domonkos *fn* Dominique *h*
dongó *fn* bourdon *h*
donor *fn orv* donneur (-euse)
dopping *fn* dopage *h*
doppingol *ts i/tn i átv is* doper
doppingszer *fn* dopant *h*
doppingvizsgálat *fn* contrôle *h* antidopage
Dóra *fn* Dorothée *n*
dorbézol *tn i biz* faire la bringue
dorgál *ts i* réprimander, gronder
dorgálás *fn* réprimande *n*
dorombol *tn i* ronronner
dorong *fn* gourdin *h*
dosszié *fn* dossier *h*, chemise *n*; *[gyűrűs]* classeur *h*
dotáció *fn* dotation *n*
dotál *ts i* doter
dózis *fn* dose *n*
döbbenet *fn* stupeur *n*, consternation *n*
döbbenetes *mn* stupéfiant(e), consternant(e)
döcög *tn i* avancer cahin-caha, cahoter
döf *ts i* kést ~ vkibe enfoncer *v.* plonger un couteau dans qqn; **oldalba ~ vkit** envoyer un coup dans les côtes de qqn; **a hír szíven ~te** la nouvelle lui déchira le cœur
dög *fn [állati hulla]* charogne *n*; *[élő állat]* sale bête *n*; *[nagyon]* biz vachement; **lusta ~** *[személyről]* biz sale fainéant(e); **van pénze ~ivel** biz il est bourré de fric
dögl|ik *tn i* crever; *[henyél]* biz glandouiller
döglött *mn* crevé(e)

dögös *mn biz [nagyon jó]* classe, géant; *[nő]* sexy
dől *tn i [hajlik]* pencher; *vminek/vmire* s'appuyer *contre v.* sur qqch; *[tódul]* affluer; **ágyba ~** s'écrouler dans son lit; **dugába ~** échouer; **hanyatt ~** tomber à la renverse; **romba ~** tomber en ruines
dőlt *mn* penché(e), incliné(e); **~ betű** italique *h*
dölyfös *mn* arrogant(e), hautain(e)
dömping *fn* dumping *h*
dönget *ts i* cogner; **nyitott kaput ~** enfoncer des portes ouvertes
döngöl *ts i [földet, betont]* damer; *[mást]* tasser
dönt I. *ts i [falat stb.]* abattre; *[borít]* renverser; **romba ~** *átv* ruiner; **rekordot ~** battre un record **II.** *tn i [határozatot hoz]* décider, prendre une décision; *[vmi mellett]* se décider *v.* opter *pour* qqch; **úgy ~ött, hogy** il a décidé que *subj v.* de *inf*; **~ vkinek a sorsáról** décider du sort de qqn
döntés *fn [határozat]* décision *n*; *[bírósági]* arrêt *h*; **vkinek a ~ére bízza magát** s'en remettre à la décision de qqn; **~t hoz** prendre une décision
döntéshozatal *fn* prise *n* de décision
döntetlen I. *mn* nul (nulle) **II.** *fn* match *h* nul; **~t ér el** faire match nul
döntő I. *mn* décisif (-ive), déterminant(e); **~ fontosságú** d'une importance capitale; **~ pillanatban** au moment crucial **II.** *fn* finale *n*; **~be jut** arriver en finale, se qualifier pour la finale
döntőbíró *fn* arbitre *h*
döntős *fn sp* finaliste *h n*
dörgés *fn [égé]* (grondement *h* de) tonnerre *h*; *[ágyúé]* grondement *h*; *átv* **ismeri a ~t** il connaît la musique

dörgölődz|ik *tn i vmihez* se frotter *contre qqch; átv vkihez biz* faire de la lèche *à qqn*

dörmög *tn i [medve]* grogner; *[ember]* grommeler

dörög *tn i [ég, ágyú]* tonner, gronder

dörömböl *tn i ~ az ajtón* frapper *v.* cogner violemment à la porte

dörren *tn i* détoner

dörrenés *fn* détonation *h*

dörzsöl *ts i* frotter; *[masszírozva]* frictionner; *~i a szemét* se frotter les yeux

dörzsölt *mn biz* roublard(e)

dőzsöl *tn i biz* faire la noce

drága I. *mn [költséges]* cher (chère); *[becses]* précieux (-euse); *~ barátom* mon cher ami; *[lekezelően]* mon pauvre ami **II.** *fn ~m* mon chéri (ma chérie)

drágakő *fn* pierre *n* précieuse

drágáll *ts i* trouver cher (chère)

drágaság *fn rég* cherté *n; nagy ~ van* les prix sont élevés, la vie est chère; *~om!* mon trésor !

drágít *ts i* renchérir, augmenter le prix

drágul *tn i* renchérir, devenir plus cher (chère)

dráma *fn* drame *h*

drámai *mn* dramatique; *~ fordulat* coup *h* de théâtre

drámaíró *fn* dramaturge *h n,* auteur *h* dramatique

dramatizál *ts i* dramatiser; *irtud* adapter pour la scène

dramaturg *fn* adaptateur (-trice)

dramaturgia *fn* adaptation *n; irtud* dramaturgie *n*

drapp I. *mn* beige **II.** *fn* beige *h*

drasztikus *mn* radical(e), drastique; *~ gyógymód* traitement *h* radical; *~ intézkedés* mesure *n* drastique

drazsé *fn* dragée *n*

Drezda *fn* Dresde *n*

drog *fn* drogue *n; biz* came *n;* **könynyű/kemény ~** drogue douce/dure

drogéria *fn* droguerie *n*

drogfogyasztó *fn* consommateur (-trice) de drogues

drogos *fn* drogué(e); *biz* toxico *h n,* camé(e)

drogoz|ik *tn i* se droguer; *biz* se camer

drót *fn* fil *h* de fer; *átv* **leadja a ~ot** *vkinek biz* tuyauter qqn

drótkerítés *fn* grillage *h*

drótkötél *fn* câble *h* (métallique)

drótkötélpálya *fn* téléphérique *h*

drukker *fn* supporter *h*

drukkol *tn i [szorong]* avoir le trac *v. biz* la trouille; *[izgul] vkiért* croiser le doigt *pour qqn; sp* supporter

du. *fn röv* p. m.

dualizmus *fn* dualisme *h*

Dublin *fn* Dublin *h*

duci dodu(e); *biz* rondouillard(e)

duda *fn [hangszer]* cornemuse *n; [autón]* klaxon *h,* avertisseur *h; [női mell] biz* néné *h*

dudál *tn i zene* jouer de la cornemuse; *gj* klaxonner

dúdol *ts i* fredonner

dudor *fn* bosse *n*

dudva *fn* mauvaise herbe *n*

duett *fn* duo *h*

dug *ts i* insérer, introduire; *[elrejt]* cacher; *[közösül] biz* baiser; **vízbe ~ja a fejét** plonger la tête dans l'eau; **a zárba ~ja a kulcsot** introduire la clef dans la serrure

dugattyú *fn* piston *h*

dugdos *ts i vmit vki elől* cacher *v.* dissimuler *qqch à qqn*

dugig *hsz ~ van* être plein(e) à craquer

dugó *fn [üvegen, kádon, mosdókagylón]* bouchon *h; [hordón]* bonde *n; [közlekedési]* bouchon *h,* embouteillage *h; vill* fiche *n*

dugóhúzó *fn* tire-bouchon *h*

duhaj *mn* tapageur (-euse)

duhajkod|ik *tn i* faire du tapage

dukál *tn i [jár]* vkinek revenir (de droit) à qqn; **ez így ~** c'est comme il se doit

dúl *tn i/ts i [pusztít]* ravager; *[tombol]* faire rage

dulakodás *fn [verekedés]* bagarre *n*; *[tülekedés]* bousculade *n*

dulakod|ik *tn i [verekszik]* se bagarrer; *[tülekszik]* se bousculer; **~ni kezdenek** en venir aux mains

dúl-fúl *tn i* tempêter, fulminer

duma¹ *fn pol* douma *n*

duma² *fn biz* **süket ~** blabla *h*; **jó ~ja van** avoir de la tchatche

dumál *tn i* bavarder; *[sokat]* tchatcher

Duna *fn* Danube *h*

dunai *mn* danubien (-ienne), du Danube

Dunakanyar *fn* courbe *n* du Danube

Dunántúl *fn* Transdanubie *n*

dundi *mn* dodu(e); *biz* rondouillard(e); *[arc]* joufflu(e)

dunyha *fn* couette *n*

duó *fn* duo *h*; *[előadó]* duettiste *h n*; **~ban** en duo

dupla I. *mn* double(e); **~ ágy** lit *h* double **II.** *fn* double *h*; **~jára emel** doubler; **~ vagy semmi** c'est quitte ou double

duplán *hsz* **~ lát/számít** voir/compter double

dupláz *ts i* doubler

dúr I. *mn* majeur(e); **~ akkord** accord *h* majeur **II.** *fn* (mode *h*) majeur *h*

durcás *mn* boudeur (-euse)

durran *tn i* détoner; *[pezsgős dugó]* sauter

durranás *fn* détonation *n*

duruzsol *ts i/tn i* susurrer, chuchoter; *[kályha]* ronfler

durva *mn [elnagyolt, érdes]* grossier (-ière); *[erőszakos, kíméletlen]* bru-

tal(e); *[sértő, goromba]* grossier (-ière); **~ hiba** erreur *n* grossière; **~ játék** jeu *h* brutal; **~ alak** une brute

durván *hsz* grossièrement, brutalement; *[becslésként]* grosso modo; **~ bánik vkivel** traiter qqn brutalement *v.* sans ménagement

durvaság *fn [gorombaság]* grossièreté *n*; *[erőszakosság]* brutalité *n*

dús *mn [bőséges]* riche, abondant(e); **vmiben ~** *[ételről]* riche en qqch; **~ haj** chevelure *n* abondante; **~ kebel** poitrine *n* plantureuse; **~ növényzet** végétation *n* foisonnante

dúsgazdag *mn* richissime

dúsít *ts i* enrichir

dúskál *tn i* vmiben avoir qqch en abondance

dutyi *fn biz* taule *n*

duzzad *tn i* enfler; **~ az egészségtől** respirer la santé

duzzadás *fn* gonflement *h*; *[csak testen]* enflure *n*

duzzadt *mn* enflé(e); **~ ajkak** lèvres *n (t sz)* charnues; **~ lábak** jambes *n (t sz)* enflées; **~ szem** yeux *h (t sz)* bouffis *v.* gonflés

duzzanat *fn orv* tuméfaction *n*

duzzaszt *ts i* enfler, gonfler; **létszámot ~** gonfler les effectifs

duzzog *tn i* bouder, faire la tête

dübörgés *fn* grondement *h*, roulement *h*

dübörög *tn i* gronder; **~nek a teherautók** on entend le grondement des camions

düh *fn* colère *n*, fureur *n*, rage *n*; **~be gurul** se mettre en colère; **kitölti a ~ét vkin/vmin** passer sa colère sur qqn/qqch

dühít *ts i* (faire) enrager; mettre en colère; **~, hogy elfelejtettem** ça m'énerve d'avoir oublié

dühítő *mn* rageant(e)

dühödt *mn* furieux (-euse), enragé(e)

dühöng *tn i [őrjöng]* piquer une crise de rage; *[dúl-fúl]* fulminer, enrager; *[járvány]* sévir; *[vihar]* faire rage

dühöngő *mn* ~ **őrült** fou (folle) furieux (-euse); ~ **tenger** mer *n* démontée *v.* déchaînée

dühös *mn* furieux (-euse), en colère; ~ **vkire** être furieux (-euse) contre qqn

dühroham *fn* crise *n* de rage, accès *h* de fureur/colère; **~ot kap** *biz* piquer une crise

düledez|ik *tn i* menacer de crouler

dűlő *fn* **~re jut** *vmi* être réglé(e), *[vkivel]* se mettre d'accord *v.* parvenir à un accord avec qqn

dülöngél *tn i* tituber, chanceler

dűlőút *fn* chemin *h* de terre

dűne *fn* dune *n*

dünnyög *tn i/ts i* marmonner, marmotter

DZS

dzseki *fn* blouson *h*
dzsem *fn* confiture *n*
dzsessz *fn* jazz *h*
dzsihád *fn* djihad *h*
dzsip *fn* jeep *n*
dzsóker *fn* joker *h*
dzsungel *fn* jungle *n*

E, É

e¹ *fn zene* mi *h*

e² *nm* → **ez; e célból** à cette fin

eb *fn* chien (-ienne); **egyik kutya, másik ~** *fraz* c'est blanc bonnet et bonnet blanc

ebadta *mn/fn [gyermekről]* (petit) chenapan *h*; *biz* (petit) galopin *h*

ebbe *nm [fn előtt]* dans ce (cet) (cette) …(-ci); *[ritkábban]* à v. de ce (cet) (cette) …(-ci); *[önállóan]* dans celui-ci (celle-ci); **rakd ~ a fiókba!** mets-le dans ce tiroir (-ci); **belekeveredett ~ az ügybe** il s'est trouvé mêlé à cette affaire; **szerelmes ~ a fiúba** elle est amoureuse de ce garçon

ebben *nm [fn előtt]* dans ce (cet) (cette) …(-ci); *[ritkábban]* à ce (cet) (cette) …(-ci); *[önállóan]* dans celui-ci (celle-ci); **~ az esetben** dans ce cas; **~ és ~ a …** dans tel (telle) ou tel (telle) …; **~ az életkorban** à cet âge; **~ a hidegben** par v. avec ce froid; **~ egyetértünk** nous sommes d'accord là-dessus; **mi rossz van ~?** quel mal y a-t-il à cela ?

ebből *nm [fn előtt]* de ce (cet) (cette) …(-ci); *[önállóan]* de celui-ci (celle-ci); **~ a szempontból** de ce point de vue; **~ adódik, hogy** de là vient que; **~ is látszik, hogy** cela aussi montre que; **~ baj lesz** ça va faire des histoires; **na ~ elég volt!** en voilà assez !

ebéd *fn* déjeuner *h*; **~et főz** préparer le déjeuner

ebédel *ts i* déjeuner, prendre le déjeuner

ebédidő *fn* heure *n* du déjeuner

ebédjegy *fn* ticket-repas *h*

ebédlő *fn* salle *n* à manger; *[intézményben]* cantine *n*

ebédszünet *fn* pause *n* de midi

éber *mn* éveillé(e); *[figyelő]* vigilant(e); **~ állapotban** à l'état de veille; **~ álom** sommeil *h* léger

éberség *fn* vigilance *n*

ébred *tn i* se réveiller; **tudatára ~ vminek** prendre conscience de qqch

ébredés *fn* réveil *h*; **~kor** au réveil

ébren *hsz* **~ van** être éveillé(e); **még ~ van** il est encore debout

ébreszt *ts i* réveiller; *átv* éveiller

ébresztés *fn* réveil *h*; **telefonos ~** service *h* de réveil par téléphone

ébresztő *fn* réveil *h*; **~t fúj** sonner le réveil; **gyerekek, ~!** réveillez-vous, les enfants !

ébresztőóra *fn* réveil *h*; **7-re állítja az ~t** mettre le réveil à 7 heures

ecet *fn* vinaigre *h*

ecetes *mn* vinaigré(e), au vinaigre

ecset *fn* pinceau *h*; *[nagy, lapos]* brosse *n*

ecsetel *ts i [ábrázol]* dépeindre, décrire; *orv* badigeonner

ecsetvonás *fn* trait *h* v. coup *h* de pinceau

eddig I. *hsz [térben]* jusqu'ici; *[időben]* jusqu'ici, jusqu'à présent v. maintenant; **ezt ~ is tudtuk** ça, on le savait déjà; **~ az idézet** fin de citation; **~ vagyok vele!** *biz* j'en ai jusque-là ! **II.** *nm* jusqu'à ce (cet) (cette) …(-ci); **~ a napig** jusqu'à ce jour

eddigi I. *mn* **az ~ intézkedések** les mesures prises jusqu'à présent v.

jusqu'ici **II.** *fn* az **~ekben** dans ce qui précède

edény *fn* récipient *h*; *biol* vaisseau *h*; **konyhai ~ek** vaisselle *n*

édes I. *mn [íz]* doux (douce); *[cukros]* sucré(e); *[kellemes]* doux (douce), suave; *[kedves]* cher (chère); *[aranyos]* mignon (-onne), adorable; **~ kettesben** en tête-à-tête **II.** *fn* sucré *h*; **szereti az ~et** aimer le sucré; *[megszólításként]* **~em!** mon chéri ! (ma chérie !)

édesanya *fn* mère *n*

édesapa *fn* père *h*

édesget *ts i* **magához ~** amadouer

édesít *ts i* sucrer, *vegy* édulcorer; *átv* adoucir

édesítőszer *fn* édulcorant *h*

édeskés *mn átv is* douceâtre; *pej* mielleux (-euse), mièvre

édesség *fn [tulajdonság]* douceur *n*; *[csemege]* sucrerie *n*, friandise *n*; *[fogás]* dessert *h*; *átv* douceur *n*

édességbolt *fn* confiserie *n*

édestestvér *fn [fiú]* frère *h*; *[lány]* sœur *n*

édesvíz *fn* eau *n* douce

Edit *fn* Edith *n*

edz I. *ts i [erősít]* fortifier; *[kitartóvá tesz]* endurcir; *[acélt, üveget]* tremper; *sp* entraîner **II.** *tn i* s'entraîner

edzés *fn sp* entraînement *h*; *átv* endurcissement *h*; *műsz* trempe *n*

edzett *mn [szívóssá tett]* endurci(e), aguerri(e); *[acél, üveg]* trempé(e)

edző *fn* entraîneur (-euse)

edzőcipő *fn* chaussures *n (t sz)* de sport

edzőtábor *fn [létesítmény]* centre *h* d'entraînement; *[cselekvés]* stage *h* d'entraînement

edzőterem *fn* salle *n* d'entraînement

efelé *hsz* par ici, de ce côté-ci

efelől *hsz* de ce côté-ci; *átv* à ce sujet *v.* propos; **~ nyugodt lehetsz** à ce sujet, tu peux être tranquille

effajta *nm →* **efféle**

effektus *fn* effet *h*

efféle *nm* de ce genre, ce genre de; **az ~ viccek** les blagues de ce genre, ce genre de blagues

ég¹ *tn i* brûler; être en feu; *[lángolva]* flamber; *[villany, gáz]* être allumé(e); *[fáj]* brûler; **~ a gyomra** avoir des brûlures d'estomac; **~ a vágytól, hogy** brûler d'envie de *inf*; *átv* **nagyot ~tem** *biz* j'avais la honte

ég² *fn [égbolt, menny]* ciel *h*; **szabad ~ alatt** en plein air; *[éjjel]* à la belle étoile; **~ veled** adieu; **az ~ szerelmére** pour l'amour du ciel; **hála az ~nek** grâce au ciel; **az egekig magasztal vkit** porter qqn aux nues

égbekiáltó *mn [igazságtalanság]* flagrant(e), criant(e); *[bűn]* révoltant(e)

égbolt *fn* ciel *h*; *vál* voûte *n* céleste

egér *fn [inform is]* souris *n*; **itatja az egereket** pleurnicher; **rákattint az ~rel** cliquer avec la souris

egérfogó *fn* souricière *n*, tapette *n*; *átv* impasse *n*

egérpad *fn inform* tapis *h* de souris

egérút *fn* **egérutat nyer** *biz* réussir à détaler

égés *fn [folyamat]* combustion *n*; *[fájdalom, seb]* brûlure *n*; *átv, biz* honte *n*

egész I. *mn [folyamat]* tout(e), entier (-ière); **az ~ család** toute la famille; **az ~ világ** le monde entier; **~ jegy** *[utazásnál]* billet *h* plein tarif; **~ szám** nombre *h* entier **II.** *hsz* **~ egyszerűen** tout simplement; **ez ~ jó** c'est pas mal du tout; **~ jól vagyok** je vais plutôt bien **III.** *fn* tout *h*; **teljes ~ében** entièrement; **~ében véve** dans l'ensemble; **ennyi az ~?** c'est tout ?

E

egészen *hsz* tout à fait, complètement, entièrement; *[mn és hsz előtt]* tout; *[vmeddig]* jusque; ~ **biztos** tout à fait sûr; ~ **belepte a por** la poussière l'a entièrement recouvert(e); ~ **elsápadt** il est devenu tout pâle; ~ **egyedül** tout(e) seul(e); ~ **a hídig** jusqu'au pont

egészség *fn* santé *n*; **jó ~nek örvend** jouir d'une bonne santé; **~ére!** *[tüsszentéskor]* à vos souhaits !; *[koccintáskor]* à votre santé !, à la vôtre !; **iszik vki ~ére** boire à la santé de qqn

egészséges *mn* sain(e); *[igével]* être en bonne santé; *[jótékony hatású]* sain(e), salubre; *átv* sain(e)

egészségi *mn* de santé; ~ **állapot** état *h* de santé

egészségkárosodás *fn* dommage *h* de santé

egészségtelen *mn* *átv is* malsain(e); *[lakás stb.]* insalubre

egészségügy *fn* santé *n* publique

egészségügyi *mn* sanitaire, de (la) santé, hygiénique, d'hygiène; ~ **intézkedés** mesure *n* sanitaire; ~ **okokból** par mesure d'hygiène; ~ **politika** politique *n* de santé; **E~ Minisztérium** Ministère *h* de la Santé (publique); ~ **papír** papier *h* hygiénique

egészségvédelem *fn* protection *n* sanitaire

éget *ts i* brûler; *[fájdalmat okoz]* brûler; *[agyagot, téglát]* cuire; ~ **i a villanyt** laisser la lumière allumée

égető *mn* brûlant(e); *[szomjúság]* ardent(e); *átv [feladat]* urgent(e), pressant(e); ~ **szüksége van vmire** avoir un besoin impérieux de qqch

égett *mn* ~ **íz** goût *h* de brûlé; ~ **szag van** ça sent le roussi

éghajlat *fn* climat *h*; **mérsékelt ~** climat tempéré

éghajlati *mn* climatique; ~ **viszonyok** conditions *n (t sz)* climatiques

éghetetlen *mn* incombustible, ininflammable

éghető *mn* combustible, inflammable

égi *mn* *vall is* du ciel, céleste; ~ **adomány** don *h* du ciel

égisz *fn* **vkinek/vminek az ~e alatt** sous l'égide de qqn/qqch

égitest *fn* corps *h* céleste, astre *h*

egoista *mn/fn* égoïste *h n*

egoizmus *fn* égoïsme *h*

égő **I.** *mn* brûlant(e), enflammé(e), en feu; *[világító]* allumé(e); ~ **arc** visage *h* enflammé *v.* empourpré **II.** *fn [izzó]* ampoule *n*

égöv *fn* zone *n*; **sarki/forró ~** zone polaire/tropicale

egres *fn* groseille *n* à maquereau

égszínkék *mn* bleu ciel

égtáj *fn* point *h* cardinal; **a négy ~** les quatre points cardinaux

egzakt *mn* ~ **tudomány** science *n* exacte

egzisztencia *fn [létezés]* existence *n*; *[megélhetés]* situation *n*; **~t teremt** se faire une situation

egzotikus *mn* exotique

egy[1] **I.** *szn* un(e); **nem ~** plus d'un(e); ~ **órakor** à une heure; **április ~e** le premier avril; **Duna utca ~** *[házszám]* 1 rue du Danube; ~, **kettő!** *[vezényszóként]* une, deux !; **iszik ~et** boire un coup; **~től ~ig** tous sans exception; ~ **sem volt, aki** il n'y en avait pas un *v.* aucun qui *subj* **II.** *mn [ugyanaz]* même; **~ házban lakunk** nous habitons (dans) la même maison; ~ **csapásra** d'un seul coup; *[hirtelen]* tout d'un coup **III.** *fn* ~**re megy** cela revient au même; **ez ~ és ugyanaz** c'est du pareil au même **IV.** *nm* un(e); **az ~óta történt ~s más** il s'en est passé des choses depuis

egy² *ne* un(e); ~ **barátom** un de mes amis; ~ **ideig** pendant un *v.* quelque temps; ~ **kicsit/kissé** un peu

egyáltalán *hsz [kérdésben]* au juste; *[egyébként]* de toute façon; **és ~, ...** et de toute façon, ...; **ha ~ eljön** (si) tant est qu'il vienne; ~ **nem** pas du tout, absolument pas

egyaránt *hsz* également, sans distinction; **ez ~ érvényes mindenkire** ceci vaut pour tous sans distinction; **apa és fiú ~** le père comme le fils

egybeesés *fn* coïncidence *n*

egybees|ik *tn i* concorder, se recouper; *vmivel* coïncider *avec qqch*

egybegyűjt *ts i* rassembler, réunir

egybegyűl|ik *tn i* se rassembler, se réunir

egybehangzó *mn nyelv* consonant(e), concordant(e); *átv* concordant(e); ~ **vélemények** opinions *n (t sz)* concordantes

egybeír *ts i* écrire en un mot

egybekel *tn i [egymással]* se marier; *vkivel* épouser *qqn*

egyben *hsz* en un(e); *[egy darabban]* en un seul morceau, en une seule pièce; *[egyúttal]* en même temps; **a pénzt ~ kapta meg** il a reçu l'argent en une somme; **ez ~ azt is jelenti** cela signifie également

egybeolvad *tn i* se fondre, fusionner

egybevág *tn i* concorder, coïncider

egybevágó *mn* concordant(e); *mat* coïncident(e)

egyből *hsz [elsőre]* du *v.* au premier coup; *[kapásból]* du tac au tac

egyéb *nm* autre; **nincs ~ dolga** il n'a rien d'autre à faire; ~ **se kellett neki** il ne lui en fallait pas plus; **egyebek közt** entre autres

egyébként *hsz* d'ailleurs, par ailleurs, pour le reste

egyed *fn* individu *h*

egyedi *mn [egyénenkénti]* individuel (-elle), personnel (-elle); *[magában álló]* individuel (-elle), particulier (-ière); ~ **eset** cas *h* isolé

egyeduralom *fn* autocratie *n*

egyedül *hsz* seul(e); *[csupán]* seul(e), que; ~ **álló** *[fa stb.]* isolé(e); ~ **téged szeretlek** tu es la seule que j'aime, je n'aime que toi

egyedülálló I. *mn [személy]* célibataire; *[példátlan]* unique, exceptionnel (-elle) **II.** *fn [személy]* célibataire *h n*

egyedüli *mn* unique, seul(e); ~ **gyerek** enfant *h n* unique

egyedüllét *fn* solitude *n*

egy-egy *szn [minden egyes]* (à) chacun(e), chaque; *[néhány]* quelques; **kaptunk ~ csokit** nous avons reçu un chocolat chacun; **adtam nekik ~ csokit** je leur ai donné un chocolat à chacun

egyelőre *hsz* pour l'instant, pour le moment

egyemeletes *mn* à un (seul) étage

egyén *fn* individu *h*; **kétes ~** un individu douteux; **egy Legros nevű ~** un certain Legros

egyenáram *fn* courant *h* continu

egyenértékű *mn vmivel* équivalent(e) à *qqch*

egyenes I. *mn [nem görbe]* droit(e); *[közvetlen]* direct(e); *[becsületes]* franc (franche), droit(e); *[határozott]* formel (-elle), explicite; ~ **adás** retransmission *n* en direct, direct *h*; ~ **ágon** en ligne *n* directe; ~ **beszéd** langage *h* franc; ~ **ember** un homme droit **II.** *fn mat* droite *n*; *sp [pályaszakasz]* ligne *n* droite; *[ütés]* coup *h* droit; *átv* ~**be jön** *[anyagilag]* sortir du rouge

egyenesen *hsz [nem görbén]* droit(e); *[egyenes vonalban]* tout droit; *[nyíl-*

tan, becsületesen] franchement, sans détour; *[közvetlenül]* directement; *[kimondottan]* tout simplement; ~ **áll** se tenir droit; ~ **a tárgyra tér** aller droit au fait; **ez ~ nevetséges** c'est tout simplement ridicule

egyenetlen *mn [felület]* inégal(e); *[fejlődés]* irrégulier (-ière); *[nem egységes]* inégal(e)

egyenetlenség *fn* inégalité *n*; *[fejlődés]* irrégularité *n*

egyenget *ts i [talajt]* égaliser, aplanir; *átv* **vkinek útját ~i** frayer la voie à qqn

egyéni *mn* idividuel (-elle), personnel (-elle); ~ **felelősség** responsabilité *n* individuelle; ~ **kezdeményezés** initiative *n* personnelle; ~ **stílus** style *h* propre

egyéniség *fn* personnalité *n*; *[jellem]* caractère *h*

egyenjogú *mn* égal(e) en droits

egyenjogúság *fn* égalité *n* des droits

egyenként *hsz [egyesével]* un à un, un par un; *[külön-külön]* chacun(e)

egyenleg *fn [számláé]* solde *h*, balance *n*

egyenlet *fn mat* équation *n*

egyenletes *mn [szabályos]* régulier (-ière); *[sima]* uni(e), égal(e); *[nem változó]* constant(e)

egyenlít *ts i sp* égaliser

egyenlítő *fn* équateur *n*

Egyenlítő *fn* l'équateur *h*

egyenlő *mn* égal(e) (à); **a ~ b-vel** a est égal à b, a égale b; ~ **feltételek mellett** à conditions égales; **ez ~ az elutasítással** ceci équivaut à un refus; *sp* ~ **állás** égalité *n*

egyenlőség *fn* égalité *n*

egyenlőtlen *mn* inégal(e); *[szabálytalan]* irrégulier (-ière)

egyenlőtlenség *fn* inégalité *n*; *[szabálytalanság]* irrégularité *n*

egyenrangú I. *mn* **vkivel** du *v.* de même rang, de rang égal (à); ~ **félként kezel vkit** traiter d'égal à égal avec qqn **II.** *fn* égal(e), pair *h*; **a vele ~ak** ses égaux *v.* pairs

egyenruha *fn* uniforme *h*

egyensúly *fn* équilibre *h*

egyensúlyérzék *fn* sens *h* de l'équilibre

egyensúlyoz I. *ts i* équilibrer **II.** *tn i* **vmin** se tenir en équilibre *sur qqch*; *átv [dolgok között]* maintenir l'équilibre entre *qqch*

egyértelmű *mn* évident(e); *[válasz]* sans équivoque *v.* ambiguïté; **ez ~ a beismeréssel** ceci équivaut à un aveu

egyes I. *mn* certain(e); ~ **esetekben** dans certains cas; **az ~ szám** le chiffre un; ~ **(számú) busz** le bus numéro un; **minden ~** chaque; ~ **szám első személy** première personne du singulier; ~ **dolgozat** devoir *h* noté zéro **II.** *fn [szám]* (chiffre *h*) un *h*; *[osztályzat, Fr.-ban]* zéro *h*; *biz* bulle *n*; *[sebesség]* première *n*; ~**ek** carries; ~**t kaptam** j'ai eu zéro; **mi van az ~en?** *[csatornán]* qu'est-ce qu'il y a sur la première ?; *sp* **női ~** simple dames

egyesével un par un, un à un

egyesít *ts i [tömörít]* unir, rassembler, réunir; *[társít]* associer, allier; *[vállalatokat stb.]* fusionner

egyesül *tn i [tömörül]* s'unir, se rassembler, se réunir; *[társul]* s'associer *v.* se joindre (à *qqch*); *[vállalatok stb.]* fusionner

egyesülés *fn [tömörülés]* union *n*, association *n*, réunion *n*; *[társulás]* alliance *n*; *[vállalatoké stb.]* fusion *n*

egyesület *fn* association *n*

egyesült *mn* uni(e); *[vállalatok]* fusionné(e); *[társult]* associé(e); *[összegyűlt]*

réuni(e); ~ **erővel** en conjuguant les
efforts; E~ **Nemzetek Szervezete** Or-
ganisation *n* des Nations Unies, O.N.U;
E~ **Államok** États-Unis *h* (*t sz*)
egyetem *fn* université *n*; *biz* fac *n*; ~**re**
jár aller à l'université
egyetemes *mn* universel (-elle)
egyetemi *mn* universitaire, d'université;
~ **hallgató** étudiant(e); ~ **kar** faculté *n*;
~ **kollégium** résidence *n* universi-
taire; ~ **tanév** année *n* universitaire
egyetemista *fn* étudiant(e)
egyetért *tn i vkivel vmiben* être d'ac-
cord *avec qqn sur qqch*; **teljesen ~ek**
je suis tout à fait d'accord; **ebben**
~**ünk** nous sommes d'accord là-des-
sus
egyetértés *fn* accord *h*, entente *n*
egyetlen *mn* unique, seul(e); ~ **gyer-**
mek enfant *h n* unique; **ez az ~ meg-**
oldás c'est la seule solution
egyetlenegy *szn* ~ **fia van** il a un seul
(et unique) fils; ~**szer** une seule (et
unique) fois
egyéves *mn* d'un an
egyévi *mn* [egy évig tartó] d'un an;
[egy évre szóló] annuel (-elle); ~
munka travail *h* d'un an; ~ **fizetés** sa-
laire *h* annuel
egyezlik *tn i vmivel* s'accorder *v.* con-
corder *v.* cadrer *avec qqch*; *nyelv*
s'accorder *avec qqch*
egyezkedlik *tn i vkivel vmiről* négo-
cier *avec qqn sur qqch*
egyezmény *fn* accord *h*, convention *n*;
pol pacte *h*; **kétoldalú ~** accord bila-
téral
egyezség *fn* accord *h*, arrangement *h*;
~**et köt** *vkivel* conclure *v.* passer un
accord *avec qqn*
egyeztet *ts i* [összehangol] accorder,
harmoniser; [békít] concilier; [össze-
vet] comparer; [ellenőrizve] vérifier;

vkivel se concerter *avec qqn*; *nyelv*
accorder
egyeztetés *fn* concertation *n*, coordi-
nation *n*; [békítés] conciliation *n*;
[összevetés] comparaison *n*; [ellenőr-
zés] vérification *n*; *nyelv* [névszóké]
accord *h*; [igeidőké] concordance *n*
egyfajta *mn* [egy bizonyos] une sorte de
egyféle *mn* [azonos] de la même sorte
v. espèce; [egyetlen féle] une seule
sorte de; [egy bizonyos] une sorte de
egyféleképpen *hsz* [egy módon] d'une
seule manière *v.* façon; [azonos mó-
don] de la même manière *v.* façon
egyfelől *hsz* [azonos irányból] de la
même direction, du même côté; [míg]
~ ..., (addig) másfelől ... d'une part
..., d'autre part ...
egyfelvonásos *mn* ~ **színdarab** pièce *n*
en un acte
egyfolytában *hsz* [állandóan] sans ar-
rêt, sans cesse, tout le temps; [meg-
szakítás nélkül] d'affilée, sans inter-
ruption, sans discontinuer
egyforma *mn* même, pareil (-eille) *v.*
identique à *qqch*; ~ **az ízlésük** ils ont
le même goût; **mind ~k** ils sont tous
pareils; **teljesen ~** parfaitement iden-
tique
egyformán *hsz* de la même manière *v.*
façon, pareillement
egyhamar *hsz* **nem ~** pas de sitôt, pas
avant longtemps
egyhangú *mn* [unalmas] monotone;
[egybehangzó] unanime
egyhangúlag *hsz* à l'unanimité, una-
nimement
egyhangúság *fn* monotonie *n*; [egy-
ségesség] unanimité *n*
egyharmad *fn* un tiers
egyhavi *mn* [egy hónapig tartó] d'un
mois; [egy hónapra szóló] mensuel
(-elle)

egyház *fn* Église *n*

egyházi *mn* religieux (-euse), ecclé-
siastique; ~ **iskola** école *n* religieuse;
~ **esküvő** mariage *h* religieux; ~ **adó**
impôt *h* ecclésiastique

egyházközség *fn* paroisse *n*

egyhetes *mn* d'une semaine

egyheti *mn* d'une semaine

egyhuzamban *hsz* d'un(e) trait(e)

egyidejű *mn* simultané(e); *tud* syn-
chrone

egyidejűleg *mn* simultanément, en
même temps

egyidős *mn* vkivel/vmivel être du *v.*
avoir le même âge que *qqn/qqch*;
velem ~ il est de mon âge, il a mon
âge

egyik *nm* un(e) (de); ~ **barátom** un de
mes amis; ~ **nap** un jour; ~ **a másik**
után l'un après l'autre; ~ **sem** *[kettő]
közül]* ni l'un ni l'autre; *[több közül]*
aucun (d'entre eux)

egyik-másik *nm* quelques-un(e)s, cer-
tain(e)s

Egyiptom *tul földr* l'Égypte *n*

egyiptomi I. *mn* égyptien (-ienne) **II.** *fn
[személy]* Égyptien (-ienne); *[nyelv]*
égyptien *h*

egyirányú *mn közl* à sens *h* unique

egyistenhit *fn* monothéisme *h*

egyjegyű *mn* ~ **szám** nombre à un
(seul) chiffre

egyke *fn* enfant *h n* unique

egykedvű *mn* indifférent(e), apathique

egy-két *szn* quelques (rares), un(e) ou
deux

egykettőre *hsz* en un rien de temps, en
un clin d'oeil

egykor *hsz [múltban]* jadis, autrefois;
[jövőben] un jour; **majd megérted ~,**
hogy tu comprendras un jour que

egykori *mn* d'autrefois, d'antan; ~ **mi-
niszter** ancien ministre *h*, ex-ministre

egykorú *mn [egyidős]* du même âge;
[kortárs] contemporain(e), de l'époque

egykönnyen *hsz* **nem ment** ~cela n'a
pas été sans peine; ~ **nem fog neki
sikerülni** il aura du mal à réussir

egymaga *nm [önmagában]* en soi;
[egyedül] tout(e) seul(e)

egymás *nm* l'un(e) l'autre; ~ **közt**
szólva soit dit entre nous; ~ **mellett**
l'un à côté de l'autre; ~ **után** l'un
après l'autre; **jól megértik ~**t ils s'en-
tendent bien; ~**sal szemben** face à
face, l'un en face de l'autre, *[többen]*
les uns en face des autres

egymásután *fn* vminek az ~**ja** l'ordre *h*
de succession *v.* la succession *n* de
qqch; **gyors ~ban** coup sur coup

egynapi *mn* d'une journée; ~ **járó-
földre** à une journée de marche

egynapos *mn* d'un jour

egynegyed *szn* un quart

egynéhány *nm* quelques; **húsz ~** vingt
et quelques; **jó ~** un bon nombre

egynemű *mn* homogène; *biol* de mê-
me sexe, unisexué(e)

egyoldalú *mn [szerződés stb.]* unilaté-
ral(e); *[nézet]* unilatéral(e); *[viszon-
zatlan]* non partagé(e)

egyórai *mn* **egyórányi** d'une heure

egyórás *mn* d'une heure; ~ **előadás**
conférence *n* d'une heure

egyöntetű *mn [egyhangú]* unanime,
général(e); ~ **vélemény** opinion *n* gé-
nérale

egypártrendszer *fn* système *h* de parti
unique

egyre *hsz [szakadatlanul]* sans arrêt,
sans cesse; *[mindinkább]* de plus en
plus; ~ **drágább** de plus en plus cher;
~ **jobb(an)** de mieux en mieux; ~
rosszabb(ul) de plus en plus mal, de
mal en pis; ~ **kevesebb** de moins en
moins

egyrészt hsz ~ ..., **másrészt ...** d'une part ..., d'autre part ...

egysávos mn ~ **út** route n à une (seule) voie

egység fn unité n; [tömörülés] union n; **~ben az erő** l'union fait la force

egységár fn prix h à l'unité v. unitaire

egységes mn homogène, cohérent(e); [tömörült] unifié(e); [egybehangzó] unanime; ~ **díjszabás** tarif h unique

egységesít ts i unifier

egysejtű I. mn unicellulaire, monocellulaire **II.** fn ~**ek** les unicellulaires h (t sz)

egyszemélyes mn pour v. à une personne; [autó, repülőgép] monoplace

egyszer I. szn une fois; **még ~** encore une fois **II.** hsz [múltban, jövőben] un jour; ~ **csak** soudain(ement); ~ **volt, hol nem volt** il était une fois; **ha ~ muszáj** s'il le faut vraiment; ~ **s mindenkorra** une (bonne) fois pour toutes

egyszeregy fn mat table n de multiplication

egyszeri mn unique, un(e) seul(e); **napi ~ étkezés** un (seul) repas par jour

egyszeriben hsz subitement, aussitôt; ~ **felvidult** aussitôt, il devint gai

egyszer-kétszer hsz une fois ou deux

egyszerre hsz [egyidejűleg] en même temps; [egyszeri cselekvésként] en une fois, d'un seul coup; [hirtelen] tout à coup, tout d'un coup

egyszersmind hsz à la fois, également; **barátom, s ~ ellenségem** il est à la fois mon ami et mon ennemi; **ez ~ azt is jelenti** cela signifie également

egyszerű mn [nem bonyolult] simple; [átlagos] ordinaire; [dísz nélküli] sobre; [puszta, merő] simple; **mi sem ~bb** rien de plus simple

egyszerűen hsz (tout) simplement

egyszerűség fn simplicité n; [stílusban] sobriété n; **az ~ kedvéért** pour faire simple

egyszerűsít ts i simplifier

egyszerűsödik tn i se simplifier

egyszínű mn [egyetlen színű] uni(e); műv monochrome; [azonos színű] de la même couleur

egyszobás mn ~ **lakás** studio h

egyszólamú mn zene à une voix

egyszótagú mn monosyllab(iqu)e

egyszóval hsz en un mot, (en) bref

egytálétel fn plat h unique

egyúttal hsz en même temps; **ez ~ azt is jelenti** cela signifie également

együgyű mn simplet (-ette)

együtt I. hsz ensemble; **vkivel ~ avec qqn**, en compagnie de qqn; ~ **érez vkivel** compatir avec qqn; ~ **érző** compatissant(e); ~ **jár** [vmivel] aller avec qqch; [vkivel] sortir avec qqn, être avec qqn; **az egész ~ 100 euró** cela fait en tout 100 euros **II.** nu avec; **borravalóval ~** pourboire (y) compris; **vele ~ hatan voltunk** avec lui, nous étions six

együttélés fn [együttlakás] cohabitation n; [élettársi] vie n commune; [házasságon kívüli] concubinage h; [társadalmi] coexistence n

együttérzés fn [részvét] compassion n; [rokonszenv] sympathie n

együttes I. mn collectif (-ive), commun(e) **II.** fn ensemble h; sp équipe n; [zenei] formation n; [dzsessz, rock] groupe h

együttható fn coefficient h

együttlét fn temps h passé ensemble; [kettesben] tête-à-tête h

együttműködés fn coopération n, collaboration n

együttműködik tn i vkivel coopérer v. collaborer avec qqn

együttvéve *hsz* dans l'ensemble; *[mennyiségről]* au total; **mindent ~** finalement, à tout prendre

egyvalaki *nm* une (seule) personne; **csak ~ segíthet** il n'y a qu'une personne qui puisse nous aider

egyvalami *nm* une (seule) chose; **csak ~t szeretnék** je ne souhaite qu'une chose

egyveleg *fn [keverék]* mélange *h*; *[zavaros]* pêle-mêle *h*; **zenei ~** pot-pourri *h*

ehelyett *hsz* au lieu de cela

éhen *hsz* → **hal** mourir de faim; **~ marad** rester sur sa faim

éhes *mn [igével]* avoir faim; *[kiéhezett]* être affamé(e)

ehetetlen *mn* immangeable

ehető *mn [fogyasztásra alkalmas]* comestible; *[nem vmi jó]* mangeable

éhez|ik *tn i* souffrir de la faim, être affamé(e); *átv vmire* avoir faim v. être affamé(e) *de qqch*

éhező *mn/fn* affamé(e)

éheztet *ts i* affamer

éhgyomorra *hsz* à jeun

éhhalál *fn* mort *n* par inanition

ehhez *nm [fn előtt]* à ce (ce) (cette) ...(-là); *[önállóan]* à celui-ci (celle-ci); à cela; *[hozzá]* chez ce (cet) (cette) ...; *[önállóan]* chez celui-ci (celle-ci); **~ képest** comparé(e) à cela; **mit szólsz ~?** qu'est-ce que tu en dis ?

éhínség *fn* famine *n*

éhség *fn* faim *n*; **~ét csillapítja** calmer sa faim

éhségsztrájk *fn* grève *n* de la faim

éj *fn* nuit *n*; **jó ~t!** bonne nuit !; **~t nappallá téve dolgozik** travailler jour et nuit

éjfél *fn* minuit *h*; **~kor** à minuit

éjféli *mn* de minuit

ejha *msz* mince !

éjjel I. *fn* nuit *n* **II.** *hsz* la nuit; **ma ~** cette nuit; **tegnap ~** la nuit dernière; **keddről szerdára virradó ~** la nuit du mardi au mercredi; **~ kettőig** jusqu'à deux heures du matin

éjjeli *mn* nocturne, de nuit; **~ lámpa** lampe *n* de chevet, *[egész éjjel égő]* veilleuse *n*

éjjeliedény *fn* pot *h* de chambre

éjjeliőr *fn* gardien (-ienne) de nuit

éjjeliszekrény *fn* table *n* de chevet v. de nuit

éjjel-nappal *hsz* nuit et jour; **~ nyitva** ouvert(e) 24 heures sur 24

ejnye *msz* voyons (voyons) !

éjszaka I. *fn* nuit *n*; **jó ~t!** bonne nuit ! **II.** *hsz* la nuit; → **éjjel II.**

éjszakai *mn* nocturne, de nuit; **~ élet** vie *n* nocturne; **~ ügyelet** garde *n* v. permanence *n* de nuit; **~ busz** bus *h* de nuit

éjszakás I. *mn* (être) en service de nuit; **~ ápoló** infirmier (-ière) de nuit **II.** *fn* nuiteux (-euse)

éjszakáz|ik *tn i [virraszt]* passer une nuit blanche, veiller; *[műszakban]* être en service de nuit

ejt *ts i* laisser tomber; *[hangot]* prononcer, articuler; **foglyul ~** faire prisonnier; **kétségbe ~** désespérer; **teherbe ~** mettre enceinte; **zavarba ~** embarrasser; **útba ~ vmit** passer par qqch

ejtőernyő *fn* parachute *h*

ejtőernyős *mn/fn* parachutiste *h n*

ék *fn* coin *h*; *[támasztó]* cale *n*

ekcéma *fn* eczéma *h*

eke *fn* charrue *n*

ékelőd|ik *tn i* s'enclaver

ékesít *ts i vmivel* parer v. orner *de qqch*

ékesség *fn* parure *n*, ornement *h*

ékesszólás *fn* éloquence *n*

ékezet *fn* accent *h*; **éles/tompa/kúpos ~** accent aigu/grave/circonflexe

EKG *fn orv [eljárás]* électrocardiographie *n*; *[lelet]* électrocardiogramme *h*; *[műszer]* électrocardiographe *h*

ekképpen *hsz* ainsi

ekkor *hsz* à ce moment-là, et alors; *[vmely esemény idején]* en ce temps(-là); **~ és ~** à telle date

ekkora *I. nm* de cette taille, de la même taille; *[fokozó értelemben]* un tel (une telle), un pareil (une pareille); **kétszer ~** deux fois plus grand(e) *II. fn* **~ra megnő** il atteindra cette taille, il sera grand comme cela

ekkoriban *hsz* **ekkortájt** à peu près à ce moment-là, *fraz* dans ces eaux-là

ekkorra *hsz* jusque-là, d'ici là

ékkő *fn* pierre *n* précieuse

eklektikus *mn* éclectique

eközben *hsz* entre-temps, pendant ce temps

ékszer *fn* bijou *h*

ékszerbolt *fn* bijouterie *n*, joaillerie *n*

ékszerész *fn* bijoutier (-ière), joaillier (-ière)

ékszíj *fn* courroie *h*

eksztázis *fn* extase *n*

éktelen *mn [zaj]* infernal(e); *[harag]* terrible

ekvivalens *I. mn vmivel* équivalent(e) à *qqch II. fn* équivalent *h*

el *hsz* **fél évig ~ volt** il était absent pendant six mois; **~ innen!** va-t'en !, ouste !; **~ a kezekkel!** retire tes mains de là, *biz* bas les pattes !

él¹ *I. tn i [életben van]* vivre; *[vhol]* vivre, habiter; *vmiből* vivre de *qqch*; *vminek* vivre pour *qqch*, se dévouer à *qqch*; **~ az alkalommal** saisir l'occasion, profiter de l'occasion *II. ts i* vivre; **~i az életét** vivre sa vie

él² *fn [vágószerszámé]* tranchant *h*; *[pengéé]* fil *h*; *[nadrágé]* pli *h*; *[csoport eleje]* tête *n*; *átv [sértő jelleg]* mordant *h*, pointe *n*; **~ére áll vminek** prendre la tête de *qqch*

elad *ts i* vendre

eladás *fn* vente *n*

eladhatatlan *mn* invendable

eladható *mn* vendable

eladó *I. mn [ingó, ingatlan]* à vendre; **~ lány** fille *n* à marier *II. fn* vendeur (-euse)

eladósod|ik *tn i* s'endetter

elágazás *fn [úté, vasúté]* embranchement *h*; *[kétfelé]* bifurcation *n*; *[folyóé]* dérivation *n*; *növ* ramification *n*

elágaz|ik *tn i [fa]* se ramifier; *[út]* bifurquer; *vill* dériver; **itt az út ~ik** la route bifurque ici

elajándékoz *ts i vmit* faire don *v.* cadeau *de qqch*

elájul *tn i* s'évanouir, perdre connaissance; *átv* **majd ~t tőle** *biz* il en est resté baba

elakad *tn i* être bloqué(e); *[szünetel]* s'arrêter; **~ a forgalom** la circulation est bloquée; **~ a beszélgetés** la conversation tombe; **~ a szava** rester sans voix; **~t tőle a lélegzete** ça lui a coupé le souffle

eláll *I. tn i [étel]* se conserver, se garder; *[félreáll]* s'écarter; *[abbamarad]* cesser, s'arrêter; *vmitől* renoncer à *qqch*, abandonner *qqch*; **~ az eső** la pluie cesse; **~ a szél** le vent tombe; **~ a füle** avoir les oreilles décollées; **~ a tervétől** renoncer à son plan *II. ts i [eltorlaszol]* barrer, bloquer; **~ja a kijáratot** bloquer la sortie; **~ja az utat** barrer la route

elállít *ts i [vérzést]* arrêter

elálló *ts i* **~ fülek** oreilles *n (t sz)* décollées

elálmosod|ik *tn i* avoir de plus en plus sommeil

elalsz|ik *tn i s'endormir; [lámpa, tűz]* s'éteindre

elaltat *ts i* endormir; *[ügyet]* enterrer discrètement; *orv* anesthésier; **~ja vkinek a gyanúját** endormir les soupçons de qqn

elalvás *fn* endormissement *h;* ~ **előtt** avant de dormir

elámul *tn i* être stupéfait(e)

elapad *tn i átv is* (se) tarir; ~**t a teje** elle n'a plus de lait

elapaszt *ts i* tarir, épuiser

elapróz *ts i [elfecsérel]* gaspiller; ~**za a tehetségét** gaspiller son talent

eláraszt *ts i átv is* inonder, envahir, submerger; *[elhalmoz]* combler, submerger

elárul *ts i [hűtlenül elhagy]* trahir; *[felad]* vkit dénoncer *v. biz* donner *qqn;* *[titkot]* révéler; *[önkéntelenül kimutat]* trahir; *[elmond]* dire; **áruld el, hova mész** dis-moi où tu vas

elárusító *fn* vendeur (-euse) (de magasin)

elárverez *ts i* vendre aux enchères; *[hatóság]* vendre par autorité de justice

elárverezés *fn* vente *n* aux enchères; *[hatósági]* vente par autorité de justice

elárvul *tn i* devenir orphelin(e); *átv* être laissé(e) à l'abandon

elás *ts i* enterrer, enfouir

elátkoz *ts i* maudire

elavul *tn i [kimegy a használatból]* tomber en désuétude; *[korszerűtlenné válik]* devenir obsolète

elavult *mn [kiment a használatból]* désuet (-ète); *[korszerűtlen]* obsolète

eláz|ik *tn i [esőben]* se faire tremper, *biz* se faire rincer; *[lerészegedik] biz* s'imbiber

eláztat *ts i* tremper, mouiller, inonder; *[rossz hírbe kever]* vkit baver *sur qqn;* **a zápor ~ta a mulatságot** la fête a été gachée par l'averse

elbágyad *tn i* s'alanguir

elbágyaszt *ts i* alanguir

elbájol *ts i* enchanter, charmer

elbánás *fn* traitement *h;* **azonos ~ban részesül** être traité(e) sur un pied d'égalité

elbán|ik *tn i* vkivel régler son compte *v.* faire son affaire *à qqn;* *[megbirkózik]* vmivel venir à bout *de qqch;* **csúnyán ~tak vele** ils l'ont drôlement arrangé

elbarikádoz *ts i* barricader

elbasz *ts i* **elbasz|ik** *biz [elront]* foirer; *[elkölt]* claquer

elbátortalanít *ts i* décourager

elbátortalanodik *tn i* se décourager

elbeszél *ts i* raconter, relater

elbeszélés *fn [cselekvés]* récit *h;* *[írásmű]* nouvelle *n*

elbeszélget *tn i/ts i* vkivel causer *avec qqn;* ~**tük az időt** nous avons passé tout le temps à causer

elbeszélő I. *mn irtud* épique **II.** *fn* narrateur (-trice)

elbír I. *ts i [terhet]* pouvoir porter, supporter; *[elvisel]* supporter **II.** *tn i* vkivel/vmivel venir à bout *de qqn/qqch*

elbírál *ts i* juger, évaluer

elbírálás *fn* jugement *h;* **egyenlő ~ alá esik** être jugé(e) sur les mêmes critères

elbizakodott *mn* présomptueux (-euse)

elbíz|ik *tn i* ~**za magát** prendre trop d'assurance

elbizonytalanod|ik *tn i* se mettre à hésiter

elbliccel *ts i* ~**i a leckéit** s'arranger pour ne pas faire ses devoirs; ~**i az órát** *biz* sécher le cours

elbóbiskol *tn i* s'assoupir

elbocsát *ts i [felmond]* licencier, renvoyer; *[kórházból]* laisser partir

elbocsátás *fn [felmondás]* licenciement *h*, renvoi *h*

elboldogul *tn i* se débrouiller

elborít *ts i* couvrir; *[víz]* submerger, inonder; *[növényzet]* envahir

elborul *tn i [beborul]* se couvrir, s'assombrir; *[elkomorodik]* se rembrunir; ~ **ez elméje** perdre la raison

elborzad *tn i* frémir *v.* frissonner d'horreur

elbőg *tn i biz* ~**i magát** se mettre à chialer

elbúcsúz|ik *tn i vkitől* dire au revoir *à qqn*, prendre congé *de qqn*

elbujdos|ik *tn i [idegenbe menekül]* fuire le pays

elbúj|ik *tn i* se cacher

elbújtat *ts i* cacher

elbuk|ik *tn i [megbukik]* échouer; *[vereséget szenved]* succomber

elbutít *ts i* abêtir, abrutir

elbutul *tn i* s'abêtir

elbűvöl *ts i* enchanter, charmer, fasciner

elbűvölő *mn [bájos]* ravissant(e); *[elragadó]* fascinant(e)

élc *fn* bon mot *h*, trait *h* d'esprit

élcelőd|ik *tn i vkivel/vmin* railler *qqn/qqch*

elcsábít *ts i* séduire; *[vhova]* entraîner

elcsal *ts i [vhova]* attirer, entraîner; *vkitől vmit* soutirer *qqch à qqn*

elcsap *ts i biz [munkahelyéről]* virer, balancer; *átv* ~**ja a hasát** avoir l'estomac dérangé

elcsatol *ts i [területet]* détacher

elcsavar *ts i* tourner; *[deformálva]* tordre; *átv* ~**ja vkinek a fejét** tourner la tête à qqn

elcsavarog *tn i* partir en vadrouille

elcsen *ts i biz* chaparder

elcsendesed|ik *tn i [elcsitul]* se calmer, s'apaiser; ~**ik a falu** le silence s'installe dans le village

elcsépelt *mn* rebattu(e), éculé(e); ~ **dal** rengaine *h*

elcserél *ts i vmit vmire* échanger *v.* troquer *qqch contre qqch*; *[összetéveszt]* échanger

elcsesz *ts i biz* foirer

elcsigáz *ts i* éreinter, harasser

elcsíp *ts i [elfog] biz* pincer, cueillir; *[járművet elér]* attraper, *biz* choper

elcsodálkoz|ik *tn i vmin* s'étonner *v.* être surpris(e) *de qqch*; ~**ott azon, hogy** il était étonné de voir que

elcsór *ts i biz* chourer, chouraver

elcsúfít *ts i* enlaidir

elcsúsz|ik *tn i* glisser; *[jármű]* déraper; **még** ~**ik** *biz* ça passe encore

elcsügged *tn i* se décourager

elcsüggeszt *ts i* décourager

éldegél *tn i [szegényesen]* vivoter; *[csendesen]* vivre tranquillement

eldicseksz|ik *tn i vmivel* se vanter *de qqch v. de inf*

eldob *ts i [távolabbra]* lancer; *[félredob]* jeter

eldobható *mn* jetable

eldorádó *fn [mesebeli ország]* eldorado *h*; *[eszményi hely]* paradis *h*

eldől *tn i [tárgy, építmény]* se renverser; *[ügy]* se décider; *[vita, kérdés]* être tranché(e)

eldönt *ts i [felborít]* renverser; *[ügyet]* décider; *[vitát, kérdést]* trancher

eldöntetlen *mn [kérdés, per]* pendant(e)

eldördül *tn i [lövés]* retentir

eldug *ts i* cacher; *biz* planquer

eldugaszol *ts i* boucher

eldugott *mn* ~ **hely** un trou perdu

eldugul *tn i* se boucher; ~ **az orra** avoir le nez bouché

eldurvul *tn i [vita]* s'envenimer

elé I. *nu [vhova]* devant *qqch/qqn; vki felé* au devant de *qqn;* **maga ~ néz** regarder devant soi; **vki ~ megy** aller au-devant de qqn **II.** *hsz* **kijössz ~m?** tu viens me chercher ?

elébe *hsz* devant; **~ helyez** vmit vmi-**nek** faire passer qqch avant qqch; **szép jövőnek néz ~** être promis(e) à un bel avenir; **állok ~!** je t'attends de pied ferme; **~ vág** *[eseménynek]* devancer

éled *tn i [magához tér]* revenir (à soi); *[természet]* ressusciter, renaître

eledel *fn* aliment *h,* nourriture *n*

elefánt *fn* éléphant *h*

elefántcsont *fn* ivoire *h*

elég¹ *tn i* brûler, se consumer

elég² **I.** *mn* assez; **van ~ pénze ahhoz, hogy** avoir assez *v.* suffisamment d'argent pour *inf;* **bőven ~** largement suffisant; **~ legyen!** assez !, ça suffit (comme ça) !; **~, ha** il suffit que *subj;* **vmire ~** suffire à *v.* pour qqch; **~ az hozzá, hogy** toujours est-il que **II.** *hsz [eléggé]* assez; **~ gyakran** assez souvent **III.** *fn* **eleget tesz vminek** satisfaire à qqch, s'acquitter de qqch; **ele-ge van vmiből** en avoir assez *v. biz* marre de qqch

elegancia *fn* élégance *n*

elegáns *mn* élégant(e), chic

elégedetlen *mn* mécontent(e)

elégedetlenked|ik *tn i* râler; **örökké ~ik** il n'arrête pas de râler

elégedetlenség *fn* mécontentement *h*

elégedett *mn* content(e), satisfait(e)

elégedettség *fn* contentement *h,* satis-faction *n*

elegendő *mn* suffisant(e); *vmiből* assez *v.* suffisamment de *qqch*

eléget *ts i* brûler; *[ételt]* carboniser

eléggé *hsz* assez, suffisamment; **nem ~** insuffisamment

elégia *fn* irtrud élégie *n*

elégséges I. *mn* suffisant(e); *[osztály-zat]* passable **II.** *fn [osztályzat]* men-tion *n* passable

elégtelen I. *mn* insuffisant(e) **II.** *fn [osztályzat]* mention *n* insuffisant

elégtétel *fn* réparation *n,* satisfaction *n; vall* expiation *n;* **~t ad/vesz** donner/obtenir satisfaction

elegy *fn* mélange *h*

elegyed|ik *tn i* vmibe, vmi közé se mê-ler à *qqch;* **beszédbe ~ik** vkivel en-gager *v.* nouer une conversation avec qqn

elegyenget *ts i [talajt]* niveler, aplanir; *[viszályt]* apaiser

eleinte *hsz* au début, (tout) d'abord

eleje *fn [első része]* partie *n* avant; *[vo-naté]* tête *n; [könyvé, filmé]* début *h; [ruháé]* devant *h;* **az ~n** au début; **~től végig** du début à la fin; **~t veszi vminek** couper court à qqch, prévenir qqch

elejt *ts i [tárgyat]* laisser tomber; *[szót]* laisser échapper; *[zsákmányt]* abattre; *[indítványt, vádat]* abandonner

elektród *fn* électrode *n*

elektromos *mn* électrique; **~ áram** courant *h* électrique

elektromosság *fn* électricité *n*

elektron *fn* électron *h*

elektronika *fn* électronique *n;* **szóra-koztató ~** électronique grand public

elektronikus *mn* électronique

elektrotechnika *fn* électrotechnique *n*

elél *tn i vmiből* vivre de *qqch;* **~het még tíz évig** il peut vivre encore dix ans

élelem *fn* aliment *h,* vivres *h (t sz),* nourriture *n*

élelmes *mn* futé(e); *biz* débrouillard(e)

élelmez *ts i* alimenter, approvisionner

élelmezés *fn* alimentation *n,* approvi-sionnement *h*

élelmiszer *fn* produit *h* alimentaire, aliment *h*

élelmiszerbolt *fn* magasin *h* d'alimentation; *[kicsi]* épicerie *n*

élelmiszer-ellátás *fn* approvisionnement *h* (en nourriture)

élelmiszerhiány *fn* pénurie *n* alimentaire

élelmiszeripar *fn* industrie *n* alimentaire

élelmiszerkészlet *fn* stock *h* de vivres

elem *fn* élément *h*; *[energiaforrás]* pile *n*; **az ~ek** *[természeti erők]* les éléments *h (t sz)*; **~ében van** être dans son élément

elemes *mn* *[elemmel működő]* à piles; **~ bútor** meuble *h* transformable

elemez *ts i* analyser

elemi I. *mn* élémentaire; **~ csapás** sinistre *h*; **~ iskola** école *n* primaire **II.** *fn* *[iskola]* école *n* primaire; **az ~ben** en primaire

elemlámpa *fn* lampe *n* de poche; *[rúd alakú]* torche *n* électrique

elemzés *fn* analyse *n*

elénekel *ts i* **~ egy dalt** chanter une chanson

elenged *ts i* *[kézből]* lâcher; *[akaratlanul]* laisser tomber; *[foglyot]* relâcher; *[hagyja elhaladni]* laisser passer; *vkit vhova* laisser *qqn* aller *qqpart*; *[tartozást, büntetést]* remettre; **~i magát** se laisser aller; **~i a füle mellett** *fraz* faire la sourde oreille

elengedhetetlen *mn* indispensable

elenjáró *mn* d'avant-garde, de pointe

élénk *mn* vif (vive); *[eleven]* animé(e), éveillé(e); *[fürge]* alerte; **~ szín** couleur *n* vive v. éclatante; **~ vita** débat *h* vif v. animé

élénkít *ts i* (r)animer, (r)aviver; *[társalgást]* animer; *[forgalmat]* stimuler

élénkség *fn* vivacité *n*

élénkül *tn i* s'animer; *[fokozódik]* s'intensifier

elenyésző *mn* infime; *[összeg, mennyiség]* minime

elér I. *ts i* *[kézzel]* atteindre; *[személyt]* joindre; *[üldözve]* attraper; *[járművet]* attraper; *[célt]* atteindre; *[eljut]* atteindre, gagner; *[mennyiség vmit]* s'élever à; *vmit vkinél* obtenir *qqch de qqn*; **~i az eső** être surpris(e) par la pluie; **~te, amit akart** il a obtenu ce qu'il voulait; **ezzel semmit sem érsz el** cela ne te mènera à rien **II.** *tn i* *[vmeddig]* atteindre, parvenir jusque

elered *tn i* **~ az eső** il commence à pleuvoir; **~ az orra vére** son nez se met à saigner

ereszt *ts i* → **elenged**

elérhetetlen *mn* *[fizikailag]* hors de portée v. d'atteinte; inaccessible; *[személy]* injoignable; *[cél]* inaccessible, inatteignable

elérhető *mn* accessible, à portée de main; *[személy]* joignable; *átv* réalisable

elérkez|ik *tn i* *[odaérkezik]* arriver; *[bekövetkezik]* venir; **~ett az idő, hogy** le temps est venu de *inf*

elernyed *tn i* se relâcher

elért *ts i* *[félreért]* comprendre de travers; *[felfog]* saisir

elértéktelened|ik *tn i* perdre de sa valeur; *[pénz]* se déprécier

elérzékenyül *tn i* s'attendrir, s'émouvoir

éles *mn* *[kés]* tranchant(e); *[fény]* vif (vive), cru(e); *[kanyar]* brusque; *[kép]* net (nette); *[hang]* aigu (-uë); *[zaj]* strident(e); *[fájdalom]* vif (vive), aigu (-uë); *[hallás]* fin(e); *[szem]* perçant(e); *[hangnem]* acerbe, mordant(e); *[elme]* vif (vive), pénétrant(e); **~ ellentét** contradiction *n* éclatante; **~re tölt** *[fegyvert]* charger à balle

élesed|ik *tn i [helyzet]* s'aggraver; *[vita]* s'envenimer

eleség *fn* pâture *n*

elesett I. *mn [gyenge]* affaibli(e); *[szerencsétlen]* misérable **II.** *fn* soldat *h* mort au combat; *átv* misérable *h n*

eles|ik *tn i* tomber; *[harcban]* être tué(e); *[város]* tomber, capituler; *vmitől* être privé(e) *de qqch*

élesít *ts i* aiguiser, affûter; *átv* **~i az elmét** aiguiser l'esprit

éléskamra *fn* garde-manger *h*

éleslátás *fn* perspicacité *n*, clairvoyance *n*, lucidité *n*

élesség *fn [késé]* tranchant *h*; *átv [látásé stb.]* acuité *n*; *[képé]* netteté *n*

éleszt *ts i* ranimer; *[tüzet]* attiser

élesztő *fn* levure *n*

élet *fn* vie *n*; **ilyen az ~** c'est la vie; **~be lép** entrer en vigueur; **~ben marad** rester en vie; **~re kelt** ramener à la vie; **~et ad** donner la vie *v.* le jour; **~-halál kérdése** une question de vie ou de mort; **~ére tör** attenter à la vie de qqn; **~ét kockáztatja** risquer sa vie; **éli az ~ét** vivre sa vie; **új ~et kezd** refaire sa vie; **drága az ~ Párizsban** la vie est chère à Paris; *[megszólításként]* **~em!** mon trésor !

életbevágó *mn* vital(e), capital(e)

életbiztosítás *fn* assurance *n* (sur la) vie

életcél *fn* but *h* de la vie *v.* de l'existence

életelv *fn* règle *n (t sz)* de vie

életerő *fn* force *n* vitale

életerős *mn* vigoureux (-euse), plein(e) de vie

életév *fn* année *n*

életfelfogás *fn* conception *n* de la vie

életfogytig *hsz* pour la vie, à vie; **~ tartó fegyház** prison *n* à perpétuité

életforma *fn* mode *h* de vie

élethalálharc *fn* combat *h* à mort *v.* sans merci

élethű *mn* fidèle, réaliste

életidegen *mn* étranger (-ère) à la vie réelle

életjáradék *fn* rente *n* viagère; viager *h*

életjel *fn* signe *h* de vie; *átv* **~t ad magáról** donner signe de vie

életkedv *fn* joie *n* de vivre

életképes *mn* viable

életképtelen *mn* non-viable; *[terv, eszme]* chimérique

életkor *fn* âge *h*

életkörülmény *fn* condition *n* de vie *v.* d'existence

életközösség *fn hiv* vie *n* commune; *biol* symbiose *n*

életlen *mn [szerszám]* émoussé(e); *[kép]* flou(e)

életmentés *fn* sauvetage *h*

életmentő *fn* sauveteur *h*

életminőség *fn* qualité *n* de (la) vie

életmód *fn* mode *h* de vie, manière *n* de vivre

életmű *fn [művek összessége]* œuvre *h*; *[legfőbb alkotás]* œuvre *n* maîtresse

életnagyság *fn* **~ban** en grandeur nature

életöröm *fn* joie *n* de vivre

életösztön *fn* instinct *h* vital *v.* de vie

életpálya *fn [hivatás]* carrière *n*

életrajz *fn* biographie *n*

életrajzíró *fn* biographe *h n*

életrevaló *mn [erős, egészséges]* robuste; *[talpraesett]* dégourdi(e); *[ötlet]* ingénieux (-euse)

életstílus *fn* style *h* de vie

életszemlélet *fn* philosophie *n* de la vie

életszínvonal *fn* niveau *h* de vie

életszükséglet *fn* besoin *h* vital

élettan *fn* physiologie *n*

élettapasztalat *fn* expérience *n* (de la vie)

élettárs *fn* compagnon (compagne); *hiv* concubin(e)

élettársi *mn* ~ **viszony** concubinage *h*

élettartam *fn* durée *n* de vie

életten *mn [halott]* inanimé(e); sans vie; *[néptelen]* désert(e); ~ **tekintet** regard *h* éteint

életteli *mn [életerőtől duzzadó]* plein(e) de vie; *[lendületes]* plein(e) d'entrain

élettér *fn* espace *h* vital

életunt *mn* las (lasse) de la vie *v.* de vivre

életút *fn* parcours *h*

életveszély *fn* danger *h* de mort *v.* mortel; **túl van az ~en** être hors du danger

életveszélyes *mn* ‹mortellement dangereux›; **ne csináld ezt, ez ~!** ne fais pas ça, tu peux mourir; **az átjárás – és tilos!** passage interdit – danger de mort !

életvidám *mn* débordant(e) de joie de vivre; ~ **arc** visage *h* radieux

életvitel *fn* train *h* de vie

eleve *hsz [mindjárt eleinte]* d'emblée, dès le départ; *[már előre]* d'avance

eleven I. *mn [élő]* vivant(e); *[élénk]* plein(e) de vie; *[emlék]* vivace **II.** *fn* ~**ébe vág** trancher dans le vif; ~**jére tapint** toucher son point sensible

elevül *tn i* tomber en désuétude; *jog* se prescrire

elévülés *fn jog [ítéleté, kereseté]* péremption *n*; *[bűné, követelésé]* prescription *n*

elévülhetetlen *mn* imprescriptible

élez *ts i* → **élesít**

élező|dik *tn i átv* s'aggraver; *[vita]* s'envenimer

elfagy *tn i* geler

elfajul *tn i ált* dégénérer

elfárad *tn i* se fatiguer; ~**t** il est fatigué; **fáradjon el hozzánk holnap!** passez nous voir demain

elfáraszt *ts i* fatiguer, éreinter

elfásul *tn i* devenir blasé(e) *v.* indifférent(e)

elfásult *mn* blasé(e)

elfecsérel *ts i [javakat]* gaspiller, dissiper; *[időt, tehetséget]* gaspiller

elfehéred|ik *tn i* blêmir, pâlir

elfekvő I. *mn* ~ **áruk** marchandises *n (t sz)* invendues **II.** *fn* hôpital *h* de long séjour; *pej* mouroir *h*

elfelejt *ts i* oublier

elfelejtkez|ik *tn i vkiről/vmiről* oublier *qqn/qqch*

elfelez *ts i* partager en deux

elfenekel *ts i vkit* fesser *qqn*, donner une fessée à *qqn*

elfér *tn i* tenir; **hatan is ~nek ebben az autóban** on peut tenir à six dans cette voiture; **nem férek el tőled** tu ne me laisses pas assez de place

elferdít *ts i [tárgyat]* tordre, déformer; *átv [szót, tényeket]* déformer, dénaturer; *[gondolatot]* fausser, travestir

elfertőződ|ik *tn i* s'infecter

elfog *ts i [tárgyat]* attraper, appréhender; *[hatóság]* arrêter, appréhender; *[állatot]* capturer; *átv [érzés]* être pris(e) *v.* saisi(e) de *qqch*

elfogad *ts i* accepter; *[javaslatot]* retenir, accepter; *[törvényt, költségvetést]* adopter

elfogadhatatlan *mn* inacceptable, inadmissible; *jog* irrecevable

elfogadható *mn* acceptable; *[ok]* valable; *[ár]* raisonnable; *jog* recevable

elfogadtat *ts i* faire accepter *v.* adopter

elfogatóparancs *fn* mandat *h* d'arrêt

elfoglal *ts i [várat, várost]* prendre; *[helyet, teret]* prendre, occuper; ~**ja a helyét** prendre place; ~**ja magát vmivel**

s'occuper de qqch; **el van foglalva** il est occupé

elfoglalt *mn [személy]* occupé(e), pris(e); **nagyon ~** il est très pris

elfoglaltság *fn* occupations *n (t sz)*; **~ot talál magának** trouver à s'occuper

elfogódott *mn [megilletődött]* ému(e), touché(e); *[feszélyezett]* intimidé(e), gêné(e)

elfogulatlan *mn* impartial(e)

elfogult *mn* partial(e); **~ ítélet** jugement *h* partial; **~ vkivel szemben** *[pozitívan]* avoir des préventions en faveur de qqn; *[negatívan]* avoir des préventions contre qqn

elfogultság *fn* partialité *n*, parti *h* pris

elfogy *tn i [áru]* être épuisé(e); **~ott a kenyér** il n'y a plus de pain; **~ott a pénze** il n'a plus d'argent; **~ott a türelme** il est à bout de patience

elfogyaszt *ts i [ételt, italt]* consommer; **~ja az ebédjét** prendre son déjeuner

elfojt *ts i [lángot, tüzet]* étouffer; *[indulatot, érzelmet]* étouffer, contenir, refouler; *[lázadást]* étouffer, réprimer

elfoly|ik *tn i [kifolyik]* s'écouler, fuir; *[idő, élet]* s'écouler; **~ik a keze között a pénz** l'argent lui file entre les doigts

elfonnyad *tn i* se flétrir

elfordít *ts i* tourner; **~ja a fejét** détourner la tête

elfordul *tn i [dolog]* tourner; *[személy, tekintet]* se détourner; *átv vmitől* se détourner *de qqch*; *vkitől* se détourner *v.* se détacher *de qqn*

elfúj *ts i [szél]* emporter; *[gyertyát]* souffler; *[megtanult szöveget]* débiter

elfuserál *ts i biz* bousiller

elfut **I.** *tn i* partir en courant; *[menekülve]* s'enfuir *v.* se sauver en courant, *biz* détaler; *vki elől* fuir *qqn*; *[vhova, vmeddig]* courir jusque **II.** *ts i* **~ja a méreg** piquer une colère

elfűrészel *ts i* scier

elfüstöl *biz* **I.** *ts i* **egy ezrest ~ naponta** claquer mille francs par jour en clopes **II.** *tn i [elinal]* prendre le large

elgáncsol *ts i vkit* faire un croche-pied à *qqn*

elgázol *ts i* écraser; **~ta egy autó** il s'est fait écraser par une voiture

elgémbered|ik *tn i* s'engourdir

elgennyesed|ik *tn i* suppurer

elgondol *ts i* penser à; **még ~ni is rossz** il vaut mieux ne pas y penser; **ha ~om** quand j'y pense

elgondolás *fn* idée *n*; **~a szerint** selon son idée, d'après lui

elgondolkod|ik *tn i vmin* réfléchir *à v. sur qqch*, méditer *sur qqch*; *[gondolatokba merül]* se plonger *v.* être plongé(e) dans ses pensées

elgondolkodtató *mn* qui donne à réfléchir

elgörbít *ts i* recourber, tordre

elgörbül *tn i* se recourber, se tordre

elgurít *ts i* faire rouler

elgurul *tn i* rouler

elgyengül *tn i* s'affaiblir

elgyötör *ts i* exténuer

elhadar *ts i* bredouiller

elhagy *ts i [eltávozik]* quitter; *[otthagy]* quitter, abandonner; *[elveszít]* égarer; *[túljut vmin, vmit megelőz]* dépasser; *[kihagy, mellőz]* ometttre; *[abbahagy]* arrêter; **~ja az ereje** ses forces l'abandonnent; **~ja magát** se laisser aller

elhagyás *fn* abandon *h*

elhagyatott *mn [személy]* abandonné(e), esseulé(e); *[néptelen]* désert(e)

elhagyatottság *fn* abandon *h*

elhagyott *mn* **~ gyermek** enfant *h n* abandonné(e); **~ tárgyak** objets *h (t sz)* perdus

elhájasod|ik *tn i* engraisser

elhajít *ts i* lancer, jeter; *biz* balancer

elhajlás *tn i* courbement *h*; *pol* déviationnisme *h*; **mágneses ~** inclinaison *n* magnétique

elhajl|ik *tn i* fléchir, se courber

elhajol *tn i* **~ az ütés elől** esquiver un coup

elhajt I. *tn i [kocsival]* partir en voiture **II.** *ts i [elűz]* chasser; *[terel]* mener; *[ellop]* voler; *[szervezetből eltávolít]* expulser; *[magzatot]* biz faire passer

elhal *tn i [meghal]* s'éteindre, expirer; *[hang]* mourir; *[testrész]* s'atrophier; *[sejt]* mourir; *[szövet]* se nécroser

él-hal *tn i* vmiért/vkiért adorer *qqch/qqn*, être fou (fol) (folle) *de qqch/qqn*, être passionné(e) *v. biz* fana *de qqch*

elhalad *tn i* vki/vmi mellett passer à côté de *qqn/qqch*; vmi mentén longer *qqch*

elhalálozás *fn* décès *h*

elhaláloz|ik *tn i* décéder

elhalaszt *ts i* ajourner, reporter, remettre; *jog* surseoir à

elhalasztás *fn* ajournement *h*, report *h*

elhallatsz|ik *tn i [vmeddig]* s'entendre jusque; **hangja messzire ~ik** sa voix porte loin

elhallgat I. *tn i [beszéd közben]* se taire; *[zaj, zene]* cesser **II.** *ts i [titkol]* taire; vmit vki előtt cacher *qqch à qqn*

elhallgattat *ts i* faire taire, réduire au silence

elhalmoz *ts i [ajándékkal]* combler de; *[dicséretekkel]* couvrir de; *[feladattal, munkával]* accabler *v.* surcharger de

elhaló *mn* **~ hangon** d'une voix mourante

elhalványul *tn i [szín]* se décolorer; *[elsápad]* pâlir; *[emlék]* s'estomper

elhamarkod|ik *ts i* **~ja a dolgot** aller trop vite en besogne

elhamarkodott *mn [elsietett]* hâtif (-ive), prématuré(e); *[meggondolatlan]* irréfléchi(e); **~ következtetés** conclusion *n* hâtive

elhamvad *tn i* se consumer

elhamvaszt *ts i [tűzvész]* réduire en cendres; *[holttestet]* incinérer

elhangz|ik *tn i* retentir, se faire entendre; **az is ~ott, hogy** il a aussi été dit que

elhány *ts i [földet, havat]* déblayer, enlever; *[más helyre tesz]* biz fourrer; **~ja magát** se mettre à vomir

elhanyagol *ts i* négliger; **~ja magát** se négliger, se laisser aller

elhanyagolható *mn* négligeable

elhanyagolt *mn* mal entretenu(e); *[személy külseje]* négligé(e), débraillé(e)

elharapódz|ik *tn i* se propager, gagner du terrain

elhárít *ts i [akadályt, gyanút, veszélyt]* écarter; *[felelősséget]* décliner; *[ütést]* esquiver

elhárítás *fn* contre-espionnage *h*

elhárul *tn i* être écarté(e)

elhasznál *ts i [elnyű]* user; *[felhasznál, elfogyaszt]* utiliser

elhasználód|ik *tn i [elkopik]* s'user

elhatalmasod|ik *tn i [érzés]* vkin être submergé(e) *v.* envahi(e) *par qqch*

elhatárol *ts i [területet]* délimiter, circonscrire; **~ja magát vkitől/vmitől** désavouer *qqn/qqch*, se désolidariser de *qqn/qqch*

elhatároz *ts i* vmit décider *de inf*; **~za magát vmire** se décider à *qqch v.* à *inf*

elhatározás *fn* décision *n*; **arra az ~ra jut, hogy** prendre la décision de *inf*

elhelyez *ts i [tárgyat]* placer; *[állásba]* placer, caser; *[állásból]* déplacer; *[elszállásol]* loger; *[árut, pénzt]* placer; **~ egy cikket** placer un article

elhelyezés *fn [tárgyé]* disposition *n*; *[elszállásolás]* hébergement *h*; *[állásba]* placement *h*

elhelyezkedés *fn* disposition *n*; *[állásban]* placement *h*

elhelyezked|ik *tn i [helyet foglal]* s'installer; *[földrajzilag]* se situer, se trouver; *[állást talál]* trouver un emploi

elherdál *ts i* dilapider

elhervad *tn i átv is* se faner

elhesseget *ts i átv is* chasser

élhetetlen *mn* ~ **ember** un homme incapable, un incapable

elhibáz *ts i [elront]* rater; *[hibát ejt]* faire une erreur *v.* une faute; *[eltéveszt]* se tromper *de qqch*; *[célt]* manquer, rater

elhibázott *mn* raté(e); ~ **élet** vie *n* ratée; ~ **lépés** faux pas *h*

elhidegül *tn i vkitől* se détacher *de qqn*; ~**tek egymástól** ils se sont éloignés l'un de l'autre

elhíresztel *ts i* ébruiter; ~**i, hogy** répandre *v.* faire courir le bruit que

elhisz *ts i* croire; ~**em neked, hogy** te crois quand tu dis que; **higgye el nekem!** croyez-moi; **nem hiszem el** *[neked]* je ne te crois pas, *[azt]* je n'arrive pas à le croire

elhitet *ts i vmit vkivel* faire croire *qqch à qqn*

elhív *ts i vkit vhova* demander *v.* proposer *à qqn* d'aller *v.* de venir *qqpart*, inviter *qqn qqpart*

elhivatottság *mn* vocation *n*

elhíz|ik *tn i* devenir obèse

elhódít *ts i [területet, piacot]* conquérir; *vkit vkitől* prendre *qqn à qqn*; *sp* ~**ja az első helyet** ravir la première place

elhomályosít *ts i* ternir, obscurcir; *[vkinek a fontosságát]* éclipser; *[elmét az indulat]* obscurcir, brouiller

elhomályosod|ik *tn i* se ternir, s'obscurcir; *[látás]* se troubler, se brouiller; *[elme, tudat]* s'obscurcir, se brouiller; *[hírnév]* s'effacer

elhord I. *ts i [elvisz, elsodor]* emporter; *[viselve elnyű]* user; **hordd el magad!** *biz* fiche le camp ! **II.** *tn i [fegyver]* porter

elhoz *ts i [vhonnan]* aller chercher; *[tárgyat kézben]* amener; *[magával]* amener; ~**ta magával a fiát** il a amené son fils (avec lui); ~**ott autóval** il m'a raccompagné en voiture

elhuny *tn i vál* s'éteindre, rendre l'âme, décéder

elhunyt *mn/fn vál* défunt(e)

elhurcol *ts i [erőszakkal]* emmener de force

elhúz I. *ts i [tárgyat]* tirer (après soi); *[függönyt]* écarter, tirer; *[ügyet stb.]* faire traîner; ~**za a száját** faire la moue; *átv* ~**zák a vizsgán** se faire recaler à l'examen; *biz* être collé(e) (à l'examen) **II.** *tn i [vki mellett]* dépasser *v.* devancer *qqn*; *[elmegy]* *biz* se casser, se tirer

elhúzód|ik *tn i [sokáig tart]* traîner (en longueur), durer (longtemps); *vkitől* s'écarter *de qqn*; *[vihar]* s'éloigner

elhűl *tn i [étel]* (se) refroidir; *[elámul]* être sidéré(e); ~ **benne a vér** son sang se glace dans ses veines

elidegenedés *fn tud* aliénation *n*

elidegened|ik *tn i vkitől* se détacher *de qqn*; *tud* s'aliéner

elidegenít *ts i vkitől* rendre étranger *à qqn*; *jog* aliéner

elidőz|ik *tn i [egy helyen]* s'attarder; *[témánál]* s'attarder *sur qqch*

eligazít *ts i vkit* montrer *v.* indiquer le chemin *à qqn*; *[elrendez]* arranger; *[ügyet]* régler

eligazítás *fn [utasítás]* instructions *n (t sz)*, briefing *h*

eligazod|ik *tn i [tud tájékozódni]* s'y reconnaître; *[kiismeri magát] vmiben* s'y retrouver *dans qqch; vkiben* cerner *qqn;* **jól ~ik a politikában** il connaît bien les arcanes de la politique

eligérkez|ik *tn i [vhova]* promettre d'aller *qqpart;* **vasárnapra már ~tem** le dimanche, je suis déjà pris(e)

elijeszt *ts i [embert]* faire fuire; *[állatot]* effaroucher; *[visszariaszt] vmitől* décourager *de qqch*

elillan *tn i [gáz]* s'exhaler; *[folyadék]* se vaporiser; *[gyorsan elmúlik]* s'envoler; *[elmenekül]* s'esquiver

elindít *ts i [szerkezetet]* mettre en marche; *[járművet]* (faire) démarrer; *[indulásra jelt ad]* donner le signal du départ; *[folyamatot]* déclencher; *[ügyet, vkit a pályán]* lancer; *inform [programot]* lancer

elindul *tn i* partir, se mettre en route; *[szerkezet]* se mettre en marche; *[jármű]* démarrer; *[járni kezd]* commencer à marcher

elintéz *ts i [ügyet]* régler, arranger; *[bántalmaz] biz* abîmer, arranger; *[megöl] biz* refroidir; **~tem, hogy felvegyék** je me suis débrouillé pour qu'il soit pris

elintézetlen *mn* non réglé(e); **~ ügy** affaire *n* non réglée *v.* pendante

elintéznivaló *fn* **még van pár ~m** j'ai encore quelques affaires à régler *v. biz* quelques trucs à faire

elírás *fn* faute *n v.* erreur *n* (dans le texte)

elismer *ts i [elfogad]* reconnaître, admettre; *[beismer]* avouer, reconnaître; *[megbecsül]* reconnaître, considérer; *[diplomát]* homologuer

elismerés *fn* reconnaissance *n;* **~re méltó** digne d'éloges, méritoire

elismert *mn* reconnu(e)

elismervény *fn* récépissé *h,* reçu *h*

elismétel *ts i* répéter

elit I. *mn [legkiválóbb]* d'élite; *[előkelő]* sélect(e), chic **II.** *fn* élite *n*

elítél *ts i [erkölcsileg]* réprouver, blâmer; *jog* condamner

elítélés *fn [erkölcsi]* réprobation *n,* blâme *h; jog* condamnation *n*

elítélő *mn* désapprobateur (-trice)

elítélt *mn/fn* condamné(e)

eljár *tn i [vhová, vkihez]* aller (souvent); *[vhonnan]* sortir; *[intézkedik]* agir, faire des démarches; *[vmilyen módon]* agir, procéder; *[idő]* passer; **könnyen ~ a keze** avoir la main leste

eljárás *fn [elintézés]* procédure *n; [magatartás]* manière *n* (d'agir); *[művelet]* procédé *h,* technique *n; [bírósági]* procédure *n,* action *n,* poursuites *n (t sz);* **ez nem ~!** ce ne sont pas *v. biz* c'est pas des manières !; **bűnvádi/fegyelmi ~** action criminelle/disciplinaire; **~t indít vki ellen** engager des poursuites contre qqn

eljátsz|ik I. *tn i* **~ik vkivel** jouer avec qqn; **~ik magában** jouer tranquillement (tout seul) **II.** *ts i [szerepet, zeneművet]* jouer, exécuter; *[pénzt]* perdre

eljegyez *ts i* **~ték egymást** ils se sont fiancés

eljegyzés *fn* fiançailles *n (t sz)*

éljen! I. *isz* vive !; **~ a szabadság!** vive la liberté ! **II.** *fn* **háromszoros ~** un triple hourra

éljenez I. *tn i* pousser des acclamations, crier bravo **II.** *ts i vkit* acclamer *qqn*

éljenzés *fn* acclamations *n (t sz),* ovations *n (t sz)*

eljön *tn i [vhova]* venir; *[vhonnan]* partir; *vkiért/vmiért* venir chercher *qqn/ qqch; [idő]* venir, arriver

eljövetel *fn* arrivée *n*; [várt dologé] avènement *h*

eljut *tn i* [vhova/vmeddig] arriver *v.* parvenir *v.* jusqu'à; **hogy lehet ~ni a repülőtérre?** quel est le chemin pour aller à l'aéroport ?

eljuttat *ts i* [vhova/vmeddig] faire parvenir *v.* jusqu'à

elkábít *ts i* étourdir; *átv* étourdir, griser; **a siker ~otta** le succès lui est monté à la tête

elkábul *tn i átv is* être étourdi(e)

elkalandozás *fn* [beszédé] digression *n*; [gondolaté] divagation *n*

elkalandoz|ik *tn i* ~ik a tárgytól se perdre dans des digressions; **gondolatai ~nak** ses pensées s'égarent

elkallód|ik *tn i* s'égarer

elkanyarod|ik *tn i* [jármű, út] tourner; **~ik balra** tourner à gauche; **~ik a tárgytól** sortir du sujet

elkap *ts i* [vmit röptében, betegséget, járművet] attraper; [megragad] saisir; [szót] saisir au vol; [eső, vihar] surprendre; [elfog] *biz* épingler

elkapat *ts i* [elkényeztet] gâter

elkapkod *ts i* [munkát] bâcler, torcher; **~ják** [árut] on se l'arrache

elkápráztat *ts i átv is* éblouir; [megszédít] étourdir

elkárhoz|ik *tn i* être damné(e)

elkedvetlened|ik *tn i* perdre sa bonne humeur

elkedvetlenít *ts i* mettre de mauvaise humeur

elkel *tn i* [áru] se vendre, être vendu(e); **minden jegy ~t** tous les billets ont été vendus; **~ne neki vmi** il lui faudrait qqch; il aurait (bien) besoin de qqch

elken *ts i* étaler; [írást, festést] barbouiller; [ügyet] étouffer

elkényelmesed|ik *tn i* devenir paresseux (-euse)

elkényeztet *ts i* gâter

elképed *tn i* être ébahi(e) *v.* sidéré(e)

elképeszt *ts i* ébahir, sidérer

elképesztő *mn* stupéfiant(e), ahurissant(e)

elképzel *ts i* (s')imaginer, se figurer; **képzelje el, hogy** figurez-vous que; **nem ilyennek képzeltem el** je ne (me) l'imaginais pas comme ça

elképzelés *fn* [cselekvés] imagination *n*; [ötlet] idée *n*

elképzelhetetlen *mn* inimaginable, inconcevable

elképzelhető *mn* imaginable, concevable; **~, hogy** il est possible que *subj*; **az ~ legjobb megoldás** la meilleure solution possible

elkér *ts i* vmit vkitől demander qqch à qqn

elkéredzked|ik *tn i* demander la permission d'aller jouer

elkerget *ts i átv is* chasser

elkerít *ts i* enclore, clôturer

elkerül I. *tn i* [vhova] parvenir, arriver; [vhonnan] quitter qqch II. *ts i* [szándékosan] vkit éviter qqn; [bajt, büntetést] échapper à qqch; **~i az iskolát** faire l'école buissonnière; **~i vkinek a figyelmét** échapper à l'attention de qqn; **~ik egymást** [véletlenül] se manquer; **~i a szerencse** la chance le fuit

elkerülhetetlen *mn* inévitable, inéluctable

elkerülhető *mn* évitable

elkeseredés *fn* désespoir *h*

elkeseredett *mn* désespéré(e); ~ **harc** combat *h* acharné

elkesered|ik *tn i* (se) désespérer; **nem kell ~ni** il ne faut pas désespérer

elkeserít *ts i* affliger

elkeserítő *mn* affligeant(e), désespérant(e)

elkés|ik *tn i* être *v.* arriver en retard; **~tél** tu es (arrivé) en retard

elkészít *ts i* préparer, faire; **~i az ebédet** faire *v.* préparer le déjeuner

elkészítés *fn* préparation *n*

elkészül *tn i [vmi]* être prêt(e) *v.* terminé(e); *[vki vmivel]* finir *v.* terminer *qqch*; *[vmire]* être prêt(e) *v.* se préparer à *qqch v. à inf*, s'attendre à *qqch*; **erre nem voltam ~ve** je ne m'attendais pas à ça

elkever *ts i vmit vmivel* mélanger *qqch* à *qqch*, incorporer *qqch dans qqch*

elkevered|ik *tn i vmi vmivel* se mélanger à *qqch*; *[elvész]* être égaré(e); *[eltéved]* se perdre

elkezd *ts i* commencer *qqch*; *[vmit csinálni]* commencer à *v.* de *inf*, se mettre à *inf*

elkezdőd|ik *tn i* commencer

elkiált *ts i ~ja magát* pousser un cri

elkísér *ts i* accompagner; *[haza]* raccompagner

elkoboz *ts i* confisquer

elkomorod|ik *tn i* s'assombrir, se rembrunir

elkop|ik *tn i* s'user; *[ruha]* s'élimer; *[éle]* vminek s'émousser

elkoptat *ts i* user; *[ruhát]* élimer; *[élét]* émousser; **~ egy jelszót** user et abuser d'un slogan

elkorcsosul *tn i átv is* dégénérer, s'abâtardir

elkorhad *tn i* pourrir

elkótyavetyél *ts i [áron alul elad]* brader; *[eltékozol]* dilapider, *biz* croquer

elkölt *ts i [összeget]* dépenser; *[ételt]* consommer

elköltöz|ik *tn i* déménager

elkönyvel *ts i gazd* inscrire (sur les livres); *átv [a javára ír]* vkinek vmit créditer *qqn de qqch*; vkit vmilyennek classer *v.* cataloguer *qqn* (comme) *qqch*

elköszön *tn i vkitől* dire au revoir à *qqn*

elkötelez *ts i* engager; **~i magát** s'engager

elkötelezett *mn* engagé(e)

elkötelezettség *fn* engagement *h*

elkövet *ts i [rosszat]* commettre; **mindent ~, hogy** faire tout (son possible) pour *inf*

elkövetés *fn jog* perpétration *n*

elkövetkez|ik *tn i* arriver, venir

elkövetkező *mn* az **~ hónapokban** au cours des prochains mois, dans les mois qui viennent

elkövető *fn jog is* auteur *h*

elküld *ts i* envoyer, expédier; *vkit vhova* envoyer *qqn qqpart*; *vkit vkiért/vmiért* envoyer *qqn* chercher *qqn/qqch*; *[eltanácsol, elbocsát]* renvoyer

elkülönít *ts i* isoler, séparer; *[külön rak]* mettre à part

elkülönül *tn i* s'isoler

ellankad *tn i* s'alanguir; *[buzgalom]* tiédir; *[figyelem]* faiblir, se relâcher

ellaposod|ik *tn i* s'aplatir; *átv* s'affadir

ellát[1] *tn i [vmeddig]* voir jusqu'à; **ameddig a szem ~** à perte de vue

ellát[2] *ts i vmivel* pourvoir *v.* munir de *qqch*; *[beteget]* soigner, prendre soin de; *[teendőket]* s'acquitter de; *[munkakört]* remplir, assumer; **~ja a családját** subvenir à sa famille; **~ja vkinek a baját** régler son affaire à *qqn*

ellátás *fn* approvisionnement *h*; *[betegé]* soins *h (t sz)*; *[hatósági]* service *h*; **egészségügyi ~** soins *h (t sz)* médicaux; **teljes ~** pension *n* complète

ellátatlan *mn hiv* sans ressources, sans subsistance

ellátogat *tn i vhova/vkihez* aller voir *qqch/qqn*; *vkihez* rendre visite à *qqn*

ellátsz|ik *tn i messzire* **~ik** se voir de loin

ellen *nu* contre; **egymás ~** l'un contre l'autre; **a spanyol csapat ~** contre l'équipe espagnole

ellenáll *tn i* vkinek/vminek résister à qqn/qqch; *[szembeszegül]* s'opposer à qqn/qqch

ellenállás *fn* fiz, el is résistance *n*; *[szembeszegülés]* opposition *n*

ellenállhatatlan *mn* irrésistible

ellenálló I. *mn* résistant(e); *[ellenszegülő]* réfractaire **II.** *fn* pol, tört résistant(e)

ellenanyag *fn* orv anticorps *h*

ellenben *ksz* par contre, en revanche

ellene *hsz* contre; *[vki ellen]* contre lui (elle); **~ van vminek** être contre qqch v. opposé(e) à qqch

ellenében *hsz* *[fejében]* vminek contre qqch, en échange de qqch; **nyugta ~** contre quittance

ellenére I. *nu* vminek en dépit de qqch, malgré qqch; **annak ~, hogy** malgré (le fait) que *subj* **II.** *hsz* **akarata ~** contre son gré v. sa volonté; **ha nincs ellenedre** si tu n'as rien contre

ellenérték *fn* gazd contre-valeur *n*

ellenérv *fn* argument *h* opposé

ellenérzés *fn* aversion *n*

ellenez *ts i* vmit être contre qqch, s'opposer à qqch

ellenfél *fn* adversaire *h n*

ellenforradalom *fn* contre-révolution *n*

ellenhatás *fn* réaction *n*

elleni *mn* contre; **köhögés ~ szirup** sirop contre la toux

ellenintézkedés *fn* contre-mesure *n*

ellenjavallat *fn* orv contre-indication *n*

ellenjavaslat *fn* contre-proposition *n*

ellenjegyez *ts i* contresigner

ellenjelölt *fn* candidat(e) adverse

ellenkezés *fn* opposition *n*, résistance *n*

ellenkez|ik *tn i* vkivel s'opposer v. résister à qqn; vmivel être contraire à qqch; **~ik a józan ésszel** être contraire au bon sens; **~ik a tényekkel** contredire les faits

ellenkező I. *mn* vmivel opposé(e) v. contraire à qqch; **~ irányban** dans la direction opposée; **~ esetben** dans le cas contraire **II.** *fn* contraire *h*, opposé *h*; **vminek az ~jét állítja** affirmer le contraire de qqch

ellenkezőleg *hsz* (bien) au contraire

ellenkultúra *fn* contre-culture *n*

ellenlábas *mn/fn* concurrent(e), rival(e)

ellenméreg *fn* biol *[szervezetben]* antitoxine *n*; *[gyógyszer]* contrepoison *h*, antidote *h*

ellenőr *fn* contrôleur (-euse)

ellenőriz *ts i* contrôler; *[adatokat]* vérifier; *[felügyel]* surveiller; *[felülvizsgál]* superviser

ellenőrizhetetlen *mn* invérifiable, incontrôlable

ellenőrzés *fn* contrôle *h*; *[adatoké]* vérification *n*; *[felügyelés]* surveillance *n*

ellenőrző *fn* okt carnet *h* de correspondance

ellenpélda *fn* contre-exemple *h*

ellenpólus *fn* pôle *h* opposé

ellenpont *fn* contrepoint *h*

ellenpróba *fn* contre-épreuve *n*, contre-essai *h*

ellenség *fn* ennemi(e); **(esküdt) ~e** vminek/vkinek être l'ennemi (juré) de qqch/qqn

ellenséges *mn* *[ellenséghez tartozó]* ennemi(e); *[rosszindulatú]* hostile; **~ magatartást tanúsít** témoigner de l'hostilité; **~ viszonyban van vkivel** être sur un pied d'hostilité avec qqn

ellenségeskedés *fn* hostilité *n*; kat, pol hostilités *n (t sz)*

ellensúly *fn* contrepoids *h*

ellensúlyoz *ts i* contrebalancer, compenser, faire contrepoids à

ellenszavazat *fn* vote *h* contre

ellenszegül *tn i* [szembeszáll] s'opposer à; [nem engedelmeskedik] désobéir

ellenszegülés *fn* [szembeszállás] opposition *n*; [parancsnak] désobéissance *n*

ellenszél *fn* vent *h* contraire

ellenszenv *fn* [vki iránt] antipathie *n*, aversion *n*; [vmi iránt] aversion *n*; ~et érez vki iránt éprouver de l'antipathie pour v. envers qqn

ellenszenves *mn* [személy] antipathique; [dolog] déplaisant(e)

ellenszer *fn* antidote *h*; *átv* remède *h*

ellenszolgáltatás *fn* contrepartie *n*; ~ fejében moyennant contrepartie

ellentábor *fn* camp *h* adverse

ellentámadás *fn* contre-attaque *n*, contre-offensive *n*

ellentét *fn* [vmi ellenkezője] contraire *h*; [érzelmi, nézetbeli] opposition *n*, antagonisme *h*; [nézeteltérés] différend *h*; *fil* antithèse *n*; **vkivel/vmivel ~ben** contrairement à qqn/qqch; **épp ~e a húgának** il est (tout) le contraire de sa sœur; **~ben áll vmivel** être en opposition avec qqch, contraster avec qqch

ellentétes *mn* [ellenkező] opposé(e), contraire; [ellentétben lévő] antagonique

ellentmond *tn i* contredire; ~ önmagának se contredire

ellentmondás *fn* contradiction *n*; *fil* antinomie *n*; **nem tűr ~t** ne pas supporter la contradiction; **~ba keveredik** se contredire

ellentmondásos *mn* contradictoire; [vitás] ambigu(ë)

ellentmondó *mn* contradictoire

ellenvélemény *fn* opinion *n* v. avis *h* contraire; *jog* contravis *h*

ellenvetés *fn* objection *n*; **nincs (semmi) ~em** je n'ai pas d'objection à faire

ellenzék *fn* opposition *n*

ellenzéki I. *mn* de l'opposition, d'opposition **II.** *fn* opposant(e)

ellenző I. *mn* opposant(e), adversaire *h n*; [sapkán] visière *n*; [szemen] gardevue *h*; [lóé] œillère *n*

ellep *ts i* [víz] submerger, inonder; [homok, hó] couvrir; [előzönöl] envahir

elles *ts i* vkitől vmit «apprendre qqch (à la dérobée) en regardant faire qqn»; **~i vkinek a titkát** percer le secret de qqn

ellik *tn i* mettre bas

ellipszis *fn* ellipse *n*

elliptikus *mn* elliptique

ellóg *biz* **I.** *tn i* [vhonnan] se barrer de qqpart **II.** *ts i* ~ **egy órát** [iskolában] sécher un cours

ellop *ts i* [tárgyat] voler; *biz* piquer; [szellemi terméket] plagier; **~ták az órámat** on m'a volé ma montre

ellök *ts i* pousser; [magától] repousser

ellustul *tn i* devenir paresseux (-euse)

elmagyaráz *ts i* expliquer

elmarad *tn i* [a többiektől] rester v. demeurer en arrière, être distancé(e); [nem történik meg] ne pas avoir lieu; [lemondva] être annulé(e); [késik] vmivel avoir v. prendre du retard dans qqch; **~ a növésben/fejlődésben** être attardé(e); **soká ~** se faire attendre, tarder à arriver

elmaradás *fn* [vkié vhonnan] absence *n*; [előadásé] annulation *n*; [munkában] retard *h*; [fejlődésbeli] arriération *n*

elmaradhatatlan *mn* [nem hiányozhat] indispensable; [okvetlenül bekövetkező] inéluctable

elmaradott *mn [gondolkozásban, szellemileg]* arriéré(e); *[gazdaságilag]* sous-développé(e)

elmaradottság *fn* état *h* arriéré; retard *h*

elmarasztal *ts i* condamner

elme *fn* esprit *h*; **ép/ragyogó ~** esprit sain/brillant

elmeállapot *fn* état *h* mental

elmebeli *mn* mental(e)

elmebeteg *mn/fn* malade *h n* mental(e)

elmebetegség *fn* maladie *n* mentale

elmegy *tn i [vhonnan]* partir, s'en aller; *[vhova]* aller, partir; *[otthonról]* sortir; *[vmeddig]* aller jusqu'à; *vmi mellett* passer à côté de qqch; *vkiért/vmiért* aller chercher *qqn/qqch*; *[pl. pénz]* partir, filer; **~ a kedve vmitől** ne plus avoir envie de (faire) qqch, perdre l'envie de (faire) qqch; **~ az esze** perdre la tête

elmegyógyintézet *fn* hôpital *h* psychiatrique

elmélázik *tn i* rêvasser

elmélet *fn* théorie *n*; **~ben** en théorie

elméleti *mn* théorique

elméletileg *hsz* théoriquement, en théorie

elmélkedés *fn [gondolkodás]* réflexion *n*, méditation *n*; *[elvi fejtegetés]* spéculation *n*, considérations *n (t sz)*

elmélkedik *tn i vmin* méditer *v.* réfléchir *sur qqch*

elmélyed *tn i vmiben* se plonger *v.* s'absorber *dans qqch*

elmélyít *ts i* approfondir

elmélyül *tn i* devenir plus profond; *[viszony]* s'approfondir; *vmiben* être absorbé(e) *dans qqch*; *[válság]* s'aggraver

elmenekül *tn i [vhonnan]* s'enfuir; *vki/vmi elől* fuir *qqn/qqch*

elment *ts i inform* sauvegarder

élmény *fn [tapasztalat]* expérience *n*; *[történés]* événement *h*

élménybeszámoló *fn [utazásról]* compte rendu *h* de voyage

élményfürdő *fn* centre *h* aquatique

elmeorvos *fn* psychiatre *h n*

elmérgesedik *tn i átv is* s'envenimer

elmérgesít *ts i átv is* envenimer

elmerül *tn i* s'immerger; *[ember]* plonger; *[fuldokló]* se noyer; *[hajó]* couler; *átv* se plonger, être plongé(e); **~ az adósságban** crouler sous les dettes

elmés *mn [szellemes]* spirituel (-elle); *[ügyes]* ingénieux (-euse)

elmesél *ts i* raconter

elmeszesedik *tn i* se scléroser

elmetsz *ts i* sectionner

elmezavar *fn* déséquilibre *h v.* trouble *h* mental

élmezőny *fn sp* peloton *h* de tête

elmond *ts i [elbeszél]* dire, raconter; *[bizalmasan]* confier; *[véleményt]* exprimer; *[beszédet]* prononcer; *[verset]* réciter; **vkit vminek ~** traiter qqn de qqch; **mindennek ~ja** traiter qqn de tous les noms

elmondhatatlan *mn* **~ történet** histoire *n* inracontable; **~ öröm** joie *n* inexprimable

elmondható *mn* **most már ~, hogy** on peut désormais révéler que

elmos *ts i [edényt]* laver; *[víz elsodor]* emporter; *[emléket]* effacer

elmosódik *tn i* s'effacer, s'estomper

elmosódott *mn* estompé(e); **~ körvonalak** contours *h (t sz)* flous

elmosogat *ts i* faire la vaisselle

elmosolyodik *tn i* sourire, esquisser un sourire

elmozdít *ts i* déplacer; *[állásból]* démettre, destituer

elmozdul *tn i* bouger; **el se mozdul hazulról** il ne bouge pas de chez lui

elmúlás *fn [időé]* écoulement *h; [érzé-sé, halál]* disparition *n;* **az ~ gondo-lata** l'idée *n* de la mort

elmulaszt *ts i [megszüntet]* faire ces-ser; *[elszalaszt]* laisser échapper; *[határidőt]* laisser passer; *[kötelessé-get]* négliger; *[vmit megtenni]* man-quer *de inf*

elmúl|ik *tn i [megszűnik]* passer, ces-ser; *[idő]* s'écouler, passer; **~t dél** il est midi passé; **~t 70 éves** il a 70 ans passés

elmúlt *mn* **az ~ évben** l'année passée *v.* dernière; **az ~ időkben** ces temps derniers

elmúlta *fn* **a veszély ~val** une fois le danger passé

elnagyol *ts i [munkát]* bâcler, faire à la va-vite

elnapol *ts i* ajourner

elnémít *ts i* faire taire, réduire au silence; *[érzést]* étouffer

elnémul *tn i* se taire; *[meglepetéstől]* rester bouche bée

elnéptelenedik *tn i* se dépeupler

elnevet *ts i* **~i magát** éclater de rire

elnevez *ts i* nommer, appeler, donner à qqch/qqn le nom de; *[becenévvel]* surnommer

elnevezés *fn [folyamat]* appellation *n;* *[név]* nom *h,* dénomination *n*

elnéz I. *tn i vhová/vkihez* passer *v.* faire un saut *à v.* chez; **~ vkinek a feje fölött** feindre de ne pas voir qqn **II.** *ts i [hosszasan]* observer, contempler, regarder (longuement); *vmit vkinek* passer *v.* pardonner qqch à qqn; **~i a címet** se tromper d'adresse

elnézés *fn [türelem]* indulgence *n;* **~t (kérek)** excusez-moi; *[bocsánatké-rően]* je suis désolé(e), pardonnez-moi

elnéző *mn* indulgent(e)

elnök *fn* président(e); **köztársasági ~** président de la République; **~ké vá-laszt** élire qqn président

elnökhelyettes *fn* vice-président(e)

elnöki *mn* présidentiel (-ielle)

elnökjelölt *mn* candidat(e) à la prési-dence

elnöklés *fn* présidence *n*

elnöklet *fn* présidence *n*

elnököl *tn i* présider

elnökség *fn [tisztség, működés]* prési-dence *n, [testület]* direction *n;* **vki ~e alatt** sous la présidence de qqn

elnökségi *mn* présidentiel (-ielle)

elnökválasztás *fn* élection *n* présiden-tielle

elnyel *ts i [lenyel]* avaler; *[pénzt]* en-gloutir; *[hangot, fényt, folyadékot]* absorber; *[víz]* engloutir; **majd ~ vkit a szemével** dévorer qqn des yeux

elnyer *ts i [elér, megkap]* gagner, obte-nir, remporter; **~i vkinek a pénzét** *[játékban]* biz ratiboiser qqn; **~i mél-tó büntetését** recevoir un juste châti-ment

elnyomás *fn [népé]* oppression *n*

elnyomó *pol* **I.** *mn* oppressif (-ive) **II.** *fn* oppresseur *h*

elnyújt *ts i* allonger; *[időben]* faire du-rer *v.* traîner

elnyúl|ik *tn i [fekve]* s'allonger; *[idő-ben]* traîner en longueur, se prolon-ger; *[térben]* s'étendre, s'étaler

elnyű *ts i* user

elnyűtt *mn* usé(e)

elodáz *ts i* remettre à plus tard

elold *ts i* délier, détacher

elolt *ts i* éteindre

elolvad *tn i átv is* fondre

elolvas *ts i* lire

elolvaszt *ts i* faire fondre

eloroz *ts i vál* dérober

eloszlat *ts i [tömeget]* disperser; *[gyanút]* dissiper

eloszl|ik *tn i [részekre]* se décomposer; *[vmi között]* se répartir; *[tömeg]* se disperser; *[kétely, aggodalom stb.]* se dissiper; *orv [daganat]* se résorber

eloszt *ts i [egészet részekre]* diviser, partager; *[arányosan]* répartir; *[több tárgyat vkik között]* distribuer; *mat* diviser; *[két egymás között a zsákmányt]* se partager le butin

elosztás *fn [részekre]* division *n*, partage *h*; *[arányos]* répartition *n*; *[több tárgyé]* distribution *n*

elosztó *fn műsz* distributeur *h*; *[konnektorhoz]* prise *n* multiple

élő I. *mn* vivant(e); ~ **adás** émission *n* en direct; ~ **nyelvek** langues *n (t sz)* vivantes; ~ **szóban/szóval** de vive voix *n* **II.** *fn az* ~**k** les vivants *h (t sz)*

előad *ts i [színdarabot]* interpréter, jouer; *[zenét, táncot]* interpréter, exécuter; *[verset]* réciter; *[elmond]* exposer, présenter; *[oktat]* vmit faire un cours *vagy qqch*

előadás *fn [művészi]* spectacle *h*; *[moziban]* séance *n*; *[színházban]* représentation *n*; *[tudományos]* conférence *n*; *[rövidebb]* exposé *h*; *[felsőoktatásban]* cours *h* magistral

előadó *fn [művész]* interprète *h n*; *[konferencián]* conférencier (-ière); *[egyetemi]* enseignant(e); *[bírósági, bizottsági]* rapporteur *h*

előadóest *fn* récital *h*

előadóművész *fn* artiste *h n*

előadóterem *fn* salle *n* de conférences; *[művészeti előadásra]* salle *n* de spectacles; *[egyetemen]* amphithéâtre *h*

előáll *tn i [előlép]* s'avancer, se présenter; *[bekövetkezik]* se produire, se présenter; **újabb követelésekkel áll elő** présenter de nouvelles revendications; **azzal állt elő, hogy** il a déclaré que

előállít *ts i [készít]* produire, fabriquer; *[nyersanyagból]* extraire; *[hatóság elé vezet]* amener

előállítás *fn [készítés]* production *n*, fabrication *n*

előállítási *mn* ~ **ár** prix *h* de revient; ~ **költség** frais *h (t sz)* de production

előbb *hsz [korábban]* plus tôt, avant; *[először]* d'abord, avant, auparavant; *[sorrendben]* avant; **két nappal** ~ deux jours plus tôt; **minél** ~ le plus tôt possible; **minél** ~, **annál jobb** le plus tôt sera le mieux; ~ **eszek vmit** je mange d'abord quelque chose; **ő van** ~ il vient avant toi; **az** ~ à l'instant; **az** ~ **láttam** je viens de le voir; **ez** ~**re való** c'est plus important

előbbi I. *mn [a mostanit megelőző]* précédent(e); *[iménti]* de tout à l'heure **II.** *fn az* ~**ekben** dans ce qui précède; **az** ~**ekből kiderül, hogy** il apparaît de ce qui précède que

előbb-utóbb *hsz* tôt ou tard, un jour ou l'autre

előbúj|ik *tn i* vhonnan sortir de *qqpart*

előbukkan *tn i* surgir; émerger, apparaître

előcsarnok *fn* hall *h* d'entrée; *[színházé]* foyer *h*; *[templomé]* porche *h*

előd *fn [hivatali]* prédécesseur *h*; *[szellemi]* précurseur *h*; ~**eink** *[őseink]* nos ancêtres *h (t sz)*, nos aïeux *h (t sz)*

elődöntő *fn sp* demi-finale *n*; **bejut az** ~**be** se qualifier pour les demi-finales

előélet *fn* passé *h*; *jog* antécédents *h (t sz)*; **büntetlen/büntetett** ~ casier *h* judiciaire vierge/chargé

előérzet *fn* pressentiment *h*; **rossz ~e van** avoir un mauvais pressentiment

előeste *fn* veille *n*; **Karácsony ~je** la veille de Noël

előétel *fn* entrée *n*, hors-d'œuvre *h*

előfeltétel *fn* condition *n* préalable

előfizet *ts i vki vmire* s'abonner *à qqch*; *vkit vmire* abonner *qqn à qqch*

előfizetés *fn* abonnement *h*

előfizető *fn* abonné(e)

előfordul *tn i [megesik]* arriver, se produire; *[megtalálható]* se trouver; **~ az ilyesmi** ce sont là des choses qui arrivent; **még egyszer elő ne forduljon!** que cela ne se reproduise plus !

előfutam *fn sp* (épreuve *n*) éliminatoire *n*

előfutár *fn* précurseur *h*; avant-coureur *h*

előhang *fn irtud* prologue *h*

előhely *fn biol* habitat *h*

előhív *ts i vkit vhonnan* demander *à qqn* de sortir *de qqpart*; *fényk* développer

előhívás *fn fényk* développement *h*

előhoz *ts i vmit vhonnan* aller chercher *qqch*, sortir *qqch de qqpart*; *[szóba hoz]* mentionner

előhúz *ts i* sortir *v.* extraire de

előidéz *ts i* provoquer, causer, susciter

előír *ts i* prescrire; *[szerződés, törvény]* stipuler; **diétát ír elő** prescrire un régime

előirányoz *ts i* prévoir

előirányzat *fn [költségvetési]* prévision *n*

előírás *fn [használathoz]* instruction *n*; *[szabály]* règlement *h*, règle *n*; *[szabvány]* norme *n*; *[utasítás, orvosi]* prescription *n*

előírásos *mn [szabályszerű]* réglementaire

előírt *mn* prescrit(e)

előítélet *fn* préjugé *h*

előjáték *fn szính* prologue *h*; *zene* prélude *h*; *[szerelmi]* préliminaires *h (t sz)* amoureux; *átv* prélude *h*

előjegyez *ts i [emlékeztetőül]* noter (pour mémoire); *[könyvet]* souscrire à

előjegyzés *fn [feljegyzés]* note *n*; *[könyvre]* souscription *n*; *zene* armature *n*

előjel *fn* signe *h* (avant-coureur *v.* précurseur), présage *h*; *mat* signe *h*; **ez jó ~** c'est bon signe; **rossz ~** mauvais présage

előjog *fn* privilège *h*, prérogative *n*

előjön *tn i vhonnan* sortir *de qqpart*; *[emlék]* revenir; *[szóba kerül] fraz* venir sur le tapis; **már megint azzal jött elő, hogy** il nous a encore sorti que

előke *fn* bavoir *h*, bavette *n*

előkelő *mn [személy, társaság]* distingué(e), élégant(e); *[modor]* distingué(e); *[magasrangú]* haut placé(e), illustre; *[név]* illustre; **~ vendéglő** restaurant *h* chic

előkelőség *fn [tulajdonság]* distinction *n*, élégance *n*; *[stílusé]* noblesse *n*; *[személy]* notabilité *n*

előkeres *ts i ~i a kulcsait* chercher *v.* sortir ses clés

előkerít *ts i* dénicher, dégoter

előkerül *tn i [dolog]* être retrouvé(e); *[személy]* réapparaître; *[újra szóba kerül] fraz* revenir sur le tapis

előkészít *ts i* préparer; *vkit vmire* préparer *qqn à qqch*

előkészítés *fn* préparation *n*

előkészítő *mn* préparatoire; **~ tanfolyam** cours *h* préparatoire

előkészül *tn i vmire* se préparer *à qqch v. à inf*

előkészület *fn* préparatifs *h (t sz)*; **úti ~ek** préparatifs de voyage; **~eket tesz**

vmire prendre ses dispositions en vue de *inf*

elöl *hsz [az első felén]* devant, à l'avant; *[megelőzve]* en tête (*de qqch*), devant; *[vhol]* devant; **jó példával ~ jár** donner le bon exemple

elől *hsz* (de) devant; **vedd el az ablak ~!** retire-le de devant la fenêtre; **szem ~ téveszt** perdre de vue; **menekül vki/ vmi ~** fuir devant qqn/qqch

elöleg *fn [bér]* avance *n*; *[vételáré]* arrhes *n (t sz)*, acompte *h*

elölegez *ts i* avancer, faire une avance; **bizalmat ~ vkinek** accorder sa confiance à qqn

élőlény *fn* être *h* vivant

előlép *tn i vhonnan* sortir de *qqpart*; *[rangban]* avancer (en grade); *vmivé* être promu(e) *qqch*

előléptet *ts i* promouvoir

előléptetés *fn* promotion *n*, avancement *h*

elöljáró *fn [felettes]* supérieur(e); *nyelv* préposition *n*; **~ban** *[bevezetéskép-pen]* en guise d'introduction, *[minde-nekelőtt]* tout d'abord

elölnézet *fn* vue *n* de front *v.* de face

elölről *hsz [nézve]* de face, de front; *[kezdve]* depuis le *v.* au début; *[újra]* à *v.* de nouveau, une nouvelle fois; **~ kezd** recommencer *v.* reprendre depuis le début

elömenetel *fn [hivatali]* avancement *h*; *[iskolai]* progrès *h (t sz)*

elömozdít *ts i* promouvoir, favoriser; encourager

elömunkálat *fn* **~ok** travaux *h (t sz)* préparatoires *v.* préliminaires

elönt *ts i* inonder, envahir; **~i a harag** *fraz* voir rouge

előny *fn* avantage *h*; *sp* avantage *h*, avance *n*; **~ben részesít vkit vkivel/ vmivel szemben** avantager qqn au

détriment de qqn/qqch; **vkinek az ~ére válik** profiter à qqn; *sp* **~t ad** donner un avantage

előnyös *mn* avantageux (-euse); **~ feltétel** condition *n* faborable

előnytelen *mn* désavantageux (-euse)

előőrs *fn* avant-poste *h*

előránt *ts i* tirer brusquement (de *qqpart*); *[kardot, pisztolyt]* dégainer

előre I. *hsz [térben]* en avant; *[időben]* d'avance, à l'avance; **~ nézz!** regarde en avant !; **jó ~** largement à l'avance; **~ tudtam** je savais d'avance; **~ gyár-tott** préfabriqué(e); **~ lát** prévoir **II.** *msz* **~!** en avant !

előrebocsát *ts i vkit* laisser passer *qqn*; *[beszédben]* dire au préalable

előreenged *ts i vkit* laisser passer *qqn*

előreged|ik *tn i* devenir vieux (vieille)

előrehajol *tn i* se pencher en avant

előrehalad *tn i [térben, munkában]* avancer, progresser; *[fejlődésben]* progresser

előrehaladás *fn [térben]* avance *n*, progression *n*; *[haladás, fejlődés]* progrès *h*

előrehaladott *mn* avancé(e); **~ kor** âge *h* avancé

előrehozott *mn* **~ választások** élections *n (t sz)* anticipées

előreigazít *ts i* **tíz perccel ~ja az órá-ját** avancer sa montre de dix minutes

előrejelzés *fn* prévision *n*

előrelátás *fn* prévoyance *n*

előreláthatatlan *mn* imprévisible

előrelátható *mn* prévisible

előreláthatólag *hsz* probablement, selon toute probabilité

előrelátó *mn* prévoyant(e)

előrelép *tn i* faire un pas en avant; avancer (d'un pas)

előremegy *tn i* partir devant

előrenyomul *tn i kat* progresser

előrenyomulás *fn kat* progression *n*

előresiet *tn i* ~**ek megnézni, mi történik** je cours voir ce qui se passe

előretol *ts i* pousser en avant

előretör *tn i* foncer de l'avant

előrevisz *ts i* porter en avant; *[ügyet stb.]* faire avancer *v.* progresser

előrukkol *ts i vmivel* sortir *qqch*

elősegít *ts i [támogat]* favoriser, encourager; *[megkönnyít]* faciliter

élősköd|ik *tn i [állat, növény] vmin* parasiter *qqch*; *[ember]* vivre en parasite; **másra nyakán** ~**ik** vivre aux dépens *v. biz* aux crochets d'autrui

élősködő, élősdi I. *mn* parasite II. *fn átv is* parasite *h*

előszed *ts i vmit* sortir *v.* tirer *qqch*; *[kérdőre von] vkit* demander des comptes *à qqn*

előszeretet *fn* prédilection *n*; ~**tel van vmi iránt** avoir une prédilection pour *qqch*

előszerződés *fn* avant-contrat *h*

előszezon *fn* avant-saison *n*

előszó *fn* préface *n*; *[rövid]* avant-propos *h*

élőszó *fn* ~**ban mond el vmit** dire qqch de vive voix

előszoba *fn [kicsi]* entrée *n*; *[nagy, hivatali]* antichambre *n*

először *hsz [első alkalommal]* (pour) la première fois; *[felsorolásnál]* premièrement, primo; *[eleinte]* au début, d'abord; *[leghamarabb]* le premier (la première), en premier; ~ **is** avant tout, tout d'abord

előtag *fn nyelv [összetett szóé]* premier élément *h*; *[képző]* préfixe *h*

előtanulmány *fn* étude *n* préliminaire *v.* préparatoire

előtér *fn [lakásban]* entrée *n*; *[színpadé]* avant-scène *n*; *[képen]* premier plan *h*; ~**be állít/kerül** mettre *v.* se retrouver au premier plan

előteremt *ts i* dégoter, se procurer

előterjeszt *ts i [tervet, javaslatot]* présenter, exposer; *[törvényjavaslatot]* déposer; *[kérelmet]* soumettre, formuler; *vkit vmire* proposer *qqn pour qqch*

előterjesztés *fn [javaslat]* proposition *n*; *[jelentés]* rapport *h*; *[ügyirat]* mémoire *h*

előtör *tn i [folyadék]* jaillir

előtt *nu [térben]* devant; *[időben]* avant; *[vki jelenlétében]* en présence de *v.* devant qqn; **az orra** ~ sous son nez; **a szeme** ~ sous ses yeux; **idő** ~ plus tôt que prévu; **mások** ~ en présence d'autrui

előtte *hsz [térben]* devant lui (elle); *[időben]* avant lui (elle); ~**m** devant moi, *[jelenlétemben]* en ma présence; **az** ~ **való napon** la veille

előtti *mn [térben]* devant; *[időben]* d'avant; **a ház** ~ **kert** le jardin devant la maison; **a háború** ~ **évek** les années précédant la guerre; **elutazása** ~ **napon** la veille de son départ

előtűn|ik *tn i* apparaître, surgir

előugr|ik *tn i vhonnan* surgir d'un bond de *qqpart*

elővarázsol *ts i* faire apparaître *qqch* (comme par enchantement)

előváros *fn* banlieue *n*

elővásárlási *mn* ~ **jog** droit *h* de préemption

elővesz *ts i* sortir, prendre; *[felelősségre von] vkit* demander des comptes à qqn; *[betegség, indulat]* être pris(e) de *qqch*

elővétel *fn [jegyé]* location *n*; *jog* préemption *n*

elővezet *ts i* amener

elővigyázatlan *mn* imprudent(e)

elővigyázatos *mn* précautionneux (-euse), prudent(e)

elővigyázatosság *fn* précaution *n*, prudence *n*

élővilág *fn* biosphère *n*

előz *ts i* doubler, dépasser

előzékeny *mn* prévenant(e)

előzés *fn* dépassement *h*

előzetes I. *mn* préalable; ~ **beleegyezés** accord *h* préalable; ~ **letartóztatás** détention *n* provisoire **II.** *fn film* bande-annonce *n*

előzmény *fn* antécédent(s) *h (t sz)*

előző I. *mn* précédent(e); ~ **alkalommal** la fois précédente *v.* d'avant; ~ **nap** la veille; **az ~ férjem** mon examari **II.** *fn* **az ~ekben** dans ce qui précède

előzőleg *hsz* auparavant, au préalable; *[imént]* précédemment

elpanaszol *ts i vmit* se plaindre *de qqch v. de inf v.* de ce que *subj*

elpárolog *tn i átv is* s'évaporer

elpártol *tn i vkitől* abandonner *qqn*

elpatkol *tn i biz* claquer, clamser

elpattan *tn i [üveg]* se fêler; *[húr]* sauter

elpazarol *ts i [pénzt, tehetséget]* gaspiller; *[javakat]* dilapider

elpirul *tn i* rougir; ~ **szégyenében** rougir de honte

elpocsékol *ts i* gaspiller

elporlad *tn i* tomber en poussière; *[kő, fa]* s'effriter

elpuhul *tn i vál* se ramollir; *biz* s'avachir

elpuskáz *ts i* rater, *biz* louper

elpusztít *ts i* détruire; *[országot, területet]* dévaster, ravager; *[tűz]* consumer; *[megöl]* tuer, *vál* faire périr

elpusztíthatatlan *mn* indestructible

elpusztul *tn i [dolog]* être détruit(e); *[ember, állat]* mourir; *vál* périr

elrablás *fn [emberé]* enlèvement *h*

elrabol *ts i vmit* voler *qqch; vkit* enlever *qqn*

elragad *ts i [magával ragad]* emporter; *[megfoszt] vkit vkitől/vmitől* enlever *v.* arracher *qqn/qqch* à *qqn; [elbűvöl]* ravir; *[érzés] vkit* s'emparer de *qqn*

elragadó *mn* ravissant(e), charmant(e)

elragadtat *ts i [elbűvöl]* ravir, enchanter; ~**ja magát (dühében)** se laisser emporter (par la colère); **el van ragadtatva** être ravi(e) *v.* enchanté(e)

elragadtatás *fn* ravissement *h;* ~**sal beszél vmiről** s'extasier sur *qqch*

elrak *ts i [helyére]* ranger; *[félre]* mettre de côté

elrákosod|ik *tn i* se cancériser

elraktároz *ts i* emmagasiner, stocker

elrejt *ts i átv is* cacher, dissimuler

elrejtőz|ik *tn i* se cacher, se dissimuler

elrémít *ts i* effrayer, remplir d'effroi

elrendel *ts i* ordonner; *[rendelettel]* décréter

elrendez *ts i [rendbe tesz, elsimít]* arranger; *[csoportosít]* classer

elrendezés *fn [térben]* aménagement *h,* disposition *n; [ügyé]* règlement *h,* arrangement *h*

elrendező|dik *tn i* (finir par) s'arranger

elreped *tn i [kemény anyag]* se fendre; *[textil]* se déchirer

elrepül *tn i átv is* s'envoler

elreteszel *ts i* verrouiller

elrettent *ts i [elijeszt]* décourager *v.* dissuader *qqn de qqch; [megijeszt]* effrayer

elrettentő *mn [visszariasztó]* dissuasif (-ive)

elriaszt *ts i* faire fuir; *[állatot]* effaroucher; *[embert]* rebuter

elrobog *tn i [elmegy]* partir en trombe; *[eltávolodik]* s'éloigner à toute vitesse

elrohan *tn i* partir en courant; *vkiért/ vmiért* courir chercher *qqn/qqch*; *[idő]* fuir

elroml|ik *tn i [szerkezet]* ne plus marcher, se détraquer; *[gép]* tomber en panne; **~ott az idő** le temps s'est gâté; **~ott a házasságuk** leur mariage bat de l'aile

elront *ts i [szerkezetet]* détraquer; *[rosszul készít el]* rater; *[szemet, fogat]* abîmer; *[hangulatot]* gâcher; *[gyereket]* gâter, pourrir; **~ja a gyomrát** attraper une indigestion

elrothad *tn i* pourrir

elrúg *ts i [labdát]* envoyer (d'un coup de pied)

elrugaszkod|ik *tn i* ‹prendre appui pour s'élancer›; **~ik a valóságtól** s'éloigner de la réalité

elsajátít *ts i [tudást, képességet]* acquérir; **~ egy nyelvet** apprendre une langue

elsajátítás *fn* acquisition *n*; *[megtanulás]* apprentissage *h*

elsápad *tn i* pâlir

elsárgul *tn i* jaunir

elseje *fn* le premier; **június ~n** le premier juin; **Hányadika van? – E~.** Quel jour sommes-nous ? – Le premier.

elsiet I. *tn i* aller v. partir en hâte **II.** *ts i* **~ egy döntést** précipiter une décision; **ne siesd el a dolgot!** prends ton temps

elsietett *mn* hâtif (-ive)

elsikkad *tn i* se perdre

elsikkaszt *ts i [pénzt]* détourner

elsikl|ik *tn i* **~ik vmi felett** *[felületességből]* laisser passer qqch, *[szándékosan]* passer sur qqch, fermer les yeux sur qqch

elsimít *ts i [terepet, nézeteltérést]* aplanir; *[felületet]* lisser; *[gyűrődést]* effacer; *[ügyet]* arranger

elsimul *tn i* se lisser; *[ügy]* s'arranger

elsír *ts i* **~ja magát** fondre en larmes; **~ja bajait** raconter ses malheurs

elsirat *ts i* pleurer; **~ja az ifjúságát** pleurer sa jeunesse enfuie

elsodor *ts i* emporter, entraîner

elsorol *ts i* énumérer

elsorvad *tn i [növény]* se rabougrir; *[szerv]* s'atrophier; *átv* dépérir, se consumer

elsóz *ts i* trop saler; *[elad] biz* refourguer

első *szn [sorrendben, rangsorban]* premier (-ière); *[elülső]* avant; **~ dolga volt, hogy** la première chose qu'il a fait a été de *inf*; **I. Ferenc** François Ier; **~ látásra** à première vue; **~ kézből** de première main; **~ kerék** roue *n* avant; **~ osztály** *[ált. iskoláé Fr.-ban]* onzième *n*, *közl* première classe *n*, première *n*; **~ osztályú** *[minőségileg]* de premier choix; **~ számú** numéro *h* un; **~ ülés** siège *h* avant; **~nek érkezett** il est arrivé le premier; **~re** du premier coup

elsőbbség *fn* priorité *n*; *közl* **megadja az ~et** laisser la priorité

elsőbbségadás *fn közl* priorité *n*; **~ kötelező** cédez le passage

elsődleges *mn* prioritaire, primordial(e); *biol* primaire

elsőéves I. *mn* de première année **II.** *fn* étudiant(e) de première année

elsőfokú *mn* **~ ítélet** jugement *h* de première instance; **~ egyenlet** équation *n* du premier degré; **~ unokatestvér** cousin(e) au premier degré

elsöpör *ts i átv is* balayer

elsöprő *mn* **~ győzelem** victoire *n* écrasante; **~ siker** succès *h* triomphal

elsőrangú *mn [személy]* de premier ordre *h*; *[dolog]* de premier choix *h*

elsőrendű *mn [fontos]* primordial(e); *[minőség]* de premier choix *h*; **~ főút** route *n* nationale

elsős *mn/fn* élève *h n* de première (classe); *[francia ált. iskolában]* élève *h n* de cours préparatoire *v.* de onzième; *[francia gimnáziumban]* élève *h n* de sixième

elsősegély *fn* premiers secours *h (t sz)*; **~t nyújt** apporter les premiers secours

elsősegélynyújtás *fn* premiers secours *h (t sz)*

elsősorban *hsz* avant tout, en premier lieu

elsőszülött *mn/fn* premier-né (première-née)

elsötétedlik *tn i* s'obscurcir, *átv is* s'assombrir

elsötétít *ts i* obscurcir, *átv is* assombrir

élsportoló *fn* sportif (-ive) de haut niveau

elsül *tn i [lőfegyver]* partir; *átv* rosszszul sül el mal tourner

elsüllyed *tn i* vmibe s'enfoncer *dans qqch*; *[hajó]* couler, sombrer; **majd ~ szégyenében** mourir de honte

elsüllyeszt *ts i [hajót]* couler; *[tesz]* vmibe enfouir *dans qqch*

elsüt *ts i [fegyvert]* décharger; *[elsóz] biz* refourger; **~ egy viccet** placer une plaisanterie

elszabadul *tn i [állat]* se libérer; *[vki vmilyen kötöttségből]* se dégager; *[elemek, szenvedély]* se déchaîner

elszakad *tn i [szál, kötél]* se rompre, casser; *[ruha, papír]* se déchirer; *átv* vkitől/vmitől s'éloigner *v.* se séparer *de qqn/qqch*

elszakadás *fn [kötélé]* rupture *n*; *[ruháé]* déchirure *n*; *átv [elválás]* séparation *n*

elszakít *ts i [szálat, kötelet]* rompre, casser; *[ruhát, papírt]* déchirer; vkitől/vmitől arracher *à qqn/qqch*, séparer *v.* éloigner (de force) *de qqn/qqch*

elszalad *tn i* partir en courant; *[vmeddig]* courir jusque

elszalaszt *ts i vkit* vhova/vmiért envoyer qqn qqpart *v.* chercher *qqch*; *[alkalmat]* manquer; *[buszt stb.]* rater

elszáll *ts i* s'envoler; *átv* s'envoler, s'évanouir

elszállásol *ts i* héberger

elszállít *ts i* transporter

elszámol I. *tn i* vmiről/vmivel rendre compte *de qqch*; *[vmeddig]* compter jusque **II.** *ts i* **~ja magát** se tromper dans son calcul

elszámolás *fn [irat]* comptes *h (t sz)*

elszán *ts i* **~ja magát** vmire se décider à qqch *v.* à *inf*

elszánt *mn* déterminé(e), résolu(e), décidé(e); **mindenre ~** prêt(e) à tout

elszántság *fn* détermination *n*

elszaporodlik *tn i* proliférer, se multiplier

elszárad *tn i* se dessécher

elszaval *ts i* réciter

elszed *ts i* vmit vkitől prendre *qqch* (de force) *à qqn*

elszédít *ts i* étourdir; *átv* (faire) tourner la tête

elszédül *tn i* avoir le vertige *v.* la tête qui tourne

elszegényedlik *tn i* s'appauvrir

elszégyell *ts i* **~i magát** avoir honte

elszemtelenedlik *tn i* devenir insolent(e) *v.* impertinent(e)

elszenderül *tn i* s'assoupir

elszenved *ts i* endurer; *[kénytelenül]* subir

elszigetel *ts i* isoler; **~i magát** s'isoler

elszigetelődlik *tn i* s'isoler; *[önkéntelenül]* devenir isolé(e)

elszíneződlik *tn i* changer de couleur

elszíntelenedlik *tn i* se décolorer; *[stílus]* s'affadir

elszív *ts i [levegőt, nedvességet]* absorber; ~ **egy cigarettát** fumer une cigarette

elszok|ik *tn i* vmitől perdre l'habitude v. se déshabituer *de qqch*

elszól *ts i* ~**ja magát** faire une gaffe

elszomorít *ts i* attrister, peiner

elszomorod|ik *tn i* devenir triste

elszór *ts i* disperser, éparpiller, répandre; *[pénzt]* gaspiller; *[elhagy]* égarer

elszórt *mn* dispersé(e); *[ritkásan]* disséminé(e)

elszorul *tn i* ~ **a szíve** son cœur se serre; ~ **a torka** sa gorge se noue

elszök|ik *tn i* s'enfuir, s'échapper

elszörnyed *tn i* être horrifié(e)

elszúr *ts i biz* foirer, louper

eltakar *ts i* couvrir; *[kilátást]* cacher

eltakarít *ts i* enlever, faire disparaître; *[romokat]* déblayer

eltakarod|ik *tn i* déguerpir

eltalál I. *tn i [odatalál]* trouver le chemin **II.** *ts i* toucher; *[kitalál]* trouver, deviner; ~**tad!** (tu as tapé) dans le mille !

eltanácsol *ts i* renvoyer

eltántorít *ts i [eltérít]* détourner; *[megingat]* ébranler

eltanul *ts i* vmit vkitől apprendre *qqch de qqn*

eltapos *ts i átv is* écraser

eltart I. *ts i [személyt]* entretenir; ~**ja magát** assurer sa subsistance **II.** *tn i [időben]* durer

eltartás *fn [ellátás]* entretien *h*

eltartott *mn* ~ **személy** personne *n* à charge

eltaszít *ts i* repousser; *átv* rejeter

eltávolít *ts i* vmit enlever *qqch*, vkit éloigner *qqn*; *[funkcióból]* évincer

eltávolod|ik *tn i [térben, időben] átv is* s'éloigner

eltávozás *fn* départ *h*; *kat* permission *n*

eltávoz|ik *tn i* partir, s'en aller

eltekint *tn i* vmitől ne pas tenir compte *de qqch*; attól ~**ve, hogy** mis à part le fait que

eltékozol *ts i* dilapider; *átv is* gaspiller

eltel|ik *tn i* vmivel être repu(e) *de qqch*; *[érzéssel]* être (r)empli(e) *de qqch*; *[idő]* (se) passer

eltelte *fn* **két év ~vel** au bout de deux ans

eltemet *ts i átv is* enterrer; *[betemet]* ensevelir

eltép *ts i* déchirer

eltér *tn i [iránytól]* dévier; *[másképp cselekszik]* s'écarter de; *[tárgytól]* s'écarter; *[nézetek]* diverger, différer

elterel *ts i [forgalmat]* dévier; *[figyelmet is]* détourner

elterelés *fn [forgalomé]* déviation *n*

eltérés *fn [iránytól]* déviation *n*; *[tárgytól]* digression *n*; *[különbség]* différence *n*

eltérít *ts i* détourner; vkit vmitől faire renoncer *qqn à qqch*

elterjed *tn i [hír, járvány, eszme]* se propager; *[hír, szokás]* se répandre

elterjedt *mn* répandu(e)

elterjeszt *ts i [betegséget, hírt]* propager; *[hírt, szokást]* répandre

eltérő *mn [különböző]* différent(e); ~ **vélemények** opinions *n (t sz)* divergentes

eltérően *hsz* vmitől/vkitől contrairement à *qqch/qqn*, à la différence de *qqch/qqn*

elterül *tn i [térben, ellep]* s'étendre; *[elesik]* s'effondrer, *biz* s'étaler

eltervez *ts i* projeter, former le projet de

eltesz *ts i [vhova]* mettre; *[helyére]* ranger; *[máshova]* enlever; *[félre, később]* mettre de côté; *[befőttet stb.]* conserver; **tedd el, ez a tied!** prends ça, c'est à toi; ~ **vkit láb alól** envoyer qqn dans l'autre monde

éltet ts i *[életben tart]* faire vivre; *[éljenez]* acclamer; **Isten éltessen!** *[születésnapon]* bonne anniversaire !, *[koccintáskor]* (à ta) santé !

eltéved tn i se perdre, s'égarer

eltévelyed|ik tn i s'égarer

eltéveszt ts i *vmit* se tromper de *qqch*; *[célt]* manquer, rater; *[összetéveszt]* confondre

eltilt ts i *vkit vmitől* défendre v. interdire *qqch à qqn* v. à *qqn* de *inf*

eltipor ts i piétiner, átv is écraser

eltitkol ts i cacher, dissimuler

eltol ts i *[térben]* (re)pousser; *[időben]* repousser; *[elront]* biz louper, foirer

eltolód|ik tn i *[térben]* être déplacé(e); *[időpont]* être repoussé(e)

eltorlaszol ts i barrer, bloquer

eltorzít ts i déformer; *[arcot így is]* défigurer; *[meghamisít]* déformer

eltorzul tn i être déformé(e); *[arc]* se convulser

eltökél ts i *~te,* **hogy** il a pris la ferme décision de *inf*; *~***i magát** se décider

eltökélt mn *[személy]* décidé(e), résolu(e); *~* **szándéka, hogy** avoir la ferme intention de *inf*

eltölt ts i *[időt]* passer; *~***i az öröm** être (r)empli(e) de joie

eltöpreng tn i *vmin* réfléchir longuement à v. sur *qqch*

eltör ts i casser; briser; *~***te a lábát** il s'est cassé la jambe

eltör|ik tn i se casser; se briser; *~***t a lába** il s'est cassé la jambe

eltöröl ts i *[edényt]* essuyer; *[eltüntet]* effacer; *[törvényt]* abolir

eltörpül tn i *vmi mellett* paraître insignifiant(e) à côté de v. comparé(e) à *qqch*

eltulajdonít ts i s'approprier

eltúloz ts i exagérer

eltussol ts i *[ügyet]* étouffer; *[elködösít]* fraz noyer le poisson; *[jelentéktelennek tüntet fel]* minimiser

eltűnés fn disparition n

eltűn|ik tn i disparaître; *~***ik, mint a kámfor** se volatiliser

eltünőd|ik tn i *vmin* méditer sur *qqch*

eltűnt mn/fn disparu(e)

eltüntet ts i faire disparaître; *[nyomokat így is]* effacer

eltűr ts i *[kibír]* supporter, endurer; *[elnéz]* tolérer

elújságol ts i raconter

elun ts i *vmit* se lasser v. en avoir assez de *qqch*; *~***ja magát** commencer à s'ennuyer

elutasít ts i *vmit* refuser v. rejeter *qqch*; *vkit* éconduire *qqn*

elutasítás fn refus h, rejet h

elutazás fn départ h (en voyage)

elutaz|ik tn i partir en voyage; *[vhova]* partir (pour)

elül tn i *[vhonnan]* s'asseoir ailleurs; *[szél]* tomber; *[vihar]* se calmer; *[zaj]* cesser

elüldöz ts i faire fuir

elülső mn de devant, avant; *[mellső]* antérieur(e); *~* **rész** partie n avant

elültet ts i *[növényt]* planter

elüt tn i *vmitől* trancher avec v. sur *qqch*; *[szín]* jurer avec; *~***nek egymástól** différer l'un de l'autre **II.** ts i *[labdát]* renvoyer; *[járművü]* renverser; *[óra]* sonner; *~***i az éjfélt** sonner minuit; *~***i az időt** tuer le temps; *tréfával üti el a dolgot* tourner la chose en plaisanterie

elűz ts i átv is chasser

elv fn principe h; *~***ből** par principe

elvadul tn i devenir sauvage; *[eldurvul]* dégénérer

elvág *ts i* couper; *[összeköttetést, útvonalat]* couper; *[megbuktat]* biz étendre; **~ja az ujját** se couper le doigt

elvágód|ik *tn i* tomber de tout son long, biz s'étaler

elvakít *ts i átv is* aveugler

elvakult *mn* aveugle; **~ gyűlölet** haine *n* aveugle

elválás *fn [búcsú]* séparation *n*, adieux *h (t sz)*; *[házasoké]* divorce *h*

elválaszt *ts i [részeket]* séparer; *[a többitől]* détacher; *[hajat]* faire une raie; *[csecsemőt]* sevrer; *[házasokat]* prononcer le divorce; *[szót]* couper; *[verekedőket]* séparer; **nem sok választott el attól, hogy** je n'étais pas loin de *inf*

elválasztás *fn [csecsemőé]* sevrage *h*; *[szóé]* coupure *n*

elválaszthatatlan *mn* inséparable

elválasztójel *fn* trait *h* d'union

elvál|ik *tn i [részek]* se dissocier; *[elbúcsúzva]* se séparer de *qqn*; *[házasok]* divorcer; **~tak ils ont divorcé; ~t a férjétől** elle a divorcé de son mari; **~nak útjaink** nos chemin se séparent; majd **~ik** on verra bien

elvállal *ts i [munkát, tisztséget]* accepter; *[vki/vmi gondozását]* se charger de *qqn/qqch*

elvált *mn* divorcé(e)

elváltozás *fn* altération *h*

elváltoz|ik *tn i* être altéré(e)

elváltoztat *ts i* altérer; *[szándékosan]* déguiser

elvámolnivaló *fn* van valami **~ja?** avez-vous *qqch* à déclarer ?

elvan *tn i [vmi nélkül]* (pouvoir) se passer de *qqch*, jól **~nak egymással** ils s'entendent bien; **~ egyedül is** il se sent très bien tout seul

elvár *ts i vmit vkitől* attendre *qqch* de *qqn*

elvárás *fn* attente *h*; **megfelel az ~oknak** répondre aux attentes

elvarázsol *ts i [mesében]* vkit vmivé transformer *qqn* par magie *en qqch*

elvarázsolt *ts i* enchanté(e), ensorcelé(e)

élve *hsz* **~ vagy holtan** mort ou vif

elvégez *ts i [teljesít]* accomplir, s'acquitter de; *[befejez]* achever, terminer; **elvégzi a dolgát** *[illemhelyen]* faire ses besoins

elvégre *hsz* après tout

elvegyül *tn i* vmivel/vmibe se mêler à v. avec *qqch*

elvér|zik *tn i* mourir d'une hémorragie; *[vizsgán, versenyen]* biz se faire laminer

elvesz *ts i vmit vkitől* prendre *qqch* à *qqn*; *[számot kivon]* retrancher; *[feleségül]* épouser; **erőszakkal ~** prendre de force; **~i az étvágyat** couper l'appétit; **~i vkinek a kedvét vmitől** enlever à *qqn* l'envie de *qqch*; **sok időt vesz el** cela prend beaucoup de temps

elvesz|ik *tn i* elvész disparaître, se perdre; *[elpusztul]* périr; **~ett az órám** ma montre a disparu; **~ünk** nous sommes perdus; **nagy zenész veszett el** benne il aurait pu être un grand musicien; **~ik a részletekben** se perdre dans les détails

elveszt *ts i* elveszít perdre; **~i az eszét** perdre la tête; **~i az eszméletét** perdre connaissance; **~ vkit a szeme elől** perdre *qqn* de vue

elveszteget *ts i [elfecsérel]* gaspiller; *[időt így is]* perdre

elvet *ts i [magot]* semer; *[elutasít]* repousser, rejeter; *átv* **~i a sulykot** aller trop loin; **a kocka el van vetve** *fraz* les dés sont jetés

elvét ts i ~i a célt manquer le but v. la cible

elvetél tn i faire une fausse couche; *átv is* avorter

elvetemült mn ~ **gazember** infâme v. ignoble crapule *átv*

elvetőd|ik tn i [vhova] se retrouver qqpart

elvétve hsz [térben] par endroit, çà et là; [időben] de temps à autre, rarement

élvez I. ts i prendre plaisir à qqch v. à inf, jouir de qqch; [zenét] apprécier; [ételt, italt] savourer; [előnyöket] bénéficier v. jouir de **II.** tn i [szexuálisan] jouir

elvezet I. ts i [vkit vhonnan] emmener; [vkit vhova] emmener, conduire; [járművet, vizet] conduire; [intézményt, munkát] diriger **II.** tn i [vmi vhova] conduire, mener

élvezet fn plaisir h; ~ **őt látni** c'est un plaisir de le voir

élvezetes mn agréable

élvezhetetlen mn [étel] immangeable; [ital] imbuvable; [szellemi termék] insipide

elvi mn ~ **kérdés** question n de principe

elviharz|ik tn i partir en trombe

elvileg hsz en principe

elvirágz|ik tn i [fa] perdre ses fleurs; *átv is* [virág] se faner

elvisel ts i supporter; [türelemmel] tolérer

elviselhetetlen mn insupportable

elviselhető mn supportable

elvisz I. ts i [tárgyat] (em)porter; [vmit magával] prendre (avec soi); [magával vkit, kényszeritve is] emmener; [díjat elnyer] remporter; **ezt vidd el innen!** enlève ça d'ici; **infarktus vitte el** il a été emporté par un infarctus; **vigye el az ördög!** que le diable l'emporte !; **ezt nem viszed el szárazon!** tu ne t'en tireras pas comme ça ! **II.** tn i [út vmeddig] conduire v. mener jusque

elvitat ts i vmit vkitől contester qqch à qqn

elvitathatatlan mn incontestable, indiscutable

elvitel fn ~**re van?** c'est pour emporter ?

elvon ts i vkitől vmit priver qqn de qqch; ~**ja vkinek a figyelmét** détourner v. distraire l'attention de qqn

élvonal fn front h; *átv* premier rang h, avant-garde n

élvonalbeli mn de premier rang, d'avant-garde

elvonatkoztat ts i vmitől faire abstraction de qqch

elvonókúra fn cure n de désintoxication

elvonszol ts i traîner

elvont mn abstrait(e)

elvontat ts i remorquer

elvonul tn i [vki/vmi] défiler; [vihar is] passer; [félrevonul] se retirer

elvörösöd|ik tn i s'empourprer, rougir

elvtárs fn camarade h n

elvtelen mn dénué(e) de principes

elzálogosít ts i mettre en gage, engager; [ingatlant] hypothéquer

elzár ts i [dolgot]enfermer, mettre sous clé; [csapot] fermer; [rádiót] éteindre; [területet] isoler; [utat] barrer; **a gyermekek elől el kell zárni** à tenir hors de portée des enfants

elzárás fn fermeture n; jog incarcération n, emprisonnement h

elzárkóz|ik tn i [vhova] s'isoler; *átv* vmitől/vmi elől se refuser à qqch v. à inf; **nem zárkózik el vmitől** ne pas exclure qqch

elzavar ts i chasser

elzüll|ik *tn i* mal tourner, tomber dans la déchéance

elzsibbad *tn i* être engourdi(e); **~t a lábam** j'ai des fourmis dans les jambes

e-mail *fn* courriel *h*, (e-)mail *h*; **~ cím** adresse *n* électronique

emancipáció *fn* émancipation *n*

embargó *fn* embargo *h*; **feloldja az ~t** lever l'embargo

ember *fn* homme *h*; *[személy]* personne *n*; *[általános alanyként]* (l')on; **az ~ek** les gens *h (t sz)*; **sohasem tudhatja az ~** on sait jamais; **minden ~** tout le monde, tous les hommes; **ő a mi ~ünk** *[velünk van]* il est des nôtres, *[ő kell nekünk]* c'est la personne qu'il nous faut; **~ére akadt** il a trouvé à qui parler; **egy ~ként** comme un seul homme

emberáldozat *fn vall* sacrifice *h* humain; *[baleset]* **~ot követel** faire des victimes

emberbarát *fn* philanthrope *h n*

embercsempész *fn* passeur (-euse)

embercsempészet *fn* trafic *h* de clandestins

emberélet *fn* vie *n* humaine; **~ben nem esett kár** il n'y a pas eu de victimes

emberfeletti *mn* surhumain(e)

emberi *mn* humain(e); **~ jogok** droits *h (t sz)* de l'homme; **tévedni ~ dolog** l'erreur est humaine

emberiesség *fn* humanité *n*

emberiség *fn* humanité *n*

emberismeret *fn* connaissance *n* des hommes

emberismerő *fn* jó/rossz **~** être bon/mauvais psychologue

emberkerülő *mn/fn* misanthrope *h n*

emberölés *fn* homicide *h*; **szándékos ~** homicide volontaire

emberöltő *fn* génération *n*

emberrablás *fn* enlèvement *h*, rapt *h*

emberrabló *fn* ravisseur (-euse)

emberség *fn [jóindulat]* humanité *n*; *[tisztességtudás]* décence *n*

emberséges *mn* charitable, humain(e)

emberszabású *mn* anthropoïde

embertárs *mn* **~aink** nos semblables *h (t sz)*

embertelen *mn* inhumain(e)

embertelenség *fn* inhumanité *n*, barbarie *n*

embléma *fn* emblème *h*

embólia *fn* embolie *n*

embrió *fn* embryon *h*

emel *ts i* lever, soulever; *[épít, állít]* élever; *[hatványra]* élever; *[árat, fizetést]* augmenter; **~i poharát** lever son verre; **panaszt ~ (vkinél)** porter plainte (auprès de qqn); **szót ~ vki érdekében** intervenir en faveur de qqn; **kezet ~ vkire** porter la main sur qqn

emelés *fn [áré, béré]* augmentation *n*, hausse *n*

emelet *fn* étage *n*

emeletes *mn* **~ ágy** lits *h (t sz)* superposés; **~ busz** autobus *h* à impériale *n*; **~ ház** maison *n* à étage

emeleti *mn* **második ~ lakás** appartement situé au deuxième étage; **a második ~ lakók** les locataires du deuxième étage

emelkedés *fn* élévation *n*; *[béré, áraké, hőmérsékleté]* hausse *n*; *[életszínvonalé]* élévation *n*; *[vízé]* montée *n*

emelkedett *mn [gondolat, stílus]* élevé(e); **~ hangulat volt** il y avait une sacrée ambiance

emelked|ik *tn i [fölfelé száll]* s'élever, se lever; *[út, folyóvíz]* monter;

[ár, hőmérséklet stb. növekszik] augmenter; **levegőbe ~ik** s'élever dans l'air

emelkedő I. *mn* ~ **árfolyam** cours *h* en hausse; ~ **hőmérséklet** température *n* en hausse **II.** *fn [út]* montée *n*

emellett *hsz [ezenkívül]* en plus; *[ellentétes értelemben]* par ailleurs

emelő *fn* levier *h*; *[autóhoz]* cric *h*

emelvény *fn* estrade *n*; tribune *n*; **felmegy az ~re** monter sur l'estrade *v.* à la tribune

émelyeg *tn i* avoir la nausée, avoir mal au cœur; **émelygek tőle** j'en ai la nausée

émelygés *fn* nausée *n*

émelyít *ts i átv is* donner la nausée

émelyítő *mn átv is* écœurant(e)

emészt *ts i* digérer; **gondok ~ik** être rongé(e) de soucis; **~i magát** se faire du mauvais sang

emésztés *fn* digestion *n*

emészthetetlen *mn* indigeste

emiatt *hsz [ok]* à cause de cela; *[efelől]* pour cela

emigráció *fn* émigration *n*

emigrál *tn i* émigrer

emigráns *mn/fn* émigré(e)

eminens *mn* ~ **tanuló** excellent(e) élève

emleget *ts i* parler de *qqn/qqch*; évoquer *qqn/qqch*

emlék *fn [emlékkép]* souvenir *h*; *[emlékezet]* mémoire *n*; *[tárgy]* souvenir *h*; **~be kap vmit** recevoir qqch en souvenir; **vkinek ~ére** en souvenir *v.* à la mémoire de qqn; **vminek ~éül** en souvenir de qqch

emlékezés *fn* souvenir *h*; *írtud* mémoires *h (t sz)*

emlékezet *fn [képesség]* mémoire *n*; **~ből** de mémoire; **~em szerint** si j'ai bonne mémoire

emlékezetes *mn [nevezetes]* mémorable; *[felejthetetlen]* inoubliable

emlékezetkiesés *fn* amnésie *n*; *[pillanatnyi]* trou *h* de mémoire

emlékez|ik *tn i vkire/vmire* se souvenir de *qqn/qqch*, se rappeler *qqn/qqch*

emlékezőtehetség *fn* mémoire *n*

emlékeztet *ts i [figyelmeztet]* vkit vmire rappeler qqch à qqn, faire penser qqn à qqch; *[felidéz, hasonlít]* rappeler *qqn/qqch*

emlékeztető *fn [feljegyzés]* mémorandum *h*; *biz* mémo *h*

emlékirat *fn* mémoires *h (t sz)*

emlékkönyv *fn* album *h*; *[tudományos]* mélanges *h (t sz)*

emlékmű *fn* monument *h* (commémoratif)

emléksz|ik *tn i vkire/vmire* se souvenir de *qqn/qqch*, se rappeler *qqn/qqch*; **ha jól ~em** si je me souviens bien; **nem ~em** je ne me rappelle plus

emléktábla *fn* plaque *n* commémorative

emléktárgy *fn* souvenir *h*

említ *ts i* mentionner; **mint már ~ettem** comme je l'ai déjà mentionné *v.* dit

említés *fn* mention *n*; **~t tesz vmiről** faire mention de qqch

emlő *fn [állaté]* mamelle *n*; *[nőé]* sein *h*

emlős *fn* mammifère *h*

empátia *fn* empathie *n*

én I. *nm [ragozott igével]* je; *[önállóan]* moi; *[birtokos]* mon (ma) (mes); ~ **vagyok az** c'est moi; ~ **magam** moi-même; **az ~ anyám** ma mère (à moi) **II.** *fn pszich* le moi; **egész ~jével** de tout son être

enciklopédia *fn* encyclopédie *n*

Endre *fn* André *h*

ének *fn [éneklés, madaré is]* chant *h*; *[dal]* chanson *n*; *írtud* chant *h*

énekel I. *tn i* chanter; **hamisan/pontosan** ~ chanter faux/juste **II.** *ts i* chanter

énekes I. *mn* ~ **bohózat** vaudeville *h* **II.** *fn* chanteur (-euse); *[énekkarban]* choriste *h n*

énekesmadár *fn* oiseau *h* chanteur

énekesnő *fn* chanteuse *n*; *[operai]* cantatrice *n*

énekkar *fn* chœur *h*, chorale *n*

éneklés *fn* chant *h*

énekóra *fn* cours *h* de chant

énekszó *fn* chant *h*; ~**val** en chantant

enélkül *hsz* sans cela

energia *fn* énergie *n*; **sok** ~**t fordít vmire** consacrer beaucoup d'efforts à qqch

energiaellátás *fn* alimentation *n* en énergie

energiaforrás *fn* source *n* d'énergie

energiahordozó *fn* source *n* d'énergie

energiaital *fn* boisson *n* énergétique

energiatakarékos *mn* économique en énergie

energiatermelés *fn* production *n* énergétique

energikus *mn* énergique

enged I. *ts i [lehetővé tesz]* permettre qqch à qqn v. à qqn de *inf*; *[hagy]* laisser qqn *inf*; ~**je meg, hogy** permettez-moi de *inf*; **nem** ~ **az elveiből** il ne transige pas sur ses principes; **szabad folyást** ~ **vminek** donner libre cours à qqch; **szabadon** ~ remettre en liberté **II.** *tn i* céder; ~ **az erőszaknak** céder à la force; **10 eurót** ~ **az árból** faire une remise de 10 euros; ~ **a jég** la glace fond; **vizet** ~ faire couler l'eau

engedékeny *mn* accomodant(e); *[szülő]* permissif (-ive); *[elnéző]* indulgent(e)

engedelem *fn* **engedelmével** avec votre permission

engedelmes *mn* obéissant(e), docile

engedelmesked|ik *tn i* obéir; **nem** ~**ik** désobéir

engedelmesség *fn* obéissance *n*

engedély *fn* permission *n*; *[okmány]* permis *h*; *[felhatalmazás]* autorisation *n*; *gazd* licence *n*; **munkavállalási** ~ permis *h* de travail; **tartózkodási** ~ carte *n* de séjour; ~**t kér/kap vmire** demander/obtenir l'autorisation *v.* la permission de qqch *v.* de *inf*

engedélyez *ts i* autoriser, permettre

engedélyezés *fn* autorisation *n*, permission *n*

engedetlen *mn* indocile; *[gyermekről]* désobéissant(e)

engedetlenség *fn* désobéissance *n*

engedmény *fn* concession *n*; *[árból]* remise *n*, rabais *h*; ~**eket tesz** faire des concessions; **20%-os** ~**t ad** accorder une remise de 20%

engem *nm [ige előtt]* me, m'; *[ige után]* -moi; *[önállóan]* moi; **gyűlöl** ~ il me hait; **szeret** ~ il m'aime; ~ **szeret** *[hangsúlyozva]* c'est moi qu'il aime; **hagyjon** ~ **békén!** laissez-moi tranquille; **ami** ~ **illet** en ce qui me concerne, quant à moi

engesztelhetetlen *mn* implacable

énmiattam *hsz* à cause de moi; *[értem]* pour moi

ennek *nm [birtokos]* de ce (cet) (cette) …(-ci); *[részes]* à ce (cet) (cette); *[önállóan]* à *v.* de celui-ci (celle-ci); ~ **a háznak a kertje** le jardin de cette maison(-ci); ~ **a fiúnak add oda!** donne-le à ce garçon(-ci); ~ **semmi értelme** cela n'a aucun sens; ~ **már két hónapja** il y a deux mois de cela; ~ **előtte** avant cela

ennél *nm [fn előtt]* à *v.* chez ce (cet) (cette) …(-ci); *[önállóan]* à *v.* chez celui-ci (celle-ci); **itt ült** ~ **az asztal-**

nál il était assis à cette table(-ci); ~ **a péknél veszem a kenyeret** j'achète le pain chez ce boulanger(-ci); ~ **nagyobb** plus grand que cela; **nincs ~ jobb** il n'y a rien de mieux

ennélfogva *hsz* par conséquent, en conséquence, de ce fait

ennivaló I. *mn [aranyos]* mignon (-onne) à croquer **II.** *fn* nourriture *n*; **van valami ~?** est-ce qu'il y a quelque chose à manger ?

ENSZ *fn* Organisation *n* des Nations Unies, O.N.U.

enzim *fn* enzyme *h*

enyeleg *tn i* marivauder

enyém *nm* le mien (la mienne); à moi; **ez a ház az ~** cette maison est à moi *v.* est la mienne; **enyéim** les miens (miennes), *[család]* les miens

enyhe *mn [időjárás]* doux (douce); *[éghajlat]* tempéré(e); *[kismértékű]* léger (-ère)

enyhít *ts i [bánatot, éhséget, szomjúságot]* apaiser; *[fájdalmat így is]* calmer, atténuer; *[feszültséget]* apaiser, atténuer; *[büntetést]* réduire

enyhítő *mn* ~ **körülmény** circonstances *n (t sz)* atténuantes

enyhül *tn i [hideg időjárás]* se radoucir; *[forróság]* s'atténuer; *[feszültség]* diminuer; *[fájdalom, harag]* s'apaiser

enyhülés *fn [fájdalomé]* apaisement *h*; *[időjárásban]* radoucissement *h*; *pol* détente *n*

ennyi *nm* ~ **ideig** si longtemps; ~ **az egész** voilà tout; ~ **elég?** cela suffit ?; **maradjunk ~ben** restons-en là; **csak ~en vagytok?** vous n'êtes pas plus nombreux ?; ~**ért ne vedd meg!** ne l'achète pas à ce prix-là; ~**re szereted?** tu l'aimes tant que ça *v.* à ce point-là ?; **csak ~t eszel?** tu ne manges pas plus que ça ?

enyv *fn* colle *n* (forte)

ép *mn [sértetlen]* intact(e); *[egészséges]* sain(e); ~ **bőrrel megússza** s'en tirer sain(e) et sauf (sauve); **ez ~ ésszel fel nem fogható** c'est inconcevable

epe *fn [emberi]* bile *n*; *[állati]* fiel *h*; **elönti az ~** s'emporter

epebaj *fn* affection *n* biliaire

epegörcs *fn* colique *n* hépatique

epehólyag *fn* vésicule *n* biliaire

epeked|ik *tn i vkiért* languir *après qqn*

epekő *fn* calcul *h* biliaire

épelméjű *mn* sain(e) d'esprit

épen *hsz [személyről]* sain(e) et sauf (sauve); *[tárgyról]* intact(e), en parfait état

eper *fn* fraise *n*

eperfa *fn* mûrier *h*

epicentrum *fn* épicentre *n*

epikus *mn* épique

epilepszia *fn* épilepsie *n*

epilógus *fn irtud* épilogue *h*

épít *ts i* construire; *[házat így is, várost]* bâtir; *[gépet]* construire; *átv vmire* tabler *sur qqch*

építés *fn* construction *n*; ~ **alatt** en construction

építési *fn* ~ **engedély** permis *h* de construire; ~ **költség** frais *h (t sz)* de construction

építész *fn* architecte *h n*

építészet *fn* architecture *n*

építészmérnök *fn* architecte *h n*

építkezés *fn [cselekvés]* travaux *h (t sz)* (de construction); *[hely]* chantier *h*

építkez|ik *tn i* construire; *[végeztet]* faire construire

építmény *fn* construction *n*; *[épület]* édifice *h*

építő *mn [bírálat]* constructif (-ive)

építőanyag *fn* matériau *h* (de construction)

építőipar *fn* (industrie *n* du) bâtiment *h*

építőmérnök *fn* ingénieur *h n* civil(e)

építőmunkás *fn* ouvrier (-ière) du bâtiment

epizód *fn* épisode *h*

épkézláb *mn* *[egészséges]* valide; *[tárgy]* en bon état; *[ötlet]* qui tient debout, sensé(e)

eposz *fn* *irtud* épopée *n*

éppen *hsz* juste, justement; **~ alszik** il est train de dormir; **~ akkor, amikor** juste au moment où; **~ elaludtam, amikor** je venais juste de m'endormir quand; **~ csak, hogy belefér** ça rentre tout juste; **~ egy kiló** un kilo juste; **~ ezért** justement pour cela; **~ ezt akarom** c'est justement v. précisément ce que je veux; **ha ~ si jamais; ~ jókor** juste au bon moment; **~ most** juste maintenant; **~ most akartalak hívni** j'allais justement t'appeler; **~ most ment el** il vient de partir; **~ olyan, mint** être exactement comme; **látni ~ láttam, de** pour le voir, je l'ai vu, mais; **~ úgy, mint nálunk** tout comme chez nous

éppenséggel *hsz* **ez ~ még lehetséges volna** ça, à la rigueur, ce serait possible; **ha ~ látni akarod** si tu tiens vraiment à le voir

épphogy *hsz* tout juste, à peine; **~ ismerem** c'est à peine si je le connais

épség *fn* **~ben megérkezik** arriver sain(e) et sauf (sauve); **~ben marad** *[tárgy]* rester intact v. en bon état; **veszélyezteti vki testi ~ét** mettre en danger la sécurité de qqn

épül *tn i* être construit(e) v. en construction; *átv [alapul]* **vmire** être basé(e) *sur qqch*

épület *fn* bâtiment *h*; *[nagy, középület]* édifice *h*

épületes *mn* *iron is* édifiant(e)

épülettömb *fn* pâté *h* de maisons

ér¹ I. *tn i* *[vhová]* arriver à, parvenir à; *[vmeddig]* arriver à v. jusque; *[felfelé]* monter jusque; *[lefelé]* descendre jusque; *vkihez/vmihez* toucher qqn v. à qqch; **a vállamig ~** il m'arrive à l'épaule; **térdig ~ a víz** l'eau arrive jusqu'aux genoux; **célhoz ~** toucher au but; **a nyomába se ~** il ne lui arrive pas à la cheville **II.** *ts i* *[eltalál, érint]* toucher; *[rajtakap]* surprendre qqn à inf; *[hasznát veszi]* servir; **mit ~sz vele?** à quoi ça te servira ?; **mit ~a pénz, ha** à quoi bon l'argent si; **baleset ~te** il a eu un accident; **földet ~** toucher terre; **tetten ~ vkit** prendre qqn sur le fait; **véget ~** prendre fin, se terminer

ér² I. *ts i* *[értékben]* valoir; **meny-nyit ~?** combien cela vaut-il ?; **ez nem ~ semmit** cela ne vaut rien; **ez sokat ~** ça vaut cher **II.** *tn i* *[játékban]* **ez nem ~!** cela ne compte pas !; **nem ~ a nevem!** pouce !

ér³ *fn* *[testben]* vaisseau *h* sanguin; *[gyűjtőér]* veine *n*; *[ütőér]* artère *n*; *[levélen]* nervure *n*; **felvágja az ereit** s'ouvrir les veines

éra *fn* ère *n*

érc *fn* *[ásvány]* minerai *h*; *[fém]* métal *h* brut

erdei *mn* des bois, forestier (-ière); **~ út** chemin *h* forestier

érdek *fn* intérêt *h*; **vkinek/vminek az ~ében** dans l'intérêt de qqn/qqch; **~ében áll, hogy** avoir intérêt à inf; **~ből** par intérêt

érdekcsoport *fn* groupement *h* d'intérêt

érdekegyeztetés *fn* conciliation *n* des intérêts

érdekel *ts i* intéresser; **érdekli a festészet** il s'intéresse à la peinture, la peinture l'intéresse; **nem ~!** *biz* je m'en fiche !

érdekelt I. *mn* az ~ **felek** les parties *n (t sz)* intéressées **II.** *fn* intéressé(e)

érdekeltség *fn* intérêt *h*; intéressement *h*; **külföldi ~ű** à participation étrangère

érdekes *mn* intéressant(e); *[különös]* curieux (-euse); **felejtsd el, nem ~!** ne t'en fais pas, ça n'a pas d'importance

érdekesség *fn [tárgy]* curiosité *n*; **a történet ~e az, hogy** l'intéressant dans l'histoire, c'est que

érdekfeszítő *mn* passionnant(e), captivant(e)

érdekházasság *fn* mariage *h* d'intérêt

érdekképviselet *fn* représentation *n* des intérêts

érdekközösség *fn* communauté *n* d'intérêts

érdeklődés *fn* intérêt *h*; **~t tanúsít vki/vmi iránt** témoigner de l'intérêt à qqn/qqch

érdeklőd|ik *tn i* vki/vmi iránt s'intéresser à qqn/qqch; *[tudakozódik]* se renseigner, s'informer; **~ni szeretnék je** voudrais un renseignement sur; **~ött utánad** il a demandé de tes nouvelles

érdeklődő *mn/fn* intéressé(e)

érdektelen *mn* sans intérêt

érdekvédelem *fn* défense *n* des intérêts

Erdély *fn* Transylvanie *n*

erdélyi I. *mn* transylvain(e), de (la) Transylvanie **II.** *fn [személy]* Transylvain(e)

érdem *fn* mérite *h*; **~ben** sur le fond

érdemel *ts i* mériter; **jutalmat ~ il** mérite récompense *v.* d'être récompensé

érdemes *mn* vmire digne de qqch; *[igével]* valoir la peine *v. biz* le coup de *inf*; **szóra sem ~** *[köszönetet elhárítva]* je vous en prie, ce n'est rien

érdemjegy *fn* note *n*

érdemleges *mn [említésre méltó]* notable; **~ választ ad** répondre sur le fond

érdemrend *fn* ordre *h* du mérite

érdemtelen *mn* immérité(e)

érdes *mn* rêche, rugueux (-euse); *[hang is]* râpeux (-euse); **~ modor** manières *n (t sz)* rudes

erdész *fn* forestier *h*

erdészet *fn* foresterie *n*, sylviculture *n*

erdő *fn* forêt *n*; *[kisebb]* bois *h*

erdőgazdaság *fn* exploitation *n* forestière

erdőmérnök *fn* ingénieur *h n* des Eaux et Forêts

erdős *mn* boisé(e), forestier (-ière)

erdősít *ts i* boiser

erdőtűz *fn* incendie *h* de forêt

ered *tn i [folyó]* prendre sa source; *[vhonnan]* provenir de, venir de; *[szó]* dériver; *[korból]* dater de; **a baj onnan ~, hogy** le mal vient de ce que; **futásnak ~** se mettre à courir

eredendő *mn* ~ **bűn** le péché originel

eredet *fn* origine *n*

eredeti I. *mn [igazi, sajátos]* original(e); *[első]* initial(e), originel (-elle) **II.** *fn* original *h*

eredetileg *hsz* à l'origine

eredetiség *fn* originalité *n*; *[valódiság]* authenticité *n*

eredmény *fn* résultat *h*; *mat* résultat *h*; *sp* score *h*

eredményes *mn* fructueux (-euse); *[hatékony]* efficace

eredményesség *fn* efficacité *n*

eredményez *ts i* vmit aboutir à qqch, avoir qqch pour résultat *v.* effet

eredményhirdetés *fn* annonce *n v.* publication *n* des résultats

eredményhirdető *mn* ~ **tábla** tableau *h* d'affichage

eredménytelen *mn* sans résultat, infructueux (-euse), inefficace

eredő *fn fiz* résultante *n*

ereklye *fn* relique *n*

érelmeszesedés *fn* artériosclérose *n*

erély *fn* énergie *n*, détermination *n*

erélyes *mn* énergique, déterminé(e); *[hang]* ferme

érem *fn* médaille *n*; **az ~ másik oldala** le revers de la médaille

erény *fn* vertu *n*

erényes *mn* vertueux (-euse)

eres *mn* veiné(e), aux veines *n (t sz)* saillantes; *[fa, levél, kő]* veiné(e)

érés *fn* maturation *n*, mûrissement *h*

eresz *fn* gouttière *n*

ereszked|ik *tn i* descendre; *[út]* être en pente; *[köd]* tomber; **térdre ~ik** se mettre à genoux, s'agenouiller

ereszt *ts i/tn i [gázpalack, gumi, hordó, tartály]* fuir; *[színét veszti]* déteindre; **gyökeret ~** prendre racine; **haza ~** laisser rentrer; **szabadon ~** relâcher; **vizet ~** faire couler l'eau

éretlen *mn* pas mûr(e), vert(e); *átv* immature, puéril(e)

eretnek *mn/fn* hérétique *h n*

eretnekség *fn* hérésie *n*

érett *mn* mûr(e); *átv* mûr(e), mature

érettségi I. *mn ~* **bizonyítvány** diplôme *h* de baccalauréat **II.** *fn* baccalauréat *h*; *biz* bac *h*

érettségiz|ik *tn i* passer le baccalauréat *v. biz* le bac

érez *ts i [érzékel, érzelmet átél]* sentir, ressentir, éprouver; *[szagot]* sentir; **együtt ~ vkivel** compatir avec qqn; **örömet ~** ressentir *v.* éprouver de la joie; **fájdalmat ~** ressentir *v.* éprouver une douleur; **ézem, hogy** je sens que; **úgy érzem, hogy** j'ai l'impression que; **hogy érzed magad?** *[hogy vagy?]* comment vas-tu ?, *[betegtől]* comment te sens-tu ?; **nem érzem jól magam** je ne me sens pas bien; **~d**

jól magad! amuse-toi bien; **~ze otthon magát!** faites comme chez vous

erezet *fn [levélé]* nervures *n (t sz)*; *[fáé, márványé]* veines *n (t sz)*

érezhető *mn* perceptible, sensible

éreztet *ts i vmit vkivel* faire sentir *qqch à qqn*; **~i hatását** faire son effet

ér|ik *tn i* mûrir; *[bor, sajt]* vieillir

érint *ts i* toucher; *[enyhén]* effleurer; *[érzelmileg]* toucher, affecter; *[vkire vonatkozik]* concerner

érintés *fn* toucher *h*, contact *h*; **~re** au toucher

érintetlen *mn* intact(e); **~ül hagyta az ételt** il n'a même pas touché au repas

érintett I. *mn* **az ~ felek** les parties *n (t sz)* concernées **II.** *mn* **az ~ek** les personnes *n (t sz)* concernées

érinthetetlen *mn* intouchable

érintkezés *fn vill is* contact *h*; **~be lép vkivel** entrer *v.* se mettre en contact avec qqn, prendre contact avec qqn; **nemi ~** rapport *h* sexuel

érintkez|ik *tn i [tárgy]* être en contact, se toucher; *[ember]* être en contact *v.* avoir des contacts *avec qqn*; **senkivel sem ~ik** il ne voit personne

érintő *fn mat* tangente *n*; *zene* sillet *h*

erjed *tn i* fermenter

erjedés *fn* fermentation *n*

erjeszt *ts i* faire fermenter

erkély *fn szính is* balcon *h*

érkezés *fn* arrivée *n*

érkezési *mn ~* **oldal** arrivée *n*; **~ sorrendben** dans l'ordre d'arrivée

érkez|ik *tn i* arriver; **éppen jókor ~ik** arriver juste au bon moment *v.* juste à pic

erkölcs *fn* morale *n*; **az ~ök** les mœurs *n (t sz)*

erkölcsi *mn* moral(e); **~ bizonyítvány** certificat *h* de bonnes vie et mœurs

erkölcsös *mn* moral(e), vertueux (-euse); ~ **leány** une fille sage

erkölcstan *fn* éthique *n*

erkölcstelen *mn* immoral(e); *[feslett]* dépravé(e)

erkölcstelenség *fn* immoralité *n*; *[cselekedet]* écart *h* de conduite

érlel *ts i átv is* (faire) mûrir; *[sajtot]* affiner

érme *fn* monnaie *n*, pièce *n*; *[bedobó]* jeton *h*

ernyő *fn [eső ellen]* parapluie *h*; *[nap ellen]* parasol *h*; *[kézi]* ombrelle *n*; *[lámpáé]* abat-jour *h*

erotika *fn* érotisme *h*

erotikus *mn* érotique

erózió *fn* érosion *n*

erő *fn [fizikai, lelki]* force *n*; *[hangé, fényé]* intensité *n*; *fiz* force *n*; *kat* forces *n (t sz)*; **jó ~ben van** être en bonne condition; **teljes ~ből** de toutes ses forces; **(új) ~re kap** reprendre des forces; **~t vesz magán** se contenir, se maîtriser; **saját erejéből** *[anyagilag]* par ses propres moyens; **1000 euró erejéig** jusqu'à concurrence de 1000 euros

erőd *fn* forteresse *n*

erőfeszítés *fn* effort *h*; **~t tesz** faire un effort *v.* des efforts

erőforrás *fn* source *n* d'énergie; **emberi ~ok** ressources *n (t sz)* humaines

erőleves *fn* consommé *h*

erőlködik *tn i* se donner du mal (pour), s'efforcer (avec peine) *de inf*; **hiába/hasztalan ~ik** avoir beau faire

erőltet *ts i* forcer; **~i az agyát** se creuser la cervelle

erőltetett *mn* forcé(e); *[kényszeredett]* contraint(e); *[elmélet, magyarázat]* tiré(e) par les cheveux; ~ **menet** marche *n* forcée

erőmű *fn* centrale *n*

erőnlét *fn* condition *n* (physique)

erőpróba *fn* épreuve *n* de force

erős *mn ált* fort(e); *[testileg így is]* vigoureux (-euse); *biz* costaud(e); *[ellenálló]* résistant(e), solide; *[hang, szél]* fort(e); *[hit, meggyőződés]* ferme; *[íz]* fort(e); *[szavak]* violent(e), vif (vive); ~ **akarat** forte volonté *n*; ~ **szervezet** constitution *n* robuste; **~, mint egy bivaly** fort comme un bœuf; **légy ~!** courage !; **vkinek ~ oldala** le point fort de qqn; **ez egy kicsit ~!** *[durva, ízetlen]* ça, c'est un peu fort !; **nagyon ~vmiben** *[jó]* être fort(e) *v. biz* calé(e) en qqch

erősen *hsz [nagy erővel]* fort, avec force, vigoureusement; *[határozottan]* fermement, fort; **fogd meg jó ~!** tiens-le bien fort; **erősebben!** plus fort; ~ **fűszerezett** très épicé(e)

erősít *ts i [testi erőt növel]* rendre fort; *[szervet, testrészt]* fortifier; *[tartóssabbá tesz]* renforcer, consolider; *[új erőkkel gyarapít]* renforcer; *[vhova rögzít]* fixer; *[iramot növel]* accélérer; *átv [lelkileg]* vkit donner de la force à qqn

erősítés *fn kat* renforts *n (t sz)*; *sp* musculation *n*; *vill, távk* amplification *n*

erősítő *fn [gyógyszer]* fortifiant *h*; *vill* amplificateur *h*

erősköd|ik *tn i* insister

erősöd|ik *tn i ált* se renforcer; *[fizikailag]* se fortifier; *[hang, fény, hatás]* s'intensifier; *[szél]* s'accroître; *[érzelem]* devenir plus vif (vive) *v.* violent(e)

erősség *fn* force *n*, intensité *n*, vigueur *n*; *átv* **vkinek az ~e** le point fort de qqn; **5-ös ~ű szél** vent *h* de force 5

erőszak *fn* force *n*, violence *n*; **~ot alkalmaz** employer la force, user de

violence; **~kal** par *v.* de force; **~ot kö-
vet el** vkin violer qqn

erőszakos *mn* violent(e), agressif
(-ive); **~ halál** mort *n* violente; **~ (ne-
mi) közösülés** viol *h*

erőszakoskod|ik *tn i [követelődzik]*
réclamer *qqch* avec violence; *vkivel*
faire violence *à qqn*; **ne ~j!** ne sois
pas si agressif !

erőteljes *mn [életerős]* vigoureux
(-euse); *[erőre valló]* vigoureux
(-euse), puissant(e), énergique

erőtér *fn fiz* champ *h* de forces

erőtlen *mn átv is* faible; *[legyengült]*
affaibli(e)

erőviszony *fn* rapport *h* des force

erre I. *nm [fn előtt]* sur ce (cet) (cette)
…(-ci); *[önállóan]* sur celui-ci (celle-
ci); *[ragozott ige előtt]* y; **~ nem gon-
doltam** je n'ai pas pensé à cela, je n'y
ai pas pensé; **~ büszke vagyok** je suis
fier de ça **II.** *hsz* **~ tessék!** par ici, s'il
vous plaît !; *átv* **~ nézve** à cet égard;
~ megsértődött du coup, il s'est
vexé; **~ azt mondta, hogy** sur quoi il
m'a dit que; **~ fogta magát és elment**
là-dessus, il est parti

errefelé *hsz [irány]* par ici; *[hely]* par
ici, dans les environs *v.* le coin

erről I. *nm [fn előtt]* de ce (cet) (cette)
…(-ci); *[önállóan]* de celui-ci (celle-
ci), de cela; *[témáról]* à ce sujet; *[ra-
gozott ige előtt]* en; **~ még beszélünk**
on en reparlera; **~ van szó** voilà ce
dont il s'agit, c'est de ça qu'il s'agit
II. *hsz [irányból]* de ce côté(-ci), de
cette direction(-ci); **~ jött** il est venu
de cette direction *v.* de par là

érsek *fn* archevêque *h*

erszény *fn* bourse *n*; *áll* poche *n* ven-
trale *v.* marsupiale

ért I. *ts i [felfog]* comprendre, *biz* pi-
ger; *[tisztán hall]* entendre; **~em** je

comprends, je vois; **bocsánat, nem
~ettem** je vous demande pardon ?; **ha
jól ~em** si je comprends bien; **hogy
~ed ezt?** qu'est-ce que tu entends *v.*
que veux-tu dire par là ?; **nem úgy
~ette** ce n'est pas ce qu'il voulait
dire; **nem rád ~ettem** je n'ai pas dit
ça pour toi; **~i a dolgát** il connaît son
affaire **II.** *tn i [vmilyen nyelven]* com-
prendre; *vmihez* s'y connaître *v.* s'y
entendre *en v. à qqch*

érte *hsz [cserébe]* en échange; *vkiért*
pour lui *v.* elle; *vmiért* pour cela; *[ra-
gozott ige előtt]* en; **~ megy** aller
chercher qqn *v.* qqch; **~d jövök** je
viens te chercher; **mindent megten-
ne értünk** il ferait tout pour nous;
mit adsz ~? qu'est-ce tu donnes en
échange ?; **mit kér ~?** *[pénzben]*
combien en demandez-vous ?

érték *fn* valeur *n*; **eszmei ~** valeur spi-
rituelle; **névleges ~** valeur nominale

értékálló *mn [pénz]* stable

értékcsökkenés *fn* dépréciation *n*,
moins-value *n*

értékel *ts i [felbecsül]* estimer, éva-
luer; *[elismer, megbecsül]* apprécier,
estimer; **nagyra ~ vkit** avoir beau-
coup d'estime pour qqn, tenir qqn en
grande estime

értékelés *fn [felbecsülés]* évaluation *n*,
estimation *n*; *[oktatásban]* évaluation
n; *[megbecsülés]* appréciation *n*

értékes *mn [dolog]* précieux (-euse),
de valeur; *[személy]* de valeur; **ez na-
gyon ~** cela vaut beaucoup d'argent

értékesít *ts i [elad]* vendre; *[haszno-
sít]* mettre à profit

értékesítés *fn [eladás]* vente *n*

értekezés *fn* dissertation *n*, traité *h*;
doktori ~ thèse *n* (de doctorat)

értekez|ik *tn i vkivel* conférer *avec qqn*,
consulter qqn; *vmiről* disserter *sur qqch*

értekezlet *fn* réunion *n*; **szülői ~** réunion de parents d'élèves, *[gimnáziumban]* conseil *h* de classe; **~en van** être en réunion; **~et tart** tenir une réunion

értékhatár *fn* limite *n* de valeur

értékítélet *fn* jugement *h* de valeur

értékmegőrző *fn* coffre *h*

értékpapír *fn* titre *h*, valeur *n*

értékrend *fn* échelle *n* de valeurs

értéktárgy *fn* objet *h* de valeur

értéktelen *mn* sans valeur; **ez teljesen ~** cela n'a aucune valeur

értéktöbblet *fn* plus-value *n*

értéktőzsde *fn* bourse *n* des valeurs

értékű *mn* **kis ~** de peu de valeur; **nagy ~** de grande valeur; **5000 euró ~ holmi** des objets d'une valeur de 5000 euros; **maradandó ~ mű** une œuvre impérissable

értelem *fn [ész]* intelligence *n*, entendement *h*, raison *n*; *[jelentés]* sens *h*, signification *n*; **az emberi ~** la raison humaine, l'entendement humain; **ennek nincs semmi értelme** cela n'a aucun sens; **ilyen ~ben** en *v.* dans ce sens; **átvitt ~ben** au (sens) figuré; **a szó szoros értelmében** littéralement, au pied de la lettre; **bizonyos ~ben** en un certain sens; **vminek értelmében** aux termes de qqch, conformément à qqch

értelmes *mn [jó eszű]* intelligent(e); *[célravezető, okos, helyes]* raisonnable, sensé(e); *[beszéd, kiejtés]* intelligible; **~ munka** un travail qui a du sens

értelmetlen *mn [józan ésszel ellenkező]* insensé(e), déraisonnable; *[érthetetlen]* inintelligible; *[céltalan, oktalan]* inutile; **ez teljesen ~** *[cselekedet, beszéd]* cela n'a aucun sens

értelmetlenség *fn* non-sens *h*, absurdité *n*; *[badarság]* bêtise *n*

értelmez *ts i* interpréter, expliquer

értelmezés *fn* interprétation *n*, explication *n*

értelmező I. *mn ~* **szótár** dictionnaire *h* de langue **II.** *mn nyelv* apposition *n*

értelmi *mn* intellectuel (-elle); **~ fogyatékos** handicapé(e) mental(e); **~ képesség** faculté *n* intellectuelle; **~ szerző** *[bűntetté]* instigateur (-trice)

értelmiség *fn* les intellectuels *h (t sz)*, l'intelligentsia *n*

értelmiségi *mn/fn* intellectuel (-elle); *biz, pej* intello *h n*

értés *fn* **~ére ad vkinek vmit** *[közli]* annoncer qqch à qqn, *[megérteti]* donner à entendre qqch à qqn

értesít *ts i* vkit vmiről informer qqn de qqch, apprendre qqch à qqn; *[előre tájékoztat]* prévenir, avertir; *[veszély esetén]* alerter

értesítés *fn [előzetes]* avertissement *h*; *[hatósági]* avis *h*, notification *n*

értesítő *fn [iskolai]* carnet *h*; *[hivatalos]* avis *h*

értesül *tn i* vmiről apprendre qqch, être informé(e) *v.* avisé(e) *de* qqch

értesülés *fn* renseignement *h*, information *n*; *[hír]* nouvelles *n (t sz)*; **~eink szerint** d'après nos informations *v.* renseignements; **rosszak az ~eid** on t'a mal renseigné

értetlenül *hsz ~* **áll vmivel szemben** être incapable de comprendre qqch

értetődlik *tn i* **magától ~ik** cela va de soi, cela va sans dire; **magától ~ik, hogy** il va de soi que, il va sans dire que

érthetetlen *mn [viselkedés]* incompréhensible; *[beszéd]* inintelligible

érthető *mn [belátható]* compréhensible; *[tisztán, tagoltan mondott]* intelligible; **könnyen ~** facile à comprendre; **mindenki számára ~** à la portée de tous

érv *fn* argument *h*; **~eket hoz fel** fournir *v.* invoquer des arguments

érvel *tn i* argumenter; **azzal ~t, hogy** il a argué (de ce) que

érvelés *fn* argumentation *n*

érvény *fn [érvényesség]* validité *n*; *[törvényé]* vigueur *n*; **~be lép** entrer en vigueur; prendre effet; **~ben levő** en vigueur

érvényes *mn [hatóságilag, jogilag szabályos]* valide, valable; *[hatályban levő]* en vigueur; *[jegy]* valable; **egy évig ~** valable un an; **~ útlevél** passeport *h* valide *v.* valable; **ez rád is ~** cela vaut pour toi aussi

érvényesít *ts i [érvényessé tesz]* valider; *[érvényre juttat]* faire (pré)valoir; **~i a jogait** faire valoir ses droits

érvényesség *fn* validité *n*

érvényesül *tn i [személy]* réussir, se faire une situation, percer

érvényesülés *fn [személyé]* réussite *n* (sociale)

érvénytelen *mn [érvény nélküli]* nul (nulle); *[lejárt, elavult]* non valable, périmé(e)

érvénytelenít *ts i* invalider, annuler

érverés *fn* pouls *h*

érzék *fn* sens *h*; **az öt ~** les cinq sens; **erkölcsi ~** sens moral; **zenei ~** sens de la musique; **van ~e vmihez** avoir le sens de qqch, être doué(e) pour qqch

érzékcsalódás *fn* illusion *n* des sens

érzékel *ts i* percevoir, sentir; *[műszer]* détecter

érzékelés *fn* perception *n*, sensation *n*; *[műszeré]* détection *n*

érzékeltet *ts i* faire voir *v.* sentir, donner à voir *v.* à sentir

érzékeny *mn [bőr stb.]* sensible, délicat(e); *[személy]* sensible, émotif (-ive); *vmire* sensible *à qqch*; *[sértő-

dékeny]* susceptible; *[műszer]* sensible; **vkinek az ~ pontja** le point sensible de qqn; **~ búcsú** adieux *h* (*t sz*) émus

érzékenység *fn [bőré stb.]* sensibilité *n*; *[lelki]* sensibilité *n*, délicatesse *n*, émotivité *n*; *[sértődékenység]* susceptibilité *n*; *[műszeré]* sensibilité *n*; *orv* allergie *n*

érzéketlen *mn [testileg, lelkileg]* insensible; *[rideg, részvétlen]* indifférent(e)

érzéki *mn [érzékkel felfogható]* sensoriel (-elle), sensitif (-ive); *[buja]* sensuel (-elle), voluptueux (-euse); *[tánc, tekintet]* lascif (-ive); **~ csalódás** illusion *n* des sens

érzékiség *fn* sensualité *n*

érzékletes *mn* suggestif (-ive), évocateur (-trice)

érzékszerv *fn* organe *h* sensoriel

érzelem *fn* sentiment *h*, émotion *n*; **gyengéd érzelmeket táplál vki iránt** nourrir de tendres sentiments pour qqn

érzelgős *mn* sentimental(e); *[stílus így is]* larmoyant(e)

érzelmes *mn* sentimental(e), sensible; **~ dal** chanson *n* sentimentale

érzelmi *mn* affectif (-ive), émotionnel (-elle), sentimental(e); **~ élet** vie *n* affective

érzés *fn [testi]* sensation *n*; *[lelki]* sentiment *h*; *[megérzés]* impression *n*; **az az ~e, hogy** avoir l'impression que

érzéstelenít *ts i* anesthésier

érzéstelenítés *fn* anesthésie *n*

érzéstelenítő I. *mn* anesthésique, anesthésiant **II.** *fn [szer]* anesthésique *h*, anesthésiant *h*

érzet *fn* sensation *n*

érzlik *tn i →* **érződik**

érző *mn* sensible; **~ szív** coeur *h* sensible

érződ|ik *tn i* (se) sentir; **~ik rajta a parfüm** elle sent le parfum; **~ik rajta, hogy idegen** cela se sent qu'il est étranger

Erzsébet *fn* Élisabeth *n*

és *ksz* et; **~ így tovább** et ainsi de suite; **~ a többi** et caetera *v.* cetera etc.; **~ aztán?, na ~?** et alors ?; **pénz ~ élelem nélkül** sans argent ni provisions

esedékes *mn* échéant(e), arrivant à échéance; *[közeli jövőben várható]* imminent(e); **~ a látogatása** sa visite ne devrait pas tarder

esély *fn* chance *n*

esélyegyenlőség *fn* égalité *n* des chances

esélyes **I.** *mn [igével]* avoir de bonnes chances *de inf*; *[jelölt, versenyző]* favori (-ite) **II.** *fn* favori (-ite)

esélytelen *mn [igével]* avoir peu de chances *de inf*

esemény *fn* événement *v.* évènement *h*; *orv* **~ utáni tabletta** pilule *n* abortive *v.* du lendemain

esendő *mn* faillible

esernyő *fn* parapluie *h*

esés *fn* chute *n*

eset *fn* cas *h*; *[kellemetlen]* incident *h*; *[ügy]* affaire *n*; *[orvosi]* cas *h*; **ebben az ~ben** dans ce cas; **végső ~ben** en désespoir de cause; **legjobb/legrosszabb ~ben** au mieux/pire; **nem az én ~em** *[dologról]* biz ce n'est pas mon truc, *[személyről]* il/elle n'est pas mon genre; **vmi ~én** en cas de qqch

eseti *mn* occasionnel (-elle)

esetleg *hsz* éventuellement, peut-être; **ha ~** si jamais, si d'aventure

esetleges *mn* éventuel (-elle)

esetlen *mn* maladroit(e), gauche, balourd(e)

eshetőség *fn* éventualité *n*

es|ik *tn i* tomber, faire une chute; *[eső]* pleuvoir; *[részvény, ár]* chuter; *[időpont]* vmikorra tomber un qqch; *[választás]* vkire tomber *v.* porter *sur qqn*; **szó ~ik vmiről** être question de qqch; **~ik az eső** il pleut; **~ik a hó** il neige; **jól ~ik vkinek vmi** faire du bien à qqn; **rosszul ~ik vkinek vmi** faire de la peine à qqn; **ágynak ~ik** tomber malade; **teherbe ~ik** tomber enceinte; **áldozatául ~ik vminek** être victime de qqch; **büntetés alá ~ik** être passible d'une peine; **közel/távol ~ik vmihez** être près/loin de qqch; **ha vmi baja ~ik** s'il lui arrive quelque chose; **nem ~ett bajod?** tu n'as rien (eu) ?; **mi ~ett beléd?** qu'est-ce qui t'a pris(e) ?

esket *ts i* marier

eskü *fn* serment *h*; **hamis ~** faux serment, parjure *n*; **~ alatt vall** déposer sous serment; **~t tesz** prêter serment; **~t megszeg** rompre *v.* violer un serment

esküdt **I.** *mn* **~ ellenség vkinek** ennemi(e) juré(e) de qqn **II.** *fn [bírósági]* juré(e)

esküdtszék *fn* cour *n* d'assises

esküsz|ik *ts i* jurer; *[házasodik]* se marier; **esküdni mernék rá** j'en mettrais ma main au feu; **nem ~öm rá** je n'en jurerais pas

eskütétel *fn* prestation *n* du serment

esküvő *fn* mariage *h*; **polgári/egyházi ~** mariage civil/religieux

esküvői *mn* nuptial(e), de noce; **~ ruha** robe *n* de mariée

eső *fn* pluie *n*; **esik az ~** il pleut; **elered az ~** il commence à pleuvoir; **~re áll az idő** le temps est à la pluie; **eláll az ~** la pluie cesse; **~ben** sous la pluie

esőerdő *fn* forêt *n* tropicale

esőkabát *fn* imperméable *h*; *biz* imper *h*

esős *mn* pluvieux (-euse); ~ **idő** temps pluvieux; ~ **évszak** saison *n* des pluies

esővíz *fn* eau *n* de pluie

esőzés *fn* pluies *n (t sz)*

esperes *fn vall* archidiacre *h*

est *fn* soir *h*; *[rendezvény is]* soirée *n*; ~**ig** jusqu'au soir; **reggeltől** ~**ig** du matin au soir

este I. *fn* soir *h*, soirée *n*; **jó** ~**t!** bonsoir !; *[búcsúzáskor]* bonne soirée ! **II.** *hsz* soir; ~ **hat órakor** à six heures du soir; **hétfő** ~ lundi soir; **ma** ~ ce soir; **tegnap/holnap** ~ hier/demain soir; **késő** ~ tard le soir

estefelé *hsz* vers le soir, à la tombée de la nuit

esteled|ik *tn i* le jour *v.* la nuit tombe

estély *fn* soirée *n*

estélyi *mn* ~ **öltözet** tenue *n* de soirée; ~ **ruha** robe *n* de soirée

esténként *hsz* le soir

esti *mn* du soir; ~ **mese** conte *h* du soir; ~ **tanfolyam** cours *h* du soir

ész *fn* intelligence *n*, esprit *h*, raison *n*; **józan** ~ bon sens *h*; **van esze** il n'est pas bête; **eszem ágában sincs!** je n'en ai pas la moindre intention !; **le-gyen (már) eszed!** sois raisonnable !, réfléchis un peu !; **elment az eszed?** tu as perdu la tête ?; **hol jár az eszed?** où as-tu la tête ?; **annyi esze sem volt, hogy** il n'a même pas eu l'idée de *inf*; **csak azon jár az esze, hogy** ne penser qu'à *inf*; ~**be kap** se reprendre; **eszébe jut vmi** qqch lui revient, se souvenir de qqch, se rappeler qqch; **az jutott az eszébe, hogy** il lui est venu à l'idée que; **eszébe juttat vkinek vmit** rappeler qqch à qqn; **erről jut eszembe** à propos;

mióta eszemet tudom du plus loin que je me souvienne

észak *fn [égtáj]* Nord *h*; *[irány]* nord *h*; **vmitől** ~**ra** au nord de qqch; ~**ra néz** être orienté(e) au nord

Észak-Amerika *tul* Amérique *n* du Nord

északi *mn* du nord; *[skandináv]* nordique; ~ **fekvésű** orienté(e) au nord; ~ **félgömb** hémisphère *h* Nord; ~ **szél** vent *h* du nord

Észak-Írország *fn* Irlande *n* du Nord

Északi-sark *fn* pôle *h* Nord

északi-sarki *mn* arctique, du pôle Nord

északkelet *fn* nord-est *h*

északkeleti *mn* du nord-est

északnyugat *fn* nord-ouest *h*

északnyugati *mn* du nord-ouest

eszeget *ts i* grignoter

eszelős I. *mn* fou (fol) (folle), dément(e); ~ **tekintet** regard *h* (de) fou **II.** *fn* maniaque *h n*

eszerint *hsz [ennek megfelelően]* en fonction de cela; *[tehát]* par conséquent, ainsi, donc

eszes *mn* intelligent(e)

eszeveszett *mn* frénétique, fou (fol) (folle); *[menekülés, iram]* éperdu(e)

eszeveszetten *hsz* comme un fou (une folle)

esz|ik *ts i* manger; *biz* bouffer; *[rozsda]* ronger; **egyél még!** manges-en encore; **ön mit** ~**ik?** *[vendéglőben]* qu'est-ce que vous prenez ? **II.** *tn i átv* **ebből ugyan nem** ~**ik!** ça, il peut toujours courir !; ~**i a méreg** être fou (folle) de rage

észjárás *fn* manière *n* de penser; **gyors** ~ esprit *h* rapide

eszkimó I. *mn* esquimau (-aude) **II.** *fn [személy]* Esquimau (-aude); *[nyelv]* eskimo *h*

eszköz *fn [szerszám]* outil *h*, instrument *h*; *[háztartási]* ustensile *h*; *[cél elérésére]* moyen *h*; **közlekedési ~** moyen de transport; **anyagi ~ök** ressources *n (t sz)* (financières)

észlel *ts i [érzékel]* percevoir; *[megfigyel]* observer

észlelés *fn* pszich *is* perception *n*; *[megfigyelés]* observation *n*

eszme *fn* idée *n*

eszmecsere *fn* échange *h* de vues *v.* d'idées; **~t folytat vkivel** échanger des idées avec qqn

eszmei *mn* **~ tartalom** *[műalkotásé]* propos *h*, message *h*

eszmél *tn i [magához tér]* revenir à soi, reprendre connaissance; *[ráeszmél] vmire* prendre conscience *de qqch*

eszmélet *fn* conscience *n*, connaissance *n*; **~énél van** être conscient(e); **elveszti/visszanyeri ~ét** perdre/reprendre connaissance

eszméletlen *mn* inconscient(e), sans connaissance; **hát ez ~!** *biz* c'est dingue !

eszmény *fn* idéal *h*

eszményi *mn* idéal(e)

eszménykép *fn* idéal *h*

eszpresszó *fn [hely]* bar *h*, café *h*; *[kávé]* express *h*, café *h* express

észrevehető *mn* perceptible, sensible; *[látható]* visible

észrevesz *ts i [meglát, észlel]* apercevoir, remarquer; *[vmire rájön]* s'apercevoir de; **ezt a hibát nem vettem észre** cette faute m'a échappé; **semmit sem vettem észre** je n'ai rien remarqué; **veszem észre!** c'est bien ce que je vois !, ça, j'ai remarqué !

észrevétel *fn* remarque *n*, observation *n*; *[ellenvetés]* objection *n*

észrevétlen *mn* inaperçu(e)

esszé *fn* essai *h*

ésszerű *mn* rationnel (-elle), sensé(e), logique

ésszerűsít *ts i* rationaliser

ésszerűtlen *mn* irrationnel (-elle), illogique

észt I. *mn* estonien (-ienne) **II.** *fn* Estonien (-ienne); *[nyelv]* estonien *h*

esztelen *mn [személy]* insensé(e); *[értelmetlen, oktalan]* insensé(e), aberrant(e)

esztelenség *fn* folie *n*

esztendő *fn* année *n*, an *h*; **egy esztendeje annak, hogy** cela fait un an que

esztendős *mn* **tíz ~** âgé(e) de dix ans; **tíz ~ korában** à l'âge de dix ans

Eszter *fn* Esther *n*

esztergályos *fn* tourneur (-euse)

esztéta *fn* esthète *h n*

esztétika *fn* esthétique *n*

esztétikai *mn* esthétique

esztétikus *mn* esthétique; **nem ~** inesthétique

Észtország *fn* Estonie *n*

étel *fn* aliment *h*; *[tálalva]* plat *h*, repas *h*; **kedvenc ~** plat préféré; **kész az ~** le repas est prêt

ételízesítő *fn [asztali]* condiment *h*; *[konyhai]* assaisonnement *h*

ételmérgezés *fn* intoxication *n* alimentaire

éter *fn* éther *h*; **az ~ hullámain** sur les ondes

etet *ts i* nourrir, donner à manger; *átv, biz* faire gober *qqch à qqn*

etika *fn* éthique *n*, *[hivatásé így is]* déontologie *n*

etikett *fn* étiquette *n*

etikus *mn* éthique, moral(e)

etimológia *fn* étymologie *n*

étkészlet *fn* service *h* de table

étkezde *fn* ‹petit restaurant bon marché›; *[intézményben]* cantine *n*

étkezés *fn* repas *h*

étkez|ik *ts i* prendre son repas; **háromszor ~ik naponta** prendre trois repas par jour

étkezőkocsi *fn* wagon-restaurant *h*; *hiv* voiture-restaurant *n*

étkeztetés *fn* restauration *n*

étlap *fn* carte *n*; **~ szerint** à la carte

étlen-szomjan *hsz* sans manger ni boire

etnikai *fn* ethnique *n*; **~ tisztogatás** nettoyage *h* ethnique

etnikum *fn* ethnie *n*

etnográfia *fn* ethnographie *n*

étolaj *fn* huile *n* alimentaire *v.* de table

étrend *fn* menu *h*; *[előírt]* régime *h* (alimentaire)

étterem *fn* restaurant *h*; *[intézményben]* cantine *n*; *[egyetemi]* restaurant *h* universitaire

ettől I. *nm [fn előtt]* à *v.* de ce (cet) (cette) …(-ci); *[önállóan]* à *v.* de celui-ci (celle-ci); **~ az embertől kértem pénzt** j'ai demandé de l'argent à cet homme(-ci); **nem messze ~ a háztól** pas loin de cette maison(-ci) **II.** *hsz* **~ eddig** *[térben]* d'ici jusque-là; **~ fogva** à partir de ce moment(-là)

étvágy *fn átv* appétit *h*; **jó ~at!** bon appétit !; **~at csinál** ouvrir l'appétit; **elvesz vkinek az ~át** enlever *v.* ôter l'appétit à qqn; **elment tőle az ~am** ça m'a coupé l'appétit

étvágygerjesztő *mn* appétissant(e)

EU *fn* Eu *n*

EU-konform *mn* conforme aux normes européennes

euró *fn* euro *h*

Európa *fn* l'Europe *n*; **~ban** en Europe; **~ Parlament** Parlement *h* européen; **~ Tanács** Conseil *h* de l'Europe

európai I. *mn* européen (-éenne), d'Europe; **E~ Unió** Union *n* Européenne, UE **II.** *fn* Européen (-éenne)

eutanázia *fn* euthanasie *n*

év *fn* an *h*, année *n*; **iskolai ~** année scolaire; **az ~ elején** au début de l'année, en début d'année; **az ~ folyamán** au cours de l'année; **~ végén** à la fin de l'année, en fin d'année; **a jövő ~** l'an prochain, l'année prochaine; **az elmúlt ~** l'an dernier *v.* passé, l'année dernière *v.* passée; **két ~ múlva** dans deux ans; **már a tizenkettedik ~ében van** il est déjà dans sa douzième année; **három ~e** *[ezelőtt]* il y a trois ans; *[óta]* depuis trois ans; **a hatvanas ~ek** les années soixante; **~ről ~re** d'année en année; **boldog új ~et!** bonne année !

Éva *fn* Ève *n*

évad *fn* saison *n*

evangélikus *mn/fn* luthérien (-ienne)

evangélium *fn* Évangile *h*; **János ~a** l'Évangile selon saint Jean

évelő *mn [növény]* vivace

évenként *hsz* → **évente**

évente *hsz* par an *v.* année, chaque année

evés *fn [folyamat]* manger *h*; *[alkalom]* repas *h*; **nekilát az ~nek** se mettre à manger; **~ közben** pendant le repas

éves *mn [vmennyi idős]* âgé(e) de … ans; *[egy évre szóló]* annuel (-elle), d'un an; **hány ~ vagy?** quel âge as-tu ?; **húsz ~ vagyok** j'ai vingt ans; **egy húsz ~ lány** une fille de vingt ans; **húsz ~ korában** à l'âge de vingt ans; **~ bérlet** abonnement *h* d'un an

evez *tn i* ramer; *sp* faire de l'aviron

evezés *fn sp* aviron *h*; **~ közben** tout en ramant

evező *fn* rame *n*, aviron *h*

evezős I. *mn* **~ csónak** canot *h* à rame **II.** *fn* rameur (-euse)

évezred *fn* millénaire *h*

évezredes mn millénaire

évfolyam fn année n

évfolyamtárs fn kb. condisciple h n

évforduló fn anniversaire h; **házassági** ~ anniversaire de mariage; **százéves** ~ centenaire h

évi mn annuel (-elle); ~ **átlagban** en moyenne annuelle; ~ **jövedelem** revenu h annuel; **az 1968.** ~ **események** les événements de 1968; **az ez** ~ **eredmények** les résultats de cette année

evidens mn évident(e)

évjárat fn [boré] millésime h; [autóé] année n; [személyeké] groupe h d'âge

évkönyv fn annuaire h; tört annales n (t sz)

évnyitó fn [ünnepély] ‹cérémonie organisée au début de l'année scolaire›

evolúció fn évolution n

évőd|ik tn i badiner, marivauder

evőeszköz fn couvert h

evőkanál fn cuillère v. cuiller n à soupe; **egy ~nyi** vmi une cuillerée de qqch

évszak fn saison n

évszám fn date n

évszázad fn siècle h

évszázados mn séculaire

évtized fn décennie n

évtizedes mn ~ **barátság** une amitié (vieille) de plusieurs décennies

evvel hsz → **ezzel**

évzáró fn [ünnepség] fête n de fin d'année

exfeleség fn ex-femme n

exférj fn ex-mari h

exkluzív mn [előkelő] sélect(e), chic; [kizárólagos] exclusif (-ive)

expedíció fn expédition n

exponál tn i fényk exposer; **~ja magát vkiért** prendre fait et cause pour qqn

export fn export n, exportation n

exportál ts i exporter

exportcikk fn produit h d'exportation

exportőr fn exportateur (-trice)

expressz I. mn ~ **postacsomag** colis h exprès **II.** fn [vonat] rapide h **III.** hsz ~ **ad fel vmit** [levelet] envoyer qqch en v. par exprès

expresszionizmus fn expressionnisme h

expresszlevél fn lettre n exprès

expresszvonat fn rapide h, train h rapide

extra I. mn extra; ~ **méretben** en très grande taille **II.** fn [gépkocsiban felszereltség] option n

extraprofit fn gazd superprofit h

extrém mn extrême

ez nm [főnévi értelemben] cela, ça, ceci; [fn előtt] ce (cet) (cette); [névmásként] celui-ci (celle-ci), celui-là (celle-là); **mi ~?** qu'est-ce que c'est ?; **ki ~?** qui est-ce ?; ~ **az ember** cet homme(-ci); ~ **egy növény** ceci est une plante; ~ **az!** c'est ça !, voilà !; ~ **utóbbi** ce dernier (cette dernière); ~ **különös** c'est étrange, voilà qui est étrange; ~ **idáig** jusqu'à présent, jusqu'à maintenant; **~ek az emberek** ces gens-là; **~ek után** après cela

ezalatt hsz pendant ce temps, entretemps

ezáltal hsz ce faisant, de cette manière

ezelőtt hsz auparavant; **két nappal ~** voici deux jours; ~ **egy évvel** il y a un an de cela

ezen nm [fn előtt] sur ce (cet) (cette) …(-ci); [önállóan] sur celui-ci (celle-ci); ~ **az asztalon** sur cette table(-ci); ~ **a nyáron** cet été; ~ **nem kell nevetni** il ne faut pas en rire

ezenfelül hsz de plus, en plus, en outre, qui plus est

ezenkívül hsz [e dolgon kívül] à part cela, ceci mis à part, en dehors de cela; *[még]* de v. par surcroît, par-dessus le marché

ezennel *hsz* ~ **kijelentem** je déclare par la présente

ezentúl *hsz* dorénavant, désormais

ezer *szn* mille; ~ **kilencszáz tíz** mil v. mille neuf cents dix; ~ **örömmel** avec le plus grand plaisir; ~ **bocsánat** mille pardons; **több** ~ **ember** plusieurs v. des milliers de personnes; **ezrével** par milliers; **ezren voltak** ils étaient mille

ezeréves *mn* millénaire

ezermester *fn* homme *h* à toutes mains, bricoleur (-euse)

ezernyi *mn* mille, un millier de

ezerszer *hsz* mille fois

ezért I. *mn [fn előtt]* pour ce (cet) (cette) ...(-ci); *[önállóan]* pour celui-ci (celle-ci); ~ **a nőért** pour cette femme **II.** *hsz [ez okból]* c'est pourquoi; *[e célból]* c'est pour cela; ~ **csináltam** c'est pour cela que je l'ait fait **III.** *ksz [tehát]* aussi, donc

ezred[1] *szn [rész]* un millième, millième partie *n*; **egy** ~ **másodperc** un millième de seconde

ezred[2] *fn kat* régiment *h*

ezredes *fn* colonel *h*

ezredév *fn* millénaire *h*

ezredforduló *fn* **az** ~**n** au tournant du millénaire

ezredik *szn* millième

ezrelék *fn* pour mille

ezres I. *mn* **az** ~ **szám** le nombre mille; ~ **bankjegy** un billet de mille **II.** *fn adj* **kölcsön egy** ~**t!** prête-moi mille forints v. biz cent sacs

ezután *hsz [jövőben]* à l'avenir, désormais; *[múltban]* après cela; *[ezt követőleg]* ensuite; **két perccel** ~ deux minutes plus tard

ezúton *hsz [ily módon]* de cette manière v. façon; *[egyúttal]* par la même occasion

ezúttal *hsz* cette fois-ci, (pour) cette fois

ezüst I. *mn* d'argent, en argent **II.** *fn* argent *h*; *[ezüstnemű]* argenterie *n*

ezüstérem *fn* médaille *n* d'argent

ezüstérmes *mn/fn* médaillé(e) d'argent

ezüstlakodalom *fn* noces *n (t sz)* d'argent

ezüstös *mn* argenté(e)

ezüstpapír *fn [háztartási]* papier d'aluminium *v. biz* d'alu

ezüstpénz *fn* monnaie *n v.* pièce *n* d'argent

ezzel I. *hsz* sur ce, là-dessus **II.** *nm [fn előtt]* avec ce (cet) (cette) ...(-ci); *[önállóan]* avec celui-ci (celle-ci), avec cela *v.* ça; ~ **azt akarom mondani** je veux dire par là; ~ **együtt** l'un dans l'autre, tout compte fait; ~ **szemben** par contre, au contraire

F

f *fn zene* fa *h*

fa *fn [élő]* arbre *h; [anyag]* bois *h; ~t vág* (dé)couper du bois; *maga alatt vágja a ~t* scier la branche sur laquelle on est assis; *rossz ~t tesz a tűzre* faire une bêtise

faág *fn* branche *n* d'arbre

faanyag *fn* bois *h*

fabatka *ts i ~t sem ér* ça ne vaut pas un clou

faburkolat *fn* boiserie *n*, lambris *h* en bois

fácán *fn* faisan *h*

facsar *ts i [ruhát]* tordre; *[citromot]* presser; *[vmi az orrot]* irriter

facsemete *fn* jeune arbre *h*

fadarab *fn* morceau *h* de bois

fafaragás *fn [cselekvés]* sculpture *n* sur bois; *[faragvány]* sculpture *n* en bois

fafejű *mn [makacs]* tête *n* de mule

faggat *ts i vkit* harceler *qqn* de questions

fagott *fn* basson *h*

fagy¹ *tn i* geler; *~ odakinn* il gèle dehors; *majd ha ~! fraz* quand les poules auront des dents !; *arcára ~ a mosoly* son sourire se fige

fagy² *fn* gel *h; beáll/fölenged a ~* commencer à geler/dégeler

fagyálló *fn gj* antigel *h*

fagyás *fn [testen]* engelure *n; [mélyebb]* gelure *n*

fagyaszt *ts i* geler; *[ételt]* congeler

fagyasztás *fn* congélation *n*

fagyasztószekrény *fn* congélateur *h*

fagyasztott *mn* congelé(e); *[gyorsfagyasztott]* surgelé(e)

faggyú *fn* suif *h*

fagykár *fn* dommages *h (t sz)* causés par le gel

fagylalt *fn* glace *n; [vízzel készített]* sorbet *h;* **két gombóc ~** deux boules *n (t sz)* de glace

fagylaltozó *fn [hely]* glacier *h*

fagyos *mn [levegő, szél]* glacé(e), glacial(e); *[kéz, láb, föld]* glacé(e), gelé(e); *átv* glacial(e)

fagyoskod|ik *tn i* geler, grelotter

fagyott *mn* gelé(e)

fagyöngy *fn* gui *h*

fagypont *fn* point *h* de congélation; *~ alatt* au-dessous de zéro

fahasáb *fn* bûche *n*

faház *fn* maison *n* en bois; *[alpesi]* chalet *h*

fahéj *fn [fűszer]* cannelle *n*

faiskola *fn* pépinière *n*

faj *fn biol* espèce *n; pol* race *n;* **veszélyeztetett ~ok** espèces menacées

fáj *tn i* avoir mal; *hol ~?* où as-tu mal ?; *~ a feje* avoir mal à la tête; *minden tagom ~* j'ai mal partout; *ez ~ ça* fait mal; *~, hogy ezt mondod* ça me fait de la peine que tu dises ça; *~ látni, hogy szenved* sa souffrance fait peine à voir; *miattam ne ~jon a fejed* ne t'inquiète pas pour moi

fajankó *fn* nigaud *h*

fájás *fn* douleur *n; [szülésnél]* douleurs *n (t sz)*

fájdalmas *mn átv is* douloureux (-euse)

fájdalom *fn [testi, lelki]* douleur *n*, souffrance *n; ~mal értesítjük … elhunytáról* nous avons la douleur de vous faire part du décès de …; **felkiált fájdalmában**

fájdalomcsillapító I. *mn* antidouleur, analgésique **II.** *fn* analgésique *h*

fájdalomdíj *fn* prix *h* de consolation

fájdalommentes *mn* indolore, sans douleur

fajelmélet *fn* théorie *n* raciale

fajfenntartás *fn* conservation *n* de l'espèce

fajgyűlölet *fn* racisme *h*, haine *n* raciale

faji *mn* racial(e); **~ megkülönböztetés** discrimination *n* raciale

fájl *fn* inform fichier *h*

fájlal *ts i [sajnál]* déplorer, regretter; **~ja a hasát** se plaindre de maux d'estomac *v.* d'avoir mal à l'estomac

fájó *mn [testrész, érzés]* douloureux (-euse); *átv is* **~ pont** point *h* névralgique; **~pontra talál** *fraz* mettre le doigt sur la plaie

fájós *mn* douloureux (-euse)

fajsúly *fn* poids *h* spécifique

fajta I. *fn biol* variété *n*, race *n*; *[féleség]* genre *h*, sorte *n*, type *h*; **a kutya ~i** les races canines; **nem az a ~, aki** ne pas être du genre à **II.** *mn* **különböző ~ tárgyak** diverses sortes d'objets; **több ~ bor** plusieurs types de vin

fajtalankod|ik *tn i* vall *v. tréf* forniquer

fajtatiszta *mn* de (pure) race

fajul *tn i* *vmivé* dégénérer *en qqch*

fakad *tn i [forrás]* jaillir; *átv* provenir, sourdre; **sírva ~** fondre en larmes

fakanál *fn* cuillère *v.* cuiller *n* en bois

fakaszt *ts i* faire jaillir; **könnyekre ~ vkit** arracher des larmes à qqn

fakép *fn* **~nél hagy vkit** planter là qqn, laisser qqn en plan

fakéreg *fn* écorce *n*

fakitermelés *fn* exploitation *n* forestière

fáklya *fn* torche *n*, flambeau *h*

fáklyásmenet *fn* marche *n* aux flambeaux

fakó *mn* terne, pâle; *[arc, fény]* blême

faktor *fn [napozókrémé]* indice *h* de protection; *mat, tud* facteur *h*

fakul *tn i* déteindre; *átv* s'estomper

fakultáció *fn okt* option *n*

fakultás *fn okt* faculté *n*

fakultatív *mn* facultatif (-ive), optionnel (-elle)

fal¹ *ts i átv is* dévorer

fal² *fn* mur *h*; **a ~nak is füle van** les murs ont des oreilles; **a ~nak beszél** parler à un mur

falánk *mn* goinfre, glouton (-onne)

falat *fn* morceau *h*, bouchée *n*; **egy ~ kenyér** une bouchée de pain; **bekap egy ~ot** manger *v.* avaler un morceau; **nincs egy betevő ~ja** ne pas avoir de quoi manger; **egy ~ot sem evett** il n'a rien mangé

falatoz|ik *tn i* casser la croûte

falatozó *fn [hely]* snack(-bar) *h*

falevél *fn* feuille *n*; **száraz ~** feuille morte

falfestmény *fn* peinture *n* murale, fresque *n*

falfirka *fn* graffiti *h*; *[díszes aláírás]* tag *h*

fali *mn* mural(e)

falióra *fn* pendule *n* (murale)

faliszekrény *fn* placard *h*

faliszőnyeg *fn* tapisserie *n*

faliújság *fn* panneau *h* d'affichage

falka *fn* meute *n*

falragasz *fn* affiche *n*

falu *fn* village *h*; **~n** *[vidéken]* à la campagne

falubeli I. *mn* du village **II.** *fn* **a ~ek** les gens *h (t sz)* du village; **ő ~m** il est de mon village

falusi I. *mn* campagnard(e), rural(e); ~
lakosság population *n* rurale *v.* des
campagnes **II.** *fn* a ~ak les villageois
h (t sz), les campagnards *h (t sz)*

falvédő *fn átv* **nem most jött le a ~ről**
ne pas être né(e) d'hier *v.* de la der-
nière pluie

fametszet *fn* gravure *n* sur bois

fanatikus *mn/fn* fanatique *h n*

fanatizmus *fn* fanatisme *h*

fánk *fn* beignet *n*

fantasztikus *mn* fantastique, extraor-
dinaire, fabuleux (-euse)

fantázia *fn* imagination *n;* **élénk ~** ima-
gination fertile *v.* débordante; **látok
benne némi ~t** il y a de l'idée là-de-
dans; *zene* fantaisie *n*

fantáziál *tn i [ábrándozik]* rêvasser;
[félrebeszél] divaguer

fantázianév *fn* nom *h* commercial

fantom *fn* fantôme *h*

fantomkép *fn* portrait-robot *h*

fanyalog *tn i* faire le (la) difficile;
~va à contrecœur, de mauvaise grâce;
~va eszik manger du bout des lèvres

fanyar *mn [íz, bor]* âpre; *[humor, mo-
soly]* grinçant(e)

fapapucs *fn* sabot(s) *h (t sz)*

far *fn [emberé, állaté]* derrière *h; [lóé]*
croupe *n; [járműé]* arrière *h*

fárad *tn i* se fatiguer; *[bajlódik]* se
donner de la peine; **ne ~jon!** ne vous
dérangez pas

fáradalom *fn* fatigue *n*

fáradékony *mn* ‹qui se fatigue vite›

fáradhatatlan *mn* infatigable; *[lanka-
datlan]* inlassable

fáradozás *fn* peine(s) *n (t sz)*, effort(s)
h (t sz); **minden ~a ellenére** malgré
tous ses efforts

fáradoz|ik *tn i vmin* s'évertuer *v.*
s'échiner *à inf*

fáradság *fn* peine(s) *n (t sz)*, effort(s)

h (t sz); **megéri a ~ot** cela en vaut la
peine; **veszi a ~ot, hogy** prendre la
peine de *inf*

fáradságos *mn* fatigant(e), érein-
tant(e), épuisant(e)

fáradt *mn* fatigué(e); *[kimerült]* épui-
sé(e); *biz* crevé(e)

fáradtság *fn* fatigue *n; [kimerültség]*
épuisement *h;* **majd összeesik a ~tól**
tomber de fatigue

farag *ts i* tailler; *[szobrot]* sculpter; **em-
bert ~ vkiből** faire de qqn un homme

faragás *fn* taille *n; [tárgy]* œuvre *n*
sculptée

faragatlan *mn* brut(e); *átv* fruste, gros-
sier (-ère); **~ fickó** mufle *h*, rustre *h*

faragott *mn* sculpté(e), taillé(e)

fáraó *fn* pharaon *h*

fáraszt *ts i [fáradttá tesz]* fatiguer, épui-
ser; *[untat]* assommer; **nem akarlak
ezzel ~ani** je ne veux pas t'ennuyer
avec ça

fárasztó *mn* fatigant(e), épuisant(e);
[személy] fatigant(e), assommant(e)

farkas *fn* loup *h; [nőstény]* louve *n*

farkaskutya *fn* berger *h* allemand

farkasszem *fn* **~et néz vkivel** regarder
qqn dans le blanc des yeux; **~et néz-
nek egymással** se regarder en chiens
de faïence

farm *fn* ferme *n*

farmer *fn* fermier (-ière); *[nadrág]* jean
v. jeans *h*

farok *fn* queue *n;* **farkát csóválja** re-
muer la queue

farol *tn i* faire marche arrière, reculer

farostlemez *fn* médium *h*

farsang *fn* carnaval *h*

fás *mn [fákkal beültetett]* boisé(e);
[zöldség] filandreux (-euse)

fasírt *fn* boulette(s) *n (t sz)* (de viande)

fasiszta *mn/fn* fasciste *h n*

fásít *ts i* boiser

fasizmus *fn* fascisme *h*

fásli *fn* bandage *h*, bande *n* Velpeau

fasor *fn* allée *n*

fásult *mn* apathique, blasé(e)

fasz *fn durva* bite *n*; *[férfi] biz* con *h*; *durva* conard *h*

faszén *fn* charbon *h* de bois

fatális *mn* fatal(e); ~ **tévedés** erreur *n* fatale

fatalista *mn/fn* fataliste *h n*

fater *fn nép* paternel *h*

fatörzs *fn* tronc *h* d'arbre

fátyol *fn* voile *h*; *átv* **fátylat borít vmire** jeter un voile sur qqch

fátyolos *mn* voilé(e)

fattyú *fn* bâtard(e)

fauna *fn* faune *n*

favágó *fn* bûcheron (-onne)

favorizál *ts i* favoriser

fax *fn* fax *h*

faxol *ts i* faxer

fazék *fn* casserole *n*, marmite *n*

fazekas *fn* potier (-ière)

fáz|ik *tn i* avoir froid; *átv vmitől* répugner *à inf*; ~**ik a kezem** j'ai froid aux mains

fázis *fn* phase *n*, stade *h*; *vill* phase *n*

fazon *fn [szabás]* coupe *n*; *[személy] biz* gus *h*

fázós *mn* frileux (-euse)

február *fn* février *h*; → **január**

fecseg *tn i* papoter, bavarder

fecsegés *fn* bavardage *h*, papotage *h*; *[pletyka]* racontar(s) *h (t sz)*, potin(s) *h (t sz)*; **üres** ~ verbiage *h* creux

fecske *fn* hirondelle *n*

fecskendez *ts i [injekcióz]* injecter; *[spriccel]* asperger, arroser

fecskendő *fn [orvosi]* seringue *n*; *[tűzoltó]* lance *n* d'incendie; *[locsoló]* lance *n* d'arrosage

fed *ts i [takar]* (re)couvrir; *[tetőt]* couvrir; *átv* correspondre; **ez nem ~i a valóságot** ceci ne correspond pas aux faits

fedd *ts i* réprimander, chapitrer

feddés *fn* réprimande *n*; *vál* admonestation *n*

feddhetetlen *mn* irréprochable

fedél *fn [házé]* toit *h*; *[dobozé, edényé]* couvercle *h*; *[borító]* couverture *n*; **egy ~ alatt él vkivel** vivre sous le même toit que qqn

fedélzet *fn [repülőé]* bord *h*; *[hajóé]* pont *h*; **a ~en** à bord, sur le pont; **mindenki a ~re!** tout le monde sur le pont !

fedélzeti *mn* de bord, de pont; ~ **számítógép** *[autóban]* ordinateur *h* de bord

fedetlen *mn [ház]* sans toit; ~ **fővel** nu-tête, la tête nue

fedett *mn* couvert(e); ~ **uszoda** piscine *n* couverte

fedez *ts i [véd]* couvrir; *[vmi a költségeket]* couvrir; *[állatot]* couvrir, saillir; ~**i a költségeket** *[vki vállalja]* subvenir aux dépenses *v.* aux frais, prendre en charge les frais

fedezék *fn kat* abri *h*, tranchée *n*; ~**be vonul** se mettre à l'abri *v.* à couvert

fedezet *fn [fegyveres kíséret]* escorte *n*; *gazd* provision *n*, couverture *n*

fedezetlen *mn* ~ **csekk** chèque *h* sans provision

fedő *fn* couvercle *h*

fedőnév *fn [személyé]* nom *h* d'emprunt *v.* de guerre; *[akcióé]* nom *h* de code

fegyelem *fn* discipline *n*; **fegyelmet tart** maintenir la discipline

fegyelemsértés *fn* manquement *h* à la discipline

fegyelmez *ts i* discipliner

fegyelmezetlen *mn* indiscipliné(e)

fegyelmezett *mn* discipliné(e)

fegyelmi I. *mn* disciplinaire; ~ **bizottság** conseil *h* de discipline **II.** *fn [eljárás, vizsgálat]* procédure *n v.* enquête *n* disciplinaire; *[büntetés]* sanction *n* disciplinaire

fegyenc *fn* détenu(e); *tört* bagnard *h*, forçat *h*

fegyház *fn* pénitencier *h*; öt év ~ra ítélték il a été condamné à cinq ans de réclusion criminelle

fegyőr *fn* gardien (-ienne) de prison; *argó* maton (-onne)

fegyver *fn* arme *n*; ~t fog vkire braquer son arme sur qqn; ~t fog vki ellen prendre les armes contre qqn; leteszi a ~t déposer les armes, *átv* rendre les armes

fegyveres *mn* armé(e); ~ beavatkozás intervention *n* armée; ~ rablótámadás vol *h* à main armée

fegyverhasználat *fn* jogos ~ usage *h* légitime de son arme

fegyverkezés *fn* armement *h*

fegyverletétel *fn* capitulation *n*, reddition *n*

fegyvernem *fn* arme *n*

fegyverszünet *fn* armistice *h*; *[ideiglenes]* trêve *n*; ~et köt conclure l'armistice

fegyvertartás *mn* détention *n* d'armes (à feu)

fegyvertelen *mn* sans armes

fegyverviselés *fn* port *h* d'armes

fegyverviselési *mn* ~ engedély autorisation *n v.* permis *h* de port d'armes

fegyverzet *fn* armement *h*; *vill* armature *n*

fehér I. *mn* blanc (blanche); ~ bőrű blanc de peau; ~, mint a fal blanc comme un linge **II.** *fn [szín]* blanc *h*; *[ember]* Blanc (Blanche); ~be öltözik s'habiller (tout) de *v.* en blanc; ~en feketén noir sur blanc

fehérbor *fn* vin *h* blanc

fehérít *ts i* blanchir

fehérje *fn* protéine *n*; *[tojásfehérje]* blanc *n* d'œuf

fehérnemű *fn* linge *h* de corps; *[csak nőké]* dessous *h* (*t sz*), lingerie *n*

Fehér-tenger *fn* la mer Blanche

fehérvérűség *fn* leucémie *n*

fej[1] *ts i* traire

fej[2] *ts* tête *n*; *[vezető]* chef *h*; *[növénye, szöge]* tête *n*; ~ből par coeur; ~ébe vesz vmit se mettre en tête de *inf*; vmit forgat a ~ében avoir qqch en tête; ~én találja a szöget mettre le doigt sur qqch; *átv is* ~ébe száll monter à la tête; vmi ~ében en échange de qqch; kiment a ~emből ça m'est sorti de la tête; a ~emet teszem rá j'en donne(rais) ma tête à couper; ~en áll faire le poirier; fel a ~jel courage !; ~jel előre la tête la première; azt se tudja, hol áll a ~e ne pas savoir où donner de la tête; benőtt már a ~e lágya il n'est plus un enfant; elveszti a ~ét perdre la tête; vmin töri a ~ét se casser la tête sur qqch; a maga ~e után megy n'en faire qu'à sa tête; ~ vagy írás? pile ou face ?; jó ~ *biz* un type sympa

fejadag *fn* ration *n*

fejbőr *fn* cuir *h* chevelu

fejedelem *fn* prince *h* (régnant)

fejedelemség *fn* principauté *n*

fejedelmi *mn* princier (-ière), *átv* royal(e); ~ módon royalement; ~ többes pluriel *h* de majesté

fejel *ts i/tn i [labdát]* faire une tête

fejenként *hsz* par tête, par personne; ~ 10 euróba kerül c'est 10 euros par personne

fejes I. *mn* ~ káposzta chou *h* pommé *v.* cabus; ~ saláta laitue *n*; ~ vonalzó té *h* **II.** *fn [fejelés]* (coup *h* de) tête *n*;

[fejesugrás] plongeon *h*; ~**t ugrik** plonger, piquer une tête; **a ~ek** *[vezetők]* biz les huiles *n (t sz)*

fejetlen *mn* sans tête; *átv* anarchique, désordonné(e)

fejetlenség *fn* confusion *n*; biz pagaille *n*

fejezet *fn* chapitre *h*

fejfa *fn* croix *n* de bois

fejfájás *fn* mal *h* de tête; migraine *n*

fejhallgató *fn* casque *h* (d'écoute), écouteurs *h (t sz)*

fejkendő *fn* fichu *h*, foulard *h*

fejléc *fn* en-tête *h*; ~**es** à en-tête

fejlemény *fn* développement *h*; **váratlan** ~ événement *h* imprévu; **a legújabb ~ek** les plus récents développements

fejleszt *ts i* développer; *[termel]* produire

fejlesztés *fn* développement *h*

fejletlen *mn* peu v. mal développé(e); **gazdaságilag** ~ **ország** pays *h* en voie de développement

fejlett *mn* développé(e); **szépen** ~ **gyermek** enfant *h n* bien développé(e); ~ **ország** pays *h* développé; ~ **technika** technique *n* avancée

fejlődés *fn [növekedés]* développement *h*, croissance *n*; *átv* développement *h*, croissance *n*, expansion *n*, évolution *n*; ~**ben lévő szervezet** organisme *h* en croissance; ~**ben lévő ágazatok** secteurs *h (t sz)* en expansion

fejlődési *mn* ~ **rendellenesség** malformation *n*

fejlődik *tn i [növekszik]* se développer; *átv* se développer, évoluer, progresser; *[tanuló]* faire des progrès; **az események odáig ~tek, hogy** les événements ont pris une tournure telle que

fejlődő *mn* en (voie de) développement, en croissance; ~ **országok** pays *h (t sz)* en (voie de) développement, pays émergents

fejmosás *fn* shampooing *h*; *[szidás]* biz lavage *h* de tête, savon *h*

fejőstehén *fn* vache *n* laitière; *átv* vache *n* à lait

fejsze *fn* hache *n*

fejt *ts i [varrást]* défaire; *[termést]* écosser; *[bort]* (sou)tirer; *[bányában]* extraire; **rejtvényt** ~ faire des mots croisés

fejtámla *fn* appui-tête *h*

fejteget *ts i* exposer; *[hosszasan]* disserter; *[tudálékosan]* pérorer

fejtegetés *fn* exposé *h*, analyse *n*

fejtörés *fn* casse-tête *h*; ~**t okoz vkinek** donner du fil à retordre à qqn, être un casse-tête pour qqn

fejtörő *fn* casse-tête *h*

fejvadász *fn átv is* chasseur *h* de tête

fejvesztett *mn* éperdu(e), affolé(e); ~ **menekülés** sauve-qui-peut *h* (général)

fék *fn [járművön]* frein *h*; *[lóé]* bride *n*; *átv* ~**en tart** tenir en bride

fekély *fn* ulcère *h*; *átv* gangrène *n*

fekete I. *mn* noir(e); ~**, mint a korom** noir comme la suie; ~ **arany** or *h* noir; ~ **doboz** boîte *n* noire **II.** *fn [szín]* noir *h*; *[ember]* Noir(e); ~**re fest** peindre v. *[szövetet]* teindre en noir; ~**be öltözik** s'habiller (tout) de v. en noir

fekete-fehér *mn* ~ **film** film *h* en noir et blanc

feketegazdaság *fn* économie *n* souterraine v. parallèle

feketekávé *fn* café *h* noir

feketelista *fn* ~**ra kerül** être mis(e) sur la liste noire

feketemunka *fn* travail *h* au noir

feketén *mn* ~ **dolgozik** travailler au noir

feketepiac *fn* marché *h* noir

feketerigó *fn* merle *h*

feketéz|ik *tn i [kávézik]* prendre le *v.* un café; *gazd* faire du marché noir, trafiquer

feketéző *fn* trafiquant(e)

fékevesztett *mn* effréné(e)

fékez *ts i/tn i* freiner; *[hirtelen] biz* piler; *[indulatot]* refréner, contenir, modérer; **~i haragját** refréner sa colère; **~i magát** se refréner, se contenir

fékezhetetlen *mn* irrépressible, effréné(e), débridé(e)

féklámpa *fn* feu *h* de stop

feksz|ik *tn i* être couché(e) *v.* allongé(e) *v.* étendu(e); *[betegen]* être alité(e); *[vhol van]* se trouver; *[vmiben vagyon]* être placé(e) en; **hason ~ik** être couché(e) sur le ventre; **hanyatt ~ik** être couché(e) sur le dos; **korán ~ik** se coucher tôt; **későn ~ik** se coucher tard; **ez nagyon ~ik neki** c'est fait pour lui

féktávolság distance *n* de freinage

féktelen *mn* effréné(e), débridé(e); **~ jókedv** joie *n* effrénée; **~ harag** colère *n* folle

fektet *ts i vkit* coucher *v.* étendre *qqn*; *vmit* poser *qqch*; *[pénzt] vmibe* placer *v.* investir *dans qqch*; **(ágyba) ~i a gyerekeket** coucher les enfants; **sok energiát ~ vmibe** mettre beaucoup d'énergie dans qqch

fekvés *fn [cselekvés]* coucher *h*; *[helyzet]* position *n* couchée; *[magzaté]* présentation *n*; *[vidéké]* location *n*, position *n*; *[házé]* exposition *n*

fekvő *mn [vhol található]* situé(e); **~ beteg** malade *h n* alité(e); **~ helyzet** position *n* couchée

fekvőhely *fn* lit *h*; *[vonaton]* couchette *n*

fekvőtámasz *fn* pompe(s) *n (t sz)*

fel *hsz* **~ s alá jár** faire les cent pas; **~ a kezekkel!** haut les mains !; **munkára ~!** au travail !

fél¹ *tn i* avoir peur; *vmitől* avoir peur *de qqch*, craindre *v.* redouter *qqch*; **~ek, hogy** je crains *v.* j'ai peur que *subj*; **nincs mitől ~nie** vous n'avez rien à craindre

fél² **I.** *fn [vminek a fele]* moitié *n (de qqch)*; *[oldal, rész]* côté *h*; *[ügyfél]* client(e); *jog* partie *n*; **egy és ~** un(e) et demi(e); **több, mint a fele** plus de la moitié; **felére csökken** diminuer de moitié; **bal fele** le côté gauche; **a bal felén** à sa gauche; **az utca túlsó felén** de l'autre côté de la rue; **az érdekelt felek** les parties intéressées **II.** *szn* demi(e); **~ áron** à moitié prix; **~ kesztyű** un gant; **~ kézzel** d'une (seule) main; **~ háromkor** à deux heures et demie; **~ szóból is ért** comprendre à demi-mot; **~ füllel figyel** n'écouter que d'une oreille; **~ lábbal a sírban van** avoir un pied dans la tombe **III.** *szn* **~ liter** demi-litre *h*; **~ kiló** une livre; **~ óra** demi-heure *n*; **~ nap** demi-journée *n*; **~ év** six mois *h (t sz)*

felad *ts i [felnyújt]* tendre; *[postán]* mettre à la poste, expédier; *[leckét]* donner (une leçon à étudier); *[versenyt]* abandonner; *[beárul]* dénoncer; **~ja magát** se rendre; **~ja vkire a kabátját** aider qqn à mettre son manteau; **~ minden reményt** abandonner tout espoir

feladat *fn* tâche *n*, mission *n*; *[iskolai is]* devoir *h*; **házi ~** devoir à la maison; **az ő ~a, hogy** c'est à lui (qu'il incombe) de *inf*; **teljesíti ~át** s'acquitter de sa tâche

feladatgyűjtemény *fn* cahier *h* d'exercices

feladatkör *fn* attributions *n (t sz)*, obligations *n (t sz)*

feladatlap *fn* feuilles *n (t sz)* d'exercices

feladó *fn* expéditeur (-trice)

feladóvevény *fn* récépissé *h*

feladvány *fn* problème *h*

felajánl *ts i* offrir, proposer

felajánlás *ts i* offre *n*, proposition *n*

felajánlkoz|ik *tn i vmire* s'offrir *v. se* proposer *pour inf*

felajz *ts i átv* exciter

felakaszt *ts i vmit* suspendre *v.* accrocher *qqch; vkit* pendre *qqn;* ~**ja magát** se pendre

feláldoz *ts i* sacrifier; ~**za magát** *vki-ért/vmiért* se sacrifier pour *qqn/qqch*

feláll *tn i [ülésből]* se lever; *[esés után]* se relever; *vmire* monter *sur qqch; [férfi nemiszerv] biz* bander; ~ **a haja** avoir les cheveux hérissés

felállás *fn kat, sp* formation *n*

félállás *fn (emploi h à)* mi-temps *h;* ~**ban dolgozik** travailler à mi-temps

felállít *ts i [álló helyzetbe hoz]* faire (se) lever; *[ültéből]* mettre debout; *[eldőlt tárgyat]* redresser; *[bizottságot, csapatot]* constituer; *[emlékművet]* ériger; *[intézményt, rekordot]* établir; *[tételt]* formuler

félálom *fn* demi-sommeil *h*

felaprít *ts i* couper en petits morceaux

felár *fn* supplément *h (de prix)*

félárú *mn* ~ **jegy** billet *h (à)* demi-tarif

felás *ts i* bêcher

felavat *ts i [új tagot]* initier, recevoir; *[épületet, szobrot]* inaugurer

felavatás *ts i [épületé]* inauguration *n*

felbátorít *ts i* encourager

felbátorod|ik *tn i* gagner en assurance, s'enhardir

felbecsül *ts i* évaluer, estimer

felbecsülhetetlen *mn* inestimable

félbehagy *ts i* interrompre, suspendre

félbemarad *tn i [megszakad]* être interrompu(e); *[befejezetlenül]* rester inachevé(e)

felbérel *ts i* engager

félbeszakad *tn i s'*interrompre, être interrompu(e)

félbeszakít *ts i* interrompre

felbillen *tn i* basculer

felbillent *ts i* faire basculer, renverser

felbiztat *ts i vmire* inciter *à qqch v. à inf*

felbocsát *ts i [rakétát]* lancer

felboml|ik *tn i [varrás]* se défaire; *[házasság, közösség]* se dissoudre; *[fegyelem]* se relâcher; *vegy* se décomposer

felboncol *ts i* disséquer

felbont *ts i [levelet, bort]* ouvrir; *[kötést, varrást]* défaire; *[eljegyzést, viszonyt]* rompre; *[házasságot]* dissoudre; *[szerződést]* résilier; *vegy* décomposer

felborít *ts i* renverser; *[tervet]* bouleverser

felborul *tn i* se renverser, basculer; *[vízi jármű]* chavirer; *[rend]* se disloquer; *[terv, időbeosztás]* être bouleversé(e)

felborzol *ts i [állat a szőrét]* hérisser; *[hajat]* ébouriffer; ~**ja vki idegeit** mettre à qqn les nerfs en pelote

felbosszant *ts i* irriter, agacer

felbőszít *ts i* mettre en rage, faire enrager

felbujt *ts i vkit vmire* inciter *qqn à qqch v. à inf; vki ellen* exciter *v.* monter *qqn contre qqn*

felbujtó *fn* instigateur (-trice)

felbuk|ik *tn i vmiben* tébucher *sur qqch; [víz alól]* émerger

felbukkan *tn i* surgir, apparaître

felbuzdul *tn i* être encouragé(e); **a sikeren** ~**va** encouragé(e) par le succès

félcipő *fn* chaussures *n (t sz)* basses, souliers *h (t sz)*

felcsap tn i [láng stb.] jaillir; vminek s'improviser qqch

felcsatol ts i attacher, boucler; [kardot] ceindre

felcsattan tn i [taps] éclater; [kifakad] éclater, exploser

felcsavar ts i enrouler; [hajat] mettre des bigoudis; [hangot, fűtést] mettre plus fort

felcsendül tn i [dal] retentir

felcsepered|ik tn i grandir

felcserél ts i intervertir; [tévedésből] confondre

felcsigáz ts i exciter; ~za vki érdeklődését exciter v. piquer la curiosité de qqn

felcsillan tn i [tekintet] s'illuminer; [remény] apparaître

felcsíp ts i [nőt] biz lever

feldagad tn i (s')enfler, se tuméfier

feldarabol ts i [vág] (dé)couper en morceaux; [területet] démembrer

felderít ts i [rejtélyt] élucider, éclaircir; [felvidít] égayer, dérider; kat reconnaître, repérer

felderítés fn [rejtélyé] éclaircissement h; [hírszerzés] renseignement h; kat reconnaissance n

felderítő I. mn ~ repülőgép avion h de reconnaissance; ~ tiszt officier h de renseignement II. fn kat éclaireur h

felderül tn i [arc] s'illuminer

feldíszít ts i décorer

feldob ts i vhova lancer sur qqch; [levegőbe] lancer v. jeter en l'air; **fel van dobva** biz il ne se sent plus

feldolgoz ts i [iparilag] traiter, transformer; [adatokat] traiter; [szerző témát] adapter; biol, átv is digérer

feldolgozás fn [ipari] traitement h, transformation h; [atatoké] traitement h; [témáé] adaptation n

feldől tn i se renverser

feldönt ts i renverser

feldúl ts i saccager, dévaster; [lelkileg] bouleverser

feldúlt mn dévasté(e); átv bouleversé(e)

felduzzad tn i enfler; [létszám] gonfler

feldühít ts i mettre en colère/rage

feldühöd|ik ts i se mettre en colère/rage

fele mn moitié; ~ arányban moitiémoitié

felé l. nu [térben] vers, en direction de, du côté de; [időben] vers, aux environs de; észak ~ vers le nord; vhol Pest ~ van c'est du côté de Pest; nyolc óra ~ vers (les) huit heures; 80 ~ jár il va sur ses 80 ans; a vége ~ jár toucher à sa fin; tíz ~ vág vmit couper qqch en dix II. hsz ~m jön il vient vers moi

feleakkora nm deux fois plus petit(e)

feleannyi nm deux fois v. moitié moins; ~ idő alatt deux fois plus vite; ~an vannak ils sont deux fois moins nombreux; ~ba kerül ça coûte deux fois moins cher

felebarát fn prochain h; ~aink nos semblables

felébred tn i se réveiller; átv s'éveiller

felébreszt ts i réveiller; átv éveiller

feled ts i oublier

feledékeny mn distrait(e)

feledékenység fn distraction n

feledés fn oubli h; ~be merül tomber dans l'oubli

féledes mn demi-sec

féléget ts i brûler

felejt ts i oublier; **hamar** ~ oublier vite; **nyitva** ~ laisser ouvert(e); **otthon** ~ laisser à la maison

felejtés fn oubli h

felejthetetlen mn inoubliable

felekezet *fn* confession *n*

felekezeti *mn* confessionnel (-elle)

felel *tn i/ts i* [válaszol] répondre, *vmire* répondre à *qqch*; [vitában] répliquer; [iskolában] être interrogé(e) *vkiért/vmiért* répondre *de qqn/qqch*; **történelemből** ~ être interrogé en histoire

felél *ts i* [készletet] épuiser; [vagyont] dépenser, dilapider

feléled *ts i* [ájultságból] revenir à soi; [érzés, tűz] se ranimer

félelem *fn* peur *n*, crainte *n*; ~ **fogja el** être pris(e) de peur; **félelmében, hogy** de peur de *inf v.* que *subj*; **félelmet kelt** effrayer

felélénkít *ts i vkit* ragaillardir *qqn*; *vmit* raviver *v.* ranimer *qqch*

felélénkül *tn i vki vmitől* être ragaillardi(e) *de qqch*; [dolog] se ranimer, se raviver

felelés *fn* [iskolai] interrogation *n* orale

feléleszt *ts i* [élőlényt, tüzet] ranimer; [szokást, divatot] ressusciter

felelet *fn* réponse *n*, réplique *n*

felelevenít *ts i* [emléket] évoquer; [tudást] rafraîchir

félelmetes *mn* effrayant(e), effroyable; [nagy erejű, kiváló] redoutable

felelős I. *mn vkiért/vmiért* responsable *de qqn/qqch*; ~**sé tesz** rendre *v.* tenir pour responsable; ~ **szerkesztő** directeur (-trice) de la rédaction **II.** *fn* responsable *h n*

felelősség *fn* responsabilité *n*; **vállalja a** ~**et** assumer la responsabilité; **minden** ~**et elhárít** décliner toute responsabilité; ~**re von vkit** demander des comptes à *qqn*

felelősségbiztosítás *fn* [autóé] assurance *n* au tiers

felelősségteljes *mn* à responsabilités *n (t sz)*

felelőtlen *mn* irresponsable

felelőtlenség *fn* irresponsabilité *n*

feleltet *ts i* interroger

felemás *mn* [cipő stb.] dépareillé(e); *átv* équivoque, ambigu(ë)

felemel *ts i* soulever, lever; [tárgyat földről] ramasser; [adót, árakat, fizetést] augmenter; ~**i a fejét** lever la tête; ~**i a szavát** *vki/vmi ellen* s'élever contre *qqn/qqch*

felemelet *fn* entresol *h*

felemelkedés *fn* [magasba] ascension *n*; [gazdasági] essor *h*; [társadalmi] ascension *n*

felemelked|ik *tn i* [fölkel] se (re)lever; [magasba] s'élever; [repülőgép] décoller; [társadalomban] s'élever

felemelő *mn* saisissant(e)

felemelt *mn* ~ **fővel** la tête haute

felemészt *ts i* engloutir; absorber

felenged I. *ts i* [vkit vhová] laisser monter *II. tn i* dégeler; [hangulat] se détendre

félénk *mn* timide, craintif (-ive)

felépít *ts i* construire, bâtir; [szöveget] structurer, composer; [érvelést] *vmire* fonder *sur qqch*

felépül *tn i* [épület] être construit(e); [beteg] se rétablir; [érvelés] *vmire* fonder *sur qqch*

felér I. *tn i* [vhova] arriver; [vmeddig] atteindre *qqch*; [értékben] *vmivel* valoir *v.* égaler *qqch* **II.** *ts* ~ **ésszel** saisir, comprendre; **nem érem fel ésszel** cela me dépasse

felerészben *hsz* pour moitié

felerősít *ts i vmit vmire* fixer *qqch à v. sur qqch*; [szervezetet] fortifier; [hangot] monter le son

felértékel *ts i* [felbecsül] évaluer; [túl sokra] surestimer; *gazd* réévaluer

feleség *fn* femme *n*, épouse *n*; ~**ül megy** *vkihez* se marier avec *qqn*; ~**ül vesz** *vkit* épouser *qqn*

felesel *tn i* répondre (avec insolence)

feleskükz|ik *tn i [esküvel] vmire* prêter serment *sur qqch*

felesleg *fn* superflu *h*; *[többlet]* excédent *h*, surplus *h*

felesleges *mn [hiábavaló]* superflu(e), inutile; *[többlet]* excédentaire; **~sé tesz** rendre inutile

féleszű *mn/fn* idiot(e); *biz* demeuré(e), timbré(e)

felett *nu* au-dessus *de qqch*; *[vmin át]* par-dessus *qqch*; **nulla fok ~** au-dessus de zéro; **átnéz vmi ~** regarder par-dessus qqch

felette *hsz vki/vmi felett* au-dessus *de qqn/qqch*; **a felettünk lakó** le voisin du dessus; **~ áll vkinek** être supérieur(e) à qqn; **~ áll vminek** être au-dessus de qqch

felettébb *hsz* extrêmement

felettes I. *mn* supérieur(e); **~ hatóság** autorité *n* supérieure **II.** *fn* supérieur *h* (hiérarchie)

feletti *fn* átlag **~** au-dessus de la moyenne; **30 fok ~ hőség** chaleur *n* supérieure à 30 degrés

félév *fn* semestre *h*; **~kor** en fin de premier semestre

félévenként *hsz* tous les six mois

féléves *mn* de six mois

félévi *mn* semestriel (-elle); **~ bizonyítvány** bulletin *h* semestriel; **~ munka** six mois de travail, un travail de six mois

felez *ts i* partager en deux; *mat* diviser en deux parties égales

felezővonal *fn sp* ligne *n* médiane

felfal *ts i* dévorer; **majd ~ vkit a szemével** dévorer qqn des yeux

felfáz|ik *tn i* prendre froid

felfed *ts i* dévoiler; *átv* dévoiler, révéler; **~i az arcát** se dévoiler (le visage); **~i vki kilétét** dévoiler l'identité de qqn; *átv is* **~i a lapjait** abattre son jeu

felfedez *ts i [vmi újat]* découvrir; *[észrevesz]* apercevoir

felfedezés *fn* découverte *n*

felfedező *fn* découvreur (-euse), explorateur (-trice)

felfedezőút *fn* expédition *n*

felfegyverez *ts i* armer

felfegyverkez|ik *tn i* s'armer; *átv* se munir *de qqch*

felfelé *hsz* vers le haut; *[menve]* en montant; *[vízen]* en amont; **~ a Szajnán** en remontant la Seine; **~ kerekít** *[összeget]* arrondir au forint *v.* à l'euro supérieur

felfeszít *ts i [feltör]* ouvrir de force; *[keresztre]* crucifier; **~i a zárat** forcer la serrure

felfigyel *tn i* vkire/vmire remarquer *qqn/qqch*; **~egy zajra** un bruit attire son attention

felfog *ts i [ütést]* parer; *[zajt]* amortir; *[megért]* comprendre; **mindent tragikusan fog fel** il prend tout au tragique

felfogad *ts i* prendre à son service, engager

félfogadás *fn [ideje]* heures *n (t sz)* de réception

felfogás *fn [képesség]* compréhension *n*; *[vélemény]* opinion *n*, conception *n*; **ez ~ dolga** c'est (une) affaire d'opinion

felfoghatatlan *mn* incompréhensible, inconcevable

felfogóképesség *fn* faculté *n* de compréhension

felfordít *ts i* retourner; *[feldönt]* renverser

felfordul *tn i [felborul]* se retourner, se renverser; *[állat]* crever; *[ember] biz* crever; **~ tőle a gyomrom** ça me soulève l'estomac

felfordulás *fn* [*zűrzavar*] confusion *n*, remue-ménage *h*; [*rendetlenség*] pagaille *n*

felforgat *ts i* bouleverser; mettre sens dessus dessous; **~ja az egész házat** mettre toute la maison sens dessus dessous

felforr *tn i* bouillir; **~t a vére** son sang n'a fait qu'un tour

felforral *ts i* faire bouillir, porter à ébullition

felfrissít *ts i átv is* rafraîchir; **~i vki emlékezetét** rafraîchir la mémoire de qqn

felfrissül *tn i* se rafraîchir, être rafraîchi(e)

felfúj *ts i* [*labdát, gumit*] gonfler; [*étel a hasat*] ballonner; [*ügyet*] grossir

felfújható *mn* gonflable

felfújt *fn konyh* soufflé *h*

felfut *tn i* monter en courant; *növ* grimper; *átv* [*hirtelen emelkedik*] monter en flèche

felfuvalkodott *mn* présomptueux (-euse)

felfúvódik *tn i* **~ik a hasa** avoir le ventre ballonné

felfüggeszt *ts i* [*tárgyat*] accrocher; [*szüneteltet*] suspendre; [*hivatalából vkit*] suspendre; *jog* surseoir à

felfüggesztés *fn átv is* suspension *n*; *jog* sursis *h*

felfüggesztett *mn* **két év ~ börtönbüntetésre ítél** condamner à deux ans de prison avec sursis

felfűz *ts i* enfiler

félgömb *fn* hémisphère *h*

felgöngyölít *ts i* (en)rouler; [*bűnügyet*] élucider

felgyógyul *tn i* guérir, se rétablir

felgyorsít *ts i* accélérer

felgyorsul *tn i* s'accélérer, prendre de la vitesse

felgyújt *ts i vmit* mettre le feu à qqch, incendier qqch; [*lámpát*] allumer; [*érzelmeket*] enflammer

felgyülemllik *tn i átv is* s'accumuler

felgyűr *ts i* retrousser

felháborít *ts i* scandaliser, révolter, indigner

felháborító *mn* scandaleux (-euse), révoltant(e)

felháborodás *fn* indignation *n*

felháborodlik *tn i* être indigné(e) *v.* scandalisé(e) *v.* révolté(e); *vmin* s'indigner *de* qqch

felhagy *tn i vmivel* abandonner qqch, arrêter *de inf*

felhajt[1] **I.** [*vadat*] rabattre; [*előkerít*] *biz* dégoter; **~ja az árakat** faire monter les prix **II.** *tn i* **~ a járdára** monter sur le trottoir

felhajt[2] *ts i* [*vminek a szélét*] relever, retrousser; [*italt*] vider (d'un trait)

felhajtás[1] *fn* **nagy ~t csinál vmiből** faire toute une affaire de qqch

felhajtás[2] *fn* [*ruháé*] ourlet *h*; [*nadrágé*] revers *h*

felhalmoz *ts i* accumuler, entasser; [*árut*] stocker

felhalmozás *fn gazd is* accumulation *n*

felhalmozódlik *tn i* s'accumuler, s'entasser

felhang *fn zene* (son *h*) harmonique *h*; [*zavaró mellékzönge*] nuance *n* équivoque

félhang *fn zene* [*hangtávolság*] demi-ton *h*; [*két negyed*] blanche *n*; **~on** à mi-voix

felhangzlik *tn i* retentir

felhánytorgat *ts i* faire un reproche à qqn

felharsan *tn i* retentir, éclater

felhasít *ts i* fendre

felhasznál *ts i* [*elhasznál*] utiliser; [*alkalmaz*] utiliser qqch, se servir *de* qqch; *[hasznosít]* mettre à profit; *[összeget]* employer *à inf*; **~ja az alkalmat, hogy** saisir l'occasion pour *inf*

felhasználás *fn* utilisation *n*; *[összegé is]* emploi *h*

felhasználható *mn* utilisable

felhasználó *fn* utilisateur (-trice)

felhatalmaz *ts i vkit vmire* autoriser *v.* habiliter *qqn à inf*

felhatalmazás *fn* autorisation *n*; *jog* procuration *n*

felhergel *ts i* exciter

felhevít *ts i* chauffer; *átv* embraser, échauffer

felhevül *tn i* chauffer; *átv* s'enflammer, s'échauffer

felhígít *ts i* diluer, délayer

felhív *ts i [vhova, telefonon]* appeler; *[cselekvésre]* inviter *à inf*; **~ja vmire a figyelmet** attirer l'attention sur qqch

felhívás *fn* appel *h*; *[hirdetmény]* avis *h*; **~t intéz vkihez** adresser un appel à qqn

félhivatalos *mn* officieux (-euse)

félhold *fn* croissant *h* (de lune); **~ ala-kú** en forme de croissant

félholt *mn* à moitié mort(e); *vál* demimort(e); **~ra ver** battre qqn comme plâtre

félhomály *fn* pénombre *n*, demi-jour *h*

felhorzsol *ts i* écorcher, érafler

felhoz *ts i vmit* apporter *v.* monter qqch, *vkit* amener qqn; *[érvet, példát]* invoquer; *[ürügyként]* prétexter; *[ellenérv gyanánt]* objecter

felhozatal *fn [árué]* arrivage *h*

felhő *fn* nuage *h*

felhőátvonulás *fn* passage *h* nuageux

felhőkarcoló *fn* gratte-ciel *h*

felhörpint *ts i* vider d'un trait; *biz* siffler

felhős *mn* nuageux (-euse), couvert(e)

felhősöd|ik *tn i [ég]* se couvrir (de nuages)

felhőszakadás *fn* pluie *n* torrentielle

felhőtlen *mn* sans nuage; **~ ég** ciel *h* dégagé; **~ boldogság** bonheur *h* sans nuage

felhőzet *fn* nuages *h (t sz)*

felhúz *ts i* hisser, remonter; *[függönyt]* lever; *[vitorlát, zászlót]* hisser; *[órát]* remonter; *[szemöldököt, vállat]* hausser; *[felbosszant]* énerver, agacer; **~za magát** *biz* se mettre en boule/rogne

felidegesít *ts i* énerver

felidéz *ts i* évoquer

felidézés *fn* évocation *n*

félidő *fn* mi-temps *n*; **második ~ben** en seconde mi-temps

félig *hsz* à moitié; **~ sült** à moitié cuit(e); **~ teli** à demi-plein(e); **~ nyi-tott ajtó** porte *n* entrouverte; **csak ~ értem** je ne comprends qu'à moitié

félig-meddig *hsz* à peu près, en gros

felindulás *fn* émotion *n*; **erős ~ban** sous l'effet d'une violente émotion

felingerel *ts i* irriter, exaspérer; *vkit vki ellen* monter qqn contre qqn

felír *ts i* écrire, inscrire; *[feljegyez]* noter; *[orvos]* prescrire; *[rendőr]* verbaliser; *[közlekedési vétségért]* dresser une contravention

felirat *fn* ált inscription *n*; *[emlékmű-vön]* inscription *n*; *[kép alatt]* légende *n*; *[használati tárgyon]* étiquette *n*; *[filmen]* sous-titre(s) *h (t sz)*

feliratkoz|ik *tn i* s'inscrire

feliratos *mn* **~ film** film *h* sous-titré

felismer *ts i [megismer]* reconnaître; *[betegséget]* diagnostiquer; *[vmire rájön]* réaliser

felismerés *fn* reconnaissance *n*; *[tuda-tossá válás]* réalisation *n*

felismerhetetlen *mn* méconnaissable

felismerhető mn vmiről reconnaissable à qqch

félisten fn demi-dieu h

felitat ts i éponger

felizgat ts i mettre dans tous ses états; [szexuálisan izgat, fellázít] exciter

feljajdul tn i pousser un cri de douleur

feljár tn i [vhova] monter; vkihez aller voir qqn, monter chez qqn

feljárat fn accès h

feljáró fn rampe n (d'accès); [gyalogos] passerelle n

feljavít ts i [ételt] relever; [talajt] bonifier

feljebb hsz plus haut, au-dessus; **egy emelettel ~** un étage plus haut, à l'étage au-dessus; **lásd ~** voir plus haut v. ci-dessus; **és még neki áll ~** et il se croit encore supérieur

feljebbvaló fn supérieur h (hiérarchique)

feljegyez ts i noter, marquer

feljegyzés fn hiv is note n

feljelent ts i dénoncer

feljelentés fn dénonciation n; [irat] plainte n; **~t tesz** porter plainte

feljogosít ts i vkit vmire autoriser qqn à qqch v. à inf

feljön tn i vkihez monter chez qqn; [vhova] monter; [hold, nap] se lever; **~ Pestre** monter à Pest; **feljössz egy pohárra?** tu montes prendre un verre ?

feljut tn i parvenir à, atteindre qqch

felkap ts i [tárgyat] saisir, attraper; [ruhát magára] enfiler (en vitesse); **nagyon ~ták** [személyt] on ne parle que de lui (elle), [dolgot] faire fureur; **nagyon ~tak vmit** faire fureur; fraz **~ja a vizet** prendre la mouche

felkapaszkod|ik tn i grimper, se hisser

felkapcsol ts i [villanyt] allumer

felkapott mn à la mode, en vogue; biz branché(e)

felkarol ts i vkit prendre qqn sous son aile; **~ egy ügyet** soutenir une cause

félkarú mn manchot(e)

felkavar ts i remuer, agiter; [vizet] troubler; [gyomrot] écœurer; [lelkileg] bouleverser

félkegyelmű mn/fn idiot(e), simple d'esprit h n

felkel tn i [ágyból, helyéről] se lever; [nap, hold] se lever; [nép] se soulever; **~ az asztaltól** sortir de table

felkelés fn [ágyból] lever h; [népé] soulèvement h, insurrection n

felkelő **I.** mn **~ nap** soleil h levant **II.** fn rebelle h n, insurgé(e)

felkelt ts i [álmából] réveiller; [érzést] éveiller, faire naître

felkér ts i inviter, demander; **~jük önöket, hogy** nous vous prions de inf; **~ egy lányt** inviter une fille (à danser)

felkereked|ik tn i se mettre en route

felkerekít ts i arrondir au chiffre supérieur

felkeres ts i [telefonon, levélben] contacter; [meglátogat] aller voir qqn, rendre visite à qqn; vmit visiter qqch

felkérés fn demande n, invitation n; vki **~ére** à la demande de qqn

félkész mn **~ étel** aliment h précuit; **~ termék** produit h semi-fini

felkészít ts i vkit vmire préparer qqn à qqch

felkészül tn i vmire se préparer à v. pour qqch v. à inf; **~ minden eshetőségre** être prêt(e) à toute éventualité

felkészülés fn préparatifs h (t sz); [lelki] préparation n

félkezű mn/fn manchot(e)

felkiált tn i pousser un cri; [felkiabál] appeler

felkiáltó mn **~ mondat** phrase n exclamative

felkiáltójel fn point h d'exclamation

felkínál *ts i* offrir, proposer

felkínálkoz|ik *tn i* s'offrir

felkorbácsol *ts i [vizet]* soulever; *[vért, vágyat]* fouetter

félkör *fn* demi-cercle *h*

felköszönt *ts i [lakomán]* vkit porter un toast *à qqn*; ~ **vkit születésnapja alkalmából** souhaiter un bon anniversaire à qqn

felköt *ts i vmit* attacher *qqch*; *vkit* pendre *qqn*

felkúsz|ik *tn i vmire* grimper *à v. sur qqch*

felkutat *ts i [átkutat]* fouiller (de fond en comble); *[kinyomozva]* dénicher; *[új területet]* explorer

felküld *ts i* envoyer, expédier

felküzd *ts i átv i* ~**i magát vhova** se hisser qqpart à la force du poignet

féllábú *mn* unijambiste

fellángol *tn i átv is* s'enflammer

fellapoz *ts i* ‹ouvrir un livre à telle ou telle page›; **lapozzák fel a 15-ik oldalt!** allez à la page 15

fellázad *tn i* se rebeller, se révolter, s'insurger

fellázít *ts i [tömeget]* pousser à la révolte; *vkit* révolter *qqn*

fellebbez *tn i* faire appel; ~ **egy döntést** faire appel d'une décision

fellebbezés *fn* appel *h*, pourvoi *h*, recours *h*; ~ **nyújt be** faire appel; ~**nek helyt ad** accepter un pourvoi

fellebbviteli *mn* d'appel; ~ **bíróság** cour *n* d'appel; ~ **tárgyalás** procès *h* en appel

felleg *fn* vál nue *n*; **a ~ekben jár** être dans les nuages

fellegvár *átv is* citadelle *n*

fellélegz|ik *tn i* respirer, pousser un soupir de soulagement

fellelkesít *ts i* enthousiasmer; *biz* emballer

fellelkesül *ts i* s'enthousiasmer, être enthousiasmé(e); *biz* s'emballer

fellendít *ts i* lancer (en l'air); *[ipar stb.]* donner un essor

fellendül *tn i* s'élancer; *[ipar stb.]* connaître un essor

fellendülés *fn* essor *h*; *[erőteljes]* boom *h*

fellengzős *mn* emphatique, ampoulé(e), grandiloquent(e)

fellép *tn i vmire* monter *sur qqch*; *[szerepel]* se produire, jouer; *[választáson]* être candidat(e); *[viselkedik]* agir, se comporter; *vmi/vki ellen* s'opposer *à qqn/qqch*; *[betegség]* survenir; **erélyesen lép fel** agir avec fermeté

fellépés *fn [magatartás]* comportement *h*, attitude *n*; *[szereplés]* apparition *n* sur (la) scène; *[ügyben]* intervention *n*; **jó a ~e** il présente bien; **ma nincs ~em** je ne joue pas aujourd'hui

fellobban *tn i [láng]* jaillir; *[tűz]* flamber; *átv* s'emporter, s'enflammer

fellobogóz *ts i* pavoiser

fellocsol *ts i [földet]* arroser; *[ájult embert]* ranimer en arrosant d'eau

fellő *ts i [rakétát]* lancer

fellök *ts i* renverser

felmagasztal *ts i* porter aux nues

felmász|ik *tn i vmire* grimper *à v. sur qqch*

félmegoldás *fn* demi-mesure *n*

felmegy *tn i [vhová]* monter; *[ár]* augmenter; *[láz]* monter; *[függöny]* se lever; ~ **az emeletre** monter à l'étage; ~ **Budapestre** monter à Budapest

felmelegedés *fn* réchauffement *h*

felmeleged|ik *tn i* se réchauffer; *[motor]* chauffer; *[hangulat]* se dégeler

felmelegít *ts i [ételt]* réchauffer; *[szobát]* chauffer

felmenő **I.** *mn* ~ **ág** ligne *n* ascendante **II.** *fn* **a ~k** ancêtres *h t sz*

felment *ts i vmi alól* dispenser *de qqch*; *[beosztásból, tisztségből]* relever de ses fonctions; *[vádlottat]* acquitter; **~ a katonai szolgálat alól** exempter du service militaire

felmentés *fn* dispense *n*, exemption *n*; *[állásból]* révocation *n*; *[vádlotté]* acquittement *n*

felmentő *mn* **~ ítélet** jugement *h* d'acquittement; **~ sereg** secours *h (t sz)*, renforts *h (t sz)*

felmér *ts i [területet]* arpenter, mesurer; *[ismeretet]* tester; *[felbecsül]* évaluer, mesurer; **~i a helyzetet** évaluer la situation; **~i a kockázatot** mesurer les risques

felmérés *fn [földé]* arpentage *h*; *[becslés]* estimation *n*, évaluation *n*; *[vizsgálat]* enquête *n*

felmérgesít *ts i* mettre en colère

felmérhetetlen *mn* inestimable

felmérő *fn okt* contrôle *h* des connaissances, test *h*

felmerül *tn i [víz felszínére]* émerger; **~ a kérdés, vajon** la question se pose de savoir si; **~t benne a gondolat, hogy** l'idée lui est venu que *v. de inf*

félmeztelen *mn* torse *h* nu

felmond I. *ts i [leckét]* réciter; *[szerződést]* résilier; **~ja a szolgálatot** *[gép]* tomber en panne **II.** *tn i vkinek* congédier *qqn*; *[alkalmazott]* démissionner; **~ a bérlőnek** donner congé au locataire

felmondás *fn [alkalmazottnak]* licenciement *h*; *[alkalmazotté]* démission *n*; *[bérleté, szerződésé]* résiliation *n*; *[leckéé]* récitation *n*; **egyhavi ~** préavis *h* d'un mois

felmondási *mn* **~ határidő** délai *h* de préavis, délais-congé *h*

felmondólevél *fn* lettre *n* de licenciement

felmos *ts i [padlót]* laver

felmosórongy *fn* serpillière *n*

félmunka *fn* **~t végez** il ne fait les choses qu'à moitié

felmutat *ts i* montrer, exhiber; *[igazolványt, jegyet]* présenter; *[eredményt]* faire état de

felnagyít *ts i [fényképet]* agrandir; *[bajt]* grossir

félnapos *mn [azóta létező]* d'un demi-jour; *[addig tartó]* d'une demi-journée

felnevel *ts i* élever

felnevet *tn i* éclater de rire, s'esclaffer

felnéz *tn i vmire* lever les yeux *sur qqch*; *vkihez* passer voir *qqn*; *vkire* admirer *qqn*

felnő *tn i* grandir; **falun nő fel** grandir à la campage; **~ a feladathoz** se montrer à la hauteur de la tâche

felnőtt I. *mn* adulte **II.** *fn* adulte *h n*

felnőttkor *fn* âge *h* adulte

felnőttoktatás *fn* enseignement *h* pour adultes

felnyalábol *ts i* prendre sous le bras

felnyársal *ts i* embrocher; **majd ~vkit a szemével** foudroyer qqn du regard

felnyíl|ik *tn i* s'ouvrir; *átv* **~ik a szeme** ses yeux se dessillent

felnyit *ts i* ouvrir; *átv* **ez ~otta a szemét** cela lui a dessillé les yeux

felocsúd|ik *tn i* reprendre ses esprits

felold *ts i [folyadékban]* dissoudre; *[tilalmat]* lever; résoudre; **~ vkit az esküje alól** délier qqn de son serment

féloldalas *mn [cikk]* d'une demi-page

feloldás *fn [folyadékban]* dissolution *n*; *[tilalomé]* levée *n*

feloldód|ik *tn i [folyadékban]* se dissoudre; *[légkör, személy]* se détendre

feloldoz *ts i [eskü, fogadalom alól]* délier; *vall* absoudre

felolvad *tn i [fagyásból]* fondre, dégeler; *[folyadékban]* fondre, se dissoudre; *átv* se détendre

felolvas I. *ts i [hangosan]* lire (à voix haute), faire la lecture **II.** *tn i [felolvasást tart]* faire une lecture

felolvasás *fn* lecture *n*; **~t tart** faire une lecture

felolvaszt *ts i* faire fondre; *[fagyott dolgot]* dégeler; *[ételt]* décongeler

félóra *fn* demi-heure *n*; **~ba telik** prendre une demi-heure; **~ múlva** dans une demi-heure

félórás *mn* d'une demi-heure

feloszlat *ts i [testületet, gyűlést]* dissoudre; *[tömeget]* disperser

feloszl|ik *tn i [részekre]* se diviser; *[hulla]* se décomposer; *[testület]* se dissoudre; *[tömeg]* se disperser

feloszt *ts i [részekre]* diviser; *[eloszt]* partager; *[szétoszt]* distribuer; *[teendőket]* se répartir; *[országot]* démembrer

felosztás *fn [részekre]* division *n*; *[elosztás]* partage *h*; *[szétosztás]* distribution *n*; *[országé]* démembrement *h*

félő *mn* **~, hogy** il est à craindre que *subj*

felől *nu [irány]* du côté de; **a tenger ~** du côté de la mer

felőle *hsz [róla]* au sujet *de qqn*; **hallottál vmit ~?** tu as de ses nouvelles ?; **~m mehetünk** en ce qui me concerne, on peut y aller; **~m (akár) fel is fordulhat** *biz* il peut crever, pour ce que je m'en fiche

felölel *ts i átv* comprendre, englober

felölt *ts i [ruhát]* revêtir, mettre; *[vmilyen alakot]* prendre, revêtir

felöltő *fn* pardessus *h*

felöltöz|ik *tn i* s'habiller; *vminek* s'habiller *v.* se déguiser *en qqch*

felöltöztet *ts i* habiller

felönt *ts i [teletölt]* remplir; *[felhígít]* allonger; *[vízzel borít]* inonder; **~ a garatra** *biz* se piquer le nez

felőrlőd|ik *tn i* s'user; **~ik a munkában** se détraquer les nerfs à force de travailler

felőröl *ts i [ellenállást]* briser; *[idegzetet]* détraquer; *[egészséget]* miner

félős *mn* craintif (-ive), peureux (-euse)

felötl|ik *tn i [gyanú]* germer; **~ött benne, hogy** l'idée lui est venue que

félpanzió *fn* demi-pension *n*

felpattan *tn i [kinyílik]* s'ouvrir brusquement; *[helyéről]* sauter sur ses pieds, se lever d'un bond; **~ a lóra** sauter sur un cheval

felperes *fn* plaignant(e), demandeur (-eresse)

felpezsdít *ts i* animer

felpezsdül *tn i* s'animer

felpillant *tn i* lever les yeux

felpofoz *ts i* gifler, flanquer une gifle

felpörget *ts i [motort]* emballer; *[felgyorsít]* accélérer; **~i magát** *biz* s'exciter

felpróbál *ts i* essayer

felpuffad *tn i* gonfler, enfler; **alkoholtól ~t arc** visage bouffi par l'alcool

felpuffadt *mn [arc, szem]* bouffi(e)

felpumpál *ts i* pomper; *[felfúj]* gonfler

felragaszt *ts i* coller

felragyog *tn i* se mettre à briller; *[arc, szem]* s'illuminer

felrajzol *ts i* dessiner, tracer

felrak *ts i [vhova]* mettre à *v.* sur; *[halomba]* entasser, empiler; *[rakományt]* charger; **~ja a lábát az asztalra** mettre les pieds sur la table

felráz *ts i* agiter, secouer; *átv* tirer de sa torpeur; **~ vkit álmából** tirer qqn du sommeil

félre *hsz szính* en aparté; **~ a várostól** à l'écart de la ville; **~ az útból!**

écarte-toi !, écartez-vous !; ~ **a tréfá-val!** trève de plaisanterie !

félreáll *tn i [ferdén áll]* être de travers; *[eláll]* s'écarter *[autóval]* se ranger; *átv ~vki útjából* s'effacer devant qqn

félreállít *ts i átv is* écarter; *átv [mellő-zéssel]* laisser de côté; *[intrikával]* évincer

félrebeszél *tn i* délirer, divaguer

félredob *ts i* jeter à v. de côté; *átv* abandonner; **~ja elveit** mettre ses principes de côté

félreért *ts i [tévesen ért]* entendre de travers; *[tévesen értelmez]* comprendre de travers; **~ettél** tu m'as mal compris

félreértés *fn* malentendu *h*; ~ **történt** il y a eu un malentendu; **~re ad okot** prêter à malentendu

félreérthetetlen *mn* sans équivoque, sans ambiguïté

félreérthető *mn* équivoque, ambigu(ë)

félreeső *mn* écarté(e), perdu(e); ~ **hely** endroit *h* écarté, coin *h* perdu

félrehív *ts i* prendre qqn à part

félrehúzód|ik *tn i* s'écarter; *[többiek-től]* se mettre à l'écart; *[közéletben]* se tenir à l'écart, s'effacer

félreismer *ts i* méconnaître

félrelép *tn i [útból]* s'écarter; *[rosszul lép]* faire un faux pas; *[házastárs]* faire une infidélité

félrelök *ts i vmit* repousser *qqch; vkit* bousculer *qqn*

félremagyaráz *ts i* mal interpréter

félrenevel *ts i* mal élever

félrenéz *tn i* détourner les yeux *v.* le regard

félrenyel *ts i/tn i* avaler de travers

félreped *tn i* se fendre

félrepül *tn i* s'envoler

félresikerül *tn i* rater

félretesz *ts i* mettre de côté

félretol *ts i* repousser, pousser de côté; *átv is* écarter

félreugr|ik *tn i* faire un bond (de côté)

félrevezet *ts i* tromper, induire en erreur

félrevonul *tn i* se retirer, se mettre à l'écart

felriad *tn i* sursauter; ~ **álmából** se réveiller en sursaut

felriaszt *ts i [fellármáz]* alerter; ~ **vkit álmából** tirer qqn du sommeil

felró *fn vmit vkinek* faire grief de *v.* reprocher *qqch à qqn*; **~tta neki, hogy** il lui a fait grief de *inf*

felrobban *tn i [robbanóanyag]* exploser, éclater; *[tárgy]* sauter

felrobbant *ts i [robbanóanyagot]* faire exploser *v.* sauter; *[tárgyat]* faire sauter

felrúg *ts i [feltaszít]* renverser d'un coup de pied; *[megállapodást]* violer; *[sza-bályt]* transgresser

felruház *ts i [ruhával ellát]* habiller; *[joggal]* investir; *[jó tulajdonságok-kal]* parer

felsál *fn* gîte *h*

felség *fn* Majesté *n*; **~ed** votre Majesté

felséges *mn [nagyszerű]* sompteux, magnifique; *[kilátás]* splendide; *[íz, idő]* divin(e), délicieux (-euse); ~ **la-koma** un festin de roi

felsegít *ts i [földről]* aider *qqn* à se (re)lever; *[járműre]* aider *qqn* à monter; *[ruhát]* aider *qqn* à passer *qqch*

felségjog *fn* droit *h* de souveraineté

felségsértés *fn* (crime *h* de) lèse-majesté *n*

felségterület *fn* territoire *h* national

felségvíz *fn* **~ek** eaux *n (t sz)* territoriales

felseper *ts i* balayer

felserdül *tn i* atteindre l'adolescence

felsír *tn i* éclater en pleurs; ~ **álmában** pleurer dans son sommeil

felsóhajt *tn i* pousser un soupir, soupirer

felsorakoz|ik *tn i* se mettre en rang(s), s'aligner (sur une file); *átv vki/vmi mögé* se ranger *v.* faire bloc *derrière qqn/qqch*

felsorol *ts i* énumérer

felsorolás *fn* énumération *n*

felső *mn* supérieur(e), du haut; ~ **ajak** lèvre *n* supérieure; ~ **fogak** dents *n (t sz)* du haut; ~ **korhatár** limite *n* d'âge; ~ **polc** étagère *n* du haut; ~ **szakasz** *[folyóé]* cours *h* supérieur; ~ **tízezer** *biz* le gratin; ~**(bb) utasítás** ordre *h* venu d'en haut

felsőbbrendű *mn* supérieur(e)

felsőbbség *fn* supériorité *n*

felsőfok *fn nyelv* superlatif *h*

felsőfokú *mn* ~ **oktatás** enseignement *h* supérieur

felsőház *fn* chambre *n* haute

felsőoktatás *fn* enseignement *h* supérieur

felsőtest *fn* buste *h*, torse *h*

felsül *tn i* faire fiasco

felszabadít *ts i [népet, országot, várat]* libérer; *[árakat, bért]* débloquer; *[rabszolgát]* affranchir; *[energiát]* libérer

felszabadítás *fn [országé, népé]* libération *n*; *[áraké, béré]* déblocage *h*

felszabadul *tn i [nép, ország]* être libéré(e); *[lelkileg]* être délivré(e)

felszabadulás *tn i* libération *n*

felszakad *tn i* se déchirer; *[seb]* se rouvrir

felszakadoz|ik *tn i [felhőzet, köd]* se dissiper

felszakít *tn i [ajtót]* ouvrir violemment; *[sebet]* átv is rouvrir

felszalad *tn i* monter en courant; *[árak]* grimper

felszáll *tn i [madár]* s'envoler; *[repü-lőgép]* décoller; *[köd]* se lever; *[jár-műre]* monter dans; *[hajóra, repülő-re]* monter à bord

felszállás *fn [madáré]* envol *h*; *[repü-lőgépé]* décollage *h*; *[hajóra, repülő-re]* embarquement *h*

felszállópálya *fn* piste *n* de décollage

felszámít *ts i [számlába]* facturer

felszámol *ts i [véglegesen megszüntet]* éradiquer; *[céget]* liquider

felszámolás *fn* liquidation *n*

felszánt *ts i* labourer

felszárad *tn i* sécher

felszárít *ts i* sécher; *átv is* ~**ja vki könnyeit** sécher les larmes de qqn

felszarvaz *ts i biz* cocufier

felszed *ts i ált* ramasser; *[horgonyt]* lever; *[betegséget]* attraper; *[szemet, kötésnél]* remmailler; *[nőt]* biz tirer; ~ **pár kilót** prendre quelques kilos

félszeg *mn* gauche, maladroit(e)

felszeletel *ts i* découper, couper en tranches

félszemű *mn* borgne

felszentel *ts i [templomot]* consacrer; *[papot]* ordonner; *[új tárgyat]* étrenner

felszentelés *fn [templomé]* consécration *n*; *[papé]* ordination *n*

felszerel *ts i vmivel* équiper *v.* munir *de qqch; vmit* installer *v.* poser *qqch*

felszerelés *fn [folyamat]* installation *n*; *[eszközök]* équipement *h*; *[iskolai]* matériel *h*; *[katonáé]* équipement *h*; *[konyhai]* ustensiles *h (t sz)*

félsziget *fn* presqu'île *n*; *[nagy]* péninsule *n*

felszín *fn átv is* surface *n*; *mat* aire *n*; **vmi ~én** à la surface de qqn

felszínes *mn* superficiel (-ielle)

felszippant *ts i* renifler

felszív *ts i [belélegez]* aspirer; *[föld, szivacs]* absorber

felszívód|ik *tn i* être absorbé(e); *[krém bőrbe]* pénétrer

felszólal *tn i* intervenir, prendre la parole; ~ **vki/vmi ellen** s'élever contre qqn/qqch; ~ **vki/vmi mellett** intervenir en faveur de qqn/qqch

felszólalás *fn [vitában]* intervention *n*; *[parlamenti]* interpellation *n*

felszólaló *fn* intervenant(e)

felszolgál *ts i/tn i* servir; ~**ja a kávét** servir le café

felszolgáló *fn* serveur (-euse)

felszólít *ts i* **vkit vmire vál** sommer qqn de *inf*; *[iskolában]* interroger

felszólítás *fn* sommation *n*; mise *n* en demeure

felszólító *mn* ~ **mód** impératif *h*

felszök|ik *tn i [felugrik]* sauter sur ses pieds; *[víz]* jaillir; *[árak, láz]* monter en flèche

félt *ts i* **vkit** avoir peur *pour* qqn; *vmit* craindre *qqch*; **sose** ~**sd!** ne t'inquiète pas pour lui; ~**ve őriz vmit** garder jalousement *qqch*

feltalál *ts i* inventer; ~**ja magát** se débrouiller

feltalál *ts i* servir

feltaláló *fn* inventeur (-trice)

feltámad *tn i [halott]* ressusciter; *[szél]* se lever

feltámadás *fn* résurrection *n*

feltámaszt *ts i [halottat, szokást]* ressusciter

feltápászkod|ik *tn i* se (re)lever péniblement

feltár *ts i [bányát]* ouvrir; *[orvos sebet]* ouvrir; *[régész lelőhelyet]* mettre au jour; *[helyzetet]* exposer; ~**ja a szívét vki előtt** ouvrir son cœur à qqn

feltárcsáz *ts i* **vkit** composer *v.* faire le numéro *de* qqn

feltart *ts i* *vmit* lever *qqch*; *vkit* retenir *qqn*; ~**ja a kezét** lever la main

feltartóztat *ts i* retenir; ~**ja a forgalmat** entraver la circulation; ~ **vkit a munkájában** empêcher qqn de travailler

feltartóztathatatlan *mn* inéluctable, irrésistible

feltárul *tn i [kinyílik]* s'ouvrir tout(e) grand(e); *[látvány]* apparaître; *[nyilvánosságra jut]* apparaître au grand jour

feltehető *mn* probable

feltehetően *hsz* probablement

félteke *fn* hémisphère *h*

féltékeny *mn* **vkire/vmire** jaloux (-ouse) *de* qqn/qqch

féltékenység *fn* jalousie *n*

feltép *ts i [borítékot]* déchirer; *[sebet]* rouvrir

felterjeszt *ts i [iratot]* transmettre; *[előléptetésre]* **vkit** proposer qqn *pour*

felterjesztés *fn [iraté]* transmission *n*; *[javaslaté]* note *n*; *[előléptetésre]* présentation *n*

feltérképez *ts i* átv *vmit* prendre la mesure *de* qqch

féltestvér *fn* demi-frère *h*, demi-sœur *n*

feltesz *ts i [vhova]* mettre sur; *[kérdést]* poser; *[ételt főni]* mettre sur le feu; *[feltételez]* supposer; ~**i a szemüvegét** mettre ses lunettes; ~**i a kezét** lever la main; **tegyük fel, hogy** mettons que

feltétel *fn* condition *n*; **bizonyos** ~**ek mellett** sous certaines conditions; **azzal a** ~**lel, hogy** à condition que *subj*

feltételes *mn* conditionnel (-elle); ~ **megálló** arrêt *h* facultatif; ~ **reflex** réflexe conditionné; ~ **mód** conditionnel *h*

feltételez *ts i* supposer, présumer; **ez azt** ~**i, hogy** ceci suppose que; **ezt nem** ~**tem volna róla** je n'aurais pas cru ça de lui; **tételezzük fel, hogy** supposons que

feltételezés *fn* hypothèse *n*, supposition *n*

feltétlen *mn* [feltétel nélküli] inconditionnel (-elle); [teljes] absolu(e)

feltétlenül *hsz* absolument; ~ **jöjjön el holnap!** venez demain sans faute

feltett *mn* ~ **szándéka, hogy** être fermement résolu(e) à *inf*

feltéve *hsz* ~, **hogy** à condition que *subj v.* de *inf*; ~, **hogy ez igaz** en supposant que cela soit vrai

feltevés *fn* [vélemény] supposition *n*; [elmélet] hypothèse *n*

feltölt *ts i* [edényt] remplir; [mélyedést] combler; [készletet] réassortir; [akkut] recharger

feltöltőd|ik *tn i* [edény] se remplir; [akku] se recharger; *átv* [erőt gyűjt] recharger ses batteries

feltör I. *ts i* [kemény burkot] casser; [pecsétet] briser; [zárat, ajtót] forcer, fracturer **II.** *tn i* [víz, érzelem] jaillir; [felküzdi magát] faire son trou

feltörekvő *mn* ambitieux (-euse)

feltöröl *ts i* essuyer

feltűnés *fn* [felbukkanás] apparition *n*; *átv* sensation *n*; ~ **nélkül** sans se faire remarquer; ~t **kelt** faire sensation

feltűn|ik *tn i* [megjelenik] (ap)paraître; ~t **nekem,** hogy j'ai remarqué que; **úgy tűnt fel neki, hogy** il lui semblait que

feltűnő *mn* [feltűnést keltő] voyant(e); [jól látható] apparent(e); [szembeszökő] frappant(e)

feltüntet *ts i* [írásban] indiquer; *vmit vmilyennek* faire apparaître *qqch comme*; **jó színben tüntet fel** *vmit* montrer qqch sous un jour favorable

feltűr *ts i* [gallért] relever; [ingujjat] retrousser

feltűz *ts i* [tűvel] épingler; ~i **a haját** relever ses cheveux

feltüzel *ts i átv* enflammer, galvaniser

felugr|ik *tn i* [fektéből, ültéből] se lever d'un bond; [magasba] sauter; *vmire* sauter *sur qqch*; [járműre] sauter dans; *vkihez* faire un saut *chez qqn*

felújít *ts i* [épületet, lakást] rénover; [barátságot] renouer; [színdarabot] remonter

felújítás *fn* rénovation *n*; *szính* reprise *n*

félúton *hsz* à mi-chemin

felüdít *ts i* revigorer, délasser

felüdül *tn i vmitől* être revigoré(e) *v.* délassé(e) *par qqch*

felügyel *tn i* surveiller

felügyelet *fn* surveillance *n*; [ellenőrzés] contrôle *h*; [őrzés] garde *n*; **rendőri ~ alatt áll** être sous surveillance policière

felügyelő I. *mn* surveillant(e); ~ **bizottság** conseil *h* de surveillance; ~ **tanár** surveillant(e) **II.** *fn* surveillant(e); [rendőr is] inspecteur (-trice)

felül[1] *tn i vmire* s'asseoir *sur qqch*; [lóra] monter sur; [járműre] monter dans; [fektéből] s'asseoir; ~ **vkinek** *biz* se faire avoir *par qqn*

felül[2] **I.** *hsz* (au-)dessus; ~**re** sur le dessus; ~**ről** d'en haut **II.** *nu* au-dessus; **térden** ~ au-dessus du genou; **1000 eurón** ~ au-delà de 1000 euros; **ötven éven** ~ à cinquante ans passés; **kétségen** ~ **áll** ne pas faire l'ombre d'un doute

felülbírál *ts i* réviser

felülemelked|ik *tn i vmin* s'élever au-dessus *de qqch*

felület *fn* surface *n*

felületes *mn* superficiel (-elle)

felületi *mn* ~ **sérülés** blessure *n* superficielle

felüli *mn* átlagon ~ au-dessus *v.* supérieur(e) à la moyenne; **az 50 éven**

~ek les plus de 50 ans; **csak 18 éven ~eknek** interdit aux moins de 18 ans
felüljáró *fn* passerelle *n*
felülkeredlik *tn i vkin/vmin* prendre le dessus *sur qqn/qqch; [nehézségen]* surmonter *qqch*
felülmúl *ts i [teljesítményben]* surpasser; *[meghalad]* dépasser; **minden képzeletet ~** dépasser l'imagination; **~ja önmagát** se surpasser
felülmúlhatatlan *mn* inégalable, insurpassable
felülnézet *fn* vue *n* plongeante *v.* de haut
felültet *ts i vmire* (faire) asseoir *sur qqch; [járműre]* faire monter dans; *[rászed]* biz rouler; *[megtréfál]* faire marcher *qqn*
felülvizsgál *ts i [ellenőriz]* contrôler, vérifier; *[véleményt]* reconsidérer; *[ítéletet]* réviser
felülvizsgálat *fn [ellenőrzés]* vérification *n*, contrôle *h*, inspection *n*; *[ítéleté]* révision *n*; orv contre-visite *n*
felüt *ts i [tojást]* casser; *[könyvet]* ouvrir (au hasard); *[jelenség]* **~i a fejét** apparaître, se manifester
felvág I. *ts i* (dé)couper; *[fát]* débiter; **~ja ereit** s'ouvrir les veines **II.** *tn i [kérkedik]* biz crâner, frimer
felvágott *fn* charcuterie *n*
felvállal *ts i* assumer, se charger de
felvállról *hsz* **~ kezel vkit** traiter qqn de haut; **~ vesz vmit** prendre qqch à la légère
felvált *ts i [munkában]* relayer; *[munkakörben]* remplacer; *[helyébe lép]* succéder à; *[pénzt]* faire de la monnaie; **fel tudna váltani száz eurót?** pouvez-vous me donner la monnaie de cent euros?
felváltva *hsz* à tour de rôle, tour à tour

felvarr *ts i* (re)coudre; *[megrövidít]* raccourcir
felvásárol *ts i vmit* acheter tout le stock de *qqch*
felvázol *ts i* esquisser; átv exposer sommairement
felver *ts i [habot]* battre; *[sátrat]* monter; *[vadat]* débusquer; **~ álmából** tirer de son sommeil; **~i az árakat** faire monter les prix
félvér *fn [ember]* métis (-isse); *[ló]* demi-sang *h*

felvesz *ts i [földről]* ramasser; *[gyereket karjába]* prendre dans les bras; *[járműre]* prendre; *[ruhadarabot]* mettre; *[alkalmazottat]* embaucher; *[testületbe]* admettre; *[hangot, képet]* enregistrer; *[pénzt]* toucher, *[hitelt]* prendre; *[kölcsönt]* contracter; *[adatokat]* noter, enregistrer; *[nemzetiséget, nevet]* prendre, adopter; *[szokást]* prendre, contracter; *[jegyzőkönyvet]* dresser; **~i a telefont** décrocher le *v.* répondre au téléphone; **~i a kapcsolatot vkivel** entrer en *v.* prendre contact avec qqn; **felvették az egyetemre** il a été pris à l'université; **~i a versenyt vkivel vmiben** le disputer à qqn en qqch
felvet *ts i [vízfelszínre]* rejeter à la surface; **majd ~i a pénz** rouler sur l'or; **~ egy kérdést** soulever une question
felvétel *fn [alkalmazotté]* embauche *n*; *[intézménybe, iskolába]* admission *n*; *[nemzetiségé, névé]* adoption *n*; *[hangé]* enregistrement *h*; *[filmé]* prise *n* de vue; *[fénykép]* cliché *h*; **~ indul!** moteur!
felvételi I. *mn* **~ követelmények** critères *h t sz]* d'admission **II.** *fn [vizsga]* examen *h v.* concours *h* d'entrée
felvételizlik *tn i* passer un examen d'entrée

felvetőd|ik *tn i [vízből]* émerger; *[kérdés]* se poser

felvezet *ts i/tn i* conduire

félvezető I. *mn* semi-conducteur (-trice) **II.** *fn* semi-conducteur *h*

felvidít *ts i* mettre de bonne humeur

felvidul *tn i* se dérider

felvilágosít *ts i* informer, renseigner

felvilágosítás *fn* information *n*, renseignement *h*; **szexuális ~** éducation *n* sexuelle

felvilágosodás *fn* les Lumières *n (t sz)*

felvilágosult *mn* éclairé(e)

felvillan *tn i* jeter une lueur; **~ a tekintete** une lueur passe dans ses yeux

felvirágoztat *ts i* faire prospérer

felvirágz|ik *tn i* être en pleine efflorescence

felvisz *ts i/tn i vmit* monter *qqch*; *vkit* emmener *qqn*; *[vhova út]* mener

felvon *ts i [függönyt, horgonyt]* lever; *[vitorlát, zászlót]* hisser; **~ja a vállát** hausser épaules

felvonás *fn szính* acte *h*; **tragédia öt ~ban** tragédie *n* en cinq actes

felvonó *fn* ascenseur *h*

felvonul *tn i [tömegesen]* défiler

felvonulás *fn* défilé *h*, cortège *h*

felzaklat *ts i* bouleverser

felzárkóz|ik *tn i kat* serrer les rangs; *[beér]* rejoindre; *[gazdaságilag]* arriver au niveau de

felzúdul *tn i* pousser des cris de protestation *v.* d'indignation

felzúdulás *fn* tollé *h*; **nagy ~t kelt** déclencher un tollé général

fém *fn* métal *h*

fémes *mn* métallique

feminista *mn/fn* féministe *h n*

feminizmus *fn* féminisme *h*

fémjelez *ts i* poinçonner; *átv* **neve fémjelzi vminek az értékét** son nom est caution de la qualité de *qqch*

fémkohászat *fn* métallurgie *n*

fémpénz *fn* pièce *n* de monnaie

fen *ts i* affûter, aiguiser; **~i a fogát vmire** convoiter *qqch*

fene *biz* **I.** *mn* **~ meleg van** il fait une chaleur d'enfer **II.** *fn* **a ~ egye meg!** et merde !; **hagyd a ~be!** laisse tomber; **menj a ~be!** va te faire voir

fenék *fn [ülep]* fesses *n (t sz)*; *biz* cul *h*; *[tárgy alja]* fond *h*; **~ig** jusqu'à la dernière goutte; **~be rúg vkit** donner à qqn un coup de pied aux fesses; **ráver vki fenekére** donner à qqn une claque sur les fesses; **nagy feneket kerít vminek** faire toute une histoire de qqch

feneketlen *mn* sans fond; **~ mélység** abîme *h* insondable

fenevad *fn* bête *n* féroce; *[ember]* brute *n*

fenn *hsz* en haut; **~ az emeleten** à l'étage; **~ hordja az orrát** prendre de grands airs; **~ marad** *[ébren]* rester éveillé *v.* debout; *[vízen]* flotter; **ott ~** là-haut

fennakad *tn i [beleakad]* rester accroché(e) à; *[forgalom]* être bloqué(e); *átv vmin* s'arrêter à *v.* sur *qqch*

fennakadás *fn [szünetelés]* interruption *n*; *[forgalomé]* perturbation *n*

fennáll *tn i [létezik]* exister; *[érvényes]* être en vigueur; **~ a veszély, hogy** il reste le risque que

fennállás *fn* existence *n*; **~a óta** depuis sa fondation

fennálló *mn [létező]* existant(e); *[érvényben lévő]* en vigueur

fennforog *tn i* être, exister; **csalás esete forog fenn** il y a fraude; **az a veszély forog fenn, hogy** le danger est que

fennhangon *hsz* à haute voix, à voix haute

fennhatóság *fn* autorité *n*; **vki ~a alatt** sous l'autorité de qqn; **angol ~ alatt álló terület** territoire sous mandat britannique

fennhéjázó *mn* hautain(e)

fennkölt *mn* élevé(e), noble

fennmarad *tn i [utókornak]* survivre, subsister; *[mennyiség]* rester

fennmaradó *mn* ~ **összeg** somme *n* restante

fennsík *fn* plateau *h*

fenntart *ts i [vízen]* maintenir (sur l'eau); *[állítást, rendet]* maintenir; *[csalácot]* entretenir, subvenir aux besoins de; *[intézményt]* financer; *[helyet]* garder, retenir; **~tom kijelentésemet** je maintiens ce que j'ai dit; **minden jog ~va** tous droits réservés; **~ja magának a jogot, hogy** se réserver le droit de *inf*

fenntartás *fn [családé]* entretien *h*; *[állításé, rendé]* maintien *h*; *[kétkedés, kikötés]* réserve(s) *n (t sz)*; ~ **nélkül** sans réserve(s); **~sal** sous réserve(s)

fenntartó *fn* ‹qui finance *v.* a la charge de qqch›

fenntartott *mn [hely]* réservé(e)

fenomenális *mn* phénoménal(e)

fenség *fn [tulajdonság]* majesté *n*; *[rang]* altesse *n*; **~ed** votre Altesse

fenséges *mn* sublime, majestueux (-euse), superbe

fent *hsz* → **fenn; kelt mint ~** à la date mentionnée ci-dessus; ~ **említett** susmentionné(e), susdit(e); **~ről** d'en haut

fentebb *hsz [szövegben]* plus haut, ci-dessus; **lásd ~** voir ci-dessus

fenti I. *mn* de *v.* du dessus; **a ~ lakó** le voisin de dessus; **a ~ példa** l'exemple *h* cité plus haut **II.** *fn* **a ~ek értelmében** en vertu de ce qui précède

fény *fn* lumière *n*; *[halvány]* lueur *n*; *[ragyogás]* éclat *h*; **vmi ~ében** à la lumière de qqch; ~ **derül vmire** la lumière se fait sur qqch

fénycsóva *fn* faisceau *h* lumineux

fénycső *fn* tube *h* luminescent

fenyeget *ts i vmivel* menacer *de qqch*

fenyegetés *fn* menace *n*

fenyegető *mn* menaçant(e); ~ **levél** lettre *n* de menaces

fenyegetődzik *tn i* menacer, proférer des menaces

fényerő *fn* intensité *n* lumineuse

fényérzékeny *mn* photosensible

fényes *mn [fényt sugáró/visszaverő]* lumineux (-euse); *[csillogó]* brillant(e); *[pompás]* somptueux (-euse); *[nagyszerű]* brillant(e); ~ **nappal** en plein jour; ~ **győzelem** victoire *n* éclatante

fényesít *ts i* faire briller; *[bútort, fémet]* astiquer

fényesség *fn [tárgyé, felületé]* éclat *h*; *[világosság]* luminosité *n*

fényév *fn* année *n* lumière

fényez *ts i [csiszolással, dörzsöléssel]* polir; *[lakkal]* vernir; *[viasszal]* cirer

fényforrás *fn* source *n* lumineuse

fenyít *ts i* vál châtier

fenyítés *fn* châtiment *h*; **testi ~** châtiment corporel

fénykép *fn* photo(graphie) *n*

fényképalbum *fn* album *h* photo

fényképész *fn* photographe *h n*

fényképészet *fn* photographie *n*

fényképez *ts i* photographier; prendre une photo

fényképezés *fn* photo(graphie) *n*

fényképezőgép *fn* appareil *h* photo

fénykor *fn* âge *h* d'or; *[vkié is]* apogée *h*; **~át éli** être à son apogée

fényllik *tn i* briller, luire; *[ragyogva]* resplendir

fénymásolás *fn* photocopie *n*

fénymásolat *fn* photocopie *n*

fénymásoló *mn/fn [gép]* photocopieur *h*, photocopieuse *n*

fenyő *fn [erdei]* pin *h*; *[jegenye]* sapin *h*

fénypont *fn [műsoré]* clou *h*; **az est ~ja** le clou de la soirée

fényreklám *fn* enseigne *n v.* publicité *n* lumineuse

fénysebesség *fn* vitesse *n* de la lumière

fénysorompó *fn* passage *h* à niveau muni de feux clignotants

fénysugár *fn* rayon *h* lumineux *v. átv is* de lumière

fényszóró *fn* projecteur *h*; *[autón]* phare *h*

fényűzés *fn* luxe *h*

fényűző *mn* luxueux (-euse); **~ életet él** vivre dans le luxe

fenyves *fn [erdei]* forêt *n* de pins, pinède *n*; *[jegenyefenyves]* forêt *n* de sapins, sapinière *n*

fér *tn i [elfér]* tenir dans, entrer; *[hozzáfér]* atteindre; **rá ~ne vmi** il aurait bien besoin de qqch; **nem ~ a bőrébe** il ne tient pas en place; **nem ~ a fejembe** ça me dépasse

fércmű *fn biz* torchon *h*

ferde *mn* de travers; *[torony]* penché(e); **~ hajlamú** pervers(e); **~ szem** yeux *h (t s)* bridés; **~ szemmel néz vkit** regarder qqn de travers

ferdén *hsz* **~ áll** être de travers

ferdít *ts i [értelmet]* fausser, déformer

féreg *fn* ver *h*; *[élősdi rovar, aljas ember]* vermine *n*

féregtelenít *ts i* désinfecter

Ferenc *fn* François *h*; **~ József** François-Joseph

ferences *mn/fn* franciscain(e)

férfi *fn* homme *h*; masculin; **legyen ~!** comportez-vous en homme; **mint ~ a ~val** d'homme à homme; **~ak** *[illemhelyen]* Messieurs;

sp **~ egyes/páros** simple/double messieurs

férfias *mn* viril(e); masculin(e)

férfidivat *fn* mode *n* masculine

férfikor *fn* âge *h* viril

férfinév *fn* prénom *h* masculin

férfiszabó *fn* tailleur *h*

férges *mn* véreux (-euse)

fergeteg *fn vál, átv is* tourmente *n*

fergeteges *mn* **~ siker** succès *h* monstre; **~ taps** tonnerre *h* d'applaudissements

férj *fn* mari *h*, époux *h*; **~hez megy se marier**; **~nél van** elle est mariée

férjes *mn* **~ asszony** femme *n* mariée

férkőz|ik *tn i vmihez/vkihez* s'approcher *de qqch/qqn*; **vkinek a bizalmába ~ik** gagner la confiance de qqn

férőhely *fn* place *n*; *[kórházi]* lit *h* d'hôpital

fertelmes *mn → förtelmes*

fertő *fn [erkölcsi szenny]* vál ordure *n*; *[züllöttség]* abjection *n*

fertőtlenít *ts i* désinfecter; *[műszert]* stériliser

fertőtlenítés *fn* désinfection *n*; *[műszeré]* stérilisation *n*

fertőtlenítőszer *fn* désinfectant *h*, antiseptique *h*

fertőz I. *ts i* contaminer **II.** *tn i [betegség]* être contagieux (-euse)

fertőzés *fn* contagion *n*, infection *n*, contamination *n*

fertőző *mn [baktérium]* infectieux (-euse); *[betegség]* contagieux (-euse)

fertőződ|ik *tn i* s'infecter

fertőzött *mn [víz, terep]* contaminé(e)

feslett *mn [varrás]* décousu(e); *átv* dévergondé(e)

fesl|ik *tn i* se découdre

fess *mn* chic

fest I. *ts i [falat, festményt]* peindre; *[hajat, ruhát]* teindre; *[arcot]* maquiller; *[megjelenít]* (dé)peindre; **kékre ~ peindre** *v.* teindre en bleu; **olajjal ~ peindre** à l'huile; **~i magát se maquiller II.** *tn i* **úgy ~ a dolog, hogy** il semble que *subj*

festés *fn* peinture *n*; *[hajra, ruhára]* teinture *n*; *[arcfesték]* maquillage *h*

festékszóró *fn* pistolet *h*; *[spray]* bombe *n*

festés *fn [falé, festményé]* peinture *n*; *[hajé, ruháé]* teinture *n*

festészet *fn* peinture *n*

festmény *fn* tableau *h*, peinture *n*, toile *n*

festő *fn* peintre *h n*; *[szobafestő]* peintre *h n* en bâtiment

festőállvány *fn* chevalet *h* (de peintre)

festői *mn* pittoresque

festőművész *fn* artiste *h n* peintre

fésű *fn* peigne *h*

fésül *ts i* peigner, coiffer

fésülköd|ik *tn i* se peigner, se coiffer

feszeget *ts i [zárat]* tenter de forcer; *[kérdést]* insister sur

fészek *fn [otthon is]* nid *h*; *[tűzé]* foyer *h*; *[ellenállásé]* noyau *h*; **fészket rak** faire son nid

feszélyez *ts i* gêner, embarrasser

feszeng *tn i [fészkelődik]* s'agiter, ne pas tenir en place; *[feszélyezett]* être mal à l'aise *v.* gêné(e)

fészer *fn* remise *n*

feszes *mn* tendu(e); *[ruha]* moulant(e); *[tartás]* raide

feszít *ts i/tn i* tendre; *[hetykén jár]* se pavaner; **keresztre ~** crucifier

feszített *mn* **~ beton** béton *h* armé; **~ munkatempó** rythme *h* de travail soutenu

fészkel *tn i* nicher, faire son nid

fészkelőd|ik *tn i* s'agiter, ne pas tenir en place; *[ágyban]* se tourner et se retourner

fesztelen *mn* décontracté(e); *biz* relax

fesztivál *fn* festival *h*

feszül *tn i* se tendre; *[ruha]* mouler; **~ a bőre** avoir la peau tendue

feszület *fn* crucifix *h*

feszült *mn* tendu(e); **~ légkör** atmosphère *n* tendue; **~ idegállapotban van** avoir les nerfs à vif

feszülten *hsz* →**figyel** écouter avec (une grande) attention

feszültség *fn [politikai, lelki]* tension *n*; *vill* tension *n*, voltage *h*

fétis *fn* fétiche *h*

fetreng *tn i* se vautrer; **~ a nevetéstől** se tordre de rire

feudális *mn* féodal(e)

feudalizmus *fn* féodalisme *h*

fia *fn* → **fiú**

fiatal I. *mn* jeune; **~ házasok** jeunes mariés; **~abb nálam** il est plus jeune que moi; **két évvel ~abb nálam** il est de deux ans mon cadet **II.** *fn* **a ~ok** les jeunes *h (t sz)*, la jeunesse

fiatalasszony *fn* jeune femme *n*

fiatalember *fn* jeune homme *h*

fiatalít *ts i* rajeunir

fiatalkor *fn* jeune âge *h*, jeunesse *n*; **~ában** dans sa jeunesse

fiatalkori *mn* de jeunesse; **~ bűnözés** délinquance *n* juvénile

fiatalkorú I. *mn* mineur(e); **~ bűnöző** délinquant(e) juvénile **II.** *fn* mineur(e); **~ megrontása** détournement *h* de mineur; **~ak bírósága** tribunal *h* pour enfants

fiatalod|ik *tn i* rajeunir

fiatalos *mn [fiatalnak látszó]* jeune; *[fiatalokra jellemző]* juvénile

fiatalság *fn* jeunesse *n*

ficam *fn* déboîtement *h*, luxation *n*

ficánkol *tn i* se trémousser, se tortiller; *[hal]* frétiller

fickó *fn* type *h*; *biz* gars *h*; **rendes ~** un brave type; **vidám ~** un gai luron

figura *fn [alak, szereplő]* personnage *h*; *[dísztárgy]* figurine *n*; *[sakkban]* pièce *n*; *[táncban]* figure *n*; **furcsa ~** *[emberről]* un drôle d'oiseau

figyel I. *tn i* faire attention, écouter; **~j ide!** écoute-moi; **jól ~j arra, amit mondok** fais bien attention à ce que je dis **II.** *ts i* observer; *[ügyelve]* surveiller, avoir l'œil sur; *[kémlelve]* guetter; **~j a gyerekekre!** surveille les enfants

figyelem *fn* attention *n*; **feszült ~** attention soutenue; **~be vesz vmit** tenir compte de qqch, prendre en compte *v.* en considération qqch; **vki iránti ~ből** par égards pour qqn; **figyelmébe ajánl vmit vkinek** recommander qqch à qqn; **figyelmen kívül hagy vmit** négliger qqch; **elkerüli a figyelmét** échapper à (l'attention de) qqn; **felhívja vki figyelmét vmire** attirer l'attention de qqn sur qqch

figyelembevétel *fn* prise *n* en considération

figyelmes *mn [aki figyel]* attentif (-ive); *[előzékeny]* prévenant(e), attentionné(e); **~ lesz vkire/vmire** remarquer qqn/qqch

figyelmesség *fn* prévenance *n*, égards *h (t sz)*, attention *n*

figyelmetlen *mn [nem figyelő]* inattentif (-ive); *[vki iránt]* manquer d'égards envers qqn

figyelmetlenség *fn* inattention *n*; *[vki iránti]* manque *h* d'égards *v.* d'attentions; **~ből** par inadvertance, faute d'attention

figyelmeztet *ts i* vkit vmire avertir *v.* prévenir qqn de qqch; *[eszébe juttat]* rappeler qqch à qqn; *[óva int]* mettre en garde qqn contre qqch

figyelmeztetés *fn* avertissement *h*; *[intő]* mise *n* en garde; *jog* sommation *n*

figyelmeztető *fn* **~ jel** avertissement *h*; **~ tábla** panneau *h* avertisseur

fikció *fn* fiction *n*

fiktív *mn* fictif (-ive)

fikusz *fn* ficus *h*

filc *fn* feutre *h*

filctoll *fn* (stylo-)feutre *h*

filé *fn konyh* filet *h*

filharmonikus I. *mn* philharmonique **II.** *fn* **a berlini ~ok** la philharmonie de Berlin

fillér *fn* fillér *h*; **egy ~em sincs** je n'ai pas un sou

film *fn [alkotás]* film *h*; *[filmművészet]* cinéma *h*; *[filmszalag]* pellicule *n*; **egész estés ~** long métrage *h*; **feliratos/szinkronizált ~** film sous-titré/doublé; **~et forgat/vetít** tourner/projeter un film

filmbemutató *fn* première *n*; *[szakmai]* avant-première *n*

filmcsillag *fn* vedette *n v.* étoile *n* de cinéma

filmdráma *fn* film *h* dramatique

filmes *fn* cinéaste *h n*

filmez I. *ts i [filmre felvesz]* filmer **II.** *tn i [forgat]* tourner; *[filmben szerepel]* jouer dans un film

filmezés *fn* filmage *h*

filmfelvétel *fn [készítés]* prise *n* de vue; *[eredmény]* film *h*

filmfesztivál *fn* festival *h* cinématographique *v.* du film

filmgyár *fn* studio *h* de cinéma

filmgyártás *fn* production *n* cinématographique

filmipar *fn* industrie *n* cinématographique

filmkritikus *fn* critique *h n* de cinéma

filmmúzeum *fn* cinémathèque *n*, cinéma *h* d'art et d'essai

filmművészet *fn* cinéma *h*
filmrendező *fn* réalisateur (-trice), metteur *h* en scène
filmstúdió *fn* studio *h* de cinéma
filmszakma *fn* cinéma *h*; **a ~ban dolgozik** il est dans le cinéma
filmszínész *fn* acteur (-trice) de cinéma
filmszínház *fn* (salle *n* de) cinéma *h*
filmsztár *fn* star *n* de cinéma
filmtrükk *fn* trucage *h*
filmvászon *fn* écran *h* de cinéma
filmvetítés *fn* projection *n* de film
filmvígjáték *fn* comédie *n*
filmzene *fn* musique *n* de film
filológia *fn* philologie *n*
filológus *fn* philologue *h n*
filozofál *fn* *iron* *is* philosopher
filozófia *fn* philosophie *n*
filozófiai *mn* philosophique
filozófus *fn* philosophe *h n*
filter *fn* filtre *h*; *[teás]* sachet *h*
finálé *fn* finale *h*
finanszíroz *ts* *i* financer
finglik *tn* *i* *biz* péter
finis *fn* *sp*, *átv* is dernière ligne *h* droite
finn **I.** *mn* finnois(e) **II.** *fn* *[személy]* Finlandais(e); *[nyelv]* finnois *h*
Finnország *fn* Finlande *n*
finnugor **I.** *mn* finno-ougrien (-ienne) **II.** *fn* *[nyelv]* finno-ougrien *h*
finom *mn* *[minőségben]* fin(e); *[érintés, illat]* délicat(e); *[árnyalat, ember, ízlés]* délicat(e), fin(e); *[íz]* bon (bonne), délicieux (-euse); *[modor]* raffiné(e)
finomít *ts* *i* *[acélt, üveget]* affiner; *[cukrot, kőolajat]* raffiner; *átv* affiner
finomság *fn* finesse *n*, délicatesse *n*; *[nyalánkság]* friandise *n*; *műsz* titre *h*
fintor *fn* grimace *n*
fintorog *tn* *i* grimacer; *[undorodva]* faire la grimace *v.* la moue

finnyás *mn* délicat(e), difficile
fiók *fn* *[bútoré]* tiroir *h*; *[banké, cégé]* agence *n*, succursale *n*
fióka *fn* oisillon *h*
fiókos *mn* à tiroir; **~ szekrény** *[alacsony]* commode *n*; *[magas]* chiffonnier *h*
fióküzlet *fn* succursale *n*
Firenze *fn* Florence *n*
firkál *ts* *i* griffonner, gribouiller
firtat *ts* *i* chercher à savoir; **ne firtassuk a dolgot!** n'insistons pas !
fitness *fn* fitness *h*
fitness-szalon *fn* club *h* de fitness
fitogtat *ts* *i* *vmit* faire étalage *de qqch*
fitos *mn* ~ **orr** nez *h* retroussé
fitt *mn* *[jó kondícióban levő]* en bonne condition; *[jó formában levő]* en (pleine) forme
fityeg *tn* *i* *biz* pendouiller
fitying *fn* **egy ~je sincs** *biz* il n'a pas un rond
fityma *fn* prépuce *h*
fitymál *ts* *i* dénigrer; *biz* débiner
fitty *fn* *biz* ~**et hány** *vmire* s'en battre l'œil de *qqch*
fiú *fn* garçon *h*; **vki fia** le fils de qqn; **~ja** le petit ami (de qqn); **hajrá, ~k!** allez, les gars !
fiús *mn* ~ **frizura** coiffure *n* à la garçonne; ~ **leány** garçon *h* manqué
fiútestvér *fn* frère *h*
fivér *fn* frère *h*
fix **I.** *mn* fixe; ~ **jövedelem** revenu *h* fixe; **az ~!** c'est sûr ! **II.** *fn* fixe *h*; **havi** ~ fixe mensuel
fizet *ts* *i*/*tn* *i* payer; *[számlát, tartozást így is]* régler; *vmit vkinek* payer *v.* offrir *qqch à qqn*; **készpénzben** ~ payer en espèces; **hitelkártyával** ~ payer par carte; **nagy árat** ~ **vmiért** payer cher qqch; ~**ek!** *[vendéglőben]* l'addition s'il vous plaît !; **mennyit**

~ek? combien je vous dois ?; **mennyit ~tél érte?** combien l'as-tu payé ?

fizetés *fn* *[cselekvés]* paiement *v.* payement *h*; *[munkabér]* salaire *h*; **kezdő ~** salaire de départ; **~ nélküli szabadság** congé *h* sans solde

fizetésemelés *fn* augmentation *n* (de salaire)

fizetési *mn* de paiement; **~ határidő** délai *h* de paiement

fizetésképtelen *mn* insolvable

fizetetlen *mn* impayé(e), non payé(e)

fizetett *mn* **~ szabadság** congés *h* *(t sz)* payés

fizető I. *mn* payant(e); **~ autópálya** autoroute *n* à péage **II.** *mn* payeur (-euse)

fizetőképes *mn* solvable

fizetőparkoló *fn* parking *h* payant

fizetővendég *fn* hôte *h* *n* payant(e)

fizika *fn* physique *n*

fizikai *mn* physique; **~ dolgozó** travailleur (-euse) manuel (-elle)

fizikum *fn* constitution *n*, physique *h*

fizikus *fn* physicien (-ienne)

fiziológia *fn* physiologie *n*

flakon *fn* flacon *h* en plastique

flamand I. *mn* flamand(e) **II.** *fn* *[személy]* Flamand(e); *[nyelv]* flamand *h*

flamingó *fn* flamant *h* (rose)

flanc *fn* *biz* esbroufe *n*, tralala *n*

Flandria *fn* Flandre *n*, Flandres *n* *(tsz)*

flanel *fn* flanelle *n*; *[jelzőként]* de *v.* en flanelle

flopi *fn* disquette *n*

flóra *fn* flore *n*

flotta *fn* flotte *n*

flört *fn* flirt *h*

flörtöl *tn i* flirter

fóbia *fn* phobie *n*

foci *fn* *biz* foot *h*

focista *fn* *biz* joueur (-euse) de foot

fociz|ik *tn i* *biz* jouer au foot

fodor *fn* *[ruhán]* volant *h*; *[vízhullám]* vaguelette *n*

fodrász *fn* coiffeur (-euse)

fodrászüzlet *fn* salon *h* de coiffure

fodros *mn* *[ruha]* à volants; *[vízfelszín]* moutonnant(e)

fodrozód|ik *tn i* *[víz]* moutonner

fog[1] **I.** *ts i* *[tart]* tenir; *[megragad]* prendre; *[adást]* capter; **vkire vmit** accuser **qqn de qqch; kezet ~ vkivel** serrer la main à qqn; **kézen ~ vkit** prendre *v.* tenir qqn par la main; **fegyvert ~ vkire** braquer son arme sur qqn, *[vki ellen]* prendre les armes contre qqn; **gyanút ~** être pris(e) d'un soupçon; **halat ~** attraper un poisson; **munkára ~ vkit** mettre qqn au travail; **szaván ~ vkit** prendre qqn au mot; **tüzet ~** prendre feu; **~ta magát, és soudain, il … II.** *tn i* *[anyag mosásban]* déteindre; *[fék]* répondre; *[ragasztó]* tenir; *[toll]* écrire; **vmibe, vmihez** entreprendre **qqch,** commencer **qqch; nem ~ rajta a jó szó** les bonnes paroles n'ont pas prise sur lui; **nem tudja, mihez ~jon** il ne sait que faire

fog[2] *si* el **~ok menni** j'irai; **meg ~ja érteni** il comprendra; **esni ~** il va pleuvoir

fog[3] *fn* dent *n*; *[kutyáé, farkasé]* croc *h*; *[kígyóé]* crochet *h*; *[fésűé, fűrészé]* dent *n*; *[keréké, szerszámé]* cran *h*; **lyukas ~** dent creuse *v.* cariée; **fáj a ~a** avoir mal aux dents; **fáj a ~a vmire** convoiter qqch; **jönnek a ~ai** *[babának]* faire ses dents; **~at húz/töm** arracher/plomber une dent; **~at mos** se laver les dents; **otthagyja a ~át** y laisser sa peau; **~gal, körömmel** bec et ongles

fogad *ts i/tn i* *[vendéget]* accueillir, recevoir; *[alkalmazottat]* engager; *[pénzbe]* parier; *[elfogad]* accepter;

barátságába ~ vkit prendre qqn en amitié; **négytől hatig** ~ recevoir de quatre à six; **hűséget** ~ **vkinek** jurer fidélité à qqn; **örökbe** ~ adopter; **szót** ~ obéir; **ügyvédet** ~ prendre un avocat; ~**ja őszinte részvétem** toutes mes condoléances; **hogyan** ~**ta a hírt?** comment a-t-il accueilli v. pris la nouvelle ?; ~**ok, hogy** je te parie que; ~ **egy lóra** miser sur un cheval

fogadalom *fn* vœu *h*

fogadás *fn [személyé]* accueil *h; [társasági esemény]* réception *n; [pénzben]* pari *h;* ~**t ad** donner une réception; ~**t köt** faire un pari

fogadkoz|ik *tn i vmire* jurer *v.* promettre *de inf;* **égre-földre** ~**ik** jurer ses grands dieux

fogadó I. *mn* ~ **ország** pays *h* d'accueil **II.** *fn* auberge *n; [aki fogadást köt]* parieur (-euse)

fogadónap *fn [orvosé]* jour *h* de consultation

fogadóóra *fn [irodában, tanári]* heures *n (t sz)* de réception; *[orvosnál]* heures *n (t sz)* de consultation

fogadott *mn* ~ **gyermek** enfant *h n* adoptif (-ive)

fogadtatás *fn* accueil *h;* **szívélyes** ~**ban részesít** vkit réserver un accueil chaleureux à qqn; **kedvező** ~**ra talál** trouver un accueil favorable

fogalmaz *ts i/tn i* rédiger; **jól** ~ il écrit bien

fogalmazás *fn [iskolai is]* rédaction *n*

fogalmazvány *fn* brouillon *h*

fogalmi *mn* conceptuel (-elle)

fogalom *fn* concept *h,* notion *n; [elképzelés]* idée *n;* **elvont** ~ notion abstraite; **van némi fogalma vmiről** avoir de vagues notions de qqch; **fogalmam sincs róla** je n'en ai aucune idée

fogalomkör *fn* champ *h* conceptuel *v.* notionnel

fogamzás *fn* conception *n*

fogamzásgátló I. *mn* contraceptif (-ive) **II.** *fn* contraceptif *h;* pilule *n* (contraceptive); ~**t szed** prendre la pilule

fogan *tn i [nő]* concevoir; *[gyerek]* être conçu(e)

foganat *fn* effet *h;* **van** ~**ja** faire son effet; **nincs** ~**ja** rester sans effet **F**

foganatosít *ts i* **intézkedéseket** ~ prendre des mesures

fogantyú *fn [gomb alakú]* bouton *h; [nyeles]* manche *h; [gépen]* manivelle *n; [fogódzó]* poignée *n*

fogápolás *fn* hygiène *n* dentaire

fogas¹ I. *mn tud* denté(e); *[fogazott]* dentelé(e); ~ **kérdés** question *n* épineuse; ~ **kérdést ad fel** poser une colle **II.** *fn [akasztó]* portemanteau *h*

fogas² *fn [hal]* sandre *h*

fogás *fn [megragadás]* *sp is* prise *n; [vminek a tapintása]* toucher *h; [foglyul, zsákmányul ejtés]* prise *n; [étel]* plat *h; [fortély]* ficelle *n,* astuce *n;* **hideg a** ~**a** être froid(e) au toucher; **a mesterség** ~**ai** les ficelles du métier; **szónoki** ~**ok** effets *h (t sz)* oratoires

fogaskerék *fn* roue *n* dentée

fogaskerekű *mn* ~ **vasút** chemin *h* de fer à crémaillère

fogász *fn [szakorvos]* dentiste *h n*

fogászat *fn [tudomány]* odontologie *n; [rendelő]* cabinet *h* dentaire

fogászati *mn* ~ **kezelés** soins *h (t sz)* dentaires

fogat *fn* attelage *h; [ilyen hintó]* équipage *h*

fogatlan *mn* édenté(e)

fogazat *fn* dentition *n; [bélyegé, levélé]* dentelure *n; [fésűé]* dents *n (t sz); [szerszámé]* denture *n*

fogda *fn [katonai]* salle *n* d'arrêt; *[rend-őrségi]* salle *n* de police, dépôt *h*

fogdos *ts i vmit* tripoter *v.* palper *qqch*; *vkit* peloter *qqn*

fogékony *mn vmire* réceptif (-ive) *v.* sensible *v.* ouvert(e) à *qqch*; *[beteg-ségre]* prédisposé(e) à *qqch*

fogfájás *fn* mal *h v. [heveny]* rage *n* de dents

fogható *mn* **nincs hozzá ~** il n'a pas son pareil; **soha nem láttam ehhez ~t** je n'ai jamais rien vu de semblable

fogház *fn [1 év börtönbüntetés alatt]* maison *n* d'arrêt; *[1 év felett]* maison *n* centrale; **hat hónap ~ra ítélték** il a été condamné à six mois de prison

foghíjas *mn* édenté(e)

fogíny *fn* gencive *n*

fogkefe *fn* brosse *n* à dents

fogkő *fn* tartre *h*

fogkrém *fn* dentifrice *n*

foglal *ts i [meghódít]* occuper; *[szo-bát, asztalt]* réserver, retenir; *[végre-hajtó]* saisir; **helyet ~ *[tárgy]*** prendre *v.* occuper de la place, *[személy]* prendre place; **~jon helyet!** prenez place, veuillez-vous asseoir; **magá-ban ~** comprendre, contenir, *csak átv* impliquer; **állást ~** prendre position; **írásba ~ vmit** mettre qqch par écrit

foglalás *fn [szobáé stb.]* réservation *n*; *jog* saisie *n*

foglalat *fn [drágakőé]* monture *n*; *vill* douille *n*

foglalkozás *fn [szakma]* métier *h*, profession *n*; *[állás]* emploi *h*; *[iskolai]* activité *n*; **szabad ~** activité *n* libre; **mi a ~a?** qu'est-ce qu'il fait dans la vie ?, quel est son métier ?

foglalkoz|ik *tn i [hivatásszerűen] vmi-vel* faire *qqch*; *[törődik] vkivel/vmiv-el* s'occuper *de qqn/qqch*; *[kutatási témával]* étudier; *[írásmű vmivel]*

traiter de; **mivel ~ik?** que fait-il dans la vie ?; **újságírással ~ik** il fait du journalisme

foglalkoztat *ts i [munkát ad]* employer; *[aggaszt]* préoccuper; **~ja az ügy** l'affaire le préoccupe

foglalkoztatott *mn* employé(e)

foglaló *fn* arrhes *n (t sz)*; **~t ad** verser des arrhes

foglalt *mn* occupé(e); *[fenntartott]* ré-servé(e); **~at jelez *[telefon]*** ça sonne occupée; **ma ~ vagyok** aujourd'hui, je suis pris(e)

fogmosás *fn* brossage *h* des dents

fogó *fn* pince *n*; *[szülészeti]* forceps *h*; *[fogászati]* davier *h*; *[fogócskában]* chat *h*; **kombinált ~** pince universelle

fogócskáz|ik *tn i* jouer à *v.* au chat (perché)

fogódzkod|ik *tn i vkibe/vmibe* se te-nir *v.* s'agripper *v.* s'accrocher à *qqn/qqch*

fogódzó *fn* poignée *n*; *átv* point *h* de repère

fogoly[1] *fn* prisonnier (-ière); *vál* captif (-ive); **foglyul ejt** faire prisonnier, *[állatot is]* capturer

fogoly[2] *fn* áll perdrix *n*

fogolytábor *fn* camp *h* de prisonniers

fogorvos *fn* dentiste *h n*

fogorvosi *mn* **~ rendelő** cabinet *h* den-taire *v.* de dentiste

fogpiszkáló *fn* cure-dent *h*

fogság *fn* captivité *n*, détention *n*; **vizsgálati ~** détention préventive; **~ba esik** tomber en captivité, être fait(e) prisonnier (-ière); **~ban van** être prisonnier *v.* en captivité

fogselyem *fn* fil *h* dentaire

fogsor *fn* rangée *n* de dents; *[műfog-sor]* dentier *h*, prothèse *n* dentaire

fogszabályozó *fn* appareil *h* dentaire

fogszuvasodás *fn* carie *n* (dentaire)

fogtechnikus *fn* prothésiste *h* n dentaire

fogtömés *fn* plombage *h*

fogva I. *nu [időben]* à partir de, depuis; *[vmiből következően]* en raison *v.* du fait de; **mostantól ~** à partir de maintenant; **a kezdettől ~** depuis le début; **ennél ~** de ce fait, pour cette raison **II.** *hsz [vminél megfogva]* en tenant *v.* prenant par; **~ tart** détenir, séquestrer

fogzománc *fn* émail *h* (dentaire)

fogy *tn i* diminuer, s'épuiser; *[áru]* se vendre; *[hold]* décroître; *[testileg]* maigrir, perdre du poids; **gyorsan ~ a pénz** l'argent part vite; **öt kilót ~ott** il perdu cinq kilos

fogyás *fn* diminution *n*, décroissance *n*; *[testi]* perte *n* de poids

fogyaszt *ts i [áramot, energiát, ételt]* consommer; *[testileg]* faire maigrir

fogyasztás *fn* consommation *n*

fogyasztási *mn* **~ adó** impôt *h* à la consommation; **~ cikk** produit *h* de consommation

fogyasztó I. *mn* amaigrissant(e) **II.** *fn* consommateur (-trice)

fogyasztói *mn* **~ ár** prix *h* à la consommation; **~ társadalom** société *n* de consommation

fogyatékos *mn/fn* handicapé(e); **értelmi/testi ~** handicapé(e) mental(e)/ physique

fogyatékosság *fn [hiányosság]* insuffisance *n*, déficience *n*; **testi/értelmi ~** handicap *h* physique/mental

fogyó I. *mn* **~ hold** lune *n* décroissante **II.** *fn* **~ban van** commencer à manquer

fogyókúra *fn* régime *h* (amaigrissant)

fogyókúrázik *tn i* faire un régime

fogyta *fn* **ereje ~ig** jusqu'à épuisement (de ses forces); **~n van az ereje**

être à bout de force; **~n van a pénze** être à court d'argent

fohász *fn* prière *n*

fohászkodik *tn i* prier

fojt *ts i [vízbe]* noyer; *[vkit füst]* faire suffoquer; **magába ~ja érzelmeit** étouffer ses émotions; **vérbe ~ vmit** noyer qqch dans le sang

fojtogat *ts i vkit* serrer la gorge à qqn; *[vkit füst]* faire suffoquer; **sírás ~ja** être au bord des larmes

fok¹ *fn [baltáé, késé]* dos *h*; *[tűé]* chas *h*

fok² *fn földr* cap *h*

fok³ *fn [létráé]* barreau *h*; *[lépcsőé]* marche *n*; *[hőé]* degré *h*; *átv [fokozat]* degré *h*; *[fejlődési]* niveau *h*; *[rangsorban]* échelon *h*; **20 ~ van** il fait 20 degrés; **bizonyos ~ig** jusqu'à un certain degré; **végső ~on** en dernier ressort; *jog* **első ~on** en première instance

fóka *fn* phoque *h*

fokhagyma *fn* ail *h*

fokos *mn* **mínusz 10 ~ hidegben** par (une température de) moins 10; **40 ~ melegben** par (une chaleur de) 40 degrés; **13 ~ bor** vin *h* de 13 degré; **39 ~ láza van** avoir 39 de fièvre

fokoz *ts i* intensifier, augmenter; *[indulatot]* exaspérer; **~za a sebességet** augmenter la vitesse

fokozás *fn* intensification *n*; *nyelv* comparaison *n*

fokozat *fn [hivatali]* échelon *h*; *[tudományos]* grade *h*

fokozatos *mn* progressif (-ive), graduel (-elle)

fokozódik *tn i* augmenter, s'intensifier, s'accentuer

fokozott *mn* accru(e), redoublé(e); **~ figyelem** attention *n* accrue

fókusz *fn fiz* foyer *h*; **az érdeklődés ~ában** au centre de toutes les attentions

fólia *fn [alufólia]* papier *h* d'aluminium *v. biz* d'alu; *[műanyag]* film *h* plastique; *[írásvetítőhöz]* transparent *h*

fóliasátor serre *n* en plastique

folklór *fn* folklore *h*

folt *fn [pecsét]* tache *n*; *[varrott]* pièce *n*; *átv* tache *n*; **~ot ejt** *[ruhán]* tacher; **kék ~** *[ütéstől]* bleu *h*; **~ esett a becsületén** son honneur est entaché; **~okban** par-ci, par-là

foltos *mn [pecsétes]* taché(e); *[foltmintás]* tacheté(e); *[foltozott]* rapiécé(e)

foltoz *ts i* rapiécer

folttisztító *fn* détachant *h*

folyadék *fn* liquide *h*

folyam *fn* fleuve *h*

folyamán *nu* vmi ~ au cours de qqch; **a nap ~** dans la journée

folyamat *fn* processus *h*, cours *h*; **~ban van** être en cours

folyamatos *mn* continu(e); *[állandó]* constant(e)

folyamatosan *hsz* sans arrêt

folyami *mn* fluvial(e)

folyamod|ik *tn i* vkihez/vmihez recourir *v.* avoir recours *à* qqn/qqch; *vmiért* solliciter *qqch*

folyás *fn* écoulement *h*; *[irány]* courant *h*; *[folyamszakasz]* cours *h*; *orv* écoulement *h*; **~ szabad vminek** donner libre cours à qqch

folyékony *mn* liquide, fluide; *[beszéd]* courant(e); ~ **(halmaz)állapot** état *h* liquide

folyékonyan *hsz* ~ **beszél franciául** il parle couramment (le) français

foly|ik *tn i* couler; *vmiből* s'écouler de qqch; *[edény, csap]* fuir; *[gáz, víz]* s'échapper; *[toll]* baver; *[következik]* *vmiből* résulter *de qqch*; *[tart]* être en cours, se poursuivre; *[történik]* se dé-

rouler; **~ik az orra** son nez coule; **~ik az orra vére** saigner du nez; **mi ~ik itt?** qu'est-ce qui se passe ici ?; **vkiről/vmiről ~ik a szó** être question de qqn/qqch

folyó I. *mn [folyamatban levő]* en cours, courant(e); ~ **áron** à prix *h* courant; ~ **év** l'année *n* courante; ~ **hó 10-én** le 10 courant; ~ **ügyek** affaires *n (t sz)* courantes; ~ **víz** eau *n* courante **II.** *fn* rivière *n*; *[nagy]* fleuve *h*

folyóirat *fn* revue *n*, périodique *h*

folyomány *fn* conséquence *n*

folyómeder *fn* lit *h*

folyópart *fn* rive *n*, bord *h*; *[magas]* berge *n*; *[kiépített]* quai *h*

folyósít *ts i [összeget]* verser

folyosó *fn* couloir *h*, corridor *h*

folyószakasz *fn* section *n* de fleuve

folyószámla *fn* compte *h* courant

folyóvíz *fn* eau *n* de rivière *v.* fluviale

folytán *nu* vmi ~ à la *v.* par suite de qqch, en raison de qqch; **csoda ~** par miracle

folytat *ts i* continuer, poursuivre; *[abbahagyott cselekvést]* reprendre; *[vmit folyamatosan végez]* faire, mener, pratiquer; **folytasd (csak)!** continue (donc); **~ja útját** poursuivre *v.* reprendre son chemin; **vizsgálatot ~** faire *v.* mener une enquête; **viszonyt ~ vkivel** avoir une relation avec qqn

folytatás *fn [írásműé, filmé]* suite *n*; **~a következik** à suivre; **az ügynek nem lett ~a** l'affaire n'a pas eu de suites

folytatásos *mn* ~ **regény** roman-feuilleton *h*; ~ **tévéfilm** feuilleton *h* (télévisé)

folytatód|ik *tn i* continuer, se poursuivre; *[megszakítás után]* reprendre; **ha ez így ~ik** si cela continue comme ça

folyton hsz [szünet nélkül] sans cesse v. arrêt, continuellement; [gyakran] tout le temps

folytonos mn continuel (-elle), incessant(e); [ismétlődő] récurrent(e)

folytonosság fn continuité n

fon ts i [fonalat] filer; [hajat, koszorút] tresser; **keresztbe ~ja a karját** croiser les bras

fonák I. mn absurde, équivoque **II.** fn revers h, envers h; sp revers h

fonal fn fil h; **a beszéd ~a** le fil de la conversation

fondorlat fn machination n, intrigue n

fondorlatos mn insidieux (-euse), fourbe

fonetika fn phonétique n

fonetikus mn phonétique; **~ átírás** transcription n phonétique

fonód|ik tn i vmire s'enrouler autour de qqch; **egymásba ~ik** s'entrelacer

fonott mn tressé(e); **~ kosár** panier h en osier

font fn [súlymérték, pénznem] livre n

fontolgat ts i peser, se tâter; **~ egy döntést** peser une décision; **azt ~ja, hogy elmenjen-e** il se tâte pour savoir s'il ira ou non

fontol fn **~ra vesz vmit** réfléchir à qqch, peser qqch, considérer qqch

fontos mn important(e); **az a ~, hogy** l'important c'est de inf v. que subj; **~ tudni, hogy** il importe de savoir que

fontoskod|ik tn i faire l'important

fontosság fn importance n; **nagy ~ot tulajdonít vminek** accorder v. attacher une grande importance à qqch v. à inf

fonnyad tn i se faner, être fané(e)

fordít ts i/tn i tourner; [energiát, időt, pénzt] consacrer; [más nyelvre] traduire; **hátat ~ vkinek** tourner le dos à qqn; **figyelmet ~ vmire** prêter atten-

tion à qqch; **magyarból franciára ~** traduire du hongrois en français

fordítás fn traduction n; **hitelesített ~** traduction certifiée conforme; **szabad ~** libre adaptation n

fordító fn traducteur (-trice)

fordítóiroda fn agence n de traduction

fordított I. mn [megfordított] renversé(e), inversé(e)); **~ sorrendben** dans l'ordre inverse; **~ szórend** inversion n; **magyarból ~** traduit(e) du hongrois **II.** fn vminek a ~ja l'inverse h v. le contraire de qqch

fordítva hsz à l'envers; [ellenkezőleg] au contraire

fordul tn i tourner; **vki/vmi felé** se tourner vers qqn/qqch; **vkihez** s'adresser à qqn; **árokba ~** verser dans le fossé; **balra ~** tourner à gauche; **hidegre ~ az idő** le temps tourne au froid; **jóra ~** s'arranger; **rosszra ~** prendre une mauvaise tournure; **mindenki ellene ~t** tout le monde s'est retourné contre lui; **orvoshoz ~** consulter le médecin; **segítségért ~ vkihez** demander de l'aide à qqn

fordulat fn [keréké] tour h; átv tournant h; [nyelv] tournure n; **döntő ~** tournant décisif; **kedvező ~** tournure n favorable; **~ állt be** un revirement s'est produit

fordulatos mn plein(e) de rebondissements, riche en péripéties

fordulatszám fn [motoré] régime h; [kerékpáré] braquet h

forduló I. fn [úté] tournant h; [versenypályán] virage h; [oda-vissza megtett út] aller-retour h; [választásé] tour h; sp manche n; [ökölvívásban] round h

fordulópont fn tournant h; **~hoz ér** arriver à un tournant; **~ot jelent** marquer un tournant

forgács *fn [fa]* copeau *h; [fém is]* planure *n*

forgalmas *mn [hely, utca]* fréquenté(e); *[útvonal]* à grande circulation

forgalmaz *ts i [árut]* mettre en vente; *[filmet]* distribuer

forgalmazó *fn* distributeur (-trice)

forgalmi *mn* ~ **dugó** embouteillage *h;* ~ **érték** valeur *n* marchande; ~ **csomópont** *[városban]* carrefour *h; [autópályáknál]* nœud *h* routier; ~ **engedély** carte *n* grise

forgalom *fn köz!* trafic *h; gazd is* circulation *n; [üzleti]* chiffre *h* d'affaires; **egyirányú** ~ circulation *n* à sens unique; **gyalogos** ~ circulation *n* piétonnière; **közúti** ~ trafic routier; **~ba hoz** *[pénzt]* mettre en circulation, *[árut]* commercialiser, mettre sur le marché

forgalomelterelés *fn* dérivation *n* (de la circulation)

forgalomkorlátozás *fn* restriction *n* de la circulation

forgás *fn* tour *h; [tengely körüli]* rotation *n*

forgat *ts i* (faire) tourner; *[ellenkező oldalára fordít]* retourner; *[könyvet]* feuilleter; *[filmet]* tourner; ~ **vmit a fejében** *[vmit fontolgat]* tourner et retourner qqch dans sa tête, *[vmilyen tervet]* avoir qqch en tête; **~ja a pénzt** faire tourner l'argent; **jól ~ja a tollat** savoir manier la plume

forgatag *fn* **a város ~a** le tumulte de la ville; **az élet ~a** le tourbillon de la vie

forgatás *fn film* tournage *h*

forgatócsoport *fn* équipe *n* de tournage

forgatókönyv *fn* scénario *h*

forgatókönyvíró *fn* scénariste *h n*

forgó I. *mn* ~ **mozgás** mouvement *h* rotatoire *v.* giratoire; **a szóban** ~ **ügy** l'affaire *n* en questioin **II.** *fn* **ját** moulinet *h*

forgóajtó *fn* porte *n* à tambour

forgolód|ik *tn i [fektében]* se tourner et se retourner; *[vki körül]* s'empresser autour de qqn; *[vmilyen körökben]* fréquenter qqch, *[sürgölődik]* s'affairer

forgószék *fn* fauteuil *h* pivotant

forgószél *fn átv is* tourbillon *h*

forgószínpad *fn* scène *n* tournante

forgótőke *fn* fonds *h* de roulement

forint *fn* forint *h*

forma *fn [alak]* forme *n; [minta]* forme *n,* moule *h; (jó)* **~ban van** être en (pleine) forme; **a** ~ **kedvéért** pour la forme; **ez az én ~m!** c'est bien ma chance !; *sp* **F~ 1** formule *n* 1

formai *mn* formel (-elle), de forme; **tisztán** ~ de pure forme; ~ **szépség** beauté *n* formelle

formájú *mn* de forme; **hosszúkás** ~ de forme allongée

formál *ts i* former; **véleményt** ~ se faire une opinion; **jogot** ~ **vmire** revendiquer le droit à qqch *v.* à *inf*

formális *mn* formel (-elle)

formalitás *fn* formalité *n;* **ez csak** ~ c'est une pure formalité

formalizmus *fn* formalisme *h*

formálód|ik *tn i* se former

formás *mn* bien fait(e); *[beszéd]* bien tourné(e)

formaság *fn* formalité *n;* **~ok nélkül** sans façons

formatervezés *fn* design *h*

formátlan *mn* informe; *[formáját vesztett]* déformé(e)

formattál *ts i inform* formater

formátum *fn* format *h*

formáz *ts i* former, façonner; *[öntőformában]* mouler

formula *fn* formule *n*

forog tn i *[körbe]* tourner; *[hír, könyv, pénz]* circuler; ~ **a feje** avoir la tête qui tourne; **jövője ~ kockán** son avenir est en jeu; **közszájon ~** être sur toutes les lèvres; **magas körökben ~** fréquenter la haute société; **veszélyben ~** être en danger

forr tn i bouillir; *[erjed]* fermenter; ~ **a méregtől** bouillir de colère

forradalmár fn révolutionnaire h n

forradalmasít ts i révolutionner

forradalmi mn révolutionnaire

forradalom fn révolution n; **ipari ~** révolution industrielle; **a nagy francia ~** la Révolution (française)

forradás fn *[seb helye]* cicatrice n; *[folyamat]* cicatrisation n

forral ts i *[folyadékot]* faire bouillir; *[vmi rosszat]* mijoter; **bosszút ~** méditer (une) vengeance

forralt mn bouilli(e); ~ **bor** vin h chaud

forrás fn *[felforrás]* ébullition n; *[feltörő víz]* source n; *[eredet, hírforrás, forrásmű]* source n; **biztos ~ból** de source sûre

forráspont fn point h d'ébullition

forrásvíz fn eau n de source

forraszt ts i souder

forrasztás fn soudure n

forráz ts i *[zöldséget]* ébouillanter; *[teát]* infuser

forró mn brûlant(e); *[folyadék]* bouillant(e); *[nap, nyár]* torride; *[szenvedély]* ardent(e), brûlant(e); ~ **égöv** zone n tropicale; ~ **a homloka** son front est brûlant

forródrót fn téléphone h rouge

forrófejű mn bouillant(e); ~ **ember** une tête brûlée

forrong tn i être en effervescence, s'agiter

forrongás fn effervescence n, agitation n

forróság fn chaleur n; **elönti a ~** avoir une bouffée de chaleur

forróvérű mn ardent(e); *[igével]* avoir le sang chaud

fortély fn *[furfang]* ruse n, astuce n, stratagème h; *[vminek a nyitja]* astuce n; *biz* truc h; **érti vmi ~át** connaître les ficelles de qqch

fortélyos mn astucieux (-euse), futé(e)

fórum fn *[hatóság]* autorité n; *[lap rovata]* tribune n; *[vita]* tört is forum h; *jog* instance n

foszfát fn phosphate h

foszfor fn phosphore h

foszlány fn *[anyag]* lambeau h; *[beszéd, hang]* bribe n; **~okban** par bribes

foszllik tn i s'effilocher

fosztogat ts i piller

fosztogatás fn pillage h

fotel fn fauteuil h

fotó fn photo n

fotogén mn photogénique

fotókiállítás fn exposition n de photos

fotómodell fn modèle h photo

fotóriporter fn reporter h n photographe, photographe h n de presse

fotós fn photographe h n

fő¹ tn i *[étel]* cuire; *[vízben]* bouillir; ~ **a leves** la soupe est sur le feu

fő² I. mn principal(e), essentiel (-ielle), majeur(e); ~ **akadály** obstacle h majeur; ~ **cél** objectif h principal II. fn *[fej]* tête n; *[személy]* personne n; **~be lő vkit** tirer à qqn une balle dans la tête; **emelt ~vel** la tête haute; **egy ~re jutó** par tête v. personne v. habitant; **100 ~ből álló csoport** un groupe de 100 personnes; **a ~ az, hogy** l'essentiel (c')est que *subj* v. de *inf*; **leg~bb ideje, hogy** il est plus que temps que *subj* v. de *inf*

főállás fn emploi h principal

főbejárat *fn* entrée *n* principale

főbenjáró *mn ~* **bűn** crime *h* capital

főbérlő *fn* locataire *h n* en titre

főbiztos *fn* haut(e)-commissaire *h n*

főbűn *fn* péché *h* capital

főcím *fn film* générique *h* de début; *sajtó* (gros) titre *h*, manchette *n*

födém *fn* plafond *h*

föderáció *fn* fédération *n*

föderatív *mn* fédéral(e)

főemlős *fn ~ök* primates *h (t sz)*

főépület *fn* bâtiment *h* principal

főétel *fn* plat *h* principal

főétkezés *fn* repas *h* principal

főfelügyelő *fn* inspecteur (-trice) principal(e)

főfoglalkozás *fn* activité *n* principale

főhadiszállás *fn* (grand) quartier *h* général

főhadnagy *fn* lieutenant *h*

főhős *fn [műben]* héros *h*; *[ügyben]* (principal) protagoniste *h*

főidény *fn* pleine *v.* haute saison *n*

főigazgató *fn* directeur (-trice) général(e)

főiskola *fn* école *n* supérieure

főiskolás *fn* étudiant(e) d'une école supérieure

főkapitány *fn* préfet *h* de police

főkapitányság *fn* préfecture *n* de police

főkapu *fn* porte *n* principale

főként *hsz* surtout, principalement

főkonzul *fn* consul *h* général

főkönyv *fn* grand(-)livre *h*

főkönyvelő *fn* chef *h* comptable

föl¹ *hsz →* **fel**

föl² *fn* crème *n*; *átv is* **vminek a ~e** la crème de qqch

föld *fn [égitest]* Terre *n*; *[világ]*·terre *n*; *[talaj]* sol *h*, terre; *[birtok, termőföld]* terre; **a ~ alatt** sous (la) terre; **~ön, ~re** par terre; **~ körül** autour de la terre; **az egész ~ön** sur la terre entière; **~ön kívüli** extra-terrestre; **~et ér** atterrir; **~ig rombol** raser; **~be gyökerezik a lába** rester cloué(e) sur place

földalatti I. *mn* souterrain(e); *[titkos]* clandestin(e) **II.** *fn közl* métro *h*

földbirtok *fn* propriété *n* foncière *v.* terrienne

földbirtokos *fn* propriétaire *h n* foncier (-ière) *v.* terrien (-ienne)

földcsuszamlás *fn* glissement *h* de terrain; *átv* séisme *h*

földel *ts i vill* mettre à la terre

földesúr *fn* seigneur *h* (terrien)

földfelszín *fn* surface *n* de la terre

földgáz *fn* gaz *h* naturel

földgolyó *fn* globe *h* (terrestre)

földgömb *fn [tanszer]* globe *h* (terrestre)

földhivatal *fn* cadastre *h*

földhözragadt *mn [gondolkodás, személy]* terre à terre

földi I. *mn* terrestre; *~* **javak** biens *h (t sz)* terrestres; *~* **személyzet** personnel *h* au sol **II.** *fn [vkinek földije]* táj *v.* biz pays(e)

földieper *fn* fraise *n*

földigiliszta *fn* ver *h* de terre

földimogyoró *fn* cacah(o)uète *n*

földkéreg *fn* écorce *n v.* croûte *n* terrestre

földkerekség *fn* **az egész ~en** au monde

Földközi-tenger *fn* la Méditerrannée

földközi-tengeri *mn* méditerranéen (-enne)

földmérés *fn [cselekvés]* arpentage *h*; *[tudomány]* géodésie *n*

földmérő *fn* arpenteur-géomètre *h n*

földmozgás *fn* mouvement *h* sismique

földmunka *fn* terrassement *h*

földművelés *fn* agriculture *n*

földművelésügyi *fn* ~ **Minisztérium** ministère *h* de l'Agriculture

földműves *fn* agriculteur (-trice), cultivateur (-trice)

földnyelv *fn* langue *n* de terre

földosztás *fn* partage *h* des terres

földönfutó *fn [hazátlan]* apatride *h n*; *[szegény]* va-nu-pieds *h n*

földöntúli *mn* ~ **mosoly** sourire *h* céleste; ~ **boldogság** bonheur *h* suprême

földrajz *fn* géographie *n*

földrajzi *mn* géographique; ~ **hosszúság** longitude *n*; ~ **szélesség** latitude *n*

földreform *fn* réforme *n* agraire

földrengés *fn* tremblement *h* de terre, séisme *h*

földrész *fn* continent *h*

földszint *fn* terre *n*; *szính [elöl]* orchestre *h*, *[hátul]* parterre *h*

földszintes *mn* ~ **ház** maison *n* en rez-de-chaussée

földszinti *mn* ~ **lakás** appartement *h* de rez-de-chaussée

földtan *fn* géologie *n*

földterület *fn* terre *n*; *[kisebb]* terrain *h*

földtörvény *fn* loi *n* agraire

földtulajdon *fn* propriété *n* foncière

földút *fn* chemin *h* de terre

fölé I. *nu* au-dessus de; **pulóvert vesz az ing** ~ enfiler un pull par-dessus sa chemise **II.** *hsz* ~**be helyez vmit vminek** placer *v.* mettre qqch au-dessus de qqch; ~**je hajol vkinek** se pencher sur *v.* au-dessus de qqn

fõleg *hsz* surtout, principalement

fölény *fn* supériorité *n*; ~**be kerül vkivel szemben** prendre le dessus sur qqn; *[versenyen]* prendre l'avantage; **nagy fölénnyel győz** gagner haut la main

fölényes *mn [fennhéjázó]* supérieur(e), hautain(e); ~ **győzelem** victoire *n* éclatante

fölösleg *fn* → **felesleg**

fölösleges *mn* → **felesleges**

fölött *nu* → **felett**

fölöttébb *hsz* → **felettébb**

fõmérnök *fn* ingénieur *h n* en chef

fõmondat *fn* proposition *n* principale

fõmunkatárs *fn [újságnál]* collaborateur (-trice) principal(e); *[tudományos]* maître *h* de recherche

fõnemes *fn* aristocrate *h n*

fõnemesség *fn* aristocratie *n*

fõnév *fn* substantif *h*, nom *h*

fõnévi *mn* substantif (-ive); ~ **igenév** infinitif *h*

fõnök *fn* patron (-onne), chef *h*; *biz* boss *h*

fõnökség *fn* direction *n*

fõnõvér *fn* infirmière *n* en chef

fõnyeremény *fn* gros lot *h*

fõorvos *fn* médecin-chef *h*

fõosztály *fn* division *n*, département *h*

fõosztályvezetõ *fn* chef *h* de division *v.* de département

fõpap *fn [ókori hébereknél]* grand(-)prêtre *h*; *[kat. egyházban]* prélat *h*

fõparancsnok *fn* commandant *h* en chef

fõpincér *fn* maître *h* d'hôtel

fõpolgármester *fn* maire *h*

fõposta *fn* poste *n* centrale

fõpróba *fn (répétition n)* générale *n*

fõrabbi *fn* grand rabbin *h*

förtelmes *mn [undorító]* répugnant(e), dégoûtant(e); *[nagyon rossz]* abominable, épouvantable

fösvény *mn/fn* avare *h n*, pingre *h n*

fösvénység *fn* avarice *n*

fõszak *mn/fn* cursus *h* principal

fõszerep *fn* premier rôle *h*, rôle principal; *átv* rôle *h* capital

fõszereplõ *fn* acteur (-trice) principal(e); *[irodalmi műben]* personnage *h* principal; *[ügyben]* (principal) prota-goniste *h*

főszerkesztő *fn* rédacteur (-trice) en chef

főszezon *fn* pleine *v.* haute saison *n*

főtér *fn* grande place *n*

főtiszt *fn* officier (-ère) supérieur(e)

főtisztviselő *fn* haut(e) fonction-naire *h n*

főtitkár *fn* secrétaire *h n* général(e)

főtt *mn* cuit(e); *[vízben]* bouilli(e); ~ **étel** plat *h* chaud; ~ **krumpli** pommes de terre *n (t sz)* à l'eau

főúr *fn* tört grand seigneur *h*, magnat *h*; *[főpincér]* ~, **fizetek!** garçon, l'addi-tion, s'il vous plaît !

főút *fn* route *n* nationale; *[városban]* artère *n* principale

főutca *fn* grand-rue *n*

főútvonal *fn* route *n* nationale; *[városi, elsőbbséggel]* voie *n* prioritaire

főügyész *fn* procureur *h n* général(e)

főváros *fn* capitale *n*

fővárosi *mn* de la capitale

föveny *fn* sable *h*, gravier *h*

fővezér *fn* tört chef *h* suprême

fővonal *fn* *[vasúti]* voie *n* principale

főz *ts i/tn i* faire la cuisine, cuisiner; *vmit* (faire) cuire *qqch*; *[kávét, teát]* faire; *[pálinkát]* distiller, fabriquer; **ebédet** ~ préparer le déjeuner; **a fele-ségem** ~ c'est ma femme qui fait la cuisine; **jól** ~ il fait bien la cuisine

főzelék *fn* ‹légumes cuits et liés avec un roux blanc›

főzés *fn [ételé]* cuisson *n*; *[konyhamű-vészet]* cuisine *n*

főzet *fn* décoction *n*

főzőfülke *fn* cuisinette *n*

főzőkanál *fn* cuillère *n* en bois

főztje *fn* **anyám** ~ la cuisine de ma mère

frakció *fn* pol fraction *n*; *[parlamenti]* groupe *h* (parlementaire)

frakcióvezető *fn* président *h* du groupe parlementaire

frakk *fn* habit *h*, frac *h*, queue *n* de pie; **elkapja vki ~ját** mettre à qqn la main au collet

franc *fn biz* **a ~ba** merde (alors) !, bor-del !; **menj a ~ba!** va te faire foutre !

francia I. *mn* français(e); ~ **kert** jardin *h* à la française; **a ~ nyelv** la langue française, le français **II.** *fn [személy]* Français(e); *[nyelv]* français *h*; **~t tanít** enseigner le français

franciaablak *fn* porte-fenêtre *n*

franciaágy *fn* lit *h* à deux places

franciakulcs *fn* clé *n* anglaise

Franciaország *fn* France *n*

franciasaláta *fn* salade *n* russe

franciául *hsz* en français; ~ **beszél** il parle en français; **tud ~?** parlez-vous français ?; **jól beszél ~** il parle bien (le) français

Franciska *fn* Françoise *n*

frank¹ I. *mn* franc (franque) **II.** *fn [sze-mély]* Franc (Franque); *[nyelv]* fran-cique *h*

frank² *fn [pénz]* franc *h*; **svájci ~** franc suisse

frappáns *mn* ~ **felelet** réplique *n* bien envoyée; ~ **megjegyzés** remarque *n* pertinente; ~ **hasonlat** image *n* frap-pante

frász *fn biz [félelem]* trouille *n*; *[po-fon]* baffe *n*, beigne *n*; **a ~t hozta rám** il m'a fichu une de ces trouilles; **lekever egy ~t vkinek** flanquer une beigne à qqn; **egy ~t!** mon cul !

fráter *fn* goromba ~ malotru *h*, goujat *h*

frazeológia *fn* phraséologie *n*

frázis *fn [közhely]* cliché *n*, lieu *h* com-mun; **zene** phrase *n*; **~okat puffogtat** débiter des clichés

frekvencia *fn* fréquence *n*

frekventált *mn* fréquenté(e)

freskó *fn* fresque *n*

fricska *fn* pichenette *n*

frigid *mn* frigide

frigy *fn* vál hymen *h*; **~re lép vkivel** s'unir à qqn

friss *mn [élelem, levegő, víz]* frais (fraîche); *[emlék]* vif (vive); *[hír]* récent(e); *[élénk, fürge]* alerte, leste; ~ **léptekkel** d'un pas alerte *v.* vif; **a leg~ebb hírek szerint** selon les (toutes) dernières nouvelles

frissesség *fn [dologé]* fraîcheur *n*; *[mozdulaté]* vivacité *n*; *[személyé]* vitalité *n*, entrain *h*

frissiben *hsz* azon ~ sur-le-champ

frissít *ts i* rafraîchir

frissítő I. *mn* rafraîchissant(e) **II.** *fn [ital]* rafraîchissement *h*

fritőz *fn* friteuse *n* électrique

frivol *mn* frivole

frizura *fn* coiffure *n*

frizsider *fn* frigidaire *h*; *biz* frigo *h*

front *fn* kat front *h*; *[homlokzat]* façade *n*; met front *h*; **a ~on** au front

frontális *mn* frontal(e); ~ **ütközés** collision *n* frontale

frontátvonulás *fn* passage *h* d'un front

frontember *fn* leader *h*, fer *h* de lance

frottírtörülköző *fn* serviette(-)éponge *n*

fröccs *fn* ‹vin coupé d'eau gazeuse›; **lelki ~** leçon *h* de morale

fröccsen *tn i*

fröcsköl I. *ts i* asperger, éclabousser, faire gicler; **~ik egymást** s'éclabousser **II.** *tn i* gicler

frufru *fn* frange *n*

frusztráció *fn* frustration *n*

frusztrált *mn* frustré(e)

fúga *fn* zene fugue *n*

fúj *ts i/tn i* souffler; ~ **a szél** le vent souffle; **akár esik, akár ~** qu'il pleuve ou qu'il vente; **orrot ~** se moucher; **riadót ~** sonner l'alarme; **~ja a levest**

souffler sur la soupe; **~ja a leckét** débiter sa leçon; **mindig ugyanazt a nótát ~ja** chanter toujours la même chanson

fukar *mn/fn* avare *h n*, pingre *h n*; *biz* radin(e)

fukarkod|ik *tn i vmivel* lésiner *v. biz* mégoter *sur qqch*

fúl *tn i* → **fullad**

fuldok|lik *tn i [léghiánytól]* étouffer, suffoquer; *[vízben]* se noyer; **~ik a nevetéstől** étouffer de rire

fullad *tn i [nem kap levegőt]* suffoquer, (s')étouffer; **vízbe ~** se noyer; **kudarcba ~** faire fiasco

fulladás *fn [légszomjtól]* étouffement *h*; *[vízbe]* noyade *n*

fullánk *fn* dard *h*, aiguillon *h*

fullasztó *mn* étouffant(e), suffocant(e)

fundamentalista *mn/fn* fondamentaliste *h n*

funkció *fn* fonction *n*; **~t tölt be** remplir une fonction

funkcionál *tn i* fonctionner

funkcionális *mn* fonctionnel (-elle)

funkcionárius *fn* fonctionnaire *h n*

fúr *ts i [lyukat]* percer; *[kutat]* creuser, forer; *átv* vkit intriguer *contre qqn*

fura *mn* → **furcsa**

furakod|ik *tn i* se frayer un passage; *átv* s'introduire

furcsa I. *mn* bizarre, étrange, curieux (-euse); *[mulatságos]* drôle; ~ **alak** un drôle de type; ~ **módon** curieusement, étrangement **II.** *fn* **~kat mond** dire de drôles de choses

furcsáll *ts i* trouver *qqch* bizarre *v.* étrange, s'étonner que *subj*

furcsaság *fn [különösség]* bizarrerie *n*; *[furcsa dolog]* curiosité *n*

furdal *ts i* **~ja a kíváncsiság** être dévoré(e) par la curiosité; **~ja a lelkiismeret** avoir des remords

furfang *fn* subterfuge *h*, stratagème *h*, astuce *n*

furfangos *mn* rusé(e), astucieux (-euse); *biz* futé(e)

furgon *fn* fourgonnette *n*

furkósbot *fn* gourdin *h*

furnér *fn* placage *h*

fúró *fn [kézi]* vrille *n*, foret *h*; *[gépi]* perceuse *n*; *[fogorvosi]* fraise *n*

fúród|ik *tn i vmibe* s'enfoncer *v.* pénétrer *dans qqch*

furulya *fn* flûte *n* (à bec)

furulyáz|ik *tn i* jouer de la flûte

fut *ts i/tn i* courir; ~ **vki/vmi elől** fuir devant qqn/qqch; *átv is* ~ **vki után** courir après qqn; **versenyt ~ vkivel** faire la course avec qqn; **a száz métert 9,5 másodperc alatt ~ja** courir le cent mètres en 9,5 secondes; **fusson, ki merre lát!** sauve qui peut; **ebből bőven ~ja** cela suffira largement; **híre ~ott, hogy** le bruit s'est répandu que

futam *fn sp* course *n*; *zene* trait *h*; *[énekben]* roulade *n*

futár *fn* coursier (-ère); *[diplomáciai]* courrier *h* de cabinet; *[sakkban]* fou *h*; *kat* estafette *n*

futás *fn* course *n*; *[menekülés]* fuite *n*; *sp* course *n* à pied; **~nak ered** se mettre à courir

futball *fn* football *h*; *biz* foot *h*

futballbíró *fn* arbitre *h* de football

futballcsapat *fn* équipe *n* de football

futballista *fn* footballeur (-euse), joueur (-euse) de football

futball-labda *fn* ballon *h* de football

futballmeccs *fn* match *h* de football

futballoz|ik *tn i* jouer au football *v. biz* au foot

futballpálya *fn* terrain *h* de football

futballrajongó *fn* fan *h n* de football

futkos *tn i* courir dans tous les sens; *[vmilyen ügyben]* se démener

futó I. *mn [hamar elmúló]* passager (-ère); ~ **eső** pluie *n* brève, ondée *n*; ~ **kaland** passade *n*; ~ **pillantást vet vmire** jeter un (bref) coup d'œil sur qqch **II.** *fn sp* coureur (-euse); *[sakkban]* fou *h*

futólag *hsz [felszínesen]* superficiellement; *[sietősen]* à la hâte; ~ **átnéz vmit** survoler qqch; **csak ~ ismerem** je ne le connais qu'à peine

futólépés *fn* ~**ben** au pas de course

futómű *fn* train *h* de roulement; *rep* train *h* d'atterrissage

futópálya *fn* piste *n*

futószalag *fn* chaîne *n* (de montage); ~**on** à la chaîne

futótűz *fn* feu *h* de broussaille; ~**ként terjed** se répandre comme une traînée de poudre

futóverseny *fn sp* course *n* (à pied)

futtat *ts i [lovat]* faire courir; *[növényt]* faire grimper; *[babot, borsót]* ramer; *[nőt]* argó mettre au tapin

futurizmus *fn* futurisme *h*

fuvar *fn [szállítás]* transport *h*; *[taxiban]* course *n*; *[szállítmány]* charge *n*

fuvardíj *fn* prix *h* de transport, fret *h*; *[taxié]* prix *h* de la course

fuvarlevél *fn* lettre *n* de voiture

fuvaroz *ts i* transporter; *[teherautón]* camionner

fuvarozás *fn* transport *h*; *[teherautón]* camionnage *h*

fuvarozási *mn* ~ **vállalat** entreprise *n* de transport

fuvarozó *fn* transporteur *h*

fúvóka *fn [motoron]* gicleur *h*; *zene* embouchure *n*, bec *h*

fuvola *fn* flûte *n* traversière

fuvolás *fn* flûtiste *h n*

fuvoláz|ik *tn i* jouer de la flûte

fúvós I. *mn* ~ **hangszer** instrument *h* à vent **II.** *fn* **a ~ok** les vents *h (t sz)*

fúvószenekar *fn* harmonie *n*

fúzió *fn* fusion *n*

fuzionál *tn i* fusionner

fű *fn* herbe *n*; *[gyep]* gazon *h*, pelouse *n*; *[gyógynövény]* herbe *n* médicinale; *[marihuána]* biz herbe *n*; **~be harap** rester sur le carreau; **a ~re lépni tilos!** défense de marcher sur la pelouse

füge *fn* figue *n*

fügefa *fn* figuier *h*

fügefalevél *fn műv* feuille *n* de vigne

függ *tn i [lóg]* être suspendu(e), *vmin* pendre *sur qqch*; *vkitől/vmitől* dépendre *de qqn/qqch*; **ez csak öntől ~** cela ne dépend que de vous, cela ne tient qu'à vous; **ez attól ~!** cela dépend !

függelék *fn* annexe *n*, appendice *h*

függés *fn átv* dépendance *n*

függeszt *ts i* accrocher, suspendre; **vkire ~i a tekintetét** avoir les yeux rivés sur qqn

független *mn* indépendant(e)

függetlenít *ts i* **~i magát vkitől/vmitől** se rendre indépendant(e) de qqn/qqch

függetlenség *fn* indépendance *n*

függetlenségi *mn* **~ nyilatkozat** déclaration *n* d'indépendance

függetlenül *hsz* **attól ~, hogy** indépendamment du fait que

függő I. *mn vkitől/vmitől* dépendant *de qqn/qqch*; **~ beszéd** discours *h* indirect; **~ ügyek** affaires *n (t sz)* en suspens; **attól ~en, hogy** selon que **II.** *fn* **~ben marad/hagy** rester/laisser en suspens; **~vé tesz vmit vmitől** faire dépendre qqch de qqch

függőágy *fn* hamac *h*

függőhíd *fn* pont *h* suspendu

függőleges I. *mn* vertical(e) **II.** *fn* verticale *n*

függöny *fn* rideau *h*; **elhúzza/összehúzza a ~t** écarter/tirer le rideau

függőség *fn* dépendance *n*

függővasút *fn* téléphérique *h*

függvény *fn mat, átv is* fonction *n*; **vminek a ~ében** en fonction de qqch

fül *fn* oreille *n*; *[edényé, kosáré]* anse *n*; *[fogó]* poignée *n*; *[zseben]* rabat *h*; **jó ~e van** *[jól hall]* avoir l'ouïe fine; *[zenéhez]* avoir l'oreille musicale; **csupa ~ vagyok** je suis tout ouïe; **ennek se ~e, se farka** ça n'a ni queue ni tête; **a ~e botját sem mozdítja** faire la sourde oreille; **a ~em hallatára** devant moi; **nem hisz a ~ének** il n'en croit pas ses oreilles; **~ét hegyezi** tendre l'oreille; **~ig szerelmes** être amoureux (-euse) comme un fou (une folle)

fülbemászó *mn [dallam]* facile à retenir

fülbevaló *fn [egy pár]* boucles *n (t sz)* d'oreilles

fülcimpa *fn* lobe *h* de l'oreille

füldugó *fn* boules *n (t sz)* Quies

fülel *tn i* tendre l'oreille

fülemüle *fn* rossignol *h*

fülhallgató *fn* écouteurs *h (t sz)*, casque *h* (d'écoute)

fülke *fn [falban]* niche *n*; *[hajón, lifté]* cabine *n*; *[vasúti]* compartiment *h*; *[választási]* isoloir *h*

fülledt *mn [levegő]* étouffant(e); *[hőség]* accablant(e); **~ idő van** il fait lourd

füllent *ts i/tn i* raconter des histoires *v. biz* des bobards; **azt ~ette, hogy** il a raconté que

füllentés *fn biz* bobard *h*

fül-orr-gégészet *fn* oto-rhino-laryngologie *n*, O.R.L.

Fülöp *fn* Philippe *h*

fülsiketítő *mn* assourdissant(e)

fültanú *fn* témoin *h* auriculaire; **~ja voltam** je l'ai entendu de mes propres oreilles

fűnyíró *fn* tondeuse *n* (à gazon)

fürdés *fn* bain *h*; *[folyóban, tengerben]* baignade *n*

fürdet *ts i* baigner

fürd|ik *tn i [kádban]* prendre un bain; *[szabadban]* se baigner

fürdő *fn [fürdés]* bain *h*; *[intézmény]* bains *h (t sz)* (public)

fürdőhely *fn [üdülőhely]* station *n* balnéaire; *[gyógyforrással rendelkező]* station *n* thermale

fürdőkád *fn* baignoire *n*

fürdőköpeny *fn* peignoir *h* (de bain)

fürdőlepedő *fn* serviette *n* de bain

fürdőmedence *fn* bassin *n*

fürdőnadrág *fn* culotte *n v.* slip *h* de bain

fürdőruha *fn* maillot *h* de bain; **kétrészes ~** bikini *h*, deux-pièces *h*

fürdősapka *fn* bonnet *h* de bain

fürdőszoba *fn* salle *n* de bains

fürdőváros *fn* ville *n* d'eaux, station *n* thermale

fürdővendég *fn [gyógyfürdőben]* curiste *h n*

fürdőz|ik *tn i [gyógyfürdőhelyen]* prendre les eaux; *[strandon]* se baigner

fürdőző *fn* baigneur (-euse)

fűrész *fn* scie *n*

fűrészel *ts i* scier

fűrészpor *fn* sciure *n*

fürge *mn* vif (vive), alerte, leste, agile; **~ észjárású** à l'esprit vif

fürj *fn* caille *n*

fürkész *ts i [néz]* scruter; *[keres, kutat]* fureter

fürkésző *mn* **~ tekintet** regard *h* inquisiteur

fürt *fn [szőlő]* grappe *n*; *[banán]* régime *h*; *[haj]* boucle *n*, mèche *n*

füst *fn* fumée *n*; **egy ~ alatt** du même coup; **~be megy** s'en aller en fumée

füstöl *ts i/tn i* fumer; *[húst, halat]* fumer

füstölög *tn i* fumer, dégager de la fumée; **~ magában** grogner, grommeler

füstölt *mn* fumé(e); **~ szalonna** poitrine *n* fumée

füstös *mn [füsttel teli]* enfumé(e)

füstszűrős *mn* **~ cigaretta** cigarette *n* avec filtre

fűszál *fn* brin *h* d'herbe

fűszer *fn* épice *n*, aromate *h*

fűszeres I. *mn [étel]* épicé(e) **II.** *fn* épicier (-ière)

fűszerez *ts i [ételt]* épicer, assaisonner; *[történetet]* pimenter

fűt *ts i/tn i* chauffer; **gázzal ~** (se) chauffer au gaz

fűtés *fn* chauffage *h*; **központi ~** chauffage central

fűtetlen *mn* sans chauffage, non chauffé(e)

fűtő *fn* chauffagiste *h*; *[kazáné]* chauffeur *h*

fűtőanyag *fn* combustible *h*

fűtőtest *fn* radiateur *h*

fütyi *fn biz* zizi *h*

fütty *fn* sifflement *h*

füttyent *tn i* siffler; **~ a kutyájának** siffler son chien

fütyül *tn i/ts i* siffler; *[madár]* chanter, siffler; **~ egy dallamot** siffler un air; **~ök rá** *biz* je m'en tape

füves *mn [fűvel benőtt]* herbeux (-euse); *[befüvesített]* gazonné(e); **~ cigi** *biz* joint *h*

füvészkert *fn* jardin *h* botanique

fűz *ts i* tresser; *[könyvet]* brocher; *[tűbe]* enfiler; *[cipőt]* lacer; *vmit vmihez* joindre *qqch à qqch*; *[szédít]* *vkit biz* baratiner *qqn*; **gyengéd érzelmek ~ik vkihez** nourrir des sentiments tendres envers *qqn*; **megjegyzést ~ vmihez** ajouter une remarque à *qqch*; **nagy**

reményeket ~ vmihez fonder de grands espoirs sur qqch

füzér *fn* guirlande *n*

füzet *fn* [iskolai] cahier *h*; [jegyzet] carnet *h*; [kis nyomtatott] brochure *n*

fűzfa *fn* saule *h*

fűző *fn* [merev] corset *h*

fűződ|ik *tn i vmihez* être lié(e) *à qqch*; **szorosabbra ~ött a barátságuk** leur amitié s'est renforcée

fűzős *mn* ~ **cipő** chaussures *n (t sz)* à lacets

fűzött *mn* broché(e)

fűzve *hsz* [könyv] broché(e)

G

g *fn zene* sol *h*
gabona *fn* céréale *n*, blé *h*
gabonafélék *fn* céréales *n (t sz)*
gabonatermesztés *fn* culture *n* céréalière
Gábor *fn* Gabriel *h*
Gabriella *fn* Gabrielle *n*
gágog *tn i [liba]* criailler; *[lúd]* jargonner; *átv* jacasser
gagyog *ts i/tn i [gyermek]* babiller; *[felnőtt]* bredouiller; *biz* bafouiller
gála *fn* gala *h*
galacsin *fn* boulette *n*
galád *mn* perfide, fourbe
gálaest *fn* soirée *n* de gala
galagonya *fn* aubépine *n*
galamb *fn* pigeon *h*, *átv is* colombe *n*
galambdúc *fn* pigeonnier *h*, colombier *h*
gáláns *mn [udvarias]* galant(e), courtois(e); *[bőkezű]* généreux (-euse)
galéria *fn [lakásban]* mezzanine *n*; *[kiállítóterem]* galerie *n*; *épít* galerie *n*
galiba *fn biz* grabuge *h*
gall I. *mn* gaulois(e) **II.** *fn [személy]* Gaulois(e); *[nyelv]* gaulois *h*
gallér *fn* col *h*; **~on ragad vkit** saisir qqn au collet
Gallia *fn tört* Gaule *n*
gallicizmus *fn* gallicisme *h*
galóca *fn* amanite *n*
galopp *fn [vágta]* galop *h*; *[lóverseny]* course *n* (de chevaux)

galuska *fn kb.* gnocchi *h (t sz)*
gálya *fn* galère *n*
gályarab *fn* galérien *h*
gally *fn* rameau *h*
gáncs *fn* croche-pied *h*
gáncsol *ts i vkit* faire un croche-pied *à qqn*; *[akadályoz]* mettre *à qqn* des bâtons dans les roues
gáncsoskod|ik *tn i* chicaner
ganéj *fn [lóé]* crottin *h*; *[tehéné]* bouse *n*; **te ~!** *durva* fumier !
garancia *fn* garantie *n*, caution *n*; **~t vállal vmiért** se porter garant(e) de qqch
garantál *ts i* garantir
garas *ts i* **nem ér egy lyukas ~t** *biz* ça ne vaut pas un clou
garat *fn* pharynx *h*; **felönt a ~ra** *biz* lever le coude
garázda *mn* **~ ember** casseur (-euse)
garázdálkod|ik *tn i* se livrer à des actes de vandalisme; *[fosztogatva]* piller
garázs *fn* garage *h*
garbó *fn* pull *h* à col roulé
gárda *fn* garde *n*; *[együtt dolgozók]* équipe *n*
gardrób *fn [helyiség]* dressing *h*; *[szekrény]* penderie *n*
gargarizál *tn i* gargariser
garnitúra *fn [bútor]* ensemble *h*; *[étkészlet]* service *h*
garzonlakás *fn* studio *h*
Gáspár *fn* Gaspard *h*
gasztronómia *fn* gastronomie *n*
gát *fn [víznél]* digue *n*, barrage *h*; *átv* obstacle *h*; *orv* périnée *h*; *sp* haie *n*; **~at vet vminek** faire obstacle à qqch
gátfutás *fn* course *n* de haies
gátlás *fn* complexe *h*, inhibition *n*
gátlásos *mn* complexé(e), inhibé(e); *[igével]* avoir des complexes
gátlástalan *mn* sans scrupules

gátol *ts i* gêner, entraver; *vkit vmiben* empêcher *qqn de inf*

gatya *fn [alsónadrág]* caleçon *h*; *[nadrág] biz* futal *h*

gavallér I. *mn [nőkkel]* galant(e); *[bőkezű]* généreux (-euse) **II.** *fn* galant homme *h*; *[udvarló] rég* galant *h*

gaz I. *mn* fourbe, scélérat(e) **II.** *fn [gyom]* mauvaise herbe *n*

gáz *fn* gaz *h*; **elzárja a ~t** éteindre *v.* *[főcsapnál]* couper le gaz; *gj* **~t ad** accélérer; *átv* **~ van** *biz* il y a un os

gázálarc *fn* masque *h* à gaz

gázbojler *fn* chauffe-eau *h* à gaz

gázcsap *fn* robinet *h v.* du gaz

gazda *fn [tulajdonos]* propriétaire *h n*; *[kutyáé, szolgáé]* maître (maîtresse); *[gazdálkodó]* agriculteur (-trice), propriétaire *h n*

gazdag I. *mn [ember]* riche; *[növényzet]* luxuriant(e); *[bőséges] vmiben* riche *en qqch* **II.** *fn* **a ~ok** les riches *h (t sz)*

gazdagít *ts i* enrichir

gazdagság *fn [anyagi, lelki]* richesse *n*; *[bővelkedés]* abondance *n*, profusion *n*

gazdálkodás *fn [mezőgazdasági]* exploitation *n*, agriculture *n*; *[gazdasági rendszer]* économie *n*; *[vállalati]* gestion *n*

gazdálkod|ik *tn i vmivel* gérer *qqch*; *[birtokon]* gérer une propriété, exploiter ses terres

gazdálkodó *fn* cultivateur (-trice), agriculteur (-trice), fermier (-ière)

gazdaság *fn gazd* économie *n*; *mezőg* exploitation *n* agricole, ferme *n*

gazdasági *mn gazd* économique; *mezőg* agricole

gazdaságos *mn* économique, rentable

gazdaságpolitika *fn* politique *n* économique

gazdaságtan *fn* science *n* économique

gazdátlan *mn* abandonné(e), laissé(e) à l'abandon; *[kutya]* errant(e)

gazella *fn* gazelle *n*

gazember *fn* crapule *n*, *biz* salaud *h*; **te kis ~!** petit garnement !

gázfogyasztás *fn* consommation *n* de gaz

gázfűtés *fn* chauffage *h* au gaz

gázkamra *fn* chambre *n* à gaz

gázló *fn* gué *h*

gázművek *fn* compagnie *n* du gaz

gázol I. *tn i [vízben]* marcher; *[sárban is]* patauger; **vki becsületébe ~** flétrir l'honneur de qqn **II.** *ts i [autó]* renverser, écraser

gázolaj *fn* gazole *h*

gázolás *fn* écrasement *h*; **halálos ~** accident *h* routier mortel

gázóra *fn* compteur *h* à gaz

gázpalack *fn* bouteille *n* de gaz

gázpedál *fn* accélérateur *h*; **beletapos a ~ba** *biz* appuyer sur le champignon

gazság *fn* infamie *n*

gaztett *fn* vál forfait *h*

gáztűzhely *fn* cuisinière *n* à gaz

gázvezeték *fn* conduite *n* de gaz

gázsi *fn biz* cacheton *h*

gázszámla *fn* facture *n* de gaz

gázszerelő *fn* plombier-chauffagiste *h*

gége *fn* gosier *h*; *orv* larynx *h*

gégész *fn* laryngologue *h n*

gégészet *fn* laryngologie *n*

gejzír *fn* geyser *h*

gém *fn* héron *h*

gémeskút *fn* puits *h* à bascule

gemkapocs *fn* trombone *n*

gén *fn* gène *h*

genealógia *fn* généalogie *n*

generáció *fn* génération *n*

generációs *mn* **~ ellentét** conflit *h* de générations

generátor *fn* générateur *h*

genetika *fn* génétique *n*

genetikus I. *mn* génétique **II.** *fn* généti-
cien (-ienne)
Genfi-tó *fn* le lac Léman *v.* de Genève
gengszter *fn* gangster *h*
génsebészet *fn* génie *h* génétique
genny *fn* pus *h*
gennyes *mn* purulent(e), suppurant(e);
átv ~ **alak** *biz* type *h* puant
gennyesedik *tn i* suppurer
geológia *fn* géologie *n*
geológus *fn* géologue *h n*
geometria *fn* géométrie *n*
gép *fn* machine *n*; *[nagy]* engin *h*; *[ké-
szülék]* appareil *h*; *[repülő]* avion *h*;
~**pel ír** écrire *v.* taper à la machine;
[repülőn] **a** ~**en** à bord; ~**pel mosha-
tó** lavable en machine
gepárd *fn* guépard *h*
gépel *ts i/tn i* taper *v.* écrire *(qqch)* à la
machine
gépeltérítés *fn* détournement *h* d'avion
gépesít *ts i* mécaniser; *[járművel]* mo-
toriser
gépesítés *fn* mécanisation *n*; *[jármű-
vel]* motorisation *n*
gépész *fn* mécanicien (-ienne)
gépészmérnök *fn* ingénieur *h n* méca-
nicien (-ienne)
gépezet *fn* *átv is* mécanisme *h*; *átv*
machine *n*
gépfegyver *fn* arme *n* automatique
gépgyár *fn* usine *n* de construction
mécanique
gépház *fn* machinerie *n*
gépi *mn* mécanique, automatique
gépies *mn* machinal(e)
gépipar *fn* industrie *n v.* construction *n*
mécanique
gépírás *fn* dactylographie *n*
gépíró *fn* dactylo *h n*
gépjármű *fn* véhicule *h* automobile
gépjárművezető *fn* conducteur (-trice)
gépkocsi *fn* (voiture *n*) automobile *n*

gépkocsivezető *fn* conducteur (-trice);
[foglalkozás] chauffeur *h*
géplakatos *fn* monteur-ajusteur *h*
géppisztoly *fn* pistolet-mitrailleur *h*,
mitraillette *n*
géppuska *fn* mitrailleuse *n*
gépsor *fn* chaîne *n* de fabrication
géptan *fn* mécanique *n*
gépterem *fn* machinerie *n*
gereblye *fn* râteau *h*
gereblyéz *tn i [egybegyűjt]* râteler;
[egyenget] ratisser
gerely *fn* javelot *h*
gerelyhajítás *fn* lancer *h* de javelot
gerenda *fn* épít, *sp* poutre *n*
gerezd *fn [gyümölcsé, citromé]*
tranche *n*; *[narancsé]* quartier *h*; *[diny-
nyéé]* côte *n*; *[fokhagymáé]* gousse *n*;
~**ekre vág** couper en tranches
gerilla *fn [harcos]* guérillero *h*
gerillaharc *fn* guérilla *n*
gerinc *fn [testrész]* colonne *n* verté-
brale, échine *n*; *[tetőé]* arête *n*; *[he-
gyé]* crête *n*; *[könyvé]* dos *h*
gerinces I. *mn* vertébré(e); *átv* ~ **em-
ber** un homme tout d'une pièce **II.** *fn*
áll **a** ~**ek** les vertébrés *h (t sz)*
gerincoszlop *fn* colonne *n* vertébrale
gerinctelen I. *mn* *áll* invertébré(e); ~
ember *biz* carpette *n*, chiffe *n* molle
II. *fn* **a** ~**ek** les invertébrés *h (t sz)*
gerincvelő *fn* moelle *n* épinière
gerjed *tn i [érzelem, indulat]* s'allumer;
haragra ~ **vál** se courroucer; **szere-
lemre** ~ **vki iránt** *vál* s'enflammer
pour qqn
gerjeszt *ts i [tüzet]* attiser, ranimer;
[áramot] induire, produire; *átv* susci-
ter; **haragra** ~ mettre en colère
gerle *fn* tourterelle *n*
germán I. *mn* germain(e); *[nyelv, or-
szág]* germanique **II.** *fn [nyelv]* germa-
nique *h*; **a** ~**ok** les Germains *h (t sz)*

gesztenye *fn [szelíd]* châtaigne *n*, marron *h*; *[vad]* marron *h* d'Inde

gesztenyebarna *mn* marron; **~ haj** cheveux *h (t sz)* châtains

gesztenyefa *fn [szelíd]* châtaignier *h*; *[vad]* marronnier *h*

gesztenyepüré *fn* purée *n* de marrons

gesztikulál *tn i* gesticuler

gesztus *fn [mozdulat, tett]* geste *h*

gettó *fn* ghetto *h*

géz *fn* gaze *n*

gézengúz *fn* chenapan *h*; petit(e) coquin(e)

giccs *fn* kit(s)ch *h*

giccses *mn* kit(s)ch

gida *fn [kecskéé]* chevreau *h*, cabri *h*; *[őzé, szarvasé]* faon *h*

giliszta *fn* ver *h* (de terre); *[bélben]* ver *h* intestinal

gimnasztika *fn* gymnastique *n*

gimnazista *mn/fn* lycéen (-enne)

gimnázium *fn* lycée *h*; **~ba jár** aller au lycée

gipsz *fn* épít, *orv* plâtre *h*; **~be tették a karját** on lui a mis le bras dans le plâtre

girbegurba *mn* tortueux (-euse)

girhes *mn [ló]* efflanqué(e); *[ember]* biz maigrichon (-onne)

gitár *fn* guitare *n*

gitáros *fn* guitariste *h n*

gitároz|ik *tn i/ts i* jouer *(qqch)* de la guitare

gitt *fn* mastic *h*

gladiátor *fn* gladiateur *h*

gleccser *fn* glacier *h*

globális *mn* global(e); **~ felmelegedés** réchauffement *h* climatique

globalizáció *fn* globalisation *n*

glória *fn [dicsfény]* auréole *n*, nimbe *h*; *vall* gloria *h*

gobelin *fn* gobelin *h*

góc *fn* foyer *h*

gócpont *fn* centre *h*; **ipari ~** centre industriel

gól *fn* but *h*; **~t lő** marquer un but

golf *fn* golf *h*

golfoz|ik *tn i* jouer au golf

golfütő *fn* crosse *n v.* canne *n* de golf

gólya *fn* áll cigogne *n*; *[diák]* bizut *h*

golyó *fn* boule *n*, *műsz [játék is]* bille *n*; *[lövedék]* balle *n*; **~ általi halál** mort *n* par balles

golyóálló *mn* **~ mellény** gilet *h* pareballes; **~ üveg** vitre *n* à l'épreuve des balles

golyóstoll *fn* stylo *h* bille

gomb *fn* bouton *h*

gomba *fn* növ champignon *h*; *orv* mycose *n*, champignons *h (t sz)*

gombamérgezés *fn* intoxication *n* fongique

gombás *mn* aux champignons; *orv* mycosique; **~ a lába** avoir des champignons aux pieds

gombász|ik *tn i* cueillir des champignons

gomblyuk *fn* boutonnière *n*

gombnyomás *fn* **~ra működik** ça marche en appuyant sur le bouton

gombóc *fn* boulette *n*; *átv* **~ van a torkában** avoir une boule dans la gorge

gombol *ts i* boutonner

gombolyag *fn* pelote *n*

gombolyít *ts i* pelotonner

gombostű *fn* épingle *n*

gomolyog *tn i* tournoyer, *átv is* tourbillonner

gond *fn [aggodalom, nehézség]* souci *h*, tracas *h*; *[alaposság, gondoskodás]* soin *h*; **ez nem ~** ce n'est pas un problème; **~ját viseli vkinek** prendre soin de qqn; **anyagi ~ok** soucis matériels; **~om lesz rá** j'y veillerai; **sok ~ot okoz vkinek** causer beaucoup de soucis à qqn

gondatlan *mn* négligent(e); *[munka]* *biz* bâclé(e)

gondatlanság *fn* négligence *n*; *[hivatali]* incurie *n*; ~ból okozott emberölés homicide *h* involontaire *v.* par imprudence

gondnok *fn [hagyatéké]* curateur (-trice); *[házé]* gérant(e) (d'immeuble); *[intézményé]* intendant(e)

gondnokság *fn [kiskorú felett]* tutelle *n*; *[hagyaték felett]* curatelle *n*

gondol I. *tn i vkire/vmire* penser *v.* songer *à qqch/qqn*; **arra ~tam, hogy** j'ai pensé que **II.** *ts i vmit* penser *v.* se dire *qqch*; *[gyanakodva]* se douter *de qqch*; *vmilyennek* prendre *pour qqch*; **~hatja, hogy** vous imaginez bien que; **ahogy ~od** c'est comme tu (le) veux; **miből ~od, hogy** qu'est-ce qui te fait penser que; **úgy ~om, hogy** je pense que; **mit ~sz?** qu'en penses-tu ?

gondola *fn [csónak, bolti állvány]* gondole *n*

gondolat *fn* idée *n*, pensée *n*; **ez jó ~** c'est une bonne idée; **hátsó ~** arrière-pensée *n*; **vminek csak a ~ára is** rien qu'à l'idée de qqch; **~ban** en pensée, en esprit; **az a ~om támadt, hogy** l'idée m'est venue que; **egy ~tal hosszabb** un soupçon plus long

gondolatjel *fn* tiret *h*

gondolatmenet *fn* raisonnement *h*

gondolkodás *fn* pensée *n*, réflexion *n*, raisonnement *h*; **elvont ~** pensée abstraite; **hosszas ~ után** après mûre réflexion; **logikus ~** raisonnement *h* logique; **~ nélkül** sans réflexion

gondolkodási *mn* ~ idő temps *h* de réflexion; **öt perc ~ ideje van** vous avez cinq minutes pour réfléchir

gondolkodásmód *fn* façon *h* de penser, mentalité *n*

gondolkod|ik *tn i vmin* réfléchir *v.* penser *à qqch*; **azon ~ik, vajon** il se demande si; **hangosan ~ik** réfléchir à haute voix

gondolkodó I. *mn* ~ lény être *h* pensant **II.** *fn* penseur (-euse); **~ba ejt** donner à penser, faire réfléchir

gondos *mn [alapos]* soigneux (-euse), soigné(e); *[figyelmes]* attentionné(e), attentif (-ive)

gondosan *hsz* soigneusement

gondoskodás *fn* soin(s) *h (tsz)*, sollicitude *n*

gondoskod|ik *tn i [gondját viseli]* vkiről/vmiről prendre *v.* avoir soin *de qqn/qqch*; *vmiről* se charger *v.* s'occuper *de qqch*; **~ik vki megélhetéséről** subvenir aux besoins de qqn; **~jék róla, hogy** veillez à ce que *subj*

gondosság *fn* soin *h*, attention *n*

gondoz *ts i [embert, állatot]* soigner, s'occuper de; *vmit* s'occuper *de qqch*, entretenir *qqch*

gondozás *fn [vkié]* soin *h*; *[vmié]* entretien *h*

gondozatlan *mn* mal entretenu(e), peu soigné(e); *[külső]* négligé(e), débraillé(e)

gondozó *fn [betegé]* garde-malade *h n*; **szociális ~** assistant(e) social(e)

gondozónő *fn [bölcsődei]* puéricultrice *n*

gondozott I. *mn* (bien) soigné(e), (bien) entretenu(e) **II.** *fn* állami ~ pupille *n* de l'Etat

gondtalan *mn* sans souci(s)

gondterhelt *mn* préoccupé(e), soucieux (-euse)

gondviselés *fn vall* la Providence

gong *fn* gong *h*

gonosz I. *mn* méchant(e); ~ szellem esprit *h* malin **II.** *fn vall* l'Esprit *h* du mal, le malin

gonoszság *fn* méchanceté *n*; *[tett]* mauvais coup *h*

gonosztett *fn* méfait *h*; *vál* forfait *h*

gonosztevő *fn* malfaiteur *h*

gordiuszi *fn* kettévágja a ~ csomót trancher le nœud gordien

gordonka *fn* violoncelle *h*

góré *fn biz* boss *h*

gorilla *fn [testőr is]* gorille *h*

goromba *mn* grossier (-ière); ~ fráter type *h* grossier, butor *h*

gorombaság *fn* grossièreté *n*; ~okat vág vki fejéhez abreuver qqn d'injures

gorombáskod|ik *tn i [szóban]* parler grossièrement *à qqn*

gót I. *mn* goth(e); *[betű, írás]* gothique **II.** *fn [személy]* Goth *h*; *[nyelv]* gotique *h*

gótika *fn* art *h v.* style *h* gothique, le gothique

gótikus *mn* gothique

gödör *fn* fosse *n*

gőg *fn* orgueil *h*

gőgicsél *tn i* gazouiller, babiller

gőgös *mn* orgueilleux (-euse), hautain(e)

gömb *fn mat* sphère *n*; *[ilyen alakú tárgy]* boule *n*; ~ alakú sphérique

gömbölyöd|ik *tn i* s'arrondir

gömbölyű *mn* rond(e), sphérique, arrondi(e); *[hengeres]* cylindrique; *[kövérkés, telt]* rond(e), rondelet (-ette)

gönc *fn [ruha] biz* fringues *n (t sz)*; *[limlom]* bric-à-brac *h*

göndör *mn [haj]* frisé(e); *[apró csigás]* crêpu(e)

göndöröd|ik *ts i* friser, boucler

göngyöl *ts i* (en)rouler, envelopper

göngyöleg *fn [csomag]* balle *n*; *[begöngyölt dolog]* rouleau *h*

görbe I. *mn* courbe, (re)courbé(e); ~ hátú au dos voûté; ~ lábú aux jambes *n*

(t sz) tordues; ~ vonal ligne *n* courbe; ~ szemmel néz vkire regarder qqn de travers **II.** *fn mat* courbe *n*, graphique *h*

görbít *ts i* tordre, (re)courber, fléchir

görbül *tn i* se tordre, fléchir, se courber

görbület *fn* courbure *n*; *[úté]* courbe *n*

görcs *fn [fán]* nœud *h*; *[izomé]* crampe *n*; *[alacsony ember] biz* nabot *h*, demi-portion *n*

görcsoldó *fn* antispasmodique *h*

görcsöl *tn i* avoir des crampes; *[fél] biz* flipper

görcsös *mn [fa]* noueux (-euse); *orv* convulsif (-ive), spasmodique

görcsösen *hsz* convulsivement

gördeszka *fn* planche *n* à roulettes; skate-board *h*

gördít *ts i* (faire) rouler; akadályokat ~ vki elé mettre à qqn des bâtons dans les roues

gördül *tn i* rouler

gördülékeny *mn [beszéd]* aisé(e), facile; *[stílus]* coulant(e), fluide

görény *fn áll* putois *h*; *átv [ember]* durva ordure *n*, fumier *h*

görget *ts i* (faire) rouler

görkorcsolya *fn* patins *h (t sz)* à roulettes

görkorcsolyáz|ik *tn i* faire du patin à roulettes

görnyed *tn i* fléchir, ployer; a teher alatt ~ ployer sous le fardeau; egész este a könyvei fölött ~ rester penché(e) sur ses livres toute la soirée

görnyedt *mn* courbé(e); ~ hátú au dos voûté

görög I. *mn* grec (grecque), hellénique; ~ katolikus uniate *h n* **II.** *fn [személy]* Grec (Grecque); *[nyelv]* grec *h*

görögdinnye *fn* pastèque *n*

görögkeleti *mn* grec (grecque) orthodoxe; ~ egyház l'Église *n* grecque orthodoxe

göröngyös *mn* raboteux (-euse)

gőz *fn* vapeur *n*; *[pára]* buée *n*; *átv is* **teljes ~zel** à toute vapeur, *átv* à pleins gaz; **halvány ~e sincs róla** *biz* il n'en a pas la moindre idée

gőzerő *fn* **~vel dolgozik** travailler à tour de bras

gőzfürdő *fn* bain *h* turc, hammam *h*

gőzgép *fn* machine *n* à vapeur

gőzhajó *fn* (bateau *h* à) vapeur *h*

gőzmozdony *fn* locomotive *n* à vapeur

gőzölög *tn i* fumer

grácia *fn* **a három ~** les trois Grâces *n (t sz)*

graffiti *fn* graffiti *h*

grafika *fn* *[művészet]* art(s) *h (t sz)* graphique(s); *[mű]* œuvre *n* graphique

grafikon *fn* graphique *h*, diagramme *h*

grafikus I. *mn* graphique **II.** *fn* *[művész]* artiste *h n* graphique; *[szakember]* graphiste *h n*

grafit *fn* graphite *h*; *[ceruzában]* mine *n* de plomb

grafológia *fn* graphologie *n*

grafológus *fn* graphologue *h n*

gramm *fn* gramme *n*

gránát[1] *fn* *[ásvány]* grenat *h*

gránát[2] *fn* *[lövedék]* obus *h*; *[kézi]* grenade *n*

gránit *fn* granit *h*

gratuláció *fn* félicitations *n (t sz)*

gratulál *tn i* vkinek vmihez féliciter qqn pour qqch; **~ok!** félicitations !

gravitáció *fn* gravitation *n*

gregorián *mn* grégorien (-ienne)

grépfrút *fn* pamplemousse *n*

grill *fn* *[grillsütő]* gril *h*; *[szabadban]* barbecue *h*; *[vendéglő]* grill *h*

grillcsirke *fn* poulet *h* rôti

grimasz *fn* grimace *n*

grimaszol *tn i* faire des grimaces

gríz *fn* semoule *n*

gróf *fn* comte *h*

grófnő *fn* comtesse *n*

groteszk *mn* grotesque

grúz I. *mn* géorgien (-ienne) **II.** *fn* *[személy]* Géorgien (-ienne); *[nyelv]* géorgien *h*

gubanc *fn* *rég* tapon *h*; *átv, biz* os *h*, pépin *h*

gubbaszt *tn i* être recroquevillé(e)

guberál *tn i* *[kukában]* *biz* faire les poubelles

gubó *fn* *áll* cocon *h*; *növ* capsule *n*

guggol *tn i* être accroupi(e)

gúla *fn* pyramide *n*

gulya *fn* troupeau *h* de bovins

gulyás[1] *fn* *[pásztor]* vacher (-ère), bouvier (-ière)

gulyás[2] *fn* *[étel]* goulache *v.* goulasch *h v. n*

gulyásleves *fn* ‹soupe préparée à la manière du goulache›

gumi *fn* caoutchouc *h*; *[keréken]* pneu *h*; *[óvszer]* préservatif *h*

gumiabroncs *fn* pneu *h*

gumibot *fn* matraque *n*

gumicsizma *fn* botte(s) *n (t sz)* de caoutchouc

gumicsónak *fn* canot *h* pneumatique

gumikesztyű *fn* gant(s) *h (t sz)* de caoutchouc

gumimatrac *fn* matelas *h* pneumatique

gumó *fn* *növ* tubercule *n*

gúnár *fn* jars *h*

gúny *fn* ironie *n*, moquerie *n*; **~t űz vkiből/vmiből** se moquer de qqn/ qqch, tourner qqn/qqch en dérision *v.* en ridicule

gúnynév *fn* sobriquet *h*

gúnyol *ts i* vkit/vmit se moquer de qqn/qqch

gúnyolód|ik *tn i* vkivel/vmivel se moquer de qqn/qqch; **azon ~ik, hogy** il se moque de ce que

gúnyos *mn* ironique, moqueur (-euse), sarcastique; ~ **kacaj** ricanement *h*

gurul *tn i* rouler; ~ **a nevetéstől** se tordre de rire; **dühbe** ~ se mettre en colère *v. biz* en rogne

gusztus *fn [ízlés]* goût *h*; ~ **dolga** c'est affaire de goût; ~**a támad vmire** avoir une (soudaine) envie de qqch

gusztusos *mn* appétissant(e)

gusztustalan *mn* dégoûtant(e), répugnant(e); *biz* dégueulasse

guta *fn biz* **majd megüti a** ~ être au bord de l'apoplexie, *[melege van]* crever de chaleur

gutaütés *fn* apoplexie *n*; *biz* coup *h* de sang; ~ **éri** être frappé(e) d'apoplexie

gügyög *tn i* babiller

gürcöl *tn i* trimer; *nép* turbiner

G

GY

gyakori *mn* fréquent(e); ~ **eset, hogy** il arrive fréquemment que

gyakoriság *fn* fréquence *n*

gyakorlás *fn* exercice *h*, pratique *n*; *[testi képességé]* entraînement *h*

gyakorlat *fn [elmélet ellentéte, gyakorlás]* pratique *n*; *[foglalkozás végzése]* pratique *n*, exercice *n*; *[jártasság]* expérience *n*, pratique *n*; *[szakmai képzés]* stage *h*; *okt, sp* exercice *h*; ~**ban alkalmaz** mettre en pratique; **kijön a ~ból** perdre la main; **orvosi ~ot folytat** pratiquer la médecine

gyakorlati *mn* pratique; ~ **érzék** sens *h* pratique

gyakorlatias *mn* pratique

gyakorlatilag *hsz* pratiquement

gyakorlatlan *mn* inexpérimenté(e); *[igével]* manquer d'expérience

gyakorlatoz|ik *tn i* kat faire l'exercice

gyakorló *mn* ~ **orvos** praticien (-ienne); ~ **ügyvéd** avocat(e) plaidant(e); ~ **tanárjelölt** professeur *h n* stagiaire

gyakorlott *mn* exercé(e), expérimenté(e)

gyakornok *fn* stagiaire *h n*

gyakorol *ts i/tn i [tanulás végett ismétel]* *vmit* répéter *qqch*, s'exercer v. s'entraîner à *qqch*; *[foglalkozást]* exercer; **mindennap ~** *[zongorán]* elle répète tous les jours; ~**ja az ugrást** s'exercer au saut; **nyomást ~ vkire** exercer une pression sur qqn

gyakran *hsz* souvent, fréquemment

gyaláz *ts i* outrager

gyalázat *fn* honte *n*, ignominie *n*; **micsoda ~!** quelle honte !

gyalázatos *mn [aljas]* ignoble, infâme; *[szégyenteljes]* honteux (-euse); *[nagyon rossz]* exécrable

gyalog I. *hsz* à pied II. *fn [sakk]* pion *h*

gyalogátkelőhely *fn* passage *h* piéton *v.* clouté

gyaloglás *fn* marche *n*

gyalogol *tn i* marcher; **10 km-t ~** il fait 10 km à pied; **egy órát ~** marcher une heure

gyalogos *fn* piéton (-onne); *kat* fantassin *h*, soldat *h* d'infanterie

gyalogság *fn* infanterie *n*

gyalogtúra *fn* randonnée *n* (pédestre)

gyalogút *fn* sentier *h*; **kétórai ~ra van innen** c'est à deux heures de marche d'ici

gyalu *fn műsz* rabot *h*

gyalul *ts i műsz* raboter

gyám *fn jog* tuteur (-trice); *épít* corbeau *h*

gyámhatóság *fn* autorité *n* de tutelle

gyámkod|ik *tn i vki felett* tenir qqn en tutelle

gyámoltalan *mn [tehetetlen]* sans défense; *[ügyetlen]* gauche

gyámság *fn jog* tutelle *n*; ~ **alá helyez** mettre sous tutelle

gyanakod|ik *tn i* gyanaksz|ik se méfier; *vkire/vmire* soupçonner v. suspecter *qqn/qqch*

gyanakvás *fn* méfiance *n*, suspicion *n*

gyanakvó *mn* méfiant(e), soupçonneux (-euse)

gyanánt *nu* en guise de; **ajándék ~** en guise de cadeau

gyanít *ts i [sejt]* *vmit* soupçonner *qqch*, se douter de *qqch*; *[vmilyennek vél]* supposer, présumer

gyanta *fn* résine *n*

gyanú *fn* soupçon *h*; **alapos ~** soupçon fondé; **az a ~m, hogy** je soupçonne que; **~t fog** être pris(e) de soupçons

gyanús *mn* suspect(e); *[kétes]* louche

gyanúsít *ts i* soupçonner, suspecter; **lopással ~ják** il est soupçonné de vol

gyanúsított *mn/fn* suspect(e); *jog* prévenu(e)

gyanútlan *mn* candide; *vál* ingénu(e)

gyapjas *mn* laineux (-euse)

gyapjú *fn* laine *n*; *[állaton]* toison *n*; **tiszta ~** laine pure

gyapot *fn* coton *h*

gyár *fn* usine *n*; *[kisebb]* fabrique *n*

gyarapít *ts i* augmenter; *[vagyont]* accroître, *[gyűjteményt, ismereteket]* enrichir

gyarapod|ik *tn i* croître, *[vagyon]* s'accroître; *[vki tudása]* s'enrichir; **súlyban ~ik** prendre du poids

gyári *mn ~ ár* prix *h* d'usine; **~ munkás** ouvrier (-ière) d'usine

gyáripar *fn* industrie *n* manufacturière

gyarló *mn [ember]* faillible; *[dolog]* piètre

gyarlóság *fn* faiblesse *n*

gyarmat *fn* colonie *n*

gyarmati *mn* colonial(e)

gyarmatosít *ts i* coloniser

gyarmatosítás *fn* colonisation *n*

gyarmatosító *mn/fn* colonisateur (-trice)

gyáros *fn* industriel (-elle)

gyárt *ts i* fabriquer, produire

gyártás *fn* production *n*, fabrication *n*

gyártási *mn ~ hiba* défaut *h* de fabrication

gyártásvezető *fn film* directeur (-trice) de la production

gyártmány *fn* produit *h* (manufacturé)

gyártó *fn* fabricant *h*

gyász *fn* deuil *h*

gyászbeszéd *fn* discours *h v. vall* oraison *n* funèbre

gyászinduló *fn* marche *n* funèbre

gyászjelentés *fn* faire-part *h* de décès

gyászmenet *fn* cortège *h* funèbre

gyászmise *fn* messe *n* de requiem

gyászol *ts i/tn i vkit* porter le deuil de *qqn*; **~ a körme** *biz* avoir les ongles en deuil

gyászos *mn [szomorú]* funèbre; *[nyomorult]* misérable; *[szégyenletes]* lamentable, pitoyable; **~ hangulat** atmosphère *n* de deuil; **~ képet vág** faire une tête d'enterrement; **~ véget ér** connaître une fin lamentable

gyászruha *fn* habits *h (t sz) v.* vêtements *h (t sz)* de deuil

gyászszertartás *fn* obsèques *n (t sz)*; *vall* service *h* funèbre

gyatra *mn* piètre

gyáva *mn* lâche; *biz* trouillard(e)

gyávaság *fn* lâcheté *n*

gyékény *fn [anyag]* jonc *h*; *[fonat]* natte *n* de jonc

gyémánt *fn* diamant *h*; *[csiszolt]* brillant *h*

gyenge I. *mn [szervezet, jellem]* faible; *[rossz]* médiocre, mauvais(e); **vki ~ oldala** le point faible de qqn; **~ matekban** être faible en maths; **a ~bb nem** le sexe faible **II.** *fn ~je a fagylalt* la glace, c'est son faible; **a ~bbek kedvéért** pour ceux qui n'auraient pas compris

gyengéd *mn* tendre

gyengédség *fn* tendresse *n*

gyengeelméjű *mn/fn* simple d'esprit *h n*

gyengélked|ik *tn i* être souffrant(e) *v.* en petite forme

gyengeség *fn* faiblesse *n*

gyengít *ts i* affaiblir; *[hatást]* atténuer

gyengül *tn i* faiblir, s'affaiblir; *[emlékezet, erő]* décliner; **~ a látása** sa vue baisse; **a szél ~** le vent faiblit

gyep *fn* pelouse *n*; gazon *h*

gyeplabda *fn* hockey *h* sur gazon

gyeplő *fn* bride *n*; *átv* **rövidre fogja a ~t** tenir la bride haute à qqn

gyér *mn* clairsemé(e), rare; **~ közönség** public *h* clairsemé

gyerek *fn* enfant *h n*; **ne légy ~!** ne fais pas l'enfant !; **~e született** elle a eu un enfant

gyerekes *[gyermeki]* enfantin(e) *pej* infantil(e), puéril(e); **~ viselkedés** comportement *h* infantil

gyerekesked|ik *tn i* faire l'enfant; **vidéken ~ett** il a passé son enfance à la campagne

gyerekjáték *fn* **ez ~** c'est un jeu d'enfant

gyerekszoba *fn* chambre *n* d'enfant

gyerekülés *fn [autóban]* siège-auto *h*

gyermek *fn* → **gyerek**

gyermekágyi *mn* **~ láz** fièvre *n* puerpérale

gyermekbénulás *fn* poliomyélite *n*; *biz* polio *n*

gyermekbetegség *fn* maladie *n* infantile

gyermekgondozási *fn* **~ segély** allocation *n* de maternité

gyermekgyilkos *mn/fn* infanticide *h n*

gyermekgyógyászat *fn* pédiatrie *n*

gyermekhalandóság *fn* mortalité *n* infantile

gyermeki *mn [gyermekre vonatkozó]* enfantin(e); *[szülők iránt megnyilvánuló]* filial(e)

gyermekklinika *fn* clinique *n* de pédiatrie

gyermekkor *fn* enfance *n*

gyermekláncfű *fn* pissenlit *h*

gyermekmegőrző *fn* garderie *n*

gyermekorvos *fn* pédiatre *h n*

gyermekotthon *fn* orphelinat *h*

gyermektartás *fn [pénzösszeg]* pension *n* alimentaire

gyermektelen *mn* sans enfant(s)

gyermeküdülő *fn* colonie *n* de vacances

gyermekvédelem *fn* protection *n* de l'enfance

gyermeteg *mn* puéril, infantil(e)

gyertya *fn* bougie *n*, chandelle *n*; *[templomban]* cierge *h*; *gj* bougie *n* (d'allumage)

gyertyatartó *fn* bougeoir *h*; *[nagyobb]* chandelier *h*

gyes *fn [mint segély]* allocation *n* de maternité; *[mint szülési szabadság]* congé *h* de maternité

gyík *fn* lézard *h*

gyilkol *ts i/tn i* assassiner, tuer

gyilkos I. *mn* meurtrier (-ière) **II.** *fn* assassin *h*, meurtrier (-ière), tueur (-euse)

gyilkosság *fn* assassinat *h*, meurtre *h*, homicide *h*

gyógyászat *fn* thérapeutique *n*

gyógyforrás *fn* source *n* thermale

gyógyfürdő *fn* bain *h* thermal; *[hely]* station *n* thermale

gyógyít *ts i* guérir

gyógyítás *fn* guérison *n*, traitement *h* (curatif)

gyógyíthatatlan *mn* incurable

gyógyítható *mn* guérissable

gyógyító *mn* curatif (-ive), thérapeutique

gyógykezelés *fn* traitement *h* (curatif), soins *h (t sz)* médicaux; **~ alatt áll** suivre un traitement

gyógymód *fn* traitement *h*, (méthode *n*) thérapeutique *n*

gyógynövény *fn* plante *n* v. herbe *n* médicinale

gyógypedagógia *fn* éducation *n* spécialisée

gyógypedagógus *fn* éducateur (-trice) spécialisé(e)

gyógyszer *fn* médicament *h*; remède *h*

gyógyszerész *fn* pharmacien (-ienne)

gyógyszeripar *fn* industrie *n* pharmaceutique

gyógyszertan *fn* pharmaceutique *n*, pharmacologie *n*

gyógyszertár *fn* pharmacie *n*

gyógytea *fn* tisane *n*

gyógytorna *fn* kinésithérapie *n*

gyógyul *tn i* guérir, se rétablir

gyógyulás *fn* guérison *n*

gyógyvíz *fn* eau *n* thermale

gyom *fn* mauvaise herbe *n*

gyomirtó *fn* herbicide *h*

gyomlál *ts i* désherber

gyomor *fn* estomac *h*; **jó ~ kell hozzá** il faut avoir le cœur bien accroché; **fáj a gyomra** avoir mal à l'estomac; **kavarog a gyomra** avoir mal au cœur; **elrontja a gyomrát** attraper une indigestion

gyomorbaj *fn* maladie *n* d'estomac

gyomorégés *fn* brûlures *n (t sz)* d'estomac

gyomorfekély *fn* ulcère *h* à v. de l'estomac

gyomormosás *fn* lavage *h* d'estomac

gyomorrontás *fn* indigestion *n*

gyomorsav *fn* suc *h* gastrique

gyón *tn i* se confesser

gyónás *fn* confession *n*

gyóntat *ts i* confesser

gyóntató *fn* confesseur *h*

gyóntatószék *fn* confessionnal *h*

gyors I. *mn* rapide; **~ beszédű** volubile; **~ egymásutánban** coup sur coup; **~ felfogás** vivacité *n* d'esprit; **~ keze van** *[könnyen üt]* avoir la main leste **II.** *fn* vasút express *h*

gyorsan *hsz* vite, rapidement; *[sietősen]* hâtivement

gyorsaság *fn* vitesse *n*, rapidité *n*

gyorsasági *mn* **~ verseny** course *n* de vitesse

gyorsbüfé *fn* ang snack(-bar) *h*

gyorsétterem *fn* ang fast-food *h*

gyorsfagyasztott *mn* surgelé(e)

gyorsforgalmi *mn* **~ út** voie *n* express

gyorshajtás *fn* excès *h* de vitesse

gyorsírás *fn* sténo(graphie) *n*; **~sal ír** écrire en sténo, sténographier

gyorsíró *fn* sténo(graphe) *h n*

gyorsít *ts i/tn i* accélérer; **~ja lépteit** hâter le pas

gyorsított *mn* accéléré(e); **jog ~ eljárás** procédure *n* en référé

gyorskorcsolyázás *fn* patinage *h* de vitesse

gyorssegély *fn* allocation *n* d'urgence

gyorsul *tn i* accélérer

gyorsulás *fn* accélération *n*

gyorsúszás *fn* crawl *h*

gyorsúszó *fn* crawleur (-euse)

gyorsvonat *fn* (train *h*) express *h*

gyök *fn* mat racine *n*; vegy radical *h*; **~öt von** extraire la racine

gyökér *fn* átv is racine *n*; átv is **gyökeret ereszt** prendre racine

gyökeres *mn* növ à racine; átv radical(e)

gyökerez|ik *tn i* être enraciné(e); átv vmiben trouver sa source dans qqch, tirer son origine de qqch

gyökjel *fn* (signe *h*) radical *h*

gyökvonás *fn* extraction *n* de racine

gyömbér *fn* gingembre *h*

gyömöszöl *ts i [benyomkod]* fourrer, tasser; *[dögönyöz]* pétrir

gyöngy *fn* perle *n*; *[buborék]* bulle *n*; **a titkárnők ~e** la perle des secrétaires; **~öm** ma colombe, ma douce

gyöngyház *fn* nacre *n*

gyöngyöz|ik *tn i [verejték]* perler; *[pezsgő]* pétiller

GY

gyöngysor *fn* collier *h* v. rang *h* de perles

gyöngyszem *fn* átv is perle *n*

gyöngyvirág *fn* muguet *h*

gyönyör *fn* plaisir *h*; vál délice(s) *n (t sz)*, volupté *n*; **érzéki ~** plaisir des sens

gyönyörköd|ik *tn i* vmiben admirer qqch, se délecter de qqch, s'émerveiller de v. devant qqch

gyönyörű *mn* magnifique, superbe, splendide

György *fn* Georges *h*

Györgyi *fn* Georgette *n*

gyötör *ts i* martyriser; *[inkább testileg]* torturer; *[inkább lelkileg]* tourmenter

gyötrelem *fn* tourment *h*, supplice *h*

gyötrő *mn* **~ szomjúság** soif *n* dévorante

gyötrőd|ik *tn i* se tourmenter; se torturer

győz I. *tn i [játékban, sportban, választásokon]* gagner; *[harcban is]* remporter la victoire **II.** *ts i [bír]* vmit être capable de inf; **alig ~i** avoir peine à inf; **nem ~öm eleget ismételni, hogy** je me tue à répéter que

győzelem *fn* victoire *n*, triomphe *h*; **győzelmet arat vki/vmi felett** vaincre qqn/qqch, remporter une victoire sur qqn/qqch

győzelmi *mn* **~ esély** chances *n (t sz)* de victoire; **~ induló** marche *n* triomphale

Győző *fn* Victor *h*

győztes I. *mn* vainqueur, victorieux (-euse), gagnant(e) **II.** *fn* vainqueur *h*, gagnant(e)

gyufa *fn* allumette(s) *n (t sz)*; **egy doboz ~** une boîte d'allumettes

gyújt I. *ts i* allumer; **gyufát ~** craquer une allumette; **tüzet ~** allumer v. faire du feu; **villanyt ~** allumer la lumière **II.** *tn i* **cigarettára ~** allumer une cigarette; **nótára ~** entonner une chanson

gyújtás *fn* allumage *h*; **ráadja/leveszi a ~t** mettre/couper le contact

gyújtogat *tn i* provoquer des incendies, incendier

gyújtogatás *fn [szándékos]* incendie *h* criminel

gyújtogató *fn* incendiaire *h n*

gyújtópont *fn* fiz, mat point *h* focal, foyer *h*

Gyula *fn* Jules *h*

gyúlékony *mn* inflammable

gyullad *tn i* s'allumer, prendre feu; átv is s'enflammer; vál s'embraser

gyulladás *fn* orv inflammation *n*

gyulladt *mn* enflammé(e)

gyúr I. *ts i [tésztát, hógolyót]* pétrir; sp masser **II.** *tn i [erősít]* faire de la musculation v. biz de la gonflette

gyurma *fn* pâte *n* à modeler

gyűjt *ts i* rassembler, réunir; *[adatokat]* collecter; *[gyűjteménybe]* collectionner; vmire mettre de côté pour qqch; *[mások javára]* faire une collecte; *[vagyont]* amasser; **erőt ~** rassembler ses forces

gyűjtemény *fn* collection *n*; irtud anthologie *n*

gyűjtés *fn [pénzé]* collecte *n*, quête *n*

gyűjtő *fn* collectionneur (-euse)

gyűjtőfogalom *fn* terme *h* collectif

gyűjtőnév *fn* nom *h* générique v. collectif

gyűlekezés *fn* rassemblement *h*

gyűlekezet *fn* assemblée *n*; vall congrégation *n*

gyűlekez|ik *tn i* se rassembler, se réunir; *[felhők]* s'amonceler

gyűlés *fn* assemblée *n*, réunion *n*

gyűlésez|ik *tn i* tenir une réunion, être en réunion

gyűl|ik *tn i [pénz]* s'accumuler; *[tömeg]* se rassembler

gyűlöl *ts i* détester, haïr; **~ik egymást** ils se détestent

gyűlölet *fn* haine *n*; **~et kelt** inspirer de la haine

gyűlöletes *mn* détestable, odieux (-euse)

gyümölcs *fn* fruit *h*; **~öt terem** donner des fruits; **munkájának ~ét élvezi** recueillir le fruit de ses efforts

gyümölcsfa *fn* arbre *h* fruitier

gyümölcslé *fn* jus *h* de fruits

gyümölcsös *fn* verger *h*

gyümölcsöz|ik *tn i átv* fructifier, porter ses fruits

gyümölcssaláta *fn* salade *n* de fruits

gyümölcsöző *mn* fructueux (-euse), profitable

gyűr *ts i* froisser, chiffonner, friper; *[vhova]* fourrer; **földre ~ vkit** terrasser qqn

gyűrhetetlen *mn* infroissable

gyűrődés *fn* froissure *n*; *geol* plissement *h*

gyűrőd|ik *tn i* se froisser, se friper

gyűrött *mn* froissé(e); *[arc is]* chiffonné(e), fripé(e)

gyűrű *fn* bague *n*; *műsz, csill* anneau *h*; *kat* encerclement *h*; *sp* anneaux *h (t sz)*

gyűrűsujj *fn* annulaire *h*

gyűszű *fn* dé *h* (à coudre)

H

h *fn zene* si h

ha *ksz [feltéve, hogy]* si; *[amikor]* si, quand; ~ **csak rágondolok** rien que d'y penser; ~ **egyszer, ~ netalán** si jamais; ~ **már itt tartunk** tant qu'on y est; ~ **nem tévedek** si je ne me trompe; **szólj, ~ elmész** préviens-moi quand tu pars; ~ **tetszik, ~ nem** que cela te plaise ou non; **tízen ~ voltunk** nous étions une dizaine au plus; ~ **tudtam volna** si j'avais su

hab *fn* mousse n; *[tejszínből]* crème n fouettée v. *[cukrozott]* chantilly; *[tojásból]* blancs d'oeufs en neige; *[hullám]* flots h *(t sz)*; *[tajték]* écume n

habar *ts i* lier

habár *ksz* → **bár**

habarcs *fn* mortier h

habcsók *fn* meringue n

habfürdő *fn* bain h moussant

háborgat *ts i* déranger

háborgó *mn [tenger]* agité(e)

háborítatlan *mn* paisible

háborodott *mn/fn [őrült]* dérangé(e)

háborog *tn i [személy]* maugréer, grogner; *[tömeg]* gronder, s'agiter; *[tenger]* être agité(e)

háború *fn* guerre n; **kitör a ~** la guerre éclate; ~ **utáni de** l'après-guerre

háborús *mn* de guerre; ~ **bűnös** criminel (-elle) de guerre

habos *mn* mousseux (-euse); *[tojás-/tejszínhabos]* à la crème

habozás *fn* hésitation n; ~ **nélkül** sans hésitation

haboz|ik *tn i* hésiter

Habsburg *fn* Habsbourg; **a ~ok** les Habsbourg

habverő *fn* fouet h; *[gépi]* batteur h

habz|ik *tn i [sör, szappan]* mousser; ~**ik a szája (a dühtől)** écumer (de rage)

habzsol *ts i* dévorer; *átv* ~**ja az életet** mordre la vie à pleines dents

hacker *fn* hacker h

hacsak *ksz* ~ **nem** à moins de qqch v. de *inf* v. que *subj*; ~ **nem tévedek** sauf erreur de ma part; ~ **lehet** autant que possible

had *fn [sereg]* armée n; *[háború]* guerre n; ~**at üzen** déclarer la guerre

hadar *tn i* bredouiller

hadászat *fn* stratégie n

hadbíróság *fn* tribunal h militaire

hadd *hsz* ~ **beszéljen!** laissez-le parler; ~ **lám!** fais voir; ~ **köszönjem meg** permettez-moi de vous remercier; ~ **legyen!** soit !

haderő *fn* force(s) n *(t sz)* armée(s); **légi ~** armée n de l'air

hadgyakorlat *fn* manœuvres n *(t sz)* militaires

hadi *mn* de guerre, militaire

hadiállapot *fn* état h de guerre

hadiflotta *fn* flotte n de guerre

hadifogoly *fn* prisonnier (-ière) de guerre

hadifogság *fn* captivité n

hadihajó *fn* navire h v. bâtiment h de guerre

hadiipar *fn* industrie n d'armement

hadiláb *fn* ~**on áll** *[vkivel]* être à couteaux tirés avec qqn; *[vmivel]* biz être brouillé(e) avec qqch

hadirokkant *fn* invalide h n de guerre

haditengerészet *fn* marine n de guerre v. militaire

haditerv *fn* plan *h* de campagne

haditörvényszék *fn* cour *h* martiale

haditudósító *fn* correspondant(e) de guerre

hadjárat *fn átv is* campagne *n*

hadköteles I. *mn* astreint(e) au service militaire **II.** *fn* conscrit *h*

hadkötelezettség *fn* obligations *n (t sz)* militaires

hadművelet *fn* opération *n* militaire

hadnagy *fn* sous-lieutenant *h*

hadonász|ik *tn i [kezével]* gesticuler; *vmivel* agiter *qqch*

hadosztály *fn* division *n*

hadsereg *fn* armée *n*

hadszíntér *fn* théâtre *h* des opérations (militaires)

hadtest *fn* corps *h* d'armée

hadügyminiszter *fn* ministre *h n* de la Défense

hadügyminisztérium ministère *n* de la Défense

hadüzenet *fn* déclaration *n* de guerre

hadvezér *fn* chef *h* de guerre

hadviselő *mn* ~ **felek** les parties *n (t sz)* belligérantes, les belligérants *h (t sz)*

hág I. *tn i* **nyakára ~ vminek** dilapider *qqch;* **tetőpontjára ~** être à son comble **II.** *ts i* monter, saillir

Hága *fn* la Haye

hágcsó *fn [kötélből]* échelle de corde; *[kocsin]* marchepied *h*

hágó *fn* col *h*

hagy *ts i ált* laisser; *[örököl]* vmit vkinek léguer *qqch à qqn;* **egyedül ~** laisser seul(e), abandonner; **~j békén!** laisse-moi (tranquille); **~ja magát** se laisser faire; **~ja magát meggyőzni** se laisser persuader

hagyaték *fn* sucession *n*, legs *h; átv is* héritage *h*

hagyma *fn* oignon *h; [virágé]* bulbe *h*, oignon *h*

hagyomány *fn* tradition *n*

hagyományos *mn* traditionnel (-elle); *[klasszikus]* classique

hagyományoz *ts i* léguer, transmettre

hahota *fn* gros rire *h*

hahotáz|ik *tn i* rire aux éclats *v.* à gorge déployée

haj *fn* cheveux *h (t sz); [egy szál]* cheveu *h;* **vörös ~a van** avoir des cheveux roux; **hullik a ~a** perdre ses cheveux; **~at mos** se laver les cheveux; *átv is* **~át tépi** s'arracher les cheveux

háj *fn* graisse *n;* **minden ~jal megkent** rusé(e); fine mouche *n*

hajadon *mn/fn* célibataire *n*

hájas *mn [kövér]* gras (grasse)

hajbalzsam *fn* après-shampo(o)ing *h*

hajbókol *tn i* vkinek/vki előtt faire des courbettes *à v.* devant qqn

hajcsat *fn* pince *n* à cheveux; *[kapocscsal ellátott]* barrette *n*

hajcsavaró *fn* bigoudi *h*

hajdan *hsz* jadis

hajdani *mn* de jadis, d'autrefois

hajfesték *fn* teinture *n* pour cheveux

hajfestés *fn* teinture *n* des cheveux

hajfürt *fn* mèche *n*

hajhullás *fn* chute *n* des cheveux

hajít *ts i* lancer

hajítás *fn* lancement *h*

hajkefe *fn* brosse *n* (à cheveux)

hajlakk *fn* laque *n*

hajlam *fn* penchant *h*, inclination *n; [betegségre]* prédisposition *n;* **~ot érez vmi iránt** avoir un penchant *v.* une inclination pour qqch

hajlamos *mn* vmire enclin(e) à qqch; *[igével]* avoir une tendance à qqch *v.* à *inf; [betegségre]* prédisposé(e)

hajlandó *mn* vmire prêt(e) *v.* disposé(e) à qqch; **mindenre ~** être prêt(e) à tout; **nem ~** se refuser à *inf*

H

hajlás fn courbure n; [felületé] inclinaison

hajlat fn courbure n; [testen] pliure n

hajlék fn [menedék] abri h; [lakás] vál demeure n

hajlékony mn flexible; [test] souple

hajléktalan mn/fn sans-abri h n, sans domicile fixe h n, S. D. F.

hajl|ik tn i [teher alatt] ployer; [ívben] fléchir; [oldalra] incliner, pencher; átv vmire incliner v. tendre à qqch v. à inf, être porté(e) à qqch v. à inf

hajlít ts i courber, plier; [testrészt] fléchir

hajlíthatatlan mn átv is inflexible

hajlott mn (re)courbé(e); [ívben] arqué(e); ~ **hát** dos h courbé v. voûté; ~ **kor** âge n avancé

hajmeresztő mn épouvantable; ~ **ötlet** idée n absurde

hajmosás fn shampo(o)ing h

hajnal fn aube n, petit matin h, point h du jour; átv aube n; ~**ban** à l'aube

hajnali mn matinal(e); ~ **szürkület** crépuscule h du matin

hajnalod|ik tn i il commence à faire jour, le jour se lève

hajó fn bateau h, navire h; [kisebb] embarcation n; [nagyobb] paquebot h; [óceánjáró] transatlantique h; épít nef n; ~**ra száll** (s')embarquer; ~**ból kiszáll** débarquer

hajóállomás fn tengerparti/folyami ~ gare n maritime/fluviale; [nagyobb] port h

hajófenék fn cale n

hajófülke fn cabine n

hajógyár fn chantier h naval

hajóhad fn flotte n; [kisebb] flotille n

hajóhíd fn [ponton] ponton h; [hajót parttal összekötő] passerelle n; [parancsnoki] passerelle n

hajókirándulás fn promenade n en bateau

hajol tn i se pencher; vmi fölé se pencher sur qqch; földig ~ s'incliner jusqu'à terre

hajónapló fn journal h de bord

hajópadló fn parquet h à l'anglaise

hajórakomány fn cargaison n, fret h

hajóroncs fn épave n

hajós I. mn = **nép** peuple h navigateur **II.** fn navigateur (-trice), marin h; [édesvízi] batelier (-ière), marinier (-ière)

hajóskapitány fn capitaine h

hajószakács fn coq h

hajótörés fn naufrage h; ~**t szenved** faire naufrage

hajótörött mn/fn naufragé(e)

hajóút fn voyage h en bateau; [útvonal] route n

hajózás fn navigation n

hajózható mn navigable

hajóz|ik tn i naviguer

hajrá I. msz [te] vas-y !, [ti] allez-y ! **II.** fn [munkában] charrette n; sp sprint h

hajsza fn chasse n, poursuite n; állás után! ~ chasse à l'emploi; átv nagy ~**ban van** être en charrette

hajszál fn cheveu h; ~ **híján** à un cheveu près; egy ~**on múlt** il s'en est fallu d'un cheveu

hajszálér fn vaisseau h capillaire

hajszálvékony mn fin(e) comme un cheveu

hajszárító fn sèche-cheveux h

hajszín fn couleur n de(s) cheveux

hajszol ts i [üldöz] pourchasser, poursuivre; [vadat] traquer; [beosztottakat] surmener; átv vmit courir après qqch

hajt I. ts i [állatot] mener, conduire; [űz] chasser, poursuivre; [gépet] faire marcher; [kézzel] manœuvrer; [járművet] conduire; [dolgoztat, hajszol] pousser, presser; [késztet] vmire pousser à qqch v. à inf; [hajlít] (re)plier;

orv *[étel, gyógyszer]* relâcher (l'intestin); **nem ~ a tatár** *fraz* il n'y a pas le feu; **jobbra ~s!** tiens ta droite; **vmitől ~va** poussé(e) par qqch; **fejet ~ baisser** *v.* incliner la tête; **hasznot ~** *[vmi]* générer du profit, *[vkinek]* profiter à qqn **II.** *tn i [nagyon dolgozik]* biz en mettre un coup

hajtás *fn [vadászat]* battue *n*; *[járműé]* conduite *n*; *[növényi]* pousse *n*, rejeton *h*; *[ruhán]* repli *h*; **egy ~ra** d'un (seul) trait

hajthatatlan *mn* inflexible; **~ (marad) ebben a kérdésben** demeurer *v.* rester inflexible sur cette question

hajtóerő *fn* force *n* motrice

hajtogat *ts i* (re)plier; *[ismételget]* répéter, rabâcher, ressasser; **négyrét ~** plier en quatre

hajtóka *fn [ruhán]* revers *h*; *[zseben, táskán]* rabat *h*

hajtómű *fn* propulseur *h*

hajtóvadászat *fn* battue *n*; *[emberre]* chasse *n* à l'homme

hajtű *fn* épingle *n* à cheveux

hajvágás *fn* coupe *n*

hajviselet *fn* coiffure *n*

haknizik *tn i* biz courir le cachet *v.* biz le cacheton

hal¹ *tn i* mourir; **éhen ~** mourir de faim

hal² *fn* poisson *h*; **~at fog** pêcher *v.* prendre *v.* attraper un poisson; **él, mint ~ a vízben** vivre *v.* être comme un poisson dans l'eau

hál *tn i [éjszakázik]* passer la nuit, dormir; **vkivel ~** dormir avec qqn

hála *fn* reconnaissance *n*, gratitude *n*; **~ jeléül** en signe de reconnaissance *v.* de gratitude; **~val tartozik vkinek** être redevable à qqn; **~t ad vkinek vmiért** rendre grâce à qqn de qqch; **~ Istennek!** Dieu merci !; *[megkönnyebbülten]* Ouf !, à la bonne heure !

hálaadás *fn* action *n* de grâces

halad *tn i [előre]* avancer; *vmi mellett* longer *qqch*; *[járműé]* rouler; *átv [tevékenységben]* avancer, progresser; *[fejlődik]* faire des progrès; **az idő ~** le temps passe; **~ a munka** le travail avance; **lépésben ~** aller *v.* rouler au pas; **~ a korral** vivre avec son époque

haladás *fn* progression *n*; *átv* progrès *h*; **a tudomány ~a** les progrès de la science

haladék *fn* délai *h*; **~ot ad/kap** accorder/obtenir un délai; **~ nélkül** sans délai

haladéktalanul *hsz* sans délai, immédiatement

haladó I. *mn pol* progressiste; *okt* **~ szint** niveau *h* avancé **II.** *fn pol* progressiste *h n*

halál *fn* mort *n*; *hiv* décès *h*; *vál* trépas *h*; **~án van** être à l'article de la mort; **~ra ítél** condamner à mort; **~ra sebez** blesser à mort; **élet-~ kérdése** une question de vie ou de mort; **~ra dolgozza magát** se tuer au travail

halálbüntetés *fn* peine *n* capitale *v.* de mort; **~t szab ki vkire** condamner qqn à mort

haláleset *fn* décès *h*; **nem történt ~** il n'y a pas eu de victimes

halálfej *fn* tête *n* de mort

halálfélelem *fn* angoisse *n* de la mort

halálhír *fn* annonce *n* du décès *v.* de la mort

hálálkodik *tn i* se confondre en remerciements

halálmegvető *mn* **~ bátorsággal** avec un courage héroïque

halálos *mn* mortel (-elle); **~ adag** dose *n* létale; **~ bűn** péché *n* mortel; **~ csend** silence *h* de mort; **~ ítélet** peine *n* de mort

halálosan *hsz átv is* mortellement

halálozás *fn* décès *n*

halálraítélt *fn* condamné(e) à mort

haláltábor *fn* camp *h* de la mort *v.* d'extermination

haláltusa *fn* agonie *n*

halandó *mn/fn* mortel (-elle)

halandóság *fn* mortalité *n*

halandzsa *fn biz* charabia *h; biz* baragouin *h*

halandzsáz|ik *tn i biz* baragouiner

halánték *fn* tempe *n*

hálapénz *fn* gratification *n*

hálás *mn vkinek vmiért* reconnaissant(e) *à qqn de qqch;* ~ **lennék, ha** je vous serais reconnaissant si *v.* de *inf;* ~ **köszönettel** avec tous mes remerciements; ~ **közönség** public *h* conquis; ~ **téma** sujet *h* accrocheur

halastó *fn* vivier *h*

halász *fn* pêcheur (-euse)

halászat *fn* pêche *n*

halászbárka *fn* barque *n* de pêcheur

halászcsárda *fn* ‹auberge servant des plats de poisson à la hongroise›

halászfalu *fn* village *h* de pêcheurs

halászhajó *fn* bateau *h* de pêche

halász|ik *tn i* pêcher; **a zavarosban** ~**ik** pêcher en eau trouble

halászlé *fn kb.* bouillabaisse *n*

halaszt *ts i* remettre, reporter; **későbbre** ~ **vmit** remettre qqch à plus tard; **évet** ~ *[diák]* suspendre ses études pour un an

halasztás *fn* délai *h,* ajournement *h;* **fizetési** ~ moratoire *h;* ~**t kér** demander un délai; ~**t ad** accorder *v.* consentir un délai; **nem tűr** ~**t** ne souffrir aucun retard

halaszthatatlan *mn* extrêmement urgent(e), qui ne peut être différé(e)

hálátlan *mn* ingrat(e); ~ **feladat** tâche ingrate

hálátlanság *fn* ingratitude *n*

haldokl|ik *tn i* être mourant(e), agoniser

haldokló *mn/fn* mourant(e), moribond(e), agonisant(e)

halétel *fn* plat *h* de poisson

halgazdaság *fn* établissement *h* piscicole

halhatatlan I. *mn* immortel (-elle); *[érték, emlék]* impérissable **II.** *fn* immortel (-elle)

halhatatlanság *fn* immortalité *n*

halikra *fn* œuf(s) *h (t sz)* de poisson

halk *mn* doux (douce); ~ **hangon** à voix basse; ~ **léptekkel** à pas feutrés

halkan *hsz* doucement, (tout) bas; *zene* piano; ~ **beszél** parler à voix basse *v.* tout bas

halkul *tn i [hang]* baisser, s'affaiblir, s'assourdir

hall[1] *ts i* entendre; *[értesül]* apprendre, entendre (dire); *[hírt kap] vkiről* avoir des nouvelles *de qqn;* **nagyot** ~ être dur(e) d'oreille; ~**ani sem akar róla** il ne veut pas en entendre parler; **úgy** ~**ottam, hogy** à ce que j'ai entendu dire, …

hall[2] *fn [előcsarnok]* hall *h; [lakásban]* vestibule *h*

hallás *fn [képesség]* ouïe *n; [érzékelés]* audition *n;* **jó** ~**a van** avoir l'ouïe fine; **nincs** ~**a** *[zenei]* il n'a pas l'oreille musicale; ~ **után játszik** jouer d'oreille

hallat I. *ts i* ~**ja hangját** se faire entendre **II.** *tn i* ~ **magáról** donner de ses nouvelles

hallatlan *mn* **ez** ~! c'est inouï *v.* incroyable !

hallatsz|ik *tn i* s'entendre; **messziről** ~**ik** s'entendre de loin

hallgat I. *tn i [nem szól]* se taire, garder le silence; *vmiről* taire *qqch; vki-*

re/vmire écouter *qqn/qqch*; *[vmilyen névre]* s'appeler, répondre au nom de; **hallgass!** tais-toi !; **hallgass-rám!** écoute-moi ! **II.** *ts* écouter; *[egyetemen tárgyat]* étudier, suivre un cours
hallgatag *mn* taciturne, silencieux (-euse)
hallgatás *fn [nem beszélés]* silence *h*; *[titoktartás]* discrétion *n*; *[meghallgatás]* écoute *n*, audition *n*
hallgató *fn [rádióhallgató]* auditeur (-trice); *[egyetemi]* étudiant(e); *[készülék, telefon]* écouteur *h*
hallgatódzlik *tn i* écouter (en cachette); *[figyel]* tendre l'oreille
hallgatólagos *mn* tacite
hallgatóság *fn* auditoire *h*
halló *msz [vkire rákiáltva]* hé !; ~, **ki beszél?** allo, qui est à l'appareil ?
hallókészülék *fn* appareil *h* auditif, audiophone *h*
hallomásból *hsz* par ouï-dire
hallótávolság *fn* ~**on belül** à portée de voix
hallucináció *fn* hallucination *n*
hallucinál *tn i* avoir une *v.* des hallucination(s)
halmaz *fn* tas *h*, amas *h*; *mat* ensemble *h*
halmazállapot *fn* état *h*; **folyékony ~ú** en état liquide
halmoz *ts i* accumuler, entasser, amasser; **hibát hibára ~** accumuler les erreurs
halmozódlik *tn i* s'accumuler, s'entasser
háló *fn* filet *h*; *[póké]* toile *n*; *inform* Toile *n*; *ang* Web *h*; *sp* filet *h*; **szörföl a ~n** naviguer sur la Toile; **kiveti a ~ját vkire** jeter son dévolu sur qqn; *sp* ~! net !
halogat *ts i* remettre à plus tard; ~**ja a döntését** tergiverser

halogénlámpa *fn* (lampe *n* à) halogène *h*
hálóing *fn* chemise *n* de nuit
hálókocsi *fn* voiture-lit *n*
hálóköntös *fn* robe *n* de chambre
halom *fn [kis domb]* monticule *h*; *[rakás]* tas *h*, monceau *h*; ~**ba rak** mettre en tas, entasser
hálószoba *fn* chambre *n* à coucher
hálóterem *fn* dortoir *h*
halott I. *mn* mort(e) **II.** *fn* mort(e); *[elhunyt]* défunt(e); *[holttest]* cadavre *h*
halotti *mn* funéraire, funèbre, mortuaire; ~ **anyakönyvi kivonat** certificat *h* de décès; ~**tor** repas *h* de funérailles
halottkém *fn* médecin *h* légiste
hálózat *fn* réseau *h*; **elektromos ~** réseau électrique
hálózsák *fn* sac *h* de couchage
halpiac *fn* marché *h* aux poissons, poissonnerie *n*
haltenyészet *fn* pisciculture *n*
halvány *mn [szín, arc]* pâle; *[elmosódott]* vague; ~ **mosoly** faible sourire *h*; ~ **remény** une lueur d'espoir; ~ **fogalma sincs róla** il n'en a aucune idée *v.* pas la moindre idée
hályog *fn* taie *n*; **szürke ~** cataracte *n*; **zöld ~** glaucome *h*
hám¹ *fn* harnais *h*; **kirúg a ~ból** *[mulatozik]* faire la noce
hám² *fn orv* épithélium *h*
hamar *hsz [gyorsan]* vite; *[korán]* de bonne heure, tôt; **amilyen ~ csak tud** dès que *v.* aussitôt que possible; **minél ~ább, annál jobb** le plus tôt, le mieux
hamarjában *hsz [sietve]* à la va-vite, à la hâte; *[hirtelenében]* sur le coup
hamarosan *hsz* bientôt, sous peu
hamburger *fn* hamburger *h*
hamis *mn ált* faux (fausse); *[hamisított]* falsifié(e); *[tettetett]* feint(e);

[hang] faux (fausse); ~ **ember** *biz* un faux jeton; ~ **pénz** fausse monnaie *n*; ~ **tanúzás** faux témoignage *h*

hamisan *hsz* ~ **énekel/játszik** chanter/jouer faux

hamisít *ts i* **ált** falsifier; *[aláírást, okmányt]* contrefaire; *[bort]* frelater

hamisítás *fn* falsification *n*; *[utánozva]* contrefaçon *n*

hamisítatlan *mn* authentique; *átv* pur(e)

hamisító *fn* faussaire *h n*, falsificateur (-trice); *[okmányé]* contrefacteur *h*

hamisítvány *fn* faux *h*, contrefaçon *n*

hamisság *fn* fausseté *n*

hámllik *tn i [bőr]* peler; *[vakolat]* s'écailler; **~ik a bőre** il pèle

hámoz *ts i* peler, éplucher; *[diót, mandulát]* décortiquer, écaler

hamu *fn* cendre *n*

hamuszín *mn* gris cendré

hamutartó *fn* cendrier *h*

hamv *fn (t sz)* ~ **ak** *[földi maradványok]* cendres *n (t sz)*

hamvas *mn [szín]* cendré(e); ~ **arcbőr** peau *n* de pêche

hamvaszt *ts i* incinérer

hamvasztás *fn* incinération *n*

hamvazószerda *fn* mercredi *h* des Cendres

hancúrozlik *tn i* s'ébattre, batifoler

háncs *fn* liber *h*

handabandázlik *fn* faire le fanfaron

hanem *ksz* mais; **nem ma,** ~ **holnap** pas aujourd'hui, mais demain; **nemcsak szép,** ~ **okos is** non seulement elle est belle, mais en plus, elle est intelligente; ~ **annyi bizonyos, hogy** mais ce qui est sûr, c'est que

hang *fn* son *h; [emberé]* voix *n; [állaté]* cri *h; [madáré így is]* chant *h; [zaj]* bruit *h; [zenei]* note *n; nyelv* son *h; átv [hangnem]* ton *h;* **~ot ad ki**

émettre un son; **panaszos** ~ accent *h* plaintif; **felemeli a ~ját** élever le ton *v.* la voix; **más ~ot üt meg** changer de ton; **ne beszélj velem ilyen ~on!** ne me parle pas sur ce ton; **egy ~ot se (többet)!** pas un mot de plus !

hangár *fn* hangar *h*

hangerő *fn* intensité *n* du son *v.* de la voix; *[rádión stb.]* volume *h; [énekesé]* puissance *n*

hangerősség *fn* intensité *n* du son

hangfal *fn* enceinte *n* (acoustique)

hangfelvétel *fn* enregistrement *h* (sonore)

hangforrás *fn* source *n* sonore

hanghiba *fn* panne *n* de son

hanghordozás *fn* accent *h*, ton *h*

hanghullám *fn* onde *n* sonore

hangjáték *fn* pièce *n* radiophonique

hangjegy *fn* note *n* (de musique)

hangjelzés *fn* signal *n* sonore

hangkártya *fn* inform carte *n* son

hangképzés *fn* nyelv phonation *n; zene* travail *h* de la voix

hanglejtés *fn* intonation *n*

hanglemez *fn* disque *h*

hangmagasság *fn* hauteur *n* du son; *zene* hauteur *n* de la note

hangmérnök *fn* ingénieur *h n* du son

hangnem *fn zene* ton *h*, mode *h; átv* ton *h;* **más ~ben beszél** changer de ton

hangol *ts i* accorder; **jó kedvre ~ vkit** mettre qqn de bonne humeur; **vki ellen ~ vkit** monter qqn contre qqn

hangolás *fn* accord *h*

hangos *mn* sonore; *[lármás]* bruyant(e); ~ **ember** homme *h* bruyant *v.* exubérant; ~ **nevetés** rire *h* sonore; ~ **siker** succès *h* retentissant; **ne tedd ilyen ~ra a zenét!** ne mets pas la musique aussi forte

hangosan *hsz [hallhatóan]* à haute voix; *[zajosan]* bruyamment; ~ **beszél**

parler fort; ~ **gondolkodik** penser tout haut; **beszélj ~abban!** parle plus fort

hangosbemondó fn haut-parleur h

hangosfilm fn film h parlant v. sonore

hangoskod|ik tn i avoir le verbe haut

hangoztat ts i vmit affirmer v. proclamer qqch, insister sur qqch; **ártatlanságát ~ja** proclamer de son innocence; **nem győzöm eleget ~ni** je ne cesse de répéter que v. d'insister sur le fait que

hangposta fn távk messagerie n vocale

hangrobbanás fn bang h

hangsáv fn piste n sonore

hangsebesség fn vitesse n du son; ~ **feletti** supersonique

hangsor fn [zenei] échelle n, mode h; nyelv série n (phonétique)

hangsúly fn accent h; átv ~**t fektet vmire** mettre l'accent sur qqch

hangsúlyos mn nyelv, zene accentué(e), tonique

hangsúlyoz ts i nyelv accentuer; [kiemel] vmit mettre l'accent v. insister sur qqch

hangsúlytalan mn inaccentué(e)

hangszál fn corde n vocale

hangszalag fn [magnetofoné] bande n; [hangszál] cordes n (t sz) vocales

hangszer fn instrument h (de musique); **húros** ~ instrument à cordes; **vonós** ~ instrument à archet; **vmilyen ~en játszik** jouer d'un instrument

hangszerel ts i arranger, orchestrer

hangszeres mn ~ **zene** musique n instrumentale

hangszigetelés fn insonorisation n

hangszigetelt mn insonorisé(e)

hangszín fn timbre h

hangszóró fn haut-parleur h; [megafon] mégaphone h

hangtalan mn sans bruit, silencieux (-euse); [hangját vesztett] aphone

hangtan fn fiz acoustique n; nyelv phonétique n

hangtompító fn [gépen, lőfegyveren] silencieux h; [zene] sourdine n

hangulat fn [lelki] humeur n; [környezeti] ambiance n, atmosphère n; [közhangulat] climat h; **jó ~ban van** être de bonne humeur

hangulatos mn ~ **hely** endroit h qui a de l'ambiance

hangverseny fn concert h; [énekes] concert h vocal; [egy művészé] récital h

hangversenyez tn i donner un concert v. un récital

hangvétel fn [modor] ton h

hangvilla fn diapason h

hangzás fn [hang hatása] consonance n; [névvel kapcs. közhangulat] connotation n

hangzatos mn ronflant(e)

hangzavar fn cacophonie n, vacarme h, tintamarre h

hangz|ik tn i se faire entendre, sonner, résonner, retentir; **messzire ~ik** retentir au loin; **ez hihetően ~ik** cela sonne vrai; **ez jól ~ik** [ajánlat stb.] ça m'a l'air bien; **a szöveg így ~ik** le texte est comme suit

hangya fn fourmi n

hangyaboly fn fourmilière n, nid h de fourmis

hány¹ ts i [okád] vomir; [dobál] jeter; **fittyet ~ vmire** faire fi de qqch; **vki szemére ~ vmit** reprocher qqch à qqn

hány² nm combien; ~ **kiló?** combien de kilos ?; ~ **óra van?** quelle heure est-il ?; ~ **éves vagy?** quel âge as-tu ?

hányad fn ált part n, partie n, fraction n; mat sous-multiple h

hányadán hsz **nem tudom, ~ állok vele** je ne sais à quoi m'en tenir sur son compte

hányadik *nm* combien, quel (quelle); ~ **lett a versenyen?** en quelle position a-t-il terminé la course ?; ~ **oldalon?** à quelle page ?; **~a van ma?** quel jour sommes-nous ?; *biz* on est le combien ?; **~os vagy?** tu es en quelle classe ?

hányados *fn* quotient *h*

hányadszor *nm* combien de fois ?; ~ **jársz Pesten?** combien de fois es-tu déjà venu à Pest ?; **~ra sikerült?** après combien de coups *v.* de tentatives as-tu réussi ?

hanyag *mn [gondatlan]* négligent(e); *[fesztelen]* nonchalant(e), négligé(e); ~ **elegancia** élégance *n* négligée; ~ **mozdulat** geste *h* nonchalant; ~ **munka** travail *h* sans soin

hanyagol *ts i* négliger; **~j!** *biz* lâche-moi la grappe !

hanyagság *fn* négligence *n*

hányan *nm* combien ?; ~ **vannak?** combien sont-ils ?

hányas *nm* quel numéro ?; ~ **a mérete?** quelle est votre taille ?; quelle taille faites-vous ?; **~ban laksz?** tu habites à quel numéro ?; **~t kapott?** quelle note a-t-il eu ?; ~ **busszal mész?** quel bus prends-tu ?

hányás *fn [cselekvés, eredmény]* vomissement *h*

hanyatlás *fn* déclin *h*, décadence *n*; *[visszaesés]* régression *n*

hanyatl|ik *tn i [lerogy]* se laisser tomber, s'effondrer; *átv* décliner, baisser

hanyatló *mn* déclinant(e); **~ban van** être sur son déclin

hanyatt *hsz [fekve]* couché(e) *v.* étendu(e) sur le dos; ~ **esik** tomber à la renverse *v.* sur le dos

hányattatás *fn* vicissitudes *n (t sz)*, tribulations *n (t sz)*

hanyatt-homlok *hsz* en toute hâte; *biz* dare-dare; ~ **menekül** se sauver à toutes jambes

hányféle *nm* combien de sortes *v.* d'espèces

hányinger *fn* nausée *n*, envie *n* de vomir, haut-le-cœur *h*; **~e van** avoir la nausée *v.* envie de vomir *v.* mal au cœur

hánykolód|ik *tn i [ide-oda]* balotter; *[ágyban]* s'agiter

hányód|ik *tn i [vhol tárgy]* traîner; *[hajó vízen]* tanguer

hányszor *nm* combien de fois

hánytató I. *mn* vomitif (-ive) **II.** *fn* vomitif *v*

hapci *msz* atchoum

hápog *tn i* cancaner, faire coin-coin

hapsi *fn biz* type *h*, gus *h*

harag *fn* colère *n*; *[sértődés]* rancune *n*; **nincs ~!** sans rancune !; **~ban van vkivel** être fâché(e) avec qqn; **kitölti vkin a ~ját** passer sa colère sur qqn; **~ra gerjed vki ellen** se mettre en colère contre qqn

haragít *ts i vkit* mettre qqn en colère; **magára ~vkit** s'attirer la colère de qqn

haragos I. *mn [természetű]* coléreux (-euse), irascible; *[dühös]* furieux (-euse), en colère, fâché(e); ~ **tekintet** regard *h* irrité *v. [erősebb]* furieux; ~ **tenger** mer *n* démontée **II.** *fn [vkinek ellensége]* ennemi(e)

haragsz|ik *tn i vkire* être fâché(e) contre qqn, être en colère après qqn, en vouloir à qqn; **ne haragudj rám!** ne m'en veux pas; **ne haragudjon, tudna segíteni?** excusez-moi, pourriez-vous m'aider ?

haragtartó *mn* rancunier (-ière)

harang *fn* cloche *n*; **meghúzza a ~ot** sonner les cloches; **szólnak a ~ok** les cloches sonnent

harangjáték *fn* carillon *h*

harangoz *tn i* sonner; **delet ~nak** on sonne midi, midi sonne

harangszó *fn* son *n* de cloche; **esti ~** angélus *h* du soir

harangtorony *fn* campanile *h*

harangvirág *fn* campanule *n*

harap I. *tn i vmibe* mordre *dans qqch*; **vigyázz, a kutya ~!** attention, chien méchant ! II. *ts i [eszik]* manger un morceau

harapás *fn [cselekedet, helye]* morsure *n*; *[falat]* bouchée *n*

harapnivaló *fn* casse-croûte *h*; **hozz egy kis ~t!** apporte (un petit) quelque chose à manger

harapófogó *fn* tenailles *n (t sz)*

harapós *mn* ~ **kutya** chien *h* méchant; ~ **kedvében van** être d'une humeur massacrante *v.* de chien *v.* de dogue

harc *fn átv is* lutte *n*; combat *h*, bataille *n*; **légi** ~ combat aérien; **folynak a ~ok** les combats se poursuivent; **feladja a ~ot** abandonner la lutte; ~**ot vív vkivel/vmivel** *v.* **vki/vmi ellen** lutter *v.* se battre contre qqn/qqch

harcedzett *mn* aguerri(e)

harci *mn* de combat, de guerre, combattant(e); *átv* belliqueux (-euse); ~ **gép** machine *n* de guerre; ~ **kutya** chien *h* de combat; ~ **kedv** ardeur *n v.* *átv* humeur *n* belliqueuse

harcias *mn [harcot kedvelő]* belliqueux (-euse); *[támadó szellemű, veszekedős]* batailleur (-euse), querelleur (-euse)

harcképtelen *mn* inapte au combat; ~**né tesz** mettre hors de combat

harckocsi *fn* char *h* (d'assaut *v.* de combat)

harcmező *fn* champ *h* de bataille; **elesik a ~n** tomber au champ d'honneur

harcművészet *fn* (távol-keleti) ~**ek** arts *h (t sz)* martiaux

harcol *tn i* lutter, se battre, combattre; *átv vmi ellen v. vmiért* lutter *v.* se battre *contre v. pour qqch*

harcos I. *mn* guerrier (-ière), combatif (-ive); belliqueux (-euse); *pol* militant(e); ~ **nép** peuple *h* guerrier; ~ **szellem** esprit *h* combatif II. *fn* guerrier (-ière), combattant(e); *pol* militant(e)

harctér *fn* champ *h* de bataille

harcsa *fn* silure *h*

hardver *fn* *inform* matériel *h*; *ang* hardware *h*

hárem *fn* harem *h*

hárfa *fn* harpe *n*

hárfáz|ik *tn i* jouer de la harpe

harisnya *fn* bas *h*

harisnyanadrág *fn* collant *h*

harisnyatartó *fn* porte-jarretelles *h*

hárít *ts i vmit vkire* rejeter qqch sur qqn, faire endosser qqch à qqn; *sp [ütést, vágást, támadást]* parer

harkály *fn* pic *h*

harmad I. *szn [rész]* tiers *h*; ~ **áron** au tiers du prix II. *fn sp* période *n*

harmadéves I. *mn* de troisième année II. *fn* étudiant(e) de troisième année

harmadfokú *mn* *mat* du *v.* au troisième degré; ~ **égés** brûlure *n* du troisième degré

harmadik I. *szn* troisième; ~ **személy** troisième personne *n*; **egy ~ személy** une tierce personne; ~ **világ** tiers-monde *h* II. *fn [emelet, kerület]* troisième *h*; *okt* troisième *n*; **január ~a v.** ~**án** le trois janvier; **a ~on lakik** habiter au troisième; ~**ba jár** être en troisième (classe); *gj* ~**ba kapcsol** passer en troisième; **mat öt a ~on** cinq à la puissance trois *v.* à la puissance trois

harmadol *ts i [oszt]* partager en trois (parties)

harmadszor *hsz [alkalommal]* pour la troisième fois; *[felsorolásnál]* en troisième lieu, troisièmement, tertio

hárman *szn* (à) trois; **tíz közül ~** sur dix; **~ voltunk** nous étions trois

hármas I. *mn [három részből álló]* triple; **~ ikrek** triplés *h (t sz)*; **a ~ szám** le chiffre trois; **~ busz** bus *h* numéro trois **II.** *fn [számjegy]* le trois; *[osztályzat]* trois *h*, passable *h*; **~ban** *[hárman]* à trois; **a ~ban lakik** il habite au trois

hármasugrás *fn sp* triple saut *h*

harmat *fn* rosée *n*

harmatos *mn* couvert(e) *v.* humide de rosée

harminc *szn* trente; **~ felé jár** il approche de la trentaine

harmincadik *szn* trentième; **március ~a** le trente mars

harmincas I. *mn [személyről]* d'une trentaine d'années, dans la trentaine; **a ~ években** dans les années trente **II.** *fn [számjegy]* le chiffre *v.* le numéro trente

harmincéves *mn* de trente ans

harmónia *fn* harmonie *n*

harmonika *fn* accordéon *h*

harmonikus *mn* harmonieux (-euse)

harmonizál I. *ts i [zenedarabot]* harmoniser, arranger **II.** *tn i [összhangban van]* vmivel s'harmoniser *avec qqch*

három *szn* trois; **~kor érkezik** il arrive à trois heures

háromágyas *mn* à trois lits *h (t sz)*

háromcsillagos *mn* trois(-)étoiles

háromdimenziós *mn* tridimensionnel (-elle)

hároméves *mn* de trois ans; triennal(e); **~ korában** à l'âge de trois ans; **~ terv** plan *h* triennal

háromévi *mn* **~ távollét után** après trois ans d'absence, après une absence de trois ans

háromféle *mn* (de) trois sortes

háromhavi *mn* de trois mois, trimestriel (-elle)

háromhetes *mn* de trois semaines

háromjegyű *mn* **~ szám** nombre *h* à trois chiffres

háromnapos *mn* de trois jours

háromnegyed *szn* trois quarts; **~ részben** aux trois quarts; **~ tízkor** à dix heures moins le *v.* un quart

háromnegyedes *mn [ruhaujj, kabát]* trois quarts; **~ kabát** manteau *h* trois quart; **~ ütem** mesure *n* à trois temps

háromrészes *mn [filmsorozat]* en trois parties; **~ öltöny** costume *h* trois pièces, un trois-pièces

háromszáz *szn* trois cents

háromszínű *mn* tricolore

háromszobás *mn* de trois pièces

háromszor *hsz* trois fois; **~ egymás után** trois fois de suite, à trois reprises

háromszoros I. *mn* triple; **~ éljen** triple hourra *h* **II.** *fn* vmi **~a** le triple de qqch

háromszög *fn* triangle *h*; **szerelmi ~** triangle *h* amoureux

háromszögű *mn* triangulaire

háromtagú *mn* **~ bizottság** commission *n* de trois membres; **~ család** famille *n* de trois personnes; **~ együttes** trio *h*

hárpia *fn* harpie *n*

harsan *tn i* retentir

harsány *mn [hang]* clironnant(e), tonitruant(e); *[kacaj]* retentissant(e); *[szín]* criard(e)

hársfa *fn* tilleul *h*

hársfatea *fn* tilleul *h*

harsog *tn i [hang]* retentir, résonner; *[trombita]* clabronner; *[rádió]* hurler

harsona *fn* trombone *h*

hártya *fn* membrane *n*, pellicule *n*; *[védőréteg]* pellicule *n*, film *h*

hárul *tn i vmi vkire* revenir *v.* incomber à *qqn*; **ránk ~ a kötelesség, hogy** la responsabilité nous incombe de *inf*

has *fn* ventre *h; orv* abdomen *h; [edényé]* panse *n*, ventre *h;* **~on** sur le ventre; **~ra** à plat ventre; **fáj a ~a** avoir mal au ventre; **~át fogja nevettében** se tenir les côtes (de rire); **~ra esik** s'étaler, *biz* tomber à plat ventre; *átv* **~ra vágódik vki előtt** se mettre à plat ventre devant qqn

hasáb *fn [fa]* bûche *n; [újságban]* colonne *n; mat* prisme *h*

hasábburgonya *fn* pommes *n (t sz)* frites

hasad *tn i [kemény anyag]* se fendre; *[jég]* se fissurer; *[szövet]* se déchirer; **~ a hajnal** l'aube commence à poindre

hasadás *fn [kemény anyagon]* fente *n; [szöveten]* déchirure *n; fiz* fission *n*

hasadék *fn* fente *n*, crevasse *n; [völgy]* gorge *n*

hasal *tn i [vhol]* être (couché) à plat ventre; *[vhova]* se mettre à plat ventre

hasbeszélő *fn* ventriloque *h n*

hasfájás *fn* mal *h* au *v.* de ventre

hashajtó I. *mn* laxatif (-ive) **II.** *fn* laxatif *h*

hasis *fn* haschi(s)ch *h; biz* hasch *h*

hasít *ts i* fendre; *[szövetet, papírt]* déchirer; *[fát]* fendre

hasmenés *fn* diarrhée *n*

hasnyálmirigy *fn* pancréas *h*

hasogat *ts i [fát]* fendre; **~ a háta** avoir des douleurs lancinantes dans le dos; **a zaj ~ja a fülét** le bruit lui déchire les oreilles

hasonlat *fn* comparaison *n*

hasonlít I. *tn i* ressembler; **apjára** ~ il ressemble à son père; **úgy ~anak, mint két tojás** ils se ressemblent comme deux gouttes d'eau **II.** *ts i* comparer

hasonlíthatatlan *mn* incomparable

hasonló I. *mn* similaire; *vmihez* semblable à *qqch*; **~ alakú** de forme analogue; **~ esetekben** dans des cas similaires; **~ korú** à peu près du même âge **II.** *fn vmi ehhez* ~ quelque chose de ce genre; **ő és a hozzá ~k** lui et ses pareils

hasonlóság *fn* ressemblance *n*, similarité *n;* **~ alapján** par analogie

hasonmás I. *mn* **~ kiadás** édition *n* en fac-similé **II.** *fn [személyé]* sosie *h; [írásé, rajzé]* fac-similé *h*

hastánc *fn* danse *n* du ventre

használ I. *ts i vmit* utiliser *qqch*, se servir de *qqch; [alkalmaz]* employer **II.** *tn i* servir; *[célra vezet]* faire son effet; *[gyógyszer]* faire du bien

használat *fn* usage *h*, emploi *h*, utilisation *n;* **~ előtt felrázandó** agiter avant usage; **~on kívül helyez** mettre hors d'usage

használati *mn* **~ cikk** article *n* de consommation courante; **~ tárgy** objet *h* usuel; **~ utasítás** mode *h* d'emploi

használatos *mn* usuel (-elle), courant(e); **egyszer ~** jetable

használhatatlan *mn* inutilisable

használható *mn* utilisable; **ez még ~** ça peut encore servir

használt *mn [elhasznált]* usé(e); *[egyszer már eladott]* d'occasion; biz d'occase; **~ autó** voiture *n* d'occasion

hasznavehetetlen *mn* inutilisable

hasznos I. *mn* utile; *[anyagilag]* profitable; **~sá teszi magát** se rendre utile **II.** *fn* **összeköti a kellemest a ~sal** joindre l'utile à l'agréable

hasznosít *ts i vmit* mettre *qqch* à profit, utiliser *v.* exploiter *qqch; [hulladékot]* recycler

haszon *fn [nyereség]* profit *h*, bénéfice *h; [hasznosság, előny]* utilité *n*, avantage h, intérêt h; **hasznát veszi vminek** faire bon usage de qqch; **hasznot húz vmiből** tirer profit de qqch; **mi haszna?** à quoi bon ?

haszonbér fn bail h

haszonélvezet fn usufruit h

haszonélvező fn usufruitier (-ière)

haszongépjármű fn véhicule h utilitaire

haszonkulcs fn marge n

haszontalan mn inutile, vain(e); ~ **ember** un bon à rien; ~ **kölyök** petit garnement h v. galopin h

haszontalanság fn [dolog, tevékenység] futilité n, bagatelle n

hasztalan I. mn vain(e), inutile **II.** hsz en vain, vainement, inutilement; ~ **próbálkozott** il avait beau essayer

hat¹ tn i [orvosság] agir; vmi vkire impressionner qqn, faire une forte impression sur qqn; vki vkire influencer qqn, exercer une influence sur qqn; [vmilyennek tűnik] donner l'impression de, paraître, avoir l'air de

hat² szn six

hát¹ fn [testrész] dos h; **fáj a ~a** avoir mal au dos; **a ~án fekszik** être couché(e) sur le dos; **vki ~a mögött** dans le dos de qqn; átv is **a ~at fordít vkinek** tourner le dos à qqn;

hát² I. msz ~ ... eh bien ..., heu ... II. hsz ~ **aztán?!** et après ?, et alors ?; **de ~ mi a baj?** mais qu'y a-t-il donc ?; ~ **persze!** mais bien sûr ! III. ksz **nos** ~ eh bien; **így** ~ donc, ainsi

hatalmas mn [méretében] énorme, immense, monumental(e); [vihar, szél] violent(e); [összeg] astronomique; [nagy hatalmú] puissant(e); ~ **siker** un énorme succès

hatalmasság fn helyi ~ok potentats h (t sz) locaux

hatalmi mn ~ **harc** lutte n de pouvoir; ~ **szóval** d'autorité

hatalom fn pouvoir h, puissance n; [tekintély] autorité n; **hatalmába kerít vmit** prendre possession v. le contrôle de qqch; **hatalmában van, hogy** il est en son pouvoir de inf; **hatalmon van** être au pouvoir; ~**ra jut** accéder v. arriver au pouvoir

hatalomátvétel fn prise n de pouvoir

hatalomvágy fn soif h du pouvoir

hatály fn vigueur n, effet h, validité n; **azonnali hatállyal** avec effet immédiat; ~**ba lép** entrer en vigueur, prendre effet; ~**on kívül helyez** abroger, annuler

hatálybalépés fn entrée n en vigueur

hatályos mn en vigueur; ~ **törvény** loi n en vigueur

hatálytalanít ts i abroger, annuler, invalider

hatan hsz à six; ~ **voltunk** nous étions six

határ fn [államé] frontière n; [földterületé] limite n; [határvidék] confins h (t sz); átv limite n; **átlépi a ~t** passer la frontière; **mindennek van ~a** il y a une limite à tout

határállomás fn gare n frontalière

határátkelőhely fn poste-frontière h

határátlépés fn passage h de la frontière

határérték fn valeur n limite

határforgalom fn trafic h frontalier

határidő fn délai h, terme h, date n limite; **a ~ lejárt** le délai est écoulé; **a megadott ~n belül** dans le délai imparti; ~**t kitűz** fixer un délai; ~**t betart** observer un délai

határidőnapló fn agenda h

határidős mn ~ **munka** travail h à délai déterminé; ~ **ügylet** opération n à terme

határol ts i délimiter

határos mn [ország, terület] limitrophe; [telek] contigu(ë); vmi vmivel átv is confiner à qqch; **~ országok** pays h (t sz) limitrophes; **a csodával ~** tenir du miracle

határoz I. tn i décider, prendre une décision; **úgy ~, hogy** il a décidé que v. de inf **II.** ts i décider; **vmire ~za magát** se décider à qqch v. à inf

határozat fn décision n, résolution n; [bírói] arrêt h, décision n; [közigazgatási] décret h, arrêté h

határozathozatal fn délibération n

határozatlan mn [személy] irrésolu(e), indécis(e); [nem meghatározott] indéterminé(e), indéfini(e); [elmosódó] incertain(e), imprécis(e); nyelv indéfini(e); **~ időre** pour un temps indéterminé

határozó fn nyelv complément h circonstanciel

határozószó fn adverbe h

határozott mn [meghatározott] déterminé(e), défini(e); [jellem] décidé(e), déterminé(e), résolu(e); [egyértelmű]; net (nette), catégorique, tranché(e); [kifejezett] explicite, formel (-elle); **~ elutasítás** refus h catégorique; nyelv **~ névelő** article h défini

határőr fn garde-frontière h

határőrség fn garde n des frontières

határsáv fn zone n frontalière

határsértés fn violation n de frontière

határtalan mn illimité(e), infini(e), sans limites; [érzelem, indulat] sans bornes

határvidék fn région n frontalière

határvonal fn ligne n de démarcation

hatás fn effet h; [benyomás] impression n; [befolyás] influence n; [gyógyszeré] action n; **érezteti ~át** faire sentir son effet; **~sal van vkire/vmire** avoir de l'influence sur qqn/qqch; **~t gyakorol vkire/vmire** exercer de l'influence sur qqn/qqch; **jó ~t kelt** faire bonne impression

hatásfok fn efficacité n

hatáskör fn compétence n, attributions n (t sz), pouvoirs h (t sz)

hatásos mn [hatékony] efficace; [megjelenés] impressionnant(e); [beszéd, érvelés] puissant, persuasif (-ive)

hatástalan mn inefficace, sans effet

hatástalanít ts i neutraliser; [lövedéket] désamorcer

hatásvadász mn/fn qui cherche à faire de l'effet

hátborzongató mn terrifiant(e)

hatékony mn efficace

hátgerinc fn échine n; [emberé] colonne n vertébrale

hátha hsz **~ elment** qui sait s'il n'est pas parti ?; **vidd el, ~ kell majd!** prends-le, tu en auras peut-être besoin

hátitáska fn [iskolai] cartable h

hátizsák fn sac h à dos

hátlap fn dos h; **lásd a ~on** voir au dos

hatóanyag fn agent h; vegy, biol principe h actif

hatod szn sixième h

hatodik I. szn sixième **II.** fn [emelet, kerület] sixième h; okt sixième n; **~ba jár** être en sixième; **október ~a** v. **~án** le six octobre

hatodikos I. mn de sixième **II.** fn élève h n de sixième

hatóerő fn [gyógyszeré, méregé] action n

hatol tn i vhová/vmibe pénétrer dans qqch; átv vmi mélyére → aller au fond de qqch

hátoldal fn [könyvé, levélé] dos h; [éremé] revers h

hatos I. mn **~ busz** bus h numéro six **II.** fn [számjegy] six h

H

hatóság *fn* autorité *n*; **az illetékes ~ok** les autorités compétentes

hatósági *mn* officiel (-elle), administratif (-ive); **~ engedély** *[építkezéshez]* permis *h*; *[kereskedelmi tevékenységhez]* licence *n*; **~ közeg** agent *h* public

hatósugár *fn* rayon *h* d'action

hatótávolság *fn [fegyveré]* portée *n*; *[járműé, rakétáé]* rayon *h* d'action

hátra *hsz [irány]* en arrière, vers l'arrière, derrière; **~ arc!** demi-tour !; **még tíz perc van ~** il reste encore dix minutes; **nincs más ~, mint** il ne reste plus qu'à *inf*

hátrább *hsz* lépj **~!** recule

hátradől *tn i [eldől]* basculer en arrière; *[ülve]* se renverser (en arrière)

hátrafelé *hsz* en arrière; **~ menetben** en marche arrière, à reculons

hátrafordul *tn i* se retourner, faire demi-tour

hátrahagy *ts i [otthagy]* laisser (derrière soi); *[örökül]* laisser (en héritage); *[lehagy]* distancer

hátrál *tn i [személy]* reculer; *[jármű]* faire marche arrière; *[sereg]* battre en retraite

hátralék *fn* arriéré *h*

hátralékos *mn* arriéré(e)

hátralevő *mn* restant(e), qui reste; **a ~ munka** le travail restant

hátráltat *ts i* retarder, entraver; **~ vkit a munkájában** déranger qqn dans son travail

hátramarad *tn i [lemarad]* rester *v.* demeurer en arrière; *átv vmiben* être en retard *dans qqch*

hátramenet *fn* marche *n* arrière

hátranéz *tn i* regarder en arrière

hátrány *fn [vki számára]* désavantage *h*; *[dologé, eljárásé]* inconvénient *h*; *sp* retard *h*; **~ban van vkivel szemben** être désavantagé(e) par rapport à qqn

hátrányos *mn* désavantageux (-euse); **~ megkülönböztetés** discrimination *n*

hátsó I. *mn* **~ bejárat** entrée *n* de service; **~ ülés** siège *h* arrière; **~ láb** patte(s) *n (t sz)* de derrière; **~ gondolat** arrière-pensée *n* **II.** *fn biz* arrière-train *h*, derrière *h*

hatszáz *szn* six cents

hátszél *fn* vent *h* arrière

hatszor *szn* six fois

hatszoros *mn/fn* sextuple *h*

hatszög *fn* hexagone *h*

háttér *fn* arrière-plan *h*; fond *h*; **a ~ben** à l'arrière-plan, *átv* dans les coulisses, en coulisse; **~be kerül** passer *v.* être relégué(e) à l'arrière-plan *v.* au second plan

hátul *hsz* au fond, en arrière, derrière; **~ról támad** attaquer par derrière; **~ról nem látni** on voit pas de derrière

hátúszás *fn* nage *n* sur le dos; **100 méteres ~** 100 m dos

hatvan *szn* soixante; **~ év körüli** *[személy]* dans la soixantaine

hatvanadik *szn* soixantième

hatvanas I. *mn* **a ~ években** dans les années soixante; **~ férfi/nő** sexagénaire; **~ busz** le bus numéro soixante **II.** *fn [szám]* soixante *h*

hatvány *fn mat* puissance *n*; **~ra emel** élever à la puissance

hátvéd *fn kat* arrière-garde *n*; *sp* arrière *h*

hattyú *fn* cygne *h*

hattyúdal *fn* chant *h* du cygne

havas I. *mn [hóval borított]* enneigé(e); *[időjárás]* neigeux (-euse); **~ eső** neige *n* fondue **II.** *fn* **~ok** hautes montagnes *n (t sz)*

havazás *fn* chute *n* de neige

havaz|ik *tn i* neiger

haver *fn biz* pote *h n*

havi *mn* mensuel (-elle); ~ **díj** mensualité *n*; **a jövő ~ program** le programme du prochain mois

havibérlet *fn* carte *n* d'abonnement mensuel

havivérzés *fn* règles *n (t sz)*

havonta *hsz* par mois, tous les mois, mensuellement; ~ **kétszer** deux fois par mois

ház *fn* maison *n*; *[épület]* immeuble *h*; *[otthon]* maison *n*, domicile *h*; *[csigáé]* coquille *n*; *[uralkodói]* maison *n*, dynastie *n*; *[országgyűlés]* la Chambre; **szülői ~** domicile familial; **~hoz szállít** livrer à domicile; **szính telt ~** salle *n* comble

haza¹ *fn* patrie *n*; *[szülőföld]* pays *h* d'origine; **~nk** notre pays

haza² *hsz* à la maison, chez soi; **menj ~!** rentre à la maison, rentre chez toi

hazaárulás *fn* haute trahison *n*

hazaáruló *mn/fn* traître (traîtresse) à la patrie

hazaér *tn i* rentrer, arriver chez soi

hazafelé *hsz* en rentrant (à la maison), sur le chemin du retour

hazafi *fn* patriote *h n*

hazafias *mn* patriotique

hazafiság *fn* patriotisme *h*

hazahoz *ts i [személyt]* ramener (à la maison v. chez soi); *[tárgyat]* rapporter à la maison v. chez soi; *[hazájába]* rapatrier

hazai *mn* ~ **csapat** *[válogatott]* équipe *n* nationale; ~ **föld** la terre natale; ~ **pályán játszik** jouer à domicile; ~ **termék** produit *h* national

hazajár *tn i* rentrer (régulièrement); ~ **étkezni** rentrer pour les repas

hazajön *tn i* rentrer (à la maison)

hazakísér *ts i* raccompagner

hazaküld *ts i [személyt]* envoyer chez soi; *[tárgyat]* renvoyer à la maison

házal *tn i* faire du porte-à-porte

hazamegy *tn i* rentrer (à la maison v. chez soi)

hazárdjáték *fn* jeu *h* de hasard

házas I. *mn* marié(e) **II.** *fn* **a ~ok** les conjoints *h (t sz)*, les époux *h (t sz)*

házasélet *fn* vie *n* conjugale; *[nemi élet]* rapports *h (t sz)* (sexuels)

házasod|ik *tn i* se marier

házaspár *fn* couple *h* (marié)

házasság *fn* mariage *h*; **~ot köt vkivel** contracter un mariage avec qqn

házassági *mn* matrimonial(e), conjugal(e); ~ **anyakönyvi kivonat** extrait *h* d'acte de mariage; ~ **évforduló** anniversaire *h* de mariage

házasságkötés *fn* (célébration *n* du) mariage *h*

házasságtörés *fn* adultère *h*

házastárs *fn* conjoint(e), époux (-ouse)

hazaszeretet *fn* amour *h* de la patrie

hazatalál *tn i* (re)trouver le chemin de la maison

hazatelepít *ts i* rapatrier

hazatér *tn i* retourner v. rentrer à la maison v. chez soi; *[külföldről]* rentrer dans son pays

hazátlan *mn* sans-patrie *h*

hazavisz *ts i [tárgyat]* (r)emporter chez soi v. à la maison; *[személyt]* ramener

házépítés *fn* construction *n* (d'une maison)

házfelügyelő *fn* concierge *h n*

házhely *fn* terrain *h* à bâtir

házhozszállítás *fn* livraison *n* à domicile

házi I. *mn* domestique, de ménage; *[családi]* familial(e), de ménage; ~ **feladat** devoir *h* (à la maison); ~ **sütemény** pâtisserie *n* maison **II.** *fn* **a ~ak** les gens *h (t sz)* de la maison

háziállat *fn* animal *h* domestique

házias mn *[személyről]* bon (bonne) ménager (-ère)

háziasít domestiquer

háziasszony fn *[háztartásban]* ménagère n; *[vendégségben]* maîtresse n de maison

házibuli fn boum n, fête n

házigazda fn maître h de maison

háziipar fn artisanat h

házilag hsz ~ **készített** fait(e) maison

házimozi fn home-cinéma h

házimunka fn travaux h *(t sz)* ménagers

házinyúl fn lapin h domestique

háziorvos fn médecin h de famille

háziőrizet fn résidence n surveillée

házirend fn règlement h intérieur

házkutatás fn perquisition n à domicile; ~**t tart** perquisitionner

házmester fn concierge h n

házsor fn rangée n de maisons

házszabály fn règlement h de la Chambre des députés

házszám fn numéro h (de la maison v. de l'immeuble)

háztartás fn ménage h; ~**t vezet** tenir le ménage, s'occuper de la maison

háztartásbeli fn femme n au foyer

háztartási mn ménager (-ère), de ménage; ~ **alkalmazott** employé(e) de maison h; ~ **gép** appareil h électroménager

háztető fn toit h

háztömb fn pâté h de maisons

hazud|ik tn i mentir; ~**ik, mint a vízfolyás** il ment comme il respire

hazudoz|ik tn i débiter v. dire des mensonges

hazug mn *[ember]* menteur (-euse); *[állítás stb.]* mensonger (-ère), faux (fausse)

hazugság fn mensonge h; **kegyes ~** mensonge pieux

hazulról hsz de chez soi, de la maison; **elmegy ~** sortir

házvezetőnő fn gouvernante n

házsártos mn acariâtre

hébe-hóba hsz de temps à autre, de temps en temps

hebehurgya mn/fn étourdi(e)

héber I. mn hébraïque; *[csak hímnemben]* hébreu **II.** fn *[férfi]* Hébreu h; *[nő]* juive n; *[nyelv]* hébreu h

hecc fn *[ugratás]* taquinerie n; **a ~ kedvéért** v. ~**ből** pour rire

heccel ts i biz *[ugrat]* charrier, chambrer; ~**i magát** se monter le bourrichon

heg fn cicatrice n

heged tn i se cicatriser

hegedű fn violon h

hegedül tn i jouer du violon

hegedűművész fn violoniste h n

hegedűs fn violoniste h n; *[zenekarban]* violon h; **első ~** premier violon

hegedűverseny fn concerto h pour violon

hegemónia fn hégémonie n

hegeszt ts i souder

hegy¹ fn montagne n; *[kisebb]* colline n; *[földrajzi névben]* mont h; ~**et mászik** faire de l'alpinisme

hegy² fn *[tárgyé]* pointe n; *[ujjé, orré, fülé]* bout h

hegycsúcs fn sommet h, cime n; *[hegyes]* pic h

hegyes¹ mn *földr* montagneux (-euse); ~ **vidék** région n montagneuse

hegyes² mn *[tárgy]* pointu(e); ~ **vég** bout h pointu

hegyesszög fn angle h aigu

hegyez ts i *[ceruzát]* tailler; ~**i a fületr** dresser v. tendre l'oreille

hegyező fn taille-crayon h

hegygerinc fn crête n

hegyi mn de montagne; ~ **levegő** l'air h de la montagne; ~ **növény** plante n alpestre; ~ **túra** randonnée *n* en montagne

hegymászás *fn* alpinisme *h*

hegymászó I. *mn* d'alpiniste **II.** *fn* alpiniste *h n*

hegymenet *fn* montée *n*

hegyoldal *fn* versant *h*, côte *n*

hegység *fn* monts *h* (*t sz*)

hegytető *fn* sommet *h* (de la montagne)

hegyvidék *fn* région *n* montagneuse

héj *fn* [*vékony*] peau *n*; [*citromé, narancsé*] écorce *n*; [*tojásé*] coque *n*; [*sajté, kenyéré*] croûte *n*; [*kagylóé*] coquille *n*; [*hámozott*] épluchure *n*

héja *fn* autour *h*

hektár *fn* hectare *h*

Helén *fn* Hélène *n*

helikopter *fn* hélicoptère *h*

Helsinki *fn* Helsinki

hely *fn* *ált* place *n*; [*színhely*] lieu *h*, endroit *h*; *átv* [*elnyert, elfoglalt*] position *n*; [*állás*] poste *h*, place *n*; **van még ~?** y a-t-il encore de la place ?; **születési ~ és idő** lieu et date de naissance; **nyilvános ~** lieu public; **~ére tesz vmit** *v. átv* **vkit** remettre qqch *v.* qqn à sa place; **foglaljon ~et!** prenez place; **vki ~ében** à la place de qqn; **~t ad egy kérelemnek** accéder à une demande

helybeli I. *mn* local(e) **II.** *fn* a **~ek** les gens *h* (*t sz*) du pays *v.* du coin

helybenhagy *ts i* approuver; [*ítéletet*] confirmer; [*megver*] *vkit biz* flanquer une volée à *qqn*

helyenként *hsz* par endroits, ici et là

helyénvaló *mn* approprié(e), opportun(e); **nem ~** déplacé(e), inopportun(e)

helyes *mn* [*jó*] juste; [*korrekt*] correct(e); [*pontos*] exact(e); [*megfelelő*] adéquat(e); [*csinos*] mignon (-onne); **~!** [*dicsérve*] très bien !

helyesbít *ts i* corriger, rectifier; [*törvényt, rendeletet*] amander

helyesbítés *fn* correction *n*, rectification *n*

helyesel *ts i* approuver; **nem ~** désapprouver

helyesírás *fn* orthographe *n*

helyesírási *mn* **~ hiba** faute *n* d'orthographe; **~ szabály** règle *n* orthographique *v.* d'orthographe

helyeslés *fn* approbation *n*

helyett *nu* **vmi ~** au lieu de qqch; **vki ~** à la place de qqn

helyette *hsz* à sa place; **írd alá ~m!** signe pour moi

helyettes I. *mn* [*vezetőt segítő*] adjoint(e); [*helyettesítő*] remplaçant(e), suppléant(e); **~ államtitkár** sous-secrétaire *h* d'Etat **II.** *fn* [*vezetőt segítő*] adjoint(e); [*helyettesítő*] remplaçant(e), suppléant(e)

helyettesít *ts i* remplacer

helyettesítés *fn* remplacement *h*; [*bíróé, tanáré*] suppléance *n*

helyettesíthető *mn* remplaçable

helyez *ts i* [*adott helyre*] mettre, placer, poser; [*hivatalba*] affecter (à); [*áthelyez*] muter, déplacer; **egymás fölé** superposer; **biztonságba ~** mettre en sécurité; **előtérbe ~** mettre *v.* placer au premier plan

helyezés *fn sp* classement *h*, place *n*, position *n*; **jó ~t ért el** il a obtenu une bonne place au classement

helyezett *mn*/*fn sp* classé(e); **első ~** premier (-ière) au classement

helyezked|ik *tn i* se mettre, *átv is* se placer; **kényelembe ~ik** se mettre à l'aise; **vmilyen álláspontra ~ik** adopter une position

helyfoglalás *fn* réservation *n*

helyhatározó *fn* complément *h* circonstanciel de lieu

helyhatóság *fn* collectivité *n* locale; *[városi]* municipalité *n*

helyhatósági *mn* ~ **választások** élections *n (t sz)* municipales

helyi *mn* local(e); ~ **beszélgetés** conversation *n* locale; ~ **idő** heure *n* locale; ~ **érzéstelenítés** anesthésie *n* locale

helyiérdekű *fn* ~ **vonat** train *n* d'intérêt local

helyiség *fn* local *h*; *[lakásban]* pièce *n*

helyismeret *fn* connaissance *n* des lieux

helyjegy *fn* réservation *n*

helyőrség *fn kat* garnison *n*

helyrajzi *mn* topographique; ~ **szám** numéro *h* de cadastre

helyreáll *tn i* se rétablir, être rétabli(e); **a rend** ~ l'ordre se rétablit; **~t az egészsége** sa santé s'est rétablie

helyreállít *ts i [állapotot, jogot]* rétablir, restaurer; *[felújít, tataroz]* restaurer; **~ották a forgalmat** la circulation a été rétablie

helyreállítás *fn [állapoté, jogé]* rétablissement *h*; *[épületé]* restauration *n*, remise *n* en état

helyrehoz *ts i átv is* réparer; **hibát** ~ réparer une faute

helyrehozhatatlan *mn* irréparable

helyreigazít *ts i* rajuster, remettre en place; *[helyesbít]* rectifier

helyreigazítás *fn [helyesbítés]* rectification *n*; *[szövegszerű]* rectificatif *h*

helyretesz *ts i vmit* remettre qqch à sa place; *vkit biz* moucher qqn; *[ficamot]* remboîter

helység *fn* commune *n*, localité *n*

helyszín *fn* lieu(x) *h (t sz)*; **a ~en** sur place, sur les lieux

helyszíni *mn* ~ **bírság** contravention *n*; ~ **közvetítés** retransmission *n* en direct

helyszűke *fn* manque *h* de place; ~ **miatt** faute de place

helytáll *tn i [kitart]* tenir bon; *vkiért/vmiért* répondre *v.* se porter garant(e) de *qqn/qqch*; *[állítás, érv]* être valable

helytálló *mn [érv]* solide, valable

helytartó *fn* tört gouverneur *h*

helytelen *mn [hibás]* inexact(e), faux (fausse), erroné(e); *[viselkedés]* déplacé(e), incorrect(e)

helytelenít *ts i* désapprouver

helyváltoztatás *fn* déplacement *h*

helyzet *fn [körülmény]* situation *n*; *[társadalmi, térbeli, testi]* position *n*; *sp* occasion *n*; **kiváltságos** ~ position privilégiée; **pénzügyi** ~ situation financière; **fekvő ~ben** en position couchée; **a** ~ **az, hogy** il se passe que; **a jelenlegi ~ben** dans l'état actuel des choses; **olyan ~ben van, hogy** être en mesure de *v.* en position de *inf*

hempereg *tn i* se rouler, se vautrer

hemzseg *tn i* grouiller, fourmiller

henceg *tn i* se vanter; ~ **a tudásával** étaler sa science

henger *fn mat, műsz* cylindre *h*

hengerűrtartalom *fn* cylindrée *n*

Henrik *fn* Henri *h*

hentes *fn* boucher (-ère)

hentesüzlet *fn* boucherie *n*; *[felvágottal is foglalkozó]* boucherie-charcuterie *n*

henyél *tn i* paresser, fainéanter, lambiner

hepehupás *mn* accidenté(e), cahoteux (-euse)

herceg *fn* prince *h*

hercegnő *fn* princesse *n*

hercegség *fn [államforma]* principauté *n*, duché *h*; *[rang]* titre *h* de prince

here[1] *fn [testrész]* testicule *h*

here[2] *fn [növény]* trèfle *h*

here³ *fn [méh]* faux bourdon *h*

herél *ts i* châtrer, castrer

herélt I. *mn* châtré, castré; **~ macska** chat *h* coupé **II.** *fn [személy]* castrat *h*, eunuque *h*; *[ló]* hongre *h*

hering *fn* hareng *h*

hermelin *fn* hermine *n*

hermetikus *mn* hermétique

hernyó *fn* chenille *n*

heroikus *mn* héroïque

heroin *fn* héroïne *n*; *biz* blanche *n*

herpesz *fn* herpès *h*

hervad *tn i* se faner, se flétrir

hét¹ *szn* sept; **este ~ig** jusqu'à sept heures du soir; **~kor** *v.* **~re** à sept heures

hét² *fn* semaine *n*; **egy ~ alatt** en une semaine; **a múlt/jövő ~en** la semaine dernière/prochaine; **kétszer egy ~en** deux fois par semaine; **mához egy ~re** aujourd'hui en huit; **egy ~tel ez-előtt** il y a une semaine

heted *szn* septième *h*

hetedik I. *szn* septième; **a ~ művészet** le septième art **II.** *fn [emelet, kerület]* septième *h*; *okt* septième *n*; **~be jár** être en septième; **január ~e** *v.* **~én** le sept janvier

hetedikes I. *mn* de septième **II.** *fn* élève *h n* de septième

heten *fn* à sept; **~ közülük** sept d'entre eux; **~ voltunk** nous étions sept

hetente *hsz* hetenként *[minden héten egyszer]* chaque semaine; *[egy-egy hét alatt]* par semaine; **~ kétszer** deux fois par semaine

heterogén *mn* hétérogène

heteroszexuális *mn/fn* hétérosexuel (-elle)

hetes¹ I. *mn* **~ szám** le chiffre sept; **a ~ busz** le bus numéro sept; **a ~ vonat** le train de sept heures **II.** *fn [szám]* sept *h*

hetes² I. *mn* **16 ~ magzat** un fœtus de 16 semaines; **több ~ esőzés után** après des semaines de pluie **II.** *fn* **én vagyok a ~** *[szolgálatban]* c'est moi qui suis de semaine

hétéves I. *mn* de sept ans **II.** *fn* **a ~ek** les enfants *h (t sz)* de sept ans

hétfejű *mn* **~ sárkány** dragon *h* à sept têtes

hétfő *fn* lundi *h*; **~re** pour lundi; **~nként** (tous) les lundis *v.* le lundi; **~höz egy hétre** lundi en huit; **mit csinálsz ~n?** qu'est-ce que tu fais (le) lundi ?; **most ~n** ce lundi-ci; **múlt/jövő ~n** lundi dernier/prochain

heti *mn* **~ jelentés** rapport *h* hebdomadaire; **az e ~ program** le programme de cette semaine

hetijegy *fn* carte *n* hebdomadaire

hetilap *fn* hebdomadaire *h*; *biz* hebdo *h*

hétköznap I. *fn* jour *h* ouvrable **II.** *hsz* en semaine

hétköznapi *mn [hétköznapra eső]* de la semaine; *átv* banal(e), ordinaire; **~ ruha** vêtement *h* de tous les jours

hétszáz *szn* sept cents

hétszer *szn* sept fois; **~ akkora** sept fois plus grand(e)

hétszeres I. *mn* septuple **II.** *fn* septuple *h*

hétvége *fn* week-end *h*, fin *n* de semaine; **~ken** le week-end

hétvégi *mn* **~ ház** maison *n* de campagne

hetven *szn* soixante-dix

hetvenedik *szn* soixante-dixième

hetvenes I. *mn* **a ~ évek** les années soixante-dix; **~ éveiben járó** septuagénaire **II.** *fn [szám]* soixante-dix *h*

hetyke *mn [fölényes]* crâne, cavalier (-ière); *[legényes]* fringant(e); **~ vá-lasz** réponse *n* cavalière; **~n válaszol** répondre d'un air crâne

hév *fn [forróság]* chaleur *n*, ardeur *n*; *átv* ardeur *n*, fougue *h*; **nagy ~vel beszél** parler avec fougue; **nagy ~vel dolgozik** travailler avec ardeur

heveder *fn* sangle *h*

heveny *mn [betegség]* aigu(ë)

hevenyészett *mn* bâclé(e)

hever *tn i* être étendu(e) *v.* couché(e); *[ágyon]* être allongé(e); *[tárgy]* rester, traîner

heverész|ik *tn i* se prélasser; **~ik az ágyban** *[reggel]* faire la grasse matinée

heverő *fn* divan *h*

heves *mn [természet]* ardent(e), fougeux(e); *[érzelem, küzdelem]* ardent(e); *[fájdalom]* aigü(e), intense; *[szél, vita]* violent(e)

hevít *ts i* chauffer; *[lelkesít]* exalter, enflammer

hévíz *fn* eaux *n (t sz)* thermales

hézag *fn* fente *n*, fissure *n*; *épít* joint *h*; *átv [hiány]* lacune *n*, vide *h*; **mi a ~?** *biz* c'est quoi, le problème ?

hézagos *mn átv* incomplet (-ète), lacunaire

hiába *hsz* en vain, pour rien, vainement; **~ figyelmeztettem** j'ai beau eu le prévenir; **~ dolgoztam** j'ai travaillé pour rien *v.* en pure perte; **~ minden!** (il n'y a) rien à faire !; **nem ~** ce n'est pas pour rien *v.* sans raison

hiábavaló *mn* inutile, vain(e)

hiány *fn* manque *h*, absence *n*, défaut *h*; *[költségvetési, pénztári]* déficit *h*; *[műveltségben]* lacune *n*; **vmi ~a** le manque *v.* l'absence de qqch; **vminek ~ában** faute de *v.* à défaut de qqch; **~t pótol** combler une lacune; **~t szenved vmiben** manquer de qqch

hiánycikk *fn* article *h* manquant

hiánygazdaság *fn* économie *n* de pénurie

hiányjel *fn* apostrophe *n*

hiányol *ts i vmit* regretter l'absence *v.* le manque *de qqch*; **~tunk** tu nous a manqué

hiányos *mn [hibás]* défectueux (-euse); *[nem teljes]* incomplet (-ète); *[költségvetés]* déficitaire; *[tudás]* lacunaire, superficiel (-elle); **~ táplálkozás** alimentation *n* insuffisante

hiányosság *fn [hiba]* défectuosité *n*; *[elégtelenség]* insuffisance *n*; *[tökéletlenség]* imperfection *n*; *[műveltségben]* lacunes *n (t sz)*

hiánytalan *mn* complet (-ète)

hiányzás *fn* absence *n*; **igazolt ~** absence justifiée

hiányz|ik *tn i [személy, dolog]* manquer; *[személy]* être absent(e) *v.* manquant(e); *[dolog]* faire défaut; *[hiányérzetet kelt]* manquer; **egy tanuló ~ik** il manque un élève, un élève est absent; **~ik belőle a bátorság** le courage lui fait défaut; **100 euró ~ik** il manque 100 euros; **~ol nekem** tu me manques; **(már) csak ez ~ott!** il ne manquait plus que ça !

hiányzó *mn/fn* manquant(e), absent(e); **a ~ láncszem** le chaînon manquant

hiba *fn [mulasztás, tévedés]* faute *n*, erreur *n*; *[fogyatékosság, tökéletlenség]* défaut *h*; **alaki ~** vice *h* de forme; **helyesírási ~** faute d'orthographe; **számítási ~** erreur de calcul; **születési ~** malformation *n* congénitale; **tudom, hogy sok ~m van** je sais que j'ai beaucoup de défauts; **ez az ő ~ja** c'est de sa faute; **beismeri ~ját** reconnaître son erreur *v.* ses torts; **~t követ el** faire *v.* commettre une faute *v.* une erreur

hibabejelentő *fn [szolgáltatás]* service *h* des réclamations *v.* des dérangements

hibaforrás *fn* source *n* d'erreur(s)

hibás *mn [dologról]* défectueux (-euse); *[téves]* faux (fausse), erroné(e); *[bűnös]* fautif (-ive), coupable; *[nyelvileg]* incorrect(e); ~ **kiejtés** mauvaise prononciation *n*; ~ **lépés** faux pas *h*; ~ **számítás** calcul *h* erroné; **ki a ~?** à qui la faute ?; **én vagyok a ~** c'est (de) ma faute; **~nak érzi magát** se sentir fautif

hibásan *hsz* mal; ~ **beszél** parler incorrectement, faire beaucoup de fautes en parlant

hibaszázalék *fn* pourcentage *h* d'erreur(s)

hibátlan *mn [áru]* sans défaut; *[tévedésektől mentes]* sans faute v. défaut; *[öltözet, viselkedés]* impeccable, irréprochable

hibáz|ik *tn i* faire v. commettre une faute v. une erreur; *[téved]* se tromper; **beismeri, hogy ~ott** reconnaître son erreur

hibáztat *ts i vkit vmiért* rendre *qqn* responsable *de qqch*, blâmer *qqn de qqch*

hibbant *mn* demeuré(e); *biz* givré(e)

hibrid I. *mn* hybride **II.** *fn* hybride *h*

híd *fn* pont *h*; *[fogsoron]* bridge *h*; *sp* **lemegy ~ba** faire le pont

hideg I. *mn* froid(e), distant(e); ~ **étel** plat *h* froid; ~ **fogadtatás** accueil *h* glacial **II.** *fn [hőmérséklet, időjárás]* froid *h*; ~ **van** il fait froid; **5 fok ~ van** il fait moins 5; **~et eszik** manger froid; **rázza a ~** avoir des frissons, être pris(e) de frissons

hidegen *hsz átv* froidement; **ez őt ~ hagyja** cela ne lui fait ni chaud ni froid

hidegfront *fn* front *h* froid

hidegháború *fn* guerre *n* froide

hideghullám *fn met* vague *n* de froid

hidegkonyha *fn* buffet *h* froid

hidegtál *fn* assiette *n* froide

hidegvér *fn* sang-froid *h*; **megőrzi/elveszti ~ét** garder/perdre son sang-froid

hidegvérű I. *mn [ember]* flegmatique, de sang froid **II.** *fn* ~**ek** animaux *h (t sz)* à sang froid

hídfő *fn* pied *h* de pont; *[hídfőállás]* tête *n* de pont; **a pesti ~nél várlak** je t'attends au pied du pont, côté Pest

hidratáló *mn* hydratant(e)

hidraulikus *mn* hydraulique

hidrogén *fn vegy* hydrogène *h*; *[hajfestésre]* eau *n* oxygénée

hiedelem *fn [hit]* croyance *n*; *[babona]* superstition *n*; **abban a ~ben él, hogy** il est persuadé que

hiéna *fn* hyène *n*; *átv, pej* vautour *h* charognard *h*

hierarchia *fn* hiérarchie *n*

hieroglifa *fn* hiéroglyphe *h*

hifi *fn ang* hi-fi *n*, haute-fidélité *n*

hifitorony *fn* chaîne *n* (hi-fi v. haute-fidélité)

híg *mn [mártás, leves]* clair(e); **túl ~** trop liquide, trop clair(e)

higany *fn* mercure *h*

higgadt *mn* calme, posé(e), pondéré(e); ~ **fejjel** à tête reposée

higiénia *fn* hygiène *n*

higiénikus *mn* hygiénique

hígít *ts i* diluer, délayer, étendre; *[mártást]* allonger; *[bort]* étendre, couper

hígító *mn* diluant *h*

hihetetlen *mn* incroyable

hihető *mn* croyable, crédible; **alig ~** à peine croyable

híja *fn* **kis ~, hogy ...** être à deux doigts de qqch v. de *inf*; **kis ~n** presque; **vmi ~n** faute de qqch; **jobb ~n** faute de mieux

hím *fn* mâle *h*; ~ **elefánt** éléphant *h* mâle

Himalája *fn* l'Himalaya *h*

himbál *ts i [lóbálva, lengetve]* balancer; *[mozgatva]* ballotter

himbálódz|ik *tn i (se)* balancer

hímes *mn [himzett]* brodé(e), orné(e) de broderie; ~ **tojás** œuf *h* de Pâques

hímez I. *ts i* broder **II.** *tn i* faire de la broderie

himlő *fn* variole *n*

hímnem *fn (genre h)* masculin *h*

hímnemű *mn* mâle; *[emberről így is]* de sexe masculin; *nyelv* masculin(e)

himnusz *fn* hymne *h*; **nemzeti ~** hymne national

hímvessző *fn* pénis *h*, verge *n*

hímzés *fn* broderie *n*

hínár *fn* herbes *n (t sz)* aquatiques

hindu I. *mn* hindou(e); ~ **mítoszok** mythes *n (t sz)* hindouistes **II.** *fn [személy]* Hindou(e)

hinta *fn* balançoire *h*

hintaló *fn* cheval *h* à bascule

hintapolitika *fn* politique *n* de bascule

hintaszék *fn* chaise *n* à bascule; *ang* rocking-chair *h*

hintáz|ik *tn i* se balancer; *[hintán]* faire de la v. jouer à la balançoire; ~**ik a székén** se balancer sur sa chaise

hintó *fn* carrosse *h*; *[nyitott]* calèche *n*

hintőpor *fn* talc *h*

hipermarket *fn* hypermarché *h*

hipnotizál *ts i* hypnotiser

hipnózis *fn* hypnose *n*

hipochonder *mn/fn* hypocondriaque *h n*

hipotézis *fn* hypothèse *n*

hippi *mn/fn* hippie *h n*

hír *fn [értesülés]* nouvelle *n*; *[sajtó]* information *n*, nouvelle *n*; *[hírnév]* réputation *n*; **az a ~ járja, hogy** le bruit court que; ~**be hoz vkit** compromettre qqn; ~**ből ismer vkit** connaître qqn de nom; **jó ~e van** avoir bonne réputation; **jó színész ~ében áll** il passe pour être bon acteur, il est

réputé bon acteur; **van ~ed róla?** as-tu de ses nouvelles ?; ~**ét veszi vminek** avoir vent de qqch; ~**t ad magáról** donner de ses nouvelles

híradás *fn* informations *n (t sz)*, actualités *n (t sz)*, nouvelles *n (t sz)*

híradástechnika *fn* télécommunications *n (t sz)*

híradó *fn [tv-ben]* journal *h* (télévisé); *[rádióban]* journal *h* (parlé); *[rövid]* bulletin *h* d'informations

hirdet *ts i [tudtul ad]* annoncer; *[eszmét]* professer, prêcher; *[pályázatot]* publier; *[reklámoz]* faire la publicité; *[újságban]* passer une annonce; **eredményt ~** annoncer les résultats; **ítéletet ~** prononcer une sentence

hirdetés *fn [cselekvés, szöveg]* annonce *n*; *[reklám]* publicité *n*; *[hivatalos bejelentés]* publication *n*; **házassági ~** annonce matrimoniale; ~**t felad** passer une annonce

hirdetmény *fn* annonce *n*, avis *h*; *[plakát]* affiche *n*

hirdetőoszlop *fn* colonne *n* d'affichage

hirdetőtábla *fn* tableau *h* d'affichage; *[reklámé]* panneau *h* publicitaire

híres *mn* célèbre; *[hírhedt is]* fameux (-euse); *vmiről* réputé(e) pour qqch

híresség *fn* célébrité *n*

híresztel *ts i* azt ~**i, hogy** faire courir le bruit que

híresztelés *fn* rumeur *n*

hírforrás *fn* source *n* d'information

hírhedt *mn [személy]* fameux (-euse); *[hely]* mal famé(e)

hírközlés *fn* hiv télécommunications *n (t sz)*

hírlap *fn* journal *h*

hírlapíró *fn* journaliste *h n*

hírl|ik *tn i* úgy ~**ik, hogy** il paraît que, on dit que

hírnév *fn* renom *h*, renommée *n*; *[elterjedt vélemény]* réputation *n*; **rossz ~ mauvaise réputation; hírnevet szerez** se faire un nom

hírnök *fn* messager (-ère)

hírszerzés *fn* renseignements *h (t sz)*

hírszerző I. *mn* ~ **szolgálat** service *h* de renseignements II. *fn* agent *h* de renseignement

hírszolgálat *fn* sajtó service *h* d'information

hirtelen I. *mn* soudain, subit(e); *[mozdulat]* brusque; *[ember, természet]* impulsif (-ive); ~ **halál** mort *n* subite; ~ **haragú** irascible II. *hsz* soudain, brusquement, tout à coup

hírtelevízió *fn* chaîne *n* d'information (en continu)

hírügynökség *fn* agence *n* de presse

hírverés *fn* battage *h*, matraquage *h*; **nagy ~t csap vmi körül** faire beaucoup de battage autour de qqch

hírzárlat *fn* black-out *h*

Hispánia *fn* tört Hispanie *n*

história *fn* histoire *n*; **a szokásos ~!** c'est l'histoire habituelle !; **szép kis ~!** c'est du propre !

hisz I. *ts i* croire, penser; **akár ~ed, akár nem** que tu le croies ou pas; **kötve ~em, hogy** je doute que *subj*; **nem ~em, hogy képes rá** je ne le crois pas capable de ça; **azt ~i magáról, hogy zseni** il se prend pour un génie; **ki hitte volna?** qui l'aurait cru ? II. *tn i* **vmiben/vkiben** croire en *v. à* qqn/qqch; **vkinek/vminek** croire qqn/qqch; ~ **Istenben** croire en Dieu; ~ **a Mikulásban** croire au père Noël; **nem ~ a szemének** il n'en croit pas ses yeux; **~ek neki** je lui crois; **higgyél nekem!** crois-moi

hiszékeny *mn* crédule

hiszékenység *fn* crédulité *n*

hiszen I. *ksz* puisque II. *hsz [elvégre]* après tout; **na ~!** ça alors !; ~ **ez ő!** mais c'est lui !; **de ~** mais puisque

hisztéria *fn* hystérie *n*

hisztérikus *mn* hystérique

hisztizlik *tn i* biz criser, piquer sa crise; **ne ~z már!** arrête ton cirque !

hit *fn [bizalom]* foi *n*; *[meggyőződés]* conviction *n*; *[eskü]* serment *h*; *[vall]* foi *n*, religion *n*; **a jövőbe vetett ~** la foi en l'avenir; **abban a ~ben, hogy** croyant que; **erős ~em, hogy** j'ai la conviction que; **keresztény ~re tér** se convertir à la religion chrétienne; **zsidó ~re tér** se convertir au judaïsme

hiteget *ts i* leurrer; **~i magát** s'illusionner, se leurrer

hitel *fn* gazd crédit *h*; *[hihetőség]* crédibilité *n*, crédit *h*; **~be ad** à crédit; *átv* **~t érdemel** être digne de foi; *átv* **~t ad vkinek/vminek** accorder crédit à qqn/qqch

hitelbank *fn* banque *n* de crédit

hiteles *mn [megbízható]* digne de foi, crédible; *[hitelesített]* certifié(e) conforme, authentifié(e); *[igazoltan eredeti]* authentique; ~ **forrás** source crédible; ~ **másolat** copie *n* certifiée conforme

hitelesít *ts i [iratot]* authentifier; *[másolatot]* certifier (conforme); *[mértéket]* étalonner

hitelez *tn i/ts i [bank]* accorder un crédit; *[kereskedő]* faire crédit

hitelező *mn/fn* créancier (-ière)

hitelintézet *fn* établissement *h* de crédit

hitelkártya *fn* carte *n* de crédit

hitelképes *mn* solvable

hitelkeret *fn* crédits *h (t sz)*

hitelrontás *fn* discrédit *h*

hites mn *[feleskedett]* assermenté(e); *[törvényes]* légitime

hitetlen I. mn incrédule, sceptique; *vall [nem hívő]* incroyant(e); *[nem igazhitű]* infidèle **II.** fn *vall* incroyant(e), infidèle *h n*

hitetlenked|ik tn i être v. se montrer sceptique v. incrédule

hithű mn orthodoxe

hitközség fn communauté n

hitoktatás fn instruction n religieuse

hitszegő mn/fn parjure *h n*

hittan fn instruction n religieuse; *[csak keresztény]* catéchisme n

hittanóra fn cours *h* d'instruction religieuse

hittérítő mn/fn missionnaire *h n*

hittudomány fn théologie n

hitvallás fn profession n de foi; *átv* credo *h*

hitvány mn *[silány]* médiocre; *[aljas]* infâme, ignoble

hitves fn épouse n, conjointe n

hitvesi mn conjugal(e); ~ **hűség** fidelité n conjugale

hiú mn *[külsejére]* coquet (-ette); *[rátarti]* vaniteux (-euse); *[hiábavaló]* vain(e); ~ **ábránd** vaine illusion n

hiúság fn *[hiábavalóság is]* vanité n

hív ts i *[vhova, telefonon]* appeler; *[nevez]* appeler, nommer; **magához** ~ appeler qqn près de soi; **orvost** ~ appeler un médecin; **vacsorára** ~**vkit** inviter qqn à dîner; **rossz számot** ~ faire un faux numéro; **hogy** ~**nak?** comment t'appelles-tu ?

hivalkod|ik tn i *[dicsekszik]* se vanter; *vmivel* faire étalage de qqch

hívás fn *[telefon is]* appel h; *[meghívás]* invitation n

hívat ts i (faire) appeler, faire venir; *[hivatalosan]* convoquer; **apád** ~ ton père t'appelle

hivatal fn *[intézmény]* office h, bureau h; *[hely]* bureau h; *[állás]* fonction h; ~**ba lép** entrer en fonction; ~**ból kirendelt ügyvéd** avocat(e) commis(e) d'office; **anyakönyvi** ~ service h de l'état civil

hivatali mn administratif (-ive); ~ **órák** heures *n (t sz)* de bureau; ~ **titok** secret h professionnel

hivatalnok fn employé(e) de bureau; *[közhivatalnok]* fonctionnaire *h n*

hivatalos mn officiel (-elle); *[meghívottként]* être invité(e); ~ **forrásból** de source autorisée; **nem** ~ **forrás szerint** de source officieuse; ~ **minőségben** à titre officiel; ~ **nyelv** langue n officielle; ~ **ünnep** fête n légale

hivatás fn *[elhivatottság]* vocation n; *[szakma]* profession n; **csak a** ~**ának** él il ne vit que pour son métier

hivatásos I. mn professionnel (-elle), de carrière v. métier v. profession; ~ **katona** militaire h de carrière **II.** fn professionnel (-elle)

hivatkozás fn référence n; ~ **vmire** référence à qqch; ~**sal vmire** en référence à qqch

hivatkoz|ik tn i *vkire/vmire* se référer à qqn/qqch; *[pl. álláskeresésnél]* vkire se recommander de qqn; *[kifogásként]* vmire alléguer v. invoquer qqch; *[szakirodalomban]* faire référence à

hívatlan mn non invité(e); ~ **vendég** hôte *h n* indésirable

hivatott mn *[hozzáértő]* qualifié(e), compétent(e); *[nagy feladatra]* être appelée à qqch v. à inf

híve fn *[személynek]* fidèle *h n*; *[eszménék]* partisan(e), adepte *h n*; *[sportnak, játéknak]* amateur (-trice); **igaz** ~ *[levél végén]* votre dévoué(e); **a** ~**k** vall les fidèles *h (t sz)*

híven hsz [pontosan] fidèlement; vmihez conformément à qqch; szokásához ~ conformément à ses habitudes

hívószám fn numéro h d'appel

hívő I. mn croyant(e) **II.** fn croyant(e), paroissien (-ienne)

HIV-pozitív mn/fn séropositif (-ive)

hízeleg tn i vkinek flatter qqn; [kedveskedik] cajoler qqn

hízelgés fn flatterie n; [kedveskedés] cajolerie n, câlinerie n

hízelgő I. mn flatteur (-euse); [kedveskedő] câlin(e); **ez ~ rám nézve** c'est flatteur pour moi **II.** fn flatteur (-euse)

hízik tn i grossir, prendre du poids; **5 kilót ~ott** il a grossi de v. a pris 5 kilos; **csípőre ~ik** grossir des hanches; **~ik a mája** fraz boire du petit lait

hizlal ts i [állatot] engraisser; [személyt] faire grossir

hó¹ fn neige n; **esik a ~** il neige

hó² fn → **hónap**

hobbi fn passe-temps h; ang hobby h

hóbort fn lubie n; **nagyzási ~** folie n des grandeurs

hóbortos mn excentrique, farfelu(e)

hócipő fn tele van a ~je biz en avoir plein les bottes

hód fn castor h

hódeszka fn ang snowboard h

hódít I. ts i conquérir **II.** tn i [nő, férfi] faire des conquêtes

hódítás fn conquête n

hódító I. mn conquérant(e); átv séduisant(e); **~ háború** guerre n de conquête **II.** fn conquérant(e)

hódol tn i vkinek/vminek rendre hommage à qqn/qqch; [szenvedélynek] être l'esclave de qqch; **a divatnak** sacrifier à la mode

hódolat fn hommage h; **~tal adózik vki emlékének** rendre hommage à la mémoire de qqn

hódoló fn admirateur (-trice); [szerelmes] soupirant h

hóember fn bonhomme h de neige

hóesés fn chute n de neige

hófehér mn blanc (blanche) comme neige, d'un blanc v. d'une blancheur éclatant(e)

Hófehérke fn Blanche-Neige n

hófúvás fn [vihar] tempête h de neige; [akadály] congère n

hógolyó fn boule n de neige

hógolyóz|ik tn i faire une bataille de boules de neige

hogy¹ ksz que; [vajon] si; [azért, hogy] afin v. pour que subj, afin de inf, pour inf; **remélem, ~ eljön** j'espère qu'il viendra; **nem tudom, ~ eljön-e** je ne sais pas s'il viendra; **ideje, ~ elutazzék** il est temps qu'il parte; **~, ~ nem** d'une manière ou d'une autre

hogy² hsz [hogyan] comment; [mennyire] ~ **a szilva?** biz à combien, les prunes ?; ~ **vagy?** comment vas-tu ?, comment ça va ?; ~ **s mint?** quoi de neuf ?; ~ **megnőtt!** comme il a grandi !; **de még ~!** et comment !

hogyan hsz [visszakérdezve, önálló kérdésként] comment; [módot kérdezve] comment, de quelle façon v. manière; [vonatkozószóként] comment; ~ **történt a dolog?** comment cela s'est-il passé ?; ~ **gondolod?** comment penses-tu faire ?

hogyha ksz si; → **ha**

hogyhogy hsz comment (cela); ~ **elment?** comment ça, il est parti ?

hogyisne I. msz sûrement v. certainement pas ! **II.** hsz → **hogyne**

hogylét fn santé n, état h; **érdeklődik vki ~e felől** demander des nouvelles de qqn, s'enquérir de la santé de qqn

hogyne I. hsz ~ **tenném meg?** comment ne le ferais-je pas ? **II.** msz de

igen, ~ mais si, bien sûr; **hát ~!** bien évidemment !

hóhér *fn* bourreau *h*

hokedli *fn* tabouret *h*

hoki *fn* hockey *h*

hokiz|ik *tn i* jouer au *v.* faire du hockey

hol I. *hsz* où; ~ **tartunk?** où en sommes-nous ?; ~ **jár az eszed?** à quoi penses-tu ? II. *ksz* ~ **így,** ~ **úgy** tantôt comme ci, tantôt comme ça; ~ **volt,** ~ **nem volt** il était une fois

hólánc *fn* chaînes *n (t sz)* (antidérapantes)

hólapát *fn* pelle *n* à neige

hold[1] *fn* lune *n*; *[bolygóé]* satellite *h*; **nő/fogy a** ~ la lune croît/décroît

hold[2] *fn [mérték]* arpent *h*

holdfény *fn* clair *h* de lune; ~**ben** au clair de la lune

holdfogyatkozás *fn* éclipse *n* de lune

holdkóros *mn/fn* somnambule *h n*

holdtölte *fn* pleine lune *n*

holdvilág *fn* clair *h* de lune

holland I. *mn* hollandais(e), néerlandais(e); ~ **sajt** fromage *h* de Hollande II. *fn [személy]* Hollandais(e), Néerlandais(e); *[nyelv]* hollandais *h*, néerlandais *h*

Hollandia *fn* Hollande *n*, Pays-Bas *h*

hollét *fn* **érdeklődik vki ~e felől** demander où se trouve qqn

holló *fn* corbeau *h*; **ritka, mint a fehér** ~ aussi rare que le merle blanc

holmi *fn* affaires *n (t sz)*; *biz* fourbi *h*

holnap I. *hsz* demain; **már** ~ dès demain; ~**ra** pour demain; **máról ~ra** du jour au lendemain II. *fn* demain *h*; **várjuk meg a ~ot** attendons demain

holnapi *mn* de demain; **a** ~ **viszontlátásra!** à demain !

holnapután *hsz* après-demain

holokauszt *fn* Holocauste *v.* holocauste *h*

holott *ksz* alors que, bien que *v.* quoique *subj*

holt I. *mn* mort(e); ~ **nyelv** langue *n* morte II. *fn* **a ~ak** les morts *h (t sz)*; ~**a után** après sa mort, à titre posthume; ~**ra dolgozza magát** se tuer au travail

holtág *fn* bras *h* mort

holtan *hsz* ~ **esik össze** tomber raide mort(e)

holtbiztos *mn biz* archisûr(e)

holtfáradt *mn* mort(e) de fatigue, éreinté(e); *biz* crevé(e)

holtpont *fn* point *h* mort; ~**ra jut** être au point mort

holtrészeg *mn* ivre mort(e)

Holt-tenger *fn* la Mer morte

holttest *fn* cadavre *h*

holtverseny *fn* ~**ben első lett** il a fini ex æquo

hólyag *fn [szerv]* vessie *n*; *[bőrön]* cloque *n*, ampoule *n*; *átv [ostoba ember]* biz andouille *n*

homály *fn* obscurité *n*, pénombre *n*; *átv* obscurité *n*, mystère *h*; **az idők ~ába merül** se perdre dans la nuit des temps

homályos *mn* obscur(e), sombre; *[átlátszatlan]* opaque; *[kép, körvonal]* voilé(e); *átv [bizonytalan]* vague, incertain(e); *[zavaros]* confus(e), obscur(e); ~ **emlék** souvenir *h* vague

homeopátia *fn* homéopathie *n*

homlok *fn* front *h*

homloküreg-gyulladás *fn* sinusite *n*

homlokzat *fn* façade *n*

homogén *mn* homogène

homok *fn* sable *h*

homokdűne *fn* dune *n* (de sable)

homokóra *fn* sablier *h*

homokos[1] *mn* sablonneux (-euse); sableux (-euse)

homokos[2] *mn/fn biz* homo *h n*

homokoz|ik *tn i* jouer dans le (bac à) sable

homokozó *fn* bac h à sable

homoksivatag *fn* désert h de sable

homokzátony *fn* banc h de sable

homokzsák *fn* sac h de sable

homorít *tn i* bomber le torse

homorú *mn* concave

homoszexuális *mn/fn* homosexuel (-elle)

hon *fn* patrie n

hón *fn* ~**a alatt** sous le bras

hónalj *fn* aisselle n

hónap *fn* mois h; **egy ~ alatt** en un mois; **az ötödik ~ban van** *[terhes nő]* elle est au cinquième mois, elle est enceinte de cinq mois

hónapi *mn* **múlt** ~ du mois dernier; **tíz ~ munka** un travail de dix mois, dix mois de travail

hónapos *mn* **két ~ baba** un bébé de deux mois; **két ~** *[válaszként]* il a deux mois

honatya *fn* député h

honfitárs *fn* compatriote h n

honfoglalás *fn* ‹conquête par les tribus hongroises du territoire de la future Hongrie›

honismeret *fn* connaissance n du pays

honlap *fn* site h (internet)

honnan *hsz* d'où; comment; ~ **kerülsz ide?** d'où sors-tu ?; ~ **gondolod?** qu'est-ce qui te fait penser ça ?; ~ **tudja?** comment le savez-vous ?; ~ **tudjam?** comment veux-tu que je sache ?

honol *tn i* régner

honorárium *fn* honoraires h (t sz); *[írói]* droits h (t sz) d'auteur

honos *mn* indigène

honosít *ts i* *[személyt]* naturaliser; *[oklevelet]* reconnaître l'équivalence de; *[növényt]* acclimater

honosítás *fn* *[személyé]* naturalisation n; *[oklevélé]* équivalence n; *[növényé]* acclimatation n

honpolgár *fn* citoyen (-enne)

hontalan *mn/fn* apatride h n

honvágy *fn* mal h du pays; ~**a van** avoir le mal du pays

honvéd *fn* soldat h hongrois; *tört* ‹garde national en 1848–49›

honvédelem *fn* défense n nationale

honvédelmi *mn* de la défense nationale; ~ **miniszter** ministre h n de la Défense (nationale)

honvédség *fn* armée n nationale hongroise

hóolvadás *fn* fonte n des neiges

hópehely *fn* flocon h de neige

hopp *isz* hop !; ~**on marad** se retrouver le bec dans l'eau

hord *ts i* *[cipel]* porter; *[magával sodor]* emporter; *[visel]* porter; *[vmeddig lőfegyver]* porter (à); **magánál ~ vmit** porter qqch sur soi

horda *fn* horde n

hordágy *fn* brancard h, civière n

hordalék *fn* alluvions n (t sz)

hordár *fn* porteur h n

hordó *fn* tonneau h

hordoz *ts i* *[visz, súlyt, terhet tart]* porter; *[betegséget]* véhiculer; **karján ~za a gyereket** porter son enfant dans les bras

hordozható *mn* portatif (-ive), portable

horgas *mn* *[orr]* crochu(e)

horgász *fn* pêcheur (-euse) à la ligne

horgászbot *fn* canne n à pêche

horgászfelszerelés *fn* équipement h de pêche

horgász|ik *tn i* pêcher (à la ligne)

horgol I. *tn i* faire du crochet **II.** *ts i* faire qqch au crochet

horgolótű *fn* crochet h

horgony *fn* ancre *n*; **~t vet** jeter l'ancre

horgonyoz *tn i* mouiller, être à l'ancre

hórihorgas *mn* ~ **férfi** un grand échalas

horizont *fn* horizon *h*

horizontális *mn* horizontal(e)

horkol *tn i* ronfler

hormon *fn* hormone *n*; **növekedési ~** hormone de croissance

horog *fn [halászatra]* hameçon *h*; *[kampó]* crochet *h*, crampon *h*; *sp* crochet *h*

horogkereszt *fn* croix *n* gammée

horoszkóp *fn* horoscope *h*

horpadás *fn* enfoncement *h*

horpadt *mn* cabossé(e)

horribilis *mn* exorbitant(e), astronomique

horvát I. *mn* croate **II.** *fn [személy]* Croate *h n*; *[nyelv]* croate *h*

Horvátország *fn* Croatie *n*

horzsol *ts i* érafler, égratigner

horzsolás *fn* égratignure *n*, éraflure *n*

hossz¹ *fn* longueur *n*; **egy hosszal nyer** gagner d'une longueur; **órák hosszat** pendant des heures

hossz² *fn gazd* hausse *n*

hosszában *hsz* en longueur; *[vmi mentén]* le long de

hosszabbít *ts i* rallonger; *[időt, váltót]* prolonger

hosszabbítás *fn [folyamat]* rallongement *h*; *[toldás]* rallonge *n*; *[határidőé]* prolongation *n*; *sp* prolongations *n (t sz)*

hosszabbító *fn* rallonge *n*

hosszabbod|ik *tn i* rallonger, s'allonger; **~nak a napok** les jours rallongent

hosszan *hsz [időben]* longtemps; **~ beszél** parler longtemps; **~ néz vmit** regarder qqch longuement; **~ tartó** prolongé(e), persistant(e)

hosszanti *mn* longitudinal(e)

hosszas *mn* long (longue), interminable; **~ gondolkodás után** après mûre réflexion, après avoir longtemps réfléchi

hosszasan *hsz* longuement

hosszú *mn* long (longue); **5 méter ~** long de 5 mètres; **~ hajú** aux cheveux *h (t sz)* longs; **~ idő óta** depuis longtemps; **~ ideig** (pendant) longtemps; **~ időre** pour longtemps; **~ távú** à long terme; **~ra nyúlik** se prolonger, traîner en longueur

hosszúkás *mn* allongé(e), oblong(ue), de forme allongée; **~ arc** visage *h* oblong

hosszúnadrág *fn* pantalon *h* (long)

hosszúság *fn* longueur *n*; *földr* longitude *n*; **~a 10 méter** il fait 10 mètres de long

hosszútávfutó *fn* coureur (-euse) de fond

hosztesz *fn* hôtesse *n*

hotel *fn* hôtel *h*; **négycsillagos ~** hôtel quatre étoiles

hova *hsz* **hová** où ?; **~ mész?** où vas-tu ?; **~ gondolsz?** mais qu'est-ce que tu vas penser !; **~ valósi vagy?** d'où viens-tu ?; **nincs ~ mennie** n'avoir nulle part où aller

hovatartozás *fn* appartenance *n*

hóvihar *fn* tempête *n* de neige

hóvirág *fn* perce-neige *n*

hoz *ts i [dolgot]* apporter; *[magával]* vkit amener *qqn*; *[eredményez]* produire; *[jövedelmez]* rapporter; **10%-ot ~ évente** rapporter 10% par an; **magával ~ vmit** *[következményként]* entraîner *qqch*; **Isten ~ta!** soyez le (la) bienvenu(e) !; **mi szél ~ta?** quel bon vent vous amène ?; **szerencsét ~** porter bonheur; **világra ~** mettre au monde; **zavarba ~ vkit** mettre qqn dans l'embarras

hozam *fn gazd* rapport *h*; *mezőg* rendement *h*

hózápor *fn* averse *n* de neige

hozat *ts i [magának]* se faire apporter; *[rendel]* commander

hozomány *fn* dot *n*

hozzá *hsz [személyhez]* chez lui/elle; *[tárgyhoz]* y, à cela; **ért ~** il s'y connaît; **elég az ~, hogy** toujours est-il que; **mit szólsz ~?** qu'est-ce que tu en dis ?, qu'en penses-tu ?; **~ sem nyúlt** il n'y a même pas touché; **~d beszélek!** *biz* je te parle !; **~d menjünk, vagy ~m?** *biz* on va chez toi, ou chez moi ?

hozzáad *ts i* ajouter; *[feleségül]* vkit vkihez donner *qqn* en mariage à *qqn*

hozzáállás *fn* approche *n*

hozzácsatol *ts i [iratot]* joindre à; *[kapoccsal]* agrafer à; *[területet]* annexer à

hozzáér *tn i* toucher; *[súrolva]* effleurer, frôler

hozzáértés *fn* compétence *n*

hozzáértő *mn* compétent(e), expert(e); **~ kézzel** d'une maine experte; **hozzá nem értő** incompétent(e)

hozzáfér *tn i* vkihez avoir accès *auprès de qqn*; vmihez accéder v. avoir accès à *qqch*; **nehéz ~ni** *[vkihez]* il est difficile d'accès

hozzáférhetetlen *mn* inaccessible

hozzáférhető *mn* accessible; **könnyen/nehezen ~** d'un accès facile/difficile; **mindenki számára ~** à la portée de tous

hozzáfog *tn i* se mettre à *qqch* v. à *inf*

hozzáfűz *ts i [megjegyzést]* ajouter à; **nincs ~ni valóm** je n'ai rien à ajouter

hozzáigazít *ts i* vmihez adapter à *qqch*; *[órát]* vmihez régler *sur qqch*

hozzáilleszt *ts i* vmihez ajuster à *qqch*; *átv* adapter v. conformer à *qqch*

hozzáill|ik *ts i* vkihez convenir à *qqn*; vmihez aller *avec qqch*

hozzáillő *mn [szín, tárgy]* assorti(e); **ez a fiú pont ~** c'est exactement le garçon qui lui faut

hozzájárul *tn i [okként]* vmihez contribuer à *qqch*; *[anyagilag]* vmihez contribuer v. participer à *qqch*; *[beleegyezve]* consentir v. donner son accord à *qqch*

hozzájárulás *fn [anyagi]* contribution *n*, participation *n*; *[beleegyezés]* consentement *h*, approbation *n*; *[érdemi, vagyoni]* apport *h*; **~át adja vmihez** donner son consentement à *qqch*

hozzájön *tn i* vmihez s'ajouter à *qqch*

hozzájut *tn i [térben]* accéder à *qqch*; *[időben]* trouver le temps de *inf*; *[megszerez]* obtenir v. se procurer *qqch*

hozzálát *tn i* se mettre à *qqch* v. à *inf*

hozzámegy *tn i [feleségül]* vkihez épouser *qqn*, se marier *avec qqn*

hozzányúl *tn i* vkihez/vmihez toucher à *qqn/qqch*; **ne nyúlj hozzá!** n'y touche pas; *biz* bas les pattes!

hozzáragad *tn i* vmihez rester collé(e) à *qqch*

hozzásegít *ts i* vkit vmihez aider *qqn* à *qqn* v. à *inf*

hozzásimul *tn i* vkihez se blottir v. se serrer *contre qqn*; *[ruha]* mouler

hozzászámít *ts i* ajouter (au compte); *[számlán]* facturer en sus

hozzászok|ik *tn i* vkihez/vmihez s'habituer v. s'accoutumer à *qqn/qqch*; **már ~tam** je m'y suis habitué(e), j'ai l'habitude

hozzászoktat *ts i* vkit vmihez accoutumer v. habituer *qqn* à *qqch*

hozzászól *tn i/ts i* vmihez intervenir *dans qqch*; donner son avis *sur qqch*; **a vitához sokan ~tak** nombre de per-

H

sonnes sont intervenues dans le débat; **mit szól hozzá?** qu'en dites-vous ?, qu'est-ce que vous en dites ?

hozzászólás *fn* intervention *n*

hozzászóló *fn* intervenant(e)

hozzátapad *tn i vmihez* adhérer *à qqch*

hozzátartoz|ik *tn i vmihez* faire partie *de qqch*

hozzátartozó *fn vki ~i* les proches *h (t sz) de* qqn; **legközelebbi ~i** ses plus proches parents *h (t sz)*

hozzátesz *ts i vmit vmihez* ajouter *qqch à qqch*; **nincs semmi hozzátennivalóm** je n'ai rien à ajouter

hozzávág *ts i vmit vkihez* lancer *v.* jeter *v. biz* balancer *qqch à la tête de qqn*

hozzávaló *fn [kellék]* accessoire(s) *h (t sz)*; *[ételhez]* ingrédient *h*

hozzávetőleg *hsz* approximativement, à peu près

hozzávetőleges *mn* approximatif (-ive)

hő *fn* chaleur *n*

hőálló *mn* résistant(e) à la chaleur, réfractaire

hőemelkedés *fn* **~e van** avoir de la température

hőenergia *fn* énergie *n* thermique

hőerőmű *fn* centrale *n* thermique

hőfok *fn* température *n*

hőfokszabályozó *fn* thermostat *h*

hőforrás *fn* source *n* de chaleur

hőhullám *fn* vague *n* de chaleur; *[emberé]* bouffée *n* de chaleur

hőlégballon *fn* ballon *h*; montgolfière *n*

hölgy *fn* dame *n*; **~em** madame; **~eim és uraim!** mesdames et messieurs

hőmérő *fn* thermomètre *h*

hőmérséklet *fn* température *n*; **csökken/emelkedik a ~** la température baisse/monte

hömpölyög *tn i [víztömeg]* vál rouler ses flots; *[tömeg]* déferler

hörcsög *fn* hamster *h*

hörgés *fn* râle *h*

hörghurut *fn* bronchite *n*

hörgő *fn* orv bronche *n*

hörög *tn i/ts i* râler; **utolsót ~** pousser un dernier râle

hős I. *mn* héroïque **II.** *fn* héros *h*; *[irodalmi műben]* héros *h*, protagoniste *h*; **a nap ~e** le héros *v.* l'homme du jour

hőség *fn* (grande *v.* forte) chaleur *n*; *[nyári]* canicule *n*; **rettenetes ~ van** il fait une chaleur infernale

hősi *mn* héroïque; **~ emlékmű** monument *h* aux morts; **~ halált hal** mourir en héros, *hiv* mourir au champ d'honneur

hősies *mn* héroïque

hősiesség *fn* héroïsme *h*

hőskor *fn átv is* temps *h (t sz)* héroïques

hősköd|ik *fn* fanfaronner

hősnő *fn* héroïne *n*

hőstett *fn* acte *h* d'héroïsme; *vál* exploit *h*

hősugárzó *fn* radiateur *h* (électrique)

hőszigetelés *fn* isolation *n* thermique

hőszigetelő I. *mn* calorifuge **II.** *fn* isolant *h* thermique

hőzöng *tn i* biz gueuler, râler

húg *fn* sœur *n* cadette, petite sœur

húgy *fn* urine *n*

hugyoz|ik *tn i* biz pisser

huhog *tn i [bagoly]* (h)ululer

huligán *fn* hooligan *v.* houligan *h*

hull *tn i* tomber; *[könny, vér]* couler; **~ a hó** il neige, la neige tombe; **~ a haja** perdre ses cheveux; **térdre ~** tomber à genoux; **~anak, mint a legyek** tomber comme des mouches

hulla *fn* cadavre *h*, corps *h*; *átv ~* va-gyok *biz* je suis mort(e)

hulladék *fn [maradék, szemét]* déchet(s) *h (t sz)*; **szerves ~** déchets biodégradables

hulladéklerakó *mn* dépotoir *h*

hullafáradt *mn biz* ~ **vagyok** je suis mort(e) *v.* rétamé(e)

hullaház *fn* morgue *n*

hullám *fn* vague *n*, flots *h (t sz)*; *[hajé]* ondulation *n*; *[tartós]* permanente *n*; *fiz* onde *n*; *átv* vague *n*; **áremelkedési** ~ vague de hausses; **az új** ~ **film** la Nouvelle Vague

hullámfürdő *fn* piscine *n* à vagues

hullámhossz *fn* longueur *n* d'onde; *átv* **egy** ~**on vannak** être sur la même longueur d'ondes

hullámlovas *fn sp* surfeur (-euse)

hullámos *mn* ondulé(e)

hullámsáv *fn távk* bande *n* (de fréquence)

hullámtörő *fn [gát]* brise-lames *h*

hullámvasút *fn* montagnes *n (t sz)* russes

hullámvölgy *fn* creux *h* de vague; ~**be jut** être dans le creux de la vague

hullámzás *fn* ondulation *n*; *[tengeré]* houle *n*; *[áraké, árfolyamé]* fluctuation *n*

hullámz|ik *tn i* onduler; *[tenger]* être agité(e) *v.* houleux (-euse); *[árak]* fluctuer; **nagyon** ~**ik** il y a de grosses vagues

hullámzó *mn [víz]* agité(e); *[erősen]* houleux (-euse); ~ **árfolyam** cours *h* flottant; ~ **kedélyállapot** humeur *n* changeante *v.* inégale

hullat *ts i* faire *v.* laisser tomber; **köny-nyeket** ~ répandre *v.* verser des larmes

hull|ik *tn i* → **hull**

hullócsillag *fn* étoile *n* filante

humán *mn* humain(e); ~ **tudományok** sciences *n (t sz)* humaines

humánerőforrás *fn* ressources *n (t sz)* humaines

humanista *mn/fn* humaniste *h n*

humanitárius *mn* humanitaire

humanizmus *fn* humanisme *h*

humánus *mn* humain(e), humanitaire

humor *fn* humour *h*; **nincs** ~**a** manquer d'humour

humorérzék *fn* sens *h* de l'humour; **van** ~**e** avoir le sens de l'humour

humorista *fn* comique *h n*

humoros *mn* drôle, comique; *biz* marrant(e)

humusz *fn* humus *h*

huncut *mn/fn [csalafinta]* malin (maligne); *[pajkos]* espiègle, coquin(e)

huncutság *fn [tett]* malice *n*; *[pajkosság]* espièglerie *n*

huny *ts i* **szemet** ~ **vmi felett** fermer les yeux sur qqch

hunyó *fn [játék]* **te vagy a** ~ c'est à toi de coller

hunyorít *tn i [egyet]* cligner de l'œil; *[tartósan]* cligner (des yeux)

húr *fn* corde *n*; *átv* **egy** ~**on pendülnek** ils sont de mèche

hurcol *ts i* traîner; *biz* trimballer

hurka *fn* boudin *n*; **májas** ~ boudin blanc de foie; **véres** ~ boudin noir

hurok *fn* nœud *n*; *[csapda]* collet *h*, lacet *h*

hurrá *isz/fn* hourra *h*; **háromszoros** ~ triple hourra

hurut *fn* inflammation *n* des muqueuses

hús *fn [eleven]* chair *n*; *[étel]* viande *n*; *[gyümölcsé]* pulpe *n*, chair *n*; **jó** ~**ban van** être bien en chair

húsbolt *fn* boucherie *n*

húsdaráló *fn* hache-viande *h*

húsétel *fn* plat *h* de viande

húsevő *mn/fn* carnivore *h n*

húsleves *fn* bouillon *h* gras

húsos *mn [húst tartalmazó]* carné(e); *[gyümölcs, növényrész]* charnu(e); ~ **ajkak** lèvres *n (t sz)* charnues

húsvét *fn* Pâques *n (t sz)*; *[zsidó]* Pâque *n*; ~**kor** à Pâques

húsvéthétfő *fn* lundi *h* de Pâques

húsvéti *mn* pascal(e), de Pâques; ~ **bárány** agneau *h* pascal; **kellemes ~ ünnepeket!** joyeuses Pâques !; ~ **szünet** vacances *n (t sz)* de Pâques; ~ **tojás** œuf *h* de Pâques

húsz *szn* vingt

huszad *szn* vingtième *h*

huszadik I. *szn* vingtième; **a ~ század** le vingtième siècle; **a ~ kerületben lakik** habiter dans le vingtième (arrondissement) **II.** *fn* január ~**a** *v.* ~**án** le vingt janvier

huszár *fn* hussard *h*; *[sakkban]* cavalier *h*

huszas I. *mn* **a ~ években** dans les années vingt; **a ~ szám** le nombre vingt **II.** *fn [szám]* vingt *h*; *[pénzdarab]* une pièce de vingt forints

húszéves I. *mn* de vingt ans; **még nincs ~** il n'a pas encore vingt ans; **úgy ~** d'une vingtaine d'années **II.** *fn* **a ~ek** les jeunes *h (t sz)* de vingt ans

huszonegy *szn* vingt et un

húz I. *ts* tirer; *[vonszolva]* traîner; *[ruhát]* passer, enfiler; *[lábbelit]* mettre; *[számot, lapot]* tirer; *[vonalat]* tracer, tirer; *átv [ugrat]* biz chambrer; **ágyat ~** changer les draps; **fogat ~** arracher une dent; **sorsot ~** tirer au sort; **hasznot ~** vmiből tirer profit de qqch; ~**za az időt** faire durer *v.* traîner les choses; ~**za a lábát** traîner la jambe; ~**za a száját** faire la moue; **közelebb ~za a széket** approcher la chaise **II.** *tn i* tirer; *[szövegből, műből]* couper; *vmi felé* tendre *vers qqch*; *[vonzódik]* être attiré(e) *par qqn*; ~**z innen!** biz tire-toi !

huzakodik *tn i* se chamailler

huzal *fn* fil *h* (métallique)

huzamos *mn* de longue durée, prolongé(e); ~ **időre** pour longtemps, pour une longue période

húzás *fn* tirage *h*, traction *n*; *[számé, sorsjegyeké]* tirage *h*; *[szövegből]* coupure *n*; *[ötletes cselekedet]* coup *h* de génie

huzat¹ *fn [ágyneműé]* drap *h*; *[bútoré]* housse *n*

huzat² *fn* courant *h* d'air; ~ **van** il y a un courant d'air

huzatos *mn* exposé(e) aux courants d'air

huzavona *fn* tiraillements *h (t sz)*

húzóágazat *fn gazd* secteur *h* de pointe

húzódik *tn i [terület]* s'étendre; *[ügy]* traîner (en longueur)

húzódozik *tn i vmitől* rechigner *v.* renâcler *à qqch*; ~**va** à contrecœur

hű¹ *mn [hűséges, valósághű]* fidèle; ~ **az elveihez** être fidèle à ses principes

hű² *msz [csodálkozás]* oh !; *[csodálat]* waouh !; *[fájdalom]* ha !; *[megkönnyebbülés]* ouf !

hűbérbirtok *fn* fief *h*

hűbéres *fn* vassal *h*

hűbériség *fn* féodalité *n*

hűhó *fn [hangoskodás]* biz ramdam *h*; *[felhajtás]* tralala *n*; **sok ~ semmiért** beaucoup de bruit pour rien

hűl *tn i (se)* refroidir

hüledezik *tn i* être ébahi(e) *v.* ahuri(e); **csak ~ett** *[meglepetésében]* il n'en revenait pas

hüllő *fn* reptile *h*

hülye *mn/fn* biz stupide, idiot(e), imbécile; ~**nek néz vkit** prendre qqn pour un imbécile

hülyeség *fn* biz stupidité *n*, connerie *n*; **ne csinálj ~et!** ne fais pas de connerie(s) !; **ez tiszta ~** c'est vraiment n'importe quoi

hülyésked|ik *tn i biz* rigoler, déconner; **ne ~j!** arrête de déconner !

hülyül *tn i biz* faire l'imbécile

hús *mn* frais (fraîche)

hűség *fn* fidélité *n*; **~et esküszik vkinek** jurer fidélité à qqn

hűséges *mn* fidèle, dévoué(e); **~ barát** ami(e) fidèle *v.* dévoué(e)

hűsít *ts i* rafraîchir

hűsítő I. *mn* rafraîchissant(e) **II.** *fn [ital]* rafraîchissement *h*

hűsöl *tn i* prendre le frais

hűt *ts i* refroidir; mettre au frais

hűtlen *mn* infidèle; **~ kezelés** abus *h* de biens sociaux, *[közpénzeké]* concussion *n*

hűtlenség *fn* infidélité *n*; *[házasságtörés]* adultère *h*

hűtő I. *mn* réfrigérant(e), frigorifique **II.** *fn [szekrény]* biz frigo *h*; *gj* radiateur *h*

hűtőfolyadék *fn gj* liquide *h* de refroidissement

hűtőgép *fn* machine *n* frigorifique

hűtőszekrény *fn* réfrigérateur *h*

hűtőtáska *fn* glacière *n* (de camping)

hüvely *fn [kardé]* fourreau *h*; *[tőré]* gaine *n*; *[töltényé]* douille *n*; *[babé, borsóé]* cosse *n*; *orv* vagin *h*

hüvelyes I. *mn* légumineux (-euse) **II.** *fn* **~ek** légumineuses *n (t sz)*

hüvelyk *fn →* **hüvelykujj**; *[hosszmérték]* pouce *h*; **H~ Matyi** le Petit Poucet

hüvelykujj *fn* pouce *h*

hűvös I. *mn* frais (fraîche); *[kellemetlen]* froid(e); *átv* froid(e) **II.** *fn* **~ van** il fait frais; **~re tesz** *[ételt]* mettre au frais; **~re tesz vkit** *biz* mettre qqn à l'ombre

hűvösöd|ik *tn i* fraîchir; **~ik** *[az idő]* il commence à faire frais

I

ibolya *fn* violette *n*

Ibolya *fn* Violette *n*

ibolyántúli *mn* ultraviolet (-ette)

icipici *mn* tout(e) petit(e), minuscule; **egy ~t** un tout petit peu

idáig *hsz* → **eddig**

ide *hsz* ici; **gyere ~!** viens ici; **~ figyelj!** écoute-moi (bien); **~ vele!** *biz* donne

idead *ts i* donner, passer; **add ide!** donne-le-moi!; **add ide a sót!** passe-moi le sel

ideál *fn* idéal *h*

ideális *mn* idéal(e)

idealista *mn/fn* idéaliste *h n*

idealizál *ts i* idéaliser

idealizmus *fn* idéalisme *h*

ideáll *tn i* **~j mellém!** mets-toi à côté de moi

ideát *hsz* par ici

idébb *hsz* par ici, plus près d'ici; **jöjjön ~!** venez plus près

idebenn *hsz* **idebent** ici, à l'intérieur

ideértve *hsz* y compris

idefelé *hsz* par ici, de ce côté-ci; **~ jövet** en venant

idefenn *hsz* **idefent** ici en haut; **~ az emeleten** ici à l'étage

ideg *fn* nerf *h*; **jók/gyengék az ~ei** avoir les nerfs solides/fragiles; **vki ~eire megy** *biz* taper sur les nerfs à qqn

idegbeteg *mn/fn* névrosé(e)

idegcsillapító *fn* calmant *h*

idegen I. *mn [ismeretlen]* inconnu(e), étranger (-ère); *[külföldi]* étranger (-ère); **~ nyelv** langue *n* étrangère; **~ül érzi magát** il ne se sent pas chez lui **II.** *fn* étranger (-ère); *[külföldi]* étranger *h*; **~ben** à l'étranger

idegenforgalmi *mn* **~ hivatal** office *h* du tourisme

idegenforgalom *fn* tourisme *h*

idegengyűlölet *fn* xénophobie *n*

idegenked|ik *tn i* **vkitől/vmitől** ne pas aimer *qqn/qqch*; **vmitől** répugner à *qqch v. à inf*

idegenlégió *fn* Légion *n* étrangère

idegenlégiós *fn* légionnaire *h*

idegenvezető *fn* guide *h n*

ideges *mn* nerveux (-euse), énervé(e)

idegesít *ts i* énerver

idegesítő énervant(e), agaçant(e)

idegesked|ik *tn i* s'énerver

idegesség *fn* nervosité *n*, énervement *h*

ideggyógyászat *fn* neurologie *n*

ideggyógyintézet *fn* clinique *n* psychiatrique, maison *n* de santé

idegösszeomlás *fn* dépression *n* nerveuse

idegrendszer *fn* *orv* système *h* nerveux

idegroham *fn* crise *n* de nerfs

idegsebész *fn* neurochirurgien (-ienne)

idegsebészet *fn* neurochirurgie *n*

idegsejt *fn* cellule *n* nerveuse

idegzet *fn* système *h* nerveux

idegzetű *mn* **gyenge ~** aux nerfs *h (t sz)* fragiles

idehaza *hsz* à la maison, chez nous; **nincs ~** il n'est pas là

idehoz *ts i* apporter

idei *mn* de cette année, de l'année; **~ bor** vin *h* (de) primeur

ideiglenes *mn* provisoire, temporaire; **~ állás** travail *h* intérimaire

idejétmúlt *mn* démodé(e), dépassé(e)

idejön *tn i* venir

idejövet *hsz* en venant

idelenn *hsz* **idelent** ici en bas; **~ a pincében** ici, dans la cave

idén *hsz* cette année; **~ januárban** en janvier de cette année; **~ nyáron** cet été

idenéz *tn i* regarder (par ici); *[rám, ránk]* regarder vers moi v. nous; **~z!** regarde !

identitás *fn* identité *n*

idény *fn* saison *n*

idénymunka *fn* travail *h* saisonnier

ide-oda *hsz [ellentétes irányba]* d'un côté et de l'autre; *[szerteszét]* çà et là

ideológia *fn* idéologie *n*

ideológiai *mn* idéologique

ideológus *fn* idéologue *h n*

idestova *hsz* bientôt

idétlen *mn* stupide; *[nevetséges]* ridicule

idevágó *mn* relatif (-ive) à

idevaló *mn [ideillő]* approprié(e); **~ vagyok** je suis d'ici; **ez nem ~** ça n'a rien à faire ici

idevalósi *mn* d'ici; **az ~ak** les gens *h (t sz)* d'ici

idéz *ts i [hatóság elé]* citer, traduire; *[emléket, szellemet]* évoquer; *[szöveget]* citer

idézés *fn [hatósági]* mandat *h* de comparution, citation *n* en justice; *[emléké, szellemeké]* évocation *n*

idézet *fn* citation *n*

idézőjel *fn* guillemet(s) *h (t sz)*; **~ben** entre guillemets

idill *fn* idylle *n*

idilli *mn* idyllique

idióta *mn/fn* idiot(e)

idom *fn mat* figure *n*; *[női]* formes *n (t sz)*; **telt ~ú** aux formes pleines

idomár *fn* dresseur (-euse), dompteur (-euse)

idomít *ts i [állatot]* dresser; *átv vmit vmihez* adapter *qqch à qqch*

idomul *tn i vmihez* prendre la forme *de qqch*; *átv vkihez/vmihez* s'adapter à *qqn/qqch*

idő *fn ált* temps *h*; *[időpont]* moment *h*; *[tartam]* durée *n*; *[korszak]* époque *n*; *[időzóna]* heure *n*; *[időjárás]* temps *h*; **mennyi az ~?** quelle heure est-il ?; **milyen ~ van?** quel temps fait-il ?; **szép ~ van** il fait beau; **~ben** à temps; **abban az ~ben** en ce temps-là; **itt az ideje, hogy** il est temps que *subj* v. de *inf*; **jó ideje annak, hogy** il y a longtemps que; **van ideje vmire** avoir le temps de *inf*; **egy ideje** depuis un temps; **idejében** à temps; **a maga idejében** en son temps; **vmi idején** du temps de qqch

időálló *mn* durable

időbeli *mn* **~ eltérés** écart *h* de temps; **~ sorrend** ordre *h* chronologique

időbeosztás *fn* emploi *h* du temps, horaire(s) *h (t sz)*

időhatározó *fn nyelv* complément *h* (circonstanciel) de temps

időhiány *fn* manque *h* de temps

időhúzás *fn* tergiversation *n*; *[mecscsen]* **~ból** pour gagner du temps

időigényes *mn* qui nécessite beaucoup de temps

időjárás *fn* temps *h*; **évszaknak megfelelő ~** temps de saison

időjárás-jelentés *fn* bulletin *h* météorologique; *biz* météo *n*

időköz *fn* intervalle *h*

időközben *hsz* entre(-)temps

időközi *mn* **~ választás** élection *n* partielle

időnként *hsz* de temps en temps, de temps à autre

időpont *fn* moment *h*; *[óra]* heure *n*; **megbeszél egy ~ot vkivel** fixer un rendez-vous avec qqn

időrend *fn* ordre *h* chronologique, chronologie *n*

idős *mn* âgé(e); **mennyi ~?** quel âge a-t-il ?; **mikor ennyi ~ voltam** quand j'avais ton âge; **~ebb** *[testvér]* aîné(e)

időszak *fn* période *n*, époque *n*

időszámítás *fn* ère *n*; **~unk előtt** avant notre ère; **nyári ~** heure *n* d'été

időszerű *mn* opportun(e), d'actualité

időtartam *fn* durée *n*

időtöltés *fn* passe-temps *h*, distraction *n*

idővel *hsz* avec le temps

időz|ik *tn i* rester, séjourner; *vminél* s'attarder *sur qqch*

időzít *ts i* régler

időzített *mn* **~ bomba** bombe *n* à retardement

időzóna *fn* fuseau *h* horaire

idült *mn* chronique

ifi *fn sp [16–17 évesek]* cadet (-ette); *[18–19 évesek]* junior *h n*

ifjú I. *mn* jeune; **~ házasok** jeunes mariés *h (t sz)*; **ifjabb Kiss János** János Kiss fils **II.** *fn* jeune *h n*

ifjúkor *fn* jeunesse *n*

ifjúság *fn [életkor, fiatalok]* jeunesse *n*; **már kora ~ában** dès sa prime jeunesse

ifjúsági *mn* **~ szálló** auberge *n* de jeunesse; **~ olvasmány** lecture *n* pour la jeunesse

iga *fn* joug *h*; **~ alá hajt** mettre sous le joug

igaz I. *mn* vrai(e); *[erkölcsileg]* juste; **~, hogy** il est vrai que; **~ ember** un homme juste **II.** *fn* la vérité, le vrai; **~a van** avoir raison; **~a van** avoir tort; **~at ad vkinek** donner raison à qqn; **az ~at megvallva** à vrai dire; **az ~at mondja** dire la vérité

igazán *hsz* vraiment

igazgat *ts i [intézményt]* diriger; *[kézzel]* arranger

igazgatás *fn* direction *n*, administration *n*

igazgató *fn* directeur (-trice); *[gimnáziumi]* proviseur *h n*

igazgatóhelyettes *fn* directeur (-trice) adjoint(e)

igazgatói *mn* **~ állás** poste *h* de directeur; **~ kinevezés** nomination *n* au poste de directeur

igazgatóság *fn* direction *n*

igazgatótanács *fn* conseil *h* d'administration

igazgyöngy *fn* perle *n* fine

igazi *mn* vrai(e), véritable, authentique; **~ból** pour de vrai

igazít *ts i* ajuster, arranger; *[beállít]* régler; *vmit vmihez* régler *qqch sur qqch*; **útba ~ vkit** indiquer le chemin à qqn

igazmondás *fn* franchise *n*, véracité *n*

igazod|ik *tn i vkihez/vmihez* s'adapter *à qqn/qqch*, s'aligner *sur qqn/qqch*; **kat ~j!** serrez les rangs !

igazol *ts i [bizonyít]* justifier, démontrer; *[indokol]* justifier; *[tanúsít]* attester; *[okmánnyal]* certifier, justifier; **~ja magát!** vos papiers, s'il vous plaît

igazolás *fn [cselekedeté]* justification *n*; *[állításé]* vérification *n*; *[irat]* attestation *n*, certificat *h*

igazolatlan *mn* injustifié(e)

igazolt *mn* justifié(e)

igazoltat *ts i vkit* demander ses papiers *à qqn*, procéder à un contrôle d'identité, interpeller *qqn*

igazolvány *fn* carte *n*, pièce *n* d'identité; **személyi ~** carte *n* d'identité

igazság *fn* vérité *n*; *[igazságtétel]* justice *n*; **~ szerint** à vrai dire; **~ot szolgáltat vkinek** rendre justice à qqn

igazságos *mn* juste, équitable

igazságosság *fn* équité *n*

igazságszolgáltatás *fn* justice *n*

igazságtalan *mn* injuste

igazságtalanság *fn* injustice *n*

igazságügy *fn* justice *n*

igazságügyi *mn* ~ **hatóság** autorité *n* judiciaire; ~ **orvostan** médecine *n* légale

igazságügy-miniszter *fn* ministre *h n* de la Justice; *[Fr.-ban így is]* garde *h* des Sceaux

ige *fn nyelv* verbe *h*; *vall* Verbe *n*

igei *mn* verbal(e)

igeidő *fn* temps *h* verbal

igekötő *fn* préverbe *h*

igen¹ I. *msz* oui; **de ~** (mais) si **II.** *fn* oui *h*; **~t mond** dire oui; **~nel felel** répondre oui *v.* par l'affirmative

igen² *hsz* → **nagyon**

igencsak *hsz* vraiment

igenév *fn* **főnévi ~** infinitif *h*; **befejezett melléknévi ~** participe *h* passé

igenis *msz/hsz [nyomatékosítás]* mais oui; *[tagadásra válaszként]* mais si; *[szolgálatkész válasz]* à vos ordres !

igenlő *mn* affirmatif (-ive), positif (-ive); *[helyeslő]* approbatif (-ive)

igény *fn* exigence *n*, prétension *n*; **nagyok az ~ei** avoir de grandes exigences; **~be vesz** *[szolgáltatást]* recourir à qqch; *[vmennyi időt]* prendre; **~t tart vmire** prétendre à qqch

igénybevétel *fn* utilisation *n*; recours *h*; *[fizikai]* effort *h* (physique)

igényel *ts i* exiger, revendiquer, demander

igényes *mn* exigeant(e), difficile; *[színvonalas]* de qualité; *[tehetős]* aisé(e)

igénylés *fn* demande *n*; revendication *n*

igénytelen *mn [szerény]* peu exigeant(e); *[színvonaltalan]* médiocre

ígér *ts i* promettre; *gazd* offrir; **fűt-fát ~** *fraz* promettre monts et merveilles

igeragozás *fn* conjugaison *n*

ígéret *fn* promesse *n*, engagement *h*; **megtartja az ~ét** tenir sa promesse; **az ~ földje** la Terre promise

ígéretes *mn* prometteur (-euse)

ígérkez|ik *tn i* être hozzánk ~ett il a promis de venir à cinq heures; **jónak ~ik** s'annoncer bien

igézet *fn* fascination *n*

így *hsz* **I.** ainsi, comme cela *v.* ça; de cette manière *v.* façon **II.** *ksz* (et) ainsi

igyekezet *fn* effort *h*; **lázas ~** zèle *h*

igyekszik *tn i* **igyeksz|ik** s'efforcer *de inf.*; *[szorgalmasan, pl. diák]* s'appliquer; *[siet]* se dépêcher; **nem igen ~ik** il ne fait pas beaucoup d'efforts

igyekvő *mn [szorgalmas]* appliqué(e)

ihatatlan *mn* imbuvable; *[víz]* non potable

iható *mn* buvable; *[víz]* potable

ihlet¹ *ts i* inspirer; **~et merít vmiből** s'inspirer de qqch

ihlet² *fn* inspiration *n*

íj *fn* arc *h*

íjász *fn* archer (-ère); *sp* tireur (-euse) à l'arc

íjászat *fn sp* tir *h* à l'arc

ijed *tn i* **halálra ~** être mort(e) de peur

ijedős *mn* craintif (-ive), peureux (-euse)

ijedség *fn* peur *n*; frayeur *n*

ijedt *mn* effrayé(e)

ijedtség *fn* frayeur *n*, effroi *h*

ijeszt *ts i vkit* effrayer *qqn*, faire peur *à qqn*

ijesztő *mn* effrayant(e)

iker *fn* jumeau (jumelle); *asztr* Gémeaux *h (t sz)*; **János és Ábel ikrek** János et Ábel sont jumeaux; **hármas ikrek** triplés *h (t sz)*

ikertestvér *fn* (frère *h*) jumeau *h*, (sœur *n*) jumelle *n*

ikon *fn* icône *n*

ikra *fn* œufs *h (t sz)* de poisson, frai *h*

iktat *ts i [ügyiratot]* enregistrer; **törvénybe ~** promulguer

iktatószám *fn* numéro *h* d'enregistrement

illat *fn* parfum *h*, odeur *n* agréable

illatos *mn* parfumé(e), odorant(e)

illatosít *ts i* parfumer

illatoz|ik *tn i* embaumer

illatszer *fn* parfum *h*

illatszerbolt *fn* parfumerie *n*

illedelmes *mn* bien élevé(e), poli(e); *[viselkedés]* décent(e)

illedelmesen *hsz* poliment

illegális *mn [nem törvényes]* illégal(e); *pol* clandestin(e)

illegalitás *fn pol* clandestinité *n*

illem *fn* bienséance *n*, convenances *n (t sz)*

illemhely *fn* toilettes *n (t sz)*, lieux *h (t sz)* d'aisances

illemszabály *fn* règles *n (t sz)* de savoir-vivre *v.* de la bienséance

illendő *mn* convenable

illeszked|ik *tn i* s'ajuster, s'emboîter

illeszt *tn i* ajuster, placer; *[egymásba]* emboîter; *vmibe* insérer *dans qqch*

illet *ts i [rá vonatkozik]* concerner; *[vkinek jár]* revenir *à qqn;* **a pénz őt ~i** l'argent lui revient; **ami azt ~i** à vrai dire

illeték *fn* droit *h*, taxe *n*

illetékbélyeg *fn* timbre *h* fiscal

illetékes I. *mn* compétent(e) **II.** *fn* personne *n* compétente; **forduljon az ~hez!** adressez-vous à qui de droit

illetékesség *fn* compétence *n*

illetéktelen *mn* incompétent(e); **~ haszon** profit *h* illicite

illetlen *mn [gyerek]* mal élevé(e); *[viselkedés]* indécent(e), inconvenant(e); *[szó, kifejezés]* grossier (-ière)

illetlenség *fn* inconvenance *n*

illetmény *fn* appointements *h (t sz)*

illető I. *mn [szóban forgó]* en question; **az ~ hölgy** la dame en question **II.** *fn* individu *h*

illetőleg I. *hsz vkit/vmit* quant à, pour ce qui est de, concernant **II.** *ksz [pontosabban]* ou plutôt; *[ki-kire vonatkozó]* ou

illetve *ksz* → **illetőleg II.**

ill|ik *tn i [tárgy] vhova/vmibe* aller *v.* s'emboîter *qqpart v. dans qqch*; **~enek egymáshoz** ils vont bien ensemble; **ahogy ~ik** comme il se doit; **a barnához ~ik a rózsaszín** le rose va bien avec le brun; **~ik neki ez a kalap** ce chapeau lui va bien; **nem ~ik** *[vmit csinálni]* cela ne se fait pas de *inf;* **nem ~ik hozzád ez a bohóckodás** ça ne te va pas de faire le clown

illő *mn* qui convient; **az alkalomhoz ~ öltözet** vêtements qui conviennent à la circonstance; **~ tisztelettel fogad vkit** recevoir qqn avec le respect qui lui est dû; **a korához ~ viselkedés** comportement de mise à son âge; **mesébe ~** digne d'un comte de fées; **~ módon** comme il se doit; **rangjához ~en** ainsi qu'il convient à son rang

illusztráció *fn* illustration *n*

illusztrál *ts i* illustrer

illúzió *fn* illusion *n*; **~kban ringatja magát** se bercer d'illusions

Ilona *fn* Hélène *n*

ily *nm* egy **~et akarok** j'en veux un(e) comme ça; **ki hallot ~et?** a-t-on jamais entendu pareille chose ?; **~et nem mondtam** je n'ai rien dit de tel; **(no) de ~et!** ça par exemple !; → **ilyen**

ilyen *nm [melléknévi használatban]* comme ça, pareil (-eille), tel (telle); *[határozói használatban]* tellement,

aussi, si; ő ~ il est comme ça; ~ az
élet c'est la vie; ~ **módon** ainsi; **ne
mondj ~eket!** ne dis pas des choses
comme ça

ilyenfajta *nm* de ce genre; **az ~ …** ce
genre de …

ilyenformán *hsz [így]* à peu près ainsi;
[tehát] ainsi

ilyenkor *hsz* à cette heure(-ci); *[ilyen
esetben]* dans ce genre de cas; **tavaly
~** l'an dernier à la même époque; **teg-
nap ~** hier à la même heure

ilyesmi *nm* une chose pareille; **vmi ~**
quelque chose comme ça

ima *fn* prière *n*

imád *ts i* adorer

imádkoz|ik *tn i* prier

imádság *fn* prière *n*

imakönyv *fn* livre *h* de prières

imázs *fn* image *h*

imbolyog *tn i [támolyog]* tituber

íme *msz* voilà, voici

imént *hsz* à l'instant; **az ~ kelt fel** il
vient de se lever

immár *hsz* désormais; **~ két éve, hogy**
voilà (déjà) deux ans que

immunis *mn* immunisé(e)

immunitás *fn* immunité *n*

immunrendszer *fn* système *h* immu-
nitaire

imperialista *mn/fn* impérialiste *h n*

imperializmus *fn* impérialisme *h*

imponál *tn i vkinek* en imposer *à qqn*,
plaire *à qqn*

import *fn* importation(s) *n (t sz)*

importál *ts i* importer

importáru *fn* produit *h* d'importation

importőr *fn* importateur (-euse)

impotencia *fn* impuissance *n*

impotens *mn* impuissant(e)

impozáns *mn* imposant(e)

impresszionista *mn/fn* impression-
niste *h n*

impresszionizmus *fn* impression-
nisme *h*

improvizáció *fn* improvisation *n*

improvizál *ts i* improviser

impulzus *fn* impulsion *n*

ín *fn* tendon *h*

inas¹ *mn [hús]* tendineux (-euse); *[em-
ber]* maigre et musclé(e)

inas² *fn [tanuló]* apprenti *h; [szolga]*
valet *h*

incidens *fn* incident *h*

incselked|ik *tn i vkivel* taquiner *qqn*

inda *fn [fekvő]* coulant *h; [kapaszko-
dó]* sarment *h*

index *fn [mutató]* indice *h; [tiltott köny-
vek jegyzéke, névmutató]* index *h; gj*
clignotant *h, okt* livret *h* universitaire

India *fn* Inde *n*

indiai I. *mn* de l'Inde, indien (-ienne)
II. *fn [személy]* Indien (-ienne)

Indiai-óceán *fn* océan *h* Indien

indián I. *mn* indien (-ienne); amérin-
dien (-ienne) **II.** *fn* Indien (-ienne),
Amérindien (-ienne)

indigó *fn [festék]* indigo *h; [másoló-
papír]* papier *h* carbone

indirekt *mn* indirect(e)

indiszkrét *mn* indiscret (-ète)

indít *ts i [autót, gépet]* (faire) démarrer;
mettre en marche; *[lapot, mozgalmat]*
lancer; *[programot]* engager; *[pert]*
intenter; *közl [forgalomba állít]* mettre
en service; *sp [jeladással]* donner le
(signal de) départ; *átv vmire* amener
v. pousser *à qqch v. à inf;* **útnak ~**
mettre en route

indítás *fn [gépé]* mise *n* en marche;
[motoré, autóé] démarrage *h; [űrha-
jóé, vállalkozásé]* lancement *h*

indíték *fn* motif *h; [bűncselekedeté]*
mobile *h*

indítvány *fn* proposition *n; jog, pol*
motion *n*

indítványoz *ts i* proposer

individualista *mn/fn* individualiste *h n*

indoeurópai I. *mn* indo-européen (-éenne) **II.** *fn* [alapnyelv] l'indo-européen *h*; **az ~ak** les Indo-Européens *h (t sz)*

indok *fn [indítóok]* motif *h*; *[érv]* argument *h*

indokol *ts i* justifier; *[szóban]* motiver

indokolás *fn [megokolás]* justification *n*; *[törvényé]* considérants *h (t sz)*; *[ítéleté]* attendus *h (t sz)*

indokolatlan *mn* injustifié(e)

indokolt *mn* justifié(e), motivé(e)

indonéz I. *mn* indonésien (-ienne) **II.** *fn [személy]* Indonésien (-ienne); *[államnyelv]* indonésien *h*

indul *tn i [haladni kezd, útját megkezdi]* partir; *[autó]* démarrer; *vmerre* partir en direction de; *[versenyen, pályázaton]* participer; *[tevékenység]* débuter, démarrer; *[futásnak, hízásnak]* commencer *à inf*; **útnak ~** se mettre en route

indulás *fn [járműé, menetrendszerű]* départ *h*; *rep* décollage *h*; **~!** allons-y !

indulat *fn [harag]* emportement *h*; **~ba jön** s'emporter

indulatos *mn [természetű]* irascible, coléreux (-euse), emporté(e); *[beszéd]* véhément(e)

indulatszó *fn* interjection *n*

induló *fn sp* concurrent(e), partant(e); *zene* marche *n*; **~ban van** être sur le départ

infantilis *mn* infantil(e)

infarktus *fn* infarctus *h*

infláció *fn* inflation *n*

influenza *fn* grippe *n*

influenzás *mn [vki]* grippé(e); *[tünet, vírus]* grippal(e)

információ *fn* information *n*, renseignement *h*

információs *fn* **~ iroda** bureau *h* de renseignements

informál *ts i* informer, renseigner; **rosszul ~ták** on vous a mal renseigné(e)

informálód|ik *tn i s'*informer, se renseigner

informatika *fn* informatique *n*

informatikus *fn* informaticien (-ienne)

infrastruktúra *fn* infrastructure *n*

infúzió *fn* perfusion *n*

ing *fn* chemise *n*

inga *fn [órában]* balancier *h*; *fiz* pendule *n*

ingadozás *fn [mozgás]* oscillation *n*; *[piacé, közvéleményé]* fluctuation *n*; *[habozás]* flottement *h*, hésitation *n*

ingadoz|ik *tn i [mozog]* se balancer, *átv is* osciller; *[változik]* varier, fluctuer; *[lelkileg]* hésiter, balancer

ingatag *mn [építmény]* instable; *[léptek]* incertain(e); *[jellem]* inconsistant(e)

ingatlan *fn [telek, ház]* immeuble *h*; *[kereskedelem]* immobilier *h*

ingatlanközvetítő *mn* **~ iroda** agence *n* immobilière

ingáz|ik *tn i* faire la navette

ingázó *fn* navetteur (-euse)

inger *fn* excitation *n*; *tud* stimulus *h*; **nevetési ~** envie *n* de rire

ingerel *ts i* exciter, stimuler; *vmire* inciter *à qqch v. à inf*; *[bosszant]* agacer

ingerlékeny *mn* irritable

ingerült *mn* irrité(e)

ingóság *fn* bien *h* meuble

ingovány *fn* marécage *h*

ingoványos *mn* marécageux (-euse); *átv* **~ talaj** terrain *h* glissant

ingujj *fn* **~ban** en manches de chemise

ingyen I. *hsz* gratuitement **II.** *mn* gratuit(e)

ingyenélő *fn* parasite *h*

ingyenes *mn* gratuit(e)

inhalál *tn i* faire des inhalations

injekció *fn* piqûre *n*, injection *n*
injekciós *mn* ~ **tű** seringue *n*
inkább *hsz* plutôt; ~ **mint** plutôt que; ~ **maradok** je préfère rester; **annál** ~, **hogy** d'autant plus que; **egyre** ~ de plus en plus
inkognitó *fn* ~**ban utazik** voyager incognito
inkvizíció *fn* inquisition *n*
innen *fn* [helyről, helytől számítva] d'ici; **menj** ~! va-t'en !; ~ **van, hogy** de là vient que
innenső *mn* vmi ~ **oldalán** de ce côté-ci de qqch
innivaló *fn* à boire; **van vmi** ~? y a-t-il quelque chose à boire ?
inog *tn i* branler; *átv* être instable
ínség *fn* misère *n*
ínséges *mn* [ember, vidék] misérable; ~ **évek** années *n (t sz)* de misère
ínszalag *fn* ligament *h*
int *tn i/ts i* faire signe (de la tête v. de la main); **búcsút** ~ faire un signe d'adieu; **óva** ~ **vkit vmitől** mettre en garde qqn contre qqch
integet *tn i* faire des signes, faire signe de la main; **zsebkendővel** ~ agiter un mouchoir
integráció *fn* intégration *n*
integrál *ts i* intégrer
integrált *mn* ~ **áramkör** circuit *h* intégré
intelem *fn vál* admonestation *n*
intellektuális *mn* intellectuel (-elle)
intelligencia *fn* intelligence *n*
intelligens *mn* intelligent(e)
intenzitás *fn* intensité *n*
intenzív *mn* intensif (-ive); ~ **nyelv-tanfolyam** cours *h* de langue intensif; ~ **osztály** service *h* de réanimation
interaktív *mn* interactif (-ive)
interjú *fn* interview *n*

internál *ts i* interner
internet *fn* internet v. Internet *h*, le net v. Net
interpelláció *fn* interpellation *n*
interpellál *tn i* adresser une interpellation
intés *fn* [mozdulat] signe *h*; [intelem] avertissement *h*
intéz *ts i* [ügyet] s'occuper de, régler; [jegyzéket, kérdést] adresser; [támadást] lancer; **úgy** ~**te, hogy** il s'est arrangé de manière à *inf*
intézet *fn* [tudományos] institut *h*
intézkedés *fn* mesure(s) *n (t sz)*, dispositions *n (t sz)*; **megteszi a kellő** ~**eket** prendre les mesures nécessaires
intézkedik *tn i* prendre des mesures v. des dispositions; [törvény] vmiről disposer de qqch, statuer sur qqch
intézmény *fn* institution *n*, établissement *h*
intézményes *mn* institutionnel (-elle)
intim *mn* intime
intő **I.** *mn* ~ **példa** exemple *h* édifiant **II.** *fn okt* avertissement *h*
intravénás *mn* intraveineux (-euse)
intrika *fn* intrigue *n*
intrikus *mn/fn* intrigant(e)
intuíció *fn* intuition *n*
invázió *fn* invasion *n*
inzulin *fn* insuline *n*
íny *fn* [foginy] gencive(s) *n (t sz)*; [szájpadlás] palais *h*; *átv* **nincs** ~**emre** ce n'est pas à mon goût
ínycsiklandozó *mn* appétissant(e)
ínyenc *fn* gourmet *h*
ínyencség *fn* délice *h*
ipar *fn* industrie *n*; **vmilyen** ~**t űz** exercer un métier
iparág *fn* secteur *h* industriel
iparcikk *fn* produit *h* industriel v. manufacturé
iparengedély *fn* licence *n*

ipari *mn* industriel (-ielle); **~ park** zone *n* industrielle; **~lag fejlett ország** pays *h* industrialisé

iparkamara *fn* **kereskedelmi és ~** chambre *n* de commerce et d'industrie

iparkod|ik *tn i* → **igyekezik**

iparművész *fn* artisan(e) d'art

iparművészet *fn* [*tárgyak készítése*] artisanat *h* d'art; [*művészeti ág*] arts *h* (*t sz*) décoratifs *v.* appliqués

iparos *fn* artisan(e)

iparosít *ts i* industrialiser

iparosítás *fn* industrialisation *n*

iparvidék *fn* région *n* industrielle

ír¹ *ts i/tn i* écrire; [*zenét*] composer; **c-vel írják** ça s'écrit avec un c; **az arcára van ~va** c'est écrit sur ton visage

ír² **I.** *mn* irlandais(e) **II.** *fn* [*személy*] Irlandais(e); [*nyelv*] irlandais *h*

ír³ *fn* [*gyógykenőcs*] baume *h*

iram *hsz* allure *n*; **nem győzi az ~ot** il ne tient pas l'allure

iramod|ik *tn i* **vki után** s'élancer *après qqn*

iránt *hsz* envers, à l'égard de, pour; **az ~ érdeklődöm, hogy** j'aimerais savoir si

iránta *hsz* pour; **~d érdeklődött** il a demandé de tes nouvelles

iránti *mn* pour; **vki ~ figyelmességből** par égards pour quelqu'un

irány *fn* direction *n*, sens *h*; **~ Párizs!** direction Paris !; **vmilyen ~ban** en direction de, vers

irányadó *mn* qui fait autorité

irányelv *fn* principe *h* directeur

irányít *ts i* **ált** diriger; [*személyhez, helyre*] envoyer; [*fegyvert*] pointer sur; [*forgalmat*] régler; **figyelmét vmire ~ja** porter son attention sur qqch

irányítás *fn* direction *n*; [*intézményé*] gestion *n*; [*vezérlés*] commande *n*; **az ő ~a alatt** sous sa direction

irányító **I.** *mn* **~ központ** centre *h* de commande *v.* contrôle **II.** *fn* leader *h*; **szellemi ~** guide *h* spirituel

irányítószám *fn* code *h* postal

irányítótorony *fn* tour *n* de contrôle

irányjelző *fn* clignotant *h*

iránytű *fn* boussole *n*

irányul *tn i* [*figyelem, tekintet*] **vkire/vmire** se porter *sur qqn/qqch*; [*törekvés*] **vmire** tendre *à inf*; **vmi vki ellen** être dirigé(e) *contre qqn*; **ez arra ~, hogy** ceci est destiné *à inf*

irányvonal *fn* ligne *n* directrice

irányzat *fn* tendance *n*; courant *h*

írás *fn* [*cselekvés, kézírás, írásrendszer*] écriture *n*; [*írásmű*] écrit *h*; **vall** l'Écriture *n*; [*pénzen*] pile *n*; **~ba foglal** mettre par écrit; **~ban** par écrit; **fej vagy ~?** pile ou face ?

írásbeli **I.** *mn* écrit(e) **II.** *fn* [*vizsga*] écrit *h*

írásjel *fn* signe *h* de ponctuation

írásos *mn* écrit(e)

írásszakértő *fn* graphologue *h n*

írástudatlan *mn* analphabète, illettré(e)

írástudó *fn* **tört**, **vall** scribe *h*; [*művelt*] lettré *h*

írásvetítő *fn* rétroprojecteur *h*

irat *fn* [*ügyirat*] document *h*; [*személyi*] papiers *h* (*t sz*)

írat *ts i* faire écrire; **vki nevére ~vmit** mettre qqch au nom de qqn

íratlan *mn* [*szabály, törvény*] non écrit(e)

irattár *fn* archives *n* (*t sz*)

Irén *fn* Irène *n*

irgalmas *mn* miséricordieux (-euse), charitable

irgalmatlan **I.** *mn* impitoyable **II.** *hsz* **~ nagy** énorme

irgalmaz *tn i* **vkinek** faire grâce *à qqn*

irgalom *fn* pitié *n*, **vall is** miséricorde *n*

irigy *mn* envieux (-euse), jaloux (-ouse)

irigyel *ts i* envier; *vmit vkitől* envier qqch à qqn; *vkit vmiért* envier qqn pour qqch

irigyked|ik *tn i* vkire envier qqn, être envieux (-euse) *v.* jaloux (jalouse) *de qqn*

irigylés *fn* ~re méltó enviable

irigység *fn* envie *n*, jalousie *n*

irisz *fn orv, növ* iris *h*

író¹ *fn [szerző]* écrivain *h*

író² *fn [tejtermék]* petit-lait *h*

íróasztal *fn* bureau *h*

iroda *fn* bureau *h*; *[ügyvédé]* cabinet *h*; utazási ~ agence *n* de voyage

irodaház *fn* immeuble *h* de bureaux

irodalmár *fn* littéraire *h*

irodalmi *mn* littéraire

irodalom *fn* littérature *n*; *[felhasznált]* bibliographie *n*

irodalomtudomány *fn* sciences *n (t sz)* littéraires

irodaszer *fn* fournitures *n (t sz)* de bureau

írógép *fn* machine *n* à écrire

írói *mn* ~ véna veine *n* poétique; ~ (ál)-név nom *h* de plume

irónia *fn* ironie *n*

ironikus *mn* ironique

írónő *fn* écrivain *h*, femme *n* de lettres

Írország *fn* Irlande *n*

írott *mn* écrit(e); kézzel ~ écrit(e) à la main

irracionális *mn* irrationnel (-elle)

irreális *mn* irréel (-elle)

irritál *ts i* irriter

irt *tn i [élősdit]* détruire; *[gyomot]* désherber; *[erdőt]* déforester; *[patkányt]* dératiser; *[népet]* exterminer

irtás *fn [élősdié]* destruction *n*; *[erdőé]* déforestage *h*; *[gyomé]* désherbage *h*; *[népé]* extermination *n*; *[terület]* clairière *n*

irtózatos *mn* horrible, terrible, épouvantable

irtóz|ik *tn i vmitől* avoir horreur *de qqch*; *vkitől* avoir de la répulsion *pour qqn*

is I. *ksz* aussi; *[hasonlításban]* encore, que; én ~ moi aussi; ennél ~ nagyobb plus grand que ça encore; hónál ~ fehérebb plus blanc que neige; okos, és még szép ~ elle est intelligente, et en plus elle est belle **II.** *hsz [ellentétes, megengedő]* même; *[fittató]* déjà; nem ~ köszönt il n'a même pas salué; akkor ~, ha même si; hogy ~ hívják? comment s'appelle-t-il déjà ?; tudom ~ én?! que veux-tu que j'en sache ?

iskola *fn* école *n*; ~ba jár aller à l'école; ~t teremt faire école

iskolaév *fn* année *n* scolaire

iskolai *mn* scolaire

iskolaigazgató *fn* directeur (-trice) d'école; *[gimnázium]* proviseur *h n*

iskolakerülő *fn* élève *h n* qui fait l'école buissonnière

iskolaköteles *mn* d'âge scolaire

iskolapélda *fn* cas *h* d'école, exemple *h* type

iskolarendszer *fn* système *h* scolaire

iskolás *mn/fn* écolier (-ière)

iskolatárs *fn* camarade *h n* d'école

iskolatáska *fn* cartable *h*

iskolázatlan *mn* sans instruction

iskolázott *mn* instruit(e); ~ hang voix *n* travaillée

iskoláztat *ts i* scolariser

ismer *ts i/tn i* connaître; látásból ~ connaître de vue; nem ~i a félelmet ignorer la peur

ismeret *fn* connaissance *n*

ismeretes *mn* notoire, (bien) connu(e); ~, hogy il est notoire que

ismeretlen I. *mn* inconnu(e) **II.** *fn* inconnu(e); *mat* inconnue *n*

ismeretség *fn* connaissances *n (t sz)*, relations *n (t sz)*

ismeretterjesztő *mn* ~ **könyv** ouvrage *h* de vulgarisation

ismerked|ik *tn i* vkivel/vmivel faire connaissance *avec qqn/qqch*

ismerős I. *mn* connu(e), familier (-ière) **II.** *fn* connaissance *n*

ismert *mn* (bien) connu(e)

ismertet *ts i* faire connaître, exposer, présenter

ismertetés *fn* exposé *h*, présentation *n*; compte rendu *h*

ismertetőjel *fn* marque *n* distinctive; **különös** ~ signe *h* particulier

ismét *hsz* à *v.* de nouveau

ismétel *ts i/tn i* répéter; *[tananyagot]* réviser; *[osztályt]* redoubler

ismétlés *fn* répétition *n*; *[adásé]* rediffusion *n*; *[tananyagé]* révision *n*

ismétlőd|ik *tn i* se répéter

istálló *fn [lóé]* écurie *n*; *[marháé]* étable *n*

isten *fn* dieu *h*; *[egyistenhitben]* Dieu *h*; ~ **áldjon!** adieu !; **hála ~(nek)!** Dieu merci !; ~ **hozott!** bienvenue !; ~ **ments!** Dieu m'en garde !; ~ **szerelmére!** pour l'amour de Dieu !; **az ~it!** nom de Dieu !

isteni *mn átv* divin(e)

istenít *ts i* diviniser

istenkáromlás *fn* blasphème *h*

istennő *fn* déesse *n*

istenség *fn* divinité *n*

istentagadó *mn/fn* athée *h n*

istentelen *mn [nem hívő]* impie; *[szörnyű]* épouvantable

istentisztelet *fn* office *h v.* service *h v.* (divin)

istenverte *mn* maudit(e)

István *fn* Étienne *n*

iszákos *mn/fn* ivrogne *h n*

iszap *fn* vase *n*; *[gyógyiszap]* boue *n* thermale

iszapos *mn* vaseux (-euse)

iszl|ik I. *ts i* boire; ~**ik** vki egészségére boire à la santé de qqn **II.** *tn i [iszákos]* boire; **erre ~unk!** *biz* ça s'arrose !

iszlám I. *mn* islamique **II.** *fn [vallás]* islam *h*; *[civilizáció]* Islam *h*

iszony *fn* répulsion *n*, phobie *n*

iszonyatos *mn* **iszonyú** monstrueux (-euse), épouvantable, atroce

ital *fn* boisson *n*

italbolt *fn* débit *h* de boissons

Itália *fn* Italie *n*

itáliai *mn* italien (-ienne); *tört* italique

italoz|ik *tn i* boire

itat *ts i* donner à boire; *[állatot]* abreuver; *[szeszes itallal]* faire boire

ítél *tn i/ts i* vkit vmire condamner *qqn à qqch*; vkinek vmit attribuer *qqch à qqn*; *[gyereket vmelyik szülőnek]* confier; vkit/vmit vmilyennek juger *qqn/qqch qqch*; **feleslegesnek** ~ **vmit** juger qqch superflu(e)

ítélet *fn* sentence *n*, verdict *h*; *[vélemény is]* jugement *h*; ~**et hoz** prononcer *v.* rendre un jugement

ítélethirdetés *fn* prononcé *h* du jugement

ítélethozatal *fn* ~**ra vonul vissza** se retirer pour délibérer

ítélőidő *fn* temps *h* épouvantable

ítélkez|ik *tn i [bíróság]* rendre un jugement; vki/vmi felett porter un jugement *sur qqn/qqch*

ítélőképesség *fn* capacité *n* de jugement, discernement *h*

itt *hsz* ici, là; ~ **vagyok** je suis là; ~ **a nyár** c'est l'été

ittas *mn* ivre; ~ **állapotban** en état d'ivresse *v.* d'ébriété; *átv* vmitől ~**an** ivre de qqch

itteni **I.** *mn* d'ici **II.** *fn* **az ~ek** les gens *h (t sz)* d'ici

itthon *hsz* à la maison; **nincs** ~ il n'est pas là

itt-ott *hsz* ici et là, çà et là

ív *fn* arc *h*; *[vonal]* courbe *n*; *[lap]* feuille *n*; *[nyomd]* cahier *h*

ivadék *fn* vál progéniture *n*

Iván *fn* Ivan *h*

ivarérett *mn* nubile; pubère; *[állat]* adulte

ivarszerv *fn* organe *h* sexuel v. de reproduction

ivartalanít *ts i* castrer

ivás *fn [alkoholé]* boisson *n*

ivászat *fn* beuverie *n*

ível *tn i* former v. décrire un arc; **pályája felfelé ~** sa carrière est ascendante

ivóvíz *fn* eau *n* potable

íz¹ *fn átv is* goût *h*, saveur *n*; *[lekvár]* confiture *n*; **vki szája ~e szerint** au goût de qqn

íz² *fn orv* articulation *n*; *[ujjon]* phalange *n*; **első ~ben** la première fois; **minden ~ében** de tout son corps

izé *fn* truc *h*; *[személy is]* machin *h*

izeg-mozog *tn i* gigoter, se trémousser

ízelítő *fn* échantillon *h*; **~t ad vmiből** donner un avant-goût de qqch

ízeltlábú *fn* **~ak** arthropodes *h (t sz)*

ízes *mn átv is* savoureux (-euse); *[lekváros]* à la confiture

ízesít *ts i* assaisonner

ízesítő *fn* condiment *h*

ízetlen *mn* fade; insipide; átv de mauvais goût

izgága *mn* turbulent(e), agité(e)

izgalmas *mn* passionnant(e), palpitant(e), excitant(e)

izgalom *fn* émotion *n*; *[nemi is]* excitation *n*; **~ba hoz** mettre en émoi

izgat I. *ts i [érzéket, testileg]* exciter; *[szellemileg]* intéresser, exciter; *[kórosan]* irriter; **nem ~ja magát** il ne s'en fait pas **II.** *tn i [vmire felbujt]* exciter à qqch

izgató I. *mn* excitant(e); *[beszéd]* incendiaire **II.** *fn* agitateur (-trice)

izgatószer *fn* excitant *h*

izgatott *mn* excité(e), agité(e)

izgul *tn i [izgalomban van]* être excité(e); *[aggódik]* se faire du souci; *[lámpalázas]* avoir le trac; **vkiért/vmiért** croiser les doigts *pour qqn/qqch*; **ne ~j!** *biz* ne t'en fais pas, ne t'inquiète pas

Izland *fn* Islande *n*

izlandi I. *mn* islandais(e) **II.** *fn [személy]* Islandais(e); *[nyelv]* islandais *h*

ízlel *ts i* goûter; déguster

ízlés *fn* goût *h*; **jó ~e van** avoir du goût, avoir bon goût

ízléses *mn* de bon goût

ízléstelen *mn* de mauvais goût

ízletes *mn* savoureux (-euse), délicieux (-euse)

ízl|ik *tn i* aimer qqch; **nagyon ~ik** c'est très bon, je trouve ça très bon

izmos *mn* musclé(e)

izom *fn* muscle *h*

izomláz *fn* courbature(s) *n*

izomzat *fn* musculature *n*

Izrael *fn* Israël *n*

izraeli I. *mn* israélien (-ienne) **II.** *fn [személy]* Israélien (-ienne)

izraelita *mn/fn* israélite *h n*

íztelen *mn* sans goût

ízület *fn* articulation *n*

ízületi *mn* articulaire

izzad *tn i* suer, transpirer

izzadás *fn* transpiration *n*

izzadság *fn* sueur *n*

izzadt *mn* en sueur

izz|ik *tn i* être incandescent(e)

izzít *ts i* chauffer à blanc v. au rouge

izzó I. *mn* incandescent(e); átv ardent(e), brûlant(e) **II.** *fn* ampoule *n*

izzólámpa *fn* lampe *n* à incandescence

izzószál *fn* filament *h*

J

ja *isz* ah; *[igen]* biz ouais

jacht *fn* yacht h

jácint *fn* jacinthe n

jaguár *fn* jaguar h

jaj I. *msz* ah !; *[fájdalom]* aïe !; *[csodálkozás]* oh !; *[megkönnyebbülés]* ouf ! **II.** *fn* ~ **annak, aki** malheur à celui (celle) qui; ~ **nekem!** *biz* pauvre de moi !

jajgat *tn i/ts i [fájdalomtól]* gémir; *[siránkozik]* se lamenter, geindre

Jakab *fn* Jacques h

jakobinus *mn/fn* jacobin(e)

jámbor *mn [szelíd, békés]* doux (douce), placide; *[túlzottan]* débonnaire; *[állat]* doux (douce)

janicsár *fn* janissaire h

Janka *fn* Jeanne n

János *fn* Jean h

január *fn* janvier h; ~**ban** en janvier; au mois de janvier; ~ **folyamán** courant janvier; ~ **elején/közepén/végén** début janvier/mi-janvier/fin janvier; ~ **elsején** le premier janvier; ~ **17-én** le 17 janvier

japán I. *mn* japonais(e) **II.** *fn [személy]* Japonais(e); *[nyelv]* japonais h

Japán *fn* Japon h

jár I. *tn i* marcher; *[vhova, vmerre]* aller; *[járművel]* prendre *qqch*, aller en *qqch*; *[közlekedik]* passer; *[működik]* fonctionner, marcher; *[vmilyen ruhában]* porter *qqch*; *[vkit vmi meg-*

illet] avoir droit à *qqch*; *[újság] vkinek* être abonné(e) à; *[tartozék] vmivel* aller avec; *[következménnyel]* entraîner *qqch*, impliquer *qqch*; *vki vkivel* sortir *avec qqn*; **gyalog** ~ aller à pied; **iskolába** ~ aller à l'école; **hét óra felé** ~ il doit être près de sept heures; **későre** ~ il se fait tard; **mennyi** ~ **ezért?** combien vous dois-je pour cela ?; **így** ~ **az, aki** voilà ce qui arrive à celui qui; **jól** ~**t** il a fait une bonne affaire; **folyton** ~ **a szája** c'est un moulin à paroles **II.** *ts i [vidéket]* parcourir; ~ **egyet** faire un tour; **a világot** ~**ja** courir le monde; **ez nem** ~**ja** ce n'est pas juste; **a végét** ~**ja** agoniser

járadék *fn [vagyon hozama]* rente n

járandóság *fn* rémunération n

járás *fn [menés]* marche n; *[módja]* démarche n; *csill* mouvement h; **az óra** ~**ával ellenkező irányban** dans le sens inverse des aiguilles d'une montre; **egy órai** ~**ra** à une heure de marche; **ismeri a** ~**t** connaître le chemin

járat¹ *ts i [járni késztet]* faire marcher; *[gépet]* faire marcher v. tourner; *[újságot]* être abonné(e) à; **angolra** ~**ja a gyerekeit** faire prendre des cours d'anglais à ses enfants; **divatosan** ~**ja a gyerekeit** habiller ses enfants à la mode; **bolondját** ~**ja vkivel** faire marcher *qqn*, mener *qqn* en bateau

járat² *fn közl* ligne n, service h; *[föld alatt]* galerie n; **mi** ~**ban vagy?** qu'est-ce qui t'amène ?

járatlan *mn vmiben* inexpérimenté(e) v. novice *en qqch*

járda *fn* trottoir h

járdasziget *fn* refuge h

járhatatlan *mn* impraticable

járható *mn* praticable

járkál *tn i [ide-oda megy]* aller et venir, marcher de long en large; *[sétálgat]* se promener; *vki/vmi után* courir *après qqn/qqch;* **lányok után ~** courir le jupon

jár-kel *tn i* aller et venir;

jármű *fn* véhicule h

járműpark *fn* parc h (automobile)

járó *mn* **~ beteg** malade h n ambulatoire

járóka *fn* parc h

járókelő *fn* passant(e), piéton (-onne)

járom *fn* joug h

járőr *fn* patrouille n

jártas *mn vmiben* expert(e) v. compétent(e) *en qqch;* versé(e) *dans qqch; [igével]* s'y connaître *en qqch*

jártasság *fn* expérience n, compétence n

járul *tn i [vhova/vki elé]* se présenter à qqch v. devant *qqn; vmi vmihez* (venir) s'ajouter *à qqch;* **ehhez ~ még az is, hogy** à cela s'ajoute le fait que

járulék *fn* cotisation n; **társadalombiztosítási ~** cotisation de Sécurité sociale

járulékos *mn* accessoire; **~ költség** frais h (t sz) accessoires

járvány *fn átv is* épidémie n

járványos *mn* épidémique

jászol *fn* mangeoire n

játék *fn* jeu h; *sp,* szính, zene jeu h; *[játékszer]* jouet h; **belemegy a ~ba** jouer le jeu; **~ból** par jeu

játékautomata *fn* machine n à sous

játékbarlang *fn pej* tripot h

játékbolt *fn* magasin h de jouets

játékfilm *fn* long métrage h, film h de fiction

játékidő *fn* temps h de jeu

játékos I. *mn [játszani szerető]* joueur (-euse); *[derűs, könnyed]* enjoué(e), badin(e) **II.** *fn* joueur (-euse)

játékszabály *fn* règle n du jeu; **betartja a ~okat** respecter les règles du jeu

játékszer *fn* jouet h; **a sors ~e** le jouet du destin

játékterem *fn* salle n de jeu

játékvezető *fn [vetélkedőben]* animateur (-trice), meneur (-euse) de jeu; *sp* arbitre h n

játsz|ik *ts i/tn i* ált, *sp is* jouer; *[színész, zenész]* jouer, interpréter; **bújócskát ~ik** jouer à cache-cache; **döntő szerepet ~ik** jouer un rôle déterminant; **gitáron ~ik** jouer de la guitare; **pénzben ~ik** jouer de l'argent; **ruletten ~ik** jouer à la roulette; **tűzzel ~ik** jouer avec le feu; **játssza a kemény fiút** jouer les durs

játszma *fn sp* partie n; *[teniszben]* manche n

játszód|ik *tn i* se passer, se dérouler

játszótárs *fn* camarade h n de jeu

játszótér *fn* aire n de jeux, square h

játszva *hsz* aisément, sans peine; **~ győz** *biz* gagner les doigts dans le nez

java I. *mn* **vmi ~ része** *[legjobb]* la meilleure part de qqch, *[nagyobb]* la plus grande partie de qqch **II.** *fn* **vkinek/vminek a ~ra** au bénéfice v. au profit de qqn/qqch; **most jön a ~** on a gardé le meilleur pour la fin; **csak a ~dat akarom** je ne veux que ton bien; **ez az ő ~ra írható** c'est un bon point pour lui; **kiválogatja a ~t** choisir ce qu'il y a de mieux; *sp* **6:3 a javunkra** 6 à 3 pour nous

javában *hsz* en plein(e); **~ dolgozott** il était en plein travail; **már ~ folyik** *[egy esemény]* battre son plein

javak *fn* biens h (t sz)

javarészt *mn* en grande v. majeure partie

javaslat *fn* proposition *n*, suggestion *n*

javasol *ts i* proposer, suggérer; **azt javaslom, hogy** je propose que *subj v.* de *inf*

javít *ts i/tn i* [*tárgyat*] réparer; [*dolgozatot, hibát*] corriger; [*jobbá tesz*] améliorer; **~ a helyzetén** améliorer sa situation; **rekordot ~** améliorer un record; **~ a jegyein** obtenir de meilleures notes

javítás *fn* [*tárgyé*] réparation *n*; [*hibáé, szövegé*] correction *n*; [*jobbá tétel*] amélioration *n*; **~ alatt** en réparation

javíthatatlan *mn* [*tárgy*] irréparable; [*ember*] incorrigible

javítóintézet *fn* centre *h* d'éducation surveillée

javítóműhely *fn* atelier *h* de réparation

jávorszarvas *fn* élan *h*

javul *tn i* s'améliorer; **~ az állapota** son état s'améliore

javulás *fn* amélioration *n*

jázmin *fn* jasmin *h*

jé *isz* tiens !; **~, te itt vagy?** tiens, tu es là, toi ?

jég *fn* glace *n*; [*jégkocka*] glace *n*, glaçon *h*; **~be hűtött** glacé(e); **~gé fagy** geler; *átv* **megtört a ~** la glace est rompue

jégcsap *fn* stalactite *n* (de glace)

jegel *ts i* [*jégbe hűt*] glacer

jegenye *fn* peuplier *h*

jeges *mn* glacé(e); [*jéghideg*] glacial(e); **~ ital** boisson *n* glacée; **~ szél** vent *h* glacial; **~ út** route *n* verglacée; **fogadtatás** accueil *h* glacial

jegesmedve *fn* ours *h* polaire *v.* blanc

jégeső *fn* grêle *n*; **~esik** il grêle

jéghegy *fn* iceberg *h*

jéghideg *mn átv is* glacial(e); **~ a lábam** j'ai les pieds glacés

jégkocka *fn* glaçon *h*

jégkorong *fn* hockey *h* sur glace

jégkorszak *fn* période *n* glaciaire

jégkrém *fn* crème *n* glacée; [*pálcikás*] esquimau *h*

jégpálya *fn* patinoire *n*

jégszekrény *fn* [*jéggel hűtött*] glacière *n*; [*hűtőszekrény*] *biz* frigo *h*

jégtörő *fn* [*építmény, hajó*] brise-glace *h*

jégverem *fn* glacière *n*; *átv, biz* glacière *n*

jégvirág *fn* cristaux *h* (*t sz*) de givre

jégzajlás *fn* débâcle *n*

jegy *fn* [*megkülönböztető*] signe *h*, marque *n*; [*mozi, színház, repülő, vonat*] billet *h*; [*metró, busz*] ticket *h*; [*utalvány*] bon *h*; *okt* note *n*; **~ben jár vkivel** être fiancé(e) avec qqn; **a skorpió ~ében született** être né(e) sous le signe du Scorpion; *átv* **vminek a ~ében** sous le signe de qqch

jegyautomata *fn* [*menetjegyet kiadó*] billetterie *n*

jegybank *fn* banque *n* centrale *v.* d'émission

jegyes *fn* fiancé(e)

jegyespár *fn* fiancés *h* (*t sz*)

jegyez *ts i* noter, prendre en note; [*kötvényt, részvényt*] souscrire; [*tőzsdén céget*] coter; [*árfolyamot megállapít*] coter; **hogy jegyzik az eurót?** quelle est la cote de l'euro ?

jegygyűrű *fn* [*házasoké*] alliance *n*; [*jegyeseké*] anneau *h* de fiançailles

jegyiroda *fn* billetterie *n*

jegypénztár *fn* guichet *h*

jegyszedő *fn* ouvreur (-euse)

jegyzék *fn* liste *n*, inventaire *h*; [*gyűjteményről*] catalogue *h*; [*nyilvántartási*] registre *h*; *gazd* bordereau *h*; *pol* note *n*; **szóbeli ~** note verbale

jegyzet *fn* note *n*; [*egyetemi*] (cours *h*) polycopié *h*; [*írásműben*] note *n*; **lapalji ~** note de bas de page

jegyzetel *ts i/tn i* prendre des notes

jegyzetfüzet *fn* cahier *h* de notes

jegyzettömb *fn* bloc-notes *h*

jegyző *fn [bírósági]* greffier (-ière); *[önkormányzati]* secrétaire *h n* général(e) de mairie

jegyzőkönyv *fn* procès-verbal *h; [diplomáciai]* protocole *h; [károkról, rendőri]* constat *h;* ~**be vesz** porter au procès-verbal; **felvesz a** ~**et** dresser un procès-verbal, effectuer un constat

jel *fn ált* signe *h; nyelv [toldalék]* marque *n; vegy* symbole *h;* **minden** ~ **arra mutat, hogy** tout indique que; **nyelv** ~ signe linguistique; **vmi** ~**ül** en signe de qqch; ~ **ad vmire** donner le signal de qqch

jeladás *fn* signal *h*

jelbeszéd *fn* langage *h* gestuel *v.* des signes

jelen I. *mn* présent(e), actuel (-elle); ~ **esetben** dans le cas présent; **a** ~ **helyzetben** dans la situation actuelle; ~ **idő** présent *h* **II.** *fn* présent *h* **III.** *hsz* ~ **van** être présent(e); **nincs** ~ être absent(e)

jelenet *fn* scène *n;* ~**et rendez** faire une scène

jelenleg *hsz* actuellement, à l'heure actuelle

jelenlegi *mn* actuel (-elle); **a** ~ **körülmények között** dans l'état actuel des choses

jelenlét *fn* présence *n;* **vki** ~**ében** en présence de qqn

jelenlevő I. *mn* présent(e) **II.** *fn* **a** ~**k** les personnes *n (t sz)* présentes, l'assistance *n*

jelenség *fn* phénomène *h;* **természeti** ~ phénomène naturel; **bájos** ~ charmante créature *n*

jelent *ts i [közöl]* annoncer; *[jelentéssel bír]* signifier, vouloir dire; *[vmi-*

lyen jelentőséggel van] représenter; **beteget** ~ se faire porter malade; **ez nem** ~ **semmit** ça ne veut rien dire; ~**eni fogom a feletteseimnek** j'en référerai à mes supérieurs; **mit** ~**sen ez?** qu'est-ce à dire?

jelentékeny *mn* → **jelentős**

jelentéktelen *mn* sans importance; *[ember is]* insignifiant(e)

jelentés *fn [értelem]* signification *n,* sens *h; [beszámoló]* rapport *h,* compte rendu *h;* ~**t tesz vkinek vmiről** faire un rapport à qqn sur *v.* de qqch

jelentkezés *fn [állásra, pályázatra]* candidature *n; [bíróságon]* comparution *n; [jelenségé]* apparition *n;* **a** ~**ek sorrendjében** suivant l'ordre d'arrivée

jelentkez|ik *tn i ált* se présenter; *[életjelt ad]* donner signe de vie; *[jelenség]* se manifester; ~**ik egy diák** *[órán]* un élève lève la main; ~**ik egy állásra** se présenter pour un emploi, postuler un emploi; ~**ik a rendőrségen** se présenter au commissariat

jelentkező *fn [állásra, vizsgára]* candidat(e); *[állásra így is]* postulant(e)

jelentős *mn* considérable; *[fontos szerepű, tekintélyes]* important(e); ~ **mértékben** dans une large mesure

jelentőség *fn* importance *n;* **nincs** ~**e** c'est sans importance; **nagy** ~**et tulajdonít vminek** attribuer une grande importance à qqch

jeles I. *mn* éminent(e), remarquable; ~ **osztályzat** mention très bien; ~ **tanuló** élève *h n* éminent(e) **II.** *fn* **a közélet** ~**ei** les notabilités *n (t sz)* de la vie publique; *okt* ~**van** avoir de mention très bien

jelesked|ik *tn i vmiben* exceller *en v.* dans qqch

jelez *ts i [előre tudat]* signaler, annoncer; *[mozdulattal]* faire signe; *[utal, mutat]* indiquer; **jelzem, hogy** je te v. vous signale que

jelige *fn [nevet helyettesítő]* mot *h* de passe; *[jelmondat]* devise *h*

jelkép *fn* symbole *h*, emblème *h*

jelképes *mn* emblématique; *[ajándék stb.]* symbolique

jelképez *ts i* symboliser

jelleg *fn* caractère *h*

jellegzetes *mn* caractéristique, typique; ~ **vonás** trait *h* caractéristique

jellegzetesség *fn* caractéristique *n*

jellem caractère *h*; **gyenge** ~ caractère veule

jellemes *mn* intègre, droit(e)

jellemez *ts i/ts i [jellegét meghatározza]* caractériser; *vkit vmi* se caractériser *par qqch*; *[leír]* décrire

jellemtelen *mn* sans scrupule(s), d'un caractère bas

jellemvonás *fn* trait *h* de caractère

jellemzés *fn* portrait *h*; ~**t ad vkiről** faire le portrait de qqn

jellemző I. *mn* caractéristique, typique; ~ **rá!** c'est tout lui !; ~ **rá, hogy** il est typique de lui que **II.** *fn* caractéristique *n*

jelmez *fn* déguisement *h*; *[színészé]* costume *h*

jelmezbál *fn* bal *h* costumé

jelmondat *fn* devise *n*; *[könyvben]* épigraphe *n*

jelöl *ts i [jellel ellát]* marquer; *[mutat]* indiquer; *[állásra, tisztségre]* désigner; *[díjra]* nominer, sélectionner

jelölés *fn [jellel való megkülönböztetés]* indication *n*; *[jel]* marque *n*; *[jelrendszer]* notation *n*

jelölt *fn* candidat(e)

jelszó *fn [titkos]* mot *h* de passe; *pol* mot d'ordre, slogan *h*

jelvény *fn* insigne *h*, emblème *h*; *[kitűző]* insigne *h*, badge *h*

jelzálog *fn* hypothèque *n*; ~**gal megterhel** hypothéquer

jelzáloghitel *fn* crédit *h* hypothécaire

jelzés *fn [jeladás]* signal *h*; *[tárgyon]* marque *n*; *[turistaúté]* balisage *h*; *közl* signalisation *n*; **közúti ~ek** signaux *h (t sz)* routiers

jelzet *fn [könyvtári]* cote *n*

jelző *fn nyelv [melléknévi]* épithète *n*; *[főnévi]* complément *h* de nom

jelzőlámpa *fn [forgalmi]* feu *h* (de signalisation)

jelzőtábla *fn [közúti]* panneau *h* indicateur *v.* de signalisation

Jeruzsálem *fn* Jérusalem *n*

Jézus *fn* Jésus *h*; ~ **Krisztus** Jésus-Christ *h*

jezsuita I. *mn* jésuite *h* **II.** *fn* jésuite *h*

jiddis I. *mn* yiddish **II.** *fn [nyelv]* yiddish *h*

jó I. *mn* bon (bonne); ~**!** *[beleegyezésként]* d'accord !; ~ **ideig** un bon bout de temps; ~ **idő van** il fait bon *v.* beau; ~ **modor** bonnes manières *n (t sz)*; **nagyon ~!** *[finom]* c'est très bon !, *[ügyes]* très bien !; ~ **reggelt/napot!** bonjour !; ~ **szórakozást!** amuse-toi *v.* amusez-vous bien; ~ **utat!** bon voyage !; **légy ~!** sois sage !; ~ **lenne, ha** ce serait bien si; ~ **lesz így?** ça ira comme ça ?; **még ~, hogy** encore heureux que; **mire ~ ez?** à quoi est-ce que ça sert ?; *[lemondóan]* à quoi bon ?; **ezt ~ tudni** c'est bon à savoir; ~ **vkinél** *biz* avoir la côte avec qqn; ~**nak lát** juger bon de *inf*; **tegyen, ahogy ~nak látja** faites comme bon vous semble **II.** *fn* le bien; ~**ban van vkivel** être en bons termes avec qqn; ~**t akar vkinek** vouloir du bien à qqn; **csak ~t akart** il croyait bien faire; **~ra fordul** s'arranger; **ez a tea ~t fog tenni neked** ce thé te fera du bien; **veszekedtek egy ~t** ils se sont engueulés un bon coup

jóakarat *fn [igyekezet]* bonne volonté *n; [jóindulat]* bienveillance *n*

jóakaratú *mn* de bonne volonté, bienveillant(e)

jóakaró *fn* protecteur(-trice), bienfaiteur (-trice); *iron* **egy ~ja** une personne qui vous veut du bien

jobb[1] *mn* meilleur(e), mieux; **~ ha** il vaut mieux *inf v. que subj;* **annál ~!** tant mieux !; **~ híján** faute de mieux; **~nak lát** juger préférable de *inf;* **~ra fordul** s'améliorer

jobb[2] **I.** *mn [oldal]* droit(e); **~ kéz** la main droite; **a ~ oldalon** à droite, du côté droit **II.** *fn [oldal] pol* is droite *n;* **~ját nyújtja vkinek** tendre la main à qqn; **a ~omon** à ma droite; **~ra fordul** tourner à droite

jobbágy *fn* serf (serve)

jobbágyság *fn [rendszer]* servage *h; [emberek]* serfs *h (t sz)*

jobban *hsz* mieux; *[erősebben]* plus; **~ van** il va mieux; **~ szeret vkit/vmit vkinél/vminél** préférer qqn/qqch à qqn/qqch; **még ~ fáj** cela fait encore plus mal; **~ mondva** ou plus exactement

jobbára *hsz [nagyrészt]* pour la plupart; *[időben]* la plupart du temps

jobbkeze *fn átv* vkinek **a ~** le bras droit de qqn

jobbkezes *mn* droitier (-ière); **~ kesztyű** un gant droit; **~ ütés** un droit

jobbkor *hsz* soha **~** ça tombe à merveille; *[jó pillanatban érkezik]* vous tombez/tu tombes à pic

jobbközép *fn pol* centre *h* droit

jobboldal *fn pol* la droite

jobboldali *pol* **I.** *mn* de droite **II.** *fn* partisan *h* de la droite; **a ~ak** les gens *h (t sz)* de droite

jobbulás *fn* **~t kívánok** je vous souhaite un prompt rétablissement

jócskán *hsz* largement; **még ~ van** *biz* il y en a encore pas mal

jód *fn* iode *h*

jóformán *hsz* pour ainsi dire, pratiquement; **~ semmit** pratiquement rien

jog *fn* droit *h;* **emberi ~ok** les droits de l'homme; **minden ~ fenntartva** tous droits réservés; **~a van vmihez** avoir droit à qqch, avoir le droit de *inf;* **~gal** à juste titre; **milyen ~on?** de quel droit ?; **~ot tanul** faire des études de droit

jóga *fn* yoga *h*

jogalap *fn* titre *h,* fondement *h* juridique

jogalkotás *fn* législation *n*

jogállam *fn* État *h* de droit

jogállás *fn* statut *h* (juridique)

jogar *fn* sceptre *h*

jogász *fn* juriste *h n; [hallgató]* étudiant(e) en droit

jógázik *tn i* faire du yoga

jogcím *fn* titre *h;* **milyen ~en?** à quel titre ?

jogdíj *fn [szerzői]* droits *h (t sz)* d'auteur

jogegyenlőség *fn* égalité *n* des droits, égalité devant la loi

jogellenes *mn* illicite, illégal(e)

jogerős *mn* **~ döntés** décision *h* sans appel; **~ ítélet** jugement *h* définitif *v.* en dernier ressort

jogfosztott *mn* privé(e) de ses droits

joggyakorlat *fn* jurisprudence *n*

joghallgató *fn* étudiant(e) en droit

joghézag *fn* vide *h* juridique

joghurt *fn* yaourt *v.* jogourt *h*

jogi *mn* de droit, juridique, légal(e); **~ kar** faculté *n* de droit; **~ képviselő**

représentant(e) légal(e); ~ **szakértő** jurisconsulte h; ~ **személy** personne n morale

jogilag hsz juridiquement

jogkör fn compétence n, pouvoir h

jogorvoslat fn recours h, pourvoi h

jogos mn légitime; ~ **önvédelem** légitime défense n

jogosít ts i vmire donner droit à qqch v. de inf, habiliter à inf

jogosítvány fn [engedély] autorisation n; [kereskedelemre] licence n; gj permis h (de conduire)

jogosult I. mn qui a droit à qqch v. de inf, habilité(e) à inf II. fn a vmire ~ak les ayants droits h (t sz) à qqch

jogosultság fn [vkié] droit h, qualité n; [vmié] légitimité n

jogrend fn ordre h juridique

jogrendszer fn système h juridique

jogsértés fn violation n du droit

jogszabály fn règle n (de droit v. juridique)

jogszerű mn légal(e), légitime

jogtalan mn illégal(e), illicite, illégitime

jogtanácsos fn conseiller (-ère) juridique, avocat(e)-conseil

jogtudomány fn droit h, sciences n (t sz) juridiques

jogutód fn ayant cause h, ayant droit h

jogvédelem fn protection n juridique; **szerzői** ~ protection des droits d'auteur

jogviszony fn situation n juridique

jogvita fn contentieux h, litige h

jóhiszemű mn de bonne foi; [jellem] confiant(e)

jóhiszeműség fn bonne foi n

jóindulat fn [érzület] bienveillance n; [törekvés] bonne volonté n; **elnyeri vki ~át** gagner la faveur de qqn; **~tal van vki iránt** être bien disposé(e) à l'égard de qqn

jóindulatú mn bienveillant(e), de bonne volonté; orv bénin (-igne)

jóízű mn savoureux (-euse); ~ **nevetés** un rire de bon cœur

jókedv fn bonne humeur n, gaieté n; **~e van** être de bonne humeur

jókedvű mn de bonne humeur, gai(e)

jóképű mn [férfi] beau; [fiú] joli; [igével] biz avoir une belle gueule

jókívánság fn (meilleurs) vœux h (t sz)

jókor hsz [idejében] à temps, au bon moment; [korán] de bonne heure; **ez ~ jön** ça tombe bien v. pile

jókora mn gros (grosse), bon (bonne); ~ **darab** une bon morceau; ~ **összeg** une (assez) grosse somme

jól hsz bien; ~ **áll neked** ça te va bien; **ez is ~ kezdődik!** iron ça commence bien !; ~ **megy az üzlet** les affaires marchent bien; ~ **nevelt** bien élevé(e); ~ **teszi, hogy** il fait bien de inf; ~ **vagyok** je vais bien, ça va; ~ **van** [dicséréskén] c'est bien, [rendben van] d'accord

jólelkű mn généreux (-euse), charitable

jóles|ik tn i vmi vkinek qqch fait du bien à qqn; [örömet okozva] qqch fait plaisir à qqn; **~ik ránézni** ça fait plaisir de le regarder

jóleső mn ~ **érzés** sentiment h agréable; ~ **érzés, hogy** il est agréable de savoir que

jólét fn bien-être h, [jómód] aisance n

jóléti mn ~ **állam** État h providence; ~ **társadalom** société n d'abondance

jóllak|ik tn i manger à sa faim; vmivel se rassasier de qqch; **~tál?** as-tu assez mangé ?

jóllakott mn rassasié(e), repu(e)

jóllehet ksz bien que v. quoique subj

jómód fn aisance n; **~ban él** vivre dans l'aisance

jómódú mn aisé(e)

jópofa *mn* drôle; *biz* marrant(e), rigolo (-ote)

jóravaló *mn* ~ **ember** un brave homme; ~ **lány** une fille bien

jórészt *hsz* en grande partie

jós *fn* devin *h*, voyant *h*

jóság *fn* bonté *n*

jóságos *mn* plein(e) de bonté, bon (bonne)

jóslat *fn* prédiction *n*, prophétie *n*; ~**a bevált** sa prédiction s'est réalisée

jósnő *fn* voyante *n*, diseuse *n* de bonne aventure

jósol I. *ts i* prédire; **fényes karriert** ~**nak neki** on lui prédit un brillant carrière **II.** *tn i [jós(nő)] vkinek* dire la bonne aventure *à qqn*; **tenyérből** ~ lire dans les lignes de la main

jószág *fn [háziállatok]* bétail *h*; *[ezek vmelyike]* bête *n*

jószántából *hsz* de plein gré; **a maga** ~ de son (plein) gré

jószerével *hsz* pour ainsi dire, pratiquement

jószívű *mn* généreux (-euse); *[igével]* avoir bon cœur

jótáll *tn i vkiért/vmiért* se porter garant *de qqn/qqch*; répondre *de qqn/qqch*; garantir *qqch*

jótállás *fn* garantie *n*

jótékony *mn [személy]* charitable; *[intézmény]* caritatif (-ive); *[hatás]* bienfaisant(e), salutaire; ~ **célú** de bienfaisance

jótékonykod|ik *tn i* faire la charité; *iron* faire le bon Samaritain

jótékonyság *fn* charité *n*

jótett *fn* bonne action *n*

jótevő *fn* bienfaiteur (-trice)

jóváhagy *ts i* approuver; *pol* ratifier; *jog* homologuer, valider

jóváhagyás *fn* approbation *n*, agrément *h*; *pol* ratification *n*

jóváír *ts i vmit* porter *qqch* à l'actif de *qqch*

jóval *hsz* bien (plus), largement; ~ **nagyobb/kisebb** bien plus grand(e)/petit(e); ~ **utána** bien après

jóvátehetetlen *mn* irréparable, irrémédiable

jóvátesz *ts i* réparer; *[hibát így is]* racheter

jóvátétel *fn* réparation *n*; **háborús** ~ réparations *n (t sz)* de guerre

jóvoltából *hsz vkinek a* ~ grâce à qqn; **a te jóvoltadból** grâce à toi

józan *mn [nem részeg]* sobre; *[meggondolt]* lucide, sensé(e); ~ **ész** le bon sens

józanság *fn [állapot]* sobriété *n*; *[tulajdonság]* bon sens *h*, lucidité *n*

József *fn* Joseph *h*

jön *tn i* venir; *[érkezik]* arriver; **vkiért** ~ venir chercher qqn; **vkihez** ~ venir voir qqn; **jövök!** j'arrive !; **rögtön jövök!** je reviens tout de suite !; **hogy** ~ **ez ide?** qu'est-ce que ça vient faire ici ?; **divatba** ~ devenir à la mode; **világra** ~ venir au monde; **jól** ~ ça tombe à pic; **mennyivel jövök?** *biz* combien je te dois ?; *[játékban]* **te jössz** c'est (à) ton tour

jön-megy *tn i* aller et venir

jövedelem *fn* revenu *h*; **bruttó/nettó/ nemzeti** ~ revenu brut/net/national

jövedelemadó *fn* impôt *h* sur le revenu; **személyi** ~ impôt sur le revenu des personnes physiques, I.R.P.P.

jövedelembevallás *fn* déclaration *n* de revenus

jövedelmez *ts i/tn i* rapporter

jövedelmező *mn* lucratif (-ive), rémunérateur (-trice), rentable

jövedelmi *mn* ~ **forrás** source *n* de revenus

jövendő → jövő

jövendőbeli I. *mn* futur(e) II. *fn* futur époux (future épouse)

jövés-menés *fn* allée(s) et venue(s) *n (t sz)*, va-et-vient *h*

jövetel *fn* venue *n*, arrivée *n*

jövevény *fn* nouveau venu (nouvelle venue)

jövevényszó *fn* emprunt *h*

jövő I. *mn* prochain(e); a ~ év(ben) l'année prochaine; *nyelv* ~ idő futur *h* II. *fn* avenir *h*, futur *h*; fényes ~ vár vkire être promis(e) à un brillant avenir; a ~ben à l'avenir

jövőbeli *mn* jövőbeni à venir, futur(e)

jövőre *hsz [akkor]* l'année prochaine; *[akkorra]* pour l'année prochaine

jubileum *fn* anniversaire *h*, commémoration *n*; százéves ~ centenaire *h*

jubileumi *mn* commémoratif (-ive)

juh *fn* mouton *h*; *[nőstény]* brebis *n*

juhar *fn* érable *h*

juhász *fn* berger (-ère)

juhászkutya *fn* chien *h* de berger; német ~ berger *h* allemand

juhsajt *fn* fromage *h* de brebis

juhtúró *fn* fromage *h* blanc de brebis

Júlia *fn* Julie *n*, Juliette *n*

július *fn* juillet *h*; → **január**

junior *mn/fn sp* junior *h n*

június *fn* juin *h*; → **január**

Jura-hegység *fn* Jura *h*

jut *tn i [helyileg vhova]* parvenir;

vmihez obtenir *qqch*; vkinek échoir à *qqn*; vmire parvenir à *qqch*, arriver à *qqch*; **álláshoz** ~ obtenir un emploi; **egyezségre** ~ parvenir à un accord; **hatalomra** ~ arriver au pouvoir; **mindenkinek** ~ **egy-egy** il y en a un pour chacun; **szóhoz** ~ obtenir la parole; **hogyan ~ok oda?** comment dois-je faire pour y aller ?; **odáig ~ott, hogy** il en est arrivé à *inf*; **hova ~nánk, ha** où irions-nous si; **mire ~ottatok?** où en êtes-vous ?

jutalék *fn* commission *n*

jutalmaz *ts i* récompenser; *[pályaművet]* primer; *[(pénz)jutalommal]* gratifier d'une prime

jutalom *fn átv is* récompense; *[prémium]* prime *n*; **szolgálatai jutalmául** en récompense de ses services

jutányos *mn* avantageux (-euse)

juttat *ts i* vmit vhova faire parvenir; vkit vmihez procurer *qqch* à *qqn*, faire obtenir *qqch* à *qqn*; **kifejezésre ~ vmit** exprimer *qqch*; **hatalomra ~ vkit** faire accéder *qqn* au pouvoir; **nyomorba ~ vkit** réduire *qqn* à la misère; **juttasd eszembe, hogy** rappelle-moi de *inf*, fais-moi penser à *inf*

juttatás *fn [béren felüli]* gratification *n*; **természetbeni ~** avantages *h (t sz)* en nature

K

kába *mn* abruti(e), hébété(e); *biz* dans les vapes

kabala *fn* talisman *h*, porte-bonheur *h*; **~ból** par superstition

kabaré *fn* [*műsor*] *kb.* revue *n* satirique; [*hely*] *kb.* café-théâtre *h*

kabát *fn* manteau *h*; [*kiskabát, zakó*] veste *n*

kábel *fn* câble *h*

kábeltelevízió *fn* télévision *n* par câble

kabin *fn* [*hajón*] cabine *n*; [*uszodában*] cabine *n* de bain

kabinet *fn* [*kormány*] gouvernement *h*; [*szűkebb tanács*] cabinet *h*

kabinos *fn* préposé(e) aux cabines

kábít *ts i* étourdir; **ne ~s!** *biz* arrête ton char!

kábítószer *fn* stupéfiant *h*, drogue *n*; **~t fogyaszt** se droguer

kábítószerfüggő *mn/fn* drogué(e); *tud* toxicomane *h*

kábítószer-kereskedő *fn* trafiquant(e) de drogue; [*nagyban*] narcotrafiquant *h*

kábulat *fn* torpeur *n*, hébétude *n*

kábult *mn* abruti(e); [*ütéstől*] sonné(e)

kacag *tn i* rire aux éclats *v.* à gorge déployée

kacagás *fn* éclat(s) *h (t sz)* de rire; **~ban tör ki** s'esclaffer

kacat *fn* bric-à-brac *h*, fourbi *h*

kacér *mn* coquet (-ette); aguicheur (-euse)

kacérkod|ik *tn i* minauder; **~ik a gondolattal, hogy** caresser l'idée de *inf*

kacsa *fn* canard *h*; [*valótlan hír*] faux bruit *h*; [*hírlapi*] canard *h*

kacsint *tn i* vkire faire un clin d'oeil *à qqn*; vmire lorgner *qqch*

kacskaringós *mn* [*út*] tortueux (-euse)

kád *fn* baignoire *n*; *műsz* cuve *n*

kádár *fn* tonnelier *h*

kagyló *fn* coquillage *h*; [*ehető*] coquillage *h*, moule *n*; [*héj*] coquille *n*; [*telefon*] écouteur *h*; [*mosdó*] lavabo *h*

Kairó *fn* le Caire

kaja *fn biz* bouffe *n*

kajak *fn* kayak *h*

kajakoz|ik *tn i* faire du kayak

kaján *mn* narquois(e)

kajszibarack *fn* abricot *h*

kajszibarackfa *fn* abricotier *h*

kaka *fn biz* caca *h*

kakál *tn i/ts i biz* faire caca

kakaó *fn* [*por*] chocolat *h* en poudre, cacao *h*; [*ital*] chocolat *h*, cacao *h*

kakas *fn* coq *h*; [*fegyveren*] chien *h*

kakasülő *fn szính*, *biz* poulailler *h*

kaktusz *fn* cactus *h*

kakukk *fn áll* coucou *h*

kakukkfű *fn* thym *h*

kakukktojás *fn* [*játékban*] intrus *h*

kalács *fn* brioche *n*

kaland *fn* [*szerelmi is*] aventure *n*

kalandor *fn* aventurier (-ière)

kalandos *mn* aventureux (-euse); **~ történet** histoire *n* (pleine) d'aventures

kalandoz|ik *tn i* [*bolyong*] vagabonder; [*gondolat*] s'égarer

kalap *fn* chapeau *h*; *átv is* **~ot emel vki előtt** tirer son chapeau à qqn; **le a ~pal!** chapeau!

kalapács *fn sp is* marteau *h*; **~ alá kerül** [*árverésen*] passer sous le marteau

kalapácsvetés *fn sp* lancer *h* du marteau

kalapál I. *ts i vmit* marteler *qqch*, frapper *qqch* à coups de marteau **II.** *tn i [szív]* battre la chamade

kalász *fn* épi *h*

kalauz *fn [vonaton]* contrôleur (-euse); *[kísérő]* guide *h n*; *[útikönyv]* guide *h*

kalauzol *ts i* guider

kalcium *fn* calcium *h*

kaliber *fn* calibre *h*

kalimpál *tn i biz* gigoter; lábával ~ agiter *v.* remuer les jambes; *[zongorán]* pianoter

kalitka *fn* cage *n*

kálium *fn* potassium *h*

kalkuláció *fn* calcul *h*

kalkulál *ts i/tn i* calculer

kalória *fn* calorie *n*; ~t éget brûler des calories

kalóriaszegény *mn* pauvre en calories

kalóz *fn* pirate *h*; légi ~ pirate de l'air

kalózhajó *fn* bateau *h* pirate

kalózrádió *fn* radio *n* pirate

kálvária *fn vall, átv is* calvaire *h*

Kálvin *fn* Calvin *h*

kálvinista *mn/fn* calviniste *h n*

kálvinizmus *fn* calvinisme *h*

kályha *fn* poêle *h*

kamara *fn* chambre *n*; ügyvédi ~ ordre *h* des avocats

kamaraszínház *fn* studio-théâtre *h*

kamarazene *fn* musique *n* de chambre

kamarazenekar *fn* orchestre *h* de chambre

kamasz *mn/fn* adolescent(e)

kamaszkor *fn* adolescence *n*

kamat *fn* intérêt *h*; kölcsön 5%-os ~ra emprunt *h* à 5% d'intérêt

kamatláb *fn* taux *h* d'intérêt

kamatoz|ik *tn i/ts i* rapporter (des intérêts)

kamatoztat *ts i átv is* faire fructifier

kamera *fn* caméra *n*

kamilla *fn [tea is]* camomille *n*

kamion *fn* camion *h*, poids *h* lourd

kampány *fn* campagne *n*; ~t indít lancer une campagne

kampó *fn* crochet *h*

kamra *fn [éléskamra]* cellier *h*; *[lomtár]* débarras *h*

kan *fn [hím]* mâle *h*; *[disznó]* verrat *h*

Kanada *fn* Canada *h*

kanadai I. *mn* canadien (-ienne) **II.** *fn [személy]* Canadien (-ienne)

kanál *fn* cuillère *v.* cuiller *n*; egy ~ cukor une cuillère *v.* une cuillerèe de sucre

kanális *fn* égout *h*

kanapé *fn* canapé *h*

kanári *fn* canari *h*

kanca *fn* jument *n*

kancellár *fn* chancelier *h*

kancellária *fn* chancellerie *n*

kancsal *mn* loucheur (-euse); *biz* bigleux (-euse)

kancsalít *tn i* loucher

kancsó *fn* carafe *n*, cruche *n*

kandalló *fn* cheminée *n*

kandúr *fn* matou *h*

kánikula *fn* canicule *n*

kanna *fn [benzines, tejes]* bidon *h*; *[öntöző]* arrosoir *h*; *[kávés]* cafetière *n*; *[teás]* théière *n*

kannibál *fn* cannibale *h n*

kanóc *fn* mèche *h*

kánon *fn vall, zene* canon *h*

kanonok *fn* chanoine *h*

kantár *fn* bride *n*

kántor *fn* chantre *h*

kánya *fn* milan *h*

kanyar *fn [folyóé]* courbe *n*, coude *h*; *[úté]* virage *h*, tournant *h*; éles ~ virage serré

kanyargós *mn* sinueux (-euse)

kanyaró fn rougeole n

kanyarod|ik tn i [jármű, út] tourner; **jobbra ~ik** tourner à droite; **balra ~ik** tourner à gauche

kanyarog tn i [út, folyó] serpenter; [vmi a levegőben] tournoyer

káosz fn chaos h

kaotikus mn chaotique

kap I. ts i avoir, recevoir; [állást, ösztöndíjat] obtenir; [betegséget] attraper; **ajándékba ~ vmit** recevoir qqch en cadeau; **magára ~ vmit** enfiler qqch (en vitesse); **azon ~ja magát, hogy** se surprendre à inf; **mennyit ~tál érte?** tu en as eu combien ? **II.** tn i vmi után vouloir saisir qqch; **~ az alkalmon** saisir l'occasion; **lángra ~** prendre feu

kapa fn houe n, binette n

kapacitás fn átv is capacité n

kapál ts i biner

kapálódz|ik tn i se débattre; átv **~ik vmi ellen** protester contre qqch

kapar ts i gratter; **~ a torka** avoir la gorge irritée

kapaszkod|ik tn i vmibe s'accrocher v. s'agripper v. se cramponner à qqch; vmire grimper sur qqch

kapcsán hsz vmi ~ à propos v. au sujet de qqch

kapcsol I. ts i vmit vmihez accrocher qqch à qqch; vill connecter qqch à qqch; **~om az igazgatót** [telefonon] je vous passe le directeur **II.** tn i [megért] biz piger; **lassan ~** biz être dur(e) à la détente; gj **kettesbe ~** passer en seconde

kapcsolás fn **téves ~** [telefonon] c'est une erreur

kapcsolat fn [személyeké, dolgoké] relation n, lien h; [összefüggés] rapport h; **~ba lép vkivel** entrer en contact avec qqn; **felveszi a ~ot vkivel** prendre contact avec qqn; **jó ~ai vannak** avoir de bonnes relations; **tartja vkivel a ~ot** garder le contact avec qqn; **ezzel ~ban** à ce propos v. sujet

kapcsolatos mn vmivel concernant qqch, en rapport avec qqch

kapcsoló fn [gomb] interrupteur h

kapcsolód|ik tn i vmihez átv is se rattacher à qqch; **vmi vkinek a nevéhez ~ik** être rattaché(e) au nom de qqn

kapcsolótábla fn vill tableau h de distribution

kapható mn [áru] disponible, en vente; vki vmire être partant(e) pour qqch; **nem ~** épuisé(e)

kapitalista mn/fn capitaliste h n

kapitalizmus fn capitalisme h

kapitány fn ált capitaine h n; sp **szövetségi ~** sélectionneur h national

kapitányság fn [rendőrségi] commissariat h central

kapitulál tn i capituler

kapkod tn i/ts i vmi után essayer d'attrapper qqch; [sietve] s'agiter, faire qqch à la hâte; **levegő után ~** suffoquer; **~ja a fejét** ne plus savoir où donner de la tête; **~ják, mint a cukrot** ça part comme des petits pains

kapkodás fn précipitation n; [zűrzavar] confusion n

kapocs fn agrafe n; átv lien h

kápolna fn chapelle n

kapor fn aneth h

kapóra hsz **~ jön** tomber à pic

kapós mn [áru] (très) recherché(e) v. demandé(e)

káposzta fn chou h; **savanyú ~** choucroute n; **töltött ~** chou farci

káprázatos mn éblouissant(e)

kápráz|ik tn i **~ik a szeme** être ébloui(e), [képzelődik] avoir la berlue

kapszula fn capsule n

kaptafa fn forme n; [sámfa] embauchoir h

kapu *fn* porte *n*; *[nagy]* portail *h*; *sp* but(s) *h (t sz)*; ~**ra lő** tirer au but

kapualj *fn* porche *h*

kapucni *fn* capuchon *h*

kapus *fn* portier *h*; *sp* gardien (-ienne) de but

kaputelefon *fn* interphone *h*

kapzsi *mn* rapace, *rég* cupide

kapzsiság *fn* cupidité *n*

kar[1] *fn* bras *h*; *[fotelé, emelőé]* bras *h*; ~**ba tett kézzel** les bras croisés; **tárt** ~**okkal** à bras ouverts; ~**on fog vkit** prendre qqn par le bras; **jó** ~**ban van** être en bon état

kar[2] *fn [egyetemen]* faculté *n*; *[ének, tánc]* chœur *h*; **orvosi/oktatói** ~ le corps médical/enseignant; **tanári** ~ *[iskolában]* le personnel enseignant

kár *fn* dommage *h*, préjudice *h*; *[tárgyi]* dégât(s) *h (t sz)*; **anyagi/erkölcsi** ~ préjudice matériel/moral; **de** ~! quel dommage !; ~, **hogy** (c'est) dommage que; ~**ba vész** se perdre; **a fáradságért** cela n'en vaut pas la peine; ~**t okoz** *[vmi]* causer des dégâts, *[vkinek]* porter préjudice à qqn; ~**t tesz vmiben** endommager qqch

karácsony *fn* Noël *h*; ~**kor** à Noël

karácsonyfa *fn* arbre *h* de Noël

karácsonyi *mn* de Noël; **Boldog** ~ **ünnepeket!** Joyeux Noël !

karaj *fn [hús]* côte *n*, carré *h*

karakter *fn* caractère *h*

karalábé *fn* chou-rave *h*

kárám *fn* parc *h*

karambol *fn* collision *n*; *biz* carambolage *h*

karamboloz|ik *tn i* se caramboler, avoir un accident

karamell *fn* caramel *h*

karát *fn* carat *h*

karate *fn* karaté *h*

karátos *mn* **14** ~ à 14 carats

karaván *fn* caravane *n*

karbantart *ts i* entretenir

karbantartás *fn* entretien *h*

kárbecslés *fn* évaluation *n* des dégâts

karburátor *fn* carburateur *h*

karcol *ts i* érafler, rayer; *[torkot]* irriter

karcsú *mn* mince, svelte

karcsúsít *ts i* amincir; *gazd* dégraisser

kard *fn* épée *n*; *sp* sabre *h*; ~**ot ránt** tirer l'épée

kardigán *fn* cardigan *h*, gilet *h*

kardoskod|ik *mn* amellett ~**ik, hogy** il s'obstine à dire que

kardvívás *fn sp* sabre *h*

kardvívó *fn sp* sabreur *h*

karéj *fn [kenyér]* tranche *n* (de pain)

káreset *fn* sinistre *h*

karfa *fn [bútoron]* accoudoir *h*; *[lépcsőn]* rampe *n*

karfiol *fn* chou-fleur *h*

karhatalom *fn* force *n* publique, forces *n (t sz)* de l'ordre

kárhozat *fn* damnation *n*

kárhoztat *ts i* blâmer; *vkit vmire* condamner *v.* réduire *à qqch*

kárigény *fn* ~**t jelent be** former une demande en dommages-intérêts

karika *fn* anneau *h*, *[rajz]* cercle *n*, rond *h*; *[szem körül]* cerne *h*; *[játék]* cerceau *h*; *konyh* rondelle *n*

karikacsapás *fn* **megy, mint a** ~ cela marche comme sur des roulettes

karikás *mn* ~ **a szeme** avoir les yeux cernés

karikatúra *fn* caricature *n*

karikaturista *fn* caricaturiste *h n*

karima *fn [kalapé]* bord *h*

karitatív *mn* caritatif (-ive)

karkötő *fn* bracelet *h*

karmester *fn* chef *h* d'orchestre

karmol *ts i/tn i* griffer

karnevál *fn* carnaval *h*

karó *fn* pieu *h*; *[facsemetékhez]* tuteur *h*; *[szőlőhöz]* échalas *h*; **~ba húz** empaler; **~t kap** *[iskolában] biz* avoir une bulle

káró *fn [kártyában]* carreau *h*

károg *tn i* croasser

Károly *fn* Charles *h*

karom *fn* griffe *n*; **vkinek a karmai közé kerül** tomber entre les griffes de qqn

káromkodás *fn* juron *h*

káromkod|ik *tn i* jurer

karonfogva *hsz* bras dessus bras dessous

karóra *fn* montre(-bracelet) *n*

káros *mn* nuisible, nocif (-ive); **~ az egészségre** nuisible à la santé

károsít *ts i* abîmer, endommager

károsodás *fn* dommage *h*, préjudice *h*; *orv is* lésion *n*

karosszék *fn* fauteuil *h*

karosszéria *fn* carrosserie *n*

károsult *mn/fn* victime *n*; *[elemi csapástól]* sinistré(e)

karöltve *hsz átv [együtt]* de concert; → **karonfogva**

kárörőm *fn* joie *n* maligne

kárpátaljai *mn* subcarpatique

Kárpátok *fn* les Carpates *h (t sz)*

karperec *fn* bracelet *h*

kárpit *fn [falon]* tenture *n*; *[bútoron]* tapisserie *n*

kárpitos *fn* tapissier *h*

kárpótlás *fn* dédommagement *h*, indemnisation *n*; **~ul** en compensation

kárpótlási *mn* **~ törvény** loi *n* sur la compensation; **~ jegy** bon *h* de compensation

kárpótol *ts i* vkit vmiért dédommager *v.* indemniser *qqn de qqch*

karrier *fn* carrière *n*; **~t csinál** faire carrière

karrierista *fn pej* carriériste *h n*

kártalanít *ts i* dédommager, indemniser

kartárs *fn* collègue *h*

kártékony *mn [állat]* nuisible; → **káros**

kártérítés *fn [jóvátétel]* dédommagement *h*; *[fizetett összeg]* dommages-intérêts *h (t sz)*, indemnité(s) *n (t sz)*; **~t kap** être indemnisé(e)

kártevő *fn mezőg* nuisible *h*

karton[1] *fn [papír, doboz]* carton *h*; *[kartotéklap]* fiche *n*; **egy ~ cigaretta** une cartouche de cigarettes

karton[2] *fn tex* indienne *n*

kartoték *fn* fichier *h*

kartörés *fn* fracture *n* du bras

kártya *fn [játék]* carte *n*; *[bankkártya]* carte *n* bancaire; **egy csomag ~** un jeu de cartes; **kijátssza az utolsó ~ját** jouer sa dernière carte; **nyílt ~kkal játszik** jouer cartes sur table

kártyaparti *fn* partie *n* de cartes

kártyáz|ik *tn i* jouer aux cartes

karvaly *fn* épervier *h*

karzat *fn [templomban]* tribune *n*; *szính* galerie *n*, balcon *h*

kása *fn* bouillie *n*

kásás *mn [gyümölcs]* farineux (-euse); **~ hó** neige *n* fondue; **~ hang** voix *n* pâteuse

kasmír *fn* cachemire *h*

kastély *fn* château *h*

kasza *fn* faux *n*

kaszál *ts i* faucher

kaszárnya *fn* caserne *n*

kaszinó *fn* casino *n*

kaszinótojás *fn* œufs *h (t sz)* mayonnaise

kaszkadőr *fn* cascadeur (-euse)

kassza *fn [pénztár, pénzkészlet]* caisse *n*; *[páncélszekrény]* coffre-fort *h*

kasszasiker *fn* tabac *h*

kaszt *fn* caste *n*

katakomba *fn* catacombe *n*

Katalin *fn* Catherine *n*

katalizátor *fn vegy* catalyseur *h*; *[autóban]* pot *h* catalytique

katalógus *fn* catalogue *h*

katapultál *tn i [pilóta]* s'éjecter

katarzis *fn* catharsis *n*

katasztrófa *fn* catastrophe *n*; ~ **sújtotta terület** zone *n* sinistrée

katasztrofális *mn* catastrophique

katedra *fn [tanteremben, tanszék]* chaire *n*

katedrális *fn* cathédrale *n*

kategória *fn* catégorie *n*

kategorikus *mn* catégorique

katéter *fn* cathéter *h*, sonde *n*

katicabogár *fn* coccinelle *n*

katlan *fn [tűzhely]* foyer *h*; *[tűzhányóé]* cratère *h*; *földr* vallée *n* encaissée

katód *fn* cathode *n*

katolikus *mn/fn* catholique *h n*; ~ **egyház** Eglise *n* catholique

katona *fn* soldat *h*, militaire *h*; **ismeretlen** ~ le soldat inconnu

katonai *mn* militaire; ~ **behívó** appel *h*; ~ **szolgálatra alkalmas** apte au service; ~ **szolgálatot teljesít** accomplir son service (militaire)

katonás *mn* martial(e), militaire; ~ **megjelenés** allure *n* martiale

katonaság *fn [hadsereg]* armée *n*; *[katonáskodás]* service *h* militaire; **a** ~**nál** être à *v.* dans l'armée

katonaszökevény *fn* déserteur *h*

katonatiszt *fn* officier (-ière)

kátrány *fn* goudron *h*

kattan *tn i* faire un déclic *v.* un bruit sec

kattanás *fn* déclic *h*

kattint *tn i inform* cliquer

kattog *tn i [gépfegyver]* crépiter; *[vonatkerék]* cliqueter

kátyú *fn* fondrière *n*; **kihúz vkit a** ~**ból** *biz* tirer qqn du pétrin

kaució *fn* caution *n*; ~**t tesz le** verser une caution

Kaukázus *fn* Caucase *h*

kavar *ts i* remuer, mélanger; **botrányt** ~ provoquer un scandale

kavarodás *fn [tömegben]* agitation *n*, tumulte *h*; *[zűrzavar]* confusion *n*

kavarog *tn i* tourbillonner, tournoyer; ~ **a gyomra** avoir mal au cœur

kávé *fn* café *h*; ~**t főz** faire du café

kávédaráló *fn* moulin *h* à café

kávéfőző *fn [gép]* cafetière *n*; *[kávéházi]* percolateur *h*

kávéház *fn* café *h*

kávéscsésze *fn* tasse *n* à café

kávéskanál *fn* cuillère *n* à café; **egy** ~**nyi cukor** une cuillerée à café de sucre

kávézik *tn i* prendre un *v.* le café

kávézó *fn* cafétéria *n*

kaviár *fn* caviar *n*

kavics *fn* caillou *h*; *[sétányon]* gravier *h*

kavicsos *mn [talaj]* caillouteux (-euse); *[sétány]* recouvert(e) de gravier

kazal *fn* meule *n*

kazán *fn* chaudière *n*

kazánház *fn* chaufferie *n*

kazetta *fn [hang, videó]* cassette *n*; *épít* caisson *h*

kebel *fn* poitrine *n*; *[kötelék]* átv giron *h*

kecsegtet *fn [hiteget]* vkit vmivel faire miroiter qqch à qqn

kecses *mn* gracieux (-euse)

kecske *fn* chèvre *n*

kecskebak *fn* bouc *h*

kecskegida *fn* chevreau *h*, cabri *h*

kecskeszakáll *fn* barbiche *n*

kedd *fn* mardi *h*; → **hétfő**

kedély *fn [lelkialkat]* tempérament *h*; *[hangulat]* humeur *n*; **lecsillapítja a** ~**eket** calmer les esprits

kedélyállapot *fn* humeur *n*; **egyenletes ~** humeur égale

kedélyes *mn* jovial(e); *[hangulat]* convivial(e)

kedv *fn [hangulat]* humeur *n*; *[készség]* vmihez envie *n*, goût *h*; **jó/rossz ~e van** être de bonne/mauvaise humeur; **~e van vmihez** avoir envie de qqch *v.* de *inf*; **elmegy a ~e vmitől** perdre l'envie de qqch *v.* de *inf*; **ha ~e tartja** si le cœur vous en dit; **a változatosság ~éért** pour changer; **~ét leli vmiben** prendre plaisir à *inf*; **tedd meg a ~emért!** fais-le pour moi; **nem talált semmi ~ére valót** il n'a rien trouvé à son goût

kedvel *ts i* aimer (bien); apprécier; **nagyon ~em** je l'aime beaucoup

kedvelt *mn* populaire, recherché(e)

kedvenc *mn/fn* préféré(e), favori (-ite) *h*; **a tanárnő ~e** *biz* le chouchou de la prof; **a nők ~e** la coqueluche des femmes

kedves I. *mn [szeretett]* cher (chère); *[nyájas]* gentil (-ille), aimable; *[bájos]* charmant(e); **egy ~ barát** un ami cher; **~ János!** *[levélben]* cher János; **ez ~ tőled** c'est gentil de ta part; **légy oly ~ ...** sois gentil, ...; **ha ~ az élete** si vous tenez à la vie **II.** *fn* petit(e) ami(e), bien-aimé(e); **~em** mon chéri (ma chérie), mon cœur

kedvesen *hsz* gentiment, avec gentillesse

kedvesked|ik *tn i* vkinek vmivel offrir qqch à qqn

kedvesség *fn* gentillesse *n*; *[előzékenység]* amabilité *n*

kedvetlen *tn i* de mauvaise humeur, morose

kedvez *tn i* vkinek favoriser *v.* avantager *qqn*; *[előnyös]* vkinek/vminek être favorable *v.* propice *à qqn/qqch*, vminek favoriser *qqch*

kedvezmény *fn [előny]* avantage *h*, faveur *n*; *[engedmény]* réduction *n*; **~ben részesít/részesül** accorder un/ bénéficier d'un avantage; **30%-os ~** une réduction de 30%

kedvezményes *mn* **~ ár** prix *h* réduit; **~ vonatjegy** billet *h* à tarif réduit; **~ elbánás** traitement *h* préférentiel

kedvezményezett *fn jog* bénéficiaire *h n*

kedvező *mn* favorable, avantageux (-euse), propice; **~ alkalom** occasion *n* favorable, moment *h* propice; **~ ajánlat** offre *n* avantageuse

kedvezőtlen *mn* défavorable, désavantageux(-euse)

kedvtelés *fn [hobbi]* passe-temps *h*; *[öröm]* plaisir *h*; **~ből csinál vmit** faire qqch par plaisir

kefe *fn* brosse *n*

kefél *ts i/tn i* brosser; *átv, durva* niquer

kefír *fn* képhir *v.* kéfir *h*

kégli *fn biz* piaule *n*

kegy *fn* faveur *n*, grâce *n*, bienveillance *n*; **elnyeri vkinek a ~ét** gagner la faveur de qqn; **vkinek a ~eibe férkőzik** s'insinuer dans les bonnes grâces de qqn

kegyelem *fn vall is* grâce *n*; **~ben részesít vkit** gracier qqn; **Isten kegyelméből** par la grâce de Dieu

kegyelmez *tn i* vkinek avoir pitié *de qqn*

kegyes *mn [nagylelkű]* généreux (-euse); *[kedves]* aimable; *vall* pieux (pieuse); **~ hazugság** mensonge *h* pieux

kegyetlen *mn* cruel (-elle); *[nagy fokú]* épouvantable

kegyetlenked|ik *tn i* commettre des atrocités

kegyetlenség *fn* cruauté *n*; *[tett]* atrocités *n (t sz)*

kegyetlenül *hsz* cruellement

kehely *fn [ivó]* coupe *n*; *vall*, *növ* calice *h*

kéj *fn vál* volupté *n*

kéjelgés *fn [nemi]* luxure *n*; **üzletszerű** ~ prostitution *n*

kéjes *mn* voluptueux (-euse), lascif (-ive); ~ **pillantás** regard *h* lascif

kék I. *mn* bleu(e); ~ **folt** un bleu **II.** *fn* bleu *h*; ~**re fest** *[ruhát]* teindre en bleu

keksz *fn* biscuit *h*

kel *tn i [vki ágyból, égitest]* se lever; *[növény, tészta]* lever; *[tojásból]* éclore; **életre** ~ prendre vie; **lába** ~ **vminek** qqch se volatilise; **védelmére** ~ **vkinek** prendre la défense de qqn; **útra** ~ se mettre en route; **április 6-án ~t levelében** dans votre lettre (datée) du 6 avril; ~**t Budapesten** fait à Budapest

kelbimbó *fn* chou(x) *h (t sz)* de Bruxelles

kelendő *mn* (très) demandé(e)

kelengye *fn* trousseau *h* (de jeune mariée)

kelepce *fn átv is* piège *h*; *átv* traquenard *h*

kelés *fn [ágyból]* lever *h*; *[tojásból]* éclosion *n*; *orv* furoncle *h*, abcès *h*

kelet[1] *fn [égtáj]* Est *h*; *[irány]* est *h*; *földr, tört* **a K~** l'Orient *h*; ~**en** *[égtájon]* à l'est, *[keleti országokban]* en Orient

kelet[2] *fn* date *n*; **mai ~tel** daté(e) de ce jour

kelet[3] *fn* **nagy ~je van** être très demandé(e) *v.* recherché(e)

Kelet-Európa *fn* Europe *n* de l'Est

kelet-európai I. *mn* est-européen (-enne) **II.** *fn* **a ~ak** les Est-Européens *h (t sz)*

keleti I. *mn* est, d'est; oriental(e); ~ **népek** peuples *h (t sz)* orientaux;

~ **pályaudvar** gare *n* de l'Est; ~ **szél** vent *h* d'est **II.** *fn* **a ~ek** les Orientaux *h (t sz)*

keletkezés *fn* naissance *n*, formation *n*, genèse *n*

keletkez|ik *tn i [kialakul, létrejön]* prendre naissance, se former, naître; *[tűzvész, vihar]* éclater; *vmiből* résulter *v.* provenir *de qqch*

kelkáposzta *fn* chou *h* frisé

kell *tn i [szükség van rá]* avoir besoin de; *[vmit tenni]* devoir *inf*, il faut *inf*, il faut que *subj*; *[szükséges vmihez]* demander, nécessiter, exiger; **ehhez idő** ~ cela demande du temps; **ehhez sok pénz** ~ pour cela, il faut beaucoup d'argent; **el** ~ **mennie** il doit partir, il faut qu'il parte; **ezt meg** ~ **tenni** ceci doit être fait(e); **ha** ~ s'il le faut; **mondanom se** ~, **hogy** il va sans dire que; **senkinek sem** ~ personne n'en veut; **úgy** ~ **neki!** (c'est) bien fait pour lui !; **még csak ez ~ett** il ne manquait plus que ça

kellék *fn [munkához]* fourniture(s) *n (t sz)*; *szính* accessoire *h*

kellemes I. *mn* agréable, plaisant(e); *[megnyerő]* charmant(e); ~ **idő van** il fait bon; ~ **ünnepeket** bonnes *v.* joyeuses fêtes *n (t sz)* **II.** *fn* **összeköti a** ~**t a hasznossal** joindre l'utile à l'agréable

kellemetlen *mn* désagréable; *[helyzet]* pénible; *[személy]* déplaisant(e); *[ügy]* fâcheux (-euse)

kellemetlenség *fn* ennui *h*, désagrément *h*; *biz* embêtement *h*; ~ **éri** avoir un ennui

kellete *fn* ~**nél többet/jobban** plus qu'il ne faudrait; ~**nél többet iszik** boire plus que de raison

kelletlen *mn [barátságtalan]* désobligeant(e); *[kedvetlen]* renfrogné(e)

kelletlenül *hsz* ~ **tesz vmit** faire qqch de mauvaise grâce

kellő *mn* nécessaire, voulu(e), approprié(e); ~ **időben** au moment voulu; ~ **módon** comme il se doit

kellőképpen *hsz* dûment

kelme *fn* étoffe n

kelt[1] *ts i [ébreszt]* réveiller; *átv* éveiller, susciter, inspirer; **életre** ~ **vkit/ vmit** ressusciter qqn/qqch; **feltűnést** ~ faire sensation; **azt a benyomást** ~**i, hogy** donner l'impression de *inf*

kelt[2] *mn* → **kel**

kelt[3] *mn* ~ **tészta** pâte n levée

kelta I. *mn* celtique, celte; ~ **nyelvek** langues n (t sz) celtiques **II.** *fn [nyelv]* celtique h; **a** ~**k** les Celtes h (t sz)

keltez *ts i* dater

keltezés *fn* datation n

kém *fn* espion (-onne)

kémcső *fn* éprouvette n

kémelhárítás *fn* contre-espionnage h

kemence *fn [pékél]* four h; *[olvasztó]* haut fourneau h

kemény *mn* dur(e), ferme; *átv* dur(e), rigoureux (-euse); ~ **tojás** œuf h dur; ~ **munka** un travail dur; ~ **tél** hiver h rigoureux

kémény *fn* cheminée n

keményed|ik *tn i* (se) durcir

keményfejű *mn* têtu(e); ~ **ember** c'est une forte tête

keményítő *fn [por]* amidon h; *[ruhák-hoz]* empois h; *[ételekben]* fécule n

keménykötésű *mn* solide, robuste

keménység *fn átv* dureté n, fermeté n

kéményseprő *fn* ramoneur h

kémia *fn* chimie n

kémiai *mn* chimique

kémikus *fn* chimiste h n

kémkedés *fn* espionnage h

kémked|ik *tn i* espionner; ~**ik vkinek** espionner pour le compte de qqn

kémlel *ts i* épier; *[vizsgálva]* scruter

kemping *fn* camping h

kempingágy *fn* lit h pliant

kempingez|ik *tn i* camper, faire du camping

ken *ts i vmit vhová* étaler qqch sur qqch, enduire qqch de qqch; *[kenyérre]* tartiner; *[gépet]* graisser; *[másra hárít] fraz* mettre qqch sur le dos de qqn; *[veszteget] biz* graisser la patte à qqn

kén *fn* soufre h

kender *fn* chanvre h

kendő *fn [fejre]* fichu h; *[nagy]* châle h; *[könnyű, vékony]* foulard h

kenet *fn* **feladja vkinek az utolsó** ~**et** administrer l'extrême onction à qqn

kenguru *fn áll* kangourou h; *[csecse-mőhordozó]* porte-bébé h

kengyel *fn* étrier h; *[kerékpáron]* cale-pied h

kenőanyag *fn* lubrifiant h

kenőcs *fn [embernek]* pommade n; *[tárgynak]* graisse n

kenőmájas *fn* pâté h de foie

kenőolaj *fn* huile n de graissage

kénsav *fn* acide h sulfurique

kentaur *fn* centaure h

kenu *fn* canoë h

kényelem *fn* confort h, aise n; ~**be helyezi magát** s'installer confortablement, se mettre à l'aise

kényelmes *mn [kényelmet adó]* confortable; *[kényelmet szerető]* douillet (-ette); *[nem sietős]* tranquille; *[köny-nyű]* facile

kényelmetlen *mn* inconfortable, incommode; *[kínos]* délicat(e), gênant(e); ~ **érzés** sentiment h de malaise

kényelmetlenség *fn* inconfort h; *[fe-szélyezettség]* gêne n

kenyér *fn* pain h; *[kereset]* gagne-pain h; **vajas** ~ tartine n de beurre; **megkere-si a kenyerét** il gagne sa vie

kenyérhéj *fn* croûte *n* de pain

kenyérkereset *fn* gagne-pain *h*

kenyérpirító *fn* grille-pain *h*

kényes *mn [érzékeny]* sensible, délicat(e); *[ízlés]* difficile; *[kínos]* délicat(e); épineux(-euse); ~ **a gyomra** avoir l'estomac délicat; ~ **kérdés** question *n* délicate; ~ **pont** point *h* sensible

kényesked|ik *tn i* faire le (la) délicat(e) *v.* le (la) difficile

kényeztet *ts i* gâter, choyer, chouchouter

kényszer *fn* contrainte *n*, force *n*; ~**ből** par contrainte; ~ **alatt tesz vmit** faire qqch sous la contrainte

kényszeredett *mn* contraint(e), forcé(e)

kényszerhelyzet *fn* situation *n* de contrainte

kényszerít *ts i vkit vmire* contraindre *v.* forcer *qqn à inf*

kényszerítő *mn [helyzet]* contraignant(e); *[intézkedés]* coercitif (-ive)

kényszerképzet *fn* idée *n* fixe

kényszerleszállás *fn* atterrissage *h* forcé

kényszermegoldás *fn* solution *n* de fortune

kényszerül *tn i vmire* être obligé(e) *v.* contraint(e) *de inf*

kényszerűség *fn* nécessité *n*, contrainte *n*; ~**ből** par nécessité

kénytelen *mn [vmit megtenni]* être obligé(e) *v.* forcé(e) *de inf*

kép *fn ált* image *n*; *[arckép]* portrait *h*; *[fénykép]* photo *n*; effigie *n*; *[könyvben]* illustration *n*; scène *n*, spectacle *h*; *[arc]* figure *n*, mine *n*; *műv, szính* tableau *h*; ~**et kap/nyújt vmiről** se faire/donner une idée de qqch; *átv* **van ~e, hogy** avoir le front *v.* le culot de *inf*

képernyő *fn* écran *h*

képes[1] *mn [újság, könyv]* illustré(e); *irtud* imagé(e), métaphorique; ~ **értelemben** au figuré

képes[2] *mn vmire* être capable *de qqch v.* *de inf*; **mindenre ~** être capable de tout

képesít *tn i vkit vmire* habiliter qqn à qqch *v.* à *inf*

képesítés *fn* qualification *n*; *[egyetemi]* diplôme *h* universitaire; **megszerzi a szükséges ~t** obtenir la qualification nécessaire

képeskönyv *fn* album *h* d'images

képeslap *fn [levelezőlap]* carte *n* postale; *[újság]* illustré *h*

képesség *fn* aptitude *n* à, capacité *n* de, faculté *n* de; *[tehetség]* talent *h* de

képest *nu vkihez/vmihez* par rapport à qqn/qqch; **korához ~** pour son âge; **a körülményekhez ~** vu les circonstances

képez *ts i [tanít]* former; *[létrehoz]* former, constituer; *nyelv* former; *[hangot]* produire; ~**i magát** s'instruire; **alapját ~i vminek** constituer la base de qqch

képi *mn* pictural(e)

képlékeny *mn* plastique; *átv is* malléable

képlet *fn* formule *n*

képletes *mn* figuré(e), métaphorique; ~ **beszéd** discours *h* métaphorique; ~ **összeg** somme *n* symbolique

képmagnó *fn* magnétoscope *h*, vidéo *n*

képmás *fn [arckép]* portrait *h*; *[érmén, pénzen]* effigie *n*; **vki hű ~a** le portrait tout craché de qqn

képmutatás *fn* hypocrisie *n*

képmutató *mn/fn* hypocrite *h n*

képregény *fn* bande *n* dessinée; *biz* bédé *n*

képrejtvény *fn* rébus *h*

képtár *fn* galerie *n* de peinture

képtelen *mn vmire* être incapable *de qqch*; *[lehetetlen]* absurde

képtelenség *fn [alkalmatlanság]* incapacité *n*; *[lehetetlenség]* absurdité *n*; **ez ~!** c'est absurde !

képújság *fn* télétexte *h*

képvisel *ts i* représenter; **~i vkinek az érdekeit** représenter les intérêts de qqn; **~teti magát** se faire représenter

képviselet *fn* représentation *n*; *[diplomáciai]* mission *n*; *[kereskedelmi]* agence *n*; **vki ~ében van jelen** représenter qqn

képviselő *fn* représentant(e); *[országgyűlési]* député(e); **közös ~** *[lakóházban]* syndic *h*

képviselőház *fn* Assemblée *n* nationale

képviselőjelölt *fn* candidat(e) à la députation

képviselő-testület *fn* conseil *h* municipal

képviselő-választás *fn [parlamenti]* élections *n (t sz)* législatives; *[önkormányzati]* élections *n (t sz)* municipales

képviseltet *ts i* **~i magát** vki által se faire représenter par qqn

képzel *ts i* (s')imaginer; **~d!** figure-toi !; **~d magad az ő helyébe!** mets-toi à sa place; **azt ~i magáról, hogy művész** il se croit artiste; **azt ~i rólam, hogy** il s'imagine que je; **nagyobbnak ~tem** je me l'imaginais plus grand; **sohasem ~tem volna, hogy** je n'aurais jamais imaginé que

képzelet *fn* imagination *n*; **~ben** en imagination; **minden ~et felülmúl** dépasser l'imagination

képzeletbeli *mn* imaginaire, fictif (-ive)

képzelőd|ik *tn i* se faire des idées

képzelőerő *fn* imagination *n*

képzelt *mn* imaginaire, fictif (-ive); **~ beteg** malade *h n* imaginaire

képzés *fn okt, nyelv* formation *n*; **szakmai ~** formation professionnelle

képzet *fn pszich* représentation *n*

képzetlen *mn* sans formation

képzett *mn [szakmában]* qualifié(e); *[tanult]* instruit(e); *nyelv* dérivé(e)

képzettség *fn [szakmai]* qualification *n*, formation *n*; *[szellemi]* instruction *n*

képző *fn nyelv* suffixe *h*

képződik *tn i* se former

képződmény *fn geol* formation *n*

képzőművész *fn* artiste *h n*

képzőművészet *fn* beaux-arts *h (t sz)*

képzőművészeti *mn* **~ főiskola** Ecole *n* des beaux-arts

kér *ts i vmit* demander *qqch*, vouloir *qqch*; *vmit vkitől* demander *qqch* à *qqn*; *vkit vmire* demander à *qqn* de *inf*; **segítséget ~** demander de l'aide; **~em?** *[tessék?]* pardon ?; **~em** s'il vous plaît, *[köszönömre válasz]* je vous en prie; **önt ~ik a telefonhoz** on vous demande au téléphone; **~sz belőle?** tu en veux ?

kerámia *fn* céramique *n*

kérdés *fn* question *n*; *[probléma]* question *n*, problème *h*; **~, hogy** reste à savoir si; **nem ~, hogy** il est certain que; **elvi ~** question de principe; **csak idő ~e** ce n'est qu'une question de temps

kérdéses *mn [szóbanforgó]* en question; *[bizonytalan]* incertain(e)

kérdez *ts i vmit vkitől* demander *qqch* à *qqn*; *[feleltet]* vkit interroger qqn; **azt ~te, hogy** il a demandé si; **furákat ~** il pose des questions étranges

kérdezősköd|ik *tn i vki/vmi felől* poser des questions *sur qqn/qqch*; *vál* s'enquérir *de qqn/qqch*

kérdő I. *mn* interrogateur (-trice); *nyelv is* interrogatif (-ive); **~ pillantást vet vkire** jeter un regard interrogateur à qqn **II.** *fn* **~re von vkit** demander des comptes à qqn

kérdőív *fn* questionnaire *h*

kérdőjel *fn* point *h* d'interrogation

kéreg *fn* növ écorce *n*; geol écorce *n*, croûte *n*

kéreget *tn i* mendier

kerek I. *mn* rond(e); **~ összeg** compte *h* rond; **~ egy millió** un million tout rond; **~ perec** carrément **II.** *fn* **nincs párja a föld ~én** il n'a pas son pareil au monde

kerék *fn* roue *n*; **első/hátsó ~** roue avant/arrière; **hiányzik egy kereke** *fraz, biz* il lui manque une case; **kereket old** *biz* décamper

kerékabroncs *fn* jante *h*

kerekasztal *fn* table *n* ronde

kerékbilincs *fn* sabot *h*

keredel|ik *tn i [kerekké lesz]* s'arrondir; *[szél]* se lever; *[vihar]* se former; **fölébe ~ik vkinek** l'emporter sur qqn

kereken *hsz [nyíltan]* carrément, sans ambages *v.* détours; **~ ezer euró** mille euros tout rond

kerekít *ts i* arrondir; **felfelé/lefelé ~** arrondir au chiffre supérieur/inférieur

kerékpár *fn* vélo *h*, bicyclette *n*; **~on** à *v.* en vélo

kerékpáros *mn/fn* cycliste *h n*

kerékpároz|ik *tn i* faire du vélo

kerékpárút *fn* piste *n* cyclable

kerékvágás *fn* ornière *n*; *átv* **visszatér a megszokott ~ba** reprendre son cours habituel

kérelem *fn* demande *n*, requête *n*; **saját kérelmére** sur sa demande

kérelmez *ts i* solliciter, demander, requérir

keres *ts i* chercher; *[rendőrség]* vkit rechercher qqn; **~i a tollát** chercher son stylo; **~i a szavakat** chercher ses

mots; **ki ~i?** *[telefonon]* c'est de la part de qui ?; **titkárnőt ~ünk** *[hirdetésben]* nous recherchons une secrétaire; **pénzt ~** gagner de l'argent; **havi 2000 eurót ~** il gagne 2000 euros par mois; **jól ~** il gagne bien sa vie; **sokat ~ett az üzleten** l'affaire lui a rapporté beaucoup d'argent

kérés *fn* demande *n*; **vki ~ére** à la demande de qqn; **egy ~em volna** j'ai un service à te *v.* à vous demander; **~sel fordul vkihez** adresser une demande à qqn

keresés *fn* recherche *n*; **vkinek/vminek a ~ére indul** partir à la recherche de qqn/qqch

kereset *fn [jövedelem]* salaire *h*, paye *v.* paie *h*; *[kereső foglalkozás]* emploi *h*; *[bírósági]* action *n*, demande *n*, requête *n*, instance *n*; **~et nyújt be** introduire une instance

kereseti *mn* **~ forrás** source *n* de revenus

keresett *mn [kapós, mesterkélt]* recherché(e)

keresgél *ts i* chercher; *vmiben* fouiller *dans qqch*

kereskedelem *fn* commerce *h*

kereskedelmi *mn* commercial(e), de commerce; **~ csatorna** chaîne *n* commerciale; **~ flotta** flotte *n* marchande; **~ kamara** chambre *h* de commerce

kereskedés *fn [tevékenység, bolt]* commerce *h*

kereskedik *tn i* faire du commerce; *vmivel* faire le commerce de qqch

kereskedő *mn/fn* commerçant(e)

kereslet *fn* demande *n*

keresnivaló *fn* **itt nincs semmi ~d** tu n'as rien à faire ici

kereső I. *mn* **~ népesség** population *n* active **II.** *fn* salarié(e); *fényk* viseur *h*; *[távk]* bouton *h* de syntonisation

kereszt *fn* croix *n*, *zene* dièse *h*; **~re feszít** crucifier; **~et vet** se signer; **~et vethetsz rá** tu peux faire une croix dessus

keresztanya *fn* marraine *n*

keresztapa *fn* parrain *h*

keresztbe *hsz* **~ teszi a karját** (se) croiser les bras; **~ tesz vkinek** *fraz* mettre à qqn des bâtons dans les roues

keresztel *ts i* baptiser; **Tamásnak ~ték** il a été baptisé Tamás

keresztelő *fn* baptême *h*

keresztény *mn/fn* chrétien (-ienne)

kereszténydemokrata *mn/fn* démocrate-chrétien (-ienne)

kereszténység *fn* [*vallás*] christianisme *h*; [*keresztények összessége*] chrétienté *n*

keresztes *mn* **~ hadjárat** croisade *n*

keresztez *ts i* croiser; [*meghiúsít*] contrecarrer; *biol* croiser; **leveleink ~ték egymást** nos lettres se sont croisées

keresztezés *fn* [*útaké*] *biol is* croisement *h*

kereszteződés *fn* croisement *h*, carrefour *h*

kereszteződ|ik *tn i* [*utak, vonalak*] se croiser

keresztfiú *fn* filleul *h*

kereszthajó *fn* transept *h*

keresztkérdés *fn* question *n* piège

keresztlány *fn* filleule *n*

keresztlevél *fn* extrait *h* de baptême

keresztmetszet *fn* coupe *n* transversale

keresztnév *fn* prénom *h*, nom *h* de baptême

keresztrejtvény *fn* mots *h (t sz)* croisés

keresztszülő *fn* **~k** parents *h (t sz)* spirituels

kereszttűz *fn* feu(x) *h (t sz)* croisé(s); **~ben** entre deux feux

keresztutca *fn* rue *n* transversale

keresztül *nu* [*térben*] à travers *qqch*; [*időben*] pendant, durant; [*utazásnál*] via; [*vki/vmi közvetítésével*] par l'intermédiaire de qqn/qqch; **Genfen ~** via Genève; **hónapokon ~** pendant des mois; **a sajtón ~** par (l'intermédiaire de) la presse

keresztülhúz *ts i* *átv* **~za vkinek a számításait** contrarier les desseins de qqn

keresztülmegy *tn i* [*áthalad, átél*] traverser *qqch*; **sok mindenen ~** traverser beaucoup d'épreuves; **ezen én is keresztülmentem** je suis passé par là moi aussi

keresztülnéz *tn i* **vmin** regarder à travers *qqch*; **vkin** faire semblant de ne pas voir *qqn*

keresztülvisz *ts i* → **átvisz**; **~i az akaratát** imposer sa volonté

keret *fn* *ált* cadre *h*; [*szemüvegé*] monture *n*; *gazd* budget *h*; *műsz* châssis *h*; *sp* sélection *n*; **költségvetési ~** enveloppe *n* budgétaire; **~be foglal** encadrer; **vminek a ~ében** dans le cadre de qqch

kéret *ts i* **vkit** prier *qqn* de venir; **~i magát** se faire prier

keretez *ts i* encadrer

kergemarhakór *fn* maladie *n* de la vache folle

kérges *mn* [*kéz*] calleux (-euse)

kerget *ts i* poursuivre, pourchasser

kering *tn i* [*égitest*] tourner, graviter; [*folyadék, gáz*] circuler; [*vmi a szélben*] tournoyer; **a Föld a Nap körül ~** la Terre tourne autour du Soleil; **az a hír ~, hogy** le bruit court que

keringés *fn* *csill* révolution *n*; *orv* circulation *n*

keringő *fn* valse *n*

keringőz|ik *tn i* valser

kerít *ts i [szerez]* trouver, dénicher; **kézre ~ vkit** attraper qqn; **nagy feneket ~ vminek** *fraz, biz* faire tout un plat de qqch; **hatalmába ~ vkit vmi qqch** s'empare de qqch

kerítés *fn* clôture n; *[nőké]* proxénétisme n

kérked|ik *tn i vmivel* se vanter *de qqch v. de inf*

kérlel *ts i* implorer, supplier

kérlelhetetlen *mn* impitoyable, implacable

kérő *fn [leányé]* prétendant h

kérődz|ik *tn i* ruminer

kert *fn* jardin h

kertel *tn i* tergiverser; *fraz* tourner autour du pot

kertelés *tn* tergiversation n; **~ nélkül** sans ambages *v.* détours, carrément

kertes *mn* **~ ház** maison n avec jardin, villa n, pavillon h

kertész *fn* jardinier (-ière); *[termelő]* horticulteur (-trice); *[zöldséges]* maraîcher (-ère)

kertészet *fn* jardinage h; *[ágazat]* horticulture n

kertészeti *mn* horticole; **~ iskola** école n d'horticulture

kertészked|ik *tn i* jardiner, faire du jardinage

kerthelyiség *fn* jardin h

kerti *mn* **~ növények** plantes n *(t sz)* jardinières; **~ szerszámok** outils n *(t sz)* de jardin

kertváros *fn* quartier h pavillonnaire *v.* résidentiel

kerül I. *ts i [kerülőt tesz]* faire un détour; *vkit/vmit* éviter *qqn/qqch*; **~i az iskolát** faire l'école buissonnière **II.** *tn i* **időbe ~** prendre du temps; **kórházba ~** être hospitalisé(e); **vkinek a kezébe ~** tomber entre les mains de qqn; **mennyibe ~?** combien cela

coûte-t-il ?; *biz* ça coûte combien ?; **sokba ~** cela coûte cher; **sor ~ vkire** être au tour de qqn; **csak egy szavadba ~** tu n'as qu'un mot à dire; **hogy ~sz ide?** qu'est-ce que tu fais ici ?

kerület *fn [városban]* arrondissement h; *[választási]* circonscription n; *[köré]* circonférence n; *mat* périmètre h

kerületi *mn* **az V. ~ polgármesteri hivatal** la mairie du Ve (arrondissement)

kerülő I. *mn* **~ úton** en faisant un détour, *átv* par des voies détournées, indirectement **II.** *fn [út]* détour h

kérvény *fn* requête n, demande n; **kegyelmi ~** recours h en grâce

kérvényez *ts i* demander, solliciter

kérvényező *fn* solliciteur (-euse)

kés *fn* couteau h

késedelem *fn* retard h; **~ nélkül** sans retard *v.* délai

késedelmi *mn* **~ kamat** intérêts h *(t sz)* moratoires

kései *mn* tardif (-ive)

késelés *fn* bagarre n au couteau

keselyű *fn* vautour h

kesereg *tn i vmin* se lamenter *sur qqch*

kesernyés *mn átv is* aigre-doux (-douce)

keserű *mn átv is* amer (-ère); **~ szájíz** bouche n amère; **~ ember** homme h aigri; **a ~ igazság** l'amère vérité n

keserűség *fn átv is* amertume n

keserves *mn [csalódás, panasz]* amer (-ère); *[nehéz]* pénible

késés *fn* retard h; **elnézést a ~ért** pardonnez mon retard; **behozza a ~t** rattraper son retard

kés|ik *tn i* être en retard, tarder; **20 percet ~ik** avoir 20 minutes de retard, être en retard de 20 minutes; **~ik az órám** ma montre retarde; **~ik a tavasz** le printemps tarde à venir; **~ik a válasszal** tarder à répondre

keskeny *mn* étroit(e)

késleked|ik *tn i vmivel* tarder à *inf*

késleltet *ts i* retarder

késő I. *mn* ~ **este** tard le soir; ~ **bánat** remords *h (t sz)* tardifs; ~ **gótika** gothique *h* tardif; ~**re jár** il se fait tard **II.** *hsz* tard; **már** ~! (il est) trop tard !; ~ **van** il est tard

később *hsz* plus tard; **egy évvel** ~ un an plus tard; **leg**~ au plus tard

későbbi I. *mn* ultérieur(e), *vminél* postérieur(e) à *qqch* **II.** *fn* **a** ~**ekben** par la suite

későn *hsz* tard; ~ **kel** se lever tard; **jobb** ~, **mint soha** il vaut mieux tard que jamais; **a** ~ **érkezők** les retardataires *h (t sz)*

késszúrás *fn* coup *h* de couteau

kész I. *mn [elkészült]* prêt(e); *vmire* être prêt(e) v. disposé(e) à *inf*; ~ **az ebéd** le déjeuner est prêt; ~ **férfi** un homme fait; ~ **tények elé állít vkit** mettre qqn devant le fait accompli; ~ **rablás!** c'est du vol !; … **és** ~! un point, c'est tout ! **II.** *hsz* prêt(e), fini(e); ~ **van** c'est fini v. prêt; ~ **vagyok** *[munkával]* j'ai fini v. terminé; *[öltözködéssel]* je suis prêt(e); *[fáradt]* biz je suis rétamé(e)

készakarva *hsz* exprès; ~ **csinálta** il l'a fait exprès

keszeg I. *fn [hal]* brème *n* **II.** *mn [vézna]* efflanqué(e)

készen *hsz* → **kész II.**

készenlét *fn* état *h* d'alerte; ~**be helyez** mettre en état d'alerte

készít *ts i [csinál]* préparer, faire; *[előállít]* fabriquer; **ebédet** ~ faire v. préparer le déjeuner

készítmény *fn* produit *h*

készlet *fn [áru]* stock *h*; *[tartalék]* réserve(s) *n (t sz)*; **amíg a** ~ **tart** jusqu'à épuisement du stock; *[összetar-*

tozó tárgyakból] trousse *n*; *[asztali]* service *h*

készpénz *fn* espèces *n (t sz)*, (argent *h*) liquide *h*; ~**zel fizet** payer en liquide; ~**nek vesz vmit** prendre qqch pour argent comptant

készpénzfizetés *fn* paiement *h* en espèces v. en liquide

készruha *fn* confection *n*, prêt-à-porter *h*

készség *fn [szerzett]* savoir-faire *h*, aptitudes *n (t sz)*; *[hajlandóság]* disposition *n*; ~**gel** volontiers, avec plaisir

készséges *mn* serviable, empressé(e)

készségesen *hsz* volontiers

késztermék *fn* produit *h* fini

késztet *ts i vkit vmire* inciter v. pousser *qqn à qqch* v. à *inf*

kesztyű *fn gant(s) h (t sz)*

kesztyűtartó *fn* boîte *n* à gants

készül *tn i* se préparer, se faire; *vmi vmiből* être fait(e) en *qqch*; *vmire* se préparer v. s'apprêter à *qqch* v. à *inf*; **megrendelésre** ~ être fait(e) sur commande; **moziba** ~ s'apprêter à aller au cinéma; **vihar** ~ un orage se prépare; **orvosnak** ~ il veut faire médecin, *[ehhez tanul]* il fait des études de médecine; **órára** ~ préparer sa leçon; **vizsgára** ~ préparer un examen

készülék *fn* appareil *h*; *távk* poste *h*

készületlenül *hsz* ~ **ér vkit vmi** être pris(e) au dépourvu v. de court par qqch

készülődés *fn* préparatifs *h (t sz)*

készülőd|ik *tn i vki vmire* se préparer à *qqch* v. à *inf*; *[vmi]* se préparer

készültség *fn [készenlét]* état *h* d'alerte

két *szn* deux

kétágyas *mn* à deux lits

kétbalkezes *mn* gauche, maladroit(e)

ketchup *fn* ketchup *h*

kételked|ik *tn i vmiben* douter *de qqch;* ~**ik a szavaimban** il doute de mes paroles

kétell *ts i* douter; **kétlem, hogy je** doute que *subj*

kétéltű I. *mn [állat, jármű]* amphibie **II.** *fn [állat]* amphibie *h;* **a ~ek** les amphibiens *h (t sz)*

kételmű *mn átv is* à double tranchant

kétely *fn* doute *h;* **eloszlatja vkinek a ~eit** dissiper les doutes de qqn

kétemeletes *mn* à deux étages

kétértelmű *mn* à double sens, équivoque, ambigu(ë)

kétes *mn [bizonytalan, vitatható]* douteux (-euse); *[gyanús így is]* louche

kétéves *mn* de deux ans; ~ **házasok** ils sont mariés depuis deux ans

kétévi *mn* de deux ans

kétezer *szn* deux mille

kétfelé *hsz [két részre]* en deux; *[két irányba]* dans deux directions

kétféle I. *mn* de deux sortes; ~ **vmi** deux sortes de qqch **II.** *fn* ~**t csinál egyszerre** faire deux choses à la fois

kétharmad *szn* deux tiers; **vmi ~ része** les deux tiers de qqch

kétharmados *mn* ~ **többséggel** à une majorité des deux tiers

kéthavi *mn* ~ **bér** deux mois de salaire

kéthavonként *hsz* tous les deux mois; ~ **megjelenő folyóirat** revue *n* bimestrielle

kéthetes *mn* de deux semaines, de quinze jours

kétirányú *mn* à double sens

kétjegyű *mn* ~ **szám** nombre *h* à deux chiffres

kétkamarás *mn* bicaméral(e); ~ **parlament** parlement *h* formé de deux assemblées

kétked|ik *tn i* → **kételkedik**

kétkezi *mn* manuel (-elle); ~ **munka** travail *h* manuel

kétlaki *mn növ* dioïque

kétnyelvű *mn* bilingue

kétoldalú *mn* bilatéral(e)

kétórás *mn* de deux heures

ketrec *fn* cage *n*

kétrészes *mn* en deux parties; ~ **fürdőruha** deux-pièces *h*, bikini *h*

kétrét *hsz* en deux

kétség *fn* doute *h;* **ehhez ~ nem fér** cela ne fait pas de doute; ~**be ejt vkit** désespérer qqn; ~**be von vmit** mettre en doute qqch

kétségbeejtő *mn* désespérant(e); ~ **helyzet** situation *n* désespérée

kétségbeesés *fn* désespoir *h;* ~**ében** dans son désespoir; **végső ~ében** en désespoir de cause

kétségbeesett *mn* désespéré(e)

kétségbeees|ik *tn i* (se) désespérer

kétségbevonhatatlan *mn* incontestable, indubitable

kétséges *mn* douteux (-euse); **nem ~, hogy** il ne fait pas de doute que

kétségkívül *hsz* sans aucun doute, certainement

kétségtelen *mn* indéniable, incontestable, indiscutable

kétsoros *mn* ~ **zakó** veste *n* croisée; ~ **vers** distique *h*

kétszáz *szn* deux cents; ~ **éves** de deux cents ans, bicentenaire

kétszemélyes *mn* à deux places

kétszer *hsz* deux fois, à deux reprises; ~ **annyi** deux fois plus

kétszeres I. *mn* double; ~ **bajnok** double champion (-ionne) **II.** *fn* **vmi ~e** le double de qqch

kétszersült *fn* biscotte *n*

kétszínű *mn* bicolore; *átv* sournois(e)

kétszobás *mn* de deux pièces; ~ **lakás** deux-pièces *h*

ketté *hsz* en deux

kettéágaz|ik *tn i* bifurquer

ketten *hsz* (à) deux; **mi ~** nous deux; **~ könnyebb** c'est plus facile à deux

kettéoszt *ts i* partager v. diviser en deux

kettes I. *mn* a **~ szám** le (chiffre) deux; **~ számrendszer** système *h* binaire **II.** *fn* deux *h*

kettesben *hsz* à deux, en tête à tête

kettesével *hsz* deux par deux

kettészakad *tn i* se déchirer en deux; *[párt stb.]* se scinder en deux

kettétör|ik *tn i* se casser en deux

kettévág *ts i* se couper en deux

kettévál|ik *tn i* se diviser en deux

kettő *szn* deux; **mind a ~** tous (les) deux; **a ~ együtt** les deux ensemble; **~ dolgozik** travailler pour deux; **~kor** à deux heures

kettős I. *mn* double; **~ állampolgárság** double nationalité *n*; **~ életet él** mener une double vie **II.** *fn zene* duo *h*

kettőspont *fn* deux-points *h*

kettősség *fn* dualité *n*

kétüléses *mn* à deux places, biplace

ketyeg *tn i* faire tic-tac

kéve *fn* gerbe *n*

kevély *mn* orgueilleux (-euse), hautain(e)

kever *ts i [össze]* mélanger; *[hozzá]* mêler *qqch à* qch, mélanger *qqch à v. avec qqch; [kavar]* remuer; *[kártyát]* battre; *zene* mixer; **bajba ~ vkit** mettre qqn dans le pétrin

kevered|ik *tn i* se mêler, se mélanger; **bajba ~ik** se retrouver dans le pétrin; **rossz társaságba ~ik** se retrouver en mauvaise compagnie

keverék *fn* mélange *h; áll* bâtard *h*

kevés *szn* peu; **egy ~ vmi** un peu de qqch; **~ pénzem van** j'ai peu d'argent; **ez ~ ahhoz, hogy** c'est insuffisant pour *inf;* **~en múlt, hogy** il s'en est fallu peu que *subj;* **~nek sikerül** peu y réussissent; **~sel ezelőtt/azután** peu avant/après; **~sel beéri** se contenter de peu; **egy keveset** un (petit) peu; **keveset keres** gagner peu d'argent; **keveset aludtam** je n'ai pas beaucoup dormi; **legkevesebb** au moins

kevésbé *hsz* moins; **egyre ~** de moins en moins; **annál ~, hogy** d'autant moins que

kevesebb *mn* moins; **valamivel ~** un peu moins

kevesell *ts i* trouver insuffisant(e)

kevesen *szn* peu; **~ vannak** ils sont peu nombreux; **~ tudják** peu (de gens) le savent

kevéssé *hsz* peu; **egy ~** un peu

kéz *fn* main *n;* **~en fogva mennek** marcher (la) main dans la main; **fél ~zel** d'une (seule) main; **átv is ölbe tett ~zel** les bras croisés; **kezében tart vmit** tenir qqch à v. dans la main; **el a kezekkel!** *biz* bas les pattes !; **fel a kezekkel!** haut les mains !; **kezet fog vkivel** serrer la main à qqn; **kezet emel vkire** lever la main sur qqn; **kezet mos** se laver les mains; **átv ~ alatt** en sous-main, sous le manteau; **messze ér a keze** avoir le bras long; **~ben tart vmit** tenir qqch en main; **jó kezekben van** être en bonnes mains; **kezet rá!** tope là !

kézbesít *ts i [posta]* distribuer; *[árut házhoz]* livrer

kézbesítés *fn [postai]* distribution *n;* *[árué házhoz]* livraison *n*

kézbesítő *fn [postás]* facteur (-trice); *[vállalat]* livreur (-euse)

kézcsók *fn* baisemain *h;* **add át ~omat mes** hommages à …

kezd *ts i/tn i vmit/vmibe/vmihez* commencer *qqch v. à inf,* se mettre *à qqch*

v. à inf; vmivel commencer par qqch
v. par inf; **sírni ~** se mettre à pleurer;
~em érteni je commence à comprendre; **nem tudom, mihez ~jek** je
ne sais pas quoi faire

kezdeményez ts i/tn i prendre l'initiative

kezdeményezés fn initiative n

kezdés fn → **kezdet**

kezdet fn début h, commencement h;
~ben au début; **~től fogva** depuis le
début

kezdeti mn initial(e); **~ stádium** stade h
initial

kezdetleges mn primitif (-ive), rudimentaire

kezdő I. mn [tapasztalatlan] débutant(e); [kezdeti] initial(e); **~ tanfolyam** cours h pour débutants **II.** fn
débutant(e)

kezdőbetű fn initiale n; **nagy ~** lettre n
capitale

kezdődlik tn i commencer, débuter;
vmivel commencer par qqch

kezdősebesség fn vitesse n initiale

kezdve hsz depuis, à partir de; **attól a
perctől ~** depuis ce moment-là; **mostantól ~** à partir de maintenant

kezel ts i [működtet] manier, manipuler, manœuvrer; [vilyen anyaggal]
traiter; [jegyet] poinçonner; [pénzt,
ügyeket] gérer; vkit traiter qqn; orv
traiter v. soigner qqn

kezelés fn [betegé] traitement h; [sebé]
pansement h; [gépé] maniement h;
[pénzé, ügyeké, válságé] gestion n

kezelési mn **~ költség** frais h (t sz) de
gestion; **~ útmutató** notice n d'utilisation

kezelhetetlen mn incontrôlable

kezelhető mn **könnyen/nehezen ~**
[tárgy] maniable/difficile à manier,
[ember] d'un caractère facile/difficile

kezelő fn [gépé] opérateur (-trice);
[vagyoné] administrateur (-trice);
[kórházi helyiség] salle n de soins

kezelőorvos fn médecin h traitant

kézenfekvő mn évident(e)

kezes[1] mn [állat] doux (douce)

kezes[2] fn [garanciát vállaló] garant(e)

kezesked|ik tn i vkiért/vmiért répondre
se porter garant(e) de qqn/qqch; vmiért
garantir qqch

kezeslábas fn combinaison n; [rugdalódzó] grenouillère n

kezesség fn cautionnement h, garantie n; **~et vállal** vkiért/vmiért se porter garant(e) de qqn/qqch

kézfej fn dos h v. revers h de la main

kézfogás fn poignée n de main

kézhezvétel fn hiv réception n

kézi mn manuel (-elle); **~ vezérlés**
commande n manuelle

kézifegyver fn arme n de poing

kézifék fn frein h à main

kézigránát fn grenade n (à main)

kézikönyv fn manuel h; [könyvtári]
usuel h

kézilabda fn hand-ball h

kézilabdázik tn i jouer au hand-ball

kézimunka fn travaux h (t sz) d'aiguille

kézipoggyász fn bagage h à main

kézírás fn écriture n

kézirat fn manuscrit h

kéziszótár fn dictionnaire h abrégé

kézitáska fn sac h à main

kézjegy fn paraphe v. parafe h; **~vel
ellát** parapher v. parafer

kézműves fn artisan h

kézművesség fn artisanat h

kéztörlő fn essuie-main(s) h

kézügyesség fn dextérité n, adresse n
v. habileté n manuelle; **jó a ~e** être
habile de ses mains

kézzelfogható mn tangible, palpable

kézzel-lábbal *hsz* des pieds et des mains; ~ **kapálódzik** s'agiter comme un beau diable

kft. *fn* S.A.R.L. *n*

ki¹ *nm [kérdő]* qui; ~ **ez?**, ~ **az?** qui est-ce ?; ~ **tudja?** qui sait ?; ~ **mondta ezt?** qui est-ce qui a dit ça ?; ~**é ez a könyv?** à qui est ce livre ?; ~**nek adod?** à qui le donnes-tu ?; ~**nek a fia?** de qui est-il le fils ?; *biz* c'est le fils de qui ?; ~**re gondoltál?** à qui as-tu pensé ?; ~**ről van szó?** de qui s'agit-il ?; ~**t vársz?** qui attends-tu ?; *[vonatkozó]* **nincs**, ~ **megcsinálja** il n'y a personne pour le faire; → **aki**

ki² *hsz* ~ **innen!** dehors !; **na** ~ **vele!** *biz* allez, accouche !

kiabál *ts i/tn i* crier; **ne** ~**j!** arrête de crier !

kiabálás *fn* cris *h (t sz)*

kiábrándít *ts i* désillusionner, dégriser

kiábrándító *fn* décevant(e)

kiábrándul *tn i* déchanter; *vkiből/vmiből* être déçu(e) par *qqn/qqch*

kiad *ts i [kifelé nyújt]* passer *v.* tendre à travers *v.* par *qqch*; *[bűnözőt]* extrader; *[hiv. iratot]* délivrer; *[hiv. közleményt]* diffuser; *[munkát]* distribuer, assigner; *[parancsot]* donner; *[rendeletet]* promulguer; *[bérbe ad]* louer; *[elkölt]* dépenser; *[kihány]* rendre; *[megjelentet]* publier; ~**ja a lelkét** rendre l'âme; ~**ja magát vminek** se faire passer pour *qqch*; ~**ja az útját vkinek** mettre *qqn* à la porte

kiadás *fn [könyvé, sajtóterméké]* édition *n*, publication *n*; *[lakásé]* location *n*; *[hiv. iraté]* délivrance *n*; *[rendeleté]* promulgation *n*; *[költség]* dépenses *n (t sz)*; **első** ~ première édition; **apró** ~**ok** menues dépenses

kiadatás *fn* extradition *n*

kiadatlan *mn* inédit(e)

kiadó I. *mn* à louer; ~ **lakás** appartement *h* à louer **II.** *fn [vállalat]* maison *n* d'édition, éditeur *h*; *[személy]* éditeur (-trice)

kiadvány *fn* publication *n*

kiagyal *ts i* inventer, échafauder

kiaknáz *ts i átv is* exploiter

kialakít *ts i* former, créer, ménager; *[elképzelést]* élaborer

kialakul *tn i [létrejön]* se former; *[kifejlődik]* se développer, se mettre en place; *[elrendeződik]* s'arranger; **majd** ~**!** ça va s'arranger !; ~**t a szokás, hogy** l'usage s'est établi que

kialakulás *fn* formation *n*, développement *h*, mise *n* en place

kiáll I. *tn i [vhova]* se mettre *v.* se poster *qqpart*; *[vhonnan]* sortir de *qqpart*; *vmiből* dépasser de *qqch*; *vkiért/vmiért* défendre *qqn/qqch*; *vki ellen* affronter *qqn*; ~ **a meggyőződése mellett** avoir le courage de ses opinions **II.** *ts i [kibír]* supporter; ~**ja a próbát** faire ses preuves; **ki nem állhat vkit/vmit** ne pas supporter *qqn/qqch*

kiállhatatlan *mn* insupportable

kiállít *ts i* exposer; *[okmányt]* délivrer; *[számlát]* établir; *sp* expulser

kiállítás *fn* exposition *n*; *[külső alak]* présentation *n*; *sp* expulsion *n*

kiállító *fn* exposant(e)

kialsz|ik *ts i/tn i átv is* s'éteindre; **kialussza magát** dormir son soûl

kiált *ts i/tn i* crier; **segítségért** ~ appeler à l'aide

kiáltás *fn* cri *h*

kiáltvány *fn* manifeste *h*, appel *h*, proclamation *n*

kiapad *tn i átv is* (se) tarir

kiárad *tn i [folyó]* déborder, sortir de son lit; *[fény]* jaillir

kiárusít *ts i* liquider, solder; *átv* brader

kiárusítás *fn* soldes *h (t sz)*

kiás *ts i [felszínre hoz]* déterrer; *[árkot, kutat]* creuser

kiátkoz *ts i vall* excommunier *n*; *[kitagad]* renier

kibaszott *mn biz* **nem jár ez a ~ lift!** ce putain d'ascenseur ne marche pas !

kibékít *ts i [személyeket]* réconcilier; *[nézeteket, érdekeket]* concilier

kibékül *tn i vkivel* se réconcilier v. faire la paix *avec qqn*; *vmivel* accepter *qqch*, se résigner *à qqch*; **~tek** ils se sont réconciliés

kibékülés *fn* réconciliation *n*

kibérel *ts i* louer

kibeszél *ts i [titkot]* divulguer; **~ vkit** *fraz* faire des gorges chaudes de qqn; **~i magát** s'épancher; **~i a tüdejét** s'égosiller en vain

kibetűz *ts i* déchiffrer

kibicsakl|ik *tn i* **~ik a bokája** se fouler la cheville; **~ik a nyelve** buter sur un mot

kibír *ts i [elvisel]* supporter; *[kitart]* tenir; **ezt nem lehet ~ni** c'est insupportable; **~ még egy telet** ça tiendra encore un hiver

kibírhatatlan *mn* insupportable

kibocsát *ts i [sugarat, fényt] gazd is* émettre; *[illatot]* dégager; *[rendeletet]* publier

kibocsátás *fn* émission *n*

kibogoz *ts i átv is* dénouer, démêler

kibom|lik *tn i* se défaire; *növ* s'ouvrir

kibont *ts i [csomót]* défaire, dénouer; *[zászlót, vitorlát]* déployer; *[felbont, kinyit]* ouvrir

kibontakozás *fn [rendeződés]* dénouement *h*; *[kifejlődés]* développement *h*, épanouissement *h*

kibontakoz|ik *tn i [ölelésből]* se dégager; *[kifejlődik]* s'épanouir; *[kirajzolódik]* émerger

kiborít *ts i* renverser, déverser; *[kihoz a sodrából]* *fraz* faire sortir de ses gonds; *[lelkileg]* bouleverser; **ez ~ott** *biz* ça m'a foutu dedans

kiborul *tn i* se renverser, se déverser; *[idegileg]* *biz* craquer; **ki van borulva** avoir le moral à zéro

kibök *ts i [szemet]* crever; *[szót]* lâcher; **majd ~i a szemedet!** ça crève les yeux !; **a végén ~te, hogy** il a fini par lâcher que; **bökd már ki végre!** *biz* allez, accouche !

kibővít *ts i* agrandir, élargir

kibővítés *fn pol is* élargissement *h*

kibúj|ik *tn i [előbújik]* sortir, émerger, apparaître; *[kinő]* pousser, percer; *átv [vmi alól]* se dérober v. se soustraire *à qqch*

kibúvó *fn* échappatoire *n*, prétexte *h*

kicsal *ts i* attirer dehors, faire sortir (par la ruse); *vmit vkitől* soutirer *qqch à qqn*

kicsap *ts i [iskolából]* *biz* virer; **~ vmit vki kezéből** faire sauter qqch des mains de qqn; **~ja a biztosítékot** faire sauter les plombs

kicsapód|ik *ts i [ablak, ajtó]* s'ouvrir en claquant

kicsapongó *mn* **~ életet él** mener une vie dissolue

kicsavar *ts i [tárgyat]* dévisser; *[ruhát]* essorer; *[gyümölcsöt]* presser; **~ vmit vki kezéből** arracher qqch des mains de qqn; **~ja vki karját** tordre le bras à qqn; **~ja vminek az értelmét** détourner le sens de qqch

kicselez *ts i sp vkit* faire une feinte à *qqn*; *[futballban]* dribbler

kicsempéz *ts i* carreler

kicserél *ts i [helyettesít]* remplacer, changer; *[egymás közt]* échanger; **mintha ~ték volna** il est métamorphosé

kicserepesed|ik *tn i* se gercer; **~ik a szája** avoir les lèvres gercées

kicsi I. *mn* petit(e); **~ ez az autó** cette voiture est trop petite; **~ korában** dans sa petite enfance; **~ben** en (plus) petit; **~re nem ad** ne pas être regardant(e); **egy ~t, egy ~vel** un peu **II.** *fn* [*kisgyerek*] petit(e); [*becézés*] **~m** mon petit (ma petite)

kicsikar *ts i* extorquer, arracher

kicsinosít *ts i* [*helyiséget*] arranger, agrémenter; **~ja magát** se faire beau (belle)

kicsinyes *mn* mesquin(e)

kicsinyesség *fn* mesquinerie *n*, petitesse *n*

kicsinyít *ts i átv is* rapetisser, diminuer

kicsinyítő *mn nyelv* **~ képző** suffixe *h* diminutif

kicsíp *ts i* **~i magát** se faire beau (belle), *fraz* se mettre sur son trente et un

kicsíráz|ik *tn i* germer

kicsoda *nm* qui (donc)

kicsomagol I. *tn i* défaire sa valise **II.** *ts i* **~ja az árut** déballer les marchandises

kicsorbul *tn i* s'ébrécher

kicsordul *tn i* déborder; **~ a könnye** avoir les larmes aux yeux

kicsúfol *tn i vkit/vmit* se moquer *de qqn/qqch*

kicsúsz|ik *tn i* [*kézből*] glisser, échapper; **~ik a száján** cela lui a échappé; *átv is* **~ik a talaj a lába alól** perdre pied

kiderít *ts i* découvrir; révéler; **a vizsgálat ~ette, hogy** l'enquête a révélé que

kiderül *tn i* [*idő*] s'éclaircir; [*igazság*] éclater; **majd ~ on** verra bien; **~t, hogy** il est apparu *v.* il s'est avéré que

kidob *ts i* [*kívülre, szemétbe*] jeter; *vkit biz* flanquer qqn dehors; [*állásból*] *biz*

virer; **~ vmit az ablakon** jeter qqch par la fenêtre; **~ vmit a szemétbe** jeter qqch à la poubelle

kidobóember *fn* videur *h*

kidolgoz *ts i* [*anyagot*] travailler; [*tervet, módszert*] élaborer, mettre au point

kidolgozás *fn* [*anyagé*] travail *h*; *átv* élaboration *n*, mise *n* au point

kidolgozott *mn* **~ izmok** muscles *h (t sz)*

kidomborít *ts i* [*kiemel*] faire ressortir, mettre en relief

kidől *tn i* [*fa*] tomber; [*kiömlik*] se déverser; **~ a fáradságtól** tomber de fatigue; **ő már ~t** il n'en peut plus

kidönt *ts i* [*fát*] abattre; [*kiborít*] renverser

kidudorod|ik *tn i* pointer, faire saillie, former une protubérance

kidug *ts i* **~ja a fejét az ablakon** mettre la tête à la fenêtre; **egész nap ki se dugta az orrát** il n'a pas mis le nez dehors de la journée

kidülleszt *tn i* **~i a mellét** bomber le torse

kiég *tn i* [*ház*] brûler; **~ett az égő** l'ampoule a grillé; **~ett a biztosíték** les plombs ont sauté

kiegészít *ts i* compléter; [*összeget*] arrondir; **jól ~ik egymást** ils se complètent (l'un l'autre)

kiegészítés *fn* complément *h*

kiegészítő I. *mn* complémentaire **II.** *fn* [*ruházé*] accessoire *h*

kiegészül *tn i* être complété(e)

kiéget *ts i* brûler; [*agyagot, téglát*] cuire; *vill* griller

kiegyenesedik *tn i* se redresser

kiegyenesít *ts i* redresser, rectifier

kiegyenlít I. *ts i* compenser, égaliser; [*számlát, adósságot*] régler **II.** *tn i sp* égaliser

kiegyensúlyozott *mn* équilibré(e)

kiegyezés *fn* arrangement *h*, compromis *m*; *tört* **az osztrák-magyar ~** le compromis austro-hongrois

kiegyez|ik *tn i* se mettre d'accord, trouver un arrangement *v.* un compromis

kiéhezett *mn átv is* affamé(e)

kiéheztet *ts i* affamer

kiejt *ts i [kezéből]* laisser tomber *v.* échapper; *[hangot]* prononcer

kiejtés *fn* prononciation *n*; *[jellegzetes]* accent *h*; **idegen ~sel beszél** parler avec un accent étranger

kiél *ts i* **a munkában éli ki magát** il se réalise dans le travail

kielégít *ts i* satisfaire, contenter; *[indulatot, szenvedélyt]* assouvir

kielégítő *mn* satisfaisant(e)

kielégül *tn i* être satisfait(e) *v.* assouvi(e); *[nemileg]* être sexuellement satisfait(e)

kielégülés *fn* satisfaction *n*; *[nemi]* orgasme *h*

kielésed|ik *tn i [helyzet]* devenir tendu(e); *[vita]* s'envenimer

kiélez *ts i [kést]* aiguiser; *[ellentétet, helyzetet]* envenimer

kieleződik *tn i [konfliktus]* s'exacerber, s'aggraver; *[vita]* s'envenimer

kiélvez *ts i* savourer pleinement

kiemel *ts i vmiből* sortir *de qqch*; *[elsüllyedt hajót]* renflouer; *[hangsúlyoz]* souligner; *[vizuálisan]* mettre en valeur, faire ressortir; **~ a nyomorból** tirer de la misère

kiemelked|ik *tn i [kibukkan]* émerger; *[háttérből]* ressortir, se détacher; *[érdemeivel]* se distinguer; **~ik a nyomorból** sortir de la misère

kiemelkedő *mn [kiváló]* exceptionnel (-elle), éminent(e); **~ teljesítmény** performance *n* exceptionnelle

kiemelt *mn* prioritaire; **~ beruházás** investissement *h* prioritaire

kienged I. *ts i* laisser sortir; *[folyadékot]* vider, évacuer; *[foglyot]* libérer; *[ruhát]* élargir **II.** *tn i* **~ a fagy** il dégèle

kiengesztel *ts i* apaiser, calmer

kiépít *ts i* aménager, développer; *[kapcsolatokat]* établir

kiér *tn i [vhonnan]* sortir de; **idejében ~ a pályaudvarra** arriver à temps à la gare

kiérdemel *ts i* mériter

kiereszt *ts i* laisser sortir; *[övet]* desserrer; **~ vmit a kezéből** laisser échapper qqch; **~i a hangját** donner de la voix; → **kienged**

kierőszakol *ts i [igéretet, vallomást]* extorquer; *[döntést, győzelmet]* arracher, forcer

kiértékel *ts i* analyser, évaluer

kiesés *fn [versenyből]* élimination *n*; *[munkában]* temps *h* de travail perdu

kies|ik *tn i* tomber; *sp* être éliminé(e); **~ik az ablakon** tomber par la fenêtre; **majd ~ik a gyomra** avoir l'estomac dans les talons; **~ett az emlékezetemből** cela m'est sorti de la tête

kieszel *ts i* inventer, imaginer, combiner

kifacsar *ts i [ruhát]* essorer; *[citromot]* presser

kifaggat *ts i* interroger, questionner, presser de questions

kifakad *tn i [tályog]* crever; *[virág]* éclore, s'ouvrir; *átv* exploser; *vki/vmi ellen* fulminer *contre qqn/qqch*

kifakul *tn i* se décolorer, se déteindre, passer

kifárad *tn i* se fatiguer, être fatigué(e); **~tam** je suis fatigué; **~tam ebben a munkában** ce travail m'a épuisé

kifáraszt *ts i* fatiguer, épuiser, exténuer

kifecseg *ts i* raconter, répéter; *[titkot] fraz* vendre la mèche

kifejez *ts i [szavakba foglal, érzelmet tükröz]* exprimer; *[kinyilvánít]* manifester; **~i magát** s'exprimer

kifejezés *fn* expression *n*; *nyelv* expression *n*, locution *n*, tournure *n*; **~re juttat** vmit exprimer qqch

kifejezéstelen *mn* inexpressif (-ive)

kifejezett *hsz* explicite, vál exprès (-esse); **~ kívánságára** à sa demande expresse; **~ szándéka, hogy** avoir la ferme intention de *inf*

kifejező *mn* expressif(-ive)

kifejeződ|ik *tn i vmiben* se manifester *par v. dans qqch*, se traduire *par qqch*

kifejleszt *ts i* développer; *[új technikát]* mettre au point

kifejlőd|ik *tn i* se développer

kifejt *ts i [varrást]* défaire; *[babot, borsót]* écosser; *[bányából]* extraire; *[ellenállást]* opposer; *[erőt, tevékenységet]*, déployer; *[előad]* exposer, développer; **~i nézeteit** exposer son point de vue

kifelé *hsz* vers l'extérieur; *[külsőleg]* au-dehors; **~ nyílik** s'ouvrir vers l'extérieur; **~ jön a vízből** sortir de l'eau; **(mars) ~!** dehors !, *biz* du balai !

kifelejt *ts i* oublier, omettre

kifényesít *ts i* faire briller, polir

kifér *ts i [nyíláson]* (pouvoir) passer; **nem fér ki** ça ne passe pas

kifest *ts i* peindre; *[színezve]* colorier; **~i magát** se maquiller

kifeszít *ts i* tendre; *[feltör]* forcer; **~i a vitorlát** tendre les voiles; **~i a zárat** forcer la serrure

kificamít *ts i* **~ja a bokáját** se fouler *v.* se démettre la cheville

kificamod|ik *tn i* se démettre, se déboîter; **~ott a válla** il s'est démis l'épaule

kifinomult *mn* raffiné(e)

kifizet *ts i [összeget, személyt]* payer; *[számlát, tartozást]* régler

kifizetés *fn* paiement *h*, règlement *h*

kifizetőd|ik *tn i* être payant(e), payer

kifizetődő *mn* payant(e)

kifli *fn* ‹petit pain en forme de croissant›

kifog I. *ts i [halat]* pêcher; *[lovat]* dételer; **ezt jól ~tuk!** nous voilà bien ! **II.** *tn i vkin* duper qqn; **jól ~ott rajtam** *biz* il m'a bien eu

kifogás *fn [mentség, ürügy]* prétexte *h*, excuse *n*; *[ellenvetés]* objection *n*; **ha nincs ellene ~a** si vous n'y voyez pas d'inconvénient *v.* d'objection; **~t emel vmi ellen** élever *v.* formuler des objections contre qqch

kifogásol *ts i vmit* trouver à redire à qqch; *vmit vkiben* objecter qqch à qqn

kifogástalan *mn* irréprochable, impeccable; **~ állapotban** en parfait état

kifogy *tn i [készlet]* s'épuiser; *vki vmiből* être à court *v.* à bout *de* qqch; **~ott a cukor** il n'y a plus de sucre; **~ az érvekből** être à court d'arguments

kifogyhatatlan *mn* inépuisable, intarissable

kifolyik *tn i* s'écouler, couler

kifolyólag *hsz vmiből* **~** du fait de qqch; **ebből ~** par conséquent

kifordít *ts i [ruhát, zsebet]* retourner; **~ja vminek az értelmét** détourner le sens de qqch

kiforgat *ts i [zsebet]* retourner; *vkit vmiből* déposséder qqn de qqch; **~ja vkinek a szavait** dénaturer les paroles de qqn

kifoszt *ts i [személyt, lakást]* dévaliser; *[személyt vagyonából]* déposséder; *[várost]* piller, mettre à sac

kifőz *ts i [tésztát]* faire cuire; *[fertőtlenít]* stériliser; *[tervet]* biz mijoter

kifröccsen *tn i* gicler, jaillir

kifúj *ts i* ~ja az orrát se moucher; ~ja a füstöt az orrán souffler la fumée par le nez; ~ja magát reprendre son souffle

kifullad *tn i* s'essouffler, être à bout de souffle

kifúr *ts i* percer, forer

kifut *tn i* sortir en courant; *[hajó]* quitter le port; *[vonat]* partir; *[forralástól]* déborder; ~ az időből être pris(e) à court de temps

kifutó *fn [dobogó]* podium *h*

kifutópálya *fn* piste *n* d'envol v. d'atterrissage

kifüggeszt *ts i* afficher

kifürkész *ts i* sonder

kifürkészhetetlen *mn* insondable, impénétrable

kifütyül *ts i* siffler; ~ték il s'est fait siffler

kifűz *ts i [cipőt]* délacer

kigombol *ts i* déboutonner

kigondol *ts i* avoir une idée; *[megoldást]* trouver; *[tervet]* concevoir

kigúnyol *ts i* se moquer de

kígyó *fn* serpent *h*

kigyógyít *ts i vmiből* guérir de qqch

kigyógyul *tn i vmiből* guérir v. se remettre de qqch

kígyómarás *fn* morsure *n* de serpent

kígyóméreg *fn* venin *h* de serpent

kígyóz|ik *tn i* serpenter

kigyullad *tn i [fény]* s'allumer; *[tüzet fog]* prendre feu

kihágás *fn* infraction *n*; ~t követ el commettre une infraction

kihagy I. *ts i [mellőz]* omettre; *[elmulaszt]* manquer; *[elhagy, töröl]* couper, supprimer; ~ egy szót sauter un mot **II.** *tn i [motor]* avoir des à-coups; ~ az emlékezete avoir un trou v. des trous de mémoire

kihajol *tn i* se pencher (au dehors); ~ az ablakon se pencher par la fenêtre

kihajt I. *ts i [gallért]* rabattre; *[állatot]* (faire) sortir, mener; *[járművel]* sortir **II.** *tn i [növény]* pousser

kihal *tn i [család, nép]* s'éteindre; *[állatfaj, növényfaj]* disparaître; *[vidék]* se dépeupler

kihallatsz|ik *tn i* s'entendre; ~ik az utcára s'entendre (jusque) dans la rue; ~ik a hangja a zsivajból on distingue sa voix dans le vacarme

kihallgat *ts i [kikérdez]* interroger; *[beszélgetést]* écouter en cachette

kihallgatás *fn* interrogatoire *h*; *[tanúé]* audition *n*; *[hivatalban]* audience *n*

kihalófélben *hsz* en voie de disparition

kihalt *mn [család, nép]* éteint(e); *[állatfaj, növényfaj]* disparu(e); *[hely]* désert(e)

kihámoz *ts i* ~za vminek az értelmét dégager le sens de qqch; szavaiból azt hámoztam ki, hogy j'ai cru comprendre de ce qu'il disait que

kihány *ts i [kiszór]* jeter (pêle-mêle); *[ételt]* vomir; *biz* dégueuler

kiharcol *ts i* obtenir, arracher

kihasznál *ts i vmit* profiter de qqch, saisir qqch; *vkit* se servir de qqn; *[viszszaél]* vmivel abuser de qqch, exploiter qqch

kihasználatlan *mn* inemployé(e); *[gazdaságilag]* inutilisé(e)

kihat *tn i vmire* influer sur qqch, influencer qqch

kihegyez *ts i [ceruzát]* tailler; *[ellentétet]* accentuer

kihelyez *ts i [tárgyat]* sortir; *[munkatársat]* muter; *[pénzt]* placer; *[üzemet]* délocaliser

kiherél *ts i* castrer; châtrer

kihever *ts i vmit* se remettre v. se relever de qqch

kihirdet *ts i* annoncer, proclamer; *[ítéletet]* prononcer; *[törvényt]* promulguer

kihirdetés *fn* annonce *n*, proclamation *n*; *[ítéleté]* prononcé *h*; *[törvényé]* promulgation *n*

kihív *ts i [kinti helyre]* appeler, demander de sortir; *[segitséget kérve]* appeler, faire venir; *[tanulót felelni]* appeler au tableau; *[versenyre]* défier; **~ja az orvost** appeler le médecin; **~ja a mentőket** appeler une ambulance; **~ vkit párbajra** provoquer qqn en duel; **~ja maga ellen a sorsot** s'attirer les foudres du destin

kihívás *fn* défi *h*; **elfogadja a ~t** relever le défi

kihívó *ts i* provocant(e); *[kacér]* aguichant(e)

kihord *ts i [kinti helyre]* sortir; *[házhoz]* livrer à domicile; *[postát]* distribuer; *[gyermeket]* porter à terme

kihoz *ts i [kinti helyre]* sortir; *vkit vhonnan* faire sortir qqn de qqpart; *[piacra dob]* sortir; **~za a székeket** sortir les chaises; **~ vkit a békétűrésből** *fraz* faire sortir qqn de ses gonds; **~za vmiből/vkiből a maximumot** tirer le maximum de qqn/qqch

kihúz *ts i/tn i* (re)tirer; *[földből]* arracher; *[fogat]* arracher; *[kártyát, sorsjegyet]* tirer; *vkiből vmit* tirer qqch de qqn; **fiókot ~** ouvrir un tiroir; **~za a dugót az üvegből** déboucher la bouteille; **~za magát** se redresser; **húzd ki magad!** tiens-toi droit; **tavaszig csak ~zuk** on tiendra bien jusqu'au printemps; **~ a csávából** *biz* tirer du pétrin

kihűl *tn i* (se) refroidir

kiigazít *ts i* rectifier, corriger

kiigazod|ik *tn i* → **eligazodik**

kiiktat *ts i átv* éliminer, écarter

kiindul *tn i átv is vmiből* partir *de qqch*; **abból indul ki, hogy** il part de l'idée que

kiindulópont *fn* point *h* de départ

kiír *ts i [kimásol]* (re)copier; *[vhova]* écrire sur; *[plakáton]* afficher; *[beteget]* mettre en congé de maladie; *biz* arrêter; *[pályázatot, versenyt]* publier; **~ja a teljes nevét** écrire son nom en toutes lettres; **~ják a választásokat** fixer *v.* arrêter la date des élections

kiírás *fn [hirdetőtáblán]* annonce *n*, affiche *n*; **a választások ~a** la publication de la date des élections

kiirt *ts i [állatot, embereket]* exterminer; *[növényt]* détruire; *[erdőt]* abattre; *[érzést, gondolatot]* éradiquer; *orv* extirper

kiismer *ts i vkit/vmit* percer qqn/qqch à jour; **~i magát vhol/vmiben** s'y retrouver qqpart *v.* dans qqch

kiismerhetetlen *mn* impénétrable

kiisz|ik *ts i* **kiissza a poharát** vider *v.* finir son verre

kiizzad I. *tn i* transpirer, suer; **ki van izzadva** être en sueur **II.** *ts i [szellemi alkotást]* suer sang et eau *pour inf*

kijár I. *tn i [vhova]* aller souvent *qqpart*; *[tárgy része]* se déboîter; *vkinek vmi* avoir droit à qqch, mériter *qqch*; **mindenkinek ~ a tisztelet** tout le monde a le droit au respect; **~ neki egy kis pihenés** il mérite bien un peu de repos **II.** *ts i [kieszközöl]* obtenir; **~ta iskoláit** il a terminé ses études

kijárási *mn* **~ tilalom** couvre-feu *h*

kijárat *fn* sortie *n*, issue *n*

kijátsz|ik *ts i [félrevezet]* tromper; *[megszeg]* (con)tourner, déjouer; *átv is* **kijátssza az utolsó kártyát** jouer sa dernière carte; **kijátssza vkinek az éberségét** tromper la vigilance de qqn;

kijátssza a törvényt (con)tourner la loi

kijavít ts i [helyesbít] rectifier, corriger; [dolgozatot, írásművet] corriger; [személyt] reprendre; [gépet] réparer

kijelent ts i déclarer, annoncer

kijelentés fn déclaration n; **vki ~e szerint** au v. selon le dire de qqn

kijelentkez|ik tn i déclarer son changement de domicile; [szállodából] quitter la chambre

kijelentő mn ~ **mód** indicatif h; ~ **mondat** proposition n énonciative

kijelöl ts i [helyet] désigner, indiquer; [határt] délimiter; [időpontot] fixer; [személyt] désigner; **~i utódát** désigner son successeur; **a követendő utat** tracer le chemin à suivre

kijelző fn [mobiltelefoné] écran h; inform afficheur h, visuel h

kijjebb hsz [távolabb] plus loin; **húzd ~!** tire-le plus vers l'extérieur

kijózanít ts i dessoûler; átv is dégriser

kijózanod|ik tn i dessoûler, átv is être dégrisé(e)

kijön tn i [vhonnan] sortir de qqpart; [vhova] venir qqpart; [folt] partir; [könyv] sortir; **vki vkivel s'entendre avec qqn;** ~ **a fizetéséből** il arrive à vivre avec ce qu'il gagne; **ebből pont ~ két sütemény** c'est juste assez pour deux gâteaux; ~ **a gyakorlatból** perdre la main; ~ **a sodrából** fraz sortir de ses gonds; **így jött ki a lépés** ça s'est fait comme ça

kijut tn i [vhonnan] (arriver à) sortir de qqpart; [nehéz helyzetből] se tirer de, se sortir de; ~ **neki vmiből** avoir sa part de qqch; ~ **a bajból** se tirer d'affaire; **végre ~ott Párizsba** il a enfin pu aller à Paris

kikap I. ts i [kiragad] arracher; [megkap] recevoir; **~ta a pénzt a kezéből**

il lui a arraché l'argent des mains II. tn i être réprimandé(e); biz se faire engueuler; [veréssel] être corrigé(e); sp être battu(e)

kikapcsol I. ts i [övet, ruhát] dégrafer; [áramot, gázt] couper; [gépet, fűtést] arrêter; [készüléket] éteindre; [telefont] débrancher II. tn i [gép] s'arrêter; [készülék] s'éteindre; **magától ~** s'arrêter tout(e) seul(e)

kikapcsolódás fn distraction n

kikapcsolód|ik tn i [gép] s'arrêter; [készülék] s'éteindre; [öv, ruha] se dégrafer; átv se changer les idées, se distraire

kikel tn i [növény] pousser, lever; [tojásból] éclore; **vki/vmi ellen** s'emporter v. fulminer contre qqn/qqch; ~ **az ágyból** sortir du lit; ~ **magából** fraz sortir de ses gonds

kikényszerít ts i → **kierőszakol**

kiképez ts i okt former; kat instruire

kiképzés fn okt formation n; kat instruction n; épít exécution n, réalisation n

kikér ts i [benti helyről] demander; **~i vkinek a tanácsát** demander conseil à qqn; ~ **magának vmit** protester contre qqn/qqch; **~em magamnak!** je proteste !

kikérdez ts i okt interroger; **~i a leckét** faire réciter la leçon

kikeres ts i chercher; [válogatva] sélectionner

kikerics fn colchique h

kikerül I. ts i [kitér] átv is contourner, éviter II. tn i [vhonnan] sortir de qqpart; [vhova] se retrouver qqpart; vmiből átv se tirer v. sortir de qqch; **győztesként kerül ki vmiből** sortir victorieux (-euse) de qqch

kikészít ts i [előkészít] préparer; [bőrt, szövetet] apprêter; átv, biz achever

kikészül *tn i [kifárad] biz* être réta-mé(e)

kikever *ts i* mélanger

kikezd I. *ts i [anyagot]* attaquer; *[egész-séget, tekintélyt, hírnevet]* compro-mettre **II.** *tn i ~ vkivel [beleköt]* cher-cher querelle à qqn; *[nővel] biz* dra-guer qqn; *[nő férfival] biz* allumer qqn

ki-ki *nm* chacun(e)

kikiált *ts i/tn i [proclamer; [árverésen]* mettre à prix; **~ja a köztársaságot** proclamer la république; **~ az abla-kon** crier par la fenêtre

kikiáltási *mn ~ ár* mise *n* à prix

kikísér *ts i* accompagner, reconduire

kikosaraz *ts i* éconduire

kikotor *ts i [kéményt]* ramoner; *[föld-ből]* déterrer; **~ vmit a zsebéből** ex-tirper qqch de sa poche

kikölcsönöz *ts i [kölcsönvesz]* em-prunter; *[kölcsönad]* prêter

kikölt *ts i* couver

kiköltöz|ik *tn i* déménager

kiköpött *mn ~ apja* c'est son père tout craché

kiköt I. *ts i [lovat, tárgyat]* attacher; *[csónakot]* amarrer; *[szerződésileg]* stipuler; **azt is ~ötte, hogy** il a éga-lement posé comme condition que **II.** *tn i [hajó]* accoster; **vmi mellett ~** arrêter son choix sur qqch

kikötés *fn [hajó]* accostage *h*; *[felté-tel]* condition *n*, *jog* stipulation *n*, ré-serve *n*; **azzal a ~sel, hogy** sous ré-serve *v.* à condition que *subj v.* de *inf*

kikötő *fn* port *h*

kikötőmunkás *fn* docker *h*

kikötőváros *fn* ville *n* portuaire

kikövez *ts i [utat]* paver; *[padlózatot]* carreler

kiközösít *ts i* exclure, rejeter; *vall* ex-communier; **~ a társadalomból** mettre au ban de la société

kikristályosod|ik *tn i átv is* se cristal-liser

kikutat *ts i [átvizsgál]* fouiller; *[feltár]* rechercher, découvrir

kiküld *ts i [kizavar]* faire sortir, renvo-yer; *[elküld]* envoyer; *[megbízatás-sal]* députer, déléguer; **~i a meghívó-kat** envoyer les invitations

kiküldetés *fn* mission *n*; **~ben van** être en mission

kiküldött I. *mn ~ tudósítónk* notre en-voyé(e) spécial(e) **II.** *fn* envoyé(e), délégué(e)

kiküszöböl *ts i* éliminer

kilábal *tn i [betegségből]* se remettre de; *[bajból]* se sortir *v.* se tirer de

kilakoltat *ts i* expulser

kilakoltatás *fn* expulsion *n*

kilátás *fn* vue *n*; panorama *h*; *[lehető-ség]* perspective *n*; **~ba helyez** *[jelez]* annoncer, *[sejtet]* laisser entendre, *[ígér]* promettre, faire miroiter, *[tör-vény]* prévoir

kilátástalan *mn* sans issue, sans espoir

kilátó *fn* belvédère *h*

kilátsz|ik *tn i* se voir, dépasser; **alig látszik ki a munkából** crouler sous le travail; **alig látszik ki az adósság-ból** crouler sous les dettes

kilehel *ts i* exhaler; **~i lelkét** rendre l'âme

kilenc *szn* neuf

kilencedik I. *szn* neuvième **II.** *fn [emelet, kerület]* neuvième *h*; **január ~én** le neuf janvier; **ő a ~** être le (la) neuvième

kilencen (à) neuf; **~ vagyunk** nous sommes neuf

kilences I. *mn ~ szám* le (chiffre) neuf **II.** *fn* neuf *h*

kilencszáz *szn* neuf cents

kilencszer neuf fois

kilencven *szn* quatre-vingt-dix

kilencvenes I. *mn* a ~ **szám** le (nombre) quatre-vingt-dix; a ~ **évek** les années *n (t sz)* quatre-vingt-dix **II.** *fn [szám]* quatre-vingt-dix *h*

kilengés *fn* fiz oscillation *n*

kilép I. *tn i [helyről]* sortir de; *[siet]* presser *v.* allonger le pas; *[munkahelyről, szervezetből]* quitter qqch; ~ **a sorból** sortir du rang; ~ **az ajtón** passer la porte; ~ **az életbe** débuter dans la vie; **lépjünk ki!** *[siessünk]* pressons(-nous) ! **II.** *ts i [távolságot]* mesurer en pas

kilépés *fn [szervezetből]* retrait *h*

kilét *fn* vkinek a ~e l'identité *n* de qqn

kilincs *fn* poignée *n*

kiló *fn* kilo *h*; **fél** ~ une livre; **60** ~ **vagyok** je fais *v.* pèse 60 kilos

kilóg *tn i* dépasser, pendre dehors, *átv* détonner; ~ **az inge** sa chemise dépasse; ~ **a sorból** faire tache

kilogramm *fn* kilogramme *h*

kilométer *fn* kilomètre *h, biz* borne *n*

kilométeres *mn (óránkénti)* **120 ~ sebességgel** à (une vitesse de) 120 kilomètres heure

kilométerkő *fn* borne *n* kilométrique

kilométeróra *fn* compteur *h* kilométrique

kilop *ts i* voler

kilós *mn* **25** ~ **csomag** un paquet de 25 kilos

kilő I. *tn i* ~ **az ablakon** tirer par la fenêtre **II.** *ts i [fegyvert]* décharger; *[rakétát]* lancer; *[lelő]* abattre

kilök *ts i* pousser dehors; *[szerkezet]* éjecter; *[átültetett szervet]* rejeter

kilövés *ts i [rakétáé]* lancement *h*

kilyukad *tn i* se trouer, se perforer; *[kerék]* crever; *[útközben vhova]* échouer qqpart; **majd csak ~unk vhova** on arrivera bien qqpart; **hová akarsz ezzel ~ni?** où veux-tu en venir ?

kilyukaszt *ts i* trouer, perforer; *[jegyet]* poinçonner

kimagasl|ik *tn i [tárgy]* émerger; *[személy]* dépasser; *[képességével]* se distinguer par

kimagasló *mn* éminent(e), remarquable

kimagoz *ts i* épépiner; *[csonthéjast]* dénoyauter

kimar *ts i* corroder, ronger

kimarad *tn i [tárgy]* être omis(e), manquer; *[éjszakára]* découcher; ~ **az iskolából** quitter l'école; ~**t két oldal** il manque deux pages; ~**a névsorból** il manque de la liste; **nem maradtál ki semmiből!** tu n'as rien manqué !

kimásol *ts i* recopier

kimász|ik *tn i* sortir en rampant; ~**ik a bajból** se tirer d'affaire

kimegy *tn i [kinti helyre]* sortir; *[vhova]* aller; *[folt]* partir; ~ **vki elé az állomásra** aller chercher qqn à la gare; ~ **a divatból** se démoder; **kiment a fejemből** cela m'est sorti de la tête

kímél *ts i [tárgyat]* ménager, prendre soin *de inf*; ~**i magát** se ménager; **nem ~i a fáradságot** il ne ménage pas sa peine

kimeleged|ik *tn i* prendre chaud

kíméletes *mn* plein(e) de ménagements *v.* de tact

kíméletesen *hsz* avec ménagement; ~ **bánik vkivel/vmivel** ménager qqn/qqch

kíméletlen *mn* impitoyable; *[bánásmód]* sans ménagement; ~ **harc** lutte *n* sans merci

kimenet I. *fn* távk, vill sortie *n* **II.** *hsz* en sortant

kimenetel *fn* issue *n*; **a háború ~e** l'issue de la guerre

kimenő I. *mn* ~ **ruha** habit *h* du dimanche **II.** *fn kat* permission *n*; *biz* perm(e) *n*

kiment *ts i* sauver; *vkit vkinél* excuser qqn auprès de qqn; ~ **vkit a tűzből** sauver qqn des flammes; **~ette magát a késésért** il s'est excusé de son retard

kimér *ts i [hosszt]* mesurer; *[földet]* arpenter; *[súlyt]* peser; *[árut]* débiter; *[büntetést]* infliger

kimerít *ts i [tartalékot, témát]* épuiser; *[kifáraszt]* épuiser, exténuer

kimeríthetetlen *mn* inépuisable, intarissable

kimerítő *mn [fárasztó]* épuisant(e), exténuant(e); *[alapos]* approfondi(e), exhaustif (-ive)

kimért *mn [tartózkodó]* mesuré(e), compassé(e)

kimerül *tn i [elfogy]* être épuisé(e) *[elfárad]* être épuisée *v.* exténué(e) *v.* à bout de forces; **munkája abban merül ki, hogy** son travail se résume à *inf*; ~**t az elem** la pile est morte

kimerült *mn [ember]* épuisé(e), exténué(e); *biz* crevé(e); ~ **föld** terre *n* épuisée

kimerültség *fn* épuisement *h*; *orv* surmenage *h*

kimond *ts i [kiejt]* prononcer; *[kifejez]* dire; ~**ja, amit gondol** il dit ce qu'il pense; **a rendelet ~ja, hogy** le décret stipule que; **bűnösnek mond ki vkit** déclarer qqn coupable

kimondhatatlan *mn [nehezen kiejthető]* imprononçable; *[érzés]* inexprimable, ineffable

kimondottan *hsz* ~ **olcsó** vraiment bon marché; **ez ~ azért van, hogy** c'est fait expressément pour *inf*

kimonó *fn* kimono *h*

kimos I. *ts i [ruhát]* laver; *[sebet]* laver, nettoyer; ~**sa magát [gyanú alól]** se blanchir **II.** *tn i* faire la lessive

kimozdít *ts i [tárgyat]* déplacer; *[személyt otthonról]* faire sortir

kimozdul *tn i [helyéből]* bouger; *[otthonról]* sortir; **nem mozdul ki otthonról** il ne sort jamais, il ne sort pas de chez lui

kimutat *ts i [megmutat]* montrer; *[feltüntet]* faire apparaître; *[bizonyít]* démontrer; *[felfed]* révéler, mettre en évidence

kimutatás *fn [bizonyítva]* démonstration *n*; *[jegyzék]* relevé *h*

kimutatható *mn* décelable

kín *fn [fájdalom, szenvedés]* souffrance *n*; *[lelki]* tourment *h*; *[kellemetlen helyzet]* embarras *h*; **üvölt ~jában** hurler de douleur; **nagy ~nal elértük, hogy** nous avons réussi à grande peine à *inf*

Kína *fn* Chine *n*

kínai I. *mn* chinois(e) **II.** *fn [személy]* Chinois(e); *[nyelv]* chinois *h*

kínál *ts i* offrir, proposer; **étellel ~** offrir à manger

kínálat *fn* offre *n*

kínálkoz|ik *tn i* se présenter; **ha alkalom ~ik** si l'occasion se présente

kincs *fn* trésor *h*; **természeti ~ek** richesses *n (t sz)* naturelles; **a világ minden ~éért sem** pour rien au monde

kincsesbánya *fn* mine *n* d'or

kincstár *fn [állami]* Trésor *h* (public)

kincstári *mn* domanial(e); ~ **vagyon** domaine *h* public

kincstárjegy *fn* bon *h* du Trésor

kinevet *ts i vkit/vmit* se moquer *v.* rire de qqn/qqch

kinevez *ts i [hivatalba]* nommer; *[tagként]* désigner; *[véglegesít]* titulari-

K

ser; **~ték igazgatónak** il a été nommé directeur

kinevezés *fn* nomination *n*

kinéz I. *tn i [kifelé]* regarder; *vki vhogyan* avoir l'air *qqch*; **~ az ablakon** regarder par la fenêtre; **hogy néz ki?** *[vki]* comment est-il ?; **jól nézel ki** *[csinosan]* tu es très bien; *[jó színben]* tu as bonne mine; **rosszul nézel ki** *[nem jó színben]* tu as mauvaise mine; **úgy néz ki, hogy** il semble que; **jól nézünk ki!** nous voilà bien !; **nem néz ki olyan idősnek, amennyi** il ne fait pas son âge **II.** *ts i vkiből vmit* croire *qqn* capable *de qqch v. de inf*; **~ magának vkit** jeter son dévolu sur *qqn*; **~ magának vmit** se choisir *qqch*

kínlód|ik *tn i [szenved]* souffrir; *[vesződik] vkivel/vmivel* se donner du mal *avec qqn/qqch*; **~ik a munkájával** peiner sur son travail

kinn *hsz* dehors; *[külföldön]* à l'étranger; **~ marad** rester dehors; **~ a szabadban** en plein air

kinnlevőség *fn* créance(s) *n (t sz)*

kínos *mn [kellemetlen]* pénible, embarrassant(e); *[túlzott]* sourcilleux (-euse), scrupuleux (-euse)

kínoz *ts i ált* torturer; *[lelkileg]* tourmenter; *[bosszant]* harceler

kinő I. *tn i [fog, haj, növény]* pousser; **újra ~** repousser; **ebből már ~ttél** ce n'est plus de ton âge **II.** *ts i* **kinövi a ruháit** il ne rentre plus dans ses vêtements

kinövés *fn [kóros]* excroissance *n*

kínszenvedés *fn* supplice *h*, torture *n*, tourment *h*

kint *hsz →* **kinn**

kínzás *fn* torture *n*, supplice *h*

kínzó I. *mn ~* **éhség** faim *n* dévorante; **~ fájdalom** douleur *n* atroce **II.** *fn* tortionnaire *h n*

kinyilatkoztatás *fn vall* révélation *n*

kinyíl|ik *tn i* s'ouvrir; *[virág így is]* éclore; **~t a szeme** *átv* ses yeux se sont dessillés

kinyilvánít *ts i* manifester, exprimer

kinyír *ts i [megöl] biz* descendre, buter

kinyit I. *ts i* ouvrir; *[bekapcsol]* allumer **II.** *tn i* **tíz órakor nyitnak ki az üzletek** les magasins ouvrent à dix heures

kinyom *ts i [levet]* presser; *[pattanást]* percer; *sp [súlyt]* soulever

kinyomoz *ts i* découvrir, dépister

kinyomtat *ts i* imprimer

kinyög *ts i* lâcher (le morceau); **nyögd már ki!** *biz* allez, accouche !

kinyújt *ts i [tárgyat kifelé]* tendre; *[testrészt]* tendre; *[nyújtózkodva]* allonger; *[tésztát]* étendre; *átv is* **~ja a kezét vki felé** tendre la main à qqn; **~ja a nyelvét vkire** tirer la langue à qqn

kinyújtóz|ik *tn i* s'étirer

kinyúl|ik *tn i [tárgy kiemelkedik]* faire saillie; *[anyag]* s'étendre; *[elfárad] biz* être lessivé(e)

kioktat *ts i* instruire; *[fölényesen]* faire la leçon à *qqn*; **~ták, mit feleljen** on l'a instruit sur ce qu'il devait répondre

kiold *ts i* dénouer; *[cipőfűzőt]* délacer

kiolt *ts i* éteindre; **~ja vki életét** ôter la vie à qqn

kiolvad *tn i* fondre; *[fagyasztott étel]* se décongeler; *[biztosíték]* sauter

kiolvas *ts i* **~tam a könyvet** j'ai fini le livre

kiolvaszt *ts i* faire fondre; *[fagyasztott ételt]* décongeler

kioszk *fn* kiosque *h*

kioszt *ts i* distribuer; *[szerepet így is]* attribuer; *[összeszid] biz* engueuler

kiöblít *ts i* rincer

kiöl *ts i* [*kártevőket*] détruire; [*érzelmet, fogidegst*] tuer

kiölt *ts i* ~**i a nyelvét vkire** tirer la langue à qqn

kiöltözik *tn i fraz* se mettre sur son trente et un

kiöml|ik *tn i* se renverser; [*túlcsordul*] déborder

kiönt I. *ts i* [*folyadékot*] répandre, renverser; [*mintába*] couler; ~**i a lelkét v. szívét vkinek** s'ouvrir à qqn, vider son cœur à qqn **II.** *tn i* [*folyó*] déborder

kiöreged|ik *tn i vmiből* être trop vieux (vieille) *pour qqch v. pour inf*

kipakol I. *tn i* défaire sa valise; [*sérelmeit elmondja*] biz vider son sac **II.** *ts i* se déballer

kipattan *tn i* [*rügy*] éclater; [*szikra*] jaillir; [*botrány*] éclater; [*ötlet*] surgir

kipihen *ts i vmit* se remettre *de qqch*; ~**i magát** se reposer, récupérer

kipipál *ts i* cocher

kipirul *tn i* rougir

kiporol *ts i* épousseter; ~**ja a szőnyeget** battre le tapis; *átv* ~**ja vkinek a nadrágját** donner une (bonne) fessée à qqn

kiporszívóz *ts i* passer l'aspirateur

kipótol *ts i* → **pótol**

kiprésel *ts i* [*gyümölcsöt*] presser; *vkiből vmit* soutirer *v.* extorquer *qqch à qqn*

kipróbál *ts i* essayer, tester

kipróbált *mn* [*eljárás, tárgy*] éprouvé(e); [*személy*] éprouvé(e), émérite

kipufogó *fn* tuyau *h* d'échappement

kipuhatol *ts i* ~**ja a helyzetet** tâter le terrain; ~**ja vkinek a szándékait** sonder les intentions de qqn; **próbáld meg ~ni, hogy mit akarnak** essaie de savoir ce qu'ils veulent

kipukkad *tn i* éclater; **majd ~ mérgében** exploser de colère; ~ **a nevetéstől** se tordre de rire

kipusztít *ts i* [*embereket, állatokat*] exterminer; [*növényeket*] détruire

kipusztul *tn i* disparaître

kirabol *ts i* [*személyt*] dépouiller, dévaliser; [*házat*] cambrioler, dévaliser; [*bankot*] biz braquer

kiradíroz *ts i* effacer, gommer

kiragad *ts i* arracher; ~ **egy példát** prendre un exemple au hasard

kiragaszt *ts i* coller, placarder

kirajzolódik *tn i* se dessiner, *átv is* se profiler

kirak *ts i* [*külső helyre*] sortir; [*megtekintésre*] étaler; [*terhet*] décharger; [*írásjeleket*] mettre; [*állásból*] renvoyer, biz virer; [*lakásból*] expulser; **gyémánttal ~** garnir de diamants

kirakat *fn* vitrine *n*, devanture *n*; **a ~ban** en vitrine

kirakatrendező *fn* étalagiste *h n*

kirakod|ik *tn i* [*terhet*] décharger; [*árus*] étaler sa marchandise

kirakójáték *fn* puzzle *h*

király I. *mn* biz géant **II.** *fn* roi *h*

királyfi *fn* prince *h*, fils *h* du roi

királyi *mn* royal(e)

királykisasszony *fn* princesse *n*; fille *n* du roi

királyné *fn* reine *n*

királynő *fn* reine *n*

királyság *fn* [*államforma*] monarchie *n*; [*cím*] royauté *n*; [*ország*] royaume *h*

kirámol *ts i* [*kirabolva is*] vider

kirándul *tn i* [*túrázik*] faire une randonnée *v.* une excursion; ~**t a bokája** il s'est foulé la cheville

kirándulás *fn* excursion *n*, randonnée *n*

kirándulóhely *fn* lieu *h* d'excursion

kirángat *ts i* arracher

kiránt[1] *ts i* arracher; *[kardot]* dégainer; ~ **vkit a pácból** tirer qqn du pétrin

kiránt[2] *ts i konyh* paner

kiráz *ts i* secouer; **~za a hideg** être secoué(e) de frissons

kirekeszt *ts i [közösségből]* exclure; *[örökségből]* déshériter

kirendel *ts i [alakulatot]* envoyer, détacher; *[jogi megbízottat]* déléguer, commettre; ~ **egy védőt** commettre un avocat d'office

kirendeltség *fn* agence *n*

kireped *tn i [szövet]* craquer, se déchirer; *[bőr]* se fendre

kirepül *tn i* s'envoler; ~ **a fészekből** quitter son nid

kirívó *mn* flagrant(e), criant(e)

kiró *ts i [adót, terhet]* imposer; *[büntetést]* infliger

kirobban *tn i* éclater; ~**t a botrány** le scandale a éclaté

kirobbant *ts i [háborút, válságot]* déclencher

kirohan *tn i* sortir en courant; *vki ellen* faire une sortie *contre qqn*

kirohanás *fn [szóbeli]* sortie *n* (violente), invective *n*

kiruccan *tn i [mulatni]* sortir; *[kirándul egyet]* biz faire une virée

kirúg *ts i [kidob]* biz flanquer dehors, virer; *[állásból]* biz virer, sacquer; sp *[labdát]* dégager; ~**ták az állásából** il s'est fait virer (de son travail)

kirúzsoz *ts i* ~**za magát** se mettre du rouge (à lèvres)

kirügyez|ik *tn i* bourgeonner, pousser des bourgeons

kis *mn* petit(e); ~ **termetű** de petite taille; ~ **koromban** quand j'étais petit(e); **egy ~ pihenés** un peu de repos; ~ **idő múlva** peu de temps après; **nem ~ dolog!** ce n'est pas rien !; ~ **összeg** une somme modique; ~ **b-vel írják**

ça s'écrit avec un b minuscule; ~ **testvér** *[öcs]* petit frère *h*, frère cadet, *[húg]* petite sœur *n*, sœur cadette

kisajátít *ts i jog* exproprier; *átv* s'approprier

kisasszony *fn* demoiselle *n*; *[megszólításban]* mademoiselle *n*

kisautó *fn* petite voiture *n*, voiturette *n*

kisbaba *fn* (petit) bébé *h*; **a ~k** les tout-petits *h (t sz)*; ~**t vár** attendre un bébé

kisbetű *fn* minuscule *n*

kisebb *mn* plus petit(e); **minél ~, annál** plus c'est petit, mieux c'est; ~ **a kelleténél** trop petit(e); **nincs egy ~ számmal ~?** vous n'avez pas une taille en-dessous ?

kisebbít *ts i* réduire, diminuer; *átv* rapetisser, minimiser

kisebb-nagyobb *mn* plus ou moins grand(e); ~ **dobozok** des boîtes de toutes les tailles; ~ **kiadások** des dépenses de divers ordres

kisebbség *fn* minorité *n*; *pol* minorité *n* (ethnique); ~**ben van** être en minorité

kisebbségi *mn* minoritaire; ~ **kormány** gouvernement *h* minoritaire; ~ **politika** politique *n* des minorités

kisegít *ts i [munkában]* donner un coup de main à; *[helyettesít]* remplacer; *[anyagilag]* biz dépanner; *vkit vhonnan* aider qqn à sortir de *qqpart*; ~ **vkit a bajból** aider qqn à se tirer d'affaire

kisegítő I. *mn* ~ **iskola** ‹école pour handicapés légers› **II.** *fn [dolgozó]* auxiliaire *h n*

kiselejtez *ts i* mettre au rebut

kisember *fn* **a ~ek** les petites gens *n (t sz)*

kisemmiz *ts i* spolier, évincer; ~ **vkit az örökségéből** spolier qqn de son héritage

kísér *ts i* accompagner; **az ajtóhoz ~** (r)accompagner à la porte; **figyelemmel** ~ suivre avec attention; **zongorán** ~ accompagner au piano

kíséret *fn* escorte *n*; *zene* accompagnement *h*; **vkinek a ~ében** en compagnie de qqn, accompagné(e) de qqn

kísérlet *fn* tentative *n*; *tud* expérience *n*; **öngyilkossági** ~ tentative de suicide; **~et tesz vmire** tenter de *inf*

kísérletez|ik *tn i* expérimenter, faire une v. des expérience(s)

kísérleti *mn* expérimental(e); **~ alany** sujet *h* d'expérience, cobaye *h*

kísérő I. *mn* [velejáró] concomitant(e) **II.** *fn* [személy] accompagnateur(-trice)

kísért *ts i/tn i* [szellem, múlt] hanter; [megkísért] tenter

kísértés *fn* tentation *n*; **~be esik** être tenté(e); **enged/ellenáll a ~nek** céder/résister à la tentation

kísértet *fn* fantôme *h*, revenant *h*

kísérteties *mn* ~ **hang** voix *n* sépulcrale; ~ **hasonlóság** ressemblance *n* frappante

kisétál *tn i* sortir tranquillement

kisfiú *fn* petit garçon *h*, garçonnet *h*; **kisfiam!** [megszólítás] mon petit !

kisgazda *fn* petit(e) propriétaire *h*

kisgyerek *fn* petit(e) enfant *h n*, *biz* bambin(e)

kishitű *mn* qui manque de confiance en soi

kisikl|ik *tn i* [vonat] dérailler

kisimít *ts i* lisser, défroisser

kisimul *tn i* [anyag] se défroisser; [ránc] s'effacer

kisipar *fn* artisanat *h*

kisipari *mn* artisanal(e)

kisiparos *fn* artisan *h*

kisír *ts i* **~ja magát** pleurer tout son soûl; ~ **magának vmit** obtenir qqch à force de pleurnicheries

kiskabát *fn* veste *n*

kiskanál *fn* petite cuillère *n*

kiskapu *fn* petite porte *n*; *átv, biz* système *h*, combine *h*

kiskereskedelem *fn* petit commerce *h*, commerce de détail

kiskereskedelmi *mn* ~ **ár** prix *h* de détail

kiskereskedő *fn* petit(e) commerçant(e)

kiskorú *mn/fn* mineur(e)

kislány *fn* petite fille *n*, fillette *n*

kismama *fn* [várandós] future maman *n*; [kisgyerekes] jeune mère *n*

kisméretű *mn* de petite dimension

kisminkel *ts i* maquiller; **~i magát** se maquiller

kisorsol *ts i* tirer au sort; [így kijelöl] désigner par tirage au sort

kisöpör *ts i* balayer

kispad *fn sp* banc *h* des remplaçants

kispárna *fn* [alváshoz] oreiller *h*; [dísz] coussin *h*

kispénzű *mn* aux revenus *h (t sz)* modestes

kispolgár *fn* petit(e)-bourgeois(e)

kisportolt *mn* athlétique

kissé *hsz* un peu, légèrement

kistányér *fn* petite assiette *n*, assiette à dessert

kistermelő *fn* petit(e) producteur(-trice)

kisugárzás *fn* [sugaraké] émission *n*; [személyé] rayonnement *h*

kisugárz|ik *tn i átv* is rayonner, émaner; [fájdalom] irradier

kisujj *fn* petit doigt *h*, auriculaire *h*; **a ~ában van vmi** *fraz* connaître qqch sur le bout des doigts; **a ~át sem mozdítja** *fraz* ne pas lever v. remuer le petit doigt

kisurran *tn i* sortir furtivement, partir en douce

kisül *tn i [étel]* être cuit(e) v. à point; **~t, hogy** il s'est avéré que; **mi fog ebből ~ni?** qu'est-ce qui va sortir de tout ça?

kisüt I. *ts i [ételt]* (faire) cuire; *[kieszel]* imaginer, inventer, combiner **II.** *tn i* ~ **a nap** le soleil se met à briller v. réapparaît

kisvállalkozó *fn* petit entrepreneur *h*

kisváros *fn* petite ville *n*

kisvárosi *mn* provincial(e)

kiszab *ts i [ruhát]* couper, tailler; *[büntetést]* infliger; *[feladatot]* assigner; *[határidőt]* fixer

kiszabadít *ts i* délivrer, libérer; *[beszorult testrészt, tárgyat]* dégager; *[állatot csapdából]* délivrer

kiszabadítás *fn* libération *n*

kiszabadul *tn i [zárt helyről]* s'échapper, se libérer; *[szabadságát visszakapja]* être libéré(e)

kiszakad *tn i* se déchirer

kiszakít *ts i* déchirer; *[helyéből]* arracher; ~ **vkit a környezetéből** arracher qqn à son milieu

kiszalad *tn i* sortir en courant; ~**t a számon** cela m'a échappé

kiszáll *tn i [madár]* s'envoler; *[járműből]* descendre; *[kádból]* sortir; *[hiv. minőségben]* se rendre sur les lieux; *[játszmából, üzletből]* se retirer

kiszállás *fn [járműből]* descente *n*; *[helyszíni szemle]* descente *n* sur les lieux; **rendőrségi ~** descente de police

kiszámít *ts i* calculer

kiszámíthatatlan *mn* incalculable; *[ember, következmény]* imprévisible

kiszámítható *mn* calculable; *[előre látható]* prévisible

kiszámol *ts i* → **kiszámít**; *[ökölvívót]* déclarer K.-O.

kiszárad *tn i [forrás, kút]* tarir; *[föld, növény]* se dessécher; ~ **a bőre** avoir la peau; ~ **a torka** avoir la gorge sèche

kiszárít *ts i [bőrt, talajt]* dessécher; *[patakot]* tarir

kiszed *ts i* sortir, retirer, extraire; *[foltot]* enlever; **vmit vkiből** tirer qqch à qqn; *[nyomd]* composer; ~**i a szemöldökét** s'épiler les sourcils

kiszélesed|ik *tn i* s'élargir

kiszélesít *ts i* élargir

kiszellőztet *ts i [helyiséget, ágyneműt]* aérer; *[ruhát]* éventer; ~**i a fejét** s'aérer, (aller) prendre l'air

kiszemel *ts i* choisir, jeter son dévolu sur

kiszimatol *ts i átv is* flairer

kiszínez *ts i [rajzot]* colorier; *[történetet]* enjoliver

kiszív *ts i* sucer; *[napfény kifakít]* déteindre; ~**ja vkinek az erejét** épuiser les forces de qqn

kiszivárog *tn i [folyadék]* fuir; *[hír]* filtrer

kiszivárogtat *ts i [hírt]* ébruiter, éventer

kiszivattyúz *ts i* pomper

kiszolgál *ts i/tn i [vendéget, vevőt]* servir; *[hatalmat, közösséget]* se mettre au service de; ~**ja magát** se servir

kiszolgálás *fn* service *h*; ~**sal együtt** service compris

kiszolgáltat *ts i [átad, pl. ellenségnek]* livrer; *[gyanúsítottat, bűnöst]* extrader; **ki van szolgáltatva vkinek/vminek** être à la merci de qqn/qqch

kiszolgáltatottság *fn* dépendance *n*, sujétion *n*

kiszorít *ts i* refouler; *átv [pozícióból]* évincer; *[helyébe lépve]* supplanter, détrôner

kiszorul *tn i* être refoulé(e); *[pozícióból]* être évincé(e)

kisszótár *fn* dictionnaire *h* de poche

kiszúr I. *ts i [kilyukaszt]* crever; *[ész-revesz]* repérer; **majd ~ja a szemed!** ça crève les yeux ! **II.** *tn i vkivel* jouer un sale tour *à qqn*

kiszúr *ts i* **~a a hibákat** repérer les erreurs; **~i a lényeget** dégager l'essentiel

kiszúród|ik *tn i* filtrer

kitagad *ts i [rokont]* renier; *[örökség-ből]* déshériter; *[közösségből]* exclure

kitágít *ts i átv is* élargir; *[ereket]* dilater

kitágul *tn i átv is* s'élargir; *[erek, pupilla]* se dilater

kitakar *ts i* découvrir

kitakarít I. *ts i* nettoyer **II.** *tn i* faire le ménage

kitalál I. *ts i [rájön]* deviner; *[kiagyal]* trouver, inventer, imaginer; **~ja a módját, hogy** trouver le moyen de *inf* **II.** *tn i [helyről]* trouver la sortie

kitálal *ts i [ételt]* servir; *átv, biz* déballer

kitámaszt *ts i* caler

kitanul *ts i* apprendre; **~ja vminek a fortélyait** apprendre les ficelles de qqch

kitapétáz *ts i* tapisser

kitapint *ts i* palper; **~ja vki pulzusát** tâter le pouls de qqn

kitapos *ts i [cipőt]* déformer; *vmit vki-ből* tirer qqch de qqn; **~ egy ösvényt** tracer un chemin; *átv* **~sa az utat** frayer la voie

kitár *ts i [ablakot, ajtót]* ouvrir tout(e) grand(e); **~ja vkinek a szívét** ouvrir son cœur à qqn

kitart I. *ts i [kívülre nyújt]* tendre; *[személyt]* entretenir; *[hangot]* tenir **II.** *tn i* tenir (bon), résister; **~ a végsőkig** tenir jusqu'au bout; **~ vmi mellett** persister dans qqch; **~ az elvei mellett** rester fidèle à ses principes

kitartás *fn* persévérance *n*, ténacité *n*

kitartó *mn [személy]* persévérant(e), tenace; **~ munka** travail *h* assidu; **~ figyelem** attention *n* soutenue

kitárul *tn i átv is* s'ouvrir

kitaszít *ts i [kívülre]* pousser; *átv* rejeter, exclure; *fraz* mettre au ban

kitát *ts i* **~ja a száját** ouvrir grand la bouche

kitavaszod|ik *tn i* le printemps arrive

kiteker *ts i* **~i vkinek a nyakát** tordre le coup à qqn

kitekintés *fn [tud. műben]* épilogue *h*

kitelepít *ts i [veszélyeztetett lakosságot]* évacuer; *pol, tört* déporter

kitelepítés *fn [veszélyeztetett lakosságé]* évacuation *n*; *pol, tört* déportation *n*

kitel|ik *tn i vmiből* suffire *à v. pour qqch*; *vkitől* être capable *de qqch v. de inf*

kitép *ts i* arracher; **~ vmit vki kezéből** arracher qqch des mains de qqn

kitér *tn i [útból]* s'écarter; *[helyet adva]* laisser le passage; **~ vki elől** éviter qqn; **~ az ütés elől** esquiver le coup; **~ egy döntés elől** se dérober; **~ egy kérdés elől** éluder une question; **~ vmire** *[megemlít]* toucher un mot de qqch

kitereget I. *ts i [ruhát]* étendre; **~i vkinek a szennyesét** étaler au grand jour les affaires privées de qqn **II.** *tn i* étendre la lessive

kiterít *ts i [szétterít]* étendre; *[térképet]* étaler; **~i a kártyáit** étaler son jeu

kiterjed *tn i [terület]* s'étendre; *[elterjed]* se répandre, s'étendre; *[magában foglal]* comprendre; *fiz* se dilater; **figyelme mindenre ~** avoir l'œil à tout

kiterjedés *fn [terület nagysága]* étendue *n*; *fiz* dilatation *n*, expansion *n*; *átv is* extension *n*; **nagy ~ű** vaste

kiterjedt *mn* vaste, étendu(e); ~ rokonság une nombreuse parenté

kiterjeszt *ts i* étendre

kitermel *ts i [bányát, erdőt]* exploiter; *átv [létrehoz]* produire, créer

kitérő I. *mn* ~ válasz réponse *n* évasive **II.** *fn [kerülő]* crochet *h*, détour *h*; *[beszédben]* digression *n*; tesz egy ~t Lyon felé faire un crochet par Lyon

kitervel *ts i* combiner; *[csínyt]* manigancer

kitesz I. *ts i* mettre; *[falra]* accrocher; *[kidob]* mettre à la porte; *[állásból]* biz virer; *vkit vminek* exposer *qqn à qqch*; *vmit vminek* soumettre *qqch à qqch*; *[összeg]* se monter à; ~ az utcára *[lakót]* jeter à la rue; nem teszi ki a lábát otthonról il ne met pas le pied dehors; veszélynek teszi ki magát s'exposer à un danger; ki van téve annak, hogy il court le risque de *inf* **II.** *tn i* ~ magáért se surpasser

kitilt *ts i vkit vhonnan* interdire *à qqn* l'accès *de qqch*; *[városból, országából]* frapper d'interdiction de séjour

kitisztít *ts i* nettoyer; *[cipőt]* cirer

kitisztul *tn i [idő]* se remettre au beau, s'éclaircir

kitol I. *ts i [tárgyat]* pousser; *[időpontot]* reculer; toljuk ki az udvarra ~! poussons-le dans la cour **II.** *tn i vkivel* jouer un sale tour *à qqn*

kitoloncol *ts i* expulser, reconduire à la frontière

kitölt *ts i [folyadékot]* verser; *[hézagot]* combler; *[űrlapot]* remplir; ~i büntetését purger sa peine; *vkin* ~i a haragját passer sa colère sur qqn

kitöm *ts i* rembourrer; *[állatot]* empailler

kitör I. *ts i [ablakot]* briser; ~i a lábát se casser la jambe **II.** *tn i [botrány, háború, taps, vihar]* éclater; *[tűzhányó]* entrer en éruption; *[indulatosan]* éclater, exploser; zokogásban tör ki éclater en sanglots

kitörés *fn [háborúé]* déclenchement *h*; *[tűzhányóé]* éruption *n*; *[érzelemé]* explosion *n*; *kat* sortie *n*

kitörik *tn i* se casser, se briser

kitöröl *ts i [tárgyat]* essuyer; *[szöveget]* effacer; *[emlékezetből]* effacer

kitudódik *tn i* úgyis ~ik ça finira par se savoir

kitűnik *tn i [többi közül]* se distinguer; *[kiderül]* apparaître; ~ik érdemeivel il se distingue par ses qualités; könyvéből ~ik, hogy il ressort de son livre que; ~t, hogy il est apparu que

kitűnő I. *mn* excellent(e); ~ egészségnek örvend jouir d'une excellente santé; ~ minőségű d'excellente qualité **II.** *fn okt* mention *n* très bien

kitüntet *ts i [rendjellel]* décorer; ~ vkit a barátságával honorer qqn de son amitié

kitüntetés *fn [elismerés]* distinction *n*, honneur *h*; *[rendjellel, a rendjel maga]* décoration *n*; az a nagy ~ éri, hogy avoir le grand honneur de *inf*; ~ben részesít vkit décerner une décoration à qqn

kitűz *ts i [jelvényt]* épingler; *[zászlót]* planter; *[helyet, időpontot]* fixer; azt a célt tűzte ki maga elé, hogy il s'est fixé pour objectif de *inf*

kiugrik *tn i* sauter, bondir; *[vhova]* faire un saut qqpart; *[szembetűnik]* ressortir, sauter aux yeux; ~ik az ablakon sauter par la fenêtre; ~ik az ágyból sauter (à bas) du lit; majd ~ik a bőréből *[örömében]* ne plus se sentir de joie

kiújul *tn i [betegség]* revenir; *[seb]* se rouvrir; ~tak a harcok les combats ont repris

kiút *fn* issue *n*; **nincs más ~, mint** la seule issue, c'est de *inf*

kiutal *ts i* attribuer, allouer

kiutalás *fn* attribution *n*

kiutasít *ts i* expulser

kiutasítás *fn* expulsion *n*

kiürít *ts i [fiókot, zsebet stb.]* vider; *[helységet, területet]* évacuer; *biol* évacuer; **~i poharát** vider son verre

kiürül *tn i* se vider

kiüt I. *ts i [ökölvívásban]* mettre K.-O., envoyer au tapis; *[sakkban]* prendre **II.** *tn i [tűz, járvány]* éclater, se déclarer; **balul ütött ki a dolog** l'affaire a mal tourné

kiütés *fn [bőrön]* éruption *n*, bouton *h*; *[ökölvívás]* K.-O. *h*; *[sakk]* prise *n*; **~sel győz** gagner par K.-O.

kiűz *ts i* chasser

kivág *ts i [ollóval, késsel]* découper; *[fát]* abattre; *[beszédet]* improviser; *[kidob] biz* balancer; **~ja a biztosítékot** faire sauter les plombs; **~ja magát** s'en tirer, s'en sortir

kivágás *fn [újság]* coupure *n*; *[ruháé]* décolleté *h*

kivágott *mn* **~ ruha** robe *n* décolletée

kiválaszt *ts i* choisir, sélectionner; *biol* sécréter

kiválasztás *fn* choix *h*, sélection *n*

kivál|ik *tn i [kilép]* quitter; *[kitűnik]* vmivel se distinguer par qqch; *[háttérből]* se détacher; **~t a kormányból** il a quitté le gouvernement

kiváló *mn* excellent(e), remarquable, *[csak személyről]* éminent(e)

kiválogat *ts i* trier, sélectionner; *[minőség szerint]* assortir

kiválóság *fn [minőség]* excellence *n*; *[személyiség]* personnalité *n* éminente

kivált *ts i [zálogot]* dégager; *[okmányt]* retirer; *[foglyot]* racheter; *[előidéz]* susciter

kiváltképp *hsz* surtout, particulièrement

kiváltság *fn* privilège *h*, prérogative *n*

kiváltságos *mn* privilégié(e)

kivan *tn i [kimerült] biz* être naze

kíván *ts i [vágyik rá, óhajt]* désirer; *[fizikai, testi vágyat érez]* avoir envie de; *vmit vkinek* souhaiter qqch à qqn; *[igényel]* exiger, demander; **mit ~?** que désirez-vous ?, *[boltokban]* vous désirez ?; **~lak!** j'ai envie de toi !; **sok szerencsét ~ vkinek** souhaiter bonne chance à qqn; **jó napot ~ok** bonjour

kívánatos *mn [szükséges]* souhaitable; *[gusztusos]* appétissant(e); *[vonzó]* désirable

kíváncsi *mn* curieux (-euse); **~ vagyok, vajon** je suis curieux de savoir si, j'aimerais bien savoir si

kíváncsiság *fn* curiosité *n*; **~ból** par curiosité

kíváncsiskod|ik *tn i* être curieux (-euse) *v.* indiscret (-ète)

kivándorlás *fn* émigration *n*; *[tömeges]* exode *h*

kivándorló I. *mn* émigré(e) **II.** *fn* émigré(e), émigrant(e)

kivándorol *tn i* émigrer

kívánnivaló *fn* **~t hagy maga után** laisser à désirer

kívánság *fn* désir *h*, souhait *h*; *[megnyilatkozás]* demande *n*; **utolsó ~** dernières volontés *n (t sz)*; **vkinek a ~ára** à la demande de qqn; **~ra** sur demande

kivár *ts i* attendre; **~ja a végét** attendre la fin; **~ja a kedvező pillanatot** attendre le moment propice

kivasal *ts i* repasser

kivéd *ts i [ütést, támadást]* parer; *[labdajátékban]* arrêter

kivégez *ts i* exécuter

kivégzés *fn* exécution *n*

kiver *ts i [kiűz]* chasser; *[kiporol]* battre; **~i az izzadság** être en nage; **~ vmit vki fejéből** ôter qqch de la tête de qqn; **~i a hisztit** *biz* piquer sa crise

kivesz *ts i* sortir, retirer; *[érzékel]* percevoir, distinguer; *[könyvtárból]* emprunter; *[lakást]* louer; *[pénzt]* retirer; **~ vmit vki kezéből** prendre qqch des mains de qqn; **~i a részét vmiből** prendre sa part de qqch; **~i éves szabadságát** prendre son congé annuel; **kivették a manduláját** il a été opéré des amygdales

kivet *ts i [hálót]* jeter; *[társadalomból, közösségből]* rejeter; *[víz]* rejeter; **adót ~ vkire** frapper qqn d'un impôt; **~i magát az ablakon** se jeter par la fenêtre

kivétel *fn* exception *n*; **~ nélkül** sans exception; **vki/vmi ~ével** à l'exception de qqn/qqch; **~t képez** faire exception; **néhány ~től eltekintve** à quelques exceptions près

kivételes *mn* exceptionnel (-elle); **~ elbánás** traitement *h* de faveur

kivételez *tn i vkivel* favoriser *qqn*

kivetít *ts i* projeter

kivéve *hsz* sauf, à l'exception de, mis(e) à part; **~, ha** sauf si; **őt ~ mindenki ott volt** lui mis à part, tout le monde était là

kivezet I. *ts i* emmener; *[kikísér]* reconduire; *[nyilvántartásból]* supprimer **II.** *tn i [út]* mener hors de

kivi *fn [gyümölcs]* kiwi *h*

kivilágít *ts i [épületet, várost]* illuminer

kivilágítás *fn* illumination *n*

kivilágosod|ik *tn i* le jour se lève *v.* pointe

kivirágz|ik *tn i* fleurir, être en fleur; *átv* s'épanouir

kivisz I. *ts i [tárgyat]* sortir, emporter; *[személyt]* emmener; *[árut]* exporter; *[mosószer foltot]* faire partir; **~i a szemetet** sortir les poubelles **II.** *tn i [út]* mener hors de

kivitel *fn [külföldre]* exportation(s) *n (t sz); [kivitelezés]* exécution *n*

kivitelez *ts i* exécuter

kivitelezés *fn* exécution *n*, réalisation *n*

kivitelező *fn* entrepreneur (-euse)

kiviteli *mn* **~ engedély** licence *n* d'exportation

kivív *ts i* conquérir; *[győzelmet]* arracher; *[csodálatot, megbecsülést]* forcer; **~ja a függetlenségét** conquérir son indépendance

kivizsgál *ts i [beteget, ügyet]* examiner

kivizsgálás *fn* examen *h*, enquête *n*; *orv* examen *h* médical

kivon *ts i [csapatokat]* retirer; *mat* soustraire, retrancher; **~ a forgalomból** retirer de la circulation; **~ja magát vmi alól** se soustraire à qqch, se dérober à qqch

kivonás *fn [csapatoké, forgalomból]* retrait *h*; *mat* soustraction *n*

kivonat *fn [írásműé]* résumé *h*, abrégé *h*; **születési anyakönyvi ~** extrait *h* d'acte de naissance

kivonul *tn i [csapatok vhonnan]* se retirer de; *[felvonuláson részt vesz]* défiler; *[színhelyre kiszáll]* se rendre sur les lieux; **a küldöttség ~t a teremből** la délégation a quitté la salle

kivonulás *fn [helyről]* sortie *n*; *[felvonulás]* défilé *h*; *kat* retrait *h*

kívül I. *hsz* dehors, à l'extérieur; **~ van** être dehors; **~ tágasabb!** dehors !; **~ről** de l'extérieur, *[könyv nélkül]* par cœur **II.** *nu vmin* **~** en dehors de qqch, à l'extérieur de qqch; **házon ~ van** il est sorti; **figyelmen ~ hagy** négliger; **kétségen ~** sans aucun doute; **rajta ~** à part lui, outre lui; **tréfán ~** blague à part; **tudtán ~** à son insu

kívülálló *mn/fn* étranger (-ère); ~ **személy** personne *n* extérieure

kívüli *mn vkin/vmin* extérieur(e) *à qqn/qqch*; **méhen ~ terhesség** grossesse *n* extra-utérine

kizár *ts i [szobából]* enfermer dehors; *[közösségből, iskolából]* exclure; *[versenyből]* disqualifier; *[lehetőséget]* exclure; **ki van zárva, hogy** il est exclu que *subj*

kizárás *fn* exclusion *n*; *[versenyzőé]* disqualification *n*; **a nyilvánosság ~ával** à huis clos

kizáró *mn [ok]* rédhibitoire

kizárólag *hsz* exclusivement, uniquement

kizárólagos *mn* exclusif (-ive); ~ **jog** droit *h* exclusif

kizárt *mn* exclu(e); **ez ~ dolog!** c'est exclu !

kizavar *ts i* chasser

kizökkent *ts i* ~ **vkit a munkájából** troubler qqn dans son travail

kizöldül *tn i* verdir

kizsákmányol *ts i* exploiter

kizsákmányolás *fn* exploitation *n*

Klára *fn* Claire *n*

klarinét *fn* clarinette *n*

klassz *mn biz* chouette, super

klasszicizmus *fn* classicisme *h*

klasszikus I. *mn* classique; ~ **eset** cas *h* classique **II.** *fn* classique *h*

klasszis *fn* **egy ~sal jobb a többinél** il dépasse largement les autres

klerikális *mn* clérical(e)

klérus *fn* clergé *h*

kliens *fn* client(e)

klikk *fn* clique *n*

klíma *fn* climat *h*

klímaberendezés *fn* (système *h* de) climatisation *n*

klimatizált *mn* climatisé(e)

klimax *fn orv* ménopause *n*

klinika *fn* clinique *n*; *[Fr.-ban]* centre *h* hospitalier universitaire, C.H.U

klinikai *mn* clinique; ~ **halál** mort *n* clinique

klisé *fn* cliché *h*

klón *fn* clone *h*

klónoz *ts i* cloner

klónozás *fn* clonage *h*

klór *fn* chlore *h*

klorofill *fn* chlorophylle *n*

klóroz *ts i* chlorer

klub *fn* club *h*, cercle *h*

klubtag *fn* membre *h* d'un club

koala *fn* koala *h*

koalíció *fn* coalition *n*; ~**ra lép** former une coalition

koalíciós *mn* ~ **kormány** gouvernement *h* de coalition

kóbor *mn* errant(e), vagabond(e); ~ **kutya** chien *h* errant

kóborol *tn i* errer, vagabonder

kobra *fn* cobra *h*

koca *fn* truie *n*

koccan *tn i vminek* heurter *qqch*

koccanás *fn [járműveké]* heurt *h* léger

koccint *tn i* trinquer; ~ **vki egészségére** trinquer à la santé de qqn

kocka *fn* cube *h*; *[dobókocka]* dé *h*; *film* image *n*; **a ~ el van vetve** *fraz* les dés sont jetés; **fordult a ~** *fraz* la chance a tourné; **élete forog ~n** sa vie est en jeu; ~**ra tesz vmit** risquer qqch

kockacukor *fn* sucre *h* en morceaux; *[egy darab]* un morceau de sucre

kockakő *fn [utcán]* pavé *h*

kockás *mn* ~ **ing** chemise *n* à carreaux; ~ **papír** papier *h* quadrillé

kockázat *fn* risque *h*; ~**ot vállal** prendre des risques

kockázatos *mn* risqué(e)

kockáztat *ts i* risquer; **életét ~ja** il risque sa vie; **életét ~va** au péril de sa vie

kocog tn i faire du jogging, courir

kócos mn ébouriffé(e)

kocsi fn [lóvontatású] voiture n; [gép-kocsi] voiture n, biz bagnole n; [vas-úti] wagon h; ~**val** en voiture

kocsibejáró fn porte n cochère

kocsiemelő fn cric h

kocsikulcs fn clé(s) n (t sz) de voiture

kocsis fn cocher h

kocsisor fn file n (de voitures)

kocsma fn café h, bistrot h, troquet h; [régen] taverne n

kocsmáros fn patron h de café; [ré-gen] tavernier h

kocsonya fn plat h en gelée

kocsonyás mn [anyag] gélatineux (-euse)

kód fn code h

kódex fn manuscrit h ancien; jog code h; **etikai ~** code de déontologie

kódol ts i (en)coder

kofa fn marchande n

koffein fn caféine n

koffeinmentes mn décaféiné(e)

koffer fn valise n

kohászat fn métallurgie n

koherens mn cohérent(e)

kohó fn haut fourneau h

kohol ts i forger, fabriquer, inventer

koholt mn ~ **vádak** accusations n (t sz) forgées v. fabriquées de toutes pièces

kokain fn cocaïne n

kokárda fn cocarde n

koktél fn cocktail h

kókuszdió fn noix n de coco

kókuszpálma fn cocotier h

kóla fn coca-cola h; biz coca n

kolbász fn [főzni-, sütnivaló] sau-cisse n; [száraz] saucisson h

koldul ts i/tn i mendier; fraz, biz faire la manche

koldus fn mendiant(e)

kolera fn choléra h

koleszterin fn cholestérol h

koleszterinszint fn taux h de choleste-rol

kolléga fn collègue h n

kollégium fn [gimnáziumi] internat h; [egyetemistáknak] résidence n uni-versitaire; [egyetemi óra] cours h

kollektív mn collectif (-ive)

kollokvál tn i ‹passer l'examen de fin de semestre›

kollokvium fn ‹examen de fin de se-mestre›

kolónia fn colonie n

kolostor fn couvent h, monastère h

koma fn compère h

kóma fn orv coma h

kombi fn break h

kombináció fn combinaison n; [felte-vés] conjecture n

kombinál I. ts i combiner **II.** tn i [spe-kulál] spéculer

kombiné fn combinaison n

komédia fn comédie n

komédiáz|ik tn i jouer la comédie

komfort fn confort h; ~ **nélküli lakás** logement h sans confort

komfortos mn pourvu(e) de tout le confort

komikum fn comique h

komikus I. mn comique; drôle **II.** fn comique h n

komisz mn vilain(e); ~ **kölyök** sale gosse h n; ~ **idő** un temps de chien

komló fn houblon h

kommandó fn commando h

kommentál ts i commenter

kommentár fn commentaire h

kommersz mn [minőség] de qualité courante; ~ **film** film h commercial

kommunális mn communal(e)

kommunikáció fn communication n

kommunikál ts i communiquer

kommunista mn/fn communiste h n

kommunizmus *fn* communisme *h*

komoly *mn* sérieux (-euse), grave; *[jelentős]* considérable; *[súlyos]* grave; **~ arccal** le visage grave; **~ fiatalember** jeune homme *h* sérieux

komolyan *hsz* sérieusement; **~?** vraiment ?; **~ vesz** prendre au sérieux; **nem gondolta ~** il ne le pensait sérieusement

komolyság *fn* sérieux *h*, gravité *n*

komolytalan *mn* pas sérieux (-euse), qui manque de sérieux; **~ viselkedés** comportement *h* irresponsable

komondor *fn [kutyafajta]* komondor *h*

komor *mn [ember, arc, tekintet]* sombre, morne; *[hangulat]* morose; *[szín, vidék]* morne

komp *fn* bac *h*

kompaktlemez *fn* disque *h* compact, CD

kompatibilis *mn* compatible

kompenzáció *fn* compensation *n*

kompenzál *ts i* compenser

kompetencia *fn* compétence *n*

kompetens *mn* compétent(e)

komplett *mn* complet (-ète); **~ reggeli** petit-déjeuner *h* complet; **te nem vagy ~!**, **~ őrült vagy!** *biz* tu es complètement félé !

komplex *mn* complexe

komplexum *fn* complexe *h*

komplexus *fn pszich* complexe *h*

komplikáció *fn orv is* complication *n*

komplikál *ts i* compliquer

komponál *ts i* composer

kompót *fn* compote *n*

kompozíció *fn* composition *n*

kompromisszum *fn* compromis *h*; **~ot köt** passer un compromis; **~ra jut** arriver à un compromis

kompromittál *ts i* compromettre; **~ja magát** se compromettre

komputer *fn* ordinateur *h*

koncentráció *fn* concentration *n*

koncentrál *tn i* se concentrer; **~ vmire** se concentrer sur qqch

koncepció *fn* conception *n*

koncert *fn* concert *h*

koncesszió *fn* concession *h*

kondíció *fn [testi]* condition *n*, forme *n*; *[feltétel]* condition *n*; **jó ~ban van** être en forme

kondicionálóterem *fn* salle *n* de musculation

konfekció *fn* prêt-à-porter *h*

konferencia *fn* conférence *n*

konfirmál I. *ts i* confirmer **II.** *tn i vall* recevoir la confirmation

konfliktus *fn* conflit *h*; **megold egy ~t** résoudre un conflit

konformista *mn* conformiste

konformizmus *fn* conformisme *h*

konföderáció *fn* confédération *n*

kong *tn i [harang]* sonner; *[helyiség]* résonner; **~ az ürességtől** être totalement vide

kongresszus *fn* congrès *h*

konjunktúra *fn* conjoncture *n* favorable; *[gazdasági fellendülés]* boom *h*

konkrét *mn* concret (-ète); **~ értelemben** au sens concret

konkrétan *hsz* concrètement

konkrétum *fn* concret *h*, fait *h* tangible

konkurencia *fn* concurrence *n*

konkurens *mn/fn* concurrent(e)

konnektor *fn* prise *n* (de courant); **bedug a ~ba** brancher; **kihúz a ~ból** débrancher

konok *mn* obstiné(e), entêté(e)

konstrukció *fn* construction *n*, structure *n*

konstruktív *mn* constructif (-ive)

konszolidáció *fn* consolidation *n*

konszolidál *ts i* consolider

kontaktlencse *fn* verres *h (t sz)* de contact

K

kontaktus *fn* contact *h*

kontár I. *mn* ~ **munka** travail *h* d'amateur **II.** *fn pej* amateur (-trice)

konténer *fn* conteneur *h*

kontextus *fn* contexte *h*

kontinens *fn* continent *h*

kontinentális *mn* continental(e)

kontingens *fn* contingent *h*, quota *h*

kontra I. *hsz* contre; **pró és ~** le pour et le contre **II.** *fn [kártya]* contre *h*; **be-mondja a ~t** contrer

kontraszt *fn* contraste *h*

kontroll *fn* contrôle *h*

kontrollál *ts i* contrôler

kontúr *fn* contour *h*

konty *fn* chignon *h*; **~ba köti a haját** se faire un *v.* relever ses cheveux en chignon

konvenció *fn* convention *n*

konvencionális *mn* conventionnel (-elle); *pej* convenu(e)

konvertál *ts i* convertir

konvertibilis *mn* convertible

konvoj *fn* convoi *h*

konzekvencia *fn* conséquence *n*; **le-vonja a ~kat** tirer les conséquences

konzekvens *mn* conséquent(e)

konzerv *fn* (boîte *n* de) conserve *n*

konzervál *ts i* conserver

konzervatív *mn/fn* conservateur (-trice)

konzervatórium *fn* conservatoire *h*

konzervdoboz *fn* boîte *n* de conserve

konzervnyitó *fn* ouvre-boîte *h*

konzul *fn* consul *h*

konzulátus *fn* consulat *h*

konzultáció *fn* consultation *n*

konzultál *tn i* vkivel consulter *qqn*

konyak *fn [eredeti]* cognac *h*; *[más]* brandy *h*

konyha *fn* cuisine *n*; **amerikai ~** *[helyiség]* coin *h* cuisine; **a francia ~** *[főzés]* la cuisine française; **üzemi ~** restaurant *h v.* cantine *n* d'entreprise

konyhabútor *fn* meuble(s) *h (t sz)* de cuisine

konyhaedény *fn* ~**ek** batterie *n* de cuisine

konyhaeszköz *fn* ustensile *h* de cuisine

konyhakert *fn* potager *h*

konyhakés *fn* couteau *h* de cuisine

konyhaművészet *fn* art *h* culinaire

konyharuha *fn* torchon *h*

konyhaszekrény *fn* buffet *h* de cuisine; *[falhoz rögzített]* placard *h* de cuisine

konyít *tn i* vmihez s'y connaître un peu en *qqch*

kooperáció *fn* coopération *n*

kooperál *tn i* coopérer

koordináció *fn* coordination *n*

koordinál *ts i* coordonner

koordináta *fn* coordonnée *n*

kopár *mn [falak]* nu(e); *[föld]* pelé(e), dénudé(e); *[táj, vidék]* désolé(e), désertique

kopás *fn* usure *n*

kopasz I. *mn* chauve; *[nyírott]* rasé(e); **~ fák** arbres *h (t sz)* dénudés **II.** *fn* chauve *h*

kopaszod|ik *tn i* perdre ses cheveux

kopaszság *fn* calvitie *n*

kopaszt *ts i [baromfit]* plumer

kópé *fn [huncut kisfiú]* coquin *h*

kópia *fn film* copie *n*

kop|ik *tn i* s'user; *[ruha]* s'élimer

koplal *tn i [szándékosan]* jeûner; *[éhezik]* n'avoir rien à manger, souffrir de la faim

kopog *tn i [eső]* tambouriner; *[motor]* cogner; **~ az asztalon** *[ujjaival]* pianoter sur la table; **~ az ajtón** frapper à la porte; **~ a szeme az éhségtől** *fraz* avoir l'estomac dans les talons

kopoltyú *fn* branchies *n (t sz)*

koponya *fn* crâne *h*; *átv* **nagy ~ biz** c'est une tête

koporsó *fn* cercueil *h*

kopott *mn* usé(e); *[ruha így is]* élimé(e)

koprodukció *fn* coproduction *n*

koptat *ts i* user; *[ruhát]* élimer

kor *fn [életkor]* âge *h*; *[időszak]* époque *n*, temps *h*, âge *h*; **a felvilágosodás ~a** à l'époque des Lumières; **Molière ~ában** à l'époque de *v.* au temps de Molière; **18 éves ~ában** à (l'âge de) 18 ans; **az ő ~ában** à son âge; **~ához képest** pour son âge; **elmúlt ~ok** les temps passés

kór *fn* maladie *n*, mal *h*

kora *mn [délután]* en début d'après-midi; **~ este** en début de soirée; **~ tavasszal** au début du printemps; **~ reggel** tôt le matin; **~ fiatalsága óta** depuis sa tendre jeunesse

korábban *hsz [hamarább]* plus tôt, en avance; *[azelőtt]* avant; **~ is mondhattad volna** tu aurais pu le dire plus tôt; **~ azt mondtad, hogy** tu m'avais dit avant que

korábbi *mn* précédent(e), antérieur(e)

korabeli *mn* **~ okmányok** documents *h (t sz)* d'époque *v.* de l'époque; **XV. Lajos ~ karosszék** fauteuil *h* (d'époque) Louis XV; **az ő ~ gyerekek** les enfants de son âge

koraérett *mn* précoce

korai *mn [idő előtti]* prématuré(e), précoce; **~ halál** mort *n* prématurée; **~ zöldség** légume *h* de primeur; **~ volna** *inf* il serait prématuré de *inf*; **~ műveiben** dans ses premières œuvres

kori *mn* de l'époque

korán[1] *hsz* tôt, de bonne heure; **~ kel** se lever tôt; **~ reggel** tôt le matin; **~ van** il est trop tôt

Korán[2] *fn vall* Coran *h*

korántsem *hsz* nullement, aucunement; **~ erről van szó** il ne s'agit pas du tout de ça

koraszülés *fn* accouchement *h* prématuré *v.* avant terme

koraszülött *mn/fn* prématuré(e)

korbács *fn* cravache *n*, fouet *h*

korcs *mn/fn* bâtard(e)

korcsolya *fn* patin *h* (à glace)

korcsolyacipő *fn* patin *h* à glace

korcsolyapálya *fn* patinoire *n*

korcsolyázás *fn* patinage *h*

korcsolyáz|ik *tn i* patiner, faire du patin (à glace)

korcsoport *fn* groupe *h v.* catégorie *n* d'âge

kordbársony *fn* velours *h* côtelé

kordon *fn [kötél]* cordon *h*; *[rendőrsorfal]* cordon *h* de police; **~nal lezárták a teret** un cordon empêche l'accès à la place

koreográfia *fn* chorégraphie *n*

koreográfus *fn* chorégraphe *h n*

korhad *tn i* pourrir, tomber en pourriture

korhadt *mn* pourri(e)

korhatár *fn* limite *n* d'âge

kórház *fn* hôpital *h*; *biz* hosto *h*; **~ba felvesz** admettre à l'hôpital; **~ba kerül** être hospitalisé(e)

kórházi *mn* **~ költség** frais *h (t sz)* d'hôpital; **~ ápolás** soins *h (t sz)* hospitaliers

korhol *ts i* réprimander, gronder

korhű *mn* d'époque; **~ jelmez** costume *h* d'époque

kórkép *fn* tableau *h* pathologique

korkülönbség *fn* différence *n* d'âge; **8 év ~ van közöttük** ils ont 8 ans de différence d'âge

korlát *fn* barrière *n*; *[hídon]* garde-fou *h*, parapet *h*; *[lépcsőn]* rampe *n*; *[teraszon]* balustrade *n*; *sp* barres *n (t sz)* parallèles; *átv* limite *n*; **~ok közé szorít** limiter, restreindre

K

korlátlan *mn* illimité(e), sans limites *v.* bornes; ~ **hatalom** pouvoir *h* absolu

korlátolt *mn [korlátozott]* limité(e), restreint(e); *[együgyű]* borné(e); ~ **felelősségű társaság** société *n* à responsabilité limitée, S.A.R.L.

korlátoltság *fn [korlátozottság]* limitation *n*; *[szellemi]* étroitesse *n* d'esprit

korlátoz *ts i* limiter

korlátozás *fn* limitation *n*, restriction *n*

korlátozód|ik *ts i vmire* se limiter *v.* se borner *à qqch*

korlátozott *mn* limité(e), restreint(e)

kormány *fn [gépkocsié]* volant *h*; *[hajóé]* gouvernail *h*; *[kerékpáré]* guidon *h*; *[repülőgépé]* commandes *n (t sz)*; *pol* gouvernement *h*; **~on van** être au gouvernement; ~ **alakít/átalakít** former/remanier un gouvernement

kormányalakítás *fn* formation *n v.* constitution *n* du gouvernement

kormánybiztos *fn* commissaire *h n* du gouvernement

kormányfő *fn* chef *h* du gouvernement

kormánykerék *fn [autóé]* volant *h*; *[hajóé]* roue *n* de gouvernail

kormánykörök *fn* cercles *h (t sz)* gouvernementaux

kormányos *fn [hajón]* timonier *h*; *[csónakon]* barreur *h* (-euse)

kormányoz I. *ts i pol is* gouverner; *átv* diriger, commander **II.** *tn i átv is* être au gouvernail; *átv* tenir la barre

kormánypárt *fn* parti *h* gouvernemental

kormányprogram *fn* programme *h* gouvernemental *v.* du gouvernement

kormányrendelet *fn* décret *h v.* ordonnance *n* gouvernemental(e)

kormányszerv *fn* organe *h* gouvernemental *v.* du gouvernement

kormányszóvivő *fn* porte-parole *h n* du gouvernement

kormányválság *fn* crise *n* gouvernementale

kormányzás *fn [járműé]* conduite *n*; *pol* gouvernement *h*

kormányzat *fn* gouvernement *h*, administration *n*

kormányzó I. *mn* ~ **párt** parti *h* gouvernemental **II.** *fn* gouverneur *h*; *tört* régent(e)

kormos *mn* couvert(e) de suie

korog *tn i* ~ **a gyomra** avoir le ventre qui gargouille

kórokozó *fn* agent *h* pathogène

korom *fn* suie *n*, noir *h* de fumée

koromfekete *mn* noir(e) comme de la suie *v.* du charbon

korona *fn [királyé, fáé, fogé, pénznem]* couronne *n*; *zene* point *h* d'orgue

koronatanú *fn* témoin *h* principal

koronáz *ts i átv is* couronner; **királlyá** ~ couronner roi; **siker ~za igyekezetét** ses efforts sont couronnés de succès

koronázás *fn* couronnement *h*

korong *fn sp is* disque *h*; *[fazekasé]* tour *h*

koros *mn* âgé(e)

kóros *mn* pathologique

korosztály *fn* génération *n*, classe *n* d'âge

korpa *fn [gabonáé]* son *h*; *[fejen]* pellicule(s) *n (t sz)*

korpás *mn* ~ **kenyér** pain *h* au son, ~ **haj** cheveux *h (t sz)* pleins de pellicules; ~ **a haja** avoir des pellicules

korpásodás *fn* ~ **elleni sampon** shampoing *h* antipelliculaire

korrekt *mn* correct(e); **nem** ~ incorrect(e)

korrektor *fn nyomd* correcteur (-trice)

korrektúra *fn nyomd* épreuve(s) *n (t sz)* d'imprimerie; **elvégzi a ~t** corriger les épreuves

korrepetál *ts i* donner des cours particuliers

korrigál *ts i nyomd is* corriger

korrózió *fn* corrosion *n*

korrumpál *ts i* corrompre

korrupció *fn* corruption *n*

korrupciós *mn* ~ **ügyek** affaires *n (t sz)* de corruption

korrupt *mn* corrompu(e); *[politikus, rendőr]* pourri(e)

korsó *fn [cserép]* cruche *n*, saleté *n*; *[sörös]* chope *n*; *[boros]* pichet *h*

korszak *fn* période *n*, époque *n*, ère *n*; **új ~ot nyit** inaugurer une nouvelle ère

korszakalkotó *mn* qui fait date *v.* époque

korszellem *fn* esprit *h* de l'époque

korszerű *mn* moderne

korszerűsít *ts i* moderniser

korszerűtlen *mn* obsolète, dépassé(e)

kortárs *mn/fn* contemporain(e); ~ **irodalom** littérature *n* contemporaine

kórterem *fn* salle *n* d'hôpital

kortesked|ik *tn i vki mellett* faire campagne *pour qqn*

korty *fn* gorgée *n*; **egy ~ víz** une gorgée d'eau; **egy ~ bor** un doigt de vin

kortyol *ts i* boire à petits coups *v.* à petites gorgées

kórus *fn [kar, mű]* chœur *h*; ~**ban** en chœur

Korzika *fn* Corse *n*

korzikai I. *mn* corse **II.** *fn [személy]* Corse *h n*; *[dialektus]* corse *h*

korzó *fn* promenade *n*

kos *fn* bélier *h*; *asztr* Bélier *h*

kosár *fn* panier *h*, corbeille *n*; *sp* panier *h*; *átv* **kosarat ad vkinek** éconduire qqn; *sp* **kosarat dob** marquer un panier

kosárlabda *fn* basket *h*; *[labda]* ballon *h* de basket

kosárlabdáz|ik *tn i* jouer au basket

kóser *mn* casher *v.* kascher; *átv* **nem ~ biz** pas très catholique

kóstol *ts i* goûter

kosz *fn [piszok]* crasse *n*, saleté *n*; **csupa ~ a ruhád** tes vêtements sont tout sales *v.* crasseux

kósza *mn* ~ **hír** vague rumeur *n*

kószál *tn i* flâner, errer

koszolód|ik *tn i* se salir

koszorú *fn* couronne *n*; **halotti ~** couronne funéraire *v.* mortuaire; **egy ~ fokhagyma** un chapelet d'ail

koszorúér *fn* artère *n* coronaire

koszos *mn* sale, crasseux (-euse)

koszt *fn* nourriture *n*; *biz* bouffe *n*; **házi ~** cuisine familiale; ~ **és kvártély** le gîte et le couvert

kosztüm *fn [női]* tailleur *n*; *szính* costume *h*

kotkodácsol *tn i* glousser

kotl|ik *tn i [tyúk]* couver

koton *fn biz* capote *n* (anglaise)

kotor *ts i [folyót]* draguer

kotorász|ik *tn i* fourrager; *biz* farfouiller

kotta *fn [hangjegy]* note *n*; *[kottafüzet]* partition *n*; ~**ból játszik** jouer en lisant la partition

kottaállvány *fn* pupitre *h*

kottapapír *fn* papier *h* à musique

kótyagos *mn [italtól]* étourdi(e), grisé(e)

kotyog *tn i [kotlóstyúk]* caqueter; *[fecseg]* papoter, caqueter

kotyvalék *fn [étel] biz* tambouille *n*; *[ital]* mixture *n*

kovács *fn* forgeron *h*

kovácsoltvas *fn* fer *h* forgé

kóvályog *tn i* errer, traîner; ~ **a feje** avoir la tête qui tourne

kovász *fn* levain *h*

kovászos *mn* ~ **uborka** ‹cornichons aigris au levain›

kozmás *mn* ~ **íz** goût *h* de brûlé

kozmetika *fn* soins *h (t sz)* de beauté

kozmetikai *mn* cosmétique; ~ **szalon** salon *h* de beauté; ~ **szer** produit *h* de beauté, cosmétique *h*

kozmetikáz *ts i [adatokat megmásít]* maquiller

kozmetikum *fn* cosmétique *h*

kozmetikus *fn* esthéticien (-enne)

kozmikus *mn* cosmique

kozmopolita *mn/fn* cosmopolite *h n*

kő *fn* pierre *n; [ékkő]* pierre *n* (précieuse); *[útburkolat]* pavé *h; orv* calcul *h;* **nagy ~ esik le a szívéről** être délivré(e) d'un grand poids; **üsse ~!** *[ám legyen]* soit !; **minden követ megmozgat** *fraz* remuer ciel et terre; **~vé mered** être pétrifié(e)

köb *fn* cube *h;* **~re emel** élever au cube *v.* à la puissance trois

köbánya *fn* carrière *n*

köbméter *fn* mètre *h* cube

köcsög *fn* pot *h*

köd *fn* brouillard *h; [ritka]* brume *n;* **sűrű ~** brouillard dense *v.* épais

ködlámpa *fn* phares *h (t sz)* antibrouillards

ködös *mn átv is* brumeux (-euse), nébuleux(-euse); ~ **időben** par temps de brouillard; ~ **elmélet** théorie *n* fumeuse

ködösít *tn i fraz* brouiller les cartes, noyer le poisson

ködszitálás *fn* bruine *n*

kőfal *fn* mur *h* de pierre

kőfaragó *fn* tailleur *h* de pierre(s)

kőhajításnyira *hsz* à un jet de pierre

köhécsel *tn i* toussoter

köhög *tn i* tousser

köhögés *fn* toux *n;* **száraz ~** toux sèche

köhögéscsillapító *fn* antitussif *h*

kőkemény *mn* dur(e) comme la pierre

kökény *fn [bokor]* prunellier *h; [termés]* prunelle *n*

kőkorszak *fn* âge *h* de pierre

kökörcsin *fn* anémone *n*

kőlap *fn* carreau *h; [nagyobb]* dalle *n*

kölcsön I. *fn [vett]* emprunt *h; [adott]* prêt *h;* **~t vesz fel** faire *v.* contracter un emprunt; **visszafizeti a ~t** rembourser un prêt, *átv fraz* rendre la pareille **II.** *hsz* **elviszem ezt ~** je t'emprunte ça

kölcsönad *ts i vmit vkinek* prêter *qqch à qqn*

kölcsönhatás *fn* influence *n* réciproque; *fiz is* interaction *n*

kölcsönkér *ts i vmit vkitől* emprunter *qqch à qqn*

kölcsönös *mn* mutuel (-elle), réciproque; ~ **bizalom** confiance *n* mutuelle *v.* réciproque; ~ **megegyezés** consentement *h* mutuel

kölcsönösen *hsz* mutuellement; ~ **segítik egymást** s'entraider

kölcsönösség *fn* réciprocité *n*

kölcsönöz *ts i [ad]* prêter; *[vesz]* emprunter; *[pénzért kölcsönad/-vesz]* louer

kölcsönvesz *ts i vmit vkitől* emprunter *qqch à qqn*

kölcsönzés *fn [adás]* prêt *h; [átvétel]* emprunt *h; [pénzért]* location *n*

kölcsönző *fn [adó]* prêteur (-euse); *[vevő]* emprunteur (-euse); *[foglalkozás]* loueur (-euse)

köldök *fn* nombril *h*

köldökzsinór *fn* cordon *h* ombilical

kölni *fn* eau *n* de Cologne *v.* de toilette

költ¹ *ts i [ébreszt]* réveiller; *[madár]* couver

költ² *ts i [pénzt]* dépenser

költ³ *ts i [verset]* composer; *[kitalál]* inventer

költekez|ik *tn i* dépenser sans compter

költemény *fn* poème *h*, poésie *n*

költészet *fn* poésie *n*

költő *fn* poète *h n*

költői *mn* poétique; ~ **kép** image *n* poétique; ~ **szabadság** licence *n* poétique

költőpénz *fn* argent *h* de poche

költözés *fn* déménagement *h*; *[madaraké]* migration *n*

költöz|ik *tn i* déménager; *[madár]* migrer

költöző *mn* ~ **madár** oiseau *h* migrateur

költség *fn* frais *h (t sz)*, dépenses *n (t sz)*; **közös** ~ *[ingatlannál]* charges *n (t sz)* de copropriété; **fedezi vkinek a ~eit** couvrir les frais de qqn; ~**ekbe veri magát** se mettre en frais; **saját ~én** à ses frais

költséges *mn* coûteux (-euse), onéreux (-euse)

költségtérítés *fn* remboursement *h* des frais, défraiement *h*

költségvetés *fn* budget *h*; *[számvetés]* devis *h*; **állami** ~ budget de l'Etat; ~**t készít** préparer le budget; *[számvetést]* établir un devis

költségvetési *mn* budgétaire; ~ **keret** enveloppe *n* budgétaire; ~ **hiány** déficit *h* budgétaire

kölyök *fn [állaté]* petit *h*; *[gyerek] biz* gamin(e), gosse *h n*, môme *h n*; **haszontalan** ~ petit garnement *h*

kömény *fn* cumin *h*

köménymag *fn* cumin *h*

kőműves *fn* maçon *h*

köntörfalaz *tn i fraz* tourner autour du pot

köntös *fn* robe *n* de chambre

könny *fn* larme *n*; ~**be lábad a szeme** les larmes lui montent aux yeux; ~**ekben tör ki** fondre en larmes; ~**eket**

ejt verser des larmes; ~**ekig meg van hatva** être ému(e) jusqu'aux larmes

könnycsepp *fn* larme *n*

könnyed *mn* léger (-ère), aisé(e), dégagé(e); ~ **modor** manières *n (t sz)* décontractées

könnyedén *hsz* aisément, sans effort; ~ **veszi a dolgokat** prendre les choses à la légère

könnyedség *fn* facilité *n*, aisance *n*; **játszi** ~**gel** avec une facilité déconcertante

könnyelmű *mn* insouciant(e), inconsidéré(e), irréfléchi(e)

könnyelműség *fn* légèreté *n*, insouciance *n*

könnyen *hsz* facilement, aisément, sans peine; ~ **elérhető** facilement accessible; ~ **megeshet, hogy** il se peut très bien que; ~ **vesz vmit** prendre qqch à la légère

könnyes *mn* ~ **szemmel** les larmes aux yeux

könnyez|ik *tn i [könnyeket hullat]* verser des larmes; ~**ik a szeme** ses yeux larmoient

könnygáz *fn* gaz *h* lacrymogène

könnyít I. *tn i [súlyon]* alléger; ~ **a lelkiismeretén** décharger sa conscience **II.** *ts i [feladatot, munkát]* faciliter, rendre plus facile

könnyű *mn [súly]* léger (-ère); *átv* facile, aisé(e); ~ **étel** plat *h* léger; **ezt** ~ **mondani** c'est facile à dire; ~ **neked!** c'est facile pour toi !; ~, **mint a pehely** léger comme une plume

könnyűipar *fn* industrie *n* légère

könnyűsúly *fn sp* poids *h* léger; ~**ú bokszoló** un poids léger

könnyűszerrel *hsz* facilement, sans difficulté

könnyűvérű *mn* de mœurs légères, facile; *fraz* de petite vertu

könnyűzene *fn* variété *n*, musique *n* légère

könyök *fn* coude *h*; **a ~ömön jön ki** *fraz* j'en ai jusque-là

könyököl *tn i* s'accouder; *átv* jouer des coudes

könyörgés *fn* supplication *n*, imploration *n*; *vall is* prière *n*

könyörög *tn i vkinek* supplier *v.* implorer *qqn de inf v.* que *subj*; *vall* prier; **könyörgök!** je t'en *v.* je vous en supplie

könyörtelen *mn* impitoyable, sans pitié

könyörület *fn* pitié *n*; **~ből** par pitié

könyv *fn* livre *h*; *biz* bouquin *h*; **~ nélkül tud vmit** savoir qqch par cœur; **ifjúsági ~** livre de jeunesse; **úgy beszél, mintha ~ből olvasná** parler avec aisance

könyvel I. *tn i* tenir les livres *v.* les comptes **II.** *ts i* comptabiliser

könyvelés *fn* comptabilité *n*

könyvelő *fn* comptable *h n*

könyvesbolt *fn* librairie *n*

könyvespolc *fn* bibliothèque *n*, étagère *n* à livres

könyvjelző *fn* signet *h*, marque-page *h*

könyvkereskedő *fn* libraire *h n*; *[antikvár]* bouquiniste *h*

könyvkiadás *fn* édition *n*

könyvkiadó I. *mn* **~ vállalat** maison *n* d'édition **II.** *fn [személy]* éditeur (-trice)

könyvnyomtatás *fn* imprimerie *n*

könyvszekrény *fn* bibliothèque *n*

könyvtár *fn* bibliothèque *n*; *inform* répertoire *h*

könyvtáros *fn* bibliothécaire *h n*

könyvvizsgáló *fn* expert(e)-comptable

kőolaj *fn* pétrole *h*

kőolaj-finomító *fn* raffinerie *n* de pétrole

kőolajvezeték *fn* oléoduc *h*

köp *tn i* cracher; *[kihallgatáson] biz* cracher; **arcul ~ vkit** cracher au visage de qqn; **földre ~** cracher par terre; **vért ~** cracher du sang

köpcös *mn* trapu(e), courtaud(e)

köpeny *fn [fürdő]* peignoir *h*; *[katonai]* capote *n*; *[munka]* blouse *n*; *[ujjatlan]* cape *n*; *[autókeréken]* pneu *h*; **orvosi ~** blouse blanche

köpés *fn* crachat *h*

köpköd *tn i* crachoter, cracher

kör *fn* rond *h*, cercle *h*; *[környezet]* cercle *h*, milieu *h*; *[terület]* domaine *h*, centre *h*; *mat* cercle *h*; **~ alakú** circulaire, rond(e); **~be ad vmit** passer qqch à la ronde; **~ben** en cercle, en rond; **érdeklődési ~** centre d'intérêt; **irodalmi ~ökben** dans les cercles *v.* milieux littéraires; **ördögi ~** cercle vicieux; **hosszúsági/szélességi ~** cercle *h* méridien/parallèle

kőr *fn [kártyában]* cœur *h*

körbeáll *ts i vmit* faire cercle *v.* se ranger en cercle autour *de qqch*, entourer *qqch*

körbejár *ts i vmit* faire le tour *de qqch*

köré *nu/hsz* autour de; **az asztal ~ telepednek** ils prennent place autour de la table; **maga ~** autour de soi

köret *fn* garniture *n*

körforgalom *fn* rond-point *h*

körforgás *fn* mouvement *h* circulaire *v.* giratoire; *[jelenségeké]* cycle *h*

körgyűrű *fn* autoroute *n* de contournement; *[Párizsban]* (boulevard *h*) périphérique *h*

körhinta *fn* manège *h*

kőris *fn* frêne *h*

körív *fn* arc *h* de cercle

körkép *fn átv is* tableau *h* panoramique, panorama *h*

körkérdés *fn* enquête *n*

körkörös *mn* circulaire, concentrique

körlevél *fn* circulaire *n*

körmenet *fn vall* procession *n*

körmönfont *mn* retors(e)

környék *fn* environs *h (t sz)*, alentours *h (t sz)*; *[város egy része]* quartier *h*; **Párizs ~e** les environs de Paris; **a ~en lakik** il habite dans les environs *v. biz* dans le coin

környékbeli *mn* environnant(e); *[városban]* du quartier; **a ~ falvak** les villages *h (t sz)* environnants; **a ~ boltokban** dans les magasins du quartier; **a ~ek** *biz* les gens *h (t sz)* du coin

környezet *fn [természeti]* environnement *h*; *[emberi]* milieu *h*, entourage *h*; *[légkör]* climat *h*, atmosphère *h*

környezetbarát *mn* écologique, respectueux (-euse) de l'environnement; **~ mosószer** lessive *n* écologique

környezeti *mn* **~ ártalmak** nuisances *n (t sz)* environnementales

környezetszennyezés *fn* pollution *n* de l'environnement

környezetvédelem *fn* protection *n v.* défense *n* de l'environnement

környezetvédő **I.** *mn* écologique **II.** *fn* écologiste *h n*; *biz* écolo *h n*

környező *mn* environnant(e); **~ falvak** villages *h (t sz)* environnants; **~ országok** pays *h (t sz)* limitrophes

köröm *fn* ongle *h*; **levágja a körmét** se couper les ongles; **körmét rágja** *átv* se ronger les ongles; **majd a körmére nézek** je l'aurai à l'œil, j'aurais l'œil sur lui

körömlakk *fn* vernis *h* à ongles

körömlakklemosó dissolvant *h*

körömolló *fn* ciseaux *h (t sz)* à ongles

körös-körül *hsz* tout autour

köröz **I.** *tn i* tourner en rond; **~ a karjával** faire des moulinets avec les bras **II.** *ts i [rendőrség]* rechercher;

~i a rendőrség il est recherché par la police

körözés *fn [rendőri]* avis *h* de recherche; **~t kiad** lancer un avis de recherche

körözött **I.** *mn* **~ személy** personne *n* recherchée **II.** *fn konyh* ‹fromage de brebis assaisonné›

körpálya *fn csill* orbite *n*; *sp* circuit *h*

körtánc *fn* ronde *n*

körte *fn* poire *n*; *vill* ampoule *n*

körtefa *fn* poirier *h*

körút *fn [utca]* boulevard *h*; *[utazás]* tour *h*, circuit *h* (touristique); *[hivatalos, művészi]* tournée *n*

körül *nu [hely]* autour de; *[idő]* vers; **az asztal ~** autour de la table; **8 óra ~** vers 8 heures; **30 év ~ jár** avoir la trentaine; **ezer euró ~** dans les mille euros

körüláll *ts i* entourer, faire cercle autour de

körülbelül *hsz* environ, à peu près

körülfog *ts i [körülölel, átfog]* entourer; *[bekerítve körüláll]* encercler, cerner

körülhatárol *ts i* délimiter, circonscrire

körüli *mn* autour de, voisin(e) de; **a ház ~ kert** le jardin autour de la maison; **nulla fok ~ hőmérséklet** température *n* voisine de zéro; **20 év ~ lány** une fille d'environ 20 ans

körüljár **I.** *ts i* faire le tour de, parcourir **II.** *tn i [tárgy]* circuler, passer de main en main

körülmény *fn* circonstance *n*; *[helyzet]* condition *n*; **a jelen ~ek között** dans l'état actuel des choses; **enyhítő/súlyosbító ~ek** circonstances atténuantes/aggravantes; **a ~ekhez képest** vu les circonstances

körülményes *mn* compliqué(e)

körülmetélés *fn* circoncision *n*

K

körülnéz *tn i* regarder v. jeter un coup d'œil autour de soi; ~ **a városban** faire un tour en ville

körülötte *hsz* autour de lui (elle)

körültekintés *fn* circonspection *n*

körültekintő *mn* circonspect(e), avisé(e)

körülvesz *ts i* entourer; *vmivel* entourer *de qqch; [bekerítve]* cerner, encercler; **~i magát vmivel** s'entourer de qqch; **sok barát veszi körül** être entouré(e) de nombreux amis

körülzár *ts i [fegyveres erő]* cerner, encercler; *[tárgy, építmény]* entourer

körvonal *fn* contour *n*, silhouette *n*; *átv* **nagy ~akban** dans les grandes lignes, à grands traits

körvonalaz *ts i* tracer dans les grandes lignes, exposer sommairement

körzet *fn [közigazgatási]* circonscription *n*, district *h*, secteur *h*; *[környék]* rayon *h*, périmètre *h*; **választási** ~ circonscription électorale; **100 km-es ~ben** dans un rayon de 100 km

körzeti *mn* ~ **orvos** *kb.* médecin *h* de famille

körző *fn* compas *h*

kösz *msz* merci

kőszikla *fn* rocher *h*

köszön I. *tn i [üdvözöl]* *vkinek* saluer *qqn*, dire bonjour *à qqn* **II.** *ts i* *vkinek* *vmit* remercier *qqn de qqch v. de inf; átv* devoir *qqch à qqn;* **~öm szépen** merci beaucoup *v.* bien; **előre is ~öm** merci d'avance; **~öm, hogy eljöttél** merci d'être venu; **az életét ~heti neki** il lui doit la vie; **neki ~heti, hogy** c'est grâce à lui qu'il

köszönés *fn* salut *h*; ~ **nélkül elment** il est parti sans dire au revoir

köszönet *fn* remerciement *h*, gratitude *n*; **hálás ~!** un grand merci; **hálás ~tel** avec tous mes remerciements;

~et mond vkinek exprimer sa gratitude à qqn

köszönhető *mn* **mindez neki ~** c'est à lui qu'on doit tout cela; **neki ~hető, hogy** *[jó]* c'est grâce à lui que, *[rossz]* c'est par sa faute que

köszönt *ts i [üdvözöl]* saluer; *[érkezőt]* souhaiter la bienvenue à; *[vmilyen alkalomból]* féliciter

köszöntés *fn [üdvözlés]* salut *h*

köszöntő I. *mn* ~ **beszéd** discours *h* de bienvenue **II.** *fn [pohárral]* toast *h*

köszörül *ts i* affûter; **~i a torkát se** racler v. s'éclaircir la gorge

köszvény *fn* goutte *n*

köt I. *ts i* attacher; *[könyvet]* relier; *[kötőtűvel]* tricoter; **barátságot ~ vkivel** lier amitié avec qqn; **békét ~** faire v. conclure la paix; **csomót ~** faire un nœud; **házasságot ~** se marier; **feltételhez ~** lier à une condition; **lelkére ~ vmit vkinek** recommander qqch à qqn; **szerződést ~** conclure un contrat; **~i az esküje** il est lié par son serment; **~ve hiszem!** ça m'étonnerait **II.** *tn i [megszilárdul]* prendre

kötbér *fn* pénalité *n v.* indemnité *n* de retard

köteg *fn* faisceau *h*; *[szalma]* botte *n*; *[papír, pénz]* liasse *n*

kötekedik *tn i* *vkivel* chercher querelle *à qqn*

kötél *fn* corde *n*; **ha minden ~ szakad** en dernier recours; **~ből vannak az idegei** avoir des nerfs d'acier

kötelék *fn [kapcsolat]* lien(s) *h (t sz)*, attaches *n (t sz)*; **kat** unité *n*; *rep* formation *n*; **rokoni ~** lien(s) de parenté

köteles *mn [vmit megtenni]* être obligé(e) v. tenu(e) de inf

kötelesség *fn* devoir *h*; **állampolgári ~** devoir de citoyen; **teljesíti ~ét** accomplir v. remplir son devoir

kötelességtudó *mn* consciencieux (-euse)

kötelez I. *ts i* vkit vmire obliger qqn à *inf*; **~i magát vmire** s'engager à *inf* **II.** *tn i* **ez semmire sem ~** cela n'engage à rien; **a név ~** *fraz* noblesse oblige

kötelezettség *fn* obligation *n*, engagement *h*; **~ nélkül** sans engagement; **~et vállal** contracter une obligation, prendre l'engagement de *inf*

kötelezettségvállalás *fn* engagement *h*

kötelező *mn* obligatoire; **~vé tesz vmit** rendre qqch obligatoire

kötéltáncos *fn* funambule *h n*

kötény *fn* tablier *h*

kötés *fn* [kézimunka] tricotage *h*; [eredménye] tricot *h*; [seben] bandage *h*, pansement *h*; [könyvön] reliure *n*; [sílécen] fixation *n* de sécurité

kötet *fn* volume *h*

kötetlen *mn* **~ beszélgetés** entretien *h* informel; **~ munkaidő** horaire(s) *h* (*t sz*) variable(s)

kötődés *fn* attachement *h*

kötődik *tn i* vkihez/vmihez être attaché(e) à qqn/qqch

kötőhártya-gyulladás *fn* orv conjonctivite *n*

kötőjel *fn* trait *h* d'union

kötőszó *fn* nyelv conjonction *n*

kötött *mn* [egymáshoz] lié(e); [könyv] relié(e); [ruha] tricoté(e); **~ ár** prix *h* imposé

kötöttáru *fn* tricot *h n*

kötöttség *fn* contrainte *n*

kötőtű *fn* aiguille *n* à tricoter

kötöz *ts i* [összeerősít] lier, attacher; [sebet] bander, panser

kötözés *fn* [sebé] pansement *h*; [szőlőé] accolage *h*

kötszer *fn* bandage *h*, pansement *h*

kötvény *fn* [tőzsdei] obligation *n*; **biztosítási ~** police *n* d'assurance

kövér I. *mn* [ember] gros (grosse); [nagyon, betegesen] obèse; [hús, sajt, föld] gras (grasse) **II.** *fn* [ember] gros (grosse); [étel zsíros része] le gras; *nyomd* caractère *h* gras

kövérség *fn* grosseur *n*, corpulence *n*, obésité *n*

köves *mn* pierreux (-euse)

követ¹ *ts i* [utána megy] suivre; [titokban] filer; [felvált] vkit/vmit succéder à qqn/qqch; **~i, mint az árnyék** suivre qqn comme son ombre; **~i vkinek a tanácsát** suivre le conseil de qqn; **tudsz ~ni?** tu me suis ?

követ² *fn* [küldött] émissaire *h*; [nagykövet] ambassadeur (-drice)

követel *ts i* exiger, réclamer; [szükségessé tesz] nécessiter; **~i a jussát** réclamer son dû

követelés *fn* revendication *n*, exigence *n*; *gazd* créance *n*, avoirs *h* (*t sz*), dû *h*; **befagyasztja a ~eket** geler les avoirs

követelmény *fn* exigence *n*, condition *n*; **megfelel a ~eknek** répondre v. satisfaire aux exigences

követendő *mn* à suivre; **~ példa** exemple *h* à suivre

követés *fn* [titokban] filature *n*; [utánzás] imitation *n*

követési *mn* **~ távolság** distance *n* de sécurité

következésképpen *ksz* par conséquent, en conséquence

következetes *mn* conséquent(e), cohérent(e), logique; **~ önmagához** avoir de la suite dans les idées

következetesség *fn* cohérence *n*, esprit *h* de suite

következetlen *mn* inconséquent(e), incohérent(e), illogique

következetlenség *fn* inconséquence *n*, incohérence *n*

következ|ik *tn i* vki/vmi után succéder à qqn/qqch; suivre qqn/qqch; vmiből résulter, découler; **folytatása ~ik** à suivre; **te ~el!** c'est (à) ton tour; **ebből ~ik, hogy** il en résulte que, il découle de cela que

következmény *fn* conséquence *n*, suites *n (t sz)*; **az ügy ~ei** les suites de l'affaire; **ennek az a ~e, hogy** ceci a pour conséquence que; **viseli a ~eket** supporter les conséquences; **súlyos ~ekkel jár** entraîner de graves conséquences

következő I. *mn* suivant(e), prochain(e); **a ~ alkalommal** la prochaine fois, à la prochaine occasion; **a ~ napokban** dans les jours à venir; **a ~ oldal** la page suivante; **egymás után ~** consécutifs (-ives) **II.** *fn* suivant(e); **kérem a ~t** au suivant !; **a ~kben** dans ce qui suit; **a ~t kell tennie** voilà ce que vous devez faire

következőképpen *hsz* comme suit; **a ~ válaszolt** il a répondu comme suit, voici ce qu'il a répondu

következtében *nu* en conséquence de, en raison de, par suite de; **ennek ~en** en conséquence de quoi, pour cette raison, de ce fait

következtet I. *ts i* conclure, déduire; **ebből arra ~ek, hogy** j'en conclus v. déduis que **II.** *tn i* **ez arra enged ~ni, hogy** cela laisse penser que

következtetés *fn* conclusion *n*; *[logikai]* déduction *n*; **arra a ~re jut, hogy** en venir v. en arriver à la conclusion que; **~t levon** tirer une conclusion, conclure

követő I. *mn* vmit consécutif (-ive) à qqch; *[egymást]* successif (-ive) **II.** *fn* *[tanítvány]* disciple *h n*, fidèle *h n*; *[üldöző]* poursuivant(e)

követség *fn* *[küldöttség]* délégation *n*; *[nagykövetség]* ambassade *n*; **a párizsi magyar ~** l'ambassade de Hongrie à Paris

kövez *ts i* *[utcát]* paver; *[helyiséget]* carreler

kövezet *fn* *[utcai]* pavé(s) *h (t sz)*, pavage *h*; *[helyiségben]* carrelage *h*

köz¹ *fn* *[hely]* intervalle *h*, espace *h*; *[utca]* passage *h*, ruelle *n*; *[időköz]* intervalle *h*

köz² *fn* *[közösség]* communauté *n*, collectivité *n*; **a ~ javára** pour le bien public; **~e van vkihez/vmihez** avoir à faire avec qqn/qqch; **semmi ~e hozzá** *[embernek]* il n'a rien à voir avec ceci, *[dolognak]* cela n'a aucun rapport; **semmi ~öd hozzá!** ça ne te regarde pas, ce n'est pas tes affaires

közadakozás *fn* contribution *n* publique

közakarat *fn* volonté *n* commune

közalapítvány *fn* fondation *n* d'intérêt public

közalkalmazott *fn* fonctionnaire *h n*; *hiv* agent *h* de la fonction publique

közbejön *tn i* survenir; **ha valami ~** en cas d'imprévu; **hacsak valami közbe nem jön** à moins d'imprévu

közbelép *tn i* intervenir

közben I. *hsz* *[egyidejűleg]* en même temps; *[időközben]* entre-temps **II.** *nu* pendant, au cours de; **menet ~** en chemin, chemin faisant

közbenjár *tn i* vkiért intervenir v. intercéder en faveur de qqn; vmiért s'entremettre pour qqch

közbenjárás *fn* intervention *n*

közbeszéd *fn* **a ~ tárgya** *[igével]* être au centre de toutes les conversations, défrayer la conversation v. la chronique

közbeszerzés *fn* marché *h* public

közbeszól *tn i* intervenir (dans la conversation), interrompre qqn; **bocsánat, hogy ~ok** pardonnez-moi de vous interrompre

közbiztonság *fn* sécurité *n* publique

közé I. *nu [térben]* entre, parmi; *[időben]* entre; **vkinek a szeme ~ néz** regarder qqn dans les yeux **II.** *hsz* **állj ~nk!** rejoins-nous

közeg *fn [környezet]* milieu *h*; *fiz* milieu *h*; **hatósági ~** agent *h* public

közegészségügy *fn* santé *n* publique

közel I. *hsz [térben]* proche; *vkihez/vmihez* près de v. à proximité *de qqn/qqch*; *[időben]* proche; *[majdnem, mintegy]* près de, presque; **a házhoz ~** près de la maison; **egészen ~ van** c'est tout près; **~ jár az ötvenhez** il approche de la v. il va sur la cinquantaine; **~ egy évig** pendant près d'un an; **~ áll vkihez** se tenir près de qqn, *átv* être proche de qqn; **~ jár az igazsághoz** ne pas être loin de la vérité; **~ sem olyan szép, mint én** il est loin d'être aussi beau que moi; **~ről érint** toucher de près **II.** *fn* **a ~ben** à proximité, tout près, à côté; **itt lakom a ~ben** j'habite tout à côté v. tout près; **~ből** de près

közelebb *hsz* plus près; **~ jön** s'approcher, se rapprocher; **gyere ~** viens plus près, approche-toi; **~ről** de plus près

közelebbi I. *mn [közelebb eső]* plus proche; *[részletesebb]* plus détaillé(e), plus ample; **a leg~ bolt** le magasin le plus proche **II.** *fn* **nem tudok semmi ~t** je ne sais rien de plus

közeledés *fn [térben, időben]* approche *n*; *[udvarlás]* avances *n (t sz)*; *pol* rapprochement *h*

közeled|ik *tn i [térben]* (s')approcher de, se rapprocher de, s'avancer vers; *[időben]* approcher; **~ik a tél** l'hiver approche; **vmi a végéhez ~ik** toucher à sa fin

közeledte *fn* **vminek a ~vel** à l'approche de qqch

közélet *fn* vie *n* publique

közéleti *mn* public (publique); **~ szereplés** rôle *h* dans la vie publique; **~ személyiség** homme *h* v. personnage *h* public

közelharc *fn* corps à corps *h*

közeli *mn [térben]* proche; **a ~ napokban** dans les prochains jours; **a ~ viszontlátásra!** à (très) bientôt; **~ rokonok** parents *h (t sz)* proches

közelít I. *ts i* **vmit vmihez** approcher qqch de qqch **II.** *tn i* → **közeledik**

közeljövő *fn* **a ~ben** dans un avenir proche

Közel-Kelet *fn* Proche-Orient *h*

közel-keleti *mn* proche-oriental(e), du Proche-Orient

közellenség *fn* ennemi *h* public; **első számú ~** ennemi public numéro un

közelmúlt *fn* **a ~ban** récemment, dernièrement, ces derniers temps

közelség *fn* proximité *n*; *[bensőséges viszony]* intimité *n*; **elérhető ~ben van** ce n'est pas très loin

közép *fn [térben]* milieu *h*, centre *h*, cœur *h*; *[időben]* milieu *h*, cœur *h*; *pol, sp* centre *h*; **vminek a közepén** au centre v. au milieu de qqch; **Párizs közepén** en plein cœur v. centre de Paris; **július közepén** à la mi-juillet; **a tél közepén** au milieu v. au cœur de l'hiver, en plein hiver; *mat* **számtani ~** moyenne *n* arithmétique

középcsatár *fn* avant-centre *h*, centre *h*

középdöntő *fn* demi-finale *n*

középen *hsz* au milieu, au centre

középérték *fn* *mat* (valeur *n*) moyenne *n*

közepes I. mn moyen (-enne); ~ **tanuló** élève h n moyen (-enne); ~ **termetű** de taille moyenne **II.** fn okt, kb. mention n passable

Közép-Európa fn Europe n centrale

közép-európai mn centre-européen (-enne), d'Europe centrale

középfok fn nyelv comparatif h

középfokú mn okt secondaire; nyelv comparatif (-ive); ~ **oktatás** enseignement h secondaire; ~ **nyelvvizsga** kb. examen h de langue de niveau moyen

középfülgyulladás fn orv otite n

középhátvéd fn sp demi-centre h

középhullám fn távk ondes n (t sz) moyennes

középiskola fn école n secondaire, établissement h d'enseignement secondaire; **miután elvégezte a ~t** après avoir terminé ses études secondaires

középiskolai mn ~ **oktatás** enseignement h secondaire, enseignement du second degré; ~ **tanár** professeur h du secondaire v. de l'enseignement secondaire

középiskolás fn élève h n du secondaire, élève de l'enseignement secondaire

Közép-Kelet fn Moyen-Orient h

középkor fn Moyen Âge v. Moyen-Âge h

középkori mn médiéval(e), du Moyen Âge

középkorú I. mn d'âge moyen, entre deux âges **II.** fn personne n d'âge moyen

középosztály fn classe n moyenne

középpályás fn sp milieu h de terrain

középpont fn átv is centre h; **vminek a ~jában áll** être au centre de qqch.; **az érdeklődés ~jában van** être au centre de l'attention v. de toutes les attentions

középső mn du milieu, du centre; **a ~ rész** la partie du milieu v. centrale; **a ~ ujj** le majeur, le médius

középszerű mn médiocre

középtávfutó fn coureur (-euse) de demi-fond

középút fn moyen terme h; **arany ~** le juste milieu

középület fn bâtiment h v. édifice h public

közérdek fn intérêt h général v. public

közérdekű mn d'intérêt général v. public

közerkölcs fn [erkölcsi közállapotok] mœurs n (t sz); [erkölcsi közfelfogás] morale n publique

közért fn [csemegebolt] épicerie n; [élelmiszerbolt] supermarché h

közérthető mn compréhensible v. intelligible par tous; ~ **nyelven** en langage clair

közérzet fn jó ~ bien-être h; rossz ~ malaise h; **jó/rossz a ~e** se sentir bien/mal

kőzet fn roche n

közfelfogás fn opinion n courante v. générale

közgazdaság fn économie n (politique)

közgazdasági mn économique, d'économie; ~ **kar** faculté n de sciences économiques

közgazdaságtan fn science n (t sz) économique(s), économie n (politique)

közgazdász fn économiste h n

közgyűlés fn assemblée n générale

közhangulat fn climat h général

közhasznú mn d'utilité n publique; ~ **társaság** association n reconnue d'utilité publique

közhely fn lieu h commun

közhivatalnok fn fonctionnaire h n

özigazgatás fn administration n (publique)

özigazgatási mn administratif (-ive); **~ úton** par voie administrative

özintézmény fn établissement h public

özismert mn [köztudomású] connu(e), notoire, de notoriété publique; [híres] connu(e), célèbre; **~ tény** fait h notoire; **~ tény, hogy** il est notoire que

özjáték fn intermède n; [csak színpadon] interlude h

özjegyző fn notaire h n

özjog fn droit h public

özjogi mn **~ kérdés** question n de droit public; **~ méltóság** haut dignitaire h de l'État

özkedvelt mn populaire

özkegyelem fn amnistie n

özkeletű mn courant(e), d'usage courante; **~ kifejezés** expression n courante

özkincs fn **~é tesz vmit** rendre qqch accessible à tous

özkívánat fn **~ra** à la demande générale

özkönyvtár fn bibliothèque n publique

özlekedés fn circulation n, trafic h; **közúti/légi ~** circulation routière/ aérienne; trafic routier/aérien; **vasúti ~** trafic ferroviaire; **egyirányú ~** circulation à sens unique

özlekedési mn **~ baleset** accident h de la circulation; **~ eszköz** moyen h de transport

özlekedésrendészet fn [szerv] police n routière v. de la circulation

özleked|ik tn i circuler; **villamossal ~ik** prendre le tramway; **ez a busz A és B között ~ik** ce bus fait le service entre A et B

özlekeny mn communicatif (-ive), expansif (-ive)

közlemény fn hiv is communiqué h

közlendő fn **fontos ~m van számodra** j'ai qqch d'important à te dire

közlés fn communication n; [tájékoztatás] information n; [közzététel] publication n; **bizalmas ~** information confidentielle; **illetékes szervek ~e szerint** selon des sources compétentes

közlöny fn bulletin h, journal h; **hivatalos ~** Journal h officiel

közmegegyezés fn **~sel** d'un commun accord

közmondás fn proverbe h

közmunka fn [nagyobb arányú] travaux h (t sz) publics; [ingyenes] travaux h (t sz) d'intérêt général

közmű fn **~vek** services h (t sz) publics de distribution

közművelődés fn kb. culture n

közművesít ts i viabiliser

köznapi mn quotidien (-ienne); banal(e)

köznév fn nom h commun

köznyelv fn langage h courant

közokirat fn acte h authentique v. public

közokirat-hamisítás fn faux h en écriture publique

közoktatás fn éducation n nationale

közöl ts i annoncer, communiquer; [hivatalosan] notifier; [nyomtatásban] publier; **sajnálattal közlöm, hogy** j'ai le regret de vous annoncer que; **én ~tem vele a jó hírt** c'est moi qui lui ai appris la bonne nouvelle; **a cikket holnap közlik** l'article sera publié demain

közömbös mn indifférent(e), insensible; [vegy] neutre

közömbösít ts i vegy neutraliser

közönség fn public h; [hallgatóság] auditoire h; [jelenlévők] assistance n;

Tisztelt ~! Mesdames, (Mesdemoiselles,) Messieurs

közönséges *mn* ordinaire, commun(e), banal(e); *pej* vulgaire, grossier (-ière)

közönségsiker *fn* succès *h* public; **a darab nagy ~ lett** la pièce a connu un grand succès auprès du public, *fraz* la pièce a fait un tabac

közöny *fn* indifférence *n*

közönyös *mn* indifférent(e)

közös I. *mn* commun(e), collectif (-ive); **~ ismerős** ami(e) commun(e); **~ megegyezéssel** d'un commun accord, par consentement mutuel; **~ munka** travail collectif *v.* (en) commun; **~ tulajdon** copropriété *n* **II.** *fn* **~ben vesz vmit** acheter qqch en commun

közösség *fn* communauté *n*; **~et vállal vkivel** faire cause commune avec qqn

közösségi *mn pol is* communautaire; **~ élet** vie *n* communautaire; **~ szellem** esprit *h* de corps; **~ jog** droit *h* communautaire

közösül *tn i* avoir des rapports sexuels; *tud* coïter

közösülés *fn* rapport *h* sexuel, coït *h*; *áll* copulation *n*

között *nu* entre, parmi; **barátok ~** entre amis; **a házak ~** entre les maisons; **a sok kacat ~** parmi tout le fatras; **karácsony és húsvét ~** entre Noël et Pâques; **többek ~** entre autres, notamment

közötte *hsz* → **közte**

közötti *mn* entre; **a kettő ~ különbség** la différence entre les deux

közpénz *fn* deniers *h (t sz) v.* fonds *h (t sz)* publics

központ *fn* centre *h*; *[vállalaté]* siège *h*; **a város ~jában** au cœur *v.* au centre de la ville

központi *mn* central(e); **~ fűtés** chauffage *h* central; **~ hatalom** pouvoir *h* central; **~ kérdés** question *n* cruciale, *gj* **~ zár** verrouillage *h* central

központosít *ts i* centraliser

központozás *fn* ponctuation *n*

közread *ts i* publier

közrefog *ts i* entourer, encadrer

közrejátsz|ik *tn i vmiben* contribuer *à* qqch, y être pour quelque chose *dans* qqch; **döntésében az is ~ott, hogy** sa décision a également été influencée par le fait que

közreműködés *fn* coopération *n*, collaboration *n*, participation *n*; **vkinek a ~ével** *[munkában]* en collaboration avec qqn, *[szereplésnél]* avec la participation de qqn

közreműköd|ik *tn i vmiben* collaborer *v.* participer *v.* contribuer *à qqch*

közrend *fn* ordre *h* public

község *fn* commune *n*

községi *mn* communal(e), municipal(e); **~ legelő** pâturage *h* communal; **~ adó** impôt *h* local

közszolgálat *fn* fonction *n* publique

közszolgáltatás *fn* service *h* public

közszükségleti *mn* **~cikkek** articles *h (t sz)* de consommation courante

köztársaság *fn* république *n*; **a Magyar K~** la République Hongroise

köztársasági *mn* républicain(e); **~ elnök** président *h* de la République

közte *hsz* entre; **válassz ~m és ~!** choisis entre moi et lui; **ez maradjon köztünk!** cela doit rester entre nous; **köztünk szólva** soit dit entre nous

közteher *fn* **közterhek** charges *n (t sz)* publiques

közterület *fn* voie *n* publique; **~en** sur la voie publique

köztisztelet *fn* considération *n* générale; **~ben áll** jouir de la considération générale

köztisztviselő *fn* fonctionnaire *h n*

köztörvényes I. *mn* de droit commun **II.** *mn* a **~ek** les (prisonniers de) droit commun

köztudat *fn* átmegy a **~ba** passer dans l'opinion générale, s'enraciner dans les mentalités

köztudott *mn* notoire, de notoriété publique, bien connu(e); **~, hogy** il est notoire *v.* de notoriété publique que, tout le monde sait que

köztulajdon *fn* domaine *h* public, propriété *n* publique *v.* collective; **~ba vesz** nationaliser

közút *fn* voie *n* publique

közúti *mn* routier (-ière); **~ baleset** accident *h* de la route; **~ forgalom** trafic *h* routier; **~ jelzőtábla** panneau *h* routier

közügy *fn* a **~ek** les affaires *n (t sz)* publiques, la chose *n* publique

közül *nu* azok **~ való, akik** il est de ceux (celles) qui; **egy a sok ~** un parmi d'autres; **ezek ~ választhatsz** tu peux choisir entre ceux-ci; **tíz ~ három** trois sur dix

közüle *hsz* valaki **közülünk** quelqu'un parmi nous, l'un d'entre nous; **hárman közülük** trois d'entre eux

közület *fn* collectivité *n*

közvagyon *fn* biens *h (t sz)* publics

közvélemény *fn* opinion *n* publique

közvélemény-kutatás *fn* sondage *h* (d'opinion); **~t végez** réaliser un sondage (d'opinion)

közveszélyes *mn* (très) dangereux (-euse); **~ őrült** fou (folle) dangereux (-euse)

közvetett *mn* indirect(e); **~ módon** indirectement

közvetít *ts i [felek között]* servir d'intermédiaire; *[rádión, tévén]* retransmettre, diffuser; **házasságot ~** arranger un mariage; **üzenetet ~** transmettre un message; **élőben ~** retransmettre en direct

közvetítés *fn [felek közt]* médiation *n*; *[rádió, televízió]* retransmission *n*, diffusion *n*; **vkinek a ~ével** par l'intermédiaire de qqn; **élő** *v.* **helyszíni ~** retransmission en direct

közvetítő *fn [fél]* médiateur (-trice), intermédiaire *h n*

közvetlen *mn* direct(e); *[legközelebbi]* immédiat(e); *[modor]* direct(e), franc (franche), droit(e); **~ forrásból** de source directe; **~ közelben** tout près; **~ leszármazott** descendant(e) direct(e); **~ összeköttetés** liaison *n* directe; **~ veszély** danger *h* imminent

közvetlenül *hsz [közvetítő nélkül]* directement; *[időben, térben]* immédiatement; **~ mellette** tout à côté de lui; **~ utána** immédiatement après, tout de suite après

közvetve *hsz* indirectement

közvilágítás *fn* éclairage *h* public

közzétesz *ts i* publier

közzététel *fn* publication *n*

krákog *tn i* se racler la gorge; *biz* graillonner

kráter *fn* cratère *h*

kreatív *mn* créatif (-ive)

kredenc *fn* buffet *h*

krém *fn [étel]* crème *n*; *[kozmetikum]* crème *n* (de beauté); *átv* la crème; **hidratáló ~** crème hydratante; **a társaság ~je** le gratin, *fraz* le dessus du panier

krémes I. *mn [krémmel töltött]* à la crème; *[állag]* crémeux (-euse) **II.** *fn kb.* millefeuille *h*

krémsajt *fn* fromage *h* à tartiner

krémszínű mn (couleur n) crème

kreol I. mn *[bőrszín]* basané(e); *[származás]* créole **II.** fn *[személy]* Créole h n; *[nyelv]* créole h

krepp-papír fn papier h crépon

KRESZ fn code h de la route

KRESZ-tábla fn panneau h de signalisation routière

KRESZ-vizsga fn épreuve n du code; **leteszi a ~t** passer le code

kréta fn craie n

Kréta fn Crète n

krikett fn cricket h

krimi fn biz polar h

kripta fn *[temetőben]* caveau h; *[templomban]* crypte n

kristály fn cristal h

kristálycukor fn sucre h cristallisé

kristályos mn cristallin(e)

kristálytiszta mn cristallin(e); *[érvelés is]* limpide

Kristóf fn Christophe h

Krisztián fn Christian h

Krisztina fn Christine n

Krisztus fn vall Christ h; **~ előtt** avant Jésus-Christ; **~ után** après Jésus-Christ

kritérium fn critère h

kritika fn *[bírálat, bírálatok összessége]* critique n; **jó ~t kapott** il a eu de bonnes critiques; **~n aluli** inqualifiable

kritikai mn critique; **~ kiadás** édition n critique; **~ szellem** esprit h critique

kritikus I. mn critique, *[döntő így is]* crucial(e); **~ elme** esprit h critique; **~ helyzet** situation n critique **II.** fn critique h n

kritizál ts i/tn i critiquer

krizantém fn chrysanthème h

krízis fn orv is crise n

krokett¹ fn konyh croquette n

krokett² fn sp croquet h

krokodil fn crocodile h

króm fn chrome h

kromoszóma fn chromosome h

krónika fn irtud, sajtó chronique n; **családi ~** chronique familiale

krónikus mn chronique; *[tartós]* persistant(e); **~ betegség** maladie n chronique

kronológia fn chronologie n

krumpli fn pomme de terre n; biz patate n; **sült ~** frite(s) n (t sz); **~t hámoz** éplucher des patates

krumplipüré fn purée n de pommes de terre

Kuba fn Cuba h; **~ban** à Cuba

kubai I. mn cubain(e) **II.** fn *[személy]* Cubain(e)

kubizmus fn cubisme h

kucsma fn toque n de fourrure

kudarc fn échec h; **~ba fullad** avorter; **~ot vall** échouer v. essuyer v. subir un échec

kugli fn jeu h de quilles

kuglóf fn kouglof h

kuka fn *[szemétgyűjtő]* poubelle n

kukac fn ver h; inform arobase n; **micsoda gyáva ~!** biz quel trouillard !

kukacos mn véreux (-euse); átv chicaneur (-euse); fraz coupeur (-euse) de cheveux en quatre

kukacoskodik tn i fraz couper les cheveux en quatre, chercher la petite bête

kukk fn **egy ~ot sem akarok hallani!** je ne veux pas entendre un mot !; **egy ~ot sem értettem** je n'ai pas compris un traître mot

kukorékol tn i **a kakas ~** le coq chante

kukorica fn maïs h

kukoricapehely fn flocon h de maïs

kuksol tn i *[összekucorodva]* se recroqueviller; **mindig otthon ~** rester claquemuré(e) à la maison

kukta *fn [szakácsinas]* marmiton *h*; *[főzőedény]* cocotte-minute *n*

kukucs *msz* coucou !

kukucskál *tn i* épier

kukurikú *msz* cocorico

kulacs *fn* gourde *n*

kulcs *fn zene is* clé *v.* clef *n*; *gazd* barème *h*, taux *h*; **~ra zár** fermer à clef; **a rejtély ~a** la clé du mystère

kulcscsomó *fn* trousseau *h* de clés

kulcscsont *fn* clavicule *n*

kulcsfigura *fn* personnage *h* clé

kulcsfontosságú *mn* **~ helyet foglal el** occuper une position(-)clé

kulcskérdés *fn* question *h* cruciale

kulcslyuk *fn* trou *h* de la serrure

kulcspozíció *fn* position(-)clé *n*

kulcsregény *fn* roman *h* à clé

kulcsszó *fn* mot-clé *h*

kulcstartó *fn* porte-clés *h*

kulissza *fn [díszlet]* décor(s) *h (t sz)*; *átv* **a ~k mögött** en coulisse, dans la coulisse

kullancs *fn* tique *n*; *átv, biz* crampon *h*, pot *h* de colle

kullog *tn i* se traîner; **hátul ~** rester à la traîne

kultúra *fn [termesztés, tenyészet is]* culture *n*; **nincs zenei ~ja** il n'a pas de culture musicale

kulturálatlan *mn* inculte; *[viselkedés]* grossier (-ière)

kulturális *mn* culturel (-elle)

kulturált *mn [művelt]* cultivé(e); *[viselkedés]* civilisé(e)

kultúrház *fn* maison *n* de la culture

kultúrpolitika *fn* politique *n* culturelle

kultusz *fn* culte *h*; **személyi ~** culte de la personnalité

kuncog *tn i* glousser; *fraz* rire dans sa barbe

kuncsaft *fn* client(e)

kunszt *fn biz* truc; **nem nagy ~** ce n'est pas sorcier

kunyerál *ts i/tn i* mendier

kunyhó *fn* cabane *n*, hutte *n*

kúp *fn* cône *h*; *orv* suppositoire *h*; **~ alakú** conique

kupa *fn [serleg]* coupe *n*; *sp* coupe *n*; **a Davis ~** la coupe Davis

kupac *fn* (petit) tas *h*, amas *h*; **~ba rak** mettre en tas

kupadöntő *fn* finale *n* de (la) coupe

kupak *fn [palackon]* capsule *n*; *[csavaros]* bouchon *h*; *[tollon, tubuson]* capuchon *h*

kupamérkőzés *fn* match *h* de coupe

kupé *fn* compartiment *h*

kupica *fn* petit verre *h*

kupleráj *fn átv is, biz* bordel *h*

kuplung *fn* pédale *n* d'embrayage

kupola *fn* coupole *n*, dôme *h*

kupon *fn* coupon *h*

kúra *fn* cure *n*; traitement *h*; **~t tart** suivre un traitement *v. [étrendben]* un régime

kúrál *ts i* soigner

kuratórium *fn [alapítványi]* conseil *h* de surveillance (d'une fondation)

kúria *fn [épület]* gentilhommière *n*, manoir *h*

kurta *mn* court(e); *[válasz]* laconique, bref (brève)

kuruttyol *tn i* coasser

kuruzsló *fn* charlatan *h*

kurva I. *fn durva* putain *n*, pute *n* **II.** *mn* **ez ~ jó!** *biz* c'est géant !; **a ~ életbe!** *durva* putain (de merde) !

kurzív I. *mn* italique **II.** *fn* italique *h*; **~val** en italique

kurzus *fn [tanfolyam, árfolyam]* cours *h*; *[politikában]* régime *h*

kuss *msz biz* ta gueule !

kusza *mn* enchevêtré(e); *átv* embrouillé(e), confus(e)

kúsz|ik *tn i* ramper

kúszónövény *fn* plante *n* grimpante

kút *fn [ásott]* puits *h; [csapos]* fontaine *n; átv* **~ba esik** tomber à l'eau

kutat I. *ts i* rechercher; *[tanulmányoz]* étudier **II.** *tn i vmiben* fouiller *v. biz* fouiner *dans qqch; vki után* rechercher *qqn; vmi után* être en quête de *qqch; [tudós]* faire de la recherche; **a levéltárban ~** faire des recherches dans les archives

kutatás *fn [tudományos is]* recherche *n;* **~t végez** faire des recherches

kutató I. *mn* **~ pillantás** regard *h* scrutateur **II.** *fn [tudományos]* chercheur (-euse)

kutatócsoport *fn* groupe *h* de recherche

kutatóintézet *fn* institut *h* de recherche

kutatómunka *fn* travail *h* de recherche

kutya *fn* chien *h; [nőstény]* chienne *n;* **vigyázz, harapós ~!** attention, chien méchant !; **~ baja** *fraz* il se porte comme un charme; **egyik ~, másik eb** *fraz* c'est blanc bonnet et bonnet blanc; **~ élet** vie de chien; **~ hideg van** il fait un froid de loup; **itt van a ~ elásva** voilà la clé du mystère; **a ~ mindenit!** nom d'un chien !; **a ~nak sem kell** personne n'en veut

kutyaeledel *fn* aliment *h* pour chien

kutyafuttában *hsz* à la va-vite, au galop

kutyaharapás *fn* morsure *n* de chien

kutyakölyök *fn* chiot *h*

kutyaól *fn* niche *n*

kutyaszorító *fn* **~ba kerül** être aux abois; *biz* se retrouver dans un (sale) pétrin

kutyaugatás *fn* aboiement *h*

kuvik *fn* (chouette *n*) chevêche *n*

külalak *fn* apparence *n* extérieure; *[iskolai dolgozaté]* présentation *n*

küld *ts i/tn i* envoyer; *vkiért/vmiért* envoyer chercher *qqn/qqch;* **postán ~** envoyer par la poste; **nyugdíjba ~** mettre *v.* envoyer à la retraite

küldemény *fn* envoi *h*

küldetés *fn átv is* mission *n*

küldönc *fn* coursier (-ière)

küldött *fn* délégué(e)

küldöttség *fn* délégation *n*

külföld *fn* étranger *h;* **~ön, ~re** à l'étranger

külföldi I. *mn* étranger (-ère), de l'étranger; **~ áru** produit *h* d'importation; **~ utazás** voyage *h* à l'étranger **II.** *fn* étranger (-ère)

külképviselet *fn* représentation *n* diplomatique

külkereskedelem *fn* commerce *h* extérieur

külkereskedelmi *mn* du commerce extérieur; **~ mérleg** balance *n* du commerce extérieur

küllő *fn* rayon *h*

külön I. *hsz [elkülönítve]* à part, séparément; *[megkülönböztetve]* spécialement, en particulier; **ezeket a ruhákat ~ kell mosni** il faut laver ces vêtements séparément; **~ élnek** ils vivent séparés; **~ ezért jött** il est venu spécialement *v.* exprès pour cela; **~ az ő számára** spécialement pour lui **II.** *mn [mástól elválasztott]* séparé(e), à part, distinct(e); *[megkülönböztetett]* partiticulier (-ière), spécial(e); **~ ágyban hálnak** faire lit à part; **ez két ~ dolog** ce sont là deux choses distinctes; **~ utakon jár** *fraz* faire cavalier seul; **ez egy ~ világ** c'est un monde *v.* un univers à part; **~ figyelmet érdemel** mériter une attention (toute) particulière

különálló *mn [elkülönített]* séparé(e), isolé(e), à part; *[független]* indépendant(e); ~ **ház** maison n isolée; ~ **vélemény** opinion à part

különb mn meilleur(e); *[igével]* valoir mieux; ~ **dolgokat is megértem már** j'en ai vu d'autres

különben hsz *[egyébként]* d'ailleurs, du reste, par ailleurs; *[máskép]* autrement, sinon, sans quoi; ~ **minden rendben** à part ça, tout va bien; ~ **nem láttam volna** sans ça, je ne l'aurais pas vu

különbözet fn différence n

különböz|ik tn i *vkitől/vmitől* être différent(e) v. différer *de qqn/qqch*; **véleményük ebben ~ik** leurs opinions divergent à ce sujet

különböző mn *[eltérő]* différent(e); *[különféle]* divers(e), différent(e); **ez két ~ dolog** ce sont là deux choses différentes; ~ **okoknál fogva** pour diverses raisons

különbség fn différence n; **azzal a ~gel, hogy** à la v. à cette différence que

különc I. mn excentrique, extravagant(e), original(e) II. fn original(e)

különélés fn séparation n

különféle mn divers(e), différent(e), varié(e)

különítmény fn *kat* détachement h, commando h

különjárat fn service h spécial

különkiadás fn édition n spéciale

külön-külön hsz séparément; *[egyesével]* un(e) à un(e), l'un après l'autre; ~ **beszéltem velük** je leur ai parlé à chacun séparément

különleges mn spécial(e), particulier (-ière); ~ **bánásmódban részesül** bénéficier d'un traitement de faveur

különlegesség fn particularité n, spécificité n; *konyh* spécialité n

különóra fn cours h particulier

különös mn *[furcsa]* singulier (-ière), bizarre, étrange; *[különleges]* spécial(e), particulier (-ière); ~ **ismertetőjel** signe h particulier; ~ **minden ~(ebb) ok nélkül** sans raison spéciale; **semmi ~** rien de particulier v. de spécial; ~ **véletlen** curieux hasard h

különösen hsz *[furcsán]* bizarrement, étrangement; *[főként]* surtout; *[rendkívül]* particulièrement; ~ **akkor, amikor** surtout quand; ~ **érzem magam** je me sens bizarre

különterem fn *[vendéglőben]* salon h particulier

különtudósító fn envoyé(e) spécial(e)

különválaszt ts i séparer, trier; *[elválaszt]* isoler

különvonat fn train h spécial

külpolitika fn politique n extérieure v. étrangère

külpolitikai mn ~ **kapcsolatok** relations n (t sz) extérieures

külső I. mn extérieur(e), externe; *film* ~ **felvétel** extérieur h, prise n de vue en extérieur; *orv* ~ **használatra** à usage h externe; ~ **munkatárs** collaborateur (-trice) externe II. fn *[emberé]* apparence n; *[vminek a külseje]* extérieur h; **ad a külsejére** soigner son apparence; **a ~ után ítél** juger sur les apparences

külsőleg hsz extérieurement, en apparence; *orv* à usage externe

külsőség fn apparence n; **sokat ad a ~ekre** être très attaché(e) aux apparences

külterület fn faubourg h

külügy fn affaires n (t sz) étrangères v. extérieures

külügyi mn ~ **helyzet** situation n extérieure; ~ **pálya** carrière n diplomatique

külügyminiszter fn ministre h n des Affaires étrangères

külügyminisztérium *fn* ministère *h* des Affaires étrangères

külváros *fn* banlieue *n*

külvárosi *mn* de banlieue, suburbain(e); ~ **lakos** banlieusard(e)

külvilág *fn* monde *h* extérieur

kürt *fn* cor *h*

kürtöl *ts i* **világgá ~ vmit** claironner qqch, *fraz* crier qqch sur les toits

küszköd|ik *tn i* peiner; *vmivel* se donner de la peine *v.* du mal *avec qqch*

küszöb *fn átv is* seuil *h*; **átlépi a ~öt** franchir le seuil; **a tél ~én** au seuil de l'hiver; *átv* **~ön áll** être imminent(e)

küzd *tn i* lutter, se battre; ~ **a betegséggel** combattre la maladie; **a szabadságért ~** lutter pour la liberté

küzdelem *fn* lutte *n*, combat *h*; **kemény ~ után** après une lutte acharnée; **küzdelmet folytat** livrer un combat

küzdelmes *mn* ~ **élete volt** sa vie a été un combat de tous les instants

küzdőtér *fn átv* arène *n*; **politikai ~** arène politique

kvantum *fn* quantum *h*

kvantumelmélet *fn* théorie *n* quantique

kvarc *fn* quartz *h*

kvarcóra *fn* montre *n* à quartz

kvartett *fn* quatuor *h*; *[dzsesszben]* quartette *h*

kvázi *hsz biz* quasiment

kvitt *fn* ~**ek vagyunk** nous sommes quittes

kvóta *fn* quota *h*

L

láb fn [lábfej] pied h; [lábszár] jambe n; [állaté] patte n; [bútoré, mértékegység, versmérték] pied h; **jó v. szép ~a van** avoir de belles jambes; **vki ~ára lép** marcher sur les pieds de qqn; **alig áll a ~án** il tient à peine sur ses jambes; **a hegy ~ánál** au pied de la montagne; **eltöri a ~át** se casser la jambe; **két ~bal** à pieds joints; **~ra áll** se relever; **átv eltesz vkit ~ alól** fraz expédier qqn dans l'autre monde; **saját ~ára áll** devenir indépendant(e), fraz voler de ses propres ailes; **levesz vkit a ~áról** séduire qqn; **szedi a ~át** fraz prendre les jambes à son cou; **bal ~bal kel** se lever du pied gauche; **nagy ~on él** vivre sur un grand pied; **~ra kap** [hír] se répandre, se propager

lábad tn i **könnybe ~ a szeme** ses yeux se remplissent de larmes

lábadozás fn convalescence n

lábadoz|ik tn i être convalescent(e)

lábápolás fn soins h (t sz) des pieds

lábas fn faitout h; [nyeles] casserole n

lábatlankod|ik tn i **ne ~j itt!** arrête d'être dans mes jambes !

lábazat fn socle h, piédestal h; [falé] base n; [bútoré, oszlopé] soubassement h

lábbeli fn chaussures n (t sz), souliers h (t sz)

labda fn balle n; [nagyobb] ballon h; **eldobja/elrúgja a ~t** envoyer la balle

v. le ballon; **elkapja a ~t** attraper la balle v. le ballon

labdarúgás fn football h

labdarúgó fn footballeur (-euse), joueur (-euse) de football

labdarúgó-bajnokság fn championnat h de football

labdarúgócsapat fn équipe n de football

labdarúgó-mérkőzés fn match h de football

labdaszedő fn ramasseur (-euse) de balle

labdáz|ik tn i jouer au ballon v. à la balle

lábfej fn pied h

labiális mn nyelv labial(e)

labilis mn instable; [lelkiállapot] fragile

labirintus fn labyrinthe h, dédale h

lábjegyzet fn note n de v. en bas de page

lábnyom fn empreinte n de pied, trace n de pas

labor fn biz labo h

laboráns fn laborantin(e), assistant(e) de laboratoire

laboratórium fn laboratoire h; biz labo h; **nyelvi ~** laboratoire de langues

lábszár fn jambe n

lábszárvédő fn sp protège-tibia h

lábtörés fn fracture n de la jambe

lábtörlő fn paillasson h, essuie-pieds h

lábujj fn orteil h, doigt h de pied; **nagy ~** gros orteil

lábujjhegy fn **~en** sur la pointe des pieds

láda fn caisse n; [tetővel] coffre n

ladik fn bachot h

lagúna fn lagune n

lágy I. mn mou (mol) (molle), tendre; [kellemes] doux (douce); **~ tojás** œuf à la coque, [hoszabban főtt] œuf mollet

II. *fn átv* **nem esett a feje ~ára** ne pas être un imbécile

lágyék *fn* aine *n*

lágyéksérv *fn orv* hernie *n* inguinale

lágyít *ts i* (r)amollir; *[bőrt]* assouplir; *[vizet]* adoucir

lagymatag *mn* tiède

lágyul *tn i* se ramollir; *[bőr]* s'assouplir

laikus I. *mn* profane; *[nem egyházi]* laïque **II.** *fn* profane *h n*; *[nem egyházi]* laïc (laïque)

lajhár *fn áll* paresseux *h*; *átv* feignant(e)

Lajos *fn* Louis *h*

lakáj *fn* laquais *h*

lakályos *mn* confortable, cosy

lakás *fn [lakhatás]* logement *h*; *[lakóhely]* appartement *h*, logement *h*; *biz* appart *h*; **kétszobás ~** appartement de deux pièces, un deux-pièces; **kiad/kivesz egy ~t** louer un appartement; **kiadó ~** appartement à louer

lakáscsere *fn* échange *h* de logement *v.* d'appartement

lakásépítés *fn* construction *n* de logements

lakásfoglaló *fn [önkényes]* squatteur *h*

lakáshiány *fn* manque *h v.* pénurie *n* de logement

lakat *fn* cadenas *h*; **~ra zár** cadenasser; **~ alatt tart** garder sous clef; *átv* **~ alatt van** être sous les verrous

lakatlan *mn* inhabité(e); **~ sziget** île *n* déserte

lakatos *fn* serrurier (-ière)

lakbér *fn* loyer *h*

lakberendezés *fn* décoration *n* intérieure

lakberendező *fn* décorateur (-trice) d'intérieur

lakcím *fn* adresse *n*, domicile *h*

lakcímváltozás *fn* changement *h* d'adresse

lakhatatlan *mn* inhabitable

lakhely *fn →* **lakóhely**

lak|ik *tn i* habiter; *hiv* être domicilié(e); **vkinél** habiter *v.* loger *chez qqn*; **hol ~sz?** où est-ce que tu habites?; **a Saint-Jacques utca 5. sz. alatt ~ik** il habite au 5, rue Saint-Jacques

lakk *fn* laque *n*; *[festéklakk]* vernis *h*; *[körömre]* vernis à ongles

lakkcipő *fn* souliers *h (t sz)* vernis

lakkoz *ts i* vernir; **~za a körmét** elle vernit ses ongles *v.* se vernit les ongles

lakó *fn* habitant(e); *[bérlő]* locataire *h n*

lakóautó *fn* camping-car *h*

lakodalom *fn* noce(s) *n (t sz)*

lakógyűlés *fn* assemblée *n v.* réunion *n [társasházban]* de copropriétaires *v. [bérházban]* de locataires

lakóház *fn* maison *n v.* immeuble *h* d'habitation

lakóhely *fn* domicile *h*, résidence *n*; **állandó ~** domicile légal; **ideiglenes ~** résidence actuelle

lakókocsi *fn* roulotte *n*; *[kempingezéshez]* caravane *n*

lakoma *fn* festin *h*

lakónegyed *fn* quartier *h* d'habitation

lakóövezet *fn* zone *n* d'habitation

lakos *fn* habitant(e), résidant(e); **budapesti ~** domicilié(e) à Budapest

lakosság *fn* population *n*; *[városi]* citadins *h (t sz)*; **polgári ~** population civile

lakossági *mn* **~ fórum** réunion *n* de quartier; **~ fogyasztás** consommation *n* des ménages

lakószoba *fn* pièce *n* d'habitation

lakosztály *fn* suite *n*

lakótárs *fn [bérlő]* colocataire *h n*; *[tulajdonos]* copropriétaire *h n*; *[kollégiumban]* camarade *h n* de chambrée

lakótelep *fn* cité *n*

lakóterület *fn* [lakásé] espace *h* habitable

lakott *mn* habité(e); ~ **terület** zone *n* habitée; **sűrűn ~ vidék** région *n* très peuplée

laktanya *fn* caserne *n*

laktató *mn* [étel] nourrissant(e); *biz* bourratif (-ive)

lám *msz* no ~ eh bien, vous voyez ?; **hadd ~** fais voir !

láma[1] *fn* vall lama *h*; **a dalai ~** le dalaï-lama

láma[2] *fn* áll lama *h*

lámpa *fn* lampe *n*; [járműé] feu *h*; [közlekedési] feu *h* (de signalisation); **piros a ~** le feu est au rouge; **felkapcsolja/eloltja a ~t** allumer/éteindre la lumière *v.* la lampe

lámpaernyő *fn* abat-jour *h*

lámpaláz *fn* trac *h*

lámpaoszlop *fn* lampadaire *h*

lánc *fn* [ékszer is] chaîne *n*; *átv* chaînes *n* (t sz); **~ra ver** [rabot] enchaîner, mettre aux fers; **lerázza ~ait** briser ses chaînes

láncfűrész *fn* tronçonneuse *n*

lánchíd *fn* pont *h* suspendu; **a L~** [Budapesten] le pont des Chaînes

láncol *ts i* enchaîner, attacher avec une chaîne

láncolat *fn* enchaînement *h*

láncreakció *fn* réaction *n* en chaîne

láncszem *fn* chaînon *h*, maille *n*, maillon *h*; **a hiányzó ~** le chaînon manquant

lánctalp *fn* chenille *n*

lánctalpas *mn* à chenilles, chenillé(e)

landol *tn i* atterrir

lándzsa *fn* lance *n*, pique *n*

láng *fn* flamme *n*; **kis ~on** à feu doux; **~ba borul** prendre feu, s'enflammer; **~okban áll** flamber, être en feu *v.*

flamme; *átv* **~ba borul az arca** s'empourprer

lángész *fn* génie *h*

lángol *tn i* flamber, brûler, être en feu; **~ az arca** avoir le visage en feu; **~ a szerelemtől** brûler d'amour

lángoló *mn* átv brûlant(e), enflammé(e); [szenvedély] ardent(e)

lángos *fn* konyh, kb. galette *n*

langyos *mn* tiède

lankad *tn i* [bágyad] languir; [érdeklődés, figyelem] faiblir

lankás *mn* ~ **hegyoldal** (côte *n* en) pente *n* douce

lant *fn* luth *h*; [ókori is] lyre *n*

lány *fn* fille *n*; [kicsi] fillette *n*; [leány gyermek] fille *n*; [hajadon] jeune fille *n*

lanyha *mn* átv is faible; ~ **érdeklődést kelt** susciter un faible intérêt

lanyhul *tn i* [erő] faiblir; [buzgalom] se relâcher; [érzelem] s'attiédir

lányos *mn* ~ **viselkedés** comportement *h* de jeune fille

lap *fn* [tárgy] plaque *n*; [sík felület] plat *h*, [papír] feuille *n* (de papier); [könyvoldal] page *n*; [levelezőlap, kártya] carte *n*; [újság] journal *h*; **~jára fektet** poser à plat; **az ~alján** au *v.* en bas de la page; **sárga/piros ~** [futballban] carton *h* jaune/rouge; *átv* **nyílt ~okkal játszik** *fraz* jouer cartes sur tables; **ez más ~ra tartozik** c'est une toute autre affaire

láp *fn* marécage *h*, marais *h*

lapály *fn* basses terres *n* (t sz)

lapát *fn* pelle *n*; **egy ~ vmi** une pelletée de qqch; *átv* **~ra tesz vkit** *biz* virer *v.* sacquer qqn

lapátol *ts i* pelleter; **havat ~** enlever la neige

lapít I. *ts i* aplatir **II.** *tn i* átv se faire tout(e) petit(e)

lapocka *fn* omoplate *n*; *[állaté]* épaule *n*

lapos¹ *mn* plat(e); *[érdektelen, színtelen]* plat(e); **~ sarkú cipő** chaussures *n (t sz)* à talons plats; **~ mell** poitrine *n* plate; **~ tető** toit *h* plat, toiture *n* en terrasse; **~ra ver vkit** *fraz* battre qqn comme plâtre

lapos² *mn* **50 ~ kiadvány** une brochure de 50 pages

lapostányér *fn* assiette *n* plate

lapoz *ts i/tn i* feuilleter, tourner la page

lappang *tn i* couver; **e mögött ~ vmi** *fraz* il y a anguille sous roche

lappangás *fn [betegségé]* incubation *n*; **~i idő** période *n* d'incubation *v.* de latence

lappangó *mn* latent(e); **~ betegség** maladie *n* latente

lapszél *fn* marge *n*

lapszemle *fn* revue *n* de presse

lapul *tn i* s'aplatir; *[észrevétlenül marad]* se faire tout(e) petit(e); **a falhoz ~** s'aplatir contre le mur; **a földhöz ~** s'aplatir par terre

lapzárta *fn* bouclage *h*

lárma *fn* vacarme *h*, tapage *h*, *biz* boucan *h*; **~t csap** faire du tapage *v.* du boucan

lármás *mn* bruyant(e)

lármáz|ik *tn i* faire du bruit *v.* du tapage *v. biz* du boucan

lárva *fn* larve *n*

lásd *msz* voir; *[lábjegyzetben]* cf.; **~ lejjebb** voir plus bas *v.* ci-dessous

lassan *hsz* lentement; *zene* lento; **csak ~!** doucement !; **~ a testtel!** pas si vite !

lassanként *hsz* petit à petit, peu à peu

lassít *ts i/tn i* ralentir; **~!** ralentis !

lassított *mn* **~ felvétel** ralenti *h*

lassú *mn* lent(e); **~ észjárású** avoir l'esprit lent *v.* paresseux; **~ tűzön à** petit feu, à feu doux

lassul *tn i* (se) ralentir, décélérer

lassúság *fn* lenteur *n*

László *fn* Ladislas *h*

lasszó *fn* lasso *h*

lat *fn* **minden erejét ~ba veti, hogy** faire tout son possible pour *inf*; **sokat nyom a ~ban** peser dans la balance

lát¹ **I.** *tn i* voir; **jól ~** avoir de bons yeux; **tisztán ~** voir clair; **munkához ~** se mettre au travail **II.** *ts i* voir; *[belát, kitalál, megért]* voir, se rendre compte; *[vmilyennek]* trouver; *[következtet]* déduire; **lássuk csak!** voyons voir !; **ezt miből ~od?** à quoi vois-tu ça ?; **itt nem ~ni semmit** on n'y voit rien; **úgy ~om, hogy** il me semble que, j'ai l'impression que; **nem ~om az értelmét** je n'en vois pas le sens; **jónak ~** *[vmit tenni]* trouver bon de *inf*; **tégy, ahogy jónak ~od** fais comme bon te semble; **ki ~ott már ilyet?** a-t-on jamais vu pareille chose ?; **vendégül ~ vkit** recevoir qqn; **mindig szívesen ~unk** nous avons toujours plaisir à te voir

lát² *mn gazd* **~ra szóló** payable à vue

látás *fn* vue *n*, vision *n*; **~ból ismer** connaître de vue; **első ~ra** à première vue

látási *mn* visuel (-elle); **rossz ~ viszonyok** mauvaise visibilité; **~ zavar** trouble *h* visuel *v.* de la vision *v.* de la vue

látatlanban *hsz* les yeux fermés

látcső *fn* lunette *n*; *[kettős]* jumelle(s) *n (t sz)*

láthatár *fn* horizon *h*; **a ~on** à l'horizon

láthatatlan *mn* invisible

látható *mn* visible, apparent(e); **szabad szemmel ~** visible à l'œil nu; **jól ~ helyen** à un endroit bien en vue; **~, hogy** on voit que

láthatóan *hsz* visiblement

latin I. *mn* latin(e); ~ **betűk** caractères *h (t sz)* romain v. latins **II.** *fn [nyelv]* latin *h*; ~**ok** les Latins *h (t sz)*

Latin-Amerika *fn* Amérique *n* latine

latin-amerikai I. *mn* latino-américain(e) **II.** *fn a* ~**ak** les Latino-Américains *h (t sz)*

látkép *fn* vue *n* (panoramique)

látlelet *fn* constat *h* médical

látnivaló *fn* curiosité *n*; **nincs itt semmi** ~ il n'y rien à voir ici

látogat *ts i/tn i* vkit aller voir *qqn*, rendre visite *à qqn*; *[orvos beteget]* visiter; *[vhova]* se rendre en visite; *[hiv. minőségben]* effectuer une visite; *[egyetemi előadást]* suivre

látogatás *fn* visite *n*; **udvariassági** ~ visite de politesse; ~**t tesz vkinél** faire une visite à qqn

látogatási *mn* ~ **idő** *[kórházban]* heures *n (t sz)* de visites; *[múzeumban]* heures *n (t sz)* d'ouverture

látogató *fn* visiteur (-euse); **sok** ~**m van** j'ai beaucoup de visites; ~**ba jön/megy** venir/aller en visite

látóhatár *fn* → **láthatár**

látókör *fn [látóhatár]* horizon *h*; *átv* horizon *h* intellectuel; **széles** ~ largeur *n* de vues *v.* d'esprit; **szűk** ~ étroitesse *n* de vues *v.* d'esprit

latolgat *ts i* peser, évaluer

látomás *fn* vision *n*

látószög *fn* angle *h* visuel *v.* optique

látótávolság *fn* distance *n* de visibilité; ~**on belül van** être à portée de vue

látszat *fn* apparence *n*; ~**ra** en apparence; **a** ~ **csal** les apparences sont trompeuses; **a** ~ **kedvéért** *fraz* pour la montre; **minden** ~ **ellenére** contre toute apparence; **nincs** ~**a vminek** ne pas avoir de résultat apparent; **vminek**

a ~**át kelti** donner une impression de qqch

látszerész *fn* opticien (-ienne)

látsz|ik *tn i [látható]* se voir; *vminek* avoir l'air *qqch*, sembler *v.* paraître *qqch*; **messziről** ~**ik**, se voir de loin; **habozni** ~**ik** il paraît *v.* semble hésiter, il a l'air d'hésiter; **úgy** ~**ik, hogy** il semble que *subj v. ind*; **úgy** ~**ik, elfelejtette** apparemment, il l'a oublié; **betegnek** ~**ik** il a l'air malade; **ebből is** ~**ik, hogy** à ceci également, l'on voit que

látszólag *hsz* apparemment, en apparence

látszólagos *mn* apparent(e); ~ **ellentmondás** contradiction *n* apparente

látta *fn* vkinek/vminek a ~**n** à la vue de qqn/qqch; **a szemem** ~**ra** sous mes yeux

látvány *fn* spectacle *h*

látványos *mn* spectaculaire

látványosság *fn* curiosité *n*, attraction *n*

latyak *fn* gadoue *n*; *[hó]* neige *n* fondue

láva *fn* lave *n*

lavina *fn* avalanche *n*

lavíroz *tn i átv is* louvoyer

lavór *fn* cuvette *n*, bassine *n*

láz *fn átv is* fièvre *n*; **magas** ~**a van** avoir une grosse *v.* forte fièvre; **negyven fokos** ~**a van** avoir quarante de fièvre; **megméri vkinek a** ~**át** prendre la température à qqn; ~**ba hoz** exciter, enfiévrer; ~**ba jön** être excité(e)

laza *mn [nem feszes]* lâche; *[föld, talaj]* meuble; *átv [tág, pontatlan]* vague; *[szabados]* relâché(e), permissif (-ive); *[könnyed]* désinvolte; *biz* décontracté(e), cool

lazac *fn* saumon *h*; **füstölt** ~ saumon fumé

lázad *tn i* → **fellázad**

lázadás *fn* révolte *n*, rébellion *n*; *[katonáké, fegyencéké]* mutinerie *n*

lázadó *mn/fn* rebelle *h n*, insurgé(e), mutiné(e)

lázas *mn átv* is fiévreux (-euse), fébrile

lázcsillapító I. *mn* fébrifuge **II.** *fn* médicament *h* contre la fièvre, fébrifuge *h*

lazít I. *ts i [rögzítést]* relâcher, desserrer, détendre; *[földet]* ameublir **II.** *tn i [személy]* se détendre, se relaxer

lázít *ts i* pousser *v.* inciter à la révolte *v.* à la rébellion

lázító I. *mn* ~ beszéd discours *h* incendiaire; ~ írás écrit *h* séditieux **II.** *fn* agitateur (-trice), émeutier (-ière)

lázmérő *fn* thermomètre *h* (médical)

lázong *tn i* se révolter, être révolté(e)

láztalan *mn* sans fièvre

lazul *tn i* se détendre, se relâcher, se desserrer; *[fegyelem]* se relâcher

lazsál *tn i biz* glander; *fraz, biz* tirer au flanc *v.* au cul

le *hsz* en bas, vers le bas; **fentről** ~ **de** haut en bas; ~ **a kalappal!** chapeau (bas) !; ~ **a háborúval!** non à la guerre !; ~ **a kormánnyal!** à bas le gouvernement !

lé *fn* jus *h*; *[pénz]* biz pognon *h*; **levet ereszt** juter, rendre du jus; *átv* **bő** ~**re ereszt** *fraz, biz* allonger la sauce; **ő issza meg a levét** *fraz* c'est lui qui payera les pots cassés; **minden ~ben kanál** *fraz* un mêle-tout

lead *ts i [fentről]* donner, tendre; *[otthagy]* laisser, remettre, déposer; *[írást, dolgozatot]* rendre, remettre; *[labdát]* passer; *[sajtóban közöl]* publier; ~ **pár kilót** perdre quelques kilos; ~**ja szavazatát** voter

leágazás *fn* bifurcation *n*

leakaszt *ts i [tárgyat]* décrocher; *[talál, szerez]* dénicher

lealacsonyít *ts i* abaisser, dégrader, avilir

lealacsonyod|ik *tn i* s'abaisser

leáll *tn i [motor]* caler; *[személy vízben]* avoir pied; ~ **beszélgetni** s'arrêter pour discuter

leállít *ts i [megállít]* arrêter; ~**ja a motort** couper le moteur; ~**ja a munkát** faire cesser le travail

leállósáv *fn* bande *n* d'arrêt d'urgence

leander *fn* laurier(-)rose *h*

leány *fn* → **lány**

leányanya *fn* mère *n* célibataire

leányka *fn* fillette *n*; biz gamine *n*

leánykori *fn* ~ **név** nom *h* de jeune fille

leányvállalat *fn* filiale *n*

learat *ts i* récolter, moissonner; *átv* récolter

leáraz *ts i* solder

leárazás *fn* solde(s) *n (t sz)*

lebarnul *tn i* bronzer

lebecsül *ts i [alábecsül]* sous-estimer; *[ócsárol]* dénigrer

lebeg *tn i [vízen, levegőben]* flotter; *[madár]* planer; *[kábítószer hatása alatt]* biz planer; ~ **a szélben** flotter au vent; **élet és halál között** ~ être entre la vie et la mort

lebélyegez *ts i* timbrer, tamponner

lebeszél *ts i vkit vmiről* dissuader *qqn de qqch*

lebiggyeszt *ts i* ~**i az ajkát** faire la moue

lebilincsel *ts i* captiver

lebilincselő *mn* captivant(e)

leblokkol I. *ts i* bloquer; *[pénztárban]* enregistrer; *[blokkolóórán]* pointer **II.** *tn i [zavarában, ijedtében]* se bloquer

lebombáz *ts i* bombarder, détruire par un bombardement

lebont *ts i* démolir; *[falat]* abattre; *biol* désassimiler

lebontás fn démolition n; biol désassimilation n

lebonyolít ts i [ügyet] régler, arranger; [ügyletet] mener à bien, conclure; **a cég komoly forgalmat bonyolít le** l'entreprise réalise un chiffre d'affaires important

lebonyolód|ik tn i s'arranger, se régler, s'effectuer

leborul tn i vki előtt se prosterner devant qqn

lebuj fn bouge h, coupe-gorge h

lebuk|ik tn i [leesik] tomber; [víz alá] plonger; [nap] plonger; [rendőrkézre kerül] se faire agrafer v. épingler

lebzsel tn i biz tirer sa flemme; vki körül traîner autour de qqn

léc fn latte n; [síléc] ski h; biz latte n, planche n; [magasugró] barre n

lecke fn leçon n; [írásbeli házi feladat] devoir h (à la maison)

leckekönyv fn livret h v. carnet h d'étudiant

lecsap I. ts i [ledob] jeter violemment; [lecsuk] fermer d'un geste sec; [levág] couper, trancher; sp smasher **II.** tn i [villám] tomber; [madár zsákmányra] s'abattre v. fondre sur; vki vmire mettre le grappin sur qqch; ~ **az ellenségre** tomber sur l'ennemi

lecsapód|ik tn i s'abattre en claquant; [pára] se condenser sur

lecsapol ts i [mocsarat] orv is drainer

lecsatol ts i [débouclé, détacher; [sílécet] déchausser

lecsavar ts i dévisser; [hangerőt] baisser; [villanyt] éteindre

lecsendesed|ik tn i se calmer, s'apaiser

lecsendesít ts i calmer, apaiser

lecsepeg tn i (dé)goutter, s'égoutter

lecserél ts i (é)changer, remplacer

lecsillapít ts i calmer, apaiser

lecsillapod|ik tn i se calmer, s'apaiser

lecsó fn kb. ratatouille n

lecsorog tn i [folyadék] couler

lecsuk ts i [fedelet] fermer, rabattre; [börtönbe] emprisonner; biz coffrer, boucler; ~**ja a szemét** fermer ses yeux

lecsúsz|ik tn i glisser; átv [lezüllik] se déclasser; átv vmiről manquer qqch; ~**ik a csúszdán** glisser sur le toboggan; ~**ik a szánkóval** descendre en luge

ledarál ts i moudre; [elhadar] débiter

ledob ts i jeter; [bombát] lâcher, larguer; ~ **a földre** jeter par terre v. à terre

ledolgoz ts i ~**za a nyolc órát** faire ses huit heures; ~**za a hátrányát** rattraper son retard

ledöf ts i [késsel, tőrrel] poignarder

ledől tn i [építmény] s'écrouler, s'effondrer; [lepihen] s'étendre

ledönt ts i abattre, renverser; [szobrot] déboulonner

ledörzsöl ts i enlever en frottant

ledús mn juteux (-euse)

leég tn i brûler, être détruit(e) par l'incendie, être réduit(e) en cendres; [étel] brûler; [gyertya] se consumer; [naptól] attraper un coup de soleil; [anyagilag] biz être à sec v. fauché(e)

leégés fn [naptól] coup h de soleil; átv **nagy ~ volt!** biz c'était la honte !

leéget ts i [ételt, szemölcsöt] brûler; [kínos helyzetbe hoz] vkit biz foutre la honte à qqn

leegyszerűsít ts i simplifier

leejt ts i laisser v. faire tomber

leél ts i **Pesten élte le egész életét** il a vécu toute sa vie à Pest

leemel ts i prendre, descendre; ~**i a bőröndöt** descendre v. prendre la valise; ~**i a kalapját** enlever son chapeau

leendő *mn* futur(e)

leenged *ts i vkit vhova* laisser *qqn* descendre *qqpart*; *[függönyt, árat]* baisser; *[ruhát]* (r)allonger

leépít *ts i [elbocsát]* licencier; *[létszámot]* réduire, comprimer; *[vállalatot, egy részét]* supprimer

leépítés *fn [elbocsátás]* licenciement(s) *h (t sz)*; *[létszámé]* suppression(s) *n (t sz)* d'emploi; *[vállalaté, egy részéé]* suppression *n*

leér *tn i [leérkezik]* arriver; *vmi vmeddig qqch* arrive jusqu'à *qqch*; ~ a lába *[vízben]* avoir pied

leereszked|ik *tn i* descendre; *átv vkihez* s'abaisser jusqu'à *qqn*

leereszt I. *ts i* (faire) descendre; *[függönyt, redőnyt]* baisser; *[csónakot]* mettre à l'eau; *[horgonyt]* jeter, mouiller; *[ruhát]* (r)allonger II. *tn i [kerék]* se dégonfler

leérettségiz|ik *tn i* passer son baccalauréat

leértékel *ts i [valutát]* dévaluer; *[árut]* solder; *átv [alábecsül]* sous-estimer

leértékelés *fn [pénzé]* dévaluation *n*; *[árué]* solde(s) *n (t sz)*

lees|ik *tn i* tomber; *[láz]* tomber; *átv* ~ik az álla rester bouche bée; ~ett végre? *[érted már?] biz* tu piges à la fin?

lefagy *tn i* geler; *[számítógép]* boguer; majd ~ a keze avoir les mains gelées

lefagyaszt *ts i [ételt]* congeler

lefarag *ts i* ~ a kiadásokból rogner sur les dépenses

lefed *ts i* (re)couvrir

lefegyverez *ts i* désarmer

lefegyverzés *fn* désarmement *h*

lefejez *ts i* décapiter; *[guillotine-nal]* guillotiner

lefejt *ts i [ruháról]* découdre; *[bort]* (sou)tirer

lefékez I. *tn i [jármű]* freiner II. *ts i [járművet]* arrêter; *[tevékenységet]* freiner

lefeksz|ik *tn i* se coucher, s'étendre; *[ágyba]* se mettre au lit; *[aludni]* (aller) se coucher; *vkivel* coucher *avec qqn*; ~ik a földre se coucher par terre

lefektet *ts i* coucher, étendre; *[gyereket]* mettre au lit, coucher; *[vezetéket]* poser; *[szabályt]* établir, formuler

lefelé *hsz* vers le bas; *[menet közben]* en descendant; fejjel ~ la tête en bas; ~ fordít retourner; ~ halad a folyón descendre le fleuve

lefényképez *ts i* prendre en photo, photographier

lefénymásol *ts i* photocopier

lefest *ts i* peindre; *vkit* faire le portrait de *qqn*; *átv* (dé)peindre, décrire

lefetyel *ts i* lapper

lefilmez *ts i* filmer

lefizet *ts i [összeget]* payer, verser; *[megveszteget]* soudoyer

lefog *ts i [erőszakkal]* immobiliser, maîtriser; *[bűnöst]* arrêter; *sp* marquer

lefoglal *ts i [helyet stb.]* réserver, retenir; *[hatóságilag]* saisir; *[közcélra]* réquisitionner; *[mástól elvonva leköt]* absorber, accaparer

lefogy *tn i/ts i* maigrir; ~ott három kilót il a perdu trois kilos, il a maigri de trois kilos

lefokoz *ts i* dégrader

lefolyás *fn [vízé]* écoulement *h*; *[betegségé]* évolution *n*; *[eseményeké]* cours *h*, déroulement *h*

lefoly|ik *tn i [víz, idő]* s'écouler; *[esemény]* se dérouler

lefolyó *fn [cső]* tuyau *h* d'écoulement *v.* de descente; *[nyílás]* bonde *n*

lefolytat *ts i [tárgyalásokat]* conduire, mener; *[vizsgálatot]* faire, procéder à

lefordít *ts i [szöveget]* traduire; ~ **vmit magyarról franciára** traduire qqch du hongrois en français

lefordíthatatlan *mn* intraduisible

leforgat *ts i [filmet]* tourner

leforráz *ts i* ébouillanter; *[teát]* infuser; ~**za magát** s'ébouillanter

lefölöz *ts i [tejet]* écrémer

lefröcsköl *ts i* éclabousser, asperger

lefúj *ts i* faire partir en soufflant; *[rápermetez]* vaporiser, pulvériser; *[eseményt]* annuler; **a szél** ~**ta a kalapját** le vent a emporté son chapeau; ~**ja a mérkőzést** siffler la fin du match

lefut I. *tn i* descendre en courant, dévaler; *[szem a harisnyán]* filer; ~ **a lépcsőn** dévaler l'escalier **II.** *ts i* ~ **öt kilométert** courir cinq kilomètres

lefülel *ts i biz* pincer, agrafer

lég *fn* airs *h (t sz)*; ~**ből kapott hír** rumeur *n* sans fondement

legalább *hsz* au moins

legalábbis *hsz* du moins

legális *mn* légal(e)

legalizál *ts i* légaliser

legalsó *mn* le (la) plus bas (basse); **a** ~ **polcon** sur l'étagère du bas; **a** ~ **sor** la dernière ligne

legalul *hsz* tout en bas, tout au fond

légáramlat *fn* courant *h* atmosphérique; **hideg/meleg** ~ courant d'air froid/chaud

légcsavar *fn* hélice *n*

légcső *fn* trachée *n*

legel *ts i/tn i* brouter, paître

legeleje *fn* vminek **a** ~**n** au tout début de qqch; **már a** ~**n** dès le début

légelhárítás *fn* → **légvédelem**

légelhárító *mn* → **légvédelmi**

legelő *fn* pâturage *h*, pâture *n*

legelöl *hsz* tout au devant; *[sorban]* en tête

legelőször *hsz* ~ **(is)** tout d'abord, avant tout; **amikor** ~ **megláttam** la toute première fois que je l'ai vu(e)

legelső *mn* (tout) premier, (toute) première; **a** ~ **napok** les tout premiers jours

legenda *fn* légende *n*

legendás *mn* légendaire

legény *fn [fiatal férfi] biz* gars *h*, gaillard *h*; ~ **a talpán** c'est un sacré gaillard

legénység *fn [hajón]* équipage *h*; *kat* troupe *n*

legépel *ts i [írógépen]* taper (à la machine), dactylographier

legfeljebb *hsz [nem több, mint]* (tout) au plus; *[a legrosszabb esetben]* au pire

legfelső *mn* le (la) plus haut(e), supérieur(e); ~ **emelet** étage *h* supérieur; ~ **szintű tárgyalások** négociations *n (t sz)* au sommet

legfelsőbb *mn* suprême; ~ **bíróság** cour *n* suprême, *[Fr.-ban]* cour de cassation

legfelül *hsz* tout en haut, (tout) au-dessus

legfőbb *mn* principal(e); ~ **hatalom** pouvoir *h v.* autorité *n* suprême; ~ **ok** raison *n* principale; ~ **ügyész** procureur *h n* général(e); ~ **ideje, hogy** il est plus que temps de *inf v.* que *subj*

legfőképpen *hsz* principalement, avant tout

léggömb *fn [játék is]* ballon *h*

léghajó *fn* dirigeable *h*; zeppelin *h*

leghátul *hsz* tout au fond; *[sorban]* en queue

légi *mn* aérien (-ienne); ~ **forgalom** trafic *h* aérien; ~ **támaszpont** base *n* aérienne; ~ **úton** par air *v.* avion

légierő *fn* forces *n (t sz)* aériennes, armée *n* de l'air

légies *mn* aérien (-ienne), léger (-ère) comme l'air; ~ **járás** démarche *n* aérienne

légikikötő *fn* aéroport *h*

légikisasszony *fn* hôtesse *n* de l'air

leginkább *hsz* surtout, avant tout

légiposta *fn* poste *n* aérienne; ~n par avion

légiriadó *fn* alerte *n* aérienne

légitámadás *fn* attaque *n* aérienne

légitársaság *fn* compagnie *n* aérienne; **diszkont** ~ compagnie (aérienne) à bas prix

legitim *mn* légitime

legjava *fn* la meilleure partie; *[legtöbbje]* la majeure partie

legjobb *mn* le (la) meilleur(e); **a ~ esetben** dans le meilleur des cas, au mieux; **a ~ lenne, ha** le mieux serait de *inf* v. que *subj*

legjobban *hsz* le mieux, le plus

legjobbkor *hsz* au meilleur moment

legkésőbb *hsz* au v. le plus tard; ~ **ma este** ce soir au plus tard; **a lehető ~ le** plus tard possible

legkevésbé *hsz* le moins; ~ **sem** pas le moins du monde

legkevesebb *mn* le moins; *[legalább]* au moins; **a ~, amit tehetek** le moins que je puisse faire

legkisebb *mn* le (la) plus petit(e), le v. la moindre; **a ~ gyermek** le dernier des enfants; **a ~ változás** le moindre changement

légkondicionálás *fn* climatisation *n*

légkondicionáló *fn* climatiseur *h*

légkondicionált *fn* climatisé(e), à air conditionné

légkör *fn* átv is atmosphère *n*

légköri *mn* atmosphérique; ~ **szennyeződés** pollution *n* atmosphérique

legközelebb *hsz [térben]* le plus près; *[időben]* la prochaine fois

legközelebbi *mn [térben]* le (la) plus proche; ~ **alkalommal** la prochaine fois

legmélye *fn* vmi ~n tout au fond de qqch; **lelke ~n vál** au tréfonds de son âme

légmentes *mn* hermétique

legnagyobb *mn* le (la) plus grand(e); **a ~ munkában** en plein travail; **a ~ örömmel** avec la plus grande joie; ~ **megengedett sebesség** vitesse *n* maximale autorisée

légnemű *mn* gazeux (-euse); ~ **halmazállapot** état *h* gazeux

légnyomás *fn* pression *n* atmosphérique; *[bombáé]* souffle *h*

légnyomásmérő *fn* baromètre *h*

legördül *tn i [könnycsepp]* rouler; *[függöny]* tomber

légörvény *fn* tourbillon *h*

légpárna *fn* coussin *h* d'air

legrosszabb *mn* le (la) pire, le (la) plus mauvais(e); **a ~ az, hogy** le pire, c'est que; ~ **esetben** au pire; **a ~kor** au plus mauvais moment

légszennyezés *fn* pollution *n* de l'air

légtér *fn* espace *h* aérien; **légteret megsért** violer l'espace aérien

légtornász *fn* trapéziste *h n*

legtöbb I. *mn vmiből* le plus *de qqch*; *[nagy része]* la plupart des; **a ~ ember** la plupart des gens; **a ~ esetben** dans la plupart des cas **II.** *fn* le plus

legtöbben *hsz* ~ **közülünk** la plupart d'entre nous; **vasárnap vannak a ~** c'est dimanche qu'il y a le plus de monde

legtöbbször *hsz* le plus souvent

leguggol *tn i* s'accroupir

legújabb *mn* **a ~ divat** la dernière mode

legurul *tn i* rouler; ~ **a lépcsőn** rouler en bas de l'escalier

légutak *fn* voies *n (t sz)* respiratoires
legutóbb *hsz* la dernière fois
legutóbbi *mn* dernier (-ière); **a ~ na-pokban** ces derniers jours
legutolsó *mn* tout dernier (toute dernière); **a ~ pillanatban** au tout dernier moment
légügyi *mn* aéronautique
légüres *mn* ~ **tér** le vide
légvár *fn* ~**akat épít** *fraz* faire v. bâtir des châteaux en Espagne
légvédelem *fn* défense *n* antiaérienne
légvédelmi *mn* antiaérien (-ienne)
legvége *mn* **vminek a ~n** *[tárgynak, térnek]* tout au bout de qqch, *[időnek, eseménynek]* tout à la fin de qqch
legvégső *mn* tout dernier (toute dernière), extrême; ~ **ár** le dernier prix; **a ~ esetben** en dernier ressort
légvonal *fn* ~**ban** en ligne *n* droite, *fraz* à vol d'oiseau
légzés *fn* respiration *n*; **mesterséges ~** respiration artificielle
légzési *mn* ~ **zavarok** troubles *n (t sz)* respiratoires
légzőszerv *fn* appareil *h* respiratoire
légzsák *fn [járműben]* airbag *h*
légy[1] *tn i [ragozott alak]* sois; ~ **szíves** s'il te plaît
légy[2] *fn áll* mouche *n*; **egy ~nek sem ártana** il ne ferait pas de mal à une mouche; **két legyet üt egy csapásra** faire d'une pierre deux coups
legyen *tn i [ragozott alak] [ő]* qu'il soit; *[ön]* soyez; ~ **szíves** s'il vous plaît; **ám ~!** soit !; **úgy ~!** ainsi soit-il !
legyengít *ts i* affaiblir
legyengül *tn i* s'affaiblir; **nagyon ~t** il est très affaibli
legyez *ts i* éventer; ~**i magát** s'éventer
legyező *fn* éventail *h*
legyint I. *tn i* faire un geste de la main; *[lemondóan]* avoir v. faire un geste

résigné **II.** *ts i* **pofon ~ vkit** donner une tapette à qqn
legyőz *ts i [ellenfelet]* vaincre; *[nehézséget, betegséget]* surmonter, triompher de; *sp* battre
legyőzhetetlen *mn* invincible; *[nehézség]* insurmontable
legyűr *ts i [visszahajt]* rabattre; *[földre teper]* terrasser; *[rossz érzést]* ravaler; *[nehézséget]* surmonter, triompher de; *[ételt]* avaler péniblement
léha *mn* frivole
lehagy *ts i [megelőz]* dépasser; *[elhagy]* devancer
lehajl|ik *tn i* se pencher, se courber
lehajol *tn i* se baisser, se pencher
lehajt *ts i [fedelet, gallért]* rabattre; *[italt] biz* siffler; ~**ja fejét** baisser la tête
lehalkít *ts i* baisser; ~**ja hangját** baisser la voix
lehallgat *ts i* ~**ja az üzenetrögzítőjét** écouter ses messages; ~**ják a telefonját** son téléphone est (mis) sur écoute
lehangol *ts i* déprimer, démoraliser
lehangolt *mn [személy]* déprimé(e), démoralisé(e); *[hangszer]* désaccordé(e)
lehány *ts i* vomir sur; *[leszór]* jeter
lehanyatl|ik *tn i [lerogy]* s'écrouler; *[fej, kar]* retomber; *[nap]* se coucher; *átv* décliner, être sur son déclin
leharap *ts i* arracher (avec les dents); **harapd le a végét!** manges-en le bout
léhaság *fn* frivolité *n*
lehel *ts i/tn i* souffler; **életet ~ vmibe** *[művész]* animer qqch
lehelet *fn* haleine *n*; *[lélegzet]* souffle *h*; **rossz szagú a ~e** avoir mauvaise haleine; **az utolsó ~éig** jusqu'à son dernier souffle
lehet *tn i [lehetséges]* pouvoir, être possible; *[szabad]* pouvoir; *[talán]*

peut-être; ~, **hogy elmegyek** il se peut v. il est possible que j'y aille, j'irai peut-être; **amint** ~ dès que possible; **be ~ menni?** on peut entrer ?; **igazad** ~ tu dois avoir raison; **hogy ~ az, hogy** comment se fait-il que *subj*; **mi ~ ez?** qu'est-ce que ça peut bien être ?

lehetetlen I. *mn* impossible; *[képtelen]* absurde; ~, **hogy** il est impossible que *subj* **II.** *fn* impossible *h*; **megkísérli a ~t** tenter l'impossible

lehetetlenség *fn* impossibilité *n*; *[képtelenség]* absurdité *n*

lehető I. *mn* possible; **a ~ legjobb** le (la) meilleur(e) possible; **~vé tesz** rendre possible **II.** *fn* **megtesz minden ~t** faire tout son possible

lehetőleg *hsz* si possible, de préférence

lehetőség *fn* possibilité *n*; *[esély]* chance *n*; ~ **szerint** dans la mesure du possible; **él a ~gel** profiter de v. saisir l'occasion

lehetséges *mn* possible; *[esetleges]* éventuel (-elle); ~, **hogy** il est possible que *subj*

lehevered|ik *tn i* s'étendre; **~ik vhova** s'étendre sur qqch; **~ek egy picit** je vais m'étendre un peu

lehiggad *tn i* se calmer, s'apaiser

lehord *ts i* descendre; *vkit átv, biz* engueuler *qqn*; *fraz* passer un savon à *qqn*

lehorgonyoz *ts i/tn i* jeter l'ancre, mouiller

lehorzsol *ts i* écorcher, érafler; **~ta a térdét** il s'est écorché le genou

lehoz *ts i* descendre; *[közöl]* publier

lehull *tn i* tomber

lehuny *ts i* ~**ja a szemét** fermer les yeux; **egész éjjel nem hunyta le a szemét** il n'a pas fermé l'œil de la nuit

lehúz *ts i* tirer vers le bas; *[rolót stb.]* baisser; *[ruhát, cipőt]* enlever, retirer; *[vhol időt]* biz tirer; *[kritizál]* éreinter; *fraz, biz* descendre en flammes; **~za a vécét** tirer la chasse

lehűl *tn i* se rafraîchir, se refroidir

lehűlés *fn* rafraîchissement *h*, refroidissement *h*

lehűt *ts i* rafraîchir; *[lelkesedést]* refroidir

leigáz *ts i* assujettir, asservir, soumettre

leint *ts i [elhallgattat]* faire taire d'un geste; *[taxit]* héler, arrêter

leír *ts i* écrire; *[másol]* copier; *[írásba foglal]* mettre par écrit; *[jellemez]* décrire; *[költséget]* déduire; *[veszteségként elkönyvel]* passer par profits et pertes; *átv vkit* faire une croix *sur qqn*

leírás *fn [másolás]* copie *n*; *[eseménnyé, személyé]* description *n*; *[körözött egyéné]* signalement *h*; *[összegé]* déduction *n*, décompte *h*

leírhatatlan *mn* indescriptible

leíró *mn* descriptif (-ive); ~ **nyelvtan** grammaire *n* descriptive

leisz|ik *ts i* **leissza magát** se soûler

leitat *ts i* soûler

lejár I. *tn i [személy lemegy]* descendre (souvent); *[vmiről leszedhető]* se détacher, être amovible; *[határidő, igazolvány, szerződés]* expirer; **~t az idő** le temps est écoulé **II.** *ts i* **~ja a lábát** *fraz, biz* se mettre sur les genoux

lejárat[1] *ts i átv* discréditer; *biz* couler; **~ja magát** se discréditer

lejárat[2] *fn [vhova]* accès *h*; *[határidő, szerződésé]* expiration *n*; *[kölcsöné, váltóé]* échéance *n*; **hosszú ~ú** à longue échéance v. à long terme

lejárta *fn* **a határidő ~val** à l'expiration du délai

lejátsz|ik *ts i [játszmát, zenét]* jouer; *[hangfelvételt, filmet]* passer

lejátszód|ik *tn i [történet]* se dérouler, se passer

lejjebb *hsz* plus bas; **~ ment az ára** son prix a baissé; **lásd ~** voir plus bas *v.* ci-dessous

lejön *tn i [fenti helyről]* descendre; *[utazva]* venir; *[leválva]* se détacher, s'enl ever; **ebből még ~ 100 euró** il faut encore en déduire 100 euros

lejt *tn i/ts i* aller en pente; descendre (en pente); **táncot ~** exécuter une danse

lejtmenet *fn* **~ben** en descente

lejtő *fn* pente *n; fiz* plan *h* incliné

lejtős *mn* en pente

lék *fn* trou *h,* ouverture *n; [hajón]* voie *n* d'eau

lekap *ts i [hirtelen levesz]* enlever (rapidement); *[fotón]* prendre en photo à l'improviste; **~ta a kalapját** il se découvrit précipitamment

lekapar *ts i* gratter, racler

lekapcsol *ts i [villanyt]* éteindre; *[rögzített dolgot]* décrocher, détacher; *átv, biz [letartóztat]* coffrer

lekaszál *ts i* faucher

lekenyerez *ts i vkit fraz* graisser la patte *à qqn*

lekerül *tn i* **~ a műsorról** disparaître *v.* être retiré(e) de l'affiche; **~ a napirendről** disparaître *v.* être retiré(e) de l'ordre du jour

lekés|ik *ts i/tn i vmit/vmiről* rater *v.* manquer *qqch;* **~tem a vonatot** j'ai raté le train

lekever *ts i* **~ egy pofont** *biz* flanquer une gifle

lekezel I. *tn i vkivel biz* serrer la pince *à qqn* **II.** *ts i vkit* traiter *qqn* de haut

lekicsinyel *ts i [dolgot]* minimiser; *[embert]* déprécier, dénigrer

lekonyul *tn i* s'incliner

lekop|ik *tn i* s'user; *[festék]* partir; *átv [elmegy] biz* se casser; **kopj le!** *biz* casse-toi !, dégage !

lekopog *ts i [írógépen]* taper; *[babonából] fraz* toucher du bois

leköp *ts i vkit/vmit* cracher *sur qqn/qqch*

leköröz *ts i sp vkit* avoir une tour d'avance *sur qqn; átv* devancer

leköszön *tn i* démissionner

leköt *ts i* attacher, lier; *[elfoglalva tart]* absorber, captiver; *[pénzt]* immobiliser

lekötelez *ts i* obliger

lektor *fn [egyetemen, kiadónál]* lecteur (-trice)

lektorál *ts i [kéziratot bírál]* rédiger une note de lecture

lektorátus *fn okt* département *h* des langues étrangères

leküzd *ts i* vaincre, surmonter; **~i az akadályokat** surmonter les obstacles; **~i félelmét** vaincre sa peur

leküzdhetetlen *mn* insurmontable

lekvár *fn* confiture *n*

lel *ts i/tn i* trouver; **abban ~i örömét, hogy** trouver son plaisir à *inf;* **nem ~i helyét** ne pas trouver sa place; **mi ~te?** qu'est-ce qui le prend ?

lelassít *ts i/tn i* ralentir

lelassul *tn i* (se) ralentir

lelátó *fn* tribune *n*

lélegzés *fn* respiration *n*

lélegzet *fn* respiration *n,* souffle *h;* **mély ~et vesz** inspirer *v.* aspirer profondément; **elállt tőle a ~e** cela lui a coupé le souffle; **visszafojtja a ~ét** retenir sa respiration *v.* son souffle; *átv* **végre egy kis ~hez jut** il peut enfin souffler un peu

lélegzetelállító *mn* à couper le souffle; *biz* époustouflant(e)

lélegz|ik *tn i* respirer; **mélyet ~ik** prendre une profonde respiration; **nehezen ~ik** avoir du mal à respirer

lélek *fn [személy is]* âme *n; [szellem]* esprit *h; [lelkiismeret]* conscience *n;* **nem viszi rá a ~, hogy** ne pas avoir le cœur à *inf;* **rokon ~** âme sœur; **egy árva ~ sem volt ott** il n'y avait pas âme qui vive; **lelkem!** mon cœur !; **lelkére beszél vkinek** faire entendre raison à qqn; **lelkére vesz vmit** prendre qqch à cœur; **valami nyomja a lelkét** avoir qqch sur le cœur; **kiönti a lelkét** soulager sa conscience; **lelket önt vkibe** *fraz* remettre du cœur au ventre à qqn; **nyugodt ~kel** la conscience tranquille

lélekjelenlét *fn* présence *n* d'esprit

lélekszakadva *hsz* à bout de souffle, hors d'haleine, essoufflé(e); **~ fut** courir à perdre haleine

lélekszám *fn* nombre *h* d'habitants

lélektan *fn* psychologie *n*

lélektani *mn* psychologique

lélektelen *mn* sans âme; **~ munka** travail *h* machinal

lélekvándorlás *fn* métempsycose *n*

leleményes *mn* astucieux (-euse), ingénieux (-euse)

lelép *tn i [elmegy] biz* se tirer, filer; **~ a járdáról** descendre du trottoir; *kat* **~ni!** rompez !

leleplez *ts i [szobrot]* inaugurer; *[tevékenységet]* dévoiler; *[személyt]* démasquer

leleplező|dik *tn i [tevékenység]* être dévoilé(e); *[személy]* être démasqué(e)

lelet *fn [orvosi]* résultat(s) *h (t sz)* d'analyse; *[régészeti]* découverte *n*

lelkendez|ik *tn i* s'enthousiasmer; **~ve mesélte, hogy** il a raconté, tout enthousiaste, que

lelkes *mn* enthousiaste; **~ híve vkinek/vminek** fervent(e) partisan(e) de qqn/qqch

lelkesedés *fn* enthousiasme *h*

lelkesed|ik *tn i* s'enthousiasmer; *vkiért/vmiért* s'enthousiasmer *pour qqn/qqch*

lelkesít *ts i* enthousiasmer

lelkész *fn [protestáns]* prêtre *h;* **tábori ~** aumônier *h* militaire

lelketlen *mn [kegyetlen]* inhumain(e), sans cœur; *[lény]* inanimé(e)

lelki *mn* **I.** *pszich* psychique, mental(e); *vall* spirituel (-elle); **~ béke** paix *n* de l'âme; **~ egyensúly** équilibre *h* mental; **~ tusa** combat *h* intérieur

lelkiállapot *fn* état *h* d'esprit

lelkierő *fn* force *n* d'âme

lelkifröccs *fn biz* prêchi-prêcha *h*

lelkiismeret *fn* conscience *n;* **rossz a ~e** avoir mauvaise conscience; **tiszta a ~e** avoir la conscience tranquille; **elaltatja ~ét** faire taire sa conscience

lelkiismeretes *mn [ember, munka]* consciencieux (-euse)

lelkiismeret-furdalás *fn* remords *h;* **~ gyötri** être tenaillé(e) par les remords

lelkiismereti *mn* **~ kérdés** cas *h* de conscience; **~ szabadság** liberté *n* de conscience

lelkiismeretlen *mn [ember]* sans scrupule(s); *[munka]* peu consciencieux (-euse)

lelkület *fn* tempérament *h,* caractère *h*

lelocsol *ts i* arroser, asperger

lelohad *tn i [daganat]* se dégonfler, désenfler; *[harag]* s'apaiser; *[lelkesedés]* retomber

lelő *ts i* abattre; *biz* descendre; *átv* **lelövi a poént** rater la chute

lelőhely *fn [ásvány]* gisement *h; [régészeti]* site *h* archéologique

lelök *ts i* pousser en bas, faire tomber

leltár *fn [kimutatás, leltározás]* inventaire *h;* **~ miatt zárva** fermé(e) pour cause d'inventaire

leltároz *tn i/ts i* inventorier, faire l'inventaire de

lemarad *tn i [hátramarad]* rester en arrière; *[fejlődésben, tanulásban]* être en *v.* prendre du retard; *vmiről* manquer *v.* rater *qqch*

lemaradás *fn* retard *h*; **behozza ~át** rattraper son retard

lemásol *ts i* copier; *[kézzel]* recopier

lemegy *tn i* descendre; *[nap]* se coucher; *[ár, láz]* baisser; **~ a lépcsőn** descendre l'escalier; **~ a Balatonra** descendre au Balaton

lemér *ts i [súlyt]* peser; *[hosszt]* mesurer; *[stopperrel]* chronométrer

lemerül *tn i [tárgy]* couler; *[személy]* plonger; *[akkumulátor]* être à plat

lemészárol *ts i* massacrer

lemez *fn [lap]* plaque *n*; *[bádog]* tôle *n*; *[hanglemez]* disque *h*; *[CD]* disque compact; *[flopi]* disquette *n*; *inform* **merev ~** disque dur

lemezjátszó *fn* tourne-disque *h*

lemezlovas *fn* disc-jockey *h* D.J.

lemond I. *tn i vmiről* renoncer à *qqch*; *[tisztségről]* démissionner; **nem tudok ~ani** a cigarettáról je ne peux pas me passer de la cigarette; **az orvosok ~tak róla** les médecins l'ont condamné(e) **II.** *ts i [megrendelést]* décommander; *[órát, eseményt]* annuler; *[előfizetést]* se désabonner; *[meghívást]* se décommander

lemondás *fn* renoncement *h*; *[beletörődés]* résignation; *[hivatalról]* démission *n*; *[eseményé, óráé]* annulation *n*; **benyújtja ~át** présenter sa démission

lemos *ts i* laver; *sp, biz* écraser

len *fn* lin *h*

lencse *fn* lentille(s) *n (t sz)*; *[szemüvegé]* lentille; *[fényképezőgépé]* objectif *h*

lendít I. *ts i* lancer **II.** *tn i vmin* faire avancer *qqch*

lendül *tn i* s'élancer; **támadásba ~** passer à l'attaque

lendület *fn* élan *h*, impulsion *n*; **~et ad vminek** donner une impulsion à *qqch*; **~et vesz** prendre son élan; **nagy ~tel** avec beaucoup d'énergie

lendületes *mn* entraînant(e), dynamique

lenéz I. *tn i [vhova]* regarder vers le *v.* en bas; **~ vidékre** faire un tour en province **II.** *ts i* mépriser, dédaigner

leng *tn i* pendiller; *[lobogó]* flotter; *[inga]* osciller

lengés *fn [lobogóé]* flottement *h*; *[ingáé]* oscillation *n*

lengéscsillapító *fn* amortisseur *h*

lenget *ts i* agiter; *[zászlót így is]* brandir; *[szél]* agiter; **~i a zsebkendőjét** agiter son mouchoir

lengőajtó *fn* porte *n* battante

lengyel I. *mn* polonais(e) **II.** *fn [személy]* Polonais(e); *[nyelv]* polonais *h*

Lengyelország *fn* Pologne *n*

lenn *hsz* en bas; **~ a földszinten** au rez-de-chaussée; **~ van vidéken** il est (parti) en province

lenni *tn i* être; **orvos akar ~** il veut être médecin

lent *hsz* → **lenn**

lenti *mn* d'en bas, d'en dessous

lenvászon *fn* toile *n* de lin

lény *fn* être *h*, créature *n*; **társas ~** être social

lényeg *fn* essentiel *h*; **ez a ~** voilà l'essentiel; **~ében** pour l'essentiel, en substance; **a ~re tér** en venir au fait; **~re tör** aller à l'essentiel

lényeges *mn* essentiel (-elle), primordial(e)

lényegi *mn* essentiel (-elle)

lényegtelen *mn* sans importance, insignifiant(e);

lenyel *ts i* avaler; *[visszafojt]* réprimer, ravaler; **~i a békát** *fraz* avaler des couleuvres

lenyír *ts i [hajat]* couper; *[birkát, füvet]* tondre

lenyom *ts i [gombot, pedált]* appuyer sur; *[víz alá]* enfoncer; *[árat, bért, lázat]* faire baisser

lenyomat *fn* empreinte *n; nyomd* tirage *h*

lenyugsz|ik *tn i [nap]* se coucher; *[érzelem]* se calmer, s'apaiser

lenyúz *ts i* écorcher

lenyűgöz *ts i* fasciner, captiver

lenyűgöző *mn* fascinant(e), captivant(e)

Leó *fn* Léon, Léo *h*

leolt *ts i* éteindre

leolvas *ts i* lire; *[pénzt]* compter; **~vmit vkinek az arcáról** lire qqch sur le visage de qqn; **~sa a (gáz)órát** relever le compteur (de gaz)

leolvaszt *ts i [hűtőszekrényt]* dégivrer

leomlik *tn i [épület]* s'effondrer; *[vakolat, haj, ruha]* tomber

leopárd *fn* léopard *h*

leöblít *ts i* rincer

leöl *ts i* tuer

leönt *ts i* verser; *konyh* napper; **~i vminek a levét** enlever le jus de qqch; **~i magát kávéval** renverser du café sur ses vêtements

lép¹ *tn i* faire un pas; *[vhova]* entrer; *vmire* marcher *sur qqch; aprókat ~* marcher à petits pas; **oldalt ~** faire un pas de côté; **közelebb ~ vkihez/vmihez** s'approcher de qqn/qqch; **ötödik évébe ~** entrer dans sa cinquième année; **vkinek a helyébe ~** prendre la place de qqn; **olajra ~** *fraz* filer à l'anglaise; **te ~sz!** *[játékban]* à toi de jouer

lép² *fn [szerv]* rate *n*

lép³ *fn* **~re csal vkit** prendre qqn au piège

lép⁴ *fn [méheké]* gâteau *h* de cire

leparkol *tn i/ts i [autóval]* se garer; *[autót]* garer

lepárlás *fn* distillation *n*

lepárol *ts i* distiller

lepattan *tn i [gomb]* sauter; *[szilánk]* éclater; *sp [labda]* rebondir

lépcső *fn* escalier *h; [lépcsőfok]* marche *n;* **vigyázat, ~!** attention à la marche !; **felmegy/lemegy a ~n** monter/descendre l'escalier; **hátsó ~** escalier de service

lépcsőfok *fn* marche *n* (d'escalier); *átv [szakasz]* échelon *h*

lépcsőház *fn* cage *n* d')escalier

lépcsőforduló *fn* palier *h*

lépcsőjáró *fn* d')escalier *h;*

lépcsőzetes *mn* en gradin; *[fokozatos]* graduel (-elle); **~ nézőtér** fauteuils *h (t sz)* en gradin; **~ fejlődés** évolution *n* graduelle

lepecsétel *ts i [iratot]* sceller, cacheter; *[bélyeget]* oblitérer; *[lakást]* mettre sous scellés

lepedék *fn* enduit *h*

lepedő *fn* drap *h* (de lit)

lépeget *tn i [gyorsan]* trotter, trottiner; *[kimérten]* marcher à pas comptés

lepel *fn* voile *h; [halotti]* linceul *h;* **az éj leple alatt** à la faveur de la nuit; *átv* **lerántja a leplet vmiről/vkiről** démasquer *v.* dévoiler qqch/qqn

lepény *fn* galette *n*

lepereg *tn i [vízcsepp]* dégouliner; *[felhordot réteg]* s'écailler; **~ előtte az élete** il voit sa vie défiler devant ses yeux; **~nek róla a sértések** les injures glissent sur lui

lépés *fn* pas *h; [játékban]* coup *h;* **~ben** au pas; **~ről ~re** pas à pas; **így jött ki a ~** ça c'est fait comme ça;

csak egy ~re van innen c'est à deux pas d'ici; *átv* **megteszi az első ~eket** faire les premiers pas; **megteszi a szükséges ~eket** prendre les mesures nécessaires

lepihen *tn i* (aller) se reposer

lepke *fn* papillon *h*

lépked *tn i* marcher

leplez *ts i* dissimuler, masquer, camoufler

leplezetlen *mn* non dissimulé(e)

leporol *ts i* épousseter

lepra *fn* lèpre *n*; **~ hely** *biz* un endroit cradingue

leprás *mn/fn* lépreux (-euse)

leprésel *ts i* presser

lépték *fn* échelle *n*

lépten-nyomon *hsz* sans cesse, à tout bout de champ

léptet *ts i/tn i [lovon]* aller au pas; **hatályba ~** faire entrer en vigueur

lepusztult *mn* délabré(e)

lerág *ts i* ronger; **~ja a csontot** ronger l'os

leragad *tn i* adhérer, rester collé(e); *[sárban]* s'embourber; *átv* **majd ~ a szeme** avoir les paupières lourdes; **~ egy témánál** s'éterniser sur un sujet

leragaszt *ts i* coller

lerajzol *ts i* dessiner

lerak *ts i* (dé)poser; *átv* **~ja vminek az alapjait** poser les fondements *v.* jeter les bases de qqch

lerakat *fn* dépôt *h*

lerakódás *fn [folyamat]* sédimentation *n*; *[eredmény]* dépôt *h*; *geol* sédiment *h*

lerakódik *tn i* se déposer

leránt *ts i vmit vhonnan* faire tomber qqch en tirant; *[megbírál] biz* descendre; *átv* **~ja a leplet vmiről** lever le voile sur qqch

leráz *ts i* secouer; *vkit* se débarrasser de qqn

lerendez *ts i* arranger, régler

lerészegedik *tn i* se soûler; s'enivrer

leró *ts i [tartozást]* s'acquitter de; **~ja háláját** témoigner *v.* manifester sa reconnaissance à qqn

lerobban *tn i [jármű]* tomber en panne

lerogy *tn i* s'affaler, s'effondrer

lerohan I. *tn i* descendre en courant; **~ a lépcsőn** dévaler l'escalier **II.** *ts i [országot]* envahir; *vkit* se jeter sur qqn

lerombol *ts i* démolir, détruire

leromlik *tn i [egészség]* se détériorer, se délabrer; *[pénz]* se dévaluer

lerögzít *ts i [tárgyat, időpontot]* fixer; *[eredményt]* établir

lerövidít *ts i [terjedelmet]* abréger; *[időt]* écourter

les¹ *tn i/ts i [titokban]* guigner, épier; *[iskolában]* copier; **~i a kedvező pillanatot** attendre le moment favorable; **azt ~heted!** *fraz* tu peux toujours courir !

les² *fn [leshely]* poste *h* d'observation; *[vadászaton]* affût *h*; *sp* hors jeu *h*; **~ben áll** être à l'affût, se tenir aux aguets; *sp* **~en van** être hors jeu

leselkedik *tn i [titokban]* se tenir à l'affût, être aux aguets; *vkire* guetter *v.* épier qqn

lesiklik *tn i* descendre (en glissant)

lesimít *ts i* lisser

lesoványodik *tn i* maigrir

lesöpör *ts i* balayer

lestrapál *ts i [tárgyat]* user; *[embert] biz* esquinter

lesújt I. *tn i [törvény, villám]* frapper; **~ vkire [ököllel, karddal]** asséner un coup à qqn **II.** *ts i [megrendít]* consterner, atterrer, affliger

lesújtó *mn [hír]* consternant(e); *[eredmény]* affligeant(e), atterrant(e); **~ pillantás** regard *h* foudroyant

lesül *tn i [étel]* cramer; *[napon]* bronzer; ~ **a bőr a képéről** mourir de honte

lesüllyed *tn i* plonger, s'enfoncer; *[talaj]* s'affaisser; *átv* déchoir, tomber bas

lesüt *ts i* ~**i a szemét** baisser les yeux

lesz *tn i [történni fog]* sera; *[vmivé válik]* devenir; *[birtokába jut]* avoir; *[esemény]* avoir lieu; **mi ~ vele?** que deviendra-t-il ?; ~ **ami** ~advienne que pourra; **jó ~ sietni** on ferait mieux de se dépêcher; **ott ~ek** j'y serai; **fia lett** elle a eu un garçon; **hova lett a szemüvegem?** où sont passées mes lunettes ?; **ügyvéd lett** il est devenu avocat

leszakad *tn i [leesik]* tomber; *[építmény]* s'effondrer; *[gomb]* sauter; *[lemarad]* rester en arrière; **majd ~ a lábam** je ne tiens plus debout

leszakít *ts i* arracher; *[gyümölcsöt, virágot]* cueillir

leszáll *tn i vmiről* descendre *de qqch*; *[madár]* se poser sur; *[repülőgép]* atterrir; *[nap, éj, köd]* tomber; **hol szállsz le?** où est-ce que tu descends ?; **szállj le rólam!** *biz* lâche-moi !

leszállás *fn* descente *n; [landolás]* atterrissage *h;* **végállomás, ~!** terminus, tout le monde descend !

leszállít *ts i [járműről]* faire descendre de; *[árut]* livrer; *[adót, árat, értéket]* réduire, (faire) baisser; *[követelményt]* abaisser; *[igényt]* modérer

leszállópálya *fn* piste *n* d'atterrissage

leszámít *ts i [összegből]* déduire; *[eltekint]* mettre à part; **a pár hibát ~va** les quelques erreurs mises à part

leszámol I. *tn i [elszámol]* faire le compte; *átv vkivel* régler son compte à qqn; *vmivel* en finir *avec qqch* **II.** *ts i [pénzt]* compter

leszámolás *fn átv* règlement *h* de comptes

leszármazás *fn* descendance *n;* *[egyenes ági]* filiation *n*

leszármazott *mn/fn* descendant(e)

leszavaz I. *ts i vkit/vmit* voter *contre qqn/qqch,* mettre *qqn/qqch* en minorité; *[javaslatot]* rejeter, repousser **II.** *tn i* voter

leszbikus I. *mn* lesbien (-ienne) **II.** *fn* lesbienne *n*

leszed *ts i* enlever, retirer; *[gyümölcsöt, zöldséget]* cueillir; *[betakarít]* récolter; ~**i az asztalt** débarrasser la table

leszerel I. *ts i [gépet, építményt]* démonter; *[katonát]* démobiliser; *[országot]* démilitariser; *[szándékától eltérít]* désarmer; *sp [futballban]* tacler **II.** *tn i [ország]* désarmer, démobiliser; *[katona]* être démobilisé *v.* libéré

leszerelés *fn [gépé, építményé]* démontage *h;* *kat* désarmement *h;* *[katonáé]* démobilisation *n;* *[országé]* démilitarisation *n*

leszerződ|ik *tn i* signer un engagement

leszerződtet *ts i* engager

leszid *ts i* réprimander; *biz* engueuler; *[csak gyereket]* gronder

leszok|ik *tn i vmiről* perdre l'habitude *v.* se désaccoutumer *de qqch;* ~**ik a dohányzásról** arrêter de fumer

leszoktat *ts i vkit vmiről* déshabituer *v.* désaccoutumer *qqn de qqch,* faire perdre à *qqn* l'habitude *de inf*

leszól *ts i* dire, appeler; *[becsmérel]* dénigrer

leszólít *ts i [nyilvános helyen]* aborder, accoster

leszorít *ts i* presser, serrer; ~ **az útról** faire sortir de la route

leszögez *ts i* clouer; *[kijelent]* souligner

leszúr *ts i* poignarder; *[karót]* enfoncer; *[leszid] biz* engueuler

leszúr *ts i* passer, filtrer; **~i vmiből a tanulságot** tirer la leçon de qqch

lét *fn* existence *n*, être *h*; **a ~ért való küzdelem** la lutte pour la vie; **férfi ~ére** tout homme qu'il est

letagad *ts i* nier; **öt évet ~ a korából** se rajeunir de cinq ans

letagadhatatlan *mn* indéniable

letakar *ts i* (re)couvrir

letapos *ts i* piétiner, écraser

letargia *fn* léthargie *n*

letarol *ts i [növényzetet]* raser; *[erdőt]* abattre; *[mindent elvisz]* rafler; *geol* éroder

letartóztat *ts i* arrêter; *jog* appréhender

letartóztatás *fn* arrestation *n*; **előzetes ~** détention *n* provisoire; **~ban van** être en état d'arrestation

letartóztatási *mn* **~ parancs** mandat *h* d'arrêt

leteker *ts i [föltekert anyagot]* dévider; *[kocsiablakot]* baisser

letelepedés *fn* établissement *h*

letelepedési *mn* **~i engedély** permis *h* de résidence

leteleped|ik *tn i [tartósan]* s'installer, s'établir; *[leül]* s'installer

letel|ik *tn i [idő]* s'écouler, passer; *[határidő]* expirer; *[szolgálat]* prendre fin

letép *ts i* arracher; *[virágot]* cueillir; *átv* **~i láncát** briser ses chaînes

leteper *ts i* terrasser

letér *tn i* **~ az útról** quitter le chemin; *átv* **~ az egyenes útról** quitter le droit chemin

letérdel *tn i* s'agenouiller, se mettre à genoux

leterít *ts i* étendre, étaler; *[letakar]* (re)couvrir; *[birkózva]* terrasser; *[vadat]* abattre

létesít *ts i [intézményt]* établir, fonder, créer; **kapcsolatot ~** établir un contact

létesítmény *fn* établissement *h*

létesül *tn i [intézmény, szervezet]* être établi(e) *v.* créé(e) *v.* fondé(e); *[kapcsolat]* s'établir

letesz I. *ts i.* (dé)poser, mettre; *[telefont]* raccrocher; *[vizsgát]* passer; **esküt ~** prêter serment; **~i a fegyvert** déposer les armes **II.** *tn i vmiről* renoncer à qqch, abandonner qqch

letét *fn* dépôt *h*; **~be helyez** mettre en dépôt

létezés *fn* existence *n*

létez|ik *tn i* exister, être; **ez nem ~ik!** ce n'est pas possible !

létező *mn* existant(e)

létfenntartás *fn* subsistance *n*

létfontosságú *mn* vital(e), essentiel (-elle)

letilt *ts i* interdire; *[fizetést]* bloquer; **~tatja a hitelkártyáját** faire opposition à sa carte de crédit

létjogosultság *fn* raison *n* d'être

létkérdés *fn* question *n* vitale

létminimum *fn* minimum *h* vital

letol *ts i [leszid] biz* engueuler; **~ja a nadrágját** baisser son pantalon

letölt *ts i [büntetést]* purger; *inform* télécharger

letör *ts i* casser, briser; *[ellenállást]* briser; *[lázadást]* écraser; *[elcsüggeszt]* démoraliser, décourager

letör|ik *tn i* se casser, se briser; *[elcsügged]* être démoralisé(e)

letöröl *ts i* essuyer; *[nedvességet]* éponger; **letörli a lábát** s'essuyer les pieds

létra *fn* échelle *n*; *[kis háztartási]* escabeau *h*; **felmászik a ~n** grimper à l'échelle

létrafok *fn* échelon *h*

létrehoz *ts i [intézményt]* fonder, mettre en place, établir; *[művet]* créer, produire; *[egyezményt, üzletet]* conclure

létrejön *tn i [intézmény]* être fondé(e) v. établi(e) v. mis(e) en place; *[mű]* naître, être créé(e); *[szerződés, üzlet]* être conclu(e)

létszám *fn* effectif *h*

létszámcsökkentés *fn* réduction *n* des effectifs

lett I. *mn* letton(e) **II.** *fn [személy]* Letton(e); *[nyelv]* letton *h*

Lettország *fn* Lettonie *n*

leugr|ik *tn i vhonnan* sauter *de qqch*; **~ik vidékre** faire un saut en province; **~ok cigarettáért** je descends acheter des cigarettes

leül I. *tn i* s'asseoir, prendre place; **~ egy székre** s'asseoir sur une chaise; **~ a földre** s'asseoir par terre; **~ az asztalhoz** se mettre à table; **üljön le!** asseyez-vous, prenez place **II.** *ts i* **~t két évet** *biz* il a tiré deux ans

leüleped|ik *tn i* se déposer

leültet *ts i* faire (s')asseoir; *[börtönbe zár]* biz coffrer

leüt *ts i [embert]* assommer; *sp [labdát]* smasher; **~ egy akkordot** plaquer un accord

levág *ts i [embert]* couper; *[állatot]* abattre; *[szárnyast]* tuer; *[végtagot]* amputer; *[utat lerövidít]* couper; **~ja a körmét** se couper les ongles; **~ta a szokásos dumát** *biz* il a sorti le topo habituel

levágat *ts i* **~ja a haját** se faire couper les cheveux

leválaszt *ts i* séparer; *[lakóteret]* diviser; *[bélyeget]* décoller

levál|ik *tn i* se détacher; *[ragasztott dolog]* se décoller

levált *ts i [munkában]* relayer; *[őrséget]* relever; *[állásából]* relever de ses fonctions

leváltás *fn [műszakban, őrségben]* relève *n*; *[állásból]* destitution *n*

levegő *fn* air *h*; **nem kap ~t** étouffer; **a szabad ~n** à l'air libre, en plein air; **kimegy a ~re** sortir prendre l'air; **átv tiszta a ~** la voie est libre; **rontja a ~t** empester l'atmosphère; **van valami a ~ben** il y a quelque chose dans l'air

levegős *mn* aéré(e); *[tágas]* spacieux (-euse)

levegőtlen *mn* sans air

levegőváltozás *fn* **~ra van szüksége** avoir besoin d'un changement d'air

levegőz|ik *tn i* prendre l'air

levél *fn [falevél]* feuille *n*; *[irott]* lettre *n*; *[bibliában]* épître *n*; **ajánlott/nyílt ~** lettre *n* recommandée/ouverte; **~ben** par lettre

levélbomba *fn* lettre *n* piégée

leveles *mn [növény]* folié(e), feuillu(e); **~ tészta** pâte *n* feuilletée

levelez *tn i vkivel* correspondre *avec qqn*; **~nek egymással** s'écrire

levelezés *fn [érintkezés, levelek összessége]* correspondance *n*; *inform* messagerie *n* (électronique)

levelező I. *mn* **~ oktatás** enseignement *h* par correspondance **II.** *fn* correspondant(e); *[kereskedelmi]* correspondancier (-ière)

levelezőlap *fn* carte *n* (postale)

levélpapír *fn* papier *h* à lettre

levélszekrény *fn* boîte *n* à v. aux lettres

levéltár *fn* archives *n (t sz)*

levéltárca *fn* portefeuille *h*

levéltáros *fn* archiviste *h n*

levén *hsz* **~, hogy** étant donné que; **nem ~ pénze** n'ayant pas d'argent

levendula *fn* lavande *n*

lever *ts i [véletlenül]* faire tomber; *[földbe]* enfoncer, planter; *[fáról gyümölcsöt]* gauler; *[zárat]* faire sauter; *[felkelést]* mater, réprimer; *[kedvet]*

déprimer, abattre; **~i a láz** être terrassé(e) par la fièvre

levert *mn [kedvetlen]* abattu(e), déprimé(e)

levertség *fn* abattement *h*, dépression *n*

leves I. *mn [lédús]* juteux (-euse) **II.** *fn* soupe *n*; *[sűrű]* potage *h*

leveseskanál *fn* cuillère *n* à soupe

levesestál *fn* soupière *n*

levesestányér *fn* assiette *n* creuse v. à soupe

leveskocka *fn* cube *h* de bouillon

levestészta *fn* vermicelle *n*

levesz *ts i* enlever, retirer, ôter; *[napirendről, műsorról]* retirer; *[lefényképez]* prendre en photo; **~ egy könyvet a polcról** prendre un livre sur l'étagère; **~i az ingét** enlever sa chemise; **~ vkit a lábáról** *[megnyer]* séduire qqn; *[betegség]* terrasser; **~i a kezét vkiről** laisse tomber qqn; **nem veszi le a szemét vkiről** ne pas quitter qqn des yeux

levet *ts i [ruhát]* retirer, ôter; *[szokást]* abandonner; **~i magát egy fotelba** se jeter dans un fauteuil; **~i magát a mélybe** se jeter dans le vide; **~i bőrét** *[kígyó]* muer; **~i a ló** le cheval le désarçonne

levetkőz|ik *tn i* se déshabiller

levetkőztet *ts i* déshabiller *qqn*

levezet I. *ts i [embert]* conduire, emmener; *[folyadékot, gázt, áramot]* amener; *[tárgyalást]* conduire; *[ülést]* présider; *nyelv [szót]* faire dériver de; *sp [meccset]* arbitrer; *tud* déduire, démontrer; **~i vkinek a szülését** accoucher qqn; **~i a feszültséget** évacuer la tension **II.** *tn i [út]* mener, descendre

levezetés *fn [ülésé]* présidence *n*; *sp* arbitrage *h*; *tud* démonstration *n*, déduction *n*

levisz I. *ts i [tárgyat]* descendre; *[embert]* emmener; *[piszkot]* enlever; *[lesodor]* emporter **II.** *tn i [út]* mener, descendre

levizsgáz|ik *tn i* passer l'examen

levon *ts i [mennyiségből]* enlever; *[öszszegből]* déduire; *[előre]* prélever; *[fizetésből]* retenir; *[tanulságot]* tirer; **ez nem von le semmit az értékéből** cela n'enlève rien à sa valeur

levonás *fn [összegből]* déduction *n*; *[előzetes]* prélèvement *h*; *[fizetésből]* retenue *n*

lexikon *fn* encyclopédie *n*, dictionnaire *h* encyclopédique; **két lábon járó ~** une encyclopédie vivante

lezajl|ik *tn i* se dérouler, avoir lieu

lezár *ts i* fermer; *[ügyet]* classer; *[ülést, vitát]* clore; **~ a forgalom elől** fermer à la circulation

lezárul *tn i* se fermer; *[vita, ülés]* être clos(e); *[ügy]* être classé(e)

lézeng *tn i [ténfereg]* rôder, flâner; **alig ~tek egypáran a teremben** il y avait à peine quelques personnes dans la salle

lézer *fn* laser *h*

lézernyomtató *fn* imprimante *n* laser

lézersugár *fn* rayon *h* laser

lezúdul *tn i [eső]* s'abattre; *[víztömeg]* tomber en cascade; *[láva, lavina]* dévaler

lezuhan *tn i* tomber; *[árak]* chuter; *[repülőgép]* s'écraser

lezuhanyoz *ts i* doucher

lezuhanyoz|ik *tn i* prendre une douche, se doucher

lezüll|ik *tn i [ember]* s'avilir, tomber dans la déchéance; *[dolog]* tomber en décrépitude

liba *fn* oie *n*; *[buta nő]* dinde *n*

libabőrös *mn [igével]* avoir la chair de poule

libamáj *fn* foie *h* gras (d'oie)

libasor *fn* ~**ban** en file indienne, à la queue leu leu

libeg *tn i* pendiller; *[szélben]* flotter

libegő *fn* télésiège *h*

liberális *mn/fn* libéral(e)

liberalizáció *fn* libéralisation *n*

liberalizmus *fn* libéralisme *h*

brettó *fn* livret *h*

licenc *fn* licence *n*

licitál *tn i [árverésen]* vkire enchérir sur qqn

lidércnyomás *fn* cauchemar *h*

lift *fn* ascenseur *h*

liga *fn* ligue *n*

liget *fn* bois *h*

liheg *tn i/ts i* haleter; **bosszút ~** avoir soif de vengeance

likőr *fn* liqueur *n*

likvidál *ts i [céget]* liquider; *[politikai csoportosulást]* dissoudre; *[ellenséget]* biz liquider

lila I. *mn* violet (-ette), lilas **II.** *fn* violet *h*, lilas *h*

Lili *fn* Lili, Liliane *n*

liliom *fn* lis *v.* lys *h*

limitál *ts i* limiter

limlom *fn* bric-à-brac *h*

limonádé *fn* citronnade *n*; *[szénsavas]* limonade *n*; *átv* ~ **regény** roman *h* à l'eau de rose

limuzin *fn* limousine *n*

lincselés *fn* lynchage *h*

lineáris *mn* linéaire

link[1] *mn [munka]* bâclé(e); ~ **alak** biz glandeur *h*

link[2] *fn* inform lien *h*

linóleum *fn* linoléum *h*; biz lino *h*

linzer *fn* ‹gâteau sec fourré à la confiture›

Lipót *fn* Léopold *h*

líra[1] *fn [hangszer]* lyre *n*; *irtud* poésie *n* lyrique

líra[2] *fn [pénz]* lire *n*

lírai *mn* lyrique

lírikus *fn* poète *h n* lyrique

lista *fn* liste *n*

listavezető *fn* pol tête *n* de liste

liszt *fn* farine *n*

litánia *fn [ima]* litanie *n*

liter *fn* litre *h*; **egy ~ tej** un litre de lait

literes *mn* d'un litre

liturgia *fn* liturgie *n*

litván I. *mn* lituanien (-ienne) **II.** *fn*; *[személy]* Lituanien (-ienne); *[nyelv]* lituanien *h*

Litvánia *fn* Lituanie *n*

lízing *fn* leasing *h*, crédit-bail *h*

ló *fn* cheval *h*; *jsp [sakkban]* cavalier *h*; *[tornaszer]* cheval d'arçons *h*; **~ra ül** monter à cheval; **leszáll a ~ról** descendre de cheval; **lovon ül** être à cheval; **~vá tesz vkit** mystifier qqn, biz rouler qqn

lóbál *ts i* balancer; **~ja a karját** balancer les bras

lobban *tn i* lángra ~ prendre feu, s'enflammer; **szerelemre ~ vki iránt** s'enflammer pour qqn; **haragra ~** piquer une colère

lobbanékony *mn [dolog]* inflammable; *[természet]* irascible, coléreux (-euse), emporté(e)

lobog *tn i [tűz]* flamboyer; *[haj, zászló]* flotter; ~ **a szélben** flotter au vent

lobogó *fn* drapeau *h*, étendard *h*; *[hajón]* pavillon *h*

lobogtat *ts i [kendőt stb.]* agiter; *[diadalmasan]* brandir

loccsan *tn i [tárgy a vízbe esve]* faire flac *v.* plouf

locsog *tn i [víz]* clapoter; *[fecseg]* jacasser

locsol *ts i [öntöz]* arroser

lódarázs *fn* frelon *h*

lódít I. *ts i* ~ **egyet vmin** donner une poussée à qqch **II.** *tn i* inventer, raconter

lóerő *fn* cheval(-vapeur) *h*

lófarok *fn* [frizura is] queue *n* de cheval

lóg *tn i* pendre, être suspendu(e); [járművön] frauder; biz resquiller; [iskolából] sécher; [lustálkodik] biz glander; ~ **az eső lába** le temps est à la pluie; **vkinek a nyakán** ~ fraz être toujours sur le dos de qqn; ~**ok neki száz euróval** je lui dois cent euros

logaritmus *fn* logarithme *h*

lógat *ts i* laisser pendre; ~**ja az orrát** fraz faire un long nez

logika *fn* logique *n*

logikátlan *mn* illogique

logikus *mn* logique

logopédia *fn* logopédie *n*, orthophonie *n*

logopédus *fn* orthophoniste *h n*

lohad *tn i* [duzzanat] désenfler, dégonfler; [érzelem] faiblir

lóháláſában *hsz* en toute hâte, ventre à terre

lóháton *hsz* à cheval

lóhere *fn* trèfle *h*

lohol *tn i* biz bourrer; átv is ~ **vmi után** courir après qqch

lojális *mn* loyal(e)

lokalizál *ts i* localiser

lokálpatrióta *fn* patriote *h n* local(e)

lokátor *fn* radar *h*

lokni *fn* boucle *n*

lólengés *fn* sp cheval d'arçons *h*

lom *fn* → limlom

lomb *fn* feuillage *h*

lombfűrész *fn* scie *n* à chantourner

lombhullás *fn* chute *n* des feuilles, effeuillaison *n*

lombik *fn* alambic *h*

lombikbébi *fn* bébé-éprouvette *h*

lombos *mn* feuillu(e)

lomha *mn* lourd(e), indolent(e), mollasse

lompos *mn* débraillé(e); [bozontos] touffu(e)

lomtalanítás *fn* collecte *n* des encombrants

lomtár *fn* débarras *h*

London *fn* Londres *n*

londoni I. *mn* londonien (-ienne) **II.** *fn* [személy] Londonien (-ienne)

lop *ts i* voler; biz piquer, chourer; ~**ja a napot** fraz se tourner les pouces; biz gober les mouches

lopakodǀik *tn i* avancer furtivement

lopás *fn* vol *h*; **betöréses** ~ vol avec effraction; **bolti** ~ vol à l'étalage

lopó *fn* [borászat] pipette *n*

lopva *hsz* à la dérobée, furtivement

Loránd *fn* Laurent *h*

lósport *fn* hippisme *h*, sport *h* hippique

lószerszám *fn* harnais *h*, harnachement *h*

lószőr *fn* crin *h* (de cheval)

lótenyésztés *fn* élevage *h* de chevaux

lót-fut *tn i* [vmilyen ügyben] se démener pour inf; **egész nap lótottam-futottam** j'ai cavalé toute la journée

lottó *fn* loto *h*

lottószelvény *fn* bulletin *h* de loto

lottózǀik *tn i* jouer au loto

lovag *fn* chevalier *h*; [nő kísérője, udvarlója] chevalier *n* servant; ~**gá üt** faire chevalier, adouber

lovagi *mn* ~ **torna** tournoi *h*; irtud ~ **költészet** poésie *n* courtoise

lovagias *mn* chevaleresque, courtois(e), galant(e); ~ **ügy** affaire *n* d'honneur

lovagiasság *fn* courtoisie *n*, galanterie *n*

L

lovaglás *fn* équitation *n*
lovaglónadrág *fn* culotte *n* de cheval
lovagol *tn i* faire du cheval, monter (à cheval); *sp* faire de l'équitation; **jól ~** il monte bien; **~ vki hátán** être à califourchon sur le dos de qqn; **folyton ezen ~** *fraz* c'est son cheval de bataille; *biz* c'est son dada
lovagrend *fn* ordre *h* de chevalerie
lovarda *fn* manège *h*
lovas I. *mn* **~ szobor** statue *n* équestre; **~ kocsi** voiture *n* attelée **II.** *fn* cavalier (-ière)
lovasság *fn* cavalerie *n*
lovász *fn* palefrenier (-ière), garçon *h* d'écurie
lóverseny *fn* course *n* de chevaux, concours *h* hippique
lóversenypálya *fn* turf *h*, champ *h* de course
lő I. *tn i* tirer; *vkire/vmire* tirer *sur qqn/qqch*; **célba ~** tirer à la cible; **neki már ~ttek!** *biz* il est foutu **II.** *ts i* tirer; *[vadat így is]* abattre; **~tt egy nyulat** il a tiré un lapin; **főbe lövi magát** se tirer une balle dans la tête; **gólt ~** marquer un but
lődörög *tn i biz* traîner, flâner
lőfegyver *fn* arme *n* à feu
lök *ts i* pousser; **arrébb ~** repousser; **hátba ~** pousser dans le dos; **súlyt ~** lancer le poids
lökdös *ts i* bousculer
lökés *fn* poussée *n*, secousse *n*; *átv* impulsion *n*; **egy ~sel félretaszít vkit** écarter qqn d'une poussée; **megadja vminek a kezdő ~t** donner l'impulsion à qqch
lökhárító *fn [autón]* pare-chocs *h*
lőpor *fn* poudre *h* (à canon)
Lőrinc *fn* Laurent *h*
lőszer *fn* munitions *n (t sz)*

lőtávolság portée *n* de tir; **~on belül** à portée de tir; **~on kívül** hors de portée de tir
lőtér *fn* champ *h* de tir
lötyög *tn i [folyadék edényben]* clapoter; *[nyél szerszámban]* branler; *[csavar]* jouer; **~ rajta a nadrág** il nage dans son pantalon
lötty *fn* lavasse *n*
lövedék *fn* projectile *h*
löveg *fn* pièce *n* d'artillerie
lövell *ts i/tn i [folyadék]* gicler, jaillir; **dühös pillantást ~ vkire** lancer à qqn un regard furieux
lövés *fn* coup *h* de feu; *sp* is tir *h*; **~ érte** il a été touché (par une balle); **~re készen** prêt(e) à tirer; **lead egy ~t** tirer un coup de feu
lövész *fn kat* tirailleur *h*; *sp* tireur (-euse)
lövészárok *fn* tranchée *n*
lövészet *fn sp* tir *h*
lövöldöz *tn i* tirailler, tirer des coups de feu
lövöldözés *fn* fusillade *n*, échanges *h (t sz)* de tir
lubickol *tn i* patauger, barboter
lucerna *fn* luzerne *n*
lucfenyő *fn* épicéa *h*
lucskos *mn* mouillé(e), trempé(e)
lucsok *fn* gadoue *n*, *vál* fange *n*
lúd *fn* oie *n*
ludas *mn* **ő a ~** c'est de sa faute
lúdtalp *fn* pied *h* plat
lúdtalpbetét *fn* semelle *n* orthopédique
luftballon *fn* ballon *h*
lúg *fn vegy* alcali *h*
lugas *fn* tonnelle *n*
lúgos *mn vegy* alcalin(e)
Lujza *fn* Louise *n*
Lukács *fn* Lucas *h*
lumbágó *fn* lumbago *h*
lumpol *tn i biz* faire la java *v.* la bringue

lusta *mn* paresseux (-euse), fainéant(e);
  biz flemmard(e)
lustálkod|ik *tn i* paresser, fainéanter;
  biz flemmarder
lustaság *fn* paresse *n*, fainéantise *n*;
  biz flemmardise *n*
lutheránus *mn/fn* luthérien (-ienne)
Luxemburg *fn* Luxembourg *n*

luxus *fn* luxe *h*; **megengedi magának
  a ~t, hogy** s'offrir le luxe de *inf*
luxusautó *fn* voiture *n* de luxe
luxuscikk *fn* article *h* de luxe
luxusszálloda *fn* palace *h*, hôtel *h* de
  luxe
lüktet *tn i [ér, szív]* palpiter, battre;
  [seb] palpiter, élancer

L

LY

lyuk *fn* ált trou *h*; *[nyílás]* orifice *h*; *[fogban]* carie *n*; *[övön]* cran *h*; *[egéré]* trou *h*; *átv [lakás]* trou *h* à rat; **~at fúr** percer un trou; *átv is* **betöm egy ~at** boucher un trou

lyukacsos *mn* percé(e) de trous; *[porózus]* poreux (-euse)

lyukas *mn* troué(e); *[lyukasztott]* perforé(e); **~ fog** dent *n* cariée; **~ a keze** *fraz* avoir des mains de beurre; **egy ~ garast sem ér** *biz* ça ne vaut pas un clou

lyukasóra *fn okt* trou *h*

lyukaszt *ts i* trouer, perforer; *[jegyet]* *[automatában]* composter; *[kalauz]* poinçonner

lyukasztó *fn [irodai]* perforateur *h*; *[jegyet érvényesítő]* composteur *h*; *[kalauzé]* poinçonneuse *n*

lyukkártya *fn* carte *n* perforée

M

ma I. *hsz* aujourd'hui; *[napjainkban]* aujourd'hui, de nos jours; ~ **reggel** ce matin; ~ **egy hete** il y a huit jours (de cela); **~hoz egy hétre** aujourd'hui en huit; **~hoz egy évre** d'ici un an; **~ról holnapra** du jour au lendemain; **~tól fogva** à partir d'aujourd'hui II. *fn* présent *h*; **a ~nak él** vivre dans le présent

macerál *ts i biz* bassiner, emmerder

mackó *fn* ourson *h*; *[játék]* ours *h* en peluche; *biz* nounours *h*

macska *fn* chat *h*; *[nőstény]* chatte *n*

macsó *fn biz* macho *h*

madár *fn* oiseau *h*; **szabad, mint a ~** libre comme un oiseau; **madarat lehetne vele fogatni** être gai(e) comme un pinson

madáreleség *fn* nourriture *n* pour oiseaux

madáretető *fn* mangeoire *n* pour oiseaux

madárfészek *fn* nid *h* (d'oiseau)

madárijesztő *fn* épouvantail *h*

madártávlat *fn* **~ból** à vol d'oiseau

madártej *fn konyh* île *n* flottante

Madrid *fn* Madrid *h*

madzag *fn* ficelle *n*; **~gal átköt** ficeler

maffia *fn* maf(f)ia *n*

maffiózó *fn* maffioso *h*

mafla I. *mn* nigaud(e) II. *fn* nigaud(e); dadais *h*; *biz* godiche *n*

mag *fn [vetőmag]* graine *n*, semence *n*; *[csonthéjas]* noyau *h*; *[almáé,* narancsé, szőlőé] pépin *h*; *[sperma]* semence; *biol, fiz* noyau *h*; *átv [központ]* noyau *h*; *átv* **kemény ~** noyau dur; **elhinti vminek a ~vát** jeter les semences de qqch

maga¹ I. *nm (ő)* ~ soi-même *v.* lui-même *v.* elle-même *v.* elle-même; **én ~m csináltam** je l'ai fait(e) moi-même; **ez az ember ~ a jóság** cet homme est la bonté en personne; **a ~ idejében** en son temps; **~ba foglal** *[tárgyról]* renfermer, contenir; *átv* comprendre, inclure; **~ban beszél** parler tout(e) seul(e); **~ban véve** en soi; **~hoz tér** revenir à soi, reprendre ses esprits; **~n kívül van** être hors de soi; **~nál van** avoir toute sa conscience; **~ra marad** rester *v.* se retrouver seul(e); **elsírja ~t** fondre en larmes; **jól érzi ~t** il se sent bien; **ez a bor itatja ~t** ce vin se laisse boire; **~tól értetődik** cela va de soi; **magunk között (legyen mondva)** (soit dit) entre nous II. *hsz [egyedül]* ~ **maradt** il est resté seul

maga² *nm [ön, önök]* vous; *[birt. jelzőként]* votre; **a ~ baja!** c'est votre problème !; **ez a magáé/maguké** c'est le (la) vôtre; **~t nem kérdeztem!** je ne vous ai rien demandé !

magabiztos *mn* sûr(e) de soi, assuré(e)

magáncég *fn* entreprise *n* privée

magándetektív *fn* détective *h n* privé(e)

magánélet *fn* vie *n* privée; **a ~ben** dans le *v.* en privé

magánember *fn* particulier (-ière); **~ként** à titre privé

magánhangzó *fn* voyelle *n*

magániskola *fn* école *n* privée

magánjog *fn* droit *h* privé

magánkéz *fn* **~ben van** appartenir à un particulier

magánkívül *hsz* ~ **van** *[haragtól]* être hors de soi, *[örömtől]* ne plus se sentir de joie

magánlakás *fn* appartement *h* privé; *jog* domicile *h*

magánlátogatás *fn* visite *n* privée

magánóra *fn* cours *h* particulier, leçon *n* particulière

magánosít *ts i* privatiser

magánosítás *fn* privatisation *n*

magánszektor *fn* secteur *h* privé

magánszemély *fn* particulier (-ière)

magánterület *fn* propriété *n* privée

magántőke *fn* capital *h* privé

magántulajdon *fn* propriété *n* privée

magánügy *fn* affaire *n* privée *v.* personnelle

magánvélemény *fn* opinion *n* personnelle

magánzárka *fn* cellule *n*; *biz* cachot *h*

magány *fn* solitude *n*

magányos solitaire; *[különálló]* isolé(e), solitaire; *[félreeső, elhagyatott]* isolé(e), écarté(e)

magas I. *mn* haut(e), grand(e), élevé(e); ~ **férfi** un homme grand; ~ **hang** son *h* aigu; ~ **fizetés** salaire *h* élevé; ~ **kor** âge *h* avancé, grand âge; ~ **rangú** de haut rang; ~ **színvonalú** de haut niveau; **Péter két méter** ~ Péter fait *v.* mesure deux mètres (de haut); ~ **termetű** de haute taille; ~ **vérnyomás** hypertension *n*; *átv* **ez nekem** ~ cela me dépasse **II.** *fn* **a ~ba emelkedik** s'élever en l'air, *[repülőgép]* prendre de la hauteur; **öt méter** ~**ból** de cinq mètres de haut

magasan *hsz* haut; ~ **repül** voler haut *v.* à haute altitude

magasfeszültség *fn* haute tension *n*

magasföldszint *fn* entresol *m*

magaslat *fn* hauteur *n*; *átv* **a helyzet** ~**án áll** être à la hauteur de la situation

magaslati *mn* d'altitude; ~ **gyógyhely** station *n* climatique; ~ **levegő** air *h* de montagne

magasság *fn* hauteur *n*; *[csak dologé]* altitude *n*; ~**a 180 cm** mesurer 1,80 m; **a vízállás** ~**a** le niveau de l'eau; **vminek a** ~**ában** à hauteur de qqch, *[tengeren]* au large de qqch

magasugrás *fn* saut *h* en hauteur

magasugró *fn* sauteur (-euse) en hauteur

magasztal *ts i* exalter, glorifier; **égig** ~ *fraz* porter aux nues

magatartás *fn* comportement *h*; *okt is* conduite *n*; *[modor, hozzáállás]* attitude *n*

magaviselet *fn okt* conduite *n*

magáz *ts i* vouvoyer

magazin *fn* magazine *h*

Magdolna *fn* Madeleine *n*

magfizika *fn* physique *n* nucléaire

maghasadás *fn* fission *n* nucléaire

mágia *fn* magie *n*

mágikus *mn* magique

máglya *fn* bûcher *h*; ~**t rak** dresser un bûcher

mágnás *fn* magnat *h*

mágnes *fn* aimant *h*

mágneses *mn* magnétique; ~ **tér** champ *h* magnétique

mágneskártya *fn* carte *n* magnétique

mágneslemez *fn* disquette *n*

mágnesség *fn* magnétisme *h*

magnetofon *fn* magnétophone *h*

magnézium *fn* magnésium *h*

magnó *fn biz* magnéto *h*

magnófelvétel *fn* enregistrement *h* magnéto

magnókazetta *fn* cassette *n* audio K7

magnós *mn* ~ **rádió** radiocassette *n*

magol *ts i biz* potasser, bûcher

magömlés *fn* éjaculation *n*

magtár *fn* grenier *h*

magvas *mn átv* substantiel (-elle)

magzat *fn [8. hétig]* embryon *h; [ez után]* fœtus *h*

magyar I. *mn* hongrois(e), magyar(e); **M~ Köztársaság** République *n* de Hongrie; **~ nyelvű** de langue *n* hongroise; **~ származású** d'origine *n* hongroise **II.** *fn [személy]* Hongrois(e), Magyar(e); *[nyelv]* hongrois *h*

magyarán *hsz [világosan]* clairement; *[tehát]* c'est-à-dire; **~ mondva ez azt jelenti, hogy** ceci signifie, pour être clair, que

magyaráz *ts i* expliquer; *[szöveget]* commenter; *[értelmezve]* interpréter; **tettét azzal ~ta, hogy** il a expliqué *v.* justifié son geste par le fait que

magyarázat *fn* explication *n; [szöveghez]* commentaire *h; [értelmezve]* interprétation *n;* **ez ~ra szorul** ceci demande une explication; **~tal tartozik vkinek** devoir une explication à qqn

magyarázkod|ik *tn i* s'expliquer, se justifier

Magyarország *fn* Hongrie *n;* **~on** en Hongrie

magyaros *mn* hongrois(e), à la hongroise

magyarosít *ts i* magyariser

magyarság *fn [nép]* les Hongrois *h (t sz),* peuple *h* hongrois, nation *n* hongroise; *[identitás]* identité *n* hongroise; **jó ~gal** en bon hongrois

magyartalan *mn* **~ kifejezés** expression *n* incorrecte (en hongrois)

magyarul *hsz* (en) hongrois; *átv [világosan]* clairement; **beszél ~?** parlezvous hongrois ?; **~ tanul** apprendre le hongrois

mahagóni *fn* acajou *h*

mai *mn* d'aujourd'hui; *[jelenlegi]* actuel (-elle), moderne; *[kortárs]* contemporain(e); **a ~ napon** ce jour d'aujourd'hui; **a ~ fiatalok** les jeunes d'aujourd'hui; **nem ~ gyerek** il n'est plus tout jeune; **a ~ helyzet** la situation actuelle; **a ~ világban** par les temps qui courent

máj *fn* foie *h*

majális *fn* ‹fête champêtre tenue en mai›

majd *hsz [azután]* (et) puis; **bejött, ~ azt mondta** il est entré, puis il a dit; **~ egyszer elmegyek** j'irai une fois *v.* un jour; **~ ha fagy!** *fraz* quand les poules auront des dents !; **~ ha megebédeltünk** quand *v.* lorsque nous aurons fini de déjeuner; **~ később** plus tard; **~ meglátjuk** on verra (ça); **~ megfulladt** il a manqué de *v.* il a failli s'étouffer

majdnem *hsz* presque; *[igével]* faillir *v.* manquer (de) *inf;* **~ meghalt** il est presque mort, il a failli *v.* il a manqué (de) mourir; **már ~ elindultam, amikor** j'étais sur le point de *v.* j'allais partir lorsque

májgyulladás *fn* hépatite *n*

majmol *ts i* singer

majolika *fn* majolique *n*

majom *fn* singe *h; [nőstény]* guenon *n*

majonéz *fn* mayonnaise *n*

majoránna *fn* marjolaine *n*

májpástétom *fn* pâté *h* de foie

majszol *ts i* grignoter, mâchonner

május *fn* mai *h;* → **január**

mák *fn* pavot *h*

makacs *mn [személy]* têtu(e), entêté(e), obstiné(e); *[kitartó]* persistant(e), tenace

makacskod|ik *fn* s'obstiner

makacsság *fn* obstination *n,* entêtement *h*

makaróni *fn konyh* macaroni(s) *h (t sz)*

makett *fn* maquette *n*

makk *fn* gland *h*

makkegészséges *mn [igével] fraz* se
porter comme un charme

makog *ts i [nyúl]* glapir; *[ember]* bredouiller, bafouiller

mákos *mn* au pavot

makrancos *mn* récalcitrant(e)

makrogazdaság *fn* macroéconomie *n*

makulátlan *mn* immaculé(e); ~ **hírnév**
réputation *n* irréprochable

malac I. *mn [vicc, történet]* cochon
(-onne) **II.** *fn* cochonnet *h,* porcelet;
[szopós] cochon *h* de lait; *átv* cochon
(-onne)

malária *fn* paludisme *h,* malaria *n*

maláta *fn* malt *h*

mállik *tn i* s'effriter

málna *fn* framboise *n; [bokor]* framboisier *h*

málnaszörp *fn* sirop *h* de framboise

malom *fn* moulin *h; [játék]* marelle *n*
assise; *átv* **vki malmára hajtja a vizet** apporter de l'eau au moulin de
qqn

malomipar *fn* industrie *n* minotière

malomkő *fn* meule *n*

malőr *fn* ennui *h,* biz tuile *n*

Málta *fn* Malte *n*

malter *fn* mortier *h*

mályva I. *fn növ* mauve *n; [szín]*
mauve *h* **II.** *mn [szín]* mauve

mama *fn biz* maman *n; [nagymama]*
mamie *n,* mémé *n*

mamlasz *mn/fn* nigaud(e)

mámor *fn [bódulat]* griserie *n,* ivresse *n;
[boldogság]* extase *n*

mámorító *mn* grisant(e), enivrant(e)

mámoros *mn [ittas]* ivre; *átv* grisé(e),
enivré(e)

mamut *fn* mammouth *h*

manapság *hsz* de nos jours

mancs *fn* patte *n*

mandarin¹ *fn [gyümölcs]* mandarine *n;
[fa]* mandarinier *h*

mandarin² *fn tört* mandarin *h*

mandátum *fn* mandat *h;* **képviselői ~**
mandat de député

mandula *fn [termés]* amande *n; [szerv]*
amygdale *n*

mandulagyulladás *fn* amygdalite *n*

mandzsetta *fn* manchette *n*

mánia *fn* manie *n*

mániákus *mn* maniaque; ~ **depresszió**
psychose *n* maniaque dépressive

manikűr *fn* manucure *n*

manikűrös *fn* manucure *h n*

manipuláció *fn* manipulation *n*

manipulál *tn i/ts i* manipuler; ~**ja a
közvéleményt** manipuler l'opinion
publique

mankó *fn* béquille(s) *n (t sz)*

manó *fn* lutin *h*

manöken *fn* mannequin *h,* modèle *h*

manőver *fn* manœuvre *n*

manőverez *tn i* manœuvrer

manuális *mn* manuel (-elle)

manzárd *fn* mansarde *n*

mappa *fn inform is* dossier *h*

mar *ts i [harap]* mordre; *[szemet a füst]*
piquer; *[rozsda, sav]* ronger, corroder; ~**ják egymást** se déchirer

már *hsz* déjà; ~ **elment** il est déjà parti;
~ **csak mi vagyunk** il n'y a plus que
nous; **emlékszem ~!** ça y est, je me
souviens !; **ez ~ mégiscsak sok!** c'est
tout de même trop fort !; **ha ~ erről
van szó** puisqu'on en parle; ~ **eljön
tant est qu'il vienne; ~ holnap** dès
demain; **megyek ~!** j'arrive !; ~ **nem
dolgozik** il ne travaille plus; ~ **tíz
napja, hogy** cela fait déjà dix jours
que

marad *tn i* ált rester; **állva ~** rester debout; **életben ~** rester en vie; **otthon
~** rester à la maison; **nyakán ~ vmi**
qqch lui reste sur les bras; **nem ~ más
hátra, mint** il ne reste plus qu'à *inf.*

ránk ~ **a feladat, hogy** la tâche nous revient de *inf*; **ne** ~**j soká!** ne reste pas longtemps; **köztünk** ~**jon** que cela reste entre nous; ~**t még sütemény?** il reste du gâteau ?; **abban** ~**tunk, hogy** nous avons convenu que

maradandó *mn* impérissable, durable

maradás *fn* **nincs** ~**a** *[mehetnéke van]* il ne peut pas tenir en place

maradék *fn* reste *h*; *[szabásnál]* chutes *n (t sz)*; *[mat [kivonásnál]* reste *h*; **az ebéd** ~**a** les restes du déjeuner; **a** ~ **pénzzel** avec l'argent restant *v.* qui reste

maradi *mn* arriéré(e); rétrograde; ~ **a felfogása** il a des idées arriérées

maradvány *fn [rom]* vestiges *h (t sz)*, restes *h (t sz)*, ruines *n (t sz)*; **vkinek a földi** ~**ai** restes *h (t sz)* de qqn, dépouille *n* (mortelle) de qqn

marakod|ik *tn i* **folyton** ~**nak** ils n'arrêtent pas de se quereller

marás *fn [állaté]* morsure *n*; *[savé]* corrosion *n*

marasztal *ts i* (tenter de) retenir, prier de rester

maratoni *mn* ~ **futás** marathon *h*

marcangol *ts i* lacérer, déchirer; *átv* tenailler, ronger

marcipán *fn* pâte *n* d'amandes

március *fn* mars *h*; → **január**

mardos *tn i [éhség]* tenailler; ~**sa a lelkifurdalás** être tenaillé(e) *v.* rongé(e) par les remords

maréknyi *hsz* **egy** ~ **vmi** une poignée de qqch

margaréta *fn* marguerite *n*

margarin *fn* margarine *n*

marginális *mn* marginal(e)

Margit *fn* Marguerite *n*

margó *fn* marge *n*; ~**ra ír** écrire dans la marge

marha I. *fn* (viande *n* de) bœuf *h*; *átv, biz* abruti(e), crétin(e) **II.** *mn; biz* ~ **jó** vachement bien; ~ **nagy** énorme

marhahús *fn* (viande *n* de) bœuf *h*

marhaság *fn biz* connerie *n*

marháskod|ik *tn i biz* faire le con (la conne)

marhasült *fn* rôti *h* de bœuf

Mária *fn* Marie *n*

Mariann *fn* Marianne *n*

marihuána *fn* marijuana *v.* marihuana *n*

máris *hsz [azonnal]* tout de suite; *[már most]* déjà

Márk *fn* Marc *h*

márka¹ *fn* marque *n*; **bejegyzett** ~ marque déposée

márka² *fn [pénznem]* mark *h*

márkakereskedő *fn* concessionnaire *h n*

markáns *mn [arcvonás]* accentué(e), marqué(e); *[személyiség]* marquant(e); *[vélemény]* tranché(e)

márkás *mn [áru]* de marque

marketing *fn ang* marketing *h*

markol *ts i* saisir *v.* prendre à pleine main, empoigner; **ez a szívébe** ~ ça lui serre le cœur

markolat *fn* poignée *n*

már-már *hsz* presque; *[igével]* être sur le point de *inf*

mármint *hsz* c'est-à-dire, autrement dit

maró *mn* corrosif (-ive), caustique; *átv [gúny]* mordant(e), acerbe

marok *fn* creux *h* de la main; *[mennyiség]* poignée *n*; ~**ra fog** empoigner; **markába nevet** *fraz* rire sous cape; **markába nyom vmit** glisser qqch dans la main de qqn

Marokkó *fn* Maroc *h*

marokkói I. *mn* marocain(e) **II.** *fn [személy]* Marocain(e)

maroknyi *mn* **egy** ~ **vmi** une poignée de qqch

márpedig *hsz* or

mars *msz* ~ **ki!** *biz* allez ouste !, du balai !

marsall *fn* maréchal *h*

márt *ts i* plonger; *[felszívatva]* tremper; *[tőrt, kardot]* plonger

Márta *fn* Marthe *n*

martalék *fn* proie *n*; **a lángok ~a lett** il a été la proie des flammes

mártás *fn* sauce *n*

mártír *fn* martyr *h*; **adja a ~t** jouer les martyrs

mártogat *ts i* tremper

Márton *fn* Martin *h*

márvány *fn* marbre *h*

márványsajt *fn* bleu *h*

márványtábla *fn* plaque *n* de marbre

marxista *mn/fn* marxiste *h n*

más *nm* autre; *[eltérő]* différent(e), distinct(e); **az ~!** c'est différent; **az már ~!** ça change tout !; **egy ~ alkalommal** une autre fois; **ez nem ~, mint** cela n'est rien d'autre que; **ez ~ lapra tartozik** c'est une autre histoire; **~ szóval** autrement dit; **senki ~** personne d'autre; **ez valaki ~é** c'est à quelqu'un d'autre; **beszéljünk ~ról** parlons d'autre chose; **~sal beszél** *[telefon]* c'est occupé

mása *fn* **kiköpött ~** c'est son portrait tout craché

másfajta *mn* d'un autre genre, un autre genre de

másfél *szn* un(e) et demi(e); **~ óra múlva** dans une heure et demie

másfelé *hsz [máshol]* ailleurs; *[más irányban]* dans un autre sens *v.* une autre direction

másféle *mn* autre, différent(e), d'un autre genre, d'un genre différent

másfelől *hsz [más irányból]* d'une autre direction; *átv* d'autre part, par ailleurs

máshogyan *hsz* autrement, différemment

máshol *hsz* ailleurs, autre part; **~ jár az esze** avoir l'esprit ailleurs; **sehol ~** nulle part ailleurs

máshonnan *hsz* d'ailleurs, d'autre part

máshova *hsz* ailleurs, autre part

másik *nm* autre; **a ~ szebb** l'autre est plus beau; **egyik a ~ után** *[sorban]* à la file; *[egyesével]* l'un après l'autre; *[sorozatban]* coup sur coup; **add ide a ~at!** donne-moi l'autre; **egyik napról a ~ra** d'un jour à l'autre; du jour au lendemain

maskara *fn* déguisement *h*

másként *hsz* **másképp(en)** autrement, différemment, d'une autre manière, d'une manière différente; *[különben]* sinon, autrement; **én ezt ~ látom** je vois ça autrement

máskor *hsz* une autre fois; **majd ~** (cela sera pour) une autre fois

máskülönben *hsz* autrement; **~ hogy vagy?** à part ça, comment ça va?

más-más *nm* différent(e); **mindennap ~ kalapot vesz fel** elle arbore tous les jours des chapeaux différents

másnap I. *hsz* le lendemain, le jour suivant, le jour d'après; **~ra halaszt** remettre au lendemain; **minden ~** tous les deux jours **II.** *fn* lendemain *h*

másnapos *mn [igével]* avoir la gueule de bois

masni *fn* nœud *h*

másodállás *fn* second emploi *h*

másodéves I. *mn* de deuxième année **II.** *fn* étudiant(e) de deuxième année

másodfokú *mn* **~ égési seb** brûlure *n* au second degré; **~ egyenlet** équation *n* du second degré; **~ bíróság** cour *h* d'appel

második I. *mn* deuxième, second(e); **minden ~ nap** tous les deux jours, un jour sur deux **II.** *fn* deuxième *h n*, second(e); [osztály] seconde *n*; **január ~án** le deux janvier; **a ~on lakik** habiter au deuxième

másodlagos *mn* secondaire

másodosztály *fn* deuxième *v.* seconde classe *n*, seconde *n*; **~on utazik** voyager en seconde

másodosztályú *mn* de deuxième *v.* seconde classe

másodpéldány *fn* double *h*; *hiv, jog* duplicata *h*

másodperc *fn* seconde *n*; **egy ~ múlva** dans une seconde

másodpilóta *fn* copilote *h n*

másodrendű *mn* [minőség] de moindre qualité; [kevésbé fontos] secondaire, de moindre importance; **~ út** route *n* secondaire

másodsorban *hsz* deuxièmement, en second lieu

másodszor *hsz* [másodízben] pour la deuxième fois; [másodsorban] deuxièmement

másol *ts i* copier; [fénymásolóval] photocopier; [sokszorosít] polycopier; **szomszédjáról** ~ copier sur son voisin

másolás *fn* copie *n*; *fényk* tirage *h*

másolat *fn* copie *n*, double *h*; *fényk* épreuve *n* sur papier; *műv* reproduction *n*; **hiteles ~** copie certifiée conforme

másológép *fn* [fénymásoló] photocopieur *h v.* photocopieuse *n*; *fényk* tireuse *n*

másrészt *hsz* d'autre part

másság *fn* altérité *n*, différence *n*

mássalhangzó *fn* consonne *n*

másvalaki *nm* quelqu'un d'autre

másvalami *nm* quelque chose d'autre

másvilág *fn* au-delà *h*, autre monde *h*; **a ~on** dans l'autre monde, dans l'au-

delà; **a ~ra küld vkit** *fraz, biz* envoyer qqn ad patres

maszatol *ts i/tn i* barbouiller

maszatos *mn* barbouillé(e)

maszek I. *mn* privé(e) **II.** *fn* entrepreneur *h* privé

maszekol *tn i* travailler à son compte

mász|ik I. *tn i* [hason] ramper; *vmire* grimper *sur qqch* **II.** *ts i* [hegyet, lépcsőt] escalader, gravir

maszk *fn* masque *h*

mászkál *tn i* [mászva] ramper, se traîner; [kószál] flâner

maszlag *fn* [növény] datura *h*; **bevette a ~ot** il a gobé l'histoire

mászóka *fn* cage *n* à poule

massza *fn* pâte *n*

masszázs *fn* massage *h*

masszíroz *ts i* masser

masszív *mn* massif (-ive)

masszőr *fn* masseur (-euse)

maszturbál I. *tn i* se masturber **II.** *ts i* masturber

matat *tn i biz* farfouiller, trifouiller

Máté *fn* Matthieu, Mathieu *h*

matek *fn biz* maths *n (t sz)*

matematika *fn* mathématique(s) *n (t sz)*

matematikai *mn* mathématique

matematikus *fn/mn* mathématicien (-ienne)

materialista *mn/fn* matérialiste *h n*

materializmus *fn* matérialisme *h*

Matild *fn* Mathilde *n*

matiné *fn* ‹spectacle ayant lieu avant midi›

matrac *fn* matelas *h*

matróz *fn* matelot *h*

matt¹ *fn* [sakk] mat *h*; **~ot ad** faire mat

matt² *mn* mat(e)

maximális *mn* maximal(e), maximum; **~ ár** prix *h* maximum *v.* plafond; **~ sebesség** vitesse *n* maximale *v.* de pointe

maximum I. *fn* maximum *h* **II.** *hsz* (au) maximum

máz fn [süteményen] glaçage h; [kerámián] vernis h, émail h; átv vernis h

mázli fn biz veine n, bol h; **~ja van** avoir du bol v. de la veine

mázol ts i peindre, badigeonner; [kerámiát] émailler, vernisser; **vigyázat! frissen ~va!** attention à la peinture !; [összevissza] barbouiller

mázsa fn quintal h

mazsola fn raisin h sec

mecénás fn mécène h

mechanika fn mécanique n; [szerkezet] mécanisme h

mechanikus I. mn mécanique **II.** fn mécanicien (-ienne)

mechanizmus fn mécanisme h

mécs fn **mécses** lampe n à huile

meccs fn match h

mecset fn mosquée n

meddig hsz [térben] jusqu'où ?; [mely időpontig] jusqu'à quand ?; [mennyi időn át] combien de temps ?

meddő mn stérile; átv stérile, vain(e), improductif (-ive); **~ próbálkozás** vaine tentative n; **~ vita** débat h stérile

medence fn orv, földr is bassin h

meder fn [folyóé] lit h; átv **a rendes ~ben folyik** suivre son cours normal

média fn média(s) h (t sz)

medika fn étudiante n en médecine

medikus fn étudiant h en médecine

meditáció fn méditation n

meditál tn i méditer

mediterrrán fn méditerranéen (-enne)

médium fn [spiritiszta] médium h; sajtó **a ~ok** les médias h (t sz)

medúza fn méduse n

medve fn ours h; [nőstény] ourse n

meg ksz et; **te ~ én** toi et moi; **egy ~ egy az kettő** un et un font deux; **újra**

~ újra encore et toujours; **te ~ mire vársz?** et toi qu'est-ce que tu attends ?

még hsz encore; **kérek ~** j'en veux encore; **~ akkor is, ha** même si; **~ csak az kéne!** il ne manquerait plus que ça !; **~ csak egy szót** juste un mot encore; **~ egyszer** encore une fois; **~ én sem értem** même moi, je ne comprends pas; **~ ha** si au moins; **ilyet ~ nem láttam** je n'ai jamais rien vu de pareil; **~ inkább** encore plus v. davantage; **~ ma** dès aujourd'hui; **~ ma este** ce soir même; **~ mindig itt vagy?** tu es encore v. toujours là ?; **~ mit nem?!** et puis, quoi encore ?!; **~ nem** pas encore

megad ts i ált donner; [adatot] donner, indiquer; [adósságot] rembourser; [pénzt] vmiért payer qqch; [szót] donner, accorder; **~ja az engedélyt** donner v. accorder l'autorisation; **~ja magát** se rendre, capituler; **~ja a módját** faire les choses comme il faut; **meg kell adni, hogy** il faut admettre v. reconnaître que

megadás fn [fegyverletétel] reddition n, capitulation n; [belenyugvás] résignation n

megadat|ik tn i **~ik neki, hogy** être donné(e) à qqn de inf

megadóztat ts i [személyt] imposer, frapper d'un impôt; [szolgáltatást, terméket] taxer

megágyaz tn i faire v. préparer le lit

megahertz fn mégahertz h

megajándékoz ts i vkit vmivel faire cadeau de qqch à qqn, offrir qqch à qqn

megakad tn i se bloquer, s'immobiliser; [beszédben] rester court; [ügy] être bloqué(e); **~ a munkában** être bloqué(e) dans son travail; **~ a szeme**

vkin/vmin ses yeux s'arrêtent sur qqn/qqch

megakadályoz *ts i [folyamatot]* empêcher; **vkit vmiben** empêcher *qqn de inf*

megakaszt *ts i [folyamatot]* arrêter, bloquer, interrompre; *[forgalmat]* arrêter, immobiliser; *[beszédben]* **vkit** couper la parole *à qqn*

megalakít *ts i* former, constituer

megalakul *tn i* se former, se constituer

megalapít *ts i* fonder, établir

megalapoz *ts i* établir, jeter *v.* établir les fondements *v.* les bases de

megalapozatlan *mn* sans fondement, infondé(e)

megaláz *ts i* humilier

megalázkod|ik *ts i* s'humilier

megalázó *mn* humiliant(e)

megaláztatás *fn* humiliation *n*

megáld *ts i* **vall** bénir; **a sors ~otta vmivel** être doué(e) de qqch, *[vmi rosszal]* être affligé(e) de qqch; **az Isten áldjon meg!** *[jókívánságként]* (que) Dieu te bénisse !

megalkot *ts i* créer

megalkusz|ik *tn i* ~**ik a helyzettel** prendre son parti de la situation; ~**ik a lelkiismeretével** composer avec sa conscience

megalkuvás *fn* **vál** compromis *h*

megalkuvó *mn* opportuniste

megáll **I.** *tn i* **ált** s'arrêter; *[menetrend szerint]* s'arrêter; *[elromlik]* rester en panne; *[stabil]* tenir; ~ **az ész!** je n'en reviens pas !; **no** ~ **j csak!** attends un peu !; **álljon meg a menet!** attends une seconde !; ~**t az órám** ma montre s'est arrêtée; ~**t a szíve** son cœur s'est arrêté; **átv** ~ **a maga lábán** se débrouiller tout seul **II.** *ts i* ~**ja a helyét** *[érv]* tenir debout; *[ember]* être à la hauteur; **nem tudja** ~**ni, hogy** il ne peut pas s'empêcher de *inf*

megállapít *ts i* constater, établir; *[értéket]* évaluer, déterminer; *[betegséget]* diagnostiquer; *[kijelent]* déclarer; *[megszab]* fixer; ~**ja vminek árát** fixer le prix de qqch

megállapítás *fn [cselekvés]* établissement *h*; *[kijelentés]* constatation *n*; ~**t nyert, hogy** il a été établi que

megállapodás *fn* accord *h*; ~**t köt/ felbont/megszeg** conclure/résilier/ violer un accord

megállapod|ik *tn i* **vkivel vmiben** se mettre d'accord *v.* s'entendre *avec qqn sur qqch*, convenir *avec qqn de qqch*; *[időpontban, árban]* fixer, arrêter; **abban állapodtak meg, hogy** ils ont convenu que *v.* de *inf*

megállás *fn* arrêt *h*; *[folyamatban]* interruption *n*; *[rövid]* pause *n*; ~ **nélkül** sans arrêt, sans interruption

megállít *ts i* **ált** arrêter, stopper; *[beszédben]* interrompre; *[megszólítva utcán]* aborder, accoster

megálló(hely) *fn* **ált** arrêt *h*; *[metróban]* station *n*

megálmod|ik *ts i [álmában]* **vmit** voir *qqch* en rêve

megalomán|ia *fn* mégalomanie *n*

megalsz|ik *tn i [tej]* se cailler

megalvad *tn i [vér]* (se) coaguler

megárad *tn i* monter, être en crue

megárt *tn i* nuire à, faire du mal à; **a szőlőnek ~ott a fagy** les vignes ont souffert de la gelée

megás *ts i* creuser

megátkoz *ts i* maudire

megavasod|ik *tn i* rancir

megáz|ik *tn i* être trempé(e); **biz** se faire rincer

megbabonáz *ts i* ensorceler, envoûter

megbámul *ts i* **vkit** dévisager; **vmit** contempler

megbán ts i vmit regretter qqch, se repentir de qqch; **ezt még ~od!** tu t'en repentiras !; **nem fogod ~ni** tu ne le regretteras pas

megbánás fn repentir h, regret h

megbánt ts i offenser, blesser, froisser

megbarátkoz|ik tn i vkivel se lier (d'amitié) v. devenir ami(e) avec qqn; vmivel se familiariser avec qqch, se faire à qqch; **~ik a gondolattal, hogy** se faire à l'idée que

megbecsül ts i [értékel] apprécier, estimer; [értéket, kárt] estimer, évaluer

megbecsülés fn [személyé] estime n, considération n; [értéké, káré] estimation n, évaluation n

megbékél tn i se réconcilier; átv vmivel se résigner v. se faire à qqch

megbékélés fn réconciliation n; átv résignation n

megbélyegez ts i [tüzes vassal] marquer au fer (rouge); átv stigmatiser, dénoncer

megbénít ts i átv is paralyser

megbénul tn i átv is être paralysé(e)

megbeszél ts i vmit discuter de qqch; [megegyezve vmiről] convenir de qqch, s'entendre sur qqch; **~ egy találkozót** convenir d'un rendez-vous; **ahogy ~tük** comme convenu; **beszéljétek meg otthon!** discutez-en à la maison

megbeszélés fn entretien h, discussion n; **előzetes ~** alapján sur rendez-vous; **~t folytat vkivel** s'entretenir avec qqn, avoir un entretien avec qqn

megbetegedés fn **több torokgyulladásos** ~ plusieurs cas d'angine

megbetegsed|ik tn i tomber malade; vmiben attraper qqch

megbilincsel ts i vkit passer les menottes à qqn, menotter qqn

megbillen tn i basculer

megbillent ts i faire basculer

megbirkóz|ik ts i [feladattal, nehézséggel] venir à bout de, triompher de, avoir raison de

megbírságol ts i vkit infliger une amende à qqn

megbíz ts i vkit vmivel charger qqn de qqch

megbízás fn mandat h, mission n, ordre h; **vkinek a ~ából** sur mandat de qqn, pour le compte de qqn; **azt a ~t kapta, hogy** il a reçu pour mission de inf; gazd **átutalási ~** ordre de virement

megbízatás fn mission n; **eleget tesz ~ának** remplir sa mission

megbízhatatlan mn [ember] pas fiable, pas digne de confiance; **ő teljesen ~** on ne peut absolument pas lui faire confiance

megbízható mn [ember] fiable, digne de confiance, sûr(e); [hírforrás] crédible; **~ forrásból** de bonne source, de source crédible

megbíz|ik tn i vkiben/vmiben faire confiance à qqn/qqch, avoir confiance en qqn/qqch

megbízó fn jog mandant(e); commettant(e), déléguant(e); [ügyvédé] client(e)

megbízólevél fn [diplomatáé] lettre n de créance; [képviselőé] mandat h

megbizonyosod|ik tn i vmiről s'assurer de qqch; **~ik afelől, hogy** s'assurer que

megbízott I. mn – **előadó** chargé(e) de cours **II.** fn mandataire h n; délégué(e); [cég képviseletével] fondé(e) de pouvoir; [tárgyalásokkal] négociateur (-trice)

megbocsát ts i pardonner, excuser; **bocsásson meg!** excusez-moi

megbocsátás fn pardon h

megbocsáthatatlan mn impardonnable, inexcusable

megbocsátható mn pardonnable, excusable

megbokrosod|ik tn i [ló] s'emballer

megboldogult mn/fn défunt(e)

megbolondít ts i rendre fou (folle)

megbolondul tn i devenir fou (folle), perdre la raison; **majd ~ örömében** être fou de joie

megbolygat ts i déranger; átv perturber, bouleverser

megbont ts i [ágyat] défaire; **~ja a sort** rompre les rangs

megborotvál ts i raser

megborotválkoz|ik tn i se raser

megborsoz ts i poivrer

megborzong tn i frissonner, être pris(e) de frissons

megbosszul ts i vkit/vmit venger qqn/ qqch, se venger de qqn/qqch; **az ilyesmi ~ja magát** cela se paye

megbotl|ik tn i vmiben trébucher sur qqch; **~ott a nyelve** la langue lui a fourché; átv, biz faire une gaffe

megbotránkozás fn indignation n

megbotránkoz|ik tn i vmin se scandaliser v. s'indigner de qqch

megbotránkoztat ts i scandaliser, indigner

megbuk|ik tn i échouer; [cég] faire faillite; [hatalom] tomber; [színdarab] être un échec; biz faire un four v. un bide; [választáson] se faire blackbouler; [vizsgán] échouer, se faire recaler

megbuktat ts i [kormányt] faire tomber; [tervet] faire échouer; [választáson] blackbouler; [vizsgán] recaler, biz coller

megbűnhődik tn i vmiért expier qqch, payer pour qqch

megbüntet ts i punir; [pénzbírsággal] condamner à une amende

megcáfol ts i [elméletet] réfuter; [hírt] démentir; [személyt] démentir, réfuter

megcéloz ts i viser; [vásárlóréteget] cibler

megcímez ts i **~i a borítékot** écrire v. mettre l'adresse sur l'enveloppe

megcukroz ts i sucrer; [vmi tetejét] saupoudrer qqch de sucre

megcsal ts i tromper

megcsappan tn i diminuer

megcsiklandoz ts i chatouiller

megcsinál ts i faire; [befejez] terminer, finir; [elkészít] préparer; [megjavít] réparer; **ezt jól ~tad!** c'est du joli v. du propre !

megcsíp ts i [ujjával] pincer; [állat] piquer; [fagy] brûler

megcsodál ts i admirer

megcsókol ts i embrasser

megcsonkít ts i [testet] mutiler; [írásművet] tronquer

megcsömörl|ik tn i átv is être écœuré(e) v. dégoûté(e)

megcsúfol ts i bafouer

megcsúnyul tn i enlaidir, devenir laid(e)

megcsúsz|ik tn i glisser; [jármű] déraper

megdagad tn i enfler, gonfler

megdarál ts i [magvakat] moudre; [húst] hacher

megdermed tn i [hidegtől] être glacé(e) v. engourdi(e); [rémülettől] être paralysé(e) v. pétrifié(e); [látványtól] être médusé(e)

megdicsér ts i louer, faire l'éloge de

megdob ts i vkit/vmit vmivel jeter qqch sur qqn/qqn; **~ták egy kővel** on lui a jeté une pierre

megdolgoz|ik tn i **~ott a pénzéért** il a travaillé dur pour son argent, il a bien mérité son argent

megdorgál ts i réprimander, chapitrer; *jog* admonester

megdöbben tn i être stupéfait(e) v. *biz* sidéré(e); **~t a hír hallatán** la nouvelle l'a stupéfait(e)

megdöbbenés fn stupéfaction n, stupeur n; **nagy ~ére** à sa grande stupéfaction

megdöbbent ts i stupéfier; *biz* sidérer

megdöbbentő mn stupéfiant(e); *biz* sidérant(e)

megdöglik tn i crever

megdől tn i *[építmény]* pencher; *[tétel, állítás]* s'écrouler; *[hatalom]* être renversé(e); *[rekord]* tomber

megdönt ts i pencher, incliner; *[tételt, állítást]* réfuter; *[hatalmat]* renverser, faire tomber; *[csúcsot]* battre

megdrágul tn i devenir plus cher (chère); **~t a benzin** le prix de l'essence a augmenté

megdupláz ts i doubler

megduzzad tn i *[testrész, izom]* gonfler; *[folyó]* monter

megebédel tn i déjeuner

megédesít ts i *[cukorral]* sucrer; *átv* adoucir

megedz ts i *[fémet]* tremper; *átv [testet, lelket]* endurcir, tremper

megedződik tn i *[test, lélek]* s'endurcir

megég tn i brûler

megéget ts i brûler; **~i magát** se brûler; **~i a nyelvét** se brûler la langue

megegyezés fn accord h, arrangement h, entente n; **hallgatólagos ~** accord tacite; **közös ~ alapján** d'un commun accord; **~en alapuló** consensuel (-elle); **~re jut** parvenir à un accord

megegyezlik tn i convenir de, se mettre d'accord, s'entendre; *[adat, vélemény]* concorder; **~tek abban, hogy** ils ont

convenu que v. de *inf*, ils sont tombés d'accord pour *inf*; **ízlésünk ~ik** nous avons les mêmes goûts

megéhezlik tn i avoir faim

megél I. tn i vivre; *vmiből* vivre de *qqch*; **ennyiből kell ~nie** il doit vivre avec ça; **van miből ~nie** il a de quoi vivre **II.** ts i **~te a világháborút** il a connu la guerre mondiale

megelégedés fn satisfaction n, contentement h

megelégel ts i *vmit* en avoir assez v. être fatigué(e) de *qqch*; *biz* en avoir marre v. ras le bol de *qqch*

megelégszlik tn i *vmivel* se contenter de *qqch* v. de *inf*; **meg van elégedve vkivel/vmivel** être satisfait(e) de qqn/qqch

megélénkül tn i s'animer

megélesít ts i affûter

megelevenedlik tn i *[élettelen dolog]* s'animer; *[felélénkül]* s'animer

megélhetés fn subsistance n

megélhetési mn **~ költségek** frais h *(t sz)* de subsistance

megelőz ts i *[járművet]* doubler, dépasser; *[személyt]* devancer; *[bajt]* prévenir; *[időben előbb történik]* précéder; *[felülmúl]* devancer, dépasser, surpasser; **~i korát** être en avance sur son temps

megelőzés fn *[intézkedés]* prévention n

megelőző mn *[időben]* antérieur(e), précédent(e); *[intézkedés]* préventif (-ive)

megemel ts i lever, soulever; *[összeget]* augmenter; **~i a kalapját** lever son chapeau

megemészt ts i *átv is* digérer

megemlékezés fn commémoration n

megemlékezlik tn i *[ünnepélyen]* commémorer; *vkiről/vmiről* évoquer le souvenir de *qqn/qqch*

megemlít *ts i* mentionner

megenged *ts i* permettre; *[elfogadva]* admettre, consentir; *[lehetővé tesz]* permettre; ~ **magának vmit** se permettre qqch *v.* de *inf;* **~i?** vous permettez ?; **ha az idő ~i** si le temps le permet

megengedett *mn* autorisé(e); *[jogilag]* licite, légal(e)

megengedhetetlen *mn* inadmissible, intolérable

megenyhül *tn i [idő]* se radoucir; *[fájdalom, harag]* s'apaiser; *[személy, arc, hang]* se radoucir

megépít *ts i* construire, bâtir

megépül *tn i* être construit(e)

megér[1] *ts i [életben van]* vivre jusqu'à; **nem tudom, ~em-e** je ne sais pas si je vivrai jusque-là; **~i a száz évet** atteindre cent ans; **nem éri meg a reggelt** *[beteg]* il ne passera pas la nuit

megér[2] *ts i [értékben]* valoir; *[érdemes megtenni]* valoir la peine; ~ **vagy ezer eurót** ça vaut bien mille euros; **~i?** cela vaut la peine *v.* le coup ?; *átv* ~ **a pénzét** *fraz* valoir son pesant d'or *v. biz* de cacahouètes

megérdemel *ts i* mériter; **~te** il l'a bien mérité

megered *tn i [növény]* prendre (racine); *[eső]* se mettre à pleuvoir; **~nek könnyei** fondre en larmes; ~ **az orra vére** se mettre à saigner du nez

megereszt *ts i [csapot]* ouvrir; *[lazít]* relâcher, détendre; *[szíjat]* desserrer; ~ **egy káromkodást** lâcher un juron; ~ **egy telefont** *biz* passer un coup de fil

megérez *ts i [szagot, ízt]* sentir; *átv [előre]* pressentir, flairer; **megérzi a veszélyt** flairer le danger

megér|**ik** *tn i* mûrir

megérint *ts i [hozzáér]* toucher; *[könnyedén]* effleurer; *[hatással van]* toucher

megérkezés *fn* arrivée *n;* **~ekor** à son arrivée

megérkez|**ik** *tn i* arriver

megerőltet *ts i [kimerít]* surmener, épuiser; **~i a szemét** se fatiguer les yeux; **~i magát** *[erőt vesz természetén]* se forcer, *[igyekszik]* faire un effort

megerőltető *mn [munka]* épuisant(e)

megerősít *ts i [erősebbé tesz]* renforcer; *[épületet, várat]* fortifier; *[állítást, hírt]* confirmer; *[személyt hitében, véleményében]* conforter

megerősítés *fn [híré]* confirmation *n;* **~t nyert, hogy** il a été confirmé que

megerősöd|**ik** *tn i [testileg]* se renforcer; *[betegség után]* reprendre des forces; **~ött a karja** son bras est devenu plus musclé

megerőszakol *ts i* violer

megért *ts i [felfog]* comprendre; *biz* piger; **~ettem** j'ai compris, (c'est) compris; **jól ~ik egymást** ils s'entendent bien; *fraz, biz* ils sont sur la même longueur d'onde

megértés *fn [értelmi, érzelmi]* compréhension *n;* **több ~t vártam tőle** je m'attendais à plus de compréhension de sa part

megértet *ts i vmit vkivel* faire comprendre *qqch à qqn;* **~i magát** se faire comprendre

megértő *mn* compréhensif (-ive)

megérzés *fn* pressentiment *h*

meges|**ik** *tn i [megtörténik]* arriver; **~ik az ilyesmi** ça arrive, ce genre de chose; **~ik, hogy** il arrive que *subj;* *átv* **~ik a szíve vkin** se prendre de pitié pour qqn

megesket *ts i [jegyespárt]* marier; *vkit vmire* faire jurer *v.* promettre *qqch à qqn*

megesküsz|ik *tn i [házasodik]* se marier; *[esküt tesz]* prêter serment; *vmire* jurer *sur qqch*; **nem esküdnék meg rá** je n'en jurerais pas

megesz|ik *ts i* manger

megetet *ts i* donner à manger

megfagy *tn i* geler; *[ember]* mourir de froid; **meg lehet itt fagyni** on gèle ici; **~ a vér ereiben** le sang se glace dans ses veines

megfájdul *tn i* **~ a feje** attraper un mal de tête

megfázás *fn* refroidissement *h*, rhume *h*

megfáz|ik *tn i* prendre *v.* attraper froid

megfejt *ts i* résoudre; *[kódot]* décoder

megfejtés *fn* solution *n*

megfejthetetlen *mn* insoluble

megfékez *ts i átv is* dompter, maîtriser

megfeledkez|ik *tn i vmiről* oublier *qqch*; **~ik magáról** ne plus se maîtriser *v.* se contrôler

megfelel *tn i [válaszol]* répondre; *[követelménynek]* répondre à, satisfaire à; *vmi vkinek* convenir *à qqn*; *[megegyezik]* correspondre à, être conforme à; **~ a követelményeknek** répondre *v.* satisfaire aux exigences; **melyik nap felel meg önnek?** quel jour vous conviendrait-il ?

megfelelő I. *mn [alkalmas]* approprié(e), convenable, adéquat(e); *[azonos]* équivalent(e); **a ~ pillanatban** au bon moment; **ez nem a ~ pillanat** ce n'est pas le moment; **keresi a ~ szót** chercher le mot juste **II.** *fn* équivalent *h*

megfélemlít *ts i* intimider

megfélemlítés *fn* intimidation *n*

megfelez *ts i* partager en deux

megfellebbez *ts i* faire appel; **~i az ítéletet** faire appel du jugement

megfenekl|ik *tn i [hajó]* s'échouer; *[sárban]* s'embourber; *átv* s'enliser

megfenyeget *ts i* menacer

megfér *tn i vkivel* s'entendre *avec qqn*; **jól ~nek egymással** ils s'entendent bien

megfertőz *ts i* contaminer, infecter; *[környezetet]* polluer

megfésül *ts i vkit* peigner *qqn*; **~i a haját** se peigner les cheveux

megfésülköd|ik *tn i* se peigner, se coiffer

megfeszít *ts i* tendre; *[íjat, izmot]* bander; *vall* crucifier; **~i minden erejét** tendre toutes ses forces

megfiatalod|ik *tn i* rajeunir

megfigyel *ts i [dolgot]* observer, remarquer; *[embert]* observer, surveiller

megfigyelés *fn* observation *n*; *[ellenőrizve]* surveillance *n*; **~ alatt tart** tenir *v.* maintenir en observation

megfigyelő *fn* observateur (-trice)

megfilmesít *ts i* porter à l'écran

megfizet *ts i/tn i [tartozást]* payer, rembourser; *[munkát]* payer; *[megvesztéget]* corrompre, acheter; *[bűnhődik]* payer; **jól ~ik** *[munkát]* c'est bien payé; **~i a tartozását** payer sa dette; **az Isten fizesse meg!** Dieu vous le rendra !; **ezért még ~sz!** tu me le payeras (cher) !

megfog *ts i* prendre; *[tart]* tenir; *[elfog]* attraper, arrêter; *[festék]* déteindre sur; **fogják meg!** arrêtez-le !; **fogd meg!** *[kutyának]* attrape !; *átv* **most ~tál** là, tu m'as eu !

megfogad *ts i [ígér]* jurer *v.* promettre *de inf*, s'engager *à inf*; *[tanácsot]* écouter, suivre

megfogalmaz *ts i* formuler; *[írást]* rédiger

megfogalmazás *fn* formulation *n*; *[írásé]* rédaction *n*

megfogalmazódik *tn i* s'exprimer

megfoghatatlan *mn* inconcevable, insaisissable

megfogódz|ik *tn i vmiben* s'accrocher *v.* s'agripper *à qqch*

megfojt *ts i* étrangler, étouffer; *[vízben]* noyer; *[gázzal]* asphyxier

megfoltoz *ts i* rapiécer

megfontol *ts i* peser, considérer; ~**ja a dolgot** bien peser la chose; **jól fontolja meg!** réfléchissez bien

megfontolás *fn* réflexion *n*; **alapos ~ után** après mûre réflexion

megfontolt *mn* réfléchi(e); ~ **ember** un homme réfléchi *v.* posé; **előre ~ szándékkal** avec préméditation

megfordít *ts i* tourner, retourner; *[sorrendet]* inverser

megfordul *tn i [ember]* se retourner; *[szél]* tourner; *[megjelenik vhol]* passer; ~**vki után** se retourner sur qqn; ~ **egy óra alatt** il sera de retour dans une heure; **ez már ~t a fejemben** cette idée m'est déjà venue à l'esprit, j'ai déjà pensé à ça; **a dolog azon fordul meg, hogy** l'affaire dépend de ce que

megformál *ts i* façonner, modeler

megfoszt *ts i vmitől* priver *v.* dépouiller *de qqch*; ~ **jogától** priver de ses droits; ~ **trónjától** détrôner

megfő *tn i* être cuit(e) à point; **már ~t?** c'est cuit?

megfőz *ts i* (faire) cuire; *[elkészít]* préparer; *átv vkit* baratiner *qqn*

megfúj *ts i* souffler; *[hangszert]* souffler dans, sonner; *biz [ellop]* piquer, chouraver; ~**ja a trombitát** sonner le clairon

megfullad *tn i* (s')étouffer; *[torkán akadt]* vmitől s'étrangler *avec qqch*; *[vízben]* se noyer; *átv* **majd ~ a hőségtől** étouffer de chaleur

megfúr *ts i* percer; *átv [tervet]* torpiller; *[személyt]* biz couler

megfutamít *ts i* ~**ja a támadóit** mettre ses agresseurs en fuite; ~**ja az ellenséget** mettre l'ennemi en déroute

megfutamod|ik *tn i [elmenekül]* prendre la fuite; *átv* battre en retraite

megfürdet *ts i* baigner

megfürd|ik *tn i [kádban]* prendre un bain; *[strandon]* se baigner; **most itt áll megfürödve** *fraz* le voilà qu'il se retrouve le bec dans l'eau

meggátol *ts i vkit vmiben* empêcher *qqn de inf*

meggazdagod|ik *tn i* s'enrichir, faire fortune

meggondol *ts i [megfontol]* réfléchir à, considérer; **ha jól ~juk** quand on y réfléchit bien, tout bien considéré, à la réflexion; **gondolja meg!** réfléchissez bien, réfléchissez-y; ~**ja magát** changer d'avis, se raviser, revenir sur sa décision

meggondolandó *mn* **ez ~** cela mérite réflexion

meggondolás *fn* réflexion *n*, considération *n*; ~ **nélkül** sans réflexir; **gazdasági ~ból** pour des considérations économiques

meggondolatlan *mn [személy, beszéd, cselekedet]* irréfléchi(e); *[beszéd, cselekedet]* inconsidéré(e)

meggondolt *mn* réfléchi(e)

meggyaláz *ts i [nőt]* déshonorer; *[sírt]* profaner

meggyanúsít *ts i vkit vmivel* soupçonner *v.* suspecter *qqn de qqch*

meggyengít *ts i* affaiblir

meggyengül *tn i* s'affaiblir; ~**ve kerül ki vmiből** sortir affaibli(e) de qqch

meggyilkol *ts i* assassiner, tuer

meggyógyít *ts i* guérir

meggyógyul *tn i* guérir, se rétablir, se remettre

meggyón I. *tn i vall* se confesser **II.** *ts i vall* confesser; *átv* avouer

meggyorsít *ts i* accélérer; ~**ja lépteit** presser *v.* accélérer le pas

M

meggyötör *ts i* éprouver, faire souffrir

meggyőz *ts i vkit vmiről* convaincre v. persuader *qqn de qqch*

meggyőzés *fn* persuasion *n*

meggyőző *mn* convaincant(e), persuasif (-ive)

meggyőződés *fn* conviction *n*; ~em, hogy j'ai la conviction que, je suis convaincu que

meggyőződ|ik *tn i [megbizonyosodik] vmiről* s'assurer *de qqch*; meg van győződve vmiről être convaincu(e) v. persuadé(e) de qqch

meggyújt *ts i* allumer; ~ja a gázt allumer le gaz; ~ja a villanyt allumer la lumière; ~ja a gyufát gratter une allumette

meggyullad *tn i [égni kezd]* prendre feu; *[villany]* s'allumer

meggyűl|ik *tn i [gyulladás]* suppurer; *átv* ~ik a baja vkivel avoir affaire à qqn

meghagy *ts i [ahogy volt]* laisser; *[nem fogyaszt el]* laisser; *[utasít]* enjoindre, dire; ~ egy falatot laisser une bouchée; ~ta, hogy várjuk meg il nous a dit de l'attendre; meg kell hagyni, hogy il faut (bien) reconnaître que

meghajlás *fn [tárgyé]* fléchissement *h*, flexion *n*; *[köszöntés]* inclination *n*, révérence *n*

meghajl|ik *tn i [meggörbül]* ployer, plier; se courber; *átv* ~ik vki előtt s'incliner devant qqn

meghajlít *ts i* plier, (re)courber

meghajol *tn i [köszönve]* s'incliner; *átv [vki/vmi előtt]* s'incliner devant qqn/qqch

meghajt[1] *ts i [lovat]* éreinter; *[gépet, szerkezetet]* entraîner; *[beleket]* relâcher l'intestin

meghajt[2] *ts i [fejet]* incliner, baisser; ~ja magát s'incliner

meghal *tn i* mourir; *vmiben* mourir *de qqch*; *hiv* décéder; *tréf* majd ~ bánatában mourir de chagrin

meghalad *ts i* dépasser, surpasser; ~ja képességeit dépasser ses capacités; ~ja erejét au-dessus de ses forces

meghálál *ts i* revaloir, témoigner de sa reconnaissance; ezt még ~om neked je te revaudrai ça

meghall *ts i* entendre, percevoir; *[megtud]* apprendre

meghallgat *ts i* écouter; ~ja a híreket écouter les informations

meghallgatás *fn* audition *n*

meghamisít *ts i* falsifier, truquer; ~ja a statisztikát maquiller les statistiques

meghámoz *ts i* éplucher

meharagsz|ik *tn i* se fâcher, se mettre en colère

megharap *ts i* mordre

megháromszoroz *ts i* tripler

meghasad *tn i* se fendre; ~ a szíve cela lui fend le cœur

meghat *ts i* émouvoir, toucher

meghatalmaz *ts i vkit vmivel* autoriser *qqn à inf*; *jog* habiliter à

meghatalmazás *fn* autorisation *n*; *jog* procuration *n*; ~t ad vkinek donner procuration à qqn

meghatalmazó *fn* mandant(e)

meghatalmazott I. *mn* ~ nagykövet ambassadeur *h* plénipotentiaire **II.** *fn* mandataire *h n*

meghatároz *ts i* ált déterminer; *[fogalmat]* définir; *[árat]* arrêter, fixer; *[növényt]* identifier

meghatározás *fn* définition *n*, détermination *n*

meghatározott *mn* déterminé(e); défini(e), ~ időre pour un temps déterminé; ~ napokon à jours fixes

megható *mn* émouvant(e), touchant(e)
meghatód|ik *tn i* s'émouvoir, être ému(e) *v.* touché(e)
meghatott *mn* ému(e), touché(e)
meghatottság *fn* émotion *n*
meghátrál *tn i* reculer, battre en retraite
megházasod|ik *tn i* se marier
meghazudtol *ts i vmit/vkit* démentir *qqch/qqn*
meghibásodás *fn* panne *n*
meghibásod|ik *tn i* tomber en panne
meghibban *tn i* perdre la raison *v. biz* la boule
meghint *ts i* ~ **cukorral** saupoudrer de sucre
meghirdet *ts i* [bejelent] annoncer; [pályázatot] publier; [vételre] mettre en vente; **~i az állást** publier l'offre d'emploi
meghisz *ts i* **~em azt!** à qui le dis-tu !
meghitt *mn* intime; ~ **barátság** étroite amitié *n*; ~ **viszonyban vagyunk** nous sommes très intimes
meghiúsít *ts i* faire échouer; déjouer
meghiúsul *tn i* échouer
meghív *ts i* inviter; ~ **vkit vacsorára** inviter qqn à dîner; **gyere, ~lak egy italra** viens, je t'offre un verre
meghívás *fn* invitation *n*; **~t kap** être invité(e)
meghívó *fn* invitation *n*
meghívólevél *fn* lettre *n* d'invitation
meghívott *mn/fn* invité(e); ~ **előadó** professeur *h n* invité(e)
meghíz|ik *tn i* grossir, prendre du poids
meghódít *ts i* [területet, piacot] conquérir; [személyt] conquérir, séduire
meghódítás *fn* conquête *n*
meghonosít *ts i* [állatot, növényt] acclimater; [szokást] introduire, implanter, acclimater
meghonosod|ik *tn i* s'acclimater; *átv* s'implanter

meghosszabbít *ts i* [térben] (r)allonger; [időben] prolonger; [határidőt] proroger
meghosszabbítás *fn* [térbeli] rallongement *h*, prolongement *h*; [időbeli] prolongation *n*; [határidőé] prorogation *n*
meghoz *ts i* [tárgyat] apporter; [embert is] amener; [hatást] produire; [ítéletet] prononcer, rendre; **~za gyümölcsét** porter ses fruits; **~za a döntést** prendre une décision
méghozzá *ksz* qui plus est
meghökken *tn i* être abasourdi(e) *v.* étonné(e) *v.* stupéfait(e)
meghökkent *ts i* abasourdir, étonner, stupéfier
meghurcol *ts i fraz* traîner dans la boue; *vál* vilipender
meghúz *ts i* [ált] tirer; [vonalat] tirer, tracer; [megkarcol] érafler; [megszorít] serrer; [szöveget] couper; [megbuktat] *biz* coller, étendre; **~za vkinek a haját** tirer les cheveux à qqn; **~za a harangot** sonner les cloches; **~za magát** [vhol] s'abriter qqpart; [szerényen] se faire tout(e) petit(e)
meghúzód|ik *tn i* [veszély, eső elől] s'abriter, trouver refuge; **~ott a dereka** il s'est froissé les muscles du dos
meghűl *tn i* [megfázik] s'enrhumer, prendre *v.* attraper froid; **~t a vér az ereiben** son sang s'est glacé dans ses veines
meghűlés *fn* refroidissement *h*
meghülyül *tn i biz* devenir con (conne)
megidéz *ts i* [jog] citer, convoquer; [szellemet, emléket] évoquer
megigazít *ts i* [frizurát] arranger; [ruhát] rajuster; [szabó] retoucher
megígér *ts i* promettre
megihlet *ts i* inspirer

M

megijed tn i avoir v. prendre peur; **ne ijedj meg!** n'aie pas peur

megijeszt ts i vkit faire peur à qqn, effrayer qqn

megillet ts i revenir (de droit) à qqn; **~i ez a díj** il mérite ce prix

megillet ő d|ik tn i [meghatódik] s'émouvoir (de); [elfogódik] être intimidé(e) v. impressionné(e)

megindít ts i [mozgásba hoz] mettre en marche; [folyamatot] lancer, déclencher; [nyomozást] ouvrir; [meghat] toucher, émouvoir; **~ egy lapot** lancer un journal; **~ja a szülést** déclencher l'accouchement

megindokol ts i motiver, justifier

megindul tn i [elindul] se mettre en marche, démarrer; [menet, sereg] se mettre en branle, s'ébranler; [elkezdődik] commencer, démarrer; [vizsgálat] être ouvert(e)

megindultság fn émotion n

megingat ts i ébranler; **~ vkit elhatározásában** ébranler qqn dans sa résolution

meging tn i vaciller; átv être ébranlé(e), vaciller

megint[1] ts i faire des remontrances à; okt, sp donner un avertissement; jog admonester

megint[2] hsz encore, une fois de plus, de v. à nouveau; **mi van már ~?** qu'y a-t-il encore ?; **már ~ kezdi** le voilà qu'il recommence

megír ts i écrire; [cikket, okmányt így is] rédiger; **írd meg, mikor jössz** écris-moi pour (me) dire quand tu viens

megirigyel ts i envier, jalouser

mégis hsz quand même, tout de même; **~ megyek** j'y vais quand même; **ez ~ bosszantó** c'est tout de même ennuyeux; **ha ~** si toutefois

megismer ts i vkit faire la connaissance de qqn, faire connaissance avec qqn; vmit faire connaissance avec qqch, venir à connaître qqch; [felismer] reconnaître; **örülök, hogy ~hetem** je suis heureux (-euse) de faire votre connaissance

megismerés fn fil connaissance

megismerked|ik tn i vkivel faire connaissance avec qqn, faire la connaissance de qqn; vmivel faire connaissance v. se familiariser avec qqch

megismertet ts i vmit vkivel faire connaître v. découvrir qqch à qqn; vkit vkivel présenter qqn à qqn

megismétel ts i répéter; okt redoubler

megismétlőd|ik tn i se reproduire, se répéter

megisz|ik ts i boire; **~unk egy sört?** on prend une bière ?

megitat ts i faire boire, donner à boire; [állatot] abreuver

megítél ts i [embert] juger; [dolgot] juger, apprécier; hiv adjuger, attribuer; sp accorder

megítélés fn jugement h, appréciation n; **~em szerint** selon moi

megízlel ts i goûter

megizzad tn i transpirer, être en nage v. en sueur

megjár ts i [távolságot] couvrir, parcourir; [átél] connaître; **jól ~ta!** [pórul járt] biz il s'est bien fait avoir !; **~ja** [tűrhető] ça passe

megjátsz|ik ts i **megjátssza az ártatlant** jouer les innocents; **megjátssza magát** [rájátszik] jouer la comédie; [felvág] biz se la jouer; **~ik egy lovat** [fogad rá] jouer un cheval

megjavít ts i réparer; [rekordot] améliorer; átv améliorer

megjegyez ts i [emlékezetébe vés] retenir; [észrevételez] observer, remar-

quer; **ezt megjegyzem magamnak!**
[fenyegetőleg] je m'en souviendrai !;
megjegyzem, nekem tetszik re-
marque, moi, ça me plaît
megjegyzés *fn* remarque *n*, observa-
tion *n*; *[iraton]* mention *n*; **~t tesz**
faire une remarque
megjelenés *fn [személyé vhol]* appari-
tion *n*; *[jelenlét]* présence *n*; *[sajtó-
terméké]* parution *n*; *[külső]* ap-
parence *n*, allure *n*; **jó ~e van** avoir de
l'allure
megjelen|ik *tn i [feltűnik]* (ap)paraî-
tre; *[bíróság előtt]* comparaître; *[saj-
tótermék]* paraître, être publié(e)
megjelenít *ts i* représenter, évoquer;
inform afficher, visualiser
megjelentet *ts i* publier
megjelöl *ts i [jellel]* marquer; *[kijelöl]*
désigner, indiquer; **~ egy dátumot**
fixer une date
megjelölés *fn [jellel]* marquage *h*;
[kijelölés] désignation *n*, indication *n*
megjósol *ts i* prédire, annoncer
megjön *tn i [megérkezik]* arriver; *[visz-
szaérkezik]* rentrer; **megjött külföld-
ről** il est rentré de l'étranger; **megjött
a levél** la lettre est arrivée; **megjött a
tél** l'hiver est arrivé; **~ az esze** revenir
à la raison
megjutalmaz *ts i* récompenser
megkap *ts i* recevoir; *[elnyer]* obtenir,
avoir; *[betegséget]* attraper; *átv [ér-
zelmileg]* fasciner; **~ja az állást** obte-
nir le poste; **~tam a csomagot** j'ai
reçu le paquet; **~ta a magáét** il en a
pris pour son grade
megkaparint *ts i vmit* s'emparer de
qqch; *fraz* faire main basse *sur qqch*
megkapaszkod|ik *tn i vmiben* s'ac-
crocher *v.* s'agripper *à qqch*
megkapó *mn* saisissant(e)
megkarcol *ts i* érafler, égratiner

megkarmol *ts i* griffer
megkárosít *ts i* léser, porter préjudice à
megkedvel *ts i vkit* se prendre d'affec-
tion *pour qqn*; *vmit* prendre goût à
qqch
megkegyelmez *tn i [megkímél]* vkit
faire grâce à *qqn*; *[elítéltnek]* gracier
megkel *tn i [tészta]* lever
megkeményed|ik *tn i [vhol]* (se) durcir; *átv*
s'endurcir
megken *ts i vmit vmivel* enduire *qqch*
de *qqch*; *[gépet]* graisser, lubrifier;
[vajjal] beurrer, tartiner de beurre;
[megveszteget] *fraz* graisser la patte à
megkér *ts i vkit vmire* demander *qqch
à qqn v. à qqn de inf*, prier *qqn de inf*;
~ i vki kezét demander qqn en maria-
ge *v.* la main de qqn; **~t, hogy segít-
sek** il m'a demandé de l'aider; **~jük
az utasokat, hogy** les voyageurs sont
priés de *inf*
megkérdez *ts i vkitől vmit* demander
qqch à qqn; **~tem, hol van** je lui ai
demandé où il était
megkérdőjelez *ts i [kétkedik]* mettre
en question; *[kérdésessé tesz]* re-
mettre en question
megkeres *ts i* chercher; *[pénzt]* gagner;
[kapcsolatba lép] contacter; **~i a ke-
nyerét** gagner sa vie *v. biz* sa croûte
megkeresés *fn hiv* requête *n*
megkeresztel *ts i* baptiser
megkeresztelked|ik *tn i* recevoir le
baptême
megkerül I. *ts i [körüljár]* faire le tour
de; *[akadályt]* contourner; *[kérdést]*
éluder, esquiver **II.** *tn i [előkerül]* être
retrouvé(e)
megkésel *ts i* poignarder
megkesered|ik *tn i* devenir amer
(-ère), être aigri(e)
megkeserít *ts i* **~i** vkinek az életét
empoisonner la vie à qqn

megkettőz *ts i* doubler; **~i lépteit** doubler le pas

megkever *ts i* remuer, mélanger; *[zavarba ejt]* embrouiller; **~i a kártyát** battre les cartes

megkezd *ts i* commencer; *[kenyeret]* entamer; **~i a munkát** commencer le travail, se mettre au travail

megkezdőd|ik *tn i* commencer; **~ik a tanítás** *[szeptemberben]* c'est la rentrée scolaire

megkímél *ts i vkit vmitől* épargner *qqch à qqn*; *[megóv]* ménager; **~em a részletektől** je vous épargne v. passe les détails; **~i vkinek az életét** laisser la vie sauve à qqn

megkínál *ts i vkit vmivel* offrir *qqch à qqn*; **mivel ~hatom meg?** qu'est-ce que je vous offre ?

megkínoz *ts i* torturer

megkísérel *ts i* tenter, essayer

megkísért *ts i* tenter

megkíván *ts i vmit/vkit* avoir envie *de qqch/qqn*; *[elvár]* exiger, demander

megkockáztat *ts i* risquer; **~ egy megjegyzést** hasarder une remarque

megkomolyod|ik *tn i* devenir sérieux (-euse), s'assagir

megkopaszod|ik *tn i* perdre ses cheveux, devenir chauve

megkopaszt *ts i [baromfit]* plumer; *[kifoszt]* biz plumer

megkop|ik *tn i* s'user; *átv* se ternir

megkoronáz *ts i átv is* couronner

megkóstol *ts i* goûter

megkoszorúz *ts i vmit* déposer une couronne sur v. devant *qqch*

megkönnyebbül *tn i* être v. se sentir soulagé(e)

megkönnyebbülés *fn* soulagement *h*

megkönnyít *ts i* faciliter; *[egyszerűsít]* simplifier; **~i a feladatot** faciliter la tâche

megkönyörül *tn i vkin* avoir pitié *de qqn*

megkörnyékez *ts i* **~te a bírót** il a circonvenu le juge; **~te a hivatalnokot** il a tenté de soudoyer le fonctionnaire

megköszön *ts i vkinek vmit* remercier *qqn de qqch*, dire merci *à qqn pour qqch*

megköszörül *ts i [kést]* affiler, affûter; **~i a torkát** se racler la gorge

megköt I. *ts i* attacher; *[nyakkendőt, cipőfűzőt]* nouer; *[pulóvert]* tricoter; *[békét, szerződést, üzletet]* conclure; *[házasságot]* contracter; *átv* **meg van kötve a keze** avoir les mains liées; **~i a kutyát** attacher le chien **II.** *tn i [megszilárdul]* prendre; **~ött a cement** le ciment a pris

megkötöz *ts i* lier, attacher; *[foglyot]* ligoter

megkövetel *ts i [ember]* exiger, réclamer; *[dolog]* exiger, nécessiter

megközelít *ts i vmit* accéder à *qqch*; *vkit* s'approcher *de qqn*; *[számot, összeget]* approcher; **az utca felől lehet ~eni** on y accède (du côté) de la rue

megközelítés *fn* approche *n*; **első ~ben** au premier abord

megközelíthetetlen *mn* inaccessible

megközelíthető *mn* accessible; **könnyen ~** facile d'accès, facilement accessible

megközelítő *mn* approximatif (-ive)

megküld *ts i* envoyer, expédier

megkülönböztet *ts i* distinguer, différencier; **nem lehet őket egymástól ~ni** on ne peut pas les distinguer l'un(e) de l'autre

megkülönböztetés *fn* différenciation *n*, distinction *n*; *jog [hátrányos]* discrimination *n*

megkülönböztetett mn ~ **bánásmód** traitement h préférentiel; ~ **figyelem** une attention particulière

megkülönböztető mn distinctif (-ive); jog [hátrányos] discriminatoire

megküzd tn i vmiért se battre pour qqch; [ellenféllel] se battre contre, lutter contre; [nehézségekkel] affronter

meglágyít ts i [anyagot] ramollir; [fémet] détremper; ~**ja vkinek a szívét** attendrir le cœur de qqn

meglakol tn i payer; **ezért ~sz!** tu vas me le payer !

meglapul tn i se terrer, se tapir; átv se faire tout(e) petit(e)

meglát ts i apercevoir, voir; ~**ja a napvilágot** voir le jour; **ahogy ~tam** dès que je l'ai vu(e); **majd ~juk** on verra (bien); ~**om, mit tehetek önért** je verrai ce que je peux faire pour vous

meglátás fn jó ~**ai vannak** il a des idées très pertinentes

meglátogat ts i vkit rendre visite à qqn, aller voir qqn; [beteget, helyet] visiter

meglátsz|ik tn i se voir; ~**ik rajta, hogy fáradt** cela se voit qu'il est fatigué

meglazít ts i desserrer; [fegyelmet] relâcher

meglazul tn i se desserrer; [fegyelem] relâcher

megleckéztet ts i vkit faire la leçon à qqn

meglehet tn i (könnyen) ~, **hogy** il est (tout à fait) possible que subj

meglehetősen hsz passablement, plutôt, assez

meglékel ts i [hajót] saborder; [tó jegét] faire un trou dans; orv trépaner; ~**i a dinnyét** percer l'écorce de la pastèque

meglep ts i surprendre, étonner; [váratlanul ér] être pris(e) de court; [rajtakap] surprendre; **ez** ~ cela me surprend, cela m'étonne; ~**tük egy ajándékkal** nous lui avons fait la surprise d'un cadeau

meglép tn i biz filer, décamper

meglepetés fn [érzés] étonnement h; [esemény, ajándék] surprise n; ~**t szerez vkinek** faire une surprise à qqn; **nagy ~emre** à ma grande surprise, à mon grand étonnement

meglepő mn surprenant(e), étonnant(e)

meglepőd|ik tn i s'étonner, être surpris(e) v. étonné(e)

megles ts i épier, guetter

meglesz tn i [megszületik] naître; [kész lesz] sera prêt(e); [megtörténik] aura lieu; ~ **az ezer euró is** ça doit bien coûter mille euros; ~**ünk nélküle** on se passera de lui, on s'en passera; ~**lett a pénztárcám** on a retrouvé mon portefeuille

meglét fn existence n

meglett mn ~ **férfi** un homme fait

meglevő mn existant(e); [rendelkezésre álló] disponible

meglincsel ts i lyncher

meglocsol ts i [növényt] arroser; [személyt] asperger

meglóg tn i biz filer (à l'anglaise)

meglő ts i [megölve] biz descendre; átv **meg vagyok lőve** je suis coincé(e)

meglök ts i pousser, bousculer

megmagyaráz ts i expliquer; **mindjárt ~om** je vais t'expliquer

megmagyarázhatatlan mn inexplicable

megmar ts i mordre

megmarad tn i [helyzetben, állapotban] rester; [fennmarad] rester; [életben] rester en vie, survivre; ~ **elhatározásánál** persister dans sa résolution; **nem bír egy helyben ~ni** il est incapable de tenir en place; **~t két szelet sütemény** il reste deux tranches de gâteau

megmarkol *ts i* empoigner

megmász|ik *ts i* escalader, gravir

megmelegít *ts i* réchauffer

megmenekül *tn i [veszélyből élve]* réchapper à; *[nehéz helyzetből, személytől megszabadul]* échapper à; **ép bőrrel ~ vhonnan** sortir sain(e) et sauf (sauve) de qqpart

megment *ts i* sauver

megmentő *fn* sauveur *h*

megmér *ts i [kiterjedést, mennyiséget]* mesurer; *[súlyt]* peser; **~i vkinek a lázát** prendre la température de qqn

megmereved|ik *tn i* se raidir; *[félelemtől]* être pétrifié(e)

megmérgez *ts i átv is* empoisonner; **~i magát** s'empoisonner

megmérkőz|ik *tn i vkivel* se mesurer *avec v. à* qqn; *sp* affronter

megmoccan *tn i* broncher

megmond *ts i* dire; **nem ~tam?!** je l'avais bien dit !; **~ja a véleményét** donner son opinion; **~lak az apámnak** je te dirai à mon père

megmos *ts i* laver; **~sa a kezét** se laver les mains; *átv* **~sa vkinek a fejét** laver la tête à qqn, passer un savon à qqn

megmosakod|ik *tn i* se laver, faire sa toilette

megmotoz *ts i* fouiller

megmozdít *ts i* remuer; **a kisujját sem mozdítja meg** ne pas remuer le petit doigt

megmozdul *tn i* bouger; *[közösség mozgolódni kezd]* remuer, bouger; **~t benne a lelkiismeret** sa conscience s'est réveillée

megmozdulás *fn átv* manifestation *n*

megmozgat *ts i* **~ja a tömegeket** mobiliser les masses; **minden követ ~** *fraz* remuer ciel et terre

megmukkan *tn i* **meg se mukkant** il n'a pas pipé *v. biz* moufté

megmutat *ts i* montrer, faire voir; *[utat]* indiquer; **majd ~om én neki!** *fraz* il va voir de quel bois je me chauffe !

megmutatkoz|ik *tn i* se manifester, se montrer

megműt *ts i* opérer

megművel *ts i* cultiver

megnehezít *ts i* alourdir; *átv* rendre difficile

megneheztel *tn i vkire vmiért* en vouloir à qqn de qqch

megnemtámadási *mn* **~ szerződés** pacte *h* de non-agression

megnémul *tn i* devenir muet (muette); **~ a csodálozástól** rester muet d'étonnement

megnevettet *ts i* faire rire

megnevez *ts i* nommer; **~i magát** décliner son identité; **~i a cinkosait** nommer ses complices

megnéz *ts i* regarder, voir; **~ egy filmet** *[moziban]* voir un film; *[tévében]* regarder un film; **~i magát a tükörben** se regarder dans le miroir; **~em, ki jött** je vais voir qui est-ce qui est arrivé; **~tem a szótárban** j'ai regardé dans le dictionnaire

megnő *tn i [gyerek]* grandir, devenir grand(e); *[haj, növény]* pousser; *átv* grandir, augmenter

megnősül *tn i* se marier

megnövel *ts i* augmenter, accroître

megnyer *ts i ált* gagner; *[háborút, versenyt]* gagner; *vkit vminek* convaincre *qqn de qqch v. de inf*; **~ egy fogadást** gagner un pari; **~i vki bizalmát** gagner la confiance de qqn

megnyerő *mn* engageant(e), avenant(e)

megnyíl|lik *tn i* s'ouvrir; *[intézmény]* ouvrir ses portes

megnyilvánul *tn i* se manifester

megnyilvánulás *fn* manifestation *n*

megnyír *ts i [hajat]* couper; *[füvet, birkát, hajat tövig]* tondre

megnyirbál *ts i átv is* rogner

megnyit *ts i ált* ouvrir; *[intézményt]* inaugurer; **~ja kapuit** ouvrir ses portes; **az ülést ~om** je déclare la séance ouverte; *átv* **~ja a szívét vki előtt** ouvrir son cœur à qqn

megnyitás *fn* ouverture *n*; *[intézményé]* inauguration *n*

megnyitó *fn [ünnepély]* cérémonie(s) *n (t sz)* d'ouverture; *[kiállításé]* vernissage *h*

megnyom *ts i vmit* appuyer *sur qqch*, presser *qqch*

megnyomorít *ts i* rendre infirme, estropier

megnyugsz|ik *tn i* s'apaiser, se calmer; *vmiben* se résigner *à qqch*

megnyugtat *ts i [lecsillapít]* calmer, apaiser; *[biztosít]* rassurer

megnyugtató *mn [hír]* rassurant(e); *[szavak]* apaisant(e), tranquillisant(e); *[környezet]* reposant(e), paisible

megnyugvás *fn* apaisement *h*; *[megkönnyebülés]* soulagement *h*

megnyúl|ik *tn i [árnyék, napszak, test]* s'allonger; *[ruha mosásban]* s'étendre; *[bőr]* se distendre; *átv* **~ik az arca** *fraz* tirer une tête de six pieds de long

megolajoz *ts i* huiler

megold *ts i [kérdést]* résoudre; *[csomót]* défaire, dénouer

megoldás *fn* solution *n*; *[bonyodalomé]* dénouement *h*

megoldatlan *mn* non résolu(e)

megoldhatatlan *mn* insoluble

megoldód|ik *tn i [kérdés]* se résoudre; *átv* **~ott a nyelve** sa langue s'est déliée

megolvad *tn i* fondre

megolvaszt *ts i* (faire) fondre

megoperál *ts i* opérer

megoszlás *fn* répartition *n*

megoszl|ik *tn i* se répartir; **a vélemények ~anak** les avis sont partagés

megoszt *ts i vmit vkivel* partager *qqch avec qqn*; *[több személy közt]* répartir, diviser; *[közösséget]* diviser

megosztás *fn [javaké]* partage *h*; *[feladatoké is]* répartition *n*

megosztoz|ik *tn i vkivel vmin* partager *qqch avec qqn*

megóv *ts i vkit/vmit vmitől* protéger *v.* préserver *qqn/qqch de qqch*; *sp* déposer une réclamation

megöl *ts i* tuer; *[meggyilkol]* assassiner; **~i magát** se suicider; **~i a bánat** mourir de chagrin

megölel *ts i* embrasser; étreindre

megöntöz *ts i* arroser

megöreged|ik *tn i* vieillir

megőriz *ts i átv is* conserver, garder; **megőrzi nyugalmát** garder son calme

megőrjít *ts i* rendre fou (folle)

megörökít *ts i* immortaliser; **~i vkinek az emlékét** perpétuer le souvenir de qqn

megörül *tn i vminek* se réjouir *de qqch*; **nagyon ~t az ajándéknak** le cadeau lui a fait très plaisir

megőrül *tn i* devenir fou (folle); perdre la raison; *vkiért* être fou (folle) *de qqn*; **~tél?** tu es fou?, tu as perdu la tête?

megőrzés *fn* conservation *n*, maintien *n*; **~re átad vkinek** confier à la garde de qqn

M

megőrző *fn* consigne *n*

megőszül *tn i* blanchir; **kezd ~ni** il grisonne

megpályáz *ts i* ~ **egy állást** postuler un emploi; ~ **egy ösztöndíjat** postuler pour une bourse

megparancsol *ts i* ordonner

megpecsétel *ts i átv is* sceller

mégpedig *ksz* **ez lehetetlen, ~ azért mert** c'est impossible, et cela parce que; **megcsinálom, ~ ingyen** je le ferai, et gratuitement qui plus est

megpenészed|ik *tn i* moisir

megpihen *ts i* se reposer; *[vmi közben]* faire une pause

megpillant *ts i* apercevoir

megpirít *ts i [hagymát]* faire revenir; *[húst]* rissoler, faire dorer; *[kenyeret]* griller

megpofoz *ts i* gifler

megpróbál *ts i* essayer, tenter

megpróbálkoz|ik *tn i vmivel* s'essayer à qqch, tâter de qqch

megpróbáltatás *fn* épreuve *n*

megpuhít *ts i* (r)amollir; *[húst]* attendrir; *[embert]* amadouer

megpuhul *tn i [hús]* devenir tendre; *[személy]* s'amadouer, mollir

megpukkad *tn i átv* **majd ~ mérgében** exploser de colère; **majd ~ nevettében** crever *v.* éclater de rire; **pukkadj meg!** *biz* va te faire fiche !

megrág *ts i [ember]* mâcher; *[moly]* manger; *[rágcsáló]* ronger

megragad I. *ts i* saisir, empoigner; *[érzelmileg]* saisir, captiver; *átv* **~ja az alkalmat** saisir l'occasion **II.** *tn i* adhérer, coller; *átv* ~ **az emlékezetében** se graver dans sa mémoire

megrágalmaz *ts i* calomnier

megragaszt *ts i* (re)coller

megrak *ts i vmivel* charger *de qqch*; *[elver]* *biz* flanquer une volée *à qqn*;

~**ja a tüzet** *[begyújtáshoz]* préparer le feu; *[hogy tovább égjen]* alimenter le feu

megrándít *ts i* ~**ja a lábát** se fouler le pied; ~**ja a vállát** *[megvonja]* hausser les épaules

megrándul *tn i* **egy arcizma sem rándult meg** il n'a a (même) pas bronché; ~**t a lába** il s'est foulé le pied

megránt *ts i* tirer

megráz *ts i* secouer; *[lelkileg]* bouleverser; ~**za az áram** recevoir une décharge

megrázkód|ik *tn i* tressaillir

megrázkódtatás *fn [érzelmi]* choc *h*, bouleversement *h*

megrázó *mn* bouleversant(e)

megreformál *ts i* réformer

megreked *tn i [sárban]* s'embourber; *átv* s'enliser

megrémít *ts i* effrayer

megrémül *tn i vkitől/vmitől* être effrayé(e) *par qqn/qqch*

megrendel *ts i* commander

megrendelés *fn* commande *n*

megrendelő *fn* client(e)

megrendelőlap *fn* bon *h* de commande

megrendez *ts i [programot, versenyt]* organiser; *[célzatosan előkészít]* organiser, arranger

megrendít *ts i [megingat]* ébranler; *[megráz]* bouleverser

megrendítő *mn* bouleversant(e)

megrendül *tn i [meginog]* être ébranlé(e); *[érzelmileg]* être bouleversé(e)

megrepeд *tn i [kemény tárgy, fal]* se fissurer, se fendre; *[törékeny tárgy]* se fêler

megretten *tn i* s'effrayer

megriad *tn i* prendre peur

megritkul *tn i* se raréfier

megrohad *tn i* pourrir

megrohamoz *ts i átv is* prendre d'assaut

megrokkan *tn i* devenir handicapé(e) *v.* infirme *v.* invalide

megroml|ik *tn i [étel]* se gâter, s'altérer; *[egészség]* se dégrader; *átv* se détériorer, se dégrader

megrongál *ts i* endommager, détériorer; *[köztéren szándékosan]* saccager, vandaliser

megrongálód|ik *tn i [tárgy]* se détériorer, être détérioré(e) *v.* endommagé(e)

megront *ts i [varázslással]* jeter un sort à; *[erkölcsileg]* corrompre, dépraver, pervertir; *[lányt]* déshonorer

megrovás *fn* réprimande *n*; *hiv* blâme *n*; *jog* admonestation *n*

megrögzött *mn* ~ **agglegény** célibataire *h* endurci; ~ **alkoholista** alcoolique *h n* invétéré(e); ~ **idealista** incorrigible idéaliste *h n*

megrökönyödés *fn* stupéfaction *n*

megrökönyöd|ik *tn i* être stupéfait(e)

megröntgenez *ts i* faire une radio de, radiographier

megrövidít *ts i ált* raccourcir; *[ruhát]* raccourcir; *[időt, szöveget]* écourter, abréger; *[megkárosít]* léser

megrövidül *tn i* raccourcir; *[károsul]* être lésé(e); ~**nek a napok** les jours raccourcissent

megrúg *ts i vkit* donner un coup de pied à *qqn*; *[ló]* lancer une ruade à

megsajnál *ts i vkit* avoir pitié *de qqn*, prendre *qqn* en pitié

megsárgul *tn i* jaunir

megsavanyod|ik *tn i [tej]* tourner; *[bor]* aigrir, tourner; *átv* s'aigrir

mégse *hsz azaz* ~ ou plutôt non

megsebesít *ts i* blesser

megsebesül *tn i* être blessé(e), se blesser

megsegít *ts i* aider, venir à l'aide de *v.* en aide à, secourir

megsejt *ts i* pressentir, deviner

megsem *hsz/ksz* ~ **megyek el** finalement, je n'y vais pas; **hívtam,** ~ **jött** je l'ai invité, mais il n'est pas venu; **ezt** ~ **mondhatom meg neki** je ne peux tout de même pas lui dire ça; **ez már** ~ **járja!** ça tout de même, c'est trop fort !

megsemmisít *ts i [elpusztít]* anéantir, détruire; *jog [érvénytelenít]* annuler, *[ítéletet]* casser; *[lelkileg]* anéantir

megsemmisítés *fn* destruction *n*; *jog [érvénytelenítés]* annulation *n*; *[ítéleté]* cassation *n*

megsemmisítő *mn* destructeur (-trice); ~ **kritika** critique *n* impitoyable; ~ **tábor** camp *h* d'extermination; ~ **vereség** défaite *n* écrasante

megsemmisül *tn i* être détruit(e) *v.* *[érzelmileg is]* anéanti(e)

megsemmisülés *fn* anéantissement *h*

megsért *ts i [testet]* blesser; *[megbánt]* blesser, offenser, vexer; *[törvényt]* violer; *[érdekeket]* léser, porter atteinte à

megsértőd|ik *tn i* se vexer

megsérül *tn i [élőlény]* être blessé(e); *[tárgy]* être endommagé(e)

megsimogat *ts i* caresser

megsirat *ts i* pleurer

megsokszoroz *ts i* multiplier

megsokszorozód|ik *ts i* se multiplier

megsóz *ts i* saler

megspórol *ts i [pénzt]* économiser; *[fáradságot]* s'épargner

megsúg *ts i vmit vkinek* chuchoter *qqch* à l'oreille *de qqn*; *[bizalmasan]* souffler *qqch* à l'oreille *de qqn*

megsüketül *tn i* devenir sourd(e)

megsül *tn i* cuire; ~**t már?** c'est cuit ?; *átv* **meg lehet itt sülni!** *[melegtől]* *biz* on cuit ici !

megsüt *ts i* (faire) cuire; *[húst]* (faire) rôtir; *[bő zsiradékban]* (faire) frire

megszab *ts i [árat]* fixer; *[feltételeket így is]* dicter; *[előír]* prescrire; *[meghatároz]* déterminer

megszabadít *ts i* libérer, délivrer; *vmitől/vkitől* débarrasser de *qqch/qqn*

megszabadul *tn i* se libérer, se délivrer; *vmitől/vkitől* se débarrasser de *qqch/qqn*

megszagol *ts i* sentir, humer; *átv is* renifler

megszakad *tn i [folyamat]* s'interrompre, être interrompu(e); **majd ~ a nagy erőlködésben** *fraz, biz* se mettre sur le flanc; **~t a vonal** on a été coupés; **~tak a tárgyalások** les négociations ont été rompues

megszakít *ts i [folyamatot]* interrompre; *[kapcsolatot, tárgyalásokat]* rompre

megszakítás *fn* interruption *n*; *[diplomáciai kapcsolatoké]* rupture *n*

megszáll I. *ts i [területet]* occuper; **~ja a félelem** être envahi(e) par la peur; **~ja az ihlet** être saisi(e) par l'inspiration **II.** *tn i [vhol]* descendre, loger

megszállás *fn kat* occupation *n*

megszálló I. *mn kat* **~ hadsereg** armée *n* d'occupation **II.** *fn* envahisseur *h*, occupant(s) *h (t sz)*

megszállott I. *mn* fanatique **II.** *fn* obsédé(e)

megszámlálhatatlan *mn* innombrable

megszámol *ts i* compter

megszámoz *ts i* numéroter; *[oldalakat]* paginer

megszán *ts i vkit* avoir pitié de *qqn*

megszaporod|ik *tn i* se multiplier; **~ott a család** la famille s'est agrandie

megszárad *tn i* sécher

megszárít *ts i* (faire) sécher; **~ja a haját** se sécher les cheveux

megszavaz *ts i* voter; **~ egy törvént** voter une loi

megszeg *ts i [kenyeret]* entamer; *[szabályt, törvényt]* violer, enfreindre; **~i szavát** manquer à sa parole

megszégyenít *ts i* humilier

megszégyenül *tn i* être humilié(e)

megszelídít *ts i [állatot, embert]* apprivoiser; *[vadállatot]* dompter; *[háziállattá tesz]* domestiquer

megszelídül *tn i* s'apprivoiser

megszemélyesít *ts i* personnifier

megszentel *ts i* bénir, consacrer

megszenved *tn i* **~ett a boldogságért** son bonheur lui a coûté

megszeppen *tn i* avoir un peu peur

megszépül *tn i* embellir

megszépül *tn i* embellir

megszeret *ts i vkit* prendre *qqn* en affection, s'attacher à *qqn*; *[beleszeret]* *vkibe* tomber amoureux (-euse) de *qqn*; *vmit* prendre goût à *qqch*

megszerez *ts i* se procurer, obtenir, trouver

megszervez *ts i* organiser

megszid *ts i* gronder

megszigorít *ts i* rendre plus sévère; *[biztonsági intézkedéseket, ellenőrzést]* renforcer

megszilárdít *ts i* renforcer; *átv* consolider, affermir; **~ja hatalmát** affirmir son pouvoir

megszilárdul *tn i [anyag]* durcir; *[rendszer]* se consolider; *[elhatározás]* s'affermir

megszokás *fn* habitude *n*; **~ból** par habitude

megszok|ik I. *ts i [szokatlant]* s'habituer *v.* s'accoutumer à; *[szokássá válik]* prendre *v.* avoir l'habitude de; **már ~tam** j'en ai l'habitude **II.** *tn i*

~ **vhol** se faire v. s'habituer à un endroit

megszokott mn habituel (-elle)

megszólal tn i se mettre à parler; [csengő, telefon] sonner; **szólalj már meg!** dis quelque chose, à la fin !; **nem mert ~ni** il n'a pas osé ouvrir la bouche

megszólalásig hsz a ~ **hasonlítanak egymásra** ils se ressemblent comme deux gouttes d'eau

megszólít ts i vkit adresser la parole à qqn; [idegent, főleg nőt] accoster, aborder

megszólítás fn [levélben] terme h d'adresse

megszoptat ts i donner le sein à, allaiter

megszór ts i vmivel saupoudrer de qqch

megszorít ts i serrer; [szorult helyzetbe juttat] acculer; fraz mettre au pied du mur; gazd restreindre; ~**ja vkinek a kezét** serrer la main à qqn

megszorítás fn restriction f; költségvetési ~ restriction h budgétaire; ~**okkal** avec des restrictions

megszoroz ts i multiplier

megszorul tn i [tárgy] se coincer; [levegő] stagner; átv [anyagilag] être dans le besoin v. la gêne

megszök|ik tn i s'enfuir, s'échapper; [börtönből, fogságból] s'évader; [gyerek hazulról] faire une fugue, biz fuguer

megszöktet ts i [foglyot] faire évader; [leányt] enlever

megszúr ts i [rovar is] piquer; ~**ja az ujját** se piquer le doigt

megszül ts i/tn i átv is accoucher (de)

megszületés fn naissance n

megszület|ik tn i átv is naître, voir le jour

megszűnés fn cessation n

megszűn|ik tn i cesser, s'arrêter, prendre fin; ~**t a zaj** le bruit a cessé; ~**tek a fájdalmai** ses douleurs ont cessé; **ez a mozi ~t** ce cinéma a fermé (ses portes)

megszüntet ts i supprimer, mettre fin à, (faire) cesser; ~**a fájdalmat** supprimer la douleur; ~**i az eljárást** mettre fin à la procédure

megszüntetés fn arrêt h, cessation n, suppression n

megszűr ts i [folyadékot, fényt] filtrer

megtagad ts i vkitől vmit refuser qqch à qqn; [személyt, hitet] renier; ~ **magától vmit** se priver de qqch v. de inf; ~**ja az engedelmességet** refuser d'obéir; ~**ja a vallomástételt** refuser de témoigner

megtakarít ts i économiser, épargner

megtakarítás fn [folyamat] économie n, épargne n; [eredmény] économie(s) n (t sz), épargne n

megtalál ts i (re)trouver; ~**ja a módját, hogy** trouver le moyen de inf; ~**ja a számítását** trouver son compte

megtalpal ts i ressemeler

megtámad ts i kat is, jog is attaquer; [utcán] vkit agresser qqn; **a tüdőt is ~ta a betegség** le poumon est également attaqué

megtámaszt ts i étayer, appuyer, buter

megtanít ts i apprendre; ~**ottam írni** je lui ai appris à écrire; **majd ~om én kesztyűbe dudálni!** je lui apprendrai à vivre !

megtántorod|ik tn i chanceler

megtanul ts i/tn i apprendre; ~ **írni** apprendre à écrire; ~ **franciául** apprendre le français; ~**t hallgatni** il a appris à se taire

megtapasztal ts i vmit faire l'expérience de qqch

M

megtapogat *ts i* tâter, palper

megtapsol *ts i* applaudir

megtárgyal *ts i* discuter, débattre; **~ták a dolgot egymás között** ils ont débattu la chose entre eux

megtart *tn i [terhet]* (sou)tenir; *átv [megőriz]* garder, conserver; *[értekezletet, órát]* tenir; *[esküvőt]* célébrer; *[határidőt]* respecter; *[vallási szokást]* observer; **~ja a szavát** tenir (sa) parole; **a megjegyzéseit tartsa meg magának!** gardez vos remarques pour vous !; **tartsa meg a visszajárót!** gardez la monnaie

megtekint *ts i [látványosságot]* visiter; *[megvizsgál]* examiner

megtel|ik *tn i [edény]* se remplir; *vmivel* se remplir *de qqch*; **a terem ~t** la salle est pleine; **~t** complet; **szeme ~ik könnyel** ses yeux s'emplissent de larmes

megtépáz *ts i [megcibál]* malmener, brutaliser; *[hírnevet]* ternir, mettre à mal

megtér *tn i vall* se convertir; **~ őseihez** aller ad patres

megterem I. *tn i* pousser **II.** *ts i* produire

megteremt *ts i* créer; **ahogy Isten ~ette** *fraz* dans le plus simple appareil; **~i vminek a lehetőségét** créer la possibilité de qqch

megterhel *ts i [megrak] vmivel* charger *de qqch*; *[számlát]* débiter; *[jelzáloggal]* hypothéquer; **~i az emlékezetét** se surcharger la mémoire; **~i a gyomrát** surcharger son estomac

megterhelés *fn [súly] átv is* charge *n*; *[számlán]* débit *h*

megterít *ts i* mettre la table

megtérít *ts i [összeget]* rembourser; *[kárt]* indemniser; *vall* convertir

megtérítés *fn [összegé]* remboursement *h*; *[káré]* indemnisation *n*; *vall* conversion *n*

megtermékenyít *ts i* féconder; *[mesterségesen]* inséminer; *[földet]* fertiliser

megtermékenyítés *fn* fécondation *n*, *[földé]* fertilisation *n*; **mesterséges ~** insémination *n* artificielle

megtermel *ts i* produire

megtérül *tn i* befektetése **~t** il est rentré dans ses fonds; **a kár ~t** les dommages ont été indemnisés; **költségei ~tek** il est rentré dans ses frais

megtervez *ts i [épületet]* concevoir; *[kitervel]* préparer

megtestesít *ts i* incarner

megtestesült *mn* maga a ~ **tisztesség** il est l'honnêteté incarnée *v.* même *v.* en personne

megtesz *ts i [utat]* faire; *[távolságot]* faire, parcourir; *[kinevez]* nommer; **~ minden tőle telhetőt** faire tout son possible; **~i hatását** faire son effet; **ez is ~i** ça fera l'affaire; **tedd meg, hogy ~i** felhívod appelle-le, s'il te plaît; **hosszú utat tett meg** il a fait un long chemin

megtetsz|ik *tn i vkinek* plaire *à qqn*

megtéveszt *ts i* tromper, induire en erreur

megtévesztés *fn* tromperie *n*; **a ~ig hasonlít rá** il lui ressemble à s'y tromper *v.* à s'y méprendre

megtilt *ts i* interdire, défendre; *[törvényileg]* prohiber; **~tom, hogy odamenj** je t'interdis d'y aller

megtisztel *ts i vkit vmivel* honorer *qqn de qqch*

megtisztelő *mn* ~ **számomra, hogy** c'est un honneur pour moi de *inf*; ~ **a bizalma** votre confiance m'honore

megtiszteltetés *fn* honneur *h*; ~ szá-momra, hogy c'est un honneur pour moi de *inf*

megtisztít *ts i* *ált* nettoyer; *[sebet]* nettoyer; *[romoktól, omladéktól]* déblayer; *[utat]* dégager; *[vizet]* assainir; *[testületet nemkívánatos személyektől]* épurer

megtisztul *tn i* être nettoyé(e)

megtizedel *ts i* décimer

megtold *ts i* *[meghosszabbít]* rallonger; *[hozzáad]* (r)ajouter

megtorlás *fn* représailles *n (t sz)*, rétorsion *n*

megtorló *mn* ~ intézkedések mesures *n (t sz)* de rétorsion

megtorol *ts i* *[sérelmet]* (se) venger; *[bűnt]* punir; ~ egy sértést se venger d'une insulte

megtorpan *tn i* s'arrêter net, se figer

megtölt *ts i* remplir; *[töltelékkel]* farcir; *[puskát, akkumulátort]* charger

megtöm *ts i* bourrer; *[állatot]* gaver; ~i a gyomrát *fraz* se remplir la panse

megtör *ts i* *[apróra]* broyer, concasser; *[fényt]* réfracter; *[csendet]* rompre; *[ellenállást]* briser; *[lelkileg]* briser, abattre

megtör|ik *tn i* *[eltörik]* se rompre; *[fény]* se réfracter; *[hang, hullám]* se briser; *[lelkileg]* être brisé(e), s'effondrer; *[személy vallatásnál]* craquer; ~ik a varázs le charme est rompu

megtöröl *ts i* essuyer; megtörli a kezét s'essuyer les mains

megtörtén|ik *tn i* arriver, avoir lieu; veled is ~het ça peut t'arriver à toi aussi; ez nem fog ~ni cela n'arrivera pas; a találkozás ~t la rencontre a eu lieu; ami ~t, az ~t ce qui est fait est fait

megtörülköz|ik *tn i* s'essuyer

megtréfál *ts i* *vkit* *fraz* jouer un tour à qqn

megtud *ts i* apprendre; ~tam, hogy j'ai appris que; tudja meg, hogy apprenez que, sachez que; tudd meg, mi történt renseigne-toi sur ce qui s'est passé

megtudakol *ts i* *vmit* s'informer *de qqch*, se renseigner *sur qqch*

megtűr *ts i* tolérer, supporter

megugat *ts i* *vkit* aboyer *après qqn*

megújít *ts i* renouveler

megújul *tn i* se renouveler; *[újjáéled]* se raviver, se ranimer

megújulás *fn* renouvellement *h*; *[újjáéledés]* renouveau *h*

megun *ts i* *vkit/vmit* se lasser *v.* être lassé(e) *de qqn/qqch*, en avoir assez *v. biz* marre *de qqn/qqch*

megundorod|ik *tn i* *vkitől/vmitől* se dégoûter *v.* être dégoûté(e) *de qqn/qqch*

megúsz|ik *ts i* s'en tirer, s'en sortir; ezt nem ússza meg szárazon! il ne s'en tirera pas comme ça; ~ta egy figyelmeztetéssel il en a été quitte pour un avertissement

megutál *ts i* prendre en aversion *v.* en horreur

megül[1] *ts i* ~i a lovat monter un cheval; ~i vmi a gyomrát qqch lui reste sur le cœur *v.* l'estomac

megül[2] *ts i* *[ünnepet]* célébrer

megünnepel *ts i* fêter, célébrer; *[évfordulót]* commémorer

megüresed|ik *tn i* *[hely, lakás]* se libérer; *[állás]* devenir vacant(e)

megüt *ts i* frapper, cogner; ~i magát se cogner, se faire mal; ~i a fejét se cogner la tête; ~i az áram recevoir une décharge, *[halálosan]* être électrocuté(e); ~i a mértéket être à la hauteur; ~i fülét vmi qqch frappe son oreille; ~i a guta avoir une attaque (d'apoplexie); **~i a főnyereményt** décrocher le gros lot

megütközés *fn* stupéfaction *n*, indignation *n*; **~t kelt** choquer, susciter l'indignation

megütköz|ik *tn i [harcban]* affronter, livrer bataille à; *vmin* s'indigner *de qqch*, être choqué(e) *par qqch*

megvádol *ts i vmivel* accuser *de qqch*

megvadul *tn i [ló]* s'emballer; *[személy]* devenir furieux (-euse); *biz* se mettre à rager

megvág *ts i* couper; **~ja magát** se couper; *átv* **~ott 100 euróra** *biz* il m'a tapé de cent euros

megvakar *ts i* gratter; **~ja a fejét** se gratter la tête

megvakít *ts i [betegség]* rendre aveugle; *[erőszakkal]* aveugler

megvakul *tn i* devenir aveugle, perdre la vue; **~ fél szemére** perdre un œil

megválaszt *ts i [választáson]* élire; *[kiválaszt]* choisir; **~ották képviselőnek** il a été élu député

megvál|ik *tn i vkitől/vmitől* se séparer *de qqn/qqch*; **~ik az állásától** vál résigner son emploi

megvall *ts i* avouer, confesser; **az igazat ~va** à vrai dire

megválogat *ts i* choisir; **~ja a szavait** choisir ses mots; **nem válogatja meg a szavait** ne pas mâcher ses mots

megvalósít *ts i* réaliser

megvalósítás *fn* réalisation *n*

megvalósíthatatlan *mn* irréalisable

megvalósítható *mn* réalisable, faisable

megvalósul *tn i* se réaliser

megvált *ts i [jegyet]* prendre, acheter; *[kötelezettséget]* racheter; *vall* racheter; *átv* délivrer

megváltás *fn vall* rédemption *n*; *átv* délivrance *n*

Megváltó *fn vall* le Rédempteur, le Sauveur

megváltoz|ik *tn i* changer

megváltoztat *ts i* changer; **~ja véleményét** changer d'opinion *v.* d'avis

megvámol *ts i* percevoir un droit de douane

megvan *tn i [létezik]* être, exister; *[birtokol]* avoir; *[végbemegy]* avoir lieu; **~!** ça y est !, j'y suis !; **egy óra alatt ~** c'est fait en une heure; **~ mindene** il a tout ce qui lui faut; **~ neked ez a könyv?** as-tu ce livre ?; **~ vagy 70 éves** il doit (bien) avoir dans les soixante-dix ans; **~ vki/vmi nélkül** se passer de qqn/qqch; **Hogy vagy? Megvagyok.** Comment ça va ? Comme ci comme ça.; **jól ~nak (egymással)** ils s'entendent bien; **hányszor van meg kettő a tízben?** dans dix combien de fois deux ?

megvár *ts i* attendre

megvárakoztat *ts i* faire attendre

megvarr *ts i* coudre; *[javít]* recoudre

megvásárol *ts i átv is* acheter

megvásárolható *mn [árucikk]* achetable; *[ember]* corruptible

megvéd *ts i vkitől/vmitől* défendre *contre qqn/qqch*; *[védelmet nyújtva]* protéger *de; [doktori értekezést]* soutenir; *sp [cimet]* défendre

megvendégel *ts i* offrir à manger et à boire

megver *ts i* battre; *[legyőz]* battre

megvesz *ts i* acheter

megvész *tn i [állat]* avoir la rage, être atteint(e) de la rage; *átv majd ~ vkiért/vmiért* être fou (folle) de qqn/qqch

megveszteget *ts i* corrompre, acheter, soudoyer

megvesztegetés *fn* corruption *n*

megvesztegethető *mn* corruptible

megvet ts i [lenéz] mépriser, dédaigner; **~i vminek az alapját** jeter v. poser les fondements de qqch; **~i az ágyat** faire le lit; **~i a lábát vhol** prendre pied qqpart

megvétel fn achat h, acquisition n

megvetés fn mépris h, dédain h

megvétőz ts i mettre v. opposer son veüto à

megvető mn méprisant(e), dédaigneux (-euse)

megvigasztal ts i consoler, réconforter

megvilágít ts i éclairer; átv mettre en lumière

megvilágítás fn éclairage h; **új ~ba helyez** présenter sous un jour nouveau v. un nouvel éclairage

megvirrad tn i le jour point

megvisel ts i éprouver, être éprouvé(e); [tárgyat] user; **az események ~ték** il a été éprouvé par les événements, les événements l'ont durement éprouvé

megvitat ts i débattre; [megbeszél] discuter; **~ egy kérdést** débattre une question

megvizsgál ts i examiner; [ellenőrizve] inspecter; orv examiner

megvon ts i [meghúz] tracer; **~ja vkitől a szót** retirer la parole à qqn; **~ja vkitől a támogatást** retirer son soutien à qqn; **~ja a vállát** hausser les épaules

megzavar ts i [kizökkent] déranger, troubler; [felkavar] troubler, perturber; **~ vkit a munkájában** déranger qqn dans son travail

megzavarod|ik tn i [folyadék] se troubler; [ember] être déconcerté(e) v. désorienté(e) v. troublé(e); [megbolondul] perdre la raison; **teljesen meg vagyok zavarodva** je ne sais plus où j'en suis

megzenésít ts i mettre en musique

megzsarol ts i vkit faire chanter qqn

megy tn i aller; [vhová] aller à; [lefelé] descendre; [felfelé] monter; vmibe entrer dans qqch; [vezeték] passer; [vmivel összeillik] aller avec qqch; **autóval ~** aller en v. prendre la voiture; **gyalog ~** aller à pied; **férjhez ~** se marier; **ha minden jól ~** si tout va v. se passe bien; **jól ~ neki** ça marche bien pour lui; **mérnöknek ~** se faire ingénieur; **mi ~ a tévében?** qu'est-ce qu'il y a à la télé ?; **nem ~** cela ne marche pas; **nem ~ semmire** il n'arrive à rien; **nem ~ a fejébe, hogy** il est incapable de comprendre que; **nem ~ neki a matek** les maths, ce n'est pas son fort; **vkiért/vmiért ~** aller chercher qqn/qqch; **~ek már!** j'arrive !; **ez így nem mehet tovább!** ça ne peut pas continuer comme ça; **mennem kell** il faut que j'y aille; **menj innen!** va-t-en !; **nem mész vele sokra** ça ne t'avance pas beaucoup

megye fn département h; tört comitat h

megyei mn départemental(e)

megyeszékhely fn chef-lieu h de département

meggy fn griotte n

méh¹ fn [rovar] abeille n

méh² fn [szerv] utérus h; **~en kívüli terhesség** grossesse n extra-utérine

méhész fn apiculteur (-trice)

méhkas fn ruche n

méhlepény fn placenta h

mekeg tn i [kecske] bêler, chevroter

mekkora nm [kérdésben] de quelle taille ?, grand(e) comment ?; **egy molekula, az ~?** une molécule, c'est grand comment ?; **~ összegről van szó?** à combien pensiez-vous ?; **~ ez a gyerek!** comme il est grand, cet enfant !; ~t nőtt! comme il a grandi !; ~ torta! quelle grande tarte !

mélabús *mn* mélancolique

meleg I. *mn* chaud(e); ~ étel plat *h* chaud; ~ fogadtatás accueil *h* chaleureux **II.** *fn* chaleur *n*, chaud *h*; [homoszexuális férfi] gay *h*; [homoszexuális nő] lesbienne *n*; ~ van il fait chaud; ~e van avoir chaud; vmi ~et eszik manger qqch de chaud; nem bírom a ~et je ne supporte pas la chaleur; azon ~ében sur-le-champ

melegedlik *tn i* se réchauffer; ~ik az idő le temps se réchauffe; ~ik a napon se réchauffer au soleil

melegen *hsz* ~ fogad accueillir chaleureusement; ~ öltözik s'habiller chaudement; ~ tálal servir chaud

melegfront *fn* front *h* chaud

melegház *fn* serre *n* (chaude)

melegít *ts i* chauffer, réchauffer; *sp* s'échauffer

melegítő *fn [ruha]* survêtement *h*, jogging *h*

melegség *fn* chaleur *n*

melenget *ts i* ~ a kezét se réchauffer les mains; ~ a szívét réchauffer le cœur; kígyót ~ a keblén *fraz* réchauffer un serpent dans son sein

mell *fn* poitrine *n*; [női] sein(s) *h (t sz)*, poitrine *n*; konyh [szárnyasé] blanc *h*; *sp [mellúszás]* brasse *n*

mellbimbó *fn* mamelon *h*

mellé *nu/hsz* vki/vmi ~ à côté de qqn/qqch; ülj ~m! assieds-toi à côté de moi; vki ~ áll *átv* prendre le parti de qqn

mellébeszél *tn i* parler à côté du sujet; *fraz* noyer le poisson; *biz* pipeauter

melléfog *tn i biz* faire une gaffe *v.* une bourde

mellék *fn [telefon]* poste *h*; a Duna ~e la région du Danube

mellékág *fn [folyóé]* bras *h*

mellékel *ts i* joindre; ~ve küldöm j'envoie ci-joint

melléképület *fn* dépendance *n*, (bâtiment *h*) annexe *n*

mellékes I. *mn* secondaire, accessoire **II.** *fn [jövedelem]* à-côté *h*

mellékesen *hsz [közbevetőleg]* en passant; ~ megjegyezte, hogy il a noté en passant que

mellékfoglalkozás *fn* travail *h* d'appoint

mellékfolyó *fn* affluent *h*

mellékhatás *fn* effet *h* secondaire

mellékhelyiség *fn [illemhely]* toilettes *n (t sz)*

mellékíz *fn átv is* arrière-goût *h*

mellékkereset *fn* revenu *h* d'appoint

melléklet *fn [beadványé]* annexe *n*; [újságé] supplément *h*; [könyvben] hors-texte *h*

mellékmondat *fn* (proposition *n*) subordonnée *n*

melléknév *fn* adjectif *h*

melléknévi *mn* adjectival(e); folyamatos/befejezett ~ igenév participe *h* présent/passé

mellékszereplő *fn* film, szính second rôle *h*; *irtud* personnage *h* secondaire

melléktermék *fn* sous-produit *h*

mellékutca *fn* rue *n* adjacente

mellény *fn* gilet *h*

mellérendelt *mn* nyelv [szavak, mondatok esetében] juxtaposé(e); [kötőszóval ellátva] coordonné(e)

mellesleg *hsz* en passant; ~ megtudtam, hogy soit dit en passant, j'ai appris que

mellett *nu [hely]* à côté *v.* près de; [hasonlításnál] à côté de, en comparaison de; [vmin kívül] outre, en plus de, en dehors de; a ~ a ház ~ à côté de cette maison-là; egymás ~ côte à

côte; **Párizs ~** près de Paris; **az ő irá-
nyítása ~** sous sa direction; **egyenlő
feltételek ~** à conditions égales; **ilyen
időjárás ~** avec un temps pareil; **ki-
tart vki ~** rester fidèle à qqn; **vmi ~
dönt** se décider en faveur de qqch

mellette *hsz [helyben]* à côté (de);
[azon kívül] en plus; **pont ~ állsz** tu
es juste à côté; **elbújhat ~ !** à côté de
lui, il peut se cacher !; **minden ~ szól**
tout plaide en sa faveur; **~ vagyok!**
[pártolom] je suis pour !

melletti *mn* **a piac ~ cukrászdában**
dans la pâtisserie à côté du marché;
az út ~ árok le fossé longeant la
route

mellhártyagyulladás *fn orv* pleuré-
sie *n*

mellkas *fn* poitrine *n*, thorax *h*

mellől *nu* **menj el az ablak ~!** éloigne-
toi de la fenêtre; **felkel az asztal ~**
quitter la table

mellőz *ts i [cselekvést]* omettre *de inf*;
[nem vesz tekintetbe] négliger, passer
outre; *[háttérbe szorít]* laisser de côté,
ignorer

mellőzés *fn [szabályé]* inobserva-
tion *n*; *[személyé]* mise *n* à l'écart

mellső *mn* **~ lábak** pattes *n (t sz)* anté-
rieures *v.* de devant

mellszobor *fn* buste *h*

melltartó *fn* soutien-gorge *h*

melltű *fn* broche *n*

mellúszás *fn* brasse *n*

meló *fn biz* boulot *h*

melódia *fn* mélodie *n*

melós *fn* ouvrier *n*

melóz|ik *tn i biz* bosser

méltán *hsz* à juste titre *v.* raison

méltányol *ts i* apprécier, reconnaître

méltányos *mn* équitable, juste; **~ ár**
prix *h* raisonnable

méltánytalan *mn* injuste, inique

méltat *ts i [érdemesnek tart]* vmire ju-
ger digne *de qqch v. de inf; [dicsér]*
faire l'éloge de; **válaszra sem ~ta** il
n'a même pas daigné répondre

méltatlan *mn* vmire/vmihez indigne *de
qqch*; vkihez indigne *de qqn*

méltatlankod|ik *tn i [vmi miatt]* pro-
tester *contre qqch*; *biz* rouspéter à
cause *de qqch*

méltó *mn* vmire/vmihez digne *de qqch*;
vkihez digne *de qqn*; **ez nem ~ hoz-
zád** cela est indigne de toi; **~ jutalom**
juste récompense *n*, récompense
(bien) méritée

méltóképpen *hsz* dignement; **~ meg-
büntették** il a reçu le châtiment qu'il
méritait; **~ megünnepelték** il a été
fêté comme il convenait

méltóság *fn [fogalom, rang]* dignité *n*;
[személy] dignitaire *h*; **emberi ~** di-
gnité humaine; **~án alulinak tart**
vmit estimer qqch indigne de soi

méltóságteljes *mn* digne, plein(e) de
dignité, majestueux(-euse); **~ arcki-
fejezés** un air (très) digne

mely *nm* **~ek Európa legnagyobb ta-
vai?** quels sont les plus grands lacs
européens ?; → **melyik**; *[von. mon-
datban]* → **amely**

mély I. *mn* profond(e); *[hang]* grave;
öt méter ~ profond(e) de *v.* d'une
profondeur de cinq mètres; **~ álom**
sommeil *h* profond(e); **~ víz** eau *n*
profond(e); **~ benyomást tesz vkire**
faire une profonde impression sur *v.* à
qqn **II.** *fn* fond *h*; **vminek a ~én** au
fond de qqch; **a lelke ~én** dans son
for intérieur; **a dolgok ~ére hatol** al-
ler au fond des choses

mélyed *tn i [süllyed]* s'enfoncer; **mun-
kájába ~** se plonger dans son travail

mélyedés *fn* enfoncement *h*, creux *h*;
[falban] niche *n*; *geol* dépression *n*

M

mélyen *hsz átv is* profondément; **öt méter ~** à cinq mètres de profondeur; **~ alszik** dormir profondément

mélyeszt *ts i* enfoncer

mélygarázs *fn* parking *h* souterrain

mélyhűtő *fn* congélateur *h*

mélyhűtött *mn* surgelé(e), congelé(e)

melyik *nm* lequel (laquelle); **~ a te fiad?** c'est lequel, ton fils ?; **~et akarod?** lequel est-ce que tu veux ?; **~őtök?** lequel d'entre vous ?

mélyít *ts i* [mélyebbé tesz] approfondir, creuser; [válságot] aggraver

mélypont *fn* point *h* le plus bas, fond *h*; **~on van** toucher le fond, être au plus bas; **túljutott a ~on** le plus dur est derrière lui

mélyrepülés *fn* (vol *h* en) rase-mottes *h*

mélység *fn átv is* profondeur *n*; [szakadék] abîme *h*; **20 méteres ~ben** par 20 mètres de fond, à 20 mètres de profondeur; **a tenger ~eiben** dans les profondeurs de l'océan

mélységes *fn* profond(e)

mélytengeri *mn* abyssal(e)

mélyül *tn i* devenir plus profond(e); [hang] devenir plus grave

membrán *fn* membrane *n*

memoár *fn* mémoires *h (t sz)*

memorandum *fn* mémorandum *h*

memória *fn inform is* mémoire *n*

mén *fn* étalon *h*

menedék *fn* refuge *h*, asile *h*; **~et keres** chercher refuge; **politikai ~et kér** demander l'asile politique

menedékház *fn* refuge *h*

menedékhely *fn* refuge *h*, asile *h*; **éjjeli ~** asile de nuit

menedékjog *fn* droit *h* d'asile; **~ot ad** accorder le droit d'asile

menedzsel *ts i* manager; [vállalatot] gérer

menedzser *fn* manager *h*, manageur (-euse)

menedzsment *fn* management *h*

menekül *tn i* se sauver, fuir, s'enfuir; [oltalmat keresve] se réfugier; *átv* vkitől/vmitől fuir qqn/qqch; **a munkába ~** se réfugier dans le travail

menekülés *fn* fuite *n*; [szökés] évasion *n*

menekülő *fn* fugitif (-ive); [bajból] réfugié(e)

menekült *fn* réfugié(e); **politikai ~** réfugié politique

menekülttábor *fn* camp *h* de réfugiés

ménes *fn* troupeau *h* de chevaux; [gazdaság] haras *h*

meneszt *ts i* [küld] envoyer, expédier; [állásból] renvoyer, congédier

menet I. *fn* [vonulás] cortège *h*; [katonai is] marche *n*; [lefolyás] marche *n*; [csavarban] filet *h*; *sp* reprise *n*, round *h*; **a ~ élén halad** ouvrir la marche; **~ közben** en (cours de) route; **az események ~e** la marche des événements **II.** *hsz* **iskolába ~** en allant à l'école, sur le chemin de l'école

menetdíj *fn* prix *h* du billet

menetel *tn i* marcher

menetelés *fn* marche *n*

menetidő *fn* durée *n* du trajet

menetirány *fn* sens *h* de la marche; **háttal a ~nak** dans le sens contraire de la marche

menetjegy *fn* billet *h*, ticket *h*; *hiv* titre *h* de transport

menetjegyiroda *fn* billetterie *n*

menetrend *fn* horaire *h*; **megnézi a ~et** consulter l'horaire

menetrendszerű *mn* **~ járat** service *h* régulier

menettérti *mn* **~ jegy** billet *h* aller-retour

menhely fn [hajléktalanoknak] foyer h d'hébergement v. d'accueil

menlevél fn sauf-conduit h

menő mn biz [divatos] branché(e); [jó] top

menstruáció fn règles n (t sz), menstruation n

menstruál tn i avoir ses règles

ment ts i [veszélyből] sauver; [vád alól] excuser, justifier; inform sauvegarder; ~i a bőrét biz sauver sa peau; ~i, ami menthető fraz, biz sauver les meubles; Isten ~s! Dieu m'en garde !

menta fn menthe n

mentalitás fn mentalité n

menteget ts i (chercher à) excuser; ~i magát (chercher à) s'excuser

mentegetődz|ik tn i (chercher à) s'excuser; azzal ~ik, hogy donner pour excuse que

mentelmi mn ~ jog [képviselőé] immunité n parlementaire; [diplomatáé] immunité diplomatique

mentén nu vmi ~ le long de qqch; vmi ~ halad longer qqch

mentes mn vmitől exempt(e) v. libre de qqch; előítéletektől ~ libre de préjugés

mentés fn sauvetage h; inform sauvegarde h

mentesít ts i vmi alól exempter v. dispenser de qqch

mentesség fn exemption n, dispense n; jog immunité n

mentesül tn i vmi alól être exempt(e) v. dispensé(e) de qqch

menthetetlen mn [javíthatatlan] irrécupérable; [megbocsáthatatlan] inexcusable; [beteg] incurable

menti mn az út ~ árok le fossé bordant la route; folyópart ~ riverain(e); határ ~ frontalier (-ière)

mentő I. mn ~ ötlet idée n salvatrice; ~ tanú témoin h à décharge **II.** fn [men-

tési munka résztvevője] sauveteur h, secouriste h n; a ~k l'ambulance n; hívja a ~ket appeler l'ambulance

mentőállomás fn [vidéken] poste h de secours; [városban] station n ambulance n

mentőangyal fn ange h gardien

mentőautó fn ambulance n

mentőcsónak fn canot h de sauvetage

mentőmellény fn gilet h de sauvetage

mentőöv fn ceinture n v. bouée n de sauvetage

mentőszolgálat fn service h de secours public; [mentők] ambulance n

mentség fn excuse n; erre nincs ~ il n'y a pas d'excuse à cela; ~ére legyen mondva, hogy il faut dire à sa décharge que

menü fn inform is menu h

menza fn cantine n; egyetemi ~ restaurant h universitaire; biz resto h U

meny fn belle-fille n

menyasszony fn fiancée n; [esküvő napján] mariée n

menyasszonyi mn ~ ruha robe n de mariée

menyegző fn noces n (t sz)

menyét fn belette n

menny fn [égbolt] ciel h; vall ciel h, cieux h (t sz); átv is paradis h

mennybemenetel fn vall ascension n

mennybolt fn vál voûte n céleste

mennydörgés fn tonnerre h

mennydörög tn i il tonne, le ciel gronde; [ágyú] gronder; [így beszél] tonner

mennyei mn vall céleste, du ciel, des cieux; átv divin(e)

mennyezet fn plafond h

mennyi nm [kérdő] combien; ~be kerül? ça coûte combien ?; ~ az idő? quelle heure est-il ?; ~ ember! quel monde !, que de gens!

M

mennyiben *nm [vonatkozásban]* en quoi; *[mértékben]* dans quelle mesure

mennyire *nm [távolságban]* à quelle distance ?; *[mértékben]* à quel point ?; **de még ~!** et comment !; **~ szeretem!** ce que je l'aime !

mennyiség *fn* quantité *n*

mennyiségi *mn* quantitatif (-ive)

mennyiszer *nm* combien de fois

mennyország *fn vall* ciel *h*, cieux *h (t sz)*; *átv* is paradis *h*; **~ba jut** aller au paradis

mer[1] *ts i [folyadékot]* puiser

mer[2] *ts i [merészel]* oser; **nem ~ fel-mászni a fára** il n'ose pas grimper sur l'arbre; **fogadni ~nék, hogy je suis prêt(e) à parier que; **hogy ~sz így beszélni velem?** comment oses-tu me parler ainsi ?

mér *ts i* mesurer; *[súlyt]* peser; *[viszonyít]* comparer à; *[csapást, büntetést]* infliger; *sp* **~i az időt** chronométrer

mérce *fn* mesure *n*; *[magasságmérő]* toise *n*; *átv* **magasra teszi a ~t** *fraz* placer haut la barre; **kettős ~vel mér** *fraz* faire deux poids deux mesures

mered *tn i* **haja az égnek ~** ses cheveux se dressent sur sa tête; **kővé ~** être pétrifié(e); **szeme tágra ~** écarquiller les yeux

meredek *mn* raide, escarpé(e), abrupt(e); *átv* **ez azért ~!** *biz* ça, c'est raide !

méreg *fn* poison *h*; *[állati]* venin *h*; *[düh]* colère *n*; **~be gurul** s'emporter, *fraz* prendre la mouche; **erre mérget vehetsz** *fraz* tu peux en mettre ta main au feu

méregfog *fn* crochet *h* à venin

mereng *tn i* songer, rêvasser

merénylet *fn* attentat *h*; **~et követ el** commettre un attentat

merénylő *fn* auteur *h* d'un attentat

mérés *fn* mesure *n*; *[súlyé]* pesée *n*

merész *mn [ember]* audacieux (-euse); *[dolog]* osé(e); *[kockázatos]* risqué(e)

merészel *ts i* oser

merészked|ik *tn i [vhova]* s'aventurer, se risquer

merészség *fn* audace *n*

mereszt *ts i* **~i a szemét vkire/vmich** fixer les yeux sur qqn/qqch; **nagy szemeket ~** écarquiller les yeux, ouvrir de grands yeux

méret *fn* mesure *n*, dimension *n*; *[ruhához]* taille *n*; *[cipőhöz]* pointure *n*; *átv* échelle *n*, proportions *n (t sz)*; **mi az ön ~e?** quelle taille faites-vous ?; *átv* **egyre nagyobb ~eket ölt** prendre des proportions toujours plus grandes

merev *mn* rigide, raide; *[testrész]* raide; *[tekintet]* fixe; *[magatartás]* rigide

meredevés *fn [erekció]* érection *n*

merevlemez *fn inform* disque *h* dur

merevség *fn [testé, tárgyé]* raideur *n*; *átv* rigidité *n*, raideur *n*

mérföld *fn [angol]* mile *h*; **tengeri ~** mille *h* marin

mérföldkő *fn átv* événement *h* marquant *v.* qui fait date

mérgelőd|ik *tn i* grogner; *biz* râler, rouspéter

mérges *mn [állat]* venimeux (-euse); *[növény]* vénéneux (-euse); *[anyag]* toxique; *[dühös]* furieux(-euse)

mérgez *ts i* empoisonner, intoxiquer

mérgezés *fn* empoisonnement *h*, intoxication *n*

mérgező *mn* toxique

mérhetetlen *mn* incommensurable

mérhető *mn* mesurable

merít *ts i [belemerít]* plonger, immerger; *[kimer]* átv is puiser; **vizet ~ a kútból** tirer de l'eau du puits; **erőt ~** puiser de la force

mérkőzés *fn* rencontre *n* (sportive); *[boksz, labdajáték]* match *h*

mérkőz|ik *tn i vkivel* se mesurer *avec qqn; [csapatok]* rencontrer, jouer contre

mérleg *fn* balance *n; asztr* la Balance; *gazd* balance *n*, bilan *h*; **vki javára billenti a ~et** faire pencher la balance en faveur de qqn

mérlegel *ts i átv* évaluer, (sou)peser; **~i az esélyeket** évaluer les chances

mérleghinta *fn* balançoire *n*, tapecul *h*

mérnök *fn* ingénieur *h n*

mérnöki *mn* d'ingénieur

merő *mn* pur(e); **~ véletlen** pure hasard *h*

merőben *mn* foncièrement, tout à fait, absolument; **~ ellentétes** diamétralement opposé(e)

merőeszköz *fn* instrument *h* de mesure

merőkanál *fn* louche *n*

merőleges I. *mn* perpendiculaire **II.** *fn* perpendiculaire *n*

mérőműszer *fn* appareil *h* de mesure

mérőszalag *fn* mètre *h* (à) ruban

merre *hsz [hova]* vers *v.* par où ?, de quel côté ?, dans quelle direction ?; *[hol]* où; **~ ment?** vers où est-il parti ?; **~ vagy?** où es-tu ?; **~ van a tenger?** la mer, c'est dans quelle direction ?; **fusson, ki ~ lát!** sauve qui peut !

merről *hsz* d'où ?, de quel côté ?, de quelle direction ?; **~ jöttetek?** d'où *v.* de quel côté êtes-vous venus ?

mérsékel *ts i* modérer; *[csökkent]* réduire; **~i magát** se modérer

mérsékelt *mn [nem nagy]* modéré(e); *[személy]* modéré(e); **~ éghajlat** climat *h* tempéré(e); **~ égöv** zone *n* tempéré(e)

mérséklet *fn* modération *n*; **~et tanúsít** faire preuve de modération

mérséklőd|ik *tn i* diminuer

mert *ksz* parce que, car; **~ különben** *v.* **~ ha nem** sinon; **~ hiszen** puisque; **annál is inkább, ~** d'autant plus que

mértan *fn* géométrie *n*

mértani *mn* géométrique

mérték *fn* mesure *n; [térképen, tervrajzon]* échelle *n; [verstan]* mètre *h;* **~ után** sur mesure; **~et vesz vkiről** prendre les mesures de qqn; **bizonyos ~ben** dans une certaine mesure; **teljes ~ben** entièrement, complètement; **legcsekélyebb ~ben sem** nullement; **oly ~ben, hogy** à tel point que; **~et tart** faire preuve de modération, garder la mesure; **~kel** avec modération

mértékegység *fn* unité *n* de mesure

mértékletes *mn* modéré(e), sobre

mértéktartás *fn* modération *n*, mesure *n*

mértéktartó *mn* modéré(e)

mértéktelen *mn [személy]* immodéré(e); *[dolog, érzés]* immodéré(e), excessif (-ive), démesuré(e)

merthogy *ksz* puisque, car

merül *tn i* plonger; *átv* se plonger; **gondolataiba ~** se plonger dans ses pensées; **feledésbe ~** tomber dans l'oubli

mérvadó *mn* compétent(e), qui fait autorité

mese *fn* conte *h; [tanmese is]* fable *n; [cselekmény]* intrigue *n;* **ez csak ~!** ce n'est qu'une légende!; **nincs ~!** pas d'histoire !; **~be illő** fabuleux (-euse), qui tient du conte de fées

mesebeli *mn* de la fable, des contes; *átv is* fabuleux (-euse)

mesefilm *fn* film *h* pour enfants

mesekönyv *fn* livre *h* de contes

mesél I. *ts i* (ra)conter **II.** *tn i* raconter une *v.* des histoire(s); **mit ~sz itt nekem?** qu'est-ce que tu me racontes là ?

mesés *mn* fabuleux (-euse)

messiás *fn* le Messie *v.* messie

mester *fn* maître *h*; *[zenében így is]* maestro *h*

mesterember *fn* artisan *h*

mesterfogás *fn* coup *h* de maître

mesteri *mn* de maître, magistral(e)

mesterkedés *fn* manigances *n (t sz)*, machination *n*, intrigues *n (t sz)*

mesterked|ik *tn i vmiben* manigancer *qqch*; **azon ~ik, hogy** s'ingénier à *inf*

mesterkélt *mn* affecté(e)

mesterlövész *fn* tireur *h* d'élite

mestermű *fn* chef-d'œuvre *h*

mesterség *fn* métier *h*, profession *n*

mesterséges *mn* artificiel (-ielle)

mész *fn* chaux *n*

mészárlás *fn* massacre *h*, carnage *h*, tuerie *n*

mészáros *fn* boucher *h*

meszel *ts i* passer *v.* blanchir à la chaux, chauler

meszes *mn [föld, víz]* calcaire

meszesedés *fn* calcification; sclérose *n*

meszesed|ik *tn i* se calcifier; se scléroser

mészkő *fn* calcaire *h*

messze I. *hsz* loin; **milyen ~ vagyunk a várostól?** à quelle distance sommes-nous de la ville ?; **nincs ~** ce n'est pas loin; **~ elhallatszik** s'entendre au loin; **~ a legjobb** de loin le (la) meilleur(e) **II.** *mn* éloigné(e), lointain(e)

messzemenő *mn* **~ engedmény** large concession *n*; **~ következmények** conséquences de grande portée

messzeség *fn* lointain *h*; **a ~ben** dans le lointain

messzi *mn/hsz* → **messze**

messzire *hsz* (au) loin; **~ megy** aller loin

metafizika *fn* métaphysique *n*

metafora *fn* métaphore *n*

metél *ts i konyh* émincer

metélőhagyma *fn* ciboulette *n*

metélt *fn [tészta]* nouilles *n (t sz)*

meteor *fn* météore *h*

meteorit *fn* météorite *n*

meteorológia *fn* météorologie *n*

meteorológiai *mn* météorologique; **~ jelentés** bulletin *h* météorologique

méter *fn* mètre *h*; **két ~ magas** deux mètres de haut

méteres *mn* **~ oszlop** une colonne de mètres; **100 ~ síkfutás** le 100 mètres plat

metró *fn* métro *h*

metropolis *fn* métropole *n*

metsz *ts i* couper; *[növényt]* tailler; *műv* graver

metszet *fn* épít, mat, műsz section *n*; *műv* gravure *n*; *orv [szövettani]* coupe *n* histologique

metsző *mn [fájdalom]* aigu(ë); *[hideg, szél]* pénétrant(e), mordant(e); *[megnyilatkozás]* incisif (-ive), mordant(e), acerbe

metszőfog *fn* incisive *n*

mettől *hsz [időben]* à partir de quand ?; *[térben]* d'où ?; **~ meddig?** *[időben]* de quand à quand ?; *[térben]* d'où à où ?

mez *fn* maillot *h*

méz *fn* miel *h*

mezei *mn* des champs; *átv, biz* lambda; **~ munkák** travaux *h (t sz)* des champs; **~ virág** fleur *n* des champs; **~ nyúl** lièvre *h*

mézeshetek *fn* lune *n* de miel

mézeskalács *fn* pain *h* d'épice(s)

mézesmázos *mn* mielleux (-euse)

mezítláb *hsz* pieds nus

mező *fn* champ *h*; *[sakktáblán]* case *n*; **mágneses/szemantikai ~** champ magnétique/sémantique

mezőgazdaság *fn* agriculture *n*

mezőgazdasági *mn* agricole; ~ **munka** travail *h* agricole; ~ **termelés** production *n* agricole

mezőgazdász *fn* agronome *h n*

mezőny *fn [labdajátékban]* terrain *h*; *[versenyzők összessége]* concurrents *h (t sz)*, partants *h (t sz)*; *[kerékpárversenyzők tömörült csoportja]* peloton *h*

meztelen *mn* nu(e); *biz* à poil; **anyaszült** ~ nu(e) comme un ver; **a ~ igazság** la pure vérité

meztelenség *fn* nudité *n*

mi¹ *nm* nous; *[birt. jelzőként]* notre, nos; ~ **magunk** nous-mêmes; **a ~ házunk** notre maison; **a ~ házaink** nos maisons

mi² *nm [kérdő]* qu'est-ce qui, que, qu'est-ce que; *[vonatkozó]* ce qui; ~? quoi ?; ~ **bajod?** qu'est-ce que tu as ?; ~ **értelme?** à quoi bon ?; ~ **ez?** qu'est-ce que c'est ?; **klassz, ~?** *biz* (c'est) classe, hein ?; ~ **történt?** que s'est-il passé ?; ~ **újság?** quoi de neuf ?; ~ **van?** qu'est-ce qu'il y a ?, qu'y a-t-il ?; ~**ben segíthetek?** en quoi puis-je vous aider ?; ~**ből él?** de quoi vit-il ?; ~**ből van?** en quoi est-ce que c'est fait ?; ~**n dolgozol?** sur quoi est-ce que tu travailles ?; ~**ről beszél?** de quoi parle-t-il ?; ~**ről szól?** ça parle de quoi ?; ~**t akarsz?** qu'est-ce que tu veux ?; **még ~t nem?** et puis quoi encore ?; **elmesélem, ~t láttam** je te raconte ce que j'ai vu; ~**től félsz?** de quoi as-tu peur ?

mialatt *hsz* pendant que, tandis que

miatt *nu* à cause de, en raison de, pour; **haláleset ~ zárva** fermé pour cause de décès

miatta *hsz* à cause de lui (d'elle); ~**d tettem** j'ai fait ça à cause de *v.* pour

toi; ~**m ugyan elmehetsz** *biz* tu peux t'en aller, pour ce que je m'en fiche

miatyánk *fn vall* Notre Père *h*

micsoda I. *nm* ~? quoi ?; ~ **ember!** quel homme !; ~ **kérdés!** quelle question !, en voilà une question !; **ez meg** ~? qu'est-ce que c'est que ça ? II. *fn biz* truc *h*, bidule *h*

miegymás *nm* des choses et d'autres; *[felsorolás után]* et cetera

mielőbb *hsz* le plus tôt possible

mielőbbi *mn* **a ~ viszontlátásra!** à très bientôt !

mielőtt *hsz* avant *de inf v.* que *subj*; **szólj, ~ elmész** préviens-moi avant de partir

mienk *nm* **miénk** le (la) nôtre; **ezek a könyvek a mieink** ces livres sont les nôtres; **a mieink** les nôtres

miért I. *hsz* pourquoi, pour quelle raison; ~ **ne?** pourquoi pas ?; **nincs ~** *[köszönetre]* il n'y a pas de quoi II. *fn* pourquoi *h*

miféle *nm* quelle sorte de, quel genre de; ~ **beszéd ez?** qu'est-ce que c'est que ce langage ?; ~ **pénzről beszélsz?** de quel argent est-ce qu tu parles ?

míg *hsz/ksz [mialatt]* pendant que; *[ameddig]* tant que; *[ellentétes értelemben]* alors que, tandis que

migrén *fn* migraine *n*

Mihály *fn* Michel *h*

mihaszna *mn* ~ **kölyke!** petit vaurien *v.* coquin !

mihelyt *ksz* dès que, aussitôt que; ~ **lehet** dès que possible

miként I. *hsz [kérdés]* comment ?; *[vonatkozó]* comme II. *fn* **a dolog ~je** le comment de la chose

miképpen *hsz [kérdő]* comment; *[vonatkozó]* comme

Miklós *fn* Nicolas *h*

mikor I. *hsz [kérdő]* quand; *[vonatkozó]* quand, lorsque, au moment où; ~ **hogy** ça dépend; **~tól** à partir de quand ?; **~ra?** pour quand ? **II.** *ksz [hiszen]* puisque; *[ha]* quand

miközben *hsz* (ce)pendant que, tandis que

mikrobusz *fn* minibus *h*

mikrofilm *fn* microfilm *h*

mikrofon *fn* micro(phone) *h*; **a ~nál** au micro

mikrohullámú *mn* ~ **sütő** four *h* à micro-ondes

mikroszkóp *fn* microscope *h*

mikroszkópikus *mn* microscopique

mikulás *fn* le père Noël

milícia *fn* milice *n*

milió *fn* milieu *h*

militarista *mn/fn* militariste *h n*

millenium *fn* millénaire *h*

milliárd *szn* milliard *h*

milliárdos I. *mn* ~ **beruházás** investissement *h* de plusieurs milliards **II.** *fn* milliardaire *h n*

milligramm *fn* milligramme *h*

milliméter *fn* millimètre *h*; **~nyi pontossággal** au millimètre

millió I. *mn* ~ **dolgom van** j'ai mille choses à faire **II.** *fn* million *h*; **~kra rúg** se monter à des millions

milliomos *mn/fn* millionnaire *h n*; **többszörös** ~ multimillionnaire *h n*

milliós *mn* ~ **város** ville *n* de plus d'un million d'habitants

milyen *nm [kérdésben]* quel (quelle), comment; *[felkiáltásban]* que, comme; ~ **az autó?** comment est la voiture ?; ~ **címen?** à quel titre ?; ~ **idő van?** quel temps fait-il ?; ~ **kár!** quel dommage !, comme c'est dommage !; ~ **messze?** à quelle distance ?; ~ **nagy?** grand(e) comment ?; ~ **nap van ma?** quel jour sommes-nous ?; ~ **szeren-** **cse!** quelle chance !; **tudod jól, hogy** ~ tu sais comme il est

mímel *ts i [színlel]* feindre *de inf*

mímika *fn* mimique *n*

mimóza *fn* mimosa *h*

minap *hsz* l'autre jour, récemment

mind[1] I. *nm* tout(e), tous (toutes); **a bort ~ megitta** il a bu tout le vin; **ez** ~ **szép, de** tout ça, c'est bien joli, mais; ~ **a kettő** tous (les) deux **II.** *hsz [egyre]* de plus en plus; ~ **a mai napig** jusqu'à présent, jusqu'à aujourd'hui; ~ **egy szálig** tous sans exception

mind[2] *ksz* (tout) comme, aussi bien que; ~ **a fiúk,** ~ **a lányok** les garçons comme les filles, les garçons aussi bien que les filles

mindaddig *hsz* ~, **amíg** tant que, jusqu'à ce que

mindamellett *hsz* néanmoins, toutefois; ~, **hogy** malgré que *subj*

mindannyi *nm* ~**an itt vannak** ils sont tous là; ~**an elkészültünk** nous sommes tous prêts; ~**szor** (à) chaque fois, toutes les fois

mindaz *nm* tout ce; ~, **ami** tout ce qui; ~, **amit** tout ce que; ~, **amiről** tout ce dont; ~**ok, akik** tous ceux qui

mindazonáltal *ksz* néanmoins, toutefois

minddeddig *hsz* jusqu'à présent, jusqu'ici

mindegy *mn/msz [nem számít]* c'est égal, peu importe; *[összehasonlításnál]* c'est pareil, cela revient au même, c'est tout comme; **nekem ~** ça m'est égal

mindegyik *nm* chacun(e); *[mn-i használatban]* chacun(e) (des), chaque, tous (toutes) les; **kettőt ~nek** deux pour chacun; ~ **pályázó** chacun des concurrents, chaque concurrent, tous les concurrents

minden I. *nm [önállóan]* tout; *[mn-i használatban]* tous (toutes) les, tout(e); **ez ~?** c'est tout?; **ez ~em** c'est tout ce que j'ai; **~ bizonnyal** sans aucun doute; **~ egyes** chaque, chacun des; **~ este** tous les soirs; **~ második hónapban** tous les deux mois; **megtesz ~ tőle telhetőt** faire tout son possible; **~nek vége** tout est fini; **~nél jobban** plus que tout; **~re képes** être capable de tout; **~t a maga idejében** chaque chose en son temps; **~t összevéve** tout compte fait; **~t megtesz vkiért/vmiért** faire tout pour vqn/qqch; **sok ~ történt** il s'est passé bien des choses **II.** *fn* tout *h*

mindenáron *hsz* à tout prix

mindenekelőtt *hsz* avant tout, tout d'abord

mindenesetre *hsz* en tout cas

mindenestül *hsz [fraz]* avec armes et bagages; *[teljesen]* complètement

mindenevő *mn/fn* omnivore *h n*

mindenfelé *hsz* en tous sens; *[mindenhol]* partout

mindenféle *nm* toutes sortes de; **~t összehord** raconter tout et n'importe quoi

mindenfelől *hsz* de tous (les) côtés, de toutes parts

mindenható I. *mn* tout-puissant (toute-puissante) **II.** *fn vall* le Tout-Puissant

mindenhol *hsz* partout

mindenhonnan *hsz* de partout

mindenhova *hsz* partout; **~ követ** il me suit partout

mindenképpen *hsz [minden módon]* de toutes les manières; *[okvetlenül]* quoi qu'il advienne, sans faute

mindenki *nm* tout le monde, tous (toutes); *[egyénenként]* chacun(e); **~ itt van** tout le monde est là; **~, aki** tous ceux qui; **közülünk ~** chacun de nous

mindenkor *hsz [mindig]* toujours; **egyszer s ~ra** une fois pour toutes

mindenkori *mn* a **~ kormány** le gouvernement en place

mindennap *hsz* tous les jours, chaque jour

mindennapi *mn* quotidien (-ienne), de tous les jours; *[megszokott]* banal(e), commun(e); **a ~ életben** dans la vie de tous les jours; **~ eset** chose *n* banale

mindennapos *mn* quotidien (-ienne); *[megszokott]* banal(e)

mindenség *fn* univers *h*; **a ~it!** (sacré) nom d'un chien !

mindenszentek *fn vall* la Toussaint

mindenütt *hsz* partout

mindez *nm* tout cela; **~ek ellenére** malgré tout; **~ek az esetek** tous ces cas

mindhalálig *hsz* jusqu'à la mort

mindig *hsz* toujours; *[egyre]* de plus en plus; **még ~** encore, toujours; **még ~ esik** il pleut toujours

mindinkább *hsz* de plus en plus

mindjárt *hsz [időben]* tout de suite; **~ láttam, hogy** j'ai tout de suite vu que; **~ jövök!** (une seconde,) j'arrive !

mindkét *szn* tous (toutes) (les) deux; **~ esetben** dans les deux cas; **~ fél** les deux parties; **~ részről** de part et d'autre

mindkettő *szn* tous (toutes) (les) deux, l'un(e) et l'autre; **~ orvos** tous deux sont médecins; **~vel beszéltem** j'ai parlé à l'un et à l'autre

mindmáig *hsz* jusqu'à aujourd'hui *v.* ce jour

mindnyájan *nm* tous (toutes); **~ itt vannak** ils sont tous là

mindörökre *hsz* à (tout) jamais, pour toujours

mindössze *hsz [összesen csak]* en tout (et pour tout); *[csupán]* seulement

minduntalan *hsz* sans cesse, à tout bout de champ; *[igével]* ne pas cesser *de inf*

mindvégig *hsz* jusqu'à la fin, jusqu'au bout

minek *hsz/nm [milyen céllal]* pourquoi ?, pourquoi faire ?; ~ **következtében** en conséquence de quoi; ~ **nézel?!** tu me prends pour qui ?; ~ **ez neked?** à quoi ça te sert ?

minél *hsz* ~ **előbb** le plus tôt possible; ~ **kevesebbet** le moins possible; ~ **többet** le plus possible; ~ **többet eszik, annál jobban hízik** plus il mange, plus il grossit; ~ **gyorsabb, annál jobb** plus c'est rapide, mieux c'est

mini *fn* minijupe *n*

miniatűr I. *mn* minuscule **II.** *mn* miniature *n*

minimálbér *fn* salaire *h* minimum; *[Fr.-ban]* salaire *h* minimum interprofessionnel de croissance, S.M.I.C.

minimális *mn* minimal(e), minimum

minimum I. *fn* minimum *h* **II.** *hsz* (au) minimum

miniszoknya *fn* minijupe *n*

miniszter *fn* ministre *h n*

miniszterelnök *fn* Premier ministre *h n*

miniszteri *mn* ministériel (-elle), de *v.* du ministre; ~ **biztos** délégué *h* du ministre; ~ **tárca** portefeuille *h* ministériel

minisztérium *fn* ministère *h*

minisztériumi *mn* ministériel(-elle)

minisztertanács *fn* conseil *h* des ministres

minőség *fn [hatáskör is]* qualité *n*; **elsőrendű** ~ excellente qualité, premier choix *h*; **hivatalos** ~**ben** en qualité officielle; **tanári** ~**ben** en qualité de professeur

minőségellenőrzés *fn* contrôle *n* de qualité

minőségi *mn [minőséggel kapcsolatos]* de qualité; *[kiváló]* de (première) qualité; ~ **bizonyítvány** certificat *h* de qualité; ~ **munka** travail *h* de qualité

minőségű *mn* **jó** ~ de bonne qualité; **rossz** ~ de mauvaise qualité

minősít *ts i vminek/vmilyennek* qualifier *de qqch*; *[árut]* classer

minősítés *fn* qualification *n*; *[árué]* classification *n*; *[alkalmazotté]* notation *n*; *[cím, rang]* titre *h*

minősíthetetlen *mn* inqualifiable

minősül *tn i vminek* être considéré(e) *comme qqch*; **vétségnek** ~ constituer un délit

mint¹ *hsz [miként]* comment, comme; **hogy s** ~ **vagy?** comment vas-tu ?; ~ **már mondtam** comme je l'ai déjà dit

mint² *ksz [egyezés, azonosság kifejezésére]* comme; *[hasonlítás alapfokon]* comme, aussi … que; *[középfokon]* plus … que; *[minőségben vmiként]* en tant que, comme, à titre de; **olyan nagy** ~ **én** il est grand comme moi *v.* aussi grand que moi; **nagyobb** ~ **én** il est plus grand que moi; **bizonyos szerzők,** ~ **Foucault vagy Derrida** certains auteurs, tels Foucault ou Derrida; ~ **említettük** comme *v.* ainsi que nous l'avons mentionné; **italként nem volt más,** ~ **víz** comme boisson il n'y avait que de l'eau; ~ **például** comme par exemple; ~ **szülő** en tant que parent

minta *fn [modell]* modèle *h*; *[dísz]* motif *h*; *[árué] tud is* échantillon *h*; *orv* prélèvement *h*; **vminek a** ~**jára** sur le modèle de qqch

mintadarab *fn* échantillon *h*

mintakép *fn* modèle *h*; **a hűség** ~**e** un modèle de fidélité; ~**nek állít** poser en modèle; ~**ül szolgál** servir de modèle

nintás *mn* à motifs

nintaszerű *mn* exemplaire

nintavétel *fn* prélèvement *h* d'échantillon(s); *[statisztikában]* échantillonnage *h*

nintáz *ts i [szobrot]* modeler

nintegy *hsz* ~ **ötven ember** environ v. à peu près cinquante hommes, une cinquantaine d'hommes; ~ **varázsütésre** comme par magie

nintha *ksz* comme si; **ez olyan, ~ azt mondanám, hogy** c'est comme si je disais que; ~ **mi sem történt volna** comme si de rien n'était; **nem** ~ ce n'est pas que *subj*; **úgy tesz, ~ faire** mine *v.* semblant de *inf*

minthogy *ksz* comme, étant donné que, vu que; ~ **nincs pénze** comme il n'a pas d'argent

mintsem *ksz* **okosabb, ~ gondolnád** il est plus intelligent que tu ne le penses; **inkább meghalok, ~ hogy** je préfère mourir plutôt que (de) *inf*

mínusz I. *mn* moins; ~ **öt fok van** il fait moins cinq; **tíz ~ öt** dix moins cinq II. *fn [mínuszjel]* moins *h*; *[hiány]* déficit *h*

mióta *hsz [kérdő]* depuis quand, depuis combien de temps; *[vonatkozó]* depuis que

mire I. *hsz [amikorra]* le temps que; *[és erre]* sur quoi; ~ **megjött, este lett** le temps qu'il arrive, il faisait (déjà) nuit II. *mn* ~ **üljek?** où est-ce que *v.* sur quoi je m'assois ?; **ez ~ való?** à quoi ça sert ?; ~ **várunk?** qu'est-ce qu'on attend ?; **nem tudom ~ vélni** je ne sais qu'en penser

mirelit I. *mn* surgelé(e) II. *fn* surgelé *h*

mirigy *fn* glande *h*

mise *fn* messe *n*

miszerint *ksz* **adjon egy igazolást, ~** donnez-moi un certificat comme

quoi; **a nézet, ~** l'opinion selon laquelle

misszió *fn* mission *n*

misszionárius *fn* missionnaire *h n*

misztikus *mn* mystique

mitikus *mn* mythique

mitológia *fn* mythologie *n*

mítosz *fn* mythe *h*

miután *ksz [idő]* après que; *[ok]* puisque, étant donné que, comme; ~ **hazaért** après être rentré(e)

mivel[1] *nm [kérdő, vonatkozó]* avec quoi; **nem volt ~ írnia** il n'avait rien pour écrire

mivel[2] *ksz* **mivelhogy** comme, étant donné que, puisque

mixer *fn [személy]* barman *h*; *[gép]* mixeur *h*

mobilizál *ts i* mobiliser

mobiltelefon *fn* (téléphone *h*) portable *h v.* mobile *h*

moccan *tn i* bouger; ~**ni sem mer** il n'ose pas remuer le petit doigt

mocsár *fn* marais *h*, marécage *h*

mocsaras *mn* marécageux (-euse)

mócsing *fn* tendon *h*

mocskol *ts i átv* salir; *vál* souiller

mocskos *mn* sale, crasseux (-euse); *[trágár]* ordurier (-ière)

mocsok *fn* saleté *n*, crasse *n*; ~ **alak** un sale type

mód *fn [eljárás]* manière *n*, façon *n*; *[lehetőség]* moyen *h*, possibilité *n*; *nyelv* mode *h*; **az a ~, ahogy** la manière dont; **ha csak egy ~ van rá** si possible; ~**jában áll, hogy** être en mesure de *inf*, avoir la possibilité de *inf*; *[anyagilag]* avoir les moyens de *inf*; **a maga ~ján** à sa manière; ~**jával** avec modération; **ilyen ~on** de cette manière; **kijelentő ~** (mode) indicatif *h*; **feltételes ~** (mode) conditionnel *h*; **felszólító ~ban** à l'impératif

modell *fn [mintadarab, manöken] műv is* modèle *h*; *[kicsinyített más]* modèle *h* réduit; ~t **áll** vminek poser pour qqch

modellez *ts i/tn i* faire des modèles réduits; *tud* modéliser

modellezés *fn* modélisme *h*; *tud* modélisation *n*

modern *mn* moderne

modernizáció *fn* modernisation *n*

modernizál *ts i* moderniser

módfelett *hsz* extrêmement

módhatározó *fn* complément *h* (circonstanciel) de manière

modor *fn* manières *n (t sz)*; *műv* style *h*, manière *n*; **jó** ~a van avoir de bonnes manières, être bien élevé(e); **rossz** ~a **van** avoir de mauvaises manières, être mal élevé(e)

modoros *mn* maniéré(e), affecté(e)

modortalan *mn* incorrect(e), sans éducation; *[igével]* manquer de tenue *v.* de savoir-vivre

módos *mn* aisé(e)

módosít *ts i* modifier; *[törvényjavaslatot]* amender; *zene* altérer

módosítás *fn* modification *n*; *[törvényjavaslaté]* amendement *h*

módosul *tn i* se modifier, être modifié(e)

módozat *fn* modalité *n*

módszer *fn* méthode *n*, procédé *h*

módszeres *mn* méthodique

mogorva *mn* revêche, renfrogné(e)

mogyoró *fn* noisette *n*; *[földimogyoró]* cacahouète *n*

moha *fn* mousse *n*

mohamedán *mn/fn* musulman(e)

mohó *mn* avide; *[evésben]* glouton (-onne)

móka *fn* plaisanterie *n*, blague *n*

mókás *mn* drôle, amusant(e); *[mókázni szerető]* farceur (-euse)

mókáz|ik *tn i* plaisanter

mokkáskanál *fn* cuillère *n* à moka

mókus *fn* écureuil *h*

molekula *fn* molécule *n*

molesztál *ts i* importuner; *[tettleg]* molester

molett *mn [nő]* rondelette, un pe forte

moll I. *mn* mineur(e) **II.** *fn* mineur *h* ~**ban** en mineur

molnár *fn* meunier *h*

móló *fn* môle *h*, jetée *n*

moly *fn* mite *n*

molyirtó *fn [szer]* antimite *h*

molyrágta *mn* mangé(e) des *v.* par les mites

momentán *hsz* pour l'instant

momentum *fn* élément *h*, moment *h*

monarchia *fn* monarchie *n*; **az Oszt-rák-Magyar M~** la monarchie aus-tro-hongroise

mond *ts i* dire; **beszédet** ~ faire *v.* pro-noncer un discours; **ez nem ~ nekem semmit** cela ne me dit rien; **igazat** ~ dire la vérité; **igent** ~ dire oui; **köny-nyű ezt** ~**ani** c'est facile à dire; **mit akar ezzel** ~**ani?** qu'entendez-vous par là ?; ~**anom sem kell, hogy** inu-tile de dire que; ~**d csak** dis-moi; **az** ~**ják, hogy** on dit que; **hogy** ~**ják ezt franciául?** comment dit-on cela en français ?; **hogy is** ~**jam** commen dire; ~**juk 1000 euró** disons *v.* met-tons 1000 euros; **na mit** ~**tam?** qu'est ce que je vous disais ?

monda *fn* légende *n*, mythe *h*

mondanivaló *fn* propos *h*; *[műé]* mes-sage *h*; **nincs semmi** ~**m** je n'ai rien à dire

mondás *fn* dicton *h*; **elmés** ~ bon mot *h*

mondat *fn* phrase *n*; *[tagmondat]* pro-position *n*

mondatrész *fn* terme *h* de (la) proposition

mondattan *fn* syntaxe *n*

mondogat *ts i* répéter, ressasser, rabâcher

mondóka *fn* comptine *n*; **elmondja a ~ját** *biz* sortir son baratin

monetáris *mn* monétaire

mongol I. *mn* mongol(e) **II.** *fn* [személy] Mongol(e); [nyelv] mongol *h*

Mónika *fn* Monique *n*

monitor *fn inform* écran *h*; *távk* moniteur *h*

monográfia *fn* monographie *n*

monogram *fn* monogramme *n*

monokli *fn* monocle *h*; [ütésnyom] *biz* coquard *h*

monológ *fn* monologue *h*

monopólium *fn* monopole *h*

monopolizál *ts i* monopoliser

monostor *fn* monastère *h*

monoton *mn* monotone

monszun *fn* mousson *n*

montázs *fn* montage *h*

monumentális *mn* monumental(e)

mór I. *mn* maure, mauresque **II.** *fn* [személy] Maure (Mauresque)

moraj(lás) *fn* [tömegé] rumeur *n*, bourdonnement *h*; [ágyúé, mennydörgésé, tengeré] grondement *h*

morajlik *tn i* [ágyú, tenger, tömeg] gronder

morál *fn* morale *n*

morális *mn* moral(e)

morbid *mn* morbide

morcos *mn* renfrogné(e)

morfium *fn* morphine *n*

morfológia *fn* morphologie *n*

morfondíroz *tn i vmin* méditer *sur qqch*

morgás *ts i* grognement *h*

mormol *ts i* murmurer

mormota *fn* marmotte *n*; **alszik, mint a ~** dormir comme une marmotte

morog *tn i/ts i* [állat] gronder, grogner; [ember] bougonner, grogner, grommeler

morze *fn* morse *h*

morzsa *fn átv is* miette *n*; [panírozáshoz] chapelure *n*

morzsol *ts i* émietter; [kukoricát, rózsafüzért] égrener; [gyüröget] froisser

morzsolódik *tn i* s'émietter, s'effriter

mos *ts i/tn i* laver; [tisztít] nettoyer; *átv* [pénzt] blanchir; **kezet ~** se laver les mains; **hajat ~** se laver les cheveux; **géppel ~** laver à la machine; **holnap ~unk** demain, on fait la lessive; *átv* **~om kezeimet** *fraz* je m'en lave les mains

mosakodik *tn i* se laver, faire sa toilette

mosás *fn* lavage *h*; [ruháké] lessive *n*, lavage *h*; [hajmosás] shampoing *h*; **összemegy ~a mosásban** rétrécir au lavage

mosatlan *mn* non lavé(e); **~ edény** vaisselle *n* sale

mosdás *fn* toilette *n*

mosdat *ts i* faire la toilette de, laver

mosdatlan *mn* sale; **~ szájú** au langage grossier *v.* ordurier

mosdó *fn* [mosdókagyló] lavabo *h*; [helyiség] cabinet *h* de toilette

mosdókesztyű *fn* gant *h* de toilette

mosdótál *fn* cuvette *n*

mosható *mn* lavable

moslék *fn* ‹restes alimentaires donnés aux cochons›; [rossz étel] rata *h*

mosoda *fn* blanchisserie *n*; [önkiszolgáló] laverie *n* automatique

mosogat *ts i* faire *v.* laver la vaisselle

mosogatás *fn* vaisselle *n*

mosogató *fn* évier *h*; [személy vendéglőben] plongeur (-euse)

mosogatógép *fn* lave-vaisselle *h*

mosogatórongy *fn* torchon *h*

mosogatószer *fn* liquide *h* vaisselle

mosógép *fn* machine *n* à laver

mosoly *fn* sourire *h*

mosolygós *fn* souriant(e)

mosolyog *tn i* sourire; *vkire* sourire à *qqn*; *vkin/vmin* sourire de *qqn/qqch*

mosómedve *fn* raton *h* laveur

mosópor *fn* lessive *n*

mosószer *fn* (produit *h*) détersif *h*

most *hsz* maintenant; ~ **az egyszer** pour cette fois; **még ~ is szeretem** je continue à l'aimer; ~ **ment el** il vient (tout juste) de partir; ~ **rögtön** tout de suite; ~ **vagy soha** c'est maintenant ou jamais; ~**vasárnap** ce dimanche-ci

mostan *hsz* maintenant; ~**ra kell** il me le faut pour maintenant; ~**tól (fogva)** désormais

mostanában *hsz* [manapság] ces temps-ci; [minap] ces jours-ci, récemment

mostanáig *hsz* jusqu'à maintenant, jusqu'ici

mostani *mn* actuel (-elle)

mostoha I. *mn* ~ **körülmények** circonstances *n (t sz)* adverses; ~ **sors** sort *h* adverse **II.** *fn* belle-mère *n*; [mesékben] marâtre *n*

mostohaanya *fn* belle-mère *n*

mostohaapa *fn* beau-père *h*

mostohagyermek *fn* [fiú] beau-fils *h*; [leány] belle-fille *n*; *átv* mal-aimé(e); ~**ek** beaux-enfants *h (t sz)*

moszat *fn* algue *n*

Moszkva *fn* Moscou *h*

motel *fn* ang motel *h*

motiváció *fn* motivation *n*

motivál *ts i* [serkent] motiver, stimuler; [megokol] motiver, justifier

motívum *fn* [indíték] motif *h*; irtud thème *h*; műv, zene motif *n*

motor *fn* átv is moteur *h*; [motorkerékpár] moto *n*

motorcsónak *fn* canot *h* automobile v. à moteur

motorháztető *fn* capot *h*

motorkerékpár *fn* hiv motocycle *h*; [50 köbcenti alatt] mobylette *n*; [50-125 köbcenti között] vélomoteur *h*; [125 köbcenti fölött] moto *n*

motorolaj *fn* huile *n* moteur

motoros I. *mn* à moteur; ~ **rendőr** motard *h* **II.** *fn* motocycliste *h n*; biz motard(e); régi ~ un vieux routier

motoroz|ik *tn i* faire de la moto

motorverseny *fn* course *n* de moto

motoszkál *tn i* [tesz-vesz] fourgonner; átv vmi ~**a fejében** biz qqch lui trotte dans la cervelle

motoz *ts i vkit* fouiller *qqn*

motozás *fn* fouille *n*; testi ~ fouille au corps

mottó *fn* épigraphe *n*; [jelmondat] devise *n*

motyog *ts i* bredouiller

mozaik *fn* mosaïque *n*

mozdít I. *ts i* remuer, bouger, déplacer; **a kisujját sem ~ja** fraz ne pas remuer le petit doigt **II.** *tn i vmin* faire avancer qqch; ~ **v. progresser** qqch

mozdony *fn* locomotive *n*

mozdonyvezető *fn* conducteur (-trice) de locomotive; mécanicien (-ienne)

mozdul *tn i* bouger, remuer; **ne ~j** ne bouge pas; **nem ~ok itthonról** je ne bouge pas de chez moi

mozdulat *fn* mouvement *h*, geste *h*; **egy (hirtelen) ~tal** d'un geste (brusque)

mozdulatlan *mn* immobile

mozdulatlanság *fn* immobilité *n*

Mózes *fn* Moïse *h*

mózeskosár *fn* couffin *h*

mozgalmas *mn* mouvementé(e)

mozgalmi *mn* ~ **ember** militant(e)

mozgalom *fn* mouvement *h*

mozgás *fn* mouvement *h*; *[testgyakorlás]* exercice *h* physique; **gyerünk, ~!** pressons !; *átv is* **~ba hoz** mettre en mouvement

mozgássérült *mn/fn* handicapé(e) moteur

mozgástér *fn átv* champ *h* d'action, marge *n*

mozgat *ts i* remuer, (faire) bouger; *[hajt]* actionner; **a háttérből ~ja az eseményeket** *fraz* tirer les ficelles

mozgatható *mn* mobile

mozgató *fn* az ügy **~ja** *fraz* la cheville ouvrière de l'affaire

mozgékony *mn* alerte, agile; *[gyerek]* remuant(e); *[tevékeny]* actif (-ive)

mozgó *mn [mozgásban levő]* en mouvement; *[nem rögzített]* mobile; **~ kiállítás** exposition *n* itinérante; *gazd* **~ bérskála** échelle *n* mobile des salaires; *kat* **~ cél** objectif *h* mobile

mozgólépcső *fn* escalier *h* mécanique

mozgolódás *fn átv is* agitation *n*

mozgósít *ts i/tn i* mobiliser

mozgósítás *fn* mobilisation *n*; **elrendeli a ~t** décréter la mobilisation

mozi *fn [hely]* cinéma *h*; *biz* ciné *h*, cinoche *h*; *[filmművészet]* cinéma *h*; *[film]* film *h*; **~ba megy** aller au cinéma

mozijegy *fn* billet *h v.* place *n* (de cinéma)

moziműsor *fn* programme *h* (de cinéma)

mozog *tn i* bouger; *[helyéről]* se déplacer; *[határértékek között]* osciller entre, se situer entre... et...; **gyerünk, ~j már!** allez, bouge !; **~ a fogam** j'ai une dent qui bouge

mozzanat *fn [cselekvés részlete]* détail *h*, épisode *h*; *[körülmény]* élément *n*, circonstance *n*; **zavaró ~** incident *h*

mozsár *fn* mortier *h*

mögé *nu* derrière; **a hátam ~ bújt** il s'est caché derrière moi; **az ajtó ~ bújt** il s'est caché derrière la porte

mögéje *hsz* derrière lui (elle); **állj mögém!** mets-toi derrière moi !

mögött *nu* derrière; *átv is* **a háta ~** derrière *v.* dans le dos de qqn; *átv is* **maga ~ hagy** laisser derrière soi, devancer, dépasser

mögötte *hsz* derrière lui (elle); *átv* **~ marad társainak** être dépassé(e) par ses camarades

mögötti *mn* **a ház ~ kert** la jardin derrière la maison

mögül *nu* vki/vmi **~** de derrière qqn/qqch

mukk *fn* egy **~ot sem akarok hallani** je ne veux pas entendre un mot; **egy ~ot sem szólt** il n'a pas pipé un mot

mulandó *mn* éphémère, passager (-ère), fugitif (-ive)

mulandóság *fn* fragilité *n*; *vál* fugacité *n*

múlás *fn* az idő **~a** la marche du temps

mulaszt *ts i/tn i [nem végez el]* *vmit* manquer à qqch, négliger qqch; *[lemarad]* *vmiről* manquer qqch; *[hiányzik]* manquer, être absent(e); **~ az iskolában** manquer l'école

mulasztás *fn [nem teljesítés]* manquement *h*; *[hanyagság]* négligence *n*; *[távolmaradás]* absence *n*; **~t követ el** commettre une négligence

mulat *tn i [szórakozik]* s'amuser, se divertir; *[szórakozik]* faire la fête; *vkin/vmin* s'amuser de qqn/qqch; **jól ~tunk** on s'est bien amusé, *biz* on s'est bien marré

mulatás *fn [mulatozás]* fête *n*; **jó ~t!** amuse-toi bien !, amusez-vous bien !

mulató *fn [szórakozóhely]* boîte *n* (de nuit)

M

mulatság *fn [időtöltés]* amusement *h; [összejövetel]* fête *n*

mulatságos *mn* drôle, amusant(e); *biz* marrant(e), rigolo (-ote)

mulattat *ts i* amuser, distraire, divertir; *[nevettet]* faire rire

múlékony *mn* passager (-ère), éphémère; ~ **rosszullét** malaise *h* passager

múl|ik *tn i [idő, esemény]* passer; *vmi vmin* dépendre *de qqch;* ~**ik az idő** le temps passe; **hat óra ~t** il est six heures passées; **húsz (éves) ~t** il a vingt ans passés; **minden ezen ~ik** tout dépend de cela; **azon nem ~ik!** qu'à cela ne tienne !; **kevésen ~t, hogy** il s'en est fallu de peu que *subj*

múló *mn* passager (-ère), fugace, fugitif (-ive)

múlt I. *mn* passé(e), dernier (-ière); ~ **alkalommal** la dernière fois; **a** ~ **héten** la semaine dernière *v.* passée; ~ **idő** (temps *h*) passé *h* **II.** *fn* passé *h;* **a** ~**ban** dans le passé, jadis, autrefois; **ez már a** ~**é** c'est du passé

múltán *nu kis idő* ~ peu de temps après; **évek** ~ des années après

multimédia *fn* multimédia *h*

multinacionális *mn* multinational(e); ~ **cég** une multinationale

multiplex *mn* ~ **mozi** cinéma *h* multiplex

múltkor *hsz* la dernière fois, l'autre jour

múltkori *mn* de l'autre jour; ~ **találkozásunk óta** depuis notre dernière rencontre

múlva *nu* **egy óra** ~ **itt vagyok** je suis de retour dans une heure; **kis idő** ~ peu de temps *v.* quelque temps après; **öt perc** ~ **tíz óra** il est dix heures moins cinq; **tíz perc** ~ *[múltban]* dix minutes après, au bout de dix minutes; *[jövőben]* dans dix minutes

mulya *mn/fn* nigaud(e)

múmia *fn átv is* momie *n*

mumpsz *fn* oreillons *h (t sz)*

muníció *fn* munitions *n (t sz)*

munka *fn [tevékenység]* travail *h; biz* boulot *h; [állás így is]* emploi *h; [mű]* œuvre *n; [írott]* ouvrage *h;* **fizikai/szellemi** ~ travail manuel/intellectuel; **háztartási** ~ travail domestique *v.* ménager; **időszakos** ~ travail intérimaire; ~**ba áll** prendre un emploi; ~**ba megy** aller au travail; ~**hoz lát** se mettre au travail; **nincs** ~**ja** être au chômage; ~**t keres** chercher un emploi *v.* du travail; ~**t talál** trouver un emploi *v.* du travail

munkaadó *fn* employeur (-euse)

munkabér *fn* salaire *h*

munkabeszüntetés *fn* arrêt *h* de travail

munkabíró *mn* travailleur (-euse); *biz* bosseur (-euse)

munkacsoport *fn* groupe *h v.* équipe *n* de travail

munkaebéd *fn* déjeuner *h* de travail

munkaerkölcs *fn* éthique *n* du travail

munkaerő *fn [képesség]* force *n* de travail; *[dolgozó]* travailleur (-euse); *[dolgozók összessége]* main-d'œuvre *n*, personnel *h;* **szakképzett** ~ personnel qualifié

munkaerőhiány *fn* pénurie *n* de main-d'œuvre

munkaerőpiac *fn* marché *h* du travail *v.* de l'emploi

munkaeszköz *fn* instrument *h v.* outil *h* de travail

munkafegyelem *fn* discipline *n* de travail

munkafeltétel *fn* ~**ek** conditions *n (t sz)* de travail

munkafolyamat *fn* processus *h* de travail

munkafüzet *fn* cahier *h* d'exercices

munkahely *fn* lieu *h* de travail; *[állás]* emploi *h*; **elmegy a ~ére** aller au travail *v. [irodába]* au bureau

munkaidő *fn* temps *h v.* durée *n* de travail; **teljes ~ben dolgozik** travailler à plein temps; **fél ~ben dolgozik** travailler à mi-temps; **ledolgozott ~** nombre *h* d'heures effectives

munkaképes *mn* apte au travail; **~ népesség** population *n* active

munkaképtelen *mn* inapte au travail

munkakerülő *mn/fn* fainéant(e), oisif (-ive), chômeur (-euse) professionnel (-elle)

munkakör *fn* attributions *n (t sz)*

munkaköri *mn* **~ leírás** définition *n* des attributions; **~ kötelesség** obligation *n* professionnelle

munkakörülmények *fn* conditions *n (t sz)* de travail

munkaközösség *fn* groupe *h* de travail; **szülői ~** association *n* de parents d'éleves

munkaközvetítő *fn [intézmény]* agence *n* de placement *v.* de recrutement

munkálat *fn* **~ok** travaux *h (t sz)*; **mentési ~ok** opérations *n (t sz)* de sauvetage; **építkezési ~ok** travaux de construction

munkalehetőség *fn* possibilité *n* de travail; **otthoni ~** possibilité *n* de travail à domicile

munkálkodik *tn i vmin* s'employer *à qqch v. à ïnf*

munkáltató *fn* employeur (-euse)

munkamegosztás *fn* division *n* du travail

munkanap *fn [munkában töltött napszak]* journée *n* de travail; *[munkában töltött napok]* hiv jour *h* ouvré; **egy hétben hat hétköznap és öt ~ van** la semaine comporte six jours ouvrables et cinq jours ouvrés

munkanélküli *fn* chômeur (-euse); *[igével]* être au chômage

munkanélküliség *fn* chômage *h*

munkanélküli-segély *fn* allocation *n* (de) chômage

munkarend *fn* règlementation *n* du travail

munkaruha *fn* vêtement *h* de travail; *[köpeny]* blouse *n* (de travail); *[kezeslábas]* combinaison *n*

munkás I. *mn [dolgos]* travailleur (-euse) **II.** *fn [fizikai]* ouvrier (-ière), travailleur (-euse)

munkásmozgalom *fn* mouvement *n* ouvrier

munkásosztály *fn* classe *n* ouvrière

munkáspárt *fn* parti *h* ouvrier; *[angol]* parti *h* travailliste

munkásság *fn [munkások összesége]* classe *n* ouvrière, les ouvriers *h (t sz)*; *[tudományos]* œuvre *n*

munkásszálló *fn* foyer *h* d'hébergement pour ouvriers

munkaszünet *fn* arrêt *h* du travail; *[szabadság]* congé *h*; *[rövid pihenő]* pause *n*

munkaszüneti *mn* **~ nap** jour *h* chômé

munkatábor *fn* camp *h* de travail

munkatárs *fn [együtt dolgozó]* collègue *h n*; *[intézményé]* collaborateur (-trice); *sajtó* correspondant(e)

munkaterület *fn [terep]* chantier *h*; → **munkakör**

munkaterv *fn* plan *h* de travail

munkaügyi *mn* **~ hivatal** agence *n* nationale pour l'emploi; **~ bíróság** le conseil des prud'hommes

munkavállalási *mn* **~ engedély** permis *h* de travail

munkavállaló *fn* employé(e)

munkavédelem *fn* sécurité *n* du travail

M

munkaviszony *fn* relation *n* de travail; **~ok** *[körülmények]* conditions *n (t sz)* de travail

muri *fn biz* bombe *n*, noce *n*; **~t csap** faire la bombe

muris *mn biz* marrant(e), rigolo (-ote)

muskátli *fn* géranium *h*

muskotály *fn* muscat *h*

muslica *fn* moucheron *h*

must *fn* moût *h*

mustár *fn* moutarde *n*

muszáj *msz* ~ **mennem** je dois absolument y aller, il faut absolument que j'y aille, je suis obligé(e) d'y aller; **ha** ~ puisqu'il le faut, s'il le faut

mutáció *fn* mutation *n*

mutál *tn i [hang]* muer

mutat I. *ts i* montrer, faire voir; *[jelez]* indiquer; *[érzelmet]* manifester, témoigner; *[bizonyít]* (dé)montrer; **a hőmérő 7 fokot** ~ le thermomètre indique 7 degrés; **ajtót** ~ **vkinek** montrer la porte à qqn; **példát** ~ donner l'exemple; **a történelem azt ~ja, hogy** l'Histoire montre que; **~ja az utat** indiquer le chemin; **mutasd!** montre !, fais voir ! **II.** *tn i vmire/vkire* montrer *qqch*, désigner *qqch*; *átv [utal]* montrer, indiquer; **ujjal ~ vkire** montrer qqn du doigt; **minden jel arra ~, hogy** tout porte à croire que, tout laisse croire que; **jól ~** présenter bien, faire bonne impression

mutatkoz|ik *tn i* se montrer, apparaître, se manifester; *vminek* se montrer, se révéler, s'avérer; **régóta nem ~ik** il ne s'est pas manifesté depuis longtemps; **ez a módszer hatékonynak ~ik** cette méthode s'avère efficace

mutató *fn gazd, műsz* indicateur *h*; *[óráé]* aiguille *n*; *[jegyzék]* index *h*; *[statisztikai]* indice *h*

mutatós *mn* décoratif (-ive)

mutatószám *fn* indice *h*

mutatóújj *fn* index *h*

mutatvány *fn* attraction *n*

mutogat *ts i* montrer; **~ja magát** s'afficher; **ujjal ~ vkire** *fraz* montrer qqn du doigt

muzeális *mn* de musée; ~ **darab** c'est une pièce de musée

muzeológus *fn* muséographe *h n*

múzeum *fn* musée *h*

múzeumi *mn* de musée

muzikális *mn [zenére fogékony]* sensible à la musique; *[jó zenei érzékű]* doué(e) pour la musique

muzulmán *mn/fn* musulman(e)

múzsa *fn* muse *n*

muzsika *fn* musique *n*

muzsikál *tn i* faire *v.* jouer de la musique

muzsikus *fn* musicien (-ienne)

mű *fn* œuvre *n*, *[írott]* ouvrage *h*; **Proust összes ~vei** les œuvres complètes de Proust; **a pillanat ~ve** l'affaire *n* d'un instant; **a véletlen ~ve** le fait du hasard; **kohászati ~vek** usines de métallurgies

műalkotás *fn* œuvre *n* d'art

műanyag *fn* matière *n* plastique, plastique *h*; *biz* plastoc *h*; ~ **pohár** gobelet *h* en plastique

műbőr I. *mn* ~ **kabát** veste *n* en similicuir *v.* en skaï **II.** *fn* cuir *h* synthétique, similicuir *h*, skaï *h*

műbútorasztalos *fn* ébéniste *h n*

műcsarnok *fn* galerie *n* d'art

műemlék *fn* monument *h* historique

műemlékvédelem *fn* protection *n* des monuments historiques

műértő *fn* connaisseur (-euse), amateur (-trice) d'art

műfaj *fn* genre *h*

műfogsor *fn* dentier *h*, prothèse *n* dentaire

műfordítás *fn* traduction *n* littéraire

műfordító *fn* traducteur (-trice) littéraire

műgyűjtemény *fn* collection *n* d'art

műgyűjtő *fn* collectionneur (-euse) d'art, amateur (-trice) d'art

műhely *fn* atelier *h*

műhelytitok *fn* secret *h* d'atelier

műhiba *fn* orvosi ~ erreur *n* médicale

műhold *fn* satellite *h* (artificiel)

műholdas *mn* ~ adás émission *n* relayée par *v.* retransmission *n* par satellite

műjégpálya *fn* patinoire *n*

műkedvelő I. *mn* amateur (-trice); ~ előadás spectacle *h* d'amateurs **II.** *fn* amateur (-trice)

műkereskedő *fn* marchand(e) d'art

műkincs *fn* trésor *h* artistique

műkorcsolyázás *fn* patinage *h* artistique

műkorcsolyázó *fn* patineur (-euse) artistique

működés *fn* fonctionnement *h*; *[vállalaté, gépé így is]* marche *n*; *[emberé]* activité *n*; ~be hoz faire fonctionner, mettre en marche; **megkezdi ~ét** *[hivatalban]* entrer en fonction

működési *mn* ~ engedély autorisation *n* d'exercer; ~ költség frais *h (t sz)* de fonctionnement; ~ zavar *orv* troubles *h (t sz)* fonctionnels

működ|ik *tn i [gép, szerkezet]* marcher, fonctionner; *[belső szervr]* fonctionner; *[vulkán]* être en activité; **elemmel ~ik** fonctionner à piles; **nem ~ik** ça ne marche pas, c'est en panne *v.* hors service; **tanárként ~ik** exercer la profession d'enseignant

működő *mn* ~ tőke fonds *h (t sz)* de roulement; ~ tűzhányó volcan *h* en activité

működőképes *fn* opérationnel (-elle), en état de marche

működtet *ts i [gépet]* faire fonctionner; *[intézményt]* faire marcher

műláb *fn* jambe *n* artificielle

műrepülés *fn* voltige *n* aérienne

műselyem *fn* rayonne *n*

műsor *fn [program]* programme *h*; *[adás]* émission *n*; *[repertoár]* répertoire *h*; *[műsorfüzet]* programme *h*; ~ra tűz *[színház]* mettre à l'affiche, *[mozi, média]* programmer; *átv* **ne csináld már ezt a ~t!** arrête ton cinéma !

műsoros *mn* ~ est soirée *n* spectacle

műsorszám *fn* numéro *h*

műsorvezető *fn* présentateur (-trice), animateur (-trice)

műszak *fn* poste *h*; *[egy időben dolgozók]* équipe *n*; **8 órás ~** poste de 8 heures; **éjszakai ~** équipe de nuit; **három ~ban dolgoznak** ils font les trois-huit

műszaki *mn* technique; ~ egyetem université *n* technique *v.* technologique; ~ hiba incident *h* technique; ~ rajzoló dessinateur (-trice) industriel (-ielle)

műszál *fn* fibre *n* synthétique

műszer *fn* instrument *h* (de précision)

műszerész *fn* ajusteur *h* (de précision)

műszerfal *fn* tableau *h* de bord

műtárgy *fn* objet *h* d'art

műterem *fn* atelier *h*; *film* studio *h*

műtét *fn orv* opération *n*, intervention *n* chirurgicale; **plasztikai ~** opération de chirurgie esthétique; **~et elvégez** opérer, pratiquer une opération

műtő *fn* salle *n* d'opération

műtőasztal *fn* table *n* d'opération; *biz* billard *h*

műtrágya *fn* engrais *h* chimique

műugrás *fn fn; sp* plongeon *h* acrobatique

műugró *fn* plongeur (-euse) acrobatique

műút *fn* route *n*

művégtag *fn* membre *h* artificiel

művel *ts i [földet]* cultiver; *[tudományt]* cultiver; *[tesz]* faire, fabriquer; **mit ~?** qu'est-ce qu'il fabrique ?; **csodákat ~** faire des miracles

művelés *fn [földé]* culture *n*; *[szellemi]* éducation *n*

művelet *fn* opération *n*

műveletlen *mn* inculte, sans culture *v.* instruction; *[föld]* inculte

műveletlenség *fn* inculture *n*

művelődés *fn [tanulás]* instruction *n*; *[kultúra]* culture *n*

művelődési *mn* culturel (-elle); **~ központ** centre *h* culturel; **~ miniszter** ministre *h n* de la Culture

művelődéspolitika *fn* politique *n* culturelle

művelődéstörténet *fn* histoire *n* de la civilisation

művelődik *tn i* se cultiver, s'instruire

művelt *mn [személy]* cultivé(e)

műveltető *mn* factitif (-ive), causatif (-ive)

műveltség *fn [személyé]* culture *n*; *[népé]* civilisation *n*; **általános/klasszikus ~** culture générale/classique

művese *fn* rein *h* artificiel

művész *fn* artiste *h n*

művészet *fn* art *h*; **alkalmazott ~** art *h* appliqué; **harci ~ek** arts martiaux; **a hét szabad ~** les sept arts libéraux; **ez igazán nem nagy ~** ce n'est vraiment pas sorcier

művészeti *mn* artistique, d'art; **~ irányzat** mouvement *h* artistique; **~ vezető** directeur (-trice) artistique

művészettörténész *fn* historien (-ienne) d'art

művészettörténet *fn* histoire *n* de l'art

művészfilm *fn* film *h* d'art et d'essai

művészi *mn* artistique; **~ alkotás** œuvre *n* d'art; **~ érzék** sens *h* artistique; *sp* **~ torna** gymnastique *n* rythmique

művésznév *fn* nom *h* d'artiste; *[íróé]* nom de plume

művezető *fn* contremaître *h*, chef *h* d'équipe

művi *mn orv* **~ beavatkozás** intervention *n* chirurgicale; **~ vetélés** interruption *n* volontaire de grossesse, IVG

művirág *fn* fleur *fn* artificielle

müzli *fn* muesli *h*

N

na *msz [biztatva]* allez !; *[kérdőleg]* alors ?; ~ **és aztán?** et après ?, et alors ?; ~ **jó** bon, d'accord

nacionalista *mn/fn* nationaliste *h n*

nacionalizmus *fn* nationalisme *h*

náci *mn/fn* nazi(e)

nácizmus *fn* nazisme *h*

nád *fn* roseau *h*; *[bambusz, cukornád]* canne *n*

nádas *fn* roselière *n*

nádfedeles *mn* à toit de chaume

nádor *fn* tört palatin *h*

nadrág *fn [hosszú]* pantalon *h*; *[combig érő]* short *h*; *[térdig érő]* bermuda *h*

nadrágszíj *fn* ceinture *n*; *átv* **meghúzza a ~at** *fraz* se serrer la ceinture

nadrágszoknya *fn* jupe-culotte *n*

nadrágtartó *fn* bretelles *fn (t sz)*

nagy I. *mn* grand(e); *[állat, tárgy így is]* gros (grosse); *[terület]* vaste, spacieux (-euse); ~ **autó** grande v. grosse voiture; ~ **dohányos** gros (grosse) fumeur (-euse); **ez ~ neked** c'est trop grand pour toi; ~ **az esélye, hogy** il y a de fortes chances que; **ha majd ~ leszek** quand je serai grand; ~ **költő** un grand poète; **már ~ lány** c'est déjà une grande fille; ~ **nap ez a mai** aujourd'hui est un grand jour; ~ **számban** en grand nombre; **tíz év ~ idő** dix ans, c'est long; **a ~obbik fiam** mon fils aîné **II.** *hsz* ~ **nehezen** à grand-peine, au prix de grands efforts; ~ **ritkán** très rarement; ~ **sietve** en toute hâte **III.** *fn* grand(e); **a ~ok** *[gyerekek]* les grands *h (t sz)*; *[felnőttek]* les grands *h (t sz)*, les grandes personnes *n (t sz)*; ~**ot néz** ouvrir de grands yeux; ~**ot nő vki szemében** grandir dans l'estime de qqn; ~**ra tart** tenir en haute estime; ~**ra törő** ambitieux (-euse); ~**ra van vmivel** s'enorgueillir de qqch

nagyágyú *fn átv [személy]* *fraz, biz* grosse légume *n*

nagyanya *fn* grand-mère *n*

nagyapa *fn* grand-père *n*

nagyarányú *mn* de grande envergure

nagybácsi *fn* *biz* tonton *h*

nagyban *hsz [nagy tételben]* en gros; *[nagy mértékben]* considérablement; ~**ban dolgozik** être en plein travail

nagybani *mn* ~ **ár** prix *h* de gros; ~ **árusítás** vente *n* en gros

nagybátya *fn* oncle *h*; **apai ~m** mon oncle paternel

nagybetű *fn* majuscule *n*, capitale *n*

nagybetűs *mn [nagybetűvel kezdődő]* avec majuscule; *[végig így írt]* en majuscules

nagybirtok *fn* grande propriété *n*

nagybőgő *fn* contrebasse *n*

nagyböjt *fn* carême *h*

Nagy-Britannia *fn* Grande-Bretagne *n*

nagycsütörtök *fn* jeudi *h* saint

nagydarab *mn [ember]* corpulent(e); *biz* costaud(e)

nagydíj *fn* grand prix *h*

nagydob *fn* grosse caisse *n*; ~**ra ver vmit** *fraz* crier qqch sur les toits

nagyevő *fn* gros (grosse) mangeur (-euse)

nagyfeszültség *fn vill* haute *n* tension

nagyfokú *mn* intense, considérable

nagygyűlés *fn* assemblée *n* générale

nagyhangú mn *[személy]* biz fort(e) en gueule; *[kijelentés]* ronflant(e), grandiloquent(e)

nagyhatalom fn *[állam]* grande puissance n

nagyherceg fn grand-duc h

nagyhét fn semaine n sainte

nagyi fn biz mamie n

nagyipar fn grande n industrie

nagyít ts i *[optikailag]* grossir; fényk agrandir; *[túloz]* grossir

nagyítás fn fényk agrandissement h; *[optikai]* grossissement h

nagyító fn loupe n; fényk agrandisseur h

nagyjából hsz en gros, à peu près; grosso modo

nagykabát fn manteau h (d'hiver)

nagyképű mn prétentieux (-euse), arrogant(e), présomptueux (-euse)

nagykereskedelem fn commerce h de gros

nagykereskedő fn grossiste h n

nagykorú mn/fn majeur(e)

nagykorúság fn majorité n

nagykövet fn ambassadeur (-drice)

nagykövetség fn ambassade n

nagyközönség fn grand public n

nagykutya fn biz gros bonnet h, grosse légume n

nagylelkű mn vál magnanime; *[bőkezű]* généreux (-euse)

nagylelkűség fn vál magnanimité n; *[bőkezűség]* générosité n

nagymama fn grand-mère n; biz bonne-maman n, mamie n

nagyméretű mn de grande taille v. dimension

nagymértékben hsz pour une large part, dans une large mesure

nagymértékű mn considérable, important(e)

nagymester fn *[sakkban]* grand maître h

nagynéni fn tante n; biz tatie n

nagyobb mn plus grand(e); *[elég nagy]* assez important(e); nincs egy számmal ~? vous n'avez pas une taille au-dessus ?; ~ nehézségek nélkül sans difficultés particulières; ~ összeg une somme importante

nagyobbrészt hsz en majeur partie

nagyon hsz très; ~ esik il pleut très fort; ~ helyes! très bien !; ez ~ jó c'est très bon; ~ nagy très grand(e); ~ sok ember volt il y avait énormément de gens; ~ (szépen) kérlek je t'en prie; ~ szeretem je l'aime beaucoup; ~ szívesen avec grand plaisir; ~ téved se tromper lourdement

nagyothall tn i être dur(e) d'oreille

nagyothalló I. mn dur(e) d'oreille; malentendant(e) II. fn malentendant(e)

nagypapa fn grand-père h; biz bon-papa h, papi h

nagypéntek fn vendredi h saint

nagypolgár fn grand(e) bourgeois(e)

nagyrabecsülés fn estime n, vál considération n; ~em jeléül en témoignage de mon estime

nagyravágyó mn ambitieux (-euse)

nagyrészt hsz en grande partie; *[főképp]* surtout, essentiellement; *[rendszerint]* généralement

nagyság fn grandeur n; *[magasság]* hauteur n; *[méret]* taille n, dimension n; *[összeg]* montant h; átv *[fontosság]* importance n; *[lelki, szellemi]* grandeur n; *[személyiség]* notabilité n

nagyságrend fn ordre h de grandeur

nagystílű mn de grand style

nagyszabású mn de grande envergure, d'envergure, monumental(e)

nagyszájú mn biz fort(e) en gueule; *[hősködő]* fanfaron (-onne)

nagyszámú mn nombreux (-euse)

nagyszerű *mn* formidable; *biz* génial(e); **~ ember** un type formidable; **~ ötlet** une excellente idée

nagyszombat *fn* samedi *h* saint

nagyszülő *fn* a **~k** les grands-parents *h (t sz)*

nagytakarítás *fn* grand nettoyage *h*

nagyterem *fn* grande salle *n*

nagyujj *fn [lábon]* gros orteil *h; [kézen]* pouce *h*

nagyüzem *fn* grande exploitation *n*

nagyüzemi *mn* **~ gazdálkodás** grande production agricole; **~ termelés** production *n* à grande échelle

nagyvad *fn* gros gibier *h*

nagyvállalat *fn* grande entreprise *n*

nagyváros *fn* grande ville *n*, métropole *h*

nagyvilági *mn* mondain(e)

nagyvonalú *mn* généreux (-euse)

nagyzási *mn* **~ hóbort** folie *n* des grandeurs, mégalomanie *n*

nagyzol *tn i [viselkedésben]* faire l'important(e), prendre de grands airs; *[beszédben]* se vanter; *biz* raconter des craques

nahát *isz [meglepődés]* ça alors !, ça, par exemple !

naiv *mn* naïf (-ïve), candide, ingénu(e); *műv* naïf (-ïve)

naivitás *fn* naïveté *n*

nála *hsz [otthonában]* chez lui (elle); *[vele]* sur lui (elle); **nincs ~m az igazolványom** je n'ai pas ma carte d'identité sur moi; **okosabb vagy ~** tu est plus intelligent que lui

nap¹ *[égitest]* soleil *h; csill* le Soleil; **süt/tűz a ~** le soleil brille/tape dur; **a ~on, a ~ra** au soleil; **~nál világosabb, hogy** il est parfaitement clair que

nap² *fn [időegység]* jour *h*, journée *n; jó ~ot!* bonjour !; **előző ~** la veille; **következő ~** le lendemain; **egész** **~ toute la journée; egy ~ alatt** en un jour; **milyen ~ van ma?** quel jour sommes-nous ?; **minden ~** tous les jours; **~jainkban** de nos jours; **a ~okban** *[jövőben]* dans les jours qui suivent; *[múltban]* récemment; **ezen a ~on** ce jour-là; **~ról ~ra** jour après jour, de jour en jour; **egyik ~ról a másikra** d'un jour à l'autre

napéjegyenlőség *fn* **tavaszi ~** équinoxe *n* de printemps; **őszi ~** équinoxe *n* d'automne

napelem *fn* capteur *h* solaire

napellenző *fn [ablak fölött]* store *h; [autóban]* pare-soleil *h; [épületen]* brise-soleil *h; [sapkán]* visière *n*

napenergia *fn* énergie *n* solaire

napernyő *fn* parasol *h; [kézi]* ombrelle *n*

napfény *fn* lumière *n* du soleil *v. fiz* solaire; *átv* **~re kerül** être exposé(e) au grand jour

napfogyatkozás *fn* éclipse *n* du Soleil; **részleges/teljes ~** éclipse partielle/totale

napforduló *fn* **téli ~** solstice *h* d'hiver; **nyári ~** solstice *h* d'été

naphosszat *hsz* toute la journée, à longueur de journée

napi *mn [aznapi]* du jour; *[egy napi]* journalier (-ière); *[mindennapi]* quotidien (-ienne); **~ bevétel** *[aznapi]* la recette du jour; *[általában]* la recette journalière; **egy ~ járásra** à une journée de marche

napidíj *fn [fizetett díj]* indemnité *n* journalière; *[költségekre kiutalt díj]* indemnité *n* de déplacement

napilap *fn* quotidien *h*

napirend *fn* ordre *h* du jour; **~en van** être à l'ordre du jour; **nem tudok ~re térni fölötte** je n'en reviens pas

napisajtó *fn* presse *n* quotidienne

N

napkelte *fn* lever *h* du soleil *v.* du jour
napközben *hsz* dans *v.* pendant la journée
napközi *fn* garderie *n*
naplemente *fn* coucher *h* du soleil
napló *fn* journal *h* (intime); *gazd* (livre *h*) journal *h*, livre de commerce
naplopó *fn* fainéant(e), tire-au-flanc *h*; *biz* flemmard(e)
napnyugta *fn* coucher *h* du soleil
napolaj *fn* huile *n* solaire
nápolyi *[édesség]* gaufrette *n*
naponta *hsz* **naponként** *[egy-egy nap alatt]* par jour; *[minden nap]* chaque jour, tous les jours; ~ **kétszer** deux fois par jour
napos[1] **I.** *mn [napi szolgálatra beosztott]* de jour, de service; ~ **tiszt** officier de jour *v.* de service; **10** ~ **csecsemő** un nourrisson de 10 jours **II.** *fn* **ki a** ~? qui est de jour *v.* de service ?
napos[2] *mn [napsütötte]* ensoleillé(e)
napoz|ik *tn i* prendre un bain de soleil; *biz* faire bronzette
nappal I. *fn* jour *h*; ~ **van** il fait jour **II.** *hsz* dans la journée, pendant le jour *v.* la journée, de jour; **fényes** ~ en plein jour; ~ **dolgozik** travailler de jour
nappali I. *mn* ~ **fény** lumière *n* du jour; ~ **műszak** équipe *n* de jour **II.** *fn* (salle *n* de) séjour *h*
napraforgó *fn* tournesol *h*
napraforgóolaj *fn* huile *n* de tournesol
naprakész *mn* à jour; *[ember]* au fait; ~ **egy kérdésben** être au fait d'une question; ~ **az elszámolással** avoir ses comptes à jour
naprendszer *fn* système *h* solaire
napsugár *fn* rayon *h* de soleil
napsütés *fn* soleil *h*; ~**ben** au soleil; **tűző** ~**ben** sous un soleil de plomb

napszak *fn* période *n* de la journée
napszám *fn* ~**ba jár** travailler à la journée
napszámos *fn* journalier (-ière)
napszemüveg *fn* lunettes *n (t sz)* de soleil
napszúrás *fn* coup *h* de soleil
naptár *fn* calendrier *h*; *[határidőnapló]* agenda *h*
naptári *fn* ~ **év** année *n* civile
napvilág *fn* (lumière *n* du) jour *h*; ~**nál** à la clarté du jour; ~**ot lát** voir le jour; ~**ra hoz** exposer *v.* étaler au grand jour
narancs *fn* orange *n*
narancslé *fn* jus *h* d'orange
narancssárga *mn* orange
nárcisz *fn* narcisse *h*
narkós *mn/fn biz* camé(e), toxico *h n*
narkózik *tn i biz* se camer
narkózis *fn* narcose *n*
nassol *ts i/tn i* grignoter
nász *fn [esküvő]* noces *n (t sz)*
nászajándék *fn* cadeau *h* de mariage
nászéjszaka *fn* nuit *n* de noces
nászurú *fn* noce *n*
nászút *fn* voyage *h* de noces; ~**ra megy** partir en voyage de noces
Natália *fn* Nathalie *n*
nátha *fn* rhume *h*
náthás *mn* enrhumé(e)
nátrium *fn* sodium *h*
naturalista *mn/fn* naturaliste *h n*
naturista *mn/fn* naturiste *h n*
nazális *mn nyelv* nasal(e)
ne[1] *hsz [tagadás]* ne … pas; *[tiltás]* non !; ~ **menj el!** ne pars pas !; ~ **menjünk haza?** et si on rentrait ?; **miért** ~? pourquoi pas ?; **na** ~ **mondd!** c'est pas vrai !; ~ **is mondd!** ne m'en parle pas !
nedv *fn* suc *h*; *[növényben így is]* sève *n*; *[gyümölcsben így is]* jus *h*

nedves *mn* humide; *[nagyon]* mouillé(e)

nedvesít *ts i* mouiller, humecter

nedvesség *fn* humidité *n*

nefelejcs *fn* myosotis *h*

negatív I. *mn* négatif (-ive); *mat* ~ **előjel** signe *h* moins; *orv* ~ **lelet** résultat *h* négatif **II.** *fn; fényk* négatif *h*

negatívum *fn [hátrányos oldal]* aspect *h* négatif, inconvénient *h*

néger I. *mn* noir(e); *pej* nègre (négresse); *[amerikai]* afro-américain(e) **II.** *fn* Noir(e); *pej* Nègre (Négresse); *[amerikai]* Afro-Américain(e); *átv [más neve alatt dolgozó]* nègre *h*

négy *szn* quatre; **~kor kezdődik** ça commence à quatre heures

negyed I. *szn* quart *h*; **egy ~ alma** un quartier de pomme; **~ háromkor** à deux heures et quart; **~ kiló** une demi-livre **II.** *fn* quart *h*; *csill* quartier *h*; *[városrész]* quartier *h*; *zene* noire *n*

negyeddöntő *fn* quarts *h (t sz)* de finale

negyedév *fn* trimestre *h*

negyedéves I. *mn [negyedévre szóló]* trimestriel (-ielle); *[negyedik éves]* de quatrième année **II.** *fn [diák]* étudiant(e) de quatrième année

negyedik I. *szn* quatrième **II.** *fn* quatrième *h v. n*; **a ~en lakik** habiter au quatrième (étage); *okt* quatrième *h*; **~be jár** être en quatrième; **január ~e** *v.* **~én** le quatre janvier

negyedikes I. *mn* de quatrième année **II.** *fn* élève *h n* de quatrième (année)

negyedóra *fn* quart *h* d'heure; ~ **alatt** en un quart d'heure

negyedrész *fn* quart *h*

negyedszer *hsz [alkalom]* pour la quatrième fois; *[felsorolásban]* quatrièmement

négyen *hsz* quatre; ~ **voltunk** nous étions quatre

négyes I. *mn* **a ~ szám** le (chiffre) quatre; ~ **osztályzat** *kb.* mention *n* bien **II.** *fn [szám]* quatre *h*; *[osztályzat]* *kb.* mention *n* bien; *[együttes]* quatuor *h*; **francia ~** quadrille *n*

négyéves *mn [életkor]* de quatre ans; ~ **terv** plan *h* quadriennal

négykezes I. *mn* à quatre mains **II.** *fn* morceau *h* à quatre mains

négykézláb *hsz* à quatre pattes

négylábú I. *mn [állat]* quadrupède; *[bútor]* à quatre pieds **II.** *fn [állat]* quadrupède *h*

négyszáz *szn* quatre cents

négyszemközt *hsz* en tête-à-tête; en particulier; ~ **szeretnék magával beszélni** je voudrais vous parler en particulier *v.* seul à seul

négyszer *hsz* quatre fois

négyszeres I. *mn* ~ **bajnok** quadruple champion (-ionne) **II.** *fn* **vminek a ~e** le quadruple de qqch

négyszög *fn* quadrilatère *h*

négyszögletes *mn* quadrangulaire

négyszögöl *fn* toise *n* carrée

négyüléses *mn* à quatre places

négyütemű *mn* à quatre temps

negyven *szn* quarante; ~ **éves** il a quarante ans; ~ **körül jár** il frise la quarantaine

negyvenedik *szn* quarantième; **a ~ oldalon** à la *v.* en page quarante

negyvenes I. *mn* ~ **évek** les années *n (t sz)* quarante; ~ **a lába** chausser du quarante; **a ~ éveiben jár** être dans la quarantaine **II.** *fn [számjegy]* quarante *h*

negyvenéves *mn* de quarante ans

négyzet *fn [síkidom, hatvány]* carré *h*; ~**re emel** élever au carré

négyzetgyök *fn* racine *n* carrée; ~**öt von** extraire la racine carrée

négyzetméter *fn* mètre *h* carré

néha *hsz* parfois, quelquefois, de temps en temps

néhai *mn* ~ **Legrand M.** feu M. Legrand

néhány *nm* quelques; ~ **napja** il y a quelques jours; **jó ~ hibát találtam** j'ai trouvé pas mal de fautes; **~an** quelques-uns (quelques-unes)

néhányszor *hsz* quelques fois; **jó ~** pas mal de fois

nehéz I. *mn* [súly] lourd(e); *átv* difficile; dur(e); **milyen ~?** combien cela pèse-t-il ?, *biz* ça pèse combien ?; ~ **étel** aliment *h* lourd *v.* difficile à digérer; ~ **kérdés** question *n* ardue *v.* difficile; ~ **munka** travail *h* dur; ~ **nap** dure *v.* rude journée *n*; ~ **szívvel** le cœur gros; ~ **természete van** il a un caractère difficile **II.** *fn* **a nehezén túl vagyunk** le plus dur est passé *v.* est fait; **nehezére esik vmi** il a du mal à *inf*, il lui (en) coûte de *inf*

nehezed|ik *tn i* vkire vmi *átv is* peser *sur qqn*

nehezen *hsz* difficilement, avec difficulté; ~ **érthető** difficile à comprendre; ~ **fejezi ki magát** avoir du mal à s'exprimer

nehézipar *fn* industrie *n* lourde

nehezít *ts i* rendre difficile; **ne ~sd az életemet!** ne me complique pas la vie

nehézkes *mn* lourd(e), pesant(e); ~ **járás** démarche *n* pesante; ~ **stílus** style *h* lourd *v.* laborieux

nehezményez *ts i* [helytelenít] réprouver; [rossz néven vesz vkitől vmit] *fraz* faire grief à qqn de qqch

nehézség *fn* [súly] lourdeur *n*; *átv* difficulté *n*; [bonyodalom] complication *n*; [akadály] obstacle *h*; **~be ütközik** se heurter à une difficulté; **leküzdi a ~eket** surmonter *v.* vaincre les difficultés *v.* les obstacles

nehézssúlyú *mn* ~ **bokszoló** un poids lourd

neheztel *tn i* vkire vmiért en vouloir *v.* garder rancune *à qqn de qqch*

nehézségi *mn* ~ **erő** pesanteur *n*, gravitation *n*

nehogy *ksz* vigyél pulóvert, ~ **megfázz!** prends un pull pour ne pas *v.* afin de ne pas prendre froid; ~ **megfogd!** surtout n'y touche pas !; ~ **azt higgye, hogy** n'allez surtout pas croire que

néhol *hsz* par endroits, par-ci par-là

nejlon *fn* nylon *h*

nejlonharisnya *fn* bas *h (t sz)* nylon

nejlonzacskó *fn* sac *h* en plastique

neki *hsz* à lui (elle), pour lui (elle); [ige előtt] lui; [birtoklás] **van ~ vmije** avoir qqch; ~ **adtam a könyvet, nem neked** c'est à lui que j'ai donné le livre, pas à toi; **úgy kell ~!** bien fait pour lui !; **nekem adta** il me l'a donné(e); **megmondtam nekik, hogy** je leur ai dit que

nekiáll *tn i* vminek/vmit csinálni se mettre *à qqch v. à inf*

nekidől *tn i* vminek s'appuyer *contre qqch*

nekies|ik *tn i* vminek tomber *contre qqch*; *átv* se jeter *v.* tomber *sur qqn*; **~ik a kajának** se jeter sur la bouffe

nekifog *tn i* → **nekilát**

nekifut *tn i* vkinek/vminek heurter *qqn/qqch* en pleine course; [lendületet vesz] prendre son élan

nekilát *tn i* vminek se mettre *à qqch v. à inf*, s'atteler *à qqch*; [ételnek] attaquer

nekimegy *tn i* vminek heurter *qqch*, rentrer *dans qqch*; [megtámad] se jeter *v.* se ruer *v.* tomber *sur qqn*; ~ **a vizsgának** affronter l'examen

nekiront *tn i* vkinek se jeter *v.* se ruer *v.* tomber *sur qqn*, charger *qqn*

nekiszegez *ts i* ~ vkinek egy revolvert braquer un revolver sur qqn; **~i a kérdést** poser abruptement une question à qqn

nekitámad *tn i* vkinek attaquer *qqn*, tomber *sur qqn*

nekitámaszkod|ik *tn i* vminek s'appuyer *à v.* contre *qqch*; *[háttal]* s'adosser *à qqch*

nekivág *tn i [dolognak]* se jeter *v.* se lancer *dans qqch*; ~ **az útnak** se mettre en route

nekrológ *fn* nécrologie *n*

nektár *fn* nectar *h*

nélkül *nu* sans; **minden** ~ sans rien; **pénz** ~ sans argent; **szó** ~ sans mot dire

nélküle *hsz* sans lui (elle); **~d** sans toi

nélküli *mn* sans; **tárca** ~ **miniszter** ministre *h n* sans portefeuille

nélkülöz I. *ts i* vmit être privé(e) *v.* dépourvu(e) *de qqch*; **~tük a társaságodat** tu nous a manqué **II.** *tn i* être dans le besoin, souffrir de privations

nélkülözés *fn [szegénység]* privation(s) *n (t sz)*

nélkülözhetetlen *mn* indispensable; *[személy így is]* irremplaçable

nem¹ *fn [nő, férfi]* sexe *h; [fajta]* genre *n*, sorte *n; [nyelv* genre *h;* **az emberi** ~ le genre humain; **az erősebb/gyengébb** ~ le sexe fort/faible; **páratlan a maga ~ében** unique en *v.* dans son genre; **~re való tekintet nélkül** sans distinction de sexe

nem² I. *hsz [önállóan]* non; *[állítmánynyal]* ne ... pas; **Eljössz velem? N~, ~ megyek.** Tu viens avec moi ? Non, je n'y vais pas.; ~ **egészen** pas tout à fait; ~ **egy** plus d'un(e); **egyáltalán** ~ pas du tout; ~ **én voltam!** ce n'était pas moi !; ~**igaz?** pas vrai ?; **ma** ~pas aujourd'hui; **már** ~ **tetszik** ça ne me

plaît plus; **még** ~ pas encore; ~ **rossz** pas mal; **se** ~ **nagy, se** ~ **kicsi** ni grand(e), ni petit(e) **II.** *fn* non *h;* ~ **tud ~et mondani** il ne sait pas dire non; **~mel szavaz** voter contre

néma I. *mn* muet (-ette); *[hallgató, hangtalan]* muet (-ette), silencieux (-euse); **születése óta** ~ muet de naissance; ~ **csend** silence *h* de mort **II.** *fn* muet (muette)

némafilm *fn* film *h* muet

nemcsak I. *ksz* non *v.* pas seulement; ~ **szép, de okos is** non seulement elle est belle, elle est aussi intelligente **II.** *hsz [nem egyedül]* ~ **ő gondolja ezt** il n'y a pas que lui qui pense ça, il n'est pas le seul à penser ça

nemde *hsz* n'est-ce pas ?, pas vrai ?

nemdohányzó *mn/fn* non-fumeur (-euse); ~ **(vasúti) kocsi** voiture *n* non-fumeurs

nemegyszer *hsz* plus d'une fois

némely *nm* certains (certaines); ~ **esetben** dans certains cas; **~ek** certains (certaines), quelques-uns (quelques-unes); **~ek azt állítják, hogy** certains prétendent que

némelyik *nm* certains (certaines); **~ünk** certains (certaines) *v.* quelques-uns (quelques-unes) d'entre nous

nemes I. *mn* noble; *[állat]* de race; *átv* noble; ~ **gesztus** un beau geste, un geste magnanime; ~ **rothadás** pourriture *n* noble; ~ **vad** le gros gibier **II.** *fn* noble *h n*

nemesfém *fn* métal *h* précieux

nemesi *mn* nobiliaire; ~ **kiváltság** privilège de la noblesse

nemesít *ts i [fajt, terméket]* améliorer; *[erkölcsileg]* ennoblir

nemeslelkű *mn* magnanime, généreux (-euse)

nemesség *fn átv is* noblesse *n*

német I. *mn* allemand(e) **II.** *fn [személy]* Allemand(e); *[nyelv]* allemand *h*

Németország *fn* Allemagne *n*

nemez *fn* feutre *h*

nemhogy *ksz [ahelyett, hogy]* au lieu de *inf*; *[nemcsak, hogy]* non seulement, non content(e) *de inf*

nemi *mn* sexuel (-elle); ~ **betegség** maladie *n* sexuellement transmissible; ~ **élet** vie *n* sexuelle, sexualité *n*; ~ **erőszak** agression *n* sexuelle, viol *h*; ~ **szervek** organes *h (t sz)* génitaux

némi *nm* quelque, un peu, un(e) certain(e); **van** ~ **műveltsége** il a une certaine culture; **van** ~ **pénze** il a un peu d'argent; ~ **büszkeséggel** non sans une certaine fierté

nemigen *hsz* ~ **hiszem** je ne le crois guère

némiképpen *hsz* d'une certaine manière, en quelque sorte, quelque peu

némileg *hsz* quelque peu

nemiség *fn* sexualité *n*

nemkívánatos *mn* indésirable; ~ **személy** personne *n* indésirable; *pol* persona non grata

nemkülönben *hsz* de même, pareillement

nemleges *mn* négatif (-ive); ~ **válasz** réponse *n* négative

nemrég *hsz* il y a peu de temps, il n'y a pas longtemps, récemment; ~ **óta** depuis peu

nemsokára *hsz* bientôt, sous peu, d'ici peu; ~ **azután** peu après

nemtetszés *fn* désapprobation *n*

nemtörődömség *fn* nonchalance *n*; *biz* je-m'en-foutisme *h*

nemz *ts i* engendrer; *vál* procréer

nemzedék *fn* génération *n*

nemzedéki *mn* générationnel (-elle); ~ **ellentét** conflit de générations

nemzet *fn* nation *n*

nemzetállam *fn* État-nation *h*

nemzetbiztonság *fn* sécurité *n* nationale

nemzetellenes *mn* antinational(e)

nemzetgazdaság *fn* économie *n* nationale

nemzetgyűlés *fn* assemblée *n* nationale

nemzeti *mn* national(e); ~ **jövedelem** revenu *h* national

nemzetiség *fn [hovatartozás]* nationalité *n*; *[kisebbség]* minorité *n* nationale

nemzetiségi *mn* ~ **kisebbség** minorité *n* nationale; ~ **kérdés** question *n* des minorités nationales *v.* des nationalités

nemzetközi *mn* international(e)

nemzetség *fn* törzs tribu *n*; *[egy őstől származó ivadékok sora]* lignée *n*; *biol* genre *h*

nemzőképesség *fn* capacité *n* de procréation

néni *fn* dame *n*; *[nagynéni]* tante *n*; *[megszólítva]* madame *n*; **Mari** ~ tante Marie

neon *fn vegy* néon *h*

neoncső *fn* tube *h* fluorescent *v.* au néon, néon *h*

neonfény *fn* néon *h*

nép *fn* peuple *h*; *[lakosság]* population *n*

népballada *fn* ballade *n* populaire

népbetegség *fn* maladie *n* endémique

népcsoport *fn* groupe *h* ethnique

népdal *fn* chanson *n v.* chant *h* populaire *v.* folklorique

népes *mn [sok tagú]* nombreux (-euse); *[sűrűn lakott]* populeux (-euse), très peuplé(e); *[forgalmas]* fréquenté(e), animé(e)

népesség *fn* population *n*

népfelkelés *fn* soulèvement *h* populaire

népgyűlés *fn* réunion *n* publique
népi *mn* populaire; ~ **tánc** danse *n* populaire *v.* folklorique; ~ **írók** écrivains *h (t sz)*
népies *mn* populaire; *irtud* populiste
népírtás *fn* génocide *h*
népjóléti *mn* ~ **intézkedések** mesures *n (t sz)* sociales
népképviselet *fn* représentation *n* du peuple
népköltészet *fn* poésie *n* populaire
népköztársaság *fn tört* république *n* populaire
népmese *fn* conte *n* populaire
népművelő *fn* animateur (-trice) culturel (-elle)
népművészet *fn* art *h* populaire
népnyelv *fn* langage *h* populaire
néppárt *fn* parti *h* populaire
néprajz *fn* ethnographie *n*
néprajzi *mn* ethnographique
népség *fn pej* populace *n*; **gyülevész** ~ racaille *n*
népsűrűség *fn* densité *n* de population
népszámlálás *fn* recensement *h*
népszaporulat *fn* croissance *n* démographique
népszavazás *fn* référendum *h*
népszerű *mn* populaire
népszerűség *fn* popularité *n*; **nagy** ~**nek örvend** jouir d'une grande popularité
népszerűségi *mn* ~ **index** indice *h* de popularité
népszerűsít *ts i [ismertté tesz]* populariser; *[ismeretet terjeszt]* vulgariser
népszerűtlen *mn* impopulaire
népszokás *fn* coutume *n v.* tradition *n* populaire
néptánc *fn* danse *n* folklorique *v.* populaire
néptelen *mn* désert(e)

népünnepély *fn* fête *n* populaire
népvándorlás *fn* exode *h*; *tört* les grandes invasions *n (t sz)*
népviselet *fn* costume *h* traditionnel *v.* folklorique
népzene *fn* musique *n* populaire *v.* folklorique
nercbunda *fn* (manteau *h* de) vison *h*
nesz *fn* bruit *h*; ~**ét veszi vminek** *fraz* avoir vent de qqch
nesze *msz* tiens !; ~ **neked!** *[gúnyosan]* bien fait pour toi !
neszesszer *fn* trousse *n v.* nécessaire *h* de toilette
nesztelen *mn* sans bruit, silencieux (-euse); ~ **léptekkel** à pas feutrés
netalán *hsz* ha ~ si par hasard, si jamais
netovább *fn* **vminek a** ~**ja** le comble *v.* le summum de qqch; **a szemtelenség~ja** le comble de l'insolence
nettó *mn* net (nette); ~ **jövedelem** revenu *h* net
neuralgikus *mn* névralgique; *átv* ~ **pont** point *h* névralgique
neurotikus *mn* névrotique
neurózis *fn* névrose *n*
neutron *fn* neutron *h*
név *fn* nom *h*; *[keresztnév]* prénom *h*; **családi** ~ nom *h* de famille; **leánykori** ~ nom *h* de jeune fille; **mi a neve?** comment s'appelle-t-il ?, quel est son nom ?; **jó neve van** avoir (une) bonne réputation; **vki/vmi nevében** au nom de qqn/qqch; **jó/rossz ~en vesz** prendre qqch bien/mal; **más ~en** alias; ~**et szerez magának** se faire un nom; **X** ~**re hallgat** répondre au nom de X; ~**re szóló** nominatif (-ive)
névadó *mn* éponyme; ~ **ünnepség** baptême *h* civil
nevel *ts i* élever; *[oktatva]* éduquer; *[tenyészt]* élever; *[növényt]* cultiver

N

nevelés fn éducation n

neveletlen mn mal élevé(e), mal poli(e)

neveletlenség fn [tulajdonság] manque h d'éducation; [cselekedet] grossièreté n, incorrection n, inconvenance n

nevelked|ik tn i être élevé(e); **falun ~ett** il a été élevé à la campagne

nevelő I. mn éducatif (-ive) **II.** fn éducateur (-trice), pédagogue h n; [magán] précepteur (-trice)

nevelő fn nyelv article h; **határozott/határozatlan ~** article défini/indéfini

nevelőanya fn mère n adoptive

nevelőapa fn père h adoptif

nevelőintézet fn [bentlakásos] internat h; [nem állami] pensionnat h; [javító] centre h d'éducation surveillée

nevelőnő fn gouvernante n

nevelőotthon fn foyer h pour enfants

nevelőszülők fn ~k parents h (t sz) adoptifs

nevelt mn a ~ fia son fils adoptif; **jól/rosszul ~** bien/mal élevé(e)

neveltetés fn éducation n; **jó ~ben részesült** il a reçu une bonne éducation

névérték fn gazd valeur n nominale

neves mn renommé(e), de (grand) renom, réputé(e)

nevet tn i/ts i rire; biz se marrer; [gúnyosan] ricaner; vkin/vmin rire de qqn/qqch; **betegre ~i magát** fraz rire à s'en décrocher la mâchoire

nevetés fn rire h; **~ben tör ki** éclater de rire; **hasát fogja a ~től** fraz se tenir les côtes (de rire)

nevetség fn risée n; **~ tárgyává válik** devenir un objet de risée

nevetséges mn ridicule; **ez ~!** c'est ridicule !; **ez egyáltalán nem ~!** ce n'est pas drôle du tout !; **~ alak** type h

ridicule; **~ összeg** somme n dérisoire; **~sé tesz** rendre ridicule

nevez I. ts i vminek nommer v. appeler qqch; sp [versenyzőt] engager, inscrire; **a családban Jankónak ~ik en** famille on l'appelle Jeannot; **a nevén ~ vkit** désigner qqn par son nom; **a becenevén ~ vkit** désigner qqn par un diminutif; **nevén ~i a dolgokat** appeler les choses par leur nom **II.** tn i sp [versenyre] s'engager, s'inscrire

nevezés fn [részvételi szándék] engagement h, inscription n

nevezetes mn [híres] renommée, célèbre, illustre; vmiről réputé(e) pour qqch; [jelentős] mémorable, marquant(e); **~ nap** journée n mémorable

nevezetesen hsz nommément

nevezetesség fn [hírnév] renommée n; [jelentőség] intérêt h, importance n; [turisztikai] curiosité n

nevezett mn dit(e), dénommé(e); jog ledit (ladite); **a ~ napon** au jour dit; **~ személy** la personne en question

nevező fn mat dénominateur h; **(legkisebb) közös ~** (plus petit) dénominateur h commun; **közös ~re jutottak** ils sont parvenus à s'entendre

névjegy fn carte n (de visite)

névjegyzék fn liste n (nominale v. nominative); **választói ~** liste électorale

névleg hsz de nom; **csak ~ igazgató** il n'est directeur que de nom

névleges mn nominal(e)

névmás fn pronom h

névmutató fn index h des noms

névnap fn fête n; **köszönt vkit a ~ján** souhaiter une bonne fête à qqn

névrokon fn homonyme h

névsor fn liste n nominale v. nominative; **~t olvas** faire l'appel

névszó fn nom h

névtábla *fn* plaque *n*
névtelen *mn* anonyme; ~ **levél** lettre *n* anonyme
névtelenség *fn* anonymat *h*
névutó *fn* postposition *n*
néz I. *ts i* regarder; *[figyelve]* observer; *[szemlélődve]* contempler; *[vkit vminek tart]* prendre qqn pour; **rossz szemmel ~ vmit** voir qqch d'un mauvais oeil; **jó szemmel ~ vmit** voir qqch d'un bon oeil; **minek ~ maga engem?** pour qui me prenez-vous ?; **~i a televíziót** regarder la télévision; **csak a maga hasznát ~i** il ne regarde que son intérêt; **~ze csak!** regardez !, voyez donc !; **hadd ~zem!** fais voir ! **II.** *tn i* regarder; *[ablak, ház] vhová* donner *sur qqch*; **vki után ~** suivre qqn du regard; **állás után ~** chercher du travail; **anyai örömök elé ~** attendre un heureux événement; **utána ~ vminek** vérifier qqch; **egy hónapja felém se ~ett** il n'est pas venu me voir depuis un mois; **~z a lábad elé!** regarde où tu mets les pieds !
nézeget *ts i* regarder, contempler; *[újságot, könyvet]* feuilleter; **~i a kirakatokat** lécher les vitrines
nézelőd|ik *tn i* regarder (autour de soi)
nézés *fn [cselekedet, mód]* regard *h*
nézet *fn [vélemény]* avis *h*, opinion *n*; *[látószög]* vue *n*; **~em szerint** selon moi, à mon avis
nézeteltérés *fn* divergence *n* de vue
nézettség *fn* audience *n*; **méri a ~et** mesurer l'audience
nézettségi *mn* ~ **index** indice *h* d'écoute
néző *fn* spectateur (-trice)
nézőközönség *fn* public *h*, les spectateurs *h (t sz)*
nézőpont *fn* point *h* de vue
nézőtér *fn* salle *n*

nézve *nu vkire/vmire* au sujet *de qqn/qqch*, en ce qui concerne *qqn/qqch*; **erre ~** à ce sujet; **szakmájára ~ kertész** il est jardinier de son métier
nihilizmus *fn* nihilisme *h*
nikkel *fn* nickel *h*
nikotin *fn* nicotine *n*
nincs *tn i* **nincsen** *[nem létezik]* il n'y a pas de; *[hiányzik]* il manque de; *[vki nem birtokol]* ne pas avoir; **~ baj** il n'y a pas de mal; **~ benne kitartás** il manque de persévérance; **~ egy kiló sem** cela ne fait même pas un kilo; **~ itthon** il n'est pas à la maison, il est sorti; **~ jól** il ne va pas bien; **még ~ dél** il n'est pas encore midi; **~ mit** de rien, il n'y a pas de quoi; **~ mit tenni** il n'y a rien à faire; **~ tíz perce, hogy elment** il est parti il n'y a même pas dix minutes; **~ tovább** c'est fini; **~ több** il n'y en a plus; **Van pénzed? N~.** Tu as de l'argent ? Non. *v.* Non, je n'en ai pas.
nincstelen *fn* personne *n* sans ressources, indigent(e)
nitrogén *fn* azote *h*
nívó *fn* niveau *h*
nívós *mn* de haut niveau, de (bonne) qualité
nívótlan *mn* médiocre, de mauvaise qualité
no *msz [biztatóan]* vas-y !, allez-y !; ~ **de ilyet!** ça alors !; **~, mi az?** eh bien, quoi ?; **~ és?** et alors ?
nocsak *msz* tiens donc !
noha *ksz* quoique *subj*, bien que *subj*
nokedli *fn kb.* gnocchis *h (t sz)*
nomád *mn/fn* nomade *h n*
nómenklatúra *fn pol* nomenklatura *n*; *tud* nomenclature *n*
nominális *mn gazd, nyelv* nominal(e)
nonprofit *mn* ~ **szervezet** association *n* à but non lucratif

N

nonstop mn ~ **üzlet** magasin h ouvert 24 heures sur 24

Nóra fn Éléonore n

norma fn norme n; **társadalmi/erkölcsi ~k** normes sociales/morales; **EU-s ~knak megfelelő** conforme aux normes de l'UE

normál mn normal(e)

normális mn normal(e)

normalizálód|ik tn i se normaliser, revenir à la normale

normatív mn normatif (-ive)

norvég I. mn norvégien (-ienne) **II.** fn [személy] Norvégien (-ienne); [nyelv] norvégien h

Norvégia fn Norvège n

nos msz eh bien

nosztalgia fn nostalgie n

nóta fn chanson n; **mindig a régi ~!** fraz c'est toujours la même chanson !

nótáz|ik tn i chanter (des chansons populaires)

notesz fn calepin h, carnet h de poche; [határidőnapló] agenda h

novella fn nouvelle n

november fn novembre h; → **január**

nő¹ tn i [személy, dolog] grandir; [dolog] croître; [növény, haj] pousser; átv augmenter, s'accroître; **~tt a szememben** il a grandi dans mon estime; **nagyon a szívemhez ~tt** je me suis très attaché à lui

nő² fn femme n; **~k** [felirat] dames; **vkinek a ~je** biz la nana v. gonzesse de qqn; **~ül vesz** épouser, prendre pour femme

nőalak fn irtud personnage h féminin

nőcsábász fn séducteur h; coureur h (de jupons); biz tombeur h

nőgyógyász fn gynécologue h n; biz gynéco h n

nőgyógyászat fn gynécologie n

női mn féminin(e), de femme; [cipő, ruha, stb.] pour femme(s) v. dame(s); **~ divat** mode n féminine; **~ fodrász** coiffeur (-euse) pour dames; **~ szabó** tailleur h pour dames; **~ nem** le sexe féminin, le beau sexe; sp **~ csapat** équipe n féminine; **~ páros** double h dames

nőies mn féminin(e); [férfiatlan] efféminé(e)

nőnem fn nyelv (genre h) féminin h

nőnemű mn féminin(e); áll, növ femelle

nős mn marié(e)

nőstény mn/fn femelle n

nősül tn i se marier

nőtlen mn célibataire

növekedés fn [élőlényé] croissance n; átv augmentation n, accroissement h, hausse n; **gazdasági ~** croissance économique

növeked|ik tn i [állat, ember] grandir; [növény] pousser; átv augmenter, être en augmentation v. en hausse

növekedő, növekvő I. mn croissant(e), grandissant(e); **~ gazdaság** économie en croissance v. en expansion; **~ kereslet** demande n en hausse; **~ türelmetlenség** impatience n grandissante **II.** fn **~ben van** aller croissant

növel ts i [árat, értéket, mennyiséget] augmenter; [hatalmat, termelést, vagyont] accroître; [bajt] aggraver

növelés fn augmentation n, accroissement h

növendék fn élève h n; [intézetben] pensionnaire h n

növény fn plante n

növényevő mn herbivore

növényi mn végétal(e)

növénytan fn botanique n

növénytermesztés fn production n végétale

növényvédelem *fn* protection *n* des végétaux *v.* des plantes

növényvilág *fn* règne *h* végétal; *[egy adott területé]* flore *n*

növényzet *fn* flore *n*, végétation *n*

nővér *fn [lánytestvér]* sœur *n* aînée; *[ápolónő]* infirmière *n*; *[apáca]* sœur *n*

növeszt *ts i [hajat, szakállt]* laisser pousser; *[növényt]* faire pousser; **szakállt ~** se laisser pousser la barbe

nudista *mn/fn* nudiste *h n*

nugát *fn* nougat *h*

nukleáris *mn* nucléaire

null *szn sp* zéro *h*; **kettő ~** deux à zéro

nulla I. *szn* zéro *h*; **~ órakor** à zéro heure; **~ fok van** il fait zéro degré; **~ egész öt tized** zéro virgule cinq **II.** *fn* **ez a pasi egy ~** *biz* ce type est un nullard

nulladik *mn* **~ óra** ‹cours commençant à 7 heures›; **~ hatvány** puissance *n* zéro

nullás *mn* **~ gép** tondeuse *n*; **~ liszt** fleur *n* de farine

numerikus *mn* numérique

numizmatika *fn* numismatique *n*

nuncius *fn* nonce *h*; **pápai ~** nonce apostolique

N

NY

nyafka mn pleurnicheur (-euse), pleurnichard(e); biz geignard(e)

nyafog tn i pleurnicher; biz, pej geindre

nyafogás fn pleurnicheries n (t sz)

nyaggat ts i biz embêter; [kérdésekkel] harceler

nyáj fn troupeau h

nyájas mn affable; ~ **olvasó** cher lecteur h

nyak fn cou h; [ruhadarabé, edényé] col h; [palacké] goulot h; **~ába borul vkinek** sauter v. se jeter au cou de qqn; **vkinek a ~ába varr vmit** fraz mettre qqch sur le dos de qqn; **a ~án lóg vkinek** fraz, biz s'accrocher v. être pendu(e) aux basques de qqn; **~ára hág a vagyonának** dilapider sa fortune; **~ig ül az adósságban** être endetté(e) jusqu'au cou; **~on csíp vkit** prendre qqn au collet

nyakas mn entêté(e), têtu(e), obstiné(e)

nyakatekert mn alambiqué(e), tarabiscoté(e); [mondat] entortillé(e)

nyakbőség fn encolure n

nyakcsigolya fn vertèbre n cervicale

nyakék fn pendentif h

nyakiglan mn ~ **férfi** grand échalas h; ~ **férfi** v. **nő** biz grande perche n

nyakkendő fn cravate n; **megköti a ~jét** nouer sa cravate

nyaklánc fn collier h, chaîne n

nyakleves fn biz baffe n, beigne n; **lekever egy ~t vkinek** flanquer une beigne à qqn

nyakló fn átv ~ **nélkül** sans retenue

nyakörv fn collier h

nyakra-főre hsz à tout bout de champ, à tout instant

nyakszirt fn nuque n

nyaktörő mn casse-cou, périlleux (-euse)

nyal I. ts i lécher **II.** tn i átv vkinek biz faire de la lèche à qqn

nyál fn salive n; **összefut a ~ a szájában** fraz avoir l'eau à la bouche

nyaláb fn brassée n; [rőzse] fagot h; tud faisceau h; **egy ~ szalma** une botte de paille

nyáladzik tn i baver

nyalakodik tn i goûter; [szerelmesek] se bécoter

nyalánk mn gourmand(e)

nyalánkság fn [tulajdonság] gourmandise n; [csemege] gourmandise n, friandise n

nyálas mn mouillé(e) de salive, baveux (-euse); átv mielleux (-euse), sucré(e)

nyaldos ts i lécher; **a lángok a falat ~sák** les flammes lèchent la muraille

nyálkahártya fn muqueuse n

nyálkás mn visqueux (-euse), gluant(e); ~ **váladék** sécrétion n muqueuse; ~ **úttest** chaussée n glissante

nyalogat ts i lécher; **~ja a szája szélét** se pourlécher les babines; átv is **sebeit ~ja** lécher ses plaies

nyalóka fn sucette n

nyápic mn malingre; ~ **alak** gringalet h

nyár fn été h; **~on** en été; **ezen a ~on** cet été; **vénasszonyok nyara** été indien

nyaral tn i être en vacances; [vhol] passer ses vacances d'été qqpart; **a**

tengerparton ~ passer l'été au bord de la mer

nyaralás *fn* vacances *n (t sz)* d'été

nyaraló *fn [személy]* vacancier (-ière), estivant(e); *[épület]* maison *n* de campagne, résidence *n* secondaire

nyaralóhely *fn* station *n* estivale; **tengerparti** ~ station balnéaire

nyárfa *fn* peuplier *h*

nyargal *tn i* galoper

nyári *mn* d'été, estival(e); ~ **időszámítás** heure *n* d'été; ~ **ruha** robe *n* d'été; ~ **szünet** vacances *n (t sz)* d'été; ~ **tábor** *[gyerekeknek]* colonie *n* de vacances

nyárias *mn* estival(e)

nyárs *fn* broche *n; [kisebb]* brochette *n;* ~**on süt** rôtir à la broche; ~**ra húz** embrocher

nyársonsült *fn* brochettes *n (t sz)*

nyárspolgár *fn* petit-bourgeois (petite-bourgeoise)

nyavalya *fn [betegség]* maladie *n; [izé] biz* machin *h;* **majd kitöri érte a** ~ *biz* il en crève d'envie

nyavalyás I. *mn* ~ **kölyök** *biz* sale gosse; **ez a** ~ **rádió** *biz* cette fichue *v.* maudite radio **II.** *fn [nyomorult, hitvány]* misérable *h n;* **hol van az a** ~? où il est, ce misérable ?

nyavalygás *fn biz* jérémiades *n (t sz)*

nyavalyog *tn i biz, pej* geindre

nyávog *tn i* miauler

nyávogás *fn* miaulement *h*

nyegle *mn* désinvolte

nyel *ts i* avaler, déglutir; *átv* **nagyot** ~ *fraz* avaler sa salive; *átv* **sokat kell** ~**nie** *fraz* il doit avaler pas mal de couleuvres

nyél *fn* manche *h; [serpenyőé]* queue *n;* ~**be üt vmit** conclure qqch

nyelőcső *fn* œsophage *h*

nyelv *fn [szerv]* langue *n; [beszélt]* langue *n,* langage *h; [cipőé]* lan-

guette *n; [fúvós hangszeré]* anche *n; [mérlegé]* aiguille *n; [záré]* pêne *h;* ~**et ölt vkire** tirer la langue à qqn; **a** ~**e hegyén van egy szó** avoir un mot sur le bout de la langue; **a francia** ~ la langue française, le français; **idegen** ~ langue étrangère; **tudományos** ~ langage scientifique; *átv* **a rossz** ~**ek** les mauvaises langues; **jól felvágták a** ~**ét** *fraz* avoir la langue bien pendue

nyelvbotlás *fn* lapsus *h*

nyelvcsalád *fn* famille *n* linguistique *v.* de langues

nyelvemlék *fn* document *h v.* monument *h* linguistique

nyelvérzék *fn* don *h* des langues; **jó** ~**e van** être doué(e) pour les langues

nyelvész *fn* linguiste *h n*

nyelvészet *fn* linguistique *n*

nyelvészeti *mn* linguistique

nyelvezet *fn* langage *h,* style *h;* **bizalmas/költői** ~ langage familier/poétique

nyelvgyakorlat *fn* exercice *n* de langue

nyelvhasználat *fn* usage *h* (de la langue)

nyelvhelyesség *fn* bon usage *h* (de la langue)

nyelvi *mn* de langue, linguistique, *tud* langagier (-ière); ~ **jelenség** fait *h v.* phénomène *h* linguistique

nyelviskola *fn* école *n* de langues

nyelvismeret *fn* connaissance *n* d'une langue *v.* des langues étrangère(s)

nyelvjárás *fn* dialecte *h*

nyelvkönyv *fn* manuel *h* de langue

nyelvoktatás *fn* enseignement *h* des langues

nyelvóra *fn* cours *h* de langue

nyelvtan *fn* grammaire *n*

nyelvtanár *fn* professeur *h n* de langue(s)

nyelvtanfolyam *fn* cours *h* de langue

nyelvtani *mn* de grammaire, grammatical(e); ~ **szabály** règle *n* de grammaire

nyelvtanítás *fn* → **nyelvoktatás**

nyelvtankönyv *fn* livre *h* de grammaire

nyelvtanulás *fn* étude *n v.* apprentissage *h* des langues

nyelvterület *fn* aire *n* linguistique; **francia ~en** dans les pays *h (t sz)* francophones

nyelvtörő *fn* virelangue *h*

nyelvtörténet *fn* histoire *n* de la langue

nyelvtudás *fn* connaissance *n* d'une langue *v.* des langues étrangère(s)

nyelvtudomány *fn* linguistique *n*

nyelvvizsga *fn* examen *h* de langue

nyer *ts i/tn i* gagner; *[elér]* obtenir; *[anyagból]* vmit obtenir par *v.* à partir de *qqch*; **csatát ~** gagner la bataille; ~ **a lottón** gagner au loto; **időt ~** gagner du temps; **teret ~** gagner du terrain; **játszmát ~** gagner une partie; **elégtételt ~** obtenir satisfaction; **kettő-egyre ~** *[labdajátékban]* gagner par deux buts à un; **sokat ~ egy üzleten** gagner gros sur une affaire; **megállapítást ~t, hogy** il a été établi que; **~t ügye van** avoir partie gagnée

nyereg *fn* selle *n*

nyeremény *fn* *[összeg]* gain *h*, lot *h*; *[tárgy]* lot *h*

nyereség *fn* *átv is* gain *h*; bénéfice *h*; profit *h*; **tiszta ~** bénéfice net; **~et termel** dégager *v.* réaliser des bénéfices

nyereségadó *mn* impôt *h* sur les bénéfices

nyereséges *mn* rentable

nyereségrészesedés *fn* participation *n* aux bénéfices

nyerészked|ik *tn i* spéculer

nyergel *ts i* seller

nyerít *tn i* hennir

nyerő *mn/fn* gagnant(e)

nyerőszám *fn* numéro *h* gagnant

nyers *mn* cru(e); *[anyag, termék]* brut(e); *[szín]* écru(e); *[beszéd, válasz]* cru(e); *[modor]* fruste, rude; ~ **gyümölcs** fruit *h* cru; ~ **tej** lait *h* cru; ~ **erő** force *n* brute; ~ **kézirat** premier jet *h*

nyersanyag *fn* matière *n* première

nyersfordítás *fn* traduction *n* littérale

nyersolaj *fn* pétrole *h* naturel *v.* brut

nyertes *mn/fn* gagnant(e); *[díje]* lauréat(e)

nyes *ts i* tailler; *sp [labdát]* brosser

nyest *fn* fouine *n*

nyikorgás *fn* grincement *h*

nyikorog *tn i* grincer

nyíl *fn* *[jelzés is]* flèche *n*

nyilall|ik *tn i* ~**ik a háta** avoir des élancements dans le dos

nyilas *fn* *[íjász]* archer *h*; *asztr* Sagittaire *h*; *pol tört* **a ~ok** les Croix fléchées *n (t sz)*

nyílás *fn* *[rés]* ouverture *n*; *[szűk]* fente *n*; *[barlangé]* entrée *n*; *[lyuké, csőé]* orifice *h*

nyilatkozat *fn* déclaration *n*; *[hivatalos]* communiqué *h*

nyilatkoz|ik *tn i* faire une déclaration; **kedvezően ~ik vkiről** parler en bien de qqn; **nem ~ik** s'abstenir de tout commentaire

nyíl|ik *tn i* *[ajtó]* s'ouvrir; *[virág]* s'ouvrir, éclore; *[ablak, ajtó]* vmire donner *sur qqch*; *[intézmény működni kezd]* (s')ouvrir; **befelé ~ik** s'ouvrir vers l'intérieur; **a szobák egymásba ~nak** les pièces communiquent; **amint alkalom ~ik rá** dès que l'occasion se présente

nyílt *mn* ouvert(e); *nyelv* ouvert(e); ~ **lapokkal játszik** *fraz* jouer cartes sur table; ~ **színen** en public; ~ **tekintet** regard *h* ouvert v. franc; ~ **titok** *fraz* secret *h* de Polichinelle; ~ **törés** fracture *n* ouverte; **a ~ utcán** en pleine rue

nyíltan *hsz* ouvertement, franchement

nyíltság *fn [őszinteség]* franchise *n*; *[egyenesség]* droiture *n*; *[szókimondás]* franc-parler *h*

nyilván *hsz* manifestement, de toute évidence, sans doute; ~ **tudja, hogy** vous savez sans doute que

nyilvánít *ts i [érzést, gondolatot]* exprimer, manifester; **véleményt ~ don**ner v. exprimer son opinion; **semmis**nek ~ annuler, déclarer nul (nulle); **holttá ~ották** être déclaré officiellement mort(e)

nyilvános *mn* public (publique); ~ **fő**próba répétition *n* générale; ~ **tele**fon téléphone *h* public

nyilvánosház *fn* maison *n* close

nyilvánosság *fn* public *h*; **a ~ előtt** en public; **a ~ kizárásával** à huis clos; **tárgyalás ~a** publicité *n* des débats; **~ra hoz** rendre public (publique), publier

nyilvántart *ts i vmit* tenir registre v. un fichier *de qqch*, recenser *qqch*

nyilvántartás *fn [tevékenység]* enregistrement *h*; *[jegyzék, könyv]* registre *h*, fichier *h*

nyilvánvaló *mn* évident(e), manifeste, flagrant(e)

nyílvessző *fn* flèche *n*

nyír *ts i [hajat]* couper; *[körmöt, bajuszt, sövényt]* tailler; *[füvet, birkát]* tondre

nyíratkoz|ik *tn i* se faire couper les cheveux

nyírfa *fn* bouleau *h*

nyirkos *mn* moite

nyirkosság *fn* moiteur *n*

nyirok *fn* lymphe *n*

nyirokmirigy *fn* ganglion *h* lymphatique

nyit *ts i/tn i* ouvrir; **ajtót ~ vkinek** ouvrir la porte à qqn; **a múzeum 10-kor ~** le musée ouvre à 10 heures; **számlát/üzletet ~** ouvrir un compte/magasin; **tágra ~ja a szemét** écarquiller les yeux; **tüzet ~** ouvrir le feu; **új távlatokat ~** ouvrir de nouvelles perspectives

nyitány *fn* ouverture *n*

nyitás *fn* ouverture *n*

nyitja *fn* **rájön a dolog ~ra** trouver la clé du mystère v. la solution du problème

nyitó I. *mn* d'ouverture; ~ **beszéd** discours *h* d'ouverture; ~ **árfolyam** cours *h* d'ouverture **II.** *fn [konzervnyitó]* ouvre-boîte *h*

nyitott *mn* ouvert(e); ~ **ablak** fenêtre *n* ouverte; ~ **uszoda** piscine *n* en plein air; ~ **kérdés** question *n* ouverte v. en suspens

nyitottság *fn* ouverture *n* (d'esprit)

nyitva *hsz* ouvert(e); ~ **hagyja az ajtót** laisser la porte ouverte; **az üzlet 10-től 18 óráig tart ~** le magasin est ouvert de 10 à 18 heures; ~ **hagyja a kérdést** laisser la question en suspens; ~ **tartja a szemét** garder les yeux ouverts

nyitvatartási *mn* ~ **idő** heures *n (t sz)* d'ouvertures

nyolc *szn* huit; ~ **órakor** à huit heures; **nekem (aztán) ~!** *biz* je m'en tape !

nyolcad *szn* huitième *h*; *zene [hangjegy]* croche *n*; *[hangköz]* octave *n*

nyolcadik I. *szn* huitième **II.** *fn [emelet, kerület]* huitième *h*; *okt* hui-

tième *n*; ~**ba jár** être en huitième;
január ~**a** *v.* ~**án** le huit janvier
nyolcadikos I. *mn* de huitième année
II. *fn* élève *h n* de huitième (année)
nyolcan *hsz* huit; ~**an voltunk** nous
étions huit
nyolcas I. *mn* a ~ **szám** le (chiffre)
huit II. *fn* [*szám*] huit *h*; [*biciklikeré-
ken*] voilage *h*; [*alakzat, nyolcevezős
csónak*] huit *h*
nyolcéves *mn* de huit ans
nyolcórás *mn* de huit heures; ~ **mun-
kanap** journée *n* de huit heures
nyolcszáz *szn* huit cent
nyolcszor *hsz* huit fois
nyolcszoros I. *mn tud* octuple II. *fn*
vminek a ~**a** *tud* l'octuple de qqch
nyolcszög *fn* octogone *h*
nyolcvan *szn* quatre-vingts
nyolcvanas I. *mn* ~ **évek** les années
quatre-vingts II. *fn* [*számjegy*] quatre-
vingts *h*; [*személy*] octogénaire *h n*
nyolcvanéves *mn* octogénaire, âgé(e)
de quatre-vingts ans
nyom[1] *ts i* appuyer, presser; [*súlyra*]
peser; [*cipő lábat*] serrer; [*nyomtat*]
imprimer; ~**d a gombot!** appuie sur
le bouton; **vki kezébe** ~ **vmit** fourrer
qqch dans la main de qqn; **10 kilót**
~ **ça** pèse 10 kilos; *átv* **sokat/keveset**
~ **a latban** peser (lourd)/ne pas peser
lourd dans la balance; **vmi** ~**ja a
lelkiismeretét** avoir qqch sur la con-
science
nyom[2] *fn* [*lábé*] trace *n*; empreinte *n*;
[*nyomozásnál*] piste *n*, trace *n*; *jog*
indice *h*; [*jel, maradvány, lelki is*]
trace *n*; **vki** ~**ában jár** être sur les
traces de qqn; ~**on követ vkit** suivre
qqn à la trace; *átv is* ~**ot hagy** laisser
des traces; *átv* ~**a vész** disparaître
(sans laisser de traces); **vki** ~**ába lép**
marcher sur les pas de qqn; ~**ába sem**

léphet vkinek ne pas arriver à la che-
ville de qqn
nyomán *nu* [*következtében*] par suite
de; [*alapján*] sur la base de; **fest-
mény Rembrandt** ~**án** tableau *h*
d'après Rembrandt
nyomás *fn fiz is, átv is* pression *n*;
[*lökve*] poussée *n*; [*nyomtatás*] im-
pression *n*; *sp* [*súlyemelésnél*] déve-
loppé *h*; ~**!** allez !; *átv* **enged a** ~**nak**
céder à la pression; *átv* ~**t gyakorol vki-
re** exercer une pression sur qqn
nyomásmérő *fn* manomètre *h*
nyomaszt *ts i* peser, accabler
nyomasztó *mn* pesant(e), accablant(e)
nyomat[1] *ts i* faire imprimer
nyomat[2] *fn* tirage *h*
nyomaték *fn* insistance *n*; *nyelv* ac-
cent *h* d'insistance; *fiz* moment *h*; ~**kal
hangsúlyoz** souligner avec insistance
nyomatékos *mn* insistant(e); *nyelv*
accentué(e), emphatique
nyomban *hsz* sur-le-champ, immédia-
tement, aussitôt
nyomda *fn* imprimerie *n*; ~**ba küld
egy kéziratot** envoyer un manuscrit à
l'impression
nyomdafesték *fn* encre *n* d'imprime-
rie
nyomdahiba *fn* coquille *n*, faute *n* ty-
pographique
nyomdász *fn* imprimeur *h*
nyomdászat *fn* imprimerie *h*
nyomdok *fn* **vkinek a** ~**ain halad** *fraz*
marcher sur les pas *v.* traces de qqn
nyomdatermék *fn* imprimé *h*
nyomelem *fn* oligoélément *h*
nyomógomb *fn* bouton-poussoir *h*
nyomor *fn* misère *n*; ~**ba dönt/süllyed**
plonger/tomber dans la misère
nyomorék *mn/fn* infirme *h n*, handi-
capé(e)
nyomornegyed *fn* bidonville *h*

nyomorog *tn i* vivre dans la misère

nyomorult I. *mn [szerencsétlen, hitvány]* misérable; *[dolog]* misérable **II.** *fn [szerencsétlen, hitvány]* misérable *h n*; **segít a ~akon** secourir les nécessiteux

nyomorúság *fn* misère *n*

nyomorúságos *mn* misérable; **~ viszonyok között él** vivre dans des conditions misérables

nyomós *mn* ~ **érv** argument *h* de poids

nyomott *mn [anyag, minta]* imprimé(e); *átv* déprimé(e); **~ hangulatban van** être déprimé(e); *fraz* avoir le cafard

nyomoz *tn i* enquêter, faire *v.* mener une enquête; *vki/vmi után* enquêter *sur qqn/qqch*; **korrupciós ügyben ~** enquêter sur une affaire de corruption

nyomozás *fn* enquête *n*; **~t indít** ouvrir une enquête

nyomozó *fn* enquêteur *h* de police

nyomtalanul *hsz* ~ **eltűnik** disparaître sans laisser de traces

nyomtat *ts i* imprimer

nyomtatás *fn* impression *n*; **~ban is megjelenik** être publié(e)

nyomtató *fn* imprimante *n*; **tintasugaras ~** imprimante à jet d'encre

nyomtatott *mn* ~ **áramkör** circuit *h* imprimé; **~ betűkkel ír** écrire en lettres d'imprimerie; **~ szöveg** texte *h* imprimé

nyomtatvány *fn [nyomdatermék, űrlap]* imprimé *h*

nyomtáv *fn [kerekeké]* écartement *h*; *[sineké]* entre-rail *h*

nyomul *tn i [halad]* avancer, progresser; *[befelé]* pénétrer

nyomvonal *fn [forgalmi sáv]* file *n*

nyög *tn i* gémir, geindre; **vminek a terhe alatt ~** être écrasé(e) sous le poids de qqch

nyögés *fn* gémissement *h*, plainte *n*

nyöszörög I. *tn i* gémir, geindre **II.** *ts i* gémir

nyugágy *fn* chaise *n* longue, transat- (lantique) *h*

nyugállomány *fn* retraite *n*; **~ba helyez** mettre à la retraite

nyugalmas *mn* tranquille, paisible, calme; **~ élet** vie *n* paisible

nyugalmi *mn* ~ **állapot** état *h* de repos

nyugalom *fn* calme *h*, tranquillité *n*; *[pihenés]* repos *h*; **N~!** du calme !; **lelki ~** paix *n v.* tranquillité *n* de l'âme; **megőrzi/visszanyeri nyugalmát** conserver/retrouver son calme; **~ba vonul** *[nyugdíjba]* prendre sa retraite

nyugat *fn [égtáj]* Ouest *h*; *[irány]* ouest *h*; *[Nyugat-Európa és a fejlett országok]* Ouest *h*, Occident *h*; **~on, ~ra** à l'ouest *v.* Ouest

Nyugat-Európa *fn* Europe *n* occidentale, l'Europe de l'Ouest

nyugati *mn* de l'ouest, occidental(e); **~ irányban** en direction de l'ouest; **~ kultúra** la culture occidentale; **az ország ~ része** la partie occidentale du pays; **~ pályaudvar** gare *n* de l'Ouest; **~ part** côte *n* ouest; **~ szél** vent *h* d'ouest

nyugdíj *fn* retraite *n*; **~at kap** toucher une retraite; **~ba megy** prendre sa retraite

nyugdíjas *mn/fn* retraité(e)

nyugdíjaz *ts i* mettre à la retraite

nyugdíjazás *fn* mise *n* à la retraite

nyugdíjemelés *fn* augmentation *n* des retraites

nyugdíjjárulék *fn* cotisation *n* pour la retraite

nyugdíjjogosultság *fn* droit *h* à la retraite

nyugdíjkorhatár *fn* âge *h* de la retraite

NY

nyugdíjpénztár *fn* caisses *n (t sz)* de retraite

nyughatatlan *mn* ~ **gyerek** enfant *h n* turbulent(e) *v.* agité(e); ~ **lélek** âme *n* tourmentée

nyugi *msz biz* on se calme !, cool, Raoul !

nyugodt *mn* calme, tranquille; *[békés]* paisible; *[lelkiismeret]* tranquille, en paix; **legyen ~!** soyez tranquille, rassurez-vous

nyugodtan *hsz* tranquillement, calmement; *[békésen]* paisiblement; **menj csak ~!** vas-y tranquille

nyugsz|ik *tn i [fekszik]* reposer; *[égi-test]* se coucher; *[alapszik] vmin* reposer *v.* se fonder *sur qqch*; **feje a párnán ~ik** sa tête repose sur le coussin; **itt ~ik** *[halottról]* ici repose, cigît; **nem ~ik, amíg** il n'a (pas) de cesse qu'il ne *subj*; **nyugodjék békében!** qu'il repose en paix !

nyugta¹ *fn [nyugalma]* **nincs ~, amíg** il n'a (pas) de cesse qu'il ne *subj*; **nincs ~ vkitől** être sans cesse dérangé(e) par qqn; **egy perc nyugtom nem volt** je n'ai pas eu un moment tranquille

nyugta² *fn [számla]* quittance *n*, reçu *h*

nyugtalan *mn [izgatott]* agité(e); *[ag-gódó]* inquiet (-ète); ~ **álom** sommeil *h* agité; ~ **vagyok miatta** je suis inquiet pour lui

nyugtalanít *ts i* inquiéter

nyugtalanító *mn* inquiétant(e)

nyugtalankod|ik *tn i vki miatt* s'inquiéter *pour v.* se faire du souci *pour qqn*; *vmi miatt* s'inquiéter *de v.* se faire du souci *pour qqch*

nyugtalanság *fn* inquiétude *n*; ~ **fogja el** être gagné(e) par l'inquiétude

nyugtat *ts i vmit vmin* reposer *qqch sur qqch*; *vkit* apaiser *v.* calmer *qqn*

nyugtató I. *mn* ~ **szavak** paroles *n (t sz)* apaisantes **II.** *fn [szer]* calmant *h*, tranquillisant *h*

nyugtáz *ts i vmit* accuser réception *de qqch*

nyugton *hsz* ~ **hagy** laisser tranquille; ~ **marad** rester tranquille

nyújt *ts i vkinek vmit* tendre *qqch à qqn*; *[megnyújt]* étendre, allonger; *[kölcsönt]* accorder; *[segítséget]* offrir; **kezet ~ vkinek** tendre la main à qqn; **alkalmat ~ vmire** offrir *v.* fournir l'occasion de qqch; **mene-déket ~ vkinek** donner asile à qqn; **szép látványt ~** offrir un beau spectacle

nyújtó *fn sp* barre *n* fixe

nyújtózkod|ik *tn i* s'étirer, étirer ses membres

nyúl¹ *tn i vmibe* mettre *v.* plonger la main *dans qqch*; *vmihez* toucher *v.* porter la main *à qqch*; **ne ~j hozzám!** ne me touche pas !

nyúl² *fn [házi, üregi]* lapin *h*; *[nős-tény]* lapine *n*; *[mezei]* lièvre *h*; *[nős-tény]* hase *n*; **fut, mint a ~** courir comme un lapin; **gyáva ~** *biz* froussard(e), trouillard(e); **kísérleti ~** cobaye *h*

nyúlánk *mn* élancé(e), svelte

nyúl|ik *tn i [térben]* s'étendre; *[idő-ben]* se prolonger; **hosszúra ~ik** *[időben]* traîner (en longueur)

nyúlós *mn* filant(e), visqueux (-euse) *v.* mouillée

nyúlszívű *mn* poltron (-onne); *biz* poule *n* mouillée

nyúltagy *fn orv* bulbe *h* rachidien

nyúlvány *fn* prolongement *h*, appen-dice *h*; *[hegységé]* contrefort *h*

nyurga *mn* longiligne

nyuszi *fn* petit lapin *h*

nyúz *ts i* écorcher; *átv [hajszol]* érein-ter; *[gyötör]* torturer

nyúzott *fn* exténué(e); **milyen ~ vagy!** tu as une mine défaite !, tu en as une sale mine !

nyű¹ *ts i [elhasznál]* user

nyű² *fn* ver *h*; asticot *h*

nyűg *fn átv [teher]* fardeau *h*

nyűgös *mn* pleurnicheur (-euse), pleurnichard(e); *biz* geignard(e)

nyüszít *tn i* gémir; *[kutya]* glapir

nyüzsgés *fn* fourmillement *h*, grouillement *h*

nyüzsög *tn i [emberek, állatok]* fourmiller, grouiller; **ebben a szövegben ~nek a hibák** les erreurs pullulent v. fourmillent dans ce texte; **vki körül ~** *biz* vibrionner autour de qqn

NY

O, Ó

ó isz oh !

oázis fn oasis n

óbégat tn i se lamenter, pousser des lamentations

obeliszk fn obélisque h

objektív I. mn objectif (-ive) II. fn műsz objectif h

objektivitás fn objectivité n

oboa fn hautbois h

óbor fn vin h vieux

obstrukció fn pol obstruction n

obszcén mn obscène

obszervatórium fn observatoire h

óceán fn océan h

Óceánia fn Océanie n

óceánjáró fn (paquebot h) transatlantique h

ócsárol ts i dénigrer

ócska mn [öreg] vieux (vieil) (vieille); [értéktelen, silány] miteux (-euse); biz minable; ~ **autó** biz un vieux tacot

ócskapiac fn marché h aux puces

ócskavas fn ferraille n

ocsmány mn [visszataszítóan rút] hideux (-euse), repoussant(e), immonde; [undorítóan kellemetlen] infecte; [trágár] sale, obscène, ordurier (-ière); ~ **alak** biz fumier h

oda hsz [önállóan] là, là-bas; [ige előtt] y; ~ **tedd!** mets-le là(-bas); **nem megyek** ~! je n'y vais pas !; **néhány perc ide vagy** ~ **nem számít** quelques minutes de plus ou de moins, ça ne

compte pas; ~ **a pénzem!** mon argent est perdu !; ~ **és vissza** aller et retour; ~ **jut, hogy** en arriver à inf; ~ **se neki!** ne t'en fais pas !, ne vous en faites pas !

óda fn ode n

odaad ts i donner, passer; ~**ja magát** [nő] se donner; ~**om 100 euróért** je vous le laisse pour cent euros

odaadás fn [érzelem] dévouement h

odaadó mn dévoué(e)

odaajándékoz ts i vmit vkinek faire cadeau de qqch à qqn

odaáll tn i se placer, se mettre; ~ **vki elé** se planter devant qqn

odaát hsz de l'autre côté, en face; ~ **van, a szomszédoknál** il est en face, chez les voisins

odább hsz plus loin; ~ **tol** vmit pousser qqch plus loin; **ez a nap még** ~ **van** ce n'est pas pour demain

odabenn hsz à l'intérieur, là-dedans

odabúj∥ik tn i vkihez se blottir contre qqn

odadob ts i vmit vkinek jeter v. lancer qqch à qqn

odaég tn i [étel] brûler; biz cramer

odaér tn i [célhoz] arriver; [tárgyhoz] toucher; **idejében** ~ arriver à temps

odafelé hsz à l'aller

odafenn hsz là-haut

odafigyel tn i vkire/vmire faire v. prêter attention à qqn/qqch

odafordul tn i vkihez/vmihez se tourner vers qqn/qqch

odafut tn i vkihez/vmihez courir vers qqn/qqch

odahajol tn i vkihez/vmihez se pencher vers qqn/qqch

odahat tn i ~, **hogy** faire en sorte que subj

odahaza hsz à la maison; **nálam/nálunk,** ~ chez moi/nous; **jól vannak** ~? ça va bien, chez vous ?

odahív *ts i* appeler, faire venir; *[gesztussal]* faire signe de venir

odáig *hsz [térben, időben]* jusque-là; *átv* ~ **jutott, hogy** il en est arrivé à *inf;* ~ **merészkedik, hogy** pousser l'audace jusqu'à *inf;* ~ **van vkiért/vmiért** *biz* être dingue de qqn/qqch

odaítél *ts i* attribuer; *[díjat]* décerner

odajön *tn i vkihez* s'approcher de qqn, venir vers qqn

odajut *tn i [egy helyre]* y parvenir, y arriver; *átv* en arriver à *inf*

odakap *tn i vmihez* porter la main à qqch; *[étel]* attacher; *biz* cramer

odakiált *ts i vkinek* crier à qqn

odakinn *hsz* dehors; *[külföldön]* à l'étranger

odaköltöz|ik *tn i [vhova]* emménager; *vkihez* aller habiter v. s'installer chez qqn

odaköt *ts i vmihez átv is* attacher à qqch

odalenn *hsz* là-bas, en bas

odamegy *tn i [vhova]* aller; *vkihez/vmihez* aller vers qqn/qqch, s'approcher de qqn/qqch

odamenet *hsz* à l'aller, chemin faisant

odanéz *tn i* regarder, jeter un coup d'œil; ~**z!** regarde !

odanyújt *ts i vmit vkinek* tendre v. qqn

odapillant *tn i* jeter un coup d'œil

odaragad *tn i vmihez* adhérer v. (se) coller à qqch

odarohan *tn i* se précipiter

odasereg|lik *tn i* affluer

odasiet *tn i* accourir

odasimul *tn i vkihez* se blottir contre qqch; *[ruha]* mouler (la taille)

odasúg *ts i vmit vkinek* souffler v. chuchoter qqch à l'oreille de qqn

odaszól *ts i/tn i vmit vkinek* dire qqch à qqn; *[telefonon]* passer un coup de fil à qqn

odatalál *tn i [vhova]* trouver le chemin de; **majd csak ~ok** je trouverai bien le chemin

odatart I. *ts i* tendre; ~**ja a markát** tendre la main **II.** *tn i [vhova]* se diriger vers

odatartoz|ik *tn i vmihez/vhova* appartenir à qqch, faire partie de qqch

odatesz *ts i vmit vhova* poser v. mettre v. placer qqch qqpart

odatol *ts i vmit vhova* pousser qqch qqpart; ~**ja a képét** *fraz, biz* ramener sa fraise

odaugr|ik *tn i vkihez/vmihez* bondir vers qqn/qqch

odautazás *fn* aller *h*

odautaz|ik *tn i* y aller, s'y rendre

odaül *tn i* (aller v. venir) s'asseoir

odavág *ts i vmit vhova* balancer qqch qqpart

odavalósi *mn/fn* de là-bas, du pays; **az** ~**ak** les gens de là-bas v. du pays

odavan *tn i vkiért/vmiért* raffoler de v. biz être dingue de qqn/qqch; *vmitől biz* être tourneboulé(e) par qqch; ~ **a szomszédban** il est allé chez les voisins; ~ **a pénze** il a perdu tout son argent

odavész *tn i [elvész]* être perdu(e); *[elpusztul]* val périr; **mindene odaveszett** il a tout perdu; **odaveszett a pénze** *fraz* il en est pour son argent

odavet *tn i [odaadob]* jeter, lancer; *[hanyagul odair]* griffonner; *[megjegyzést]* lâcher

odavezet I. *ts i vkit vhova* conduire qqn qqpart **II.** *tn i [út] átv is* conduire, mener

odavisz I. *ts i [személyt]* amener; *[tárgyat]* apporter **II.** *tn i [út]* conduire, mener

oda-vissza *hsz* ~ **jegy** un (billet) aller-retour; ~ **száz kilométer** il y en a a pour cent kilomètres l'aller-retour

odébb *hsz* → **odább**

odébbáll *tn i [meglép]* décamper, *biz* filer; **~t a bevétellel** il a filé avec la recette

ódivatú *mn* démodé(e), suranné(e)

ódon *mn* antique, vieux (vieil) (vieille)

odú *fn [fában]* creux *h*; *[vadé]* tanière *n*, terrier *h*; *átv [lakás] biz* trou *h*

odvas *mn [fa, fog]* creux (creuse)

offenzíva *fn* offensive *n*; **~t indít** déclencher *v.* lancer l'offensive

óhaj *fn* souhait *h*, vœu *h*, désir *h*

óhajt *ts i* souhaiter, désirer; **mit óhajt?** vous désirez ?

óhajtó *mn nyelv* optatif (-ive)

óhatatlan *mn* inéluctable, inévitable

óhaza *fn* pays *h* d'origine

ok *fn* raison *n*, motif *h*, cause *n*; **~ és okozat** la cause et l'effet; **~ nélkül** sans raison, sans motif; **a betegség ~a** la cause de la maladie; **én vagyok az ~a** c'est de ma faute; **ennek az az ~a, hogy** la raison en est que; **minden ~a megvan rá, hogy** avoir tout lieu de *inf*; **mi ~ból?** pour quelle raison ?; **~kal ~ nélkül** à tort ou à raison; **azon egyszerű ~nál fogva, hogy** pour la simple raison que

okád *ts i biz* dégueuler; **füstöt ~** cracher de la fumée

oké I. *msz* O.K. **II.** *mn* **minden ~** tout est O.K.

okfejtés *fn* raisonnement *h*

okirat *fn* document *h*; *jog* acte *h*

okirat-hamisítás *fn* faux *h* (en écriture)

okker *fn* ocre *h*

oklevél *fn okt* diplôme *h*, brevet *h*; *tört* charte *n*, diplôme *h*

okleveles *mn* diplômé(e)

okmány *fn* acte *h*, document *h*; *[személyiek]* papiers *h (t sz)*

okmánybélyeg *fn* timbre *h* fiscal

okol *ts i* incriminer; *vkit vmiért* accuser *qqn de qqch*

ókor *fn* Antiquité *n*; *földr* (ère *n*) primaire *h*

ókori *mn* antique, de l'Antiquité; **az ~ művészet** l'art *h* antique

okos I. *mn* intelligent(e); *[ésszerű]* raisonnable; **ettől nem lettem ~abb** cela ne m'avance guère; **~abb, ha** il vaut mieux *inf v.* que *subj* **II.** *fn* **~akat mond** dire des choses intelligentes

okoskodik *tn i* raisonner; *pej* ergoter, chicaner

okosság *fn* intelligence *n*

okoz *ts i* causer; **gondot ~** causer des soucis; **nehézségeket ~** créer des difficultés; **örömet ~** faire plaisir; **bánatot ~** faire de la peine

okozat *fn* effet *h*

okozati *mn* **~ összefüggés** rapport *h* de cause à effet

oktalan *mn [meggondolatlan]* irréfléchi(e); *[ostoba]* stupide; *[alaptalan]* irraisonné(e), absurde

oktat *ts i/tn i* enseigner; *pej* prêcher; **a jóra ~ vkit** enseigner le bien à qqn

oktatás *fn* enseignement *h*; **felsőfokú ~** enseignement supérieur

oktatási *mn ált* d'enseignement; **~ intézmény** établissement *h* d'enseignement; **~ módszer** méthode *n* d'enseignement; **~ rendszer** système *h* éducatif; **~ segédanyag** matériel *h* pédagogique

oktatásügy *fn* enseignement *h*; *[szerv]* l'Éducation *n* nationale

oktatásügyi *mn* **~ Minisztérium** ministère *h* de l'Éducation nationale

oktató I. *mn* éducatif (-ive) **II.** *fn okt* enseignant(e); *gj, sp* moniteur (-trice); **egyetemi ~** enseignant de l'université

oktáv *fn* octave *n*

október *fn* octobre *h*; → **január**

okul *tn i vmiből* tirer la leçon *de qqch*

okvetlen(ül) *hsz* sans faute, absolument

ól *fn [baromfié]* poulailler *h; [disznóé]* porcherie *n; [kutyáé]* niche *n*

olaj *fn* huile *n; [kőolaj]* pétrole *h;* **növényi ~** huile végétale; **ellenőrzi az ~at** *[autóban]* vérifier le niveau d'huile; **~jal fest** peindre à l'huile; **~jal főz** faire la cuisine à l'huile; *átv* **~at önt a tűzre** *fraz* jeter de l'huile sur le feu; **~ra lép** *fraz, biz* prendre la tangente

olajág *fn* branche *n v.* rameau *h* d'olivier

olajbogyó *fn* olive *n*

olajcsere *fn gj* vidange *n*

olajfa *fn* olivier *h*

olajfesték *fn* peinture *n* à l'huile

olajfestmény *fn* peinture *n* à l'huile

olajfinomító *fn* raffinerie *n*

olajipar *fn* industrie *n* pétrolière

olajkút *fn* puits *h* de pétrole

olajmező *fn* champ *h* pétrolifère

olajos *mn [olajat tartalmazó]* oléagineux (-euse); *[olajra emlékeztető]* huileux (-euse); *[piszkos]* taché(e) d'huile; **~ szardínia** sardines *n (t sz)* à l'huile

olajoz *ts i* huiler, graisser, lubrifier

olajozás *fn* huilage *h,* graissage *h*

olajtermelés *fn* production *n* de pétrole

olajvezeték *fn* oléoduc *h*

olajzöld *mn* vert olive

ólálkod|ik *tn i vki/vmi körül* rôder autour de *qqn/qqch*

olasz I. *mn* italien (-ienne) **II.** *fn [személy]* Italien (-ienne); *[nyelv]* italien *h*

Olaszország *fn* Italie *n*

olcsó *mn* bon marché, pas cher (chère); **~ ár** prix modéré *v.* raisonnable; **~ szálloda** hôtel *h* bon marché *v.* pas cher; **~bb** moins cher

olcsón *hsz* **~ vesz vmit** acheter qqch (pour) pas cher *v.* à bas prix; **~ megússza** s'en tirer à bon compte

old *ts i [kötést]* défaire, dénouer; *[köhögést]* calmer; *vegy* dissoudre

oldal *fn [tárgyé]* côté *h; [emberé, állaté]* côté *h,* flanc *h; [lemezé]* face *n; [könyvben]* page *n; átv* côté *h,* aspect *h;* **bal ~** côté gauche; **a dolog jogi ~a** l'aspect juridique de la question; **erős/gyenge ~a** son côté fort/faible; **az utca túlsó ~án** de l'autre côté de la rue; **vki ~ára áll** prendre le parti de qqn; **~ba bök vkit** donner un coup de coude à qqn; **a 40. ~on** à la page 40; **anyai ~ról** du côté maternel; **minden ~ról megvizsgál** examiner sous tous ses aspects

oldalág *fn* **~on** *[családban]* en ligne *n* collatérale

oldalas I. *mn* **100 ~ könyv** livre *h* de 100 pages **II.** *fn* côte *n* de porc

oldalfal *fn [épületé]* mur *h* latéral

oldalnézet *fn* vue *n* latérale, profil *h;* **~ben** de profil

oldalsó *mn* latéral(e), de côté

oldalszél *fn* vent *h* de travers

oldalt *hsz de v.* sur le côté; **~ fordul** se tourner de côté

oldat *fn* solution *n*

oldhatatlan *mn* insoluble

oldód|ik *tn i* se dissoudre; *átv* se détendre

oldószer *fn* (dis)solvant *h*

oldott *fn* **~ hangulat** ambiance *n* détendue

olimpia *fn* Jeux *h (t sz)* olympiques, olympiades *n (t sz)*

olimpiai *mn* olympique; **~ bajnok** champion (-ionne) olympique

olimpikon *fn* participant(e) aux Jeux olympiques

olívaolaj *fn* huile *n* d'olive

Olivér *fn* Olivier *h*

olló *fn* (paire *n* de) ciseaux *h (t sz); [kerti]* sécateur *h; [ráké]* pinces *n (t sz)*

ólmos *mn* plombé(e); **~ eső** pluie *n* verglaçante

ólom fn plomb h

ólomkatona fn soldat h de plomb

ólomkristály fn [anyag] cristal h

ólommentes mn ~ **benzin** essence n sans plomb

olt¹ ts i [tüzet, lámpát] éteindre; [meszet] détremper; ~ **a szomjat** étancher la soif

olt² ts i [mezőg] greffer; orv vacciner; átv vkibe vmit inoculer qqch à qqn

oltalmaz ts i vkitől/vmitől protéger contre v. de qqn/qqch; vmitől préserver de qqch

oltalom fn protection n; **oltalmába vesz** vkit prendre qqn sous sa protection; **vkinek/vminek az oltalma alatt** sous l'égide de qqn/qqch

oltár fn autel h; ~ **elé vezet** vkit conduire qqn à l'autel

oltáriszentség fn eucharistie n, saint sacrement h

oltárkép fn retable h, tableau h d'autel

oltás¹ fn [tűzé] extinction n (d'un incendie)

oltás² fn mezőg greffe n; greffage h; orv vaccination n

olthatatlan mn átv v. is inextinguible; átv insatiable

oltóanyag fn orv vaccin h; sérum h

oltókészülék fn extincteur h

olvad tn i ált fondre; [időről] ~ il dégèle; ~ **a pénz a keze között** l'argent lui fond dans les mains

olvadás fn fonte n; [tavaszi] dégel h; [fémé] fusion n

olvadáspont fn point h de fusion

olvas tn i/ts i lire; [pénzt] compter; **regényt** ~ lire un roman; **újságot** ~ lire le journal; ~ **a sorok között** lire entre les lignes; ~ **vkinek a gondolataiban** lire dans les pensées de qqn

olvasás fn lecture n; [tantárgy] lecture; ~ **közben** en lisant

olvasat fn lecture n, interprétation n; pol **második** ~**ban** en seconde lecture

olvasgat ts i/tn i lire; biz bouquiner

olvashatatlan mn illisible; [csak írás] indéchiffrable

olvasható mn **könnyen** ~ [írás] lisible; **nehezen** ~ difficile à lire

olvasmány fn lecture n; **kötelező** ~ lecture obligatoire

olvasnivaló fn lecture n; **adj valami** ~**!** donne-moi quelque chose à lire

olvasó fn lecteur (-trice), vall chapelet h; **az** ~**hoz** au lecteur

olvasókönyv fn livre h de lecture

olvasóközönség fn lecteurs h (t sz), public h

olvasólámpa fn lampe n de lecture; [ágy mellett] lampe n de chevet

olvasóterem fn salle n de lecture

olvasott mn [ember] qui a beaucoup lu, lettré(e); **nagyon** ~ **szerző** un auteur très lu; **nagyon** ~ **könyv** un livre très lu

olvaszt ts i (faire) fondre; [jeget] dégeler

olyan nm [mn.-i használatban] tel (telle), pareil (-eille); [hsz.-i használatban] tellement, si; **beszéltem** ~ **diákkal, aki** j'ai parlé à des étudiants qui; **ő** ~**, mint te** il est comme toi, il est pareil à toi; **nem** ~ **okos, mint te** il n'est pas aussi intelligent que toi; ~, **amilyen** [személyről] il est comme il est; **ez** ~ **nagy!** c'est si v. tellement grand !; **ne** ~ **hangosan!** pas si fort !; ~ **nincs!** biz pas possible !; **az** ~**ok, akik** ce genre de personnes qui

olyanfajta nm ce genre de, de ce genre

olyanféle nm ce genre de, de ce genre; ~ **érzés ez, mint a szédülés** c'est comme quand on a le vertige, c'est une impression proche du vertige; ~ **mint** quelque chose comme

olyankor hsz [időpontban] quand,

lorsque; *[esetben]* dans ces occasions; **~ menj, amikor** vas-y quand, vas-y à un moment où; **~ még nincs otthon** à cette heure-là, il n'est pas encore à la maison

olyannyira *hsz* tellement, tant; **~, hogy** à tel point que, si bien que

olyasféle *nm* → olyanféle

olyasmi *nm* **valami ~** quelque chose de ce genre, quelque chose comme ça; **~t szeretnék, ami** j'aimerais quelque chose qui

olykor *hsz* parfois, de temps en temps, quelquefois

ombudsman *fn* médiateur (-trice)

ómen *fn* **ez rossz ~** c'est de mauvais augure

ominózus *mn* **az ~ eset** le fameux incident *v.* événement

omladék *fn [földé, kőé]* éboulis *h; [épületé]* gravats *h (t sz)*, décombres *h (t sz)*

omladozik *tn i* menacer ruine *v.* de crouler

omlett *fn* omelette *n*

oml|ik *fn [építmény]* s'écrouler; **vki karjába ~ik** tomber dans les bras de qqn; **egy fotelba ~ik** s'écrouler *v.* s'affaler dans un fauteuil

omlós *mn konyh* tendre, fondant(e)

ón *fn* étain *n*

ondó *fn* sperme *n*

onkológia *fn tud* oncologie *n*

onkológus *fn tud* oncologue *h n*

on-line *mn inform* en ligne; **~ szolgáltatások** services *h (t sz)* en ligne

onnan *hsz* de là(-bas); *[ige előtt]* en; **gyere le ~!** descends de là !; **épp ~ jövök** j'en viens

ónos *mn* stannifère; **~ eső** pluie *n* verglaçante

ont *ts i* verser à flots, déverser; *[könnyeket]* verser; *[vért]* faire couler

opál *fn* opale *n*

opció *fn [elővételi jog]* droit *h* de préemption; *[szériafelszerelésen kívül]* option *n*

opera *fn [operaház is]* opéra *h*

operáció *fn orv, gazd* opération *n*

operációs *mn inform* **~ rendszer** système *h* d'exploitation; *kat* **~ bázis** base *n* opérationnelle; *orv* **~ eljárás** méthode *n* opératoire

operaénekes *fn* chanteur *h* d'opéra

operaénekesnő *fn* cantatrice *n*, chanteuse *n* d'opéra

operaház *fn* opéra *h*

operál *ts i orv* opérer, faire une opération; **most ~ták** il vient d'être opéré

operatív *fn* opérationnel (-elle)

operatőr *fn* opérateur *h*; cadreur *h*; *ang* caméraman *h*

operett *fn* opérette *n*

operetthadsereg *fn* armée *n* d'opérette

operettszínház *fn* théâtre *h* lyrique

ópium *fn* opium *h*

opportunista *mn/fn* opportuniste *h n*

optika *fn átv is* optique *n*

optikai *mn* (d')optique; **~ csalódás** illusion *n* d'optique

optikus *fn* opticien (-ienne)

optimális *mn* optimal(e)

optimista *mn/fn* optimiste *h n*

optimizmus *fn* optimisme *h*

óra *fn [karóra]* montre *n; [utcai]* horloge *n; [fali]* pendule *n; [ébresztő]* réveil *h; [villany, gáz]* compteur *h; [időpont, időtartam]* heure *n; [tanóra]* cours *h*, classe *n, [magán]* leçon *n;* **hány ~?** quelle heure est-il ?; **pont három ~** il est trois heures pile; **hat ~ 10 perckor** à six heures dix; **~k hosszat, ~kon át** pendant des heures; **késik/siet az ~m** ma montre retarde/avance; **ma nincs ~m** aujourd'hui, je n'ai pas cours *v.* classe; **~ról ~ra** d'heure en heure

óraadó *mn* ~ **tanár** *[egyetemen]* chargé(e) de cours

órabér *fn* salaire *h* horaire; **~ben dolgozik** travailler à l'heure

óradíj *fn* tarif *h* horaire

orális *mn* nyelv, tud oral(e)

óramutató *fn* aiguille *n*; **az ~ járásával egyező/ellenkező irányban** dans le sens des/dans le sens inverse des aiguilles d'une montre

orangután *fn* orang-outan(g) *h*

óránként *hsz [minden órában]* toutes les heures; ~ **200 km-es sebességgel** à 200 kilomètres à l'heure *v.* kilomètres-heures; **50 eurót keres ~** gagner 50 euros de l'heure *v.* par heure

órányi I. *mn* **két ~ munka** deux heures de travail **II.** *fn* **két ~ra van innen** c'est à deux heures d'ici

órarend *fn* emploi *h* du temps

órás I. *mn* **három ~ út** un trajet de trois heures **II.** *fn* horloger (-ère)

órásbolt *fn* horlogerie *n*

óraszám I. *fn* horaire *h* **II.** *hsz* ~, **~ra** des heures durant

óraszíj *fn* bracelet *h*

oratórium *fn* vall oratoire *h*; zene oratorio *h*

orchidea *fn* orchidée *n*

ordít *ts i [személy, farkas]* hurler; *[oroszlán]* rugir; *[szamár]* braire; ~ **a fájdalomtól** hurler de douleur

ordítás *fn [személyé, farkasé]* hurlement *h*; *[oroszláné]* rugissement *h*; *[szamáré]* braiment *h*

ordítoz|ik *tn i/ts i* biz brailler; *vkivel* crier *contre qqn*

organizmus *fn* organisme *h*

organum *fn [hang, sajtóorgánum]* organe *h*

orgazda *fn* receleur (-euse)

orgazdaság *fn* recel *h*

orgazmus *fn* orgasme *h*

orgia *fn* orgie *n*

orgona[1] *fn* zene orgue *h*

orgona[2] *fn* növ lilas *h*

orgonál *tn i* jouer de l'orgue

orgonista *fn* organiste *h n*

orgyilkos *fn* assassin *h*; *[bérgyilkos]* tueur *h* à gages

óriás I. *mn* géant(e); ~ **léptekkel** à pas de géant **II.** *fn [mesebeli]* géant *h*; *[emberevő]* ogre *h*; *[személy]* géant(e)

óriási *mn* gigantesque, énorme, colossal(e); **ez ~!** biz c'est génial *v.* géant !

óriáskerék *fn* grande roue *n*

óriáskígyó *fn* boa *h* constrictor *v.* constricteur, python *h*

orientáció *fn* orientation *n*

orientál *ts i* orienter

orientalista *fn* orientaliste *h n*

orkán *fn* met ouragan *h*; *[kabát]* coupe-vent *h*

ormány *fn [elefánté, bogáré]* trompe *n*

ormótlan *mn* difforme, énorme

orom *fn [hegyé]* faîte *h*, sommet *h*; *[házé]* faîte *h*

orosz I. *mn* russe **II.** *fn [személy]* Russe *h n*; *[nyelv]* russe *h*

oroszlán *fn* lion *h*; *asztr* Lion *h*; **nőstény ~** lionne *n*

oroszlánrész *fn* vminek **az ~e** la plus grosse *v.* la majeure partie de qqch

Oroszország *fn* Russie *n*

orr *fn* nez *h*; *[állaté]* nez *h*, museau *h*; *[cipőé]* bout *h*; *[hajóé]* proue *n*; *[repülőgépé]* nez *h*; **folyik az ~a** avoir le nez qui coule; **vérzik az ~a** saigner du nez; **kifújja az ~át** se moucher; *átv* **az ~a előtt** sous le nez de qqn; **az ~a elől** *fraz* à la barbe de qqn; **jó ~a van** *fraz* avoir du nez; **nem lát messzebb az ~a hegyénél** ne pas voir plus loin que le bout de son nez; **az ~ánál fogva vezet vkit** *fraz* mener qqn par le bout du nez; **fenn hordja**

az ~át faire le fier (la fière); **lógatja az ~át** *fraz* faire une tête de six pieds de long; **mindenbe beléüti az ~át** fourrer son nez partout

orrcsepp *fn* gouttes *n (t sz)* pour le nez

orrhang *fn* voix *n* nasillarde; **~on beszél** parler du nez, nasiller

orrlyuk *fn* narine *n*

orrol *tn i* vkire vmiért en vouloir à qqn pour qqch, garder rancune à qqn de qqch

orrszarvú *fn* rhinocéros *h*

orrvérzés *fn* saignement *h* de nez

orsó *fn [kézi fonáshoz]* fuseau *h; [fonógépé]* broche *n; [cérnához, filmhez]* bobine *n; [horgászboté]* moulinet *h*

Orsolya *fn* Ursule *n*

ország *fn* pays *h; [állam]* État *h*

országgyűlés *fn* parlement *h; [Fr.-ban]* Assemblée *n* nationale, Chambre *n* des députés

országgyűlési *mn* parlementaire; **~ képviselő** député(e); → **parlamenti**

országhatár *fn* frontière *n* nationale

országház *fn* parlement *h; [Fr.-ban]* Assemblée *n* nationale

országos *mn* national(e); **~ átlag** moyenne *n* nationale; **~ eső** pluie *n* touchant l'ensemble du pays; **~ viszonylatban** à l'échelle *n* nationale

országrész *fn* région *n*; **a keleti ~ben** dans la partie est du pays

országszerte *hsz* partout dans le pays, dans tout le pays

országút *fn* route *n*

ország-világ *fn* **~ előtt** devant le monde entier

ortodox *mn* orthodoxe; **az ~ egyház** l'Église *n* orthodoxe; **~ zsidó** juif (juive) orthodoxe

ortopéd *mn* **~ cipő** chaussure *n* orthopédique; **~ orvos** orthopédiste *h n*

ortopédia *fn* orthopédie *n*

orvlövész *fn* franc-tireur *h*

orvos *fn* médecin *h;* **~hoz fordul** voir *v.* consulter un médecin; **~t hív** appeler un médecin

orvosi *mn* médical(e); **~ bizonyítvány** certificat médicale; **~ ellátás** soins *h (t sz)* médicaux; **~ felügyelet alatt áll** être sous surveillance médicale; **~ rendelés** consulation *n* (médicale)

orvosnő *fn* (femme *n*) médecin *h*

orvosol *ts i* vmit remédier à qqch, réparer qqch

orvosság *fn* médicament *h; átv is* remède *h;* **~ot bead** donner *v.* administrer un médicament; **~ot bevesz** prendre un médicament

orvostanhallgató *fn* étudiant(e) en médecine

orvostudomány *fn* médecine *n,* science *n* médicale

orvtámadás *fn* attaque *n* traître

orvul *hsz* perfidement, traîtreusement

orvvadász *fn* braconnier (-ière)

orvvadászat *fn* braconnage *h*

oson *tn i [vhova]* se faufiler; vki után **~** suivre qqn à pas de loup; **~va** à pas de loup

ostoba I. *mn* sot (sotte), bête, *[cselekedet is]* stupide **II.** *fn* sot (sotte), imbécile *h n*

ostobaság *fn* sottise *n; [cselekedet is]* bêtise *n,* stupidité *n;* **~okat csinál** faire des bêtises; **~okat beszél** dire des bêtises

ostor *fn* fouet *h;* **Isten ~a** le fléau de Dieu

ostoroz *ts i* fouetter, flageller; *átv* fustiger

ostrom *fn* siège *h*

ostromállapot *fn* état *h* de siège

ostromol *ts i [várost]* assiéger; *[nőt]* faire le siège de; **kérdésekkel ~** bombarder *v.* assaillir de questions

ostya *fn konyh* gaufre *n; orv* cachet *h; vall* hostie *n*

oszlás *fn [holttesté]* décomposition *n; [tömegé]* dispersion *n;* ~**nak indul** entrer en décomposition

oszl|ik *tn i [felhő, köd]* se dissiper; *[tetem]* se décomposer; *[tömeg]* se disperser; *[részekre]* se diviser, se répartir; **két táborra** ~**ik** se diviser en deux camps

oszlop *fn* colonne *n; [hídé]* pilier *h; [távvezetéké]* pylône *h; [táblázatban]* colonne *n; kat* colon-ne *n; átv* pilier *h*

oszlopcsarnok *fn* portique *h*

oszlopos *mn* à colonnes; *átv* ~ **tag** pilier *h*

oszlopsor *fn* colonnade *n*

ószövetség *fn* l'Ancien Testament *h*

oszt I. *ts i [szét]* distribuer; *[megoszt]* partager; *[részekre, számot]* diviser; *[parancsokat]* donner; ~**ja vkinek a nézetét** partager l'opinion *v.* l'avis de qqn **II.** *tn i [kártyajátékban]* donner; **ki** ~? à qui la donne?

osztag *fn* détachement *h*

osztalék *fn* dividende *h*

osztály *fn [kategória]* catégorie *n,* classe *n; [társadalmi]* classe *n; [hivatali]* service *h,* division *n,* département *h; [kórházi]* service *h; [áruházi]* rayon *h; [iskolában, közlekedési eszközön]* classe *n; áll, növ* classe *n; sp* division *n*

osztályfőnök *fn okt, kb.* professeur *h* principal

osztályharc *fn* lutte *n* des classes

osztálykirándulás *fn* excursion *n* scolaire

osztályos I. *mn* negyedik ~ **tanuló** élève *h n* de quatrième **II.** *fn* **a negyedik** ~**ok** les élèves *h (t sz)* de quatrième

osztályoz *ts i/tn i* classer, classifier; *okt* noter

osztályozás *fn* classification *n,* classement *h; okt* notation *n*

osztályrész *fn* part *n;* ~**ül jut vkinek** échoir *v.* revenir en partage à qqn

osztálytárs *fn* camarade *h n* de classe

osztályterem *fn* (salle *n* de) classe *n*

osztályvezető *fn* chef *h* de service *v.* de département

osztályzat *fn* note *n*

osztandó *fn mat* dividende *h*

osztás *fn [részekre] mat is* division *n; [szét]* distribution *n; [kártyajátékban]* donne *n*

osztatlan *mn* indivisé(e); *jog* indivis(e); *átv* unanime

osztatlanság *fn* intégriét *n*

oszthatatlan *mn* indivisible

osztható *mn* divisible

osztó *fn [kártyajátékban]* donneur *h; mat* diviseur *h*

osztódás *fn biol* division *n* (cellulaire)

osztogat *ts i* distribuer

osztozás *fn* partage *h*

osztoz|ik *tn i vmin* partager qqch; ~**ik vkinek a fájdalmában** partager la douleur de qqn; ~**tak a hasznon** ils se sont partagés le bénéfice

osztozkodás *fn* partage *h*

osztozkod|ik *tn i* partager; ~**nak vmin** se partager qqch

osztrák I. *mn* autrichien (-ienne) **II.** *fn* Autrichien (-ienne)

osztrák-magyar *mn* austro-hongrois(e); **az O~-Magyar Monarchia** la Monarchie austro-hongroise

osztriga *fn* huître *n*

óta *nu* depuis; **tegnap** ~ depuis hier; **évek** ~ **nem láttam** ça fait des années que je ne l'ai pas vu, je ne l'ai pas vu depuis des années

otromba *mn* difforme, énorme; ~ **fráter** malotru *h;* rustre *h;* ~ **tréfa** plaisanterie *n* stupide

ott *hsz* là(-bas); *[ige előtt]* y; ~ **benn** là-dedans; ~ **fönn** là-haut; ~, **ahol** là où; ~ **jön** le voilà qui vient; ~ **leszek** j'y serai

ottani I. *mn* de là-bas; **az** ~ **helyzet** la situation locale **II.** *fn* **az** ~**ak** les gens de là-bas

ottfelejt *ts i* oublier, laisser

otthagy *ts i* *[szándékosan]* quitter, abandonner; *[ennivalót]* laisser; *[ottfelejt]* oublier; *[a párját]* quitter; *biz* plaquer

otthon¹ *hsz* à la maison, chez soi, à domicile; **este** ~ **leszek** je serai à la maison *v.* chez moi le soir; ~ **dolgozik** travailler à domicile; **érezze** ~ **magát** faites comme chez vous; *átv* ~ **van a festészetben** la peinture, c'est son terrain *v.* son domaine

otthon² *fn* foyer *h*, chez-soi *h*, domicile *h*; *[szociális]* foyer *h*; **családi** ~ domicile familial; **idősek** ~**a** maison *n* de retraite, foyer de personnes âgées,

otthoni I. *mn* ~ **hírek** nouvelles *n (t sz)* du pays *v.* de chez soi; ~ **kezelés** traitement *h* à domicile; ~ **ruha** vêtement *h* d'intérieur **II.** *fn* **az** ~**ak** la famille

otthonos *mn* *[hely]* confortable, douillet (-ette), cosy; *átv vmiben* versé(e) *dans qqch*

otthonosan *hsz* ~ **érzi magát vhol** se sentir (comme) chez soi *qqpart*

otthontalan *mn* sans foyer

ottlét *fn* ~**emkor** pendant mon séjour (là-bas), lorsque j'étais là-bas

óv I. *ts i vkit vmitől* protéger *qqn de v. contre qqch*, préserver *qqn de qqch*; ~**a int vkit vmitől** mettre en garde *qqn contre qqch* **II.** *tn i; sp* déposer une réclamation

ováció *fn* ovation *n*

óvadék *fn* caution *n*; ~ **ellenében sza-**

badlábra helyez mettre en liberté sous caution

óvakod|ik *tn i vkitől/vmitől* se méfier *v.* se défier *de qqn/qqch*; *[tartózkodik vmit megtenni]* se garder *de inf*

ovális I. *mn* ovale **II.** *fn; mat* ovale *h*

óváros *fn* vieille ville *n*

óvás *fn* *[védés]* protection *n*; *[tiltakozás]* protestation *n*, réclamation *n*; ~**t emel vmi ellen** protester contre qqch, *sp* déposer une réclamation contre qqch

óvatlan egy ~ pillanatban dans un moment d'inattention

óvatos *mn* prudent(e)

óvatosan *hsz* prudemment, avec précaution

óvatosság *fn* prudence *n*; ~**ból** par prudence

overall *fn* combinaison *n*, salopette *n*

óvintézkedés *fn* précaution *n*, mesure *n* de précaution *v.* préventive; **megteszi a szükséges** ~**eket** prendre les mesures de précaution qui s'imposent

óvoda *fn* (école *n*) maternelle *n*; *[magánintézmény]* jardin *h* d'enfants

óvodás *fn* écolier (-ière), élève *h n* de maternelle

óvóhely *fn* abri *h*

óvónő *fn* institutrice *n* (de maternelle)

óvszer *fn* préservatif *h*; *biz* capote *n* (anglaise)

oxidáció *fn* oxydation *n*

oxidálód|ik *tn i* s'oxyder

oxigén *fn* oxygène *h*

oxigénpalack *fn orv* ballon *h* d'oxygène; *sp* bouteille *n* d'oxygène

ózon *fn* ozone *h*

ózondús *mn* riche en ozone

ózonlyuk *fn* trou *h* (dans la couche) d'ozone

ózonpajzs *fn* ozonosphère *n*

ózonréteg *fn* couche *n* d'ozone

Ö, Ő

ő *nm* lui (elle); *[ragozott ige előtt]* il (elle); *[birtokos jelzőként] [egyes sz. birtokos]* son (sa), *[t. sz. birtok előtt]* ses, *[t. sz. birtokos]* leur(s); **az ~ háza** sa maison (à lui v. à elle); **az ~ házai** ses maisons; **az ~ házaik** leurs maisons; **az ~ házuk** leur maison; **ő maga** lui-même (elle-même); **szeretem ~t** je l'aime

öblít *ts i* rincer
öblítés *fn* rinçage *h*; *[toroké]* gargarisme *h*
öblítő *fn [mosásnál]* adoucissant *h*, assouplissant *h*; *[vécéé]* chasse *n* d'eau
öblöget *ts i* rincer; **száját ~i** se rincer la bouche; **torkát ~i** se gargariser
öblös *mn [hasas]* pensu(e), ventru(e); **~ hang** voix *n* de stentor
öböl *fn [nagy]* golfe *h*; *[közepes]* baie *n*; *[kicsi]* crique *n*, anse *h*
öcs *fn* frère *h* cadet; *biz* petit frère *h*
ödéma *fn* œdème *h*
őfelsége *fn* Sa Majesté
őfensége *fn* Son Altesse Royale
ők *nm* eux (elles); *[igével]* ils (elles); **~ maguk** eux-mêmes (elles-mêmes); **~ azok, akik** ce sont eux qui; **nem szeretem ~et** je ne les aime pas
öklendez|ik *tn i* avoir des renvois, avoir un *v.* des haut-le-cœur
ökológia *fn* écologie *n*
ökológiai *mn* écologique
ökonómia *fn* économie *n*

ököl *fn* poing *h*; **~be szorítja a kezét** serrer le poing; **~re megy vkivel** en venir aux mains avec qqn; **öklét rázza vkire** montrer le poing à qqn
ökölcsapás *fn* coup *h* de poing
ökölvívás *fn* boxe *n*
ökölvívó *fn* boxeur *h*
ökör *fn* bœuf *h*; **te ~!** espèce *n* d'abruti !
ökörség *fn* *biz* ânerie *n*, connerie *n*
ökumenikus *mn* œcuménique
öl¹ *ts i* tuer; *[állatot]* abattre, tuer; **disznót ~** tuer le cochon; *átv is* **~ik egymást** s'entretuer; **vmibe ~te a pénzét** qqch a englouti tout son argent
öl² *fn [testrész]* giron *h*; *[régi hosszmérték]* toise *n*; **~ébe ül vkinek** s'asseoir sur les genoux de qqn; **~ében visz vkit** porter qqn dans ses bras; *átv* **~be tett kézzel** les bras croisés; **~re mennek** en venir aux mains
öldöklés *fn* massacre *h*, tuerie *n*
ölel *ts i* prendre *v.* serrer dans ses bras; *[szorosan]* étreindre; **~lek** *[levél végén]* je t'embrasse
ölelés *fn* étreinte *n*, embrassade *n*
ölelkez|ik *tn i* s'embrasser, s'enlacer
ölt *ts i* **egyenruhát ~** revêtir l'uniforme; **gyászt ~** prendre le deuil; **nagy méreteket ~** prendre des proportions considérables; **nyelvet ~ vkire** tirer la langue à qqn; **testet ~** se matérialiser, prendre corps; **kart karba ~ve** bras dessus bras dessous
öltés *fn* point *h*
öltöny *fn* costume *h*; *[többnyire mellénnyel]* complet *h*
öltözet *fn* tenue *n*; habits *h (t sz)*; **elegáns ~** une tenue élégante
öltöz|ik *tn i* s'habiller; *vminek* s'habiller *v.* se déguiser *en qqch*; **melegen ~ik** s'habiller chaud; **jól ~ött** bien habillé(e)

öltözködés *fn* ~ **közben** tout en s'habillant; **sokat ad az** ~**re** soigner sa mise

öltözköd|ik *tn i* s'habiller; **divatosan** ~**ik** s'habiller à la mode

öltöző *fn [helyiség]* vestiaire *h*; *szính* loge *n*

öltöztet *ts i/tn i* habiller; *vmibe* habiller *de qqch*; **ez a ruha jól** ~ cette robe habille bien

ömleng *tn i vmiről* s'extasier *sur qqch*

ömleszt *ts i [fémet]* fondre; *[kiönt]* déverser; ~**ve en vrac**

ömlesztett *mn* ~ **áru** marchandise *n* en vrac; ~ **sajt** fromage *h* fondu

öml|ik *tn i* se déverser, couler à flots; **a földre** ~**ik** se répandre par terre; ~**ik az eső** *fraz* il pleut à seaux; **a folyó a tengerbe** ~**ik** le fleuve se jette dans la mer; *átv* ~**ik belőle a szó** *fraz* c'est un moulin à paroles

ön *nm* vous; *[birtokos jelzőként]* votre, vos; ~**ök** vous; **csak** ~ **után** après vous; **ez az** ~**é** ceci est à vous, ceci est le vôtre; **az** ~/~**ök kastélya** votre château

önálló *mn* indépendant(e), autonome; ~ **iparos** artisan *h* (établi) à son compte; **nincs egy** ~ **gondolata** ne pas avoir une idée à soi

önállóan *hsz* de façon autonome *v.* indépendante

önállóság *fn* autonomie *n*, indépendance *n*

önállósít *ts i* rendre indépendant(e) *v.* autonome; ~**ja magát** devenir indépendant(e); *gazd* s'établir *v.* se mettre à son compte

önarckép *fn* autoportrait *h*

önbizalom *fn* confiance *n* en soi, assurance *n*; **nincs önbizalma** manquer de confiance en soi

önbírálat *fn* autocritique *n*

öncélú *mn* gratuit(e); ~ **művészet** l'art *h* pour l'art

önelégült *mn* content(e) de soi, suffisant(e)

önelégültség *fn* autosatisfaction *n*, suffisance *n*, fatuité *n*

önéletrajz *fn* autobiographie *n*; *[hivatalos]* curriculum vitæ *h*, CV

önellátás *fn* autosuffisance *n*, autarcie *n*

önellátó *mn* autosuffisant(e), autarcique

önérdek *fn* intérêt *h* personnel; *[önzés]* égoïsme *h*

önerő *fn* ~**ből** (de) par ses propres moyens

önérzet *fn* amour-propre *h*; **megsérti vkinek az** ~**ét** blesser qqn dans son amour-propre

önérzetes *mn* conscient(e) de sa valeur, fier (fière)

önfegyelem *fn* autodiscipline *n*, maîtrise *n v.* contrôle *h* de soi

önfejű *mn* têtu(e), entêté(e)

önfejűség *fn* entêtement *h*

önfeláldozás *fn* sacrifice *h* de soi, abnégation *n*, dévouement *h*

önfeláldozó *mn* dévoué(e)

önfeledt *mn* ~ **boldogság** extase *n*; ~ **kacagás** rire *h* éclatant

önfenntartás *fn [létfenntartás]* subsistance *n*; **az** ~ **ösztöne** l'instinct *h* de conservation

öngól *fn sp* but *h* contre son camp; ~**t lő** marquer contre son (propre) camp

öngyilkos I. *mn [személy]* suicidé(e); ~ **merénylet** attentat *h* suicide **II.** *fn* suicidé(e); ~ **lett** il s'est suicidé

öngyilkosjelölt *fn* candidat(e) au suicide

öngyilkosság *fn* suicide *h*; ~**ot követ el** se suicider; ~**ot kísérel meg** tenter de se suicider

öngyilkossági *mn* ~ **kísérlet** tentative *n* de suicide

Ö

öngyújtó *fn* briquet *h*

önhatalmú *mn* arbitraire

önhatalmúlag *hsz* arbitrairement

önhiba *fn* ~jából par sa propre faute; ~ján kívül sans que ce soit de sa faute

önhitt *mn* suffisant(e), présomptueux (-euse)

önhittség *fn* suffisance *n*, présomption *n*

önigazgatás *fn* autogestion *h*

önimádat *fn* narcissisme *h*

önindító *fn* *gj* démarreur *h*

önismeret *fn* connaissance *n* de soi

önjáró *mn* *műsz* automoteur (-trice)

önjelölt *fn* candidat(e) autodésigné(e)

önként *hsz* de son (plein) gré, volontairement; ~ **jelentkező** volontaire *h n*; ~ **adódik a következtetés** la conclusion s'impose *v.* va de soi

önkéntelen *mn* involontaire

önkéntelenül *hsz* involontairement; ~ **arra gondol az ember, hogy** on ne peut s'empêcher de penser que

önkéntes I. *mn* volontaire, bénévole; ~ **munka** travail *h* bénévole; ~ **száműzetés** exil *h* volontaire **II.** *fn* volontaire *h n*, bénévole *h n*; *kat* volontaire *h*

önkény *fn* arbitraire *h*, despotisme *h*

önkényes *mn* arbitraire

önkényuralmi *mn* ~ **jelkép** emblème *h* totalitaire

önkényuralom *fn* autocratie *n*, despotisme *h*; absolutisme *h*; *[legújabb korban]* totalitarisme *h*

önkielégítés *fn* masturbation *n*

önkiszolgálás *fn* libre-service *h*

önkiszolgáló *mn* ~ **bolt** (magasin *h*) libre-service *h*; ~ **étterem** (restaurant *h*) self-service *h*

önkívület *fn* *[eszméletlenség]* perte *n* de conscience; *átv* état *h* second,

transe *n*, extase *n*; ~ben *[dühében]* dans un transport de colère

önkormányzat *fn* municipalité *n*; *[az épület]* mairie *n*; **helyi** *v.* **települési** ~ collectivité *n* locale

önkormányzati *mn* municipal(e); ~ **képviselő** élu(e) local(e); ~ **testület** conseil *h* municipal

önköltség *fn* prix *h* de revient

önköltségi *mn* ~ **ár** prix *h* coûtant *v.* de revient

önkritika *fn* autocritique *n*; ~t gyakorol faire son autocritique

önmaga *nm* soi-même, lui-même (elle-même); *[egyedül]* tout(e) seul(e); **ismerd meg ~d!** connais-toi toi-même; ~ban véve en soi; ~hoz híven fidèle à soi-même; **meg van elégedve** ~val être satisfait(e) de soi-même; **a számok önmagukért beszélnek** les chiffres parlent d'eux-mêmes

önmegtartóztatás *fn* abstinence *n*; *[nemi]* continence *n*

önmegtartóztató *mn* abstinent(e)

önmegvalósítás *fn* réalisation *n* de soi

önműködő *mn* automatique

önrendelkezés *fn* autodétermination *n*

önrendelkezési *mn* ~ **jog** droit *h* à l'autodétermination; **a népek** ~ **joga** le droit des peuples à disposer d'eux-mêmes

önszántából *hsz* de son (plein) gré, volontairement

önt *ts i* *[folyadékot]* verser; *[fémet]* couler, fondre; *[viaszt, gipszet]* mouler; ~ **vkinek** verser à boire à qqn; **lelket** ~ **vkibe** remonter le moral à qqn, *fraz* remettre du cœur au ventre à qqn; **szavakba** ~ formuler

öntapadó *mn* (auto)adhésif (-ive), autocollant(e)

öntelt *mn* infatué(e) de lui même (d'elle-même), suffisant(e), présomptueux (-euse)

önteltség *fn* fatuité *n*, suffisance *n*

öntés *fn* műsz *[formába]* moulage *h*

öntet *fn [salátához]* vinaigrette *n*; *[süteményhez]* crème *n*

öntevékeny *mn* plein(e) d'initiative, entreprenant(e); *[műkedvelő]* amateur (-trice)

öntöde *fn* fonderie *n*

öntöttvas *fn* fonte *n*

öntöz *ts i* arroser; *[öntözőrendszerrel]* irriguer

öntözés *fn* arrosage *h*; *[öntözőrendszerrel]* irrigation *n*

öntözőberendezés *fn* arroseur *h*, irrigateur *h*

öntözőcsatorna *fn* canal *h* d'irrigation

öntözőkanna *fn* arrosoir *h*

öntudat *fn* conscience *n*; ~ánál van avoir toute sa conscience; elveszti ~át perdre conscience *v.* connaissance; *átv* ~ra ébred prendre conscience de soi-même

öntudatlan *mn [tett]* inconscient(e); *[állapot]* inconscient(e), évanoui(e), sans connaissance

öntudatos *mn [öntudattal rendelkező]* conscient(e); *[önérzetes]* conscient(e) de sa valeur, fier (fière)

öntvény *fn* moulage *h*; *[fémből]* fonte *n*

önuralom *fn* maîtrise *n v.* contrôle *h* de soi; *ang* self-control *h*; elveszti/megőrzi/visszanyeri önuralmát perdre/garder/retrouver la maîtrise de soi

önvallomás *fn* confession *n*

önvédelem *fn* autodéfense *n*; jogos ~ légitime défense *n*

önvizsgálat *fn* examen *h* de conscience, introspection *n*

önzés *fn* égoïsme *h*

önzetlen *mn* désintéressé(e), altruiste

önzetlenség *fn* désintéressement *h*, altruisme *h*

önző *mn* égoïste

őr *fn* gardien (-ienne), garde *h*; *[őrszem]* sentinelle *n*; biztonsági ~ agent *h* de sécurité; múzeumi ~ gardien de musée; ~t áll monter la garde; *átv* vminek ~e le gardien de qqch

őrangyal *fn* ange *h* gardien

ördög *fn* diable *h*, démon *h*; az ~ bújt belé avoir le diable au corps; szegény ~ pauvre diable; vigye el az ~! que le diable l'emporte !; az ~be is! diable !; hol az ~ben ... ? où diable ... ?

ördögi *mn* diabolique, démoniaque; ~ kör cercle *h* vicieux

ördögűzés *fn* exorcisme *h*

ördöngös *mn [furfangos]* malin (maligne)

öreg **I.** *mn* vieux (vieil) (vieille); âgé(e); ~ ember un vieil homme; ~ már ahhoz, hogy il a passé l'âge de *inf*; ~ napjaira sur ses vieux jours; ~ebb nálam tíz évvel il est mon aîné de dix ans; ~ hiba une grave erreur **II.** *fn* vieux (vieille), vieillard *h*; az ~ek les vieux *h (t sz)*, les personnes *n (t sz)* âgées; az ~em *[apám]* biz mon paternel; ~em! mon vieux !

öregasszony *fn* vieille femme *n*

öregedés *fn* vieillissement *h*

öreged|ik *tn i* vieillir, se faire vieux (vieille), prendre de l'âge

öregember *fn* vieil homme *h*, vieillard *h*

öreges *mn* ~ a járása marcher comme un vieux

öregít *ts i* vieillir

öregkor *fn* vieillesse *n*

öregség *fn* vieillesse *n*; ~ére sur ses vieux jours

öregségi *mn* ~ nyugdíj pension *n* de vieillesse *v.* de retraite

öregsz|ik *tn i* → **öregedik**

öregúr *fn* vieux monsieur *h*

őrház *fn [vámőré]* poste *h*; *[vasúti]* maison *n* de garde-barrière

őrhely *fn* poste *h* (de garde); *[hajón]* vigie *n*

őriz *ts i* garder; *vkit* veiller sur *qqn*, surveiller *qqn*; *vkit vmitől* préserver *qqn de qqch*; *[megtart]* conserver, garder; **titkot ~** garder un secret

őrizet *fn [megőrzés]* garde *n*; *[kíséret]* escorte *n*; *[rendőri]* garde *n* à vue; **vkinek az ~ére bíz vkit/vmit** confier qqn/qqch à la garde de qqn; **~be vesz vkit** placer qqn en garde à vue

őrizetlen *mn* sans surveillance

őrizked|ik *tn i vkitől/vmitől* se méfier de *qqn/qqch*; *[tartózkodik] vmitől* se garder de *qqch v. de inf*, éviter *qqch v. de inf*

őrjárat *fn* patrouille *n*

őrjöng *tn i [dühöng]* être pris(e) d'un accès de rage, piquer une crise de rage

őrköd|ik *tn i* monter la garde; *átv* **~ik vmi felett** veiller à qqch

őrláng *fn* veilleuse *n*

örmény I. *mn* arménien (-ienne) **II.** *fn* *[személy]* Arménien (-ienne); *[nyelv]* arménien *h*

őrmester *fn* sergent *h*

őrnagy *fn* commandant *h*

örök I. *mn* éternel (-elle); **az ~ élet** la vie éternelle; **~ életére** pour le restant de ses jours; **~ hó** neige *n* éternelle; **~ időkre** pour toujours, à (tout) jamais; **~ időktől fogva** de toute éternité **II.** *fn* **~be fogad** adopter; **~ül hagy** léguer

örökbefogadás *fn* adoption *n*

örökké *hsz* pour toujours, éternellement; *[folyton]* constamment, sans cesse, tout le temps; **semmi nem tart ~** tout a une fin; **~ panaszkodik** il n'arrête pas de se plaindre

örökkévaló I. *mn* éternel (-elle) **II.** *fn* **az ~** l'Éternel *h*

örökkévalóság *fn* éternité *n*

öröklakás *fn* ‹appartement détenu en toute propriété›

öröklés *fn jog* succession *n*, héritage *h*; *biol* hérédité *n*

örökléstan *fn* génétique *n*

örökletes *mn* héréditaire

öröklőd|ik *tn i biol, jog* se transmettre; **apáról fiúra ~ik** se transmettre de père en fils

öröklött *mn biol, jog* héréditaire

örököl I. *ts i* hériter; **~t egy házat** il a hérité (d')une maison; **a szüleitől ~t** il a hérité de ses parents; **magas termetét apjától ~te** il a hérité de la haute taille de son père **II.** *tn i* faire un héritage

örökös I. *mn [örök]* éternel (-elle), perpétuel (-elle); *[folytonos]* éternel (-elle), perpétuel (-elle), continuel (-elle); **~ tag** membre *n* perpétuel **II.** *fn* héritier (-ière); **általános ~** légataire *h n* universel (-elle); **törvényes ~** héritier légitime

örökösödés *fn* succession *n*; **~ útján** par voie de succession

örökösödési *mn* **~ illeték** droits *h (t sz)* de succession

örökre *hsz* pour toujours, pour la vie

örökség *fn [hagyaték]* héritage *h*; **szellemi ~** héritage spirituel; **kizár az ~ből** déshériter; **~ül hagy** laisser en héritage

örökzöld *mn* à feuilles *n (t sz)* persistantes

őröl *ts i* moudre

öröm *fn* joie *n*, plaisir *h*; **ugrál ~ében** sauter de joie; **az élet ~ei** les plaisirs de la vie; **legnagyobb ~ére** à sa plus grande joie; **~et szerez vkinek** faire plaisir à qqn; **~ét leli vmiben** prendre

örömhír *fn* heureuse nouvelle *n*

örömlány *fn* fille *n* de joie

örömmámor *fn* euphorie *n*; **~ban úszik** être ivre de joie

örömtelen *mn* sans joie

örömteli *mn* plein(e) de joie

örömtűz *fn* feu *h* de joie

örömujjongás *fn* cris *h (t sz)* d'allégresse *v.* de joie

örömünnep *fn* réjouissances *n (t sz)*

őrs *fn kat* poste *h*; *[cserkész]* équipe *v.* être de garde

őrség *fn* (corps *h* de) garde *n*; **~en van** être de garde

őrségváltás *fn* relève *n* de la garde

őrszem *fn* sentinelle *n*

őrszoba *fn [rendőrségen]* poste *h* (de police)

őrtorony *fn* tour *n* de guet; *[főként fogolytáborban]* mirador *h*

örül *tn i vminek* être content(e) *de qqch*, se réjouir *de qqch*; **~ök, hogy látlak** je suis content(e) de te voir; **~ök, hogy megismerhetem** enchanté(e) de *v.* je suis heureux (-euse) de faire votre connaissance; **ennek nagyon ~ök** ça me fait très plaisir

őrület *fn* folie *n*, démence *n*; *átv* **tiszta ~!** c'est de la pure folie !

őrült I. *mn* fou (fol) (folle), dément(e); *biz* cinglé(e), dingue; **~ szerencse** chance *n* folle **II.** *fn* fou (folle), dément(e); **~ek háza** *átv* maison *n* de fous

őrültség *fn* folie *n*; **ez tiszta ~!** c'est de la pure folie !

örvend *tn i* jouir *de qqch*; **nagy népszerűségnek ~** jouir d'une grande popularité; **~ek!** *[bemutatkozásnál]* enchanté(e) !

örvendetes *mn* réjouissant(e), heureux (-euse)

örvény *fn [vízé]* remous *h*; *[légörvény is]* tourbillon *h*

örvénylik *tn i* tourbillonner, tournoyer

őrzés *fn* garde *n*, surveillance *n*

őrző-védő *mn* **~ szolgálat** service *h* de gardiennage

ős *fn* ancêtre *h n*; **~eink** nos ancêtres *h (t sz)*, nos aïeux *h (t sz)*

ősbemutató *fn* première *h*

ősember *fn* homme *h* préhistorique

őserdő *fn* forêt *n* vierge; *[trópusokon]* forêt *h* tropicale

őshonos *mn* indigène; aborigène

ősi *mn [ősök idejéből származó]* ancestral(e)

őskor *fn* préhistoire *n*; *átv* **vminek az ~a** les premiers temps de qqch

őskori *mn* préhistorique

őslakó *fn* autochtone *h n*; *[főként ausztrál]* aborigène *h n*

őslakosság *fn* les autochtones *h (t sz)*

őslény *fn* fossile *h*

őslénytan *fn* paléontologie *n*

ősnyomtatvány *fn* incunable *h*

ősrégi *mn* ancestral(e)

őstermelő *fn [földműves]* cultivateur (-trice); *[piacon árusító]* ‹maraîcher vendant lui-même ses produits›

ösvény *fn* sentier *h*

ősz¹ *fn* automne *h*; **idén ősszel** cet automne, **ősszel** en automne, à l'automne

ősz² *mn* blanc (blanche); **~ hajú** aux cheveux blancs

őszentsége *fn* Sa Sainteté *n*

őszes *mn* grisonnant(e)

őszi *mn* d'automne, automnal(e); **~ búza** blé *h* d'hiver

őszibarack *fn* pêche *n*

őszinte *mn* sincère, franc (franche);

Ö

~ **híve** votre dévoué(e); **fogadja ~ rész-
vétemet** mes sincères condoléances

őszintén *hsz* sincèrement, franche-
ment; ~ **szólva** pour être franc
(franche), à vrai dire

őszinteség *fn* sincérité *n*, franchise *n*

őszirózsa *fn* reine-marguerite *n*

összbenyomás *fn* impression *n* géné-
rale

összead *ts i mat* additionner; *[jegye-
seket]* marier, unir; ~**ták a pénzt az
ajándékra** ils se sont cotisés pour le
cadeau

összeadás *fn mat* addition *n*

összeakad *tn i [két tárgy]* s'accrocher;
[találkozik] vkivel tomber *sur qqn*

összeáll *tn i [összefog]* s'associer;
[együttél] fraz, biz vivre à la colle
avec qqn; *[kötőanyag]* prendre

összeállít *ts i [csapatot]* former; *[da-
rabokat]* assembler, réunir; *[gépet]*
monter; *[listát, programot]* établir

összeállítás *fn [csapaté]* formation *n*;
[részeké] assemblage *h*; ~ **Weöres
Sándor verseiből** poèmes *h (t sz)*
choisis de Sándor Weöres

összebarátkozl|ik *tn i* vkivel se lier
d'amitié *avec qqn*

összebeszél I. *ts i [sok mindent ~* par-
ler à tort et à travers **II.** *tn i [egymás-
sal]* se mettre d'accord, se concerter

összeborzol *ts i* ébouriffer, décoiffer

összebújl|ik *tn i* se blottir l'un contre
l'autre

összecsap I. *ts i [munkát]* bâcler; *[írás-
művet]* torcher; ~**ja a bokáját** claquer
les talons; ~**ja a kezét** claquer des
mains **II.** *tn i [egymással]* s'affronter;
átv ~**tak feje felett a hullámok** il est
dépassé par les événements

összecsapás *fn [fegyveres]* accrocha-
ge *h*, escarmouche *n*; *átv is* affronte-
ment *h*, choc *h*

összecsavar *ts i* enrouler

összecserél *ts i [tévedésből]* confon-
dre

összecsomagol I. *tn i* faire ses baga-
ges *v.* sa valise **II.** *ts i* empaqueter

összecsuk *ts i [tárgyat]* refermer;
[hajtva] replier

összecsukható *mn [bútor]* pliant(e)

összecsukll|ik *tn i* s'effondrer; ~**ik a
fáradtságtól** tomber de fatigue

összedől *tn i* s'effondrer, s'écrouler;
~, **mint a kártyavár** s'écrouler com-
me un château de cartes

összeegyeztet *ts i [nézeteket]* conci-
lier; *[adatokat]* vérifier; *[másolatot
eredetivel]* collationner

összeegyeztethetetlen *mn* inconci-
liable, incompatible

összeér *tn i* se toucher

összeesl|ik *tn i* s'effondrer, s'écrouler;
[ájultan] tomber en syncope *v. biz*
dans les pommes; ~**ik a fáradtságtól**
tomber de fatigue; *[események idő-
ben]* coïncider

összeesküszl|ik *tn i* vki ellen conspi-
rer *v.* comploter *contre qqn*

összeesküvés *fn* complot *h*; conspi-
ration *n*; ~**t sző** ourdir *v.* tramer un
complot

összeesküvő *fn* conspirateur (-trice),
comploteur (-euse)

összefér *tn i [emberek]* s'entendre;
[dolgok] être compatible, s'accorder

összeférhetetlen *mn [személy]* inso-
ciable, difficile; *[dolog]* incompatible

összeférhetetlenség *fn [személyé]*
insociabilité *n*; *[két ember között]* in-
compatibilité *n* d'humeur; *jog* incom-
patibilité

összefirkál *ts i* vmit gribouiller *sur
qqch*, couvrir *qqch* de gribouillages

összefog I. *tn i [több személy]* s'unir,
faire cause commune; *vki ellen* se

liguer v. se coaliser *contre qqn*; **~tak, hogy** ils ont uni leurs forces pour *inf* II. *ts i [dolgokat egybe]* attacher

összefogás *fn* union *n*; *[kölcsönös segítség]* entraide *n*; **~ban az erő** l'union fait la force

összefoglal *ts i* résumer; *[összegez]* récapituler; **röviden ~va** en résumé, bref

összefoglalás *fn* résumé *h*; *[összegzés]* récapitulation *n*

összefoglaló I. *mn* **~ mű** ouvrage *h* de synthèse; **~ táblázat** tableau *h* récapitulatif **II.** *fn* résumé *h*, récapitulatif *h*

összefoly|ik *tn i [festék]* se mêler; *[hang]* se confondre; *[folyók]* confluer

összefon *ts i* tresser; **~ja karját** croiser les bras

összeforr *tn i [csont]* se ressouder; *[seb]* se cicatriser

összefut *tn i [emberek]* accourir, s'attrouper; *[véletlenül] vkivel* tomber *sur qqn*; **~ a nyál a szájában** *fraz* avoir l'eau à la bouche

összefügg *tn i vmivel* être en rapport *avec qqch*; **ezek az események szorosan ~nek** ces événements sont étroitement liés

összefüggés *fn [kapcsolat]* rapport *h*, relation *n*; *[logikai]* cohérence *n*; *[szövegé]* contexte *h*; **~be hoz** mettre en rapport; **~ben van vmivel** être en rapport avec qqch

összefüggéstelen *mn* incohérent(e)

összefüggő *mn [terület]* contigu(ë); *[logikus]* cohérent(e); *vmivel* lié(e) à *qqch*; **~ egészet alkot** former un tout cohérent; **~ vonal** ligne *n* continue

összeg *fn* somme *n*; *[mennyiség]* montant *h*; **csinos ~** somme rondelette; **egy ~ben** en un seul paiement

összegez *ts i [összefoglal]* récapituler; **~i vminek az eredményeit** dresser le bilan de qqch; **mindent ~ve** somme toute

összegyűjt *ts i* rassembler; *[adatokat, információkat]* recueillir; *[adományt, dolgozat]* collecter; *[embereket, pénzt]* réunir

összegyűl|ik *tn i [emberek, pénz]* se rassembler, se réunir; *[tárgyak, munka]* s'accumuler

összegyűr *ts i* froisser, chiffonner, friper

összegyűrőd|ik *tn i* se froisser, se chiffonner, se friper

összehajt *ts i* plier

összehangol *ts i zene* accorder; *átv* coordonner, harmoniser

összehasonlít *ts i vkivel/vmivel* comparer *à* v. *avec qqn/qqch*; **ezeket nem lehet ~ani** ces choses ne sont pas comparables

összehasonlítás *fn* comparaison *n*

összehasonlíthatatlan *mn* incomparable

összehasonlítható *mn* comparable

összehasonlító *mn* **~ nyelvészet** linguistique *n* comparée; **~ módszer** méthode *n* comparative

összeházasod|ik *tn i* se marier; **nem vagyunk ~va** nous ne sommes pas mariés

összehív *ts i* convoquer, réunir

összehord *ts i [tárgyakat]* entasser, ramasser; *átv* **hetet-havat ~** parler à tort et à travers

összehoz *ts i [megismertet]* vkit vkivel présenter *qqn à qqn*; *[összeget]* réunir, rassembler; *[megszervez]* organiser, arranger; **~ egy randevút** arranger un rendez-vous

összehúz *ts i* serrer, resserrer; **~za a függönyt** tirer les rideaux; **~za a**

szemöldökét froncer les sourcils; **~za magát** se recroqueviller; *[pénz híján] fraz* se serrer la ceinture

összeilleszt *ts i* assembler, joindre, ajuster; *[csöveket]* raccorder; *[törött csontot]* rebouter

összeill|ik *tn i [színek]* s'harmoniser; **(jól) ~enek** *[színek, személyek]* ils vont bien ensemble, ils sont bien assortis

összeillő *mn* (bien) assorti(e)

összeír *ts i [lakosságot]* recenser; *[jegyzékbe foglal]* faire la liste de, répertorier; **rengeteg könyvet ~t** *biz* il a pondu tout un tas de livres

összeírás *fn [lakosságé]* recensement *h*

összejár *ts i/tn i [személyek]* se voir; *[területet]* parcourir; **gyakran ~unk velük** nous nous *v.* nous les voyons souvent

összejátszás *fn [személyeké]* collusion *n*, complicité *n*; **körülmények ~a** concours *h* de circonstances

összejátsz|ik *tn i [cinkosan] vkivel* agir de connivence *avec qqn; fraz, biz* être de mèche *avec qqn*

összejön *tn i [összegyűlik, család, stb.]* se réunir; *[találkozik] vkivel* voir *qqn; [szerelmi kapcsolatban]* sortir *avec qqn; [felgyülemlik]* se réunir, s'accumuler; **gyakran ~a barátaival** il voit souvent ses amis; **összejött a megegyezés** l'accord s'est fait; **ez nem jött össze** ça n'a pas marché

összejövetel *fn* réunion *n*

összekap l. *ts i ~ja magát [elkészül]* s'habiller à la va-vite; *[összeszedi magát]* se reprendre **ll.** *tn i [összevesz] vkivel* s'accrocher *v.* se chamailler *avec qqn*

összekapcsol *ts i* attacher, accrocher; *[kapoccsal]* agrafer; *[vagont]* atteler;

[két tevékenységet] joindre à; *[fogalmakat]* associer, relier

összekerül *tn i [találkozik] vkivel* tomber *sur qqn*

összekever *ts i [kavar]* mélanger; *[összetéveszt]* confondre

összekevered|ik *tn i [dolgok, emberek]* se mélanger

összekócol *ts i* décoiffer, ébouriffer

összeköltöz|ik *tn i vkivel* emménager *v.* s'installer *avec qqn*

összeköt *ts i* attacher; *[zsineggel]* ficeler; *[két helyet]* relier; **~i az életét vkivel** lier sa vie à celle de qqn; **~i a kellemest a hasznossal** joindre l'utile à l'agréable

összekötő l. *mn* ~ **szöveg** (texte *h* de) transition *n;* ~ **tiszt** officier (-ière) de liaison **ll.** *fn kat* is agent *h* de liaison

összekötöz *ts i [embert]* attacher, ligoter; *[tárgyat]* attacher, ficeler; **~ték a kezét** on lui a attaché les mains

összeköttetés *fn [dolgok között]* liaison *n; [személyek között]* relation(s) *n (t sz);* **légi ~** liaison aérienne; **megszakadt az ~** *[telefonon]* la communication est coupée; **~be lép vkivel** entrer en relation avec qqn; **~ben áll vkivel** être en contact *v.* en relation avec qqn; **jó ~ei vannak** avoir des relations haut placées

összekulcsol *ts i ~ja a kezeit* joindre les mains

összekuszál *ts i [hajat]* emmêler, ébouriffer; *átv* embrouiller, enchevêtrer

összekülönböz|ik *tn i vkivel* avoir une altercation *avec qqn*

összemaszatol *ts i* barbouiller

összemegy *tn i [textil]* rétrécir; *[tej]* tourner

összemér *ts i [hasonlít]* comparer; **~i magát vkivel** se mesurer avec *v.* à qqn

összenéz tn i vkivel échanger un regard avec qqn

összenő tn i [szerves test] se souder

összenyom ts i comprimer, écraser

összeomlás fn átv is effondrement h, écroulement h; gazd krach h; ~sal fenyeget menacer ruine

összeoml|ik tn i s'écrouler; átv is s'effondrer

összepiszkít tn i salir

összeragad tn i se coller

összeragaszt ts i coller; [törött tárgyat] recoller

összeráncol ts i ~ja a homlokát froncer les front

összerak ts i [holmikat] ranger; [részekből] assembler, monter; [pénzt] réunir

összeráz ts i secouer, agiter

összerezzen tn i tressaillir, sursauter

összerogy tn i s'écrouler, s'effondrer

összeroppan tn i s'écrouler; [lelkileg] craquer, s'effondrer

összes mn tout(e), tous (toutes) les; **az ~ vendég** tous les invités; **elköltötte az ~ pénzét** il a dépensé tout son argent; **ez az ~ vagyonom** c'est là toute ma fortune; **Antonin Artaud ~ művei** œuvres n (t sz) complètes d'Antonin Artaud

összesen hsz en tout

összesít tn i additionner, totaliser

összesítés fn [cselekvés] addition n, totalisation n; [kimutatás] somme n; sp **az ~ben a harmadik helyen végzett** il a terminé troisième au classement général

összespórol ts i mettre de côté, économiser

összesség fn vminek az ~e l'ensemble h v. la totalité de qqch

összeszámol ts i compter, faire le compte de

összeszed ts i ramasser; [betegséget] attraper; biz choper; ~i a bátorságát fraz prendre son courage à deux mains; ~i a gondolatait rassembler ses idées; ~i magát [egészségileg] se remettre; [lelkileg] se ressaisir

összeszerel ts i assembler, monter

összeszid ts i réprimander, gronder

összeszok|ik tn i ~nak s'habituer v. se faire l'un à l'autre

összeszorít ts i (res)serrer; ~ja az ajkát pincer les lèvres; ~ja a fogát serrer les dents

összeszorul tn i se resserrer; [személyek] s'entasser, se serrer; ~ a szíve avoir le cœur serré; ~ a torka avoir la gorge serrée v. nouée

összeszűkül tn i se rétrécir

összetalálkoz|ik tn i vkivel croiser v. rencontrer qqn

összetapos ts i piétiner

összetart I. ts i [részeket] maintenir **II.** tn i [emberek egymással] être solidaires, fraz se serrer les coudes

összetartás fn solidarité n

összetartozás fn union n, solidarité n

összetartoz|ik tn i [dolgok] aller ensemble; [személyek] être ensemble

összetép ts i déchirer, mettre en pièces

összetesz ts i réunir, joindre, mettre ensemble; ~i a kezét joindre les mains

összetétel fn composition n

összetett mn composé(e); [bonyolult] complexe; ~ kézzel les mains n (t sz) jointes, [karba tett kézzel, tétlenül] les bras h (t sz) croisés; ~ levél feuille n composée; ~ mondat phrase n complexe; ~ szó mot h composé

összetéveszt ts i vmit vmivel confondre qqch avec qqch; vkit vkivel prendre qqn pour qqn, confondre qqn avec qqn

összetévesztés *fn* confusion *n*, quiproquo *h*

összetevő *fn* composant *h*; *fiz*, *mat* composante *n*

összetevőd|ik *tn i* vmiből se composer *v.* être composé(e) de *qqch*

összetör *ts i* casser, briser; *[mozsárban]* piler; **~i magát** se rompre les os, se casser la figure; **~i vkinek a szívét** briser le cœur de qqn

összetör|ik *tn i* (se) casser, se briser

összetűzés *fn [civakodás]* altercation *n*; *[fegyveres]* accrochage *h*, escarmouche *n*

összeül *tn i [testület]* se réunir

összeütközés *fn [két jármű é]* collision *n*; *[több jármű é]* carambolage *h*; *kat* accrochage *h*; *átv* conflit *h*; **~be kerül vkivel** entrer en conflit avec qqn

összeütköz|ik *tn i [járművek]* entrer en collision, se heurter; *átv* **~ik vkivel** entrer en conflit avec qqn

összevág I. *ts i [darabokra]* découper, hacher; *[filmet]* monter **II.** *tn i [megegyezik]* concorder, cadrer

összevarr *ts i [ruhát]* recoudre; *[sebet]* suturer, recoudre

összever *ts i [megver]* rouer de coups; *biz* tabasser

összevereked|ik *tn i* se battre; *biz* se bagarrer

összeverőd|ik *tn i [tömeg]* se masser, s'assembler

összevesz *tn i* vkivel se brouiller *v.* se fâcher *avec qqn*; **~tek az örökségen** ils sont fâchés à cause de l'héritage

összevet *ts i* confronter, comparer; **~i a fordítást az eredetivel** confronter la traduction avec le texte original; **vesd össze!** confer cf.; **mindent ~ve** somme toute

összevissza *hsz [mindössze]* en tout et pour tout; **~ beszél** parler à tort et à travers; **~ dobál** jeter pêle-mêle *v.* en vrac; **~ futkos** courir dans tous les sens; **minden ~ van** tout est sens dessus dessous

összevisszaság *fn* désordre *h*; *biz* pagaille *n*

összevon *ts i [csapatokat]* concentrer; *[egyesít]* fusionner; *mat* réduire; *nyelv* contracter; **~ja a szemöldökét** froncer les sourcils

összevonás *fn [intézményeké]* fusion *n*; *[csapatoké]* concentration *n*; *mat* réduction *n*; *nyelv* contraction *n*

összezavar *ts i* vkit embrouiller *qqn*

összezavarod|ik *tn i [személy]* s'embrouiller

összezúz *ts i [apróra]* broyer; *[agyonüt]* écraser

összezsúfol *ts i* entasser

összezsugorod|ik *tn i* se ratatiner

összhang *fn* zene harmonie *n*; *átv* harmonie *n*, accord *h*; **~ban van vmivel** être en harmonie *v.* en accord avec qqch

összhangzattan *fn* zene harmonie *n*

összhatás *fn* impression *n* d'ensemble

összjáték *fn* jeu *h* d'équipe

összkép *fn* vue *n* d'ensemble

összkomfortos *mn* **~ lakás** appartement *h* tout confort

összköltség *fn* coût *h* total

összpontosít *ts i [figyelmet]* concentrer, focaliser; *[hatalmat, hivatalokat]* centraliser; **vmire ~ja a figyelmét** concentrer son attention sur qqch

összpontosítás *fn [figyelemé]* concentration *n*

össztermelés *fn* production *n* globale

össztűz *fn* (feu *h* de) salve *n*; *[disztűz]* salve *n*; *átv* feu(x) croisé(s)

ösztön *fn* instinct *h*; *pszich* pulsion *n*; *[sejtés]* intuition *n*; **nemi ~** instinct sexuel

ösztöndíj *fn* bourse *n*; **kutatási ~** bourse de recherche; **tanulmányi ~** bourse d'études; **megkap egy ~at** obtenir une bourse

ösztöndíjas *mn/fn* boursier (-ière)

ösztönös *mn* instinctif (-ive)

ösztönöz *ts i* stimuler, motiver; *vmire* pousser *v.* inciter *à inf*

ösztönzés *fn* stimulation *n*; incitation *n*; **vkinek az ~ére** à l'instigation de qqn

ösztönző *mn* stimulant(e); **~leg hat vkire/vmire** avoir un effet stimulant sur qqn/qqch

öt *szn* cinq

öten *hsz* cinq; **~ voltak** ils étaient cinq

ötéves *mn* de cinq ans; **~ gyerek** enfant *h* de cinq ans; **~ szerződés** contrat *h* de cinq ans

ötezer *szn* cinq mille

ötlet *fn* idée *n*; **az a ~e támadt, hogy** il a eu l'idée de *inf*, l'idée lui est venue de *inf*

ötletes *mn [ember]* inventif (-ive); *[dolog]* ingénieux (-euse)

ötórai *mn* de cinq heures; **~ tea** le thé de cinq heures

ötöd *szn* **vminek az ~e** le cinquième de qqch

ötödéves *mn* de cinquième année

ötödik I. *szn* cinquième; **az ~ oldalon** à la page cinq **II.** *fn [emelet, kerület]* cinquième *h*; *okt* cinquième *n*; **~be jár** être en cinquième; **január ~e** *v.* **~én** le cinq janvier

ötödikes I. *mn* de cinquième année **II.** *fn* élève *h n* de cinquième (année)

ötödször *hsz* pour la cinquième fois; *[felsorolásban]* cinquièmement

ötöl-hatol *tn i* **vál** tergiverser

ötös I. *mn* **az ~ szám** le (chiffre) cinq; **az ~ busz** le bus numéro cinq; **az ~ gyors** l'express de cinq heures **II.** *fn [szám]* cinq *h*; *okt [osztályzat]* kb. mention *n* très bien; *[zene]* quintette *h*; **~e van** *[lottón]* avoir cinq numéros gagnants

ötszáz *szn* cinq cents

ötszög *fn* pentagone *h*

ötször *szn* cinq fois

ötszörös *mn* quintuple *h*; **~ bajnok** quintuple champion (-ionne)

öttagú *mn* de cinq membres

öttusa *fn sp* pentathlon *h (moderne)*

öttusázó *mn/fn* pentathlonien (-ienne)

ötven *szn* cinquante; **elmúlt ~** avoir cinquante ans passées; **~en voltak** ils étaient cinquante

ötvenedik *mn* cinquantième; **az ~ oldalon** à la page cinquante

ötvenes I. *mn* **az ~ évek** les années *n (t sz)* cinquante; **~ méret** taille *n* cinquante **II.** *fn [számjegy]* cinquante *h*; *[ember]* quinquagénaire *h n*; *[pénz]* un billet de cinquante

ötvenéves *mn [kor]* de cinquante ans; *[igével]* avoir cinquante ans; **körülbelül ~** il doit avoir dans la cinquantaine

ötvös *fn* orfèvre *h*

ötvösmunka *fn* orfèvrerie *n*

ötvöz *ts i* allier

ötvözet *fn* alliage *h*; *átv* amalgame *h*

öv *fn* ceinture *n*; *földr* zone *n*; **biztonsági ~** ceinture de sécurité; **~ön aluli ütés** *átv* is coup *h* bas

övé *nm* **ez az ~** ceci est à lui (à elle) *v.* le sien (la sienne); **gondoskodik az ~iről** il prend soin des siens

övék *nm* **ez az ~** ceci est à eux (à elles) *v.* le leur (la leur); **ezek az övéik** ceux-ci sont à eux (à elles) *v.* les leurs

Ó

övezet *fn* zone *n*, secteur *h*; **biztonsági** ~ périmètre *h* de sécurité; **ipari** ~ zone industrielle

őz *fn* chevreuil *h*; *[nőstény]* chevrette *n*

özön *fn* *átv is* flot *h*

özönl|ik *tn i [ár, emberek]* affluer, déferler

özönvíz *fn* déluge *h*; **utánam az ~!** après moi le déluge !

özvegy *mn/fn* veuf (veuve)

özvegyi *mn* ~ **nyugdíj** pension *n* réversible *v.* de réversion

özvegység *fn* veuvage *h*; ~**re jut** perdre son mari (sa femme)

ö

P

pác fn konyh marinade n; [bútorhoz] lasure n; ~ban hagy/van biz laisser/être dans le pétrin

paca fn tache n d'encre; [nagy] pâté n

pacák fn biz type h, gars h

pacal fn tripes n (t sz), gras-double h

páciens fn patient(e)

pacifista fn/mn pacifiste h n

pacifizmus fn pacifisme h

pácol ts i [ételt] mariner; [bőrt] tanner; [fát] lasurer

pacsi fn ~t ad [kutya] donner la patte

pacsirta fn alouette n

pad fn banc h; a vádlottak ~ja le banc v. le box des accusés

padka fn [úté] bas-côté h

padlás fn grenier h

padlásszoba fn mansarde n

padlástér fn combles h (t sz)

padlizsán fn aubergine n

padló fn sol h; [deszkából] plancher h; [parketta] parquet h

padsor fn rangée n de bancs, rang h; [egymás mögött elhelyezett] travée(s) n (t sz); [lépcsőzetes] gradin(s) h (t sz)

páfrány fn papillotes n (t sz)

páholy fn szính loge n; [földszinti] baignoire n; [szabadkőműves] loge n (maçonnique)

pajesz fn papillotes n (t sz)

pajkos mn espiègle, mutin(e)

pajta fn grange n, remise n

pajtás fn camarade h n

pajzán mn [sikamlós] grivois(e); vál licencieux (-euse)

pajzs fn bouclier h; [címeré] écu h

pajzsmirigy fn (glande n) thyroïde n

pakli fn [kártya] jeu h de cartes; átv ez benne van a ~ban fraz ça fait partie du jeu

pakol I. ts i [csomagol] emballer, empaqueter; [vhova rak] mettre; [rendet rak] ranger II. tn i faire sa valise v. ses bagages

pakolás fn [arcra] masque h (de beauté); [orvosi] enveloppement h

paktál tn i pactiser

paktum fn pacte h

pala fn [kőzet] schiste h; [tetőfedő] ardoise n; ~val fed couvrir d'ardoises

palack fn bouteille n

palackoz ts i mettre en bouteilles

palacsinta fn crêpe n; lekváros ~ crêpe à la confiture

palacsintasütő fn [serpenyő] crêpière n

palánk fn palissade n; sp panneau h

palánta fn [növény] plant h; átv író ~ écrivain h en herbe

palást fn [ruhadarab] manteau h; az éj ~ja alatt sous le couvert de la nuit

palástol ts i cacher, dissimuler, masquer

palatális I. mn palatal(e) II. fn palatale n

pálca fn [karmesteri is] baguette n

palesztin I. mn palestinien (-ienne) II. fn Palestinien (-ienne)

paletta fn palette n

pálfordulás fn volte-face n, revirement h

pali fn biz gus h, type h; ~ra vesz vkit [becsap] biz rouler qqn dans la farine, pigeonner qqn

pálinka fn eau-de-vie n; biz gnôle n

palló fn [deszka] planche n; [hidacska] passerelle n, ponceau h

pallos *fn* glaive *h*

pálma *fn* [*fa*] palmier *h*; *átv* palme *n*; **övé a ~ la palme lui revient; elviszi a ~t** remporter la palme

pálmaág *fn* palme *n*

palota *fn* palais *h*

pálya *fn* trajectoire *n*, cours *h*; [*bolygóé, műholdé*] orbite *n*; [*vasúti*] voie *n*; [*életpálya*] carrière *n*, parcours *h* professionnel; *sp* [*futó-, sípálya*] piste *n*; [*labdarúgó*] terrain *h*; [*tenisz*] court *h*; [*sáv*] couloir *h*; **hazai ~n játszik** jouer à domicile; **~ra bocsát** [*műholdat, űrhajót*] placer sur orbite; **~t téveszt** se tromper de vocation; **~t választ** choisir une carrière

pályadíj *fn* prix *h*

pályafutás *fn* carrière *n*; **~a során** au cours de sa carrière

pályakezdő *mn ~* fiatalok jeunes *h* (*t sz*) en début de carrière

pályaudvar *fn* gare *n*

pályaválasztás *fn* choix *h* de carrière, orientation *n* professionnelle

pályázat *fn* [*versengés*] concours *h*; [*állásra*] candidature *n*; **beadja a ~át** [*állásra*] poser sa candidature; **~ot hirdet** [*állásra*] lancer un appel à candidatures

pályázati *mn ~* felhívás [*pályázatra*] annonce *n* de concours; [*állásra*] appel *h* à candidature

pályáz|ik *tn i* concourir; [*állásra*] postuler, poser sa candidature; *átv vmire* viser *v.* convoiter *qqch*, avoir des vues *sur qqch*

pályázó *fn/mn* candidat(e); [*állásra így is*] postulant(e)

pamacs *fn* [*ecset*] pinceau *h*; [*borotválkozó is*] blaireau *h*; [*arcpúderhez*] houppe *n*, houpette *h*; [*szőrcsomó*] touffe *n*

pamlag *fn* sofa *h*, canapé *h*

pamut *fn* coton *h*

panama *fn* [*botrány*] scandale *h* financier; [*kalap*] panama *h*

panasz *fn* plainte *n*; **nincs oka ~ra** il n'a pas à se plaindre; [*orvosnál*] **mi a ~a?** où avez-vous mal ?; **~t emel** [*bíróságon*] déposer une plainte, porter plainte

panaszkod|ik *tn i* se plaindre; *vkire/ vmire* se plaindre *de qqn/qqch*

panaszkönyv *fn* registre *h* des réclamations

panaszos I. *mn* plaintif (-tive) **II.** *fn; jog* plaignant(e), demandeur (-eresse)

páncél *fn* tört armure *n*; *áll* carapace *n*

páncélos I. *mn* blindé(e) **II.** *fn* blindé *h*; **beveti a ~okat** faire donner les blindés

páncélszekrény *fn* coffre-fort *h*

pancser *fn* gâcheur (-euse); *biz* tocard(e)

pancsol *tn i* [*vízben*] barboter

panda *fn* panda *h*

panel *fn* épít panneau *h*; [*közvéleménykutatásban*] panel *h*

panelház préfabriqué *h*, maison *n* préfabriquée

pang *tn i* stagner, languir; **~ a tőzsde** la Bourse stagne; **~ az üzlet** les affaires languissent

pangás *fn* stagnation *n*, marasme *h*

páni *mn ~* félelem peur *n* panique

pánik *fn* panique *n*, affolement *h*; **~ba esik** paniquer, s'affoler; **~ot kelt** provoquer *v.* semer *v.* susciter la panique

pánikhangulat *fn* vent *h* de panique

pánikROz *ts i* paner

panoptikum *fn* musée *h* de cire

panoráma *fn* panorama *h*

pánt *fn* bande *n*; [*ruhaneműé*] bretelle *n*; [*sarokvas*] gond *h*; [*csuklópánt*] paumelle *n*

panteon *fn* panthéon *h*

pantomim *fn* pantomime *n*

panzió *fn* [szálló, ellátás] pension *n*; **teljes ~** pension complète

pap *fn* prêtre *h*; [protestáns] pasteur *h*

papa *fn* papa *h*

pápa *fn* pape *h*, souverain *h* pontife

papagáj *fn* perroquet *h*

pápai *mn* [áldás, állam] pontifical(e); [bulla, kereszt] papal(e); **~ követ** nonce *h* apostolique

pápaság *fn* [hatalom, méltóság] papauté *n*; [uralkodás] pontificat *h*

papi *mn* sacerdotal(e), ecclésiastique; **~ hivatás** vocation *n* sacerdotale

papír *fn* [lap, irat] papier *h*; **üres ~** papier blanc; **~on** [elméletben] sur le papier, théoriquement; **~ra vet vmit** jeter qqch sur le papier; **elkéri vkinek a ~jait** demander à qqn ses papiers

papírbolt *fn* papeterie *n*

papírforma *fn* **~ szerint** sur le papier, théoriquement

papírkosár *fn* corbeille *n* à papier

papírkötés *fn* cartonnage *h*; **könyv ~ben** livre *h* cartonné

papírlap *fn* feuille *n* (de papier)

papírmunka *fn* [irodai] paperasserie *n*

papírpénz *fn* billet *h* (de banque)

papírszalvéta *fn* serviette *n* en papier

papírvágó *mn* **~ kés** coupe-papier *h*

papírzacskó *fn* sachet *h* en papier

papírzsebkendő *fn* mouchoir *h* en papier, kleenex *h*

paplak *fn* presbytère *h*

paplan *fn* édredon *h*; couette *n*

papnövendék *fn* séminariste *h*

papol *tni* [kioktat] prêcher, moraliser; **nekem ugyan ~hatsz!** *biz* cause toujours !

paprika *fn* [zöldség] [édes] poivron *h*, [erős] piment *h*; [fűszer] paprika *h*

paprikás *mn* au paprika; **~ csirke** poulet *h* au paprika; *átv* **~ hangulat-**

ban van être d'une humeur massacrante

papság *fn* [papok összessége] clergé *h*; [papi minőség] sacerdoce *h*

papucs *fn* pantoufles *n (t sz)*, chaussons *h (t sz)*

papucscipő *fn* mocassin *h*

papucsférj *fn* mari *h* docile

pár I. *fn* paire *n*; [személyek] couple *h*; [élettársi viszonylatban] compagnon (compagne); **egy ~ kesztyű** une paire de gants; **az ifjú ~** le jeune couple; **nincs ~ja** [olyan jó] il n'a pas son pareil **II.** *szn* [néhány] quelques; **jó ~** nombre de, pas mal de; **~ napig** quelques jours; **~an** quelques-uns (quelques-unes)

pára *fn* vapeur *n*; [lecsapódva] buée *n*; **szegény ~!** [állatra] pauvre bête !; [emberre] pauvre hère !

parabola *fn* irtud, mat parabole *n*

parabolaantenna *fn* antenne *n* parabolique

parádé *fn* [díszmenet] parade *n*; **katonai ~** parade militaire

paradicsom¹ *fn* vall paradis *h*; **a ~ba jut** aller au paradis; **földi ~** paradis sur terre

paradicsom² *fn* növ tomate *n*

paradicsomi *mn* paradisiaque

paradicsomlé *fn* jus *h* de tomate

paradicsomleves *fn* potage *h* de tomates

paradicsommártás *fn* sauce *n* tomate

paradicsomsaláta *fn* salade *n* de tomates

paradigma *fn* paradigme *h*

paradox *mn* paradoxal(e)

paradoxon *fn* paradoxe *h*

parafa I. *mn* **~ dugó** bouchon *h* de liège **II.** *fn* liège *h*

paragrafus *fn* jog article *h*; [bekezdés] paragraphe *h*

paraj *fn* épinard(s) *h (t sz)*
paralel I. *mn* parallèle **II.** *hsz* parallèlement
paralízis *fn* paralysie *n*
paraméter *fn* paramètre *h*
parancs *fn* ordre *h; inform* instruction *n; ~ára!* à vos ordres !; **vkinek a ~ára** sur ordre de qqn; **~om van, hogy** j'ai ordre de *inf*
parancsnok *fn* commandant *h*
parancsnokság *fn [jogkör]* commandement *h; [hely]* poste *h* de commandement
parancsol I. *ts i* commander, ordonner; *vkinek vmit* ordonner *à qqn de inf;* **tiszteletet ~** commander le respect; *[udvariassági kifejezésekben]* **mit ~?** vous désirez ?, que puis-je pour vous ?; **~jon!** *[előre engedve]* après-vous, je vous en prie !; *[kínálásnál]* servez-vous, je vous en prie ! **II.** *tn i* commander; **ki ~ itt?** qui est-ce qui commande ici ?; **nekem senki nem ~!** je n'ai d'ordre à recevoir de personne !
parancsolat *fn vall* **a tíz ~** les dix commandements *h (t sz);* **megy, mint a ~** *fraz* ça marche comme sur des roulettes

parancsoló I. *mn* ~ **hangon** d'une voix impérieuse **II.** *fn* **uram és ~m** mon seigneur et maître
paranoia *fn* paranoïa *n; biz* parano *n*
paranoiás *mn/fn* paranoïaque *h n*
parányi *mn* minuscule, minime, infime
párás *mn [levegő]* humide; *[ablak, szemüveg]* embué(e)
párásodlik *tn i* s'embuer
paraszt *fn* paysan (-anne); *[sértő szóval] biz* bouseux *h,* péquenot *h,* pedzouille *h n; [sakk]* pion *h*
parasztgazda *fn* fermier (-ière)
parasztház *fn* maison *n* paysanne
paraszti *mn* paysan (-anne)

parasztos *mn* paysan (-anne), rustique
parasztság *fn* paysannerie *n,* paysannat *h*
páratartalom *fn* degré *h* d'humidité, teneur *n* en vapeur (d'eau)
páratlan *mn [szám]* impair(e); *átv* sans pareil (-eille), incomparable; ~ **kesztyű** un gant dépareillé; ~ **a maga nemében** unique en *v.* dans son genre
parazita I. *mn* parasite **II.** *fn* parasite *h*
parázna *mn* débauché(e); lubrique
paráználkodlik *tn i vall v. tréf* forniquer
parázs I. *mn* ~ **vita** discussion *n* orageuse *v.* violente **II.** *fn* braise *n*
parázsllik *tn i vál* brasiller
párbaj *fn* duel *h*
párbajozlik *tn i* se battre en duel
párbajtőr *fn sp* épée *n*
párbeszéd *fn* dialogue *h;* **~et folytat vkivel** dialoguer *v.* s'entretenir avec qqn
parcella *fn* parcelle *n; [temetőben]* concession *n* funéraire
pardon I. *msz* ~! pardon !, excusez-moi ! **II.** *fn* pardon *h*
párduc *fn* panthère *n*
parfé *fn konyh* parfait *h*
parfüm *fn* parfum *h*
párhuzam *fn* parallèle *h;* **~ba állít** mettre en parallèle; **~ot von két személy között** établir un parallèle entre deux personnes
párhuzamos I. *mn vmivel* parallèle *à qqch* **II.** *fn* parallèle *n*
paripa *fn vál* coursier *h; [harci]* destrier *h*
paritás *fn gazd, jog* parité *n*
paritásos *fn gazd, jog* paritaire
Párizs *fn* Paris *h*
párizsi¹ I. *fn* parisien (-ienne); **a ~ utcákon** dans les rues de Paris **II.** *fn* Parisien (-ienne)
párizsi² *fn [felvágott] kb.* cervelas *h*

park *fn* parc *h*; jardin *h* public; *[kisebb]* square *h*

párkány *fn [ablaké, kúté]* rebord *h*; *[épületé]* corniche *h*

parkett *fn [táncparkett]* piste *n* de danse

parketta *fn* parquet *h*

parkol *tn i* (se) garer, stationner; **hol ~tál?** où as-tu garé ta voiture ?

parkolás *fn* stationnement *h*; **tilos ~** stationnement interdit

parkoló *fn* parking *h*; **fizető ~** parking payant

parkolóház *fn* parking *h* couvert

parkolóhely *fn [terület]* parking *h*; *[egy autóé]* place *n* de stationnement

parkolóóra *fn* parcmètre *h*

parkosít *ts i* créer un espace vert

parkőr *fn* gardien (-ienne) de square

parlag *fn* friche *n*, jachère *n*; *átv is* **~on hagy** laisser en friche *v.* en jachère

parlagfű *fn* ambroisie *n* élevée, herbe *n* à poux

parlament *fn [épület]* parlement *h*; *[testület]* Parlement; *[Fr.-ban]* Assemblée *n* nationale

parlamentáris *mn* parlementaire; **~ demokrácia** démocratie *n* parlementaire

parlamenti *mn* parlementaire; **~ bizottság** commission *n* parlementaire; **~ vita** débat *h* parlementaire; **~ ciklus** législature *n*; **~ képviselő** député(e); **~ választások** élections *n (t sz)* législatives

párlat *fn* distillat *h*

parmezán *fn* parmesan *h*

párna *fn* ált *[díszpárna is]* coussin *h*; *[fejpárna]* oreiller *h*

párnahuzat *fn [díszpárnáé]* housse *n* de coussin; *[fejpárnáé]* taie *n* d'oreiller

paródia *fn* parodie *n*, pastiche *h*

parodizál *ts i* parodier, pasticher

paróka *fn* perruque *n*; *biz* moumoute *n*

parókia *fn [egyházközség]* paroisse *n*; *[pap lakrésze]* presbytère *h*

párol *ts i konyh* braiser, cuire à l'étouffée *v.* à l'étuvée; *vegy* distiller

párolgás *fn* évaporation *n*

párolog *tn i* s'évaporer; *[étel]* fumer

párolt *mn konyh* braisé(e)

páros I. *mn [szám]* pair(e); **~ oldal** *[utcán]* côté *h* pair; **~ mérkőzés** double *h*; **~ rím** rimes *n (t sz)* plates; **~ tánc** pas *h* de deux; **~ával** deux par deux, par couple de deux **II.** *fn sp [teniszben]* double *h*; **férfi/női ~** double messieurs/dames

párosít *ts i [párba rak]* appareiller; *[pároztat]* accoupler

párosodik *tn i [állat]* s'accoupler

párosul *tn i vmivel* aller de pair *avec qqch*, s'accompagner *de qqch*

párszor *hsz* quelques fois, une fois ou deux, parfois

part *fn [tengeré]* côte *n*; *[tóé is]* rivage *h*; *[folyóé, tengeré, tóé]* rive *n*; **a folyó ~ján** au bord du fleuve; **a tenger ~ján** au bord de la mer; **bal/jobb ~** rive *n* gauche/droite; **homokos ~** plage *n*; **~ra száll** débarquer

párt *fn [politikai]* parti *h*; **belép egy ~ba** adhérer à un parti; **koalíciós ~** parti de coalition; **két ~ra szakad** se scinder en deux camps *v.* partis; *átv* **vkinek a ~jára áll** prendre parti pour qqn; **~ját fogja vkinek** prendre fait et cause pour qqn

párta *fn [fejdísz]* coiffe *n*; **~ban marad** rester fille

pártállás *fn* appartenance *n* politique

pártatlan *mn* impartial(e), neutre

pártatlanság *fn* impartialité *n*, neutralité *n*

partedli *fn* bavoir *h*; *[nagyobb]* bavette *n*

pártelnök *fn* président(e) du parti

pártfogás *fn [támogatás]* soutien *h*; *[védelem]* protection *n*; **~ába vesz vkit** prendre qqn sous sa protection

pártfogó *mn/fn* protecteur (-trice)

pártfogol *ts i [személyt]* patronner, prendre sous sa protection; *[dolgot]* patronner, parrainer

pártfogolt *mn/fn* protégé(e)

parti¹ *mn [tengeri]* côtier (-ière), littoral(e); *[folyó mellett]* riverain(e); **~ járőr** patrouille *n* côtière; **~ hajózás** navigation *n* côtière, cabotage *h*

parti² *fn [játszma]* partie *n*; *[fogadás]* réception *n*; **jó ~** *[völegényjelölt]* un beau parti; **jó ~t csinál** *[jól házasodik]* faire un beau mariage

partitúra *fn zene* partition *n*

partizán *fn* partisan(e)

partjelző *fn sp* juge *h* de touche *v.* de ligne

pártkongresszus *fn* congrès *h* du parti

partner *fn* partenaire *n*; **alkalmi/állandó ~** partenaire occasionnel (-elle)/régulier (-ière)

partnerkapcsolat *fn [cégek, intézmények között]* partenariat *h*

partnerség *fn* partenariat *h*

pártol I. *ts i [támogat]* soutenir; *[részrehajlóan]* favoriser **II.** *tn i vkihez* se rallier à qqn, prendre partie *pour qqn*

pártoló I. *mn* **~ tag** membre *h* bienfaiteur **II.** *fn [pártfogó]* protecteur (-trice)

pártonkívüli *mn [parlamentben]* noninscrit(e), sans étiquette, indépendant(e)

pártpolitika *fn* politique *n* du parti

pártprogram *fn* programme *h* du parti

partraszállás *fn* débarquement *h*

partszakasz *fn [tengeré]* partie *n* de la côte *v.* du littoral; *[folyóé, tóé]* partie *n* de la rive

párttag *fn* membre *h v.* adhérent(e) d'un parti

párttagság *fn [tagok összessége]* membres *h (t sz)* du parti

partvédelem *fn kat* défense *n* côtière *v.* des côtes

pártvezér *fn* chef *h* du parti, leader *h*

pártvezetőség *fn* direction *n* du parti

partvidék *fn* littoral *h*, zone *n* littorale, côte *n*

partvis *fn* balai *h*

partvonal *fn földr* rivage *h*; *sp* ligne *n* de touche

párviadal *fn* combat *h* singulier; *[párbaj]* duel *h*

párzás *fn* accouplement *h*

párz|ik *tn i* s'accoupler

pasa *fn tört* pacha *h*

pasas *fn biz* type *h*, mec *h*, gus *h*

pasi *fn biz* type *h*, mec *h*; **ez a ~ja** c'est son mec *v.* son jules *v. argó* son marcel

paskol *ts i* tapoter

passió *fn vall, zene* passion *n*; **Máté-~** la passion selon saint Matthieu

pástétom *fn* pâté *h*

pasziánsz *fn [kártya]* réussite *n*, patience *n*

pasziánszoz|ik *tn i* faire une réussite *v.* une patience; faire des réussites *v.* des patiences

passz I. *fn sp* passe *n*; *átv* **rossz ~ban van** être dans une mauvaise passe **II.** *msz* **~!** *[kártyában]* je passe !; *[nem tudom]* *fraz* je donne ma langue au chat !

passzió *fn* passe-temps, *h v.* loisir *h* favori; *[élvezet]* passion *n*; **~ból** pour son plaisir

passzíroz *ts i konyh* passer

passzív *mn* passif (-ive); **~ dohányzás** tabagisme *h* passif; **~ szókincs** vocabulaire *h* passif

passzivitás *fn* passivité *n*
passzol I. *tn i [illik]* vmihez aller (bien) avec qqch; *[kártyában]* passer; *sp* faire une passe **II.** *ts i; sp [labdát]* passer; **~d ide a sót!** *biz* file-moi le sel
passzus *fn [szövegrész]* passage *h*
pásztáz *ts i [reflektorral, kamerával]* balayer
pasztell *fn [kréta, rajz]* pastel *h*
pasztellszín *fn* ton *h* v. couleur *n* pastel
pásztor *fn [birkáé]* berger (-ère); *[marháé]* vacher (-ère)
pásztorbot *fn* bâton *h* de berger; *[püspöki]* crosse *n*
pásztorkutya *fn* chien *h* de berger
pasztőröz *fn* pasteuriser
pasztőrözött *mn* pasteurisé(e)
pata *fn* sabot *h*
patak *fn* ruisseau *h*; **~okban folyik** ruisseler; **~okban ömlik** couler à flots
patakl|ik *tn i* couler à flots v. à torrents, ruisseler; **~ik a könnye** verses des flots v. des torrents de larmes; *fraz* pleurer à chaudes larmes
patália *fn* ~t csap faire une scène v. *biz* du grabuge
patás I. *mn* ongulé(e) **II.** *fn* **a ~ok** les ongulés *h (t sz)*
patentkapocs *fn* bouton-pression *h*, pression *n*
paternalista *mn* paternaliste
páternoszter *fn [lift]* ascenseur *h* continu, pater noster *h*; *[ima]* Pater *h*
patetikus *mn* pathétique; *[fellengzős]* emphatique
patika *fn* pharmacie *n*
patikus *fn* pharmacien (-ienne)
patina *fn* patine *n*, vert-de-gris *h*
patkány *fn* rat *h*; *[nőstény]* rate *n*; **vízi ~** rat *h* d'eau
patkányméreg *fn* mort-aux-rats *n*, raticide *h*

patkó *fn* fer *h* à cheval; **~ alakú** en fer à cheval; *konyh* mákos **~** croissant aux pavots
patkol *ts i* ferrer
patológia *fn* pathologie *n*
patológikus *mn* pathologique
pátosz *fn* pathétique *h*; *[fellengzősség]* pathos *n*, emphase *n*
patriarchális *mn* patriarcal(e)
pátriárka *fn* patriarche *h*
Patrik *fn* Patrice *h*, Patrick *h*
patrióta *fn* patriote *h n*
patriotizmus *fn* patriotisme *h*
patron *fn [fegyverbe, tollba]* cartouche *n*; *[mintaalap]* patron *h*
patronál *ts i* patronner; *[védnökként]* parrainer
patt *fn [sakkban]* pat *h*
pattan *tn i [ostor]* claquer; *[labda]* rebondir; *[ugrik]* sauter; **lóra ~** sauter sur un cheval v. en selle; **biciklijére ~** sauter sur sa bicyclette
pattanás *fn [hang]* claquement *h*, bruit *h* sec; *[bőrön]* bouton *h*; **~ig feszült légkör** atmosphère *n* tendue à l'extrême
pattanásos *mn* boutonneux (-euse)
pattint *ts i* faire claquer; **~ az ujjával** faire claquer ses doigts
pattog *tn i [labda]* rebondir; *[ostor]* claquer; *[tűz]* crépiter; *[személy]* fulminer, pester, tempêter
pattogatott *mn* **~ kukorica** popcorn *h*
pattogz|ik *tn i [máz, festék]* s'écailler
patyolatfehér *fn* blanc (blanche) comme (la) neige
páva *fn* paon *h*
páváskod|ik *tn i* se pavaner
pávián *fn* babouin *h*
pavilon *fn [kórházi, kiállítási]* pavillon *h*; *[árusítóbódé]* kiosque *h*

P

pazar *mn [fényűző]* sompteux (-euse), luxueux (-euse); *[pompás, remek]* splendide, magnifique

pazarlás *fn* gaspillage *h*

pazarló *mn* gaspilleur (-euse), dépensier (-ière), prodigue

pazarol *ts i* gaspiller; **~ja az idejét** gaspiller *v.* perdre son temps

pázsit *fn* gazon *h*, pelouse *n*

pecáz|ik *tn i* pêcher (à la ligne); *fraz* taquiner le goujon

pech *fn biz* poisse *n*, guigne *n*; **ez ~!** pas de pot !, manque de pot !; **micsoda ~!** quelle poisse !; **~em volt** je n'ai pas eu de pot *v.* de bol

peches *mn* malchanceux (-euse); *[igével] biz* avoir la poisse

pecsenye *fn* rôti *h*

pecsét *fn [levélzáró]* cachet *h*; *[okmányon]* sceau *h*; *[bélyegző]* tampon *h*; *[postai]* oblitération *n*; *[folt]* tache *n*

pecsétel *ts i [levelet]* cacheter; *[okmányt]* sceller; *[bélyegzővel]* tamponner; *[postán]* oblitérer

pecsétes *mn [pecséttel ellátott]* cacheté(e), scellé(e); *[foltos]* taché(e)

pecsétgyűrű *fn* chevalière *n*

pedagógia *fn* pédagogie *n*

pedagógiai *mn* pédagogique

pedagógus *fn [oktató]* enseignant(e); *[nevelő]* pédagogue *h n*; **~ szakszervezet** syndicat *h* enseignant; **jó/rossz ~** bon/mauvais pédagogue

pedál *fn* pédale *n*

pedálozik *tn i* pédaler; *átv, biz* fayoter

pedáns *mn* méticuleux (-euse), minutieux (-euse); *[túlzón]* tatillon (-onne), pointilleux (-euse)

pedig *ksz [meg]* et; *[viszont]* en revanche, par contre; *[jóllehet, noha]* pourtant; **ez kék, az ~ piros** celui-ci et bleu et celui-là est rouge; **~ megígérte, hogy eljön** il avait pourtant

promis de venir; **ami ~a fizetést illeti** et pour ce qui est du salaire, et quant au salaire; **én ~ azt mondom, hogy** et moi, je vous dis que; **egy megoldás van, ez ~ az, hogy** il n'y a qu'une solution, qui est ce que *v.* c'est que

pedikűr *fn* soins *h (t sz)* des pieds; *tud* pédicurie *n*

pedikűrös *fn* pédicure *h n*

pedz *ts i [hal a horgot]* mordre; *átv* **már ~em** *biz* je commence à piger

pehely *fn [toll, szőrzet]* duvet *h*; *[hó]* flocon *h*; **nagy pelyhekben** à gros flocons

pehelykönnyű *mn* léger (-ère) comme une plume

pehelypaplan *fn* couette *n* (en duvet), édredon *n*

pehelysúly *fn sp* poids *h* plume

pejoratív *mn* péjoratif (-ive)

pék *fn* boulanger (-ère)

pékség *fn* boulangerie *n*

péksütemény *fn* ⟨petits pains, croissants, brioches⟩

példa *fn* exemple *h*; *mat* problème *h*; **~ként felhoz** citer en exemple; **~nak okáért** par exemple, à titre d'exemple; **~t mutat vkinek** donner *v.* montrer l'exemple à qqn; **~t vesz vkiről** prendre exemple sur qqn

példabeszéd *fn [Bibliában]* parabole *n*; **a P~ek Könyve** le Livre des Proverbes, les Proverbes

példakép *fn* modèle *h*, idéal *h*; **~ül választ vkit** choisir qqn pour modèle

példálódz|ik *tn i* parler par allusions *v.* par sous-entendus

példamutató *mn* exemplaire

példány *fn [nyomtatványé]* exemplaire *h*; *[darab]* spécimen *h*; **lemásol három ~ban** copier en trois exemplaires; **5000 ~ban jelenik meg** paraître à 5000 exemplaires

példányszám *fn* tirage *h*; **nagy ~ú napilap** journal à grand *v.* fort tirage

példás *mn* exemplaire

példátlan *mn* sans précédent; **~ eset** fait *h* sans précédent

például *hsz* par exemple; **nekem ~ nem szólt senki** moi, par exemple, personne ne m'a averti; **a zsenik, mint ~ te vagy én** les génies, tels que *v.* comme toi ou moi

példázat *fn* apologue *h*, parabole *n*

pelenka *fn* couche *n*

pelenkáz *ts i* **~za a babát** changer la couche du bébé, changer le bébé

pelenkázó *fn* table *n* à langer

pelerin *fn* pèlerine *n*

pelikán *fn* pélican *h*

pellengér *fn* pilori *h*; *átv* **~re állít vkit** clouer *v.* mettre qqn au pilori

pelyhes *mn* duveté(e), duveteux (-euse)

pelyva *fn növ* balle *n*, glume *n*; **annyi a pénze, mint a ~** *fraz* être cousu(e) d'or; *fraz*, *biz* être plein(e) aux as

pendül *tn i átv* **egy húron ~ vkivel** *fraz* être de mèche v. de connivence avec qqn

penész *fn* moisissure *n*, moisi *h*

penészed|ik *tn i átv is* moisir

penészes *mn* moisi(e)

penészgomba *fn* moisissure *n*

penetráns *mn* pénétrant(e); **~ bűz** puanteur *n* pénétrante

peng *tn i* [*fémtárgy*] sonner, tinter; [*húr*] résonner, vibrer

penge I. *fn* lame *n* **II.** *mn* [*vmiben kitűnő*] *biz* balèze *v.* calé(e) en qqch

penget *ts i* [*fémet*] faire sonner *v.* tinter; [*húrt*] pincer; **~i a gitár húrjait** pincer les cordes de la guitare; *átv* **szelídebb húrokat ~** baisser le ton; *fraz*, *biz* mettre un bémol

pengető *fn zene* [*lemezke*] médiator *h*; [*pálcika*] plectre *h*

penicillin *fn* pénicilline *n*

péntek *fn* vendredi *h*; → **hétfő**

pénz *fn* argent *h*; [*érme*] monnaie *n*; [*papírból*] billet *h*; **az idő ~** le temps, c'est de l'argent; **a ~ nem boldogít** l'argent ne fait pas le bonheur; **nincs nálam ~** je n'ai pas d'argent sur moi; **nincs ~em** je n'ai pas d'argent; **semmi ~ért** pour rien au monde; **~t keres** gagner de l'argent; **~t vagy életet!** la bourse ou la vie !

pénzalap *fn* fonds *h*

pénzátutalás *fn* virement *h*

pénzbedobós *mn* **~ automata** distributeur *h* automatique

pénzbeli *mn* en argent; **~ juttatás** prestation *n* en argent; **~ támogatás** subvention *n*

pénzbeszedő *fn* encaisseur *h*

pénzbírság *fn* amende *n*

pénzbüntetés *fn* amende *n*

pénzegység *fn* unité *n* monétaire

pénzéhes *mn* âpre au gain

pénzel *ts i* financer; [*támogat*] subventionner

pénzember *fn* financier *h*, homme *h* d'argent *v.* de finance

pénzérme *fn* pièce *n* (de monnaie)

pénzes *mn biz* friqué(e), plein(e) aux as

pénzesutalvány *fn* mandat *h* (postal *v.* de versement)

pénzforgalom *fn* circulation *n* monétaire

pénzforrás *fn* source *n* de revenu, ressources *n* (*t sz*) (financières)

pénzhamisítás *fn* contrefaçon *n* de monnaie, fabrication *n* de fausse monnaie

pénzhamisító *fn* faux-monnayeur *h*

pénzhiány *fn* manque *h* d'argent; **~ban szenved** être à court d'argent

pénzintézet *fn* établissement *h* financier

pénzjutalom *fn* prime *n*, gratification *n*, récompense *n* en argent

pénzkereset *fn gazd* revenu *h*

pénzkidobás *fn ez ~!* c'est de l'argent jeté par la fenêtre !

pénzmosás *fn* blanchiment *h* de l'argent *v.* de capitaux

pénzmozgás *fn* flux *h* monétaire

pénznem *fn* monnaie *n*

pénzösszeg *fn* somme *n* d'argent

pénzreform *fn* réforme *n* monétaire

pénzrendszer *fn* système *h* monétaire

pénzromlás *fn* dépréciation *n* de l'argent *v.* de la monnaie, érosion *n* monétaire

pénzsegély *fn* aide *n* financière, subside *h*

pénzsóvár *fn* âpre au gain, rapace; *rég* cupide

pénzszűke *fn ~ben van* être à court d'argent *v.* dans le besoin *v. biz* sans le sou

pénztár *fn [üzlet, bank]* caisse *n*; *[jegypénztár]* guichet *h*

pénztárablak *fn* guichet *h* de caisse

pénztárca *fn* portefeuille *h*; *[aprónak]* porte-monnaie *h*

pénztárgép *fn* caisse *n* enregistreuse, tiroir-caisse *h*

pénztári *mn ~ bizonylat* ticket *h* de caisse; *~ órák* heures *n (t sz)* d'ouverture (des guichets)

pénztárkönyv *fn* livre *h* de caisse

pénztáros *fn* caissier (-ière); *[egyesületben]* trésorier (-ière)

pénztartalék *fn* réserve *n* monétaire

pénztelenség *fn* manque *h* d'argent

pénztőke *fn* capital *h*

pénztőke-beáramlás *fn* entrée *n* de capitaux

pénzügy *fn a ~ek* les finances *n (t sz)*; *az állam ~ei* les finances publiques

pénzügyi *mn* financier (-ère), de finances; *~ elemző* analyste *h n* financier (-ière); *~ év* exercice *h* (budgétaire *v.* fiscal); *~ körökben* dans les milieux financiers; *~ helyzetem ezt nem teszi lehetővé* l'état de mes finances *v.* ma situation financière ne me le permet pas

pénzügyminiszter *fn* ministre *h n* des Finances

pénzügyminisztérium *fn* ministère *h* des Finances

pénzügyőr *fn* agent *h* de la garde des Finances

pénzügyőrség *fn* garde *n* des Finances

pénzváltás *fn* change *h*

pénzváltó I. *mn ~ automata [apróra]* changeur *h* de monnaie, monnayeur *h*; *[valutára]* changeur *h* automatique de devises **II.** *fn [személy]* changeur (-euse)

pénzváltóhely *fn* bureau *h* de change

pénzverde *fn* l'Hôtel *h* de la Monnaie

pénzzavar *fn* embarras *h* (financier); *~ban van* être dans l'embarras *v.* à court d'argent

pép *fn [étel]* bouillie *n*; *műsz* pâte *n*

pépes *mn ~ étel* bouillie *n*

pepita *mn* pied-de-poule; *[nagyobb mintázatú]* pied-de-coq

per¹ *fn* procès *h*; *polgári/büntetőjogi ~* procès civil/criminel; *~be fog vkit* attaquer *v.* poursuivre qqn en justice; *~ben áll vkivel* être en procès avec qqn; *~en kívüli egyezség* arrangement *h* à l'amiable; *~t indít vki ellen* intenter *v.* engager un procès contre qqn

per² *hsz mat a ~ b* a sur b

perc *fn* minute *n*; *egy ~ és jövök* j'arrive dans une minute; *öt ~ múlva hat* il est six heures moins cinq; *öt ~cel*

múlt hat il est six heures cinq; **abban a ~ben, amikor** à l'instant même où; **nincs egy szabad ~em** je n'ai pas une minute de libre; **~enként csörög a telefon** le téléphone n'arrête pas de sonner; **öt ~re van innen** c'est à cinq minutes d'ici

erces *mn* **öt ~ szünet** une pause de cinq minutes, cinq minutes de pause

ercmutató *fn* aiguille *n* des minutes, grande aiguille *n*

ercnyi I. *mn* **öt ~ de** cinq minutes; **~ pontossággal** avec une exactitude chronométrique **II.** *fn* **öt ~re innen** à cinq minutes d'ici

erdöntő *mn* décisif (-ive)

erdül *tn i* pirouetter, virevolter; **táncra ~** se mettre à danser

erec *fn* bretzel *h*

ereg *tn i [forog]* tournoyer, tourner; *[könny]* couler, ruisseler; **a dob ~ le** tambour bat *v.* résonne; **~ a nyelve** être volubile, parler avec volubilité; **jól ~ a nyelve** avoir la langue bien affilée *v.* bien pendue

erel *ts i/tn i vkit* attaquer *qqn* en justice; *[veszekszik] biz* râler, rouspéter

erem *fn* bord *h*; *[ablaké, kúté, tálé]* rebord *h*; **a város ~én** en bordure *v.* à la périphérie de la ville

eremkerület *fn* quartier *h* périphérique

eremváros *fn* banlieue *n*

eres *mn* **~ eljárás** procédure *n* judiciaire *v.* contentieuse; **~ felek** parties *n (t sz)* plaidantes; **~ úton** par voie judiciaire; **~ ügy** affaire *n* contentieuse

ereskedik *tn i vkivel* être en procès avec *qqn*

ergamen *fn* parchemin *h*

erget *ts i* **~i a dobot** battre le tambour, faire un roulement de tambour;

mézet ~ extraire le miel (à la force centrifuge); **~i az r-eket** rouler les r

pergőtűz *fn átv is* feu *h* roulant

periféria *fn* périphérie *n*

periodika *fn* périodique *n*

periodikus *mn* périodique

periódus *fn* période *n*; *vill* cycle *h*

perirat *fn* mémoire *h*, acte *h* de procédure

periszkóp *fn* périscope *h*

perköltség *fn* frais *h (t sz)* de justice; **a ~ megtérítésére ítél** condamner aux dépens

permanens *mn* permanent(e)

permetez I. *ts i [permetezővel]* pulvériser **II.** *tn i [eső]* il bruine, il pleuvote

permetezőgép pulvérisateur *h*

pernye *fn* cendres *n (t sz)* volantes

peron *fn [pályaudvaron]* quai *h*; *[járművön]* plate-forme *n*

perpatvar *fn* querelle *n*; *biz* chamaillerie *n*

perrendtartás *fn* procédure *n*; **büntető ~** (code *h* de) procédure pénale

persely *fn [otthoni]* tirelire *n*; *[templomi]* tronc *h*

perspektíva *fn* perspective *n*

persze *msz/hsz* bien sûr, bien entendu, évidemment, naturellement; **~, hogy igen!** bien sûr que oui !; **hát ~!** mais bien entendu !

pertu *fn* **~ban van vkivel** être à tu et à toi avec *qqn*, tutoyer *qqn*; **~ban vannak** ils se tutoient

perverz *mn* pervers(e)

perverzitás *fn* perversité *n*

perzsa I. *mn* persan(e); *[ókori]* perse **II.** *fn [személy]* Persan(e); *[ókori]* Perse *h n*; *[nyelv]* persan *h*

perzsabunda *fn* manteau *h* d'astrakan, astrakan *h*

perzsaszőnyeg *fn* tapis *h* persan

perzsel I. *tn i* ~ **a nap** le soleil brûle *v.* tape **II.** *ts i [nap]* brûler; *[tollat, szőrt]* cramer, griller
pestis *fn* peste *n*
pesszimista *mn/fn* pessimiste *h n*
pesszimizmus *fn* pessimisme *h*
petárda *fn* pétard *h*
pete *fn [gerinceseké]* ovule *h; [rovaroké]* œuf *h*
petefészek *fn* ovaire *h*
Péter *fn* Pierre *h*
petesejt *fn* ovule *h*
petíció *fn* pétition *n*
petrezselyem *fn* persil *h*
petróleum *fn* pétrole *h*
petróleumlámpa *fn* lampe *n* à pétrole
petyhüdt *mn* flasque
petty *fn* → **pötty**
pettyes *mn* → **pöttyös**
pezsdít *ts i [hangulatot]* animer
pezseg *tn i [folyadék]* pétiller, *átv is* bouillonner
pezsgés *fn átv is* effervescence *n; átv* bouillonnement *h*
pezsgő I. *mn* pétillant(e); ~ **élet** vie *n* animée **II.** *fn [eredeti Champagne-i]* champagne *h; [máshonnan származó]* mousseux *h;* ~**t bont** *fraz* sabler le champagne
pezsgőfürdő *fn* bain *h* bouillonnant
pézsma *fn* musc *h*
pfuj *isz [undorodva]* beurk !, berk !; *[lehurrogva]* hou !
pia *fn [rövidital]* biz gnôle *n;* **kéne vinni valami** ~**t** il faudrait apporter quelque chose à boire
piac *fn* marché *h;* **megyek a** ~**ra** je vais au marché; ~**ra dob** mettre sur le marché, lancer
piacgazdaság *fn* économie *n* de marché
piaci *mn* de marché; ~ **ár** prix *h* du marché *v.* courant; ~ **nap** jour *h* de marché

piackutatás *fn* étude *n* de marché
piactér *fn* place *n* de marché
piacvezető *mn* leader *h* sur le marché
piál *ts i* biz picoler
pianínó *fn* piano *h* droit
piarista I. *mn* piariste **II.** *fn* piariste *h*
piás I. *mn [részeg]* biz bourré(e), beurré(e) **II.** *fn [részeges]* biz poivrot(e), soûlard(e), picoleur (-euse)
pici I. *mn* tout(e) petit(e); **egy** ~**t, egy** ~**vel** un peu **II.** *fn* biz *[gyermek]* bout *h* de chou
pihe *fn [toll]* duvet *h; [hó]* flocon *h*
piheg *tn i* haleter, être essoufflé(e)
pihen *tn i* se reposer; ~ **a babérjain** se reposer sur ses lauriers
pihenés *fn* repos *h*
pihenő *fn [pihenés]* repos *h; [munka közben]* pause *n; [lépcsőn]* palier *h* d'un escalier; ~**t tart** faire une pause
pihenőhely *fn* lieu *h* de repos; *[autópálya mellett]* aire *n* de repos
pihenőnap *fn* jour *h* de repos
pihentet *ts i* reposer; *[szántóföldet, lovakat]* laisser reposer; **lábát egy széken** ~**i** reposer sa jambe sur une chaise
pikáns *mn [sikamlós]* grivois(e), leste; *[érdekes]* croustillant(e), piquant(e); *[étel]* relevé(e), piquant(e)
pikk *fn [kártyában]* pique *h*
pikkel *tn i* vkire *fraz* avoir une dent contre qqn
pikkely *fn* écaille *n*
pikkelyes *mn* écaillé(e), écailleux (-euse)
piknik *fn* pique(-)nique *h*
pillanat *fn* instant *h,* moment *h;* **egy** ~ **alatt** en un clin d'œil, en un rien de temps; **bármelyik** ~**ban** à tout moment, d'un moment à l'autre; **abban a** ~**ban, amikor** dès l'instant où, aussitôt que; **ebben a** ~**ban** pour le mo-

ment, à ce moment; **pár ~ múlva** quelques instants plus tard; **várjon egy ~ot!** attendez un instant v. une seconde; **első ~ra** à première vue

pillanatfelvétel *fn fényk* instantané *h*

pillanatnyi *mn [gyorsan múló]* momentané(e), passager(ère); *[jelenlegi]* présent(e)

pillanatnyilag *hsz* momentanément, pour l'instant v. le moment

pillangó *fn* papillon *h*; *átv* **éjjeli ~** *[prostituált]* belle-de-nuit *n*

pillangóúszás *fn* brasse *n* papillon

pillant *tn i* jeter un coup d'œil, lancer un regard

pillantás *fn* regard *h*, coup *h* d'œil; **első ~ra** au premier coup d'œil v. regard, au premier abord, à première vue; **egy ~t vet vkire** jeter un regard v. lancer un regard à qqn; **egy ~t vet vmire** jeter un regard v. un coup d'œil sur qqch

pillér *fn* pilier *h*; *[hídé]* pile *n*

pilóta *fn* pilote *h n*

pilótafülke *fn* cabine *n*, cockpit *h*

pimasz *mn/fn* insolent(e), impertinent(e), effronté(e)

pimaszkod|ik *tn i* être insolent(e) v. impertinent(e)

pimaszság *fn* insolence *n*, impertinence *n*, *biz* toupet *h*; **micsoda ~!** quel toupet !

pince *fn* cave *n*

pinceablak *fn* soupirail *h*

pincegazdaság *fn* caves *n (t sz)*

pincér *fn* garçon *h*, serveur *h*

pincérnő *fn* serveuse *n*

pincsi *fn* pékinois *h*

pingpong *fn* ping-pong *h*

pingpongasztal *fn* table *n* de ping-pong

pingponglabda *fn* balle *n* de ping-pong

pingpongoz|ik *tn i* jouer au ping-pong

pingpongütő *fn* raquette *n* de ping-pong

pingvin *fn* pingouin *h*

pint *fn* pinte *n*

pinty *fn* pinson *h*; *átv* **megy ez, mint a ~ fraz** ça marche comme sur des roulettes

pióca *fn átv* is sangsue *n*

pipa *fn* pipe *n*; **~ra gyújt** allumer une pipe; *átv* **nagyon ~ volt** *biz* il était furax v. furibard

pipacs *fn* coquelicot *h*

pipál **I.** *tn i* fumer la pipe; *[füstöl]* fumer **II.** *ts i* **ilyet még nem ~tam!** je n'ai jamais rien vu de pareil !

pipás **I.** *mn [dühös] biz* furax, furibard(e) **II.** *fn [pipázó]* fumeur (-euse) de pipe

pipáz|ik *tn i* fumer la pipe

piperecikk *fn* article *h* de toilette v. de parfumerie

pipereszappan *fn* savon *h* de toilette

piperetáska *fn* nécessaire *h* v. trousse *n* de toilette

piperkőc *fn* godelureau *h*; *pej* minet *h*

pír *fn [arcé]* rougeur *n*

piramis *fn* pyramide *n*

pirinyó *mn* tout(e) petit(e), minuscule

pirít *ts i* griller; *[tésztát, sültet]* rissoler; *[hagymát]* faire revenir; *[vajban, zsírban]* faire sauter

pirítós *fn* toast *h*, pain *h* grillé

pirkad *tn i* l'aube v. l'aurore point

pirkadat *fn* pointe *n* du jour, aurore *n*, aube *n*

piromániás *fn* pyromanie *n*

piromániás *mn/fn* pyromane *h n*

piros **I.** *mn* rouge; **~ betűs ünnep** jour *h* férié; **~ lámpa** feu *h* rouge **II.** *fn [szín]* rouge *h*; *[kártyában]* cœur *h*; **áthajt a ~on** passer au rouge, brûler v. griller le feu rouge

P

pirosod|ik tn i rougir, devenir rouge
pirospaprika fn paprika h
pirospozsgás mn vermeil (-eille)
pirotechnika fn pyrotechnie n
pirotechnikus fn pyrotechnicien (-ienne)
piruett fn pirouette n
pirul tn i [arc] rougir; [étel] roussir, dorer; ~ fülig ~ rougir jusqu'aux oreilles v. aux yeux
pirula fn pilule n, comprimé h; átv lenyeli a keserű ~t fraz avaler la pilule
pisál tn i biz pisser
pisi fn biz pipi h
pisil tn i biz faire pipi
piskóta fn biscuit h; [babapiskóta] boudoir h; átv ez ~! fraz, biz c'est du gâteau v. de la tarte !
piskótatészta fn pâte n à biscuit, génoise n
pislákol tn i [láng] vaciller
pislog tn i [szem] cligner des yeux, clignoter; [fény] clignoter
pisze mn [orr] retroussé, en trompette; [ember] au nez retroussé
piszkál I. ts i vkit taquiner v. agacer qqn; biz asticoter qqn; vmit tripoter qqch; **~ja az orrát** fourrer v. mettre ses doigts dans le nez **II.** tn i **csak ~ az ételben** pignocher, chipoter
piszkálód|ik tn i vkivel ~ik chicaner qqn
piszkavas fn tisonnier h, pique-feu h
piszkít ts i/tn i salir, souiller
piszkolód|ik tn i [dolog] se salir
piszkos mn átv is sale; [beszéd] cochon (-onne), grossier (-ière); ~ **alak** sale type h; ~ **a keze** avoir les mains sales; ~ **munka** biz sale boulot h
piszkozat fn brouillon h
piszmog tn i traîner, lanterner, musarder
piszok I. mn ~ **fráter** biz crapule n,

ordure n **II.** fn saleté n; [piszokréteg] crasse n
piszokság fn biz saloperie n
pisszeg tn i fai re chut
pisszen tn i ~**ni se mert** il n'a pas osé broncher; biz il n'a pas osé moufter
pisztácia fn pistache n
pisztoly fn pistolet h, revolver h; ~**t fog vkire** braquer son pistolet sur qqn
pisztráng fn truite n
pitbull fn pit(-)bull h
pite fn kb. chausson h
piti fn ~ **ügy** affaire n minable
pitvar fn [paraszdháznál] porche h; [szívé] oreillette n
pityereg tn i pleurnicher
pitypang fn pissenlit h
pizza fn pizza n
pizsama fn pyjama h
plafon fn plafond h
plágium fn plagiat h
plagizál ts i plagier
plakát fn affiche n
plakett fn plaquette n
pláne I. hsz surtout; ~, **hogy** surtout que **II.** fn **az benne a ~, hogy** fraz la cerise sur le gâteau, c'est que
planetárium fn planétarium h
plankton fn plancton h
plasztik fn plastique h
plasztika fn műv arts h (t sz) plastiques; [szobor] sculpture n; orv chirurgie n plastique v. réparatrice v. [esztétikai] esthétique
plasztikai mn ~ **sebészet** chirurgie n plastique v. réparatrice [esztétikai] chirurgie esthétique
plasztikus mn műv en trois dimensions; [szemléletes] évocateur (-trice), suggestif (-ive)
platán fn platane h
platform fn műsz, pol plate-forme n
platina fn platine h

platinaszőke *mn* blond(e) platiné(e) *v.* platine

plató *fn* plateau *h*

plátói *mn* ~ **szerelem** amour *h* platonique

plazma *fn* plasma *h*

plébánia *fn* [egyházközösség] paroisse *n*; [hivatal] presbytère *h*

plébános *fn* curé *h*

pléd *fn* plaid *h*

pléh *fn* tôle *n*

plenáris *mn* ~ **ülés** séance *n* plénière

plénum *fn* plénum *h*

pletyka *fn* commérage(s) *h (t sz)*; [gyakran rosszindulatú] potin(s) *h (t sz)*; [rosszindulatú] cancan(s) *h (t sz)*; *biz* ragot(s) *h (t sz)*; **az a** ~ **járja, hogy** le bruit court que; ~**kat terjeszt** colporter des ragots

pletykafészek *fn* [nőszemély] commère *n*; [rosszindulatú] cancanière *n*

pletykál *tn i/ts i* cancaner, colporter des potins *v.* des ragots

pletykás *mn/fn* cancanier (-ière), commère *n*

plomba *fn* plomb(s) *h (t sz)*; [fogorvosi] plombage *h*

pluralizmus *fn* pluralisme *h*

plusz I. *mn* [előjel] plus; ~ **2 fok van** il fait plus deux (degrés); **van egy kis** ~ **pénzem** *biz* j'ai un peu d'argent en rab **II.** *fn* [többlet] surplus *h*, excédent *h* **III.** *hsz* [összeadás] plus; [azonfelül] plus; **a** ~ **b** a plus b

pluszjel *fn* signe *h* plus

plüss *fn* peluche *n*

pocak *fn biz* bide *h*; ~**ot ereszt** prendre du bide

pocakos *mn biz* bedonnant(e)

pocsék *mn* exécrable, abominable; ~ **ebéd** un repas infect; ~ **idő van** *biz* il fait un temps pourri; ~ **kedvében van** il est d'une humeur de chien

pocsékol *ts i/tn i* [időt, pénzt] gaspiller

pocskondiáz *ts i* dénigrer; *fraz* traîner dans la boue

pocsolya *fn* flaque *n* (d'eau)

pódium *fn* estrade *n*

poén *fn* [viccé] chute *n*; **lelövi a** ~**t** rater la chute; **az benne a** ~**, hogy** le plus beau de l'histoire, c'est que

poéta *fn* poète *h*

poétikus *mn* poétique

pofa *fn* [állaté] gueule *n*; [emberé] *biz* gueule *n*; [pasas] *biz* mec *h*; ~ **be!** ta gueule !; **nagy** ~**ja van** *biz* avoir une grande gueule; **volt** ~**ja azt mondani, hogy** *biz* il a eu le culot *v.* le toupet de me dire que; ~**kat vág** faire la grimace

pofacsont *fn* os *h* malaire

pofaszakáll *fn* favoris *h (t sz)*

pofátlan *mn biz* gonflé(e), culotté(e)

pofátlanság *fn biz* culot *h*

pofáz|ik *tn i biz* [sokat beszél] tchatcher; [zabál] bâfrer

pofon I. *fn* gifle *n*, claque *n*; *biz* baffe *n*; *átv* **nagy** ~ **volt ez neki!** il a pris une sacrée claque ! **II.** *hsz* ~ **vág vkit** gifler qqn; *biz* flanquer une baffe à qqn

pofonegyszerű *mn* simple comme bonjour

pofoz *ts i* gifler

pogácsa *fn* ‹petit four salé›

pogány *mn/fn* païen (païenne)

poggyász *fn* bagages *h (t sz)*

poggyászfeladás *fn* enregistrement *h* des bagages

poggyászkiadás *fn* délivrance *n* des bagages

poggyászkocsi *fn* fourgon *h* à bagages

poggyászmegőrző *fn* consigne *n* (des bagages)

pohár *fn* verre *h*; **egy** ~ **víz** un verre d'eau; **emeli poharát vkire/vmire**

lever son verre à qqn/qqch; *átv* **betelt a ~** *fraz* la coupe est pleine

pohárköszöntő toast *h;* **~t mond** porter un toast

pók *fn* araignée *n*

póker *fn* poker *h*

pókerez|ik *tn i* jouer au poker

pókháló *fn* toile *n* d'araignée

pokol *fn* enfer *h;* **eredj a ~ba!** va au diable !; **~lá teszi vkinek az életét** rendre la vie infernale à qqn

pokolgép *fn* bombe *n* à retardement

pokoli *mn* infernal(e); **~ hőség** chaleur *n* infernale; **~ zaj** un bruit épovantable *v.* infernal

pokróc *fn [takaró]* couverture *n; átv* **goromba ~** grossier personnage *h;* **goromba, mint a ~** *fraz, biz* être aimable comme une porte de prison

polc *fn* étagère *n*

polémia *fn* polémique *n*

polgár *fn [állampolgár]* citoyen (-enne); *[társadalmi értelemben]* bourgeois(e); *[nem katona]* civil *h*

polgárháború *fn* guerre *n* civile

polgári *mn* bourgeois(e); *[állampolgári]* citoyen (-enne); *[nem egyházi, nem katonai]* civil(e); **~ házasság** mariage *h* civil; **~ jog** droit *h* civil; **~ jogok** droits *h (t sz)* civiques; **~ lakosság** population *n* civile

polgárjog *fn* droits *h (t sz)* civiques *v.* du citoyen; *átv* **~ot nyer** acquérir droit de cité

polgármester *fn* maire *h n*

polgármesteri *mn* **~ hivatal** la mairie

polgárság *fn* bourgeoisie *n;* **a város ~a** les habitants *h (t sz)* de la ville, les citadins *h (t sz)*

polgártárs *fn* tört citoyen (-enne)

poliészter *fn* polyester *h*

poligámia *fn* polygamie *n*

polip *fn* poulpe *h; [nagy]* pieuvre *n; orv* polype *h*

políroz *ts i* polir

politika *fn* politique *n*

politikai *mn* politique

politikamentes *mn* apolitique

politikatudomány *fn* sciences *n (t sz)* politiques

politikus *fn* homme *h* (femme *n*) politique; *pej is* politicien (-ienne)

politizál *tn i [hivatásosan]* faire de la politique; *[diskurál]* parler *v.* causer politique

politológia *fn* politologie *n*

politológus *fn* politologue *h n*

politúr *fn* vernis *h*

pollen *fn* pollen *h*

póló *fn sp [lovaspóló]* polo *h; [vízilabda]* water-polo *h; [trikó]* ang tee-shirt *h*

poloska *fn áll* punaise *n; [lehallgató mikrofon]* biz punaise *n*

pólus *fn* pôle *h*

pólya *fn [babáé]* lange *n; orv* bandage *h,* bande *n*

pólyás *fn* nourrisson *h,* bébé *h*

pólyáz *ts i [csecsemőt]* langer

pompa *fn* faste *h,* apparat *h; vál* pompe *n;* **nagy ~val** en grande pompe

pompás *mn [fényűző]* somptueux (-euse), fastueux (-euse); *[kitűnő]* splendide, superbe, excellent(e); **~ idő** un temps splendide; **~ ötlet** une excellente idée

pondró *fn* larve *n,* ver *h*

pongyola I. *mn [öltözet]* débraillé(e), négligé(e); *[stílus]* relâché(e), négligé(e) **II.** *fn* robe *h* de chambre, peignoir *h*

póni *fn* poney *h*

pont I. *fn* point *h;* **három ~** *[írásjel]* points de suspension; **kiinduló ~** point de départ; **sebezhető ~** point sensible; **egy bizonyos ~ig** jusqu'à un certain point; **a szerződés ~jai** les points du contrat; **már azon a ~on volt, hogy** il en était arrivé à *inf*; **~ot tesz vminek a végére** mettre un point final à qqch; **egy ~ra szegezi tekintetét** fixer son regard sur un point; **~ról ~ra** point après point **II.** *hsz* exactement, justement; **~ öt órakor** à cinq heures précises *v.* piles; **~ ezt mondtam** c'est exactement ce que j'ai dit

pontatlan *mn [időben]* inexact(e); *[nem precíz]* imprécis(e); **~ fordítás** traduction *n* approximative

pontatlanság *fn [időben]* inexactitude *n*; *[precizitás hiánya]* inexactitude *n*, imprécision *n*; *[maga a hiba]* inexactitude *n*

ponton *fn* ponton *h*

pontos *mn [időben]* ponctuel (-elle), exact(e); *[precíz]* précis(e), exact(e), juste; **~ adatok** données *n (t sz)* précises; **~ a vonat** le train est à l'heure; **~ idő** l'heure *n* exacte; **~ mérleg** balance *n (t sz)* juste; **a szó ~ értelme** le sens exact du terme

pontosan *hsz [időben]* ponctuellement, à l'heure (pile); *[precízen]* avec précision; *[teljesen]* exactement; **~ érkezik** arriver à l'heure; **ez ~ ugyanaz** c'est exactement la même chose

pontosít *ts i* préciser

pontosság *fn [időben]* ponctualité *n*, exactitude *n*; *[precizitás]* précision *n*, justesse *n*; **másodpercnyi ~gal** à la seconde près

pontosvessző *fn* point-virgule *h*

pontoz *ts i [értékel]* marquer les points

pontozás *fn [versenyen]* pointage *h*; **~sal győz** gagner aux points

pontrendszer *fn* système *h* de points

pontszám *fn* nombre *h* de points; *sp* score *h*

pontverseny *fn* concours *h* aux points

ponty *fn* carpe *n*

ponyva *fn* bâche *n*

ponyvairodalom *fn* littérature *n* de gare

ponyvaregény *fn* roman *h* de gare

popénekes *fn* chanteur (-euse) pop

popfesztivál *fn* festival *h* pop

popó *fn biz* popotin *h*

popzene *fn* musique *n* pop

por *fn* poussière *n*; *orv, vegy* poudre *n*; *átv* **nagy ~t ver fel** défrayer la chronique, faire grand bruit; *átv* **~ig aláz** mortifier; **~rá ég** être réduit(e) en cendres; **~t töröl** essuyer la poussière

póráz *fn* laisse *n*; *átv is* **~on tart** tenir en laisse; *átv* **rövid ~ra fog vkit** *fraz* serrer le vis à qqn

porc *fn* cartilage *h*

porcelán *fn* porcelaine *n*; **~váza** vase *h* de porcelaine

porcika *fn* **minden ~ja remeg** trembler de tout son corps

porcogó *fn* cartilage *h*

porcukor *fn* sucre *h* en poudre

póréhagyma *fn* poireau *h*

porfelhő *fn* nuage *h* de poussière

porfészek *fn biz* bled *h*, patelin *h*; **egy elveszett ~** un trou perdu

porhanyós *mn [anyag]* friable; *[étel]* tendre

porhintés *fn* **ez csak ~** *fraz* ce n'est que de la poudre aux yeux

porhó *fn [neige n]* poudreuse *n*

porlaszt *ts i* pulvériser, vaporiser

porlasztó *fn gj* carburateur *h*

pornó *fn* porno *h*

pornófilm *fn* film *h* porno

pornográf *mn* pornographique

pornográfia *fn* pornographie *n*

porol I. *ts i* épousseter; *[szőnyeget]* battre **II.** *tn i* soulever de la poussière

poroló *fn [eszköz]* tapette *n*
poroltó *fn* extincteur *h*
porond *fn [cirkuszi, küzdőtér]* arène *n*; *átv* a nemzetközi ~on sur la scène internationale
poronty *fn [gyerek] biz* mioche *h n*, mouflet (-ette)
poros *mn* poussiéreux (-euse)
porosod|ik *tn i* se couvrir de poussière
porszem *fn* grain *h* de poussière
porszívó *fn* aspirateur *h*
porszívóz|ik *ts i* passer l'aspirateur
porta *fn [szállodában]* réception *n*; *[középületben]* accueil *h*
portál *fn épít, inform* portail *h*
portás *fn [kapus]* portier *h*; *[hotelben recepciós]* réceptionniste *n h*; *[középületben]* concierge *h n*
portéka *fn* marchandise *n*
portfólió *fn gazd* portefeuille *n*
portó *fn* port *h*, affranchissement *h*
portörlő *fn* chiffon *h* à poussière
portré *fn* portrait *h*
portugál I. *mn* portugais(e) **II.** *fn [személy]* Portugais(e); *[nyelv]* portugais *h*
porul ~ jár *biz* se faire avoir
pórus *fn* pore *h*
porz|ik *tn i* dégager de la poussière; *[út]* poudroyer
porzó *fn növ* étamine *n*
poshad *tn i [víz]* croupir; *[étel]* pourrir; *[gyümölcs]* se gâter, blettir
poshadt *mn [étel]* pourri(e); *[gyümölcs]* gâté(e); ~ víz eau *n* croupie
posta *fn [hivatal]* poste *n*; *[küldemény]* courrier *h*; ~n küld envoyer par la poste; ~ra ad mettre à la poste, poster; a mai ~val par le courrier d'aujourd'hui
postabélyeg *fn* timbre-poste *h*
postabélyegző *fn* cachet *h v.* timbre *h* de la poste

postacím *fn* adresse *n* postale
postafiók *fn* boîte *n* postale, B.P.
postafordultával *hsz* par retour de courrier
postagalamb *fn* pigeon *h* voyageur
postahivatal *fn* bureau *h* de poste
postai *mn* postal(e), de la poste; ~ díjszabás tarifs *h (t sz)* postaux
postakocsi *fn [vonaton]* wagon *h* postal; *[régi utazókocsi]* diligence *n*
postaköltség *fn* frais *h (t sz)* de port
postaláda *fn* boîte *n* à *v.* aux lettres
postás *fn [levélkihordó]* facteur (-trice); *[tisztviselő]* postier (-ière)
postautalvány *fn* mandat-poste *h*
postáz *ts i* poster
posvány *fn átv is* bourbier *h*
poszt *fn [őrhely]* poste *h* (de garde); *[állás, tisztség]* poste *h*
poszter *fn* poster *h*
posztgraduális *mn* ~ képzés *kb.* formation *n* de troisième cycle
posztmodern I. *mn* postmoderne **II.** *fn* postmoderne *n*
posztó *fn* feutre *h*
posztumusz *mn* posthume
pótágy *fn* lit *h* supplémentaire
pótalkatrész *fn* pièce *n* de rechange
pótdíj *fn közl* supplément *h*
potenciál *fn* potentiel *h*
potenciális *mn* potentiel (-elle)
pótjegy *fn [vasúton]* billet *h* supplémentaire
pótkávé *fn* succédané *h* de café
pótkerék *fn* roue *n* de secours
pótkocsi *fn* remorque *n*
pótköltségvetés *fn* budget *h* rectificatif
pótlás *fn* remplacement *h*; *[veszteségé]* compensation *n*
pótlék *fn* complément *h*, supplément *h*; családi ~ allocation *n* familiale; késedelmi ~ indemnité *n* de retard; veszélyességi ~ prime *n* de risque

pótlólag *hsz* après coup, par la suite, ultérieurement

pótol *ts i [helyettesít]* remplacer; *[kiegészít]* compléter; *[veszteséget]* compenser; *[elmulasztást]* rattraper

pótolhatatlan *mn [személy]* irremplaçable; *[kár, veszteség]* irréparable

potom *mn* ~ áron à un prix dérisoire *v.* modique; *fraz* pour une bouchée de pain

potroh *fn áll* abdomen *h*; *[pocak] biz* panse *n*, bedaine *n*

pótszavazás *fn* scrutin *h* de ballottage

pótszék *fn* siège *h* supplémentaire; *[lecsapható]* strapontin *h*

pótszer *fn* produit *h* de substitution, succédané *h*

póttag *fn* suppléant(e)

pótvizsga *fn* examen *h* de rattrapage, repêchage *h*

potya *mn [ingyenes]* gratis; *biz* gratos; ~ra *[hiába] biz* pour des clous *v.* des nèfles *v.* des prunes

potyautas *fn [repülőgépen, hajón]* passager (-ère) clandestin(e); *[metrón stb.] biz* resquilleur (-euse)

potyáz|ik *tn i [metrón stb.] biz* resquiller

potyog *tn i* tomber; *[könny]* ruisseler; *[személy]* dégringoler

pottyan *tn i* tomber; az égből ~t être tombé(e) du ciel

póz *fn* pose *n*, attitude *n*

pozíció *fn [testhelyzet]* position *n*; *[társadalmi]* position *h*, situation *n*; *[állás, tisztség]* poste *h*

pozícióharc *fn* guerre *n* de position

pozitív I. *mn* positif (-ive) **II.** *fn fényk* épreuve *n* positive

pozitivizmus *fn* positivisme *h*

pozitívum *fn [valóságos dolog]* fait *h* positif; *[értékes elem]* côté *h* positif

pózna *fn* poteau *h*

pózol *tn i* poser

Pozsony *fn* Bratislava *n*; *tört* Presbourg *h*

pödör *ts i [bajuszt]* tortiller; *[cigarettát]* rouler

pöffeszkedik *tn i* se rengorger, se donner des airs

pöfög *tn i [vonat]* haleter; *[autó]* pétarader

pökhendi *mn* arrogant(e), impertinent(e), insolent(e)

pörget *ts i* faire tourner

pörgettyű *fn [játék]* toupie *n*; *műsz* gyroscope *h*

pörköl *ts i* griller; *[kávét]* torréfier

pörkölt *fn* ‹ragoût à la hongroise›

pörög *tn i* tournoyer, pirouetter, tourbillonner

pöszén *hsz* ~ beszél zézayer, bléser; *biz* zozoter

pöttöm *mn fraz* haut(e) comme trois pommes

pötty *fn petty [minta]* pois *h*; *[állatokon]* tache *n*, moucheture *n*; *[folt]* tache *n*

pöttyös *mn pettyes* à pois, moucheté(e), tacheté(e)

Prága *fn* Prague *n*

pragmatikus *mn* pragmatique

praktika *fn* machination *n*, manœuvre *n*

praktikus *mn* pratique, utile; ~ ember esprit *h* pratique; ~ szerszám outil *h* pratique

praktizál *tn i [orvos]* exercer

pravoszláv *mn/fn* orthodoxe *h n*

praxis *fn [gyakorlat]* pratique *n*; *[szakmai működés]* exercice *n*; *[ügyfelek összessége]* clientèle *n*; húsz éves ~ után après vingt années d'exercice

precedens *fn* précédent *h*; ~ nélküli sans précédent

precíz *mn* précis(e)

precíziós *mn* ~ műszer instrument *h* de précision

P

préda *fn* proie *n*; *[zsákmány]* butin *h*;
~**ul odadob** jeter en proie

predesztinál *ts i* prédestiner

prédikáció *fn vall* prédication *n*; *[inkább katolikus]* sermon *h*; *[inkább protestáns]* prêche *h*, *átv, pej* sermon *h*

prédikál *tn i vall, átv is* prêcher

prédikátor *fn* prédicateur *h*

prefektus *fn* préfet *h*

preferál *ts i [előnyben részesít]* favoriser

prém *fn* fourrure *n*

prémes *mn* ~ **állat** animal *h* à fourrure; ~ **kabát** manteau *h* de fourrure

premier *fn film, szính* première *n*

prémium *fn* prime *n*

prepozíció *fn nyelv* préposition *n*

préri *fn* prairie *n*

prés *fn* presse *n*; *[gyümölcshöz, szőlőprés]* pressoir *h*

présel *ts i* presser, pressurer

présház *fn* pressoir *h*

presszó *fn* café *h*

presszókávé *fn* (café *h*) express *h*

presztízs *fn* prestige *h*

presztízskérdés *fn* question *n* de prestige

prevenció *fn* prévention *n*

preventív *mn* préventif (-ive)

prézli *fn* chapelure *n*

priccs *fn* bat-flanc *n*, lit *h* de camp

príma *mn* **ez** ~ **minőség** c'est de première qualité; ~**!** formidable !, super !, extra !

primadonna *fn* prima donna *n*

primás *fn vall* primat *h*; *[cigányprímás]* ⟨premier violon dans un orchestre tzigane⟩

prímhegedű *fn* premier violon *h*

primitív I. *mn átv is* primitif (-ive) **II.** *fn műv* **az olasz** ~**ek** les primitifs *h (t sz)* italiens

primőr I. *mn* ~**zöldségek** légumes *h (t sz)* de primeur **II.** *fn* primeur *n*

prioritás *fn* priorité *n*

priusz *fn* casier *h* judiciaire; **van** ~**a** avoir un casier judiciaire; **nincs** ~**a** avoir un casier judiciaire vierge

privát *mn* privé(e), personnel (-elle); ~ **ügy** affaire *n* privée *v.* personnelle; ~ **vélemény** opinion *n* personnelle

privatizáció *fn gazd* privatisation *n*

privatizál *ts i gazd* privatiser

privilégium *fn* privilège *h*

prizma *fn* prisme *h*

pro *hsz* ~ **és kontra** le pour et le contre

próba *fn* essai *h*; *[kísérlet]* tentative *n*; *[kísérleti]* test *h*, expérience *n*; *[próbatétel]* épreuve *n*; *[ruháé]* essayage *h*; *[előadás gyakorlása]* répétition *n*; *biz* répète *n*; ~ **szerencse** qui ne risque rien n'a rien; ~**ra tesz vkit** mettre qqn à l'épreuve; ~**t tesz** faire un essai

próbababa *fn* mannequin *h* (de couturière *v.* de tailleur)

próbafelvétel *fn film* prise *n* d'essai; *[színésszel]* bout *h* d'essai

próbafülke *fn* cabine *n* d'essayage

próbaidő *fn [munkavállalásnál]* période *n* d'essai; *[elítélté]* période *n* de probation

próbaképpen *hsz* à titre d'essai

próbál I. *ts i [kipróbál, felpróbál]* essayer; *[színdarabot]* répéter; **szerencsét** ~ courir *v.* tenter sa chance; **menekülni** ~**t** il a tenté de prendre la fuite **II.** *tn i [próbálkozik] vmivel* essayer *v.* tenter *de inf*, chercher *à inf*

próbálkozás *fn* essai *h*, tentative *n*; **hiábavaló** ~ vaine tentative

próbálkoz|ik *tn i* tenter, essayer

próbaterem *fn szính, zene* salle *n* de répétition

próbatétel *fn* épreuve *n*

probléma *fn* problème *h*; **ez nem** ~ ce n'est pas un problème; ~**ája van**

vmivel avoir un problème avec qqch; **~t okoz** poser problème

problémás *mn* à problèmes

problematika *fn* problématique *n*

problematikus *mn* problématique

procedúra *fn* procédure *n*

producer *fn film* producteur (-trice)

produkál *ts i* produire; **~ja magát** se donner en spectacle; *biz* faire son numéro

produkció *fn [előadás]* numéro *h*

produktív *mn* productif (-ive)

produktivitás *fn* productivité *n*

profán *mn vall* profane; *[tiszteletlen]* *vál* irrévérencieux (-euse)

prófécia *fn* prophétie *n*

professzionális *mn* professionnel (-elle)

professzor *fn* professeur *h n*

próféta *fn vall* prophète *h*; **vminek a ~ja** l'apôtre *h* de qch

profi *mn/fn biz* pro *h n*; **~ munka** un travail de pro

profil *fn [oldalnézet, arcél]* profil *h*; *[intézményé, vállalaté]* profil *h*; **~ból** de profil

profit *fn* profit *h*

profitál *tn i* vmiből profiter *v.* tirer profit de qqch

profitorientált *fn* orienté(e) vers le profit

prognosztizál *ts i* pronostiquer

prognózis *fn orv, pol* pronostic *h*; *[meteorológiai]* prévisions *n (t sz)* météorologiques

program *fn [terv, műsor]* programme *h*; *inform* logiciel *h*, programme *h*; **mi a ~od ma este?** qu'est-ce que tu fais ce soir ?; **választási ~** programme *v.* plateforme *n* électoral(e); *inform* **felhasználói ~** programme d'application

programnyelv *fn inform* langage *h* de programmation

programoz *ts i inform* programmer

programozás *fn inform* programmation *n*

programozó I. *mn inform* **~ matematikus** *kb.* analyste *h n* programmeur **II.** *fn inform* programmeur (-euse)

programvezérlés *fn* commande *n* par programme

progresszív *mn [fokozatos]* progressif (-ive); *[haladó]* progressiste

projekt *fn* projet *h*

proli *mn/fn biz* prolo *h n*

prológus *fn* prologue *h*

prolongál *ts i* prolonger; *[filmet]* maintenir à l'affiche

propagál *ts i* propager, faire de la propagande pour

propaganda *fn pol* propagande *n*; *[reklámozás]* publicité *n*

propeller *fn* hélice *n*

propozíció *fn* proposition *n*

prospektus *fn* prospectus *h*

prosperál *tn i* prospérer

prostituál *ts i* prostituer; **~ja magát** se prostituer

prostituált *fn* prostitué(e)

prostitúció *fn* prostitution *n*

prosztata *fn* prostate *n*

protein *fn* protéine *n*

protekció *fn* piston *h*; **van ~ja** avoir des relations, être pistonné(e); **~val szerez meg vmit** obtenir qqch par protection

protekcionizmus *fn* favoritisme *h*; *gazd* protectionnisme *h*

protestál *tn i* protester

protestáns *mn/fn* protestant(e)

protestantizmus *fn* protestantisme *h*

protézis *fn* prothèse *n*; *[fog]* prothèse *n* dentaire, dentier *h*

protezsál *ts i* protéger, pistonner

protokoll *fn* protocole *h*

prototípus *fn* prototype *h*

provinciális *fn* provincial(e)

provokáció fn provocation n

provokál ts i provoquer

provokatív mn provocant(e)

próza fn prose n

prózai mn *[banális]* prosaïque, banal(e), terre-à-terre, trivial(e); **~ mű** œuvre n en prose

prózaíró fn prosateur h

prűd mn prude, pudibond(e)

prüszköl tn i éternuer; *[ló]* s'ébrouer

pszichiáter fn psychiatre h n

pszichiátria fn psychiatrie n

pszichikai mn psychique

pszichoanalitikus fn psychanalyste h n

pszichoanalízis fn psychanalyse n

pszichológia fn psychologie n

pszichológiai mn psychologique

pszichológus fn psychologue h n

pszichopata fn psychopathe h n

pszichoterápia fn psychothérapie n

pszichózis fn psychose n

pszt msz *[csendre intő]* chut !; *[hívásnál]* psitt !, pst !

pubertás fn puberté n

publicista fn chroniqueur (-euse)

publicisztika fn chronique n

publikáció fn publication n

publikál ts i *[közzétesz, megjelentet]* publier; *[nyilvánosságra hoz]* rendre public (publique)

publikum fn public h; *[hallgató]* auditoire h

pucér mn nu(e); biz à poil

pucol I. ts i *[tisztogat]* nettoyer; *[hámoz]* éplucher **II.** tn i *[menekül]* biz se tailler, se tirer

puccs fn coup h d'État, putsch h

puccskísérlet fn tentative n de coup d'État v. de putsch

púder fn *[arcra]* poudre n; *[testápoló]* talc h

púderpamacs fn houppette n

puding fn pudding h

puff¹ fn *[ülőhely]* pouf h

puff² msz pouf !, vlan !, paf !

puffad tn i enfler, gonfler, bouffir

puffadás fn *[arcon]* boursouflure n; *[hasban]* gonflement h; ballonnement h

puffadt mn gonflé(e), enflé(e), *[arc]* bouffi(e); *[has]* ballonné(e)

puffan tn i faire pouf

pufók mn dodu(e); **~ arc** joues n (t sz) rebondies; **~ arcú** joufflu(e)

puha mn mou (mol) (molle); *[tapintásra]* doux, (douce); *[étel]* tendre; átv *[jellem]* mou (mol) (molle), veule; **~ ágy** lit h douillet; **~ ceruza** crayon h gras; **~ az orrod!** fraz, biz ton nez remue !

puhány fn *[gyenge akaratú]* chiffe n molle; biz femmelette n

puhatestű fn a **~ek** les mollusques h (t sz)

puhatolódz|ik tn i tâter le terrain; vkinél sonder qqn

puhít ts i *[tárgyat]* (r)amollir; *[húst]* attendrir; *[embert]* amadouer

puhul tn i s'amollir, se ramollir; *[étel]* devenir tendre; *[ember]* s'amadouer, mollir

pukkan tn i éclater, détoner

pukkancs mn coléreux (-euse); fraz soupe au lait

pukkaszt ts i *[mérgesít]* agacer, irriter; **polgárt ~** épater le bourgeois

puli fn *[kutya]* puli h

pulóver fn pull h, pull-over h

pult fn comptoir h

pulzus fn pouls h; **kitapintja vkinek a ~át** prendre le pouls de qqn

pulyka fn dinde n

pulykakakas fn dindon h

pumpa fn pompe n; átv **felmegy benne a ~** fraz prendre la mouche; **ha-**

mar felmegy nála a ~ *fraz* avoir la tête près du bonnet

pumpál *ts i [gumit]* gonfler; *[szivaty-tyúz]* pomper

pumpol *ts i vkit biz* taper *qqn*

puncs *fn* punch *h*

punktum *msz* ~! un point, c'est tout !

púp *fn* bosse *n*

pupilla *fn* pupille *n*

puplin *fn* popeline *n*

púpos *mn/fn* bossu(e)

púpozott *mn* egy ~ **kávéskanál** vmi une cuillère à café bombée de qqch

purgatórium *fn* purgatoire *h*

puritán *mn/fn* puritain(e)

puska *fn* fusil *h; [iskolában] biz* antisèche *n,* pompe *n*

puskacső *fn* canon *h*

puskagolyó *fn* balle *n*

puskapor *fn* poudre *n*

puskaporos *fn* ~ **hordó** baril *h* de poudre; ~ **hangulat** ambiance *n* explosive

puskatus *fn* crosse *n;* ~**sal üt** frapper à coup(s) de crosse

puskáz|ik *tn i okt, biz* pomper

puszi *fn biz* bisou *h,* bise *n*

puszil *ts i vkit biz* donner un bisou *v.* une bise à *qqn,* faire une bise à *qqn*

puszta I. *mn [elhagyott]* désert(e); *[kopár]* aride; **a ~ földön** à même le sol; **a ~ gondolatra, hogy** à la seule pensée de *inf;* ~ **kézzel** à mains *n (t sz)* nues; ~ **szemmel** à l'œil *h* nu; ~ **véletlen** un pur hasard **II.** *fn* steppe *n;* **a magyar ~** la puszta hongroise

pusztán *hsz [csupán]* seulement, simplement; *[csakis]* uniquement; *[egymagában]* seul(e); ~ **gonoszságból**

par pure méchanceté; **már ~ a látványa is** sa seule vue, rien qu'à le voir

pusztaság *fn* désert *h*

pusztít I. *ts i* détruire, ravager, dévaster; *[ételt]* dévorer **II.** *tn i* causer des destructions *v.* des ravages

pusztítás *fn* ravage *h,* destruction *n,* dévastation *n;* **nagy ~t okoz** causer des ravages *v.* d'importantes destructions

pusztító *mn* destructeur (-trice), ravageur (-euse), dévastateur (-trice); ~ **vihar** tempête *n* dévastatrice

pusztul *tn i [meghal]* mourir; ~**nak az erdők** les forêts *n (t sz)* dépérissent; **éhen ~** mourir de faim; ~**j innen!** *biz* dégage d'ici !

pusztulás *fn* dépérissement *h;* destruction *n*

puttony *fn* hotte *n*

püffedt *mn* bouffi(e), enflé(e)

püföl *tn i* taper

pünkösd *fn* Pentecôte *n;* ~**kor** à la Pentecôte

pünkösdi *mn* ~ **királyság** règne *h* éphémère

pünkösdirózsa *fn* pivoine *n*

pünkösdvasárnap *fn* dimanche *h* de Pentecôte

püré *fn* purée *n*

püspök *fn* évêque *h*

püspökfalat *fn konyh* croupion *h,* bonnet *h* d'évêque

püspöki *mn* épiscopal(e); ~ **székhely** résidence *n* épiscopale, évêché *h*

püspökség *fn [tisztség, tisztségben eltöltött idő]* épiscopat *h; [egyházmegye]* évêché *h*

püspöksüveg *fn* mitre *n* (d'évêque)

R

rá *hsz* sur; **tedd ~ arra az asztalra!** mets-le sur cette table-là; **emlékszem ~** *[személyre]* je me souviens de lui (d'elle), *[dologra]* je m'en souviens; **egy évre ~** un an plus tard; **haragszom ~** je suis en colère contre lui; **nincs ~ időm** je n'en ai pas le temps

ráad *ts i vmit vkire* mettre *qqch à qqn*; *[hozzáad]* ajouter

ráadás *fn* supplément *h*; *szính* bis *h*, rappel *h*; **~t játszik** bisser

ráadásul *hsz* de *v.* en plus, par *v.* de surcroît, par-dessus le marché

ráakad *tn i vkire/vmire* tomber *sur qqn/qqch*

ráakaszkodlik *tn i vkire* s'accrocher à *qqn*; *fraz, biz* s'accrocher aux basques de *qqn*

ráakaszt *tn i vmit vmire* accrocher *qqch sur qqch*

rááll *tn i [feláll]* vmire monter *sur qqch*; *[beleegyezik]* vmire consentir à *qqch v. à inf*

rab I. *fn* prisonnier (ière); *[fogházban]* détenu(e); *átv* esclave *h n*; **szenvedélyeinek a ~ja** être l'esclave de ses passions; **~ul ejt** faire prisonnier; *átv* ensorceler, subjuguer **II.** *mn* captif (-ive); **~ madár** oiseau *h* captif *v.* en cage

rábámul *tn i vkire/vmire* regarder *qqn/qqch* avec étonnement *v.* stupéfaction *v.* d'un air stupéfait

rabbi *fn* rabbin *h*

rábeszél *ts i vkit vmire* persuader *v.* convaincre *qqn de inf*

rábír *ts i vkit vmire* amener *v.* décider *qqn à inf*

rábíz *ts i vmit vkire* confier *qqch à qqn*; **~za magát vkire** s'en remettre à qqn

rábizonyít *ts i ~ották a lopást* il a été convaincu de vol

rablás *fn* vol *h*; **fegyveres ~** vol à main armée; *átv* **ez valóságos ~!** c'est du vol !

rabló *fn* voleur (-euse)

rablóbanda *fn* bande *n* de voleurs

rablógyilkos *fn* assassin *h*

rablógyilkosság *fn* crime *h* crapuleux

rablóhús *fn* brochette *n*

rablótámadás *fn* agression *n*; **fegyveres ~** agression à main armée

rabol *ts i* voler; *[fosztogat]* piller; *[embert]* enlever, kidnapper; **bankot ~** dévaliser une banque; *biz* braquer une banque; **időt ~** faire perdre du temps

ráborít *ts i vkire/vmire vmit* (re)couvrir *qqn/qqch de qqch*; *[folyadékot]* vmire renverser *sur qqch*

ráborul *tn i [folyadék]* vmire se renverser *sur qqch*; *vki vmire* s'effondrer *sur qqch*

raboskodik *tn i* être prisonnier (-ière)

rabság *fn [fogolyé]* captivité *n*; *[rabszolgáé, népé]* esclavage *h*

rabszállító *mn ~ autó* fourgon *h* cellulaire; *biz* panier *h* à salade

rabszolga *fn* esclave *h n*

rabszolgaság *fn* esclavage *h*

rábukkan *tn i vkire/vmire* tomber *sur qqn/qqch*

rácáfol *tn i vmire* démentir *qqch*

ráció *fn* bon sens *h*, raison *n*

racionális *mn* rationnel (-elle); **~ szám** nombre *h* rationnel

racionalizál *ts i [ésszerűsít]* rationaliser

rács *fn* grille *n*; *[ablakon]* grillage *h*; *[börtönablaké, ketrecé]* barreaux *h (t sz)*; ~ **mögé kerül** se retrouver derrière les barreaux

rácsap I. *ts i* ~**ja az ajtót** vkire claquer la porte au nez de qqn **II.** *tn i* taper sur; ~ **az asztalra** taper sur la table; ~ **vkinek a kezére** donner un tape sur la main de qqn

rácsavar *ts i [csavarozással]* visser sur; *[tekerve]* rouler

rácsavarodik *tn i vmire* s'enrouler autour v. sur qqch

raccsol *tn i* grasseyer

rácsos *mn* grillagé(e), grillé(e); ~ **ablak** fenêtre *n* grillagée; ~ **kerítés** v. **kapu** grille *n*

radar *fn* radar *h*

radiátor *fn [fűtőtest, hűtő]* radiateur *h*

radikális *mn/fn* radical(e)

radikalizmus *fn* radicalisme *h*

rádió *fn [adás, készülék]* radio *n*; **a** ~**ban** à la radio

rádióadás *fn* émission *n* de radio

rádióadó *fn [berendezés]* émetteur *h* radio; *[adóállomás]* station *n* de radio

radioaktív *mn* radioactif (-ive); ~ **hulladék** déchets *h (t sz)* radioactifs

radioaktivitás *fn* radioactivité *n*

rádióállomás *fn* station *n* de radio

rádióbemondó *fn* présentateur (-trice) à la radio

rádiójáték *fn* pièce *n* radiophonique

rádiókészülék *fn* (poste *h* de) radio *n*

rádióközvetítés *fn* retransmission *n* radiophonique

radiológia *fn* radiologie *n*

radiológus *fn* radiologue *h n*

rádiómagnó *fn* radiocassette *n*

rádióműsor *fn* programme *h* (de) radio

rádiós I. *mn* ~ **újságíró** journaliste *h n* (de) radio **II.** *fn [rádiónál dolgozó]*

[igével] faire de la radio; *hajó, kat* radio *h*

rádiótelefon *fn* radiotéléphone *h*

rádióz|ik *tn i* écouter la radio

radír *fn* gomme *n*

radíroz *ts i* gommer

rádium *fn* radium *h*

rádöbben *tn i vmire* se rendre compte v. prendre conscience de qqch

rádől *tn i [esik]* vkire/vmire s'abattre sur qqn/qqch; *[támaszkodik]* vmire s'appuyer sur qqch

ráébred *tn i vmire* se rendre compte v. prendre conscience de qqch

ráér *tn i vmire* avoir le temps de *inf*; ~**sz egy percre?** tu as deux minutes ?; ~**sz szombaton?** tu es libre samedi ?; **nem érek rá** je n'ai pas le temps

ráérő *fn* ~ **időmben** à mes moments libres v. perdues, à mes heures perdues

ráerősít *ts i vmit vmire* fixer qqch sur qqch

ráerőszakol *ts i vmit vkire* imposer qqch à qqn, forcer qqn à *inf*

ráes|ik *tn i vkire/vmire* tomber sur qqn/qqch; ~**ett a választás** le choix s'est porté sur lui

ráeszmél *tn i vmire* se rendre compte de qqch, réaliser qqch

ráfagy *tn i vmi vmire* geler sur qqch; ~**ott a mosoly az arcára** le sourire s'est figé sur son visage

ráfeksz|ik *tn i vmire* se coucher v. s'allonger sur qqch

ráfér *tn i vmi vmire* tenir sur qqch; **rám férne egy kis pihenés** j'aurai bien besoin d'un peu de repos

rafinált *mn [kifinomult]* raffiné(e); *[ravasz]* rusé(e), malin (maligne)

ráfizet *ts i/tn i [árra]* payer un supplément; ~**ett az üzletre** il a perdu gros sur cette affaire, il en est pour ses frais dans cette affaire

R

ráfog *ts i [fegyvert] vkire* braquer *sur qqn; átv vkire vmit* attribuer (à tort) *qqch à qqn,* accuser (à tort) *qqn de qqch*

ráfordít *ts i* tourner; *[időt, gondot]* consacrer; *[pénzt]* investir, dépenser; **~ja a kulcsot** donner un tour de clé; **kétszer ~ja a kulcsot** fermer à double tour

ráfordítás *fn [anyagi]* dépense *n,* investissement *h*

rag *fn nyelv [igén, névszón]* désinence *n*

rág *ts i* mâcher; *[féreg, rágcsáló]* ronger; **~ja a körmét** ronger ses ongles, se ronger les ongles; *átv* **~ja a fülét vkinek** *fraz* rebattre les oreilles à qqn; *biz* bassiner qqn

ragacsos *mn* poisseux (-euse), gluant(e); **~ kéz** mains *n (t sz)* poisseuses

ragad I. *tn i vmihez* coller *v.* adhérer à *qqch* **II.** *ts i galléron* **~** saisir au collet; *átv is* **magához ~ vmit** s'emparer de qqch; *átv* **magával ~** emporter, entraîner

ragadós *mn* collant(e), gluant(e), poisseux (-euse); *[jelenség, betegség]* contagieux (-euse)

ragadozó I. *mn* carnassier (-ière), carnivore, prédateur (-trice); **~ hal** poisson *h* carnivore; **~ madár** oiseau *h* rapace *v.* de proie **II.** *fn* prédateur *h,* carnassier (-ière); **a nagy ~k** les grands fauves *h (t sz)*

rágalmaz *ts i* calomnier, diffamer

rágalmazó I. *mn* diffamatoire, calomnieux (-euse) **II.** *fn* calomniateur (-trice), diffamateur (-trice)

rágalom *fn* calomnie *n,* diffamation *n*

ragályos *mn* contagieux (-euse), épidémique

ragaszkodás *fn* attachement *h*

ragaszkod|ik *tn i vkihez/vmihez* être attaché(e) *v.* tenir à *qqn/qqch;* **~ik**

hozzá, hogy il tient à ce que *subj;* **~ik a véleményéhez** s'en tenir à *v.* persister dans son opinion

ragaszkodó *mn* affectueux (-euse)

ragaszt *ts i* coller

ragasztó *fn* colle *n*

ragasztószalag *fn* ruban *h* adhésif

rágcsál *ts i* mâchonner; *biz* mâchouiller; *[eszeget]* grignoter; *[állat]* ronger

rágcsáló *fn* **a ~k** les rongeurs *h (t sz)*

rágód|ik *tn i vmin* ruminer *qqch; [gyötrődve]* *fraz* se ronger *v.* se manger les sangs

rágógumi *fn* chewing-gum *h*

rágós *mn* coriace, dur(e)

ragoz *ts i [igét]* conjuguer; *[főnevet]* décliner

ragozás *fn [igéé]* conjugaison *n; [főnévé]* déclinaison *n*

ragtapasz *fn* sparadrap *h*

ragu *fn* ragoût *h*

ragyás *mn* grêlé(e); **~ arc** visage *h* grêlé

ragyog *tn i átv is* briller, luire, resplendir; *[csillogva]* scintiller

ragyogás *fn átv is* splendeur *n,* rayonnement *h,* éclat *h*

ragyogó *mn* luisant(e); *átv is* brillant(e), resplendissant(e); *átv* splendide; **~ napsütés** soleil *h* radieux; **örömtől ~** rayonnant(e) *v.* resplendissant(e) de joie; **~ ötlet** idée *n* lumineuse

rágyújt *tn i* **~ egy cigarettára** allumer une cigarette

ráhagy *ts i [örökséget]* léguer, laisser en héritage; *[nem ellenkezik]* tolérer, laisser faire; *[nem tiltakozik]* laisser dire

ráhajol *tn i vkire/vmire* se pencher sur *qqch/qqn*

ráhajt *tn i [kocsi] vmire* rouler sur *qqch; [munkában]* *fraz* en mettre un coup

ráharap *tn i átv, fraz* mordre à v. gober l'hameçon; **a hal ~ az csalétekre** le poisson mort à l'appât

ráhárul *tn i vkire* incomber v. revenir à qqn

ráhatás *fn* influence *n*

ráhibáz *tn i* tomber juste v. *fraz* dans le mille

ráhúz *ts i [gyűrűt] vkire* passer à qqn; *[ruhát] vkire* mettre à qqn; *[ütést mér] aloner un coup*

ráigér *ts i* surenchérir

ráijeszt *tn i vkire* effrayer qqn, faire peur à qqn

ráill|ik *tn i [ruhadarab] vkire* aller bien à qqn; *[fogalom]* s'appliquer à; *[le-írás]* correspondre à

ráír *ts i vmire* écrire *sur qqch*

ráirányít *ts i* diriger sur; *[fegyvert]* braquer sur; **~ja a figyelmet vmire** attirer v. polariser l'attention sur qqch

ráírat *ts i [tulajdont] vkire* mettre qqch au nom de qqn

ráismer *tn i vkire* reconnaître v. identifier qqn

raj *fn [méh, rovar]* essaim *h*, colonie *n; [madár]* volée *n; [hal]* banc *h; kat* escouade *n*, peloton *h; hajó* escadre *n*

rája *fn áll* raie *n*

rájár *tn i [étel, itala, titokban]* picorer en catimini; **~ a nyelve vmire** dire qqch par automatisme

Rajna *fn* Rhin *h*

rajong *tn i vmiért* se passionner *pour qqch*, adorer *qqch; vkiért* adorer *qqn; [művészért, hírességért]* être un(e) fan *de qqn*

rajongás *fn [lelkesedés]* enthousiasme *h; [forró szeretet]* passion *n*

rajongó I. *mn* passionné(e), fervent(e), enthousiaste **II.** *fn* admirateur (-trice), fan *h n*

rájön *tn i [ráébred]* réaliser, se rendre compte de, s'apercevoir de; *[igazság-ra]* découvrir; *[megoldásra]* trouver; *[titokra]* deviner; *vmi vkire* être pris(e) *de qqch*; **~ a hiszti** *biz* piquer sa crise

rajt *fn sp* départ *h*; **~hoz áll** prendre le départ

rajta I. *hsz vmin/vkin* sur qqch/qqn; **látszik ~, hogy fáradt** ça se voit qu'il est fatigué; **új ruha van ~** elle porte une nouvelle robe; **~ van a listán** figurer sur la liste; **csak ~d áll, hogy** il ne tient qu'à toi de *inf*; **~m kívül** à part moi; **rajtunk a sor** c'est (à) notre tour **II.** *msz* **~!** vas-y!, allons-y!, allez-y!

rajtakap *ts i* surprendre, prendre sur le fait; *vkit vmin* surprendre *qqn* à *inf*; *[bűntényen, házasságtörésen]* prendre en flagrant délit; **~ta, amint** il l'a surpris en train de *inf*

rajtaüt *tn i [katonaság]* attaquer à l'improviste v. par surprise; *[rendőr-ség]* faire une descente

rajtaütés *fn* attaque *n* surprise; **~sel** par surprise

rajtjel *fn* signal *h* de départ

rajtol *tn i* prendre le départ

rajtvonal *fn* ligne *n* de départ

rajz *fn* dessin *h; átv* tableau *h*, peinture *n*

rajzfilm *fn* dessin *h* animé

rajz|ik *tn i* essaimer

rajzlap *fn* papier *h* à dessin

rajzol *ts i/tn i* dessiner; *átv* retracer; **ceruzával ~** dessiner au crayon

rajzoló *fn* dessinateur (-trice); **műszaki ~** dessinateur industriel

rajzszeg *fn* punaise *n*

rajztábla *fn* planche *n* à dessin

rak *ts i* mettre; *[árut]* charger; **egymásra ~** empiler; **fészket ~** faire son nid; **halomba** ~ entasser; **rendet** ~ ranger; **sorba** ~ aligner; **zsebre** ~ empocher

rák[1] *fn [édesvízi]* écrevisse *n; [tengeri]* crabe *h; asztr* Cancer *h;* **a ~ok** les crustacés *h (t sz)*

rák[2] *fn orv* cancer *h;* **~ja van** il a un cancer

rákacsint *tn i vkire* faire un clin d'œil à *qqn*

rákap *tn i vmire* se mettre à *qqch v.* à *inf*

rákapcsol I. *ts i [kocsit stb.]* atteler, accrocher; *vill* connecter **II.** *tn i [sebességet fokoz]* biz appuyer sur le champignon; *átv* passer la vitesse supérieure

rakás *fn* tas *h; [halom]* pile *n*

rákattint *tn i* inform cliquer sur

rákbeteg *mn/fn* cancéreux (-euse)

ráken *ts i [anyagot]* étaler sur; *[kenyérre]* vmit tartiner *de qqch; átv* vmit vkire fraz mettre *qqch* sur le dos de *qqn*

rákényszerít *ts i vmit vkire* imposer *qqch* à *qqn; vkit* vmire contraindre v. forcer *qqn* à *qqch v.* à *inf*

rákényszerül *tn i vmire* être contraint(e) *v.* forcé(e) *de inf*

rákerül *tn i ~* **a sor** c'est son tour

rakéta *fn* fusée *n; [irányított]* missile *h*

rakétakilövő ~ **pálya** rampe *n* de lancement

rákezd *ts i/tn i vmire* commencer *v.* se mettre à *inf*

rákiált *tn i vkire* crier *contre v.* après *qqn*

rákkeltő *mn* cancérigène

rákkutatás *fn* cancérologie *n*

rakod|ik *tn i [szállítóeszközre]* charger; *[szállítóeszközről]* décharger; *[holmiját összepakol]* ranger ses affaires

rakód|ik *tn i vmi vmire* se déposer *sur qqch;* **egymásra ~ik** se superposer

rakodómunkás *fn* chargeur *h; [kikötőben]* docker *h*

rakomány *fn* chargement *h; hajó, rep* cargaison *n*

rakoncátlan *mn* indiscipliné(e), turbulent(e), indocile; ~ **hajtincs** mèche *n* rebelle

rákos *mn* cancéreux (-euse); ~ **beteg** cancéreux (-euse); ~ **daganat** tumeur *n* cancéreuse

rakosgat *ts i [ide-oda]* mettre ici et là; *[rendezve]* ranger

rakott *mn* ~ **krumpli** *kb.* gratin *h* de pommes de terre; ~ **szoknya** jupe *n* plissée *v.* à plis

rákölt *ts i vkire/vmire* dépenser *pour qqn/qqch*

ráköt *ts i vmire* attacher à *qqch*

rákövetkező *mn* **a ~ héten** la semaine suivante *v.* d'après

rakpart *fn* quai *h*

rákszűrés *fn* dépistage *h* cancérologique

raktár *fn [épület]* entrepôt *h; [áruké így is]* magasin *h; [múzeumban]* réserve *n; [készlet]* stock *h;* **~on van vmi** avoir *qqch* en stock

raktáráruház *fn* (magasin *h*) discount *h*

raktárkészlet *fn* stock *h*

raktáros *fn* magasinier (ière)

raktároz *ts i* entreposer, stocker, emmagasiner

Ráktérítő *fn* tropique *h* du Cancer

rálép *tn i vmire* marcher *sur qqch;* ~ **vkinek a lábára** marcher sur les pieds de *qqn*

rali *fn sp* rallye *h*

ráló *tn i vkire/vmire* tirer *sur qqn/qqch*

ráma *fn [képé]* cadre *h*

rámegy *tn i vmire* marcher *sur qqch; [rátámad] vkire* se jeter *sur qqn;* ráment az összes pénze il y a laissé tout son argent; **ráment az egész napja** il y a passé toute la journée; **ez nem megy rám** [cipő, ruha] c'est trop petit pour moi

rámenős mn agressif (-ive); biz fonceur (-euse)

rámol I. ts i ranger II. tn i faire du rangement

rámosolyog tn i vkire (faire un) sourire à qqn

rámpa fn rampe n

rámutat tn i vkire/vmire désigner qqn/qqch; **ujjal ~ vkire** montrer qqn du doigt; **~ vminek a fontosságára** souligner l'importance de qqch; **~ a visszaélésekre** dénoncer les abus; **~ott arra, hogy** il a attiré l'attention sur le fait que

ránc fn [bőrön] ride n; [ruhán] pli h; átv **~ba szed vkit** fraz mettre qqn au pas

ráncigál ts i tirailler

ráncol ts i [ruhát] plisser; **~ja a homlokát** plisser le front; **~ja a szemöldökét** froncer les sourcils

ráncos mn [bőr] ridé(e); [ruha] froissé(e)

ráncosodik tn i se rider

ránctalanító mn **~ krém** crème n antirides

randevú fn rendez-vous h

randevúzik tn i vkivel avoir un rendez-vous avec qqn

rándít tn i **~ egyet a vállán** hausser les épaules

rándulás fn [ficam] entorse n; [enyhébb] foulure n

ránehezedik tn i vmire átv is peser sur qqch

ránevet tn i vkire sourire à qqn

ránéz tn i vkire/vmire regarder qqn/qqch; **rám se nézett** il ne m'a même pas jeté un regard

rang fn rang h; [katonai] grade h; **magas ~ban van** occuper un rang élevé; **~ban emelkedik** monter en grade; **~on aluli házasság** mésalliance n

rangadó fn ‹match entre deux équipes rivales du tête de classement›

rángat ts i tirailler

rángatózik tn i avoir des v. être pris de convulsions

rangfokozat fn grade h

rangidős I. mn le (la) plus ancien (-ienne) en grade II. fn [testületben] doyen (-enne)

rangjelzés fn galon h

ranglétra fn [hivatali] hiérarchie n; [társadalmi] échelle n sociale; **végigmegy a ~n** gravir tous les échelons de la hiérarchie

rangos mn [előkelő] prestigieux (-euse)

rangsor fn kat is hiérarchie n; sp classement h

ránt[1] ts i **~ egyet vmin** tirer un coup sur qqch; **~ egyet a vállán** hausser les épaules; **kardot/pisztolyt ~** dégainer; **magával ~ vkit** entraîner qqn avec soi; átv **sárba ~ vkit** traîner qqn dans la boue

ránt[2] ts i konyh ‹paner et frire›

rántás fn roux h

rántott mn konyh pané(e)

rántotta fn konyh omelette n

rányom ts i presser sur; [pecsétet] apposer sur; átv **vmire ~ja a bélyegét** marquer qqch de son empreinte

ráönt ts i vmit vmire verser v. répandre qqch sur qqch; **úgy áll rajta, mintha ~ötték volna!** fraz cela lui va comme un gant

ráparancsol tn i vkire ordonner à qqn de inf

rápillant tn i vkire/vmire jeter un coup d'œil à v. sur qqn/qqch

rapszódia fn r(h)apsodie n

ráragad *tn i* vmi vmire adhérer v. coller à qqch; ~ **a jókedv** la bonne humeur le gagne

ráragaszt *ts i* coller

rárak *ts i* mettre poser

rárakód|ik *tn i* vmire se déposer sur qqch

ráront *tn i* vkire/vmire se jeter v. se précipiter sur qqn/qqch

ráruház *ts i* [jogot, tulajdont] transférer

rásóz *ts i* vmit vkire biz refiler qqch à qqn; ~ **egyet vkire** biz flanquer un coup à qqn

rásüt I. *ts i* ~**i a bélyeget** [állatra] marquer au fer rouge **II.** *tn i* [nap] vmire illuminer qqch

rászabadít *ts i* ~**ja a kutyákat vkire** lâcher les chiens sur v. après qqn

rászáll *tn i* [madár] se poser sur; [por] se déposer sur; [örökség] vkire revenir v. échoir à qqn; átv vki vkire s'acharner sur qqn

rászán *ts i* [időt] consacrer à; [pénzt] destiner à; ~**ja magát vmire** se décider à inf

rászed *ts i* duper, berner; biz rouler

rászegez *ts i* [szeggel] clouer sur; [tekintetet, pisztolyt] braquer sur

rászok|ik *tn i* vmire prendre l'habitude de qqch v. de (inf), s'accoutumer à qqch v. à inf; ~**ik az ivásra** se mettre à boire

rászoktat *ts i* vkit vmire faire prendre à qqn l'habitude de qqch v. de inf, habituer v. accoutumer qqn à qqch v. à inf

rászól *tn i* vkire réprimander qqn; fraz remettre qqn à sa place

rászolgál *tn i* vmire mériter qqch

rászorul *tn i* [hurok] se resserrer sur; átv avoir besoin de

rászoruló *fn* a ~**k** les indigents h (t sz), les personnes n (t sz) dans le besoin

rassz *fn* race n

rasszista *mn/fn* raciste h n

rasszizmus *fn* racisme h

ráta *fn* taux h; **születési ~** taux de natalité; **halálozási ~** taux de mortalité

rátalál *tn i* [véletlenül] tomber sur; [hosszas keresés után] dénicher

rátámad *tn i* [tettlegesen] vkire attaquer qqn, se ruer sur qqn; [szóval] vkire prendre qqn à partie

rátapad *tn i* vmire adhérer v. coller à qqch

rátapint *tn i* átv is vmire mettre le doigt sur qqch

rátapos *tn i* vmire marcher sur qqch; [indulattal] fouler qqch aux pieds

rátarti *mn* présomptueux (-euse), fat(e)

rátér *tn i* ~ **egy útra** s'engager sur un chemin; ~ **a tárgyra** en venir au fait

rátermett *mn* ~ **ember** homme h qualifié

rátermettség *fn* aptitude(s) n (t sz), disposition(s) n (t sz)

rátesz *ts i* vmit vmire poser v. mettre qqch sur qqch; **fejemet teszem rá, hogy** j'en donnerais ma tête à couper que

ratifikál *ts i* ratifier

ratifikálás *fn* ratification n

rátör *tn i* vkire se ruer sur qqn; ~**i az ajtót vkire** forcer la porte de qqn

ráugr|ik *tn i* vkire/vmire sauter v. bondir sur qqn/qqch; [támadóan] se jeter sur qqn

ráun *tn i* vmire se lasser de qqch v. de inf, en avoir assez de qqch

ráül *tn i* vmire s'asseoir sur qqch

ráüt I. *tn i* vkire/vmire taper sur qqn/ qqch **II.** *ts i* [bélyegzőt] apposer sur

rávág I. *tn i* vkire assener un coup à qqn **II.** *ts i* ~**ja a választ** riposter du tac au tac

rávall *tn i [bíróságon] vkire* déposer *contre qqn;* **ez ~** c'est bien *v.* tout à fait lui

rávarr *ts i vmit vmire* coudre *qqch sur qqch*

ravasz¹ *mn* rusé(e), malin (maligne), astucieux (-euse)

ravasz² *fn* détente *n;* **meghúzza a ~t** appuyer sur la détente

ravaszkod|ik *tn i* ruser, faire le malin

ravaszság *fn* ruse *n*

ravatal *fn* catafalque *h*

ravatalozó *fn* chapelle *n* mortuaire

rávesz *ts i vmit vmire* passer *v.* enfiler *qqch sur qqch; [rábír] vkit vmire* décider *qqn à inf,* persuader *v.* convaincre *qqn de inf*

rávezet *ts i vkit vmire* amener *qqn à inf,* mettre *qqn* sur la voie; *[ráír]* porter sur

rávilágít *tn i átv is* éclairer *qqch*

rávisz *ts i/tn i [út]* mener; *átv* **nem visz rá a lélek** je ne peux pas m'y résoudre *v.* m'y décider

ráz *ts i* secouer, agiter; *[jármű]* ballotter; **~za a fejét** secouer la tête

rázendít *tn i [dalra]* entonner

rázós *mn [jármű]* cahotant(e); *[út]* cahoteux (-euse) cahotant(e); *átv, biz* casse-gueule; **~ ügy** une affaire casse-gueule

razzia *fn* rafle *n,* descente *n* (de police); **~t tart** faire un rafle *v.* une descente

R-beszélgetés *fn* appel *h* en P.C.V.

reagál *tn i* réagir

reakció *fn* réaction *n*

reakciós *mn/fn pol* réactionnaire *h n; biz* réac *h n*

reálbér *fn* salaire *h* réel

reális *mn [valóságos]* réel (-elle); *[valóságot figyelembe vevő]* réaliste; *[megvalósítható]* faisable

realista *mn/fn* réaliste *h n*

realitás *fn* réalité *n*

realizál *ts i* réaliser

realizmus *fn* réalisme *h*

reáljövedelem *fn* revenu *h* réel

reálpolitika *fn* realpolitik *n*

rebarbara *fn* rhubarbe *n*

recenzió *fn* recension *n*

recepció *fn* réception *n,* accueil *h*

recepciós *fn* réceptionniste *h n*

recept *fn orv* ordonnance *n; konyh, átv is* recette *n*

recesszió *fn* récession *n*

recseg *tn i* craquer; *[rádió]* grésiller, crachoter

redőny *fn* store *h*

redukál *ts i* réduire

referál *ts i vmiről* faire un rapport *sur qqch*

referátum *fn* rapport *h*

referencia *fn* référence *n*

referendum *fn* référendum *h*

referens *fn* rapporteur *h*

reflektál *tn i vmire* réagir à *qqch*

reflektor *fn [autón]* phare *h; szính, film* projecteur *h*

reflektorfény *fn* feu *h* des projecteurs; *[aut6]* feux *h* (*t sz*)

reflex *fn* réflexe *h;* **feltételes ~** réflexe conditionné

reform *fn* réforme *n*

reformáció *fn vall* la Réforme, la Réformation

reformál *ts i* réformer

református *mn/fn* réformé(e), calviniste *h n*

reformer *fn [reformok híve]* réformiste *h n; [reformokat kezdeményező]* réformateur (-trice)

reformkor *fn tört* ère *n* des réformes

refrén *fn* refrain *h*

rege *fn* légende *n,* mythe *h*

régebben *hsz* autrefois, dans le temps

régebbi mn (plus) ancien (-ienne)

régen hsz [hosszú idővel ezelőtt] il y a longtemps; [régóta] il y a longtemps, depuis longtemps; [a múltban] autrefois; **ez ~ volt** c'était il y a longtemps; **mint ~** comme autrefois; **~ nem láttam** ça fait longtemps que je ne l'ai pas vu

regény fn roman h

regényes mn romanesque

regényhős fn héros (héroïne) de roman

regényíró fn romancier (-ière)

régész fn archéologue h n

régészet fn archéologie n

reggel I. fn matin h; **jó ~t!** bonjour !; **~től estig** du matin au soir II. hsz matin; **kora ~** tôt le matin; **ma ~** ce matin; **minden ~** chaque matin, tous les matins; **~ hatkor** à six heures du matin v. biz du mat

reggelenként hsz le matin, chaque matin, tous les matins

reggeli I. mn matinal(e), du matin; **a ~ lapok** les journaux du matin; **a ~ órákban** le matin; **~ torna** gymnastique n matinale II. fn petit-déjeuner h; biz petit-déj' h

reggeliz|ik I. tn i prendre le v. son petit-déjeuner; biz petit-déjeuner II. ts i **kávét ~ik** prendre du café pour le v. au petit déjeuner

régi I. mn ancien (-ienne), vieux (vieil) (vieille); [korábbi] ancien (-ienne); **~ barát** un vieil ami; **a ~ időkben** dans les temps anciens; **ez már ~ história** c'est une vieille histoire; **a ~ szép idők** le bon vieux temps; **~ szokás** une vieille v. ancienne coutume II. fn **a ~ek** les anciens h (t sz); **ő sem a ~ már** il n'est plus ce qu'il a été; **minden maradt a ~ben** tout est resté comme avant

régies mn archaïque; **~ kifejezés** archaïsme h

régimódi mn désuet (-ète), suranné(e), vieux jeu

régió fn région n

regionális mn régional(e)

régiség fn [tárgy] antiquité n, objet h ancien

régiségbolt fn magasin h d'antiquités, brocante n

régiségkereskedő fn antiquaire h n, marchand(e) d'antiquités, brocanteur (-euse)

regiszter fn [jegyzék] registre h; zene registre h

regisztrál ts i enregistrer

régmúlt I. mn **~ korszak** époque n reculée II. fn les temps h (t sz) anciens; nyelv plus-que-parfait h

régóta hsz depuis longtemps, il y a longtemps; **~ nem láttam** je ne l'ai pas vu depuis longtemps, ça fait v. il y a longtemps que ne l'ai pas vu; **nem ~** depuis peu (de temps)

rehabilitáció ts i épít, jog réhabilitation n; orv réadaptation n, rééducation n

rehabilitál ts i [jog réhabiliter; orv réadapter, réhabiliter; orv réadapter, rééduquer

rejl|ik tn i **a nehézség abban ~ik, hogy** la difficulté réside en ce que

rejt ts i cacher; [leplez] dissimuler; **magában ~** receler

rejteget ts i [tárgyat] receler, tenir secret (secrète); [személyt] receler, cacher

rejtekhely fn cachette n

rejtelmes mn mystérieux (-euse)

rejtély fn mystère h, énigme n

rejtélyes mn mystérieux (-euse), énigmatique

rejtett mn secret (-ète), caché(e), latent(e); [titokzatos] mystique; [érzés, szándék] dissimulé(e); **~ célzás** sousentendu h

rejtjel fn code h secret

rejtőz|ik *tn i* se cacher, se tenir caché(e)

rejtvény *fn [szó]* énigme *n; [kép]* rébus *h*

rekamié *fn* canapé-lit *h*

reked *tn i [elakad]* être *v.* se trouver bloqué(e); **kívül ~ vmin** se trouver bloqué(e) hors de qqch

rekedt *mn* enroué(e), rauque

rekesz *fn [helyiségé]* compartiment *h*; loge *n; [istállóban]* stalle *n*, box *h; [sörös]* pack *h*

rekkenő *mn ~ hőség* chaleur *n* torride *v.* accablante

reklám *fn* publicité *n; biz* pub *n; [tévében]* spot *h v.* flash *h* publicitaire

reklamáció *fn* réclamation *n*

reklamál *ts i/tn i* faire une réclamation, réclamer

reklámár *fn* prix *h* de lancement, prix de solde; **~on** en solde

reklámfilm *fn* spot *h* publicitaire

reklámhadjárat *fn* campagne *n* publicitaire

reklámoz *ts i* faire de la publicité *(pour qqch)*

reklámszakember *fn* publicitaire *h n*

reklámügynökség *fn* agence *n* de publicité

rekonstruál *ts i [helyreállít]* rétablir, reconstruire; *[eseményt]* reconstituer

rekord *fn* record *h*; **~ot állít/tart** établir/détenir un record

rekordidő *fn* temps *h* record

rektor *fn* recteur (-trice)

rekviem *fn* requiem *h*

relatív *mn* relatif (-ive)

relativitáselmélet *fn* théorie *n* de la relativité

relaxál se relaxer, se décontracter

relief *fn* relief *h*

rém *fn* spectre *h*, fantôme *h; átv* **vminek a ~e** le spectre de qqch

rémálom *fn* cauchemar *h*

remeg *tn i [személy]* trembler, *[hidegtől]* grelotter, *[indulatoktól]* frémir, *[borzongva]* frissonner; *[tárgy]* trembler, vibrer

remek *mn* formidable; *biz* super, géant; **ez ~!** c'est formidable *v.* parfait !

remekel *tn i vmiben* exceller *dans qqch*

remekmű *fn* chef-d'œuvre *h*

remél *ts i/tn i vmit* espérer *qqch;* **~em is!** j'espère bien !; **~em, hogy holnap találkozhatunk** j'espère vous voir demain

remélhetőleg *hsz* on peut espérer que *subj*

remény *fn* espoir *h*, espérance *n;* **minden ~ megvan arra, hogy** il y a tout lieu d'espérer que *subj;* **nem sok a ~, hogy** on a peu d'espoir de *inf;* **vminek a ~ében** dans l'espoir *v.* l'attente de qqch

reményked|ik *tn i* espérer; **abban ~ik, hogy** il espère que

reménység *fn* espoir *h*

reménytelen *mn* sans espoir, désespéré(e); **~ helyzet** situation *n* sans issue; **~ szerelem** amour *h* sans espoir

reményteljes *mn* prometteur (-euse), encourageant(e)

rémes *mn* atroce, horrible; **ez ~!** quelle horreur !

remete *fn* ermite *h*

rémhír *fn* fausse nouvelle *n*

rémít *ts i* épouvanter

rémkép *fn [álomban]* cauchemar *h*

réml|ik *tn i* **~ik, mintha** il me semble que, j'ai l'impression que

rémuralom *fn* terreur *n*, régime *h* de terreur

rémül *tn i* **halálra ~** rester glacé(e) d'épouvante

rémület *fn* épouvante *n*, frayeur *n*, terreur *n;* **~ében** dans son effroi *v.* épouvante

rémült *mn* effrayé(e), épouvanté(e), terrifié(e); ~ **kiáltás** cri *h* d'épouvante

rend *fn* [rendezettség] ordre *h*; [sorrend] rang *h*; tört, vall ordre *h*; ~**be hoz** remettre en ordre, [ügyet] arranger, [gépet] réparer, [ruhát] raccommoder; **majd** ~**be jön a dolog** ça va s'arranger; ~**be rak** mettre en ordre; ~**ben van!** (nous sommes v. c'est) d'accord, biz d'ac'; ~**re int** rappeler à l'ordre

rendbehoz *ts i* arranger; [ügyet] régler

rendbontás *fn* perturbation *n* (de l'ordre public)

rendel I. *ts i* [árut, szolgáltatást] commander; [jegyet, szobát] réserver; [vhova csapatokat] affecter; orv prescrire, ordonner; **az irodájába** ~convoquer qqn dans son bureau; **Párizsba** ~**ték** il a été appelé à Paris **II.** *tn i* orv consulter; **a doktor 3-tól 6-ig** ~ le docteur reçoit v. tient consultation de 3 à 6

rendelés *fn* [árué] commande *n*; orv consultation *n*; ~**re készült** fait(e) sur commande; ~**t felvesz/teljesít** prendre/ exécuter une commande

rendelet *fn* [hatósági] arrêté *h*; [miniszteri] décret *h* (ministériel)

rendelkezés *fn* mesure *n*, instructions *n* (t sz), ordre(s) *h* (t sz); ~**ére áll vkinek** être à la disposition de qqn; ~**re álló** disponible

rendelkez|ik *tn i* [törvény] stipuler; [utasít] ordonner; vki vmi felett disposer de qqch; **szabadon** ~**ik vmivel** avoir la libre disposition de qqch

rendellenes *mn* anormal(e)

rendellenesség *fn* anomalie *n*, dérèglement *h*; [veleszületett] malformation *n*

rendelő *fn* [magánorvosi] cabinet *h* (de consultation); [ingyenes] dispensaire *h*

rendelőintézet *fn* dispensaire *h*

rendeltetés *fn* [tárgyé, épületé] affectation *n*, fonction *n*; [életcél] mission *n*, destinée *n*

rendeltetési *mn* ~ **hely** destination *n*

rendes *mn* [rendszerető] rangé(e), ordonné(e); [derék] honnête, correct(e); [hely, helyiség] en ordre, bien tenu(e); [rendszeres] régulier (-ière), habituel (-elle); [lelkiismeretes] soigné(e); [szokásos] normal(e), ordinaire; ~ **ember** un homme bien; ~ **szokása szerint** à son habitude; **a** ~ **időben** à l'heure normale

rendesen *hsz* [gonddal] avec soin; [megfelelően] convenablement, comme il faut; [rendszerint] normalement, habituellement

rendész *fn* ~**ek** service *h* d'ordre; **közlekedési** ~ contractuel (-elle)

rendetlen *mn* [rendezetlen] désordonné(e), en désordre; [szabálytalan] désorganisé(e), irrégulier (-ière)

rendetlenked|ik *tn i* faire du désordre; [gyerek] se tenir mal

rendetlenség *fn* désordre *h*; biz bordel *h*

rendez *ts i* [tárgyakat] ranger, classer; [ügyet] régler, arranger; [erdőt, várost] aménager; [adósságot] régler, acquitter; [szervez] organiser; szính mettre en scène; film réaliser

rendezés *fn* [tárgyaké] rangement *h*, mise *n* en ordre; [ügyé] règlement *h*, arrangement *h*; [úté, városé] aménagement *h*; [gondolatoké, írásé] mise *n* au point; [helyzeté, viszonyé] régularisation *n*; [eseményé] organisation *n*; szính mise *n* en scène, film réalisation *n*

rendezetlen mn désordonné(e), en désordre; [irat] non classé(e); átv irrégulier (-ière)

rendezett mn [hely] (bien) ordonné(e) v. aménagé(e); [viszony, ügy] normal(e), réglé(e)

rendezked|ik tn i faire du rangement

rendező fn [ünnepségé] organisateur (-trice); szính metteur en scène; film réalisateur (-trice)

rendező|ik tn i se régler, s'arranger; **majd ~ik** ça va s'arranger

rendezvény fn manifestation n; [ünnepség] fête n

rendfenntartó mn ~ **erők** forces n (t sz) de l'ordre

rendfokozat fn kat grade h

rendhagyó mn anormal(e), insolite; [nyelv is] irrégulier (-ière)

rendház fn vall couvent h

rendíthetetlen mn inébranlable; [hajthatatlan] intransigeant(e)

rendjel fn décoration n

rendkívül hsz extrêmement; biz vachement

rendkívüli mn [különleges] extraordinaire, hors pair; [kivételes] exceptionnel (-elle); [szokatlan] inhabituel (-elle); ~ **állapot** état h d'urgence; ~ **kiadás** édition n spéciale

rendőr fn policier h, [egyenruhás] agent h (de police); biz flic h

rendőri mn policier (-ière), de police; ~ **felügyelet alatt** sous surveillance policière

rendőrkapitányság fn commissariat h

rendőrkordon fn barrage h de police

rendőrség fn police n; [hivatal] commissariat h; **riasztja a ~et** alerter la police

rendszabály fn [intézkedés] mesure n, dispositions n (t sz)

rendszám fn numéro h d'immatriculation

rendszámtábla fn plaque n d'immatriculation

rendszer fn système h; pol système h politique, régime h

rendszeres mn [módszeres] systématique, méthodique; [állandó] régulier (-ière)

rendszeresít ts i systématiser, rendre régulier (-ière); [vminek a használatát] introduire

rendszerez ts i systématiser, mettre en système, structurer

rendszergazda fn inform ang webmestre h n

rendszerint hsz généralement, d'ordinaire, d'habitude, habituellement

rendszertelen mn désordonné(e), irrégulier (ière)

rendszerváltás fn changement h de régime

rendtartás fn statut(s) h (t sz), règlement h

rendületlen mn inébranlable, imperturbable

rendzavarás fn trouble h de l'ordre public

reneszánsz mn/fn Renaissance n; ~ **művészet** l'art h (de la) Renaissance

reng tn i trembler, s'ébranler, trépider

rengeteg[1] szn innombrable, une multitude de; ~ **dolgom van** j'ai plein de choses à faire; ~ **pénzbe kerül** cela coûte une somme folle

rengeteg[2] fn forêt n profonde v. sauvage

renovál ts i rénover, restaurer

rénszarvas fn renne h

rentábilis mn rentable

répa fn [sárga] carotte n; [takarmány] betterave n fourragère

repce fn colza h

reped tn i se fendre, se fêler; [sokfelé] se fissurer; [bőr] se crevasser

R

repedés *fn* fissure *n*, fente *n*; *[fán, bőrön]* gerçure *n*; *[falon]* lézarde *n*, crevasse *n*

repedez|ik *tn i* se fendiller, se crevasser

repertoár *fn* répertoire *h*

repesz *fn* éclat *h*

repeszt I. *ts i* déchirer, craquer **II.** *tn i [zajosan robog]* biz bomber, mettre (toute) la gomme

repít *ts i* → **röpít**

reprezentál *ts i* représenter

reprezentatív *mn [felmérés]* représentatif (-ive); *[mutatós]* biz décoratif (-ive); ~ **minta** échantillon *h* représentatif

reprivatizálás *fn* reprivatisation *n*

reprodukció *fn* reproduction *n*

republikánus *mn* républicain(e)

repül *tn i* voler; **levegőbe ~** *[felrobban]* sauter

repülés *fn* vol *h*; *rep* vol *h*, aviation *n*

repülési *mn* ~ **idő** durée *n* de vol; ~ **magasság** altitude *n* de vol

repülő I. *mn* volant(e) **II.** *fn* avion *h*; ~**vel** en avion

repülőgép *fn* avion *h*

repülőgép-anyahajó *fn* navire *h* porte-avions, porte-avions *h*

repülőgép-eltérítés *fn* détournement *h* d'avion

repülőjárat *fn [útvonal]* ligne *n* aérienne; *[menetrend szerinti]* vol *h*

repülőjegy *fn* billet *h* d'avion

repülőszerencsétlenség *fn* accident *h* d'avion, catastrophe *n* aérienne

repülőtér *fn* aéroport *h*, aérodrome *h*

repülőút *fn* vol *h*, voyage *h* en avion

rés *fn* fente *n*; ~**en van** être sur ses gardes

rest *mn* paresseux (-euse); *biz* flemmard(e)

restaurál *ts i [tárgyat]* restaurer; *[épületet]* rénover

restaurátor *fn* restaurateur (-trice)

restelked|ik *tn i [vmi miatt]* avoir honte *de qqch*

restell *ts i [szégyell]* *vmit* avoir honte *de qqch*; *[vmit megtenni]* être paresseux (-euse) *pour inf*

rész *fn* partie *n*, part *n*, section *n*; *[szövegben]* passage *h*; *[sorozatban]* épisode *n*; ~**t vesz vmiben** participer à qqch; **nagy ~e van benne** y être pour beaucoup; **nincs ~em a dologban** je n'y suis pour rien; **vki ~éről** de la part de qqn

részben *hsz* en partie, partiellement

részecske *fn* particule *n* (élémentaire)

részeg *mn* ivre; *biz* soûl(e); **hulla ~** ivre mort(e)

részeges *mn/fn* ivrogne *h n*

részegít *ts i* enivrer

részegség *fn* ivresse *n*, *hiv* ébriété *n*

reszel *ts i [fémet, körmöt]* limer; *[ételt]* râper

reszelő *fn* lime *n*; *[konyhai]* râpe *n*

reszelt *mn* râpé(e); ~ **sajt** fromage *h* râpé

részes I. *mn [vmiben, igével]* faire partie *de qqch* **II.** *fn* participant(e) (à qqch); *[bűnben]* complice *h n*; *[vállalatban]* actionnaire *h n*

részesedés *fn [nyereségből]* intéressement *h*, participation *n*

részesed|ik *tn i* → **részesül**

részesít *ts i* vmiben faire bénéficier *de qqch*; **előnyben ~ vmit/vkit** donner *v.* accorder la préférence à qqch/qqn

részesül *tn i* avoir *v.* prendre part à qqch; *[jóból]* bénéficier *de qqch*; **előnyben ~** bénéficier *v.* jouir d'un avantage

részint *hsz* en partie

reszket *tn i* trembler; *[félelemtől]* frémir; *[hidegtől]* grelotter; *[fény]* vaciller; ~, **mint a (nyár)falevél** trembler comme une feuille

részleg *fn* section *n*, rayon *h*

részleges *mn* partiel (-elle)

részlet *fn* détail *h*; *[szövegben]* passage *h*; *[kifizetésnél]* acompte *h*; **havi ~** mensualité *n*; **~re vásárol** acheter à crédit

részletes *mn* détaillé(e)

részletez *ts i* entrer dans les détails

részletfizetés *fn* paiement *h* à terme

részletkérdés *fn* question *n* de détail

részmunkaidő *fn* travail *h* à temps partiel; **~ben dolgozik** travailler à temps partiel

részrehajlás *fn* partialité *n*; **~ nélkül** impartialement

részrehajló *mn* partial(e)

résztulajdonos *fn* copropriétaire *h n*

résztvevő *fn* participant(e)

részvény *fn* action *n*; **~t kibocsát/jegyez** émettre/souscrire une action

részvényes *fn* actionnaire *h n*

részvénytársaság *fn* société *n* anonyme, S.A.

részvét *fn* pitié *n*; *vál* compassion *n*; *[gyász esetén]* condoléances *n (t sz)*; **~tel van vki** *v.* **vmi iránt** compatir avec qqn/à qqch; **fogadja ~emet** (veuillez accepter toutes) mes condoléances

részvétel *fn* participation *n (à qqch)*

részvételi *mn* **~ díj** prix *h* de participation, cotisation *n*

részvétlen *mn* indifférent(e), insensible

rét *fn* prairie *n*, pré *h*

réteg *fn* *[felületen]* couche *n*; *geol* couche *n*, assise *n*; **társadalmi ~** couche *n* sociale

réteges *mn* stratifié(e)

rétegeződés *fn* *geol* stratification *n*; **társadalmi ~** stratification *n v.* différenciation *n* sociale

retek *fn* radis *h*

rétes *fn* strudel *h*

retesz *fn* verrou *h*, targette *n*

retikül *fn* sac *h* à main

retorika *fn* rhétorique *n*

retorzió *fn* représaille(s) *n (t sz)*

retteg *tn i* **vkitől** trembler devant qqn, avoir une peur atroce *v.* bleue *de qqn*; **~ attól, hogy** redouter de *inf*, trembler que *subj*

rettegés *fn* terreur *n*, épouvante *n*

rettenetes *mn* terrible, affreux (-euse), horrible, épouvantable

rettenthetetlen *mn* intrépide

rettentő *mn* → **rettenetes**; **~ nagy** colossal(e), terriblement grand(e)

retúrjegy *fn* billet *h* d'aller et retour, aller-retour *h*

retusál *ts i* retoucher

reuma *fn* rhumatisme *h*

reumás *mn/fn* rhumatisant(e)

rév *fn* port *h*; *[folyón]* passage *h*; *átv* **~be ér** arriver à bon port

reváns *fn* revanche *n*; **~ot ad vkinek** donner à qqn sa revanche

révén *nu* **vkinek a ~** par l'intermédiaire de qqn, grâce à qqn; **vminek ~** moyennant qqch, à l'aide de qqch

reverenda *fn* soutane *n*

révész *fn* passeur (-euse), batelier (-ière)

revízió *fn* révision *n*

revizionizmus *fn* révisionnisme *h*

revizor *fn* réviseur *h* (d'entreprises)

revolver *fn* revolver *h*, pistolet *h*; *biz* flingue *h*

revü *fn* revue *n*

réz *fn* *[vörös]* cuivre *h*; *[sárga]* laiton *h*, cuivre jaune

rezdül *tn i* tressaillir, frémir

rezeg *tn i* trépider; *[húr is]* frémir, vibrer; *fiz* osciller, vibrer

rezervátum *fn* *[természeti]* réserve *n* naturelle; *[indián]* réserve indienne

R

rézfúvós *fn [hangszer]* cuivre *h*, instrument *h* à vent en cuivre; *[zenész]* joueur (-euse) de cuivres; ~ **zenekar** fanfare *n*

rezgés *fn* vibration *n*, oscillation *n*

rezignált *mn* résigné(e)

rézkarc *fn* gravure *n* sur cuivre, gravure à l'eau-forte *n*

rézmetszet *fn* gravure *n* sur cuivre

rezonál *tn i* résonner

rezonancia *fn* résonance *n*

rezzen *tn i* tressaillir, frémir

rezsi *fn* frais *h (t sz)* généraux v. de gestion; *[háztartásé]* charges *n (t sz)*

rezsim *fn* régime *h*

rezsó *fn* réchaud *h*

Rh-negatív *mn* Rhésus Rh négatif

Rh-pozitív *mn* Rhésus Rh positif

riadalom *fn* panique *n*, alarme *n*

riadó *fn* alarme *n*, alerte *n*; ~**t fúj** donner l'alerte v. l'alarme

riadókészültség *fn* état *h* d'alerte

riadóztat *ts i* mettre en état d'alerte

riadt *mn* effaré(e), effrayé(e)

riánás *fn* débâcle *n*

riaszt *ts i* alarmer, alerter; *[elijeszt]* effarer, effaroucher

riasztó I. *mn* alarmant(e), effarant(e) **II.** *fn* alarme *n*; *[csengő]* sonnette *n* d'alarme

ribiszke *fn* groseille(s) *n (t sz)* (rouge); **fekete ~** cassis *h*, groseille noire

Richárd *fn* Richard *h*

ricinus *fn* ricin *h*

ricsaj *fn* tapage *h*, vacarme *h*

rideg *mn* austère, dur(e)

rigó *fn* merle *h*

rigolya *fn* caprice *h*, lubie *n*

rigolyás *mn* capricieux (-euse), fantasque, maniaque

rikácsol *ts i/tn i* glapir, brailler

rikít *tn i [szín]* crier

rikító *mn* criard(e), tapageur (-euse), tape-à-l'œil

rikkancs *fn* crieur (-euse) (de journaux)

rikoltoz *tn i* criailler

rím *fn* rime *n*

rimánkod|ik *tn i* supplier, implorer

rímel *tn i* rimer

ring¹ *tn i* se balancer; *hajó* rouler; *[kalászok]* onduler

ring² *fn* ring *h*

ringat *ts i [hajót, gyereket]* bercer; **abban a reményben ~ja magát** se flatter de *inf*

ringatóz|ik *tn i* se balancer

ringló *fn* reine-claude *n*

ringyó *fn durva, pej* putain *n*

rinocérosz *fn* rhinocéros *h*

ripacs *fn* cabotin(e)

riport *fn* reportage *h*

riporter *fn* reporter *h n*

riszál *ts i ~ja magát* se déhancher, balancer les hanches

ritka *mn [nem gyakori]* rare; *[nem sűrű]* clairsemé(e), clair(e); ~, **hogy** il est rare que *subj*

ritkán *hsz* rarement

ritkaság *fn* rareté *n*, objet *h* rare

ritkít *ts i* éclaircir, espacer; **párját ~ja** il n'a pas son pareil

ritkul *tn i [időben]* devenir v. se faire rare; *[gyérül]* s'éclaircir

ritmikus *mn* rythmique, cadencé(e); ~ **sportgimnasztika** gymnastique *n* rythmique

ritmus *fn* rythme *h*

rituális *mn* rituel (-elle)

rítus *fn* rite *h*

rivaldafény *fn* feux *h (t sz)* de la rampe

rivális *fn* rival(e)

rivalizál *tn i* rivaliser

rizikó *fn* risque *h*

rizs *fn* riz *h*

izsföld *fn* rizière *n*

ó *ts i [jelet]* cocher; *[utcát]* arpenter; *[feladatot, terhet]* vkire imposer *qqch à qqn*

robaj *fn* fracas *h*, détonation *n*; *[elnyújtott]* grondement *h*

robban *tn i* exploser, éclater

robbanás *fn* explosion *n*, détonation *n*

robbanékony *mn [anyag, jellem]* explosif (-ive)

robbanóanyag *fn* explosif *h*

robbanófej *fn* ogive *n*, tête *n* explosive

robbanómotor *fn* moteur *h* à explosion

robbant *ts i* faire exploser v. sauter

Róbert *fn* Robert *h*

robog *tn i [járművel]* rouler à vive allure

robogó *fn* scooter *h*

robot¹ *fn* tört, *átv is* corvée *n*

robot² *fn [gép]* robot *h*

robotgép *fn [konyhai is]* robot *h*

robotol *tn i* tört travailler à la corvée; *átv* trimer

robotpilóta *fn* pilote *h* automatique

robusztus *mn* robuste

rock *fn* rock *h*

rockénekes *fn* chanteur (-euse) (de) rock

rockopera *fn* opéra *h* rock

ródli *fn* luge *n*

rogy *tn i* földre ~ s'effondrer par terre; **térdre** ~ tomber à genou

rohad *tn i* → **rothad**

roham *fn* kat assaut *h*, charge *n*; *sp* attaque *n*; *orv* crise *n*

rohamkocsi *fn [mentőautó]* ambulance *n*

rohamoz *ts i* charger, monter à l'assaut

rohamrendőrség *fn [Fr.-ban]* Compagnies *n (t sz)* républicaines de sécurité, C.R.S.

rohamsisak *fn* casque *h*

rohan *tn i* courir à toutes jambes; *[vhová]* se précipiter; **vesztébe** ~ courir à sa perte

rohanás *fn* course *n* (effrénée v. folle); *átv* précipitation *n*

rojt *fn* frange *n*, houppe *n*

rojtos *mn* frangé(e); *[kopástól]* effrangé(e), effiloché(e)

róka *fn* renard *h*

rókáz|ik *tn i biz* dégobiller

rokka *fn* rouet *h*

rokkant *mn/fn* invalide *h n*, infirme *h n*

rokkantnyugdíjas *fn* bénéficiaire *h n* d'une pension d'invalidité

rokkantság *fn* invalidité *n*, infirmité *n*

rokokó *fn* rococo *h*, rocaille *n*

rokon I. *mn* vkivel apparenté(e) à *qqn*, parent(e) de *qqn*; *átv* semblable v. analogue (à); ~ **lelkek** âmes *n* sœur; ~ **nyelvek** langues *n (t sz)* apparentées **II.** *fn* parent(e); ~**aink** les nôtres *h n (t sz)*, nos proches *h n (t sz)*

rokoni *mn* de parenté; ~ **kapcsolat** rapport *h* de parenté

rokonság *fn [viszony]* parenté *n*; *[rokonok]* parenté *n*, proches *h (t sz)*

rokonszenv *fn* sympathie *n*; **vki iránti** ~**ből** par sympathie pour qqn

rokonszenves *mn* sympathique, *biz* sympa

rokonszenvez *tn i* vkivel /vmivel sympathiser *(avec qqn/qqch)*

róla *nm [felőle]* de lui (d'elle); **gondoskodik** ~ *[vkiről]* avoir soin de qqn; *[vmiről]* veiller à inf; **legyen meggyőződve** ~! soyez-en convaincu; **nem tehetek** ~ je n'y peux rien; **szó sem lehet** ~ c'est hors de question; ~ **van szó** il s'agit de lui

roller *fn* trottinette *n*

roló *fn [kirakati]* rideau *h* de fer; *[lakásban]* store *h*

R

rom *fn* ruine(s) *n (t sz);* ~**ba dől** tomber en ruine, *átv is* s'effondrer; ~**okban hever** être en ruine

roma I. *mn* rom; **a** ~ **szervezetek** les organisations *n (t sz)* roms **II.** *fn [személy]* Rom *h n; [nyelv]* romani *h*

Róma *fn* Rome *n*

római I. *mn* romain(e); **a** ~ **Birodalom** l'Empire *h* romain(e); ~ **katolikus** catholique romain(e); ~ **szám** chiffre *h* romain **II.** *fn [személy]* Romain(e)

román[1] **I.** *mn [romániai]* roumain(e) **II.** *fn [személy]* Roumain(e); *[nyelv]* roumain *h*

román[2] *mn műv, nyelv* roman(e); **a** ~ **nyelvek** les langues *n (t sz)* romanes; ~ **stílus** (style *h*) roman *h*

románc *fn* romance *n*

Románia *fn* Roumanie *n*

romantika *fn* romantisme *n*

romantikus I. *mn* romantique **II.** *fn* **a** ~**ok** les romantiques *h (t sz)*

rombol *ts i* ravager, détruire; *[épületet]* démolir; *[tekintélyt]* porter atteinte à

rombolás *fn* destruction *n*

romboló I. *mn* destructeur (-trice), destructif (-ive) **II.** *fn* destructeur (-trice)

rombusz *fn* losange *h*

Rómeó *fn* Roméo *h;* ~ **és Júlia** Roméo et Juliette

romhalmaz *fn* amas *h v.* tas *h* de ruines

romlandó *mn* périssable

romlás *fn [szerves anyagé]* putréfaction *n; [szervetlen anyagé, minőségé, helyzeté]* dégradation *n,* détérioration *n; [értéké, pénzé]* dévalorisation *n*

romlatlan *mn [erkölcsileg]* candide, innocent(e), pur(e)

roml\|ik *tn i [anyag]* pourrir; *[állapot, helyzet]* se dégrader; *[pénz]* se déva-

loriser; *[erkölcsileg]* se corrompre, s'avilir

romlott *mn [anyag]* altéré(e), pourri(e); *átv* corrompu(e)

romlottság *fn átv* corruption *n,* vál dépravation *n*

romos *mn* délabré(e), en ruine

roncs *fn [személy]* épave *n*

roncsol *ts i* détruire, ravager, mutiler; *[maró anyag]* corroder, ronger

ronda *mn* laid(e), vilain(e); *biz* moche; ~ **pofa** sale tête *n*

rongál *ts i* endommager, abîmer; *[műemléket]* détériorer

rongy *fn [háztartási]* torchon *h; [régi anyag]* chiffon *h; [ruha]* haillon *h,* guenilles *n (t sz);* átv **rázza a** ~**ot** *fraz* se donner des airs de grande dame

rongyos *mn [ruha]* fripé(e), en lambeaux; *[ember]* déguenillé(e), loqueteux (-euse); ~ **száz euróért** pour une misère de cent euros

rongyszőnyeg *fn kb.* tapis *h* rustique composé

ront I. *ts i [tárgyat]* détraquer, abîmer, gâter; *[egészséget]* délabrer; *[erkölcsöt]* corrompre; ~**ja vkinek a hitelét** discréditer qqn **II.** *tn i [vhova]* se précipiter; *vkire* foncer *v.* se jeter *v.* se ruer *sur qqn*

ropi *fn* stick *h* (salé)

ropog *tn i* craquer; *[tűz, puska]* crépiter; *[étel]* croquer, croustiller

ropogós *mn* croquant(e), croustillant(e)

ropogtat *ts i* faire craquer; *[ételt]* croquer

roppan *tn i* craquer

roppant *mn [nagy]* immense, colossal(e), monumental(e); ~ **erőfeszítések** efforts *h (t sz)* gigantesques

rósejbni *fn* pommes *n (t sz)* frites

oskad *tn i [földre]* s'effondrer; **egy ka-rosszékbe ~** s'affaler dans un fauteuil

oskadozik *tn i [épület]* menacer de s'effondrer; **~ik a fa a gyümölcstől** l'arbre croule sous les fruits

oskatag *mn [épület]* croulant(e); **~ aggastyán** vieillard *h* décrépit

ost *fn [növényi]* fibre *n*

osta *fn* crible *h*

ostál *ts i átv is* passer au crible

ostély *fn* grille *n*; *[sisakon]* visière *n*

ostélyos *fn [nyersen]* entrecôte *n*; *[elkészítve]* filet *h* de bœuf

ostokol *tn i biz* poireauter

ostonsült *fn* grillade *n*

ostos *mn* fibreux (-euse), filandreux (-euse)

ossz I. *mn* mauvais(e), méchant(e); **ez nem is olyan ~** ce n'est pas si mal; **~ közérzet** malaise *n*; **~ modora van** avoir de mauvaises manières; **~ néven vesz vmit** prendre mal qqch; **a ~ nyelvek** les mauvaises *v.* méchantes langues *n (t sz)*; **~ természete van** avoir un mauvais caractère; **~ vége lesz** ça finira mal; *[vmi]* **~ra fordul** tourner mal **II.** *fn* le mal; **a ~ak és a jók** les bons et les méchants; **jóban, ~ban** pour le meilleur et pour le pire; **~ban töri a fejét** préparer un mauvais coup; **nem akart neki semmi ~at** il ne lui voulait aucun mal

rosszabb *mn* pire, plus mauvais(e); **a ~ megoldás** la solution la plus mauvaise; **láttam már ~at is** j'ai vu pire

rosszabbod|ik *tn i* empirer, se détériorer; *[súlyosbodik]* s'aggraver; **~ik a beteg állapota** l'état du malade s'aggrave

rosszakarat *fn* malveillance *n*

rosszakaratú *mn* malveillant(e)

rosszakaró *fn* **sok ~ja van** avoir beaucoup d'ennemis

rosszalkod|ik *tn i* se conduire mal, faire des bêtises

rosszall *ts i* désapprouver

rosszallás *fn* désapprobation *n*

rosszalló *mn* désapprobateur (-trice)

rosszaság *fn* méchanceté *n*

rosszindulat *fn* malveillance *n*, mauvaise foi *n*

rosszindulatú *mn* malveillant(e), malintentionné(e); *[hir, magyarázat]* tendancieux (-euse); *[daganat]* malin (maligne)

rosszkedv *fn* mauvaise humeur *n*

rosszkedvű *mn* de mauvaise humeur

rosszkor *hsz* au mauvais moment; **ez ~ jön** cela tombe mal

rosszmájú *mn* de mauvaise foi

rosszul *hsz* mal; **~ érzi magát** *[testileg]* se sentir mal, *[lelkileg]* se sentir mal à l'aise; **vmi ~ esik vkinek** faire de la peine à qqn; **~ néz ki** avoir mauvaise mine; **~ teszi, hogy** avoir tort de *inf*; **~ viselkedik** se conduire mal

rosszullét *fn* malaise *h*

rothad *tn i* pourrir, se putréfier

rothadás *fn* putréfaction *n*, pourriture *n*

rovar *fn* insecte *h*

rovarcsípés *fn* piqûre *n* d'insecte

rovarirtó *fn [szer]* insecticide *h*

rovás *fn [bevágás]* encoche *n*, entaille *n*; *[szidalom]* réprimande *n*, blâme *n*; **vkinek a ~ára** au détriment de qqn

rovásírás *fn* écriture *n* runique

rovat *fn sajtó* rubrique *n*; *gazd* **bevételek ~a** chapitre *h* (des) recettes; **kiadások ~a** chapitre *h* (des) dépenses

rovátka *fn* encoche *n*, entaille *n*

rovatvezető *fn* chef *h* de rubrique

Róza *fn* Rose *n*

rozé *fn* vin *h* rosé; **~t kérek** je voudrais du rosé rozetta *fn* épít rosace *n*

rozmár *fn* morse *h*

rozmaring *fn* romarin *h*

rozoga *mn* [épület, tárgy] délabré(e), abîmé(e); [gép, egészség] détraqué(e); [öregember] décrépit(e)

rozs *fn* seigle *h*

rózsa *fn* rose *n*; [tuson, locsolón] pomme *n*

rózsaablak *fn* épít rosace *n*

rózsabimbó *fn* bouton *h* de rose

rózsafa *fn* rosier *h*; [anyag] bois *h* de rose

rózsafüzér *fn* vall chapelet *h*, [nagy] rosaire *h*

rózsás *mn* [árnyalat] rosé(e), rosâtre; ~ arc teint *h* rose; nincs ~ helyzetben sa situation n'est pas rose

rózsaszín *mn/fn* rose *h*; mindent ~ben lát voir tout en rose

rozsda *fn* [növényen is] rouille *n*

rozsdafolt *fn* tache *n* de rouille

rozsdamentes *mn* inoxydable

rozsdás *mn* rouillé(e)

rozsdásod|ik *tn i* rouiller

rozsdavörös *mn* roux (rousse)

rozskenyér *fn* pain *h* de seigle

röfög *tn i* grogner

rög *fn* motte *n*

rögbi *fn* rugby *h*

rögeszme *fn* idée *n* fixe, obsession *n*

rögös *mn* [talaj] raboteux (-euse); átv ~ életút une rude existance

rögtön *hsz* tout de suite, à l'instant (même), aussitôt; ~ jövök je reviens dans un instant

rögtönöz *ts i* improviser

rögtönzés *fn* improvisation *n*

rögzít *ts i* fixer, immobiliser; [megköt-ve] attacher; [hangot, képet] enregistrer; fények fixer; jegyzőkönyvbe ~ consigner au procès-verbal; ~i az árakat bloquer les prix

röhej *fn* [röhögés] biz rigolade *n*, [gú-nyos] ricanement *h*; ez kész ~! c'es ridicule !

röhög *tn i* biz rigoler, se bidonner, s marrer; [gúnyosan] ricaner

römi *fn* rami *h*

rönk *fn* bille *n*

röntgen *fn* [vizsgálat] radioscopie *n* radio *n*

röntgenez *ts i* radiographier

röntgenfelvétel *fn* radiographie *n*, ra dio *n*

röntgenkészülék *fn* appareil *h* de ra diographie

röntgensugár *fn* rayon *h* X

röpcédula *fn* tract *h*

röpdolgozat *fn* interrogation *n* éclair

röpirat *fn* tract *h*

röpít *ts i* jeter, lancer; levegőbe ~ lance en l'air, [felrobbant] faire sauter; go lyót ~ a fejébe *fraz* se brûler la cervell

röpke *mn* fugace, rapide, furtif (-ive)

röplabda *fn* volley-ball *h*

röplap *fn* [reklám] prospectus *h*, im primé *h*

röppálya *fn* trajectoire *n*

röptében *hsz* au vol

rőt *mn* fauve, roussâtre

rövid *mn* [térben] court(e); [időben] court(e), bref (brève); ~ életű [dolog] éphémère, de courte durée; ~ hajú aux cheveux courts; ~ időn belül sous peu; ~ időre pour une courte du rée; hogy ~ legyek pour être bre (brève); ~ lejáratú à courte échéan ce; ~ távon *fraz* à court terme; ~ úton sommairement

rövidáru *fn* mercerie *n*

röviden *hsz* brièvement, tout court, en bref; ~ szólva (en) bref, en un mot

rövidesen *hsz* bientôt, sous peu

rövidfilm *fn* court(-)métrage *h*

rövidhullám *fn* onde *n* courte

rövidhullámú mn ~ **adó** station n (d'émission) sur ondes courtes

rövidít ts i/tn i écourter, [szöveget is] abréger, [utat is] raccourcir

rövidital fn alcool h fort

rövidítés fn [szövegé] abrègement h; [szóé] abréviation n; [betűszó] sigle h

rövidlátás fn myopie n, vue n courte

rövidlátó mn myope; átv ~ **politika** politique n à courte vue

rövidnadrág fn short h

rövidség fn [időé] brièveté n

rövidtávfutó fn sprinter h

rövidül tn i (se) raccourcir, diminuer; **a napok ~nek** les jours raccourcissent

rövidzárlat fn court-circuit h

rőzse fn fagot h; ~**t szed** ramasser du bois mort

rubel fn rouble h

rubeóla fn rubéole n, rougeole n

rubin fn rubis h

rubrika fn colonne n, rubrique n

rúd fn barre n; [zászlóé] hampe n; [rúdugráshoz] perche n; [lovaskocsin] brancard h; **egy ~ szalámi** un salami

Rudolf fn Rodolphe h, Raoul h

rúdugrás fn saut h à la perche

rúg I. tn i donner des coups de pied; [összeg] s'élever (à), se totaliser (à) **II.** ts i **gólt** ~ marquer un but

rugalmas mn élastique; átv is souple, flexible; ~ **munkaidő** horaire(s) h (t sz) de travail flexible(s)

rugalmasság fn souplesse n

ruganyos mn ~ **léptekkel** d'un pas souple

rúgás fn coup h de pied; [futball] coup h, tir h

rugdalózik tn i [kisbaba] gigoter; [verekedésben] distribuer des coups de pied

rugdos ts i donner des coups de pied

rugó fn ressort h

rugós mn à ressort; ~ **bicska** couteau h à ressort

rugózik tn i [vmi] avoir de bons ressorts

ruha fn vêtement h; biz fringues n (t sz); [női] robe n; ~**t felvesz** mettre v. enfiler un vêtement; ~**t levesz** enlever v. ôter un vêtement

ruhaakasztó fn [vállfa] cintre h

ruhadarab fn vêtement h

ruhafogas fn portemanteau h; [falon] patère n

ruhakefe fn brosse n à habits

ruhanemű fn vêtements h (t sz)

ruhásszekrény fn armoire n à vêtements; [akasztós] penderie n

ruhástul hsz tout(e) habillé(e)

ruhaszárító I. mn ~ **kötél** corde n à linge **II.** fn [gép] sèche-linge n

ruhatár fn vestiaire n; [saját ruhakészlet] garde-robe n

ruhatáros fn préposé(e) au vestiaire

ruhatervező fn styliste h n

ruhatisztító fn teinturier (-ière)

ruhátlan mn déshabillé(e), dévêtu(e)

ruhaujj fn manche n

ruház ts i [ruházattal ellát] habiller qqn; vkire vmit confier qqch à qqn

ruházat fn habillement h, vêtements h (t sz)

ruházati mn vestimentaire; ~ **bolt** magasin h de vêtements v. d'habillement

ruházkod|ik tn i s'habiller

rulett fn roulette n

rum fn rhum h

rumli fn biz pagaille v. pagaïe n

rumos mn au rhum

rusztikus mn rustique

rút mn laid(e)

rutin fn [tapasztalat] pratique n; [megszokás] routine n

rutinellenőrzés fn contrôle h de routine

rutinos *mn* expérimenté(e); *pej* routinier (-ière)

rúzs *fn* rouge *h* (à lèvres)

rúzsoz *ts i* ~**za magát** se mettre du rouge (à lèvres)

rücskös *mn* rugueux (-euse); *[fa]* raboteux (-euse)

rügy *fn* bourgeon *h*, bouton *h*

rügyez|ik *tn i* bourgeonner

rüh *fn* gale *n*

rühell *ts i vmit* avoir *qqch* en horreur, avoir horreur *de qqch v. de inf*

rühes *mn* galeux (-euse)

rüszt *fn* cou-de-pied *h*

S

s *ksz* et; ~ **a többi** et c(a)etera etc.

sablon *fn* modèle *h*; *[lyuggatott]* pochoir *h*; *átv* cliché *h*

sablonos *mn [gondolkodás]* stéréotypé(e)

saccol *ts i/tn i* estimer; **mit ~sz, esni fog?** à ton avis, il va pleuvoir ?

sáfrány *fn* safran *h*

sah *fn* s(c)hah *h*

saját I. *mn* propre; **a ~ apám** mon propre père; **a ~ feje után megy** *fraz* n'en faire qu'à sa propre tête; *[jó]szántából* de son plein gré; ~ **kezű aláírás** signature *n* autographe; ~ **költségen** à ses (propres) frais; ~ **maga** lui-même (elle-même); ~ **szememmel láttam** je l'ai vu de mes propres yeux **II.** *fn* **a ~ja** *[tulajdona]* le sien (la sienne); **a ~omból adtam neki** je lui ai donné du mien; **a nevetés az ember ~ja** le rire est le propre de l'homme

sajátos *mn [jellemző]* particulier (-ière), spécifique; *[különös]* singulier (-ère)

sajátosság *fn* particularité *n*, singularité *n*

sajátság *fn* → **sajátosság**

sajátságos *mn* singulier (-ière); ~ **módon** de façon singulière; **ez azért elég ~** c'est quand même assez particulier

sajgó *mn* douloureux (-euse); ~ **fájdalom** douleur *n* lancinante

sajnál *ts i [szán]* plaindre, avoir pitié de; *[bánkódik]* regretter, être désolé(e) de; *[irigyel]* vmit vkitől envier qqch à qqn; **nagyon ~om!** je suis vraiment désolé !

sajnálat *fn [szánalom]* compassion *n*, pitié *n*; *[bánkódás]* regret *h*; **nagy ~ára** à son grand regret; ~**tal közlöm, hogy** j'ai le regret de vous annoncer que

sajnálatos *mn* regrettable, déplorable; ~ **tévedés** erreur *n* regrettable

sajnálkozás *fn [bánkódás]* regrets *h (t sz)*; *[bocsánatkérés]* excuses *n (t sz)*; *[részvét]* condoléances *n (t sz)*

sajnálkoz|ik *tn i* vkin/vmin s'apitoyer sur qqch/qqn; *[sajnálatát fejezi ki]* exprimer ses regrets, regretter, déplorer; *[bocsánatkérően]* présenter ses excuses

sajnos *hsz* hélas, malheureusement

sajog *tn i* **minden tagom ~** j'ai mal partout

sajt *fn* fromage *h*; **reszelt ~** fromage râpé

sajtkrém *fn* fromage *h* à tartiner

sajtkukac *fn* asticot *h*; **izeg-mozog, mint a ~** *fraz, biz* avoir la bougeotte

sajtó *fn [gép]* presse *n* (à imprimer); *[média]* presse *n*; **elektronikus/nyomtatott ~** presse électronique/écrite; **a ~ útján** par la presse; ~ **alá rendez** éditer; **jó ~ja van** avoir bonne presse

sajtóattasé *fn* attaché(e) de presse

sajtóbemutató *fn* avant-première *n*

sajtóértekezlet *fn* conférence *n* de presse

sajtófőnök *fn* chef *h* du bureau de presse; *[intézménynél]* attaché(e) de presse

sajtóhadjárat *fn* campagne *n* de presse

sajtóhiba *fn* faute *n* d'impression *v.* typographique

sajtóközlemény *fn* communiqué *h* (de presse)

sajtol *ts i* presser; *[gyümölcsöt, magvakat]* pressurer; *műsz* comprimer

sajtónyilatkozat *fn* déclaration *n* de presse

sajtóorgánum *fn* organe *h* de presse

sajtos *mn [sajttal készített]* au fromage

sajtószabadság *fn* liberté *n* de la presse

sajtószemle *fn* revue *n* de presse

sajtótájékoztató *fn* conférence *n* de presse

sajtótörvény *fn* loi *n* sur la presse

sajtóügynökség *fn* agence *n* de presse

sajtóvisszhang *fn* écho *h v.* réaction *n* dans la presse; **jó a ~ja** avoir bonne presse

sajtreszelő *fn* râpe *n* à fromage

sajttál *fn* plateau *h* de fromages

sakál *fn* chacal *h*

sakk *fn* échecs *h (t sz)*; **~ és matt!** échec et mat !; **~ot ad** faire échec; *átv* **~ban tart vkit** tenir qqn en échec

sakkfigura *fn* pièce *n* (du jeu d'échecs)

sakkhúzás *fn* coup *h*; *átv* **ez ügyes ~ volt** c'était un coup de maître

sakkjátszma *fn* partie *n* d'échecs

sakklépés *fn* coup *h*

sakkoz|ik *tn i* jouer aux échecs

sakkparti *fn* partie *n* d'échecs

sakktábla *fn* échiquier *h*

sakkverseny *fn* tournoi *h* d'échecs

sál *fn* écharpe *n*; *[selyemkelméből]* foulard *h*

salak *fn [fémé]* scorie *n*; *[széné]* mâchefer *h*; *biol* excrétions *n (t sz)*; *átv* **a társadalom ~ja** la lie de la société

salakpálya *fn [tenisz]* court *h* en terre battue; *[motoros, futó]* piste *n* cendrée

Salamon *fn* Salomon *h*

saláta *fn növ* salade *n*; *[fejes]* laitue *n*; *[étel]* salade *n*

salátaöntet *fn* sauce *n*; *[ecetes]* vinaigrette *n*

salátástál *fn* saladier *h*

salétrom *fn* salpêtre *h*

sámán *fn* chaman *h*

sámfa *fn* embauchoir *h*

sámli *fn* escabeau *h*

sampinyon *fn [gomba]* champignon *h* de Paris

sampon *fn* shampo(o)ing *h*

Sámuel *fn* Samuel *h*

sánc *fn* rempart *h*; *[sakkban]* roque *h*; *[síugró]* tremplin *h*

sanda *mn* **~ szemmel néz vkire** regarder qqn de travers *v.* d'un œil torve; **az a ~ gyanúm, hogy** j'ai la vague impression que

sandít *tn i vkire* regarder qqn du coin de l'œil, lorgner qqn

Sándor *fn* Alexandre *h*; **Nagy ~** Alexandre le Grand

sánta *mn/fn* boiteux (-euse)

sántikál *tn i* boitiller, clopiner; *átv* **valamiben ~** manigancer qqch; **vmi rosszban ~** méditer un mauvais coup

sántít *tn i* boiter; **jobb lábára ~** boiter du pied droit; *átv* **~ a dolog** ça ne tient pas debout

sanzon *fn* chanson *n*

sanzonénekes *fn* chanteur (-euse) de variétés

sanyargat *ts i [testileg]* mortifier; *[lelkileg]* tourmenter; *[népet]* opprimer; *[szipolyozva]* pressurer; **~ja magát** se mortifier

sápad *tn i* pâlir; blêmir

sápadt *mn* pâle; *[betegesen]* blême; *[fakó]* blafard(e)

sápadtság *fn* pâleur *n*

sapka *fn* bonnet *h; [ellenzővel]* casquette *n; [kupak]* couvercle *h,* capuchon *h*

sár *fn* boue *n;* lekaparja a sarat vmiről décrotter qqch; *átv* ~ba ránt vkit *fraz* traîner qqn dans la boue; állja a sarat tenir bon; *biz* tenir le coup

Sára *fn* Sara(h) *n*

sárcipő *fn* caoutchoucs *h (t sz)*

sárga I. *mn* jaune; ~ az irigységtől être vert(e) de jalousie; ~ a lámpa le feu est à l'orange; lehord vkit a ~ földig *biz* engueuler qqn comme du poisson pourri **II.** *fn* jaune *h;* a tojás ~ja le jaune d'œuf; ~ra fest peindre en jaune

sárgabarack *fn* abricot *h*

sárgabarackfa *fn* abricotier *h*

sárgaborsó *fn* pois *h (t sz)* cassés

sárgadinnye *fn* melon *h*

sárgaláz *fn* fièvre *n* jaune

sárgarépa *fn* carotte *n*

sárgaréz *fn* laiton *h,* cuivre *h* jaune

sárgarigó *fn* loriot *h* jaune

sárgás *mn* jaunâtre

sárgaság *fn orv* jaunisse *n*

sárgul *tn i* jaunir; *[vetés]* blondir

sárhányó *fn [biciklijé, motoré]* garde-boue *h; [autóé]* aile *n*

sarj *fn [növényé]* pousse *n,* rejeton *h; átv [leszármazott]* descendant(e); *vál* progéniture *n*

sarjad *tn i [növény]* pousser, lever

sark *fn* pôle *h;* Déli/Északi ~ le pôle Sud/Nord

sarkal *ts i [cipőt]* poser des talons

sarkalatos *mn* cardinal(e), fondamental(e), essentiel (-elle)

sarkall *ts i [lovat]* éperonner; *vkit vmire* pousser *v.* inciter *qqn à inf*

sarkantyú *fn* éperon *h; [kakasé]* ergot(s) *h (t sz)*

sarkantyúz *ts i* éperonner

sárkány *fn* dragon *h; [játék]* cerf-volant *h;* ~t ereget lancer un cerf-volant

sárkányrepülés *fn* vol *h* libre, deltaplane *h*

sárkányrepülő *fn [eszköz]* deltaplane *h; [személy]* deltiste *h n*

sarkcsillag *fn* étoile *n* polaire

sarki *mn [utcasarki]* du coin; *földr* polaire; *[északi]* arctique; *[déli]* antarctique; ~ fény *[északi]* aurore *n* boréale; *[déli]* aurore australe; a ~ fűszeres l'épicier du coin

sarkkör *fn* cercle *h* polaire

sarkkutató *fn* explorateur (-trice) polaire

sarkvidék *fn* régions *n (t sz) v.* zones *n (t sz)* polaires; északi ~ régions arctiques; déli ~ régions antarctiques

sarlatán *fn* charlatan *h*

sarló *fn* faucille *n*

sarok *fn [lábé, cipőé]* talon *h; [tárgyé, utcáé, szobáé]* coin *h; [épületé, utcáé]* angle *h; [ajtóé]* gond(s) *h (t sz);* ~ba állít vkit mettre qqn au coin; ~ba szorít vkit *fraz* mettre qqn au pied du mur; sarkában van vkinek *[követi]* être sur les talons de qqn; szeme sarkából du coin de l'œil; az utca sarkán au coin *v.* à l'angle de la rue; *átv* sarkára áll *fraz* se dresser sur ses ergots; sarkon fordul tourner les talons

sarokház *fn* maison *n* d'angle

sarokkő *fn* pierre *n* angulaire *v.* d'angle

sarokvas *fn [ajtón]* gond *h*

Sarolta *fn* Charlotte *n*

sáros *mn [út, cipő]* boueux (-euse); *[ruha]* crotté(e); *átv* ő is ~ ebben az ügyben *biz* lui aussi est mouillé dans cette affaire

saru *fn [lábbeli]* sandale(s) *n (t sz)*

sas *fn* aigle *h n*

sás *fn* laîche *n*; carex *h*

sáska *fn* criquet *h*; **imádkozó ~** mante *n* religieuse

sátán *fn* Satan *h*

satnya *mn [növény, ember]* chétif (-ive), rabougri(e)

sátor *fn* tente *n*; *[cirkuszi]* chapiteau *h*; **sátrat ver** monter *v.* planter une tente

sátorfa *fn* szedi a ~**ját** *fraz, biz* prendre ses cliques et ses claques

sátoroz *tn i* camper

satöbbi *fn* et c(a)etera etc.

satu *fn* étau *h*

sav *fn* acide *h*

sáv *fn [csík]* raie *n*; *[széles]* bande *n*; *[rangjelzés]* galon *h*; *[közúton]* file *n*, voie *n*; *[magnón]* piste *n*; *[terület]* zone *n*; *távk* bande *n*; **~ot vált** *[autó]* changer de file

saválló *mn* résistant(e) aux acides

savanykás *mn* aigrelet (-ette), suret (-ette)

savanyú *mn* aigre, acide; *[ember]* aigre, grincheux (-euse); **~ cukorka** bonbon *h* acidulé; **~ káposzta** choucroute *n*; **~ tej** lait *h* tourné; **~ uborka** cornichons *h (t sz)* au vinaigre; **~ képpel fogad vkit** *fraz* faire grise mine à qqn

savanyúság *fn [tulajdonság]* aigreur *n*, acidité *n*; *[ételhez]* kb. pickles *h (t sz)*

savas *mn* acide; **~ eső** pluie *n* acide

savó *fn [tejé]* petit-lait *h*; *orv* sérosité *n*

sávos *mn* rayé(e), à rayures

sávváltás *fn [közúton]* changement *h* de file

sci-fi *fn* science-fiction *n*; **~ film** film *h* de science-fiction

se *ksz/hsz* **~ apja, ~ anyja** il n'a ni père ni mère; **azt ~ felejtsd el, hogy** n'oublie pas non plus que; **egy szót ~!** pas un mot !; **hozzá ~ nyúlt az**

ebédjéhez il n'a même pas touché à son déjeuner; **nem tudom, menjek-e, vagy ~** je ne sais pas si je dois y aller ou pas

seb *fn* blessure *n*; *[horzsolt]* égratignure *n*; *[égett]* brûlure *n*; **nyílt ~** plaie *n* ouverte; **belehal ~eibe** succomber à ses blessures; **~eiből felépül** guérir de ses blessures; *átv* **feltép egy régi ~et** rouvrir *v.* raviver une ancienne blessure

sebaj *msz* tant pis !, ce n'est pas grave !

sebbel-lobbal *hsz* en toute hâte

sebes[1] *mn [sérült]* blessé(e); **~ a lába** avoir une blessure aux pieds

sebes[2] *mn [gyors]* rapide; **~en** vite

sebesség *fn* vitesse *n*; *[iram]* allure *n*; **első ~** *[autóban]* première *n* (vitesse); **~et vált** changer de vitesse; **60 kilométeres ~gel** à 60 km heure

sebességkorlátozás *fn* limitation *n* de vitesse

sebességmérő *fn* compteur *h* de vitesse

sebességváltó *fn [szerkezet]* boîte *n* de vitesse; *[kar]* levier *h* (de changement) de vitesse

Sebestyén *fn* Sébastien *h*

sebesülés *fn* blessure *n*

sebesült *fn* blessé(e)

sebész *fn* chirurgien (-ienne)

sebészet *fn* chirurgie *n*; *[kórházi osztály]* service *h* de chirurgie

sebészi *mn* chirurgical(e); **~ beavatkozás** intervention *n* chirurgicale

sebezhetetlen *mn* invulnérable

sebezhető *mn* vulnérable

sebhely *fn* cicatrice *n*

sebhelyes *mn* marqué(e) de cicatrices; **~ arc** visage *h* balafré

sebtapasz *fn* sparadrap *h*, pansement *h* adhésif *h*

sebtében *hsz* à la hâte, à toute vitesse, à la va-vite

segéd *fn* aide *h* n; *[bolti]* vendeur
(-euse); *[párbajban]* second *h*

segédeszköz *fn* aide *n*; **gyógyászati ~**
équipement *h* thérapeutique

segédige *fn* (verbe *h*) auxiliaire *h*

segédkez|ik *tn i* vkinek vmiben aider
qqn dans qqch v. à inf, assister qqn
dans qqch

segédlet *fn [segítség]* aide *n*, assis-
tance *n*; vkinek a **~ével** avec l'aide
de qqn

segédmotor *fn* moteur *h* auxiliaire;
~os kerékpár cyclomoteur *h*

segédmunkás *fn* manœuvre *h*; ouvrier
(-ière) non qualifié(e)

segédszemélyzet *fn* personnel *h* auxi-
liaire

segély *fn* aide *n*, secours *h*; *[rendsze-
res]* allocation *n*; *[intézménynek]*
subvention *n*; **fejlesztési ~** aide au dé-
veloppement; **munkanélküli ~** allo-
cation de chômage; **~ben részesít**
vkit donner du secours à qqn; **~re
szorul** avoir besoin de secours

segélyakció *fn* campagne *n* de se-
cours, action *n* humanitaire

segélyalap *fn* fonds *h* d'aide

segélyez *ts i* secourir v. assister maté-
riellement

segélyhely *fn [egészségügyi]* poste *h*
de secours

segélykérés *fn* demande *n* de secours
v. d'assistance

segélykérő *mn* **~ tekintet** un regard
suppliant

segélykiáltás *fn* appel *h* au secours

segélynyújtás *fn* assistance *n*, aide *n*

segélyszervezet *fn* organisation *n*
humanitaire

segélyszolgálat *fn* service *h* de se-
cours; *[autómentő]* assistance *n* auto-
mobile; *[lift, tévé, stb. javítószolgá-
lat]* service *h* de dépannage

segg *fn biz* cul *h*

seggfej *fn durva* connard(e)

segít *tn i/ts i* aider; **álláshoz ~** vkit
aider qqn à trouver un emploi; **ezen
nem lehet ~eni** il n'y a rien à faire; **~
vkit a munkájában** aider qqn dans
son travail; **tudnál ~eni?** tu pourrais
m'aider v. me donner un coup de
main ?; **~ik egymást** ils s'entraident,
ils s'aident mutuellement; **~hetek?**
[üzletben] est-ce que je peux vous
aider ?

segítő I. *mn* **~ kezet nyújt** vkinek ten-
dre une main secourable à qqn **II.** *fn*
aide *h n*

segítőkész *mn* serviable

segítőkészség *fn* serviabilité *n*

segítőtárs *fn* aide *h n*; auxiliaire *h n*

segítség *fn* aide *n*, assistance *n*, se-
cours *h*; *[anyagi]* soutien *h*; **~!** au se-
cours !, à l'aide !; **miben lehetek a
~ére?** en quoi puis-je vous aider ?;
~ért kiált crier v. appeler au secours
v. à l'aide; **~et kér** vkitől demander
l'aide de qqn; **~et nyújt** vkinek ap-
porter son aide à qqn; **vkinek a ~ével**
avec l'aide de qqn, grâce à qqn; **vmi-
nek a ~ével** à l'aide de qqch, grâce à
qqch; **~re szorul** avoir besoin d'aide

segítségnyújtás *fn* assistance *n*; **~ el-
mulasztása** non-assistance *n* à per-
sonne en danger

sehogy(an) *hsz* d'aucune façon v. ma-
nière, pas du tout; **~ sem sikerül** je
n'y arrive pas du tout

sehol *hsz* nulle part; **~ másutt** nulle
part ailleurs

sehonnan *hsz* de nulle part

sehová *hsz* nulle part; **nem megyek ~**
je ne vais nulle part

sejk *fn* cheik *h*

sejt¹ *ts i* vmit se douter de qqch, pres-
sentir qqch; **rosszat ~** avoir un mau-

vais pressentiment; **~ettem** je m'en doutais; **mit sem ~ve** sans se douter de rien

sejt² *fn biol, pol* cellule *n*

sejtelem *fn [előérzet]* pressentiment *h*; *[elképzelés]* idée *n*; **sejtelmem sincs róla** je n'en ai pas la moindre idée, je n'en ai aucune idée

sejtelmes *mn* mystérieux (-euse), énigmatique

sejtés *fn* pressentiment *h*, intuition *n*

sejtet *fn* donner à penser, laisser entendre, suggérer

sejthető *mn* prévisible

sekély *mn* peu profond(e); *átv* superficiel (-ielle)

sekélyes *mn* superficiel (-elle)

sekrestye *fn* sacristie *n*

sekrestyés *fn* sacristain *h*

selejt *fn* produit *h* défectueux, rebut *h*

selejtes *mn [hibás]* défectueux (-euse); *[gyenge minőségű]* de qualité médiocre; **~ áru** marchandise *n* de rebut

selejtez *ts i* trier

selejtező I. *mn sp* éliminatoire **II.** *fn [mérkőzés, verseny]* éliminatoire(s) *n (t sz)*, épreuve(s) *n (t sz)* de qualification

selló *fn* sirène *n*

selyem *fn* soie *n*

selyemfiú *fn* gigolo *h*

selyemhernyó *fn* ver *h* à soie

selyempapír *fn* papier *h* de soie

selymes *mn* soyeux (-euse); **~ bőr** peau *n* satinée

selypít *tn i* zézayer, bléser; *biz* zozoter

sem I. *ksz* én ~ moi non plus; **egyikük ~** *[kettő közül]* aucun des deux; *[több közül]* aucun d'eux; **~ én, ~ te** ni moi, ni toi; **hozzá ~ értem** je n'y ai même pas touché; **látni ~ akarom** je ne veux même pas le voir; **mi ~ könnyebb ennél** rien de plus facile; **szó ~ lehet**

róla! il n'en est pas question ! **II.** *hsz* **egy cseppet ~** pas du tout; **eszembe ~ jutott** cela ne m'est même pas venu à l'esprit; **mondanom ~ kell** cela va sans dire; **semmit ~ akarok** je ne veux rien; **senki ~ jött el** personne n'est venu

séma *fn* schéma *h*

sematikus *mn* schématique

semeddig *hsz* **nem jutott ~** il n'est arrivé à rien; **nem tart ~** cela prend moins de temps qu'il n'en faut pour le dire

semelyik *nm* aucun(e); **~et sem ismerem** je ne connais aucun d'eux

semennyi *nm* **~ pénze sincs** il n'a pas un sou vaillant; **~ért sem** à aucun prix

semerre *hsz* nulle part

semhogy *ksz* okosabb ő, **~ ilyet tegyen** il est trop intelligent pour faire pareille chose; **inkább meghalok, ~ eláruljam** je mourrais plutôt que de le trahir

sémi *mn* sémitique

semleges *mn* neutre; *[közömbös]* indifférent(e); *[kémhatás]* neutre

semlegesít *ts i* neutraliser

semlegesség *fn* neutralité *n*

semmi I. *nm [önállóan]* rien; **Mi bajod? ~.** Qu'est-ce que tu as ? Rien.; **~ nyoma** aucune trace; **~be vesz vkit/vmit** ignorer qqn/qqch; **nem maradt ~je** il ne lui reste plus rien; **nem fáj ~je** il n'a mal nulle part; **nem tesz ~t!** cela ne fait rien !, ce n'est pas grave !; *[jelzőként]* **~ baj!** ce n'est pas grave !, il n'y a pas de mal !; **~ esetre sem** en aucun cas; **~ kétség** pas de doute; **~ különös** rien de spécial **II.** *fn* nem **~!** ce n'est pas rien !; **jobb mint a ~** c'est mieux que rien; **bámul a ~be** regarder dans le vide *v.* le vague

semmiféle *nm* aucun(e), nul (nulle)

semmiképpen *hsz* d'aucune manière v. façon

semmikor *hsz* jamais, à aucun moment

semmilyen *nm* aucun(e); ~ **érv nem hat rá** aucun argument n'a d'effet sur lui

semmirekellő *fn* bon (bonne) à rien, propre à rien *h n*

semmis *mn* nul (nulle) et non avenu(e); ~**nek nyilvánít** déclarer nul (nulle) et non avenu(e)

semmiség *fn* broutille *n*, bagatelle *n*

semmitmondó *mn [jelentéktelen]* quelconque, insignifiant(e); *[üres]* creux (-euse), inexpressif (-ive); ~ **tekintet** regard *h* inexpressif; ~ **frázis** phrase *n* creuse

semmittevés *fn* oisiveté *n*; *[kellemes]* farniente *h*

semmittevő *mn/fn* oisif (-ive) *[lusta]* fainéant(e)

senki I. *nm [önállóan]* personne *n*; ~ **más** personne d'autre; **nincs ott** ~ il n'y a personne là-bas; ~**m sincs** je n'ai personne; **nem vagyok** ~**je** je ne suis rien pour lui **II.** *fn* ő **egy nagy** ~ c'est un rien du tout v. un zéro

seper *ts i* balayer

seprű *fn* balai *h*

serceg *tn i [olaj]* grésiller; *[toll]* crisser

serdülő *mn/fn* adolescent(e)

serdülőkor *fn* adolescence *n*

sereg *fn [katonai]* armée *n*; *[jelzőként]* egy ~**vki/vmi** une multitude v. un tas de qqch /qqn

seregély *fn* étourneau *h*, sansonnet *h*

seregllik *tn i* affluer; vki/vmi köré se masser autour de qqn/qqch

seregszemle *fn [katonai]* revue *n* (de troupes)

sérelem *fn* offense *n*, affront *h*; *[jogi]* tort *h*, préjudice *h*

sérelmes *mn* blessant(e); *jog* attentatoire

sérelmez *ts i vmit* prendre *qqch* mal, faire grief *de qqch*

serény *mn* dynamique; *vál* diligent(e)

serkent *ts i* stimuler

serleg *fn* coupe *n*

serpenyő *fn* poêle *n*; *[mérlegé]* plateau *h*

sért *ts i [testileg]* blesser; *[érzelmileg]* blesser, offenser; *[érdeket]* porter préjudice à, porter atteinte à; *[törvényt]* violer; **vérig** ~ blesser au vif; **ez a zaj** ~**i a fülemet** ce bruit me fait mal aux oreilles v. me blesse les oreilles

sérteget *ts i* injurier, insulter

sertés *fn* porc *h*

sértés *fn [tett, szó]* offense *n*, insulte *n*; *[szó]* injure *n*; *[szabály elleni]* infraction *n*; **lenyel egy** ~**t** *fraz* avaler un affront; *jog testi* ~ coups *h (t sz)* et blessures *n (t sz)*

sertésborda *fn* côte *n* v. côtelette *n* de porc

sertéscomb *fn* jambon *h*, cuisse *n* de porc

sertéscsülök *fn* jambonneau *h* de porc

sertéshús *fn* (viande *n* de) porc *h*

sertéskaraj *fn* côte *n* de porc

sertéspörkölt *fn* ‹ragoût de porc à la hongroise›

sertéssült *fn* rôti *h* de porc

sértetlen *mn* intact(e), indemne; ~**ül megúszta** il s'en est sorti sain et sauf

sérthetetlen *mn* invulnérable; *[elv, stb.]* inviolable

sértő *mn/fn* blessant(e), offensant(e), injurieux (-euse); ~ **szándék** intention *n* injurieuse v. blessante

sértődékeny *mn* susceptible

sértődött *mn* blessé(e), vexé(e)

sérülés *fn* [személye] blessure *n*; [tárgyé] dommage *h*

sérült *mn* [személy] blessé(e); [tárgy] endommagé(e)

sérv *fn* hernie *n*

séta *fn* promenade *n*; egészségügyi ~ promenade hygiénique *v.* de santé; ~t tesz faire une promenade

sétabot *fn* canne *n*

sétahajó *fn* bateau-mouche *h*

sétál *tn i* se promener; elmegy ~ni aller se promener; ~ egyet faire une promenade

sétáló *fn* promeneur (-euse), passant(e)

sétálómagnó *fn* baladeur *h*; *ang* walkman *h*

sétálóutca *fn* rue *n* piétonne *v.* piétonnière

sétáltat *ts i* promener

sétány *fn* promenade *n*, allée *n*

sétapálca *fn* canne *n*

sétaút *fn* sentier *h* piéton

settenked|ik *tn i* rôder, [*ki sz*] tourner *autour de qqn/qqch*

sí *fn* ski *h*

síbot *fn* bâton *h* de ski

sícipő *fn* chaussures *n (t sz)* de ski

síel *tn i v. sízik* faire du ski, skier

síelés *fn* ski *h*

siet *tn i* se dépêcher, se presser; [*óra*] avancer; siess! dépêche-toi; *biz* grouille(-toi); ~ek [*nem érek rá*] je suis pressé(e); ez az óra öt percet ~ cette montre avance de cinq minutes; vkinek a segítségére ~ voler au secours de qqn; nem kell ~ned prends ton temps

sietős *mn* [*gyors*] rapide; [*sürgős*] urgent(e); nem ~ (a dolog) il n'y a rien qui presse

sietség *fn* hâte *n*, précipitation *n*

siettet *ts i* [*személyt*] presser; [*dolgot, eseményt*] presser, hâter, accélérer; [*munkát így is*] activer

sietve *hsz* à la hâte, en toute hâte

sífelvonó *fn* remontée *n* mécanique; [*csúszó*] téléski *h*, remonte-pente *h*; [*üléses*] télésiège *h*

sífutás *fn* ski *h* de fond

sífutó *fn* skieur (-euse) de fond, fondeur (-euse)

sík I. *mn* plan(e); [*lapos*] plat(e); [*egyenletes*] égal(e), uni(e); ~ felület surface *n* plane; ~ vidék pays *h* plat, région *n* plate **II.** *fn mat* plan *h*; *átv* niveau *h*; elméleti ~on sur un plan théorique

síkál *ts i* [*padlót, edényt*] récurer

sikamlós *mn* scabreux (-euse), grivois(e); ~ történet histoire *n* scabreuse

sikátor *fn* ruelle *n*, venelle *n*

siker *fn* succès *h*, réussite *n*; teljes ~ succès complet; ~rel jár réussir, être couronné(e) de succès; a darab nagy ~t aratott la pièce a eu un grand succès *v. fraz* a fait un tabac; ~t ~re halmoz enchaîner les succès

sikerélmény *fn* sentiment *h* de réussite *n*

sikeres *mn* [*igével*] avoir du succès; ~ ágazat branche *n* florissante; ~ énekes chanteur (-euse) à succès; ~ műtét opération *n* (chirurgicale) réussie

sikerkönyv *fn* succès *h* de librairie; *ang* best-seller *h*

sikerlista *fn* palmarès *h*, hit-parade *h*

sikertelen *mn* raté(e), manqué(e); ~ kísérlet tentative *n* infructueuse

sikertelenség *fn* insuccès *h*, non-réussite *n*

sikertörténet *fn* histoire *n* à succès

sikerül *tn i* réussir; *[vmit megtenni]* réussir *v.* parvenir *à inf;* **jól ~** réussir; **nem / rosszul ~** rater, être raté(e); **~t átmennie a vizsgán** il a réussi à passer les examens; **nem ~ kinyitnom** je n'arrive pas à l'ouvrir

siket *mn/fn* sourd(e)

síkfutás *fn* course *n* de plat

síkidom *fn* figure *n* plane

síkít *tn i* pousser un cri aigu

sikk *fn* chic *h*

sikkaszt *ts i* détourner (des fonds)

sikkasztás *fn* détournement *h* (de fonds)

sikkes *mn* chic; **~ öltözék** toilette *n* chic

sikl|ik *tn i* glisser

sikló I. *mn* glissant(e) **II.** *fn [jármű]* funiculaire *h;* **áll** couleuvre *n*

siklórepülés *fn* vol *h* plané

sikolt *tn i* crier, pousser un cri

sikoltás *fn* cri *h*

sikoltozik *tn i* crier, pousser des cris

sikoly *fn* → **sikoltás**

síkos *mn* glissant(e)

síkraszáll *tn i* vkiért/vmiért prendre fait et cause *pour qqn/qqch*

síkság *fn* plaine *n*

silabizál *ts i* déchiffrer

silány *mn* médiocre, de mauvaise qualité

síléc *fn* ski *h*

sílift *fn* → **sífelvonó**

siló *fn* silo *h*

sima *mn [felület]* lisse; *[egyenletes]* égal(e); *[szőrtelen]* glabre; *[bőr]* doux (douce); *[egyszerű]* simple; **~ víz** eau *n* plate; **~ ügy** une affaire simple

simán *hsz* sans difficulté, facilement; **minden ~ ment** tout s'est bien passé

simít *ts i* lisser; *[földet]* aplanir

simítás *fn* lissage *h;* *[földé]* aplanissement *h;* **átv** **az utolsó ~t végzi vmin** *fraz* mettre la dernière main à qqch

simogat *ts i* caresser

simogatás *fn* caresse *n*

Simon *fn* Simon *h*

simul *tn i* vkihez se serrer *v.* se blottir contre *qqn;* vmihez épouser les contours *de qqch;* *[ruha]* mouler la taille *v.* la forme; **a ruha a testhez ~** cette robe moule la taille

simulékony *mn* accommodant(e), docile

sín *fn* rail *h;* *[szerkezetben, csúsztató]* glissière *n;* *[orvosi]* attelle *n,* éclisse *n*

sincs *tn i* egy barátja ~ il n'a pas un seul ami; **fogalmam ~** je n'en ai pas la moindre idée; **itt ~** il n'est pas là non plus; **nekem ~ pénzem** moi non plus, je n'ai pas d'argent; **öt perce ~, hogy elment** il est parti il n'y a même pas cinq minutes; **senki ~ otthon** il n'y a personne à la maison

sintér *fn* équarrisseur *h,* écorcheur (-euse)

sínylőd|ik *tn i* dépérir

síoktató *fn* moniteur (-trice) de ski

síp *fn* sifflet *h;* *[hangszer]* fifre *h,* chalumeau *h;* *[orgonán]* tuyau *h*

sípálya *fn* piste *n* de ski

sípcsont *fn* tibia *h*

sípol *tn i* siffler

sípszó *fn [jel]* coup *h* de sifflet; *[dallam]* sons *h (t sz)* d'un fifre *v.* d'un chalumeau

sír¹ *tn i* pleurer; *[panaszkodik]* se plaindre *v.* se lamenter de; **~, mint a záporeső** *fraz* pleurer à chaudes larmes; **~va fakad** fondre en larmes

sír² *fn* tombe *n;* *[sírbolt]* tombeau *h;* **közös ~** fosse *n* commune; **~ba száll** descendre au tombeau *v.* dans la tombe

siralmas *mn* lamentable, pitoyable; *biz* minable; **~ állapotban van** avoir triste mine *v.* figure

S

siralomház *fn* quartier *n* des condamnés à mort

sirály *fn* mouette *n*; *[nagyobb]* goéland *h*

siránkoz|ik *tn i* vmin v. vmi miatt se lamenter *de* v. *sur qqch*, geindre *sur* v. *à propos de qqch*

sírás *fn* pleurs *h (t sz)*

sírásó *fn* fossoyeur *h*

sírás-rívás *fn* lamentations *n (t sz)*

sirat *ts i* pleurer

sírbolt *fn* tombeau *h*; *[templomi]* crypte *n*

síremlék *fn* monument *h* funéraire

sírfelirat *fn* épitaphe *n*

sírgyalázás *fn* profanation *n* de sépulture

sírhely *fn* lieu *h* de sépulture; *[községi temetőben]* concession *n*

síri *mn* ~ **csend** silence *h* sépulcrale v. de mort; ~ **hangon** d'une voix sépulcrale

sírkő *fn* pierre *n* tombale

sírógörcs *fn* crise *n* de larmes

síruha *fn* combinaison *h* de ski

sisak *fn* casque *h*; *[vívóé]* masque *n*; *[lovagé]* heaume *h*

sítalp *fn* ski(s) *h (t sz)*

sitt¹ *fn [törmelék]* gravats *h (t sz)*

sitt² *fn biz [börtön]* taule *n*; **~en ül** être en taule

síugrás *fn* saut *h* à skis

síugró *fn* sauteur (-euse) en skis

sivár *mn [hely]* aride, désolé(e); ~ **élet** vie *n* morne v. terne

sivatag *fn* désert *h*

sivít *tn i* hurler; *[szél]* siffler

skála *fn [beosztásnál]* échelle *n*, graduation *n*; *[béreké]* éventail *h*, échelle *n*; *[árué, érzelmeké, színeké]* gamme *n*; *[zenei]* gamme *n*; **vminek a széles skálája** un large éventail de qqch

skandál *ts i* scander

skandináv I. *mn* scandinave; **a ~ fél-sziget** la péninsule Scandinave **II.** *fn* Scandinave *h n*

Skandinávia *fn* Scandinavie *n*

skanzen *fn* ‹musée d'art folclorique en plein air›

skarlát *fn [betegség]* scarlatine *n*

skarlátvörös *mn* écarlate

skatulya *fn* boîte *n*

Skócia *fn* Écosse *n*

skorpió *fn* scorpion *h*; *asztr* le Scorpion

skót I. *mn* écossais(e); *átv [fösvény]* pingre, radin(e); ~ **szoknya** kilt *h* **II.** *fn [személy]* Écossais(e)

sláger *fn [könyv, áru]* best-seller *h*; *[dal]* biz tube *h*

slampos *mn* débraillé(e); *[stílus]* négligé(e)

slattyog *tn i* marcher d'un pas traînant

slejm *fn biz* mollard *h*

slicc *fn* braguette *n*

slukk *fn biz* taffe *n*; **adj egy ~ot** file-moi une taffe

slusszkulcs *fn [autóhoz]* clef v. clé *n* de contact

smaragd *fn* émeraude *n*

smárol *ts i vkivel biz* rouler une pelle v. un patin *à qqn*

smink *fn* maquillage *h*

sminkel *ts i* maquiller; **~i magát** se maquiller

sminkes *fn* maquilleur (-euse)

smirgli *fn* papier *h* de verre, papier émeri

sms *fn távk* Sms *h*

snassz *mn biz* ringard(e)

snidling *fn* ciboulette *n*

snowboard *fn* surf *h* des neiges; *ang* snowboard *h*

só *fn* sel *h*

sóbánya *fn* mine *n* de sel

sóder *fn* caillasse *n*; *biz [szöveg]* baratin *h*

sodor[1] *ts i* rouler; *[fonalat, bajuszt]* tortiller; *[cigarettát]* rouler; *[víz, szél]* *vmit* emporter; *átv vkit vmibe* entraîner *qqn dans qqch*

sodor[2] *fn* **kihoz vkit a sodrából** faire sortir qqn de ses gonds; **kijön a sodrából** s'emporter, sortir de ses gonds

sodrás *fn [vízé]* courant *h*

sodród|ik *tn i [vízen]* aller à la dérive; *átv* aller *v.* être à la dérive; *vmibe* être entraîné(e) *dans qqch*

sodrony *fn* câble *h*

sofőr *fn* conducteur (-trice); *[foglalkozás]* chauffeur (-euse)

sógor *fn* beau-frère *h*

sógornő *fn* belle-soeur *n*

soha *hsz [önállóan]* jamais; *[igével]* ne … jamais; **engem ~ többé nem látsz** tu ne me verras plus jamais *v.* jamais plus; **~ az életben** jamais de la vie; **~nem mondtam ilyet** je n'ai jamais rien dit de pareil

sóhaj *fn* soupir *h*

sóhajt *tn i* soupirer

sóhajtás *fn* → **sóhaj**

sóhajtoz|ik *tn i* soupirer *v.* pousser des soupirs; *[vágyakozik] vmi után* soupirer *v.* languir *après qqch*; *[bánkódik] vmi miatt]* avoir la nostalgie *de qqch*

sohasem *hsz* → **soha**

sohase(m) *hsz* jamais; **~ láttam** je ne l'ai jamais vu

sóher *mn biz [pénztelen]* sans le sou *v.* un rond; *[fukar]* radin(e)

sok *szn* beaucoup (de), (de) nombreux (-euse); **ami ~, az ~!** trop, c'est trop !; **egy a ~ közül** un(e) parmi tant d'autres; **~ ember** beaucoup de gens; **nincs ~ időm** je n'ai pas beaucoup de temps; **túl ~** trop de; **~at ad vmire** faire grand cas de qqch; **~at dolgozik**

il travaille beaucoup; **~ba kerül** ça coûte cher; **ő még ~ra viszi** il ira loin; **~ra tart vkit** tenir qqn en haute estime

sokadalom *fn* multitude *n*

sokáig *hsz* **soká** *[hosszú időn át]* longtemps, pendant longtemps, longuement; *[későig]* tard; **~ tart** durer *v.* prendre longtemps

sokall *ts i* trouver excessif (-ive); **~ja vminek az árát** trouver excessif le prix de qqch, trouver qqch trop cher; **~ja a munkát** il trouve qu'il y a trop de travail

sokan *hsz* **~ azt gondolják, hogy** beaucoup de gens pensent que, nombreux sont à penser que; **~ közülük** beaucoup *v.* nombre d'entre eux; **~ vannak, akik** nombreux sont ceux qui, il y en a beaucoup qui; **~ voltak** il y avait beaucoup de monde, ils étaient nombreux

sokaság *fn [tömeg]* foule *n*, multitude *n*

sokasod|ik *tn i* se multiplier

sokatmondó *mn* qui en dit long, éloquent(e), significatif (-ive); **~ pillantás** regard *h* éloquent

sokévi *mn* de plusieurs *v.* longues années; **~ távollét után** après une absence de plusieurs années, après de longues années d'absence

sokfelé *hsz [hely]* un peu partout, à beaucoup d'endroits; *[irány]* dans beaucoup de *v.* en diverses directions, dans *v.* en divers sens

sokféle *mn* très varié(e)

sokféleképp(en) *hsz* de diverses façons *v.* manières

sokféleség *fn* diversité *n*

sokfelől *hsz* de divers endroits *v.* côtés, de plusieurs directions

sokgyermekes *mn* **~ család** famille *n* nombreuse

sokk *fn* choc *h*

sokkol *ts i* choquer

soknemzetiségű *fn* multinational(e)

soknyelvű *mn* plurilingue, polyglotte

sokoldalú *mn* ~ **ember** c'est un homme à talents multiples; ~ **műveltség** culture *n* étendue *v.* vaste

sokrétű *mn [összetett]* complexe; *[sokoldalú]* diversifié(e), varié(e)

sokszínű *mn* multicolore; *[egyéniség]* haut(e) en couleurs; *műv* polychrome

sokszor *hsz [sok ízben]* plusieurs fois, beaucoup *v.* bien des fois; *[gyakran]* souvent, fréquemment

sokszoros *mn* multiple

sokszorosít *ts i* multiplier; *[fénymásolással]* photocopier

sokszorosítás *fn* reproduction *n*; *[fénymásolással]* photocopie *n*; *film* multiplication *n*

sokszög *fn* polygone *h*

sólyom *fn* faucon *h*

sompolyog *tn i* se couler *v.* se glisser (furtivement); *[el]* s'éloigner *v.* descendre *v.* sortir à pas furtifs; *[rossz szándékkal]* rôder

sonka *fn* jambon *h*

sopánkodik *tn i* se lamenter

sor *fn* rang *n*, rangée *n*; *[egymás után elhelyezkedve]* file *n*; *[sorállásban]* queue *n*; *[szövegben]* ligne *n*; *[egymásutániság]* série *n*, suite *n*; *[versben]* vers *h*; *[számtani]* série *n*; *[sors, állapot]* condition *n*; **rajtam a** ~ c'est (à) mon tour *v.* c'est à moi de *inf*; ~**ba áll** faire la queue, se mettre dans la file; *átv* **beáll a** ~**ba** rentrer dans le rang; **egy** ~**ban** à la file; *fraz* à la queue leu leu; ~**ban** *[egymás után]* l'un après l'autre, à tour de rôle; ~**on kívül** par priorité, exceptionnellement; ~**ra vesz** examiner tour à tour,

passer en revue; **ír egy pár** ~**t** il écrit un mot *v.* deux lignes; **megnyitja/zárja a** ~**t** ouvrir/fermer la marche *v.* le rang; *átv* **jól megy a** ~**a** vivre dans l'aisance

sorakozik *tn i* se ranger, s'aligner; *[időben]* se succéder

sorakozó *fn [vezényszóként is]* rassemblement *h*

sorfal *fn* haie *n*, mur *h*; *[rendőröké]* cordon *h*; *[futballistáké]* mur *h*; ~**at áll** former *v.* faire la haie; *[fociban]* faire le mur

sorjában *hsz* l'un après l'autre

sorkatona *fn* appelé *h*, soldat *h* du contingent

sorköteles I. *mn* ~ **kor** âge *h* de la conscription **II.** *fn* conscrit *h*

sorköz *fn* entre-rang *n*; *[betűsornál]* interligne *h*

sorol *ts i [vhova]* compter *v.* ranger *v.* classer parmi; *[felsorol]* énumérer; ~**hatnám a példákat** les exemples ne manquent pas, je pourrais aligner les exemples

sorompó *fn* barrière *n*

soros *mn [soron következő]* actuel (-elle), en exercice; *vill* en série; **ő a** ~ c'est son tour; ~ **elnök** président *h* en exercice; **három** ~ **levél** lettre *n* de trois lignes

soroz *ts i* recruter, enrôler

sorozás *fn kat* conscription *n*, enrôlement *n*

sorozat *fn* série *n*; *[dolgok egymásutánja]* suite *n*, succession *n*, séquence *n*; *[ciklikus]* cycle *h*; *[film]* feuilleton *h*, série *n*

sorozatgyártás *fn* construction *n* en série

sorozatos *mn* successif (-ive), répété(e)

sorozatszám *fn* numéro *h* de série

sorrend *fn* ordre *h*; **fontossági ~** ordre d'importance; **~ben** dans l'ordre de succession

sors *fn* sort *h*, destin *h*; *[végzet]* destinée *n*, fatalité *n*; *[jó]* fortune *n*; *[életkörülmény]* condition *n* (de vie), vie *n*; **jobb ~ra érdemes** mériter un meilleur sort *v.* une meilleure vie; **~ára hagy vkit** abandonner qqn à son sort; **~ot húz** tirer au sort; **kihívja a ~ot** forcer le destin

sorscsapás *fn* coup *h* du sort, revers *h* de fortune

sorsdöntő *mn* décisif (-ive)

sorshúzás *fn* tirage *h* au sort

sorsjegy *fn* billet *h* de loterie

sorsol *ts i* tirer au sort

sorsolás *fn* tirage *h* au sort

sorsszerű *mn* inéluctable, fatal(e)

sorstárs *fn* compagnon *h* *v.* frère *h* d'infortune

sorszám *fn* numéro *h* (d'ordre); *[gyűjteményben]* cote *n*; *mat* nombre *h* ordinal

sorszámnév *fn nyelv* adjectif *h* numéral ordinal, numéral *h* ordinal

sort *fn ang* short *h*

sortávolság *fn* interligne *h*, espacement *h* des lignes

sortűz *fn* rafale *n*; *[ünnepi is]* salve *n*

sorvad *tn i* s'atrophier, dépérir

sós *mn* salé(e)

sósav *fn vegy* acide *h* chlorhydrique; *[házi használatra]* esprit *h* de sel

sóska *fn* oseille *n*

sóskeksz *fn ang* cracker *h*, biscuit *h* salé

sóskifli *fn* ‹croissant saupoudré de sel›

sószegény *mn* pauvre en sel

sószóró *fn* salière *n*

sótartó *fn [asztali]* salière *n*; *[konyhai]* boîte *n* à sel, salière *n*

sótlan *mn [só nélküli]* sans sel; *[nem elég sós]* pas assez salé(e); *átv* fade, inspide

sovány *mn [élőlény, hús, sajt]* maigre; *átv [nem kielégítő]* médiocre; *[szűkös]* maigre; **~ vigasz** *vál* piètre consolation *n*; **~ tej** lait *h* écrémé

soványít *ts i* amaigrir; *[ruha]* amincir

soványodik *tn i* maigrir

soványság *fn* maigreur *n*

sóvár *mn* avide; *vál* convoiteux (-euse); **~ tekintet** regard *h* de convoitise

sóvárgás *fn* avidité *n*; convoitise *n*; *[szerelmi]* langueur *n* d'amour

sóvárgó *mn* **~ szemekkel néz** regarder avec convoitise

sóvárog *tn i* vki/vmi után languir après qqch/qqn, convoiter qqch/qqn

sóz *ts i* saler

sózott *mn* salé(e)

sömör *fn* herpès *h*, bouton *h* d'herpès

söpör *ts i* balayer

söpredék *fn* populace *n*, racaille *n*

söprű *fn* balai *h*

söprűnyél *fn* manche *h* à balai

sör *fn* bière *n*; **csapolt ~** bière (à la) pression; **dobozos ~** bière en boîte; **egy pohár ~** un demi (de bière); **egy korsó ~** une chope (de bière)

sörény *fn* crinière *n*

sörét *fn* plomb *h* de chasse

sörgyár *fn* brasserie *n*

sörnyitó *fn* ouvre-bouteille *h*

söröshordó *fn* tonneau *h* *v.* fût *h* de bière

söröskorsó *fn* chope *n*

söröspohár *fn* verre *h* à bière

sörösüveg *fn* bouteille *n* à bière

söröz|ik *tn i* boire de la bière

söröző *fn* brasserie *n*

sőt *ksz* (et) même, voire; **~ mi több** qui mieux *v.* plus est, mieux encore, voire (même); *[rossz értelemben]* pire que cela, et qui pis est, et pour comble; ~ **ellenkezőleg** bien au contraire

sötét I. *mn* obscur(e), sombre; *[színről]* foncé(e); *átv [komor]* noir(e), obscur(e); *[gonosz, tisztázatlan]* louche; *átv* ~ **színben lát vmit** voir qqch en noir **II.** *fn* obscurité *n*; noir *h*; *[sakkban]* noirs *h (t sz)*; ~ **van** il fait noir; **a ~ben** dans le noir

sötétbarna *mn* brun foncé

sötétedés *fn [anyagé]* obscurcissement *h*; *[esteledés]* crépuscule *n*; ~**kor** au crépuscule, à la nuit tombante; ~ **után** après la tombée de la nuit

sötétedik *tn i* s'obscurcir, s'assombrir; *[szín]* foncer; *[esteledik]* la nuit tombe

sötétít *ts i* obscurcir, s'assombrir; *[színt]* foncer

sötétkamra *fn* chambre *n* obscure *v.* noire

sötétkék *mn* bleu foncé

sötétség *fn* obscurité *n*, ténèbres *n (t sz)*

sötétzöld *mn* vert foncé

sövény *fn* haie *n*

spagetti *fn* spaghettis *h (t sz)*

spaletta *fn* volet *h*

spanyol I. *mn* espagnol(e) **II.** *fn [személy]* Espagnol(e); *[nyelv]* espagnol *h*

spanyolfal *fn* paravent *h*

Spanyolország *fn* Espagne *n*

spárga¹ *fn* ficelle *n*; *[tornában]* grand écart *h*

spárga² *növ* asperge *n*

speciális *mn* spécial(e)

specialista *fn* spécialiste *h n*; *[orvos]* médecin *h* spécialiste

specialitás *fn* spécialité *n*

specializál *ts i* spécialiser

spektrum *fn* spectre *h*; *átv* éventail *h*

spekuláció *fn* spéculation *n*

spekulál *tn i* méditer, spéculer; *gazd vmivel* spéculer *sur qqch*

spekuláns *fn* spéculateur (-trice)

spenót *fn* épinard *h*

sperma *fn biol* sperme *h*

spermabank *fn* banque *n* de sperme

spicces *mn biz* éméché(e), pompette

spicli *fn biz* balance *n*

spirál *fn* spirale *n*

spirális *mn* spiral(e), en spirale

spiritiszta *mn/fn* spirite *h n*

spiritusz *fn* alcool *h* à brûler

spongya *fn* éponge *n*; *átv* ~**t rá!** passons l'éponge !

spontán I. *mn* spontané(e) **II.** *hsz* spontanément

spóra *fn* spore *n*

spórol *tn i* économiser, épargner

sport *fn* sport *h*; **vmilyen ~ot űz** pratiquer un sport

sportág *fn* sport *h*

sportbolt *fn* magasin *n* (d'articles) de sport

sportcipő *fn* chaussures *h (t sz)* de sport; baskets *h (t sz)*

sportcsarnok *fn* stade *h* couvert, palais *h* des sports

sportegyesület *fn* association *n* sportive

sportember *fn* sportif (-ive), amateur *h* de sports

sportesemény *fn* événement *h* sportif

sportfelszerelés *fn* équipement *h* sportif *v.* de sport

sportklub *fn* club *h* sportif

sportkocsi *fn* voiture *n* de sport; *[babakocsi]* poussette *n* (pliante)

sportközvetítés *fn* retransmission *n* d'événement sportif

sportol *tn i* faire *v.* pratiquer du sport *v.* des sports; **te mit ~sz?** quel sport pratiques-tu?; qu'est-ce que tu fais comme sport?

sportoló *mn/fn* sportif (-ive)

sportos *mn* sportif (-ive), de sport; ~ **megjelenés** allure *n* sportive

sportpálya *fn* terrain *h* de sport

sportrepülő *fn* avion *h* de sport

sportruházat *fn* vêtements *h* de sport

sportszer *fn* agrès *h* v. appareil *h* sportif

sportszerű *mn* sportif (-ive)

sportszerűtlen *mn* antisportif (-ive)

sporttáska *fn* sac *h* de sport

sporttelep *fn* complexe *h* sportif

sportújság *fn* journal *h* sportif

sportuszoda *fn* piscine *n* (de compétition)

sportverseny *fn* compétition *n*, épreuve *n* sportive

spriccel I. *tn i* gicler II. *ts i* asperger

srác *fn biz* mec *h*, gars *h*

stáb *fn* équipe *n* de tournage

stabil *mn* stable

stabilitás *fn* stabilité *n*

stabilizáció *fn* stabilisation *n*

stabilizál *ts i* stabiliser

stadion *fn* stade *h* (sportif)

stádium *fn [fokozat]* stade *h*, étape *n*; *[betegségé]* degré *h*

staféta *fn sp [verseny]* course *n* de relais

stagnál *tn i* stagner

standard I. *mn* standard; ~ **állapot** état *h* standard II. *fn* standard *h*

start *fn* départ *h*

startol *tn i* prendre le départ

statikus I. *mn* statique II. *fn* ingénieur *h* de statique

statiszta *fn* figurant(e)

statisztika *fn [tudomány]* statistique *n*; *[adatok]* statistique(s)

statisztikai *mn* statistique

statisztikus *mn/fn* statisticien (-ienne)

státus *fn [hivatali]* statut *h*; **~ban lévő** titularisé(e)

státusszimbólum *fn* symbole *h* de statut (social)

státustörvény *fn* loi *n* de Statut

stb. *fn* et caetera etc.

stég *fn* ponton *h*

steril *mn* stérile, aseptique; *[meddő]* stérile, infécond(e)

sterilizál *ts i* stériliser

stílbútor *fn* meuble *h* d'époque v. de style

stilisztika *fn* stylistique *n*

stilizál *ts i* styliser

stílszerű *mn* de style, approprié(e), adapté(e) v. conforme à l'ensemble

stílus *fn* style *h*; *[mód, modor]* manière *n*; **jó ~a van** avoir du style; **ez nem az én ~om** ce n'est pas mon genre

stílusos *mn* de (bon) style

stimmel *tn i biz* ça colle; **itt valami nem ~** il y a quelque chose qui cloche

stóla *fn* étole *n*

stoplámpa *fn* signal *h* de v. feu *h* stop

stopperóra *fn* chronomètre *h*

stoppol¹ *ts i [ruhát]* repriser, stopper

stoppol² *ts i [autót]* faire de l'auto-stop; *sp* chronométrer

stoppos *fn* auto-stoppeur (-euse)

stoptábla *fn* panneau *h* de stop

strand *fn [tenger-, tó-, folyópart]* plage *n*; *[mesterséges]* piscine *n* en plein air

strandfürdő *fn* piscine *n* en plein air

strandol *tn i* aller v. être à la plage

strandpapucs *fn* sandales *n (t sz)* de plage

strandtáska *fn* sac *h* de plage

strapa *fn biz* **rengeteg ~ van ezzel** c'est un vrai boulot de galérien

strapabíró *mn* résistant(e)

strapacipő *fn* chaussures *n (t sz)* de marche

strapál *ts i biz* esquinter; **~ja magát** s'esquinter; **ne ~d magad!** ne te foule pas !

stratégia *fn* stratégie *n*

S

stratégiai *mn* stratégique

strázsál I. *tn i* monter la garde; *átv [sokáig vár] biz* poireauter **II.** *ts i* garder

stréber *fn biz* fayot *h*

stressz *fn* stress *h*

strici *fn biz* maquereau *h*, mac *h*

strófa *fn* strophe *n*; *[dalban]* couplet *h*

strucc *fn* autruche *n*

struccpolitika *fn* politique *n* de l'autruche

struktúra *fn* structure *n*

strukturális *mn tud* structural(e); *gazd* structurel (-elle)

struktúraváltás *fn* changement *h* de structure

stúdió *fn* studio *h*

suba *fn* ‹pelisse sans manches en peaux de mouton›

sudár *mn [termet]* élancé(e), svelte; *[fa]* élancé(e)

súg I. *ts i vmit vkinek* souffler, dire tout bas *qqch à qqn* **II.** *tn i [színésznek, diáknak]* souffler

sugall *ts i* suggérer, inspirer

sugár *fn* rayon *h*; *[folyadéké, vízé]* jet *h*

sugárfertőzés *fn* contamination *n* par irradiation

sugárhajtású *mn* à propulsion par réaction

sugárkezelés *fn* radiothérapie *n*, traitement *h* par rayons *v.* (ir)radiation

sugároz *ts i* rayonner; *[fényt, hőt, műsort]* diffuser; *[besugároz]* irradier; *átv* dénoter; *távk* émettre (en ondes)

sugárút *fn* avenue *n*

sugárvédelem *fn* protection *n* contre les radiations, radioprotection *n*

sugárveszély *fn* danger *h* radioactif *v.* d'irradiation

sugárzás *fn* rayonnement *h*, radiation *n*; *[fényé, hőé, műsoré]* diffusion *n*

sugárz|ik *tn i* rayonner, irradier; *átv vmitől* rayonner *de qqch*

sugárzó *mn* rayonnant(e); *[radioaktív]* radioactif (-ive); *átv* radieux (-euse), rayonnant(e)

sugdoló(d)zik *tn i* chuchoter; *fraz, biz* faire des messes basses

súgó *fn inform* aide *n*; *szính* souffleu (-euse)

súgólyuk *fn* trou *h* du souffleur

suhanc *fn* galopin *h*

suhog *tn i [bot, ostor]* siffler; *[selyem]* froufrouter

sújt *ts i* frapper; *[villám]* foudroyer; *átv* frapper; **büntetéssel ~** infliger une peine à qqn

suli *fn* école *n*; *[gimnázium] biz* bahut *h*, boîte *n*

súly *fn* poids *h*; *átv* importance *n*, poids *h*; **hasznos ~** poids *v.* charge *n* utile; **tiszta ~** poids net; **az évek ~a** le poids des ans; **nagy ~t fektet vmire** attacher beaucoup d'importance à qqch; **nagy súllyal esik a latba** peser lourd dans la balance

súlycsoport *fn sp* catégorie *n* de poids

súlyemelés *fn sp* haltérophilie *n*

súlyemelő *fn sp* haltérophile *h n*

súlyfelesleg *fn* surpoids *h*, surcharge *n* pondérale

súlygyarapodás *fn* prise *n* de poids

sulykol *ts i átv [ismétel]* rabâcher; **~ja belé a képleteket** il essaye de lui faire entrer les formules dans la tête

súlykorlátozás *fn* limitation *n* de poids

súlylökés *fn* lancement *h* de poids

sulyok *fn átv* **elveti a sulykot** dépasser la mesure, aller trop loin

súlyos *mn [tárgy]* pesant(e), lourd(e); *átv [helyzet, probléma]* grave; *[érv]* de poids; *[betegség]* grave, sérieux (-euse); *[hiba]* grave, lourd(e)

súlyosbít *ts i* aggraver

súlyosbítás *fn* aggravation *n*

súlyosbító *mn* ~ **körülmény** circonstance *n* aggravante

súlyosbod|ik *tn i [állapot, helyzet]* s'aggraver, empirer

súlyosság *fn* poids; *átv [betegségé, ügyé, hibáé]* gravité *n; [büntetésé]* sévérité *fn*

súlypont *fn* centre *h* de gravité

súlytalanság *fn* apesanteur *n*

súlytöbblet *fn* excédent *h* de poids

súlyzó *fn* haltère *h*

sunyi *mn* sournois(e), chafouin(e)

súrlódás *fn* frottement *h*, friction *n; átv, fiz* friction *n*

súrlód|ik *tn i vmihez* frotter *contre v. sur qqch*

súrol *ts i [padlót]* frotter; *[edényt]* récurer; *átv [érint]* frôler, effleurer

súrolókefe *fn [edényhez]* brosse *n* à récurer; *[padlóhoz]* brosse à parquet

surran *tn i* se glisser, se couler

susog I. *ts i [suttog]* chuchoter **II.** *tn i [falevelek]* bruire, frémir; *[szél]* murmurer

suszter *fn* cordonnier (-ière)

suta I. *mn [ügyetlen]* gauche, maladroit(e) **II.** *fn [nőstény szarvas]* biche *n; [nőstény őz]* chevrette *n*

suttog *tn i/ts i* chuchoter, murmurer

suttogás *fn* chuchotement *h*, murmure *h*

sügér *fn* perche *n*

süket *mn/fn* sourd(e)

süketel *tn i biz* jacter

süketnéma *mn/fn* sourd-muet (sourde-muette)

süketség *fn* surdité *n*

sül *tn i* cuire; *[bő zsiradékban]* frire; *[pecsenye]* rôtir; *[roston, parázson, nyárson]* griller

sületlen *mn* mal cuit(e), mi-cuit(e), incuit(e); *átv [buta]* stupide

süketlenség *fn* stupidité *n*, sottise *n; [megnyilatkozás]* fadaise *n*

süllő *fn* sandre *n*

sült I. *mn* cuit(e); *[zsiradékban]* frit(e); *[pecsenye]* rôti(e); *[roston, nyárson]* grillé(e); ~ **csirke** poulet *h* rôti; ~ **krumpli** pommes *n (t sz)* frites; *átv* ~ **bolond** fou (folle) à lier **II.** *fn* rôti *h; [roston]* grillade *n; [parázson]* carbonnade *n*

sülve-főve *hsz* ~ **együtt vannak** ils sont inséparables; *fraz, biz* ils sont comme cul et chemise

süllyed *tn i* s'enfoncer; *[belesüllyed]* plonger; *[hajó]* couler (bas); *[hő, érték]* baisser, s'abaisser; *átv [erkölcsileg]* tomber bas; *átv* **odáig ~, hogy** s'abaisser jusqu'à *inf*

süllyeszt *ts i* enfoncer; *[folyadékba]* (faire) plonger, immerger; *[hajót]* couler; **zsebébe ~ vmit** enfouir qqch dans sa poche

süllyesztő *fn szính* trappe *n*

sündisznó *fn* hérisson *h*

sündörög *tn i* rôder

süpped *tn i* s'enliser, s'enfoncer; *átv* sombrer

sürgés-forgás *fn* branle-bas *h*, remue-ménage *h*

sürget *ts i* presser; *[munkát, döntést]* accélérer, hâter; **az idő ~** le temps presse

sürgölőd|ik *tn i vki körül* s'empresser *autour de qqn*

sürgöny *fn* télégramme *h*

sürgős *mn* urgent(e); ~ **esetben** en cas d'urgence

sűrít *ts i [tömörít]* concentrer, condenser; *[folyadékot]* condenser; *[szószt]* épaissir, réduire; *vegy* concentrer

sűrített *mn* condensé(e), concentré(e); ~ **levegő** air *h* comprimé; ~ **tej** lait *h* condensé

sűrítmény *fn* concentré *h*

sürög-forog *tn i* → **sürgölődik**

sűrű *mn* épais (-aisse), dense; *[tömör]* compact(e); *[gyakori]* fréquent(e); *[folyadék, haj, növényzet, szőrzet]* épais (-aisse); **~ eső** pluie *n* serrée; **~ köd** brouillard *h* épais *v.* dense; **~ programja van** être très chargé(e)

sűrűség *fn* épaisseur *n*; densité *n*; *[lakosságé]* densité *n*; *[gyakoriság]* fréquence *n*

sűrűsöd|ik *tn i* (s')épaissir; se condenser; *[étel]* prendre consistance; *átv [esemény]* devenir plus fréquent(e)

süt I. *ts i* cuire; *[bő zsiradékban]* frire; *[roston]* griller; *[húst sütőben]* rôtir; *[hajat]* friser au fer **II.** *tn i [világít]* ~ **a nap** le soleil brille

sütemény *fn* gâteau *h*; pâtisserie *n*; *[apró]* petit-four *h*

sütés *fn* cuisson *n*; *[bő zsiradékban]* friture *n*

sütkérez|ik *tn i [napon]* se prélasser au soleil

sütnivaló *fn* van ~**ja** *biz* avoir de la jugeote

sütő *fn* four *h*

sütöde *fn* boulangerie *n*

sütőpor *fn* levure *n* chimique

sütőtök *fn* citrouille *n*; *[nagyobb]* potiron *h*

süvít *tn i [golyó, szél]* siffler

sváb I. *mn* souabe **II.** *fn* Souabe *h n*

svábbogár *fn* cafard *h*

Svájc *fn* Suisse *n*

svájci I. *mn* suisse, helvétique; **~ francia** *[személy]* Suisse *h n* romand(e); **~ német** alémanique **II.** *fn* Suisse *h n*, Suissesse *n*

svájcisapka *fn* béret *h* (basque)

svéd I. *mn* suédois(e) **II.** *fn [személy]* Suédois(e); *[nyelv]* suédois *h*

svédasztal *fn* buffet *h* froid

Svédország *fn* Suède *n*

S

SZ

szab *ts i [ruhát]* couper, tailler; *[árat]* fixer; **feltételeket ~** fixer *v.* imposer des conditions

szabad I. *mn* libre; *[engedélyezett]* permis(e); **~?** *[belépés előtt]* je peux entrer ?, *[utat kérve]* pardon!; **~!** *[kopogtatásra]* entrez !; **~ akarat** libre arbitre *h*; **~ ég alatt** en plein air; **~ ég alatt hál** coucher à la belle étoile; **~ ez a hely?** cette place est libre ?; **~ folyást enged vminek** *v.* **~jára enged vmit** laisser *v.* donner libre cours à qqch; **~ a gazda!** *fraz* je donne ma langue au chat !; **~ idejében** à ses heures libres; **~ kezet ad vkinek** *fraz* donner carte blanche à qqn; **a ~ levegőn** à l'air libre; **~ a sót?** puis-je avoir le sel ?; **nem ~** *[vmit tenni]* il ne faut pas *inf*; **~ szemmel látható** visible à l'œil nu; **~ verseny** libre concurrence *n* **II.** *fn [ember]* homme *h* libre; **menjünk ki a ~ba!** sortons à l'air libre *v.* au grand air !, allons dehors ! **III.** *tn i* **~jon megjegyeznem, hogy** permettez-moi de faire remarquer que

szabadalmaztat *ts i* (faire) breveter

szabadalmi *mn* **~ hivatal** *[Fr.-ban]* Institut *h* national de la propriété industrielle; **~ jog** droit *h* des brevets; **~ tulajdonjog** propriété *n* industrielle

szabadalom *fn* brevet *h* (d'invention)

szabadcsapat *fn* corps *h* franc

szabadelvű *mn* libéral(e)

szabadesés *fn* chute *n* libre; *fiz* chute *n* des corps

szabadfogású *mn* **~ birkózás** lutte *n* libre

szabadfoglalkozású *mn* szellemi ~ de profession libérale; **~ újságíró** journaliste *h n* free-lance

szabadgondolkodó *mn/fn* libre penseur (-euse)

szabadidő *fn* temps *h* libre, loisirs *h (t sz)*

szabadidőruha *fn* tenue *n* de détente; *[tréningruha]* survêtement *h*

szabadjegy *fn [belépő]* billet *h* gratuit *v.* gratis; *[menetjegy]* titre *h* de transport gratuit

szabadkoz|ik *tn i* se faire prier

szabadkőműves I. *mn* (franc-)maçonnique **II.** *fn* franc-maçon (-onne)

szabadkőműves-páholy *fn* loge *n* maçonnique

szabadkőművesség *fn* franc-maçonnerie *n*

szabadlábon *hsz* **~ van** être en liberté

szabadlábra *hsz* **~ helyez** (re)mettre en liberté, libérer, relâcher; **feltételes ~ helyezés** libération *n* conditionnelle

szabadnap *fn* jour *h* de congé

szabadon *hsz* librement, en liberté; **~ enged** *[vkit]* relâcher *v.* libérer qqn, *[állatot]* relâcher, *[vmit, pl. érzelmeket]* laisser *v.* donner libre cours à qqch; **~ engedi a kutyákat** lâcher les chiens; **~ hagy** *[helyet]* laisser libre; **~ választható** optionnel (-elle), facultatif (-ive); *sp* **~ választott gyakorlatok** figures *n (t sz)* libres

szabados *mn [illetlen]* indécent(e), leste, grivois(e); *[kicsapongó]* dissolu(e), débauché(e); **~ élet** vie *n* dissolue

szabadpiac *fn* marché *h* libre

szabadrúgás *fn* coup *h* franc

szabadság *fn* liberté *n; [munkából]* congé *h*, vacances *n (t sz);* **szülési ~** congé de maternité; **fizetés nélküli ~** congé sans solde; **fizetett ~** congés payés; **kiveszi a ~át** prendre ses congés *v.* ses vacances; **~on van** être en congé *v.* en vacances; **~ra megy** partir en congé *v.* en vacances

szabadságharc *fn* guerre *n* de libération *v.* d'indépendance; **a 1948-as magyar ~** la guerre d'indépendance hongroise de 1848

szabadságjog *fn* **~ok** libertés *n (t sz)* (publiques); **egyéni ~ok** libertés individuelles; **emberi ~ok** droits *h (t sz)* de l'homme

szabadságol *ts i vkit* accorder un congé *à qqn*

szabadságvesztés *fn* réclusion *n v.* détention *n* (criminelle)

szabadtéri *mn* en *v.* de plein air; **~ mozi** cinéma *h* de plein air; **~ színpad** théâtre *h* en plein air

szabadul *tn i [fogságból]* être libéré(e) *v.* relâché(e); *[elfoglaltságból]* se libérer; *vkitől/vmitől* se débarrasser *de qqn/qqch;* **nem tudok ~ attól a gondolattól, hogy** je ne peux me défaire de l'idée que; **nem tudtam korábban ~ni** je n'ai pas pu me libérer plus tôt

szabadulás *fn [börtönből]* libération *n*

szabadúszó *mn/fn* travailleur (-euse) indépendant(e); *ang* free-lance *h n;* **~ fotós** photographe *h n* indépendant(e) *v.* free-lance

szabály *fn* règle *n;* **~ szerint** selon *v.* dans les règles; **betartja/megszegi a ~okat** respecter/enfreindre les règles

szabályellenes *mn* contraire aux règles, irrégulier(-ière)

szabályos *mn [rendellenesség nélküli]* régulier (-ière); *[előírásos]* réglementaire, régulier (-ière); **~ arc** visage *h* régulier; **~ érverés** pouls *h* régulier

szabályoz *ts i [jogilag]* réglementer; *[gépet]* régler, ajuster; *[folyót]* régulariser

szabályozás *fn* réglementation *n,* régulation *n; [folyóé]* régularisation *n*

szabályozó I. *mn* régulateur (-trice) II. *fn [szerkezet]* régulateur *h*

szabálysértés *fn* contravention *n,* infraction *n;* **~t követ el** commettre une infraction

szabályszerű *mn* réglementaire, en règle; *[irat]* en bonne et due forme

szabálytalan *mn* irrégulier (-ière); **~ előzés** dépassement *h* irrégulier

szabálytalanság *fn [formáé]* irrégularité *n; [kihágás]* irrégularité *n; sp* faute *n*

szabályzat *fn* règlement *h,* statuts *h (t sz);* **szolgálati ~** règlement de service

szabás *fn [kiszabás, fazon]* coupe *n;* **jó a ~a** avoir une bonne coupe, être bien coupé(e)

szabásminta *fn* patron *h*

szabatos *mn* précis(e), concis(e)

szabó *fn* tailleur *h;* **női ~** tailleur pour dames

szabotál *ts i* saboter

szabotázs *fn* sabotage *h*

szabott *mn* **~ ár** prix *h* fixe

szabvány *fn* norme *n,* standard *h*

szabványos *mn* standard; **~ méretű** de taille standard

szabványosít *ts i* normaliser, standardiser

szabványosítás *fn* normalisation *n,* standardisation *n*

szacharin *fn* saccharine *n*

szadista *mn/fn* sadique *h n*

szadizmus *fn* sadisme *h*

szaft *fn* jus *h*, sauce *n*

szaftos *mn* juteux (-euse); *átv* croustillant(e), piquant(e)

szag *fn* odeur *n*; *[kellemes]* parfum *h*, arôme *h*; *[sülő húsé]* fumet *h*; *[boré]* bouquet *h*; **jó/rossz ~a van** cela sent bon/mauvais; **égett ~** odeur de brûlé

szaggat *ts i/tn i* lacérer, déchirer; *[tésztát]* découper; **~ a fejem** ma tête va éclater

szaggatott *mn [hang, beszéd]* saccadé(e), entrecoupé(e); **~ vonal** pointillé *h*, trait *h* discontinu

szaglás *fn* odorat *h*; *[állaté így is]* flair *h*

szaglász|ik I. *ts i* flairer, renifler **II.** *tn i vki után* fureter *après qqn*

szagol *ts i* sentir, flairer; *[jó szagot]* humer

szagos *mn [jó]* odorant(e); *[rossz]* malodorant(e)

szagosít *ts i* aromatiser, parfumer

szagtalan *mn* inodore, sans odeur

szagtalanít *ts i* désodoriser

száguld *tn i* filer *v.* foncer à toute allure *v.* à toute vitesse; *[autóval] fraz* rouler à tombeau ouvert

száj *fn* bouche *n*; *[állatoké]* bouche *n*; *[főleg ragadozóké]* gueule *n*; *[barlangé]* entrée *h*, orifice *h*; *[üvegé]* goulot *h*; **be nem áll a ~a** être bavard(e) comme une pie; *átv* **nagy a ~a** *biz* avoir une grande gueule; **~át tátja** *[bámészkodva] fraz* bayer aux corneilles; *[csodálkozástól]* rester bouche bée; **~on csókol** embrasser sur la bouche; **~ról ~ra jár** se transmettre de bouche à oreille; **fogd be a szád!** *biz* ferme-la !

szájfény *fn* brillant *h* à lèvres

szajha *fn biz* garce *n*, traînée *n*

szájhagyomány *fn* tradition *n* orale

szájharmonika *fn* harmonica *h*

szájhős *fn* fanfaron (-onne)

szájíz *fn átv is* arrière-goût *h*; **keserű ~** un goût d'amertume; **rossz ~t hagy maga után** laisser un arrière-goût désagréable

szajkó *fn* geai *h*; *átv* perroquet *h*

szájkosár *fn* muselière *n*

szajkóz *ts i* répéter comme un perroquet

szájpadlás *fn* palais *h*

szájsebész *fn* chirurgien-dentiste *h n*, stomatologue *h n*

szájtátva *hsz* bouche *n* bée

szájvíz *fn eau h* dentifrice

szak¹ *fn [idő]* **az évnek ebben a ~ában** dans cette période de l'année; **a nap bármely ~ában** à tout moment de la journée

szak² *fn okt* discipline *n*; spécialité *n*; **történelem ~ra jár** il est en histoire, il fait des études d'histoire

szakács *fn* cuisinier (-ière); *biz* cuistot *h*

szakácskönyv *fn* livre *h* de cuisine

szakad *tn i [ruha, papír]* se déchirer; *[varrásnál]* craquer; *[kötél, húr]* se rompre; **~ az eső** il pleut à verse *v.* à torrents; **ha minden kötél ~** en dernier ressort; **két táborra ~** se scinder en deux camps; **szíve ~ belé** cela lui déchire le cœur; **vége ~** prendre fin; **rájuk ~t a ház** la maison s'est effondrée sur eux

szakadár *mn/fn vall* schismatique *h n*; *pol* scissioniste *h n*, dissident(e)

szakadás *fn [ruhán]* déchirure *n*; *[kötélé]* rupture *n*; *pol* scission *n*; *vall* schisme *h*

szakadék *fn* précipice *h*; *átv is* abîme *h*, gouffre *h*

szakáll *fn [állaté is]* barbe *n*; **saját ~ára** *fraz* de son propre chef

SZ

szakállas *mn* barbu(e); ~ **vicc** plaisanterie *n* éculée

szakasz *fn [úté, vasúté]* section *n*, tronçon *h; [folyóé]* cours *h; [életben]* période *n; [lélektani fejlődésben]* stade *h; [időbeli]* étape *n*, phase *n; [írásműben]* passage *h; [törvényben]* article *h; [vonaton]* compartiment *h; [versben]* strophe *n; kat* section *n*, peloton *h*

szakaszos *mn* fractionné(e); *mat* périodique

szakasztott I. *mn* ~ **mása** *[vkinek]* portrait *h* vivant de qqn; *[vminek]* copie *n v.* réplique *n* exacte de qqch **II.** *hsz* ~ **olyan, mint** exactement comme

szakavatott *mn* compétent(e), expert(e)

szakbizottság *fn* comité *h* consultatif

szakdolgozat *fn kb.* mémoire *h* de maîtrise

szakember *fn* spécialiste *h n*, expert *h; [műszaki]* technicien (-ienne)

szakértelem *fn* savoir-faire *h*, compétence *n* (technique *v.* professionnelle), expertise *n*

szakértő I. *mn* expert(e), compétent(e); ~ **közönség** public *h* de connaisseurs **II.** *fn* expert *h; jogi* ~ jurisconsulte *h;* **a** ~**k (véleménye) szerint** d'après l'avis des experts, au dire des experts

szakértői *mn* ~ **vélemény** avis *h* d'expert; ~ **vizsgálat** expertise *n*

szakfelügyelő *fn okt* inspecteur (-trice) (pédagogique)

szakfolyóirat *fn* revue *n* spécialisée

szakfordító *fn* traducteur (-trice) spécialisé(e)

szakirodalom *fn [tudományágé, szakmáé]* littérature *n; [egy kérdésé]* bibliographie *n*

szakiskola *fn* école *n* professionnelle; **mezőgazdasági** ~ école d'agriculture

szakismeret *fn* connaissances *n (t sz)* techniques

szakít I. *ts i* déchirer; *[növényt]* cueillir; *sp [súlyt]* arracher; **időt** ~ **rá, hogy** trouver le temps de *inf* **II.** *tn i* vkivel/vmivel rompre *avec qqn/qqch;* ~**ottak** ils ont rompu

szakítás *fn [személyek között]* rupture *n; sp [súlyemelés]* arraché *h*

szakképesítés *fn* qualification *n*

szakképzés *fn* formation *n* professionnelle

szakképzetlen *mn* non qualifié(e)

szakképzett *mn* qualifié(e); ~ **munkaerő** main-d'œuvre *n* qualifiée

szakképzettség *fn* qualification *n*

szakkifejezés *fn* terme *h* technique; **orvosi** ~ terme médical

szakkönyv *fn* ouvrage *h* spécialisé

szakközépiskola *fn [Fr.-ban]* lycée *h* d'enseignement professionnel, L.E.P.

szakma *fn* métier *h*, profession *n;* **mi a** ~**ja?** quelle est sa profession ?; ~**t tanul** apprendre un métier

szakmai *mn* professionnel (-elle); ~ **képzés** formation *n* professionnelle; ~ **ártalom** déformation *n* professionnelle; ~ **önéletrajz** curriculum vitæ *h*, C.V.; **tíz éves** ~ **gyakorlata van** avoir dix ans de métier

szakmunkás *fn* ouvrier (-ière) qualifié(e) *v.* professionnel (-elle)

szakmunkástanuló *fn* apprenti(e)

szaknyelv *fn* langage *h* technique, jargon *h*

szakorvos *fn* (médecin *h*) spécialiste *h n*

szakos *mn* **történelem** ~ **hallgató** étudiant(e) en histoire; **történelem** ~ **tanár** professeur *h n* d'histoire

szakosod|ik *tn i vmire* se spécialiser *dans v.* en qqch

szakosztály *fn sp* section *n*

szakrális *mn* sacré(e)

szakszerű *mn* professionnel (-elle)

szakszervezet *fn* syndicat *h*

szakszervezeti *mn* syndical(e); ~ **mozgalom** mouvement *h* syndical, syndicalisme *h*

szakszótár *fn* dictionnaire *h* spécialisé; **orvosi** ~ dictionnaire médical

szaktárgy *fn* spécialité *n*

szaktekintély *fn* autorité *n* (en la matière)

szakterület *fn* spécialité *n*

szaktudás *fn* compétence *n*

szaküzlet *fn* magasin *h* spécialisé

szakvélemény *fn* avis *h* d'expert, expertise *n*

szakvizsga *fn* [*orvosi*] diplôme *h* d'études spécialisées en médecine

szál *fn* [*fonál*] fil *h*; [*rost*] fibre *n*; *átv* [*baráti, érzelmi, rokoni*] lien(s) *h* (*t sz*); **egy** ~ **rózsa** une rose; **egy** ~**ingben** en chemise; **szép** ~ **ember** un bel homme; **mind egy** ~**ig** jusqu'au dernier

szalad *tn i* courir; *vki/vmi* **után** courir après *qqn/qqch*; *vki* **elől** fuir *qqn*; [*szem harisnyán*] filer; ~ **az idő** le temps passe vite, *biz* le temps file

szaladgál *tn i* courir ça et là; [*vmilyen ügyben*] cavaler

szalag *fn* ruban *h*, [*magnó, videó is*] bande *n*; *orv* ligament *h*

szalagavató *fn* ‹bal de fin d'études secondaires›

szalagcím *fn* manchette *n*

szalámi *fn* salami *h*

szálas *mn* [*étel*] filandreux (-euse); ~ **férfi** un homme de haute taille

szálfa *fn* arbre *h* de haute futaie; [*kivágott*] bois *h* de grume

szálka *fn* éclat *h* de bois; [*testbe szúródott*] écharde *n*; [*halé*] arête *n*; **mindig** ~ **voltam a szemében** *fraz* j'ai toujours été sa bête noire

szálkás *mn* [*hal*] plein(e) d'arêtes; [*hús, zöldség*] filandreux (-euse)

száll *tn i* [*madár, gép*] voler; [*rovar, könnyű tárgy*] voltiger; [*madár*] *vmire* se poser *sur qqch*; [*járműre*] monter; [*öröklődik*] *vkire* passer *v.* échoir à *qqn*; **kocsiba** ~ monter en voiture; **vonatra/metróra** ~ monter dans le train/le métro; **hajóra** ~ monter à bord, embarquer; **a hagyomány apáról fiúra** ~ la tradition passe de père en fils; **vmi a fejébe** ~ qqch lui monte à la tête; **híre** ~**t, hogy** le bruit a couru que

szállás *fn* logement *h*, hébergement *h*, [*éjjeli*] gîte *h*; ~**t ad vkinek** héberger qqn, loger qqn

szállásadó *fn* [*pénzért*] logeur (-euse)

szállásdíj *fn* frais *h* (*t sz*) d'hébergement

szálláshely *fn* lieu *h* d'hébergement

szállingózik *tn i* [*hópelyhek*] voltiger; [*emberek*] arriver par petits groupes

szállít *ts i* transporter; **házhoz** ~ livrer à domicile; **kórházba** ~ transporter à l'hôpital; **lejjebb** ~**ja az árakat** baisser les prix

szállítás *fn* transport *h*; **házhoz** ~ livraison *n* à domicile

szállítási *mn* ~ **határidő** délai *h* de livraison; ~ **költségek** frais *h* (*t sz*) de transport *v.* de livraison

szállítmány *fn* chargement *h*, fret *h*; [*hajón*] cargaison *n*

szállító *fn* [*vállalat*] entreprise *n* de transports; [*vállalkozó*] transporteur *h*; [*rendszeres*] fournisseur (-euse)

szállítóeszköz *fn* moyen *h* de transport

szállítólevél *fn* bordereau *h* d'expédition

szállítómunkás *fn* manutentionnaire *h n*

szállítószalag *fn* tapis *h* roulant, convoyeur *h*

szálló *fn* hôtel *h*; **ifjúsági ~** auberge *n* de jeunesse

szálloda *fn* hôtel *h*; **~ban száll meg** descendre à l'hôtel

szállodai *mn* ~ **alkalmazott** employé(e) d'hôtel; ~ **szoba** chambre *n* d'hôtel

szállodaipar *fn* industrie *n* hôtelière, hôtellerie *n*

szállodalánc *fn* chaîne *n* hôtelière

szállóige *fn* dicton *h*, adage *h*

szállóvendég *fn [szállodában]* client(e) d'hôtel; *[magánlakáson]* hôte *h n*

szalma *fn* paille *n*

szalmakalap *fn* chapeau *h* de paille

szalmakazal *fn* meule *n* de paille

szalmaözvegy *fn* célibataire *h n*; *biz* veuf (veuve)

szalmaszál *fn* brin *h* de paille

szalmazsák *fn* paillasse *n*

szalmonella *fn* salmonelle *n*

szalmonellafertőzés *fn* salmonellose *n*

szalon *fn [lakásban]* salon *h*; *[irodalmi, kiállítási]* salon *h*; *[divat]* maison *n* de couture; **kozmetikai ~** salon de beauté

szaloncukor *fn* papillote *n*

szalonka *fn* bécasse *n*

szalonképes *mn [személy]* présentable, sortable

szalonna *fn* lard *h*; *[hús tűzdelésére]* lardon *h*; **füstölt ~** lard fumée

szalonnás *mn* ~ **rántotta** omelette *n* au lard, œufs *h (t sz)* au bacon

szaltó *fn* saut *h* périlleux

szalvéta *fn* serviette *n* (de table)

szám *fn* nombre *h*; *[számjegy]* chiffre *h*; *[sorozatból egy]* numéro *n*, *[cipőé]* pointure *n*, *[ruháé]* taille *n*, *[újságé, telefoné, műsoré]* numéro *h*; *[zenei]* morceau *h*, chanson *n*; **arab/római**

~ok chiffres arabes/romains; **páros/páratlan ~** nombre pair/impair; **a 24-es ~ alatt lakik** il habite au (numéro) 24; **egyes ~** singulier *h*; **többes ~** pluriel *h*; ~ **szerint húszan** au nombre de vingt; **nagy ~ban** en grand nombre; *átv* ~**ba jön** entrer en ligne de compte; ~**on kér vkitől vmit** demander des comptes à qqn de qqch; ~**on tart vmit** tenir compte de qqch

számadás *fn [pénzügyi is]* comptes *h (t sz)*; ~**sal tartozik** devoir des comptes

szamár *fn* âne *h*, *[nőstény]* ânesse *n*; *átv* **micsoda ~!** quel âne !, qu'il est bête !

számára I. *nu* pour; **mindenki ~ fontos** important pour tout le monde; **saját maga ~** pour soi-même **II.** *hsz* pour lui (elle); **számomra** pour moi; **számotokra** pour vous

számarány *fn* proportion *n*, *[hányad]* quotient *n*

szamárfül *fn [könyvben]* corne *n*; ~**et mutat vkinek** *fraz* montrer les cornes à qqn

szamárköhögés *fn* coqueluche *n*

szamárság *fn* ânerie *n*, bêtise *n*; ~**okat mond/csinál** dire/faire des âneries *v.* des bêtises

számbeli *mn* numérique; ~ **fölény** supériorité *n* numérique

számfejtés *fn* comptabilité *n*

számít I. *ts* i compter; **euróban ~** compter en euro; **engem is ~va** moi compris; **mennyit ~ a fuvarért?** combien demandez-vous pour la course ?; **mostantól ~va** à compter de maintenant **II.** *tn* i *[fontos]* importer, compter; *vkinek/vminek* être considéré(e) *comme qqn/qqch*; *vkire/vmire* compter *sur qqn/qqch*; **mit ~?** qu'importe ?, quelle importance ?;

nem ~! peu importe !, c'est sans importance !; ~hatsz rám! tu peux compter sur moi !; erre nem ~ottam je ne m'attendais pas à ça

számítás fn átv is calcul h, compte h; megtalálja a ~át trouver son compte; ~ba vesz vmit prendre qqch en compte; ~ból cselekszik agir par calcul; ~aim szerint d'après mes calculs

számítási mn de calcul; ~ hiba erreur n de calcul

számítástechnika fn informatique n

számítástechnikai mn informatique

számító mn intéressé(e), calculateur (-trice)

számítógép fn ordinateur h; személyi ~ ordinateur individuel, micro-ordinateur h; ~re visz mettre sur ordinateur

számítógépes mn informatique; ~ adatfeldolgozás traitement h informatique des données; ~ bűnözés cybercriminalité n; ~ tervezés conception n assistée par ordinateur

számítógépesít ts i informatiser

számítógépesítés fn informatisation n

számítógépprogram fn programme h informatique

számjegy fn chiffre h; három ~ből álló szám un nombre à trois chiffres

számla fn [költségről] facture n; [vendéglői] addition h, note n; [banki, kereskedőnél, könyvelésben] compte h; kérem a ~t! l'addition, s'il vous plaît !; ~t kiállít établir une facture; ~t nyit ouvrir un compte

számlakivonat fn relevé h de compte

számlál ts i compter, dénombrer; a város tízezer lakost ~ la ville compte dix mille habitants

számláló fn mat numérateur h; műsz compteur h

számlap fn cadran h

számlaszám fn [banki] numéro h de compte

számlatulajdonos fn titulaire h n de compte

számláz ts i facturer

számnév fn adjectif h numéral

szamóca fn fraise n des bois, fraise sauvage

számol ts i/tn i compter; [kiszámít] calculer; vkivel/vmivel compter avec qqn/qqch, tenir compte de qqn/qqch; fejben ~ calculer de tête; ~ja a napokat compter les jours; ezért még ~unk! nous réglerons cela !

számolás fn compte h; [kiszámítás] calcul h

számológép fn calculatrice n; [zsebszámológép] calculette n

számonkérés fn demande n de comptes; okt contrôle h des connaissances

számos szn nombreux (-euse); ~ esetben dans de nombreux cas

számottevő mn notable, considérable

számoz ts i numéroter, [oldalakat] paginer

számozás fn [cselekvés] numérotage h; [számsor] numérotation n; [könyvben] pagination n

számozott mn numéroté(e)

számrendszer fn (système h de) numération n; tízes ~ (système de) numération à base dix v. décimale

számsor fn mat suite n de nombres; [összeadandó] colonne n de chiffres

számszerű mn numérique; ~ adatokkal alátámasztva avec des chiffres à l'appui

számtalan mn innombrable; ~ esetben dans d'innombrables cas

számtalanszor hsz très souvent

számtan fn arithmétique n, calcul h

számtani mn arithmétique; ~ művelet opération n arithmétique

szamuráj *fn* samouraï *h*

száműz *ts i* exiler, bannir

száműzetés *fn* exil *h*; **önkéntes ~** exil volontaire; **~be vonul** s'exiler

száműzött *mn/fn* exilé(e)

számvevőszék *fn* Cour *n* des comptes

számvitel *fn* comptabilité *n*

szán¹ *ts i [sajnál] vkit* plaindre *qqn*, avoir pitié *de qqn*; *vkit/vmit vkinek/ vminek* destiner *qqn/qqch à qqn/ qqch*; *[pénzt] vmire* affecter *v.* destiner *v.* consacrer *à qqch*; **időt ~ vmire** consacrer du temps à qqch; **vmire ~ja magát** se décider à qqch *v.* à *inf*

szán² *fn* traîneau *h*

szánakoz|ik *tn i vkin* avoir pitié *de qqn*, s'apitoyer *sur qqn*

szánakozó *mn* compatissant(e), apitoyé(e)

szánalmas *mn pej is* pitoyable, lamentable

szánalom *fn* pitié *n*, *vál* compassion *n*; **szánalmat kelt** faire pitié, inspirer de la pitié

szanaszét *hsz* de tous côtés, à droite et à gauche; *[szétszórva]* un peu partout

szanatórium *fn* maison *n* de convalescence *v.* de repos; *[tüdőbetegeknek]* sanatorium *h*

szandál *fn* sandale(s) *n (t sz)*

szándék *fn* intention *n*; **az a ~a, hogy** avoir l'intention de *inf*; **feltett ~a, hogy** avoir la ferme intention de *inf*; **előre megfontolt ~kal** avec préméditation

szándéknyilatkozat *fn jog* lettre *n* d'intention; *pol* déclaration *n* d'intention

szándékos *mn* intentionnel (-elle), voulu(e), volontaire; **~ emberölés** homicide *h* volontaire

szándékosan *hsz* exprès, intentionnellement, à dessein; **~ tette** il l'a fait exprès

szándékoz|ik *tn i* avoir l'intention de *inf*, compter *inf*; **mit ~ol tenni?** qu'as-tu l'intention de faire ?, que comptes-tu faire ?

szankció *fn* sanction *n*; **~t alkalmaz vki ellen** prendre des sanctions contre qqn

szankcionál *ts i* sanctionner

szánkó *fn* luge *n*

szánkóz|ik *tn i* faire de la luge

szánt *ts i/tn i* labourer

szántás *fn [művelet]* labourage *h*, labour *h*; *[föld]* labour *h*

szántó(föld) *fn* labour *h*, terre *n* labourée

szapora *mn [termékeny]* prolifique; **~ érverés** pouls *h* rapide; **~ léptekkel à** pas rapides

szaporáz *ts i* **~za a lépteit** presser *v.* hâter le pas

szaporít *ts i [növel]* augmenter, accroître; *[növényt]* multiplier; **~ja a szót** parler pour rien dire

szaporodás *fn [élőlényé]* reproduction *n*; *[mennyiségé]* accroissement *h*, augmentation *n*

szaporod|ik *tn i [élőlény]* se reproduire; *[mennyiség]* s'accroître, augmenter

szaporulat *fn [népességé]* croissance *n*

szappan *fn* savon *h*

szappanbuborék *fn* bulle *n* de savon

szappanopera *fn ang* soap-opéra *h*

szappanoz *ts i* savonner

szappantartó *fn* porte-savon *h*

szar I. *fn durva* merde *n*; **~ban van** être dans la merde **II.** *mn durva* **micsoda ~ idő!** quel temps de merde ! **micsoda ~ alak!** quelle ordure ! **~ meló** un boulot merdique; **~ film** un film nul *v.* à chier

szár *fn [növényé]* tige *n*; *[tárgyé, eszközé]* manche *h*, tige *n*; *[harisnyáé, nadrágé]* jambe *n*

szárad *tn i* sécher; *átv* **az ő lelkén ~ cela lui restera sur la conscience**

száraz I. *mn* sec (sèche), *[éghajlat, stílus]* aride, sec (sèche); ~ **ág** branche *n* morte; ~ **bor** vin *h* sec; ~ **helyen tartandó** à tenir au sec; ~ **köhögés** toux *n* sèche II. *fn* ~**on és vízen** sur terre et sur mer; **megússza ~on** *fraz* l'échapper belle; **ezt nem ússza meg ~on** *fraz* il ne l'emportera pas au paradis

szárazföld *fn* terre *n* ferme; *[világrész]* continent *h*; ~**re lép** descendre à terre

szárazföldi *mn* terrestre, continental(e); ~ **állat** animal *h* terrestre; ~ **éghajlat** climat *h* continental

szárazság *fn [időjárás]* sécheresse *n*

szardella *fn* anchois *h*

szardínia *fn* sardine(s) *n (t sz)*

szar|ik *ts i/tn i durva* chier; ~**ok rá** *[dologra]* biz je m'en contrefous, *[személyre]* biz je l'emmerde

szárít *ts i* sécher, *[bőrt]* dessécher

szárító *fn [állvány, gép, helyiség]* séchoir *h*

szárított *mn* séché(e); ~ **gyümölcs** fruits *h (t sz)* secs

szarka *fn* pie *n*

szarkaláb *fn [növény]* pied-d'alouette *h*; *[szemránc]* patte(s) *n (t sz)* d'oie

szarkasztikus *mn* sarcastique

szarkofág *fn* sarcophage *h*

szarkóma *fn* sarcome *h*

származás *fn [személyé]* origine *n*; *[dologé]* provenance *n*, origine *n*; **francia ~ú** d'origine française

származék *fn nyelv, vegy* dérivé *h*

származ|ik *tn i [vki vhonnan]* être originaire de; *[családilag]* être issu(e) de, descendre de; *[vmi vhonnan]* provenir *v.* venir de; *[időben]* dater; *nyelv* dériver; **ebből semmi jó nem**

~**ik** il n'en résulte rien de bon; **a középkorból** ~**ik** cela date du moyen âge; **szegény családból** ~**ik** il est issu d'une famille modeste

származtat *ts i [szót] vmiből* faire dériver *de qqch*

szárny *fn [madáré, repülőgépé]* aile *n*; *[ajtóé, ablaké]* battant *h*; *[épületé, hadseregé, párté]* aile *n*; *átv* ~**akat ad vkinek** donner des ailes à qqn; ~**ra kap** *[hír]* se propager

szárnyal *tn i [repül]* voler; *átv [lélek, gondolat]* planer

szárnyas I. *mn* ailé(e); ~ **ajtó** porte *n* à deux battants; ~ **oltár** *[három részes]* triptyque *h* II. *fn* volaille *n*

szárnyaszegett *mn átv* démoralisé(e), découragé(e)

szárnysegéd *fn* officier *h* d'ordonnance, *[régen]* aide *h* de camp

szaros *mn/fn durva* merdeux (-euse)

szaru *fn* corne *n*

szaruhártya *fn* cornée *n*

szarv *fn* corne *n*; *[rovaroké]* antenne *n*; *[ekéé]* mancheron *h*

szarvas *fn* cerf *h*; *[nőstény]* biche *n*

szarvasagancs *fn* bois *h (t sz)* de cerf

szarvasbogár *fn* lucane *h*, cerf-volant *h*

szarvasbőr *fn* peau *n* de chamois *v.* de daim; ~ **kesztyű** gant(s) *h (t sz)* de daim

szarvasgomba *fn* truffe *n*

szarvashiba *fn* bévue *n*; *biz* bourde *n*

szarvasmarha *fn* bœuf *h*

szatén *fn* satin *h*

szatír *fn* satyre *h*

szatíra *fn* satire *n*

szatirikus I. *mn* satirique II. *fn* satiriste *h n*

szatyor *fn* sac *h* à provisions

szauna *fn* sauna *h*

szavahihető *mn* digne de foi, véridique

szaval *ts i* réciter; *pej is* déclamer

szavatol *ts i* garantir

szavatosság *fn* garantie *n*; **~ot vállal vmiért** se porter garant(e) de qqch

szavaz *tn i* voter; **vkire/vmire** voter *pour qqn/qqch*; **vki mellett/ellen** voter pour/contre qqn

szavazás *fn* vote *h*, scrutin *h*; **~ra bocsát** soumettre au vote

szavazási *mn* **~ mód** mode *h* de scrutin

szavazat *fn* voix *n*, suffrage *h*, vote *h*; **leadja a ~át vkire** donner sa voix à qqn; **a ~ok többsége** la majorité des voix

szavazati *mn* **~ jog** droit *h* de vote

szavazattöbbség *fn* majorité *n* des voix

szavazó *fn* votant(e)

szavazócédula *fn* bulletin *h* de vote

szavazófülke *fn* isoloir *h*

szavazóhelyiség *fn* bureau *h* de vote

szavazótábor *fn* électorat *h*

szaxofon *fn* saxophone *h*

szaxofonos *fn* saxophoniste *h n*

száz *szn* cent; **egy szó, mint ~** en un mot comme en cent; **~an lehettek** ils étaient une centaine; **~ával** par centaines

század I. *szn [rész]* centième *h* II. *fn [száz év]* siècle *h*; *kat* compagnie *n*, *a* **20. ~ban** au vingtième siècle; **a ~ elején** au début du siècle; **a ~ végén** à la fin du siècle; **~okon át** pendant des siècles

századforduló *fn* tournant *h* du siècle

századik *szn* centième *h n*; **~ évforduló** centenaire *h*; **a ~ oldalon** à la page cent

százados *fn kat* capitaine *h*

századvég *fn* fin *n* de siècle

százalék *fn* pour cent *h*; *[arány]* pourcentage *h*; **ötven ~** cinquante pour cent; **száz ~ig egyetértek vele** je suis d'accord avec lui à cent pour cent;

~ot kap a nyereség után il touche un pourcentage sur les bénéfices

százalékos *mn* **~ arány** pourcentage *h*; **20 ~ árengedmény** réduction *n* de 20 pour cent

százas I. *mn* **a ~ szám** le chiffre cent; **a ~ szoba** la chambre numéro cent; **~ égő** ampoule *n* de 100 watts II. *fn [számjegy]* cent *h*; *[bankjegy]* billet *h* de cent

százéves *mn* de cent ans, centenaire

százezer *szn* cent mille

százlábú *fn* mille-pattes *h*

százszázalékos *mn* à cent pour cent *[teljes]* absolu(e)

százszor *szn* cent fois

százszoros I. *mn/fn* centuple II. *fn* centuple *h*

százszorszép *fn* pâquerette *n*

szebb *mn* plus beau (belle); **~nél ~ nők** des femmes les unes plus belles que les autres

szecesszió *fn* Art *h* nouveau

szecessziós *mn* **a ~ stílus** le style Art nouveau

szed *ts i [gyűjt]* ramasser, récolter; *[gyümölcsöt, virágot]* cueillir; *[orvosságot]* prendre; *[ételből]* servir; *[adót, díjat, vámot]* percevoir; *nyomd* composer; **ezt honnan ~ed?** d'où prends-tu cela ?; **~i a lábát** *fraz* prendre ses jambes à son cou; **~d a lábad!** *biz* grouille-toi !; **~jél magadnak!** sers-toi

szédeleg *tn i [szédül]* être pris(e) de vertige; *[így megy]* tituber; *[ténfereg]* traînailler

szeder *fn* mûre *n*

szederjes *mn* violacé(e)

szedés *fn nyomd* composition *n*

szedett-vedett *mn* **~ holmi** bric-à-brac *h*; **~ népség** racaille *n*

szédít *ts i* donner le vertige, étourdir; *átv* leurrer; *biz* embobiner

szédítő *mn átv is* vertigineux (-euse)
szédül *tn i* avoir le v. être pris(e) de vertige, avoir la tête qui tourne
szédülés *fn* vertige *h*, étourdissement *h*
szédületes *mn* vertigineux (-euse), étourdissant(e), fantastique
széf *fn* coffre(-fort) *h*
szeg¹ *ts i [szegélyez]* border; *[visszahajtva]* ourler; **kedvét ~i vkinek** décourager qqn
szeg² *fn* szög clou *h*; **~et bever/kihúz** planter/arracher un clou; **fején találja a ~et** *fraz* mettre le doigt dessus; **ez ~et ütött a fejébe** *fraz* ceci lui a fait tilt
szegecs *fn* rivet *h*
szegély *fn [járdáé]* bordure *n*; *[ruhán visszahajtás]* ourlet *h*, *[dísz]* bordure *n*
szegény I. *mn [szükölködő, sajnálatra méltó]* pauvre; **~, mint a templom egere** être pauvre comme Job; **~ ember!** le pauvre homme !; **ásványokban ~** pauvre en minéraux **II.** *fn* **a ~ek** les pauvres *h (t sz)*
szegényes *mn [szegénységre valló]* pauvre, misérable; *[hiányos]* pauvre; **~ szókincs** vocabulaire *h* pauvre
szegénység *fn átv is* pauvreté *n*; *átv* indigence *n*
szegez *ts i* szögez clouer; **tekintetét/fegyverét vkire/vmire ~i** braquer son regard/son arme sur qqn/qqch
szegfű *fn* œillet *h*
szegfűszeg *fn* (clou *h* de) girofle *h*
szegődik *tn i* vkihez/vmihez se joindre à qqn/qqch; **vkinek a nyomába ~ik** s'attacher aux pas de qqn
szegy *fn* poitrine *n* de bœuf
szégyell *ts i* vmit avoir honte de qqch v. *de inf*; **~i magát** avoir honte; **~d magad!** honte à toi !
szégyen *fn* honte *n*, déshonneur *h*; **nagy ~emre** à ma grande honte; **a család ~e** être la honte de sa famille;

~ gyalázat! quelle honte!, c'est une honte!; **~t hoz vkire** faire honte à qqn
szégyenkez|ik *tn i vmiért* avoir honte de qqch
szégyenletes *mn* honteux (-euse), déshonorant(e)
szégyenlős *mn [félénk]* timide; *[szemérmes]* pudique
szégyentelen *mn* éhonté(e), effronté(e), impudent(e); *[szemérmetlen]* impudique
szék *fn* chaise *n*; **két ~ közt a pad alá esik** *fraz* être assis(e) entre deux chaises
szekál *ts i biz* bassiner, emmerder
szekció *fn* section *n*
székel *tn i [tartózkodik]* siéger, résider; *[ürit]* déféquer
székely I. *mn* szekler **II.** *fn [személy]*; Szekler *h n*
szekér *fn* chariot *h*
székesegyház *fn* cathédrale *n*
székfoglaló *fn* discours *h* inaugural v. de réception
székház *fn* siège *h*
székhely *fn* siège *h*; *[cégé]* siège *h* social; *[közigazgatási]* chef-lieu *h*
széklet *fn* selles *n (t sz)*
székrekedés *fn* constipation *n*; **~e van** être constipé(e)
szekrény *fn* armoire *n*; *[akasztós]* penderie *n*; *[beépített]* placard *h*; *[fiókos]* commode *n*
széksor *fn* rangée *n* de sièges
szekta *fn* secte *n*
szektor *fn* secteur *h*; **állami ~** secteur public
szel *ts i [kenyeret]* trancher, couper; **~i a hullámokat** fendre les flots
szél¹ *fn* vent *h*; *[belekben]* vent(s) *h (t sz)*; **fúj a ~** le vent souffle; **feltámad/elül a ~** le vent se lève/tombe; **csapja a szelet vkinek** *fraz* conter

fleurette à qqn; **mi ~ hozta erre?** quel bon vent vous amène ?

szél² *fn* bord *h*; *[lapé]* marge *n*; *[területé]* lisière *n*; *[városé]* périphérie *n*; **az út ~én** au bord de la route; **a csőd ~én** au bord de la faillite

szélárnyék *fn* ~**ban** à l'abri du vent

szélcsend *fn [teljes]* calme *h* plat; *[átmeneti]* átv is accalmie *n*

széldzseki *fn* coupe-vent *h*

szeleburdi *mn* étourdi(e)

szelekció *fn* sélection *n*

szelektál I. *ts i* sélectionner **II.** *tn i* opérer une sélection

szelektív *mn* sélectif (-ive)

szélenergia *fn* énergie *n* éolienne

szelep *fn* soupape *n*; *[gumiabroncson]* valve *n*

szélerősség *fn* force *n* du vent

szeles *mn [hely]* éventé(e); *[időszak]* venteux (-euse); átv étourdi(e); **~ idő van** il fait *v.* il y a du vent

széles *mn* large; **öt méter ~** large de cinq mètres; **~ jókedv** bonne humeur *n* débordante; **~ körű ismeretek** vastes connaissances *n (t sz)*; **~ mosoly** large sourire *h*; **~ vállú** large d'épaules

szélesít *ts i* élargir

szélesség *fn* largeur *n*; *földr* latitude *n*; **Párizs az északi szélesség 48. fokán van** Paris est à 48 degrés de latitude Nord

szélességi *mn* ~ **fok** degré *h* de latitude; **~ kör** (cercle *h*) parallèle *h*

szélesvásznú *mn* ~ **film** film *h* panoramique

szelet *fn* ált tranche *n*; *[torta így is]* part *h*; *[hal, hús így is]* escalope *n*; **bécsi ~** escalope viennoise

szeletel *ts i* couper en tranches, trancher

szélhámos *fn* escroc *h*

szélhámosság *fn* escroquerie *n*; biz arnaque *n*

szelíd *mn* doux (douce); **~, mint a bárány** doux comme un agneau

szelídgesztenye *fn* marron *h*, châtaigne *n* cultivée; *[fa]* marronnier *h*, châtaignier *h* cultivé

szelídít *ts i [állatot]* apprivoiser; átv *[enyhít]* atténuer

szelídség *fn* douceur *n*

szélirány *fn* direction *n* du vent; **széliránnyal szemben** contre le vent

szélkakas *fn* átv is girouette *n*

szellem *fn [elme, tudat, gondolkodásmód, szellemesség]* esprit *h*; *[kísértet]* esprit *h*, fantôme *h*, spectre *h*; **korlátolt ~** esprit étroit; **testületi ~** esprit de corps; **a törvény ~e** l'esprit de la loi; **kora legnagyobb ~e** le plus grand esprit de son temps; **~et idéz** évoquer les esprits

szellemes *mn [személy]* spirituel (-elle), plein(e) d'esprit; *[dolog]* ingénieux (-euse)

szellemesked|ik *tn i* faire de l'esprit

szellemesség *fn [tulajdonság]* esprit *h*; *[mondás]* mot *h v.* trait *h* d'esprit, bon mot *h*

szellemi *mn* intellectuel (-elle); **~ élet** vie *n* intellectuelle; **~ fogyatékos** handicapé(e) mental(e); **~ munka** travail *h* intellectuel; **~ örökség** héritage *h* spirituel; **~ szabadfoglalkozású** de profession *n* libérale

szellemiség *fn* esprit *h*, mentalité *n*

szellent *tn i* lâcher un vent

szellő *fn* brise *n*

széllökés *fn* coup *h* de vent

szellős *mn* éventé(e); *[helyiség]* aéré(e); *[ruha]* léger (-ère)

szellőz|ik *tn i [szoba, személy]* s'aérer

szellőzőnyílás *fn* bouche *n* d'aération

szellőztet *ts i/tn i* aérer; *[ügyet, titkot]* divulguer

szélmalom *fn* moulin *h* à vent

szélroham *fn* rafale *n*, bourrasque *n*

szélső I. *mn* extrême; ~ **érték** valeur *n* extrême; **a ~ szék** la chaise du bout; **a ~ végén** à l'extrême pointe, tout au bout **II.** *fn; sp* ailier *n*

szélsőbal, szélsőbaloldali I. *mn* d'extrême gauche **II.** *fn* l'extrême gauche *n*

szélsőjobb, szélsőjobboldali I. *mn* d'extrême droite **II.** *fn* l'extrême droite *n*

szélsőség *fn* extrême *h*, extrémité *n*

szélsőséges I. *mn* extrémiste, extrême; ~ **éghajlat** climat *h* extrême; ~ **elemek** éléments *h (t sz)* extrémistes **II.** *fn* extrémiste *h n*

széltében *hsz* dans le sens de la largeur, en largeur

szélütés *fn* attaque *n* (d'apoplexie), apoplexie *n*, coup *h* de sang

szélvédő *fn [autón]* pare-brise *h*

szelvény *fn [ellenőrző]* talon *h*; *[értékpapíré]* coupon *h*; *[lottóé]* bulletin *h*

szélvész *fn* ouragan *h*, tempête *n*

szélzsák *fn* manche *n* à air

szem *fn [látószerv]* yeux *h (t sz)*; *[egy szem]* œil *n*; *[kötésben]* maille *n*; *[láncon]* chaînon *h*; *[gabona, szőlő, kávé]* grain *h*; **jó/rossz a ~e** avoir de bons/mauvais yeux; **kék ~e van** avoir les yeux bleus; ~ **elől téveszt** perdre de vue; ~ **előtt tart** ne pas perdre de vue; *átv* ~**ébe vág vmit vkinek** jeter qqch à la face de qqn; ~**ébe néz vkinek** regarder qqn dans les yeux; **jó/rossz ~mel néz** voir d'un bon/ mauvais oeil; **szabad ~mel** à l'œil nu; ~**mel tart vkit** avoir qqn à l'œil; **nem hiszek a ~emnek** je n'en crois pas mes yeux; ~**ére vet vkinek vmit**

reprocher qqch à qqn; ~**et huny vmi fölött** fermer les yeux sur qqch; ~**től ~be** nez à nez, face à face

szemafor *fn* sémaphore *h*

szemantika *fn* sémantique *n*

szembe *hsz* en face; ~ **találja magát vkivel** se trouver face à face avec qqn; ~ **tedd a tükröt!** mets la glace en face

szembeáll *tn i vkivel/vmivel* faire face à qqn/qqch

szembeállít *ts i vmit vmivel* mettre qqch en face *de qqch; átv [összehasonlítva]* comparer, confronter; *[ellenségesen]* opposer

szembefordul *tn i vkivel/vmivel* se tourner en face *de qqn/qqch; átv* s'opposer à qqn/qqch

szembehelyezked|ik *tn i vkivel/vmivel* s'opposer à qqn/qqch

szembejövő *mn* ~ **forgalom** circulation *n* en sens inverse

szembekerül *tn i vkivel* se trouver face à face *avec qqn; [ellenkezésbe kerül]* vkivel entrer en conflit *avec qqn*

szemben *hsz [térben]* en face; **a ~ álló ház** la maison (d')en face; ~ **állnak egymással** se faire face, *átv* être opposés; **a mozival ~ lakik** il habite en face du cinéma; **szemtől ~ben vkivel** face à face avec qqn; *átv* **a ~ álló felek** les parties adverses; ~ **azzal, amit eddig mondott** contrairement à ce qu'il avait dit jusque-là; **elnéző vkivel/vmivel** ~ être indulgent(e) envers *v.* à l'égard *v.* vis-à-vis de qqn/qqch; **ezzel** ~ en revanche

szembenállás *fn* opposition *n*

szembenéz *tn i vkivel* regarder qqn (droit) dans les yeux; *átv vmivel* faire face à qqch; ~ **a halállal** regarder la mort en face

szembeni *mn* **a vele ~ érzéseim** mes sentiments à son égard

SZ

szembeötlő *mn* frappant(e)

szembesít *ts i* vkit vkivel/vmivel confronter *qqn à qqn/qqch*

szembesítés *fn* confrontation *n*

szembeszáll *tn i* vkivel/vmivel affronter *v.* braver *qqn/qqch; [szembehelyezkedik]* vkivel/vmivel s'opposer *à qqn/qqch*

szembetűnő *mn* frappant(e), flagrant(e)

szemcse *fn* grain *h, [pici]* granule *h*

szemcsepp *fn* gouttes *n (t sz)* ophtalmiques *v.* pour les yeux

szemcsés *mn* granuleux (-euse)

szemellenző *fn [lóé]* œillère *n; [sapkán]* visière *n*

szemelvény *fn* extrait *h; ~ek* morceaux *h (t sz)* choisis

személy *fn* personne *n*, individu *h; [szereplő]* personnage *h; nyelv* personne *n; jogi ~* personne morale; **rokon és barát egy ~ben** à la fois parent et ami; **~ szerint** personnellement; **első ~ben** à la première personne

személyautó *fn* voiture *n* (de tourisme)

személyazonosság *fn* identité *n;* **igazolja a ~át** justifier de son identité

személyazonossági *mn ~* **igazolvány** carte *n* d'identité

személyenként *hsz* par personne

személyes *mn* personnel (-elle); **~ érdek** intérêt *h* personnel; **~ ügy** affaire *n* personnelle; *jog* **~ szabadság** liberté *n* individuelle; *nyelv* **~ névmás** pronom *h* personnel

személyesen *hsz* personnellement, en personne

személyeskedik *tn i* faire des attaques personnelles

személyforgalom *fn* trafic *h* passagers

személyi *mn* personnel (-elle), individuel (-elle); **~ adatok** état *h* civil;

~ igazolvány carte *n* d'identité; **~ jövedelemadó** impôt *h* sur le revenu des personnes physiques, I.R.P.P. **~ kultusz** culte *n* de la personnalité **~ tulajdon** propriété *n* individuelle

személyiség *fn* personnalité *n; [jelentős]* personnalité *n*, personnage *h*

személyleírás *fn* signalement *h*

személypoggyász *fn* bagages *h (t sz)* **~t felad** faire enregistrer les bagages

személyrag *fn [igén]* désinence *n* verbale

személyszállítás *fn* transport *h* des voyageurs

személytelen *mn* impersonnel (-elle)

személyvonat *fn* (train *h*) omnibus *h*

személyzet *fn* personnel *h; [hajón, repülőn]* équipage *h; [házi]* gens *n (t sz)* de maison

személyzeti *mn ~* **bejárat** entrée *n* de service; **~ osztály** service *h* des ressources humaines

szemérem *fn* pudeur *n; jog ~* **elleni erőszak** atteinte *n* sexuelle

szeméremcsont *fn* pubis *h*

szeméremsértés *fn jog* outrage *h* à la pudeur

szeméremsértő *mn* indécent(e), obscène

szemerkél *tn i ~* **az eső** il crachine *v.* pleuvine

szemérmes *mn* pudique

szemérmetlen *mn* impudique, indécent(e); *[arcátlan]* impudent(e), effronté(e); **~ hazugság** mensonge *h* éhonté

szemes *mn [termés]* en grains; **~ kávé** café *h* en grains

szemész *fn* ophtalmologiste *h n*, oculiste *h n*

szemészet *fn* ophtalmologie *n*

szemeszter *fn* semestre *h*

szemét I. *fn [házi]* ordures *n (t sz); [hulladék]* détritus *h (t sz); [szemétláda]* poubelle *n; átv [személy]* durva ordure *n;* **~be dob** jeter à la poubelle *v.* aux ordures; **kisöpri a szemetet** balayer les détritus **II.** *mn* ~ **alak** *durva* ordure *n*, fumier *h*

szemétdomb *fn* tas *h* d'ordures; *[rendetlenség]* fatras *h, biz* bazar *h*

szemétégető *fn* incinérateur *h*

szemetel *tn i* jeter des ordures par terre

szemetes I. *mn* plein(e) de détritus *v.* d'ordures **II.** *fn* éboueur *h*

szemeteskocsi *fn* benne *n* à ordures

szemeteszsák *fn* sac *h* poubelle

szemétkosár *fn* corbeille *n* à papiers

szemétláda *fn* poubelle *n; átv [személy]* durva ordure *n*, fumier *h*

szemétlapát *fn* pelle *n* à ordures

szemétledobó *fn* vide-ordures *h*

szemétlerakó *fn* décharge *n* publique

szemétszállítás *fn* enlèvement *h* des ordures (ménagères)

szemez *tn i vkivel* faire de l'œil à *qqn*

szemfedő *fn* linceul *h*

szemfényvesztés *fn átv* ~ tour *h* de passe-passe

szemfesték *fn* fard *h v.* ombre *n* à paupières

szemfog *fn* canine *n*

szemfüles *mn* malin (maligne), astucieux (-euse); *biz* débrouillard(e)

szemgolyó *fn* globe *h* oculaire

szemhéj *fn* paupière(s) *n (t sz)*

szeminárium *fn [egyetemi]* séminaire *h*, travaux *h (t sz)* dirigés; *[papi]* séminaire *h*

szemközt *hsz* en face; ~ **van a mozi** le cinéma est en face; ~ **ülnek egymással** ils sont assis l'un en face de l'autre

szemközti *mn* d'en face; **a** ~ **ajtó** la porte d'en face

szemlátomást *hsz [nyilvánvalóan]* visiblement; *[szemmel is láthatóan]* à vue d'œil

szemle *fn* inspection *n*, visite *n; [katonai is]* revue *n; [folyóirat]* revue *n; átv [ismertetés]* tour *h* d'horizon; ~**t tart vmi fölött** passer qqch en revue

szemlél *ts i* contempler, considérer, examiner

szemlélet *fn [látásmód]* manière *n* de voir, optique *n*

szemléletes *mn* expressif (-ive), suggestif (-ive)

szemlélő *fn* spectateur (-trice), observateur (-trice)

szemléltet *ts i* illustrer

szemlencse *fn orv* cristallin *h; műsz* oculaire *n*

szemlesütve *hsz* les yeux baissés

szemmérték *fn* ~**re** à vue d'œil; **jó a** ~**e** *fraz* avoir le compas dans l'œil

szemorvos *fn* → **szemész**

szemölcs *fn* verrue *n*

szemöldök *fn* sourcil(s) *h (t sz); ösz-szehúzza a* ~**ét** froncer les sourcils

szemöldökceruza *fn* crayon *h* à sourcils

szempilla *fn* cil(s) *h (t sz);* **a** ~**ja sem rezdült** il n'a même pas cillé

szempillantás *fn* coup *h* d'œil; **egy** ~ **alatt** en un clin d'œil

szempillaspirál *fn* mascara *h*, rimmel *h*

szempont *fn* point *h* de vue; *[megfontolás]* considération *n;* **ebből a** ~**ból** de ce point de vue

szemrebbenés *fn* ~ **nélkül** sans sourciller

szemrehányás *fn* reproche *h;* ~**t tesz vkinek** faire des reproches à *qqn*

szemrehányó *mn* ~ **tekintet** regard *h* (lourd) de reproche

szemszög *fn* point *h* de vue; **ebből a ~ből nézve** vu sous cet angle

szemtanú *fn* témoin *h* oculaire; **~ja vminek** être témoin de qqch

szemtelen *mn* insolent(e), impertinent(e)

szemtelenked|ik *tn i* être insolent(e) *v.* impertinent(e)

szemtelenség *fn* insolence *n*, impertinence *n*

szemügyre *hsz* ~ **vesz** examiner

szemüveg *fn* lunettes *n (t sz)*; **~et hord** porter des lunettes

szemüveges *mn* à lunettes; **egy ~ úr** un monsieur à lunettes

szemüvegkeret *fn* monture *n* de lunettes

szén *fn* charbon *h*; *[kőszén]* houille *n*; *[rajzszén]* fusain *h*; *[gyógyszer]* charbon *h*; *vegy* carbone *h*; **~né égett** carbonisé(e), calciné(e); **~nel fűt** chauffer au charbon

széna *fn* foin *h*

szénakazal *fn* meule *n* de foin

szénanátha *fn* rhume *h* des foins

szenátor *fn* sénateur (-trice)

szenátus *fn* sénat *h*

szénbánya *fn* mine *n* de charbon

szénbányászat *fn* charbonnage *h*, exploitation *n* de la houille *v.* du charbon

szende *mn* ingénu(e), innocent(e)

szendereg *tn i* somnoler, sommeiller

szén-dioxid *fn* gaz *h* carbonique, dioxyde *h* de carbone

szendvics *fn* sandwich *h*

szénhidrát *fn* glucide *h*; *rég* hydrate *h* de carbone

szénhidrogén *fn* hydrocarbure *h*, carbure *h* d'hydrogène

szenilis *mn* sénile, gâteux (-euse)

szenilitás *fn* sénilité *n*

szénrajz *fn* fusain *h*

szénsav *fn* acide *h* carbonique

szénsavas *mn* ~ **ital** boisson *n* gazeuse

szénsavmentes *mn* non gazeux (-euse); *biz* sans bulles

szent I. *mn [dolog]* saint(e), sacré(e); *[személy]* saint(e), St, Ste; **annyi ~, hogy** ce qui est sûr, c'est que; **a ~ család** la Sainte Famille; **~ könyvek** livres *h (t sz)* sacrés; **~ és sérthetetlen** inviolable et sacré; **~ Isten!** bonté divine !, doux Jésus ! **II.** *fn* saint(e); **~té avat** canoniser

szentatya *fn [pápa]* le Saint-Père

szentbeszéd *fn* sermon *h*

szentel *ts i [avat]* consacrer; *[megáld]* bénir; *átv* consacrer; **időt/energiát ~ vminek** consacrer du temps/de l'énergie à qqch; **pappá ~** ordonner prêtre

szenteltvíz *fn* eau *n* bénite

szentély *fn átv is* sanctuaire *h*

szentesít *ts i [törvényt, döntést]* ratifier, sanctionner

szenteste *fn* réveillon *h* de Noël

Szentháromság *fn* la (sainte) Trinité

szentimentális *mn* sentimental(e)

szentírás *fn* l'Écriture *n* sainte, les Saintes Écritures; *átv* **ez számára szentírás** *fraz* c'est pour lui parole d'Évangile

szentjánosbogár *fn* luciole *n*

szentkép *fn* image *n* pieuse

Szentlélek *fn* le Saint-Esprit, l'Esprit saint

szentmise *fn* sainte messe *n*

szentség *fn [liturgiában]* sacrement *h*; *[tulajdonság]* sainteté *n*; **a ~it!** *biz* sacrebleu !

szentségtörés *fn* sacrilège *h*

Szentszék *fn* le Saint-Siège

szenved I. *tn i* souffrir; *vmiben/vmitől* souffrir *de qqch*; **~ a hidegtől** souffrir du froid **II.** *ts i vmit* subir *qqch*; *vkit* souffrir *qqn*; **vereséget ~** subir une défaite; **nem ~het vkit** ne pas pouvoir souffrir qqn

szenvedély *fn [érzelem, kedvtelés]* passion *n*; **~e a zene** la musique est sa passion; **~einek rabja** être le jouet de ses passions

szenvedélyes *mn [személy, vita]* passionné(e); *[érzelem, vágy így is]* ardent(e)

szenvedés *fn* souffrance *n*

szenvedő I. *mn vál* souffrant(e); *nyelv* passif (-ive) **II.** *fn* **a ~k** les souffrants *h (t sz)*

szenvtelen *mn* impassible

szenzáció *fn [hír]* nouvelle *n* sensationnelle; *biz* scoop *h*; **~t kelt** faire sensation

szenzációs *mn* sensationnel (-elle)

szenny *fn* salissure *n*, immondices *n (t sz)*

szennyes I. *mn* sale; *átv* **~ rágalom** odieuse calomnie *n* **II.** *fn [ruha]* linge *h* sale; **tedd a ~be** mets-le au sale; *átv* **kiteregeti a ~ét** laver son linge sale en public

szennyestartó *fn* panier *h* à linge sale

szennyez *ts i* polluer

szennyező *mn* polluant(e); **~ anyagok** polluants *h (t sz)*, produits *h (t sz)* polluants

szennyeződés *fn* pollution *n*; *[vízé így is]* contamination *n*; **légköri ~** pollution atmosphérique

szennyfolt *fn átv is* tache *n*

szennylap *fn biz* torchon *h*

szennyvíz *fn* eaux *n (t sz)* usées *v.* d'égout

szennyvízcsatorna *fn* égout *h*

szennyvíztisztítás *fn* épuration *n* des eaux usées

szeparatista *mn/fn* séparatiste *h n*

szép I. *mn* beau (bel) (belle); **~ álmokat** fais de beaux rêves; **egy ~ napon**

un beau jour; **~ idő van** il fait beau; **még ~!** encore heureux !; **~ összeg** une jolie *v.* coquette somme **II.** *hsz* **~ lassan** tout doucement; **~ tiszta** bien propre **III.** *fn [fogalom]* le beau; **sok ~et láttam** j'ai vu beaucoup de belles choses

szépen *hsz* bien, joliment; **~ beszél franciául** il parle bien français; **kérem ~** s'il vous plaît; **nagyon ~ köszönöm** merci bien *v.* beaucoup; **~ vagyunk!** nous voilà bien ! *v.* frais !

szépfiú *fn biz* beau gosse *h*

szépirodalmi *mn* **~ mű** littéraire; œuvre *n* littéraire

szépirodalom *fn* littérature *n*, belles-lettres *n (t sz)*

szépít *ts i átv is* embellir, enjoliver; **~i magát** se faire beau (belle)

szépítőszer *fn* produit *h* de beauté, cosmétiques *h (t sz)*

szeplő *fn* tache(s) *n (t sz)* de rousseur

szeplős *mn* **~ arc** visage *h* couvert de taches de rousseur

szeplőtelen *mn* immaculé(e), sans tache; *vall* **~ fogantatás** l'Immaculée Conception *n*

szépművészeti *mn* **~ Múzeum** Musée *h* des Beaux-Arts

szépség *fn* beauté *n*

szépségápolás *fn* soins *h (t sz)* de beauté

szépséghiba *fn* défaut *h* (physique); *átv* **a dolognak van egy ~ja** *fraz* il y a une ombre au tableau

szépségkirálynő *fn* reine *n* de beauté

szépségszalon *fn* salon *h v.* institut *h* de beauté

szépségverseny *fn* concours *h* de beauté

szeptember *fn* septembre *h*; → **január**

szépül *tn i* embellir

szer *fn [gyógyszer]* remède *h*; *[kábítószer]* drogue *n*; *[tornaszer]* agrès *h (t sz)*; *[vegyszer]* produit *h*; **~ét ejti vminek** trouver le moyen de *inf*; **~t tesz vmire** se procurer qqch

szerb I. *mn* serbe **II.** *fn [személy]* Serbe *h n*; *[nyelv]* serbe *h*

Szerbia *fn* Serbie *n*

szerda *fn* mercredi *h*; → **hétfő**

szerel I. *ts i [összeszerel]* monter; *[javít]* réparer; **polcokat ~ a falra** installer des rayonnages sur le mur **II.** *tn i sp* tacler

szerelem *fn* amour *h*; **~ első látásra** *fraz* coup *h* de foudre; **~ből** par amour; **szerelmet vall vkinek** faire une déclaration d'amour à qqn; **az Isten szerelmére!** pour l'amour de Dieu !; **szerelmem!** mon amour !

szerelés *fn [összeszerelés]* montage *h*, installation *n*; *[javítás]* réparation *n*; *[öltözék] biz* fringues *n (t sz)*

szerelmes I. *mn* amoureux (-euse); **vkibe** amoureux (-euse) *de qqn*; **~ lesz vkibe** tomber amoureux de qqn; **~ vagyok beléd** je suis amoureux de toi; **~ levél** lettre *n* d'amour **II.** *fn* amoureux (-euse)

szerelmespár *fn* couple *h* d'amoureux *v.* d'amants

szerelmi *mn* d'amour; **~ bánat** chagrin *h* d'amour, *fraz* peine *n* de cœur; **~ házasság** mariage *h* d'amour; **~ vallomás** déclaration *n* (d'amour)

szerelő *fn* mécanicien (-ienne); *[javító]* réparateur (-trice); *[felszerelő]* installateur (-trice)

szerelvény *fn [vonat, metró]* rame *n*

szerenád *fn* sérénade *n*; **~ot ad vkinek** donner une sérénade à qqn

szerencse *fn* chance *n*, fortune *n*; **~, hogy** c'est une chance que *subj*; **részemről a ~** tout le plaisir *v.* l'honneur est pour moi; **~je van** avoir de la chance en; **~t hoz** porter chance;

~t próbál tenter sa chance; **sok ~t!** bonne chance !

szerencsejáték *fn* jeu *h* de hasard

szerencsekerék *fn* roue *n* de la fortune

szerencsére *hsz* heureusement, par chance, par bonheur

szerencsés *mn [ember]* chanceux (-euse); *biz* veinard(e); **a ~ nyertesek** les heureux gagnants *h (t sz)*; **~ a szerelemben** avoir de la chance en amour; **~ véletlen folytán** par un heureux hasard

szerencsétlen I. *mn [ember]* malchanceux (-euse); *[ember, dolog]* malheureux (-euse); **~ flótás** pauvre bougre *h* **II.** *fn* malheureux (-euse)

szerencsétlenség *fn* malheur *h*; *[baleset]* accident *n*, catastrophe *n*; **~ére** pour son malheur, malheureusement pour lui; **~et hoz vkire** porter malheur à qqn

szerény *mn* modeste, humble; *[dolog]* modeste, modique; **~ nézetem szerint** à mon humble avis; **~ összeg** somme *n* modique

szerénykedik *tn i* se montrer modeste; *[nem őszintén]* faire le (la) modeste

szerénység *fn* modestie *n*

szerénytelen *mn* prétencieux (-euse), présomptueux (-euse)

szerep *fn átv* rôle *h*; **Hamlet ~ében** dans le rôle de Hamlet; **Hamlet ~ét játssza** tenir *v.* jouer le rôle de Hamlet; **fontos ~et játszik vmiben** jouer un rôle important dans qqch

szerepel *tn i [szính, film]* jouer; *[jelen van]* figurer; **~ egy filmben** jouer dans un film; **a tévében ~** passer à la télé; **~ egy listán** figurer sur une liste

szerepjáték *fn* jeu *h* de rôle(s)

szerepkör fn [feladatkör] fonctions n (t sz); [hatáskör] attributions n (t sz), sphère n d'attribution; [működési terület] sphère n d'activité; szính **komikus ~** les rôles h (t sz) de comiques

szereplés fn rôle h; [részvétel] participation n; **gyenge ~** [versenyen stb.] prestation n v. performance n médiocre

szereplő fn interprète h n; [irod. mű alakja] personnage h; [ügyé, eseményé] acteur (-trice), protagoniste h; **a gazdasági élet ~i** les acteurs économiques

szereposztás fn distribution n (des rôles)

szeret ts i/tn i [szeretettel] aimer (bien); [szerelemmel] aimer (d'amour); **~ olvasni** il aime (bien) lire; **jobban ~ vmit vminél** préférer qqch à qqch; **~ik egymást** ils s'aiment; **~lek** [barátsággal] je t'aime bien, [szerelemmel] je t'aime; **mit ~nél csinálni?** qu'est-ce que tu aimerais v. voudrais faire?

szeretet fn amour h, affection n; **anyai ~** amour maternel, affection maternelle; **~ből** par affection; **~tel** [levélben] affectueusement

szeretett mn cher (chère), bien-aimé(e)

szeretetszolgálat fn œuvre n v. association n de bienfaisance

szeretkezés fn amour h (physique)

szeretkez|ik tn i faire l'amour

szerető I. mn affectueux (-euse) **II.** fn [férfi] amant h; [nő] maîtresse n; **a ~k** les amants h (t sz)

szerez ts i [hozzájut] obtenir, se procurer, acquérir; [zenét] composer; **állást szerzett a fiának** il a obtenu un emploi pour son fils; **diplomát ~** obtenir un diplôme; **örömöt ~ vkinek**

faire plaisir à qqn; **pénzt ~** se procurer de l'argent; **tapasztalatot ~** acquérir de l'expérience; **tudomást ~ vmiről** apprendre qqch

széria fn série n

szériagyártás fn production n v. fabrication n en série

szerint nu selon, d'après; **vki ~** selon v. d'après qqn; **ezek ~** donc; **igazság ~** à vrai dire; **név ~** nommément; **személy ~** personnellement; **szó ~** mot pour mot, textuellement; **szokás ~** comme d'habitude; **véleményem ~** à mon avis

szerinte hsz d'après v. selon lui (elle); **~m** à mon avis

szerkeszt ts i [gépet, szerkezetet] construire, monter; [szöveget] rédiger; [mondatot] construire; **~ette** [könyvet] édition établie par

szerkesztés fn [szövegé, újságé] rédaction n, [könyvé] établissement h du texte n; mat, műsz construction n

szerkesztő fn [lapé, szótáré, rádió-, tévéműsoré] rédacteur (-trice); [könyvkiadóban] éditeur (-trice); **felelős ~** directeur (-trice) de l'édition

szerkesztőbizottság fn comité h éditorial v. de rédaction

szerkesztőség fn [személyek, hely] rédaction n

szerkesztőségi mn **~ cikk** éditorial h; biz édito h

szerkezet fn structure n; [gépé] mécanisme h; [írásműé] composition n, structure n; nyelv construction n

szerkezeti mn structural(e); **~ elem** élément h de construction; **~ hiba** défaut h de construction; **reformok** réformes n (t sz) de structure

szerkezetváltás fn restructuration n

szerszám fn outil h, instrument h

szerszámláda fn boîte n à outils

SZ

szertár *fn [iskolai]* réserve n

szertartás *fn vall is* cérémonie n, rite h; **beavatási** ~ rite d'initiation; **esküvői** ~ cérémonie du mariage

szertartásos *mn* cérémonieux (-euse)

szerte *hsz* de tous côtés, partout; ~a **világban** partout dans le monde

szerteágaz|**ik** *tn i* se ramifier

szerteágazó *mn* ~ **probléma** problème h complexe

szertefoszl|**ik** *tn i [köd, pára]* s'évaporer, se dissiper; *[remény]* s'évanouir, s'envoler

szertelen *mn* exubérant(e), excessif (-ive)

szerteszét *hsz* ça et là, dans tous les côtés

szertorna *fn* exercices h *(t sz)* aux agrès

szérum *fn* sérum h

szerv *fn* organe h; *átv* organe h, organisme h; **kormányzati ~ek** organes gouvernementaux

szerva *fn sp* service h

szervál *tn i sp* servir

szervátültetés *fn* greffe n v. transplantation n (d'organe)

szerver *fn inform* serveur h

szerves *mn* organique; ~ **anyag** substance n organique; *átv* ~ **része** **vminek** faire partie intégrante de qqch

szervetlen *mn* inorganique

szervez *ts i/tn i* organiser; **kitűnően** ~ c'est un excellent organisateur

szervezés *fn* organisation n

szervezet *fn [élő]* organisme h; *[alkat]* constitution; *[intézmény]* organisation n; **erős ~e van** être d'une forte constitution

szervezetlen *mn* inorganisé(e)

szervezett *mn* organisé(e); ~ **bűnözés** crime h organisé

szervezkedés *fn* organisation n

szervezked|**ik** *tn i* s'organiser

szervező *mn/fn* organisateur (-trice)

szervezőbizottság *fn* comité h d'organisation

szerveződ|**ik** *tn i* s'organiser

szervi *mn* organique

szervíroz *ts i* servir

szerviz¹ *fn [étkészlet]* service h

szerviz² *fn [javítóműhely]* atelier h de réparation, garage h

szervokormány *fn* servocommande n; *gj* direction n assistée

szervusz *msz* salut; ~**tok!** salut (tout le monde) !

szerzemény *fn [szerzett tulajdon]* acquisition n; *[zenemű]* composition n

szerzet *fn vall* ordre h (religieux v. monastique); **fura egy ~** *biz* c'est un drôle de type v. d'oiseau

szerzetes *fn* moine h

szerzetesrend *fn* ordre h (religieux v. monastique)

szerzett *mn* acquis(e); ~ **tulajdonság** caractère h acquis

szerző *fn* auteur h; *zene* compositeur (-trice)

szerződés *fn [magánjogi]* contrat h; *[főként államközi]* accord h; *[főként békeszerződés]* traité h; **adásvételi/ házassági** ~ contrat de vente/de mariage; ~**t felbont** résilier un contrat; ~**t köt** passer un accord, conclure un traité; **a maastrichti** ~ le traité de Maastricht

szerződéses *mn* contractuel (-elle); ~ **viszony** lien h contractuel; ~ **viszonyban van vkivel** être lié(e) par un contract à qqn

szerződéskötés *fn* signature h d'un contrat v. d'un traité

szerződésszegés *fn* rupture n de contrat

SZ

szerződik *tn i* vkivel signer un contrat avec qqn; *[munkára]* s'engager par un contrat

szerződő *mn* a ~ **felek** les parties *n (t sz)* contractantes

szerződtet *ts i* engager

szerzői *mn* ~ **jog** droit *h* d'auteur; ~ **jogdíj** droits *h (t sz)* d'auteur

szerzőtárs *fn* coauteur *h*

szesz *fn* alcool *h*

szeszély *fn* caprice *h*; **kielégíti vkinek a ~eit** satisfaire aux caprices de qqn

szeszélyes *mn [személy, időjárás]* capricieux (-euse)

szeszes *mn* alcoolique; ~ **ital** boisson *n* alcoolique v. alcoolisée

szeszfogyasztás *fn* consommation *n* d'alcool

szeszfőzde *fn* distillerie *n*

szesztartalom *fn* teneur *n* en alcool

szétágaz|ik *tn i* se ramifier; *[vélemények]* diverger

szétboml|ik *tn i [anyag]* se décomposer, se désagréger; *[csomó, haj]* se dénouer

szétbont *ts i [szerkezetet]* démonter; *[ruhát]* découdre; *[csomagot, csomót]* dénouer

szétdarabol *ts i* morceler, mettre en morceaux; *[állatot]* dépecer

szétdobál *ts i* éparpiller, disperser

szétes|ik *tn i [tárgy]* tomber en morceaux; *átv* se disloquer, tomber en déliquescence

szétfoly|ik *tn i [folyadék]* se répandre; ~**ik a kezében a pénz** l'argent lui fond dans les mains

szétfoszl|ik *tn i [szövet]* s'effilocher; *[köd, felhő]* se dissiper

széthasad *tn i* se fendre

széthasít *ts i* fendre

széthull *tn i [darabokra]* tomber en morceaux; *[szétszóródik]* se répandre, s'éparpiller

széthúz I. *tn i [függönyt]* écarter, tirer **II.** *tn i* ~**nak** ils sont divisés v. en désaccord

széthúzás *fn átv* dissension *n*, désaccord *h*, division *n*, désunion *n*

szétkapcsol *ts i [vagonokat]* décrocher; *[telefon összeköttetést]* couper; ~**tak** on nous a coupés

szétküld envoyer; ~**i a meghívókat** envoyer les invitations

szétmáll|ik *tn i* se désagréger, s'effriter

szétmarcangol *ts i* déchiqueter

szétmegy *tn i [emberek, pár]* se séparer; *[tárgyak]* se défaire; **majd ~ a fejem!** ma tête va éclater !

szétmorzsol *ts i* émietter; *[ellenséget]* pulvériser

szétnéz *tn i* regarder autour de soi; ~**ek a városban** je vais faire un tour en ville

szétnyíl|ik *tn i* s'ouvrir, s'écarter

szétnyitható *mn* ~ **asztal** table *n* pliante

szétnyom *ts i* écraser; *[belülről szétfeszít]* faire éclater

szétoszlat *ts i [ködöt]* dissiper; *[tömeget]* disperser

szétoszl|ik *tn i [köd]* se disssiper; *[tömeg]* se disperser

szétoszt *ts i* distribuer, répartir; *[egymás közt]* partager

szétpukkad *tn i* éclater

szétrág *ts i [állat]* ronger; *[ember orvosságot]* croquer

szétreped *tn i* se fendre

szétrobban *tn i* exploser, voler en éclats; **majd ~ok** *[dühtől]* je vais exploser

szétrombol *ts i* démolir

szétszakad *tn i* se déchirer

szétszakít *ts i* déchirer

szétszed *ts i* défaire; *[gépet]* démonter; *átv [keményen megbírál] fraz, biz* descendre en flammes

szétszedhető *mn* démontable

szétszéled *tn i* se disperser; s'égailler

szétszerel *ts i* démonter

szétszór *ts i* disperser; éparpiller, disséminer; *[ellenséget]* mettre en déroute

szétszóród|ik *tn i* se disperser; s'éparpiller

szétszórt *mn* dispersé(e), disséminé(e); *[ember]* distrait(e)

szett *fn [asztali]* set *h* (de table); *[ruha]* ensemble *h*; *sp* set *h*

széttár *ts i [ajtót, ablakot]* ouvrir (grand); ~**ja a karját** ouvrir les bras

széttép *ts i [tárgyat]* déchirer, mettre en morceaux; *[szétmarcangol]* déchiqueter

szétterít *ts i* étaler, étendre

széttör *ts i* casser, briser

szétvág *ts i* découper, couper en morceaux

szétválaszt *ts i* séparer; *[megkülönböztet]* distinguer; *[ellenfeleket]* séparer

szétvál|ik *tn i [pár, társaság]* se séparer; *[út]* bifurquer

szétver *ts i* mettre en pièces *v.* en morceaux, casser; *[ellenséget]* mettre en déroute; **~i vkinek a fejét** *biz* casser la gueule à qqn

szétzúz *ts i [tárgyat, testrészt]* broyer, écraser; *[ellenséget]* écraser, anéantir; *[állítást, érvelést]* démolir

szex *fn* sexe *h*

szexi(s) *mn* sexy

szexuális *mn* sexuel (-elle); ~ **felvilágosítás** éducation *n* sexuelle

szexualitás *fn* sexualité *n*

szezám *fn növ* sésame *h*

szezon *fn* saison *n*; **összetéveszti a ~t a fazonnal** *fraz* prendre des vessies pour des lanternes

szezonális *mn* saisonnier (-ière)

szezonmunka *fn* travail *h* saisonnier

szezonvégi *mn ~* **kiárusítás** soldes *h* *(t sz)* de fin de saison

szféra *fn* sphère *n*; **gazdasági** ~ sphère économique

szfinx *fn* sphinx *h*

szia *msz* salut!; ~**sztok!** salut (tout le monde) !; ~**sztok lányok!** salut les filles !

sziámi *mn* siamois(e)

Szibéria *fn* Sibérie *n*

szid *ts i vkit* réprimander; gronder; ~**ja a kormányt** pester *v.* vitupérer contre le gouvernement

szidás *fn* réprimande *n*

szieszta *fn* sieste *n*

sziesztáz|ik *tn i* faire la sieste

szifon *fn* siphon *h*

sziget *fn* île *n*; **lakatlan** ~ île déserte; **a béke ~e** un havre de la paix

szigetcsoport *fn* archipel *h*

szigetel *ts i* isoler; *[ajtót, ablakot]* calfeutrer

szigetelés *fn* isolation *n*; *[ajtóé, ablaké]* calfeutrage *h*

szigetelő *fn [anyag]* isolant *h*

szigetelőszalag *fn* ruban *h* isolant, chatterton *h*

szigetország *fn* pays *h* insulaire

szignál[1] *ts i [aláír]* signer; *[kézjeggyel ellát]* parapher

szignál[2] *fn [műsorszám zenéje]* indicatif *h*

szigony *fn* harpon *h*

szigor *fn* sévérité *n*, rigueur *n*

szigorít *ts i/tn i* rendre plus sévère; *[büntetést]* aggraver

szigorlat *fn* ‹examen universitaire portant sur l'ensemble du programme d'un cours›

szigorú *mn* sévère, strict(e); *vkivel* être sévère *avec qqn*

szíj *fn* sangle *n*; *[keskeny]* courroie *n*; *[öv]* ceinture *n*

szikár *mn [test]* sec (sèche)

szikkad *tn i* sécher, se dessécher

szikla *fn* rocher *h*

sziklafal *fn* paroi *n* rocheuse; *[tengerparti]* falaise *n*

sziklamászás *fn* varappe *n*, escalade *n*

sziklás *mn* rocheux (-euse)

szikra *fn* étincelle *n*; **az értelem egy ~ja** une lueur d'intelligence

szikráz|ik *tn i* jeter des étincelles; **~ik a szeme a haragtól** ses yeux étincellent de colère

szilaj *mn [személy, ló]* fougeux (-euse); **~ jókedv** bonne humeur *n* débordante

szilánk *fn* éclat *h*

szilárd *mn [anyag]* solide; *[biztos]* ferme; **~** *[anyag]* **állapot** état *h* solide; **~ meggyőződésem, hogy** j'ai la ferme conviction que

szilfa *fn* orme *h*

sziluett *fn* silhouette *n*

szilva *fn* prune *n*; **aszalt ~** pruneau *h*

szilvafa *fn* prunier *h*

szilvapálinka *fn* eau-de-vie *n* de prune

szilveszter *fn* la Saint-Sylvestre, réveillon *h* (du jour de l'An)

szilveszterez|ik *tn i* réveillonner

szimat *fn* flair *h*; *átv is* **jó ~a van** avoir du flair

szimatol *ts i átv is* flairer

szimbolikus *mn* symbolique

szimbolizál *ts i* symboliser

szimbólum *fn* symbole *h*

szimfónia *fn* symphonie *n*

szimfonikus *mn* symphonique; **~ zenekar** orchestre *h* symphonique

szimmetria *fn* symétrie *n*

szimmetrikus *mn* symétrique

szimpátia *fn* sympathie *n*

szimpatikus *mn* sympathique; *biz* sympa

szimpatizál *tn i* **vkivel** sympathiser avec qqn

szimpatizáns *fn* sympathisant(e)

szimpla *mn* simple

szimpózium *fn* symposium *h*

szimulál *ts i/tn i* simuler

szimuláns *fn* simulateur (-trice)

szimultán I. *mn* simultané(e) **II.** *hsz* simultanément **III.** *fn [sakkjátszma]* simultanée *n*

szín¹ *fn* couleur *n*; *[felszín]* surface *n*; *[szövet külső oldala]* endroit *h*; **kedvező ~ben tüntet fel vkit/vmit** présenter qqn/qqch sous un jour *v.* un aspect favorable; **jó/rossz ~ben van** avoir bonne/mauvaise mine; **semmi ~ alatt** à aucun prix; **~t vall** *fraz* annoncer la couleur

szín² *fn* *szính* scène *n*; **~re lép** entrer en scène; **~re visz egy darabot** monter une pièce

szín³ *fn [fészer]* hangar *h*

színarany *fn* or *h* pur

színárnyalat *fn* nuance *n*, teinte *n*

színdarab *fn* pièce *n* de théâtre

színe-java *fn* **vminek a ~** la fine fleur de qqch

színes *mn* de couleur, en couleur; *átv is* coloré(e); **~ bőrű ember** homme *h* de couleur; **~ ceruza** crayon *h* de couleur; **~ film** film *h* en couleur, *[fénykép]* pellicule *n* couleur; **~ televízió** télévision *n* en couleur; **~ leírás** description *n* colorée *v.* haute en couleur

színész *fn* acteur (-trice), comédien (-ienne)

színészbejáró *fn* entrée *n* des artistes

színészi *mn* **~ játék** jeu *h* des acteurs; **~ pályafutás** carrière *n* théâtrale *v.* cinématographique

színészked|ik *tn i* faire du théâtre; *[képmutatóan viselkedik]* jouer la comédie

színész nő *fn* actrice *n*, comédienne *n*

színez *ts i* colorer, colorier; *[hajat, szövetet]* teindre; *[túloz]* embellir

színezet *fn* a dolognak olyan ~e van, mintha la chose se présente comme si; **politikai** ~e van avoir un aspect politique

színeződ|ik *tn i* se teindre, *[halványan]* se teinter

színezüst *fn* argent *h* pur

színfal *fn [hátsó]* toile *n* de fond; *átv is* a ~ak mögött dans les coulisses

színfolt *fn* tache *n* de couleur; *átv* **vidám** ~ une note gaie

színház *fn* théâtre *h*; ~ba megy aller au théâtre

színházi *mn* théâtral(e), de théâtre; ~ **előadás** représentation *n* théâtrale; ~ **évad** saison *n* théâtrale

színházjegy *fn* billet *h* de théâtre

színhely *fn [eseményé]* lieu(x) *h (t sz)*; *szính* scène *n*; ~: **a nappali** la scène se passe dans la salle de séjour; **a bűntett ~én** sur les lieux du crime

színi *mn* théâtral(e)

színikritika *fn* critique *n* dramatique

színikritikus *fn* critique *h n* de théâtre *v.* dramatique

színinövendék *fn* élève *h n* du Conservatoire

színjáték *fn szính* pièce *n* de théâtre; *átv* comédie *n*

színjátszó[1] *mn* ~ **kör** troupe *n* de théâtre amateur

színjátszó[2] *mn [anyag]* chatoyant(e)

színkép *fn fiz* spectre *h*

színkron *fn film* doublage *h*

szinkrón *mn* synchrone, simultané(e); *nyelv* synchronique

szinkronizál *ts i film* doubler; *műsz* synchroniser

szinkrontolmács *fn* traducteur (-trice) *v.* interprète *h n* simultané(e)

szinkrontolmácsolás *fn* traduction *n v.* interprétation *n* simultanée

színlap *fn [plakát]* affiche *n* de théâtre; *[szórólap]* programme *h* de théâtre

színlel *ts i* feindre, simuler

színlelés *fn* simulation *n*

színmű *fn* pièce *n* de théâtre, œuvre *n* dramatique

színműíró *fn* auteur *h* dramatique, dramaturge *h n*

színművész *fn* artiste *h n* dramatique

színművészet *fn* art *h* dramatique

színművészeti *mn* ~ **főiskola** *[Fr.ban]* Conservatoire *h* supérieur d'art dramatique

szinonim *mn* synonyme

szinonima *fn* synonyme *h*

szinopszis *fn* synopsis *h*

színpad *fn* scène *n*, plateau *h*, planches *n (t sz)*; **a ~on** sur (la) scène; ~ra **alkalmaz** adapter pour la scène; ~ra **visz** porter à la scène

színpadi *mn* de théâtre, théâtral(e), scénique

színpadias *mn* théâtral(e)

színskála *fn* échelle *n* des couleurs; *fiz* spectre *h*

szint *fn átv is* niveau *h*; **egy ~en van vkivel/vmivel** être au même niveau que qqn/qqch

színtársulat *fn* troupe *n v.* compagnie *n* théâtrale

szintaxis *fn* syntaxe *n*

szinte *hsz* presque, pratiquement; *biz* quasiment

színtelen *mn átv is* incolore; ~ **arc** teint *h* blafard; ~ **hang** voix *n* blanche; ~ **stílus** style *h* incolore *v.* terne

szintén *ksz* aussi, également, de même

színtér *fn* théâtre *h*, scène *n*; **a politika színtere** la scène politique

szintetikus *mn* synthétique

szintetizátor *fn* synthétiseur

szintézis *fn* synthèse *n*

szintfelmérés *fn* test *h* d'aptitude

színtiszta *mn* pur(e); **ez a ~ igazság** c'est la pure vérité

színű *mn* **piros ~** de couleur rouge

színültig *hsz* à ras bord(s)

színvak *mn/fn* daltonien (-ienne)

színvonal *fn* niveau *h*

színvonalas *mn* de qualité, de haut niveau

színvonalú *mn* **közepes ~** du niveau moyen; **magas ~** de haut niveau

szipka *fn* fume-cigarette *h*

szipog *tn i* [náthásan] renifler; [sírósan] pleurnicher

sziporkáz|ik *tn i* jeter des étincelles; [szikrázva ragyog] scintiller; *átv* [személy] pétiller d'esprit

szipózik *ts i* sniffer de la colle

szippant I. *ts i* ~ egyet a cigarettából tirer une bouffée *v. biz* une taffe de sa cigarette; ~ **egyet a friss levegőből** inspirer une bouffée d'air frais **II.** *ts i* [dohányt] priser; [drogot] sniffer

szippantás *fn* [levegőből, cigarettából, pipából] bouffée *n*; [dohányból, drogból] prise *n*; **adj egy ~t** [cigarettából] *biz* file-moi une taffe

szirén *fn* sirène *n*

sziréna *fn* sirène *n*

szirénáz|ik *tn i* mettre la sirène

szirom *fn* pétale *h*

szirt *fn* rocher *h*, roc *h*; [tengerben] écueil(s) *h (t sz)*, récif *h*

szirup *fn* sirop *h*

sziszeg *tn i/ts i* siffler

szisztéma *fn* système *h*

szít *ts i* [tüzet, gyűlöletet, viszályt] attiser; [lázadást] *vál* fomenter

szita *fn* tamis *h*, crible *h*

szitakötő *fn* libellule *n*

szitál I. *ts i* tamiser **II.** *tn i* ~ **az eső** il pleuvote, il crachine

szitkozód|ik *tn i* jurer, proférer des injures

szitok *fn* injure *n*

szituáció *fn* situation *n*

szív¹ *ts i* [levegőt] aspirer, respirer; [folyadékot] sucer; [dohányt] fumer; **magába ~** [anyag folyadékot] absorber

szív² *fn* cœur *h*; **dobog a ~e** son cœur bat; **jó ~e van** avoir bon cœur *v.* du cœur; **összeszorul a ~e** son cœur se serre; **~e mélyén** dans son for intérieur; **Párizs ~ében** au cœur de Paris; **~em!** mon cœur !; **~én visel vmit** qqch lui tient à cœur; **~ből kíván vmit vkinek** souhaite du fond du cœur qqch à qqn

szivacs *fn* éponge *n*

szivar *fn* cigare *h*

szivárog *tn i* [fény] filtrer; [folyadék] suinter; [tartály, gáz] fuir

szivaroz|ik *tn i* fumer le cigare

szivárvány *fn* arc-en-ciel *h*

szívátültetés *fn* transplantation *n* cardiaque

szivattyú *fn* pompe *n*

szivattyúz *ts i* pomper

szívbaj *fn* maladie *n* cardiaque *v.* du cœur

szívbajos *mn* cardiaque; *átv* **nem ~** [merész] *fraz* il n'a pas froid aux yeux

szívbeteg *mn/fn* cardiaque *h n*

szívbillentyű *fn* valvule *n* cardiaque

szívderítő *mn* réjouissant(e)

szívdobbanás *fn* battement *h* de cœur

szívdobogás *fn* battements *h (t sz)* de cœur; **erős ~** palpitation(s) *n (t sz)*

szível *ts i* **nem ~ vkit** ne pas supporter qqn

szívélyes *mn* cordial(e), chaleureux (-euse); **~ üdvözlettel** [levél végén] cordialement

szívélyesség fn cordialité n

szíves mn légy ~ s'il te plaît; legyen ~ s'il vous plaît; legyen ~ várni egy kicsit veuillez patienter un peu; ~ örömest avec (grand) plaisir; legyen olyan ~ és ayez la gentillesse v. l'amabilité de inf

szívesen hsz [készséggel] volontiers; [örömmel] avec plaisir; [,,köszönöm"-re válasz] je vous en prie, de rien, (il n'y a) pas de quoi; nem ~ à contrecœur, de mauvaise grâce; ~ mennék moziba j'aimerais bien aller au v. j'irais bien au cinéma

szívesked|ik tn i ~jék befáradni veuillez entrer

szívesség fn [szívélyesség] amabilité n; [cselekedet] service h; ~et kér vkitől demander un service à qqn; ~et tesz vkinek rendre (un) service à qqn

szívfacsaró mn poignant(e), déchirant(e)

szívfájdalom fn [testi] douleur n cardiaque; [lelki] chagrin h, peine n

szívhang fn bruit h du cœur

szívinfarktus fn infarctus h (du myocarde); ~t kap avoir un infarctus

szívós mn [hús] coriace; [személy] tenace; [testileg] endurant(e), résistant(e)

szívószál fn paille n

szívroham fn crise n cardiaque; ~t kap avoir une crise cardiaque

szívszorító mn poignant(e), déchirant(e)

szívtelen mn insensible; sans cœur

szívügy fn [szerelmi] affaire n de cœur; ez nekem ~em cette affaire me tient à cœur

szívverés fn battements h (t sz) de cœur, pulsations n (t sz) cardiaques

szja fn → jövedelemadó

szkafander fn scaphandre h

szkennel ts i scanner

szkenner fn scanne(u)r h

szkeptikus mn sceptique

szkizofrén mn/fn schizophrène h n

szkizofrénia fn schizophrénie n

szlalom fn slalom h

szláv I. mn slave II. fn [személy] Slave h n

szleng fn argot h; szakmai ~ jargon h

szlogen fn slogan h

szlovák I. mn slovaque II. fn [személy] Slovaque h n; [nyelv] slovaque h

Szlovákia fn Slovaquie n

szlovén I. mn slovène II. fn [személy] Slovène h n; [nyelv] slovène h

Szlovénia fn Slovénie n

szmog fn smog h

szmoking fn smoking h

sznob mn/fn snob h n

szó fn mot h; [beszéd] parole n; ~, ami ~ à vrai dire; ~ sincs róla! [egyáltalán nem] mais pas du tout !; ~ szerint littéralement; miről van ~? de quoi s'agit-il ?; ~ba elegyedik vkivel engager la conversation avec qqn; ~ba évoquer; ~ba kerül être évoqué(e); ez ~ba sem jöhet! c'est hors de question !; ~ra sem érdemes ce n'est même pas la peine d'en parler; ~ról ~ra mot à mot; ~t fogad obéir; ~t kér demander la parole; más ~val en d'autres termes; szavamat adom! j'en donne ma parole !; állja a szavát tenir parole; szaván fog vkit prendre qqn au mot

szóáradat fn flot h de paroles

szoba fn chambre n, pièce n, [hivatalban] bureau h; egyágyas ~ chambre à un lit; kiadó ~ chambre à louer; szállodai ~ chambre d'hôtel

szobaantenna fn antenne n intérieure

szobafestő fn peintre h n en bâtiment

szobafoglalás fn réservation n de chambre

szobafogság *fn kat, okt* consigne *n*
szobahőmérséklet *fn* température *n* ambiante
szobakerékpár *fn* vélo *h* d'appartement
szobalány *fn* femme *n* de chambre
szobanövény *fn* plante *n* d'appartement
szobatárs *fn* camarade *h n* de chambrée
szobatiszta *mn* propre
szóbeli I. *mn* oral(e), verbal(e); ~ **megállapodás** convention *n* verbale; ~ **vizsga** épreuve *n* orale **II.** *fn [vizsga]* oral *h*
szóbeszéd *fn* rumeur(s) *n (t sz)*, racontar(s) *h (t sz)*
szobor *fn* statue *n; [kicsi]* statuette *n;* **szobrot emel vkinek** ériger une statue à qqn
szobrász *fn* sculpteur *h*
szobrászat *fn* sculpture *n*, art *h* plastique
szobroz *fn biz* poireauter
szociáldemokrácia *fn* social-démocratie *n*
szociáldemokrata *mn/fn* social-démocrate *h n*
szociális *mn* social(e); ~ **intézmények** services *h (t sz)* sociaux; ~ **gondozó** assistant(e) social(e)
szocialista *mn/fn* socialiste *h n*
szocializmus *fn* socialisme *h*
szociálpolitika *fn* politique *n* sociale
szócikk *fn* entrée *n*, article *h*
szociológia *fn* sociologie *n*
szociológus *fn* sociologue *h n*
szócsata *fn* altercation *n*
szócső *fn [tölcsér]* porte-voix *h; átv* porte-parole *h*
szóda *fn [víz]* eau *n* gazeuse, soda *h; vegy* soude *n;* **whisky ~val** un whisky soda

szódavíz *fn* eau *n* gazeuse
szófaj *fn* catégorie *n* grammaticale
Szófia *fn* Sofia *n*
szófogadatlan *mn* désobéissant(e), *vál* indocile
szófogadó *mn* obéissant(e), docile
szoftver *fn* logiciel *h*
szófukar *mn* laconique
szóhasználat *fn* usage *h;* **köznapi ~** usage courant
szója *fn* soja *h*
szójáték *fn* calembour *h*, jeu *h* de mots
szokás *fn [egyéni]* habitude *n; [közösségi]* coutume *n*, usage *h;* ~ **dolga** c'est une question d'habitude; **ezt nem ~ cela ne se fait pas; ősi ~** coutume ancestrale; ~ **szerint** comme d'habitude, selon l'usage *v.* la coutume; **az a ~a, hogy** avoir l'habitude de *inf;* **jó/ rossz ~t vesz fel** prendre une bonne/ mauvaise habitude
szokásjog *fn* droit *h* coutumier
szokásos *mn* habituel (-elle), coutumier (-ière), usuel (-elle); **a ~ módon** comme d'habitude
szokatlan *mn* inhabituel (-elle), insolite
szok|ik I. *tn i* **vmihez** s'habituer *v.* s'accoutumer à qqch; **hozzá vagyok ~va** j'y suis habitué **II.** *ts i* ~**ott** *[vmit csinálni]* avoir l'habitude de *inf;* **hétkor ~tam felkelni** je me lève d'habitude à sept heures; **hétkor ~ott hazajönni** il rentre habituellement à sept heures
szókimondó *mn [igével]* avoir son franc-parler
szókincs *fn* vocabulaire *h*
szoknya *fn* jupe *n;* **rakott ~** jupe plissée
szoknyavadász *fn* coureur *h* de jupons
szokott I. *mn [szokásos]* habituel (-elle), accoutumé(e); **a ~ időben** à

SZ

l'heure habituelle v. accoutumée; **a ~ módon** comme d'habitude, de la manière habituelle **II.** *fn* **a ~nál kisebb** plus petit(e) que d'habitude v. d'ordinaire

szóköz *fn* espace *n*, blanc *h*

szoktat *ts i vmihez* habituer v. accoutumer *à qqch* v. *à inf*

szól I. *tn i [beszél]* parler, *[mond]* dire; *vkihez* parler v. s'adresser *à qqn*; *[figyelmeztet]* avertir, prévenir; *[hangot ad ki]* sonner; *[mű] vmiről* parler de *qqch*; **az idézet így ~** la citation est comme suit; **ez a levél önnek ~** cette lettre est pour vous; **a meghívó két személyre ~** l'invitation est valable pour deux personnes; **senkinek sem ~tam róla** je n'en ai parlé à personne; **a telefon** le téléphone sonne; **~ vkinek az érdekében** intervenir en faveur de qqn; **őszintén ~va** pour être franc **II.** *ts i vmit* dire; **mit ~ hozzá?** qu'en dites-vous?; **mit ~nál egy kávéhoz?** que dirais-tu d'un café?; **egy árva szót sem ~t** il n'a pas dit un traître mot

szólam *fn zene [énekhang]* voix *n*, *[hangszer]* partie *n*; *átv [frázis]* cliché *h*; **egy ~ban** à l'unisson; *átv* **üres ~ok** paroles *n (t sz)* creuses

szolárium *fn* solarium *h*

szólás *fn [nyilvánosság előtt]* parole *n*; *nyelv* locution *n*; **~ra jelentkezik** demander la parole

szólásszabadság *fn* liberté *n* d'expression

szolfézs *fn* solfège *h*

szolga *fn* domestique *h n*, *rég* serviteur; *átv*, *pej* serviteur *h*

szolgál *ts i/tn i vkit/vmit* servir *qqn/qqch*; *[személy] vkinél* servir chez qqn; *[dolog] vmiként* servir de *qqch*; *[dolog] vmire* servir à *qqch* v. *à inf*;

kat servir; **a tengerészetnél ~** servir dans la marine; **felvilágosítással ~** fournir des renseignements; **hogy ~ az egészsége?** comment va la santé?; **mivel ~hatok?** *[boltban]* vous désirez?

szolgálat *fn* service *h*; **katonai ~** service militaire; **nagy ~ot tesz vkinek** rendre un grand service à qqn; **~ára!** à votre service!; **miben lehetek ~ára?** que puis-je faire pour vous?; **~ban van** être de service

szolgálati *mn* de service; **~ idő** ancienneté *n*, *[katonáé]* temps *h* de service; **~ autó** voiture *n* de fonction; **~ lakás** logement *h* de fonction

szolgálatkész *mn* serviable

szolgalelkű *mn* servile

szolgáltat *ts i [áramot, adatokat]* fournir; **igazságot ~ vkinek** faire v. rendre justice à qqn; **okot ~ vmire** donner matière à qqch; **ürügyet ~ vmire** fournir un prétexte à qqch

szolgáltatás *fn* service *h*; prestation *n (t sz)*

szolgáltató *fn [személy, vállalat]* prestataire *h* de services

szolgaság *fn* servitude *n*

szolid *mn [ár]* raisonnable; *[nem feltűnő, egyszerű]* discret (-ète), sobre, *[rendezett életű]* rangé(e), sérieux (-euse); *[szilárd]* solide

szolidáris *mn* solidaire

szolidaritás *fn* solidarité *n*; **~ból** par solidarité; **~t vállal vkivel** se solidariser avec qqn

szólista *fn* soliste *h n*

szólít *ts i [hív, nevez]* appeler; **nevén ~ vkit** appeler qqn par son nom; **ügyei Párizsba ~ják** ses affaires l'appellent à Paris; **~son Jánosnak** appelez-moi János; **magához ~otta az Úr** Dieu l'a rappelé à lui

szolmizál *tn i/ts i* solfier

szóló¹ I. *mn* vkinek adressé(e) *à qqn*; vmiről portant *sur qqch*; **egy személy-re ~** valable pour une personne; **névre ~** nominatif (-ive) **II.** *fn* **az előttem ~** l'intervenant(e) qui m'a précédé

szóló² *fn* zene solo *h*

szólóénekes *fn* soliste *h n*

szombat *fn* samedi *h*; → **hétfő**

szomjan *hsz* ~ **hal** mourir de soif

szomjas *mn* assoiffé(e); [igével] avoir soif; *átv* vmire être assoiffé(e) *v.* avoir soif *de qqch*; ~ **vagyok** j'ai soif

szomjaz|ik *tn i* avoir soif, être assoiffé(e); *átv* vmire être assoiffé(e) *v.* avoir soif *de qqch*

szomjúság *fn* soif *n*

szomorkás *mn* mélancolique; *biz* tristounet (-ette)

szomorkod|ik *tn i* être triste, avoir le cœur gros; vmi miatt être triste *v.* chagriné(e) à cause de qqch

szomorú *mn* triste; ~ **arc/idő** visage *h/* temps *h* triste; ~ **hír/sors** triste nouvelle *n/*sort *h*; ~, **hogy** il est triste que *subj*

szomorúfűz *fn* saule *h* pleureur

szomorúság *fn* tristesse *n*

szomszéd I. *mn* voisin(e) **II.** *fn* [személy] voisin(e); **~ok vagyunk** nous sommes voisins; **a ~ban lakom** j'habite à deux pas d'ici *v.* (tout) à côté *v.* dans le voisinage

szomszédos *mn* voisin(e); vmivel voisin(e) *de qqch*; **a ~ utcák** les rues *n* (t sz) avoisinantes

szomszédság *fn* voisinage *h*

szonáta *fn* sonate *n*

szonda *fn* műsz, orv sonde *n*; [alkoholszonda] alcootest *h*

szondáz *ts i* műsz, orv sonder

szondáztat *ts i* vkit soumettre *qqn* à l'alcootest

szonett *fn* sonnet *h*

szónok *fn* orateur (-trice)

szónoki *mn* oratoire, rhétorique; ~ **fogás** procédé *h* oratoire *v.* rhétorique; ~ **kérdés** question *n* rhétorique; ~ **tehetség** talent *h* oratoire

szónoklat *fn* discours *h*

szónokol *tn i* prononcer un discours; *pej* pérorer

szop|ik *ts i/tn i* sucer; [kisbaba] téter; **~ja az ujját** sucer son pouce

szopogat *ts i* suçoter; [italt] *biz* siroter

szoprán *fn* [hang] soprano *h*; [énekes] soprano *v.* soprane *h n*

szoptat *ts i/tn i* allaiter; **~ja gyerme-két** allaiter, donner le sein à son enfant

szoptatás *fn* tétée *n*, allaitement *h*

szór *ts i* répandre; [szanaszét] éparpiller; **cukrot ~ vmire** saupoudrer qqch de sucre; **homokot ~ a sétányra** répandre du sable sur l'allée; **szikrát ~** jeter des étincelles; **~ja a pénzt** *fraz* jeter l'argent par les fenêtres

szórakozás *fn* distraction *n*, divertissement *h*, [időtöltés] passe-temps *h*; **~ból** pour s'amuser; **jó ~t!** amusez-vous bien !

szórakoz|ik *tn i* s'amuser, se distraire, se divertir; **azzal ~ik, hogy** s'amuser à *inf*; **ne ~zz velem!** *biz* ne te fous pas de moi !

szórakozóhely *fn* boîte *n* (de nuit)

szórakozott *mn* distrait(e)

szórakoztat *ts i* distraire, amuser, divertir

szórakoztató *mn* distrayant(e), divertissant(e); [mulatságos] amusant(e); ~ **olvasmány** lecture *n* récréative

szórend *fn* ordre *h* des mots

szorgalmas *mn* assidu(e), [tanulásban] studieux (-euse)

szorgalom *fn* application *n*

SZ

szorgoskod|ik *tn i* s'activer, s'affairer; *vki körül* s'affairer v. s'empresser autour *de qqn*

szorít I. *ts i* serrer, presser; **magához ~ vkit** étreindre qqn; **kezet ~ vkivel** serrer la main à qqn; **ökölbe ~ja a kezét** serrer le poing; *átv* **sarokba ~ vkit** *fraz* pousser qqn dans ses derniers retranchements **II.** *tn* [ruha, cipő] serrer; [drukkol] *vkinek fraz* croiser les doigts *pour qqn*; **~ az idő** le temps presse

szorítkoz|ik *tn i vmire* se borner v. se limiter à qqch; **a lényegre ~ik** se borner à l'essentiel

szorító *fn sp* ring *h*; **~ba lép** monter sur le ring

szóródás *fn* [statisztikai] dispersion *n*

szóród|ik *tn i* se répandre, s'éparpiller

szórólap *fn* prospectus *h*; [összehajtott] dépliant *h*

szorong *tn i* [szűk helyen] être à l'étroit; [fél] s'angoisser, être angoissé(e) v. anxieux (-euse); **~va vár** attendre avec angoisse

szorongás *fn* [félelem] angoisse *n*, anxiété *n*

szorongat *ts i* [tárgyat] serrer; **sírás ~ja a torkát** les sanglots lui nouent la gorge; **~ják a hitelezői** être harcelé(e) par ses créanciers

szoros I. *mn átv* is serré(e), étroit(e); **~ barátság** amitié *n* étroite; **~ kapcsolatban áll vkivel** être étroitement lié(e) à qqn; **a szó ~ értelmében** au sens strict du terme; **~ küzdelem** lutte *n* serrée **II.** *fn* [hegyekben] défilé *h*, gorge *n*; [tengeri] détroit *h*

szoroz *ts i* multiplier; **tíz ~va öttel** dix multiplié par cinq

szortíroz *ts i* [szétválogat] trier

szorul *tn i* [szorosabbra záródik] se (res)serrer; *vmibe/vmi közé* être coin-

cé(e) *dans/entre qqch*; *átv vmire* avoir besoin *de qqch*, nécessiter *qqch*; **~ a hurok** *átv* l'étau se resserre; **javításra ~** nécessiter des réparations; **háttérbe ~** être relégué(e) à l'arrière-plan; **ez magyarázatra ~** ceci demande une explication; **ökölbe ~ a keze** ses poings se serrent

szorulás *fn* [székrekedés] constipation *n*

szorult *mn* **~ helyzetben van** être dans l'embarras; **kivágja magát egy ~ helyzetből** se tirer d'un mauvais pas

szórványos *mn* sporadique, épars(e); **~ záporok** ondées *n (t sz)* éparses

szorzás *fn* multiplication *n*

szorzat *fn* produit *h*

szorzó *fn* multiplicateur *h*

szorzójel *fn* signe *h* multiplicatif

szósz *fn* sauce *n*

szószátyár *mn/fn* bavard(e)

szószedet *fn* glossaire *h*, vocabulaire *h*

szószegés *fn* parjure *h*; **~t követ el** manquer à sa parole

szószék *fn* [templomi] chaire *n*

szószóló *fn* porte-parole *h n*

szótag *fn* syllabe *n*

szótagol *ts i/tn i* **~va olvas** lire en détachant les syllabes

szótár *fn* dictionnaire *h*; *biz* dico *h*; **kétnyelvű ~** dictionnaire bilingue

szótáríró *fn* lexicographe *h n*

szótlan *mn* taciturne, silencieux (-euse)

szótő *fn* radical *h*

szótöbbség *fn* majorité *n* (des voix); **~gel megválaszt** élire à la majorité des voix

szóval *hsz* [röviden] bref, en un mot; [vagyis] donc, alors

szóváltás *fn* altercation *n*, dispute *n*; **~ba keveredik vkivel** avoir une altercation avec qqn

szóvicc *fn* calembour *h*

szóvivő *fn* porte-parole *h n*

szovjet *tört* **I.** *mn* soviétique **II.** *fn* [személy] Soviétique *h n*

Szovjetunió *fn* tört Union *n* Soviétique

szózat *fn* appel *h*, manifeste *h*, proclamation *n*

sző *ts i* [vásznat, pók a hálót] tisser; *átv* összeesküvést ~ tramer *v.* ourdir un complot

szöcske *fn* sauterelle *n*

szög¹ *fn* → szeg

szög² *fn mat* angle *h*; **90 fokos ~** angle de 90 degrés, angle droit

szöges *mn* ~ **ellentétben áll vmivel** être diamétralement opposé(e) à qqch

szögesdrót *fn* (fil *h* de fer) barbelé *h*

szögez *ts i* → szegez

szöglet *fn* angle *h*, coin *h*; *sp* [hiba, rúgás] corner *h*; **~et rúg** tirer un corner

szögletes *mn átv is* anguleux (-euse); **~ arc** visage *h* anguleux; **~ zárójel** crochets *h (t sz)*

szögmérő *fn* rapporteur *h*

szökdécsel *tn i* sautiller, gambader

szőke *mn/fn* blond(e); **~ hajú** blond(e), aux cheveux blonds

szökés *fn* [menekülés] fuite *n*; [fogságból] évasion *n*; [hadseregből] désertion *n*; **~ben van** être en fuite *v. biz* en cavale

szökevény *fn* fugitif (-ive), [fogságból] évadé(e); [katona] déserteur *h*

szök|ik *tn i* s'enfuir; *vki elől* fuir *qqn*; **külföldre ~ik** s'enfuir à l'étranger; **~ni próbál** [fogságból] tenter de s'évader; **arcába ~ik a vér** *fraz* le sang lui monte au visage

szőkít *ts i* **~i a haját** teindre ses cheveux en blond; **a nap ~i a hajat** le soleil blondit les cheveux

szökőár *fn* raz *h* de marée *v.* raz-demarée *h*

szökőév *fn* année *n* bissextile

szökőkút *fn* fontaine *n*

szöktet *ts i* [foglyot] faire évader; [lányt] enlever

szöktetés *ts i* [lányé] enlèvement *h*

szőlészet *fn* viticulture *n*

szőlő *fn* [gyümölcs] raisin *h*; [növény] vigne *n*; [ültetvény] vigne *n*, vignoble *h*; **egy szem ~** un grain de raisin; **egy fürt ~** une grappe de raisin

szőlőcukor *fn* glucose *n*

szőlőfürt *fn* grappe *n* de raisin

szőlőhegy *fn* côte *n*, coteau *h* planté de vignes

szőlőlé *fn* jus *h* de raisin

szőlőlevél *fn* feuille *n* de vigne

szőlőművelés *fn* viticulture *n*

szőlősgazda *fn* vigneron (-onne), viticulteur (-trice)

szőlőskert *fn* vigne *n*, vignoble *h*

szőlőszem *fn* grain *h* de raisin

szőlőtermelő *fn* viticulteur (-trice), vigneron (-onne)

szőlőtőke *fn* cep *h*, pied *h* de vigne

szőnyeg *fn* tapis *h*; [kisebb] carpette *n*; [ágy előtt] descente *n* de lit; *sp* tapis; *átv* **~re kerül** [téma] être mis(e) sur le tapis; *sp* **~re küld** envoyer au tapis

szőnyegpadló *fn* moquette *n*

szőr *fn* poil *h*; [állaté] pelage *h*; [lóé, macskáé] robe *n*; [disznóé] soie *n*

szörf *fn* [deszka] planche *n*, surf *h*; [vitorlával] planche *n* à voile; [sportág] surf *h*

szörföl *tn i sp, inform* surfer; **~ az Interneten** surfer sur Internet *v.* le Web

szörfözik *tn i* faire du surf, surfer; [vitorlával] faire de la planche à voile

szörfőző *fn* surfeur (-euse); [vitorlával] (véli)planchiste *h n*

szőrme *fn* fourrure *n*

szőrmebunda *fn* manteau *h* de fourrure

szörny *fn* monstre *h*

szörnyen *hsz* horriblement, terriblement, affreusement

szörnyeteg *fn* monstre *h*

szörnyethal *tn i* mourir sur le coup

szörnyű *mn [irtózatot keltő]* horrible, monstrueux (-euse), abominable; *[utálatos]* affreux (-euse); *[szokatlanul nagy]* monstrueux (-euse), énorme

szörnyülködik *tn i vmin* s'indigner *de qqch*

szörnyűség *fn* horreur *n*; **~eket mond** dire des horreurs

szőrös *mn* poilu(e), velu(e); *[borotválatlan]* mal rasé(e)

szörp *fn* sirop *h*

szőrszál *fn* poil *h*

szőrszálhasogatás *fn* ergotage *h*, *biz* pinaillage *h*; **ez ~** *fraz* c'est couper les cheveux en quatre

szőrszálhasogató *mn/fn* ergoteur (-euse); *biz* pinailleur (-euse); *fraz* coupeur (-euse) de cheveux en quatre

szőrtelen *mn* sans poils; *[arc]* imberbe, glabre

szőrtelenít *ts i* épiler; **~i a lábát** s'épiler les jambes

szőrtelenítés *fn* épilation *n*

szőrtelenítő I. *mn* **~ krém** crème *n* épilatoire *v.* dépilatoire **II.** *fn [krém]* dépilatoire *h*; *[gép]* épilateur *h*

szőrzet *fn [állaté]* pelage *h*; *[emberé]* système *h* pileux

szösz *fn* duvet *h*

szőttes *fn* tissu *h* rustique

szöveg *fn* texte *h*; *[dalé]* paroles *n (t sz)*; *[operáé]* livret *h*; *[képaláírás]* légende *n*; **sok a ~!** *biz* assez de baratin!

szövegel *tn i biz* tchatcher; **ne ~j itt nekem!** *biz* arrête ton baratin !

szövegelemzés *fn* analyse *n* de texte

szövegez *ts i* rédiger; *[hivatalos iratot]* libeller

szöveggyűjtemény *fn* recueil *h* de texte, anthologie *n*

szövegíró *fn [dalé]* parolier (-ière); *[operáé]* librettiste *h n*

szövegkönyv *fn [zenés műé]* livret *h*; *[forgatókönyv]* script *h*

szövegösszefüggés *fn* contexte *h*

szövegszerkesztés *fn inform* traitement *h* de texte

szövegszerkesztő *fn inform* logiciel *h* de traitement de texte

szövés *fn [készítés]* tissage *h*

szövet *fn* tissu *h*, étoffe *n*; *biol* tissu *h*

szövetkezet *fn* coopérative *n*

szövetkezeti *mn* coopératif (-ive); **~ tag** membre *h* d'une coopérative

szövetkez|ik *tn i vkivel* s'associer *v.* s'allier *à v. avec qqn*; *vmire* s'associer en vue *de qqch*; *vki/vmi ellen* se liguer *contre qqn/qqch*

szövetség *fn* alliance *n*, union *n*; *[pártoké]* coalition *n*; *[egyesületeket összefogó]* fédération *n*; **az atlanti ~** l'Alliance atlantique; **~et köt** *v.* **~re lép vkivel** conclure *v.* contracter une alliance avec qqn

szövetséges *mn/fn* allié(e); **tört a ~ hatalmak** les Alliés *h (t sz)*

szövetségi *mn* **~ köztársaság** République *n* fédéral(e); **~ szerződés** traité *n* d'alliance; *sp* **~ kapitány** sélectionneur *h* national

szövettan *fn* histologie *n*

szövettani *mn* histologique

szövevény *fn átv is* enchevêtrement *h*

szövevényes *mn* embrouillé(e), complexe; **~ ügy** affaire *n* embrouillée

szövőd|ik *tn i [kapcsolat]* se nouer

szövődmény *fn orv* complications *n (t sz)*

szövőgép *fn* métier *h* mécanique

szövőipar *fn* industrie *n* textile

szövőszék *fn* métier *h* à tisser *v.* à bras

szponzor *fn* sponsor *h*; *hiv* parraineur (-euse)

szponzorál *ts i* sponsoriser; *hiv* parrainer

sztár *fn* star *n*, vedette *n*

sztereó *mn* stéréo

sztetoszkóp *fn* stéthoscope *h*

sztori *fn* histoire *n*

sztráda *fn* autoroute *n*

sztrájk *fn* grève *n*; **általános ~** grève générale; **~ba lép** se mettre en grève; **~ot beszüntet** faire cesser la grève

sztrájkbizottság *fn* comité *h* de grève

sztrájkjog *fn* droit *h* de grève

sztrájkol *tn i* faire (la) grève, être en grève

sztrájkoló *mn/fn* gréviste *h n*

sztrájkőrség *fn* piquet *h* de grève

sztrájktörő *fn* briseur (-euse) de grève, jaune *h n*

sztratoszféra *fn* stratosphère *n*

sztriptíz *fn ang* strip-tease *h*

sztyepp *fn* steppe *n*

szú *fn* ver *h* du bois

szubjektív *mn* subjectif (-ive)

szubjektivitás *fn* subjectivité *n*

szubvenció *fn* subvention *n*

szuggerál *ts i* suggestionner

szuggesztív *mn* suggestif (-ive)

szuka *fn* chienne *n*

szultán *fn* sultan *h*

szundikál *tn i* somnoler; **~ egyet** faire un petit somme

szúnyog *fn* moustique *h*

szúnyogcsípés *fn* piqûre *n* de moustique

szúnyogháló *fn* moustiquaire *n*

szuper I. *mn biz* super, extra **II.** *fn* [benzin] super *h*

szuperhatalom *fn* superpuissance *n*

szupermarket *fn* supermarché *h*

szuperszonikus *mn* supersonique

szúr I. *ts i* [rovar, tövis, tű] piquer; *vmit vmibe* enfoncer *v.* planter *qqch dans qqch*; [szövegbe] insérer; **hátba ~** poignarder dans le dos; *átv* **szemet ~** sauter aux yeux **II.** *tn i* **~ a háta** avoir des élancements dans le *v.* un point au dos

szúrás *fn* [rovaré, tövisé, tűé] piqûre *n*; [késsel, tőrrel] coup *h* de couteau *v.* poignard; [fájdalom] élancement *h*

szurkál *ts i* picoter; *átv vkit* envoyer *v.* lancer des piques *à qqn*

szurkol *tn i* [vizsga előtt] avoir le trac; *vkinek fraz* croiser ses doigts *pour qqn, sp ang* supporter

szurkoló *fn sp* supporteur (-trice); *ang* supporter *h*

szúrófegyver *fn* arme *n* blanche

szurok *fn* poix *n*, goudron *h*

szurony *fn* baïonnette *n*

szúrópróba *fn* contrôle *h* surprise

szúrós *mn* piquant(e); **~ tekintet** regard *h* perçant

szurtos *mn* malpropre, crasseux (-euse)

szusz *fn* souffle *h*; **kifogy belőle a ~** être à bout de souffle

szuszog *tn i* souffler

szuterén *fn* sous-sol *n*

szuvas *mn* [fa] vermoulu(e); [fog] carié(e)

szuverén *mn* souverain(e); **~ állam** État *h* souverain

szuverenitás *fn* souveraineté *n*

szűcs *fn* fourreur *h*

szügy *fn* poitrail *h*

szűk I. *mn* [keskeny] étroit(e); [szoros] serré(e); **~ esztendő** année *n* de disette; **~ körben** en petite comité; **~**

SZ

látókörű d'un esprit borné, étroit(e) d'esprit II. *fn* ~**ében van a pénznek** être à court d'argent

szűkít *ts i [ruhát]* rétrécir, reprendre; *átv* restreindre, limiter

szűkmarkú *mn* mesquin(e)

szűkölköd|ik *tn i* vivre dans la misère; *vmiben* manquer *de qqch*

szűkös *mn* ~ **lakás** appartement *h* exigu; ~ **bevétel** revenu *h* modique

szükség *fn* besoin *h*, nécessité *n; [ínség]* misère *n;* ~ **esetén** en cas de besoin *v.* de nécessité; ~**e van vmire** avoir besoin de qqch; ~**ét érzi vminek** éprouver le besoin de *inf;* ~**et szenved vmiben** manquer de qqch; *[testi]* ~**ét végzi** faire ses besoins

szükségállapot *fn* état *h* d'urgence

szükséges *mn* nécessaire *n;* **feltétlenül** ~ indispensable; **ha** ~ si nécessaire, si besoin est; **megteszi a** ~ **intézkedéseket** prendre les mesures nécessaires; **köszönöm, nem** ~ merci, ce n'est pas la peine; **nem** ~ **mondanom, hogy** inutile de dire que; ~**nek lát** *v.* **tart vmit** estimer *v.* trouver nécessaire de *inf*

szükségesség *fn* nécessité *n*

szükséghelyzet *fn* ~**ben** en cas de nécessité

szükségképpen *hsz* nécessairement, forcément

szükséglet *fn* besoin *h;* **alapvető** ~**ek** besoins élémentaires

szükségmegoldás *fn* solution *n* de fortune *v.* de remplacement

szükségszerű *mn* nécessaire

szükségtelen *mn* inutile

szűkszavú *mn [személy, megnyilatkozás]* laconique

szűkül *tn i* se rétrécir, se resserrer; ~ **a kör körülötte** le filet se resserre autour de lui

szül *ts i/tn i* accoucher; *[emlős]* mettre bas; *átv* engendrer, faire naître; **fiút** ~**t** elle a accouché d'un garçon, elle a eu un garçon

szülemény *fn* **a képzelet** ~**e** le fruit *v.* le produit de l'imagination

szülés *fn* accouchement *h; [emlősé]* mise *n* bas

szülési *mn* ~ **fájdalmak** douleurs *n (t sz)* (de l'accouchement); ~ **szabadság** congé *h* de maternité

szülész *fn* obstétricien (-ienne), médecin *h* accoucheur

szülészet *fn [tan]* obstétrique *n; [osztály]* maternité *n*

szülésznő *fn* sage-femme *n*

születés *fn* naissance *n*

születési *mn* ~ **anyakönyvi kivonat** extrait *h* de naissance; ~ **idő** date *n* de naissance; ~ **hely** lieu *h* de naissance

születésnap *fn* anniversaire *h;* **boldog** ~**ot!** bon *v.* joyeux anniversaire !

születésszabályozás *fn* régulation *n* des naissances

született *mn* **első házasságból** ~ **gyerekek** enfants *h (t sz)* nés *v.* issus du premier mariage; ~ **francia** Français(e) de naissance; ~ **művész** un(e) artiste-né(e); **Nagy Lajosné,** ~ **Kiss Teréz** Mme Lajos Nagy, née Teréz Kiss

szület|ik *tn i* naître, venir au monde; *vmire* être né(e) *pour qqch;* **lányuk** ~**ett** ils ont eu une fille

szülő I. *mn* ~ **nő** femme *n* en couches *v.* en travail II. *fn* **a** ~**k** les parents *h (t sz)*

szülőfalu *fn* village *h* natal

szülőföld *fn* terre *n v.* pays *h* natal(e)

szülőház *fn* maison *n* natale

szülői *mn* parental(e); ~ **értekezlet** réunion *n* de parents d'élèves, *[gimnáziumban]* conseil *h* de classe

szülőszoba *fn* salle *n* de travail
szülött *fn* **a század ~je** un(e) enfant du siècle
szülőváros *fn* ville *n* natale
szünet *fn* *[tevékenységben]* arrêt *h*, temps *h* d'arrêt; *[rövid]* pause *n*; *[beszéd közben, zenében]* silence *h*; *okt [órák közötti]* récréation *n*, *[szünidő]* vacances *n* (*t sz*); *szính [előadás közben]* entracte *h*, *[programban]* relâche *h*; **negyedórás ~** pause d'un quart d'heure; **nyári ~** vacances d'été; **~ nélkül** sans cesse, sans arrêt, sans relâche; **~et tart** faire une pause
szünetel *tn i* être interrompu(e)
szüneteltet *ts i* interrompre, suspendre
szünidő *fn* vacances *n* (*t sz*)
szünnap *fn* *[bolti]* jour *h* de fermeture; *[iskolai]* jour *h* de congé; *[színházi]* jour *h* de relâche; **vasárnap ~** *[kiírás]* fermé le dimanche
szüntelen I. *mn* incessant(e), ininterrompu(e) **II.** *hsz* sans cesse, sans arrêt
szűr¹ *ts i* filtrer; *[fényt]* tamiser; *orv* dépister
szűr² *fn* ‹houppelande du paysan hongrois›; *átv* **kiteszi vkinek a ~ét** mettre qqn à la porte
szűrés *fn* filtrage *h*; *orv* dépistage *h*
szüret *fn* *[szőlőé]* vendange(s) *n* (*t sz*);

[más gyümölcsé] récolte *n*, cueillette *n*
szüretel *ts i/tn i* vendanger
szüretelő *fn* vendangeur (-euse)
szürke I. *mn* gris(e); *átv* gris(e), terne; **~ hályog** cataracte *n* **II.** *fn* *[szín]* gris *h*; *[ló]* cheval *h* gris pommelé
szürkeállomány *fn* matière *n* grise
szürkés *mn* grisâtre
szürkeség *fn* *átv is* grisaille *n*
szürkül *tn i* devenir gris(e); *[haj]* grisonner; *[alkonyodik]* le jour tombe; *[hajnalodik]* le jour se lève
szürkület *fn* *[esti]* crépuscule *h*, tombée *n* du jour; *[hajnali]* aube *n*, point *h* du jour
szűrő *fn* filtre *h*; *[konyhai]* passoire *n*
szűrőállomás *fn* *orv* centre *h* de dépistage
szűrővizsgálat *fn* dépistage *h*
szürrealizmus *fn* surréalisme *h*
szűz I. *mn* vierge; *biz* puceau (pucelle); **~ Mária** la Vierge Marie **II.** *fn* vierge *n*; *biz* puceau (pucelle); *asztr* Vierge *n*
szüzesség *fn* virginité *n*
szűzhártya *fn* hymen *h*
szüzies *mn* chaste
szűzpecsenye *fn* filet *h* de porc rôti
szvetter *fn* sweater *h*
szvit *fn* *zene* suite *n*

SZ

T

tábla *fn [iskolai]* tableau *h* (noir); *[hirdetési]* panneau *h*; *[falon]* plaque *n*; *[könyvé]* plat *h*; *[kép könyvben]* planche *n*; *földr* plateforme *n*; *mező* champ *h*; **útjelző** ~ panneau indicateur; **egy** ~ **csokoládé** une tablette de chocolat

táblázat *fn* tableau *h*, table *n*; **összefoglaló** ~ table récapitulative; **statisztikai** ~ tableau statistique

tabletta *fn* comprimé *h*; pilule *n*; **fogamzásgátló** ~ pilule *n* (contraceptive); **esemény utáni** ~ pilule du lendemain; ~**t szed** elle prend la pilule

tabló *fn* érettségi ~ ‹panneau représentant les portraits photographiques d'une classe de bacheliers›

tábor *fn átv is* camp *h*; *[telep]* campement *h*; *[gyerekeknek]* colonie *n* de vacances; **koncentrációs** ~ camp de concentration; ~**t üt/bont** établir/lever le camp

tábori *mn* ~ **ágy** lit *h* de camp; ~ **konyha** (cuisine *n*) roulante *n*; ~ **lelkész** aumônier *h* (militaire)

tábornok *fn* général *h*

táboroz *tn i* camper

tábortűz *fn* feu *h* de camp

tabu *fn* tabou *h*

tabulátor *fn* tabulateur *h*

tacskó *fn* basset *h*; *átv* blanc-bec *h*

tag *fn [testrész]* membre *h*; *[közösségé, szervezeté]* membre *h*; *[párté, társaságé így is]* adhérent(e); **minden ~ja fáj** avoir mal partout; **örökös/tiszteletbeli** ~ membre perpétuel/honoraire

tág *mn [bő, laza]* large; ~ **fogalom** notion *n* large *v.* vague; ~**ra nyílt szemmel** les yeux écarquillés *v.* grands ouverts; ~**ra nyitott** *[ablak, ajtó]* grand(e) ouvert(e); ~**abb értelemben** dans un sens plus large

tagad *ts i/tn i* nier; *[hírt, híresztelést]* démentir

tagadás *fn* négation *n*; *[vádlotté]* dénégation *n*; *nyelv* négation *n*; **mi** ~ à quoi bon le nier

tagadhatatlan *mn* indéniable

tagadó *mn* négatif (-ive); ~ **válasz** réponse *n* négative; ~ **mondat** proposition *n* négative

tagadószó *fn* particule *n* négative, adverbe *h* de négation

tagállam *fn* État *h* membre

tágas *mn* spacieux (-euse), vaste

tagbaszakadt *mn* robuste; *biz* costaud(e)

tagdíj *fn* cotisation *n*

taggyűlés *fn* assemblée *n* générale

tágít I. *ts i [szélesít]* élargir; *[meglazít]* desserrer **II.** *tn i* **nem** ~ *[kitart véleménye mellett]* ne pas en démordre; **nem** ~ **vki mellől** *fraz* ne pas lâcher qqn d'une semelle

tagjelölt *fn* candidat(e) membre

tagkönyv *fn* carte *n* de membre *v.* d'adhérent

taglal *ts i [részletesen]* détailler; *[elemez]* analyser; *[megvitat]* discuter; **hosszasan** ~ **vmit** disserter *v.* s'étendre sur qqch

taglejtés *fn* geste(s) *h (t sz)*, gesticulation *n*; **élénk ~sel beszél** gesticuler en parlant

taglétszám *fn* nombre *h* d'adhérents

tagmondat *fn nyelv* proposition *n*

tagol *ts i [feloszt]* diviser; *[beszédet]* (bien) articuler

tagország *fn* pays *h* membre

tagozat *fn* section *n*; *okt* cycle *h* (d'études); **alsó/felső ~** premier/second cycle *h*

tagozód|ik *tn i* se diviser, s'articuler

tagság *fn [tagok]* les membres *h (t sz)*; *[állapot]* qualité *n* de membre

tagsági *mn* **~ díj** cotisation *n*; **~ igazolvány** carte *n* de membre *v.* d'adhérent

tágul *tn i* s'élargir; *[lazul, nyúlik]* se détendre; *[térfogatában növekszik]* se dilater

tahó *fn biz* pignouf(e), plouc *h n*

táj *fn [terület]* région *n*; *[látható természet]* paysage *h*; *[testi]* région *n*; **a világ minden ~áról** de tous les coins du monde; **tíz óra ~ban** vers *v.* aux alentours de dix heures; **húsvét ~án** aux environs de Pâques

tájegység *fn* région *n*

tájék *fn* région *n*; **Párizs ~a** la région *v.* les environs de Paris; **a szív ~a** la région du cœur

tájékozatlan *mn vmiben* ignorant(e) de qqch

tájékozódás *fn [térben]* orientation *n*; *[tudakozódás]* demande *n* d'informations

tájékozód|ik *tn i [térben]* s'orienter, se repérer; *vmiről* s'informer de qqch, se renseigner *sur qqch*

tájékozott *mn [jól értesült]* être bien informé(e) de; *[járatos]* vmiben s'y connaître *en qqch*

tájékoztat *ts i vmiről* informer de qqch, renseigner *sur qqch*, mettre au courant *de qqch*

tájékoztatás *fn* information(s) *n (t sz)*, renseignement(s) *h (t sz)*

tájékoztató I. *mn* **~ szolgálat** service *h* d'information **II.** *fn [irat]* notice *n* informative; *[turisztikai]* guide *h*; *[előadás]* réunion *n* d'information

tájfestő *fn* paysagiste *h n*

tájfun *fn* typhon *h*

tájkép *fn [kép, látvány]* paysage *h*

tájoló *fn* boussole *n*

TAJ-szám *fn* numéro *h* de Sécurité sociale

tájszó *fn* mot *h* dialectal

tájszólás *fn* dialecte *h*, parler *h* local; *pej is* patois *h*

tajték *fn [vizen]* écume *n*; *[habos izzadság]* écume *n*; *[habzó nyál]* écume *n*, bave *n*

tajtékz|ik *tn i [tenger]* écumer; *[dühöng]* écumer de rage

tájvédelmi *mn* **~ körzet** zone *n* d'environnement protégé

takács *fn* tisserand(e)

takar *ts i [befed]* (re)couvrir; *vmit vkire/vmire* (re)couvrir *qqn/qqch de qqch*; *vmibe* envelopper *dans qqch*; *átv* masquer, dissimuler

takarékbetét *fn* dépôt *h* à la caisse d'épargne

takarékbetétkönyv *fn* livret *h* (de caisse) d'épargne

takaréklángon *fn* **~on főz** cuire à feu doux

takarékos *mn [személy]* économe; *[dolog]* économique

takarékoskod|ik *tn i* économiser, faire des économies; *vmin* économiser *qqch; vmivel* économiser *qqch*; **~ik az erejével/idejével** ménager ses forces/son temps

takarékosság *fn* économie *n*; **~ból** par économie

takarékpénztár *fn* caisse *n* d'épargne

takargat *ts i [leplez]* dissimuler, masquer

takarít I. *ts i* nettoyer **II.** *tn i* faire le ménage

takarítás *fn* ménage *h*

takarítónő *fn* femme *n* de ménage

takarmány *fn* fourrage *h*

takaró *fn* couverture *n*

takarod|ik *tn i* ~**j!** *biz* file !, fiche le camp !

takarodó *fn [harcban]* retraite *n; [esti]* couvre-feu *h;* ~**t fúj** sonner la retraite *v.* le couvre-feu, *átv, fraz* battre en retraite

takaródz|ik *tn i vmivel* se couvrir *de qqch; átv* s'abriter derrière *qqch;* **azzal** ~**ik, hogy** il prétexte que

takaros *mn [ház, összeg]* coquet (-ette); ~ **menyecske** une jeune fille appétissante

taknyos I. *mn [náthás]* enrhumé(e); ~ **az orra** avoir le nez qui coule *v.* la morve au nez; *átv* ~ **kölyök** *biz, pej* petit morveux **II.** *fn [személy] biz, pej* morveux (-euse)

takony *fn* morve *n*

taksál *ts i* estimer

taktika *fn* tactique *n*

taktikai *mn* tactique *n*

taktikáz|ik *tn i* manœuvrer

taktikus I. *mn* tactique **II.** *fn* tacticien (-ienne)

taktus *fn* mesure *n;* **veri a** ~**t** battre *v.* marquer la mesure

tál *fn [edény, fogás]* plat *h; [tányér]* assiette *n;* **a** ~**ból eszik** manger à même le plat

talaj *fn* sol *h,* terrain *h; átv* **elveszti a** ~**t a lába alól** perdre pied

talajjavítás *fn* amélioration *n v.* amendement *h* du sol

talajminta *fn* échantillon *h* de sol

talajtorna *fn* gymnastique *n* au sol

talajvíz *fn* eau *n* souterraine

talál I. *ts i* ált trouver; *vmilyennek* trouver *qqch; [lövés, ütés]* atteindre, toucher; **fején** ~ **vkit** toucher qqn à la

tête; **jónak** ~ *[vmit tenni]* juger *v.* trouver bon de *inf;* **módot** ~ **rá, hogy** trouver (le) moyen de *inf;* **nem** ~**ja a helyét** il ne trouve pas sa place; **ezt furcsának** ~**om** je trouve ça bizarre; **úgy** ~**om, hogy** je trouve *v.* je pense que; **senkit sem** ~**t otthon** il n'a trouvé personne à la maison **II.** *tn i vkire/vmire* trouver *qqn/qqch; [véletlenül]* tomber *sur qqn/qqch; [lövés, ütés]* **célba** ~ toucher la cible; **telibe** ~ *fraz* faire mouche, mettre dans le mille; **ha esni** ~**na az eső** s'il venait à pleuvoir; **könnyen ide** ~**tál?** tu as facilement trouvé le chemin ?

tálal *ts i/tn i [ételt]* servir; *[ötletet, ügyet]* présenter; ~**va van!** c'est servi !

találat *fn [lövésnél]* point *h* d'impact; *[vívásnál]* touche *n;* ~ **érte a házat** la maison a été touchée; **ötös** ~ *[lottón]* cinq numéros gagnants

találékony *mn* inventif (-ive), ingénieux (-euse)

találgat *ts i* chercher à deviner

találgatás *fn* conjectures *n (t sz),* supposition(s) *n (t sz),* hypothèse(s) *n (t sz);* ~**okba bocsátkozik** se perdre en conjectures

található *mn* otthon ~ on peut le trouver chez lui; **neve nem** ~ **a listán** son nom ne se trouve pas sur la liste

találka *fn* rendez-vous *h; [szerelmi]* rendez-vous amoureux *v.* galant

találkozás *fn* rencontre *n;* **véletlen** ~ rencontre fortuite; **a dolgok szerencsés** ~**a folytán** par un heureux concours de circonstances

találkoz|ik *tn i vkivel* rencontrer *v.* voir *qqn; [dolgok érintkeznek]* se croiser, se rencontrer; *[dolgok összefutnak]* se rejoindre; **gyakran** ~**unk** on se voit souvent; **hol** ~**zunk?** où est-ce qu'on se retrouve ?; **már ~tunk** nous nous sommes déjà rencontrés v. vus

találkozó fn rendez-vous h; [megbeszélés] entrevue n; [szervezett összejövetel] réunion n; sp rencontre n

találkozóhely fn lieu h de rencontre v. de rendez-vous

találmány fn invention n

találó mn juste, pertinent(e); ~ **megjegyzés** remarque n pertinente

tálaló fn [szekrény] dressoir h, vaisselier h; [helyiség] office n

tálalóasztal fn desserte n

találomra hsz au hasard; biz au pif

találós mn ~ **kérdés** devinnette n

talált mn ~ **gyermek** enfant h n trouvé(e); ~ **tárgyak** objets h trouvés

talán hsz peut-être; **ha** ~ si jamais; ~ **köszönnél!** tu pourrais dire bonjour !

talány fn énigme n

talapzat fn piédestal h, socle h

talár fn robe n; toge n

tálca fn plateau h

talicska fn brouette n

talizmán fn talisman h

tallóz tn i inform parcourir; [mezőg glaner; átv vmiben piocher dans qqch

talp fn plante n du pied v. des pieds; [állaté] patte n; [cipőé] semelle n; [poháré] pied h; **feldobja a ~át** fraz, biz casser sa pipe; **~ig becsületes** d'une parfaite honnêteté, foncièrement honnête; **tetőtől ~ig** de la tête aux pieds; **~on van** [felkelt] être debout; **~ra áll** se relever, se remettre debout, [anyagilag] fraz se remettre à flot

talpal ts i [cipőt] ressemeler

talpas mn ~ **pohár** verre h à pied

talpbetét fn semelle n (intérieure)

talpnyaló fn biz lèche-botte h n

talpraesett mn [ember] dégourdi(e), biz débrouillard(e)

tályog fn abcès h

támad tn i/ts i kat, sp attaquer; vkire attaquer qqn; [szóban] vkire prendre qqn à partie, apostropher qqn; **szemből/hátba ~ja az ellenséget** attaquer l'ennemi de front/par derrière; **szél ~** le vent se lève; **az a gondolata ~t, hogy** l'idée lui est venue que v. de inf; **~t egy ötletem** j'ai une idée

támadás fn átv is attaque n; offensive n; **~ba lendül** passer à l'attaque v. à l'offensive; **~t indít** lancer une attaque v. une offensive

támadó I. mn ~ **fegyver/taktika** arme n/ tactique n offensive; ~ **hangon** sur v. d'un ton agressif **II.** fn [személy] agresseur h; [harcban] sp is attaquant(e)

Tamás fn Thomas

támasz fn átv is appui h, soutien h

támaszkod|ik tn i vmire/vmihez s'appuyer sur/contre qqch; átv vkire/vmire s'appuyer sur qqn/qqch

támaszpont fn kat base n; műsz point h d'appui; **légi ~** base aérienne

támaszt ts i vmit vmihez appuyer qqch contre qqch; átv susciter, produire, soulever; **nehézségeket ~** susciter v. soulever des difficultés; **viszályt ~** semer la discorde

támla fn dossier h, dos h

támogat ts i soutenir; [pártfogol] soutenir, appuyer; [anyagilag] aider, soutenir; [államilag] subventionner; ~ **egy ügyet** apporter son soutien à une affaire

támogatás fn soutien h, appui h, assistance n; [anyagi] aide n (financière); [állami] subvention n

támolyog tn i tituber, chanceler

tampon fn orv tampon h; [nőknek] tampon h (hygiénique)

támpont fn point h de repère

tan fn [tétel] doctrine n; [elmélet] théorie n, principe h

tanács fn conseil h; [testület] conseil h; **baráti ~** conseil d'ami; **vkinek a ~ára** sur le conseil de qqn; **~ot ad vkinek** donner un conseil à qqn; **~ot kér vkitől** demander conseil à qqn

tanácsadás fn [orvosi, jogi] consultation n; **jogi ~** conseil h v. consulation n juridique

tanácsadó I. mn **~ cég** société n de conseil; **~ testület** comité h consultatif II. fn conseiller (-ère); **jogi/kommunikációs/pályaválasztási ~** conseiller juridique/en communication/ d'orientation professionnelle

tanácskozás fn consultation n, concertation n, délibération(s) n (t sz); **~t tart** tenir conseil

tanácskoz|ik tn i tenir conseil; vmiről délibérer de v. sur qqch; **~ik vkivel** délibérer avec qqn

tanácsol ts i vmit vkinek conseiller à qqn de inf

tanácsos I. mn recommandé(e); **nem ~** [vmit tenni] il n'est pas recommandé de inf II. fn conseiller (-ère)

tanácstalan mn perplexe, désemparé(e)

tanácsterem fn salle n du conseil

tanakod|ik tn i [magában] réfléchir sur; vál délibérer; [másokkal] délibérer; **azon ~ik, vajon** il se demande si

tananyag fn matière n au programme

tanár fn professeur h n; biz prof h n; [orvosprofesszor] professeur h n

tanári mn **~ állás** poste h de professeur; **~ kar** personnel h enseignant; **~ szoba** salle n des professeurs

tanárjelölt fn professeur h n stagiaire

tanárképzés fn formation n professionnelle des enseignants

tanárképző mn **~ főiskola** école n supérieure de pédagogie; [Fr.-ban] École n normale supérieure

tanárnő fn professeur n

tanársegéd fn [egyetemen] assistant(e)

tánc fn danse n; **~ra perdül** se mettre à danser

táncdal fn chanson n de variétés

táncdalénekes fn chanteur (-euse) de variétés

tánciskola fn école n de danse

tánckar fn corps h de ballet

tánclépés fn pas h de danse

táncmulatság fn bal h

táncol tn i/ts i danser

táncos fn danseur (-euse)

táncosnő fn danseuse

táncparkett fn piste n de danse

tánctanár fn professeur h n de danse

tánczene fn musique n de danse

tandíj fn frais h (t sz) v. droits h (t sz) de scolarité

tandíjmentes mn exempt(e) des droits d'inscription v. des frais de scolarité

tanév fn année n scolaire

tanévnyitó fn → évnyitó

tanfolyam fn cours h; **átképző ~** cours de recyclage; **~ra jár** suivre un cours

tangó fn tango h

tanintézet fn établissement h d'enseignement

tanít ts i/tn i enseigner, donner des cours; vmit vkinek apprendre v. enseigner qqch à qqn; vkit vmire apprendre à qqn à inf; **gimnáziumban ~** il est professeur de lycée; **kémiát ~** enseigner la chimie; **olvasni ~ vkit** apprendre à lire à qqn; **a történelem azt ~ja, hogy** l'histoire nous enseigne que; **majd én móresre ~om** fraz je vais lui apprendre à vivre

tanítás fn enseignement h; [óra] classe n, cours h (t sz); [tanok] enseignements *h (t sz)*, doctrine *n*; **ma nincs ~ il** n'y a pas classe aujourd'hui

tanítási *mn* d'enseignement; **~ módszer** méthode *n* d'enseignement; **~ nap** jour *h* de classe

tanító *fn* instituteur (-trice), maître (maîtresse) (d'école); *hiv* professeur *h n* des écoles; *biz* instit *h n*

tanítóképző *fn [Fr.-ban]* Institut *h* Universitaire de Formation des Maîtres, IUFM

tanítómester *fn* maître *h*

tanítónő *fn* institutrice *n*, maîtresse *n* (d'école)

tanítvány *fn [iskolai]* élève *h n; [egyetemi]* étudiant(e); *[mesteré]* disciple *h n*

tank *fn* char *h*(d'assaut), blindé *h; [tartály]* réservoir *h*

tankhajó *fn* bateau-citerne *h*, navire-citerne *h*; **olajszállító ~** pétrolier *h*

tankol *tn i* prendre de l'essence; **tele~** faire le plein

tankönyv *fn* manuel *h* (scolaire)

tanköteles *mn/fn* ~ **életkor** âge *h* scolaire; ~ **gyerek** enfant *h n* d'âge scolaire

tankötelezettség *fn* scolarité *n* obligatoire

tanmese *fn* apologue *h*

tanóra *fn* cours *h*

tanrend *fn* horaire *h* des cours

tanszék *fn* chaire *n*, département *h*

tanszékvezető *fn* directeur (-trice) de département

tanszer *fn* fournitures *n (t sz)* scolaires

tantárgy *fn* matière *n*

tanterem *fn* salle *n* de classe *n; [egyetemen]* salle *n* de cours

tanterv *fn* programme *h* scolaire

tantestület *fn* personnel *h* enseignant

tántoríthatatlan *mn* inébranlable

tántorog *tn i* tituber

tanú *fn* témoin *h*; **mentő/terhelő ~** témoin à décharge/charge; **házassági ~** témoin de mariage; **~ja vminek** être témoin de qqch

tanúbizonyság *fn [tanúvallomás]* témoignage *h; [bizonyság]* preuve *n;* **~ot tesz vmiről** témoigner de qqch; **~át adja vminek** faire preuve de qqch

tanúkihallgatás *fn* audition *n* du témoin *v.* des témoins

tanul *ts i/tn i* apprendre, étudier; **jogot ~** étudier le droit; **spanyolul ~** apprendre l'espagnol; **a Sorbonne-on ~** il fait ses études à la Sorbonne; **úszni ~** apprendre à nager; **menj ~ni!** va travailler !

tanulás *fn* étude *n*, apprentissage *h*; **külföldi ~** études à l'étranger

tanulatlan *mn* sans instruction, ignorant(e), inculte

tanulmány *fn [iskolai]* études *n (t sz); [írásmű]* étude *n*, essai *h; [rajz, festmény]* étude *n;* **~ait a Sorbonne-on végezte** il a fait ses études à la Sorbonne

tanulmányi *mn* scolaire; ~ **eredmény** résultats *h (t sz)* scolaires; **országos középiskolai ~ verseny** *[Fr.-ban]* concours *h* général; ~ **osztály** service *h* de scolarité; ~ **ösztöndíj** bourse *n* d'études

tanulmányoz *ts i* étudier, examiner

tanulmányút *fn* voyage *h* d'études

tanuló *fn* élève *h n;* **ipari ~** apprenti(e)

tanulság *fn* enseignement *h*, leçon *n;* **erkölcsi ~** morale *n;* **levonja vmiből a ~ot** tirer la leçon de qqch

tanulságos *mn* instructif (-ive), plein(e) d'enseignements

tanult *mn* instruit(e)

tanúság *fn [tanúskodás]* témoignage *h; [bizonyság]* preuve; **~ot tesz vmiről** faire preuve de qqch

tanúsít *ts i [igazol]* attester, témoigner, certifier; *[tulajdonságot, érzelmet kimutat]* témoigner de, manifester, faire preuve de; **tiszteletet ~ vki iránt** témoigner du respect à qqn; **~om, hogy ez az ember ártatlan** j'atteste que cet homme est innocent; **alulírott ~om, hogy** je soussigné(e) certifie que

tanúsítvány *fn* attestation *n*, certificat *h*

tanúskod|ik *tn i [tanúként]* témoigner; *vki ellen* témoigner *contre qqn; vki mellett* en faveur *de qqn; átv vmiről* attester v. manifester *qqch,* témoigner *de qqch*

tanúvallomás *fn* témoignage *h,* déposition *n*; **~t tesz** témoigner, déposer

tanúzás *fn* témoignage; **hamis ~** faux témoignage *h*

tanya *fn* ferme *n; [vadállatoké, rablóké]* repaire *h*

tanyasi *mn* **~ csirke** poulet *h* fermier

tányér *fn* assiette *n*; **egy ~ leves** une assiette de soupe

tányérsapka *fn* casquette *n* plate

táp *fn* aliment *h; átv* **~ot ad a gyanúnak** alimenter les soupçons

tapad *tn i vmihez* adhérer v. coller à *qqch; [személy] vkihez* se coller *contre v. à qqn; átv* **vér ~ a kezéhez** avoir du sang sur les mains

tápanyag *fn* substance *n* nutritive; *tud* nutriment *h*

tapasz *fn [sebre]* sparadrap *h*

tapaszt *ts i vmit vmire/vmihez* coller *qqch contre v. à qqch;* **az ajtóra ~ja a fülét** coller son oreille à la porte

tapasztal *ts i [átél]* faire l'expérience *de qqch; [észlel]* remarquer, constater; **sokat ~t** il a beaucoup vécu; **azt ~tam, hogy** j'ai remarqué que

tapasztalat *fn* expérience *n*; **~ból mondom** je parle d'expérience; **~ból**

tudom, hogy je sais par expérience que; **~ra tesz szert** acquérir de l'expérience

tapasztalatcsere *fn* échange *h* d'expériences

tapasztalatlan *mn* inexpérimenté(e), sans expérience

tapasztalt *mn* expérimenté(e), chevronné(e)

tápérték *fn* valeur *n* nutritive v. énergétique

tapéta *fn [papírból]* papier *h* peint

tapétáz I. *tn i* poser du papier peint **II.** *ts i* tapisser de papier peint

tapint *ts i/tn i* toucher, palper, tâter; **elevenére ~** toucher le point sensible

tapintás *fn* toucher *h*; **~ra puha** doux au toucher

tapintat *fn* tact *h,* délicatesse *n*; **~ból** par tact

tapintatlan *mn* indélicat(e); *[igével]* manquer de tact

tapintatlanság *fn* indélicatesse *n*; manque *h* de tact

tapintatos *mn* plein(e) de tact; *[igével]* avoir du tact

táplál I. *ts i* nourrir; alimenter; *[tüzet]* entretenir; *[gépet is]* alimenter; *[érzelmet, gondolatot]* nourrir, entretenir; **reményt ~** nourrir l'espoir **II.** *tn i* être nourrissant(e)

táplálék *fn* nourriture *n,* aliment *h*; **szellemi ~** nourriture spirituelle v. intellectuelle

tápláléklánc *fn* chaîne *n* alimentaire

táplálkozás *fn* alimentation *n*; **elégtelen ~** sous-alimentation *n*; **hiányos ~** malnutrition *n*

táplálkoz|ik *tn i vmivel* se nourrir *de qqch*

tápláló *mn* nourrissant(e), nutritif (-ive)

tapogat *ts i* tâter, palper; *[illetlenül]* tripoter, peloter

tapogatódzik *tn i* tâtonner; *átv* tâter le terrain

tapos *ts i/tn i vmin* marcher *sur qqch*; **a lábára ~ vkinek** marcher sur les pieds de qqn; **~sa a pedált** pédaler; *átv* **lábbal ~ vmit** piétiner qqch, fouler aux pieds qqch

taposóakna *fn* mines *n* antipersonnel

táppénz *fn* allocation *n* maladie

taps *fn* applaudissement(s) *h (t sz)*

tapsol *tn i* applaudir

tápszer *fn [csecsemőknek]* aliment *h v.* lait *h* pour bébé

tár¹ *ts i* szélesre ~ ouvrir grand; *átv* **vki elé ~ vmit** exposer qqch à qqn

tár² *fn [tölténytár]* magasin *h*, chargeur *h*; *[múzeumban]* collecton *n*, cabinet *h*

taraj *fn [tyúkféléké, hegygerincé, hullámé]* crête *n*; *[sisaké]* visière *n*

tárca *fn [iratoknak, papírpénznek]* portefeuille *h*; *[pénztárca]* porte-monnaie *h*; *[miniszteri]* portefeuille *h*; *[újságban]* feuilleton *h*; **~ nélküli miniszter** ministre *h n* sans portefeuille

tárcaközi *mn* interministériel (-ielle)

tárcsa *fn [telefonon]* cadran *h*; *műsz* disque *h*

tárcsáz I. *tn i* composer *v.* faire un numéro **II.** *ts i vkit* appeler *qqn*

targonca *fn [kétkerekű]* diable *h*; *[négykerekű]* chariot *h*; **villamos ~** chariot automoteur

tárgy *fn [dolog]* objet *h*; *[vitáé]* objet *h*, sujet *h*; *[alkotásé]* sujet *h*; *okt* matière *n*, discipline *n*; *nyelv* objet *h*; **használati ~** objet usuel; **szerelmének ~a** l'objet de son amour; **térjünk a ~ra** venons-en au fait; **eltér a ~tól** s'écarter du sujet; **vminek a ~ában** au sujet de qqch

tárgyal I. *tn i [tárgyalást folytat]* **vkivel** négocier *avec qqn*; *[tanácskozik]* **vkivel** s'entretenir *avec qqn*; *[bíróság]*

tenir audience; *[ellenséggel]* parlementer **II.** *ts i* discuter; *[módszeresen fejteget]* traiter; **a perét holnap ~ják** il sera jugé demain; **egy törvényjavaslatot ~nak** ils discutent un projet de loi

tárgyalás *fn* négociation(s) *n (t sz)*, pourparler(s) *h (t sz)*; *[bírósági]* audience *n*; **~okat folytat** poursuivre des négociations, être en pourparlers

tárgyalási *mn* **~ alap** base *n* de discussion *v.* de négociation; *jog* **~ jegyzőkönyv** procès-verbal *h* d'audience

tárgyalóasztal *fn* table *n* des négociations

tárgyalóterem *fn* salle *n* de réunion; *[bírósági]* salle *n* d'audience

tárgyas *mn* **~ ige** verbe *h* transitif

tárgyatlan *mn* **~ ige** verbe *h* intransitif

tárgyeset *fn* accusatif *h*

tárgyhó(nap) mois *h* de référence

tárgyi *mn* matériel (-elle); **~ bizonyíték** preuve *n* matérielle

tárgyilagos *mn* objectif (-ive)

tárgyilagosság *fn* objectivité *n*

tárgykör *fn* matière *n*, domaine *h*

tárgymutató *fn* index *h*

tárgytalan *mn* **ez már ~** ce n'est plus d'actualité

tarifa *fn* tarif *h*

tarisznya *fn* musette *n*, sacoche *n*

tarka *mn* multicolore, bariolé(e); *átv is* bigarré(e); **~ tömeg** foule *n* bigarrée

tarkabarka *mn* bariolé(e)

tarkít *ts i [beszédet, szöveget]* émailler *v.* parsemer de; **idézetekkel ~** émailler de citations

tarkó *fn* nuque *n*

tárkony *fn* estragon *h*

tárlat *fn* exposition *n*, salon *h*

tárlatvezetés *fn* visite *n* guidée *v.* commentée

tarló *fn [föld, torzsa]* chaume *h*

tárló *fn* vitrine *n*

tárna *fn* galerie *n*

tarokk *fn* tarot *h*, jeu *h* de tarots

tarokkoz|ik *tn i* jouer au tarot(s)

tarol *tn i átv biz* faire un tabac

tárol *ts i* entreposer, emmagasiner; *[adatokat is]* stocker

tárolás *fn [áruké, adatoké]* stockage *h*

tároló *fn [helyiség]* resserre *n*; *[víztartály]* réservoir *h*

társ *fn [élettárs]* compagnon (compagne); *[munkatárs]* collaborateur (-trice); *[üzlettárs]* associé(e)

társadalmi *mn* social(e); ~ **helyzet/réteg** condition *n*/couche *n* sociale; ~ **viszonyok** rapports *h (t sz)* sociaux

társadalom *fn* société *n*; **fogyasztói** ~ société *n* de consommation

társadalombiztosítás *fn [Fr.-ban]* Sécurité *n* sociale

társadalombiztosítási *mn* ~ **járulék** cotisation *n* de Sécurité sociale

társadalomtudomány *fn* sciences *n (t sz)* sociales

társalgás *fn* conversation *n*; *[csevegés]* causerie *n*

társalgó *fn [helyiség]* salon *h*; *[intézményben]* parloir *h*; **kitűnő** ~ *[személy]* brillant(e) causeur (-euse)

társalog *tn i* converser, discuter

társas *mn [közösen végzett]* collectif (-ive); *[társadalmi]* social(e); ~ **lény** être *h* social

társaság *fn [emberek csoportja]* compagnie *n*, groupe *h*; **gazd** société *n*, compagnie *n*; **baráti** ~ groupe d'amis; ~**ban** en société; **vkinek a** ~**ában** en compagnie de qqn; **keresi vkinek a** ~**át** rechercher la compagnie de qqn

társasági *mn* ~ **élet** vie *n* mondaine; *gazd* ~ **adó** impôt *h* sur les sociétés

társasház *fn* immeuble *h* en copropriété

társasjáték *fn* jeu *h* de société

társasutazás *fn* voyage *h* organisé

társbérlő *fn* colocataire *h n*

társelnök *fn* coprésident(e)

társít *ts i* associer; **gondolatokat** ~ associer des idées

társszerző *fn* coauteur *h*

társtulajdonos *fn* copropriétaire *h n*

társul *tn i vkivel* s'associer *à v. avec qqn*

társulás *fn* association *n*

társulat *fn* société *n*, association *n*; *szính* compagnie *n*, troupe *n*

tart I. *ts i* tenir; *[támogatva]* soutenir; *[őrizve]* garder, conserver; *[rekordot]* détenir; *[szokást]* observer; *[ülést]* tenir; *[vminek, vmilyennek itél, tekint]* trouver, considérer, estimer; **beszédet** ~ faire *v.* prononcer un discours; **kezében** ~ tenir *à v.* dans la main; **kutyát** ~ avoir un chien; **magánál** ~ **vmit** garder qqch sur soi; **nagyra** ~ tenir en grande estime; **szemmel** ~ avoir à l'œil; **szünetet** ~ faire une pause; **hűvös helyen ~andó** à conserver au frais; **egyenesen ~ja magát** se tenir droit(e); ~**ja magát vmihez** s'en tenir à qqch; **ezt nem ~om jó ötletnek** je ne trouve pas que ce soit une bonne idée; **kötelességemnek ~om, hogy** je considère de mon devoir de *inf*; ~**sa a vonalat!** ne quittez pas ! **II.** *tn i vmerre* se diriger *vers; vkivel* accompagner *qqn; [időben]* durer; *[térben vmeddig]* s'étendre jusque; *vkitől/vmitől* craindre *qqn/qqch*; **meddig** ~? cela dure combien de temps ?; **attól** ~**ok, hogy** je crains que *subj*; **hol** ~**totok?** *[munkával]* où en êtes-vous ?

tárt *mn* ~ **karokkal fogad vkit** accueillir qqn à bras ouverts

tartalék *fn* réserve *n*; ~**ban** en réserve; ~ **alkatrész** pièce *n* de rechange; *sp* ~ **játékos** remplaçant(e)

tartalékállomány *fn kat* réserve *n*
tartalékol *ts i* garder *v.* tenir en réserve
tartalékos I. *mn* ~ **tiszt** officier *h* de réserve **II.** *fn kat* réserviste *h*
tartalmas *mn [étel]* nourrissant(e); *[mondanivalóban gazdag]* substantiel (-elle)
tartalmatlan *mn* vide de sens, creux (creuse), sans substance
tartalmaz *ts i* contenir, renfermer; **az ár ~za a reggelit** le petit-déjeuner est inclus dans le prix
tartalom *fn [tárgyé, írásműé]* contenu *h*; ~ **és forma** le fond et la forme
tartalomjegyzék *fn* table *n* des matières
tartály *fn* réservoir *h*
tartályhajó *fn* bateau-citerne *h*, navire-citerne *h*; *[olajszállító]* pétrolier *h*
tartálykocsi *fn [vasúti]* wagon-citerne *h*; *gj* camion-citerne *h*
tartam *fn* durée *n*; **az előadás ~a alatt** pendant *v.* durant le spectacle
tartármártás *fn* sauce *n* tartare
tartás *fn [testi]* port *h*, maintien *h*, *[jellembeli is]* tenue *n*; **királynői ~** port de reine; **nincs ~a** *[erkölcsi]* manquer de tenue; **rossz ~** *[testi]* mauvaise tenue
tartásdíj *fn* pension *n* alimentaire
tarthatatlan *mn* intenable
tartogat *ts i [tart, őriz]* conserver, garder; **meglepetést ~ vkinek** réserver une surprise à qqn
tartomány *fn [országrész]* province *n*
tartós *mn [időben]* durable; *[anyag, tárgy]* solide, résistant(e); ~ **eső** pluie *n* persistante; ~ **fogyasztási cikkek** biens *h (t sz)* de consommation durable; ~ **munkanélküliség** chômage *h* de longue durée; ~ **tej** lait *h* stérilisé
tartósít *ts i* conserver

tartósítószer *fn* (agent *h*) conservateur *h*
tartószerkezet *fn épít* armature *n*
tartozás *fn [adósság]* dette *n*; *vmihez* appartenance *n à qqch*
tartozék *fn* accessoire *h*
tartoz|ik *tn i vkihez/vmihez* appartenir *à v.* faire partie de *qqn/qqch*; *vmivel vkinek* devoir *qqch à qqn*; *vmi vkire* regarder *v.* concerner *qqn*; **azok közé ~ik, akik** il fait partie de ceux qui; **ez más lapra ~ik** ceci est une autre affaire; **ez nem rám ~ik** cela ne me regarde *v.* concerne pas; **ő hozzánk ~ik** il est avec nous; **ennyivel ~om neki** je lui dois bien ça; **menynyivel ~om?** combien je vous dois ?; **száz euróval ~om neki** je lui dois cent euros
tartózkodás *fn [vhol]* séjour *h*; *[szavazástól]* abstention *n*; *[testi dologtól]* abstinence *n*; *[modor]* réserve *n*, retenue *n*; **külföldi ~a alatt** pendant son séjour à l'étranger
tartózkodási *fn* ~ **engedély** permis *h* de séjour; ~ **hely** lieu *h* de résidence
tartózkod|ik *tn i [vhol ideiglenesen]* séjourner; *[hosszabb időre]* résider; *[nem szavaz]* s'abstenir; *vmitől* s'abstenir de *qqch v.* de *inf*; **házon kívül ~ik** être absent(e)
tartózkodó I. *mn* réservé(e) **II.** *fn [szavazásnál]* abstentionniste *h n*
tartóztat *ts i [marasztal]* retenir; ~ **ja magát** se retenir
tárva-nyitva *hsz* grand(e) ouvert(e)
tasak *fn* sachet *h*
táska *fn* sac *h*; *[női]* sac *h* à main; *[iskolai]* cartable *h*; *[szem alatti]* poche *n*
táskarádió *fn* transistor *h*
táskás *mn* ~ **a szeme** avoir des poches sous les yeux

taszít *ts i [lök]* pousser; *[undorít]* répugner; **nyomorba ~** plonger dans la misère; **fiz ~ják egymást** se repousser

tat *fn* hajó poupe *n*, arrière *h*

tát *ts i* **száját ~ja** *[ámulva]* rester bouche bée *v. biz* baba, *[bámészkodva] fraz* bayer aux corneilles

tatár I. *mn* tatar(e) **II.** *fn [személy]* Tatar(e); *[nyelv]* tatar *h*

tatárbifsztek *fn* (steak *h*) tartare *h*

tataroz *ts i* rénover

tatarozás *fn* rénovation *n*

tátongó *mn [seb, szakadék]* béant(e)

táv *fn* distance *n*; **száz méteres ~ot** fut courir un cent mètres; *átv* **rövid/hosszú ~on** sur le court/long terme; **rövid/hosszú ~ú** à court/long terme

tavaly *hsz* l'an dernier *v.* passé, l'année dernière *v.* passée; **~ nyáron** l'été dernier

tavalyelőtt *hsz* il y a deux ans

tavalyi *mn* de l'an dernier, de l'année dernière

tavasz *fn* printemps *h*; **tavasszal** au printemps; *átv* **élete ~án** au printemps de sa vie

tavaszi *mn* de printemps

tavaszias *mn* printanier (-ière)

tavaszod|ik *tn i* le printemps approche *v.* arrive

távcső *fn* lunette *n*; *[hordozható, kétcsövű]* jumelles *n (t sz)*; *[csillagászati]* télescope *h*

távfutás *fn sp* course *n* de fond

távfűtés *fn* chauffage *h* urbain

távhívás *fn* appel *h* (téléphonique) interurbain

távirányítás *fn* téléguidage *h*, télécommande *n*

távirányítású *mn* téléguidé(e)

távirányító *fn* télécommande *n*

távirat *fn* télégramme *h*

távirati *mn* télégraphique; **~ stílus** style *h* télégraphique

tavirózsa *fn* nénuphar *h*

távközlés *fn* télécommunication(s) *n (t sz)*

távlat *fn [perspektíva, kilátás]* perspective *n*; *átv* **új ~okat nyit** ouvrir de nouvelles perspectives

távoktatás *fn* téléenseignement *h*

távol I. *hsz* vmitől loin de qqch; *átv is* **~ esik vmitől** être éloigné(e) de qqch; **~ áll tőle, hogy** loin de lui l'idée de *inf v.* que *subj*; **~ marad** être absent(e); **~ tartja magát** vmitől se tenir à l'écart de qqch; **~ről nézve** vu(e) de loin; **~ről sem értünk egyet** nous sommes loin d'être d'accord **II.** *fn* lointain *h*; **a ~ban** au loin, dans le lointain; **a ~ból** de loin

távoli *mn* lointain(e), éloigné(e); **a ~ jövőben** dans un avenir lointain; **~ rokon** parent(e) éloigné(e)

Távol-Kelet *fn* Extrême-Orient *h*

távollátó *fn* presbyte *h n*

távollét *fn* absence *n*; **vki ~ében** en l'absence de qqn; *jog* **~ében elítél** vkit condamner qqn par contumace

távollevő *mn/fn* absent(e)

távolod|ik *tn i* s'éloigner

távolság *fn* distance *n*; **tartja a három lépés ~ot** garder ses distances

távolsági *mn* **~ beszélgetés** appel *h* interurbain; **~ autóbusz** (auto)car *h*

távolugrás *fn* saut *h* en longueur

távozás *fn* départ *h*; **~kor** en partant

távoz|ik *tn i* partir, s'en aller; **angolosan ~ik** *fraz* filer à l'anglaise

távozó *mn* sortant(e)

távvezérlés *fn* télécommande *n*, téléguidage *h*

távvezeték *fn* ligne *n* à haute tension

taxi *fn* taxi *h*; **~ba ül** prendre un taxi; **leint egy ~t** héler un taxi

taxiállomás *fn* station *n* de taxis

taxióra *fn* taximètre *h*, compteur *h*

taxisofőr *fn* chauffeur *h* de taxi

tb-kártya *fn* carte *n* de Sécurité sociale

te *nm [igével]* tu; *[önállóan]* toi; *[birtokos jelzőként]* ton (ta) (tes); ~ **is** toi aussi; ~ **sem** toi non plus; ~ **hülye!** (espèce d') imbécile !; ~ **vagy az?** c'est toi ?; **a ~ házad** ta maison; *[hangsúlyosan]* ta maison à toi

tea *fn* thé *h*; *[gyógynövényből]* tisane *n*, infusion *n*; **citromos** ~ thé (au) citron; ~**t főz** faire du thé

teafőző *fn* bouilloire *n*

teáscsésze *fn* tasse *n* à thé

teáskanna *fn* théière *n*

teasütemény *fn* gâteaux *h (t sz)* secs

teátrális *mn* théâtral(e)

teavaj *fn* beurre *h* superfin

teázlik *tn i* prendre le thé

teázó *fn* salon *h* de thé

téboly *fn [elmebaj]* démence *n*, folie *n*; *átv* **ez kész ~!** c'est de la pure folie !, *biz* c'est du délire !

tébolyodott *mn* dément(e)

technika *fn* technique *n*

technikai *mn* technique

technikum *fn [középiskolai, Fr.-ban]* collège *h* d'enseignement technique, C.E.T.

technikus *fn [szakember]* technicien, (-ienne)

technológia *fn* technologie *n*

teendő *fn* tâche *n*; *[hivatali]* fonctions *n (t sz)*; **titkári ~ket lát el** remplir les fonctions de secrétaire; **sok a ~m** j'ai beaucoup à faire

teflonedény *fn* poêle *n* en téflon

téged *nm* te; *[hangsúlyosan]* toi; **nem szeretlek** ~ je ne t'aime pas; ~ **szeretlek** c'est toi que j'aime

tégely *fn [háztartásban]* pot *h*; *[olvasztáshoz]* creuset *h*

tegez *ts i* tutoyer

tegeződlik *tn i vkivel* être à tu et à toi *avec qqn*; ~**nek** ils se tutoient

tégla *fn* brique *n*; *[besúgó]* biz indic *h n*, balance *n*

téglaépület *fn* construction *n* en briques

téglalap *fn* rectangle *h*; ~ **alakú** rectangulaire

tegnap *hsz* hier; ~ **reggel/este** hier matin/soir

tegnapelőtt *hsz* avant-hier

tegnapi *mn* d'hier; **a ~ nap** la journée d'hier

tehát *ksz* donc, alors

tehén *fn* vache *n*

teher *fn átv is* charge *n*, fardeau *h*, poids *h*; **hasznos** ~ charge utile; ~**be esik/ejt** tomber/mettre enceinte; *átv* **az évek terhe** le poids des années; **terhet vállal magára** assumer une charge; **terhére van vkinek** ennuyer *v.* importuner qqn; *gazd* ~ **van a házán** sa maison est hypothéquée; *jog* **vminek terhe alatt** ~ sous peine de qqch

teheráru *fn* fret *h*

teherautó *fn* camion *h*

teherbíró *mn [személy]* endurant(e), *[dolog is]* résistant(e)

teherforgalom *fn* trafic *h* des marchandises

teherhajó *fn* cargo *h*

teherkocsi *fn [vasúti]* wagon *h* de marchandises

teherlift *fn* monte-charge *h*

tehermentes *mn* exempt(e) d'hypothèque

tehermentesít *ts i [súlytól]* décharger, délester; *[feladatoktól]* libérer, décharger

teherpályaudvar *fn* gare *n* de marchandises

teherpróba *fn átv* épreuve *n*

teherszállítás *fn* transport *h* de marchandises

teherszállító I. *mn* ~ **repülőgép** avion-cargo *h*; ~ **vállalat** entreprise *n* de transport **II.** *fn* *[vállalkozó]* transporteur *h*

tehervonat *fn* train *h* de marchandises

tehet *ts i* → **tesz**

tehetetlen *mn* impuissant(e); ~ **düh** rage *n* impuissante; *fiz* ~ **tömeg** masse *n* inerte

tehetetlenség *fn* impuissance *n*; *fiz* inertie *n*

tehetős *mn* aisé(e)

tehetség *fn* *[tulajdonság]* talent *h*, don *h*; *[személy]* talent *h*; **van ~e vmihez** être doué(e) pour qqch

tehetséges *mn* talentueux (-euse), doué(e)

tehetségtelen *mn* sans talent

tej *fn* lait *h*; **dobozos ~** lait en boîte; **teljes ~** lait entier

tejbegríz *fn* semoule *n* au lait

tejberizs *fn* riz *h* au lait

tejcsokoládé *fn* chocolat *h* au lait

tejes I. *mn* *[tejjel készített]* au lait **II.** *fn* *[eladó]* crémier (-ière); *[házhozszállító]* laitier (-ière)

tejeskávé *fn* café *h* au lait

tejfog *fn* dent *n* de lait

tejföl *fn* crème *n* fraîche

tejipar *fn* industrie *n* laitière

tejpor *fn* lait *h* en poudre

tejszín *fn* crème *n* (fleurette)

tejszínhab *fn* crème *n* fouettée; *[édesített]* crème *n* chantilly

tejtermék *fn* laitage *h*, produit *h* laitier

Tejút *fn csill* Voie *n* lactée

tejüveg *fn* verre *h* dépoli

tejüzem *fn* laiterie *n*

teke *fn* *[golyó]* boule *n*; *[játék]* jeu *h* de quilles, bowling *h*

tekebáb *fn* quille *n*

teker *ts i* *[körülcsavar]* (en)rouler; *[beburkol]* envelopper; *[forgat]* tourner

tekercs *fn* rouleau *h*; *[film-, magnószalag]* bobine *n*

tekercsel *ts i* enrouler; *[filmet]* bobiner

tekeredlik *tn i* s'enrouler

tekervényes *mn* *[út]* sinueux (-euse); *átv is* tortueux (-euse)

teketóriáz|ik *tn i* hésiter, tergiverser

tekint I. *tn i* *vkire/vmire* jeter un coup d'œil *sur v. à qqn/qqch*; **elégedetten ~ vmire** regarder qqch d'un air satisfait **II.** *ts i* *[vminek tart]* considérer *comme qqch*, prendre *pour qqch*; **a dolgot elintézettnek ~i** considérer l'affaire comme réglée

tekintély *fn* autorité *n*, prestige *h*; *[személy]* autorité *n*; **nagy ~nek örvend** jouir d'un grand prestige

tekintélyes *mn* *[személy]* prestigieux (-euse), éminent(e); *[megjelenés]* imposant(e); *[mennyiség]* considérable, important(e)

tekintet *fn* regard *h*; *[figyelembevétel]* considération *n*; *[vonatkozás]* égard *h*, point *h* de vue; **~be vesz vmit** prendre qqch en considération *v.* en compte, tenir compte de qqch; **minden ~ben** à tous égards; **~tel arra, hogy** compte tenu de ce que, vu que

tekintve *hsz* ~, **hogy** vu que, *jog* attendu que; **a körülményeket ~** compte tenu des circonstances

teknő *fn* *[mosó]* bac à laver; *[teknősé]* carapace *n*; *[völgy]* cuvette *n*

teknősbéka *fn* tortue *n*

tékozló *mn* **a ~ fiú** le fils prodigue

tékozol *ts i* gaspiller, dilapider

tél *fn* hiver *h*; **~en** en hiver; **~en-nyáron** *fraz* été comme hiver

Télapó *fn* le Père Noël

tele I. *hsz* plein(e); ~ **van vmivel** être

plein(e) de qqch, *[felület]* être couvert(e) de qqch; **~ van a hasa** avoir le ventre plein; **~ van munkával** être surchargé(e) de travail **II.** *mn* plein(e); **~ szájjal beszél** parler la bouche pleine; **~ tüdővel** à pleins poumons; **~ torokból** à tue-tête

telefax *fn* télécopie *n*; *[gép]* télécopieur *h*; fax *h*

telefon *fn [készülék]* téléphone *h*; *[hívás]* coup *h* de téléphone *v.* biz de fil; **szól a ~** le téléphone sonne; **~on beszél** parler au téléphone; **felveszi/letezi a ~t** décrocher/raccrocher (le téléphone)

telefonál *tn i* téléphoner, *biz* passer un coup de fil

telefonbeszélgetés *fn* communication *n v.* conversation *n* téléphonique

telefonébresztés *fn* réveil *h* téléphonique

telefonfülke *fn* cabine *n* téléphonique

telefonhálózat *fn* réseau *h* téléphonique

telefonhívás *fn* appel *h* téléphonique

telefonkagyló *fn* écouteur *h*, combiné *h*

telefonkártya *fn* télécarte *n*, carte *n* de téléphone

telefonkészülék *fn* téléphone *h*, appareil *h* téléphonique

telefonkezelő *fn* téléphoniste *h n*, standardiste *h n*

telefonkönyv *fn* annuaire *h* des téléphones, bottin *h*

telefonközpont *fn* central *h* téléphonique

telefonszám *fn* numéro *h* de téléphone

telefonvonal *fn* ligne *n* (téléphonique)

telek *fn* terrain *h*

telekkönyv *fn* cadastre *h*

telekkönyvi *mn* **~ bejegyzés** inscription *n* cadastrale; **~ hivatal** cadastre *h*

telekommunikáció *fn* télécommunication *n*

telel *tn i* passer l'hiver; *[állat]* hiverner

teleobjektív *fn* téléobjectif *h*

telep *fn [ideiglenes lakóhely]* campement *h*; *[ipari, kereskedelmi]* établissement *h*; *áll, növ* colonie *n*; *bány* gisement *h*; *vill* batterie *n*

telepátia *fn* télépathie *n*

teleped|ik *tn i s*'installer; **fotelba ~ik** s'installer dans un fauteuil; **vidékre ~ik** s'installer en province

telepes I. *mn* **~ rádió** transistor *h* **II.** *fn* colon *h*, pionnier (-ière)

telephely *fn [üzemé]* site *h*; *[kocsiké]* garage *h*

telepít *ts i [embereket]* établir, installer; *[növényfajtát]* introduire; *[létesítményt]* implanter; *inform* installer

telepítés *fn [embereké]* établissement *h*; *[növényeké]* introduction *n*; *[létesítményé]* implantation *n*; *inform* installation *n*

település *fn [helység]* commune *n*, agglomération *n*; *[telepeseké]* colonie *n*

telerak *fn vmivel* remplir de qqch

teleszkóp *fn* télescope *h*

teletext *fn* télétexte *h*

teletöm *ts i vmivel* bourrer *v.* remplir de qqch

televízió *fn* télévision *n*, *biz* télé *n*; *[készülék így is]* téléviseur *h*; **közszolgálati/kereskedelmi ~** télévision publique/privée; **~t néz** regarder la télé(vision)

televíziós *mn* télévisé(e); **~ csatorna** chaîne *n* de télévision; **~ közvetítés** retransmission *n* télévisée

telex *fn* télex *h*

telhetetlen *mn* insatiable

telhető *fn* **megtesz minden tőle ~t** faire tout mon possible

teli I. *hsz/mn* → **tele II.** *fn* ~**be talál** *fraz* faire mouche, mettre dans le mille

téli *mn* d'hiver, hivernal(e); ~ **álom** sommeil *h* hibernal, hibernation *n*; ~ **szünet** vacances *n (t sz)* d'hiver

télies *mn* hivernal(e)

telihold *fn* pleine lune *n*

tellik *tn i [tele lesz]* se remplir; *[idő]* passer; **időbe ~ik** prendre du temps; **megteszi, ami tőle ~ik** faire tout son possible; **nekünk erre nem ~ik** nous n'en avons pas les moyens; **öröme ~ik vmiben** trouver plaisir à *inf*

télikabát *fn* manteau *h* d'hiver

télikert *fn* jardin *h* d'hiver

télisport *fn* sport *h* d'hiver

téliszalámi *fn* salami *h* hongrois

telít *ts i vegy* saturer

telitalálat *fn [szerencsejátékban] fraz* le gros lot

telivér I. *mn* ~ **ló** cheval *h* (de) pur sang **II.** *fn* pur-sang *h*

teljes *mn [hiánytalan]* complet (-ète), intégral(e); *[egész]* entier (-ière); *[összes]* total(e); ~ **egészében** dans sa totalité; ~ **egyetértés** parfaite entente *n*; ~ **ellátás** pension *n* complète; ~ **erejéből** de toutes ses forces; ~ **gázzal** à pleins gaz; ~ **joggal** à juste titre; **két ~ nap** deux jours entiers; ~ **mértékben** tout à fait, entièrement; ~ **szívemből** de tout mon cœur

teljesen *hsz* complètement, tout à fait, entièrement; ~ **egyedül** tout(e) seul(e)

teljesít *ts i [feladatot, kötelességet]* accomplir; *[kérést]* satisfaire; *[kívánságot]* exaucer; *[parancsot]* exécuter; ~ **ígéretét** tenir sa promesse

teljesítés *fn [feladaté, kötelességé]* accomplissement *h*; *[megbízásé, parancsé]* exécution *n*; **szolgálatának ~e közben** dans l'exercice de ses fonctions

teljesítmény *fn* performance *n*; *[gépé, munkáé így is]* rendement *h*; *[fiz, vill]* puissance *n*

teljesítménybér *fn* salaire *h* au rendement

teljesítőképesség *fn [személyé]* capacité *n*; *[gépé]* puissance *n*

teljesség *fn* intégralité *n*, totalité *n*; **a ~ igénye nélkül** sans prétendre à l'exhaustivité; ~**gel** totalement

teljesül *tn i* s'accomplir, se réaliser

teljhatalmú *mn* ~ **megbízott** plénipotentiaire *h*

teljhatalom *fn* pleins pouvoirs *h (t sz)*; *[uralkodói]* pouvoir *h* absolu; **teljhatalmat gyakorol** exercer un pouvoir absolu

telt *mn* ~ **ajkak** lèvres *n (t sz)* pulpeuses; ~ **arc** visage *h* plein; ~ **ház** salle *n* comble; ~ **ház előtt játszik** *fraz* jouer à guichets fermés; **zsúfolásig** ~ plein(e) à craquer

teltkarcsú *mn* rondelet (-ette)

téma *fn* sujet *h*; *zene is* thème *h*; **kényes** ~ un sujet délicat

témakör *fn* domaine *h*

tematika *fn* thématique *n*

témavezető *fn okt* directeur (-trice) de recherche

temet *ts i* enterrer, inhumer; **arcát kezébe ~i** cacher son visage dans ses mains; **maguk alá ~tik a romok** être enseveli(e) sous les décombres

temetés *fn* enterrement *h*; *hiv* obsèques *n (t sz)*; *[ünnepélyes]* funérailles *n (t sz)*

temetési *mn* ~ **menet** cortège *h* funèbre

temetkezési *mn* ~ **vállalat** entreprise *n* de pompes funèbres

temető *fn* cimetière *h*

temperamentum *fn* tempérament *h*

temperamentumos *mn* fougueux (-euse)

templom *fn* temple *h*; *[katolikus]* église *n*; **~ba járó** pratiquant(e)
templomtorony *fn* clocher *h*
tempó *fn [iram]* rythme *h*, cadence *n*, allure *n*; *zene* tempo *h*, rythme *h*; *[úszóé]* brasse *n*
tendencia *fn* tendance *n*
tender *fn* appel *h* d'offres
ténfereg *tn i* traîner
tengely *fn* ált axe *h*; *[gépkocsié]* essieu *h*
tengelykapcsoló *fn* embrayage *h*
tengelytörés *fn* rupture *n* d'essieu
tenger *fn* mer *n*; **~ alatti** sous-marin(e); **nyílt ~en** en pleine mer; **~re bocsát** mettre à la mer; **~re száll** prendre la mer
tengeralattjáró *fn* sous-marin *h*
tengerentúli *mn* d'outre-mer, d'outre-atlantique
tengerész *fn* marin *h*
tengerészet *fn* marine *n*; **kereskedelmi ~** marine marchande
tengerészeti *mn* **~ akadémia** académie *n* navale; **~ hivatal** agence *n* maritime
tengerfenék *fn* fond *h* marin
tengerhajózás *fn* navigation *n* maritime
tengeri *mn* **~ csata** bataille *n* navale; **~ hal** poisson *h* de mer; **~ kikötő** port *h* maritime; **~ mérföld** mille *h* marin *v.* nautique
tengeribeteg *mn [igével]* avoir le mal de mer
tengerimalac *fn* cobaye *h*, cochon *h* d'Inde
tengerjáró *fn [hajó]* (paquebot *h*) transatlantique *h*
tengernagy *fn* amiral *h*
tengeröböl *fn* golfe *h*; *[kisebb]* baie *n*; *[kicsi]* crique *n*
tengerpart *fn [partvidék]* littoral *h*, côte *h*; *[amit a tenger mos]* rivage *h*;

[homokos] plage *n*; **a ~on üdül** passer ses vacances au bord de la mer
tengerszint *fn* niveau *h* de la mer; **100 méterrel a ~ felett** à cent mètres d'altitude *v.* au-dessus du niveau de la mer
tengerszoros *fn* détroit *h*
tengervíz *fn* eau *n* de mer
tengődik *tn i* vivoter, végéter
tenisz *fn* tennis *h*
teniszezik *tn i* jouer au tennis
teniszező *fn* joueur (-euse) de tennis
teniszlabda *fn* balle *n* de tennis
teniszpálya *fn* court *h*
teniszütő *fn* raquette *n* de tennis
tennivaló *fn* sok **~ja van** avoir beaucoup (de choses) à faire
tenor *fn [énekes]* ténor *h*; **~ szólam** partie *n* de ténor
tény *fn* fait *h*; **~ az, hogy** il est un fait que; **kész ~ek elé állít vkit** mettre qqn devant le fait acompli
tényállás *fn jog* état *h* de fait, faits *h (tsz)*; **ismerteti a ~t** exposer les faits
tenyér *fn* paume *n*, main *n*; **izzad a tenyere** avoir les mains moites; **tenyerén hordoz vkit** être aux petits soins pour qqn
tenyérnyi *mn* grand(e) *v.* large comme la main
tenyészállat *fn* animal *h* reproducteur
tenyészet *fn* áll élevage *h*; *biol* culture *n*
tenyészik *tn i [növény]* pousser; *[állat]* se reproduire
tenyészt *ts i [állatot]* élever
tenyésztés *fn* élevage *n*
tenyésző *fn* facteur *h*, élément *h*; *mat* facteur *h*
ténykedés *fn* activité *n*
ténykedik *tn i* travailler, agir
ténytáró *mn* **~ újságírás** journalisme *h* d'investigation

ténykérdés *fn* question *n* de fait

tényleg *hsz* vraiment, effectivement, en effet; ~? vraiment ?

tényleges *mn* effectif (-ive), réel (-elle); ~ **érték** valeur *v* effective *v.* réelle; *kat* ~ **állomány** cadre *h* actif

teológia *fn* théologie *n*

teológiai *mn* théologique

teológus *fn* théologien (-ienne)

teoretikus I. *mn* théorique II. *fn* théoricien (-ienne)

teória *fn* théorie *n*

tép I. *ts i* [*szakít*] déchirer; [*virágot*] cueillir; **haját** ~**i** s'arracher les cheveux II. *tn i* [*száguld*] *biz* bomber, bourrer

tépelődik *tn i* se creuser la tête, se tourmenter

tépőzár *fn* (fermeture *n*) velcro *h*

tepsi *fn* plat *h* de cuisson *v.* à four

tér¹ *tn i* **jobbra** ~ tourner *v.* prendre à droite; **magához** ~ reprendre connaissance *v.* ses esprits; ~**jünk a tárgyra** venons-en au fait

tér² *fn* [*kiterjedés*] espace *h*; [*köztér*] place *n*; *átv* domaine *h*, terrain *h*; **e** ~**en** en *v.* dans ce domaine; ~**t hódít** gagner du terrain

terápia *fn* thérapie *n*

terasz *fn* terrasse *n*

térbeli *mn* spatial(e)

térd *fn* genou *h*; ~**en állva** à genoux; ~**re borul** se jeter à genoux

térdel *tn i* être à genoux *v.* agenouillé(e)

térdharisnya *fn* mi-bas *h*

térdkalács *fn* rotule *n*

térdnadrág *fn* knickers *h (t sz)*

térdvédő *fn* genouillère *n*

terebélyes *mn* ~ **asszonyság** femme *n* corpulente; ~ **fa** arbre *h* majestueux

terefere *fn* papotage *h*, bavardage *h*

tereget *tn i* étendre le linge

terel *ts i* [*nyájat, embereket*] conduire, mener; **másra** ~**i a szót** détourner la conversation

terelőút *fn* déviation *n*, dérivation *n*

terem¹ I. *tn i* [*növény*] pousser; [*hirtelen megjelenik*] surgir (brusquement); **vmire termett** être né(e) *v.* fait(e) pour qqch *v.* pour *inf* II. *ts i* produire, donner

terem² *fn* salle *n*

teremőr *fn* gardien (-ienne) de musée

teremsport *fn* sport *h* en salle

teremt *ts i* [*alkot*] créer; **képen** ~ **vkit** flanquer une gifle à qqn; **Isten is ügyvédnek** ~**ette** il est né pour être avocat

teremtés *fn* *vall is* création *n*; [*személy*] créature *n*

teremtmény *fn* créature *n*

teremtő I. *mn* créateur (-trice); ~ **erő** force *n* créatrice II. *fn vall* le Créateur

terep *fn* *átv is* terrain *h*; **előkészíti a** ~**t** préparer le terrain

terepjáró *fn* quatre-quatre *h*

terepszemle *fn* reconnaissance *n* du terrain

terepszínű *mn* couleur camouflage; ~ **egyenruha** tenue *n* léopard

térerő *fn* intensité *n* de champ

térfél *fn* ‹la moitié d'un terrain de sport›

térfogat *fn* volume *h*

térhatású *mn* [*kép*] stéréoscopique; [*hang*] stéréo(phonique)

terhel *ts i* [*súllyal*] charger; [*zavar*] ennuyer; **nem** ~**em a részletekkel** je vous épargne les détails; **bűn** ~**i a lelkiismeretét** avoir un crime sur la conscience; **a költségek őt** ~**ik** les frais sont à sa charge

terhelés *fn* *műsz, vill* charge *n*

terhelő *mn* *jog* ~ **körülmény** circonstance *n* aggravante; ~ **tanú** témoin *h* à charge

terhes I. *mn [állapotos]* enceinte; *[gondot okozó]* pénible, pesant(e) **II.** *fn* femme *n* enceinte

terhesség *fn* grossesse *n*

terhességi *mn* ~ **teszt** test *h* de grossesse

terhességmegszakítás *fn* interruption *n* volontaire de grossesse, IVG

terhestorna *fn* gymnastique *n* prénatale

térhódítás *fn* expansion *n*

tériszony *fn* agoraphobie *n*

térít *ts i* étendre; *[asztalt]* mettre la table; **takarót** ~ **vkire** étendre une couverture sur qqn

térít *ts i vall* convertir; **jó útra** ~ **vkit** ramener qqn dans le droit chemin; **rossz útra** ~ **vkit** détourner qqn du droit chemin; **magához** ~ *[ájultat]* ranimer

teríték *fn* couvert *h*; *átv* ~**re kerül** *[személy]* *fraz* être sur la sellette

térítés *fn vall* évangélisation *n*

térítésmentes *mn* gratuit(e)

terítő *fn [asztalon]* nappe *n*; *[ágyon]* couvre-lit *h*

terjed *tn i [terület] vmeddig* s'étendre jusque; *[hír]* se répandre; *[járvány, tűz]* se propager; *[eszme]* se propager, *fraz* faire tache d'huile

terjedelem *fn [kiterjedés]* dimensions *n (t sz)*; *[térben]* volume *h*; *[síkban]* étendue *n*; *[szövegé]* longueur *n*; **ismereteink terjedelme** l'étendue de nos connaissance; **teljes terjedelmében közöl** publier in extenso

terjedelmes *mn [tárgy]* volumineux (-euse); *[írásmű]* long (longue)

terjedés *fn* propagation *n*, diffusion *n*

terjeng *tn i* flotter, se répandre

terjeszkedés *fn* expansion *n*

terjeszked|ik *tn i [térben]* s'étendre; *[mozgalom]* prendre de l'ampleur; *[vállalkozás, vállalat]* se développer

terjeszt *ts i* ált répandre, propager; *[sajtóterméket]* diffuser; *[más terméket]* distribuer; *vmit vki/vmi elé* soumettre *qqch à qqn/qqch*; **azt ~i, hogy** il raconte partout que

terjesztés *fn [betegségé, híreké]* propagation *n*; *[sajtóterméké]* diffusion *n*; *[más terméké]* distribution *n*

térkép *fn* carte *n*; *[városé]* plan *h*

térképészet *fn* cartographie *n*

térköz *fn* intervalle *h*

termálfürdő *fn* thermes *h (t sz)*, bain *h* thermal

termálvíz *fn* eau *n* thermale

termék *fn átv* is produit *h*; **a képzelet ~e** le produit de l'imagination

termékeny *mn [bőven termő]* fertile; *[szapora]* fécond(e); *[bőven alkotó]* fécond(e), prolifique

termékenység *fn [földé]* fertilité *n*; *[élőlényé, alkotóé]* fécondité *n*

terméketlen *mn [föld]* infertile; *[élőlény]* infécond(e); ~ **elme** esprit *h* infertile v. infécond; ~ **író** écrivain *h* improductif

terméketlenség *fn* infécondité *n*, infertilité *n*

termel *ts i [gyárt]* produire; *[termeszt]* produire, cultiver; *[életműködésével létrehoz]* produire

termelékeny *mn* productif (-ive)

termelékenység *fn* productivité *n*, rendement *h* T

termelés *fn* production *n*

termelési *mn* de production

termelő *mn/fn* producteur (-trice)

termelőeszköz *fn* ~**ök** moyens *h (t sz)* de production

termelői *mn* ~ **ár** prix *h* à la production, prix producteur

termelőszövetkezet *fn* coopérative *n* de production; **mezőgazdasági** ~ coopérative agricole

termény *fn* produit *h* agricole
termés *fn [hozam]* récolte *n*; *növ* fruit *h*
termésátlag *fn* rendement *h* moyen
terméshozam *fn* rendement *h*; **hektáronkénti** ~ rendement à l'hectare
terméskő *fn* pierre *n* brute, moellon *h*
természet *fn* nature *n*; *[alkat]* nature *n*, caractère *h*; ~ **után fest** peindre d'après nature; ~**ben fizet** payer en nature; **az emberi** ~ la nature humaine; **jó/rossz** ~**e van** avoir bon/ mauvais caractère; ~**énél fogva** par nature
természetbeni *mn* en nature; ~ **juttatások** avantages *h (t sz)* en nature
természetellenes *mn [cselekedet]* contre nature; *[beszéd, modor]* pas naturel (-elle), affecté(e), maniéré(e)
természetes *mn* naturel (-elle); **az csak** ~ c'est tout naturel; ~ **gyógymód** médecine *n* douce *v.* naturelle; ~ **halál** mort *n* naturelle; *jog* ~ **személy** personne *n* physique
természetesen *hsz* naturellement !; ~! naturellement !, bien entendu !; ~ **viselkedik** se comporter naturellement
természetfölötti *mn* surnaturel (-elle)
természetgyógyászat *fn* médecine *n* douce
természeti *mn* de nature, naturel (-elle); ~ **csapás** sinistre *h*, catastrophe *n* naturelle; ~ **erők** forces *n (t sz)* de la nature; ~ **kincs** ressource *n v.* richesse *n* naturelle
természetjárás *fn* randonnée *n*
természettudomány *fn* science(s) *n (t sz)* naturelle(s) *v.* de la nature
természettudományi *mn* ~ **kar** faculté *n* des sciences; ~ **folyóirat** revue *n* scientifique
természettudományos *mn* scientifique
természettudós *fn* naturaliste *h n*, scientifique *h n*

természetű *mn* de nature; **féltékeny** ~**ű** d'un naturel jaloux; **politikai** ~ **ügy** affaire *n* de nature politique
természetvédelem *fn* protection *n* de la nature
természetvédelmi *mn* ~ **terület** réserve *n* naturelle, parc *h* naturel *v.* national
természetvédő *mn/fn* écologiste *h n*
terjeszt *ts i* cultiver, produire
termet *fn* taille *n*, stature *n*
termetes *mn* d'une taille imposante
termetű *fn* **alacsony/magas** ~ de petite/haute taille
terminál *fn* inform, rep terminal *h*
terminológia *fn* terminologie *n*
termosz *fn* (bouteille *n*) thermos *h*
termő *fn növ* pistil *h*
termőföld *fn* terre *n* arable
terpeszállás *fn* station *n* écartée
terpeszkedik *tn i* egy fotelban ~**ik** être étalé(e) *v.* vautré(e) dans un fauteuil
terrier *fn* terrier (-ière)
terror *fn* terreur *n*
terrorakció *fn* action *n* terroriste
terrorcselekmény *fn* acte *h* de terrorisme
terrorista *fn* terroriste *h n*
terrorizál *ts i* terroriser
terrorizmus *fn* terrorisme *h*
terrorszervezet *fn* organisation *n* terroriste
terrortámadás *fn* attentat *h* terroriste
térség *fn* région *n*; *[szabad tér]* étendue *n*, terrain *h*; **Budapest** ~**ében** dans la région de Budapest
terület *fn* terrain *h*; *[nagyobb]* territoire *h*, région *n*; *mat* superficie *n*, aire *n*; *[szellemi]* domaine *h*; **Franciaország egész területén** sur l'ensemble du territoire français
területfejlesztés *fn* aménagement *h* du territoire

területi *mn* territorial(e)

terv *fn* ált projet *h*, plan *h*; *[festményé, rajzé]* ébauche *n*; *[gazdasági]* plan *h*; **épít** plan(s) *h (t sz)*; **költségvetési ~** projet de budget; **rövid távú ~** projet à court terme; **távlati ~** projet à longue terme; **~be vesz vmit** projeter de *inf*; **mik a ~eid nyárra?** quels sont tes projets pour cet été ?

tervez *ts i* projeter, envisager; *[épületet, gépet elgondol]* concevoir; *[megrajzol]* dresser *v.* tracer les plans de; *[ruhát elgondol]* créer; *[megrajzol]* dessiner; **azt ~i, hogy** il projette *v.* envisage de *inf*

tervezés *fn* planning *h*; *[épületé, gépé]* conception *n*; *gazd* planification *n*; **számítógépes ~** conception assistée par ordinateur

tervezet *fn* projet *h*

tervező *fn [divatruháé]* créateur (-trice) (de mode), styliste *h n*; *[épületé]* architecte *h n*; *[gépé]* concepteur (-trice)

tervezőiroda *fn* bureau *h* d'étude(s)

tervrajz *fn* plan *h*

tervszerű *mn* planifié(e), *[módszeres]* systématique

tessék *msz [átadva]* voilà, tiens!, tenez !; *[kopogásra]* entrez !; **~?** pardon ?, comment ?, vous dites ?; **~ helyet foglalni** veuillez vous asseoir; **erre ~** par ici, je vous prie; **~ venni!** *[kínálás]* servez-vous !

test *fn* corps *h*; *vall* la chair; **~et ölt** prendre corps; **fiz szilárd ~** (corps *h*) solide *h*

testalkat *fn* constitution *n* (physique)

testápolás *fn* soins *h (t sz)* du corps

testápoló **I.** *mn* **~ szer** produit *h* de soins pour le corps **II.** *fn* lait *h* hydratant

testedzés *fn* culture *n* physique

testépítés *fn* culturisme *h*

testes *mn [személy]* corpulent(e); *[tárgy]* volumineux (-euse); **~ bor** vin *h* qui a du corps

testhezálló *mn* moulant(e)

testhossz *fn* longueur *n* du corps; *sp* **két ~al győz** gagner de deux longueurs

testi *mn* physique, corporel (-elle); **~ épség** intégrité *n* physique; **~ fogyatékos** déficient(e) *v.* handicapé(e) physique; **~ örömök** plaisirs *h (t sz)* de la chair; **~ sértés** *jog* coups et blessures

testileg *hsz* physiquement

testmagasság *fn* taille *n*

testmozgás *fn* exercice *h* physique

testnevelés *fn* éducation *n* physique

testnevelő *mn* **~ tanár** professeur *h n* d'éducation physique, *biz* prof *h n* de gym

testőr *fn* garde *h n* du corps

testőrség *fn [alakulat]* garde *n*; *[egy emberé]* garde personnelle

testrész *fn* partie *n* du corps

testsúly *fn* poids *h*; **~a 70 kiló** il pèse 70 kilos

testtartás *fn* position *n*, posture *n*

testület *fn* corps *h*; **diplomáciai ~** corps diplomatique; **tanácsadó ~** organe *h* consultatif

testvér *fn [fiú]* frère *h*; *[lány]* sœur *n*; **Áron és Zsuzsi ~ek** Áron et Zsuzsi sont frère et sœur; **Éva és Kati ~ek** Éva et Kati sont sœurs; **János és Ábel ~ek** János et Ábel sont frères; **vannak ~eid?** tu as des frères ou des sœurs ?

testvéri *mn* fraternel (-elle); **~ szeretet** amour *h* fraternel

testvériség *fn* fraternité *n*

testvérváros *fn* **~ok** villes *n (t sz)* jumelées

tesz **I.** *ts i [cselekszik]* faire; *[helyez]* mettre; **boldoggá ~ vkit** rendre qqn heureux (-euse); **ez annyit ~, hogy** cela veut dire que; **ez jót ~** cela fait du bien; **helyére ~ vmit** remettre qqch à sa place; **húsz eurót ~ egy lóra** mettre *v.* miser vingt euros sur un cheval; **lehetővé ~** rendre possible; **szolgálatot ~** rendre un service; **úgy ~, mintha** faire semblant de *inf*; **jobban ~éd, ha** tu ferais mieux de *inf*; **~em azt, nyerni fogok** supposons *v.* mettons que je gagne; **mit tegyünk?** que faire ?; **nincs mit tenni** il n'y a rien à faire **II. tn i ~ek rá!** *biz* je m'en fous !; **majd ~ek róla** j'y veillerai; **nem tehetek róla** je n'y peux rien; **ő tehet róla** c'est (de) sa faute

teszt *fn* test *h*

tészta *fn [főtt]* pâtes *n (t sz)* (alimentaires), nouilles *n (t sz)*; *[süteményé]* pâte *n*

tesztel *ts i* tester

tesztlap *fn* questionnaire *h* à choix multiple

tesztvizsga *fn* examen *h* de test

tét *fn* enjeu *h*; *[pénz]* mise *n*; **felmeleli a ~et** augmenter la mise; *átv* **a tárgyalások ~je** l'enjeu des négociations

tetanusz *fn* tétanos *h*

tétel *fn [tudományos]* thèse *n*; *[áruból]* lot *h*, assortiment *h*; *[vizsgán]* sujet *h* d'examen; *mat* théorème *h*; *zene* mouvement *h*; **költségvetési ~** poste *h* budgétaire; **nagy ~ben vásárol** acheter en gros

tételes *mn ~* **elszámolás** compte *h* détaillé; **~ jog** droit *h* positif; **~ vallás** religion *n* positive

tetem *fn* corps *h*; *vál* dépouille *n* (mortelle)

tetemes *mn* considérable

tetéz *ts i* **ez csak ~te a bajt** cela n'a fait qu'aggraver la situation; **és ami**

a bajt még **~te** et pour comble de malheur

tétlen *mn* inactif (-ive), oisif (-ive), inoccupé(e)

tétlenség *fn* oisiveté *n*, inaction *n*, inactivité *n*

tétlenül *hsz* sans rien faire

tétova *mn* hésitant(e), irrésolu(e), indécis(e)

tetovál *ts i* tatouer

tetoválás *fn [cselekmény, eredmény]* tatouage *h*

tétovázás *fn* hésitation *n*, tergiversation *n*

tétováz|ik *tn i* hésiter, tergiverser

tető *fn [házé]* toit *h*; *[dobozé, ládáé]* couvercle *h*; *[legmagasabb pont]* sommet *h*; **a hegy tetején** au sommet de la montagne; *átv* **~ alá hoz vmit** mener qqch à bon port; **~től talpig végigmér vkit** toiser qqn de la tête aux pieds; **ez mindennek a teteje!** c'est un comble !, *biz* c'est le bouquet !; **és a tetejében** et par-dessus le marché

tetőablak *fn* lucarne *n*

tetőfok *fn* sommet *h*, apogée *h*, *[érzelemé]* comble *h*, paroxysme *h*; **a dicsőség ~án** au sommet de la gloire; **~ára hág** atteindre son paroxysme, être à son comble

tetőpont *fn* point *h* culminant; *csill, átv* zénith *h*

tetőtér *fn* comble *h*, mansarde *n*

tetőz|ik *tn i* culminer

tetszeleg *tn i* minauder, se pavaner; **vmilyen szerepben ~** se complaire dans le rôle de qqch

tetszés *fn* approbation *n*; **~ szerint** à volonté, au choix; **az Ön ~ére bízom** je m'en remets à vous; **elnyeri a közönség ~ét** gagner la faveur du public; **~t arat** obtenir *v.* remporter du succès

tetszésnyilvánítás *fn* approbation *n*; **zajos ~** acclamations *n (t sz)*

tetszetős *mn* attrayant(e), séduisant(e); *[előnyősnek látszó]* alléchant(e)

tetszhalál *fn* mort *n* apparente

tetsz|ik *tn i vkinek* plaire à *qqn*; *[látszik]* paraître, sembler; **ahogy ~ik** (c'est) comme tu veux; **akár ~ik, akár nem** que cela te plaise ou non; **ez hogy ~ik neked?** comment tu trouves ça ?; **ez ~ik nekem** cela me plaît; **nekem úgy ~ik, hogy** il me semble que, j'ai l'impression que; **~ik tudni, ...** vous savez, ...

tetszőleges *mn mat~* **érték** valeur *n* arbitraire; **egy egyenes ~ pontja** un point quelconque d'une droite

tett *fn* acte *h*, action *n*; **felel ~eiért** répondre de ses actes; **a ~ek embere** un homme d'action; **~en ér** prendre sur le fait *v.* en flagrant délit

tettenérés *fn* flagrant *h* délit

tettes *fn* auteur *h* du crime

tettestárs *fn* complice *h n*

tettet *ts i vmit* feindre, simuler; **beteg- séget ~** simuler une maladie; **~i az al- vást** faire semblant de dormir; **~i ma- gát** jouer la comédie

tettetés *fn* simulation *n*

tetthely *fn* lieu *h* du crime

tettleg *hsz jog ~* **bántalmaz** vkit se livrer à des voies de fait sur qqn

tettlegesség *fn jog* voie *n* de fait

tetű *fn* pou *h*

tetves *mn* pouilleux (-euse)

teve *fn [egypúpú]* dromadaire *h*; *[két- púpú]* chameau *h*

tévé *fn biz* télé *n*

téved *tn i* se tromper, faire erreur; *[vho- va]* échouer; **nagyon ~** vous faites une grosse erreur, vous vous trompez lourdement; **rossz útra ~** faire fausse route; **ha nem ~ek** si je ne me trompe

tévedés *fn* erreur *n*; **nagy ~** grave erreur; **~ből** par erreur

tévedhetetlen *mn* infaillible

tévéfilm *fn* téléfilm *h*

tévéhíradó *fn* journal *h* télévisé

tevékeny *mn* actif (-ive)

tevékenyked|ik *tn i* s'activer, s'affai- rer, travailler

tevékenység *fn* activité *n*; **~et fejt ki** déployer une activité

tévékészülék *fn* téléviseur *h*, télévi- sion *n*

tévelyeg *tn i* errer; *átv vál* se dévoyer

tévéműsor *fn* émission *n* de télévi- sion; *[összességében]* programme *h* de télévision

tévénéző *fn* téléspectateur (-trice)

tévéreklám *fn* publicité *n* télévisuelle; *biz* pub *n*

téves *mn* faux (fausse); *[hibás]* erro- né(e); **~, hogy** il est faux que *subj*; **~ számítás** calcul *h* erroné

tévésorozat *fn* série *n* télé

tévészerelő *fn* réparateur (-trice) de télévision

téveszt *ts i célt* **~** manquer la cible; **pályát ~** manquer sa vocation; **szem elől ~** perdre de vue

tévéz|ik *tn i* regarder la télé

tévhit *fn* croyance *n* erronée

tévút *fn* **~on jár** faire fausse route; **~ra visz** induire en erreur

textil *fn* textile *h*

textilipar *fn* industrie *n* textile

tézis *fn* thèse *n*

ti *nm* vous; *[birtokos jelzőként]* votre, vos; **a ~ házatok** votre maison; **a ~ bútoraitok** vos meubles

tied *nm* **a ~** le tien (la tienne); **a tieid** les tiens (les tiennes); **ez a ~** ceci est à toi

tietek *nm* le vôtre (la vôtre); **ez a ~** ceci est à vous; **a tieitek** les vôtres

tífusz *fn* (fièvre *n*) typhoïde *n*

tigris *fn* tigre *h*

tikkadt *mn* [hőségtől] accablé(e) de chaleur; [szomjúságtól] mourant(e) de soif

tikkasztó *mn* ~ hőség chaleur *n* accablante

tilalmi *mn* ~ idő [halásztban, vadászatban] période *n* prohibée

tilalom *fn* défense *n*, interdiction *n*; [törvényi] prohibition *n*

tilos I. *mn* interdit(e), défendu(e); ~ az átjárás passage *h* interdit; ~ a dohányzás défense de fumer; **parkolni** ~ stationnement *h* interdit **II.** *fn* ~ban vadászik braconner

tilt *ts i* interdire

tiltakozás *fn* protestation *n*

tiltakoz|ik *tn i* protester

tiltakozó *mn* ~ levél lettre *n* de protestation; ~ menet marche *n* de protestation

tiltó *mn* prohibitif (-ive)

tiltott *mn* interdit(e), défendu(e), illicite, [törvényileg] prohibé(e); a ~ gyümölcs le fruit défendu; ~ fegyverviselés port *h* d'armes prohibées

tincs *fn* [hajfürt] mèche *n*; [hullámos] boucle *n*

tinédzser *fn* adolescent(e)

tini *fn biz* ado *h n*

tinta *fn* encre *n*; ~val ír écrire à l'encre

tintahal *fn* seiche *n*, calmar *h*

tintasugaras *mn* ~ nyomtató imprimante *n* à jet d'encre

tintatartó *fn* encrier *h*

tipeg *tn i* marcher à petits pas; [gyorsan] trottiner

tipegő *fn* [ruha] grenouillère *n*

tipikus *mn* typique, caractéristique

tipli *fn műsz* cheville *n*

tipográfia *fn* typographie *n*

tipor *ts i átv is* piétiner, fouler aux pieds

tipp *fn* [győztesre] pronostic *h*; [ötlet] *biz* tuyau *h*

tippel I. *tn i* vkire/vmire parier *sur qqn/qqch* **II.** *ts i* pronostiquer

típus *fn* type *h*; [gyártmány] modèle *h*; a hős ~a le type du héros; nem az én ~om [személyről] il (elle) n'est pas mon genre

Tisza *fn* la Tisza

tiszavirág-életű *mn* éphémère

tiszt *fn kat* officier *h n*; [munkakör] poste *h*, charge *n*, fonctions *n* (*t sz*)

tiszta I. *mn* [nem piszkos] propre; [nem kevert] pur(e); [érthető, világos] clair(e); gazd net (nette); ~ gyapjú pure laine; ~ időben par temps clair; a ~ igazság la stricte vérité; ~ lelkiismeret conscience *n* pure; ~ nyereség bénéfice *h* net; ~ őrült complètement fou; ~ őrület c'est de la pure folie !; ~ szívből de tout cœur; ~ára mos vkit [vád alól] blanchir qqn **II.** *fn* ~ba tesz egy babát changer un bébé; ~ban vagyok azzal, hogy je sais pertinemment que, je suis bien conscient que

tisztálkod|ik *tn i* se laver, faire sa toilette

tisztán *hsz* [nem piszkosan] proprement; [világosan] clairement; ~ lát voir clair

tisztára *hsz* ez ~ lehetetlen c'est absolument impossible; ~ az apja c'est tout le portrait de son père

tisztás *fn* clairière *n*

tisztaság *fn* propreté *n*; [erkölcsi] pureté *n*

tisztasági *fn* ~ betét protège-slip *h*

tisztáz *ts i* [kérdést] clarifier; [személyt] blanchir; [írást] mettre au propre; ~ egy félreértést dissiper un malentendu

tisztázat *fn* copie *n* au propre

tisztázatlan *mn* ~ körülmények között dans des circonstances mal éclaircies

tisztázód|ik *tn i* se clarifier

tisztel *ts i* respecter; **nem ~ se embert se istent** *fraz* être sans foi ni loi

tiszteleg *tn i kat* saluer; *[fegyverrel]* présenter les armes; **~j!** portez arme !

tisztelendő *mn* ~ **úr** révérend père

tisztelet *fn* respect *h*; **nagy ~ben áll** être très respecté(e), jouir d'un grand respect; *[megfelelő, rendes]* **a ~ére** en l'honneur de qqn; **~ét teszi vkinél** faire une visite de politesse à qqn; **~tel** *[levél végén]* veuillez agréer (Madame, Monsieur,) l'expression de ma considération distinguée

tiszteletadás *fn* vkinek hommage *à qqn*

tiszteletbeli *mn* d'honneur

tiszteletdíj *fn* honoraires *h (t sz)*; *[szerzői]* droits *h (t sz)* d'auteur

tiszteletjegy *fn* billet *h* de faveur

tiszteletlen *mn* irrespectueux (-euse); ~ **vkivel szemben** manquer de respect à qqn

tiszteletpéldány *fn [szerzői]* exemplaire *h* d'auteur

tiszteletreméltó *mn* respectable, digne de respect; ~ **erőfeszítés** effort *h* louable

tiszteletteljes *mn* respectueux (-euse)

tiszteletteljesen *hsz* avec respect

tiszteletlentudó *mn* respectueux (-euse)

tisztelgés *fn kat* salut *h* militaire; *[vki/ vmi előtt]* hommage *h à qqn/qqch*

tisztelő *fn* admirateur (-trice)

tisztelt *mn* ~ **uram/asszonyom** Monsieur/Madame; ~ **közönség** Mesdames et Messieurs

tiszteltet *ts i* ~**em édesapádat** mes respects à ton père

tisztes *mn* ~ **kor** âge *h* respectable; ~ **jövedelem** revenu *h* décent

tisztesség *fn [becsületesség]* honnêteté *n*, intégrité *n*, probité *n*

tisztességes *mn [becsületes]* honnête, intègre; *[megfelelő, rendes]* correct(e)

tisztességtelen *mn* malhonnête; ~ **verseny** concurrence *n* déloyale

tiszthelyettes *fn kat* sous-officier *h*

tisztikar *fn* corps *h* d'officiers

tisztiorvos *fn* médecin-conseil *h*

tisztít *ts i* nettoyer; *[zöldséget, gyümölcsöt]* éplucher; *[cipőt]* brosser; *[kőolajat, cukrot]* raffiner

tisztító I. *mn* nettoyant(e) **II.** *fn [üzlet]* pressing *h*

tisztítószer *fn* produit *h* de nettoyage, nettoyant *h*

tisztítótűz *fn* purgatoire *h*

tisztogat I. *ts i* nettoyer **II.** *tn i; pol* purger

tisztogatás *fn* nettoyage *h*; *pol* épuration *n*, purge *n*; **etnikai ~** purification *n* ethnique

tisztség *fn* charge *n*, poste *h*, fonction *n*; **betölt egy ~et** occuper un poste, remplir une fonction

tisztségviselő *fn* fonctionnaire *h n*

tisztul *tn i* se nettoyer; *[folyadék]* se clarifier; *[ég, ügy]* s'éclaircir

tisztviselő *fn* employé(e); *[közhivatalban]* fonctionnaire *h n*

titeket *nm* vous; **látlak ~** je vous vois

titkár *fn* secrétaire *h*

titkárnő *fn* secrétaire *n*

titkárság *fn* secrétariat *h*

titkol *ts i* tenir secret (-ète); ~ **vmit vki előtt** cacher *v.* dissimuler qqch à qqn

titkolódzik faire des cachotterie; *vmivel* faire (un) mystère *de qqch*

titkon *hsz* en secret, secrètement

titkos *mn* secret (-ète); ~ **ajtó** porte *n* dérobée; ~ **szavazás** vote *h* secret; ~ **ügynök** agent *h* secret

titkosít *ts i [iratot]* classer secret; *[üzenetet]* coder, chiffrer

T

titkosszolgálat *fn* services *h (t sz)* secrets

titok *fn* secret *h*; *[rejtély]* mystère *h*; **nyílt ~** *fraz* secret de Polichinelle; **orvosi ~** secret médical; **~ban** en secret, secrètement; **~ban tart vmit** garder *v.* tenir qqch secret (-ète)

titoktartás *fn* secret *h*, discrétion *n*; **~ terhe alatt** *fraz* sous le sceau du secret

titokzatos *mn* mystérieux (-euse), énigmatique; **~ ember** homme *h* mystérieux; **~ mosoly** sourire *h* énigmatique

Tivadar *fn* Théodore *h*

tivornya *fn* orgie *n*, beuverie *n*

tíz *szn* dix; **~ deka** cent grammes

tized I. *szn* dixième *h*; **egy ~ rész** une dixième partie **II.** *fn tört* dîme *n*

tizedel *ts i* décimer

tizedes¹ *mn mat* décimal(e)

tizedes² *fn kat* caporal *h*

tizedesvessző *fn* virgule *n*

tizedik I. *szn* dixième **II.** *fn [emelet, kerület]* dixième *h*; **január ~e** *v.* **~én** le dix janvier

tizen *hsz* dix; **~ voltak** ils étaient dix

tizenegy *szn* onze

tizenegyedik *szn* onzième

tizenegyes *fn sp* penalty *h*; **~t rúg** tirer un penalty

tizenéves *fn* adolescent(e)

tizenhárom *szn* treize

tizenhat *szn* seize

tizenhét *szn* dix-sept

tizenkét *szn* **tizenkettő** douze

tizenkilenc *szn* dix-neuf; **egyik ~, másik egy híján húsz** *fraz* c'est blanc bonnet et bonnet blanc

tizennégy *szn* quatorze

tizennyolc *szn* dix-huit

tizenöt *szn* quinze

tízes I. *mn* **a ~ szám** le (chiffre) dix; **~ számrendszer** numération *n* déci-

male **II.** *fn [szám]* dix *h*; *[bankjegy]* billet *h* de dix; *[érme]* pièce *n* de dix

tízesével *hsz* dix par dix

tízéves *mn* de dix ans

tízezer *szn* dix mille; **a felső ~** *biz* le gratin

tízórai *fn* casse-croûte *h*

tízparancsolat *fn; vall* les dix commandements *h (t sz)*, le décalogue

tízperc *fn okt* récréation *n*

tízszer *hsz* dix fois

tízszeres I. *mn* **~ bajnok** dix fois champion (-ionne) **II.** *fn* **vminek a ~e** *tud* le décuple de qqch

tó *fn* lac *h*; *[kisebb]* étang *h*

toalett *fn [ruházat]* toilette *n*; *[illemhely]* toilettes *n (t sz)*

toalettpapír *fn* papier *h* hygiénique *v.* toilette

toboroz *ts i* recruter

toborzás *fn* recrutement *h*

toboz *fn* pomme *n* de pin

tobzód|ik *tn i [dőzsöl]* faire bombance; *vmiben* se gorger *de qqch*

tócsa *fn* flaque *n*

tódul *tn i [tömeg]* se presser; *[folyadék is]* affluer

tojás *fn* œuf *h*; **húsvéti ~** oeuf de Pâques; **kemény ~** œuf dur; **lágy ~** œuf à la coque

tojásfehérje *fn* blanc *h* d'œuf

tojáshéj *fn* coquille *n* d'œuf

tojásrántotta *fn* omelette *n*

tojássárgája *fn* jaune *h* d'œuf

tojástartó *fn [lágytojásnak]* coquetier *h*

toj|ik I. *ts i* pondre **II.** *tn i biz* **~ok rá** *fraz, biz* je m'assois dessus

tojó *fn áll* pondeuse *n*

tok *fn* étui *h*

toka *fn* double menton *h*

tokaji *fn* tokay *h*

tol *ts i* pousser; *[halaszt]* repousser; **~ja a kerékpárját** pousser son vélo; *átv* **előtérbe ~ vkit** mettre qqn en avant

tolakodás *fn* bousculade *n; átv* intrusion *n*

tolakod|ik *tn i* jouer des coudes; *átv* faire intrusion

tolakodó *mn* importun(e)

tolat *tn i [autóval]* reculer

told *ts i vmihez* ajouter *à qqch*

toldalék *fn [könyvben]* appendice *h; nyelv* suffixe *h*

tolerál *ts i* tolérer

tolerancia *fn* tolérance *n*

toleráns *mn* tolérant(e)

toll *fn [madáré]* plume *n; [írószer-szám]* stylo *h;* **~at ragad** prendre la plume; **~ba mond** dicter

tollaslabda *fn ang* badminton *h*

tollazat *fn* plumage *h*

tollbamondás *fn* dictée *n*

tollrajz *fn* dessin *h* à la plume

tolltartó *fn* trousse *n*

tollvonás *fn* trait de plume; **egy ~sal eltöröl** supprimer d'un trait de plume

tolmács *fn* interprète *h n*

tolmácsol *ts i [zenét is]* interpréter

tolong *tn i* se bousculer

tolongás *fn* bousculade *n,* cohue *n*

tolószék *fn* fauteuil *h* roulant

tolvaj *mn/fn* voleur (-euse)

tolvajnyelv *fn* argot *h; [szakmai]* jargon *h*

tombol *tn i [jelenség]* faire rage, *[ember is]* se déchaîner; **~ dühében** tempêter, fulminer

tombola *fn* tombola *n*

tomboló *mn* **~ vihar** tempête *n* déchaînée; **~ szenvedély** passion *n* déchaînée

tompa *mn [kés, ceruza]* émoussé(e); *[hang, fájdalom]* sourd(e); *[szín]* mat(e), terne; **~ eszű** à l'esprit obtus

tompít *ts i [kést]* émousser; *[hangot]* assourdir, feutrer; *[fájdalmat]* atténuer; *[ütés erejét]* amortir

tompul *tn i [kés]* s'émousser; *[fájdalom]* s'atténuer; *[emlék, hatás]* s'estomper

tonhal *fn* thon *h*

tonna *fn* tonne *n*

tónus *fn* ton *h*

top *fn* top *h;* **a ~on van** être au top

topog *tn i* trépigner, piétiner; *[hidegben]* *fraz* battre la semelle

topográfia *fn* topographie *n*

toporzékol *tn i* **~ dühében** piétiner *v.* trépigner de colère

toprongyos *mn* déguenillé(e), loqueteux (-euse)

tor *fn* **halotti ~** repas *h* de funérailles

tóra *fn vall* torah *v.* thora *n*

torkolat *fn* embouchure *n,* estuaire *h; [delta]* delta *h*

torkoll|ik *tn i [folyó] vmibe* se jeter *dans qqch; [utca utcába]* donner *dans; [utca térre]* déboucher sur

torkos *mn* glouton (-onne), goulu(e)

torlasz *fn [tárgyakból]* amas *h,* amoncellement *h; [barikád]* barricade *n*

torlódás *fn [forgalmi]* embouteillage *h,* encombrement *h*

torlód|ik *tn i [munka, teendő]* s'accumuler

torma *fn* raifort *h*

torna *fn* gymnastique *n; okt* éducation *n* physique

tornác *fn* portique *h*

tornacipő *fn* chaussure(s) *n (t sz)* de sport; basket(s) *n (t sz)*

tornagyakorlat *fn* exercice *h* de gymnastique

tornaóra *fn* cours *h* d'éducation physique *v. biz* de gym

tornász *fn* gymnaste *h n*

tornaszer *fn* agrès *h (t sz)*

T

tornáz|ik *tn i* faire de la gymnastique *v. biz* de la gym

tornatanár *fn* professeur *hn* d'éducation physique; *biz* prof *h n* de gym

tornaterem *fn* salle *n* de gymnastique *v. biz* de gym

tornyosul *tn i* s'amonceler; *[feladatok is]* s'accumuler

torok *fn* gorge *n*; **fáj a torka** avoir mal à la gorge; **teli ~ból** à tue-tête; **torkig van vmivel** en avoir par-dessus la tête de qqch

torokfájás *fn* mal *h v.* maux *h (t sz)* de gorge

torokgyulladás *fn* angine *n*, *orv* pharyngite *n*

torony *fn* tour *n*; *[kisebb]* tourelle *n*; *[templomé így is]* clocher *h*

toronyház *fn* tour *n*

toronyóra *fn* horloge *n* du clocher

torpedó *fn* torpille *n*

torta *fn* gâteau *h*

tortúra *fn átv is* torture *n*, supplice *h*

torz *mn* difforme, monstrueux (-euse)

torzít *ts i/tn i átv is* déformer

torzkép *fn* caricature *n*

torzó *fn* torse *h*

torzszülött **I.** *mn* difforme, *átv is* monstrueux (-euse) **II.** *fn* monstre *h*

torzul *tn i* se déformer

torzsa *fn* trognon *h*

tószt *fn* toast *h*

totális *mn* total(e)

totalitárius *mn* totalitaire

totálkáros *mn* ~ **kocsi** voiture *n* gravement accidentée

totó *fn* loto *h* sportif

totóz|ik *tn i* jouer au loto sportif

totyog *tn i* marcher à petits pas

tovább *hsz [térben]* plus loin; *[időben]* plus longtemps; **és így** ~ et ainsi de suite; **nem bírom** ~ je n'en peux plus !

továbbá *hsz* en outre, de plus

továbbad *ts i vmit vkinek* passer *v.* transmettre *qqch à qqn*

továbbáll *tn i biz* s'éclipser; *fraz, biz* prendre la tangente

továbbfejleszt *ts i* développer

további **I.** *mn* ultérieur(e), suivant(e); ~ **intézkedésig** jusqu'à nouvel ordre **II.** *fn* **minden ~ nélkül** *fraz* sans autre forme de procès; **a ~akban** par la suite

továbbít *ts i [tárgyat]* (faire) passer; *[üzenetet, hírt]* transmettre

továbbjut *tn i [versenyen]* se qualifier; *okt* ~ **a felsőbb osztályba** passer dans la classe supérieure

továbbképzés *fn* formation *n* professionnelle *v.* continue

továbbmegy *tn i* continuer *v.* poursuivre son chemin

továbbra *hsz* ~ **is szeretlek** je continue à t'aimer; ~ **sem szeretlek** je ne t'aime toujours pas

továbbtanul *tn i* poursuivre ses études

tő *fn [növény szára]* pied *h*; *[szőlőé]* cep *h*; *nyelv* radical *h*; **a fal tövében** au pied du mur; **tövéről hegyire elmesél vmit** raconter qqch en long et en large; **tövig levág** couper à ras

több **I.** *szn* plus (de), davantage (de); *[néhány]* plusieurs; **ez már ~ a soknál** c'en est trop; ~ **ízben** à plusieurs reprises; ~, **mint egy éve** il y a plus d'un an; ~ **napon át** pendant plusieurs jours; **nincs ~** il n'y en a plus; **se ~, se kevesebb** ni plus ni moins; **ez ~e kerül** celui coûte plus cher; ~**ek között** entre autres; ~**et szeretne belőle** il en voudrait davantage **II.** *fn* **sőt, mi ~** et par-dessus le marché; ~ **se kell neki** il ne demande pas mieux **III.** *mn* **nem ~ ötvennél** *[életkor]* il n'a pas plus de cinquante ans

többé *hsz* plus; **nincs ~** il n'est plus; **soha ~** plus jamais; **~ nem csinál ilyet** il ne recommencera plus

többé-kevésbé *hsz* plus ou moins

többen *hsz* **~ közülünk** plusieurs d'entre nous; **mi ~ vagyunk** nous sommes plus nombreux

többes *mn* **~ szám** pluriel *h*

többet *hsz* → **többé**

többfelé *hsz* dans plusieurs directions, en plusieurs endroits

többféle *mn* divers(e), de plusieurs sortes *v.* espèces; **~ sütemény** plusieurs sortes de gâteaux

többi I. *mn* **a ~ ember** les autres hommes; **a nap ~ része** le reste de la journée **II.** *fn* **a ~** le reste; **a ~ek** les autres; **és a ~** et caetera etc.

többlet *fn* excédent *h*, surplus *h*

többletbevétel *fn* excédent *h* de recettes

többletköltség *fn* surcoût *h*

többnapos *mn* de plusieurs jours

többnyire *hsz* la plupart du temps, le plus souvent

többpártrendszer *fn* multipartisme *h*

többség *fn* majorité *n*; **~ben van être en majorité**; **az esetek ~ében** dans la majorité *v.* la plupart des cas; **nagy ~gel** à une forte majorité

többségi *mn* majoritaire

többször *szn* plusieurs fois, à plusieurs reprises; **~ voltam ott** j'y étais plusieurs fois; **~ oda nem megyek** je n'irais (jamais) plus là-bas

többszöri *mn* répété(e), réitéré(e)

többszörös I. *mn* multiple **II.** *fn; mat* multiple *h*; **9 a 3-nak a ~e** 9 est le multiple de 3; **a legkisebb közös ~** le plus petit commun multiple

tőgy *fn* pis *h*

tök I. *fn* courge *n*; *[sütő]* potiron *h*; *[here]* durva couille *n* **II.** *hsz* **~ jó!** *biz* super !, génial !

tőke¹ *fn* *[fa-, húsvágó]* billot *h*; *[szőlő]* cep *h*

tőke² *fn* *gazd* capital *h*

tőkebefektetés *fn* investissement *h* de capitaux

tőkeerős *mn* riche en capital

tőkefelhalmozás *fn* accumulation *n* des capitaux

tőkehal *fn* morue *n*, cabillaud *h*

tőkeinjekció *h* injection *n* de capitaux

tökéletes *mn* parfait(e), *biz* impeccable

tökéletesen *hsz* parfaitement

tökéletesít *ts i* perfectionner

tökéletesség *fn* perfection *n*

tökéletlen *mn* *[dolog]* imparfait(e), défectueux (-euse); *[személy]* imbécile

tőkés *mn/fn* capitaliste *h n*

tőkeszegény *mn* pauvre en capital

tökfilkó *fn* imbécile

tökmag *fn* graine *n* de courge; *[gyerekről]* bout *h* de chou

tökrészeg *mn* *biz* soûl(e) comme un cochon *v.* une bourrique

tölcsér *fn* entonnoir *h*; *[fagylalté]* cornet *h*

tőle *hsz* de lui (d'elle); *[részéről]* de sa part; **~ jövök** je viens de chez lui; **ez nem szép ~** ce n'est pas gentil de sa part; **ha csak ~ függne** s'il ne tenait qu'à lui

tölgy *fn* chêne *h*

tölt *ts i* *[folyadékot]* verser; **vmit vmivel remplir** *qqch de qqch*; *[fegyvert, akkumulátort]* charger; *konyh* farcir; *[időt]* passer; **~ vkinek** verser à boire à qqn; **~hetek valamit?** je te sers quelque chose ?; **idejét vmivel ~i** passer son temps à *inf*; **szállodában ~i az éjszakát** passer la nuit à l'hôtel

töltelék *fn* *[sós]* farce *n*, *[édes]* fourrage *h*

töltény *fn* charge *n*

tölténytár *fn* chargeur *h*

töltés *fn [megtöltés]* remplissage *h*; *[árvédelmi]* digue *n*; *[vasúti]* talus *h*; *vill* charge *n*

töltőállomás *fn* station-service *n*

töltőtoll *fn* stylo *h* (à) plume

töltött *mn [sós étel]* farci(e); *[édesség]* fourré(e); *[fegyver]* chargé(e)

töm *ts i [tárgyat]* vmivel bourrer *de qqch*; *[libát, gyereket]* gaver; **fogat ~** plomber une dent; **~i magába az ételt** se gaver

tömb *fn átv is* bloc *h*

tömeg *fn [sok ember]* foule *n*; *[nagy mennyiség]* masse *n*, multitude *n*; *fiz* masse *n*; **nyüzsgő/sűrű ~** foule grouillante/compacte; **a ~ek** les masses; **nagy ~ben jönnek** ils arrivent en masse; **nagy ~ben gyárt** produire en masse

tömegáru *fn* produit *h* de grande consommation

tömeges *mn* massif (-ive)

tömegesen *hsz* en masse

tömeggyilkosság *fn* tuerie *n*, massacre *h*

tömegkommunikáció *fn* communication *n* de masse

tömegközlekedés *fn* transports *h (t sz)* publics *v.* en commun

tömegkultúra *fn* culture *n* de masse

tömegmozgalom *fn* mouvement *h* de masse

tömegpusztító *mn ~* fegyver arme *n* de destruction massive

tömegsír *fn* fosse *n* commune, charnier *h*

tömegsport *fn* sport *h* de masse

tömegszerencsétlenség *fn* catastrophe *n*

tömegtájékoztatás communication *n* de masse

tömegtájékoztató *mn ~* eszközök les média *h (t sz)*

tömegtermelés *fn* production *n* de masse

töméntelen *szn ~* ember énormément de gens; **~ sok** une quantité innombrable de

tömény I. *mn [oldat]* concentré(e); **~ szesz** alcool *h* pur **II.** *fn [ital]* alcool *h* fort

tömérdek *szn →* töméntelen

tömés *fn [fogé]* plombage *h*

tömjén *fn* encens *h*

tömjénez *ts i átv is* encenser

tömlő *fn [tartály]* outre *n*; *[cső]* tuyau *h*; *[belső gumi]* chambre *n* à air

tömondat *fn* phrase *n* simple

tömör *mn [anyag]* massif (-ive), compact(e); *[stílus]* concis(e), succinct(e)

tömörít *ts i [anyagot]* comprimer; *[stílust, szöveget]* condenser; *[szervezetbe]* grouper, rassembler

tömörül *tn i [emberek]* se rassembler; *vki körül* se grouper autour *de qqn*

tömörülés *fn [embereké]* rassemblement *h*

tömött *mn ~* busz bus *h* bondé *v.* bourré; **~ erszény** bourse *n* bien garnie; **~ sorokban** en rangs *h (t sz)* serrés; **~ szakáll** barbe *n* fournie

tömzsi *mn* trapu(e)

tönk *fn* souche *n*; *átv* **a ~ szélén áll** être au bord de la faillite

tönkremegy *tn i [tárgy]* s'abîmer, se détériorer, *[egészség is]* se délabrer; *[vállalat, személy]* être ruiné(e)

tönkretesz *ts i [embert]* ruiner; *[tárgyat]* abîmer, détériorer; **~i az egészségét** se ruiner la santé

töpörtyű *fn* rillons *h (t sz)*, fritons *h (t sz)*

töpreng *tn i* méditer, être plongé(e) dans ses réflexions; **azon ~, hogy** se demander si

tör I. *ts i* casser; **lábát ~i** se casser la jambe; **~i a cipő** les chaussures le blessent; **~i a fejét** se creuser la tête; **~i a franciát** écorcher le français; **~i magát vmi után** se démener pour *inf* **II.** *tn i* **nagyra ~** viser haut; **vkinek az életére ~** attenter à la vie de qqn

tőr¹ *fn* poignard *h*; *[vívó]* fleuret *h*

tőr² *fn [csapda]* piège *h*; **~t vet** tendre un piège; **~be csal** attirer dans un piège

tördel *ts i [darabokra]* morceler; *nyomd* mettre en page; **~i a kezét** se tordre les mains

tördelés *fn nyomd* mise *n* en page

töredék *fn [letört darab, írásmű]* fragment *h*

töredelmes *mn* **~ vallomást tesz** faire l'aveu sincère d'une faute, *fraz* faire amende honorable

töredez|ik *tn i* s'émietter; *[felületen]* se craqueler

töreksz|ik *tn i* vmire aspirer *v.* tendre à qqch, s'efforcer de *inf*

törékeny *mn átv is* fragile, frêle

törekvés *fn* effort(s) *h (t sz)*

törekvő *mn* ambitieux (-euse)

törés *fn [csonté]* fracture *n*

töretlen *mn [ép]* intact(e); *átv* **~ akarat** volonté *n* inflexible *v.* sans faille

törhetetlen *mn* incassable; *átv* inébranlable

tör|ik *tn i* se casser, se briser; **darabokra ~ik** se briser en mille morceaux; *átv* **ha ~ik, ha szakad** coûte que coûte

törlés *fn [írásműből]* coupure *n*; *[listáról]* radiation *n*; *[kazettáról]* effacement *h*; *[adósságé]* annulation *n*

törleszt *ts i* rembourser, amortir

törlesztés *fn* remboursement *h*, amortissement *h* financier; **havi ~** mensualité *n*

törlőruha *fn [mosogatáshoz]* torchon *h*; *[portörléshez]* chiffon *h* (à poussière)

törmelék *fn [bontási]* gravats *h (t sz)*; *[összetört tárgyé]* débris *h (t sz)*

törődés *fn [gondoskodás]* sollicitude *n*; *[fáradozás]* peine *n*

törőd|ik *tn i vkivel/vmivel* s'occuper *v.* se soucier *v.* se préoccuper *de qqn/qqch*; **~jön a maga dolgával** occupez-vous de vos affaires *v. biz* de vos oignons; **nem ~ik vmivel** négliger qqch

török I. *mn* turc (turque) **II.** *fn [személy]* Turc (Turque); *[nyelv]* turc *h*

Törökország *fn* Turquie *n*

törökülés *fn* **~ben ül** être assis(e) en tailleur

töröl *ts i [piszkot]* essuyer; *[írásból, listáról]* rayer; *[táblát, felvételt]* effacer; **a római járatot ~ték** le vol pour Rome a été annulé; **könnyeit törli** essuyer ses larmes

törölget *ts i/tn i [port]* épousseter; *[edényt]* essuyer; **~i a homlokát** s'éponger le front

törött *mn* cassé(e), brisé(e); **~ bors** poivre *h* moulu *v.* en poudre

törpe *mn/fn* nain(e)

tört I. *mn* cassé(e), brisé(e); **~ magyarsággal** dans un hongrois approximatif **II.** *fn; mat* fraction *n*

történelem *fn* histoire *n*; **~ előtti** préhistorique

történelmi *mn* historique

történés *fn* action *n*

történész *fn* historien (-ienne)

történet *fn* histoire *n*

történetesen *hsz* par hasard; *vál* par aventure

történeti *mn* historique

történetírás *fn* histoire *n*; *[hivatalos]* historiographie *n*

történettudomány *fn* histoire *n*, science(s) *n (t sz)* historique(s)

történ|ik *tn i* arriver, se passer, se produire; *vkivel* arriver à qqn; **mi ~ik?**

que se passe-t-il ?, qu'est-ce qui se passe ?; **bármi ~jék is** quoi qu'il arrive; **mintha mi sem ~t volna** comme si de rien n'était

törtet *tn i átv* jouer des coudes

törtető *fn* arriviste *h n*

törtrész *fn* fraction *n*

törtszám *fn* fraction *n*

törülköz|ik *tn i* s'essuyer

törülköző *fn* serviette *n* (de toilette); *átv* **bedobja a ~t** *fraz* jeter l'éponge

törvény *fn* loi *n*; *[igazságszolgáltatás]* justice *n*; *fiz, vegy* loi, principe *h*; **a ~ értelmében** en vertu de la loi; **a ~ nevében** au nom de la loi; **~ elé állít** traduire en justice; **~t hoz** légiférer

törvényalkotás *fn* législation *n*

törvénycikk *fn* article *h* de loi

törvényellenes *mn* illégal(e), contraire à la loi

törvényerejű *mn* **~ rendelet** décret-loi *h*

törvényerő *fn* force *n* de loi; **~re emelkedik** entrer en vigueur; **~vel bír** avoir force de loi

törvényes *mn* légal(e), légitime

törvényesség *fn* légalité *n*, légitimité *n*

törvényhozás *fn [testület]* corps *h* législatif; *[eljárás]* législation *n*

törvényhozó *fn* législatif (-ive); **~ hatalom** pouvoir *h* législatif

törvényjavaslat *fn* proposition *n* de loi

törvénykezés *fn* juridiction *n*

törvénykönyv *fn* code *h*; **büntető/polgári ~** code pénal/civil

törvénysértés *fn* infraction *n* à la loi

törvényszék *fn* tribunal *h*; **a ~ előtt** devant le tribunal

törvényszéki *mn* de tribunal, judiciaire, légal(e)

törvényszerű *mn* nécessaire

törvényszerűség *fn* nécessité *n*

törvénytelen *mn* illégal(e); *[gyermek]* illégitime

törvénytelenség *fn* illégalité *n*

törvénytervezet *fn* projet *h* de loi

tőrvívás *fn* escrime *n* au fleuret

törzs *fn [fáé]* tronc *h*; *[emberi testé]* tronc *h*, torse *h*; *[nép]* tribu *n*; *kat* état-major *h*

törzsasztal *fn* table *n* des habitués

törzsfőnök *fn* chef *h* de tribu

törzskönyv *fn [állatoké]* livre *h* généalogique; *[kutyáké]* pedigree *h*; *[telivéreké]* ang stud-book *h*

törzsőrmester *fn* adjudant *h*

törzstőke *fn* capital *h* social

törzsvendég *fn* habitué(e)

tősgyökeres *mn* de souche; **~ magyar** Hongrois(e) de souche

tövis *fn* épine *n*

tövises *mn* épineux (-euse)

tőzeg *fn* tourbe *n*

tőzsde *fn* Bourse *n*; **~n jegyzett** coté(e) en Bourse

tőzsdei *mn* boursier (-ière); **~ árfolyam** cours *h* de la Bourse

tőzsdeügynök *fn* courtier (-ière), agent *h* de change

tőzsdéz|ik *tn i* jouer à la Bourse

tradíció *fn* tradition *n*

tradicionális *mn* traditionnel (-elle)

traffipax *fn* contrôle-radar *h*

trafik *fn* bureau *h* de tabac

trafikos *fn* marchand(e) de tabac

tragacs *fn biz* (vieille) bagnole *n*

trágár *mn* ordurier (-ière), grossier (-ière), obscène

tragédia *fn* tragédie *n*

tragikomikus *mn* tragicomique

tragikum *fn* tragique *h*

tragikus *mn* tragique; **~ színész** tragédien (-ienne)

trágya *fn* engrais *h*, *[szerves]* fumier *h*

trágyadomb *fn* tas *h* de fumier

trágyáz *ts i* fertiliser *v.* fumer (la terre)

traktál *ts i [jóltart]* vmivel régaler de qqch; *[terhel]* vmivel biz raser *v.* barber avec qqch

traktor *fn* tracteur *h*

transzformátor *fn* transformateur *h*

transzparens I. *mn* transparent(e) II. *fn [fényreklám]* publicité *n* lumineuse; *[tüntetésen]* banderole *n*

tranzakció *fn* transaction *n*

tranzisztor *fn* transistor *h*

tranzit I. *mn* de transit II. *hsz* en transit

tranzitváró *fn* salle *n* de transit

trapéz *fn mat, sp* trapèze *h*

trauma *fn* traumatisme *h*

tréfa *fn* plaisanterie *n*, farce *n*; blague *n*; ~ból pour rire; rossz ~ mauvaise plaisanterie; ennek fele se ~ il n'y a pas de quoi rire; ~n kívül blague à part

tréfál *tn i* plaisanter

tréfás *mn [dolog]* drôle, comique, amusant(e); *[ember]* farceur (-euse)

treff *fn* trèfle *h*

trehány *mn biz* bordélique

trend *fn* tendance *n*

tréner *fn* entraîneur (-euse)

tréning *fn* entraînement *h*

tréningruha *fn* survêtement *h*, biz survêt *h*

trezor *fn* coffre-fort *h*

tribün *fn* tribune *n*

trikó *fn* maillot *h*, tee-shirt *n*; *[ujjatlan]* maillot *h* de corps, débardeur *h*

trilógia *fn* trilogie *n*

trió *fn* trio *h*

tripla *mn* triple

trófea *fn átv is* trophée *h*

trolibusz *fn* trolleybus *h*

trombita *fn* trompette *n*; clairon *h*

trombitál *tn i* jouer de la trompette *v.* du clairon

trombitás *fn* trompettiste *h n*

trombózis *fn orv* thrombose *n*

tromf *fn [adu]* atout *h*; *[visszavágás]* riposte *n*

trón *fn* trône *h*; ~ra lép monter sur le trône

trónol *tn i [uralkodik]* régner; *[méltóságteljesen ül]* trôner

trónörökös *fn* héritier (-ière) du trône

trópus *fn* les tropiques *h (t sz)*; a ~okon sous les tropiques

trópusi *mn* tropical(e)

tröszt *fn* trust *h*

trükk *fn biz* truc *h*, combine *n*; *[filmben]* effets *h (t sz)* spéciaux

tuberkulózis *fn* tuberculose *n*

tubus *fn* tube *h*

tucat *fn* douzaine *n*; ~jával à la douzaine

tud I. *ts i* savoir, connaître; *[képes]* pouvoir; ki ~ja! qui sait ?, comment savoir ?; mit ~om én qu'est-ce que j'en sais; nem ~ járni *[beteg]* il n'arrive pas à marcher, *[még kicsi]* il ne marche pas encore; ~ja, mit beszél il sait de quoi il parle; nem ~ja, mit csináljon il ne sait que faire; nem ~om je ne sais pas; úgy ~om, hogy je crois savoir que; ~sz egy jó szerelőt? est-ce que tu connais un bon réparateur ? II. *tn i* nagyon ~ ez a fiú biz il en sait des choses, ce garçon; semmiről sem ~ il n'est au courant de rien; ~ japánul il parle (le) japonais

tudakozó *fn* les renseignements *h (t sz)*; bureau *h* de renseignements

tudakozód|ik *tn i* vmiről s'informer de qqch, se renseigner sur qqch

tudálékos *mn* pédant(e)

tudás *fn* savoir *h*; *[ismeretek]* connaissance(s) *n (t sz)*; *[tanultság]* science *n*; a ~ hatalom savoir c'est pouvoir

tudásszomj *fn* soif *n* de connaissance

tudat¹ *ts i vmit vkivel* informer *qqn de qqch;* faire savoir *qqch à qqn*

tudat² *fn* conscience *n;* **abban a ~ban, hogy** en sachant que; **~ában van vminek** être conscient(e) de *qqch;* **~ára ébred vminek** prendre conscience de *qqch*

tudatalatti *fn* subconscient *h*

tudathasadás *fn* dissociation *n* mentale; *orv* schizophrénie *n*

tudatlan *mn/fn* ignorant(e)

tudatlanság *fn* ignorance *n*

tudatos *mn* conscient(e), volontaire

tudatosít *ts i vkiben vmit* faire prendre conscience *de qqch à qqn*

tudattalan I. *mn pszihan* inconscient(e) **II.** *fn pszihan* inconscient *h*

tudniillik *ksz [ugyanis]* en effet; *[azaz]* c'est-à-dire, à savoir

tudnivaló I. *mn ~, hogy* il faut savoir que, rappelons que **II.** *fn* informations *h (t sz),* renseignements *h (t sz)*

tudomány *fn* science *n*

tudományág *fn* branche *n* de la science

tudományegyetem *fn* université *n*

tudományos *mn* scientifique; **Magyar Tudományos ~** Académie des Sciences de Hongrie

tudományos-fantasztikus *mn* de science-fiction

tudománytalan antiscientifique

tudomás *fn* connaissance *n;* **~a van vmiről** avoir connaissance de *qqch;* **~om szerint** à ma connaissance; **~ul vesz vmit** prendre acte *v.* note de *qqch*

tudós *mn/fn* savant(e), érudit(e)

tudósít *ts i vkit vmiről* informer *qqn de qqch;* **munkatársunk ~ Bagdadból** de notre correspondant à Bagdad

tudósítás *fn [értesítés]* information *n; sajtó* reportage *h,* information *n, [rendszeres]* chronique *n*

tudósító *fn* correspondant(e), chroniqueur (-euse), reporter *h n;* **parlamenti ~** chroniqueur parlementaire; **kiküldött ~nk jelenti Kabulból** de notre envoyé spécial à Kaboul

tudta *fn vkinek a ~ nélkül* à l'insu de *qqn;* **tudtommal** à ma connaissance

tudvalevő *mn* notoire, connu(e); **~, hogy** il est notoire que

túl¹ *hsz/nu vmin* au-delà *de qqch,* passé *qqch;* **a határon ~** au-delà de la frontière; **a Rajnán ~** outre-Rhin; **e határidőn ~** passé ce délai; **ő már ~ van azon, hogy** il n'en est plus à *inf;* **~ az ötvenen** à cinquante ans passés

túl² *hsz [túlságosan]* trop; **~ nagy** trop grand; **~ sok ember van itt** il y a trop de gens ici

túlad *tn i vmin* se débarrasser *de qqch*

túladagolás *fn [gyógyszerből]* surdosage *h; [kábítószerből]* surdose *n, ang* overdose *n*

tulajdon¹ *fn* propriété *n,* bien *h;* **állami ~** propriété de l'État; **vkinek a ~ában van** être la propriété de *qqn*

tulajdon² *mn* propre; **~ szemével** de ses propres yeux; **a ~ házában** dans sa propre maison

tulajdonít *ts i vmit vkinek/vminek* attribuer *qqch à qqn/qqch;* **fontosságot ~ vminek** attacher de l'importance à *qqch;* **magának ~ja vminek az érdemeit** s'attribuer le mérite de *qqch*

tulajdonjog *fn* (droit *h* de) propriété *n*

tulajdonképpen *hsz* au juste, en fait

tulajdonnév *fn* nom *h* propre

tulajdonos *fn [javaké]* propriétaire *h n; [címé, rangé]* titulaire *h n*

tulajdonság *fn* trait *h*(de caractère); *[főként szellemi, lelki]* qualité *n; [főként dologké]* propriété *n*

túláradó *mn* débordant(e), exubérant(e)

túlbecsül *ts i* surestimer

túlbuzgó *mn* trop zélé(e)

túlél *ts i vkit/vmit* survivre *à qqn/qqch*

túlélés *fn* survie *n*; **a ~ esélyei** chances *n (t sz)* de survie

túlélő *mn/fn* survivant(e); *[megmenekült]* rescapé(e)

túlérett *mn* avancé(e), trop mûr(e); *[gyümölcs]* blet (blette)

túlerő *fn* supériorité *n* numérique

túlértékel *ts i* surestimer

túlérzékeny *mn* hypersensible

túles|ik *ts i vmin* surmonter *qqch*; **~ik a vizsgán** passer l'examen; **essünk túl rajta!** finissons-en

túlfeszít *ts i* **~i a húrt** *fraz* tirer sur la corde; **~i magát** se surmener

túlfizet *ts i* surpayer

túlfűtött *mn átv is* surchauffé(e)

túlhaladott *mn* dépassé(e)

túli *mn* **a folyón ~ szántóföldek** les champs *h (t sz)* au-delà du fleuve; **a Rajnán ~ emberek** les gens *h (t sz)* d'outre-Rhin

tulipán *fn* tulipe *n*

túljár *tn i* **~ vkinek az eszén** être plus malin (maligne) que qqn

túljelentkezés *fn* **~ van** il y a plus de candidats que de places disponibles

túljut *tn i vmin* dépasser *qqch*; **~ottunk a nehezén** le plus dur est fait *v.* passé

túlkapás *fn* abus *h* de pouvoir

túlkínálat *fn* excédent *h* d'offre

túllép *ts i/tn i vmin* dépasser *qqch*; *[jogtalanul]* outrepasser; **~ a hatáskörén** outrepasser ses pouvoirs

túllő *tn i átv* **~ a célon** dépasser la mesure

túlmegy *tn i vmin* dépasser *qqch*; *átv* **~ a határon** dépasser les bornes *v.* la mesure

túlméretezett *mn* surdimensionné(e)

túlnépesedés *fn* surpopulation *n*

túlnyomó *mn* **~ többségben** en grande majorité; **az ország ~ részében** dans la plus grande partie du pays

túlnyomórészt *hsz* pour la plupart

túloldal *fn* l'autre côté *h*; *[könyvben]* page *n* suivante, verso *h*; **az utca ~án** de l'autre côté de la rue; **lásd a ~on** voir page suivante *v.* au verso

túlóra *fn* heure *n* supplémentaire

túlóráz|ik *tn i* faire des heures supplémentaires *v. biz* des heures sup

túloz *ts i/tn i* exagérer

túlságosan *hsz* trop, excessivement

túlsó *mn* de l'autre côté, d'en face, opposé(e); **a ~ parton** sur l'autre rive; **az utca ~ oldalán** de l'autre côté de la rue

túlsúly *fn* excédent *h* de poids, surpoids *h*; *átv* prédominance *n*; **~ba kerül** prédominer

túlszárnyal *ts i vkit* surpasser *qqn*; **~ vkit ügyességben** surpasser qqn en habileté

túltáplált *mn* suralimenté(e)

túlteljesít *ts i* dépasser

túlteng *tn i* **~ benne az energia** il déborde d'énergie

túlterhel *ts i vmivel átv is* surcharger *de qqch*; *[szellemileg]* surmener; **~i magát** se surmener

túltermelés *fn* surproduction *n*

túltesz I. *tn i vkin* surpasser *qqn*, l'emporter *sur qqn*; **~ vkin kegyetlenségben** surpasser qqn en cruauté **II.** *ts i* **~i magát vmin** passer outre à qqch

túlvilág *fn* l'au-delà *h*, l'autre monde *h*

túlvilági *mn* de l'au-delà

túlzás *fn* exagération *n*; **ez már ~!** c'en est trop !; **~ba visz** exagérer; **egyik ~ból a másikba esik** passer d'un extrême à l'autre

túlzó *mn* exagéré(e); *[ember]* excessif (-ive); *[beszéd]* outrancier (-ière); *[nézet]* extrémiste

túlzott *mn* excessif (-ive), exagéré(e), immodéré(e); ~ **mértékben** à l'excès

túlzsúfolt *mn [emberekkel]* bondé(e); *[tárgyakkal]* encombré(e)

Tunézia *fn* Tunisie *n*

tunya *mn* indolent(e), mollasse, paresseux (-euse)

túr *ts i* ~**ja a földet** *[ember]* remuer la terre; *[disznó]* fouiller *v.* fouir la terre; ~**ja az orrát** fourrer ses doigt dans son nez

túra *fn* excursion *n*, randonnée *n*

túráz|ik *tn i* faire une randonnée

túráztat *ts i* ~**ja a motort** emballer le moteur

turbékol *tn i átv is* roucouler

turista *fn* touriste *h n*; *[természetjáró]* randonneur (-euse)

turistacsoport *fn* groupe *h* de touriste

turistaforgalom *fn* tourisme *h*

turistaház *fn* refuge *h*, gîte *n* (d'étape)

turistatérkép *fn* carte *n* touristique

turistaút *fn [gyalogos]* sentier *h* de randonnée; *[utazás]* voyage *h* touristique

turizmus *fn* tourisme *h*; **falusi** ~ tourisme rural

turkál *tn i [keres]* fouiller, fourrager, *biz* farfouiller

turkáló *fn* friperie *n*

turmix *fn [ital] ang* milk-shake *h*

turmixgép *fn* mixeur *h*

turné *fn* tournée *n*

turnus *fn [forduló]* tour *h*; *[műszakban]* équipe *n*

túró *fn* fromage *h* blanc

túrós *mn* au fromage blanc

tus¹ *fn [festék]* encre *n* de Chine

tus² *fn [zuhany]* douche *n*

tuskó *fn [tönk]* souche *n*; *[nagy tüzifa]* bûche *n*; *átv [személy] biz* pignouf(e)

tusol *tn i* se doucher, prendre une douche

túsz *fn* otage *h*; ~**ul ejt vkit** prendre qqn en otage

tuszkol *ts i* pousser

tutaj *fn* radeau *n*

tuti *mn/fn biz* archisûr(e); *biz* sûr(e) et certain(e)

túzok *fn* outarde *n*

tű *fn* aiguille *n*; **befűzi a** ~**t** enfiler l'aiguille; ~**kön ül** *fraz* être sur des charbons ardents; ~**vé teszi a házat** fouiller la maison de fond en comble

tücsök *fn* grillon *h*; *[kabóca]* cigale *n*; **a** ~ **és a hangya** la cigale et la fourmi

tüdő *fn* poumon *h*; **teli** ~**ből** à pleins poumons

tüdőbaj *fn* tuberculose *n* (pulmonaire)

tüdőbajos *mn/fn* tuberculeux (-euse)

tüdőgyulladás *fn* pneumonie *n*

tüdőrák *fn* cancer *h* du poumon

tüdőszűrés *fn* dépistage *h* de la tuberculose

tükör *fn* glace *n*, *átv is* miroir *h*; **a víz tükre** le miroir des eaux

tükörkép *fn* reflet *h*, image *n* réfléchie

tükörsima *mn* lisse comme un miroir

tükörtojás *fn* œufs *h (t sz)* au plat *v.* sur le plat

tükröz *ts i* réfléchir; *átv is* refléter; *orv* faire un examen endoscopique

tükrözés *fn* reflet *h*; *[orv]* endoscopie *n*

tükröződés *fn átv is* reflet *h*

tükröződ|ik *tn i átv is* se refléter

tülekedés *fn* bousculade *n*, cohue *n*

tüleked|ik *tn i* jouer des coudes

tűlevél *fn* aiguille *n*(de pin *v.* de sapin)

tűlevelű *mn* ~ **fa** conifère *h*, résineux *h (t sz)*

tülköl *tn i* corner; *[autó]* klaxonner

tündér *fn* fée *n*

tündéri *mn* féerique

tündérmese *fn* conte *h* de fées

tündökl|ik *tn i* resplendir; *átv is* briller

tündöklő mn átv is resplendissant(e), brillant(e)

tünemény fn phénomène h; [kísértet] apparition n

tüneményes mn prodigieux (-euse), phénoménal(e)

tűnés fn ~ innen! biz allez dégage !

tünet fn symptôme h, signe h

tünetmentes mn sans symptôme

tűn|ik tn i vminek sembler qqch; **fáradtnak ~ik** il semble fatigué; **nekem úgy ~ik, hogy** il me semble que; **~j innen!** biz fous le camp !, tire-toi !; **hová ~t a szemüvegem?** où sont passées mes lunettes?

tűnőd|ik tn i méditer, réfléchir

tüntet tn i [tömeg] manifester; [feltűnést igyekszik kelteni] vmivel faire étalage de qqch, afficher qqch

tüntetés fn manifestation n, biz manif n

tüntető I. mn vál ostentatoire; ~ **menet** défilé h de manifestants **II.** fn manifestant(e)

tüntetően hsz ostensiblement

tűr ts i supporter, endurer, subir; **nehezen** ~ vmit avoir du mal à supporter qqch; **~i a fájdalmat** supporter la douleur; **ez nem ~ halasztást** vál cela ne souffre aucun retard

türelem fn patience n; [vallási, erkölcsi] tolérance n; **elveszti türelmét** perdre patience; **legyen ~mel** veuillez patienter, soyez patient(e)

türelemjáték fn jeu h de patience

türelmes mn patient(e)

türelmetlen mn impatient(e)

türelmetlenked|ik tn i s'impatienter

türelmetlenség fn impatience n; [vallási] intolérance n

türelmi mn jog ~ **idő** délai h de grâce; ~ **zóna** ‹périmètre désigné par les autorités, où l'on tolère la prostitution›

tűréshatár fn seuil h de tolérance

tűrhetetlen mn intolérable

tűrhető mn [kibírható] supportable, tolérable; [elfogadható] passable

tűrőképesség fn endurance n

türtőztet ts i refréner v. réfréner; ~**i magát** se maîtriser, se contenir, se retenir

tűsarok fn talons h (t sz) aiguilles

tüske fn épine n

tüstént hsz sur-le-champ, immédiatement

tüsszent tn i éternuer

tüsszentés fn éternuement h

tűz¹ I. ts i [tűvel] épingler; [lobogót] arborer; **maga elé** ~ [célként] se proposer de inf; **műsorra** ~ mettre au programme **II.** tn i [nap] taper, frapper

tűz² I. fn feu h; [tűzvész] incendie h; ~ **van!** au feu!; **maga elé** ~ fog prendre feu, s'enflammer; **van tüze?** avez-vous du feu ?; átv ~**be hoz** enflammer; ~**ben áll** être en feu; ~**et tüze?** avez-vous du feu ?; átv ~**be hoz** enflammer; ~**ben jön** s'enflammer; **játszik a** ~**zel** fraz jouer avec le feu; **kat** ~! feu!; ~**et szüntess!** cessez le feu!; konyh **erős/lassú** ~**ön** à feu vif/doux

tűzálló mn [anyag, folyadék] ininflammable; ~ **tál** plat h à four en pyrex

tűzcsap fn bouche n d'incendie

tűzdel ts i [tűvel] épingler; konyh piquer, [szalonnával] larder; **a szöveget idézetekkel** ~**i** larder v. truffer le texte de citations

tüzel I. tn i [fűt] chauffer; [testrész] être en feu; [fegyverrel] ouvrir le feu; [állat ivarzik] être en chaleur v. en rut **II.** ts i [izgat] exciter; ~**i a tömegeket** fanatiser les foules

tüzelőanyag fn combustible h

tüzér fn artilleur h

tüzérség fn artillerie n

tüzes mn brûlant(e); átv ardent(e), brûlant(e), enflammé(e)

T

tüzetes *mn* détaillé(e), minutieux (-euse)

tűzfal *fn* mur *h* coupe-feu

tűzfegyver *fn* arme *n* à feu

tűzfészek *fn [tűzvésznél]* foyer *h* d'incendie; *átv* poudrière *n*

tűzhányó *fn* volcan *h*

tűzharc *fn* fusillade *n*

tűzhely *fn* cuisinière *n*; *[régen]* fourneau *h*; *[családi]* foyer *h*

tűzifa *fn* bois *h* de chauffage

tűzijáték *fn* feu *h* d'artifice

tűzjelző *mn* ~ **készülék** avertisseur *h* d'incendie

tűzoltó I. *mn* ~ **készülék** extincteur *h* (d'incendie) **II.** *fn* pompier *h*, sapeur-pompier *h*

tűzoltóság *fn* les pompiers *h (t sz)*, corps *h* des sapeurs-pompiers

tűző *mn* ~ **nap** soleil *h* ardent *v.* brûlant; **a ~ napon** en plein soleil

tűzszerész *fn* artificier *h*

tűzszünet *fn* cessez-le-feu *h*

tűzvész *fn* incendie *h*

tűzveszélyes *mn* inflammable

tűzvonal *fn* ligne *n* de feu

tűzzel-vassal *hsz* par le fer et par le feu

T

TY

tyúk *fn* poule *n*; *átv [nő] biz pej* poule *n*; **a ~okkal kel/fekszik** se lever/se coucher avec les poules

tyúkeszű *mn [igével]* avoir une cervelle d'oiseau *v.* de moineau

tyúkfarm *fn* aviculture *n*

tyúkketrec *fn [szállításra]* cage *n* à poule; *[tyúkól]* poulailler *h*

tyúkleves soupe *n* au poulet

tyúkól *fn* poulailler *h*

tyúkszem *fn* cor *h* (au pied); *[lábujjak között]* œil-de-perdrix *h*

tyúktojás *fn* œuf *h* de poule

U, Ú

uborka *fn* concombre *h*; *[apró]* cornichon *h*

uborkasaláta *fn* salade *n* de concombre

uborkaszezon *fn* *átv* morte-saison *n*

udvar *fn* *[uralkodóé is]* cour *n*; **az ~on** dans la cour; **az ~nál** *[királyi]* à la cour

udvari *mn* de cour; **~ lakás** appartement *h* sur cour; **~ bolond** le bouffon du roi

udvarias *mn* poli(e), courtois(e)

udvariasság *fn* politesse *n*, courtoisie *n*; **az ~ szabályai** les règles *n (t sz)* de la politesse; **~ból** par courtoisie *v.* politesse

udvariatlan *mn* impoli(e); *biz* malpoli(e); *[igével]* manquer de politesse; **~ alak** malotru *h*, mufle *h*

udvarló *fn* amoureux *h*; *iron* soupirant *h*

udvarol *tn i vkinek* faire la cour à *qqn*; *átv is* courtiser *qqn*

ufó *fn* objet *h* volant non identifié, OVNI

ugar *fn* jachère *n*

ugat *tn i* aboyer; *[beszél]* *biz* gueuler

ugrál *tn i* sautiller; *[árfolyam]* fluctuer; *[sürgölődik]* *vki körül* s'empresser *autour de qqn*; **egyik témáról a másikra ~** *fraz* sauter du coq à l'âne; **~nak a betűk a szeme előtt** les lettres dansent devant ses yeux

ugrás *fn* saut *h*, bond *h*; *[logikai]* saut; *gazd [hirtelen növekedés]* bond *h*; *sp*

saut *h*; **csak egy ~ innen** c'est à deux pas d'ici; **minőségi ~** bond *h* en avant

ugrásszerű *mn* **~ fejlődés** bond *h* en avant

ugrat *ts i [megviccel]* *biz* faire marcher, chambrer; **árkot ~ a lovával** faire sauter le fossé à son cheval

ugr∥ik *tn i* sauter, bondir; **fejest ~ik** plonger, faire un plongeon; **nyakába ~ik vkinek** sauter au cou de *qqn*; **~ik egy osztályt** sauter une classe

ugródeszka *fn* *átv* tremplin *h*; *[uszodai]* plongeoir *h*

ugróiskola *fn* marelle *n*

ugrókötél *fn* corde *n* à sauter

úgy I. *hsz [oly módon]* ainsi, comme cela, de cette manière *v.* façon(-là); *[olyan állapotban]* tel (telle) quel (quelle); *[olyannyira]* tellement; **csak ~** comme ça; **éppen ~, mint** tout comme; **én is ~ gondolom, hogy** je pense également que; **és így meg ~** et patati et patata; **lehet ~ ötven éves** il doit avoir dans la cinquantaine; **~ hagytam, ahogy van** j'ai tout laissé tel quel; **~ hiszem, hogy** je crois *v.* pense que, il me semble que; **~ kell neki!** c'est bien fait pour lui !; **~ látszik, hogy** il semble que; **~, mintha** comme si; **~ van!** exact !, c'est juste !; **~ tesz, mintha** faire comme si, faire semblant de *inf* **II.** *msz hja* **~?** ah, d'accord !; **~ ám!, ~ bizony!** eh oui !

úgy-ahogy *hsz* plus ou moins; **még ~ megfelel** ça passe encore

ugyan I. *hsz* **~ ki?** qui donc ?; **~ mit akarhat?** qu'est-ce qu'il peut bien vouloir ? **II.** *ksz [ámbár, noha]* bien que *subj*, quoique *subj*, encore que *subj*; **kicsi ~, de kényelmes** c'est petit mais ce n'est pas moins confortable **III.** *msz* **~!** *[méltatlankodva]* allons donc !; **~ már!** allons donc !, *[tilta-*

kozva] pas du tout !; ~, **ne mondja** non, vraiment ?; ~ **próbáld már meg!** vas-y, essaye donc !

ugyanakkor *nm/hsz [egy időben]* en même temps, au même moment; *[másrészt]* d'autre part; *[egyúttal]* en même temps, à la fois; ~, **amikor** au moment (même) où

ugyanakkora *nm* de la même taille que, tout aussi grand(e) que

ugyanannyi *nm* (tout) autant, la même quantité, le même nombre; ~**t dolgozom, mint ő** je travaille autant que lui

ugyanaz *nm [mn-i használatban]* le (la) même; *[fn-i használatban]* la même chose; ~ **a ház** la même maison; **egy és ~ a személy** une seule et même personne; **ez nem ~ ce** n'est pas pareil, ce n'est pas la même chose

ugyancsak *hsz [szintén]* aussi, de même, également; *[alaposan]* vraiment; ~ **megmondta neki** *fraz* il lui a dit ses quatre vérités; ~ **van belőle** Dieu sait s'il y en a

ugyanez *nm [mn-i használatban]* le (la) même; *[fn-i használatban]* la même chose; ~**t mondta nekem is** il m'a dit la même chose

ugyanígy *nm* de la même façon *v.* manière, de même

ugyanilyen *nm* le (la) même; ~ **kérdéseket tesz fel ő is** il pose exactement les mêmes questions; ~ **szép** il est tout aussi beau

ugyanis *ksz* en effet, car; **ha ~ azt mondod, hogy** car si tu dis que

ugyanolyan *nm* ~ **jó, mint** aussi bon que; ~ **nagy, mint** de la même taille que; ~ **pici, mint** aussi petit que; **mindenki ~ ajándékot kapott** tout le monde a reçu le même cadeau *v.* un

cadeau identique; **ez ~, mint amikor azt mondod, hogy** c'est comme quand tu dis que

ugyanott *nm* au même endroit, à la même place; **még mindig ~ tartunk** on en est toujours au même point

ugyanúgy *nm* de la même manière *v.* façon, de même; ~ **mint te** tout comme toi; ~ **szeretlek, mint régen** je t'aime autant qu'avant

ugye *msz* n'est-ce pas; ~ **megmondtam?** je l'avais bien dit, n'est-ce pas ?

úgyhogy *ksz* donc, si bien que; ~ **a legjobb az lenne, ha** le mieux serait donc que

úgyis *ksz* de toute façon *v.* manière; *[vmi ellenére]* quand même, de toute façon, malgré tout; **hiába dugdosod, ~ megtalálom** tu as beau le cacher, je le retrouverai quand même; **most már ~ késő** de toute façon, il est trop tard

úgymint *ksz* à savoir, tel (telle) que

úgynevezett *mn [pontosításnál]* dit(e); *[állítólagos]* prétendu(e), soi-disant; **az ~ finnugor nyelvek** les langues dites finno-ougriennes; **ez az ~ énekesnő** cette prétendue chanteuse

úgyse *ksz* **úgysem** de toute façon *v.* manière; ~ **maradtam volna ott** de toute manière, je ne serais pas resté là

úgyszintén *ksz* également, pareillement, de même

úgyszólván *hsz* pour ainsi dire; *biz* quasiment

új I. *mn* nouveau (nouvel) (nouvelle); neuf (neuve); **boldog ~ évet!** bonne année !; **ez ~!** *[hír]* c'est nouveau (ça) !; **mintha csak ~ lenne** comme si c'était neuf; ~ **autó** *[most vásárolt]* une nouvelle voiture, *[nem használt]* une voiture neuve; **II.** *fn* **nem mond**

semmi ~at il ne dit rien de neuf *v.* de nouveau; **nincs ~ a nap alatt** rien de nouveau sous le soleil

újabban *hsz* récemment, dernièrement, ces temps-ci

újból *hsz* de *v.* à nouveau; → **újra**

újbor *fn* vin *h* nouveau

újburgonya *fn* pomme de terre *n* nouvelle

újdonság *fn* nouveauté *n*

újdonsült *mn* ~ **házasok** jeunes époux *h (t sz)*

újév *fn* le jour de l'an *v.* du nouvel an

újévi *mn* de nouvel an; ~ **jókívánságok** vœux *h (t sz)* du nouvel an

újfajta *mn* un nouveau type de

újgazdag *fn* nouveau (-elle) riche *h n*

újgörög I. *mn* grec (grecque) moderne **II.** *fn [nyelv]* grec *h* moderne

újhagyma *fn* oignon *h* nouveau

újhold *fn* nouvelle lune *n*; ~ **van** c'est la nouvelle lune

újít *tn i* innover

újítás *fn* innovation *n*

újító I. *mn* novateur (-trice) **II.** *fn* innovateur (-trice); novateur (-trice)

ujj *fn [kézen]* doigt *h*; *[lábon]* orteil *n*; *[ruháé]* manche *n*; ~al **mutat** montrer du doigt; *átv* **az ~a köré csavar vkit** *fraz* mener qqn par le bout du nez; *átv* **az ~ából szopta** il l'a inventé de toutes pièces; **rövid ~ú ing** chemise *n* à manches courtes

újjáalakít *ts i [épületet]* rénover; *[kormányt]* remanier

újjáalakul *tn i [szervezet, testület]* se reconstituer, se réorganiser; ~ **a kormány** le gouvernement est remanié

újjáéleszt *ts i [élőlényt]* ranimer, faire revivre, ramener à la vie; *átv* raviver, ranimer

újjáépít *ts i* reconstruire

újjáépítés *fn* reconstruction *n*

újjáépül *tn i* être reconstruit(e) *v.* rebâti(e)

újjászervez *ts i* réorganiser

újjászületés *fn* renaissance *n*

újjászület|ik *tn i* renaître; **úgy érzi, mintha ~ett volna** se sentir renaître

ujjatlan *mn [ruha]* sans manches

újjávarázsol *ts i* remettre à neuf

ujjhegy *fn* bout *h* du doigt

ujjlenyomat *fn* empreinte *n* digitale; ~ot **vesz vkiről** prendre les empreintes digitales de qqn

ujjnyi I. *mn vmiből* un doigt *de qqch*; ~ **vastag** de l'épaisseur d'un doigt; **egy ~ bor** un doigt de vin **II.** *fn* **töltsön egy ~t!** servez-m'en un doigt

ujjong *tn i* exulter, *biz* jubiler

újkor *fn* époque *h* moderne

újkori *mn* de l'époque moderne; ~ **történelem** histoire *n* moderne

újkrumpli *fn* → **újburgonya**

újlatin *mn* néo-latin(e)

újonc *fn kat* recrue *n*; *biz* bleu *h*; *átv [kezdő]* novice *h n*, débutant(e)

újonnan *hsz* nouvellement, récemment; ~ **épült ház** maison *n* nouvellement bâtie; **az ~ érkezők** les nouveaux arrivants *h (t sz)*

újra *hsz* à *v.* de nouveau; **próbálja meg** ~! essayez de nouveau *v.* encore; **ma este ~ benézek** je repasserai ce soir; ~ **meg** ~ encore et encore; ~ **meg** ~ **elolvas** lire et relire

újraegyesít *ts i* réunifier

újraegyesítés *fn* réunification *n*

újraéleszt *ts i orv* réanimer

újraélesztés *fn orv* réanimation *n*

újraelosztás *fn* redistribution *n*

újrafelosztás *fn* **a világ ~a** le nouveau partage du monde

újrafelvétel *fn [újrakezdés]* reprise *n*; *[intézménybe]* réadmission *n*; **a tárgyalások ~e** la reprise des négociations; *jog* **egy per ~e** la révision d'un procès

újrahasznosít *ts i* recycler

újrahasznosítás *fn* recyclage *h*

újrakezd *ts i/tn i* recommencer; **elölről ~** reprendre depuis le début *v.* à zéro

újrakezdés *fn* recommencement *h*

újrapapír *fn* papier *h* recyclé

újratermel *ts i gazd* reproduire

újratermelés *fn gazd* reproduction *n*

újraválaszt *ts i* réélire

újraválasztás *fn* réélection *n*

újság *fn [hír]* nouvelle *n*; *[hírlap]* journal *h*; *[hetilap]* hebdomadaire *h*; **~ot olvas** lire le journal; **mi ~?** quoi de neuf ?

újságárus *fn* marchand(e) de journaux

újságcikk *fn* article *h* de journal

újság-előfizetés *fn* abonnement *h* (à un journal)

újsághír *fn* nouvelle *n* (de presse)

újsághirdetés *fn* annonce *n*

újságírás *fn* journalisme *h*

újságíró *fn* journaliste *h n*

újságkihordó *fn* livreur (-euse) de journaux

újságol *ts i* rapporter; **azt ~ta, hogy** il nous a raconté que

újságos *fn [árus]* marchand(e) de journaux; *[kézbesítő]* livreur (-euse) de journaux

újságpapír *fn* papier *h* journal

újszerű *mn* nouveau (nouvel) (nouvelle), original(e), inédit(e); **~ elképzelések** idées *n (t sz)* originales *v.* inédites

újszövetség *fn vall* le Nouveau Testament

újszülött *mn/fn* nouveau-né(e)

újul *tn i* se renouveler

újult *mn* **~ erővel** après avoir récupéré ses forces

Ukrajna *fn* Ukraine *n*

ukrán I. *mn* ukrainien (-ienne) **II.** *fn [személy]* Ukrainien (-ienne); *[nyelv]* ukrainien *h*

ultimátum *fn* ultimatum *h*; **~ot küld vkinek** adresser *v.* envoyer un ultimatum à qqn

ultrahang *fn [vizsgálat, lelet]* échographie *n*; *[az* ultrason *h*

ultraibolya *mn* ultraviolet (-ette); **~ sugarak** rayons *h (t sz)* ultraviolets

ultramodern *mn* ultramoderne

ultrarövidhullám *fn* modulation *n* de fréquence F.M.

un *ts i vmit* en avoir assez *de qqch v. de inf*; **~om már!** j'en ai assez *v. biz* marre *v. biz* ras-le-bol !; **~ja magát** s'ennuyer

unalmas *mn* ennuyeux (-euse)

unalom *fn* ennui *h*; **unalmában pour** tromper son ennui; **megöli az ~** mourir d'ennui, s'ennuyer à mourir

unatkoz|ik *tn i* s'ennuyer

uncia *fn* once *n*

undok *mn [nem kedves]* désagréable; *fraz, biz* aimable comme une porte de prison; *[undorító]* répugnant(e), odieux (-euse); **~ fráter** un type odieux

undor *fn* dégoût *h*, répugnance *n*; **~ral** avec répugnance; **~t kelt vkiben** inspirer du dégoût à qqn

undorít *ts i* inspirer du dégoût à, dégoûter, écœurer

undorító *mn átv is* dégoûtant(e), répugnant(e), *biz* dégueulasse; **ez ~** c'est dégoûtant, *biz* c'est dégueulasse

undorod|ik *tn i vmitől* avoir horreur *de qqch*; *vkitől/vmitől* être dégoûté(e) *v.* répugné(e) *par qqn/qqch*, éprouver de la répugnance *pour qqn/qqch*

uniformis *fn* uniforme *h*

uniformizál *ts i* uniformiser

unió *fn* union *n*; **Európai U~** l'Union Européenne

U

unitárius *mn/fn vall* unitaire *h n*, unitarien (-ienne)

univerzális *mn* universel (-elle)

univerzum *fn* univers *h*

unoka *fn [fiú]* petit-fils *h*; *[lány]* petite-fille *n*; **az ~k** les petits-enfants *h (t sz)*

unokabáty *fn* cousin *h* (plus âgé)

unokahúg *fn [fiatalabb unokatestvér]* cousine *n* (plus jeune); *[testvér leánya]* nièce *n*

unokanővér *fn* cousine *n* (plus âgée)

unokaöcs *fn [fiatalabb unokafivér]* cousin *h* (plus jeune); *[testvér fia]* neveu *h*

unokatestvér *fn* cousin(e)

unott *mn* blasé(e); **~ arccal** d'un air blasé

unszol *ts i vmire* pousser *v.* encourager à *inf*

untat *ts i* ennuyer, lasser; *biz* emmerder; **halálosan ~** il m'ennuie à mourir; **nem akarlak a részletekkel ~ni** je ne veux pas t'ennuyer avec les détails

untig *hsz* **~ elég** c'est plus qu'assez, c'est largement suffisant

úr *fn* monsieur *h*; *[férj]* mari *h*; *tört [nemes]* seigneur *h*; **a ház ura** le maître de maison; **Doktor ~!** Docteur !; **egy igazi ~** un vrai gentleman; **hölgyeim és uraim!** Mesdames et Messieurs !; **uram!** Monsieur !; **nem ura a helyzetnek** ne plus maîtriser la situation; **~rá lesz vmin** maîtriser qqch; *vall* **az Ú~** le Seigneur

ural *ts i átv is* dominer

Urál *fn* Oural *h*

uralkodás *fn* règne *h*; domination *n*; **vkinek ~a alatt** sous (le règne de) qqn

uralkod|ik *tn i* régner, dominer; *[érzelmeken]* dominer, maîtriser; *[uralko-*

dó] régner; **~ik a szenvedélyein** dominer *v.* maîtriser ses passions; **~ik magán** se maîtriser, se dominer, se contenir

uralkodó I. *mn [személy]* régnant(e); *[dolog]* régnant(e), (pré)dominant(e); **az ~ herceg** le prince régnant; **~ nézet** opinion *n* dominante; **az ~ osztály** la classe dirigeante *v.* dominante **II.** *fn [államfő]* souverain *h*

uralkodócsalád *fn* **uralkodóház** famille *n* régnante

uralom *fn* domination *n*, empire *h*; *pol is* pouvoir *h*; **elveszti az uralmát az autó felett** perdre le contrôle de la voiture; **~ra kerül** prendre le pouvoir

urán *fn* uranium *h*

urbanizáció *fn* urbanisation *n*

URH *fn [ultrarövidhullám]* FM *n*

úri *mn [jó modorú]* comme il faut, bien élevé(e); **~ dolga van** *fraz* vivre comme un prince; **~ közönség** public *h* distingué *v.* select; **~ modor** manières *n (t sz)* distinguées; **~ szabó** tailleur *h* pour hommes

úriember *fn* gentleman *h*, homme *h* du monde

úrifiú *fn* jeune homme *h* de bonne famille

úrilány *fn* jeune fille *n* de bonne famille

úrinő *fn* femme *n* du monde, grande dame *n*

urna *fn* urne *n*; **az ~khoz járul** aller aux urnes; **halotti ~** urne funéraire

úrnő *fn* dame *n*; **a ház ~je** la maîtresse de maison

urológia *fn orv* urologie *n*

urológus *fn orv* urologue *h n*

úrvacsora *fn vall* Cène *n*

uszály *fn [ruháé]* traîne *n*; *[üstökösé]* queue *n*; *[hajó]* chaland *h*, péniche *n*

úszás *fn* nage *n*; *[sportág]* natation *n*

úszásnem *fn* nage *n*

úsz|ik *tn i [ember, állat]* nager; *[lebeg]* flotter; *[bő lében]* baigner dans; *átv* **~ik az adósságban** être criblé(e) de dettes; **~ik az árral** *fraz* suivre le courant; **~ik a boldogságban** nager dans le bonheur; **könnyben ~ik a szeme** ses yeux sont baignés de larmes

uszít *ts i vkit vki ellen* monter *v.* exciter *qqn* contre *qqn*; **kutyákat ~ vkire** lâcher les chiens sur qqn

uszítás *fn* excitation *n*, provocation *n*; **gyűlöletre ~** excitation à la haine

úszó *fn [személy]* nageur (-euse); *[horgászzsinóron]* flotteur *h*

úszóbajnok *fn* champion (-ionne) de natation

úszóbajnokság *fn* championnat *h* de natation

uszoda *fn* piscine *n*

úszódressz *fn* maillot *h* de bain

úszógumi *fn* bouée *n* (de sauvetage)

úszómedence *fn* piscine *n*, bassin *h* (de natation)

úszómester *fn* maître nageur (maître *v.* maîtresse nageuse)

úszónadrág *fn* slip *h* de bain, culotte *n* de bain

úszóöv *fn* ceinture *n* de natation

uszony *fn* nageoire *n*

úszósapka *fn* bonnet *h* de bain

úszóverseny *fn* épreuve *n v.* compétition *n* de natation

út *fn* chemin *h*; *[közút]* route *n*; *[utca]* rue *n*; *[széles]* avenue *n*; *[utazás]* voyage *h*; *[útvonal, pálya]* voie *n*, trajet *h*, parcours *h*; **ez az ~ a városba visz** ce chemin conduit *v.* mène à la ville; **fel is ~, le is ~** allez, du vent !; **üzleti/hivatalos ~** voyage d'affaires/officiel; **~ba ejt vmit** passer par qqch; **~ba esik vkinek** être *v.* se trouver sur le chemin de qqn; **~ba igazít**

vkit montrer *v.* indiquer le chemin à qqn; **~ban Párizs felé** en route vers Paris; **~ban van** *[érkezik]* être en route *v.* sur le chemin; *[zavar]* gêner le passage; **saját ~ját járja** suivre ses propres chemins; **jó ~on halad** être sur la bonne voie; **peres ~on** par voie juridique; **~ra kel** se mettre en route; **rossz ~ra tér** se fourvoyer, faire fausse route; **jó utat!** bon voyage!

utal I. *ts i vmire* renvoyer *v.* se référer à *qqch*; *[pénzt]* virer; *[küld]* vkihez renvoyer à *qqn*; **kórházba ~** hospitaliser; **minden arra ~, hogy** tout porte à croire que, tout indique que **II.** *tn i* **másokra van ~va** dépendre des autres, être dépendant(e) *v.* à la charge des autres

utál *ts i* détester; **~ják egymást** se détester

utalás *fn* référence *n*, allusion *n*; *[könyvben másik helyre]* renvoi *h*; *[pénzé]* virement *h*

utálat *fn* aversion *n*, dégoût *h*, répugnance *n*; **~ot kelt vkiben** dégoûter qqn; inspirer du dégoût *v.* de l'aversion à qqn

utálatos *mn* détestable, exécrable, odieux (-euse)

utalvány *fn* mandat *h*, bon *h*; *[postai]* mandat *h* (postal), mandat-poste *h*; **vásárlási ~** bon d'achat

utalványoz *ts i* mandater

után *nu [időben]* après; *[térben]* après, derrière; *[szerint, nyomán]* d'après; **ezek ~** après cela; **munka ~ néz** chercher du travail; **rögtön a pékség ~** juste après la boulangerie; **természet ~** d'après nature; **tíz óra ~** après dix heures; *[elteltével]* au bout de dix heures; **valaki ~ fut** courir après quelqu'un; **valaki ~ megy** suivre quelqu'un

utána *hsz* après; *[majd]* puis; **épp ~m érkezett** il est arrivé juste après moi; **mondjátok ~m!** répétez après moi!; **rögtön ~** tout de suite après; **~m!** suivez-moi!

utánajár *tn i [vminek, hogy megtudja]* se renseigner *sur qqch,* s'informer *de qqch,* vérifier *qqch; [vminek, hogy elintézze]* faire des démarches *pour inf*

utánamegy *tn i [követi]* suivre *v.* rejoindre *qqn*

utánanéz *tn i [tekintetével követ]* suivre du regard; *[informálódik]* se renseigner; *[ellenőriz]* vérifier, contrôler; **~ egy kézikönyvben** vérifier dans un manuel

utánaszámol *tn i/ts i* recompter, vérifier les comptes

utánfutó *fn* remorque *n*

utáni *mn a gyermek ~ vágy* le désir d'avoir un enfant; **a háború ~ évek** les années suivant la guerre; **a munka ~ pihenés** le repos après le travail

utánjárás *fn* démarches *n (t sz);* **ez sok ~ába került** cela lui a coûté bien des démarches

utánnyomás *fn* réimpression *n;* **~ tilos** reproduction *n* interdite

utánoz *ts i vkit/vmit* imiter *qqn/qqch; vmit* reproduire *v.* copier *qqch; [hamisít]* contrefaire; *[gúnyolva]* paroder, singer

utánozhatatlan *mn* inimitable

utánpótlás *fn kat [tárgyi]* ravitaillement *h; [személyi]* renforts *h (t sz)*

utánrendelés *fn* commande *n* de réassort

utántölt *ts i* recharger

utántöltés *fn* recharge *n*

utánvét *fn* paiement *h* à la livraison

utánzás *fn* imitation *n; [hamisítás]* contrefaçon *n*

utánzat *fn* imitation *n,* copie *n; [műtárgy stílusáé]* pastiche *h; [hamisítvány]* contrefaçon *n,* faux *h*

utas *fn* voyageur (-euse); *[járművön így is]* passager (-ère)

utasbiztosítás *fn* assurance *n* voyage

utasfelvétel *fn* enregistrement *h* des passagers

utasforgalom *fn* trafic *h* de passagers

utasfülke *fn [hajón]* cabine *n; [vonaton]* compartiment *h*

utasít *ts i* **a főnök arra ~ott, hogy** le patron m'a donné *v.* intimé l'ordre de *inf;* **csendre ~ vkit** commander le silence à qqn

utasítás *fn* instructions *n (t sz),* directive(s) *n (t sz); [katonának, őrnek]* consigne *n; [orvosi]* prescription *n;* **használati ~** mode *h* d'emploi

utaskísérő *fn [férfi]* steward; *[nő]* hôtesse *n* (de l'air)

utaslista *fn* liste *n* des passagers

utasszállító *mn* ~ **hajó** bateau *h* de transport des passagers; **~ repülőgép** avion *h* de transport

utastér *fn [repülőn]* cabine *n* des passagers

utazás *fn* voyage *h*

utazási *mn* de voyage; **~ csekk** chèque *h* de voyage; **~ iroda** agence *n* de voyages

utazásszervező *fn* voyagiste *h n*

utaz|ik *tn i* voyager, faire un voyage; *[vhova]* partir pour qqpart; *[úton van]* être en voyage; **jól ~tál?** tu as fait un bon voyage ?; **vonaton/hajón/ repülőgépen ~ik** prendre le train/le bateau/l'avion; **informatikában ~ik** être dans l'informatique; *átv* **direkt ~ik vkire** *fraz, biz* avoir qqn dans le nez

utazó I. *mn* **~ nagykövet** ambassadeur (-drice) itinérant(e); **~ ügynök** représentant(e) de commerce **II.** *fn* voyageur (-euse); *[felfedező]* explorateur (-trice)

utazótáska *fn* sac *h* de voyage

útbaigazít *ts i [útirányról] vkit* indiquer le chemin *à qqn*; *[felvilágosít]* renseigner *qqn*

útbaigazítás *fn* information(s) *n (t sz)*, renseignement(s) *h (t sz)*

útburkolat *fn* revêtement *h*

utca *fn* rue *n*; *[mint közterület]* voie *n* publique; **a Fontarabie ~ban lakik** habiter (dans la) rue Fontarabie; **az ~ embere** l'homme *h* de la rue; **az ~n** dans la rue; **~ra kerül** *[hajléktalan]* se retrouver à la rue; **az ~ra néz** *[ablak]* donner sur la rue

utcagyerek *fn* gamin(e) *v.* gosse *h n* des rues

utcai *mn* de (la) rue; **~ árus** marchand(e) de rue; **~ cipő** chaussures *n (t sz)* de ville; **~ lakás** appartement *h* sur rue

utcalány *fn* fille *n* des rues

utcanév *fn* nom *h* de rue

utcasarok *fn* coin *h* de (la) rue; **az utcasarkon** au coin de la rue

utcaseprő I. *mn* **~ gép** balayeuse *n* **II.** *fn* balayeur (-euse)

utcatábla *fn* plaque *n* de rue

útelágazás *fn [kétfelé]* bifurcation *n*; *[többfelé]* fourche *n*

útépítés *fn* construction *n* de routes

úthálózat *fn* réseau *h* routier

úthasználati *mn* **~ díj** (droit *h* de) péage *h*

úti *mn* de voyage; **Andrássy ~ ház** immeuble *h* de l'avenue Andrássy; **~ cél** destination *n* (de voyage); **~ okmány** document *h* de voyage

útikalauz *fn* guide *h* (touristique)

útiköltség *fn* frais *h (t sz)* de voyage

útikönyv *fn* guide *h* (touristique)

útinapló *fn* carnet *h* de voyage

útipoggyász *fn* bagages *h (t sz)*

útirajz *fn* récit *h* de voyage

útirány *fn* direction *n*

útitárs *fn* compagnon (compagne) *n* de voyage *v.* de route

útitáska *fn →* **utazótáska**

útiterv *fn* itinéraire *h*

útján *nu [vki segítségével]* par l'intermédiaire *de qqn*, au moyen *de qqn*; *[vmely módon]* par le moyen *de qqch*; **per ~** par voie juridique

útjelzés *fn* signalisation *n* routière; *[turistaúté]* balisage *h*

útjelző *mn* **~ tábla** panneau *h* de signalisation, poteau *h* indicateur

útkanyarulat *fn* virage *h*

útkereszteződés *fn* carrefour *h*, croisement *h*

útközben *hsz* en chemin *v.* route, en cours de route, chemin faisant

útleírás *fn* récit *h* de voyage

útlevél *fn* passeport *h*; **útlevelet kiállít/meghosszabbít** délivrer/prolonger un passeport

útlevélkérelem *fn* demande *n* de passeport

útlevélvizsgálat *fn* contrôle *h* des passeports

útlezárás barrage *h*

útmutatás *fn* indication *n*, instruction *n*; **követi vkinek az ~ait** suivre les indications de qqn

útmutató *fn* kezelési ~ conseils *h (t sz)* d'entretien

utóbb *hsz* plus tard; **előbb vagy ~** tôt ou tard; **~ kiderült, hogy** il s'est avéré plus tard que

utóbbi I. *mn* dernier (-ière); **az ~ időben** ces derniers temps; **~ napokban** ces derniers jours **II.** *fn* dernier (-ière); **ez ~** ce dernier (cette dernière)

utód *fn [leszármazott]* descendant(e);

[munkakörben, tisztségben] successeur *h*

utódállam *fn* État *h* successeur

utódlás *fn* succession *n*

utóhatás *fn* retombée *n*, répercussion *n*

utóirat *fn* post-scriptum *h*, P.S.

utóíz *fn átv is* arrière-goût *h*; **kellemetlen** ~ arrière-goût désagréable

utójáték *fn* épilogue *h*; *zene* postlude *n*

utókezelés *fn [műtét utáni]* soins *h (t sz)* postopératoires

utókor *fn* postérité *n*

utólag *hsz* après coup, par la suite, ultérieurement

utólagos *mn* postérieur(e), ultérieur(e); ~ **jóváhagyás** ratification *n* ultérieure

utolér *ts i átv is* rattraper; ~**te az osztálytársait** il a rattrapé ses camarades; ~**i magát** se rattraper

utolérhetetlen *mn [teljesítmény]* inégalable, sans pareil (-eille)

utoljára *hsz [időben]* (pour) la dernière fois; *[utolsónak]* en dernier (-ière); *[végül]* en dernier lieu

utolsó I. *mn* dernier (-ière); *[végső]* ultime; **az** ~ **cseppig** jusqu'à la dernière goutte; **az** ~ **fillérig** jusqu'au dernier sou; **az** ~ **ítélet** le Jugement dernier; **az** ~ **percben érkezik** arriver au dernier moment; **ez nem** ~ **dolog!** ce n'est pas rien !; ~ **divat** le dernier cri; ~ **előtti** avant-dernier (-ière) **II.** *fn* dernier (-ière); ~**nak jelentkezik** se présenter en dernier

utolsósorban *hsz* enfin, en dernier lieu

útonálló *fn* brigand *h*

utónév *fn* prénom *h*

úton-útfélen *hsz* à tout bout de champ, un peu partout

utópia *fn* utopie *n*

utópista I. *mn* utopique **II.** *fn* utopiste *h n*

utószezon *fn* arrière-saison *n*

utószó *fn* postface *n*

utóvizsga *fn* examen *h* de rattrapage

útpadka *fn* accotement *h*

útravaló *fn* provisions *n (t sz)* de voyage *v.* de route

útszakasz *fn* tronçon *h* de route; *[utazásé]* étape *n*

útszéli *mn* ~ **beszéd** langage *h* trivial *v.* grossier

útszűkület *fn* rétrécissement *h* de la chaussé

úttest *fn* chaussée *n*

úttörő I. *mn* pionnier (-ière); ~ **munka** *[szakterületen]* travail *h* de pionnier; *pol* ~ **mozgalom** le mouvement des pionniers **II.** *fn [szellemi]* pionnier (-ière), novateur (-trice) *h*; *pol* pionnier (-ière)

útvesztő *fn* dédale *n*, labyrinthe *h*

útviszonyok *fn* conditions *n (t sz)* routières

útvonal *fn* parcours *h*, trajet *h*, itinéraire *h*

uzsonna *fn* goûter *h*

uzsonnázik *ts i/tn i* goûter, prendre le goûter

uzsora *fn* usure *n*

uzsorakamat *fn* intérêt *h v.* taux *h* usuraire; ~**ra ad kölcsön** prêter à usure

Ü, Ű

üde *mn* frais (fraîche); ~ **arcbőr** peau *n* éclatante

üdít *ts i/tn i* rafraîchir

üdítőital *fn* boisson *n* rafraîchissante

üdül *tn i* être en vacances; **a tenger-parton** ~ passer ses vacances au bord de la mer

üdülés *fn* vacances *n (t sz)*, villégia-ture *n*

üdülő *fn* [*személy*] vacancier (-ière); [*épület*] centre *h* de vacances

üdülőhely *fn* lieu *h* de vacances, sta-tion *n*; **tengerparti** ~ station *n* bal-néaire; **téli** ~ station *n* d'hiver

üdülővendég *fn* vacancier (-ière)

üdv *fn* [*köszönés*] salut; *vall* salut *h*; **a haza** ~**e** le salut du pays *v.* de la patrie; ~ **mindenkinek!** salut tout le monde !

üdvhadsereg *fn* l'Armée *n* du Salut

üdvös *mn* salutaire, bénéfique; ~ **ta-nács** conseil *h* salutaire

üdvözít *ts i vall* sauver

üdvözlégy *fn* Ave *h* (Maria); **elmond egy** ~**et** dire un Ave

üdvözlés *fn* [*köszönés*] salut *h*, saluta-tion *n*; **viszonoz egy** ~**t** répondre à un salut

üdvözlet *fn* salutation(s) *n (t sz)*; ~**em!** bonjour !; **adja át neki** ~**emet!** dites-lui bonjour *v.* saluez-le de ma part; [*levélzáró formulák*] **szívélyes** ~**tel** veuillez agréer mes salutations distin-guées; **baráti** ~**tel** amicalement, cor-dialement; *vall* **angyali** ~ Annoncia-tion *n*

üdvözlőbeszéd *fn* discours *h* de bien-venue

üdvözlőlap *fn* [*ünnepre*] carte *n* de vœux; [*képeslap*] carte postale

üdvözöl *ts i* [*köszönt*] saluer; [*érke-zőt*] souhaiter la bienvenue à; [*vmi-lyen alkalomból*] **vkit** féliciter *qqn de qqch v. de inf*; **üdvözlöm a feleségét** saluez votre femme de ma part; [*levél végén*] **szeretettel** ~ amicalement

üdvözül *tn i vall* faire son salut, être sauvé(e)

üdvrivalgás *fn* ovation *n*

üget *tn i* trotter, aller au trot

ügetőpálya *fn* hippodrome *h* de trot

ügetőverseny *fn* course *n* de trot (attelé)

ügy *fn* affaire *n*; [*eszmei*] cause *n*; **csa-ládi** ~ affaire de famille; **folyó** ~**ek** affaires en cours; **üzleti** ~**ben** pour affaires; **az igaz** ~**ért** pour la juste cause; ~**et sem vet vkire/vmire** igno-rer *qqn/qqch*; **keze** ~**ében van vmi** avoir *qqch* sous la main

ügybuzgó *mn* zélé(e), empressé(e)

ügyefogyott *mn/fn* maladroit(e); *biz* empoté(e)

ügyel *tn i* [*vigyáz*] **vkire/vmire** veiller sur *qqn v.* à *qqch*, surveiller *qqn/ qqch*; [*figyel*] **vkire/vmire** faire atten-tion à *qqn/qqch*; [*ügyeletes*] être de garde, assurer la permanence

ügyelet *fn* permanence *n*, garde *n*; **éj-szakai** ~ garde de nuit

ügyeletes I. *mn* de garde; ~ **orvos** mé-decin *h* de garde **II.** *fn* permanencier (-ière)

ügyelő *fn* *szính* régisseur (-euse) (de théâtre); *film* régisseur (-euse) de plateau

ügyes *mn* habile, adroit(e); *[huncut]* malin (maligne), *biz* débrouillard(e); ~ **vmiben** être habile à qqch *v.* à *inf*; ~ **keze van** être adroit(e) de ses mains

ügyesked|ik *tn i [helyezkedik]* jouer au plus fin, manœuvrer

ügyesség *fn* adresse *n*, habileté *n*, dextérité *n*

ügyész *fn* procureur *h n*; **legfőbb** ~ procureur général(e)

ügyészség *fn* le parquet; **legfőbb** ~ le parquet *v.* le Parquet général

ügyetlen *mn* maladroit(e), malhabile, gauche; ~ **vmiben** maladroit(e) dans *v.* en qqch; ~ **magatartás** attitude *n* gauche

ügyetlenked|ik *tn i* faire des *v.* accumuler les maladresses

ügyetlenség *fn [tulajdonság]* maladresse *n*, gaucherie *n*; *[balfogás]* maladresse, bévue *n*, *biz* gaffe *n*

ügyfél *fn* client(e)

ügyfélfogadás *fn* heures *n (t sz)* d'accueil; ~ **9-től 12-ig** ouvert au public de 9 à 12 heures

ügyfélszolgálat *fn* service *h* d'accueil, accueil *h* des clients

üggyel-bajjal *hsz* à grand-peine; *[igével]* avoir du mal à *inf*

ügyintézés *fn* gestion *n*, administration *n*

ügyintéző *mn/fn* administrateur (-trice) gestionnaire, gérant(e) d'affaires

ügyirat *fn* pièce *n*, document *h*

ügylet *fn* **pénzügyi/kereskedelmi** ~ transaction *n v.* opération *n* financière/commerciale

ügymenet *fn* procédure *n* (à suivre)

ügynök *fn* agent *h*; **biztosítási** ~ agent d'assurances; **kereskedelmi** ~ représentant(e) de commerce; **titkos/kettős** ~ agent secret/double

ügynökség *fn* agence *n*

ügyosztály *fn* service *h*, direction *n*; *[minisztériumban]* département *h*

ügyrend *fn* règlement *h*

ügyvéd *fn* avocat(e); **hivatalból kirendelt** ~ avocat(e) commis(e) d'office; ~**hez fordul** consulter un avocat; **az ördög** ~**je** l'avocat du diable

ügyvédi *mn* ~ **iroda** cabinet *h* d'avocat; ~ **kamara** ordre *h* des avocats, barreau *h*

ügyvezető **I.** *mn* ~ **igazgató** directeur (-trice) gérant(e) **II.** *fn* gérant(e)

ügyvitel *fn* gestion *n*

ügyvivő *fn [diplomáciában]* chargé(e) d'affaires; *[ideiglenes megbízott]* dirigeant(e) intérimaire

ükanya *fn* arrière-arrière-grand-mère *n*, trisaïeule *n*

ükapa *fn* arrière-arrière-grand-père *h*, trisaïeul *h*

ükunoka *fn* arrière-arrière-petit-enfant *h n*

ül I. *tn i [vhol]* être assis(e); *[vhova]* s'asseoir; *[börtönben]* être sous les verrous; **egész nap a tévé előtt** ~ il passe toute la journée devant la télé; **földre/asztalhoz/fotelba** ~ s'asseoir par terre/à table/dans un fauteuil; *átv* **fülig** ~ **az adósságban** être endetté(e) jusqu'au cou; *átv* **ki** ~ **a szótáron?** *biz* qui est-ce qui squatte le dico ?; *átv* **tükön** ~ *fraz* être sur des charbons ardents; ~**jön ide!** mettez-vous là **II.** *ts i* **születésnapját** ~**i** célébrer son anniversaire; **két évet** ~**t** *biz* il a tiré deux ans (de prison); **modellt** ~ poser

üldögél *tn i* être assis(e), rester assis(e)

üldöz *ts i [kerget]* poursuivre, pourchasser; *[zaklat]* persécuter; ~**i a balszerencse** la malchance le poursuit; ~**vkit szerelmével** poursuivre qqn de ses assiduités; ~**i a kisebbségeket** persécuter les minorités

üldözés *fn* poursuite *n*, chasse *n*; *pol* persécution *n*

üldöző *fn* poursuivant(e); **~be vesz** prendre en chasse

üldözött I. *mn* **~ nép** peuple *h* persécuté; **~ vad** bête *n* traquée **II.** *fn pol* persécuté(e)

üldöztetés *fn* persécution(s) *n (t sz)*

üledék *fn* dépôt *h*, boue *n*; *geol* sédiment *h*; *vegy* résidu *h*

ülep *fn* derrière *h*, *biz* postérieur *h*

üleped|ik *tn i* se déposer

ülés *fn [helyzet]* position *n* assise; *[ülőhely]* siège *h*, place *n*; *[kerékpáron, motoron]* selle *n*; *[gyűlés]* séance *n*, réunion *n*; **bírósági ~** audience *n*; **parlamenti ~** séance parlementaire; **~t tart** tenir séance

ülésez|ik *tn i* tenir séance, siéger

üléshuzat *fn* housse *n* de siège

ülésrend *fn [ültetési rend]* ordre *h* des places (assises); *[ülések sorrendje]* ordre *h* des séances

ülésszak *fn* session *n*; **parlamenti ~** session parlementaire; **tudományos ~** conférence *n*

ülésterem *fn* salle *n* de réunion; *[bírósági]* salle *n* d'audience

üllő *fn* enclume *n*

ülnök *fn jog* assesseur *h*

ülőbútor *fn* siège *h*

ülőhely *fn* place *n* assise; **minden ~ foglalt** toutes les places sont prises

ülőke *fn* siège *h*

ülősztrájk *fn [munkahelyen]* grève *n* sur le tas; *[köztéren]* *ang* sit-in *h*

ültet *ts i* (faire) asseoir; *[növényt]* planter; **székre ~i a gyereket** asseoir l'enfant sur une chaise; **ölébe ~** prendre sur ses genoux; **trónra ~** placer sur le trône

ültetés *fn növ* plantation *n*

ültetvény *fn* plantation *n*

ünnep *fn* fête *n*; **nemzeti ~** fête nationale; **családi ~** fête de famille; **kellemes ~eket!** *[Karácsonykor]* Joyeux Noël !; *[Húsvétkor]* Joyeuses Pâques

ünnepel *ts i/tn i* fêter; **születésnapot ~** fêter *v.* célébrer un anniversaire; **~ a város** la ville est en fête; **lelkesen ~ valakit** faire une ovation à qqn

ünnepély *fn* cérémonie *n*; *[műsoros]* gala *h*; **évzáró ~** cérémonie de fin d'année

ünnepélyes *mn* solennel (-elle), cérémonieux (-euse); **~ arckifejezés** air *h* cérémonieux *v.* solennel; **~ nyilatkozat** déclaration *n* solennelle

ünnepi *mn* de fête, solennel (-elle); **~ beszéd** discours *h* solennel; **~ játékok** festival *h*; **~ külsőségekkel** *iron is* en grande pompe; **~ lakoma** banquet *h*

ünneplés *fn [ünnepé]* célébration *n*; **egybegyűltek vkinek az ~ére** ils se sont réunis pour fêter qqn; **lelkes ~ben részesít vkit** faire une ovation à qqn

ünneplő *fn [ruha]* tenue *n* de cérémonie; **~be vágja magát** *fraz* se mettre sur son trente et un

ünnepnap *fn* jour *h* de fête; *[munkaszüneti]* jour *h* férié

ünneprontó *mn/fn* trouble-fête *h n*, rabat-joie *h n*

ünnepség *fn* fête *n*, cérémonie *n*, gala *h*

ünnepségsorozat *fn* festivités *n (t sz)*

űr *fn csill* espace *h*; *[hiány]* vide *h*; **halála nagy ~t hagy maga után** sa mort laisse un grand vide; **nagy ~ van közöttünk** il y a un abîme entre nous

űrállomás *fn* station *n* spatiale

üreg *fn [földben, fában, testben]* cavité *n*

üres *mn* **I.** *átv is* vide, creux (creuse); *[lakás, állás]* vacant(e); **~ beszéd**

discours *h* creux; ~ **az erszénye** avoir les poches vides; ~ **gyomor** estomac *h* creux; ~ **kézzel** les mains vides; ~ **óráiban** à ses heures perdues; ~ **telek** terrain *h* vague **ll.** *fn gj* ~**ben van** *[sebesség]* être au point mort

üresedés *fn* poste *h* vacant

üresjárat *fn műsz* point *h* mort; *átv* passage *h* à vide

üresség *fn átv is* vide *h*

űrhajó *fn* vaisseau *h* spatial

űrhajós *fn* astronaute *h n*

űrhajózás *fn [repülés]* navigation *n* spatiale; *[kutatás]* astronautique *n*

ürít *ts i [kiönt]* vider; *[ürüléket]* éliminer; ~**i poharát vkinek az egészségére** lever son verre à la santé de qqn

űrkabin *fn* cabine *n* spatiale

űrközpont *fn* centre *h* spatial

űrkutatás *fn* recherche *n* spatiale

űrlaboratórium *fn* laboratoire *h* spatial

űrlap *fn* formulaire *h*; ~**ot kitölt** remplir un formulaire

űrmérték *fn* mesure *n* de capacité

ürmös *fn* vermouth *h*

üröm *fn növ* armoise *n*; *átv* amertume *n*

űrrepülés *fn* navigation *n* spatiale; *[egy út]* vol *h* spatial

űrrepülőgép *fn* navette *n* spatiale

űrruha *fn* combinaison *n* spatiale *v.* d'astronote

űrséta *fn* sortie *n* dans l'espace

űrszonda *fn* sonde *n* spatiale

űrtartalom *fn* contenance *n*, capacité *n*

űrutazás *fn* voyage *h* spatial

ürü *fn* mouton *h*

ürügy *fn* prétexte *h*; **vminek az** ~**én** sous prétexte de qqch; ~**et keres arra, hogy** chercher un prétexte pour *inf*

ürül *tn i* se vider

ürülék *fn* excrément *h*, matières *n (t sz)* fécales

üst *fn* chaudron *h*; *[pálinkafőző]* alambic *h*

üstdob *fn; zene* timbale *n*

üstökös *fn* comète *n*; **egy** ~ **felbukkanása** apparition *n* d'une comète; **egy** ~ **pályája** trajectoire *n* d'une comète

üszkös *mn* ~ **fadarab** tison *h*; ~ **seb** plaie *n* gangrenée

üsző *fn* génisse *n*

üt I. *ts i* frapper; *[óra]* sonner; *[sakkban]* prendre; **az asztalra** ~ frapper sur la table; **pofon** ~ gifler; **ezek a színek** ~**ik egymást** ces couleurs jurent entre elles; **hagyd abba, mert** ~**ök!** arrête, ou je frappe !; **az óra tizet** ~**ött** dix heures viennent de sonner; *sp* ~**i a labdát** frapper la balle *v.* le ballon; *átv* ~**ött az órája** son heure a sonné **II.** *tn i* **apjára** ~ il ressemble à son père; **mi** ~**ött beléd?** qu'est-ce qui te prend ?

ütem *fn zene is* cadence *n*, rythme *h*, *[vers is]* mesure *n*; *műsz* temps *h*; **a lépések/a munka** ~**e** la cadence des pas/du travail; **a Marseillaise** ~**ére** au rythme de la Marseillaise; **ebben az** ~**ben** *[sebességgel]* à cette cadence; **négynegyedes** ~ mesure à quatre temps; **veri az** ~**et** battre la mesure

ütemes *mn* rythmé(e), cadencé(e); ~ **taps** applaudissements *h (t sz)* rythmés

ütemterv *fn* calendrier *h*, échéancier *h*; *ang* planning *h*

ütés *fn* coup *h*; *[tenyérrel]* tape *n*, *[ököllel]* coup *h* de poing; *[kártyában]* pli *h*; *[sakkban]* prise *n*; ~**t mér/kivéd** asséner/parer un coup

ütközés *fn* choc *h*, heurt *h*; *[két jármű között]* collision *n*; *[érdekeké]* conflit *h*

ütközet *fn* combat *h*; bataille *n*

ü

ütköz|ik *tn i vmibe* heurter *qqch; átv is* se heurter; *[időben]* se chevaucher; **a két kocsi frontálisan ~ött** les deux voitures se sont heurtées de plein fouet; **ellenállásba ~ik** se heurter à une opposition; **törvénybe ~ik** être contraire à la loi; **a két találkozó ~ik** les deux rendez-vous se chevauchent

ütköző *fn [vagonokon]* tampon *h; [sín-pár végén]* butoir *h; műsz* arrêtoir *h*

ütlegel *ts i* rouer de coups, rosser; *biz* tabasser

ütő *fn [tenisz]* raquette *n; [golf, hoki]* crosse *n; [krikett, baseball]* batte *n; zene* baguette *n*

ütőd|ik *tn i vminek* se cogner *à v. contre qqch*

ütődött *mn [gyümölcs]* talé(e), taché(e); *[ember] biz* taré(e), timbré(e)

ütőér *fn* artère *n*

ütőhangszer *fn* instrument *h* de v. à percussion

ütőkártya *fn átv is* atout *h;* **ez az utolsó ~ja** c'est son dernier atout

ütött-kopott *mn* usé(e), fatigué(e); *[épület]* délabré(e); *[ruha] fraz* usé(e) jusqu'à la corde

üveg *fn [anyag]* verre *h; [ablaké, kirakaté]* vitre *n; [palack]* bouteille *n; [be-föttes]* bocal *h; [illatszeres]* flacon *n; [gyógyszeres]* fiole *n;* **egy ~ bor** une bouteille de vin

üvegajtó *fn* porte *n* vitrée

üvegbetét *fn [termoszban]* ampoule *n* en verre; *[visszajáró pénz]* consigne *n*

üvegcserép *fn* débris *h* de verre

üveges I. *mn [üvegezett]* vitré(e); *[üveghez hasonlító]* vitreux (-euse); **~ veranda** véranda *n* vitrée; **~ sör** bière *n* en bouteille; **~ tekintet** regard *h* vitreux **II.** *fn [üvegező]* vitrier *h; [üvegfúvó]* verrier *h*

üvegez *tn i/ts i* vitrer, poser des vitres

üvegfal *fn* paroi *n* vitrée, vitrage *h, [nagy]* verrière *n*

üveggyár *fn* verrerie *n*

üvegházhatás *fn* effet *h* de serre

üveglap *fn* plaque *n* de verre

üvegtábla *fn* vitre *h,* carreau *h*

üvölt *tn i* hurler; **~ a fájdalomtól** hurler de douleur

üvöltés *fn* hurlement *h*

űz *ts i [üldöz]* (pour)chasser, poursuivre; *[foglalkozást]* exercer, pratiquer; *[sportot]* pratiquer; **gúnyt ~ vkiből** se moquer de qqn

üzelmek *fn* agissements *h (t sz),* machinations *n (t sz),* manigances *n (t sz); biz* magouilles *n (t sz)*

üzem *fn [gyár]* usine *n; [működés]* fonctionnement *h;* **mezőgazdasági ~** exploitation *n* agricole; **~ben dolgozik** travailler en usine; **~be helyez** mettre qqch en service; **~en kívül helyez** mettre qqch hors service

üzemanyag *fn* carburant *h*

üzembiztonság *fn* sécurité *n* de fonctionnement

üzembiztos *mn* de fonctionnement sécuritaire

üzemel *tn i* fonctionner, être en service; **ez a libegő télen nem ~** ce télésiège est hors service en hiver

üzemeltet *ts i* exploiter

üzemgazdaságtan *fn* économie *n* d'entreprise; **ipari ~** économie industrielle

üzemi *mn* **~ baleset** accident *h* de travail; **~ konyha** cantine *n* (d'entreprise); **~ tanács** comité *h* d'entreprise

üzemképes *mn [gép, autó]* en état de marche; *[gyár, üzletközpont]* opérationnel (-elle)

üzemmód *fn [gépé]* régime *h;* **normális/lassított ~** régime normal/ralenti

üzemorvos *fn* médecin *h* du travail

üzemzavar *fn* panne *n*, incident *h* technique; *[vasúton, metrón]* perturbation *n* du trafic

üzen I. *tn i* vkinek adresser un message à qqn **II.** *ts i* azt ~**i neked, hogy** il m'a dit de te dire que; **hadat** ~ déclarer la guerre

üzenet *fn* message *h*; ~**et hagy/kap/átad** laisser/recevoir/transmettre un message

üzenetrögzítő *fn* répondeur *h*

üzér *fn* spéculateur (-trice), trafiquant(e)

üzérked|ik *tn i* **kábítószerrel** ~**ik** faire le trafic de stupéfiants; **valutával** ~**ik** faire le trafic de devises

üzlet *fn [adásvétel]* affaire *n*, marché *h*; *[vállalkozás]* affaires *n (t sz)*, *biz* business *h*; *[helyiség]* magasin *h*, boutique *n*, commerce *h*; ~**e van** tenir un commerce; **ez jó** ~ c'est une bonne affaire; **piszkos** ~ affaire louche; ~**et köt** vkivel conclure une affaire *v.* un marché avec qqn

üzletág *fn* branche *n* commerciale

üzletasszony *fn* femme *n* d'affaires

üzletember *fn* homme *h* d'affaires

üzletfél *fn* client(e)

üzletház *fn* centre *h* commercial

üzlethelyiség *fn* local *h* commercial

üzleti *mn* d'affaires, de commerce, commercial(e); ~ **forgalom** chiffre *h* d'affaires; ~ **körök** milieux *h (t sz)* d'affaires; ~ **tárgyalás** négociation *n* commerciale; ~ **ügyben** pour affaires

üzletkötő *fn* agent *h* commercial

üzletlánc *fn* chaîne *n* de magasins

üzletmenet *fn* affaires *n (t sz)*

üzletszerű *mn [szabályoknak megfelelő]* régulier (-ière); *[rendszeresen jövedelmező]* professionnel (-elle); ~ **kéjelgés** prostitution *n*

üzletszerző *fn* démarcheur (-euse), courtier (ière)

üzlettárs *fn* associé(e)

üzletvezető *fn [vendéglőben, boltban]* gérant(e)

V

vacak I. *mn biz* minable, miteux (-euse); ~ **ez a film** ce film est nul **II.** *fn [silány holmi]* pacotille *n, biz* camelote *n;* **mi ez a ~?** *biz* c'est quoi, ce truc ?

vacakol *tn i biz [piszmog]* fabriquer; *vkivel* embêter *qqn;* **mit ~sz még?** qu'est-ce que tu fabriques *v.* fous ?

vacillál *tn i* hésiter

vacog *tn i* grelotter; ~ **a foga** claquer des dents

vacsora *fn* dîner *h;* **meghív vkit ~ra** inviter qqn à dîner; **mi van ~ra?** qu'est-ce qu'il y a à dîner *v.* pour le dîner ?

vacsoráz|ik I. *tn i* dîner **II.** *ts i vmit* dîner *de qqch,* manger *qqch* au dîner

vad I. *mn [vadon élő/növő]* sauvage; *[ember]* sauvage, farouche, violent(e); ~ **gyermek** enfant *h n* turbulent(e); ~ **ötlet** idée *n* extravagante **II.** *fn [állat, hús]* gibier *h*

vád *fn* accusation *n;* ~ **alá helyez vkit** mettre qqn en accusation

vádalku *fn* transaction *n*

vadállat *fn* animal *h v.* bête *n* sauvage; *átv [emberről]* brute *n*

vadas *mn* ~ **mártás** sauce *n* chasseur

vádaskodás *fn* accusations *n (t sz)*

vadász *fn* chasseur (-euse)

vadászat *fn* chasse *n;* ~ **nagyvadra** chasse au gros (gibier)

vadászati *mn* ~ **tilalom** interdiction *n* de chasse; *[szezonális]* période *n* de fermeture (de la chasse)

vadászengedély *fn* permis *h* de chasse

vadászgép *fn* avion *h* de chasse, chasseur *h*

vadászház *fn* pavillon *h* de chasse

vadász|ik *tn i/ts i* aller à la chasse; *vmire* chasser *qqch; átv* **állásra ~ik** partir à la chasse à l'emploi

vadászkutya *fn* chien *h* de chasse

vadászpuska *fn* fusil *h* de chasse

vadászrepülő *fn* avion *h* de chasse, chasseur *h*

vadásztársaság *fn* société *n* de chasse

vadászterület *fn* territoire *n* de chasse *n*

vadászzsákmány *fn* tableau *h* de chasse

vádbeszéd *fn* réquisitoire *h;* ~**et mond** prononcer un réquisitoire

vaddisznó *fn* sanglier *h; [koca]* laie *n*

vádemelés *fn* mise *n* en accusation

vadgesztenye *fn [termés]* marron *h* d'Inde; *[fa]* marronnier *h* d'Inde

vadhús *fn* (viande *n* de) gibier *h*

vadidegen I. *mn* absolument inconnu(e) **II.** *fn* **egy ~** un(e) parfait(e) inconnu(e)

vádirat *fn* réquisitoire *h,* acte *h* d'accusation

vádli *fn* mollet *h*

vádló I. *mn* accusateur (-trice); ~ **tekintet** regard *h* accusateur **II.** *fn* accusateur (-trice); *[perben]* plaignant(e), la partie plaignante

vádlott *fn* accusé(e)

vadmacska *fn* chat *h* sauvage

vadnyugat *fn* far west *h*

vadóc *fn* sauvageon (-onne)

vádol *ts i vkit vmivel* accuser *qqn de qqch*

vadon *fn* forêt *n* sauvage

vadonatúj *mn* tout(e) neuf (neuve), flambant neuf (neuve)

vadorzó *fn* braconnier (-ière)

vadőr *fn* garde-chasse *h*

vadrózsa *fn [virág]* églantine *n; [bokor]* églantier *h*

vadvirág *fn* fleur *n* des champs

vág I. *ts i* couper; *[darabokra]* découper; *[apróra]* hacher; *[állatot]* abattre; **disznót ~** tuer le cochon; **fát/kenyeret/hajat ~** couper du bois/du pain/les cheveux; **földhöz ~** jeter par terre; **vkinek a fejéhez ~ vmit** jeter qqch à la tête de qqn; **kocsiba ~ja magát** sauter en voiture; **pofon ~ vkit** gifler qqn **II.** *tn i ~ az esze* avoir l'esprit vif; **szavába ~ vkinek** couper la parole à qqn; **az elevenébe ~ vkinek** blesser *v.* toucher qqn au vif

vagány I. *mn* qui a du cran, *fraz* qui n'a pas froid aux yeux **II.** *fn* dur(e); **nagyon ~** c'est un vrai dur, il ne manque pas de cran

vágány *fn* voie *n* (ferrée)

vágás *fn [cselekvés]* coupe *n; [vágóhídon]* abattage *h; [vágás nyoma]* coupure *n; film* montage *h*

vagdal *ts i konyh* hacher, découper

vagdalkoz|ik *tn i* s'escrimer; *átv is* batailler, ferrailler

vagdalt *mn ~ hús* viande *n* hachée, hachis *h*

vágó *fn film* monteur (-euse)

vágódeszka *fn* planche *n* à découper

vágóhíd *fn* abattoir *h*

vagon *fn* wagon *h*

vágott *mn* coupé(e); *[apróra]* haché(e); **~ virág** fleur *n* coupée

vágta *fn* galop *h*

vágtat *tn i [ló]* aller au galop; *[ember is]* galoper

vagy I. *ksz* ou (bien); **egyetértesz, ~ nem?** tu es d'accord, n'est-ce pas ?; **~ az egyik, ~ a másik** soit l'un, soit l'autre; **~ ma, ~ holnap** aujourd'hui ou demain, soit aujourd'hui, soit demain; **~ pedig** ou bien; **~ így, ~ úgy** d'une manière ou d'une autre; **~ úgy!** ah, d'accord! **II.** *hsz* **lehettek ~ ezren** ils devaient être environ un millier

vágy *fn* désir *h;* souhait *h; [nemi]* désir *h;* **ég a ~tól** brûler de désir; **legfőbb ~a** son désir le plus cher

vágyakoz|ik *tn i vmire* aspirer à qqch

vágyálom *fn* désir *h* irréalisable

vágy|ik *tn i vmire* avoir envie de qqch, désirer qqch, aspirer à qqch; *vkire* désirer qqn, avoir envie de qqn; *[vhova]* avoir envie d'aller qqpart; **dicsőségre ~ik** aspirer à la gloire

vagyis *ksz [azaz]* c'est-a-dire, autrement dit; *[jobban mondva]* je veux dire

vagylagos *mn* alternatif (-ive); **~ javaslat** proposition *h* alternative

vágyódás *fn* nostalgie *n*

vagyon *fn* fortune *n,* biens *h (t sz);* **nagy ~ra tesz szert** acquérir une grande fortune; **egy ~ba kerül** coûter une fortune

vagyonadó *fn* impôt *h* (de solidarité) sur la fortune

vagyonelkobzás *fn* confiscation *n* des biens

vagyoni *mn ~* **helyzet** situation *n* financière; **~ kár** dommage *h* matériel

vagyonkezelő *fn jog* administrateur (-trice) de biens

vagyonközösség *fn jog [házasfeleknél]* communauté *n* entre époux

vagyonnyilatkozat *fn* déclaration *n* des biens *v.* du patrimoine

vagyonos *mn* fortuné(e)

vagyontalan *mn* sans fortune

vagyontárgy *fn* bien *h*

vaj *fn* beurre *h; átv ~* **van a fején** avoir quelque chose sur la conscience

váj *ts i* creuser; *[földet így is]* excaver

vajas *mn* au beurre, beurré(e); **~ kenyér** tartine *n* (beurrée)

vajaskifli *mn [vajas tésztából]* croissant *h* au beurre

vajaz *ts i* beurrer, étaler du beurre sur

vájkál *tn i átv is* fouiller

vajon *hsz [mondat élén]* est-ce que; *[mellékmondat élén]* si; ~ **mit csinál most?** qu'est-ce qu'il peut bien faire en ce moment ?; **az a kérdés, hogy ~** la question est de savoir si; **nem tudom, ~ megérkezik-e időben?** je ne sais pas s'il arrivera à temps

vajsziínű *mn* beurre-frais; ~ **blúz** chemisier *h* beurre-frais

vajszívű *mn* au coeur tendre

vajtartó *fn* beurrier *h*

vajúd|ik *tn i* être en travail, être dans les douleurs de l'enfantement

vak I. *mn átv is* aveugle; ~ **engedelmesség** obéissance *n* aveugle; **fél szemére ~** être borgne; ~ **vagy?** *biz* tu es bigleux, ou quoi ? **II.** *fn* aveugle *h n*, non-voyant(e); **még a ~ is látja** *fraz* ça crève les yeux

vakablak *fn* fenêtre *n* aveugle

vakáció *fn* vacances *n (t sz)*

vakációz|ik *tn i* passer les vacances; **vidéken ~ik** il passe ses vacances à la campagne

vakar *ts i* gratter

vakaróz|ik se gratter

vakbél *fn* appendice *h*; **kivették a vakbelét** on lui a enlevé l'appendice

vakbélgyulladás *fn* appendicite *n*

vakbélműtét *fn* ablation *n* de l'appendice

vakbuzgó *mn/fn* bigot(e), fanatique *h n*

vakít *ts i* aveugler; éblouir

vakító *mn* aveuglant(e), éblouissant(e)

vaklárma *fn* fausse alerte *n*

vakmerő *mn* téméraire, audacieux (-euse), hardi(e); ~ **vállalkozás** entreprise *n* téméraire

vakmerőség *fn* témérité *n*

vakol *ts i* crépir, enduire (d'un crépi)

vakolat *fn* enduit *h*, crépi *h*

vakon *hsz átv* ~ **bízik vmiben/vkiben** avoir une confiance aveugle en qqch/qqn; ~ **engedelmeskedik** obéir aveuglément

vakond *fn* taupe *n*

vakság *fn* cécité *n*; *átv* aveuglement *n*

vaktában *hsz [találomra]* à l'aveuglette

vaku *fn* flash *h*

vákuum *fn* (espace *h*) vide *h*, vacuum *h*

vákuumcsomagolás *fn* emballage *h* sous vide

vakvágány *fn átv* ~**ra jut** être dans une impasse

váladék *fn* sécrétion *n*

valaha *hsz [múltban]* autrefois, jadis; *[időben bármikor]* jamais; **ha ~ visszajön** si jamais il revient; **a legszebb lány, akit ~ láttam** la plus belle fille que j'aie jamais vu

valahány *nm* tous ceux (toutes celles) qui; **valahánnyal csak találkoztam** tous ceux que j'ai rencontrés

valahányszor *nm* toutes les fois que, (à) chaque fois que

valahára *hsz* **végre** ~ enfin

valahogy *hsz* d'une manière *v.* d'une façon ou d'une autre; **majd csak lesz** ~ on finira bien par se débrouiller; ~ **így** à peu près comme cela

valahol *nm* quelque part

valahonnan *nm* de quelque part

valahova *nm* quelque part

valaki I. *nm* quelqu'un; *[tagadásban így is]* personne; **anélkül, hogy ~t megkérdezett volna** sans consulter personne; ~ **más** quelqu'un d'autre; **várok ~t** j'attends quelqu'un **II.** *fn* ~ **keresett** quelqu'un t'a cherché, on t'a cherché; **lesz belőle** ~ il deviendra quelqu'un; **van ~je** il (elle) a quelqu'un

valameddig nm [térben] jusqu'à un certain point; [időben] un bout de temps, quelque temps; **elkísérlek ~** biz je te fais un bout de conduite

valamelyest hsz en quelque sorte, quelque peu

valamelyik nm ~ **nap** un de ces jours; **hívd fel ~ barátodat** appelle un de tes copains; **láttam ~üket** j'ai vu l'un d'eux; **~őtök** l'un d'entre vous

valamennyi nm tous (toutes); ~ **gyermek** tous les enfants; **kivétel nélkül ~** tous sans exception; **~őtöket meghívlak** je vous invite tous; **~ünknek** à nous tous; **~t adott belőle** il nous en a donné un peu

valamennyire nm quelque peu, tant bien que mal

valamerre nm quelque part

valami I. nm quelque chose; **ez már valami!** ça, c'est quelque chose !; **kérsz ~t?** tu veux quelque chose ?; **más ~** quelque chose d'autre; **mutass nekem ~ szépet** montre-moi quelque chose de beau; ~ **baj van?** il y a un problème ?; ~ **Kiss** [nevű] un certain Kiss **II.** hsz **ez nem valami ~ jó** ce n'est pas terrible; **ez a ház nem ~ nagy** cette maison n'est pas particulièrement grande

valamiféle nm une sorte de, une espèce de

valamikor hsz [jövőben] un jour; [múltban] autrefois, jadis; **fölhívsz ~?** tu m'appelles un de ces jours ?

valamilyen nm quelconque; ~ **módon** d'une façon ou d'une autre; ~ **okból** pour une raison quelconque

valamint hsz ainsi que, de même que

valamirevaló mn **egy ~ ember sem** pas un seul homme convenable; **minden ~ tudós** tout savant qui se respecte

válás fn séparation n; [házastársaké] divorce h; ~ **közös megegyezéssel** divorce par consentement mutuel; **felnőtté ~** passage à l'âge adulte

válasz fn réponse n; **igenlő/nemleges/kitérő ~** réponse affirmative/négative/évasive; **levelére ~ul** en réponse à votre lettre; **~t kérünk** [levélen] réponse s'il vous plaît, R. S. V. P.

válaszfal fn cloison n

válaszlevél fn lettre-réponse n

válaszol ts i répondre; [visszavágva] répliquer, riposter

választ ts i choisir; [lehetőségek közül] vál opter (pour qqch); [szavazással] élire, voter; **két dolog közül ~** choisir entre deux choses; **képviselővé ~ották** il a été élu député; **nem tud ~ani** il n'arrive pas à choisir; **pályát ~** choisir un métier v. une carrière; **tessék ~ani!** faites votre choix !

választás fn choix h; [tisztségre] élection n; **előrehozott ~ok** élections anticipées; **nehéz ~** choix difficile; **nincs más ~od** tu n'as pas le choix; **nincs más ~od, mint** tu n'as pas d'autre choix que de inf; **önkormányzati/parlamenti ~ok** élections municipales/législatives

választási mn électoral(e); ~ **bizottság** comité h électoral; ~ **kampány** campagne n électorale; ~ **törvény** loi n électorale

választék fn choix h; [frizurán] raie n; **széles ~** [áruból] grand choix

választékos mn [nyelv] soutenu(e), élevé(e); [modor, öltözék] recherché(e), distingué(e)

választható mn [tisztségre] éligible; [szabadon] okt facultatif (-ive), optionnel (-elle)

választmány fn comité h

választó fn électeur (-trice)

választói *mn* d'électeur (-trice), électoral(e); ~ **névjegyzék** liste *n* électorale

választójog *fn* droit *h* de vote; **általános** ~ **suffrage** *h* universel

választókerület *fn* circonscription *n* électorale

választott I. *mn* élu(e); ~ **elnök** président *h* élu; **a** ~ **nép** le peuple élu **II.** *fn* élu(e); **a szíve** ~**ja** l'élu de son cœur

választóvonal *fn* ligne *n* de démarcation

választút *fn* *átv* ~ **előtt áll** être à la croisée des chemins

Valéria *fn* Valérie *n*

válfaj *fn* variété *n*

vál|ik *tn i* *vmivé* devenir *qqch*; *[házasfél]* divorcer; **dicsőségére** ~**ik** c'est tout à son honneur; **hasznára/előnyére** ~**ik** tourner à son profit/à son avantage; ~**jék egészségére!** à votre santé !; **valóra** ~**ik** se réaliser

vall *ts i* *[nézetet, hitet]* professer; *[bevall]* avouer; *[gyón]* confesser; **ártatlannak/bűnösnek** ~**ja magát** se déclarer innocent(e)/coupable; *[tárgyaláson]* plaider non coupable/coupable **II.** *tn i* *[jellemző rá]* dénoter; **ez bátorságra** ~ ça dénote du courage; **minden arra** ~**, hogy** tout indique *v.* porte à croire que; **ez rád** ~ c'est bien de toi, je te reconnais bien là; **vki ellen/mellett** ~ *[tanú]* témoigner *v.* déposer contre/en faveur de qqn

váll *fn* *[ruháé is]* épaule *n*; ~**at von** hausser les épaules

vállal *ts i* *[feladatot, munkát]* accepter; **állást** ~ prendre un emploi; **kezességet** ~ *vkiért* se porter caution pour qqn; ~**ja a felelősséget** assumer la responsabilité; ~**ja a kockázatot** courir le risque; ~**ta, hogy** il a accepté de *inf*

vállalat *fn* entreprise *n*, société *n*

vállalatvezetés *fn* direction *n* d'entreprise

vállalkozás *fn* *[gazdasági is]* entreprise *n*; ~**ba kezd** monter une affaire *v.* une entreprise

vállalkoz|ik *tn i* *vmire* accepter *qqch v.* de *inf*

vállalkozó I. *mn* ~ **szellem** esprit *h* d'entreprise **II.** *fn* entrepreneur (-euse)

vallás *fn* religion *n*, confession *n*; **gyakorolja a** ~**t** pratiquer (sa religion)

vállas *mn* aux épaules larges, large d'épaule

vallási *mn* religieux (-euse), de religion, confessionnel (-elle)

vallásoktatás *fn* enseignement *h* religieux

vallásos *mn* religieux (-euse), croyant(e); ~ **nevelés** éducation *n* religieuse

vallásszabadság *fn* liberté *n* religieuse *v.* de cultes

vallat *ts i* interroger; *átv* *[faggat]* questionner

vallatás *fn* interrogatoire *h*

vállfa *fn* cintre *h*

vállkendő *fn* châle *h*

vallomás *fn* *[bizalmas]* confidence *n*; *[bűnösé]* aveu *h*; *[tanúé]* déposition *n*, témoignage *h*; **szerelmi** ~ déclaration *n* (d'amour); ~**t tesz** *[bűnös]* faire des aveux; *[tanú]* faire une déposition

vállpánt *fn* bretelles *n (t sz)*

válltömés *fn* épaulette *n*

való I. *mn* *[igazi]* vrai(e), réel (-elle); **a** ~ **életben** dans la vie réelle; ~ **igaz, hogy** il est vrai que; **ez nem nekem** ~ ce n'est pas fait pour moi; **ez nem** ~ *[nem illik]* cela ne se fait pas; **hová** ~? d'où est-il ?, d'où vient-il ?; **mire** ~ **ez?** à quoi ça sert ?, ça sert à quoi ?;

~ra válik se réaliser II. *fn* egész ~já- ban de tout son être; ~t mond il dit la vérité

valóban *msz* vraiment, effectivement; en effet; ez ~ így van c'est vraiment comme ça; ~, igazad van effective- ment, tu as raison

valódi *mn* vrai(e), véritable, réel (-elle); *[eredeti]* original(e), authentique; nem ~ faux (fausse); ~ arany or *h* vé- ritable

valódiság *fn [állítást]* vérité *n*, véra- cité *n*; *[eredetiség]* authenticité *n*

válogat I. *ts i [kiválaszt]* choisir, sélec- tionner; *[szétválogat]* trier; *sp* sélec- tionner; embere ~ja cela dépend des gens; nem ~ja a szavait il ne mâche pas ses mots II. *tn i [finnyás]* être dif- ficile

válogatás *fn* sélection *n*; tri *h*; *műv* oeuvres *n (t sz)* choisies; ~ nélkül *biz* en vrac, au petit bonheur

válogatós *mn* difficile, exigeant(e)

válogatott I. *mn* choisi(e), sélection- né(e); ~ költemények poèmes *h (t sz)* choisies; *sp* ~ játékos joueur (-euse) sélectionné(e) II. *fn* nemzeti ~ équipe *n* nationale; a magyar ~ la sélection hongroise

valójában *hsz* en réalité

válókereset *fn* demande *n* en divorce; beadja a ~et déposer une demande de divorce

válook *fn* cause *n* de divorce

válóper *fn* procédure *n* de divorce; ~t indít engager une procédure en di- vorce

valós *mn* réel (-elle)

valóság *fn* réalité *n*; megfelel a ~nak être conforme à la réalité

valóságos *mn* véritable, réel (-elle); ~ hős un véritable *v.* un vrai héros

valószínű *mn* probable

valószínűleg *hsz* probablement; ez ~ igaz cela doit être vrai

valószínűség *fn* probabilité *n*; min- den ~ szerint selon toute probabilité; nagy a ~e, hogy il y a de grandes chances (pour) que (subj)

valószínűtlen *mn* improbable

valótlan I. *mn* faux (fausse) II. *fn* ~t ál- lít *[tudatosan]* dire des mensonges; *[jóhiszeműen]* dire des contrevérités

válság *fn* crise *n*; ~on megy keresztül traverser une crise

válságágazat *fn* secteur *h* en crise

válságkezelés *fn* gestion *n* de crise

válságos *mn* critique; ~ állapot situa- tion *n v.* état *h* critique

válságstáb *fn* cellule *n* de crise

vált *ts i* changer; vmit vkivel échanger qqch avec qqn; jegyet ~ prendre un billet; pénzt ~ changer de l'argent; *[aprópénzre]* faire de la monnaie; ru- hát ~ se changer; sebességet ~ chan- ger de vitesse; ~ottunk néhány szót nous avons échangé quelques mots; zöldre ~ a lámpa le feu tourne au vert

váltakozás *fn* alternance *n*

váltakoz|ik *tn i* alterner, se succéder

váltás *fn [pénz]* change *h*; *[munka- csapat]* équipe *n* de relais, relève *n*; ~ ruha vêtement *n* de rechange

váltig *hsz* sans cesse; ~ bizonygatja, hogy il se tue à dire que

váltó *fn [értékpapír]* lettre *n* de change; *[vasúti]* aiguillage *h*; *[biciklin]* dé- railleur *h*; *sp [verseny]* (course *n*) de relais

váltóáram *fn* courant *h* alternatif

váltópénz *fn* monnaie *n*

változás *fn* changement *h*; *[átalakulás]* transformation *n*, métamorphose *n*; ~on megy át subir une transfor- mation; a ~ kora *[nőknél]* méno- pause *n*

változat *fn [történeté]* version *n; [nyelvi]* variante *n; zene* variation *n*

változatlan *mn* inchangé(e); **a helyzet ~** la situation demeure inchangée

változatos *mn* varié(e); *[mozgalmas]* mouvementé(e)

változatosság *fn* variété *n,* diversité *n;* **a ~ kedvéért** pour changer

változékony *mn* changeant(e), instable; **~ időjárás** temps *h* changeant

változik *tn i* changer, varier; *vmivé se* transformer *v. se* métamorphoser *en qqch*

változó I. *mn* changeant(e), variable **II.** *fn mat* variable *n*

változtat I. *ts i vmit* changer (de) *qqch; vkivé/vmivé* transformer *en qqn/qqch;* **taktikát ~** changer de tactique **II.** *tn i vmin* changer *à qqch;* **ez nem ~ a dolgon** cela ne change rien à l'affaire

változtatás *fn* changement *h,* modification *n*

váltságdíj *fn* rançon *n*

valuta *fn* devise *n*

valutaárfolyam *fn* cours *h* des changes

vályú *fn* auge *n, [etető]* mangeoire *n, [itató]* abreuvoir *h*

vám *fn [illeték]* droit *h* de douane; *[hivatal]* douane *n;* **~ot fizet vmi után** payer le droit de douane *v. biz* la douane sur qqch

vámáru-nyilatkozat *fn* déclaration *n* de douane

vámhivatal *fn* douane *n*

vámköteles *mn* soumis(e) au droit de douane

vámmentes *mn* exempt(e) (des droits) de douane

vámos *fn* douanier (-ière)

vámpír *fn* vampire *h*

vámszabad *mn* **~ terület** zone *n* franche

vámtarifa *fn* tarif *h* douanier

vámunió *fn* union *n* douanière

vámvizsgálat *fn* contrôle *h* de douane

van *tn i [létezik]* il y a, il existe; *[vmilyen állapotban]* être, se trouver; *[vhol]* être, se trouver, être situé(e); *[birtokol]* avoir; **~ két könyv a táskámban** il y a deux livres dans mon sac; **a könyvek a táskámban ~nak** les livres sont dans mon sac; **annyi baj legyen!** peu importe !; **dolga ~** avoir à faire; **egy óra ~** il est une heure; **én vagyok az** c'est moi; **hideg/meleg ~** il fait froid/chaud; **hogy ~?** comment allez-vous ?, comment ça va ?; **hogy ~ az, hogy** comment se fait-il que; **itt ~!** le (la) voici *v.* voilà!; **jól ~** *[személy]* il va bien; *[beleegyezésként]* d'accord; **kék szeme ~** avoir les yeux bleus; **na mi volt?** alors, qu'est-ce qui s'est passé ?; **november 8-a ~** nous sommes le 8 novembre; **otthon ~** il est à la maison; **~ ez így!** cela arrive; **~ pénzed?** tu as de l'argent ?

vandál *mn/fn* vandale

vandalizmus *fn* vandalisme *h*

vándor *fn* voyageur (-euse) (à pied); *biz* bourlingueur (-euse); *vál* vagabond(e)

vándorcirkusz *fn* cirque *h* ambulant *v.* itinérant

vándorkiállítás *fn* exposition *n* itinérante

vándorlás *fn* voyages *h (t sz),* pérégrinations *n (t sz); [népeké, madaraké]* migration *n; [bolyongás]* val errance *n*

vándormadár *fn* oiseau *h* migrateur

vándorol *tn i* voyager (à pied), vagabonder

vanília *fn* vanille *n*

vánszorog *tn i* se traîner

var *fn* croûte *n*

vár¹ I. *ts i* attendre; *vkitől vmit* attendre *v.* espérer *qqch de qqn;* **alig ~ja, hogy**

V

être impatient(e) de *v.* brûler de *inf*; **gyereket ~** attendre un enfant; **vacsorára ~ vkit** attendre qqn à dîner; **~juk meg a végét** attendons de voir la fin **II.** *tn i vkire/vmire* attendre *qqn/qqch*; *[számít rá]* s'attendre à *qqch*; **mire ~?** qu'attendez-vous ?; **rád ~ a feladat, hogy** c'est à toi de *inf*; **~jon csak egy kicsit!** attendez (donc) un peu !

vár² *fn* château *h*; *[erőd]* fort *h*, forteresse *n*

várakozás *fn* attente *n*; *[járműé]* stationnement *h*; **minden ~ az ellenére** contre toute prévision *v.* attente; **~on felül** au-delà de toute attente; **megfelel a ~nak** répondre à l'attente

várakoz|ik *tn i* attendre; *[jármű]* stationner

várandós *mn* enceinte

várat *ts i* faire attendre; **~ magára** se faire attendre

váratlan *mn* inattendu(e), imprévu(e); **~ fordulat** coup *h* de théâtre

váratlanul *hsz* de façon inattendue; *[hirtelen]* soudain; **~ érkezik** arriver à l'improviste

varázs *fn* magie *n*; *[vonzóerő is]* charme *h*; **megtört a ~** le charme est rompu; **az újdonság ~a** l'attrait de (la) nouveauté

varázserő *fn* pouvoir *h* magique

varázsige *fn* formule *n* magique

varázslat *fn* magie *n*, enchantement *h*

varázslatos *mn* magique, ensorcelant(e), envoûtant(e)

varázsló *fn* mage *h*, magicien (-ienne), enchanteur (enchanteresse); *[rontó]* sorcier (-ière)

varázsol I. *ts i [vmi jót]* faire *qqch* comme par magie *v.* par enchantement; *vkit vmivé* transformer *qqn* (par magie) *en qqch* **II.** *tn i [bűbájol]* pratiquer la magie

varázspálca *fn* baguette *n* magique

várfal *fn* mur *h* d'enceinte, rempart *h*

vargánya *fn* cèpe *h*

várható *mn* prévu(e), prévisible; **~ élettartam** espérance *n* de vie; **a ~ eredmény** le résultat prévisible *v.* prévu *v.* probable

variáció *fn* variation *n*

varieté *fn* variétés *n (t sz)*

varjú *fn* corneille *n*

várkastély *fn* château *h* fort

vármegye *fn* tört comitat *h*

váró I. *mn* **az elintézésre ~ ügyek** les affaires en suspens *v.* en souffrance **II.** *fn [helyiség]* salle *n* d'attente

várólista *fn* liste *n* d'attente

várományos *fn* héritier (-ière) présomptif (-ive)

város *fn* ville *n*

városatya *fn* conseiller (-ière) municipal(e)

városfal *fn* mur *h* d'enceinte

városháza *fn* hôtel *h* de ville, mairie *n*

városi I. *mn* de (la) ville, urbain(e), citadin(e); **~ élet** vie *n* citadine; **~ közlekedés** transports *h (t sz)* urbains; **~ lakosság** population *n* citadine; **~ önkormányzat** municipalité *n* **II.** *fn [ember]* **a ~ak** les citadins *h (t sz)*

városias *mn* urbain(e)

városiasodás *fn* urbanisation *n*

városkép *fn* paysage *h* urbain

városközpont *fn* centre *h*, centre-ville *h*; **a ~ban** dans le centre

városlakó *mn/fn* citadin(e)

városnegyed *fn* quartier *h*

városnézés *fn* visite *n* de la ville

városrendezés *fn* aménagement *h* urbain

városrész *fn* quartier *h*

váróterem *fn* salle *n* d'attente

varr *ts i* coudre; *orv* suturer; **kézzel/géppen ~** coudre à la main/à la machine;

V

átv **vki nyakába ~ vmit** *fraz* mettre qqch sur le dos de qqn

varrás *fn* couture *n*; *orv* suture *n*

varrat¹ *ts i* **ruhát ~ magának** se faire faire une robe

varrat² *fn orv* suture *n*

varroda *fn* atelier *h* de couture

varrógép *fn* machine *n* à coudre; *[ipari]* couseuse *n*

várrom *fn* château *h* en ruines

varrónő *fn* couturière *n*

varrótű *fn* aiguille *n* (à coudre)

vas *fn* fer *h*; *átv* **nincs egy ~a sem** *biz* il n'a pas un sou *v.* pas un rond

vasal *ts i [ruhát]* repasser; *[lovat, cipőt]* ferrer

vasaló *fn* fer *h* à repasser

vasalódeszka *fn* planche *n* à repasser

vásár *fn [kiárusítás]* soldes *n (t sz)*; **nemzetközi ~** salon *n v.* foire-exposition *n* international(e); **~ra viszi a bőrét** risquer sa peau; **jó ~t csinál** faire une bonne affaire

vásárcsarnok *fn* halle(s) *h (t sz)*, marché *h* couvert

vásári *mn [vásárban lévő]* forain(e); *[közönséges]* trivial(e); **~ holmi** *[silány]* pacotille *n*

vásárlás *fn [vétel]* achat *h*; *[bevásárlás]* courses *n (t sz)*

vásárló *fn [boltban]* acheteur (-euse), client(e)

vásárlóerő *fn* pouvoir *h* d'achat

vasárnap I. *fn* dimanche *h*; **Húsvét ~** dimanche de Pâques **II.** *hsz* dimanche; **minden ~** tous les dimanches, chaque dimanche; **vasár- és ünnepnapokon** (pendant) les jours fériés; → **hétfő**

vasárnapi *mn* dominical(e), de dimanche

vásárol I. *tn i* faire les courses *v.* des achats **II.** *ts i* acheter

vasbeton *mn* béton *h* armé

vasfegyelem *fn* discipline *n* de fer

vasfüggöny *fn átv is* rideau *h* de fer

vaskalapos *mn fraz* collet monté; **nagyon ~ak** ils sont très collet monté

vaskohászat *fn* sidérurgie *n*

vaskohó *fn* forge *n*

vaskos *mn [ember, tárgy]* massif (-ive); **~ tréfa** plaisanterie *n* grivoise

vasmacska *fn* ancre *n*

vásott *mn* **~ kölyök** polisson (-onne)

vasszigor *fn* sévérité *n* implacable; **~ral kormányoz** gouverner d'une main de fer

vastag *mn* épais (épaisse); *[kövér]* gros (grosse), fort(e); *átv [gazdag]* biz friqué(e); **egy méter ~** épais *v.* d'un mètre, d'un mètre d'épaisseur; **~ betű** caractère *h* gras

vastagbél *fn* gros intestin *h*

vastagság *fn* épaisseur *n*

vastaps *fn* applaudissements *h (t sz)* rythmés

vasút *fn [vállalat]* chemin *h* de fer; *[pálya]* voie *n* ferrée; **~on utazik** voyager en train

vasútállomás *fn* gare *n*

vasutas *fn* cheminot(e)

vasúthálózat *fn* réseau *h* ferroviaire *v.* ferré

vasúti *mn* de(s) chemins de fer, ferroviaire; **~ átjáró** passage à niveau; **~ forgalom** trafic *h* ferroviaire; **~ menetrend** horaire *h* (des trains); *[könyv]* indicateur *h* des chemins de fer

vasútvonal *fn* ligne *n* ferroviaire

vasvilla *fn* fourche *n*

vászon *fn [festőé is]* toile *n*; *[moziban]* écran *h*

vászoncipő *fn* espadrilles *n (t sz)*

vatta *fn [egészségügyi]* coton *h*; *[bélés is]* ouate *n*

vattacukor *fn* barbe *n* à papa

váz fn *[épületé, szerkezeté]* armature n, carcasse n; *[irodalmi műé is]* charpente n; *[csontváz]* squelette h; *[kerékpáré]* cadre h

váza fn vase h

vázlat fn *műv* esquisse n, ébauche n; *[írásműé így is]* plan h; *műsz* schéma h

vázlatos mn schématique

vázol ts i esquisser; *[helyzetet]* présenter v. tracer en grandes lignes

vécé fn toilettes n *(t sz)*; *biz* vécés h *(t sz)*; **~re megy** aller aux toilettes; **lehúzza a ~t** tirer la chasse (d'eau)

vécépapír fn papier h hygiénique v. (de) toilette

véd I. ts i *vmitől* défendre de qqch, protéger contre qqch; *[állítást, doktori értekezést]* soutenir; *jog* vkit défendre; **~i a természetet** préserver la nature; **~i vkinek az érdekeit** défendre les intérêts de qqn II. tn i *sp [kapus]* défendre le but

védekezés fn défense n, protection n

védekez|ik tn i *vmi ellen* se défendre v. se préserver de qqch, se protéger contre qqch; *[vádlott]* se défendre

vedel ts i/tn i *biz* pomper

védelem fn défense n, protection n; *[perben, sportban]* défense n; **védelmére kel vkinek/vminek** prendre la défense de qqn/qqch

védelmez ts i *vmitől* défendre de qqch

védelmi mn défensif (-ive), de défense; **~ rendszer** système h défensif

védenc fn protégé(e); *[ügyvédé]* client(e)

védett mn protégé(e); *[műemlék, táj]* classé(e); *[kórokozó ellen]* immunisé(e); **~ fajok** espèces n *(t sz)* protégées; **~ terület** réserve n naturelle

védettség fn *[diplomáciai, egészségügyi]* immunité n

védjegy fn marque n

ved|lik tn i muer

védnök fn protecteur (-trice)

védnökség fn patronage h; **vkinek a ~e alatt** sous le patronage de qqn

védő fn *kat, sp* défenseur h; *[ügyvéd]* avocat h de la défense; **hivatalból kirendelt ~** avocat(e) commis(e) d'office

védőbeszéd fn *jog* plaidoirie n; *átv* apologie n, plaidoyer h

védőgát fn digue n

védőnő fn ‹infirmière qui visite les nouveau-nés et les petits enfants du quartier›

védőoltás fn vaccination n

védőőrizet fn surveillance n policière

védőruha fn vêtement h de protecion

védőszárny fn *átv* **~ai alá vesz vkit** *fraz* prendre qqn sous son aile

védőszemüveg fn lunettes n *(t sz)* de protection

védőszent fn patron (-onne)

védőügyvéd fn avocat(e) de la défense

védtelen mn sans défense, désarmé(e)

vég fn fin n; *[tárgyé]* bout h; **~ nélküli** interminable, sans fin; **itt a ~e** c'est la fin; **ennek nem lesz jó ~e** ça va mal finir; **se ~e, se hossza** c'est à n'en plus finir; **~em van!** je suis perdu(e) !, c'en est fait de moi !; **a hét ~én** à la fin de semaine; **az utca ~én** au bout de la rue; **~et ér vmi** prendre fin, se terminer; **~et vet vminek** mettre un terme à qqch; **a ~ét járja** agoniser

végakarat fn dernières volontés n *(t sz)*

végállomás fn terminus h

végbél fn rectum h

végbélkúp fn suppositoire h

végbélnyílás fn anus h

végbemegy tn i s'accomplir, s'effectuer, avoir lieu

végcél fn but h final

végeláthatatlan *mn* interminable, sans fin

végelgyengülés *fn* ~ben hal meg mourir de vieillesse

végeredmény *fn* résultat *h* final; ~ben en fin de compte, en définitive

végérvényes *mn* définitif (-ive)

véges *mn* limité(e); erőm ~ mes forces *n (t sz)* sont limitées; ~ szám *mat* nombre *h* fini

vegetál *tn i* végéter

vegetáriánus *mn* végétarien, (-ienne)

vegetatív *mn* végétatif (-ive)

végett *nu* en vue de *qqch*, à fin de *inf*; mi ~? à quelle fin ?; félreértések elkerülése ~ pour éviter les malentendus

végez I. *ts i* [folytat] faire; tanulmányait végzi faire ses études; csak a munkámat végzem je ne fais que mon travail **II.** *tn i* vmivel finir v. terminer v. achever *qqch*; vkivel [szakít vele] rompre avec *qqn*, [megöli] tuer *qqn*; idén ~ [iskolában] il va terminer ses études cette année; ~ magával mettre fin à ses jours; ~tél a munkáddal? as-tu fini ton travail ?

végezetül *hsz* pour conclure v. finir v. terminer, en conclusion

véghezvisz *ts i* [megvalósít] réaliser, accomplir; [végrehajt] mener à bien

végig *hsz* jusqu'au bout; [vmi mentén] (tout) le long de *qqch*

végigcsinál *ts i* mener à bien v. à bonne fin v. à terme

végigfut *ts i* parcourir; ~ a hátán a hideg avoir froid dans le dos; ~ az utcán parcourir la rue; ~ egy cikket parcourir un article

végiggondol *ts i* vmit repenser *qqch*; réfléchir sur *qqch*; adj időt, hogy ~jam! laisse-moi le temps de réfléchir

végighallgat *ts i* écouter jusqu'au bout

végigjár *ts i* vmit parcourir, faire le tour de *qqch*; ~ja a múzeumokat visiter les musées

végigmegy *tn i* ~ az épületen parcourir l'immeuble

végigmér *ts i* regarder de la tête aux pieds; [kihívóan] toiser

végignéz I. *ts i* ~ egy előadást assister à un spectacle; ~ egy könyvet parcourir un livre **II.** *tn i* vkin/vmin promener son regard sur *qqn/qqch*

végigolvas *ts i* lire de bout en bout

végképp *hsz* définitivement

végkiárusítás *fn* liquidation *n*

végkielégítés *fn* indemnité *n* de licenciement

végkifejlet *fn* dénouement *h*

végkimerülés *fn* épuisement *h* complet

végkövetkeztetés *fn* conclusion *n* finale

végleg *hsz* définitivement

végleges *mn* définitif (-ive); ~ állás emploi *h* définitif v. fixe; ~ eredmények résultats *h (t sz)* définitifs

véglegesít *ts i* rendre définitif (-ive); [állami alkalmazottat] titulariser

véglet *fn* extrême *h*; egyik ~ből a másikba csap v. esik passer d'un extrême à l'autre

végösszeg *fn* montant *h* total

végre *hsz* enfin, finalement; [igével] finir par *inf*; ~ kibékültek ils ont fini par se réconcilier; ~ megjöttél! te voilà enfin !

végrehajt *ts i* [megvalósít] réaliser; [elvégez] accomplir; [utasítást, parancsot] exécuter; ~ja tervét mettre son projet à exécution

végrehajtás *fn* exécution *n*, réalisation *n*; [lefoglalás] saisie *n*

végrehajtó I. *mn* exécutif (-ive); ~ hatalom pouvoir *h* exécutif *h* **II.** *fn* [vmit elvégző] exécutant(e); *jog* huissier *h*

végrendelet *fn* testament *h*

végrendelkez|ik *tn i* faire son testament

végre-valahára *hsz* enfin

végsebesség *fn* vitesse *n* de pointe

végső *mn* **I.** dernier (-ière), final(e), ultime; ~ **ár** dernier prix *h*; ~ **esetben** au pis aller, en dernier recours; ~ **fokon** en dernier ressort; **elmegy a ~ határig** aller jusqu'à l'extrême limite; ~ **soron** en fin de compte, en définitive **II.** *fn* **elmegy a ~kig** pousser jusqu'à l'extrême; **~kig kitart** résister jusqu'au bout

végszó *fn szính* **megadja a ~t** donner la réplique; *átv* **~ra érkezik** *[épp a végére]* arriver au dernier moment; *[épp jókor]* arriver au bon moment

végszükség *fn* ~ **esetén** en cas d'extrême nécessité

végtag *fn* membre *h*, extrémités *n (t sz)*

végtelen I. *mn* infini(e), sans fin; ~ **örömmel** avec une joie infinie **II.** *hsz* infiniment; ~ **hosszú** d'une longueur infinie; ~ **sok vmi** un nombre infini de qqch **III.** *fn* infini *h*

végtelenség *fn* infini *h*; **a ~ig** à l'infini; **az idő/a tér ~e** *tud* l'infinité *n* de l'espace/du temps

végtelenül *hsz* infiniment; ~ **hálás** infiniment reconnaissant(e); ~ **türelmes** d'une patience sans limites

végtére *hsz* ~ **is** après tout, en fin de compte

végtermék *fn* produit *h* fini

végül *hsz* enfin, finalement; *[befejezésül]* pour finir *v.* terminer; ~ **mégis összeházasodtak** ils ont tout de même fini par se marier

végzés *fn [hatósági]* arrêté *h*; arrêt *h*; *bírói* ~ mandat *h* de justice

végzet *fn* destin *h*, fatalité *n*, destinée *n*; **a ~ asszonya** la femme *n* fatale; **el-**

érte a ~e il n'a pas échappé à son destin

végzetes *mn* fatal(e), funeste, tragique; ~ **tévedés** erreur *n* fatale *v.* funeste

végzettség *fn* qualification *n*; **egyetemi ~e van** être diplômé(e) d'université

végződés *fn* extrémité *n*, bout *h*; *nyelv* terminaison *n*, désinence *n*

végződ|ik *tn i* finir, se terminer, s'achever; **jól/rosszul ~ik** bien/mal finir; **veszekedéssel ~ik** se terminer en dispute

végzős *mn* ~ **hallgató** étudiant(e) en dernière année

vegyérték *fn* valence *n*

vegyes *mn* mixte, mélangé(e), varié(e); ~ **házasság** mariage *h* mixte; *sp* ~ **páros** double *h* mixte; ~ **zöldség** macédoine *n* de légumes

vegyesvállalat *fn* coentreprise *n*, *ang* joint venture *n*

vegyész *fn* chimiste *h n*

vegyészet *fn* chimie *n*

vegyi *mn* chimique; ~ **anyag** substance *n* chimique; ~ **fegyverek** armes *n (t sz)* chimiques

vegyipar *fn* industrie *n* chimique

vegyít *ts i* vmivel mélanger *avec qqch*; *vegy* combiner

vegyjel *fn* symbole *h* chimique

vegyszer *fn* produit *h* chimique

vegytisztítás *fn* nettoyage *h* à sec

vegytisztító *mn* **I.** *[személy]* teinturier (-ière) **II.** *fn [üzlet]* pressing *h*

vegyül *tn i* vegy se combiner; *átv* **a tömegbe** ~ se mêler à la foule

vegyület *fn* vegy composé *h* chimique

vekker *fn* réveil *h*; **beállítja a ~t 6-ra** mettre le réveil à 6 heures

vékony *mn* mince, fin(e); *[hang]* fluet (-ette), grêle

vékonybél *fn* intestin *h* grêle

vél *ts i* croire, penser; **szükségesnek ~i, hogy** juger nécessaire de *inf;* **tudni ~i, hogy** il croit savoir que; **úgy ~em, hogy** il me semble que, je trouve que; **nem tudja mire ~ni** il ne sait qu'en penser

vele *hsz [személyről]* avec lui (elle); *[dologról]* avec (cela), en; **jól bánik ~ il** le traite bien; **le ~!** à bas !; **mit akar ~ kezdeni?** que voulez-vous en faire ?; *[műveltetés] ~* **íratja meg a leveleit** il lui fait écrire ses lettres

vélekedés *fn [vélemény]* opinion *n,* avis *h; [sejtés, hit]* croyance *n*

vélekedik *tn i* **úgy ~ik, hogy** penser *v.* croire *v.* estimer que, être d'avis que

vélelem *fn jog* présomption *n;* **az ártatlanság vélelme** la présomption d'innocence

vélelmez *ts i jog* présumer

vélemény *fn* opinion *n,* avis *h;* **mi a ~e?** qu'en pensez-vous ?; **erről megvan a ~em** j'ai mon opinion là-dessus; **~em szerint** à mon avis, selon moi; **egy ~en van vkivel** être du même avis que qqn; **kikéri vkinek a ~ét** consulter qqn, demander conseil à qqn; **megmondja a ~ét** donner *v.* dire son avis; **jó véleménnyel van vkiről** avoir (une) bonne opinion de qqn

véleményez *ts i* donner son avis

véleményezés *fn* avis *h*

véleménykülönbség *fn* divergences *n (t sz)* de vues, différend *h*

véleménynyilvánítás *fn* a ~ **szabadsága** la liberté d'expression; **szabad ~** la libre expression de l'opinion

veleszületett *mn* inné(e); *[betegség]* congénital(e); **~ hajlam** tendance *n* naturelle, penchant *h* naturel; **~ tehetség** don *h* (inné); **~ rendellenesség** malformation *n* congénitale

véletlen I. *mn* fortuit(e); *[akaratlan]* involontaire; **~ szerencse** coup *h* de chance **II.** *fn* hasard *h;* **a ~ úgy hozta, hogy** le hasard a voulu que; **micsoda ~!** quel hasard !; **nem ~, hogy** ce n'est pas un hasard si; **szerencsés ~ folytán** par un heureux hasard *v.* concours de circonstances; **tiszta ~** c'est un pur hasard

véletlenszerű *mn* accidentel (-elle), aléatoire

véletlenül *hsz* par hasard; *[akaratlanul]* par mégarde, involontairement

velő *fn [csontban]* moelle *n; [agyban]* cervelle *n; átv* **vminek a veleje** la substance *v.* la quintessence de qqch; *átv* **velejéig romlott** pourri(e) jusqu'à la moelle (des os)

velős *mn átv* concis(e), lapidaire; **~ csont** os *h* à moelle; *átv* **rövid, de ~** c'est concis, mais ça dit l'essentiel

vélt *mn* présumé(e)

velúr *fn [bőr]* daim *h*

vemhes *mn* ~ **kanca** jument *n* pleine *v.* gravide

vén I. *mn* vieux (vieil) (vieille); **a ~ bolond** le vieux fou; **~ napjaimra** pour *v.* sur mes vieux jours **II.** *fn* **a falu ~ei** les anciens *h (t sz)* du village

véna *fn* veine *n; átv* **költői ~** veine *n* poétique

vénasszony *fn* vieille *n* (femme *n*); **~ok nyara** été *h* indien

vendég *fn [látogató]* visiteur (-euse), hôte *h n; [meghívott]* invité(e); *[szolgáltatásnál]* client(e); **ön mindig szívesen látott ~** vous êtes toujours le bienvenu; **ma ~ünk van ebédre** nous avons du monde à déjeuner; **~ül lát vkit** recevoir qqn

vendégeskedik *tn i* **egész nyáron nálunk ~ett** il a passé tout l'été chez nous

vendéghallgató *fn* auditeur (-trice) libre

vendégház *fn [kisebb szálloda]* pension *n*, maison *n* hôte

vendégkönyv *fn [kiállításon]* livre *h* d'or; *[szállodában]* registre *h* de l'hôtel

vendéglátás *fn* hospitalité *n*; **köszönöm a szíves ~t** je vous remercie de votre aimable hospitalité

vendéglátó I. *mn* ~ **ország** pays *h* hôte **II.** *fn* hôte (hôtesse)

vendéglátóipar *fn* industrie *n* hôtelière, hôtellerie *n*; *[csak vendéglők]* restauration *n*

vendéglő *fn* restaurant *h*; *biz* resto *h*

vendéglős *fn* restaurateur (-trice)

vendégmunkás *fn* travailleur (-euse) immigré(e)

vendégprofesszor *fn* professeur *h n* invité(e)

vendégség *fn* ~**be hív vkit** inviter qqn chez soi; ~ **be megy vkihez** être invité(e) chez qqn; **ma este Dupont-éknál** ~ **van** ce soir il y a des invités chez les Dupont

vendégszeretet *fn* hospitalité *n*

vendégszerető *mn* accueillant(e), hospitalier (-ière); ~ **ország** pays *h* hospitalier

vendégszoba *fn* chambre *n* d'ami(s)

vénlány *fn* **vénkisasszony** vieille fille *n*

vénség *fn [idős kor]* vieillesse *n*; ~**ére** pour *v.* sur ses vieux jours

ventilátor *fn* ventilateur *h*

vénül *tn i* vieillir

vény *fn [orvosi]* ordonnance *n* (médicale); ~ **ellenében** sur ordonnance

ver I. *ts i* battre, frapper; *sp [ellenfelet]* battre; **fejbe** ~ frapper à la tête; **négy egyre** ~ battre par quatre à un; **pénzt** ~ battre monnaie; **szöget** ~ **a falba** planter un clou dans le mur **II.** *tn i [szív]* battre

vér *fn* sang *h*; ~ **szerinti rokon** parent(e) consanguin(e); ~**be borult szemmel** les yeux *h (t sz)* injectés de sang; ~**be fojt vmit** écraser qqch dans le sang; ~**t ad** donner son sang; ~**t vesz vkitől** faire un prélèvement sanguin à qqn; *átv* **meghűl a** ~ **az ereiben** son sang se glace dans ses veines; ~ **tapad a kezéhez** avoir du sang sur les mains; ~**ében van vmi** avoir qqch dans le sang; ~**ig sért vkit** blesser qqn au vif; ~**t izzad** suer sang et eau

véradás *fn* don *h* du sang

véradó I. *mn* ~ **központ** centre *h* de transfusion sanguine **II.** *fn* donneur (-euse) de sang

véraláfutás *fn* ecchymose *n*; bleu *h*

véralkoholszint *fn* taux *h* d'alcoolémie

veranda *fn* véranda *n*

vérátömlesztés *fn* transfusion *n* sanguine

vérbank banque *n* de sang

verbális *mn* verbal(e)

vérbeli *mn* vrai(e), véritable; ~ **diplomata** un(e) vrai(e) diplomate, un(e) diplomate né(e)

vérbosszú *fn* vendetta *n*

vércukor *fn* glucose *h* du sang

vércsoport *fn* groupe *h* sanguin

veréb *fn* moineau *h*

véreb *fn [vadászeb]* limier *h*; *[félelmetes kutya]* molosse *h*

véredény *fn* vaisseau *h* sanguin

vereget *ts i* tapoter; **vállon** ~ **vkit** tapoter l'épaule de qqn

verejték *fn* sueur *n*, transpiration *n*; **csurog róla a** ~ suer à grosses gouttes, *fraz* être en nage

verekedés *fn* bagarre *n*; ~ **tört ki** bagarre a éclaté

vereked|ik *tn i* se bagarrer, se battre
verem *fn* fosse *n*
vérengzés *fn* massacre *h*, tuerie *n*, carnage *h*
vérengző *mn* sanguinaire
verés *fn* correction *n*, *biz* raclée *n*; **~t kap** recevoir une correction
véres *mn* sanglant(e), couvert(e) de sang; *[vérző]* saignant(e); **~ bosszú** vengeance *n* sanglante; **~ seb** plaie saignante; **~ szem** œil *h* injecté de sang
vereség *fn* défaite *n*; échec *h*; **~et mér vkire** infliger une défaite à qqn; **~et szenved** essuyer une défaite *v.* un échec
veretlen *mn* invaincu(e)
vérfagyasztó *mn* épouvantable, terrifiant(e); **~ látvány** vision *n* d'horreur; **~ sikoly** cri *h* d'épouvante
vérfertőzés *fn* inceste *h*
vérfolt *fn* tache *n* de sang
vérfürdő *fn* bain *h* de sang; **~t rendez** faire un bain de sang
vergőd|ik *tn i* se débattre
vérhas *fn* dysenterie *n*
verhetetlen *mn* invincible, imbattable
veriték *fn* → **verejték**
vérkép *fn* analyse *n* de sang *v.* sanguine
vérkeringés *fn* circulation *n* sanguine
verkli *fn* orgue *h* de Barbarie
vérlázító *mn* révoltant(e)
vérmérgezés *fn* septicémie *n*
vérmérséklet *fn* tempérament *h*
vérmes *mn* *[természet]* sanguin(e); **~ remények** folles espérances *n (t sz)*
vérnarancs *fn* orange *n* sanguine
vérnyomás *fn* tension *n v.* pression *n* artérielle; **alacsony ~** hypotension *n*; **magas ~** hypertension *n*; **magas a ~a** avoir de la tension
vérnyomásmérő *fn* tensiomètre *h*

Veronika *fn* Véronique *n*
vérontás *fn* effusion *n* de sang
verőér *fn* artère *n*
verőfényes *mn* radieux (-euse); **egy ~ reggelen** par un matin radieux; **~ táj** paysage *h* inondé de soleil
vérpad *fn* échafaud *h*
vérrokon *fn* consanguin(e)
vérrokonság *fn* consanguinité *n*
vers *fn* *[forma]* vers *h*; *[mű]* poème *h*; *[rövid]* poésie *n*; *[Bibliában, Koránban]* verset *h*; **~be szed** mettre en vers; **~et ír** *[egyet]* écrire un poème; *[verset]* écrire des poèmes; **~et mond** réciter *v.* dire un poème
vérsejt *fn* globule *h* sanguin; **fehér/ vörös ~** globule blanc/rouge
versel *tn i* faire des vers; *pej* rimailler
verselés *fn* *[versforma]* versification *n*; **időmértékes ~** métrique *n*
verseng *tn i* vmiért rivaliser *v.* être en concurrence *pour qqch*; se disputer *qqch*; **~enek az első helyért** ils se disputent la première place
versengés *fn* concurrence *n*, compétition *n*, rivalité *n*
verseny *fn* *[versengés]* compétition *n*, rivalité *n*, *gazd is* concurrence *n*; *sp* compétition *n*; *[bridzs, sakk, tenisz]* tournoi *h*; *[futam]* course *n*; **kizár vkit a ~ből** disqualifier qqn; **szabad ~** libre concurrence; **~re kel vkivel** entrer en concurrence avec qqn
versenyautó *fn* voiture *n* de course
versenybíró *fn* arbitre *h*, juge *h*; *[teniszben]* juge-arbitre *h*
versenyez *tn i* vkivel rivaliser *v.* être en concurrence *v.* concourir *avec qqn*; *sp* participer à un concours *v.* à un compétition
versenyfelhívás *gazd* appel *h* d'offres
versenyfutás *fn* course *n* (à pied); **~ az idővel** course *n* contre la montre

versenyistálló *fn* écurie *n* (de courses)

versenyképes *mn gazd* compétitif (-ive); ~ **áron** à (un) prix compétitif

versenykerékpár *fn* vélo *h* de course

versenyló *fn* cheval *h* de course

versenypálya *fn* piste *n*; *[motorsport]* circuit *h*

versenyszám *fn* épreuve *n*

versenyszerűen *hsz* ~ **sportol** faire du sport de compétition

versenytárgyalás *fn* adjudication *n*; appel *h* d'offres

versenytárs *fn* rival(e), concurrent(e)

versenyvizsga *fn okt* concours *h*

versenyző *fn* concurrent(e)

verses *mn [versben írt]* en vers

verseskötet *fn* recueil *h* de poèmes

versforma *fn* mètre *h*, métrique *n*

versláb *fn* pied *h* (métrique)

versmérték *fn* mesure *n*, mètre *h*

verssor *fn* vers *h*

versszak *fn* strophe *n*

verstan *fn [tudomány]* métrique *n*; *[mű]* traité *h* de versification

vérszegény *mn [testileg]* anémique; *[szellemi alkotás]* exsangu(e); *[stílus]* terne

vérszegénység *fn* anémie *n*

vérszomjas *mn* assoiffé(e) *v.* avide de sang

vért *fn* armure *n*

vértanú *fn* martyr(e)

vértanúság *fn* martyre *h*

vértelen *mn [halovány]* exsangue, pâle; ~ **forradalom** révolution *n* de velours

vertikális *mn* vertical(e)

vérveszteség *fn* perte *n* de sang

vérvétel *fn* prise *n h* de sang, prélèvement *h* sanguin

vérvizsgálat *fn* analyse *n v.* examen *h* de sang

vérvörös *mn* rouge *h* sang

vérzékeny *mn* hémophile

vérzékenység *fn* hémophilie *n*

vérzés *fn* saignement *h*, hémorragie *n*; *[havi]* règles *n (t sz)*, menstruation *n*

vérzéscsillapító I. *mn* hémostatique **II.** *fn* (remède *h*) hémostatique *h*

vérz|ik *tn i* saigner; **~ik az orra** saigner du nez, avoir le nez qui saigne; *átv* **~ik a szívem, hogy** cela me fend *v.* crève le cœur de *inf*

verzió *fn* version *n*

vés *ts i* graver; **fába ~** graver sur du bois; **kőbe ~** graver sur pierre; *átv* **szívébe ~ vmit** graver qqch dans son cœur; **ezt ~d jól az eszedbe!** mets-toi bien ça dans la tête

vese *fn [emberi]* rein *h*; *[állati]* rognon *h*; **a ~jébe lát vkinek** *fraz* percer qqn à jour

vesekő *fn* calcul *h* rénal

vesepecsenye *fn* filet *h* de bœuf

véső *fn* ciseau *n*

vesz *ts i* prendre; *[árut]* acheter; *[adást]* capter; **ahogy vesszük** ça dépend; **bóknak ~ vmit** prendre qqch pour un compliment; **komolyan ~** prendre au sérieux; **magára ~** *[ruhát]* mettre, enfiler; **órákat ~** prendre des cours; **tudomásul ~ vmit** prendre note de qqch; ~ **a tálból** se servir; **honnan ~i ezt?** de qui tenez-vous cela ?, d'où prenez-vous cela ?; **~ik, mint a cukrot** ça se vend comme des petits pains; **fejébe vette, hogy** il s'est mis en tête de *inf*

vész¹ *tn i* **vesz** se perdre, **vál** périr; **kárba ~** se perdre, *fraz* partir en fumée; **veszni hagy** livrer à l'abandon, laisser périr

vész² *fn* catastrophe *n*, désastre *h*; *[természeti csapás]* sinistre *h*

vészcsengő *fn* sonnette *n* d'alarme

veszedelem *fn* péril *h*, danger *h*

veszedelmes *mn* dangereux (-euse); *[csak dologról]* périlleux (-euse)

veszekedés *fn* dispute *n*, querelle *n*

veszeked|ik *tn i* se disputer, se quereller; *biz* s'engueuler, se chamailler

veszély *fn* danger *h*; *[kockázat]* risque *h*; **az a ~ fenyegeti, hogy** courir le risque de *inf*; **~ben van** être en danger; **veszéllyel jár** comporter des risques

veszélyes *mn* dangereux (-euse); *[csak dologról]* périlleux (-euse); *[kockázatos]* risqué(e); **kihajolni ~ ne pas se pencher au dehors; ~ hulladék** déchets *h (t sz)* toxiques

veszélyeztet *ts i* mettre en danger *v.* en péril; *[csak dologról]* risquer, compromettre; **~i a jó hírnevét** compromettre sa réputation

veszélyeztetett *mn* **~ terhesség** grossesse *n* à risque

veszélytelen *mn* sans danger

veszendő *fn* **~be megy** se perdre, *fraz* partir en fumée

vészes *mn [veszélyes]* dangereux (-euse), *[ijesztő]* redoutable, menaçant(e); **~ vérszegénység** anémie *n* pernicieuse

veszett *mn [elveszett]* perdu(e); *[beteg állat]* enragé(e); **~ ügy** cause *n* perdue; **~ sebesség** allure *n* folle

veszettség *fn* rage *n*

vészfék *fn* signal *h* d'alarme; **meghúzza a ~et** tirer le signal d'alarme

vészharang *fn* tocsin *h*; **megkongatja a ~ot** sonner le tocsin

veszít *ts i/tn i* perdre; **nincs ~eni valója** n'avoir rien à perdre; **szem elől ~ vkit/vmit** perdre qqn/qqch de vue; **~ a játékban** perdre au jeu

vészjel *fn* signal *h* de détresse

vészjósló *mn* sinistre, menaçant(e)

vészkijárat *fn* sortie *n v.* issue *n* de secours

vesződ|ik *tn i vmivel* se donner du mal avec qqch

vessző *fn* rameau *h*; *[fűzfa]* osier *h*; *[veréshez]* baguette *n*; *[írásjel]* virgule *n*; *[ékezet]* accent *h*

vesszőparipa *fn* cheval *h* de bataille; *biz* dada *h*

veszt *ts i/tn i* perdre; → **veszít**

veszte *fn* perte *n*; **~be rohan** courir à sa perte; **~mre** pour mon malheur; **vkinek a ~re tör** jurer la perte de qqn

veszteget *ts i [herdál]* gaspiller, dilapider; *[lefizet]* **vkit** corrompre qqn; *fraz* graisser les pattes à qqn; **az idejét ~i** perdre son temps

vesztegetés *fn [pazarlás]* gaspillage *h*, dilapidation *n*; *[korrupció]* corruption *n*

vesztegzár *fn* quarantaine *n*

vesztes *mn/fn* perdant(e)

veszteség *fn* perte *n*; *gazd* déficit *h*; *[halál miatt]* perte *n*

veszteséges *mn* déficitaire

vesztőhely *fn* échafaud *h*

vet *ts i [magot]* semer; *[dob]* jeter, lancer; **ágyat ~** faire le lit; **egy pillantást ~ vkire/vmire** jeter un coup d'œil à qqn/qqch; **latba ~i minden erejét** faire tout son possible pour *inf*; **szemére ~ vmit vkinek** reprocher qqch à qqn; **térdre ~i magát** se jeter à genoux; **véget ~ vminek** mettre fin à qqch

vét *tn i/ts i vki ellen* nuire à qqn; *vmi ellen* manquer à qqch; **hibát ~** commettre une faute; **mit ~ett, hogy** qu'a-t-il fait pour que *subj*

vétek *fn* faute *n*; *vall is* péché *h*

veteked|ik *tn i* rivaliser

vetél *ts i* faire une fausse couche

vétel *fn [vásárlás]* achat *h*; *[rádió, tévé]* réception *n*; **jó ~t csinált** il a fait une bonne affaire; **őrizetbe ~** garde *n* à vue

vételár *fn* prix *h* d'achat

vetélés *fn* fausse couche *n*, avortement *h*; **művi ~** interruption *n* volontaire de grossesse, IVG

vételi *mn* gazd d'achat; **~ megbízás** ordre *h* d'achat; **~ szerződés** contrat *h* de vente

vetélked|ik *tn i* rivaliser

vetélkedő *fn [játék]* jeu(-concours) *h*; *ang* quiz *h*

vetélytárs *fn* concurrent(e), rival(e)

vetemed|ik *tn i [fa]* gauchir, (se) gondoler; *[lealacsonyodik]* s'abaisser à *inf*; *[merészkedik]* aller jusqu'à *inf*, avoir l'audace de *inf*

vetemény *fn* plante *n* potagère

veteményeskert *fn* (jardin *h*) potager *h*

veterán *fn* vétéran *h*

vetés *fn [cselekvés]* semaille(s) *n (t sz)*, semis *h*; *[föld]* semis *h*

vetít *ts i [filmet]* projeter, passer

vetítés *fn* projection *n*

vetítőgép *fn* projecteur *h*

vetítővászon *fn* écran *h*

vétkes *mn/fn* coupable *h n*

vétkez|ik *tn i* commettre *v.* faire une faute; pécher

vetkőz|ik *tn i* se déshabiller

vetkőztet *ts i* déshabiller

vétlen *mn* innocent(e)

vétó *fn* veto *h*; **~t emel** opposer son veto

vétójog *fn* droit *h* de veto

vetőmag *fn* graine *n*, semence *n*

vétség *fn* faute *n*; *jog* délit *h*

vetület *fn mat* projection *n*

vevő *fn* acheteur (-euse); *[üzletben]* client(e)

vevőkészülék *fn* récepteur *h*

vevőkör *fn* clientèle *n*

vevőszolgálat *fn* service *h* après-vente

vezekel *tn i* vall, *átv is* vmiért expier *qqch*

vezényel *ts i* kat commander; *zene* diriger; **vkit egy posztra ~** affecter qqn à un poste

vezényszó *fn* mot *h* d'ordre

vezér *fn* chef *h*; *[politikai így is]* leader *h*; *[sakk]* dame *n*, reine *n*

vezércikk *fn* éditorial *h*

vezérel *ts i* guider, conduire; *[sereget, gépet]* commander

vezérfonal *fn* fil *h* conducteur, leitmotiv *h*

vezérigazgató *fn* président(e)-directeur (-trice) général(e); *biz* P.D.G

vezérkar *fn* état-major *h*

vezérkari *mn* **~ főnök** chef *h* d'état--major

vezérlés *fn* kat commandement *h*; *műsz* commande *n*

vezérszó *fn* mot-clé *h*

vezet I. *ts i* vkit vhová conduire *qqn qqpart*; *[irányít]* diriger; *[autót]* conduire; *[repülőgépet]* piloter; *[ügyeket]* gérer; *fiz* conduire; **kézen fogva ~** mener par la main; **műsort/vitát ~** animer une émission/un débat; **naplót/háztartást ~** tenir un journal/son ménage; **vállalkozást ~** diriger une entreprise; *átv* **vkit orránál fogva ~** *fraz* mener qqn par le bout du nez **II.** *tn i [út vhova]* conduire, mener; *[járművet]* conduire; *[élen áll]* être en tête, être le premier (la première); *átv* vmire conduire *v.* aboutir à *qqch*; **ez semmi jóra sem ~** cela ne mène à rien de bon; *sp* **3:2 arányban ~** mener par 3 buts à 2

vezeték *fn [villany, telefon]* câble *h*; fil *h*; *[víz]* conduite *n* (d'eau); *[gáz]* tuyau *h*

vezetékes *mn* **~ telefon** téléphone *h* filaire

vezetéknév *fn* nom *h* de famille

vezetés *fn [járműé]* conduite *n; [cégé, szervezeté]* direction *n*, gestion *n; fiz* conduction *n;* **átveszi a ~t** prendre la direction, *[versenyben]* prendre la tête; **ittas ~** conduite *n* en état d'ébriété; **vkinek a ~ével** sous la direction de qqn

vezető I. *mn* **a pályaudvarra ~ út** la route qui mène à la gare; **~ beosztás** poste *h* de direction; **~ szerep** rôle *h* prépondérant **II.** *fn* chef *h*, dirigeant(e); *[vállalaté]* directeur (-trice); *[politikai]* leader *h; [mozgalomé, csoporté]* meneur (-euse); *[turistáké]* guide *h n; [járműé]* conducteur (-trice), chauffeur *h; fiz* conducteur *h*

vezetői *mn* **~ engedély** permis *h* de conduire

vezetőség *fn* direction *n;* administration *n*

vezetőülés *fn* siège *h* du conducteur

vézna *mn* malingre, chétif (-ive)

viadal *fn [fegyveres]* lutte *n*, combat; *[lovagi]* joute *n*, tournoi *h; [szóbeli]* joute *n; [sport, játék]* compétition *n*

viadukt *fn* viaduc *h*

viaskod|ik *tn i* vkivel/vmivel lutter *avec v.* contre qqn/qqch, se battre *avec qqn/qqch;* **~ik a betegséggel/ halállal** lutter contre la maladie/la mort

viasz *fn* cire *n*

vibrál *tn i* vibrer, vaciller

vicc *fn* blague *n*, plaisanterie *n;* **~en kívül** blague à part; **a ~ az, hogy** le plus drôle c'est que; **~ből** pour rire

viccel *tn i* plaisanter

viccelőd|ik *tn i* plaisanter

vicces *mn* amusant(e), drôle; *biz* rigolo (-ote), marrant(e); **nem vagyok ~ kedvemben** je ne suis pas d'humeur à plaisanter

vicclap *fn* journal *h* satirique

vicsorít *tn i* montrer ses dents

vidám *mn* gai(e), joyeux (-euse)

vidámpark *fn* parc *h* d'attractions

vidámság *fn* gaieté *n;* **általános ~ közepette** au milieu de l'allégresse générale

vidék *fn [tájegység]* région *n; [fővároshoz képest]* province *n; [falu, táj]* campagne *n;* **a Duna ~e** la région du Danube; **~en** en province, à la campagne

vidéki I. *mn* de (la) province, provincial(e), de campagne; *[helyi]* régional(e); **~ élet** la vie provinciale; **~ ház** maison *n* de campagne; **~ lapok** journaux *h (t sz)* régionaux **II.** *fn* provincial(e); *[falusi]* campagnard(e)

videó *fn [technika]* vidéo *n; [berendezés]* magnétoscope *h*, vidéo *n*

videofelvétel *fn* enregistrement *h* vidéo

videofilm *fn* film *h* vidéo

videokamera *fn* caméra *n* vidéo; *[videomagnóval együtt]* caméscope *h*

videokazetta *fn* cassette *n* vidéo, vidéocassette *n*

videoklip *fn* clip *h* vidéo, vidéoclip *h*

videomagnó *fn* magnétoscope *h*

videotéka *fn* vidéothèque *n*

videóz|ik *tn i [készít]* faire de la vidéo; *[néz]* regarder un film vidéo

vidra *fn* loutre *n*

víg *mn* gai(e), joyeux (-euse)

vigad *tn i* faire la fête, s'amuser, se donner du bon temps

vigasz *fn* consolation *n*, réconfort *h;* **~ra szorul** avoir besoin de réconfort

vigaszdíj *fn* prix *h* de consolation

vigasztal *ts i* consoler, réconforter

vigasztalan *mn [lehangoló]* désolé(e), désolant(e)

vigasztalás *fn* consolation *n*, réconfort *h*

vigasztalhatatlan mn inconsolable

vigasztaló mn consolant(e), réconfortant(e); ~ **szó** mot h de réconfort

vigasztalód|ik tn i se consoler

vígjáték fn comédie n; [zenés] vaudeville h

vígopera fn opéra h comique, opéra bouffe h

vigyáz tn i vkire/vmire faire attention à qqn/qqch; [felügyelve] vkire veiller sur qqn; vmire veiller à qqch; vkire/ vmire prendre soin de qqn/qqch; ~ **az egészségére** faire attention à sa santé; **gyerekre** ~ garder un enfant; ~ **a nyelvére** tenir sa langue; ~, **hogy** faire attention à ce que subj, veiller à inf; ~**z!** (fais) attention !; ~**z, kész, rajt!** à vos marques, prêts, partez !

vigyázat fn ~! attention !

vigyázatlan mn imprudent(e), inattentif (-ive)

vigyázatlanság fn manque h d'attention, inattention n, imprudence n

vigyázz I. msz kat garde-à-vous! **II.** fn garde-à-vous h; ~**ba áll** se mettre au garde-à-vous

vigyor fn rictus h

vigyorog tn i ricaner

vihar fn tempête n, orage h; ~ **készül** le temps est à l'orage, átv il y a de l'orage dans l'air

viharfelhő fn nuage h d'orage

viharjelzés fn avertissement h d'orage

viharkabát fn ciré h

viharos mn orageux (-euse); [tenger] agité(e); átv orageux (-euse), tumultueux (-euse), tourmenté(e); ~ **szél** vent h d'orage; ~ **tenger** mer n agitée v. houleuse; ~ **jelenet** scène n tumultueuse; ~ **taps** applaudissements h (t sz) frénétiques

vihog tn i ricaner

víkend fn week-end h, fin n de semaine

víkendház fn maison n de campagne; résidence n secondaire

Viktor fn Victor h

világ fn monde h; **az állatok** ~**a** le monde animal v. des animaux; **a harmadik** ~ le tiers monde; **a** ~ **végén** [messze] au bout du monde; **a** ~**ért sem** pour rien au monde; **éli** ~**át** se donner du bon temps; **az egész** ~**on** dans le monde entier; **az egész** ~ **előtt** au vu et au su de tout le monde; **két év nem a** ~ deux ans c'est vite passé v. ce n'est pas une éternité; **Proust** ~**a** l'univers de Proust; ~ **körüli út** voyage h autour du monde, le tour du monde; ~**ra hoz egy gyereket** donner le jour à un enfant; ~**ra jön** voir le jour

világatlasz fn atlas h mondial

világbajnok fn champion (-ionne) du monde

világbajnokság fn championnat h du monde; [futball] coupe n du monde

világbank fn banque n mondiale

világbéke fn paix n mondiale

világbirodalom fn empire h mondial, vaste empire

világcég fn (société n) multinationale n

világcsúcs fn record h mondial; ~**ot állít/megdönt** établir/battre un record mondial

világegyetem fn univers h

világgazdaság fn économie n mondiale

világháború fn guerre n mondiale; **az első/második** ~ la Première/la Seconde Guerre mondiale

világháborús mn de guerre mondiale; ~ **veszély** danger h de guerre mondiale

világháló fn inform la Toile, Internet h, Net h

világhatalom fn puissance n mondiale

világhír *fn* réputation *n* v. renommée *n* mondiale

világhírű *mn* de renommée mondiale, connu(e) dans le monde entier

világi I. *mn [nem egyházi]* laïc (laïque), profane; *[földi]* terrestre, temporel (-elle); ~ **javak** biens *h (t sz)* terrestres v. temporels; ~ **zene** musique *n* profane II. *fn [nem egyházi]* laïque v. laïc *h*, laïque *n*

világirodalom *fn* littérature *n* mondiale

világít *tn i* éclairer; *[égitest]* briller

világítás *fn* éclairage *h*; *[lámpa]* lumière *n*

világítótorony *fn* phare *h*

világkép *fn* vision *n* du monde

világkereskedelem *fn* commerce *h* international

világkiállítás *fn* exposition *n* universelle

világmárka *fn* marque *n* mondiale

világméretű *mn* mondial(e)

világmindenség *fn* univers *h*

világnap *fn* journée *n* mondiale

világnézet *fn* conception *n* v. vision *n* du monde

világnyelv *fn* langue *n* de communication mondiale

világos I. *mn* clair(e); *[egyértelmű]* clair(e), évident(e); *átv* ~ **pillanat** moment *h* de lucidité; ~ **sör** bière *n* blonde II. *fn [nappal]* jour *h*; *[sakk]* blancs *h (t sz)*; **már** ~ **van** il fait déjà jour

világosan *hsz* clairement; ~ **elmagyaráz** expliquer clairement

világoskék *mn* bleu clair

világosod|ik *tn i [hajnalodik]* le jour point v. se lève

világosság *fn* jour *h*, clarté *n*, lumière *n*; *átv* clarté *n*, lucidité *n*

világörökség *fn* patrimoine *h* mondial

világpiac *fn* marché *h* mondial

világpolgár *fn* citoyen (-enne) du monde

világpolitika *fn* politique *n* mondiale v. internationale

világranglista *fn* classement *h* mondial

világrekord *fn* record *h* mondial

világrész *fn* partie *n* du monde, continent *h*

világsiker *fn* succès *h* mondial v. international

világszabadalom *fn* brevet *h* international

világszerte *hsz* dans le monde entier, aux quatre coins du monde

világszervezet *fn* organisation *n* mondiale v. internationale

világszínvonal *fn* niveau *h* mondial

világszövetség *fn* fédération *n* mondiale

világtáj *fn* point *h* cardinal

világtalan *mn/fn* non-voyant(e)

világtörténelem *fn* histoire *n* universelle

világűr *fn* epace *h*, cosmos *h*

világválság *fn* crise *n* mondiale

világváros *fn* métropole *n*

világviszonylatban *hsz* à l'échelle mondiale

villa¹ *fn [evéshez]* fourchette *n*; *[szerszám]* fourche *n*

villa² *fn [épület]* villa *n*

villám *fn* éclair *h*; *[lecsapó]* foudre *n*; **lecsapott a** ~ la foudre est tombé

villámcsapás *fn* foudre *n*; ~ **érte** il a été foudroyé

villámgyors *mn* rapide v. prompt(e) comme l'éclair

villámháború *fn* guerre *n* éclair

villámhárító *fn* paratonnerre *h*; *műsz* parafoudre *h*

villámlás *fn* éclairs *h (t sz)*

villáml|ik *tn i* il y a des éclairs; **~ik a szeme** ses yeux lancent des éclairs

villamos I. *mn* électrique; **~ áram** courant *h* électrique **II.** *fn* tramway *h*; *biz* tram *h*

villamosjegy *fn* ticket *h* de tramway

villamosmegálló *fn* arrêt *h* de tramway

villamosság *fn* électricité *n*

villamosszék *fn* chaise *n* électrique

villámsújtott *mn* foudroyé(e), frappé(e) par la foudre

villámzár *fn* fermeture *n* éclair

villan *tn i* briller

villanegyed *fn* quartier *h* résidentiel

villany *fn* électricité *n*; **felkapcsolja/eloltja a ~t** allumer/éteindre la lumière

villanyáram *fn* électricité *n*

villanybojler *fn* chauffe-eau *h* électrique

villanyborotva *fn* rasoir *h* électrique

villanykályha *fn* radiateur *h* électrique

villanykapcsoló *fn* interrupteur *h*

villanykörte *fn* ampoule *n*

villanymotor *fn* moteur *h* électrique

villanymozdony *fn* locomotive *n* électrique

villanyóra *fn* compteur *h* d'électricité

villanyszámla *fn* facture *n* d'électricité

villanyszerelő *fn* électricien (-ienne)

villanytűzhely *fn* cuisinière *n* électrique

villanyvezeték *fn* câble *h v.* ligne *n* électrique

villanyvilágítás *fn* éclairage *h* électrique

villásreggeli *fn* brunch *h*

villog *tn i* briller, étinceler; *[jelzőlámpa]* clignoter; **~ a szeme** ses yeux lancent des éclairs

villongás *fn* etnikai **~ok** conflits *h (t sz)* ethniques, affrontements *h (t sz)* interethniques

Vilmos *fn* Guillaume *h*

Vince *fn* Vincent *h*

vinnyog *tn i* glapir, vagir; *biz* couiner

viola *fn [növény]* giroflée *n*

vipera *fn* vipère *n*

virág *fn* fleur *n*; **cserepes ~** fleur *v.* plante *n* en pot; **élete ~ában** *fraz* dans la fleur de l'âge; **~ot szed** cueillir des fleurs

virágágy *fn* parterre *h* de fleurs

virágárus *fn* fleuriste *h n*, marchand(e) de fleurs

virágbolt *fn* magasin *h v.* boutique *n* de fleurs

virágcserép *fn* pot *h* de fleurs

virágcsokor *fn* bouquet *h* de fleurs

virágkertészet *fn* floriculture *n*

virágkor *fn* grande époque *n*, âge *h* d'or

virágláda *fn* bac *h* à fleurs

virágmag *fn* graine *n* de fleurs

virágos *mn* fleuri(e); **~ rét** pré *h* fleuri

virágpor *fn* pollen *h*

virágszál *fn* tige *n* de fleur; *[egy szál virág]* une fleur; **édes ~am!** ma toute belle !, ma chérie !, ma bichette !

virágszirom *fn* pétale *h*

virágvasárnap *fn* dimanche *h* des Rameaux

virágzás *fn* floraison *n*; *átv* prospérité *n*

virágzat *fn* inflorescence *n*

virágz|ik *tn i* fleurir; *átv* fleurir, prospérer; **~ik a cseresznyefa** le cerisier fleurit *v.* est en fleurs; **~ik a kereskedelem** le commerce prospère *v.* est florissant

virágzó *mn* en fleurs,; fleuri(e); *átv* florissant(e), prospère

virgonc *mn* agile, alerte

virít *tn i* être en fleur(s)

virrad *tn i* le jour point

virradó *mn* **szombatra ~ra** dans la nuit de vendredi à samedi

virradat *fn* aube *n*; ~**kor** à l'aube, au petit matin

virraszt *tn i* veiller

virrasztás *fn* veille *n*; *[halott mellett]* veillée *n*

virsli *fn* saucisse *n*

virtuális *mn* virtuel (-elle)

virtuóz *mn/fn* virtuose *h n*

virul *tn i [növény]* fleurir, être en fleur(s); *átv* **él és** ~ *fraz* se porter comme un charme

vírus *fn orv* virus *h*; *inform* virus *h* (informatique)

vírusfertőzés *fn* infection *n* virale

vírusölő *fn inform* antivirus *h*

vírusos *mn orv* à virus, viral(e); ~ **a számítógépem** mon ordinateur a un virus

visel *ts i [hord]* porter; **szoknyát** ~ porter une jupe; ~**i vminek a következményeit** supporter les conséquences de qqch; **gondját** ~ **vkinek/vminek** prendre soin de qqn/qqch; **jól** ~**i magát** il se comporte bien

viselet *fn* costume *h*

viselkedés *fn* comportement *h*, conduite *n*

viselked|ik *tn i* se conduire, se comporter; **jól/rosszul** ~**ik** il se comporte bien/mal

viseltes *mn* usé(e), usagé(e)

viseltet|ik *tn i* **jóindulattal/rosszindulattal** ~**ik vki iránt** être bien/mal disposé(e) envers qqn; **tisztelettel** ~**ik vki iránt** témoigner de respect pour qqn

visít *tn i* hurler, crier

viskó *fn* cabane *n*, masure *n*

visz I. *ts i [tárgyat]* porter, apporter; *[személyt]* amener, emmener; *[járművön így is]* conduire, transporter; **bölcsődébe** ~**i a gyereket** emmener *v.* conduire l'enfant à la crèche; **ma-**

gával ~ *[tárgyat]* emporter, *[embert, állatot]* emmener; *átv* **filmre** ~ porter à l'écran; **előre** ~**i az ügyet** faire avancer l'affaire; **még sokra** ~**i** il ira loin; **túlzásba** ~ aller trop loin, exagérer II. *tn i [út]* conduire, aller, mener

viszály *fn* conflit *h*, désaccord *h*, discorde *n*; ~**t szít** semer la discorde

viszket *tn i* démanger; *átv* ~ **a tenyerem** la main me démange

viszketés *fn* démangeaison *n*

viszlát *msz* à plus tard !, tchao !

viszolyog *tn i vmitől/vkitől* avoir *v.* éprouver de la répulsion pour *v.* à l'égard de qqch/qqn

viszonoz *ts* rendre; *[érzelmet]* partager; *[üdvözlést]* rendre, répondre à; ~**za vkinek a köszönését** rendre son salut à qqn

viszont I. *ksz [ezzel szemben]* par contre, en revanche II. *hsz* **Jó mulatást! Köszönöm,** ~! Amuse-toi bien ! Merci, toi aussi.; **és** ~ et vice-versa

viszontagság *fn [kellemetlen]* vicissitudes *n (t sz)*; *[változatos]* péripéties *n (t sz)*

viszontagságos *mn* mouvementé(e), plein(e) vicissitudes *v.* de péripéties

viszontlát *ts i* revoir, retrouver

viszontlátásra *msz* au revoir!; *biz* à la prochaine!

viszonzás *fn* ~**ul** en retour

viszonzatlan *mn [érzés]* non partagé(e)

viszony *fn* rapport *h*, relation *n*; *[szerelmi]* liaison *n*; *[összefüggés]* rapport *h*, corrélation *n*; **anyagi** ~ situation *n* financière; **baráti** ~ relation d'amitié; **időjárási** ~**ok** conditions *n (t sz)* météorologiques; **rossz/jó** ~**ban van vkivel** être en bons/mauvais termes avec qqn; ~**a van vkivel** avoir une liaison avec qqn

V

viszonyít ts i vmihez comparer à v. avec qqch

viszonylag hsz relativement

viszonylagos mn relatif (-ive)

viszonylat fn országos ~ban à l'échelle internationale, sur le plan national

viszony|ik tn i mat [aránylik] 5 úgy ~ik a 15-höz, mint 3 a 9-hez 5 est à 15 comme 3 à 9

viszonyul tn i jól/rosszul ~ vmihez bien/mal réagir à qqch; hogy ~ ehhez a kérdéshez? quelle est sa position à l'égard de cette question ?

vissza hsz en arrière; en retour; ~ a feladóhoz retour à l'expéditeur

visszaad I. ts i [helyére] rendre, retourner; [kölcsönt, aprót] rendre; [labdát] renvoyer; átv redonner; vmi ~ja az erejét qqch lui redonne ses forces **II.** tn i [pénzből] rendre la monnaie

visszaállít ts i [helyére] remettre à sa place; [eredeti állapotába] restituer, rétablir, restaurer

visszaél tn i vmivel abuser de qqch; ~ vkinek a bizalmával abuser de la confiance de qqn

visszaélés fn abus h; hatalommal való ~ abus h de pouvoir

visszaemlékezés fn souvenir h; [irodalomban] mémoires h (t sz)

visszaemlékez|ik tn i vkire/vmire se souvenir de qqn/qqch, se rappeler qqn/qqch

visszaesés fn rechute n; [bűnbe, betegségbe] récidive n, rechute n; [gazdasági] récession n

visszaes|ik tn i retomber; [betegségbe, bűnbe] rechuter, récidiver; [termelés, növekedés] être en régression

visszaeső I. mn ~ bűnöző récidiviste h n **II.** fn jog récidiviste h n

visszafejlődés fn régression n

visszafejlőd|ik tn i être en régression, régresser

visszafelé hsz à l'envers, à rebours; ~ sült el a dolog la chose s'est retournée contre lui

visszafizet ts i rendre, rembourser

visszafizetés fn remboursement h

visszafog ts i [tartóztat] retenir; [mérsékel] réduire, baisser; ~ja a hangját baisser sa voix; ~ja magát se contenir

visszafoglal ts i reconquérir

visszafogott mn [személy] réservé(e)

visszafojt ts i étouffer, refouler, retenir; ~ja könnyeit ravaler ses larmes; ~ja lélegzetét retenir son souffle

visszafordít ts i retourner; [hátára] renverser

visszafordíthatatlan mn irréversible

visszafordul tn i [hátranéz] se retourner, faire demi-tour; [visszamegy] retourner

visszagondol tn i vmire se rappeler qqch, se souvenir de qqch

visszahajt ts i [papírt] replier; [ruhaujjat] retrousser

visszahat tn i vmire se répercuter sur qqch

visszaható mn jog rétroactif (-ive); nyelv ~ ige verbe h pronominal réfléchi; ~ névmás pronom h réfléchi

visszahelyez ts i [tárgyat] remettre (à sa place), replacer, reposer; [eredeti állapotába] restituer, restaurer; [hivatalába] réintégrer; [jogaiba] réhabiliter

visszahív ts i rappeler; [tisztségviselőt] révoquer; ma este ~lak [telefonon] je te rappelle ce soir

visszahódít ts i reconquérir

visszahoz ts i [tárgyat] rapporter; [személyt, járművet] ramener

visszahúz ts i/tn i ~ vkit tirer qqn en arrière; ~za a kezét retirer sa main; a macska ~za a karmait le chat rentre ses griffes; **emlékei ~zák vhova** ses souvenirs le ramènent qqpart

visszahúzódik *tn i [dolog]* se retirer; *[személy]* se retirer, se tenir à l'écart, se replier sur soi-même

visszaigazol *ts i ~ja vminek az átvételét* accuser réception de qqch

visszaigényel *ts i* **visszaigényli az ÁFÁ-t** demander le remboursement de la TVA

visszája *fn* envers *h*; **színe és ~** l'endroit et l'envers

visszajár *tn i [vhova]* revenir; **nekem még ~ 10 euró** il me revient *v.* vous me devez encore dix euros

visszajáró *fn [apró]* la monnaie; **tartsa meg a ~t** gardez la monnaie

visszajelzés *fn* réaction *n*

visszajön *tn i* revenir, être de retour; **mindjárt visszajövök** je reviens tout de suite

visszakap *ts i* récupérer, retrouver

visszakér *ts i* réclamer

visszakérdez *ts i* répondre par une question

visszakeres *ts i* rechercher

viszakerül *tn i* **az üzlet ~t a család tulajdonába** le magasin est revenu dans la famille

visszakozik *tn i átv* revenir sur sa décision

visszaköltözik *tn i* se réinstaller; *[szülőföldjére]* retourner (dans le pays)

visszaköszön *tn i vkinek* rendre son salut à qqn, répondre au salut de qqn

visszakövetel *ts i* revendiquer, réclamer

visszaküld *ts i* renvoyer, retourner

visszalép *tn i* reculer d'un pas, faire marche arrière; *átv vmitől* renoncer à qqch

visszamaradott *mn [fejlődésben]* retardé(e), arriéré(e)

visszamegy *tn i* retourner; *[ugyanazon az úton]* revenir sur ses pas; *[vhova így is]* regagner *qqch*; **messzire ~** *[időben]* remonter loin (dans le temps); **~ a szüleihez** retourner chez ses parents

visszamenőleges *msz ~* hatás/hatály effet *h* rétroactif

visszanéz *tn i* regarder en arrière *v.* derrière soi

visszanyer *ts i* récupérer, regagner, reprendre; **~i erejét** reprendre *v.* récupérer ses forces; **~i nyugalmát** retrouver son calme

visszanyúlik *tn i [időben]* remonter

visszapillantó *mn ~* tükör rétroviseur *h*

visszarendeződés *fn pol* restauration *n*

visszariad *tn i vmitől* reculer devant qqch

visszariaszt *ts i* décourager, rebuter

visszás *mn* absurde, fâcheux (-euse); **~ helyzet** situation *n* fâcheuse *v.* embarrassante

visszásság *fn* anomalie *n*

visszaszáll *tn i [járműre, autóba]* remonter; *[javak] vkire* retourner à qqn

visszaszámlálás *fn* compte *h* à rebours

visszaszerez *ts i* récupérer, reprendre; **visszaszerzi a pénzét** récupérer son argent; **visszaszerzi a területeket** reconquérir les territoires

visszaszorít *ts i [ellenséget]* refouler, repousser; *átv [háttérbe]* écarter

visszatalál *tn i* retrouver le chemin du retour

visszatart *ts i* retenir; **~ja a lélegzetét** retenir son haleine; **~ja a tömeget** contenir la foule

visszataszító *mn* repoussant(e), répugnant(e)

visszatér *tn i [vhonnan]* revenir de; *[vhova]* retourner; *[témára, ügyre]* revenir *sur qqch; ~ a helyes útra* rentrer dans le droit chemin; **erre még ~ünk** nous y reviendrons, nous en reparlerons

visszatérés *fn* retour *h*

visszatérít *ts i [összeget]* rembourser

visszatérítés *fn* remboursement *h; [kárért]* indemnité *n*

visszatesz *ts i* remettre, reposer; ~ **vmit a helyére** remettre qqch à sa place

visszatetszés *fn* désapprobation *n*

visszatetsző *mn* déplaisant(e)

visszatükröz *ts i* refléter

visszatükröződ|ik *tn i* se refléter

visszaút *fn* chemin *h* de retour; *átv* **nincs ~** il n'y a plus moyen de reculer

visszautasít *ts i vmit* refuser *qqch; vkit* éconduire *qqn; ~ja, hogy* refuser de *inf; ~ja a vádat* rejeter l'accusation; **egy ajánlatot ~** décliner *v.* refuser une offre

visszautasítás *fn* refus *h*

visszaül *tn i* se rasseoir

visszaüt *ts i vkinek* rendre un coup *à qqn; [labdát]* renvoyer

visszavág *tn i [szóban]* riposter, répliquer

visszavágó *fn [mérkőzés]* match retour *h*

visszavált *ts i [pénzt]* rechanger; *[sebességet]* rétrograder; ~**ják a jegyeket** les billets sont remboursés; ~**ott kettesbe** il a rétrogradé en deuxième

visszaváltható *mn* ~ **üveg** bouteille *n* consignée

visszavásárol *ts i* racheter

visszaver *ts i [támadást]* repousser; *[fényt, képet]* renvoyer, refléter; *[hőt, hangot is]* réverbérer

visszaverődés *fn [jelenség]* réflexion *n; [kép]* reflet *h; [hőé, hangé, képé]* réverbération *n*

visszaverőd|ik *tn i* se réfléchir; *[hő, hang is]* se réverbérer

visszavesz *ts i* reprendre; *[vásárol]* racheter

visszavet *ts i [késleltet]* retarder

visszavezet *ts i [helyszínre]* reconduire, ramener; *[múltba]* ramener, renvoyer; **ezt arra lehet ~ni, hogy** on peut attribuer ceci au fait que

visszavisz *ts i [tárgyat]* rapporter, remporter; *[járművet, embert, állatot]* ramener

visszavon *ts i [engedélyt]* retirer; *[jogszabályt]* abroger; *[csapatokat]* replier; ~**ja a szavát/ígéretét** revenir sur sa parole/sa promesse

visszavonás *fn* retrait *h; [rendeleté]* révocation *n; [csapatoké]* repli *h*

visszavonhatatlan *mn* irrévocable

visszavonul *tn i* se retirer; *kat* battre en retraite; ~ **a közélettől** se retirer de la vie publique

visszavonulás *fn* retraite *n*

visszér *fn [véna]* veine *n; [visszértágulat]* varice *n*

visszeres *mn* variqueux (-euse)

visszfény *fn* reflet *h*

visszhang *fn átv is* écho *h; átv* retentissement *h;* ~**ot kelt** faire écho; ~ **nélkül maradt** resté(e) sans écho

visszhangz|ik *tn i* résonner

vita *fn* débat *h,* discussion *n; [írásban]* polémique *n;* **családi** ~ querelle *n* de famille; **részt vesz a ~ban** prendre part à la discussion; **parlamenti** ~ débat parlementaire

vitamin *fn* vitamine *n*

vitamindús *mn* riche en vitamines

vitaminhiány *fn* manque *h* de vitamines; *orv* avitaminose *n*

vitás *mn* contesté(e), discuté(e), litigieux (-euse); ~ **kérdés** point *h* de controverse; **nem ~, hogy** il ne fait pas de doute que

vitat *ts i* discuter, débattre; *[kétségbe vonva]* contester

vitathatatlan *mn* indiscutable, incontestable

vitatható *mn* discutable, contestable

vitatkoz|ik *tn i* discuter; **arról ~nak, vajon** ils discutent pour savoir si; **politikáról ~ik** discuter de politique

vitatott *mn* controversé(e), contesté(e); **erősen ~ kérdés** une question très controversée

vitavezető *fn* modérateur (-trice)

vitázik *tn i* débattre

viteldíj *fn* tarif *h* du transport

vitorla *fn* voile *n*

vitorlás *fn [hajó]* voilier *h*

vitorlásverseny *fn* régate *n*

vitorlázás *fn* navigation *n* à voile

vitorláz|ik *tn i* faire de la voile

vitorlázó I. *mn sp* ~ **repülés** vol *h* à voile; ~ **repülőgép** planeur *h* **II.** *fn* personne *n* pratiquant la voile

vitrin *fn* vitrine *n*

vív I. *tn i sp* faire de l'escrime **II.** *ts i* **csatát** ~ livrer bataille; **vki ellen** lutter *contre qqn*

vívás *fn* escrime *n*

vívmány *fn* **szociális ~ok** les acquis *h (t sz)* sociaux; **a tudomány ~ai** les conquêtes *n (t sz)* scientifiques

vívó *fn* escrimeur (-euse)

vívód|ik *tn i* **kétségek közt ~ik** être rongé(e) par le doute

vívókard *fn* sabre *h*

vívótőr *fn* fleuret *h*

víz *fn* eau *n*; **a ~ színén** à la surface (de l'eau); **csupa ~** *[megizzadt] fraz* être en nage, *[megázott]* être mouillé(e) *v.* trempé(e) jusqu'aux os; **egy pohár ~**

un verre d'eau; **nemzetközi vizeken** sur les eaux internationales; ~ **alatt** sous l'eau; ~**be fullad** se noyer; ~**et iszik** boire de l'eau; *átv* **felkapja a vizet** *fraz* prendre la mouche; **öntsünk tiszta vizet a pohárba!** *fraz* mettons les points sur les i; **nem sok vizet zavar** *fraz* il ne fait pas beaucoup de vagues

vízágyú *fn* canon *h* à eau

vízállás *fn* niveau *h* de l'eau

vízálló *mn* étanche; imperméable

vízáteresztő *mn* perméable

vízcsap *fn* robinet *h* (d'eau)

vízcsepp *fn* goutte *n* d'eau

vízdíj *fn* facture *n* d'eau

vizel *tn i* uriner

vizelet *fn* urine *n*

vízellátás *fn* alimentation *n* en eau

vizenyő *fn* œdème *h*

vízerőmű *fn* centrale *n* hydroélectrique

vizes *mn* humide; mouillé(e); *[nagyon]* trempé(e); ~ **borogatás** compresse *n* humide

vizesárok *fn [út mellett]* fossé *h*; *[akadályversenyen]* rivière *n*; *[vár körül]* douve *n*

vízesés *fn* chute *n* d'eau; cascade *n*

vizeskancsó *fn* carafe *n* (d'eau)

vizespohár *fn* verre *h* à eau

vízfesték *fn* aquarelle *n*; ~**kel fest** faire de l'aquarelle

vízfestmény *fn* aquarelle *n*

vízfogyasztás *fn* consommation *n* d'eau

vízfolyás *fn* cours *h* d'eau; **hazudik, mint a ~** *fraz* mentir comme un arracheur de dents

vízforraló *fn* bouilloire *h* électrique

vízgazdálkodás *fn* gestion *n* des eaux

vízgyógyászat *fn* hydrothérapie *n*; *[tengervízzel]* thalassothérapie *n*

V

vízgyűjtő *fn [tartály]* citerne *n*; réservoir *h* d'eau

vízhatlan *mn* imperméable, étanche

vízhiány *fn* manque *h* d'eau

vízhólyag *fn* ampoule *n*

vízi *mn* d'eau, aquatique; *[növény, állat]* aquatique; ~ úton *[folyón]* par voie fluviale, *[tengeren]* par voie maritime; ~ jármű embarcation *n*; ~ sport sport *h* nautique

vízibicikli *fn* pédalo *h*

vízilabda *fn* water-polo *h*

vízilabdázik *tn i* jouer au water-polo

víziló *fn* hippopotame *h*

vízimalom *fn* moulin *h* à eau

vízió *fn* vision *n*

vízisí *fn* ski *h* nautique

víziszony *fn* hydrophobie *n*

vizit *fn* visite *n*; orvosi ~ *[a beteg lakásán]* visite *n* (médicale), *[rendelőben]* consultation *n*, *[kórtermekben]* visite *n*

vízjel *fn* filigrane *h*

vízkő *fn* tartre *h*

vízkőoldó *fn* détartrant *h*

vízlépcső *fn* écluses *n (t sz)*

vízmelegítő *fn* chauffe-eau *h*

vízmosás *fn* ravin *n*

vízművek *fn* service *h* des eaux

vízóra *fn [fogyasztásmérő]* compteur *h* d'eau

vízözön *fn* déluge *h*; utánam a ~ *fraz* après moi le déluge

vízpart *fn* rive *n*

vízrajz *fn* hydrographie *n*

vízsugár *fn* jet *h* d'eau

vízszennyeződés *fn* pollution *n* des eaux

vízszint *fn* niveau *h* de l'eau

vízszintes **I.** *mn* horizontal(e) **II.** *fn mat* horizontale *n*

vízszintező *fn [szerszám]* niveau *h* à bulle (d'air), nivelle *n*

víztározó *fn* lac *h* de retenue

víztartály *fn* réservoir *h* d'eau

víztorony *fn* château *h* d'eau

víztükör *fn* surface *n* de l'eau

vizuális *mn* visuel (-elle)

vízum *fn* visa *h*; ~ot kér/kap demander/obtenir un visa

vízumkényszer *fn* obligation *n* de visa

vízvezeték *fn* conduite *n* d'eau

vízvezeték-szerelő *fn* plombier *h*

vizsga *fn* examen *h*; *biz* exam *h*; *[versenyvizsga]* concours *h*; érettségi ~ baccalauréat *h*; felvételi ~ concours d'entrée; írásbeli/szóbeli ~ examen écrit/oral; leteszi a ~t passer l'examen; megbukik a ~n échouer à l'examen

vizsgabizottság *fn* jury *h* d'examen

vizsgaidőszak *fn* session *n* des examens

vizsgakövetelmény *fn* programme *h* de l'examen

vizsgál *ts i [orvos is]* examiner; behatóan ~ vmit examiner qqch à fond

vizsgálat *fn* examen *h*; *[hivatalos]* inspection *n*; *[számadásé]* vérification *n*; *[orvosi]* examen *h* médical, consultation *n*; *jog* enquête *n*, information *n*; ~ alá vesz vmit soumettre qqch à l'examen; ~ot indít/folytat *[rendőrség]* ouvrir/faire une enquête

vizsgálati *mn* ~ iratok dossier *h* de l'enquête; ~ fogság détention *n* préventive

vizsgáló *fn [helyiség]* cabinet *h* de consultation

vizsgálóbíró *fn* juge *h n* d'instruction

vizsgálódás *fn* investigation *n*

vizsgálód|ik *tn i [körülnéz]* inspecter les lieux; *[kutat vmi után]* faire une enquête *v.* des recherches *sur qqch*

vizsgáz|ik *tn i* passer un examen *v.* *[versenyvizsgán]* un concours; mikor ~ol? quand passes-tu l'examen ?

vizsgázó *fn* candidat(e) (à l'examen)
vizsgáztat *ts i vkit* interroger *qqn*, faire passer un examen *à qqn*
vizsgáztató *fn* examinateur (-trice)
vizsla I. *mn* ~ **tekintet** regard *h* scrutateur *v.* fureteur **II.** *fn* braque *h*
vodka *fn* vodka *n*
voks *fn* vote *h*, voix *n*; **leadja ~át** voter
voksol *tn i* voter
volán *fn* volant *h*
volna *tn i* **ha nem ~ ennyi ember** s'il n'y avait pas autant de gens; **ha játszott ~, meghallgattuk ~** s'il avait joué, nous l'aurions écouté; **mintha valóban értette ~** comme s'il l'avait vraiment compris
volt¹ I. *tn i* → **van**; **egyszer ~, hol nem ~** il était une fois; **~, nincs** *fraz* ni vu ni connu **II.** *mn* ancien (-ienne); **ex-; a ~ elnök** l'ex-président(e)
volt² *fn* vill volt *h*
volta *fn* **speciális ~ból adódóan** du fait de son caractère particulier
voltaképpen *hsz* en fait, en réalité
volumen *fn* volume *h*
von *ts i* tirer; *átv* **maga után ~** impliquer; **magára ~ja a figyelmet** attirer l'attention sur soi; **kétségbe ~** mettre en doute; **vállat ~** hausser les épaules
vonagl|ik *tn i* se tordre, se tortiller; *[arc]* se convulser
vonakod|ik *tn i [vmit megtenni]* rechigner *à inf*
vonal *fn* ligne *n*, trait *h*; *[emberi alaké]* silhouette *n*, ligne *n*; *közl, távk* ligne *n*; **a ~ban van** *[telefon]* être en ligne; **a ~ foglalt** la ligne est occupée; **tartsa a ~at!** ne quittez pas; **egy ~ban vmivel** à hauteur de qqch; **nagy ~akban** dans les grandes lignes; **vigyáz a ~aira** surveiller sa ligne

vonalas *mn [vonalazott]* réglé(e), ligné(e); ~ **füzet** cahier *h* de papier réglé *v.* ligné
vonalaz *ts i* régler, ligner
vonaljegy *fn* ‹ticket pour une ligne, sans correspondance›
vonalkód *fn* code-barres *h*, code *h* à barres
vonalzó *fn* règle *n*; *[háromszögű]* équerre *n* à dessiner
vonás *fn [arcé is]* trait *h*; *[ecseté]* touche *n*
vonat *fn* train *h*; **a prágai ~** le train pour Prague; **~ra száll** prendre le train; **~tal** utazik voyager en train; **a 8:40-es ~tal** par le train de 8 h 40
vonatcsatlakozás *fn* correspondance *n*
vonatjegy *fn* billet *h* de train
vonatkozás *fn* relation *n*, rapport *h*; **ebben a ~ban** à cet égard; **minden ~ban** sous tous les rapports
vonatkoz|ik *tn i vmire/vkire* concerner *qqch/qqn; [szabály]* s'appliquer *à; a* **szabály mindenkire ~ik** la règle s'applique à tout le monde; **ez rád ~ik** cela te concerne
vonatkozó *mn vkire/vmire* concernant *qqn/qqch; vmire* relatif (-ive) *à qqch; nyelv* ~ **névmás** pronom *h* relatif
vonatkoztat *ts i vkire/vmire* rapporter *à qqn/qqch,* ramener *à qqn/qqch;* **magára ~ vmit** ramener *qqch* à soi
vonít *tn i* hurler
vonítás *fn* hurlement *h*
vonó *fn* zene archet *h*
vonós I. *mn* ~ **hangszer** instrument *h* à cordes **II.** *fn a* **~ok** les cordes *n (t sz)*
vonósnégyes *fn* quatuor *h* à cordes
vonószenekar *fn* orchestre *h* à cordes
vonszol *ts i [tárgyat]* traîner; *[személyt]* (en)traîner; **(alig) ~ja magát** se traîner
vontat *ts i* remorquer

V

vontató *fn [hajó]* remorqueur *h; [jármű]* tracteur *h*

vontatókötél *fn* câble *h* de remorque

vontatott *mn átv [beszélgetés, film]* languissant(e); *[hang]* traînant(e)

vonul *tn i* passer, défiler; **a szobájába ~** se retirer dans sa chambre; **kolostorba ~** entrer au couvent

vonulat *fn [hegyeké]* chaîne *n*

vonz *ts i* attirer; *nyelv* régir

vonzalom *fn* attirance *n;* **vonzalmat érez vki iránt** éprouver *v.* ressentir de l'attirance pour qqn

vonzás *fn* attraction *n; átv* attirance *n;* **a Föld ~a** l'attraction de la Terre

vonzáskörzet *fn* agglomération *n*

vonzat *fn nyelv* rection *n*

vonzerő *fn* attrait *h*, attraction *n*

vonzó *mn [dolog]* attrayant(e); *[személy]* attirant(e); **~ ajánlat** proposition *n* alléchante; **~ árak** prix *h (t sz)* attractifs

vonzód|ik *tn i vkihez/vmihez* se sentir *v.* être attiré(e) *par qqn/qqch*, avoir un penchant *pour qqn/qqch*

vonzóerő *fn [égitesteké]* force *n* d'attraction *n*

v.ö. *msz (vesd össze)* cf.

vő *fn* gendre *h*

vödör *fn* seau *h*

vőlegény *fn* fiancé *h*

völgy *fn* vallée *n*

vörheny *fn* scarlatine *n*

vörös I. *mn* rouge; *[haj]* roux (rousse) **II.** *fn [szín]* rouge *h; tört* **a ~ök** les rouges; **egy pohár ~** *[bor]* un verre de rouge

vörösbegy *fn* rouge-gorge *h*

vörösbor *fn* vin *h* rouge, rouge *h*

vöröses *mn* rougeâtre

vörösfenyő *fn* mélèze *h*

vöröshagyma *fn* oignon *h*

vöröskáposzta *fn* chou *h* rouge

Vöröskereszt *fn* Croix-Rouge *n*

vörösöd|ik *tn i* rougir

vörösréz *fn* cuivre *h* (rouge)

vörösvérsejt *fn* globule *h* rouge

vulgáris *mn* vulgaire

vulkán *fn* volcan *h;* **működő/kialudt ~** volcan actif/éteint

vulkanikus *mn* volcanique

vulkanizál *ts i műsz* vulcaniser

vulkánkitörés *fn* éruption *n* volcanique

vurstli *fn* fête *n* foraine

X

x I. *fn* **X. úr** Monsieur *h* X, Monsieur Untel II. *szn* **~-szer mondtam már, hogy** je t'ai déjà dit x fois que; ~ **tengely** axe *h* des x *v.* des abscisses

x-edik *szn* ~ **hatvány** puissance *n* x

xenofóbia *fn* xénophobie *n*

xerox *fn [gép]* photocopieur *h*, photocopieuse *n*; *[másolat]* photocopie *n*

xilofon *fn* xylophone *h*

x-lábú *mn [ember]* cagneux (-euse); *[igével]* avoir les genoux en dedans; *[bútor]* à pieds *h (t sz)* croisés

Y

y *szn* ~ **tengely** axe *h* des y *v.* des or-
données
yard *fn* yard *h*
yuppie *fn* yuppie *h n*

Z

zab *fn* avoine *n*; **~ot hegyez** *fraz* enfiler des perles

zabál *ts i/tn i biz* bouffer; *[állat is]* dévorer

zabolátlan *mn [ember]* indocile, rebelle; *[érzelem]* débridé(e), effréné(e)

zabpehely *fn* flocon *h* d'avoine

zacc *fn* marc *h* de café

zacskó *fn* sac *h*; sachet *h*; **műanyag ~** sac en plastique

zacskós *mn* **~ leves** soupe *n* en sachet *v.* instantanée

zafír *fn* saphir *h*

zagyva *mn* confus(e), incohérent(e); **~ beszéd** propos *h (t sz)* confus, *biz* charabia *h*

zagyvaság *fn* galimatias *h, biz* charabia *h*; **~okat beszél** divaguer

zaj *fn* bruit *h*; *[hangoskodás]* vacarme *h*; **az utca ~a** bruit de la rue; **~t csap** faire du vacarme; **rettenetes ~t csap** *fraz* faire un boucan de tous les diables

zajl|ik *tn i [jég, folyó]* débâcler; *[esemény]* se dérouler; *átv* **a buli már javában ~ott, amikor** la fête battait son plein quand; **~ik az élet** la vie suit son cours

zajló *mn* **~ folyó** fleuve *h* en pleine débâcle; **~ élet** vie *n* tumultueuse

zajong *tn i* faire du tapage *v.* du vacarme

zajos *mn* bruyant(e); **~ siker** succès *h* retentissant

zajtalan I. *mn* silencieux (-euse) **II.** *hsz* silencieusement, sans bruit

zakatol *tn i* cliqueter; *[szív] fraz* battre la chamade

zaklat *ts i* harceler, tracasser, *vál* importuner; **kérdésekkel ~** harceler de questions

zaklatás *fn* harcèlement *h*, tracasserie *n*; **szexuális ~** harcèlement sexuel

zakó *fn* veste *n*

zálog *fn [játékban is]* gage *h*; **~ba tesz** mettre en gage; **~ra kölcsönt ad** prêter sur gage(s); **a hűség ~a** un gage de fidélité

zálogház *fn* mont-de-piété *h*; *biz* trou *h*

zamat *fn [íz]* saveur *n*; *[illat]* arôme *h*, parfum *h*; *[boré]* bouquet *h*, fumet *h*

zamatos *mn* savoureux (-euse), succulent(e); *[bor]* bouqueté(e)

zápfog *fn* molaire *n*

zápor *fn* averse *n*, ondée *n*; **ütések ~a** une grêle *v.* une averse de coups

záporoz|ik *tn i* **~nak a könnyei** pleurer à chaudes larmes; **~nak rá az ütések** recevoir une volée de coups

záptojás *fn* œuf *h* pourri

zár¹ I. *ts i* (en)fermer; *[beszédet, levelet]* terminer, clore; **azzal ~ja a beszédét, hogy** il conclut en disant que; **börtönbe ~** emprisonner; **karjába ~** serrer dans ses bras; **kulcsra ~** fermer à clef; **szobájába ~** enfermer dans sa chambre **II.** *tn i* fermer; **a hivatal két órakor ~** le bureau ferme à deux heures; **rosszul ~** fermer mal; **~unk!** on ferme !

zár² *fn* fermeture *n*; *[ajtón, szekrényen]*; serrure *n*; *[tolózár]* verrou *h*; *[táskán, ékszeren]* fermoir *h*; *[fényk* obturateur *h*; *kat* blocus *h*; *orv* quarantaine *n*; **feltör egy ~at** forcer une

Z

serrure; *jog* ~ **alá helyez** mettre sous séquestre

záradék *fn jog* clause *n*; *[szerződés-ben]* avenant *h*; *[levélben]* formule *n* finale

zarándok *fn* pèlerin(e)

zarándokhely *fn* lieu *h* de pèlerinage

zarándokol *tn i* faire un pèlerinage, aller en pèlerinage

zárás *fn [üzleteké]* fermeture *n*; *[köny-velésé, leltáré]* clôture *n*

zárda *fn* couvent *h*; ~**ba vonul** entrer au couvent; *fraz* prendre le voile

zárjegy *fn* estampille *n*

zárka *fn* cellule *n*; *[sötét, föld alatti]* cachot *h*

zárkóz|ik *tn i* s'enfermer; **a szobájába ~ik** s'enfermer dans sa chambre; **magába ~ik** se refermer, se replier sur soi-même

zárkózott *mn* renfermé(e), réservé(e)

zárlat *fn gazd [üzleti könyveké]* clôture *n v.* arrêté *h* des comptes; *jog* séquestre *h*; *kat* blocus *h*, embargo *h*; *vill [rövidzárlat]* court-circuit *h*; *zene* cadence *n*

záróakkord *fn* accord *h* final

záróbeszéd *fn* discours *h* de clôture

záród|ik *tn i* se fermer; *[befejeződik]* se terminer; **nem jól ~ik** ça ferme mal; **vigyázat, az ajtók ~nak!** attention à la fermeture des portes!

zárójel *fn* parenthèse(s) *n*; **szögletes** ~ crochet(s) *h* (*t sz*); ~**be tesz** mettre entre parenthèses; ~**ben legyen mond-va** soit dit par parenthèse

zárójelentés *fn [kórházi]* compte rendu *h* d'hospitalisation

zárónyilatkozat *fn* déclaration *n* finale

zárol *ts i jog* mettre sous séquestre; *[árut]* retirer de la vente; ~ **egy bank-számlát** bloquer un compte en banque

zárolás *fn jog* mise *n* sous séquestre

záróra *fn* heure *n* de fermeture

záróvizsga *fn* examen *h* final

záróvonal *fn* ligne *n* (blanche) continue

zárt *mn* fermé(e), clos(e); ~ **ajtók mö-gött** à huis clos; ~ **arc** visage *h* fermé; ~ **körben** en petit comité, dans l'inti-mité; ~ **magánhangzó** voyelle *n* fer-mée; ~ **tárgyalás** audience *n* à huis clos; ~ **udvar** cour *n* intérieure

zárthelyi *mn* ~ **dolgozat** épreuve *n* écrite

zártkörű *mn* privé(e), fermé(e); ~ **fo-gadás** réception *n* privée

zárul *tn i* se terminer, se clore

zárva *hsz* fermé(e); **vasárnap** ~ fermé le dimanche

zászló *fn* drapeau *h*; *[kicsi]* fanion *h*; *[templomi]* bannière *n*; *[hajóé]* pavil-lon *h*; **nemzeti** ~ drapeau national; *[francia]* drapeau tricolore; **felvonja a** ~**t** hisser le drapeau; ~**t kitűz** plan-ter un drapeau

zászlóalj *fn* bataillon *h*

zászlórúd *fn* hampe *n*

zátony *fn* écueil *h*; ~**ra fut** s'échouer sur *v.* contre un écueil; *átv* échouer, *fraz* tomber à l'eau, *fraz* s'en aller en eau de boudin

zavar[1] *ts i/tn i vkit* déranger *qqn*; *vkit/ vmit* gêner *qqn/qqch*; *vmit* troubler *qqch*; **bocsásson meg, hogy ~om** excusez-moi de vous déranger; **fél, hogy ~** il a peur de gêner; **nem** ~ ça ne me dérange pas; **vmi ~ja a csön-det** *qqch* trouble le silence; ~**ja a füst?** est-ce que la fumée vous gêne ?; ~**ja a közlekedést** gêner la circulation

zavar[2] *fn [rendellenesség]* trouble *h*; *[személyé]* gêne *n*, malaise *n*; *[lelki, anyagi]* embarras *h*; *orv* trouble; *közl, met* perturbation *n*; **emésztési** ~**ok** troubles digestifs; **működési** ~ prob-lème *h* de fonctionnement; ~**ba ejt**

déconcerter, rendre perplexe; **~ban van** être embarrassé(e) v. gêné(e) v. mal à l'aise

zavarás *fn* dérangement *h*; **bocsánat a ~ért** excusez-moi du dérangement; *távk* brouillage *h*, parasites *h (t sz)*

zavargás *fn* agitation *n*, troubles *h (t sz)*, émeute *n*

zavaró *mn* contrariant(e), gênant(e), ennuyeux (-euse)

zavarodott *mn [zavart]* troublé(e), gêné(e), mal à l'aise; *[háborodott]* déséquilibré(e)

zavaros *mn [folyadék] átv is* trouble; *átv* confus(e); ~ **beszéd** propos *h (t sz)* incohérents; ~ **elme** esprit *h* brouillon; ~ **tekintet** regard *h* trouble; ~ **ügy** affaire *n* embrouillée v. confuse; **a ~ban halászik** *fraz* pêcher en eau trouble

zavart *mn* embarrassé(e), gêné(e); **~nak látszik** il a l'air gêné

zavartalan *mn* paisible, tranquille; *[közlekedésről]* fluide; ~ **boldogság** bonheur *h* sans nuage; ~ **nyugalommal** imperturbablement

zavartság *fn* confusion *n*, gêne *n*

zebra *fn* áll zèbre *h*; *közl* passage *h* clouté, passage (pour) piétons

zegzug *fn* recoin *h*; **leporol minden ~ot** épousseter coins et recoins

zegzugos *mn* ~ **út** route *n* en zigzag

zeller *fn* céleri *h*

zendülés *fn* émeute *n*

zene *fn* musique *n*; **klasszikus/kortárs** ~ musique classique/contemporaine; **~t hallgat** écouter de la musique; **~t szerez** composer (de la musique); *átv* **ez még a jövő ~je** cela, l'avenir nous le dira

zeneakadémia *fn [Fr.-ban]* Conservatoire *h* national supérieur de musique

zenebarát *fn* mélomane *h n*, amateur *h* de musique

zenebona *fn* charivari *h*, vacarme *h*; *biz* raffut *h*

zeneértő *fn* amateur *h* de musique, mélomane *h n*

zenei *mn* musical(e), de musique; ~ **betét** intermède *h* musical; ~ **élet** la vie musicale; **jó ~ hallása van** *fraz* avoir l'oreille musicale

zenekar *fn* orchestre *h*; **szimfonikus** ~ orchestre symphonique

zenekari *mn* orchestral(e); ~ **kíséret** accompagnement *h* orchestral v. d'orchestre; ~ **muzsika** musique *n* orchestrale

zenél *tn i* faire de la musique

zenemű *fn* œuvre *n* musicale

zeneműkiadó *fn* éditeur (-trice) de musique

zenerajongó *fn* passionné(e) de musique, mélomane *h n*

zenés *mn* musical(e); ~ **szórakozóhely** *[táncos]* boîte *n* (de nuit); *[műsoros]* cabaret *h*; ~ **vígjáték** comédie *n* musicale

zenész *fn* musicien (-ienne); **hivatásos/utcai** ~ musicien professionnel/de rue

zeneszám *fn* morceau *h*

zeneszerző *fn* compositeur (-trice)

zeneszó *fn* musique *n*; **~ra** au son de la musique

zenetanár *fn* professeur *h n* de musique

zenetudomány *fn* musicologie *n*

zenetudós *fn* musicologue *h n*, musicographe *h n*

zeng I. *ts i* **dicshimnuszokat ~ vkiről/vmiről** chanter les louanges de qqn/qqch **II.** *tn i* résonner, *[erősen]* retentir; ~ **a terem a tapstól** la salle retentit d'applaudissements.; **madárdaltól ~** résonner de chants d'oiseaux

zenit *fn átv is* zénith *h*; *átv* apogée *n*, sommet *h*

zerge *fn* chamois *h*

zéró *fn/szn* zéro *h*

zihál *tn i* haleter, souffler

zilált *mn [haj]* défait(e), ébouriffé(e); *[helyzet]* confus(e); *[lelkiállapot]* agité(e), bouleversé(e)

zipzár *fn* fermeture *n* éclair

zivatar *fn* averse *n* (orageuse), pluie *n* d'orage

zivataros *mn átv is* orageux (-euse)

zizeg *tn i* bruire

zokni *fn ált* chaussette(s) *n (t sz)*; *[bokáig]* socquette(s) *n (t sz)*, chaussettes *n (t sz)* courtes; *[térdig]* chaussette(s) *n (t sz)* (hautes)

zokog *tn i* sangloter; **keservesen ~** sangloter à fendre l'âme *v.* le cœur

zokogás *fn* sanglot(s) *h (t sz)*; **~ban tör ki** éclater en sanglots

zokon *hsz* **~ vesz vmit** prendre mal qqch

zokszó *fn* plainte *n*; **~ nélkül** sans une plainte

zománc *fn* émail *h*

zóna *fn* zone *n*

zongora *fn* piano *h* (à queue); **~n játszik** jouer du piano; **~n kísér** accompagner au piano

zongoradarab *fn* morceau *h* de piano

zongoraest *fn* récital *h* de piano

zongorakíséret *fn* accompagnement *h* de piano

zongoraművész *fn* pianiste *h n*

zongoraóra *fn* cours *h* de piano

zongoratanár *fn* professeur *h n* de piano

zongoraverseny *fn* concerto *h* pour piano

zongoráz|ik I. *tn i* jouer *v.* faire du piano; **ujjaival ~ik az asztalon** pianoter sur la table **II.** *ts i vmit* jouer qqch au piano

zongorista *fn* pianiste *h n*

zoológia *fn* zoologie *n*

zoológus *fn* zoologiste *h n*

zord *mn [személy]* austère, maussade, sévère; *[hely]* austère, inhospitalier (-ière); *[időjárás]* rude, rigoureux (-euse); **~ atya** père *h* sévère

zöld I. *mn* vert(e); *átv [tapasztalatlan]* naïf (naïve); **~ tea** thé *h* vert; **~ lámpa** feu *h* vert **II.** *fn [szín]* le vert; *[természet]* verdure *n*, le vert; **kimegy a ~be** *fraz* se mettre au vert; *pol* **a ~ek** les verts; **a ~ekre szavaz** voter vert

zöldbab *fn* haricots *h (t sz)* verts

zöldborsó *fn* petits pois *h (t sz)*

zöldes *mn* verdâtre

zöldfülű I. *mn* candide, inexpérimenté(e), naïf (naïve) **II.** *fn* blanc-bec *h*

zöldövezet *fn* ceinture *n* verte

zöldpaprika *fn* poivron *h* (vert)

zöldség *fn* légume(s) *h (t sz)*; **friss ~** légumes verts; **megpucolja a ~et** éplucher les légumes; **~eket beszél** dire des âneries *v.* des bêtises

zöldséges I. *mn [étel]* aux légumes **II.** *fn [árus]* marchand(e) de légumes

zöldségeskert *fn* (jardin *h*) potager *h*

zöldtakarmány *fn* fourrage *h* vert

zöldül *tn i* verdir

zöm *fn* **az emberek ~e** la plupart *v.* la majorité des gens; **~mel** en grande partie, en majorité

zömök *mn* trapu(e)

zöngés *mn nyelv* sonore

zöngétlen *mn nyelv* sourd(e)

zörej *fn* bruit *h*; *[szívben, tüdőben]* souffle *h*

zörög *tn i [zajt csap]* faire du bruit; **~ az ajtón/az ablakon** frapper à la porte/à la fenêtre

zötykölőd|ik *tn i* aller en cahotant

zubbony *fn* blouson *h*; *[katonai]* vareuse *n*

zubog *tn i* bouillonner; *[forrásban van]* bouillir

zúdít *ts i [folyadékot]* (dé)verser, répandre; **szitkokat ~ vkire** accabler *v.* couvrir qqn d'injures

zúdul *tn i [ár, eső]* se déverser, se précipiter; *[hullám]* déferler; *[tömeg]* affluer; *vmi vkire/vmire* s'abattre *sur qqn/qqch*

zug *fn [sarok]* recoin *h*; **egy távoli ~ban** *[vidéken]* dans un trou perdu; **egy sötét ~ban lakik** habiter un bouge sordide

zúg *tn i [szél]* gémir; *[motor]* ronfler; *[tenger, tömeg]* gronder; *[harang]* (ré)sonner; **~ a feje** la tête lui tourne; **~ a füle** les oreilles lui bourdonnent

zugárus *fn* vendeur (-euse) à la sauvette

zugkereskedelem *fn* marché *h* noir

zúgolód|ik *tn i* grogner; *biz* rouspéter

zugügyvéd *fn* avocat *h* marron

zuhan *tn i* tomber, se précipiter, faire une chute; *[ár]* chuter, être en chute libre; **szakadékba ~** tomber dans un précipice

zuhanás *fn* chute *n*

zuhanórepülés *fn* piqué *h*

zuhany *fn* douche *n*

zuhanyoz|ik *tn i* prendre une douche, se doucher

zuhanyozó *fn [helyiség]* douches *n (t sz)*

zuhatag *fn* cascade *n*, chute *n* d'eau

zuhog *tn i [eső]* pleuvoir à flots *v.* à torrents; *[víz]* couler à flots; **~nak rá az ütések** recevoir une pluie de coups

zuhogó *mn ~ esőben* par une pluie battante; **~ patak** torrent *h*

zúz *ts i* concasser, broyer; **porrá ~** pulvériser

zúza *fn* gésier *h*

zúzda *fn ~ba küld* mettre au pilon

zúzmara *fn* givre *h*

zúzmarás *mn* givré(e), couvert(e) de givre

zuzmó *fn* lichen *h*

zúzódás *fn* contusion *n*, ecchymose *n*, bleu *h*

züllött *mn [személy]* débauché(e); **~ férfi** un débauché; **~ nő** une dévergondée; **~ életet él** vivre dans la débauche; **~ társadalom** société *n* corrompue

zümmög I. *tn i* bourdonner **II.** *ts i [dalt]* fredonner

zűr *fn [felfordulás]* confusion *n*; *[baj] biz* pétrin *h*

zűrös *mn ez egy ~ ügy biz* cette affaire, c'est un vrai micmac

zűrzavar *fn [felfordulás]* confusion *n*, chaos *h*, *biz* pagaïe *v.* pagaille *n*; *[lármás]* tumulte *h*, tohu-bohu *h*

Z

ZS

zsába *fn* névralgie *n*

zsák *fn* sac *h*; **egy ~ kukorica** un sac de maïs

zsákbamacska *fn* pochette-surprise *n*; **~t vesz** *fraz, rég* acheter chat en poche

zsákmány *fn* [rabolt] butin *h*; [állaté] proie *n*; [vadászé, halászé] prise *n*

zsákmányol *ts i* [megszerez] vmit s'emparer *de qqch*; [fosztogat] piller

zsákutca *fn* impasse *n*, cul-de-sac *h*; *átv* **~ba jut** être dans une impasse

zsalu *fn* jalousie *n*, volet *h*

zsámoly *fn* tabouret *h*

zsanér *fn* charnière *n*

zsáner *fn* genre *h*; **ez nem az én ~em** ce n'est pas mon genre

zsargon *fn* jargon *h*

zsarnok I. *mn* tyrannique, despotique; **~ férj** mari *h* despote **II.** *fn* tyran *h*, despote *h*

zsarnoki *mn* despotique, tyrannique

zsarnokoskod|ik *tn i* vkin tyranniser *qqn*

zsarnokság *fn* despotisme *h*; *átv is* tyrannie *n*

zsarol *ts i* vkit faire chanter *qqn*, faire du chantage *à qqn*; **pénzt ~** extorquer de l'argent

zsarolás *fn* chantage *h*

zsaroló I. *mn* **~ levél** lettre *n* de chantage **II.** *fn* maître chanteur *h*

zsaru *fn biz* flic *h*

zseb *fn* poche *n*; **saját ~éből** de sa poche; **~re tesz vmit** mettre qqch dans sa poche; **~re teszi a kezét** fourrer ses mains dans ses poches; **~re tett kézzel** les mains dans les poches

zsebkendő *fn* mouchoir *h*; [dísznek] pochette *n*

zsebkés *fn* canif *h*

zsebkönyv *fn* livre *h* de poche; [notesz] carnet *h*

zseblámpa *fn* lampe *n* de poche

zsebóra *fn* montre *n* de gousset *v.* de poche

zsebpénz *fn* argent *h* de poche

zsebszámológép *fn* calculette *n*, calculatrice *n* de poche

zsebszótár *fn* dictionnaire *h* de poche

zsebtolvaj *fn* pickpocket *h*, voleur (-euse) à la tire

zselatin *fn konyh* gélatine *n*

zselé *fn konyh* gelée *n*; [hajra] gel *h* coiffant

zsemle *fn* petit pain *h*

zsemlegombóc *fn kb.* boulette *n* à la mie de pain

zsemlemorzsa *fn* chapelure *n*; panure *n*

zsenge *mn átv is* tendre

zseni *fn* génie *h*

zseniális *mn* génial(e), de génie; **~ ötlet** idée *n* géniale; **~ találmány** invention *n* de génie

zsenialitás *fn* génie *h*

zseníroz *ts i* **nem ~za magát** il ne se gêne pas

zseton *fn* jeton *h*

zsibbad *tn i* s'engourdir; **~ a karom** j'ai des fourmis dans le bras

zsibbadt *mn* engourdi(e); **~ak az ujjaim** j'ai les doigts engourdis

zsibong *tn i* s'agiter, grouiller, fourmiller

zsibvásár *fn [ócskapiac]* (marché *h* aux) puces *n (t sz)*; *átv* **micsoda ~!** *biz* quel bazar !

zsidó I. *mn* juif (juive); **a ~ vallás** la religion juive **II.** *fn* Juif (Juive) *v.* juif (juive)

zsidóság *fn [nép]* les Juifs *v.* les juifs *h (t sz)*, le peuple juif; *[identitás]* judéité *n*

Zsigmond *fn* Sigismond *h*

zsilettpenge *fn* lame *n* de rasoir

zsilip *fn* écluse *n*

zsinagóga *fn* synagogue *n*

zsinat *fn [pápai]* concile *h*; *[református]* synode *h*

zsindely *fn* bardeau *h*

zsineg *fn* ficelle *n*

zsinór *fn* cordon *h*, cordonnet *h*; *[ruhán]* ganse *n*; *átv* **~ban** d'affilée, coup sur coup

zsír *fn* graisse *n*; *[disznóé így is]* saindoux *h*; *vegy* lipide *h*

zsiradék *fn* graisse *n*, matière *n* grasse

zsiráf *fn* girafe *n*

zsírfolt *fn* tache *n* de graisse

zsíros *mn átv is* gras (grasse); *[foltos]* graisseux (-euse); **~ haj** cheveux *h (t sz)* gras; **~ kenyér** tartine *n* de saindoux; **~ sajt** fromage *h* gras; *átv* **~ üzlet** affaire *n* juteuse

zsíroz *ts i* graisser

zsírpapír *fn* papier *h* sulfurisé

zsírszalonna *fn* lard *h* gras

zsírszegény *mn* allégé(e), maigre

zsírtalan *mn* maigre

zsírtartalmú *mn* **50% ~ sajt** fromage à 50% de matière grasse

zsírtartalom *fn* teneur *n* en matière grasse

zsivaj *fn* vacarme *h*, tapage *h*, chahut *h*

zsivány *fn [bandita]* brigand *h*, bandit *h*; *[gazember]* canaille *n*, *biz* fripouille *n*; *[rossz gyerek] biz* galopin *h*; *[huncut gyerek]* petit(e) coquin(e)

Zsófia *fn* Sophie *n*

zsoké *fn* jockey *h*

zsold *fn* solde *n*; **vkinek a ~jában áll** *pej* être à la solde de qqn

zsoldos *mn/fn* mercenaire *h n*

zsoltár *fn* psaume *h*; **~okat énekel** psalmodier

zsong *tn i* bourdonner

zsonglőr *fn* jongleur (-euse)

zsonglőrködik *tn i átv is* jongler

zsöllye *fn* fauteuil *h* d'orchestre

zsörtölőd|ik *tn i* ronchonner, grommeler, grogner

zsúfol *tn i* encombrer; **~va van** être plein(e) à craquer

zsúfolt *mn [hely]* bondé(e); **~ program** programme *h* surchargé

zsugori I. *mn* avare; *biz* radin(e) **II.** *fn* avare *h n*, grippe-sou *h n*; *biz* radin(e)

zsugoriság *fn* avarice *n*

zsugorod|ik *tn i* se rapetisser; *[szerv]* s'atrophier; *[szövet]* rétrécir

zsúpfedél *fn* toit *h* de chaume

zsupsz *msz* pouf !; *[vízbe eséskor]* splash !, floc !

zsúr *fn* fête *n*

zsúrkocsi *fn* table *n* roulante

Zsuzsanna *fn* Suzanne *n*

zsűri *fn* jury *h*

zsűritag *fn* membre *h* du jury

FÜGGELÉK

IGERAGOZÁSI ÚTMUTATÓ

1 Présent 2 Imparfait 3 Futur simple 4 Conditionnel 5 Subjonctif 6 Participe présent 7 Participe passé

acquérir *1* acquiers, acquérons, acquièrent *2* acquérais *3* acquerrai *5* acquière *6* acquérant *7* acquis

acheter *1* achète, achetons, achètent *2* achetais *3* achèterai *4* achèterais *5* achète *6* achetant *7* acheté

AIMER *1* aime, aimons *2* aimais *3* aimerai *5* aime *6* aimant *7* aimé

ALLER *1* vais, vas, va, allons, allez, vont *2* allais *3* irai *4* irais *5* aille *6* allant *7* allé

APPELER *1* appelle, appelons, appellent *2* appelais *3* appellerai *4* appellerais *5* appelle, appelions, appellent *6* appelant *7* appelé

asseoir *1* assieds/assois, assieds/assois, assied/assoit, asseyons/assoyons, asseyez/assoyez, asseyent/assoient *2* asseyais/assoyais, asseyions/assoyions, asseyaient/assoyaient *3* assiérai/assoirai *5* asseye/ assoie, asseyions/assoyions, asseyent/assoient *6* asseyant/assoyant *7* assis

atteindre *1* atteins, atteignons *2* atteignais *5* atteigne *6* atteignant *7* atteint

AVOIR *1* ai, as, a, avons, avez, ont *2* avais *3* aurai *4* aurais *5* aie, aies, ait, ayons, ayez, aient *6* ayant *7* eu

battre *1* bats, bat, battons *2* battais *5* batte *6* battant *7* battu

boire *1* bois, buvons, boivent *2* buvais *5* boive *6* buvant *7* bu

bouillir *1* bous, bouillons *2* bouillais *5* bouille *6* bouillant *7* bouilli

conclure *1* conclus, concluons *2* concluais *5* conclue *6* concluant *7* conclu

conduire *1* conduis, conduisons *2* conduisais *5* conduise *6* conduisant *7* conduit

connaître *1* connais, connaît, connaissons *2* connaissais *5* connaisse *6* connaissant *7* connu

coudre *1* couds, cousons, cousez, cousent *2* cousais *5* couse *6* cousant *7* cousu

courir *1* cours, courons *2* courais *3* courrai *5* coure *6* courant *7* couru

couvrir *1* couvre, couvrons *2* couvrais *5* couvre *6* couvrant *7* couvert

craindre *1* crains, craignons *2* craignais *5* craigne *6* craignant *7* craint

croire *1* crois, croyons, croient *2* croyais *5* croie *6* croyant *7* cru

croître *1* croîs, croissons *2* croissais *5* croisse *6* croissant *7* crû (crue), crus (crues)

cueillir *1* cueille, cueillons *2* cueillais *3* cueillerai *5* cueille *6* cueillant *7* cueilli

DEVOIR *1* dois, devons, doivent *2* devais *3* devrai *5* doive *6* devant *7* dû (due), dus (dues)

dire *1* dis, disons, dites, disent *2* disais *3* dirai *5* dise *6* disant *7* dit

dormir *1* dors, dormons *2* dormais *5* dorme *6* dormant *7* dormi

écrire *1* écris, écrivons *2* écrivais *5* écrive *6* écrivant *7* écrit

ÊTRE *1* suis, es, est, sommes, êtes, sont *2* étais *3* serai *4* serais *5* sois, sois, soit, soyons, soyez, soient *1* étant *2* été

FAIRE *1* fais, fais, fait, faisons, faites, font *2* faisais *3* ferai *4* ferais *5* fasse *6* faisant *7* fait

falloir *1* faut *2* fallait *3* faudra *5* faille *7* fallu

FINIR *1* finis, finis, finit, finissons, finissez, finissent *2* finissais *3* finirai *4* finirais *5* finisse *6* finissant *7* fini

fuir *1* fuis, fuyons, fuient *2* fuyais *5* fuie *6* fuyant *7* fui

jeter *1* jette, jetons, jettent *2* jetais, jetions, jetaient *3* jetterai *4* jetterais, *5* jette, jetions, jettent *6* jetant *7* jeté

joindre *1* joins, joignons *2* joignais *5* joigne *6* joignant *7* joint

lire *1* lis, lisons *2* lisais *5* lise *6* lisant *7* lu

luire *1* luis, luisons *2* luisais *5* luise *6* luisant *7* lui

manger *1* mange, mangeons *2* mangeais, mangions *5* mange, mangions *6* mangeant *7* mangé

maudire *1* maudis, maudissons *2* maudissait *5* maudisse *6* maudissant *7* maudit

mentir *1* mens, mentons *2* mentais *5* mente *6* mentant *7* menti

mettre *1* mets, mettons *2* mettais *5* mette *6* mettant *7* mis

mourir *1* meurs, mourons, meurent *2* mourais *3* mourrai *5* meure *6* mourant *7* mort

naître *1* nais, naît, naissons *2* naissais *5* naisse *6* naissant *7* né

offrir *1* offre, offrons *2* offrais *5* offre *6* offrant *7* offert

parler *1* parle, parlons, parlent *2* parlais *3* parlerai *4* parlerais *5* parle, parlions, parlent *6* parlant *7* parlé

PARTIR *1* pars, partons *2* partais *5* parte *6* partant *7* parti

payer *1* paie/paye, payons, paient/payent *2* payais, payions, payaient, *3* paierai/payerai, paierons/payerons, paieront/payeront *4* paierais/payerais, paierions/payerions, paieraient/payeraient *5* paie/paye, payions, paient/payent *6* payant *7* payé

peser *1* pèse, pesons, pèsent *2* pesais *3* pèserai *4* pèserais *5* pèse, pesions, pèsent *6* pesant *7* pesé

placer *1* place, plaçons, placent *2* plaçais *3* placerai *5* place, placions, placent *6* plaçant *7* placé

plaire *1* plais, plaît, plaisons *2* plaisais *5* plaise *6* plaisant *7* plu

pleuvoir *1* pleut *2* pleuvait *5* pleuvra *5* pleuve *6* pleuvant *7* plu

pourvoir *1* pourvois, pourvoyons, pourvoient *2* pourvoyais *5* pourvoie *6* pourvoyant *7* pourvu

POUVOIR *1* peux, peut, pouvons, peuvent *2* pouvais *3* pourrai *5* puisse *6* pouvant *7* pu

prendre *1* prends, prenons, prennent *2* prenais *5* prenne *6* prenant *7* pris

préférer *1* préfère, préférons, préfèrent *2* préférais, préférions, préféraient *3* préférerai, préférera, préférerons, préféreront *4* préférerais *5* préfère, préférions, préfèrent *6* préférant *7* préféré

prévoir *1* prévois, prévoyons, prévoient *2* prévoyais *3* prévoirai *5* prévoie, prévoyions, prévoient *6* prévoyant *7* prévu

recevoir *1* reçois, reçois, reçoit, recevons, recevez, reçoivent *2* recevais *3* recevrai *4* recevrais *5* reçoive, recevions, receviez, reçoivent *6* recevant *7* reçu

RENDRE *1* rends, rendons, rendent *2* rendais *3* rendrai *4* rendrais *5* rende *6* rendant *7* rendu

résoudre *1* résous, résout, résolvons, résolvent *2* résolvais *3* résoudrai *5* résolve *6* résolvant *7* résolu

rire *1* ris, rit, rions, rient *2* riais, riions, riiez, riaient *3* rirai *5* rie, ries, rie, riions, riiez, rient *6* riant *7* ri

SAVOIR *1* sais, savons, savent *2* savais *3* saurai *5* sache *6* sachant *7* su

sentir *1* sens, sent, sentions, sentent *2* sentais *3* sentirai *5* sente *6* sentant *7* senti

servir *1* sers, servons *2* servais *5* serve *6* servant *7* servi

sortir *1* sors, sortons *2* sortais *5* sorte *6* sortant *7* sorti

souffrir *1* souffre, souffrons *2* souffrais *5* souffre *6* souffrant *7* souffert

suffire *1* suffis, suffisons *2* suffisais *5* suffise *6* suffisant *7* suffi

suivre *1* suis, suivons *2* suivais *5* suive *6* suivant *7* suivi

taire *1* tais, taisons *2* taisais *5* taise *6* taisant *7* tu

tenir *1* tiens, tenons, tiennent *2* tenais *3* tiendrai *5* tienne *6* tenant *7* tenu

vaincre *1* vaincs, vainc, vainquons, vainquent *2* vainquais *3* vaincrai *5* vainque *6* vainquant *7* vaincu

valoir *1* vaux, vaut, valons, valent *2* valais *3* vaudrai *5* vaille *6* valant *7* valu

venir *1* viens, venons, viennent *2* venais *3* viendrai *4* viendrais *5* vienne *6* venant *7* venu

vivre *1* vis, vit, vivons, vivent *2* vivais *3* vivrai *5* vive *6* vivant *7* vécu

voir *1* vois, voyons, voient *2* voyais *3* verrai *5* voie, voyions, voient *6* voyant *7* vu

VOULOIR *1* veux, veut, voulons, veulent *2* voulais *3* voudrai *5* veuille, voulions, vouliez, veuillent *6* voulant *7* voulu

AIMER

INDICATIF

Présent	*Imparfait*	*Futur simple*
j'aime	j'aimais	j'aimerai
tu aimes	tu aimais	tu aimeras
il aime	il aimait	il aimera
nous aimons	nous aimions	nous aimerons
vous aimez	vous aimiez	vous aimerez
ils aiment	ils aimaient	ils aimeront

SUBJONCTIF	**CONDITIONNEL**	**PARTICIPE**
Présent	*Présent*	*Présent*
que j'aime	j'aimerais	aimant
que tu aimes	tu aimerais	
qu'il aime	il aimerait	*Passé*
que nous aimions	nous aimerions	aimé(e)
que vous aimiez	vous aimeriez	ayant aimé
qu'ils aiment	ils aimeraient	

ALLER

INDICATIF

Présent	*Imparfait*	*Futur simple*
je vais	j'allais	j'irai
tu vas	tu allais	tu iras
il va	il allait	il ira
nous allons	nous allions	nous irons
vous allez	vous alliez	vous irez
ils vont	ils allaient	ils iront

SUBJONCTIF	**CONDITIONNEL**	**PARTICIPE**
Présent	*Présent*	*Présent*
que j'aille	j'irais	allant
que tu ailles	tu irais	
qu'il aille	il irait	*Passé*
que nous allions	nous irions	allé(e)
que vous alliez	vous iriez	étant allé
qu'ils aillent	ils iraient	

AVOIR

INDICATIF

Présent	Imparfait	Futur simple
j'ai	j'avais	j'aurai
tu as	tu avais	tu auras
il a	il avait	il aura
nous avons	nous avions	nous aurons
vous avez	vous aviez	vous aurez
ils ont	ils avaient	ils auront

SUBJONCTIF · CONDITIONNEL · PARTICIPE

Présent	Présent	Présent
que j'aie	j'aurais	ayant
que tu aies	tu aurais	
qu'il ait	il aurait	*Passé*
que nous ayons	nous aurions	eu(e)
que vous ayez	vous auriez	ayant eu
qu'ils aient	ils auraient	

DEVOIR

INDICATIF

Présent	Imparfait	Futur simple
je dois	je devais	je devrai
tu dois	tu devais	tu devras
il doit	il devait	il devra
nous devons	nous devions	nous devrons
vous devez	vous deviez	vous devrez
ils doivent	ils devaient	ils devront

SUBJONCTIF · CONDITIONNEL · PARTICIPE

Présent	Présent	Présent
que je doive	je devrais	devant
que tu doives	tu devrais	
qu'il doive	il devrait	*Passé*
que nous devions	nous devrions	dû (due)
que vous deviez	vous devriez	ayant dû
qu'ils doivent	ils devraient	

ÊTRE

INDICATIF

Présent	Imparfait	Futur simple
je suis	j'étais	je serai
tu es	tu étais	tu seras
il est	il était	il sera
nous sommes	nous étions	nous serons
vous êtes	vous étiez	vous serez
ils sont	ils étaient	ils seront

SUBJONCTIF	CONDITIONNEL	PARTICIPE
Présent	**Présent**	**Présent**
que je sois	je serais	étant
que tu sois	tu serais	
qu'il soit	il serait	**Passé**
que nous soyons	nous serions	été
que vous soyez	vous seriez	ayant été
qu'ils soient	ils seraient	

FAIRE

INDICATIF

Présent	Imparfait	Futur simple
je fais	je faisais	je ferai
tu fais	tu faisais	tu feras
il fait	il faisait	il fera
nous faisons	nous faisions	nous ferons
vous faites	vous faisiez	vous ferez
ils font	ils faisaient	ils feront

SUBJONCTIF	CONDITIONNEL	PARTICIPE
Présent	**Présent**	**Présent**
que je fasse	je ferais	faisant
que tu fasses	tu ferais	
qu'il fasse	il ferait	**Passé**
que nous fassions	nous ferions	fait(e)
que vous fassiez	vous feriez	ayant fait
qu'ils fassent	ils feraient	

FINIR

INDICATIF

Présent	*Imparfait*	*Futur simple*
je finis	je finissais	je finirai
tu finis	tu finissais	tu finiras
il finit	il finissait	il finira
nous finissons	nous finissions	nous finirons
vous finissez	vous finissiez	vous finirez
ils finissent	ils finissaient	ils finiront

SUBJONCTIF	**CONDITIONNEL**	**PARTICIPE**
Présent	*Présent*	*Présent*
que je finisse	je finirais	finissant
que tu finisses	tu finirais	
qu'il finisse	il finirait	*Passé*
que nous finissions	nous finirions	fini(e)
que vous finissiez	vous finiriez	ayant fini
qu'ils finissent	ils finiraient	

PARTIR

INDICATIF

Présent	*Imparfait*	*Futur simple*
je pars	je partais	je partirai
tu pars	tu partais	tu partiras
il part	il partait	il partira
nous partons	nous partions	nous partirons
vous partez	vous partiez	vous partirez
ils partent	ils partaient	ils partiront

SUBJONCTIF	**CONDITIONNEL**	**PARTICIPE**
Présent	*Présent*	*Présent*
que je parte	je partirais	partant
que tu partes	tu partirais	
qu'il parte	il partirait	*Passé*
que nous partions	nous partirions	parti(e)
que vous partiez	vous partiriez	étant parti
qu'ils partent	ils partiraient	

POUVOIR

INDICATIF

Présent	Imparfait	Futur simple
je peux	je pouvais	je pourrai
ou je puis	tu pouvais	tu pourras
tu peux	il pouvait	il pourra
il peut	nous pouvions	nous pourrons
nous pouvons	vous pouviez	vous pourrez
vous pouvez	ils pouvaient	ils pourront
ils peuvent		

SUBJONCTIF	CONDITIONNEL	PARTICIPE
Présent	*Présent*	*Présent*
que je puisse	je pourrais	pouvant
que tu puisses	tu pourrais	
qu'il puisse	il pourrait	*Passé*
que nous puissions	nous pourrions	pu
que vous puissiez	vous pourriez	ayant pu
qu'ils puissent	ils pourraient	

RENDRE

INDICATIF

Présent	Imparfait	Futur simple
je rends	je rendais	je rendrai
tu rends	tu rendais	tu rendras
il rend	il rendait	il rendra
nous rendons	nous rendions	nous rendrons
vous rendez	vous rendiez	vous rendrez
ils rendent	ils rendaient	ils rendront

SUBJONCTIF	CONDITIONNEL	PARTICIPE
Présent	*Présent*	*Présent*
que je rende	je rendrais	rendant
que tu rendes	tu rendrais	
qu'il rende	il rendrait	*Passé*
que nous rendions	nous rendrions	rendu(e)
que vous rendiez	vous rendriez	ayant rendu
qu'ils rendent	ils rendraient	

S'APPELER

INDICATIF

Présent	Imparfait	Futur simple
je m'appelle	je m'appelais	je m'appellerai
tu t'appelles	tu t'appelais	tu t'appelleras
il s'appelle	il s'appelait	il s'appellera
nous nous appelons	nous nous appelions	nous nous appellerons
vous vous appelez	vous vous appeliez	vous vous appellerez
ils s'appellent	ils s'appelaient	ils s'appelleront

SUBJONCTIF

Présent
que je m'appelle
que tu t'appelles
qu'il s'appelle
que nous nous appelions
que vous vous appeliez
qu'ils s'appellent

CONDITIONNEL

Présent
je m'appellerais
tu t'appellerais
il s'appellerait
nous nous appellerions
vous vous appelleriez
ils s'appelleraient

PARTICIPE

Présent
s'appelant

Passé
appelé(e)
s'étant appelé

SAVOIR

INDICATIF

Présent	Imparfait	Futur simple
je sais	je savais	je saurai
tu sais	tu savais	tu sauras
il sait	il savait	il saura
nous savons	nous savions	nous saurons
vous savez	vous saviez	vous saurez
ils savent	ils savaient	ils sauront

SUBJONCTIF

Présent
que je sache
que tu saches
qu'il sache
que nous sachions
que vous sachiez
qu'ils sachent

CONDITIONNEL

Présent
je saurais
tu saurais
il saurait
nous saurions
vous sauriez
ils sauraient

PARTICIPE

Présent
sachant

Passé
su(e)
ayant su

VOULOIR

INDICATIF

Présent	*Imparfait*	*Futur simple*
je veux	je voulais	je voudrai
tu veux	tu voulais	tu voudras
il veut	il voulait	il voudra
nous voulons	nous voulions	nous voudrons
vous voulez	vous vouliez	vous voudrez
ils veulent	ils voulaient	ils voudront

SUBJONCTIF   CONDITIONNEL   PARTICIPE

Présent	*Présent*	*Présent*
que je veuille	je voudrais	voulant
que tu veuilles	tu voudrais	
qu'il veuille	il voudrait	*Passé*
que nous voulions	nous voudrions	voulu(e)
que vous vouliez	vous voudriez	ayant voulu
qu'ils veuillent	ils voudraient	

KÖZMONDÁSOK

A cél szentesíti az eszközt. La fin justifie les moyens.

A kivétel erősíti a szabályt. L'exception confirme la règle.

A szó elszáll, az írás megmarad. Les paroles s'envolent, les écrits restent.

Aki másnak vermet ás, maga esik bele. Tel est pris qui croyait prendre.

Alkalom szüli a tolvajt. L'occasion fait le larron.

Amit ma megtehetsz, ne halaszd holnapra! Il ne faut jamais remettre au lendemain ce qu'on peut faire le jour même.

Az alma nem esik messze a fájától. Tel père, tel fils.

Az nevet aki utoljára nevet. Rira bien qui rira le dernier.

Ép testben ép lélek. Une âme saine dans un corps sain.

Evés közben jön meg az étvágy. L'appétit vient en mangeant.

Gyakorlat teszi a mestert. C'est en forgeant qu'on devient forgeron.

Jobb későn, mint soha. Mieux vaut tard que jamais.

Lassan járj, tovább érsz. Qui va lentement va sûrement.

Minden jó, ha a vége jó. Tout est bien qui finit bien.

Nem a ruha teszi az embert. L'habit ne fait pas le moine.

Segíts magadon, az isten is megsegít. Aide-toi, le ciel t'aidera.

Sok kicsi sokra megy. Les petits ruisseaux font les grandes rivières.

Szükség törvényt bont. Nécessité fait loi.

Többet ésszel, mint erővel. Plus fait douceur que violence.

RÖVIDÍTÉSEK ÉS JELEK

áll	állattan	zoologie	*iron*	ironikus	
ált	általános	en général	*irtud*	irodalom-	
ang	angol	anglais		tudomány	
argó	argó	argot	*isz*	indulatszó	
asztr	asztrológia	astrologie	*ját*	játék	
átv	átvitt értelem	sens figuré	*jog*	jog, jog-	
bány	bányászat	industrie		tudomány	
		d'extraction	*kat*	katonai	
biol	biológia	biologie	*kb.*	körülbelül	
biz	bizalmas	familier	*konyh*	konyha	
csill	csillagászat	astronomie	*közl*	közlekedés	
durva	durva	vulgaire, grossier	*ksz*	kötőszó	
el	elektromosság	électronique	*mat*	matematika	
épít	építészet	architecture	*met*	meteorológia	
fényk	fényképészet	photographie	*mezőg*	mezőgazdaság	
fil	filozófia	philosophie	*mn*	melléknév	
film	film	cinématographie	*msz*	mondatszó	
fiz	fizika	physique	*műsz*	műszaki	
fn	főnév	substantif	*műv*	művészet	
földr	földrajz	géographie	*n*	nőnem	
fraz	frazeológia	phraséologie	*ne*	névelő	
gazd	gazdaság	économie	*nép*	népies	
geol	geológia	géologie	*nm*	névmás	
gj	gépjármű	automobile	*növ*	növénytan	
h	hímnem	masculin	*nu*	névutó	
h ign	határozói		*nyelv*	nyelvtudomán	
	igenév	gérondif	*nyomd*	nyomdászat	
hajó	hajózás	navigation	*okt*	oktatás	
hiv	hivatalos	terme	*orv*	orvosi	
		administratif	*pej*	pejoratív	
hsz	határozószó	adverbe	*pol*	politika	
inform	informatika	informatique	*pszich*	pszichológia	